OCEANO

Gran Crónica
Océano
del Siglo XX

OCEANO

Es una obra de
OCEANO
GRUPO EDITORIAL

EQUIPO EDITORIAL

Dirección
Carlos Gispert

Subdirección y Dirección de Producción
José Gay

Dirección de Edición
José Antonio Vidal

Dirección de la obra
Joaquín Navarro

Editores
Jesús Araújo
Carmen Martorell
Francisco Rodríguez de Lecea
Ramón Vilá

Dirección científica
Prof. Antonio R. de las Heras
*Cátedra de Historia Contemporánea
de la Universidad Carlos III de Madrid*

Coordinación
M.ª Luisa Bellido Gant

**Equipo de redacción
de Información General**
Pedro Alsina
Licenciado en Educación Física
Mónica Carmona
Licenciada en Ciencias de la Información
Itzíar Carrera
Licenciada en Ciencias de la Información
Roger Estrada
Escuela Superior de Cine
Artur Klein
Licenciado en Ciencias Físicas
Carola Kunkel
Licenciada en Ciencias de la Información
Juan Carlos Moreno
Licenciado en Historia del Arte
Guillermo Navarro
Licenciado en Ciencias Económicas
Carmen Núñez
Licenciada en Historia
Marta Rakosnik
Licenciada en Filosofía y Letras
Antonio Tello
Escritor
Ramón Vilá
Licenciado en Derecho y Humanidades

**Equipo de redacción
Universidad Carlos III**
Historia Contemporánea
Dr. Mario P. Díaz Barrado
Dr. Juan Sánchez González

Dra. Pilar Amador Carretero
Dra. Montserrat Huguet Santos
Dr. Enrique Moradiellos García
D. Santiago Pérez Díaz
D. José Antonio Doncel Domínguez
Historia del Arte
Dr. Federico Castro Morales
Dra. Gloria Camarero Gómez
D.ª M.ª Luisa Bellido Gant
D. Francisco D. Hernández Mateo
Literatura
Dr. Jorge Urrutia
Dra. Montserrat Iglesias Santos
Dr. Eduardo Pérez-Rasilla Bayo
Dra. Pilar Castro Pérez
D.ª Coronada Pichardo Niño
Filosofía
Dr. Carlos Thiebaut
Dr. Antonio Valdecantos
Música
Dra. Pilar Castro Pérez
Ciencia
D.ª Teresa R. de la Heras Ballell

Ilustración
Montserrat Marcet

Preimpresión
Manuel Teso

Producción
Antonio Corpas
Antonio Surís
Alex Llimona
Antonio Aguirre
Ramón Reñé

Sistemas de cómputo
María Teresa Jané
Gonzalo Ruiz

Base de datos
Ramón Vilá
Montserrat Marcet
Mercedes Establier

Diseño interior
Juan Zaplana

Diseño exterior
Andreu Gustá

Compaginación
Juan Zaplana
Aurora Martínez
Eva Oliva
María José Álvarez

Equipo de apoyo
Virginia Borra
Mercedes Establier
Santiago Maicas
Juan Pejoán
Emma Torío

© MCMXCIX OCEANO
GRUPO EDITORIAL, S.A.
Milanesat, 21-23
EDIFICIO OCEANO
Teléfono: 93 280 20 20*
Fax: 93 204 10 73
http://www.oceano.com
e-mail: info@oceano.com
08017 Barcelona (España)

Impreso en España - Printed in Spain

ISBN: 84-494-1247-1

Depósito legal: B-50086-XLI
11223949

Prólogo

El siglo XX cierra un período que ha sido decisivo para la historia de la humanidad. A lo largo de esos cien años se han producido cambios en la manera de vivir y de pensar, a nivel tanto individual como colectivo, para los que es difícil encontrar precedentes comparables en importancia y que parecen ya tan irrenunciablemente unidos a la condición humana como la conquista del fuego o la invención de la escritura. Han sido cambios en el conocimiento de las cosas, en la organización de la convivencia y en la explotación de los recursos; y todos esos cambios, aun a pesar de haberse ido gestando a lo largo de los siglos anteriores, parecen haber esperado al siglo XX para cristalizar. La *Gran Crónica Océano del Siglo XX* da fe de las etapas a cuyo través la ciencia, la tecnología, la política y la economía de los últimos cien años han ido disponiendo el escenario de lo que ya se califica a menudo de nuevo orden mundial.

El siglo XX ha transformado profundamente la vida cotidiana de la humanidad, estructurándola en torno a inventos y progresos que, como el automóvil, el avión, el teléfono, la radio o la televisión, nacieron como juguetes de la civilización para acabar convirtiéndose en elementos absolutamente indispensables del quehacer diario. Lo que en su día fue imaginado como ingrediente de fantasías futuristas por autores como Julio Verne o H. G. Wells, ha pasado a convertirse en sólida realidad cotidiana. Las imágenes recogidas en esta obra ilustran precisamente hasta qué punto el paisaje habitual se ha ido poblando de objetos que eran casi impensables hace sólo unas décadas. Piénsese, por ejemplo, que el primer vuelo de los hermanos Wright tuvo lugar el 17 de diciembre de 1903, sin que la hazaña despertara, inmediatamente, demasiado interés; hoy, en cambio, la imagen de la "conquista del espacio" es ya tan familiar como para que la visión de unas personas moviéndose en condiciones de microgravedad pueda utilizarse como recurso publicitario en un anuncio televisivo…

Siglo de desmesuras y contrastes, el último del milenio ha acumulado la horripilante cifra de casi doscientos millones de muertos en guerras, matanzas y genocidios, a la vez que ha sido testigo de espectaculares avances en la higiene y la medicina que han repercutido en un notable crecimiento de la esperanza de vida; y si los totalitarismos han amenazado en repetidas ocasiones con convertirse en plagas de la convivencia, también es cierto que el avance de la democracia permite afirmar que nunca antes tantos millones de personas habían conseguido vivir sus vidas en una sociedad que diera mejor satisfacción a sus necesidades.

Mucho se ha hablado de la "era de los descubrimientos", un período de conquista progresiva del universo, material y espiritual, mediante el conocimiento. Durante el siglo XX, los hitos de esa conquista han sido de primera magnitud: la división del átomo, la creación de antimateria, el descubrimiento de los mecanismos genéticos y el estudio del genoma humano, la exploración del universo… Pero no solamente ese conocimiento se ha visto espectacularmente ampliado por obra de los científicos, sino que las nuevas tecnologías de la comunicación y del tratamiento de la información han hecho del conocer un factor cultural generalizado. En las sociedades actuales, conocer e informar son verbos de conjugación imprescindible a la hora de hablar de producción, de riqueza y de progreso político. De ello también da constancia esta obra que, en términos cibernéticos, "retroalimenta" una tendencia característica del mundo moderno: informando al lector de su pasado más inmediato, le da el conocimiento que el futuro más inminente va a exigirle para poder entrar en él.

En la presente obra, los elementos de la memoria colectiva –acontecimientos históricos concretos, valoración objetiva de los mismos, imágenes gráficas, citas y testimonios personales, biografías de los protagonistas del siglo, datos y cifras– están dispuestos en secciones perfectamente organizadas, prestas para ser recorridas sin esfuerzo. En las páginas inmediatas figura una descripción detallada de la arquitectura interna de esta obra, que le invitamos a consultar antes de empezar la gran aventura de leer.

Con la publicación de esta *Gran Crónica del Siglo XX*, **Océano Grupo Editorial** se enorgullece de abrirle la puerta al siglo XXI.

LOS EDITORES

Secciones de la obra

Cronología

Los acontecimientos más relevantes de cada año, expuestos de manera clara y sintética, por orden cronológico. En cierto modo, puede considerarse como "la película" del año.

Panorama

Tras el relato de los acontecimientos, viene la reflexión sobre los mismos. La sección *Panorama*, que aparece siempre tras la sección *Cronología*, contiene una valoración global de lo sucedido a lo largo de cada año, a modo de síntesis histórica.

Instantáneas

Sección situada como un recuadro dentro de cada *Panorama*, que recoge, de modo tan breve y fiel como una instantánea fotográfica, los sucesos de importancia secundaria que no han tenido cabida en la *Cronología*.

Protagonistas

Además de la narración y valoración de los acontecimientos, es lícito interesarse por sus *Protagonistas*. Esta sección, situada a continuación de las anteriores, es una galería biográfica, con más de 500 nombres ordenados alfabéticamente, de los personajes más relevantes del siglo XX, procedentes de todos los campos del saber y la actividad humanos.

Visión global del siglo XX

Un reportaje eminentemente fotográfico a través del siglo XX, contemplado como una unidad cultural, social, científica, tecnológica y geopolítica.

Base de datos

El siglo XX en datos y cifras, muchas de ellas acerca de actividades tan específicas del siglo como el cine o el deporte.

Sumario

Símbolos utilizados

Cronología

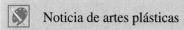   Indica una referencia a otro año donde también se habla del mismo tema o de otro relacionado

Instantáneas

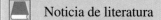   Noticia de artes plásticas

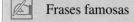   Noticia de literatura

Frases famosas

Noticia de música o canción del año

Noticia científica

Noticia de sociedad

Noticia deportiva

Noticia de cine

Noticia de historia

Obituario

Protagonistas

▲   Indica el lugar y año de nacimiento

▼   Indica el lugar y año de defunción

Cronología

Panorama

1900

Puerta monumental de la
Exposición Universal de París.
Su modernidad contrasta con
la línea auténticamente futurista
de la torre que aparece a la
izquierda, construida tan sólo
once años antes por el ingeniero
Gustave Eiffel.

El arqueólogo sir Arthur Evans
rodeado de algunas piezas
características de la antigua
civilización cretense, que
él contribuyó a dar a conocer
al excavar el palacio real
de Cnosos.

Retrato de Auguste Rodin. ▶
La tremenda energía que
desprenden obras como
El pensador o Los burgueses
de Calais lo ha convertido en un
clásico de la escultura universal.

Cesión del Canal
5 FEBRERO

Gran Bretaña renuncia, con la firma del
tratado Hay-Pauncefote, a sus derechos
sobre el canal que se va a construir en
Panamá. El canal pondrá en comunicación directa el océano Atlántico y el
Pacífico, sin necesidad de doblar el
cabo de Hornos o de seguir la azarosa
"ruta del Noroeste". Estados Unidos se
encargará de su construcción en una
zona neutral y no fortificada, y se compromete a permitir la circulación de navíos tanto comerciales como de guerra.
➡ **1903**

Exhumación de Cnosos
23 MARZO

Comienzan los trabajos para la exhu-
mación del palacio de Cnosos, en Creta.
Arthur Evans (1851-1941) demuestra
con el descubrimiento una fina intuición
como arqueólogo, pues el terreno donde
se halla fue considerado previamente
"carente de interés" por un colega suyo,
Schliemann. Cuando el palacio del rey
Minos esté completamente al descubierto, aportará valiosísimos datos acerca de esta antiquísima civilización (hacia el 2000 a.C.), de la que sólo nos habían llegado mitos.

Exposición Universal
14 ABRIL

Con una llamada a la paz del mundo se
abre en París la Exposición Universal.
Entre las novedades que presenta destacan la electricidad, que ha permitido
el levantamiento de un palacio monu-

mental con doce mil bombillas encendidas, y el cinematógrafo, con las películas de Louis Lumière proyectadas en
pantallas gigantes; pero también se podrán contemplar los espectaculares palacios que han preparado las distintas
naciones a lo largo de la *Rue des Na-
tions* y del *Quai d'Orsay*. La Exposición pretende abrir una era «cuyas realidades sobrepasarán sin duda los sueños
de nuestra imaginación».

Ocupación de Manchuria
25 MAYO

En un momento de grave desequilibrio
en China debido a la rebelión bóxer,
Rusia extiende su área de influencia y
ocupa Manchuria. El propósito alegado
es el de contribuir a la paz, pero hace
tiempo ya que Rusia se interesa por este
territorio, pues se halla en la ruta proyectada del ferrocarril Transiberiano,
que debe llegar hasta Vladivostok, en el
mar del Japón.

Expone Auguste Rodin
1 JUNIO

Se celebra en París una gran exposición
de la obra de Auguste Rodin (1841-
1917). Se consagra así definitivamente
este escultor, muy discutido hasta el
momento. Sus figuras llevan al extremo
el patetismo o la sensualidad, y muchas
de ellas, como ocurría también en ciertas obras de Miguel Ángel, no se desprenden del todo del bloque de mármol

en el que están talladas. Esa aparente
tosquedad ha valido a Rodin no pocas
críticas, aunque también la ferviente admiración de muchos.

II Juegos Olímpicos
14 JUNIO

Se abren en París los Segundos Juegos
Olímpicos de la era moderna, con menos público del esperado y sin ceremonia inaugural, debido a la coincidencia
con la Exposición Universal. Se cumple
así el deseo de su restaurador, el barón
de Coubertin, de llevarlos a su ciudad
natal. El acontecimiento más destacable
es la inclusión, inédita en la historia, de
seis mujeres entre los mil cien deportistas participantes. La británica Charlotte
Cooper se convierte en la primera campeona olímpica, al llevarse el oro en el
concurso de tenis. Como sucedió en Atenas en 1896, EE.UU. ocupa la primera
plaza en el medallero general, entre las
14 naciones que compiten. ➡ **1904**

Regicidio en Italia
29 JUNIO

El rey de Italia Humberto I (1844-1900)
muere a causa de las heridas sufridas
en un atentado. Cuando el monarca su-
bía a su carruaje después de asistir a una
entrega de premios, el anarquista Angelo Bresci, que vestía esmoquin y
guantes blancos para la ocasión, lo alcanzó tres veces con sus disparos. El
motivo parece haber sido el "baño de
sangre" de Milán, en 1898, cuando
Humberto I ordenó al ejército disolver
por la fuerza diversas manifestaciones
de obreros. Su sucesor en el trono será
Víctor Manuel (1869-1947).

Primer vuelo en zepelín
20 JULIO

Realiza su primer vuelo el dirigible rígido inventado por el conde Ferdinand
von Zeppelin (1838-1917), e identificado popularmente con su nombre. Después de alcanzar con facilidad una altura de 400 m, ha recorrido 6 km en
17 minutos y medio, en las inmediacio-
nes del lago Constanza. El conde abandonó el ejército en 1890 para dedicarse
exclusivamente al perfeccionamiento de

◀ *Expectación popular ante el primer vuelo del dirigible del conde Zeppelin sobre el lago Constanza, en el sur de Alemania.*

Choque entre las fuerzas internacionales y los rebeldes chinos delante de la Ciudad Prohibida de Pekín, según una estampa popular de la época. Los miembros de la sociedad secreta china Ti He Quan fueron llamados bóxers por los británicos debido a que practicaban la lucha ritual con los puños.

este balón rígido, de estructura metálica y que usa gas helio o hidrógeno. En vísperas de la Segunda Guerra Mundial, estas aeronaves habrán transportado a 52 000 personas, llevarán recorridos 2 millones de kilómetros en servicios regulares y sólo habrán sufrido un accidente. ➡ **1937**

55 días en Pekín
14 AGOSTO

Después de sufrir un asedio de 55 días, las legaciones extranjeras han sido liberadas con la entrada en Pekín de las fuerzas internacionales, que de esta manera aplastan la rebelión bóxer. La insurrección contra los extranjeros asentados en China, iniciada por la secta secreta de los bóxers, también llamada Ti He Quan (Puños de justicia y concordia), había conseguido arrastrar a grandes multitudes a lo largo de su fulgurante avance, e incluso la emperatriz Ci Xi les prestó su apoyo. Las condiciones de la paz serán extraordinariamente gravosas para China, y el conflicto minará el resto de soberanía que aún conservaba. ➡ **1911**

Nietzsche ha muerto
25 AGOSTO

Muere el filósofo alemán Friedrich Nietzsche (1844-1900), que se había visto afectado en sus últimos años por una grave depresión nerviosa. En libros polémicos como *El nacimiento de la tragedia* o *Así habló Zaratustra*, defendió la preeminencia del principio vital, lo dionisíaco o la voluntad de poder, frente a la razón ilustrada y burguesa. Su Superhombre se sitúa más allá de todos los valores cristianos o democráticos, pues según este filósofo no hay bien ni mal, ni verdad ni falsedad posibles en lo que es pura voluntad. Nietzsche escribió que hay autores que nacen

póstumamente: en efecto, sus escritos, de una intensa carga poética, fueron poco apreciados en vida del autor, pero ejercerán una poderosa influencia en el siglo que comienza.

Los Nenúfares de Monet
22 NOVIEMBRE

La obra del pintor impresionista Claude Monet (1840-1926), que ha despertado general interés durante el verano en la Exposición Universal de París, se expone en la Galería Durand-Ruel. Los cuadros que se exhiben estos días representan una nueva etapa, aún más revolucionaria, en la trayectoria del artista: los 22 óleos tienen como tema común los nenúfares del jardín acuático de Monet en Giverny, y la explosión de colores borra literalmente las formas. A partir de ahora, Monet se dedicará casi exclusivamente a pintar una y otra vez los mismos nenúfares, experimentando con los colores hasta extremos que anticipan lo que luego se llamará arte abstracto.

Muerte de Oscar Wilde
30 NOVIEMBRE

Fallece en París el escritor británico Oscar Wilde (1856-1900). Recientemente había abandonado su país, en cuya cárcel de Reading pasó dos años condenado por homosexualidad, y se ocultaba bajo el seudónimo de Sebastian Melmoth. La moral victoriana, tan cáusticamente fustigada por él en la novela *El retrato de Dorian Gray* o en sus celebradas comedias, como *La importancia de llamarse Ernesto*, acabó por destruirlo. Se cerraron para él las puertas de los salones en los que había brillado su ingenio, y cayó en la pobreza y la marginación. La posteridad, al menos, lo colocará de nuevo en un lugar de privilegio.

Mendel, recuperado

Tras casi cuarenta años de olvido, se rescatan las leyes de la herencia genética. Tres botánicos, el alemán Correns, el neerlandés De Vries y el austríaco Edler, redescubren al mismo tiempo y por diferentes vías las leyes que Gregor Mendel (1822-1884), sacerdote austríaco, halló experimentando por su cuenta en el jardín de su convento, en Brünn. Se abren así prometedoras perspectivas para la genética gracias a la difusión tardía de una obra notable por su precisión científica, y que había pasado inadvertida para los contemporáneos de Mendel. ➡ **1943**

El psicoanálisis

Terminado desde 1899, se publica ahora el libro del neurólogo vienés Sigmund Freud (1856-1939) *La interpretación de los sueños*, para dar más impacto a la obra presentándola con el cambio de siglo. De acuerdo con la teoría que Freud llama *psicoanálisis*, los sueños no son desvaríos absurdos, sino portadores de un sentido. La instancia psicológica donde se encuentra la clave del significado de los sueños es el inconsciente, componente primario de la personalidad, donde se esconden deseos sexuales cuya represión puede causar enfermedades como la histeria y las neurosis. Para la puritana moral vienesa, el psicoanálisis se limita a atribuir a las demás personas los fantasmas de la mente enferma de su creador. En los años siguientes, Freud será atacado desde todos los ángulos: médico, religioso, social e incluso étnico (por su origen judío). ➡ **1908**

A partir de 1899, el jardín acuático de su casa de Giverny se convirtió para Claude Monet en una obsesión. Como ya había hecho antes con la fachada de la catedral de Ruán o la estación ferroviaria de Saint-Lazare, pintó una y otra vez los nenúfares en distintas horas del día y estaciones del año. El afán por captar los matices de la luz y el color fue difuminando poco a poco formas y perspectivas hasta aproximarse a la abstracción.

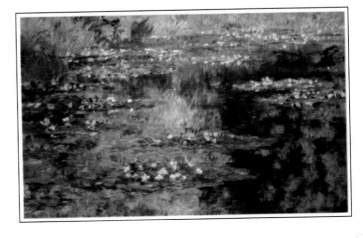

El falso nacimiento de un nuevo siglo

El primero de enero de 1900 la nueva centuria nació envuelta en polémica, porque muchos consideraban ese año como el último del siglo XIX. El tema revela, en su intrascendencia, que salvo inevitables tribulaciones cotidianas, los ciudadanos del mundo más desarrollado no sentían especiales temores ni preocupaciones. Los europeos, confiados más que nunca en las luces del progreso, no podían imaginar cuando festejaban el nacimiento del siglo que la violencia y la guerra, en lugar de remitir o desaparecer, llegarían a convertirse en inseparables y terribles compañeras de viaje de los impresionantes avances científico-técnicos.

CONFLICTOS LOCALIZADOS Y VIOLENCIA INCONTROLADA

De momento, en un ambiente de "paz armada", los conflictos bélicos existentes parecían perfectamente localizados y controlados, y muy alejados de los hogares del europeo medio: por una parte, continuaba el conflicto bóer que, con inusitada virulencia, enfrentó a las tropas británicas con los colonos neerlandeses en la zona más meridional del continente africano; y por otra, en el curso del año estalló en China la rebelión xenófoba de los bóxers que, además de facilitar la anexión de Manchuria por Rusia, mantuvo en jaque durante casi dos meses a los diplomáticos europeos residentes en Pekín y a las principales potencias coloniales del momento, que a mediados de agosto unieron sus fuerzas para liquidar expeditivamente el problema, sin escatimar alardes de ostentación y prepotencia.

En el interior del continente europeo, algunos asuntos desbordaron a las clases dominantes. En julio un atentado segó la vida del monarca italiano Humberto I, en un contexto internacional en que el terrorismo anarquista, en su afán desestabilizador, puso en el punto de mira a primerísimas figuras de la vida política. No olvidemos que fue también un anarquista el que acabó en setiembre de 1898 con la vida de Sissí, la emperatriz austríaca, y que en 1897 sucedió lo propio con Cánovas del Castillo, el artífice de la Restauración española. Los terroristas no se detuvieron tras el asesinato de Humberto I, si bien es

Arriba, fotografía oficial de los mandos del cuerpo expedicionario internacional que liberó las legaciones extranjeras de Pekín del asedio de los bóxers.

El despliegue de exotismo de algunos pabellones de la Exposición Universal fue particularmente apreciado por la curiosidad de los parisinos.

cierto que no siempre lograron sus objetivos: así sucedió en junio de 1901 cuando peligró, pero sólo peligró, la vida de varios monarcas europeos en Río de Janeiro, o en noviembre de 1902 con el atentado fallido contra el rey de Bélgica.

PARÍS ACAPARA LA ATENCIÓN INTERNACIONAL

La elegante y admirada capital francesa fue centro de todas las miradas y la ciudad con mayor protagonismo durante el primer

Cartel del concurso internacional de esgrima celebrado en París, como las Olimpiadas, aprovechando la afluencia de viajeros atraídos por la Exposición Universal.

año de la nueva centuria. Lo que desde París irradiaba y se proyectaba al mundo era un mensaje de confianza en un futuro estable, ordenado y al servicio del hombre y la civilización. La Exposición Universal, inaugurada el 14 de abril, incitó a soñar y a desarrollar la imaginación de los más de cincuenta millones de personas que, al visitarla, quedaron maravilladas por todo lo que en ella podían contemplar. Muchísimo más deslucidos, pero también expresión de los nuevos tiempos, resultaron los II Juegos Olímpicos de la Era Moderna, que el parisino barón de Coubertin hizo coincidir en la ciudad del Sena con la Exposición Universal. Por si todo ello fuera poco, la capital de Francia fue también sede del Quinto Congreso de la Internacional Socialista, que reunió a delegados de más de veinte países en un intento por diseñar nuevas estrategias para mejorar las condiciones de vida de las clases trabajadoras. Y en otro orden de cosas, París siguió siendo la capital cultural del mundo: allí expusie-

ron a lo largo del año Auguste Rodin y Claude Monet, y allí acudió tras una penosa experiencia personal, buscando asilo y huyendo de la moralista e hipócrita Inglaterra victoriana, el dramaturgo Oscar Wilde, que falleció en París el 30 de noviembre.

NUEVAS EXPECTATIVAS, VIEJOS RECELOS

En el ámbito científico-técnico se produjeron noticias alentadoras. El primer vuelo del zepelín alimentó las seculares esperanzas de dominar el espacio aéreo; la formulación por Max Planck de la teoría de los cuantos abrió insospechados y revolucionarios caminos a la física; el redescubrimiento y la actualización de las leyes de la herencia –formuladas por Mendel cuarenta años atrás– provocó un desarrollo espectacular de la genética... Y otro tanto cabe decir de la interesante y en ocasiones incómoda interpretación de los sueños propuesta por Sigmund Freud a una sociedad que, junto a la ilusión y fascinación por el progreso, conservaba sólidos prejuicios y una actitud recelosa ante determinadas revelaciones científicas. ■

Instantáneas

- **Noa, Noa:** el tema indígena de este cuadro muestra la nueva inspiración de P. GAUGUIN a partir de su estancia en Tahití.

- *Tío Vania*, una de las obras de teatro universales de A. CHEJOV.
- W. DILTHEY plantea el problema de la historicidad del pensamiento en *El origen de la hermenéutica*.
- *La risa*, de H. BERGSON, donde el filósofo francés define la comicidad como un choque entre lo abstracto y lo concreto.
- *Claudine en la escuela*, primera novela de COLETTE, aunque aparezca firmada por su marido, WILLY. La única intervención de éste en la obra fue exigir a su mujer un toque de erotismo, en busca de un éxito comercial que efectivamente obtuvo.
- G. D'ANNUNZIO presenta un superhombre más hedonista que el de Nietzsche en su novela *El fuego*, cuya trama se inspira en la propia vida del poeta.
- *Rosas de la tarde*, novela, del colombiano J.M. VARGAS VILA.
- *Lord Jim:* en esta novela J. CONRAD explora la fascinación y el horror de la traición. «Todo aquel que establece un vínculo está perdido.»

- «El problema del siglo XX es el problema de la diversidad racial.» W.E.B. DU BOIS, Conferencia Panafricana, Londres.
- «Me casé con un hombre inferior a mí, todas las mujeres lo hacen.» NANCY ASTOR, primera mujer que ocupó un escaño en la Cámara de los Comunes.
- «Aunque los cobardes retrocedan y los traidores se burlen, nuestra Bandera Roja seguirá aquí, ondeante.» Himno del Partido Laborista británico *La bandera roja*.

- *Tosca*, de G. PUCCINI, se estrena con un éxito arrollador, debido tanto a su gran valor musical como al dramatismo del argumento. (14 Enero)
- *Finlandia*, poema sinfónico de J. SIBELIUS, donde el compositor expresa todo su amor por la patria.
- *El vuelo del moscardón*, de N. RIMSKI-KORSAKOV, se convierte en una pieza popular.
- *La entrada de los gladiadores*, de J. FUCIK, que formará parte de la banda sonora de la película *El cielo puede esperar* (1978). También será la sintonía preferida de muchos espectáculos de circo.
- *Strike up the band-Here comes a sailor*, de A.B. STERLING y CH. WARD.

- El físico alemán M. PLANCK postula la existencia de los cuantos y sienta las bases de la llamada **teoría cuántica**.

- Se inaugura oficialmente la primera línea del **metropolitano de París**. Los primeros pasajeros se muestran satisfechos, aunque consideran que los asientos son escasos. (19 Julio)

- El americano DWIGHT F. DAVIS funda el **torneo de tenis** que lleva su nombre, la Davis Cup, en el que compiten equipos nacionales.

- **STEPHEN CRANE**, periodista y escritor norteamericano. Se le considera un maestro de la novela corta, en especial por *La roja insignia del valor*. (5 Junio)
- **SIR ARTHUR SULLIVAN**, compositor de populares operetas como *El Mikado*. (22 Noviembre)

Los accesos al Metro de París, cuya primera línea fue inaugurada en 1900, se adornaron con espléndidas marquesinas de estilo art nouveau, en vidrio y hierro curvado, obra de Hector Guimard (1867-1942). En la imagen, la estación de Porte Dauphine.

1901

La reina Victoria, retrato de H. von Angeli que se conserva en la National Portrait Gallery de Londres. Con ella alcanzó el Imperio Británico su máxima extensión, prosperidad e influencia.

Leon Czolgosz, el asesino del presidente estadounidense McKinley, entre rejas.

Descubrimiento de petróleo en Texas
ENERO

El hallazgo en Beaumont, Texas, de un gran yacimiento petrolífero constituye un hito para la industria estadounidense. El inicio de la explotación convierte a la compañía extractora en uno de los mayores grupos multinacionales que operan en el mundo. En 1902, bajo la dirección de Joseph S. Cullinan (1860-1937), la compañía adopta el nombre de Texas Co., que en 1959 será sustituido por el de Texaco Inc. Los intereses de esta compañía llegarán a extenderse a más de cincuenta países de Europa, Oriente Medio y América latina.

Muere la reina Victoria I de Inglaterra
22 ENERO

El fallecimiento de Victoria I, reina de Gran Bretaña e Irlanda y emperatriz de la India (1819-1901), señala el fin de la era victoriana. Subió al trono en 1837, a los 18 años de edad, como sucesora de su tío Guillermo IV, y su rei-nado, el más largo de la historia del Reino Unido, se prolongó a lo largo de 63 años. Con ella el país amplió y consolidó su imperio colonial y conoció una prosperidad sin precedentes, caracterizada por el rápido ascenso del nivel de vida de las clases medias y el puritanismo de las costumbres. Su muerte se produce en su residencia de Osborne, en la isla de Wight.

Cuba aprueba su Constitución, tutelada por Estados Unidos
21 FEBRERO

La Asamblea constituyente aprueba una Constitución que limita la soberanía de Cuba. La independencia cubana ve comprometido su futuro a raíz de la inclusión en la Constitución de 1901 de la llamada enmienda Platt, aprobada por el Senado de Estados Unidos el 1 de marzo. A pesar de las protestas populares, Estados Unidos obliga al gobierno cubano a no firmar tratados internacionales ni contraer empréstitos sin su consentimiento, a autorizar el establecimiento de bases navales en la isla y a reconocerle el derecho de intervención militar para velar por «la independencia de Cuba y la pervivencia de un gobierno estable». ➡ 1906

Primera exposición de Picasso en París
24 JUNIO

Pablo Picasso (1881-1973) irrumpe con fuerza en la escena de las vanguardias artísticas. El pintor español expone en la galería Vollard, en la parisina calle Laffitte, setenta y cinco cuadros cuyos temas, algunos inspirados en obras de Toulouse-Lautrec, son las corridas de toros, los hipódromos, los desnudos y las flores. El éxito de la muestra se traduce en la excelente crítica de Félicien Fagus y en la admiración de Max Jacob, con quien Picasso inicia una fructífera amistad. ➡ 1907

El presidente McKinley es asesinado
14 SETIEMBRE

El asesinato del presidente William McKinley (1843-1901) no interrumpe la pronunciada tendencia alcista de la economía de Estados Unidos. La muerte del 25.º presidente estadounidense, a consecuencia de los disparos del anarquista Leon Czolgosz el 6 de setiembre en Buffalo, estado de Nueva York, provoca gran consternación en todo el mundo. Elegido en 1897 y reelegido en 1900, su gobierno fue asociado a la hegemonía republicana y a una época de gran prosperidad económica que consolidó a Estados Unidos como potencia mundial. Su muerte paraliza los planes para limitar el creciente poder de los *trusts*.

Entrega de los primeros Premios Nobel
10 DICIEMBRE

La Fundación Nobel entrega sus primeros galardones. La identificación del químico y filántropo sueco Alfred Nobel con la causa de la paz lo llevó a legar su fortuna para distinguir cada año a aquellas personas o entidades cuyo esfuerzo contribuya al progreso de las ciencias, las artes y la fraternidad y hermanamiento de los pueblos. Los primeros premios son otorgados a René F. A. Sully Prudhomme (Literatura), Jacobus van't Hoff (Química), Wilhelm Roentgen (Física) y a Emil A. von Behring (Fisiología y Medicina), en Estocolmo; y a Frédéric Passy y Jean Henri Dunant (Paz), en Oslo.

Telegrafía sin hilos
12 DICIEMBRE

Guglielmo Marconi (1874-1937), físico italiano, logra el primer radioenlace transatlántico, al recibirse en Nueva Inglaterra (Estados Unidos) la señal enviada desde un emisor situado en Poldhu (en el extremo de la península de Cornualles, punta occidental de la Gran Bretaña), que consistía en la señal de Morse correspondiente a la letra S. El éxito ha sido posible en parte gracias a la confianza mostrada por el gobierno británico, pues la idea había sido considerada descabellada en su propio país. Sin duda este invento hará posible la transmisión de mensajes mucho más trascendentales... y también valdrá a Marconi, pocos años después, el premio Nobel de Física.

Ciencia y pensamiento se universalizan

En 1901 se difuminaron muchas fronteras intangibles que separaban a los distintos países en los campos de la ciencia, la técnica y el pensamiento; pero persistieron e incluso se reforzaron las fronteras políticas: incontrovertible evidencia de que el mundo seguía inmerso en un cúmulo de perplejidades y contradicciones. Algunos acontecimientos, por su simbolismo y por su proyección futura, apuntaron tendencias acerca de la predisposición de los ciudadanos occidentales ante los nuevos retos que había de traer el siglo XX.

LAS SEMILLAS DEL PROGRESO

Nada mejor para encarar las incertidumbres del futuro que premiar a quienes destacaran en los más importantes campos del saber y acreditaran una actuación señalada en pro de la paz y el entendimiento entre los hombres. En diciembre de 1901 se entregaron por primera vez y con toda solemnidad los premios Nobel, en las capitales nórdicas de Estocolmo y Oslo. El prestigio de los premios añadió un estímulo más a las múltiples motivaciones e inquietudes existentes en la comunidad científica internacional. En el curso del año se anunciaron importantes avances científicos destinados a mejorar la vida de los hombres. Como muestra, tres ejemplos: un japonés, Takamine, consiguió aislar la adrenalina; un austríaco, Landsteiner, descubrió la existencia de diferentes grupos sanguíneos, con el efecto inmediato de la disminución del riesgo en las transfusiones; y un italiano, Marconi, logró por primera vez transmitir un mensaje de uno al otro lado del Atlántico.

EL LIBRO QUE SE CIERRA

El reverso de esas nuevas realidades fue la inexorable constatación del paso del tiempo y del final de una etapa que no había ya de volver. En el mes de febrero, los británicos se sintieron desconsolados por el fallecimiento de la reina Victoria, todo un símbolo evocador de la época esplendorosa del Reino Unido como primera potencia mundial. La desaparición de la octogenaria emperatriz se produjo cuando comenzaba a cuestionarse la supremacía internacional británica, que pasó a situarse

Tropas estadounidenses en la isla de Cuba, en el curso de la guerra de 1898 contra España. La gran República del Norte, decidida a abandonar su aislamiento, empezó con el siglo una política de intervenciones exteriores en defensa de sus intereses (estratégicos o simplemente comerciales). Su terreno favorito de actuación fue, entre otros, América Central.

discreta e inteligentemente en un privilegiado segundo plano al conceder a sus dominios (como en el caso de Australia) la soberanía política, pero intensificando los lazos de unión económica.

También los italianos lloraron a Giuseppe Verdi, gran compositor que simbolizaba para sus compatriotas los románticos anhelos y el patriótico sentimiento de la unidad nacional. Por su parte, los españoles hubieron de lamentar la muerte de Pi i Margall, un intelectual y político cuya vida fue modelo de sencillez y honestidad, y que en los meses centrales de 1873 presidió la I República española.

ESTADOS UNIDOS CIMIENTA SU HEGEMONÍA INTERNACIONAL

En el segundo año del nuevo siglo, el continente americano comenzó a adelantarse con firmeza hacia el centro de la escena internacional. A las guerras civiles –como la que en marzo estalló en Venezuela– y a los persistentes y seculares conflictos fronterizos –de Chile con Argentina, Perú con Bolivia, etc.– se sumaron, por esas fechas, los significativos movimientos de la gran República del Norte, decidida a abandonar su espléndido aislamiento y a convertir al continente americano en su apéndice más preciado. El asunto no era nuevo, pero fue ahora cuando, invocando un insolente pragmatismo, se sentaron los cimientos para decisivas actuaciones posteriores. En realidad, ése había sido ya el sentido de la intervención de Estados Unidos en 1898 en la guerra de independencia de las colonias españolas, que por el tratado de París quedaron bajo tutela norteamericana. En los tres primeros años

Retrato de Giuseppe Verdi fechado en 1886. Su desaparición dejó un hueco imborrable en el corazón de los italianos y de los amantes de la música en todo el mundo.

del siglo firmó tratados y acuerdos con el Reino Unido, Francia, Nicaragua y Colombia, para asegurarse la concesión y el derecho exclusivo en la construcción de un canal interoceánico, el futuro canal de Panamá.

La Conferencia Panamericana

En ese mismo contexto cabe inscribir la Segunda Conferencia Panamericana, inaugurada en México en octubre de 1901. La superioridad y el poderío estadounidense no se cuestionaban, y los pequeños obstáculos que podían surgir fueron sorteados con facilidad: en Filipinas crecía el movimiento guerrillero contrario a la tutela americana, y en Cuba fue necesario vencer la resistencia de los parlamentarios, que en julio de 1901 se vieron prácticamente forzados a incluir en la nueva Constitución el texto de la enmienda Platt, que suponía básicamente la imposición del protectorado estadounidense. En medio de todo ello, los norteamericanos asistieron impotentes al asesinato, a manos de un anarquista, de su presidente McKinley, un hombre que disfrutaba de tanta popularidad que el año anterior no consideró necesario participar en la campaña electoral para conseguir la reelección. ■

Instantáneas 1901

- ***Los arrecifes de coral***, primeros poemas y prosas del uruguayo H. QUIROGA, de inspiración modernista.
- ***La ética protestante y el espíritu del capitalismo***, obra fundamental del sociólogo alemán M. WEBER, que relaciona el auge del capitalismo en Europa central con la doctrina calvinista del éxito económico como signo de predestinación.

- ***Serenata***, melodía con aire napolitano de TOSELLI.

- Biólogos japoneses y norteamericanos consiguen la **síntesis de la adrenalina**.

- El Imperio Austro-Húngaro y Rusia se enfrentan diplomáticamente a propósito de los **Balcanes**. *(9 Febrero)*
- Proclamación en Francia de la **ley Waldeck-Rousseau**, por la que se separan definitivamente Iglesia y Estado. *(1 Julio)*
- En España **se prohíbe el vascuence** en las escuelas *(4 Setiembre)*
- Con la firma de un **protocolo de paz en Pekín** concluye la guerra de los bóxers, y se imponen severas reparaciones a China. *(7 Setiembre)*
- Se funda en Berlín el **Partido Socialista Revolucionario**, fusión de diferentes organizaciones rusas. *(Noviembre)*
- Chile y Argentina se comprometen a aceptar el laudo arbitral británico sobre el **conflicto de fronteras en los Andes** que les ha venido enfrentando. *(25 Diciembre)*

- Verdaderas multitudes acuden a Alaska en pos del oro que, se supone, contiene en grandes cantidades. Es **la fiebre del oro**, la quimera, según CH. CHAPLIN.
- El estado de Nueva York es el primero en exigir **matrícula en los coches**, con fines recaudatorios.
- Se presenta el **café instantáneo** en la Exhibición Panamericana de Buffalo (Estados Unidos), con escaso éxito.

- «¿Cuándo la guerra dejó de ser guerra? Cuando se llevó a cabo mediante métodos bárbaros.» Sir H. CAMPBELL-BANNERMAN, durante las negociaciones de paz entre británicos y bóers en África del Sur.
- «Cualquier cosa constituye un motivo de inspiración para Picasso. Está capacitado para emplear cualquier recurso y trabaja con una prisa tan febril que es capaz de pintar tres lienzos al día, lo que podría, probablemente, conducirle a un virtuosismo fácil.» *La Revue Blanche*, crítica a la primera exposición de PICASSO, a los 19 años.

- **GIUSEPPE VERDI**, compositor italiano activamente comprometido con la causa de la unidad de Italia. *(27 enero)*
- **LEOPOLDO ALAS "CLARÍN"**, autor de *La Regenta*, cumbre de la novela naturalista española. *(13 Marzo)*
- **HENRI DE TOLOUSE LAUTREC**, aristócrata francés y pintor de la bohemia parisina. *(9 Setiembre)*
- **FRANCESC PI I MARGALL**, político español, presidente de la I República en junio-julio de 1873. *(30 Noviembre)*

William McKinley. Bajo su enérgica dirección, Estados Unidos comenzó un rápido ascenso hasta el primer plano de la escena internacional.

1902

Las tropas dispersan
violentamente a los huelguistas
de Barcelona, en un apunte
de la época. Por su carácter
industrial, la ciudad de Barcelona
fue uno de los focos tradicionales
de implantación del movimiento
sindical en España.

Disturbios obreros en Barcelona
17 FEBRERO

Una huelga general es reprimida violentamente por el gobierno en Barcelona (España). La huelga general convocada por las organizaciones sindicales para protestar por la carestía de la vida desemboca en graves disturbios cuando las autoridades responden con una dura represión policial. La radicalización del conflicto determina la suspensión de las garantías constitucionales y la intervención del ejército, que no consigue restablecer el orden hasta el día 27. La virulencia de los enfrentamientos deja como saldo nueve muertos, de los cuales siete son trabajadores, y decenas de encarcelados. ➡ 1909

Estreno en París de Pelléas et Mélisande
30 ABRIL

La ópera de Claude-Achille Debussy (1862-1918) rompe con la tradición del género. El estreno en París de *Pelléas et Mélisande*, ópera basada en una pieza dramática de Maeterlinck, es un fracaso de crítica y público. Sin embargo, algunos señalan en tono elogioso su parentesco con los experimentos impresionistas en la literatura y las artes plásticas, y el propio autor afirma su intención de «*abrir un camino que otros puedan seguir, incorporando sus pro-*

pios descubrimientos y despojando a la música dramática de las pesadas restricciones que ha soportado durante tanto tiempo».

Alfonso XIII inicia su reinado en España
17 MAYO

Al acceder a la mayoría de edad, el rey español se hace cargo de la Corona y comienza su reinado jurando la Constitución ante el Congreso. Tras la agitada regencia de su madre, la reina María Cristina, Alfonso XIII (1886-1941) llega al trono en un momento de crisis económica y de conflictividad social, que trata de resolver confirmando el gobierno liberal de Práxedes Mateo Sagasta y decretando una amnistía general. Tras un período de crecimiento económico, al final de la Primera Guerra Mundial se producirá una nueva crisis social que se agravará con la guerra de Marruecos y la dictadura de Primo de Rivera hasta desembocar en su exilio tras las elecciones municipales de 1931 y en la proclamación de la Segunda República. ➡ 1931

Acaba la guerra de los bóers
31 MAYO

Finalmente, los líderes de las milicias bóers han aceptado las exigencias del Reino Unido, menos de una hora antes de que expirase el término que se les

concedía para la rendición. La guerra ha durado más de dos años, y los británicos han encontrado una resistencia mayor de la esperada en los estados de Transvaal y de Orange, aunque los bóers no tenían opción alguna ante la superioriridad del ejército imperial. Hay que buscar las razones de la contienda en las reclamaciones de los residentes británicos en la región, que no veían reconocidos sus derechos, y también en el interés del Reino Unido por las minas de oro sudafricanas.

Bloqueo naval internacional a Venezuela
12 DICIEMBRE

El impago de la deuda externa mueve al Reino Unido, Alemania e Italia a bloquear las costas venezolanas. La negativa del régimen del general Cipriano Castro (1858-1924) a hacer frente a las reclamaciones de acreedores británicos, alemanes e italianos, que exigen reparaciones por los daños sufridos en el curso de las guerras civiles precedentes, provoca que navíos de guerra de sus países bloqueen los puertos venezolanos y bombardeen La Guaira, Puerto Cabello y Maracaibo. La mediación de Estados Unidos, aunque tardía, evita consecuencias más graves. El régimen personalista de Castro finalizará en 1908 cuando, aprovechando un viaje a Europa para operarse, el vicepresidente Juan Vicente Gómez dé un golpe de Estado y ocupe el poder.

Descubierta la desintegración radiactiva de los elementos

Los británicos Rutherford y Soddy descubren la existencia de la desintegración radiactiva de los elementos observando el comportamiento del uranio. Gracias a los trabajos de Ernest Rutherford (1871-1937) y de su colaborador Frederick Soddy (1877-1956), se establece por vez primera que un elemento es capaz de transformarse en otro más ligero mediante la emisión de las llamadas partículas alfa. De este modo se establecen las bases para el descubrimiento de la primera de las familias radiactivas, la del uranio (1906), que empieza en dicho elemento y acaba en el plomo. ➡ 1911

Retrato de Alfonso XIII, por Ignacio Pinazo, que se conserva en la Capitanía General de Valladolid. Al cumplir los dieciséis años de edad, fue coronado rey de España.

La delicada imagen de Mélisande evoca las pinturas prerrafaelistas. Pelléas et Mélisande *de Claude Debussy se convirtió en tema de controversia entre los promotores de un arte de vanguardia y los defensores de la tradición operística clásica.*

Optimismo y colonialismo

El mundo de 1902, a pesar de la emergencia de nuevas potencias extraeuropeas, se encontraba aún bajo la hegemonía de una Europa en la que los grandes imperios coloniales, gestados durante el siglo XIX, disfrutaban de un importante poderío. Era perceptible en el seno del Viejo Continente un fuerte optimismo derivado del creciente progreso económico que, además, traía aparejadas importantes transformaciones sociales.

VIEJAS Y NUEVAS POTENCIAS COLONIALISTAS

Con el advenimiento del nuevo siglo, el optimismo reinaba en el seno de la vieja Europa. Coincidiendo con la hegemonía de los grandes imperios coloniales europeos, la civilización occidental se mostraba en extremo orgullosa de sí misma. Sin embargo, algo se estaba moviendo ya en estos años iniciales de la centuria. Con el despuntar de nuevas potencias, asomaban los primeros síntomas del cuestionamiento en las siguientes décadas de los viejos predominios. En el seno de la propia Europa, el nuevo siglo era testigo del auge, al abrigo de un fuerte desarrollo industrial, de una poderosa Alemania. Pero más llamativo aún era el surgimiento de nuevas potencias no europeas, Estados Unidos y Japón.

Este último sellaba en enero de 1902 un tratado con el Reino Unido con el objetivo de frenar la penetración rusa en Extremo Oriente. Se trataba de un gran acontecimiento: la primera alianza en un nivel de igualdad entre una gran potencia europea y un Estado asiático. La guerra ruso-japonesa, que tres años después refrendaría definitivamente el emergente poderío japonés, fue posible gracias a esta alianza.

No faltaban tampoco en el seno de los grandes imperios los problemas internos. En el caso británico, a la creciente inestabilidad en Irlanda había que añadir la cruenta guerra de los bóers, que ahora tocaba a su fin. El Reino Unido, a pesar de su triunfo militar mucho más dificultoso de lo inicialmente previsto, salía debilitado diplomáticamente del conflicto. El intenso optimismo que reinaba en el imperio hacía difícil prever el declive que se avecinaba. Algo de premonición pudo tener el hecho de que, justo un año después de cerrar su

El imperio japonés consideró dentro de su espacio natural de expansión a Corea y al Extremo Oriente ruso. En la imagen, maniobras del ejército japonés.

época más gloriosa con la muerte de la reina Victoria, los británicos asistieran en marzo de 1902 al fallecimiento de uno de los padres fundadores del Imperio, Cecil Rhodes.

La situación, sin embargo, era realmente traumática para viejas potencias como la fatigada España, ajena al general y difuso optimismo imperante. Tras la pérdida de las últimas colonias de ultramar en 1898, y en un ambiente marcado por el pesimismo, subió al trono Alfonso XIII. En una línea de continuidad, el nuevo monarca optó por el mantenimiento de las líneas políticas establecidas décadas atrás con el inicio de la Restauración.

Operaciones en Marruecos

Los intereses encontrados de todas estas potencias, viejas y nuevas, convergerían a partir de ahora en Marruecos. Unas tratando de consolidar su situación privilegiada, como Francia e Inglaterra; otras, como

España, a la búsqueda de un recambio para el imperio perdido; y otras aún, como Alemania, que habían llegado tarde al reparto europeo del mundo y demandaban un papel internacional más destacado. Aunque rozaban siempre el enfrentamiento, todas intentaron evitar el choque directo. En 1902 las tensiones entre España y Francia se agudizaron cuando los españoles, temerosos de enfurecer al Reino Unido, rechazaron el plan de reparto del territorio marroquí propuesto por París.

UNA MAYOR COMPLEJIDAD SOCIAL

Entre tanto empezaba a surgir un movimiento obrero reivindicativo en la Europa menos desarrollada. Así venía a mostrarlo el caso de Rusia, donde en paralelo a la proliferación de revueltas campesinas de viejo cuño, era visible ya el emerger de un nutrido número de organizaciones obreras. No es casual que en 1902, el año de la fundación del partido social revolucionario por Chernov, Lenin diera a luz su *¿Qué hacer?* Todo ello sucedía en el contexto de un imperio ruso que con enor-

La Luna recibe en el ojo el impacto de una gigantesca bala de cañón tripulada, en el Viaje a la Luna *de Méliès, filme pionero de la ciencia-ficción.*

mes contradicciones caminaba hacia la modernidad a marchas forzadas.

La sociedad capitalista ganaba en complejidad, no sólo por la asunción de un mayor grado de conciencia entre los sectores sociales que integraban el proletariado, sino también por el notable desarrollo de las clases medias, que traía aparejado un apreciable aumento de la capacidad de consumo. Un ejemplo paradigmático al respecto lo encontramos en el ámbito del arte. En estos comienzos de siglo proliferaban las galerías de pintura, con un creciente mercado entre los compradores de la mediana y alta burguesía, en tanto que Enrico Caruso vendía más de un millón de copias de una de sus grabaciones, y llegaba el primer gran éxito comercial del cinematógrafo, con *Viaje a la Luna* de Georges Méliès. ■

Fotografía de Eduardo VII. Debido a la longevidad de su madre, la reina Victoria, subió al trono a los 60 años de edad, y su reinado duró tan sólo hasta 1910, fecha de su muerte.

Instantáneas 1902

- El Museo del Prado empieza el año rescatando del olvido a **El Greco**, con la apertura de una magna exposición con una amplia muestra de su obra. *(1 Enero)*
- **Exposición en París** de la Sociedad de Artistas Independientes: P. Cézanne, H. Matisse, P. Signac... *(20 Mayo)*

- *Los bajos fondos*, drama de denso contenido político, donde M. Gorki denuncia las condiciones de vida de las clases desposeídas de Rusia. *(18 Diciembre)*
- Con *Sonata de otoño*, R. Valle-Inclán inicia la serie de cuatro *Sonatas*, joya singular del modernismo literario por su suntuoso lenguaje abarrocado.
- *La voluntad*: J. Martínez Ruiz inventa en esta novela un personaje, Azorín, cuyo nombre le servirá en adelante de seudónimo.

- *Viaje a la Luna*, primer filme de ciencia ficción de la historia, del director francés G. Méliès.

- *In the good ol' summertime*, de R. Shields y G. Evans.
- *The entertainer*, de S. Joplin.

- **Coronación de Eduardo VII**, figura popular en el Reino Unido a pesar de haber permanecido hasta ahora a la sombra de su madre la reina Victoria. *(9 Agosto)*
- Termina la **guerra de los mil días en Colombia**, con una nueva victoria de los conservadores.
- La ley Spooner autoriza al presidente Th. Roosevelt a comprar la concesión del **canal de Panamá**. *(28 Junio)*

- Una comisión de investigación estadounidense confirma que el vector de la **fiebre amarilla** es un mosquito. *(22 Febrero)*
- Nace el **"caballo mecánico"**, el tractor Ivel. *(10 Octubre)*
- W.S. Sutton y T. Boveri postulan la **teoría cromosómica de la herencia.**

- Sale al mercado la bebida refrescante **Pepsi-Cola**, con la pretensión de hacer la competencia a Coca-Cola, fundada veinte años antes.
- Inauguración de la línea de **ferrocarril** que une Nueva York con Chicago. *(Junio)*
- La **violenta erupción** de la Montagne Pelée, en Martinica, arrasa completamente la capital y causa 40 000 víctimas. Uno de los supervivientes fue el único preso, salvado gracias a la fortaleza de los muros de la cárcel. *(8 Mayo)*

- «El gran objetivo del movimiento por la mujer ha sido destruir la idea de que la obediencia es un necesidad para ellas: entrenar a las mujeres para respetarse a sí mismas, de modo que no la concedan; y entrenar a los hombres para que no la exijan.» Carrie Chapman Catt, Asociación Nacional Americana para el Sufragio Femenino.
- «Quizá sea la voluntad de Dios conducir al pueblo de Sudáfrica, a través de la derrota y de la humillación, hacia un futuro promisorio y un día esperanzador.» El general J. Smuts se dirige en la Conferencia de Paz a los diputados bóers.

- **Cecil Rhodes**, padre fundador del Imperio Británico. *(26 Marzo)*
- **Émile Zola**, escritor francés, máximo representante del naturalismo. *(29 Setiembre)*

1903

Interior de la casa Tassel, en Bruselas, construida por Victor Horta. Las estructuras de hierro, las vidrieras y el mosaico componen una típica decoración Modern Style.

Marie Sklodowska ha pasado a la historia con la nacionalidad y el apellido de su marido, el francés Pierre Curie, pero nació en Varsovia y homenajeó a su patria de origen al llamar "polonio" a uno de los elementos radiactivos que descubrió.

India aclama a Eduardo VII como emperador
1 ENERO

El hijo y sucesor de la reina Victoria es aclamado por el pueblo indio. Eduardo VII (1841-1910), rey de Gran Bretaña e Irlanda y emperador de la India desde 1901, impulsa una política caracterizada por la preocupación por el bienestar social y la paz mundial, que le granjea las simpatías de sus súbditos. En la India, no obstante la agitación social y las acciones terroristas en la región de Bengala a causa de las reformas introducidas por lord Curzon, es recibido con grandes muestras de afecto. ➡ **1906**

El arte modernista se impone en occidente
MAYO

La sugestiva estética del *art nouveau* o modernismo domina todas las artes a principios del siglo XX. Las formas ondulantes y refinadas, que evocan sueños y sensaciones vinculadas a la pura fantasía, definen la estética de las creaciones arquitectónicas y artesanales y

también de las literarias, particularmente de la poesía. Entendido inicialmente como un movimiento decorativo, el modernismo se revela como una eficaz reacción contra el historicismo arquitectónico por un lado, y el realismo y el naturalismo literario por otro. Entre los arquitectos modernistas más representativos figuran Victor Horta (1861-1947), Antoni Gaudí (1852-1926) y Charles R. Mackintosh (1868-1928); y entre los poetas, Rubén Darío (1867-1916), Julio Herrera y Reissig (1875-1910), Leopoldo Lugones (1874-1938) y Ramón del Valle Inclán (1866-1936). ➡ **1910**

Se corre por primera vez el Tour de Francia
1 JULIO

Se inaugura la carrera ciclista más importante del mundo. La idea de Geo Lefévre, redactor de la revista *L'Auto*, antecesora de *L'Équipe*, de una carrera que dé la vuelta a Francia, razón por la que también es llamada la *Grande Boucle*, se concreta cuando 60 ciclistas toman la salida en París para recorrer 2428 km en seis etapas. El 19 de julio llegan a la meta sólo 21 corredores encabezados por Maurice Garin, un deshollinador que emplea 94 h 33 m en completar el recorrido en una bicicleta de 20 kg de peso.

Nace la república de Panamá
4 NOVIEMBRE

La construcción del canal interoceánico en el istmo provoca la secesión del distrito colombiano de Panamá y su posterior independencia. Después del rechazo del Senado colombiano a los términos draconianos del tratado Herrán-Hay, que significaban la abdicación de derechos soberanos de Colombia, Estados Unidos, convencido de la importancia estratégica de un canal en el istmo centroamericano, provoca y apoya la separación de Panamá. Pocos días después, el 18 de noviembre, ambos países firman el tratado Hay-Bunau Varilla por el que Panamá cede a perpetuidad a Estados Unidos sus derechos sobre el canal a cambio de 10 millones de dólares y una cuota anual de 250 000 dólares. ➡ **1914**

Vuelan los hermanos Wright
12 NOVIEMBRE

Orville Wright (1871-1948) se mantiene en el aire durante casi un minuto, sobre un aparato que él y su hermano Wilbur (1867-1912) perfeccionaban en secreto desde hacía años. Se trata de un biplano propulsado por un motor de gasolina, en el que el piloto, tumbado boca abajo sobre el ala inferior, maneja los controles con las manos y con la posición del cuerpo. Tras varios intentos, en el primero de los cuales sólo voló doce segundos, la aeronave rígida de los hermanos Wright ha tenido un éxito alentador en un terreno en el que habían fracasado ya múltiples ingenios de alas móviles. ➡ **1906**

El Nobel para Madame Curie
10 DICIEMBRE

Una mujer, Marie Curie (1867-1934), recibe el premio Nobel de Física junto a su marido Pierre y H. Becquerel, por sus investigaciones en torno a la radiactividad. Los Curie dieron este nombre a las emisiones de rayos detectadas por Becquerel en el uranio; demostraron que estaban en relación con la cantidad de uranio presente, por lo que debían ser una característica del propio material, y descubrieron dos nuevos elementos, el radio y el polonio, todavía más intensamente radiactivos. Los logros científicos de Marie Curie no terminarán aquí; varios años más tarde recibirá otro premio Nobel, en esta ocasión de Química. ➡ **1934**

Inventado el electrocardiógrafo

El médico y fisiólogo neerlandés Willem Einthoven (1860-1927) inventa el electrocardiógrafo, un aparato que permite registrar la actividad cardíaca. Gracias a la utilización de este dispositivo, que le valdrá a Einthoven reconocimiento universal y será recompensado con el premio Nobel de Medicina de 1924, es posible llevar a cabo de manera sencilla y cómoda un registro de la actividad cardíaca (electrocardiograma) y establecer así patrones de diagnóstico. Einthoven establece originariamente tres tipos de patrones (I, II y III) conocidos en la actualidad mediante las letras P, Q, R, S y T. ➡ **1958**

Dinamismo social y éxitos científicos

Las sociedades del occidente desarrollado mostraron en 1903 un especial dinamismo, no exento de contradicciones, con manifestaciones que abarcaron aspectos muy diferentes del ámbito social, marcado por el desarrollo de importantes movimientos de gran potencial transformador. En el plano de la ciencia y la tecnología se sucedían asimismo avances y logros de notable calado.

MOVIMIENTOS SOCIALES EN UNA EUROPA EN CRECIMIENTO

En el seno de las naciones más desarrolladas se sucedían acontecimientos que sólo en posteriores décadas revelarían su plena significación. En la rica Europa, tan dinámica como contradictoria, el fuerte crecimiento económico se veía acompañado por una agudización de las desigualdades sociales y la paulatina toma de conciencia de su situación por parte de los grupos más desfavorecidos. En 1903, el creciente desarrollo de las organizaciones obreras de signo socialista conoció una nueva división. En Alemania, ganaba adeptos el revisionismo de Eduard Bernstein, que había abandonado los objetivos revolucionarios en favor de la consecución de reformas sociales en el marco del capitalismo. También en el seno del partido socialdemócrata ruso se produjo la fractura en dos corrientes: mencheviques y bolcheviques. Los primeros seguían modelos europeos de conciliación; en cambio, los bolcheviques primaban la acción revolucionaria y la dictadura del proletariado. La escisión había de mostrarse determinante a raíz de los tumultuosos acontecimientos que en 1917 sobresaltaron al mundo con motivo de la Revolución Rusa.

Auge del feminismo

Otro movimiento social de diferentes características pero con eco creciente en el seno de la sociedad era el feminismo, también hijo en cierta manera de los cambios sociales acaecidos a raíz de la revolución industrial. Estaba constituido especialmente por mujeres de la clase media que reivindicaban la ruptura de las seculares barreras que imposibilitaban su acceso a la educación y la vida profesional. El alba del nuevo siglo encontró al feminismo, que

La prohibición del trabajo infantil en las fábricas y en las minas fue una de las reivindicaciones más insistentemente reclamadas por un movimiento obrero cuya organización y poder iban en aumento en toda Europa.

había sufrido un lento proceso de maduración en sus reivindicaciones, listo para lanzarse a la conquista del que se había convertido en su principal objetivo, el derecho al voto. Quienes marcaron la pauta en los primeros años del siglo fueron las feministas británicas, entre las que pronto destacó la presencia de un grupo particularmente activo, la WSPU (Women's Social and Political Union), fundada en 1903 por Emmeline Pankhurst y sus dos hijas, Christabel y Sylvia.

AVANCES DE LA CIENCIA Y LA TÉCNICA

El enorme dinamismo de las sociedades occidentales se proyectaba igualmente en otros ámbitos, como el científico y técnico, que se vio sacudido por importantes avances, determinantes en última instancia de la evolución de las sociedades en que surgían. Con el comienzo del nuevo siglo, la física empezó a arrumbar como inservibles los conceptos tradicionales que le habían servido de guía desde los tiempos de Galileo. Nada era imposible para el hombre, ninguna barrera bastaba para detener los avances de la investigación. Algunos experimentos de Henri Becquerel, uno de los padres fundadores de la física, con sustancias radiactivas constituyeron la base sobre la que los esposos Pierre y Marie Curie desarrollaron buena parte de su actividad científica. En 1903 los tres vieron recompensado su trabajo con la concesión compartida del premio Nobel.

El desarrollo técnico, con sus diversas aplicaciones, especialmente llamativas en los campos del transporte y la industria, parecía poner a los pies del ser humano la naturaleza, y hacer realidad algunos de los más antiguos sueños de la humanidad. En tal contexto de entusiasmo y optimismo desbordante, los hermanos Wilbur y Orville Wright, pioneros de la aeronáutica, lograban hacer despegar del suelo su primitivo biplano en un "salto" de más de setenta metros. Mientras, en el marco de un mundo del automóvil en continua progresión, Ford fundaba la compañía que llevaría su nombre y con la que revolucionaría el mundo de la automoción.

El aparato de los hermanos Wright recorrió en su primer vuelo algo más de 70 m en 12 segundos. Un hombre corriendo habría llegado antes, pero fue un paso trascendental para la humanidad.

LA INFLUENCIA DE ESTADOS UNIDOS EN EL CARIBE

Estados Unidos, ya con decidida vocación de gran potencia, convirtió a América Central y el Caribe en su principal teatro de operaciones. En febrero de 1903, y gracias al arbitraje estadounidense, los principales puertos venezolanos se beneficiaron de la suspensión del bloqueo formal a que habían sido sometidos por parte de las grandes potencias europeas. Poco tiempo después Estados Unidos imponía a Cuba la cesión de Guantánamo, para la instalación de una base naval, y forzaba la independencia de Panamá, poniendo bajo su tutela a la nueva nación centroamericana desgajada de Colombia. Mientras, en virtud del tratado de Hay-Bunau Varilla, la Zona del Canal era cedida a perpetuidad a la potencia del Norte, que podía actuar virtualmente en ella como Estado soberano. ∎

Instantáneas

1903

- Se funda la **Wiener Werkstätte**, escuela de diseño de Viena, como cooperativa de artesanos vieneses.
- STIEGLITZ publica una **revista sobre fotografía**, "Camera Work", que reivindica la condición artística de la fotografía.

- G.E. MOORE denuncia en sus *Principia Ethica* la "falacia naturalista", que pretende que los valores derivan de cosas o relaciones de cosas pertenecientes a la realidad: pensando así se confunde el "ser" con el "deber ser".
- *Soledades*, primera gran obra poética de A. MACHADO, en la que se percibe aún la huella modernista.
- G. FREGE publica en medio de una casi total incomprensión sus **Leyes fundamentales de la aritmética**, donde plantea el programa "logicista" que habría de culminar B. RUSSELL.
- *Elogi de la paraula*, discurso del poeta catalán J. MARAGALL al asumir las funciones de presidente del Ateneo de Barcelona.
- Primera reunión de la **Academia Goncourt**, en París. Sus premios literarios llegarán a ser los más prestigiosos de Francia. *(12 Enero)*
- *Los embajadores*, del estadounidense H. JAMES, expresa el contraste entre Europa y América y la contradicción entre civilización e inocencia que ambas representan respectivamente.

- París: ISADORA DUNCAN estrena las **"Danzas-idilios"**.
- *El gran robo del tren*, película de E.S. PORTER, claro precedente del western.

- *Sweet Adeline*, de R.H. GERARD y H. W. ARMSTRONG, inspirada en la cantante de ópera ADELINA PATTI.
- *Waltzing Mathilda*, de A.B. PATERSON y M. COWAN, canción tradicional australiana, que se convertirá en el himno oficioso de la nación.
- Viena: estreno de la **Sinfonía n.º 9** de A. BRUCKNER. *(11 Febrero)*

- La **AB Scania** de Malmö (Suecia) presenta su primer modelo de automóvil, un cuatro plazas que ganó la carrera Estocolmo-Uppsala a una velocidad media de 29,34 km/h. *(1 Setiembre)*

- Los hermanos L. y A. LUMIÈRE crean la **fotografía en color** gracias al desarrollo de las placas Autochrome.

- Cuba: **la enmienda Platt** empieza a surtir efectos, y Estados Unidos se reserva en la bahía de Guantánamo una zona para la construcción de una base militar. *(2 Julio)*
- El gobierno otomano intensifica la represión contra las manifestaciones nacionalistas en **Macedonia**. *(7 Febrero)*
- **Asesinato de los reyes de Servia** en Belgrado, perpetrado por un grupo de militares encabezados por D.D. APIS. *(11 Junio)*
- J. CHAMBERLAIN propugna la **expansión colonialista del Reino Unido** como única forma de mantener el rango de potencia mundial. *(14 Noviembre)*
- El **II Congreso del Partido Obrero Socialdemócrata de Rusia** celebrado en Bruselas revela las crecientes discrepancias entre bolcheviques y mencheviques. *(30 Julio)*

- Se fabrica la primera moto **Harley-Davidson**.
- El **cucurucho de helado** es patentado por un italiano, I. MARCIONI, a pesar de que muchos otros reivindican el invento.
- Se inaugura la **Bolsa de Nueva York** en Wall Street.

- Se juega por primera vez en Estados Unidos la **serie mundial de béisbol**, final entre los ganadores de la Liga Nacional y la Liga Americana.

- «El aeroplano se mantiene en el aire porque no tiene tiempo de caer.» O. WRIGHT, tras el primer vuelo realizado con éxito junto a su hermano. *(17 Diciembre)*
- «Una tierra sin pueblo para un pueblo sin tierra.» Lema de los llamados "territorialistas" en el Sexto Congreso Sionista. *(23 Agosto)*

- **PRÁXEDES MATEO SAGASTA**, estadista español. Jefe del Partido Liberal y de varios gobiernos durante la Restauración. *(4 Enero)*
- **CAMILLE PISSARRO**, pintor impresionista. *(12 Noviembre)*

En 1903 Antonio Machado publicó su primer libro de poemas, Soledades, *y ganó la cátedra de francés en el Instituto de Soria (España). Tenía 34 años, y en Soria iba a conocer a Leonor Izquierdo, su futura esposa.*

1904

Caruso graba Vesti la Giubba de I Pagliacci
1 FEBRERO

Enrico Caruso es uno de los tenores míticos de la primera mitad del siglo XX. Nacido en Nápoles en 1873 (morirá en la misma ciudad en 1921), es uno de los primeros cantantes de ópera que prestan su voz al naciente arte de la fonografía. De 1904 data una de sus primeras grabaciones: el aria "Vesti la giubba" de la ópera de Ruggero Leoncavallo (1858-1919) I Pagliacci, que en poco tiempo se convertirá en la primera grabación de música clásica que alcanza un millón de copias.

Estalla la guerra ruso-japonesa
8 FEBRERO

La declaración oficial de hostilidades no ha llegado hasta después de que un ataque nocturno japonés contra los navíos rusos de Port Arthur les infligiera graves pérdidas. Japón es consciente de que sus posibilidades de éxito dependen en gran medida de la sorpresa, y al rápido ataque con torpedos ha seguido el desembarco masivo de tropas en la península de Corea, origen de la rivalidad entre ambos países. En el momento del desastre el zar se hallaba en la ópera, y sus oficiales esperaron a que terminase la función para darle la noticia, para no estropearle la noche. ➡ **1905**

Entente cordiale anglo-francesa
8 ABRIL

Francia y el Reino Unido firman un convenio que regula sus diferencias coloniales. El acuerdo pone fin amistosamente a las viejas disputas anglo-francesas en el África occidental, Siam (actual Tailandia), Madagascar, Nuevas Hébridas, Egipto, Sudán, Marruecos y las pesquerías de Terranova. Si bien la Entente no se prefigura como una alianza contra Alemania, a partir de la misma se produce un progresivo acercamiento militar entre Francia y el Reino Unido, del que surgen conversaciones destinadas a diseñar una estrategia común ante una posible guerra contra aquélla.

Nace el periódico francés L'Humanité
15 ABRIL

Se publica el primer número del periódico fundado y dirigido por Jean Jaurès (1858-1914). Inicialmente órgano del Partido Socialista francés, L'Humanité adopta desde el principio una clara orientación pacifista, impopular en el ambiente belicista que va tomando cuerpo en Francia, y que acabará por costar la vida a Jaurès, asesinado a principios de la guerra mundial. Tras la escisión del partido en el congreso de Tours (1920), el periódico se convertirá en la principal publicación del Partido Comunista de Francia.

Olimpiadas en Saint Louis

Con un relativo éxito de público y un descenso en los atletas participantes, se celebran las III Olimpiadas de Saint Louis. La mayor parte de los competidores procede de los propios Estados Unidos. Sólo están representadas doce naciones, lo que se explica en parte por las dificultades del viaje, sumadas al hecho de que las pruebas se disputan a lo largo de varios meses. A pesar de ello, el nivel de la competición es muy alto, dado que los atletas americanos son los mejores del momento: destacan Archie Hahn, "el meteoro de Milwaukee", que gana los 60, 100 y 200 m lisos, y Ray Ewry, también con tres oros en las pruebas de salto sin impulso, en las que repite su éxito de París. Dos notas lamentables son un intento de trampa en el maratón y la organización de unos "Juegos Antropológicos" como mero espectáculo circense, muy lejos del espíritu olímpico. Como ya había sucedido en París, las Olimpiadas han coincidido en Saint Louis con la Exposición Universal. ➡ **1908**

Terminado el transiberiano
7 JULIO

Una inmensa línea férrea recorre al fin el imperio ruso desde los Urales hasta el mar del Japón. Al frente de la fabulosa empresa se halla un exultante Serguéi Witte, ministro de Finanzas, aunque observadores con más sentido crítico no dudan en calificar la línea férrea como pobre y mal construida: de hecho, el tren de prueba descarriló diez veces en un tramo cercano al lago Baikal. Los trabajos llegan a su fin cuando más se necesitaba este ferrocarril para el transporte de tropas y abastecimientos, en la guerra contra los japoneses. Irónicamente, la propia construcción de la línea en Manchuria, y la subsiguiente ocupación de la zona por tropas rusas, fue uno de los principales motivos de la contienda.

Premio Nobel de Fisiología y Medicina a Pavlov
10 DICIEMBRE

Los trabajos del fisiólogo ruso Iván Petrovich Pavlov (1849-1936) relativos a la fisiología de la digestión son distinguidos con el premio Nobel de Fisiología y Medicina de 1924. El premio supone el reconocimiento de los estudios y experimentos que Pavlov había realizado a partir de 1889 con un perro cuyo esófago derivó a una abertura del cuello de modo que los alimentos no llegasen al estómago. Descubrió de este modo que el estómago continuaba segregando jugos gástricos, de modo que eran los nervios de la boca los que enviaban al cerebro las órdenes para dicha secreción. Se hizo patente así la importancia del sistema nervioso reflejo.

José Echegaray obtiene el Premio Nobel
10 DICIEMBRE

José Echegaray (1832-1916), matemático e ingeniero de profesión, escribió en la estela del posromanticismo numerosos melodramas (El libro talonario, El puño de la espada, El hijo de don Juan, etc.) que, no obstante el acartonamiento de los personajes y la endeblez de las tramas, calaron en el gran público. Su popularidad pudo inclinar el juicio de la Academia sueca en su favor. Echegaray comparte el premio con el escritor provenzal Frédéric Mistral (1830-1914). No tendrá la misma suerte el gran escritor Benito Pérez Galdós (1843-1920), cuya candidatura al Nobel será vetada por el gobierno español en dos ocasiones (1905 y 1912) debido a sus simpatías prosocialistas.

L'Humanité, el periódico fundado por Jean Jaurès en 1904, fue el órgano oficial del Partido Socialista francés hasta 1920, y portavoz del Partido Comunista desde dicha fecha. No ha dejado de publicarse desde entonces, ni siquiera en la época de la ocupación nazi, en que se editó clandestinamente.

José Echegaray, en un retrato de Joaquín Sorolla. El premio Nobel de 1904 cultivó un tipo de teatro neorromántico, efectista y grandilocuente. El galardón le llegó cuando su época ya había pasado y triunfaban las concepciones estéticas de la generación del 98.

Nuevas potencias mundiales en Asia y en América

En 1904 da comienzo la guerra entre Rusia y Japón, un conflicto que pone en cuestión la hasta ahora indiscutida hegemonía colonial europea; al mismo tiempo, Estados Unidos refuerza aún más su control sobre América latina. Los descubrimientos y avances científicos y tecnológicos, relacionados sobre todo con los medios de transporte, son expresión de esta época de intensos cambios que se reflejan también, a pesar de las múltiples dificultades, en la celebración de los III Juegos Olímpicos de la era moderna.

AMÉRICA PARA LOS AMERICANOS

Estados Unidos había iniciado algunos años atrás una serie de reiteradas injerencias en los asuntos internos de América latina, que expresaban a las claras su deseo de control absoluto del continente. El presidente norteamericano Theodore Roosevelt declaró hipócritamente que su país no tenía nada que ver en la consumada secesión de Panamá de Colombia, y expresó su deseo de una apertura inmediata del canal. Pero pronto fue evidente que no iba a permitir que un paso estratégico vital para los intereses de su país quedara fuera del control estadounidense. A finales de año el canal de Panamá pasaba a Estados Unidos a cambio de 40 millones de dólares, y Roosevelt conseguía la reelección. Se explicitó así de forma contundente la forma peculiar en que el gigante del Norte interpretaba la doctrina Monroe: «América para los americanos.»

AGOTAMIENTO Y REPLANTEAMIENTO DEL SISTEMA COLONIAL

La guerra ruso-japonesa se inició con un espectacular ataque japonés contra Port Arthur. Sorprendidos y estupefactos, los rusos y el resto del mundo fueron testigos de la victoria japonesa, que había de culminar el año siguiente con la derrota definitiva de Rusia. Un pequeño país se impuso gracias al desarrollo tecnológico, la organización y disciplina militar, a toda una gran potencia orgullosa pero ineficaz. Se constataba así la importancia del desarrollo industrial y tecnológico, frente a la pose-

Nueva York celebra alborozada la reelección de Teddy Roosevelt. Había sido gobernador de Nueva York en 1898, vicepresidente con McKinley en 1900, y presidente por mandato constitucional al ser asesinado su predecesor.

sión de territorios extensos pero mal estructurados.

Como un presagio que venía a añadirse a los temores expresados por la guerra, la muerte de sir Henry Morton Stanley puso fin a la época dorada de la colonización europea. Los primeros años del siglo que se iniciaba veían la puesta en cuestión de muchas actitudes de los países colonizadores y la erosión de los principios sobre los que se había asentado la expansión colonial en la segunda mitad del siglo XIX.

CONTRADICCIONES EN EL MOVIMIENTO OLÍMPICO

La celebración de los III Juegos Olímpicos en la ciudad estadounidense de Saint Louis coincidió con la Exposición Universal en la misma ciudad, lo que era síntoma de la progresiva consolidación del movimiento olímpico; pero al mismo tiempo, la nueva edición de los Juegos supuso la crisis más aguda por la que atravesó la idea del barón Pierre de Coubertin. Las Olimpiadas quedaron eclipsadas por la Exposición y se prolongaron durante cuatro meses.

La lejanía de Europa era aún un impedimento serio, que contribuyó al fracaso. De un total de 496 atletas, 432 eran estadounidenses. Fueron unos Juegos caóticos y vergonzosos. Se hizo competir a negros, pigmeos, gordos, etc., para regocijo de un público de feria. En el maratón un atleta americano, Mohawk, sintió calambres en el kilómetro 14 y se subió a un coche. A siete kilómetros de la meta volvió a correr, fue aclamado como vencedor, se fotografió con la hija del presidente y desapareció a la llegada de los que verdaderamente habían corrido. Se registró también un caso de dopaje mediante coñac y estricnina. En la misma prueba participó el primer atleta hispano, el cubano Félix Carbajal, que llegó andando a Saint Louis y corrió con la

◄ *Cartel de* Sarah Bernhardt como Medea *de Alphonse Mucha, realizado en 1898 para el Théâtre de la Renaissance (París).*

Medalla conmemorativa de los Juegos Olímpicos de Saint Louis, los terceros de la era moderna y los primeros celebrados en el continente americano.

muy próximos. Por otra parte, la aparición de las primeras máquinas offset y el logro de la transmisión fotográfica por vía aérea anunciaban una revolución en los medios de comunicación de masas, aunque lo cierto es que en esos momentos pasaron casi desapercibidas ante la espectacularidad de otras conquistas.

Por ejemplo, la clamorosa repercusión que tuvo el nuevo vuelo de los hermanos Wright, realizado con la misma aeronave con la que habían alcanzado el primer éxito a finales de 1903. El desarrollo de ingenios mecánicos para el transporte representó la culminación espectacular de los esfuerzos del hombre por romper las barreras físicas, iniciados con el ferrocarril en el siglo XIX y culminados con el intento de los Wright. El papel preponderante correrá en el siglo XX a la aviación junto al automóvil, que en este año incorpora nuevas mejoras como el sistema hidráulico de amortiguación. ■

ropa recortada y los zapatos, consiguiendo el cuarto puesto. El baloncesto fue deporte olímpico por primera vez.

AVANCES EN EL TRANSPORTE Y LAS COMUNICACIONES

Con la finalización en este año de la construcción del ferrocarril Transiberiano se alcanzaba un viejo sueño de la humanidad, que mostraba al mundo la infinita capacidad de la tecnología industrial, curiosamente en un país atrapado por las contradicciones entre tradición y modernidad. También se inauguró el metropolitano de Nueva York, un acontecimiento quizá no tan espectacular, pero indicativo del papel que Estados Unidos se disponía a desempeñar en la escena mundial en años ya

---

Instantáneas

- **El cartelismo**, a medio camino entre el arte y la industria, se ha convertido en un elemento cotidiano en las ciudades. Los carteles modernistas de A. MUCHA o R. CASAS son una explosión de decorativismo y de fantasía naturalista.
- L. SULLIVAN, teórico del **funcionalismo**, lidera las tendencias arquitectónicas en Estados Unidos: los grandes almacenes de Schlessinger son prueba de su máxima, «la forma sigue a la función».

- Estreno de *Madama Butterfly*, de G. PUCCINI, en la Scala de Milán. *(17 Febrero)*

- J.M. SYNGE relanza el teatro irlandés con *Jinetes hacia el mar*, donde crudeza y poesía se alían para lograr una gran intensidad.
- *El difunto Matías Pascal*, de L. PIRANDELLO: la historia de un hombre vivo, pero legalmente muerto, que intenta sacar partido de su insólita posición.

- TH. ROOSEVELT reafirma la **doctrina Monroe**, y teoriza la posición de Estados Unidos como gendarme único de América Latina. *(6 Diciembre)*
- **Bolivia** pierde su salida al mar al firmar *un tratado* por el que cede a Chile su región litoral.

- Apertura de la **primera Feria de París**, en el viejo mercado de Temple. *(17 Marzo)*
- Se celebra en Berlín un **congreso internacional de mujeres**, como inicio de una campaña para la reforma del código civil. *(12 Junio)*
- Inauguración, en Saint Louis, de la **Exposición Universal**, organizada para celebrar el centenario de la compra de Luisiana a Francia por Estados Unidos. *(30 Abril)*
- Inauguración de la primera línea del **metropolitano de Nueva York**, entre City Hall y Harlem. *(27 Octubre)*

- La expedición de J. CHARCOT llega a la **Antártida**, con la intención de pasar allí un invierno entero estudiando las **condiciones climáticas** de la zona. *(3 Marzo)*
- El físico A. KORN logra la primera **transmisión de imágenes** a distancia, en concreto de Munich a Nuremberg.
- La aparición de **las primeras máquinas offset** revoluciona el mundo de la impresión.
- J.A. FLEMING inventa **el diodo**.
- Se crea en Barcelona (España), la empresa de fabricación de automóviles **Hispano Suiza S.A.** *(14 Junio)*

- «En el hemisferio occidental, la adscripción de Estados Unidos a la doctrina Monroe puede obligarle, por mucho que se resista, en casos flagrantes de crimen o indefensión, a ejercer un poder policíaco de ámbito mundial.» TH. ROOSEVELT, mensaje al Congreso de Estados Unidos. *(6 Diciembre)*
- «El Almirante del Atlántico saluda al Almirante del Pacífico.» Telegrama enviado por el káiser GUILLERMO II al zar NICOLÁS II.
- «El día de las pequeñas naciones ya ha pasado. Ha llegado el día de los imperios.» Discurso del estadista británico J. CHAMBERLAIN.

- **ISABEL II**, en París. Reinó en España entre 1833 y 1868. *(9 Abril)*
- **THEODOR HERZL**, húngaro, teórico del sionismo. *(3 Julio)*
- **ANTÓN CHÉJOV**, dramaturgo y cuentista ruso. *(15 Julio)*

1905

El Storting *noruego declara la independencia del país. El incidente que desencadenó la crisis fue la negativa del rey de Suecia a aceptar la creación de un cuerpo consular noruego que defendiera los intereses pesqueros del país. Un plebiscito popular refrendó la decisión del Parlamento.*

Henri Matisse pintó en Collioure, *en 1905, este retrato de su mujer, conocido como el* Retrato de la raya verde. *Los contrastes agresivos de colores y el dibujo tosco, casi primitivo, de la figura son característicos del fauvismo.*

Domingo sangriento en Rusia
22 ENERO

La represión de una manifestación obrera en San Petersburgo concluye en una matanza. Cuando centenares de trabajadores, acompañados de sus familiares y encabezados por el pope Georgy Apollónovich Gapón, marchan hacia el Palacio de Invierno para solicitar al zar Nicolás II (1868-1918) una amnistía política y una jornada laboral de ocho horas, la guardia dispara sobre ellos. La matanza origina una oleada de huelgas, insurrecciones y atentados capitalizada por los bolcheviques. Entre los episodios más significativos de la Revolución de 1905 figuran los motines del acorazado *Potemkin* (27 de junio), de las tropas de Kronstadt y de la flota del mar Negro; los combates callejeros de Moscú, y la sanción de una Constitución que contempla la creación de una Duma legislativa (30 de octubre).

➡ **1917**

Desastre naval ruso en Tsushima
27 Y 28 MAYO

La armada japonesa destruye la flota imperial rusa en el mar de Corea. Una escuadra japonesa dirigida por el almirante Heihachiro Togo (1847-1934) intercepta en el estrecho de Tsushima a la flota rusa del Báltico que se aprestaba a restablecer su hegemonía naval en el Pacífico tras las pérdidas sufridas en Port Arthur. Sin embargo la armada rusa es nuevamente sorprendida y, tras una dura batalla, destruida casi por completo. El triunfo nipón sentencia el resultado de la guerra ruso-japonesa y

obliga al zar Nicolás II a pedir negociaciones para la paz.

Noruega y Suecia se separan
7 JUNIO

El sentimiento nacionalista de los noruegos provoca la escisión de Suecia. Noruega, que ha permanecido unida a Suecia desde 1814, proclama su independencia a través de su Parlamento (*Storting*). El auge del nacionalismo unido a un renacimiento artístico y cultural y a la obtención en 1898 del sufragio universal, crean un clima favorable a la separación, que será apoyada popularmente por medio de un plebiscito celebrado en agosto y aceptada por Suecia. Oficialmente independiente desde el 26 de octubre, el príncipe Carlos de Dinamarca acepta la corona de Noruega con el nombre de Haakon VII (1872-1951).

La relatividad universal
1 JULIO

Conceptos clave de la física clásica se desmoronan con la formulación de la teoría de la relatividad restringida, por Albert Einstein (1879-1955). No hay movimiento ni tiempo absolutos en el universo, sino que varían según el sistema de referencia. Einstein desarrolla sus investigaciones teóricas a partir de los problemas que plantean a la mecánica galileana las fórmulas de Maxwell: la velocidad de la luz aparece en ellas como constante universal independiente del sistema de referencia. Esta nueva constante mueve al genial físico alemán a considerar el tiempo como variable, y las futuras comprobaciones sumirán a la física, pero también al sentido común, en la mayor de las perplejidades. ➡ **1916**

Exposición fauvista en París
OCTUBRE

En la presentación en el Salón de Otoño de París de un grupo de jóvenes pintores, el indignado crítico L. Vauxcelles los califica de *fauves* (fieras). El término quedará rápidamente consagrado. La nueva tendencia, surgida paralelamente a la corriente cubista, agrupa a Henri Matisse (1869-1954), André Derain

(1880-1954) y Georges Rouault (1871-1958), entre otros. En sus obras, utilizan colores puros en grandes manchas planas y con fuertes contrastes, para acentuar al máximo el valor expresivo del color, liberándolo de sus servidumbres pictóricas y exaltando su sensualidad y sugestión emotiva. Aunque efímero, el *fauvismo* ejercerá una gran influencia en los movimientos vanguardistas de principios del siglo XX, especialmente en el expresionismo.

Estreno de La viuda alegre
30 DICIEMBRE

El Teatro An der Wien acoge el estreno de una de las operetas más célebres de la historia del género, *La viuda alegre*, con libreto de V. Léon y L. Stein, y música de Franz Lehar (1870-1948). La fecha, 30 de diciembre, no es la más apropiada para un estreno, pero los empresarios no estaban demasiado convencidos de la calidad de la obra. Sin embargo, ésta es todo un éxito, y conocerá una triunfal carrera por los escenarios de todo el mundo: traducida a diez idiomas, incluido el árabe, habrá superado, antes de que acabe la década de 1910, las dieciocho mil representaciones. La canción de Danilo en el acto primero, la canción de Sonia en el segundo y el famoso vals del tercero son tres de los números más apreciados de esta fresca opereta, obra maestra de su compositor. De ella Ernst Lubitsch hará en 1934 una excelente versión cinematográfica, protagonizada por Jeanette MacDonald y Maurice Chevalier.

Rubén Darío publica Cantos de vida y esperanza

El poeta nicaragüense da a conocer en Madrid uno de sus libros más importantes. En esta obra de madurez, Rubén Darío (1867-1916) bucea en su propio interior y al mismo tiempo expresa su preocupación por los acontecimientos de la realidad cotidiana. Su visión personal aparece más serena e impregnada de un cierto misticismo oriental, lo que confiere a sus versos un tono cósmico que tiende a exaltar hasta la deificación la figura del artista. Poco después, tras dieciocho años de ausencia, Rubén regresará a Nicaragua. ➡ **1916**

La relatividad revoluciona la física

En 1905 se abren nuevos horizontes que van a ejercer una decisiva influencia en el futuro, asociados especialmente al progreso y a las realizaciones de la ciencia y la tecnología. Es también un año atravesado por guerras, revoluciones y disturbios, que resulta crucial para entender el paso progresivo del siglo XIX al XX. El cambio de siglo no había venido impuesto por el calendario, sino por hechos y procesos sociales que iban evidenciando la evolución del mundo hacia nuevos retos y problemas.

ACONTECIMIENTOS REVOLUCIONARIOS Y CAMBIOS GEOPOLÍTICOS

El año 1905 señaló un hito crucial en la historia de Rusia en el siglo XX. En este país coincidían agudos y persistentes problemas sociales y económicos, a los que vino a sumarse la crisis política derivada del fracaso de la guerra frente a Japón. Cuando los soldados abrieron fuego sobre la multitud de obreros encabezada por el pope Gapón, en lo que ha pasado a la historia como el "domingo sangriento", se produjo la ruptura definitiva entre el zar y el pueblo ruso, aunque el monarca intentó justificar la actuación de sus tropas diciendo: «Es cierto que son muy tristes estos hechos deplorables, pero debían producirse inevitablemente, pues os dejáis seducir por los traidores enemigos de nuestra patria.»

Los acontecimientos vividos en Rusia causaron un hondo impacto en el mundo sobre todo cuando, años más tarde, Serguéi M. Eisenstein los recreó en su película *El acorazado Potemkin,* cuyo hilo argumental es el incidente que se produjo en el mes de junio por la rebelión de la tripulación, después de que un oficial mandara matar a un marinero que se había quejado del mal estado de la comida. La situación se agravó y radicalizó: proliferaron huelgas revolucionarias, desórdenes y hechos violentos de todo tipo. Hicieron su aparición los "soviets" o consejos obreros, elegidos democráticamente y organizados para resistir y procurar la satisfación de las reivindicaciones de las clases trabajadoras. En San Petersburgo se constituyó el más importante, dirigido por un personaje que alcanzaría gran relevancia años después: Lev Trotski. Sin embargo, el marasmo y

▲

Una escena de El acorazado Potemkin, *de S. Eisenstein. El filme recrea los acontecimientos revolucionarios de 1905 en Rusia.*

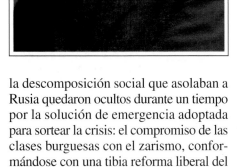

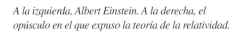

A la izquierda, Albert Einstein. A la derecha, el opúsculo en el que expuso la teoría de la relatividad.

la descomposición social que asolaban a Rusia quedaron ocultos durante un tiempo por la solución de emergencia adoptada para sortear la crisis: el compromiso de las clases burguesas con el zarismo, conformándose con una tibia reforma liberal del sistema.

Simultáneamente, prosiguió la creciente influencia estadounidense sobre América latina, concretada en este caso en su intervención directa en Santo Domingo, con el fin de fiscalizar las aduanas de este pequeño país hispánico. Europa seguía inmersa en multitud de problemas entre los que no faltaban las escisiones y separacio-

nes, como la definitiva de Noruega y Suecia por iniciativa del primero de los dos países. El *Storting* o Parlamento proclamó la ruptura definitiva de la Unión impuesta por Suecia a principios del siglo XIX. El rey Óscar II dejó de ser rey de Noruega y en su lugar fue elegido un príncipe danés con el nombre de Haakon VII.

EL REPLANTEAMIENTO DE LAS BASES DEL MUNDO FÍSICO

La publicación en la revista "Annalen der Physik" de cinco memorias o artículos breves del joven científico de 25 años Al-

El grafismo de Little Nemo, *el cómic creado por* Winsor McCay *en 1905, debe mucho a la estética del modernismo.*

Frontispicio de la edición original de Salomé, *de Richard Strauss, basada en la obra teatral del mismo título, de Oscar Wilde.*

bert Einstein resultó un acontecimiento capital, por la decisiva influencia que tendría para cambiar la visión científica en el siglo XX. Las cinco memorias son fundamentales para entender los revolucionarios cambios científicos que iban a producirse, pero destaca especialmente la cuarta, donde Einstein expone de forma concisa la teoría de la relatividad restringida. Pese a ser uno de los mayores descubrimientos científicos del siglo, en ese momento pasó completamente desapercibido, excepto para los expertos. El descubrimiento de Einstein casi coincidió con el fallecimiento de Jules Verne, máximo exponente de la imaginación decimonónica en el campo científico y tecnológico y creador de la novela de anticipación, algunas de cuyas ideas alcanzarían su confirmación con el desarrollo de las teorías propugnadas por el físico alemán.

En otro orden de cosas, Estados Unidos comenzó a experimentar un espectacular descenso de la tasa de natalidad, como consecuencia de los nuevos comportamientos generados por el desarrollo económico, que luego se extenderían a muchos otros países de occidente. Alarmado, Theodore Roosevelt amonestó ingenuamente a las mujeres estadounidenses para que no olvidasen sus deberes maternos ni sus obligaciones familiares para preferir una vida de diversión ajena a las preocupaciones.

En la Francia de la III República se aprobó la separación constitucional de la Iglesia y el Estado. El gobierno radical, sustentado por el bloque de izquierdas, lograba así implantar una medida que conectaba con la tradición jacobina de este país. ∎

Instantáneas

• Empieza a publicarse en Estados Unidos la tira cómica *Little Nemo*, de W. McCay, primer gran éxito popular del llamado "noveno arte", **el cómic.** La primera tira dibujada de publicación diaria había aparecido en a 1896: *Yellow Kid,* de R.F. Outcault, publicada en el diario "World" de Nueva York.

• En *La risa roja*, el novelista L. Andréiev muestra la miseria social de una Rusia derrotada por los japoneses, con una técnica cercana al simbolismo.
• *Reparto de mediodía*, una de las cimas de la obra teatral del poeta francés P. Claudel.
• A. Kuprin explora en la novela *El duelo* las lacras de la vieja sociedad rusa, y en concreto la situación del ejército.
• *El chiste y su relación con lo inconsciente:* S. Freud explora mediante la nueva técnica psicoanalítica los contenidos reprimidos de la conciencia en situaciones de la vida cotidiana.
• El polaco H. Sienkiewicz, autor de *Quo vadis?*, es galardonado con el premio Nobel de Literatura.

• «Aquellos que no recuerdan el pasado están condenados a repetirlo.» G. Santayana, *La vida de la razón.*
• «$E = mc^2$.» A. Einstein, fórmula que resume la teoría especial de la relatividad (E = energía; m = masa en reposo; c = velocidad de la luz en el vacío).

• *La mer*, de C. Debussy, en París. (*15 Octubre*)
• *Salomé*, de R. Strauss, en la Ópera de Dresde. (*9 Diciembre*)
• M. de Falla compone su primera ópera, *La vida breve*, cuando aún es estudiante en el Conservatorio de Madrid.
• *Where the river Shannon flows*, de J.J. Russell.
• *The whistler and his dog*, de A. Pryor.

• A. Carrel desarrolla una nueva técnica de sutura vascular que le convierte en **pionero de los trasplantes** de órganos.
• Inventada la primera **turbina de gas** por los ingenieros franceses M. Armengaud y Ch. Lemale.

• Principio del fin en la **guerra ruso-japonesa**: Port Arthur, el más preciado bastión ruso en el mar Amarillo, se rinde a los japoneses. (*2 Enero*)
• Estados Unidos asume el control de las aduanas de **República Dominicana**. (*20 Enero*)
• **Asesinato del GRAN DUQUE SERGIO** en Moscú por un socialista revolucionario. (*17 Febrero*)
• **Atentado contra Alfonso XIII**, en París, a la salida de la Ópera. (*3 Junio*)

• **JULES VERNE**, escritor francés, creador de la novela de anticipación. (*24 Marzo*)

1906

Conferencia de Algeciras
16 ENERO-7 ABRIL

En la conferencia de Algeciras las grandes potencias debaten el futuro de Marruecos, en un intento de resolver diplomáticamente la tensión creciente en la zona. Francia, que cuenta con el apoyo del Reino Unido y de España, aspira a una "penetración pacífica" en el país, sobre la base de su asentamiento en la vecina Argel, mientras que Alemania pretende recortar el poderío francés y aboga por la igualdad de derechos de las potencias en Marruecos, con el apoyo casi exclusivo de los propios marroquíes. La conferencia se cerrará con el reconocimiento de hecho de ambas pretensiones, y por ello mismo sin resolver nada. **➡ 1911**

Un terremoto destruye San Francisco
18 ABRIL

Un violento temblor de tierra seguido de un voraz incendio arrasa la ciudad estadounidense. A las 5,15 de la madrugada la tierra comienza a temblar en la costa oeste del país y bastan cuarenta y ocho segundos para que el suelo se levante como las olas del Pacífico, derrumbando decenas de edificios, y se declare un terrible incendio que acabará por destruir la ciudad. El trágico saldo de la catástrofe es de casi un millar de muertos, más de 500 bloques de edificios destruidos y unas 50 mil personas sin hogar. Cuando aún no hayan terminado de apagarse los últimos fuegos y de rescatarse las víctimas de entre los escombros, comenzarán los trabajos de reconstrucción de la ciudad costera californiana.

Estados Unidos invade Cuba
29 SETIEMBRE

La "guerrita de agosto" provoca la caída del presidente Tomás Estrada Palma (1835-1908) y la intervención estadounidense. El 16 de agosto, el general Faustino Guerra se pronuncia en Pinar del Río, con el apoyo de otros generales liberales, contra el giro autoritario del gobierno destinado a garantizar la reelección de Estrada Palma. Éste, incapaz de sofocar la rebelión, suspende las ga-

rantías constitucionales y pide la intervención militar de Estados Unidos (10 de setiembre). La falta de acuerdo entre los bandos enfrentados obliga a Estrada Palma a dimitir, y ante el vacío de poder Estados Unidos invade la isla, donde permanecerá hasta 1909. **➡ 1953**

Primer vuelo de un aeroplano tripulado en Europa
12 NOVIEMBRE

El pionero de la aviación brasileño Alberto Santos Dumont (1873-1932) protagoniza el primer vuelo de un aparato tripulado, más pesado que el aire, del que se tiene constancia en el Viejo Continente. A bordo del aeroplano bautizado con el nombre de *14 bis,* diseñado por el propio Santos Dumont y equipado con un motor Antoinette capaz de desarrollar una potencia de 50 CV, logra recorrer 220 metros en poco más de 21 segundos en el transcurso de una demostración que tiene lugar en el Bois de Boulogne (París). **➡ 1909**

Santiago Ramón y Cajal Premio Nobel de Fisiología y Medicina
11 DICIEMBRE

Con la concesión del Premio Nobel de Fisiología y Medicina a Camilo Golgi (1844-1926) y a Santiago Ramón y Cajal (1852-1934) se reconocen los avances experimentales en el estudio del sistema nervioso. Los dos premiados han perfeccionado y creado tinciones especiales (el primero de nitrato de plata, y el segundo de oro) que han permitido al primero descubrir la existencia de unas estructuras celulares conocidas como aparato de Golgi, y al segundo establecer que la célula nerviosa o neurona es el elemento fundamental del sistema nervioso y desempeña un papel crucial en su funcionamiento.

Formación de un trío histórico
18 DICIEMBRE

La ciudad de Lille acoge el primer concierto del trío Cortot-Thibaud-Casals. Tres de las más grandes figuras del mundo de la interpretación, el pianista francés Alfred Cortot (1877-1962), el violi-

nista francés Jacques Thibaud (1880-1953) y el violoncelista español Pau Casals (1876-1973), se unen para crear un conjunto mítico que fascinará a los melómanos. El programa de su último concierto (13 de mayo de 1933) incluirá tres obras maestras del repertorio para esta forma instrumental: los *Tríos* en si bemol mayor de Schubert, en sol mayor de Haydn y el *Archiduque* de Beethoven. El estallido de la Segunda Guerra Mundial provocará la definitiva disolución del trío y el fin de la amistad de sus integrantes, divididos en posiciones políticas opuestas.

Creación de la Liga Musulmana india
30 DICIEMBRE

Los musulmanes indios se organizan para defender sus intereses y contrapesar la influencia política del Congreso Nacional Indio. La Liga Musulmana surge como una organización política leal al gobierno colonial británico y opuesta al protagonismo de los hindúes en el movimiento por la independencia, en cuyo transcurso se opone a la campaña de desobediencia civil impulsada por Gandhi. Sin embargo, la Liga no tarda en chocar con las autoridades coloniales y ganar mayor peso social. En 1934, la Liga, concebida como un movimiento religioso y cultural, se transforma en partido político liderado por Muhammad Alí Jinnah (1876-1948), quien promoverá en 1947 la división del país y la creación de Pakistán. **➡ 1907**

El centro de San Francisco, después del terremoto de 1906. La ciudad se alza sobre la falla geológica de San Andrés, una de las zonas orogénicas más activas del mundo.

Santiago Ramón y Cajal, premio Nobel de Fisiología y Medicina en 1906, en un retrato de Ricardo Madrazo que se conserva en el Ateneo de Madrid.

Acuerdos diplomáticos y preparativos militares

Desde comienzos del año 1906, las rivalidades políticas y militares que fracturaban Europa en el período de "paz armada" previo a 1914 fueron cristalizando en la formación de dos frentes diplomáticos cada vez más perfilados y enfrentados. En el resto del mundo proseguía el dominio colonial incontestado de las potencias europeas, y apenas comenzaba a asumirse el inquietante significado implícito en la reciente victoria militar del Japón imperial sobre la Rusia de los zares.

LAS TENSIONES EUROPEAS Y EL RECURSO A LA DIPLOMACIA

En Europa, la conferencia internacional celebrada en Algeciras para decidir sobre el futuro de Marruecos permitió comprobar el gradual aislamiento de Alemania (que no fue secundada en su desafío por su aliada, Austria-Hungría) y la solidez de la nueva alianza entre Francia y el Reino Unido (reforzada con el apoyo de España). La cuestión marroquí y la beligerante actitud alemana volverían a ser motivo de una aguda crisis europea en 1911 y constituirían una de las principales causas del firme entendimiento político y militar franco-británico.

Los diversos países europeos siguieron experimentando durante el año distintos cambios y transformaciones internas reveladoras de la intensidad de los procesos de modernización política, social y económica en curso en todo el continente.

En el Reino Unido se fundó el partido laborista, con Ramsay McDonald como presidente, a partir de un comité creado por los sindicatos obreros para lograr una representación parlamentaria propia. También en Italia se produjo un avance en la organización de las clases trabajadoras con la creación de la *Confederazione Generale del Lavoro*. En Francia, el debate político se centró en las medidas de secularización estatal aprobadas por los gobiernos de la III República, que fueron fuertemente contestadas por los sectores católicos y por el propio papa Pío X. Como parte de esa política de afirmación republicana, se procedió a rehabilitar el buen nombre del capitán Alfred Dreyfus, nombrándole caballero de la Legión de Honor.

En España se produjo un retorno del ejército a la vida política a través de la Ley

▲

Fotografía oficial del zar Nicolás II con su familia. Su resistencia a abrir paso a las reformas democráticas acabaría por provocar el estallido revolucionario en Rusia. En 1918 toda la familia sería asesinada en Ekaterimburgo.

Rehabilitación solemne del capitán Albert Dreyfus, inocente del delito de espionaje por el que había sido condenado a la isla del Diablo. Dreyfusismo y antidreyfusismo fueron durante unos años sinónimos de izquierda y derecha política en Francia.

de Jurisdicciones (que permitía el juicio de civiles por tribunales militares) y persistió la actividad anarquista contra el régimen monárquico: una bomba lanzada contra el cortejo nupcial de los reyes Alfonso XIII y Victoria Eugenia de Battenberg provocó más de veinte muertos en Madrid. Por su parte, en Rusia, el desprestigio de la autocracia zarista tras la derrota militar frente a Japón se tradujo en diversos motines de

soldados y marineros y en el triunfo de la oposición liberal y democrática en las elecciones a la Duma. Ante la gravedad de la situación, Nicolás II aprobó una ley de reforma agraria preparada por el ministro reformista Piotr Stolipin para intentar paliar la protesta rural mediante la creación de una clase media campesina próspera y leal.

En el plano mundial, el dominio imperial de las potencias europeas siguió siendo

Roald Amundsen, segundo por la derecha, con algunos miembros de su expedición, antes de partir para el Ártico donde consiguió determinar la posición del polo Norte magnético.

incontestado a pesar de la creciente insatisfacción de los pueblos colonizados y de las recurrentes rebeliones acaecidas en diferentes partes del globo. En África, el acuerdo alcanzado entre Francia, el Reino Unido e Italia permitió la supervivencia de Abisinia como Estado independiente (el único africano junto con Liberia, virtual protectorado de Estados Unidos). También en dicho continente las tropas británicas tuvieron que aplastar sendas insurrecciones en Nigeria y en el territorio sudafricano de los zulúes. Por su parte, Estados Unidos siguió desempeñando su nuevo papel de potencia imperial occidental. Amparándose en la enmienda Platt de 1901, tropas norteamericanas intervinieron en Cuba para frenar una serie de disturbios políticos. Su presencia en la isla iba a prolongarse hasta 1909.

CIENCIA Y CULTURA EXPLORAN NUEVOS TERRITORIOS

A pesar de un clima de tensión europea e internacional progresivamente acentuado, la vida cultural, artística y científica prosiguió su ritmo propio y trepidante.

Henri Matisse llevó a su cumbre el programa estético y pictórico de los *fauves* con su obra *Lujo, calma y voluptuosidad.* En el plano musical, tradición y renovación se dieron la mano en la suite *Iberia* del español Isaac Albéniz y en la *Sinfonía de cámara* del austríaco Arnold Schönberg.

La teoría de la relatividad, de Albert Einstein, había variado radicalmente las coordenadas de la física, y la nueva visión del mundo que anunciaba aquella revolución se trasladó pronto a otros campos, por ejemplo, la filosofía, con la aparición de *La evolución creadora* del francés Henri Bergson. La ciencia y la tecnología, desde nuevas bases conceptuales, se lanzaron a la conquista de territorios inexplorados: bien en sentido figurado, como el fisiólogo español Santiago Ramón y Cajal, galardonado con el Premio Nobel de Medicina por sus investigaciones sobre el tejido nervioso y en especial sobre las neuronas; o bien en sentido literal, como el noruego Roald Amundsen, que consiguió determinar la posición del polo Norte magnético como culminación de una épica expedición al Ártico iniciada en 1903. ∎

Instantáneas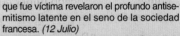

 • G. Braque expone sus telas por primera vez, en el Salón de la Sociedad de Artistas Independientes de París. También se puede ver la obra de H. Matisse y A. Derain, entre otros. *(20 Marzo)*
• P. Picasso finaliza el **retrato de la escritora Gertrude Stein,** iniciado en otoño del año anterior.
• O. Wagner rompe con el historicismo arquitectónico y desnuda de ornamentación la Caja Postal de Ahorros de Viena: en el nuevo estilo impera la **funcionalidad,** sin perder el impacto monumental.

 • J. London: *Colmillo blanco,* un lobo que aprende a vivir con el hombre.
• *Els fruits saborosos:* quizá el libro de poemas más representativo de J. Carner y de la corriente artística del **noucentisme** en Cataluña.
• *Pilar Prim,* la obra más ambiciosa del autor naturalista catalán N. Oller.
• *Las tribulaciones del joven Törless,* primera novela del austríaco R. Musil, refiere en parte su propia formación como escritor y como persona.

 • *Anchors aweigh,* de A. Miles y R. Lovell, himno de la Marina de Estados Unidos.
• *El gato montés,* de M. Penella: de esta zarzuela ha perdurado su famoso pasodoble, compañero inseparable de muchos espectáculos taurinos.

 • Primera **emisión radiofónica** desde Terranova. Su autor: el inventor R. Aubrey. *(24 Diciembre)*
• El bacteriólogo A. von Wasserman descubre con sus colaboradores un método para **detectar la presencia de una infección de sífilis** en el suero.
• E. Forlanini inventa **el hidroala.**
• El español L. Torres Quevedo crea el **primer dispositivo de radiodirección operativo,** el Telekino.
• Empieza una revolución para la música, con la aparición de **la primera gramola.**
• L. Forest inventa **el triodo.**

 • **Boda del rey de España Alfonso XIII** con la princesa Victoria Eugenia de Battenberg, en Madrid. Tras la ceremonia, el anarquista M. Morral arroja una bomba contra el cortejo, causando una veintena de muertos. *(31 Mayo)*
• El militar francés **A. Dreyfus es rehabilitado,** y su inocencia finalmente reconocida. La acusación de traición y el juicio viciado de

que fue víctima revelaron el profundo antisemitismo latente en el seno de la sociedad francesa. *(12 Julio)*
• La CGT francesa proclama en el Congreso de Amiens su independencia de los partidos: nace el **sindicalismo revolucionario.** *(13 Octubre)*
• **L. Trotski es deportado a Siberia** por segunda vez, aunque en la primera ocasión logró escapar y continuó su trabajo revolucionario en la clandestinidad. *(2 Noviembre)*

 • **Primer Congreso Internacional de la Lengua Catalana,** en Barcelona, centrado en la cultura catalana en conjunto. *(13 Octubre)*
• Un **fuerte terremoto en Valparaíso** (Chile) causa 2500 muertos y devasta parcialmente la ciudad. *(16 Agosto)*
• El príncipe Alberto de Mónaco dona a la ciudad de París un **Instituto Oceanográfico.** *(Noviembre)*
• Un cine de Londres emite el primer **servicio de noticias filmado.**
• El **jabón en copos,** quizá tan antiguo como el jabón mismo, aunque fuera el ama de casa quien tuviera que arañarlo de la pastilla, se convierte en un éxito comercial.

 • Szisz, rodando a una velocidad de 101 km/h, gana el primer **Grand Prix de Le Mans,** una prueba destinada a convertirse en clásica en el calendario automovilístico anual. *(27 Junio)*

 • «Los métodos de Lenin conducen a lo siguiente: la organización del Partido sustituye al Partido en sí. Luego el Comité Central sustituye a la organización del Partido, y finalmente un dictador sustituye al Comité.» L. Trotski, sobre los métodos de dirección del Partido bolchevique ruso.
• «Pintarrajos, insanias pictóricas.» Así describe el crítico de arte Rochefort los cuadros de P. Cézanne.
• «Si los cubanos quieren cortarse la cabeza, todavía puedo impedirlo.» El futuro presidente de Estados Unidos W.H. Taft tras imponer en La Habana un gobierno provisional favorable a los intereses estadounidenses.

 • Henrik Ibsen, dramaturgo noruego, gran renovador del teatro contemporáneo con obras "de tesis", como *Casa de muñecas,* construidas sobre presupuestos realistas y críticos. *(23 Mayo)*
• Paul Cézanne, pintor postimpresionista, cuya obra abrió nuevos caminos al arte de nuestro siglo.

1907

Detalle de Las señoritas de Aviñón, *de Pablo Picasso. Su composición, que marca el inicio del movimiento cubista, le exigió más de seis meses de trabajo y casi dos docenas de estudios preliminares. En 1907 el cuadro no gustó a nadie, y quedó olvidado en un rincón del estudio del pintor hasta su redescubrimiento en 1937.*

Fotografía de Mohandas Gandhi a principios de siglo, en Sudáfrica. Aún no era el "Mahatma", pero empezaba a poner en práctica su sistema de protesta pacífica.

Guerra entre Honduras y Nicaragua
21 FEBRERO

El viejo contencioso limítrofe entre Nicaragua y Honduras da lugar a una nueva crisis bélica. Las acciones militares dan comienzo cuando el ejército nicaragüense invade territorio hondureño. La mediación del rey español Alfonso XIII permitirá restablecer la paz y firmar, el 23 de diciembre, un acuerdo de límites entre los dos países centroamericanos. Según este tratado limítrofe se fija la frontera en el río Coco, reclamado por Honduras en vez del Patuca, quedándose Nicaragua en la margen derecha del mismo, incluido Puerto Cabo Gracias a Dios. **➡ 1909**

La lucha de Gandhi en África del Sur
22 FEBRERO

Mohandas Karamchand Gandhi (1869-1948) organiza la defensa de las minorías étnicas en África del Sur. Residente en este país desde 1893, el joven abogado indio dedica sus esfuerzos a la defensa de los derechos de sus más de cien mil compatriotas a través de la Transvaal British India Association y el periódico *Indian opinion*. Perfila en estas fechas su estrategia de lucha basada en el concepto *satyagraha*, "abrazo de la verdad" en sánscrito, que considera más ajustado que "desobediencia civil" o "resistencia pasiva", y en la no cooperación con las autoridades sudafricanas por su política segregacionista. Para impulsar su movimiento de protesta no violenta, Gandhi crea una asociación de resistencia en defensa de la minoría étnica. **➡ 1921**

La revolución de Picasso
MARZO

Los cánones hasta ahora conocidos y aceptados en pintura se disuelven definitivamente con el cuadro *Las señoritas de Aviñón*, de Pablo Picasso (1881-1973), aunque la obra también recuerda a las *Bañistas* de Paul Cézanne (1839-1906). Estas señoritas, al parecer mujeres de dudosa reputación, exhiben cuerpos extraños que se ven desde distintos ángulos a la vez, y cuyos pedazos se convierten casi en figuras geométricas, en un espacio –¿una habitación?– del todo extraño a las leyes de la perspectiva. Algunos de los rostros que miran al espectador semejan máscaras africanas. Los orígenes del cubismo, primera vanguardia pictórica, habrán de buscarse sin duda en esta obra. **➡ 1973**

Las mujeres entran en el parlamento finlandés
15 MARZO

El reconocimiento pleno del sufragio universal permite a las mujeres finlandesas participar activamente en la vida pública. Finlandia, que forma parte del Imperio ruso desde 1898, logra que el zar, presionado por los acontecimientos derivados de la guerra ruso-japonesa, la Revolución de 1905 y la permanente tensión social, le conceda el derecho de elegir su propia Dieta mediante sufragio universal sin discriminación por razones de sexo. La celebración de las elecciones en estas condiciones supone un extraordinario avance en las instituciones democráticas del país, que se prepara para una más o menos próxima independencia.

II Conferencia de Paz de La Haya
15 JUNIO-18 OCTUBRE

Por iniciativa de Estados Unidos se reúne la segunda conferencia internacional de paz en la ciudad neerlandesa. Los Estados participantes acuerdan impulsar la resolución pacífica de los conflictos internacionales a la vez que revisan aspectos relativos a la guerra terrestre y marítima y a los derechos y deberes de las naciones neutrales. No prosperan, a pesar de las buenas intenciones de algunos representantes, las ideas de dar curso al principio de arbitraje obligatorio y de poner freno a la carrera de armamentos. La cláusula de solidaridad, o *si omnes*, por la cual el tratado es sólo vinculante para los estados firmantes del mismo, limita su efectividad. **➡ 1913**

Creación del movimiento Scout
29 JUNIO

El barón Robert Baden-Powell, oficial británico, funda la organización juvenil de los boy scouts o exploradores. A lo largo de su experiencia militar en la India y África del Sur pudo comprobar la escasa capacidad de sus hombres para soportar el aislamiento y las circunstancias difíciles. Su propuesta, que define como «un método educativo que tiende a la formación de ciudadanos activos, alegres y útiles», se basa en poner a los jóvenes en contacto con la naturaleza, y adiestrarlos en técnicas de exploración y supervivencia: cómo orientarse, de qué manera se enciende un fuego, o se corta un árbol. El movimiento Scout pronto se extenderá más allá de las fronteras del Reino Unido, para convertirse en un fenómeno mundial.

Millikan mide la carga del electrón

El físico estadounidense Robert Andrews Millikan (1868-1953) consigue medir la carga de la primera partícula elemental descubierta por J. Thompson, el electrón. Para ello crea un dispositivo experimental que le permite seguir la trayectoria de diminutas gotas de agua cargadas eléctricamente que caen sometidas a la atracción de una placa cargada situada sobre ellas y bajo la acción de la gravedad. Exponiéndolas a la acción de los rayos X logra que se unan a un ion y que caigan con mayor lentitud o incluso lleguen a ascender, lo que le permite determinar la carga del electrón de modo muy preciso. **➡ 1924**

Europa dividida

La división del continente europeo en dos bloques antagónicos quedó prácticamente sellada a lo largo del año 1907 sin que la negociación diplomática o la presión del movimiento obrero organizado pudieran evitarlo. Mientras tanto, fuera de Europa, Estados Unidos y Japón volvían a demostrar su nueva condición de grandes potencias embarcadas en una ruta de expansión imperialista. Ajenas a esas vicisitudes políticas, la vida cultural y la evolución científica y tecnológica persistían en sus propias y autónomas vías de desarrollo.

BLOQUES MILITARES

El gradual alineamiento de las grandes potencias europeas en alianzas militares y diplomáticas antagónicas alcanzó su punto culminante en agosto de 1907 con la firma del tratado de San Petersburgo entre los gobiernos de Rusia y el Reino Unido. En virtud del mismo, la alianza de los imperios centrales que unía desde antiguo a Alemania y a Austria-Hungría quedó contrarrestada por la nueva Triple Entente que incluía a Francia, Gran Bretaña y Rusia. Así quedaban ya delineados los futuros bloques militares que habían de enfrentarse en julio de 1914.

Dilemas socialistas y condición de la mujer

Para atajar la perspectiva de un conflicto entre potencias imperialistas, el VII Congreso de la Segunda Internacional reunido en Stuttgart debatió la posibilidad de declarar una huelga general obrera contra la guerra en todos los países. La dirigente alemana Rosa Luxemburg propuso incluso la conversión de dicha guerra en una insurrección revolucionaria. Pero la unidad de los partidos y sindicatos socialistas europeos en torno a esas medidas era meramente retórica y declarativa. El influyente partido socialdemócrata de Alemania rehusó, entonces y más tarde, adoptar oficialmente la consigna de la huelga general como respuesta obrera ante la declaración de guerra.

El deterioro de la situación diplomática europea no fue óbice para el avance de la situación social y política de las mujeres en el continente. En marzo de 1907, por vez primera en todo el mundo, una mujer fue elegida diputada parlamentaria en las elec-

Acuerdo de paz entre rusos y japoneses concluido en Portsmouth, pequeña localidad de New Hampshire (Estados Unidos). Theodore Roosevelt aparece en el centro, con los negociadores rusos a la izquierda y los japoneses a la derecha.

Llegada del transatlántico Lusitania al puerto de Nueva York, después de completar la travesía del Atlántico en tan sólo cinco días.

◀ Rosa Luxemburg (derecha). En 1907 era ya una figura destacada de la Internacional. Más tarde defendió la lucha espontánea de las masas, frente a la insistencia de Lenin en la organización. Fue asesinada por la policía alemana el 15 de enero de 1919, cuando llamaba a los obreros a la insurrección.

ciones generales celebradas en Finlandia. Siguiendo esa misma tendencia a la igualdad jurídica entre los dos sexos, en Francia una ley específica permitió que las mujeres trabajadoras dispusieran libremente de su salario sin rendir cuentas a sus maridos o padres.

LOS NUEVOS IMPERIALISMOS

En Estados Unidos, ante el aumento de la inmigración de origen japonés (cuya colonia sumaba más de un millón de personas por entonces), el Congreso decidió aprobar las primeras medidas restrictivas con imposición de cuotas de inmigración. La "diplomacia del dólar" auspiciada por el presidente Theodore Roosevelt quedó de manifiesto en el tratado firmado en febrero entre el gobierno estadounidense y la República Dominicana, por el cual el primero quedaba a cargo de la administración de las aduanas del pequeño país caribeño.

La nueva posición de Japón como única gran potencia imperial no occidental se vio confirmada en su acuerdo con Rusia para repartirse la provincia china de Manchuria y en la firma del tratado de

Fotografía de sir Robert Baden-Powell con el uniforme de scout *(explorador), el movimiento juvenil fundado por él en 1907.*

tas de Aviñón, y casi simultáneamente el italiano Ferruccio Busoni publicaba su *Bosquejo de una nueva estética musical*, obra básica para el desarrollo de la música contemporánea.

Los avances tecnológicos también lograron superar un nuevo hito en el campo de los transportes durante 1907. El transatlántico *Lusitania* batió el récord mundial el 13 de setiembre al cruzar el océano Atlántico en sólo cinco días de travesía. En el mismo año, el aeronauta brasileño Santos Dumont botaba el primer *hovercraft*, una novedosa embarcación dotada de hélice aérea. ■

La larga estancia de Rudyard Kipling en la India fue decisiva para el desarrollo de su narrativa. Desde una estética colorista desarrolló novelas de aventuras ambientadas en un medio exótico.

Portsmouth sobre Corea. A tenor de este último, el emperador Ko Jomg fue forzado a abdicar y Corea pasó a depender de Japón. Mientras tanto, en la India la administración colonial británica tuvo que hacer frente a la primera campaña de desobediencia civil emprendida por Mohandas Gandhi. En el resto del continente asiático, las potencias europeas resolvieron sus rivalidades mediante el reparto de esferas de influencia: el Reino Unido acordó dividir con Rusia sus áreas de interés en Persia, e hizo lo propio en Siam con Francia. Por su parte, los Países Bajos culminaron la ocupación de la isla de Sumatra a finales de 1907. Paralelamente, en la ciudad palestina de Jaffa, Chaim Weizmann fundó una oficina sionista que habría de ser el embrión inicial de la colonización judía del territorio.

AVANCES DE LA PEDAGOGÍA

En el plano artístico y cultural, la cosecha de 1907 fue muy enriquecedora. Mientras la pedagoga y médico Maria Montessori fundaba en Roma la "Casa dei Bambini" y comenzaba a desarrollar una gran labor de innovación pedagógica, en el Reino Unido sir Robert Baden-Powell ponía en marcha el movimiento juvenil de los boy scouts. En la literatura universal se abrían nuevas perspectivas en el terreno de la narrativa social, con la publicación de *La madre* del ruso Máximo Gorki, y en la lírica con las *Nuevas poesías* del checoalemán Rainer Maria Rilke. En la esfera artística, Pablo Picasso anunciaba un cambio estético radical en su obra *Las señori-*

Instantáneas

1907

- Sensualidad y erotismo en *Dánae*, de G. KLIMT.
- Se funda la **Deutscher Werkbund** para impulsar el diseño alemán.

- *Aventuras de don Procopio en París*, cuplé. Música de G. ESTELLÉS.
- *Clavelitos*, cuplé de Q. VALVERDE, con letra de J. J. CADENAS. *(25 Setiembre)*

- *El séptimo anillo*, exponente del esteticismo simbolista del poeta alemán S. GEORGE.
- *Los intereses creados*, la pieza más popular del teatro de ingenio y evasión del español J. BENAVENTE.
- *L'auca del senyor Esteve*: amable caricatura de la burguesía catalana, obra de S. RUSIÑOL.
- Encíclica *Pascendi Domini gregis*, del papa Pío X: condenación del modernismo en teología, «síntesis de todas las herejías». *(8 Setiembre)*
- El británico **R. KIPLING**, premio Nobel de Literatura. *(10 Diciembre)*

- Primera carrera internacional de motocicletas: la **Tourist Trophy** en la isla de Man (Reino Unido).

- Los ejércitos japonés y ruso **se retiran de Manchuria**, que vuelve así a la soberanía china. *(15 Abril)*
- El zar NICOLÁS II introduce en la ley electoral rusa una serie de modificaciones que rebajan la representación obrera y aumentan la presencia de la nobleza, en un intento de conseguir **una Duma dócil** en las próximas elecciones. *(16 Junio)*
- Se crea la **Corte de Justicia Centroamericana** para garantizar la paz en la región, bajo la garantía conjunta de México y Estados Unidos. *(11 Diciembre)*
- **América Central**: los diversos países de la región firman un tratado de paz, bajo patrocinio de Estados Unidos. *(20 Diciembre)*

- Primero **un terremoto**, e inmediatamente después un maremoto, destruyen la ciudad mexicana de Acapulco, causando 2000 muertos. *(14 Abril)*
- Noruega: el parlamento rechaza el proyecto de ley sobre el **sufragio femenino** universal, pero concede el derecho al voto a las mujeres que hayan pagado regularmente sus impuestos. *(14 Junio)*
- Primer viaje del transatlántico británico **Lusitania**, que realiza el trayecto de Queenstown a Nueva York en cinco días. *(13 Setiembre)*

- La firma automovilística británica Rolls Royce fabrica el primer modelo **Silver Ghost**.
- El astrónomo danés E. HERTZSPRUNG publica su segundo trabajo sobre la relación período-luminosidad de las estrellas.

- «Los presidentes del Consejo se suceden como en el cinematógrafo.» Comentario del político regeneracionista F. SILVELA ante la crisis de gobierno en España.
- «Para la solidez del imperio, no existe ningún peligro en el hecho de que los irlandeses tengan lo que corresponde a cualquier colonia dotada de autonomía administrativa.» H. CAMPBELL-BANNERMAN propone, ante la Cámara de los Comunes, un mayor grado de autonomía para Irlanda.
- «Esta medida es un triunfo del Vaticano, y yo soy el derrotado.» Conde de ROMANONES: comentario a la derogación de la ley del matrimonio civil.
- «Una invitación a invadir Inglaterra.» Opinión del "Times" británico sobre el proyecto de construcción de un túnel bajo el Canal de la Mancha, rechazado finalmente por el Gobierno. *(21 Marzo)*
- «Una proposición es verdadera *cuando funciona*.» El filósofo W. JAMES en *Pragmatismo*, su primera gran obra programática.

- DMITRI IVANOVICH MENDELÉIEV, químico ruso; estableció la tabla periódica de los elementos. *(2 Febrero)*

1908

Regicidio en Portugal
1 FEBRERO

El rey Carlos I de Portugal (1863-1908) muere asesinado junto a su hijo Luis en Lisboa. Como consecuencia del creciente malestar originado por el tratado luso-británico que resolvía los límites entre las posesiones coloniales británicas y las portuguesas de Mozambique, el rey nombró primer ministro a João Franco en 1906. El carácter dictatorial del régimen y la dura represión emprendida contra los disidentes han hecho aumentar peligrosamente la tensión social. En estas circunstancias se produce el magnicidio. Aunque asume el trono Manuel II, la monarquía portuguesa queda herida de muerte. ➡ **1932**

I Congreso Internacional de Psicoanalistas
27 ABRIL

El primer congreso internacional del psicoanálisis se cierra en el hotel Bristol, de Salzburgo, sin la presencia de Sigmund Freud (1856-1939), el fundador de esta nueva disciplina, pero sí con la de distinguidos alumnos suyos, como el joven suizo Carl G. Jung (1875-1961). En pocos años, el psicoanálisis se ha convertido en una verdadera revolución para la psicología y la cultura europeas, aunque algunos críticos le nieguen todo carácter científico. La rápida expansión del psicoanálisis vendrá también acompañada por tempranas escisiones, como las que protagonizarán Alfred Adler (1870-1937) y el propio Jung, con su formulación de la idea del "inconsciente colectivo". ➡ **1917**

Manifestación sufragista en Londres
21 JUNIO

Más de 250.000 mujeres británicas reclaman su derecho al voto en Hyde Park. Tras comprobar que los liberales que habían accedido al poder no iban a conceder el voto a la mujer, la Unión Social y Política de las Mujeres, encabezada por Emmeline Pankhurst (1858-1928) y su hija Christabel (1880-1958), radicaliza su lucha por el derecho de las mujeres al voto mediante masivas protestas callejeras, huelgas de hambre y

encierros que las autoridades no dudan en reprimir, golpeando y encarcelando a las sufragistas. La lucha proseguirá durante veinte años hasta que el Parlamento británico conceda el voto a las mujeres mayores de veintiún años. ➡ **1928**

Insurrección de los Jóvenes Turcos
3 JULIO

Ante el estancamiento social y político del imperio otomano, las guarniciones militares de Salónica y Monastir se sublevan a la llamada del comité central del partido de los Jóvenes Turcos. La rebelión es respaldada por todo el país, que reclama una apertura política y la instauración de instituciones liberales. El Comité de Unión y Progreso, encabezado por los oficiales Enver Pachá (1881-1922), Mehemed Talaat (1874-1921) y Ahmed Djemal (1872-1922), obliga al sultán Abdulhamit II (1842-1918) a reinstaurar la Constitución de 1876 y a convocar un nuevo Parlamento. Muy pronto el triunvirato de los Jóvenes Turcos adoptará una política claramente nacionalista que resultará decisiva en la creación de la República (1922). ➡ **1912**

Olimpiadas en Londres

Los Juegos Olímpicos celebrados en Londres son, esta vez sí, verdaderamente internacionales, con la intervención de 22 naciones, y 2 035 deportistas. La organización es felicitada por todo el mundo. En el terreno de lo deportivo, una prueba acapara por su dramatismo toda la atención: el maratón, que se corre por primera vez sobre la longitud exacta, 42,195 km. Dorando llega a la meta en primera posición, pero en un estado de agotamiento extremo que le lleva a equivocarse dos veces de trayecto y caer al suelo en varias ocasiones, hasta que los jueces le ayudan a cruzar la meta. Pero el segundo clasificado, John Hayes, llega a tiempo para verlo: presenta una reclamación y los mismos jueces que lo ayudaron se ven obligados a descalificar a Dorando. Éste, sin embargo, se convierte en toda una figura, y recibe una copa de oro de la reina Alexandra, que se había desvanecido el día antes viendo su llegada. Finalmente, destacar la despedida de

Ewry, que vuelve a ganar las pruebas de salto sin impulso, una modalidad que pronto desaparecerá del calendario atlético oficial. ➡ **1912**

Sale a la venta el primer Ford T
13 SETIEMBRE

El industrial estadounidense Henry Ford (1863-1947) lanza al mercado el primer automóvil "popular", asequible a amplias capas de la población. Ford es partidario de mejorar las condiciones de trabajo de sus empleados en la creencia de que su mayor poder adquisitivo y satisfacción redundan en beneficio de su negocio. Además, impelido por el deseo de racionalizar la producción, creará para la fabricación del modelo T una cadena de montaje (1913), que revolucionará la industria del automóvil. ➡ **1913**

Un terremoto destruye Messina
28 DICIEMBRE

La antigua Zancle, fundada en el siglo v a.C. por los piratas de Cumas y ocupada posteriormente por los mesenios que le dieron su actual nombre, sufre los terribles efectos de un seísmo que ha derrumbado la práctica totalidad de sus edificaciones y provocado la muerte de más de 70 mil personas. El abrigado puerto al pie de los montes Peloritani, que ha sido un punto estratégico cuya posesión se han disputado casi todos los grandes pueblos del Mediterráneo a lo largo de los siglos, ha quedado completamente en ruinas.

Sigmund Freud, con bigote y barba blanca, aparece en el centro de esta imagen rodeado por el primer núcleo de seguidores del psicoanálisis.

Asesinato de Carlos I de Portugal y de su hijo Luis, cuando recorrían en coche descubierto las calles de Lisboa.

En el centro de la imagen, Enver Pachá, uno de los oficiales que encabezaron la sublevación de los Jóvenes Turcos.

Nace el automóvil familiar

El preocupante agravamiento de los antagonismos nacionales en Europa no era un inconveniente para un progreso económico y social generalizado. El enorme desarrollo de los transportes, determinado en última instancia por los constantes avances tecnológicos, encontró en 1908 el máximo protagonismo en Estados Unidos, un país convertido a estas alturas en la principal potencia industrial mundial.

INESTABILIDAD EN LOS BALCANES

En la antesala de la Primera Guerra Mundial, la enemistad creciente entre las distintas potencias comenzaba a finales de la primera década del siglo a enrarecer el ambiente diplomático y político europeo. Las declaraciones del káiser Guillermo II al Daily Telegraph en 1908, en las que se presentaba como amigo de Inglaterra pero asumía públicamente que el sentimiento general entre sus compatriotas era el contrario, no ayudaron nada a suavizar la creciente rivalidad germano-británica. La tensión se iba gestando en estos años en determinados conflictos, como el de Marruecos, al que ahora se venía a añadir el problema de los Balcanes. En 1908 la península balcánica parecía destinada a convertirse en un polvorín. Se produjo una fuerte crisis, antesala de las guerras balcánicas que habían de sucederse en los años 1912 y 1913, y que a la postre conducirían al estallido de la Gran Guerra. En la base del conflicto estaban las apetencias imperialistas de potencias como Rusia y Austria, a las que se sumaba una realidad marcada por la abigarrada diversidad étnica y cultural del territorio y la debilidad e inestabilidad creciente de un imperio turco en vías de desintegración. En julio el movimiento nacionalista de los Jóvenes Turcos, con fuerte implantación en el seno del ejército, se alzó en armas contra el sultán Abdulhamit II, que se vio obligado a aceptar el régimen parlamentario. El objetivo era la modernización del imperio, con la pretensión última de plantar cara a las grandes potencias y evitar el desmembramiento final de una Turquía europea que, a pesar de tales esfuerzos, no había de sobrevivir a la década siguiente. En este contexto de enfrentamiento global entre las potencias,

Emmeline Pankhurst, detenida frente al palacio de Buckingham cuando reclamaba el sufragio femenino, es conducida en volandas a la comisaría por un robusto bobby.

Portada del programa de los Juegos Olímpicos de Londres. El gran acontecimiento deportivo casi coincidió con la gran manifestación de Hyde Park en demanda del sufragio femenino.

Turquía ve desolada cómo arrancan jirones de su territorio el emperador de Austria-Hungría y el rey de Bulgaria. Caricatura de la época.

la tensión en los Balcanes se agudizó considerablemente a partir de dos hechos que, en octubre, sentenciaron la progresiva desmembración del imperio turco. Por un lado, la decisión austrohúngara de anexionarse la provincia otomana de Bosnia-Herzegovina, lo que generó el consiguiente malestar en Rusia y en países balcánicos como Servia y Grecia; por otro, la proclamación de la independencia de Bulgaria por el rey Fernando II.

LONDRES, ESCENARIO DE GRANDES ACONTECIMIENTOS

En 1908, y en menos de un mes, Londres se vio sobresaltado por la confluencia de dos acontecimientos de gran relevancia pero de muy distinta índole. A finales de junio se reunieron en Hyde Park más de doscientas mil personas para reclamar el derecho al voto de la mujer. El movimiento sufragista mostraba de esta

Interior de la fábrica estadounidense Ford.
La cadena de montaje, pronto copiada por otros
sectores de la producción, dio origen a una nueva
filosofía en la organización interna del trabajo.

manera a las claras su enorme capacidad de convocatoria. Un mes después, entre el 13 y el 15 de julio, se llevaron a cabo los Juegos de la IV Olimpiada. En principio su celebración había sido concedida a Roma, pero tras la renuncia de esta ciudad, Londres aceptó el compromiso. Participaron 2 184 atletas pertenecientes a 19 países; en su transcurso el barón Pierre de Coubertin pronunció la célebre frase «lo más importante no es vencer, sino participar».

LA REVOLUCIÓN DEL AUTOMÓVIL

La más espectacular aplicación del conocimiento tecnológico en el siglo XX correspondió al campo del transporte. En esta primera década, y en paralelo a la génesis de la aviación moderna, se produjo la revolución de la automoción, a la postre uno de los elementos distintivos de nuestro siglo.

En Estados Unidos William Durant, propietario de la marca Buick, fundó en 1908 la General Motors, y en el mismo año Ford presentó en público su modelo Ford T, de sobrio diseño y fácil maniobrabilidad, que según el propio creador estaba destinado al gran público. La producción del modelo T se llevaba a cabo con un método de montaje en cadena que hizo posible su bajo precio. Era realmente un utilitario: resistente, económico y práctico. Con él se difundió y popularizó el automóvil en Estados Unidos, donde el modelo se hizo popular por el sobrenombre familiar de "Lizzie". El automóvil, que en un pricipio había sido un vehículo experimental de interés sólo para especialistas, entusiastas de las carreras y gentes acomodadas, se convertía de esta manera en una necesidad para millones de familias, y en la piedra angular sobre la que se edificaba su modo de vida. Muy pronto se convertiría además en un símbolo de prestigio y estatus social y en la base de una gran industria. Con el automóvil como medio familiar de transporte se debilitaron las relaciones basadas en la proximidad, se modificaron muchas pautas sociales y se alteraron los horizontes, viéndose potenciado el ya de por sí creciente individualismo. ■

Instantáneas

- O. Kokotschka pinta *Piedad*, sobrecogedor cartel de propaganda para una obra de teatro.
- Confirmación del cubismo: G. Braque pinta *Casas de l'Estaque*.
- Inauguración del **Palacio de la Música catalana** en Barcelona, obra modernista del arquitecto Ll. Doménech i Montaner. *(26 Febrero)*

- *El hombre que fue jueves*, de G.K. Chesterton, con una compleja trama de espionaje y misticismo.
- *Sangre y arena*: V. Blasco Ibáñez incluye la tauromaquia en su larga lista de temas novelescos.
- *Poesías*, obra del poeta modernista colombiano J.A. Silva, publicada en Barcelona después del suicidio de su autor.

- *Take me out to the ball game* (Llévame al partido de béisbol), de J. Norworth y A. von Tilzer. El primero no había asistido nunca a un partido oficial de la Liga de béisbol antes de publicar la canción.
- *La golondrina*, de N. Serradell.
- *El polichinela*, cuplé. Música de Q. Valverde, letra de J.J. Cadenas y Á. Retana.

- «Lo más importante no es vencer, sino participar.» P. de Coubertin, a propósito de los Juegos Olímpicos de Londres.
- «Nosotras hemos emprendido esta lucha porque, como mujeres, nos damos cuenta de que la condición de nuestro sexo es tan deplorable que constituye un deber incluso el quebrantar la ley, con el fin de llamar la atención sobre las razones de por qué lo hacemos.» Discurso de la sufragista británica E. Pankhurst.

- **Primer vuelo de un europeo**, H. Farman, en circuito cerrado, cuatro años después de los hermanos Wright. *(13 Enero)*
- Aparecen **las primeras lámparas de incandescencia** dotadas de hilo de wolframio.
- El químico alemán F. Haber logra sintetizar **amoníaco** en el laboratorio.
- E. Rutherford, científico nacido en Nueva Zelanda, recibe el premio Nobel de Química. *(10 Diciembre)*
- H. Geiger, ayudante de E. Rutherford, inventa un dispositivo para medir la radiación, el **contador Geiger**.

- Primera visita de un rey británico, Eduardo VII, a **Rusia**, donde mantiene un encuentro con el zar Nicolás II en Reval. *(9 Junio)*
- El republicano **W.H. Taft**, nuevo presidente de Estados Unidos. *(3 Noviembre)*

- **Uruguay**: se suprime la enseñanza religiosa en los colegios públicos, pero no en los privados dado que la Constitución reconoce la libertad de enseñanza. *(26 Mayo)*
- Se funda la empresa automovilística estadounidense **General Motors**. *(Setiembre)*
- **Se asfalta la primera calle** en una ciudad: la avenida Woodward de Detroit.
- **Filtros de café Melita**, epónimo de su inventora, una ama de casa alemana.
- El hallazgo de restos paleontológicos en Piltdown causa una gran conmoción en la comunidad científica. En 1953 se descubrirá que se trataba de un **fraude,** aunque no se pudo encontrar al bromista.

- Nikolai Rimski-Korsakov, compositor ruso. *(21 Junio)*
- Henri Becquerel, físico francés, descubridor de la radioactividad del uranio. *(25 Agosto)*

1909

Dibujo de la época que muestra a Louis Blériot sobre el Canal de la Mancha. El gobierno francés destacó a un destructor al Canal para cubrir el vuelo, pero por fortuna no fue necesaria su intervención.

Se publica el **Manifiesto del Futurismo**
20 FEBRERO

Aparece en el diario francés Le Figaro el *Manifiesto del Futurismo,* que aboga por la ruptura con la cultura académica. El movimiento fundado por el poeta italiano Filippo Tommaso Marinetti (1876-1944) trasciende el ámbito literario al adscribirse a él pintores, escultores, arquitectos, músicos, etc., que coinciden en reconocer a la tecnología el poder para abrir nuevos caminos en el arte y en la cultura. Si bien la vida del movimiento como tal es breve, su influencia se hará sentir entre las vanguardias rusas e inglesas, en corrientes como la dadaísta y en pintores como Marcel Duchamp y Robert Delaunay.

Robert Edwin Peary alcanza el polo Norte
6 ABRIL

El explorador estadounidense logra su objetivo alcanzar el polo Norte. Peary, que unos años antes había demostrado que Groenlandia era una isla y no un continente (1901), llega al polo Norte acompañado de su ayudante Matthew A. Henson y cuatro inuits (esquimales), después de superar las durísimas condiciones meteorológicas de las regiones árticas valiéndose de los métodos de supervivencia de estos últimos. La expedición había partido el 17 de julio de 1908 y soportado tempestades y temperaturas inferiores a los 33 grados bajo cero. ➡ **1911**

Frederick Cook había creído alcanzar el polo Norte en abril de 1908 (momento recogido en la imagen, tomada de la prensa de la época); pero se equivocó en sus cálculos. El honor de llegar primero al polo correspondió por ello a Robert E. Peary en 1909.

Blériot salta el Canal
25 JULIO

El ingeniero, constructor y aviador francés Louis Blériot (1872-1936) gana las 1 000 libras esterlinas que ofrecía el Daily Mail por atravesar el Canal de la Mancha, pilotando un aeroplano creado por él mismo, el Blériot XI. La aventura dura unos 35 minutos, durante los que Blériot pasa algunos malos momentos a causa del viento, que se había anunciado intenso. ➡ **1926**

Semana trágica de Barcelona
26-31 JULIO

Durante seis días Barcelona vive uno de los más graves conflictos sociales de su historia. Lo que inicialmente comenzó como una manifestación de protesta contra la guerra de Marruecos, desemboca en violentos disturbios callejeros, como consecuencia del malestar de los trabajadores. Ante el cariz que toman los acontecimientos, incluidos los incendios y saqueos de iglesias, las autoridades decretan el estado de guerra. La represión gubernamental deja como saldo más de ochenta muertos y centenares de trabajadores encarcelados. Asimismo, los consejos de guerra aplican la pena de muerte a cinco personas. La ejecución del educador Francisco Ferrer y Guardia, a quien se acusa de ser el instigador de los hechos, provoca una serie de protestas internacionales y la dimisión del jefe de gobierno, Antonio Maura (1853-1925). ➡ **1911**

Tropas de Estados Unidos invaden Nicaragua
16 DICIEMBRE

Juan J. Estrada, apoyado por Estados Unidos, se alza en armas contra el presidente nicaragüense, el liberal José Santos Zelaya (1893-1909). La firme defensa de éste de los intereses de su país frente a los estadounidenses provoca una crisis que lo obliga a dimitir y ser sustituido por José Madriz. Sin embargo, éste es rechazado por Estados Unidos, que envía al puerto nicaragüense de Bluefields el crucero *Paducach*. Los rebeldes finalmente imponen a Estrada, quien no tarda en firmar un empréstito con la banca Brown Seligman a

cambio de hipotecas sobre las rentas aduaneras y los ferrocarriles. ➡ **1927**

Acaba la guerra del Rif
18 DICIEMBRE

El gobierno español pone fin al impopular conflicto del Rif. La guerra de Marruecos, que se ha desarrollado a lo largo del año con la manifiesta oposición de la población española, causa la muerte de miles de soldados y grandes cargas económicas que repercuten en las clases menos favorecidas de la población. Las derrotas de las tropas españolas frente a las rifeñas comandadas por Abd el Krim (1863-1963), en los barrancos del Lobo y Alfer, en las laderas del Gurugú, obligan a España a un gran esfuerzo militar para recuperar posiciones y negociar un tratado de paz que le permite conservar un reducido territorio al norte de Marruecos. ➡ **1921**

Inventado un plástico duro, la baquelita

El químico estadounidense de origen belga Leo Hendrik Baekeland (1863-1944) inventa la primera sustancia plástica dura, que bautiza con el nombre de baquelita. Baekeland consigue por primera vez condensar de forma completa, con la ayuda de catalizadores adecuados, fenol y formaldehído para obtener una sustancia plástica dura.

Presentación de los Ballets Rusos

La renovación del ballet en las primeras décadas del siglo XX viene dada por los Ballets Rusos de Serge de Diaghilev (1872-1929). Su presentación en París en 1909, con un espectáculo basado en las *Danzas polovtsianas* de Alexander Borodin, causa furor entre los espectadores. *Scheherazade* de Rimsky-Korsakov, presentada en 1910, con figurines de Bakst y coreografía de Fokine, acabará de consolidar una compañía para la que escribirán músicos como Stravinsky, Falla, Prokofiev o Satie, y que contará con los coreógrafos (Fokine, Balanchine, Massine, Bronislava Nijinska), bailarines (Karsavina, Nijinski) y los escenógrafos (Bakst, Benois, Matisse, Picasso).

Éxitos tecnológicos y crisis sociales

En 1909 las estructuras sociales occidentales mantenían muchos rasgos del funcionamiento clasista y discriminatorio del mundo previo a la revolución industrial. Se ponía en evidencia el vivo contraste entre el esplendor de un capitalismo puntero, que impulsaba grandes empresas tecnológicas, y la precariedad de la condición obrera, que daba lugar a formas de escape tan dispares como la emigración o la revuelta.

EXPLORACIONES Y TRAVESÍAS: LA FE CIEGA EN EL PROGRESO

A comienzos del siglo XX la mentalidad de europeos y americanos irradiaba plena confianza en el progreso material de la civilización industrial. Exploradores y aventureros hacían suya la máxima de que nada es imposible para el ser humano. La movilidad del hombre alcanzó cotas insospechadas. Se incrementaron las formas de locomoción, con los avances del automovilismo y los inicios de la aviación, y se consiguieron logros brillantes en el terreno de la velocidad. De tal manera que, como ya sucediera en tiempos de la primera revolución de los transportes, se alteraron las nociones tradicionales del espacio y el tiempo. Ninguna región del mundo podía quedar inexplorada. En abril de 1909 el explorador estadounidense Robert Edwin Peary se convirtió en el primer ser humano que alcanzaba el polo Norte geográfico. Peary, científico, marino y geógrafo, tardó algo más de cuatro meses en culminar su aventura. Él mismo había ya explorado Groenlandia en 1886 y demostrado que, lo que hasta el momento se creía continente, era en realidad una isla gigantesca. Tras un segundo viaje en 1896, consiguió su propósito. El reto y el esfuerzo sobrehumano de sus dos viajes quedaron reflejados en sus libros *Rumbo al norte sobre los grandes hielos* (1898) y *Muy cerca del polo Norte* (1906). En 1910 Peary publicó *El polo Norte,* la primera obra escrita sobre este espacio del planeta hasta la fecha inexplorado por el hombre.

También en 1909, el ingeniero y pionero francés de la aviación Louis Blériot fue el primer hombre en cruzar por el aire el Canal de la Mancha. Blériot es otro ejemplo del prototipo de científico y explora-

Desfile en Barcelona (España) de las tropas destinadas a Marruecos. El intento popular de impedir el embarque de los reservistas fue el origen de la Semana Trágica.

La guardia civil detiene a un menestral en la calle Pelayo de Barcelona (España), durante la Semana Trágica. Las tropas de la guarnición se habían negado a reprimir las protestas.

dor característico de los inicios del siglo XX. El vuelo de Calais a Dover, que duró 35 minutos, se hizo en un monoplano con un motor de 25 caballos construido según planos del propio Blériot. Esta hazaña le valió el premio de mil libras esterlinas ofrecido por The Daily Mail. El vuelo de Blériot marcó un hito en el desarrollo de la aviación, y fue seguido en el mismo año por otros, como el vuelo por vez primera de un biplano Wright sobre París. En 1928 Blériot publicó un libro mítico en su campo: *La gloire des ailes.*

ESPAÑA EN CRISIS

En 1909, el gobierno conservador de Antonio Maura intentó llevar a cabo un programa de regeneración nacional cuyo fin era conseguir la reforma de la administración en España y la apertura del país a la realidad internacional. Sin embargo, dos sucesos hicieron imposible la puesta en práctica del programa de Maura: la crisis de Marruecos y las movilizaciones que dieron lugar a la Semana Trágica de Barcelona.

◄ Francisco Ferrer y Guardia. Al fondo, la montaña de Montjuïc (Barcelona, España), donde fue fusilado como instigador de los sucesos de la Semana Trágica.

fundador de la "Escuela Moderna", que en 1906 ya había sido procesado en relación con el atentado contra Alfonso XII. Ferrer y Guardia fue fusilado en el castillo de Montjuïc en octubre de 1909. Las manifestaciones de protesta contra el fusilamiento se hicieron sentir en toda Europa. Lo que había empezado como una huelga terminó en una clara muestra de la incapacidad de la sociedad española para crear un nuevo orden.

Mientras tanto, en África, el ejército español era diezmado. Se iniciaba con estos desastres un largo período de intensas dificultades para España en el proceso de la colonización de Marruecos. La situación de las tropas españolas se hizo especialmente difícil tanto por el hostigamiento local como por la presión de la opinión pública. El tratado internacional de 1912 concedió a España una franja de tierra al norte de Marruecos y la posibilidad de diseñar una política colonial. ■

Isaac Albéniz comenzó su carrera musical como concertista de piano. Su música, adscrita al movimiento nacionalista y romántico, destaca por el virtuosismo técnico y la originalidad; en especial en la suite Iberia. *Su fallecimiento dejó un doloroso hueco en la música española.*

A partir de la conferencia de Algeciras en 1906, que reconocía la presencia de España en Marruecos, dio comienzo la penetración pacífica española en la región minera del Rif. España, Francia y Alemania obtuvieron del Sultán las concesiones mineras de Melilla. La forma en que fueron explotados estos recursos provocó el malestar laboral de la población indígena, de modo que en 1909 se produjeron incidentes violentos. El gobierno de Maura se apresuró a enviar tropas de refuerzo, para lo cual acudió a los reservistas.

En Barcelona y en Madrid, la población trató de impedir el embarque de las tropas, lo que precipitó, entre el 26 de julio y el 2 de agosto, los sucesos de la Semana Trágica. En Barcelona, una huelga general recorrió la ciudad. En varias localidades se proclamó la república. El estallido revolucionario, que alcanzó altas cotas de violencia social, fracasó por el estado de inmadurez de la protesta obrera. Como las tropas de la guarnición de Barcelona se negaron a tomar parte en la represión, el gobierno hizo intervenir a la guardia civil y a soldados venidos de fuera. Los conflictos arrojaron un saldo de setenta y ocho muertos y un gran número de detenidos. El gobierno de Maura, en un afán ejemplificador, eligió como cabeza de turco a Francisco Ferrer y Guardia, pedagogo, anarquista, masón y

Instantáneas   1909

- P. Mondriaan simplifica su apellido con la eliminación de una "a" para firmar el cuadro *El árbol rojo*, con el que considera haber hallado su verdadera personalidad artística. La obra causó impacto en una exposición del Museo Municipal de Amsterdam. *(Enero)*
- **El edificio de la fábrica alemana AEG**, de P. Behrens, propone nuevas soluciones técnicas y estéticas en la utilización del vidrio y el acero.

- *De mi villorrio*, primer libro de poemas, de marcado signo humorístico, del colombiano L.C. López.
- Una atmósfera irreal y simbólica domina la obra teatral del autor belga M. Maeterlinck: *L'oiseau bleu.*
- *Zalacaín el aventurero*, novela destacada en la amplia producción del español Pío Baroja.
- El Nobel de Literatura recae en la escritora sueca Selma Lagerlöff, creadora de Nils Holgersson, el niño que voló con los patos silvestres. *(10 Diciembre)*

- *Gertie el dinosaurio*, uno de los primeros dibujos animados, de W. McCay.

- M. Fortuny, hijo del pintor del mismo nombre, patenta en París el **proceso de plisado en seda.**
- Condé-Nast compra **la revista "Vogue"**, para convertirla en árbitro de la moda.
- **Erupción del Teide**: el volcán lanzó lava a más de 50 m de altura, en medio de estruendosas detonaciones. Los vecinos de la loca-

lidad de Tamaino, amenazados por un brazo de lava, se vieron obligados a abandonarla. *(21 Noviembre)*
- **Pearl Harbor**: avanza decisivamente la construcción de la nueva base naval estadounidense en el Pacífico. *(11 Noviembre)*

- Primer **salón internacional aeronáutico** en París. *(25 Setiembre)*
- S.P.L. Sorensen introduce el concepto de **pH** para determinar la acidez o basicidad de las sustancias.

- *By the light of the silvery moon (A la luz de la luna plateada)*, de E. Madden y G. Edwards, inspirada por un paseo en góndola a la luz de la luna, en Venecia.

- Se disputa el **primer Giro de Italia**. La victoria corresponde a L. Ganna.

- «Soy inocente. ¡Viva la Escuela Moderna!» F. Ferrer y Guardia: últimas palabras antes de ser fusilado en Barcelona, acusado de instigar los sucesos de la Semana Trágica. *(13 Octubre)*
- «Un coche de carreras es más hermoso que la Victoria de Samotracia.» F.T. Marinetti, en el *Manifiesto del Futurismo.*

- **Isaac Albéniz**, compositor español. *(18 Mayo)*
- **Leopoldo II**, rey de Bélgica y propietario privado de la inmensa colonia del Congo Belga. *(17 Diciembre)*

1910

Fundación de la Unión Sudafricana
31 MAYO

El nuevo dominio británico surge de la unión de las antiguas colonias de Orange, Transvaal, El Cabo y Natal, como consecuencia de la ley específica sancionada por el Parlamento del Reino Unido en setiembre de 1909, que garantiza la igualdad de los colonos de origen británico y bóer. Al entrar en vigor la nueva entidad jurídico-administrativa, el general Louis Botha (1862-1919) asume el cargo de primer ministro, dado su prestigio y sus esfuerzos por la reconciliación entre las comunidades blancas del área.   ➡ **1961**

Remedio contra la sífilis
22 JUNIO

El preparado número 606 que el médico alemán Paul Ehrlich (1854-1915) envía a las clínicas contra la sífilis obtiene un éxito inmediato, lo que provoca una verdadera conmoción social. El investigador llevaba años en el intento, y había recibido ya el Nobel de Medicina en 1908. La sífilis ha sido hasta el momento una grave lacra de la sociedad, sufrida en silencio por muchos a causa de su mal nombre. El preparado recibe el nombre comercial de "Salvarsán", aunque los químicos lo denominan con un nombre más complicado: dioxidiamidoarsenobenzol.

Estreno de la Sinfonía n.º 8 de Mahler
12 SETIEMBRE

Ante un público entusiasta Gustav Mahler (1860-1911) estrena su monumental *Sinfonía n.º 8*. La obra constituye un éxito sin precedentes para el músico austríaco, cuyos anteriores estrenos habían sido siempre acogidos con hostilidad. La interpretación de la llamada "Sinfonía de los Mil" incluye un gran coro, un coro infantil, ocho solistas vocales y una gran orquesta con órgano, piano, mandolina, celesta y numerosa percusión. Escrita en dos extensos movimientos (el segundo de cerca de una hora de duración), basados respectivamente en el himno latino *Veni Creator Spiritus* y en la última escena del *Faus-*

to de Goethe, es la última obra que Mahler alcanzará a estrenar antes de su prematura muerte.

Estalla la Revolución mexicana
15 OCTUBRE - 20 NOVIEMBRE

La tentativa de Porfirio Díaz (1830-1915) de hacerse reelegir por séptima vez desencadena la más larga y violenta de las revoluciones civiles latinoamericanas. El mismo lema, *«Sufragio efectivo sin reelección»*, que cuarenta años atrás había llevado al poder a Díaz, sirve a Francisco Madero (1873-1913) para proclamar el plan de San Luis Potosí (octubre) contra la dictadura porfirista. Madero, fundador del Partido Antirreeleccionista, incluye junto a las reivindicaciones políticas las reclamaciones sobre los latifundios creados a expensas de los ejidos y logra aglutinar en sus filas a campesinos, obreros y a sectores de la burguesía nacional y del ejército, propiciando con ello que la revuelta se extienda rápidamente por todo el país.   ➡ **1911**

Muere el fundador de la Cruz Roja
30 OCTUBRE

Fallece en Heiden, Suiza, Henri Dunant, uno de los grandes benefactores de la humanidad. Profundamente conmovido por el terrible espectáculo de los miles de muertos y heridos abandonados en el campo de batalla de Solferino (24 de julio de 1859), había promovido la Convención de Ginebra de 1864, de la que surgió la Cruz Roja como organización destinada a aliviar el sufrimiento de los heridos de guerra. Con la muerte de Dunant, que en 1901 había compartido el premio Nobel de la Paz con el francés Frédéric Passy, el movimiento pacifista pierde a una de sus figuras más emblemáticas.   ➡ **1917**

Comienza a publicarse Principia Mathematica

Bertrand Russell (1872-1972), con la colaboración de Alfred North Whitehead (1861-1947), desarrolla en esta obra fundamental la teoría de que la matemática puede ser formulada en los tér-

minos conceptuales de la lógica general. Se trata de abrir una vía de solución a la contradicción de Cantor acerca de las clases que no son miembros de sí mismas. Russell y Whitehead demuestran que los números pueden ser definidos como conjuntos de un tipo determinado. Mediante la formalización y axiomatización de la estructura matemática a partir de conceptos lógicos, ambos pensadores sientan las bases de la lógica simbólica, una disciplina de gran importancia dentro del pensamiento filosófico occidental.   ➡ **1950**

Gaudí acaba la Pedrera

El arquitecto catalán concluye en el paseo de Gracia de Barcelona la construcción de la casa Milà, una de las obras más emblemáticas del modernismo. Popularmente llamada *la Pedrera*, es la primera casa de nueva planta que realiza Antoni Gaudí (1852-1926) y en ella concreta algunas de sus originales ideas arquitectónicas. Su concepción de una fachada continua sugiere a Vincent Scully *«una escollera perforada por el mar, con la fachada tallada en la roca y pulida por la erosión del agua, donde cuelgan algas metálicas marinas y se horadan ventanas como ojos...»*. El carácter innovador de la construcción provoca reacciones contrapuestas en la sociedad barcelonesa.   ➡ **1926**

Casa Milà, de Antoni Gaudí, en el Paseo de Gracia de Barcelona (España). El conjunto arquitectónico, conocido popularmente como la Pedrera, *está formado por dos edificios adosados, con patios de luz separados y una azotea en la que las chimeneas y los respiraderos forman un original grupo escultórico.*

Emiliano Zapata, representado en un mural sobre la Revolución mexicana. Con la consigna "Tierra y libertad", sus guerrillas agraristas controlaron al inicio de la revolución el estado de Morelos.

El reparto de África

Durante los primeros años del nuevo siglo el imperialismo europeo se consolidó en África, y en 1910 se concretaron algunos ajustes tardíos en el reparto del inmenso "pastel" colonial. La intensa dependencia política, económica y social de las regiones africanas con respecto a los diferentes Estados europeos, no tuvo sin embargo una correspondencia adecuada en el terreno ideológico y cultural. De la falta de entendimiento en este campo decisivo nació el germen de la posterior resistencia.

EL ÚLTIMO REPARTO COLONIAL

En el África negra, Alemania y Francia redistribuyeron la soberanía de las tierras situadas entre el Congo y el Camerún. En enero de 1910 se fundó el África Ecuatorial Francesa.

En África del Sur, se constituyó la Unión Sudafricana con la federación de los cuatro estados australes: El Cabo, Natal, Orange y Transvaal. El nuevo Estado nacía bajo la forma de *dominio,* esto es, mantenía su condición de miembro del Imperio Británico, pero con autonomía tanto en los asuntos interiores como en los exteriores. La creación de este Estado tenía para los británicos dos propósitos: por un lado, conseguir un entendimiento con los bóers (liquidando las secuelas de la guerra anglo-bóer, finalizada unos años antes, en 1902); y por otro, garantizar el predominio blanco en los prósperos territorios de África del Sur.

En el Extremo Oriente, Japón se anexionó Corea, país sobre el que había adquirido derechos de protectorado mediante la firma del tratado de Portsmouth con Rusia. Entre 1907 y 1912, fechas en las que se cerraron los dos acuerdos con Rusia y se produjo la muerte del emperador Meiji, Japón incrementó además sus posesiones a costa de Rusia al apoderarse de Manchuria y de la parte septentrional de Sajalín. De este modo infligió al imperio zarista una derrota a la par territorial y moral.

En la primavera de 1910, el presidente de Estados Unidos William Taft ordenó a la infantería de marina intervenir en Nicaragua con el fin de frenar la revolución en esta área. La actuación estadounidense, en la lógica de la llamada política del Big Stick o Gran Garrote que había formulado

▲

Vista de Ciudad de El Cabo desde los muelles del puerto, hacia 1910. Fue el punto principal de intercambio con el exterior de la antigua colonia británica, y la capital de una de las provincias que formaron el nuevo "dominio" autónomo.

La bailarina Tamara Karsávina en el estreno de El pájaro de fuego, *de Igor Stravinski, en París. El debut de los Ballets Rusos de Diaghilev causó sensación: música, coreografía, vestuarios y decoración llamaron poderosamente la atención por su riqueza, su brillo estético y su radical novedad.*

Theodore Roosevelt, pretendía prevenir los perjuicios que los conatos revolucionarios podían representar para los intereses norteamericanos en la zona. Precisamente en octubre de este año se inició la revolución que había de cambiar la faz de lo que los estadounidenses consideraban su "patio trasero": la República de México.

LA RENOVACIÓN MUSICAL

En 1910 Stravinski escribió para los Ballets Rusos de Serge de Diaghilev *El pájaro de fuego,* obra que obtuvo un gran triunfo al ser estrenada en París. El compositor

ruso fue el creador de una de las orientaciones más significativas en la música del siglo XX, y su influencia fue decisiva para las generaciones posteriores. En *El pájaro de fuego,* el autor reunía la tradición folclórica nacionalista y el exotismo. La orquestación empleada fue llevada a sus extremos en *La consagración de la primavera,* que por la novedad de ritmos y combinaciones de acordes hasta entonces inéditos supuso un paso decisivo en la renovación musical del siglo XX.

Por su parte, la *Octava sinfonía* de Gustav Mahler ha sido considerada como la cumbre del período posromántico. La

Una imagen de la proclamación de la República en Portugal: entusiasmo popular en la plaza del Rossio, en Lisboa.

enorme envergadura y complejidad formal de la obra, dirigida por Mahler con enorme éxito en Munich en 1910, exigía un gran número de instrumentistas y cantantes sobre el escenario, hasta el punto de ser conocida popularmente como la *Sinfonía de los mil.* Mahler se presentó como heredero de la tradición romántica alemana de Schubert, Brahms y Bruckner, al tiempo que tuvo una influencia decisiva en la música de autores como Arnold Schönberg y Anton von Webern. Puede considerarse que Mahler llevó a su máxima expresión la forma de la sinfonía-oratorio. Muerto en 1911, Gustav Mahler fue autor de nueve sinfonías, y dejó una décima inconclusa.

Si la música culta encontró en Stravinski y Mahler los vehículos para su adecuación a los nuevos tiempos, la música popular vio nacer en 1910 un fenómeno de masas: el jazz. En Estados Unidos el jazz, derivado del folclor de la población negra de Nueva Orleans, irrumpió en los escenarios y en las calles. Su origen estaba en los cantos de trabajo de los esclavos y en los *negro spirituals,* fusión de la música africana y los himnos cristianos. Las orquestas de jazz nacieron en los barrios de los negros para invadir rápidamente el espacio de ocio de los blancos, aunque su impacto mundial no llegaría hasta los "rugientes" años veinte.

PROCLAMACIÓN DE LA REPÚBLICA EN PORTUGAL

La revolución republicana que en Portugal, el 5 de octubre 1910, dio fin al reinado de Manuel II, se había fraguado en un contexto de fuerte inestabilidad interna. Al ritmo de los escándalos financieros que se sucedían, el republicanismo veía aumentar su representación parlamentaria. El profesor Teófilo Braga asumió la presidencia provisional de una República cuyos dos objetivos fundamentales fueron modernizar un país de base agraria, cuya dependencia secular del Reino Unido había frenado la industrialización, y establecer un régimen parlamentario al estilo de los que en ese momento funcionaban en Francia o en el propio Reino Unido. A pesar de unas condiciones de atraso y analfabetismo rural –el 68 % de los portugueses mayores de siete años eran analfabetos– que permitían pronosticar su rápido arraigo social, la revolución fue un fenómeno esencialmente urbano. Durante los años posteriores, la oligarquía obstaculizó las necesarias reformas estructurales e instigó varios golpes de Estado con el fin de acabar con la República. ■

Instantáneas

- En el cuadro *La danza*, que se puede contemplar en el Salón de Otoño, H. Matisse combina concisión y movimiento.
- Último cuadro del pintor francés H. Rousseau, llamado *el Aduanero* por su oficio (1844-1910): *El sueño.*

- *Justicia*, pieza dramática de J. Galsworthy, donde aparece su vocación de reformador.
- *La señorita de Trévelez*, en la que se asoma cierta tristeza a la vena festiva de C. Arniches.

- Triunfo del joven compositor I. Stravinski con *El pájaro de fuego.*
- Estreno de la zarzuela *La corte del faraón*, el mayor éxito de V. Lleó.
- P. Luna estrena con gran éxito *Molinos de viento,* zarzuela próxima a la opereta.
- *If I was a millionaire*, de W. D. Cobb y G. Edwards.
- *Caprice viennois*, de F. Kreisler.

- *El cometa Halley* acaba de pasar cerca de la Tierra, y ahora se especula sobre los efectos perniciosos que pueda tener el próximo contacto con su cola. *(7 Mayo)*
- H. Fabre inventa el **hidroavión.**
- Th. H. Morgan descubre la relación entre **genes hereditarios** concretos y determinados **cromosomas,** y establece la teoría cromosómica de la herencia.
- K. Landsteiner establece que los **grupos sanguíneos** son hereditarios.

- Las tropas chinas invaden el **Tibet**, obligando al Dalai Lama a refugiarse en la India. *(25 Febrero)*
- Proclamación de la **República en Portugal**, tras la sublevación del ejército contra la monarquía, y la huida de Manuel II a Gibraltar. *(9 Octubre)*
- Creación del **África Ecuatorial Francesa**, agrupación de distintas colonias en la región. *(15 Enero)*
- Japón ocupa la península de **Corea**, después de varios años de protectorado sobre la región.*(24 Junio)*

- Se celebra por primera vez el **Torneo de las Cinco Naciones** de Rugby entre Francia, Inglaterra, Gales, Escocia e Irlanda.

- «Cuatro fantasmas obsesionan a los pobres: la vejez, los accidentes, la enfermedad y el desempleo. Nosotros vamos a exorcizarlos.» D. Lloyd George anticipa los *Cuatro gigantes* de W.H. Beveridge.
- «Tierra de esperanza y de gloria, madre de la Libertad, ¿Cómo debemos alabarte, quienes nacemos de ti?» A. C. Benson, *Tierra de esperanza y de gloria,* poema que, con música de Elgar, se cantó en la coronación de Eduardo VII del Reino Unido.

- Félix Tournachon, llamado Nadar, fotógrafo francés. *(21 Marzo)*
- Mark Twain, creador de Tom Sawyer y Huckleberry Finn, inspirados en parte sobre el modelo de su propia y agitada juventud. *(21 Abril)*
- Eduardo VII, quien en su corto reinado trató de mejorar las relaciones con potencias extranjeras como Rusia. *(6 Mayo)*
- Robert Koch, considerado uno de los creadores de la bacteriología moderna. *(27 Mayo)*
- William James, filósofo defensor de la fundamentación empírica de todo conocimiento. *(26 Agosto)*
- León Tolstoi, en cuyas novelas, se dijo, estaba toda Rusia. *(20 Noviembre)*

1911

Figurín de Alfred Roller para la princesa von Werdenberg, personaje de la ópera El caballero de la rosa, de Richard Strauss.

La expedición de Roald Amundsen en el polo Sur. Uno de sus componentes utiliza el sextante para determinar la posición con respecto al Sol, mientras otro consulta el horizonte artificial, colocado sobre una caja.

Estreno de
El caballero de la rosa
26 ENERO

La elegancia y musicalidad de Mozart resucitan en esta obra de Richard Strauss (1864-1949). Después de explorar el universo mítico y trágico, de un expresionismo rayano en la histeria, de *Salomé* y *Elektra*, que le llevaron al borde mismo de la ruptura con la tonalidad, Strauss vuelve su mirada hacia el clasicismo vienés, para crear una comedia refinada de un lirismo nostálgico y agradable. Este *Caballero de la rosa* es la segunda de las colaboraciones del compositor bávaro con el poeta Hugo von Hofmannsthal y, sin duda, la más apreciada por el público desde el mismo día de su estreno en el Teatro de la Corte de Dresde.

Intervención francesa
en Marruecos
20 ABRIL

La sublevación de las tribus del norte contra el sultán Mulay Hafiz (1875-1937) mueve a éste a solicitar la intervención de Francia. Tropas francesas liberan Fez y restablecen el orden en Marruecos que, desde la conferencia de Algeciras (1906), está bajo la tutela de España y Francia. La intervención armada francesa responde asimismo al proyecto de convertir Marruecos en un protectorado, motivo por el cual Alemania reacciona enviando la cañonera *Panther* a Agadir (1 de julio). La crisis se agudiza y amenaza con desencadenar una guerra franco-alemana, pero finalmente se firman los acuerdos (3 y 4 de noviembre) por los que Alemania reconoce los derechos de Francia sobre Marruecos recibiendo a cambio parte del Congo francés.   ➡ 1926

Comienza en China
la revolución liberal
ABRIL

El régimen imperial se ve impotente para neutralizar la presión de los nacionalistas chinos. El Kuomintang, movimiento nacionalista y liberal fundado por Sun Yat-Sen (1867-1925), inicia una ofensiva contra las fuerzas gubernamentales de la dinastía manchú. La situación se radicaliza cuando en octubre los disturbios del valle del Yang-tsé son violentamente reprimidos por las fuerzas imperiales comandadas por el general Yuan Shikai y la revolución se extiende por gran parte del territorio, provoca la caída de la dinastía que gobierna el país desde 1644 y abre las puertas a la proclamación de la república China.   ➡ 1912

Agitación obrera en España
22 SETIEMBRE

La persistencia de la crisis económica y las secuelas de la guerra de Marruecos mantienen viva la agitación obrera. En este contexto y en oposición a la Unión General de Trabajadores (UGT), a la que se acusa de ser excesivamente moderada, se constituye en Barcelona una organización sindical anarquista, que recibe el nombre de Confederación Nacional del Trabajo (CNT). La primera medida del congreso constituyente es declarar una huelga general en apoyo de los trabajadores metalúrgicos de Bilbao. El radicalismo de las acciones promovidas por la CNT, especialmente en los sucesos de Zaragoza y Cullera, inducen a las autoridades a disolver y perseguir a la organización anarquista, que pasa a la clandestinidad.   ➡ 1933

Madero, nuevo presidente
mexicano
2 NOVIEMBRE

Después de que Porfirio Díaz optara el 25 de mayo por abandonar el poder y partir rumbo a Europa, la revolución parece consolidarse en México con la elección de Francisco Madero, el líder antirreeleccionista, como nuevo presidente del país. Con el respaldo de una amplia mayoría popular, toma posesión de su cargo y emprende una política de reformas. Sin embargo, los caudillos agraristas que han colaborado en su triunfo exigirán la inmediata puesta en práctica de los postulados del plan de San Luis Potosí, reactivando las tensiones. Antes de cumplirse un mes, el 28 de noviembre, el jefe campesino Emiliano Zapata (1883-1919) proclama el plan de Ayala levantándose en armas contra Francisco Madero, a quien acusa de haber pactado con los caciques y hacendados para no devolver la tierra a los campesinos.   ➡ 1915

La conquista del polo Sur
14 DICIEMBRE

El explorador noruego Roald Engelbregt Amundsen (1872-1928) conquista el polo Sur. Tras la conquista del polo Norte por el estadounidense R.E. Peary (1856-1920) el 6 de abril de 1909, Amundsen se propuso hacer lo propio con el polo Sur. La expedición organizada por él llega en 1911 al continente de la Antártida e inicia en octubre la incursión hacia el polo Sur. El intento se ve coronado por el éxito el 14 de diciembre. A su regreso recibe la noticia del fracaso de la expedición de R. Scott, que alcanzó el polo Sur un mes más tarde que la suya y cuyos integrantes perecieron todos en el intento.   ➡ 1912

El átomo, según Rutherford

Ernest Rutherford (1871-1937) realiza algunos experimentos que le permitirán establecer la estructura del átomo. Si según el modelo de J.J. Thompson (1856-1940) los electrones se hallan dentro del núcleo positivo "como pasas en un pastel", Rutherford describe el átomo como un sistema solar en miniatura, donde los electrones orbitan alrededor del núcleo, al ver que cuando proyecta partículas alfa a través de láminas de metal, la mayoría de tales partículas atraviesan los átomos sin sufrir desviación alguna, lo que hace suponer que el átomo está vacío casi en su totalidad.   ➡ 1913

Carrera de armamentos

A la altura de 1911, Alemania ya había concebido su *Weltpolitik*. La construcción de una gran flota de guerra fue una de las prioridades destacadas del II Reich, que pretendía con ella poner fin a la hegemonía marítima británica e incrementar el prestigio internacional de Alemania. No obstante, la agresividad de la política internacional de Guillermo II debe situarse en el contexto de la carrera de armamentos emprendida por todas las potencias.

PRESENCIA ALEMANA EN MARRUECOS

En julio de 1911 la cañonera alemana *Panther* entró en el puerto de Agadir, para apoyar por la vía de los hechos las pretensiones germánicas sobre Marruecos. El gobierno alemán pretextó la necesidad de proteger los intereses alemanes en la zona, en peligro por los disturbios locales. La intención de Alemania era penetrar en la región y avanzar hacia el sur, donde se encontraban los yacimientos mineros marroquíes. Esta actitud entraba en conflicto con los intereses de Francia, que temía que Alemania usurpase su dominio de la costa atlántica.

El origen de la crisis de julio estuvo en la política de intervención en la guerra civil marroquí llevada a cabo por el presidente francés Berteaux durante la primavera. En abril de 1911 un contingente francés había avanzado sobre Fez, dando ocasión a Alemania a intervenir. El ministro de Asuntos Exteriores alemán, Kiderlen-Wächter, siguió la táctica de dejar actuar a Francia y alegó a continuación la ruptura del acta de Algeciras de 1906, que sellaba el statu quo en la zona. El envío de la cañonera colocó a Francia en una situación difícil, porque su actitud previa la obligaba a ofrecer compensaciones materiales.

También el Reino Unido fue consciente del peligro que suponía la presencia alemana en Agadir para el mantenimiento del statu quo en la región. De ahí que se sumara a las protestas de Francia para exigir la retirada alemana del puerto. La posición británica dificultó una salida rápida del conflicto, cuyas negociaciones se dilataron durante meses. Alemania accedió a la retirada de sus tropas pero forzó un acuerdo que en un futuro cercano había de darle acceso a la explotación económica de la

En una sugerente alegoría de la época, la República Francesa, provista de un cuerno de la abundancia, derrama los bienes de la civilización sobre los indígenas de Marruecos.

zona. Alemania obtuvo además vía libre en una parte importante del Congo Francés.

La crisis de Agadir estuvo a punto de provocar un enfrentamiento armado entre las potencias, que no hubiera hecho sino adelantar el estallido de 1914. En el Parlamento británico, las declaraciones de políticos como Grey y Lloyd George, en el sentido de que la flota británica corría peligro de ser atacada por los barcos alemanes, desencadenaron un estado de ansiedad que aceleró los preparativos militares.

CIENTÍFICOS, EXPLORADORES Y ESCRITORES

En diciembre de 1911 la científica polaca Marie Sklodowska, Curie por matrimonio, obtuvo el premio Nobel de Química por su descubrimiento del radio y del polonio. Era su segundo Nobel, ya que ocho años antes había compartido el premio de Física con su esposo Pierre Curie por sus trabajos sobre la radiactividad del torio. Marie Curie dedicó su vida a la investigación científica sin ningún tipo de interés económico. En 1934 murió víctima del

Pío Baroja y Nessi en su mesa de trabajo. El escritor vasco escribió en 1911 una de sus obras más significativas, la novela de contenidos autobiográficos El árbol de la ciencia.

cáncer provocado por la manipulación de materiales radioactivos.

La ciencia volvió a ser noticia en 1911: el polo sur había sido conquistado por el hombre. El explorador noruego Roald Amundsen partió de la base antártica de Little America el 28 de octubre de 1911 con una expedición compuesta por cuatro personas y por trineos tirados por perros. Después de 47 días de marcha alcanzó su meta. Casi al mismo tiempo que la expedición noruega, el británico Robert F. Scott se propuso el mismo objetivo. Scott utilizó un equipo de trineos a motor y de caballos y eligió un trayecto distinto al de Amundsen, más largo pero también más seguro. Pero la expedición de Scott se desmembró y el explorador no llegó al polo hasta el mes de enero de 1912. Scott murió en el viaje de regreso.

En España Pío Baroja publicó en 1911 *El árbol de la ciencia*. En parte memoria autobiográfica de su etapa de estudiante de medicina y médico rural, la novela recogía las inquietudes científicas y filosóficas del momento, mostrando una especial influencia del pensamiento de Kant, Nietzsche y

Histórica fotografía del vencedor de las primeras 500 Millas de Indianápolis, Ray Harroun, en el curso de la carrera.

Schopenhauer. El tono pesimista y desilusionado que impregnaba sus páginas se interpretó no sólo como acabada representación de la crisis existencial de la época, sino también del tránsito humano y político de la sociedad española del siglo XIX al XX.

INICIO DE LA REVOLUCIÓN LIBERAL EN CHINA

Desde finales del siglo XIX hasta el año 1911, en China se había producido un cambio histórico radical. Este enorme país no pudo sustraerse a la expansión en Asia de las naciones occidentales ni de Japón. La guerra chino-japonesa, entre 1894 y 1895, dio carta de naturaleza a la expansión de Japón en el continente. A partir de 1895 China fue desmembrada territorialmente y sus recursos económicos pasaron a manos de capitales extranjeros. Los sucesivos levantamientos populares –los Cien Días en 1898 y la guerra de los bóxers en 1901– contra el Imperio que había entregado a China a manos extrañas, se saldaron con sendos fracasos. Pero finalmente, la revolución liberal dirigida por Sun Yat-Sen en 1911 derrocó a la monarquía imperial en un intento de poner fin al colonialismo. Las fuerzas rebeldes animaron con éxito a todas las provincias chinas a sublevarse contra el emperador. El gobierno intentó en vano dividir a los rebeldes ofreciendo reformas. Así, la República fue el primer paso hacia la construcción de la nueva China. ■

Pintura nº 199, de Wassily Kandinsky (MOMA de Nueva York). En los años en que participó en el movimiento El caballero azul, Kandinsky configuró, mediante formas orgánicas coloreadas en tonalidades exuberantes, un espacio pictórico nuevo y flexible.

Instantáneas

• En la Galería Tannhäuser expone sus obras un nuevo grupo de artistas, entre los que se hallan W. KANDINSKY y F. MARC. Se dan a sí mismos el llamativo nombre de *El caballero azul*, y cabe encuadrarlos en un amplio movimiento de ruptura que triunfa sobre todo en Alemania: el expresionismo.
• **Fotografía social**: L. W. HINE y J. RIIS denuncian con sus fotografías la situación de los más desfavorecidos.

• *Las ratas*, ruda tragicomedia de ambiente berlinés del dramaturgo G. HAUPTMANN.
• *La ben plantada*, alegoría sobre el temperamento de la mujer catalana. Apareció por entregas en las "Glosas" de EUGENI D'ORS.

• *Alexander's Ragtime Band*, de I. BERLIN.
• *Tápame, tápame*: popular cuplé con música de R.Yust y letra de F.Yust. Lo estrena "La Goya".
• *El balancé*: de nuevo un pegadizo cuplé con música también de R.Yust y letra de E.Teglen. Lo estrena "La Goya".

• M. CURIE obtiene su **segundo premio Nobel**, esta vez de química, por el descubrimiento del radio y el polonio.
• C. FUNK descubre la **vitamina B₁**, con la que logra curar el beriberi.
• El científico A. WEGENER formula la **teoría de la deriva continental** para explicar la forma y disposición de los continentes.
• El físico neerlandés H. KAMERLINGH ONNES descubre la **superconductividad**.
• Primer **aterrizaje** de un aeroplano sobre la cubierta del barco *Pennsylvania*, llevado a cabo por el estadounidense E.B. ELY. (18 Enero)
• El físico austriaco V.F. HESS y los científicos alemanes W. KOLHÖRSTER y A. GOCKEL descubren conjuntamente la existencia de la **radiación cósmica**.

• **Las fuerzas socialistas** demuestran su importante presencia en la vida social y política española, con la convocatoria por todo el país de manifestaciones contra la guerra de Marruecos. (21 Mayo)
• Grandes festejos para celebrar la **coronación de JORGE V**, segundo hijo de Eduardo VII, como rey de Inglaterra. (22 Junio)
• **Alemania** envía la cañonera *Panther* a Agadir, en lo que se considera una clara maniobra táctica para tomar posiciones en la región. (1 Julio)

• Elegido el **primer presidente de la República portuguesa**: don MANUEL ARRIAGA, de 75 años. Culmina así el proceso que se inició con la deposición del rey MANUEL II, en octubre del año pasado. (24 Agosto)
• **Italia arrebata la Tripolitania**, en el norte de Libia, al ya decadente imperio otomano, merced a un importante despliegue de fuerzas. (5 Noviembre)

• *La Gioconda* ha desaparecido hoy del Louvre, sin que se tenga idea de quién pueda ser el ladrón, o sobre su eventual paradero. (22 Agosto)
• Estados Unidos: **El Tribunal Supremo disuelve la *Standard Oil***, el grupo de J. ROCKEFELLER que controla el 85% del petróleo americano, por ser contrario a la ley antitrust. Parece que la *American Tobacco* correrá pronto la misma suerte. (15 Mayo)

• **CY YONG** se retira del béisbol tras alcanzar 511 victorias, un récord difícil de batir.
• **Auge del automovilismo**: nacen dos nuevas competiciones, las 500 millas de Indianápolis y el rally de Montecarlo.

• «Si, en consecuencia, surgiera la guerra entre esos dos países –¡Dios no lo quiera!– no sería, en mi opinión, debido a unas leyes naturales irresistibles, sino a una ausencia de sabiduría humana.» A. BONAR LAW, sobre las crecientes tensiones entre el Reino Unido y Alemania.
• «Como no puedo consentir que se forme un teatro dentro del teatro, me veo obligado a prohibir la entrada a las señoras que vistan falda pantalón, puesto que provoca observaciones que podrían alterar la tranquilidad que debe reinar en la sala de espectáculos.» San Petersburgo; notificación del director del teatro *María*, ante el revuelo creado por la nueva moda.

• **JOAQUÍN COSTA**, destacado republicano español e impulsor del regeneracionismo, la "revolución desde arriba". (8 Febrero)
• **GUSTAV MAHLER**, uno de los últimos representantes de la música romántica germana. (18 Mayo)
• **PAUL LAFARGUE**, destacado dirigente socialista francés. Se suicidó con cianuro de potasio poco antes de cumplir los 70 años, fecha tope que se había marcado. No quería soportar la vejez. Su mujer, **LAURA**, compartió con él esta última decisión. (29 Noviembre)
• **JOAN MARAGALL**, poeta en lengua catalana.

1912

Proclamación de la República China
1 ENERO

Tras el triunfo de la insurrección liberal contra el régimen imperial de la dinastía manchú, el nuevo gobierno revolucionario proclama la República de China y nombra presidente provisional de la misma a Sun Yat-sen, el fundador del Kuomintang, quien regresa inmediatamente al país procedente de Estados Unidos. A pesar de la abdicación del emperador niño Pu Yi (febrero) y de los esfuerzos de Sun Yat-sen por concretar los principios del Kuomintang –nacionalismo, democracia y socialismo–, la situación se mantiene inestable debido a las ambiciones de poder que manifiestan los señores de la guerra. ➡ **1925**

Tragedia en el polo Sur
17 ENERO

El explorador inglés Robert Falcon Scott (1868-1912) alcanza el polo Sur en compañía de cuatro miembros de su expedición. Han encontrado allí, para su total desengaño, la bandera noruega de Amundsen, que ondeaba desde hacía sólo 36 días, y una carta para ellos. El intenso frío, capaz de bajar de los –40 °C, y las terribles tormentas de viento y nieve, sumados a múltiples inconvenientes sufridos con los caballos y los motores, se han cobrado ya las vidas de algunos expedicionarios. A partir de este momento, el cansancio y la falta de alimento y combustible de reserva van a convertir el regreso de Scott en un lento avance hacia una muerte segura, largamente esperada y descrita en el diario que mantuvo hasta su último momento.

Naufraga el Titanic
15 ABRIL

El mayor transatlántico del mundo se hunde frente a las costas de Terranova en su viaje inaugural. La gigantesca nave británica de pasajeros de 46 300 t, considerada insumergible por los ingenieros que la construyeron para la compañía White Star, sufre un trágico accidente en aguas del Atlántico norte. Poco antes de la medianoche, unos 925 km al sur de Terranova, el *Titanic* choca contra un iceberg que abre una larga grieta en su casco de acero. Unas dos horas y media más tarde, a las 2,20 de la madrugada, el transatlántico, que llevaba 2 224 pasajeros a bordo y botes salvavidas para 1 178, se va a pique. En el naufragio perecen 1 513 personas.

Muere Menéndez Pelayo
19 MAYO

Ha fallecido en su Santander natal a los 56 años el erudito español Marcelino Menéndez Pelayo. El discípulo de Manuel Milá y Fontanals deja una obra de gran importancia para la cultura española y para el desarrollo de la conciencia nacionalista de carácter burgués que ha cuajado especialmente en el período de la Restauración. Numerosos movimientos conservadores tienen en ella una permanente fuente de inspiración. Gracias a la lucidez de su juicio estético, su análisis literario trasciende los prejuicios morales vinculados a su catolicismo cerrado, «a machamartillo» según su propia expresión. Una de sus obras capitales es *Historia de las ideas estéticas en España* (1882-1891).

Olimpiadas en Estocolmo

Los Juegos que se disputan en la capital escandinava muestran síntomas de buena salud: por primera vez dejarán un aceptable superávit económico en manos de los organizadores, si se exceptúan algunas obras de infraestructura como la construcción de un estadio olímpico. El número de países participantes ha ascendido a 28, lo que significa la presencia de 2 547 atletas, 57 de los cuales son mujeres. También se introducen algunas novedades, como la entrega de las medallas en un podio y mientras se escucha el himno nacional del ganador, o la celebración de las pruebas en un período bien determinado de tiempo. ➡ **1916**

Estreno polémico de Pierrot lunaire
16 OCTUBRE

La obra de Arnold Schönberg (1874-1951) revoluciona el mundo de la música. En *Pierrot lunaire* el compositor vienés rompe con el sistema tonal que había sustentado la creación musical desde el barroco. Su estreno provoca estupor entre el público, incapaz de apreciar la novedad y cualidades de esta música. Sólo sus discípulos y algunos compositores, algunos de ellos tan alejados de la estética schönbergiana como Igor Stravinski, Maurice Ravel o Giacomo Puccini, reconocen su admiración por estas veintisiete canciones, algunas casi aforísticas, escritas para una voz que se expresa en *Sprechgesang* (una especie de canto recitado) y cinco instrumentistas.

Guerra en los Balcanes
18 OCTUBRE

Bulgaria, Servia, Grecia y Montenegro declaran la guerra a Turquía. El imperio otomano no parece capaz de frenar por más tiempo un lento desplome de varios siglos, y los diversos países balcánicos se apresuran a apoderarse de sus despojos. La alianza entre ellos se revela frágil, a la luz de sus desavenencias sobre la futura adscripción de Macedonia y otras regiones. A todo ello se suma la extraordinaria fragmentación y mezcla étnica que impera en la zona, que no parece presagiar un final próximo para el conflicto. ➡ **1913**

Descubiertas las vitaminas

El bioquímico estadounidense de origen polaco Casimir Funk (1884-1967) propone un nombre para las sustancias cuya carencia provoca enfermedades tales como el beriberi, el escorbuto, la pelagra o el raquitismo: las vitaminas. Funk da un nuevo impulso a la lucha contra las enfermedades mencionadas al descubrir que el factor antipelagra era una amina, y suponer que todos los demás los serían. De ahí el nombre de "vitaaminas" o aminas de la vida. ➡ **1924**

El transatlántico británico Titanic *poco antes de zarpar para su viaje inaugural, que había de ser también el último.*

Robert Falcon Scott escribe su diario en la Antártida, en la base de partida para su expedición al polo Sur.

El compositor Arnold Schönberg, autor de Pierrot lunaire, *en un retrato realizado por Richard Gerstl.*

Vientos de guerra en Europa

En 1912 Europa avanzaba por el camino de la ruptura y la disgregación. Los problemas se multiplicaban: a los conflictos exteriores, derivados de la carrera imperialista emprendida por las principales potencias, se sumaban las dificultades internas de muchos Estados, fruto de las presiones nacionalistas y de las contradicciones provocadas en el seno de la sociedad por el crecimiento industrial.

EL INCREMENTO DE LA TENSIÓN EN EUROPA

En Francia, Clemenceau instaba a una política revanchista de «estar preparado para la guerra» contra Alemania. En este país, por su parte, el aumento de influencia del partido socialdemócrata en el Reichstag acrecentó las tensiones internas. También el Reino Unido se había adentrado en una situación caracterizada por la inestabilidad. La nueva ley sobre Irlanda o Home Rule, aprobada por los Comunes en 1912, permitía la creación de un Parlamento irlandés propio, lo que desató las iras de los conservadores, del ejército y de los Lores, además del Ulster protestante, amenazando con provocar un conflicto civil.

En el sur de Europa, la firma del convenio franco-español sobre Marruecos abría definitivamente las puertas a la acción exterior de España en África, contribuyendo a liberar al país del lastre histórico del aislamiento. El asesinato del presidente del consejo de ministros, José Canalejas, puso sin embargo sordina al optimismo que parecía comenzar a respirarse en los prolegómenos de la Primera Guerra Mundial. La descomposición del viejo sistema parlamentario español reflejaba su inadecuación a una época en que las reivindicaciones políticas, sociales y autonómicas ganaban protagonismo.

Entre tanto, el socialismo internacional perfilaba su condena de la guerra entre los Estados capitalistas y amenazaba con actuar contra el previsible estallido por medio de una huelga general revolucionaria. En el congreso extraordinario de Basilea de 1912 el único punto de orden del día era: «La situación internacional y la acción contra la guerra». Al son de las notas del Himno a la Paz de Beethoven, el congreso se convirtió en una manifestación multitu-

Manifestación en Londres, en el curso del agrio debate que suscitó el Home Rule, la ley sobre Irlanda aprobada por la Cámara de los Comunes en 1912.

El estado mayor del ejército búlgaro, aliado de Servia, Grecia y Montenegro contra Turquía, durante las operaciones en los Balcanes en el año 1912.

dinaria en favor de la unidad de los socialistas contra la guerra.

LA CREACIÓN DE LA LIGA BALCÁNICA

En marzo, una nueva crisis en los Balcanes desembocó en la creación de una Liga balcánica. Constituida por Bulgaria, Servia, Grecia y Montenegro, la Liga se oponía a la expansión austríaca en el territorio europeo de Turquía. En el mes de octubre, los cuatro Estados aliados declararon la guerra a Turquía. La intromisión de Rusia e Italia en el conflicto, preocupada la primera por el control de los Estrechos, y deseosa la segunda de anexionarse el territorio de Albania, complicó la crisis. Alemania y el Reino Unido instaron a las naciones a reunirse en Londres en diciembre de 1912 en una conferencia de embaja-

dores, cuyo objeto era la preparación del tratado de paz. Sin embargo, la brevedad de la tregua –ya que el conflicto se reactivó unos meses después– evidenció la precariedad de los acuerdos.

LOS ESPACIOS EXTRAEUROPEOS

Pese a que en 1912 la conflictividad entre Estados hacía suponer que Europa, en el punto de mira de las potencias, seguía ostentando la hegemonía moral, multitud de indicadores manifestaban la relatividad de este supuesto. Las ambiciones de expansión geográfica de Estados Unidos se concretaron en 1912, durante el mandato del presidente William H. Taft, en la incorporación de Arizona y Nuevo México. Aunque en el plano internacional no bajó la guardia, Estados Unidos permitió que Fi-

El busto de la reina Nefertiti, hallado en 1912 en Tell el-Amarna, la que fue residencia real del faraón Amenhotep IV o Ajenatón.

lipinas iniciase un proceso de emancipación. En cambio, América Central y el Caribe adquirieron una enorme importancia estratégica y comercial, sustentada en el auge de las exportaciones y en el aflujo del capital extranjero. El inicio en 1912 de la extracción de petróleo en Venezuela acentuó el peso económico de la región. Por lo demás, algunos procesos políticos, y en particular la sublevación de Orozco contra Madero en México, pusieron de manifiesto las graves dificultades de las naciones americanas para tomar las riendas de sus propios regímenes políticos y de sus recursos materiales.

En el Extremo Oriente, Japón inauguraba la *era Taisho* y renovaba una alianza con el Reino Unido que le proporcionó

estabilidad y le permitió incrementar su marina y su poder económico en un área de tradicional influencia británica.

Finalmente, en China, después de la Revolución liberal, en 1912 se puso en marcha un proceso histórico singular. El 12 de febrero, tras la abdicación del último emperador manchú, Pu Yi, fue proclamada la República. Tíbet, al igual que Mongolia un año antes, reclamó su autonomía. El 15 de febrero Sun Yat-sen, que había estado al frente de la presidencia provisional, dimitió en favor de Yuan Shikai. Ese mismo año fue creado el Kuomintang, Partido Nacional del Pueblo chino. Pese a los esfuerzos de Sun Yat-sen por mantener el régimen republicano democrático burgués fundado por la revolución, la República China se transformó, en manos de Yuan Shikai, en una dictadura militar. El régimen de Yuan declaró ilegal al Kuomintang y forzó a Sun y a sus partidarios a exiliarse. ■

Instantáneas

- M. Duchamp pinta *Desnudo bajando la escalera*, con influencias del cubismo y del futurismo.

- R. Rolland termina su obra maestra: *Jean Christophe*, novela que destapa la crisis de valores de la burguesía.
- *El mendigo*: primer drama expresionista, de J. Reinhard Sorge.
- *Morgue y otros poemas*: G. Benn, en la línea del expresionismo.
- En *Metamorfosis y símbolos de la libido*, C.G. Jung se distancia de las posiciones de S. Freud. Para él, no cabe explicar la libido en términos meramente sexuales.
- *La muerte en Venecia*, de Th. Mann.
- *Campos de Castilla*, del poeta A. Machado.
- *La pata de la raposa*: educación sentimental de Alberto Díaz de Guzmán, claro trasunto del autor, R. Pérez de Ayala.
- *Castilla*: paisajes y estampas de la Meseta descritos por Azorín.
- *Del sentimiento trágico de la vida*, obra de M. de Unamuno, con expresivo título.
- *El mundo perdido*, novela de anticipación de A. Conan Doyle.
- *Las formas elementales de la vida religiosa*, libro capital de uno de los fundadores de la sociología moderna, É. Durkheim.

- M. Wertheimer funda la escuela psicológica de la *Gestalt*.
- La **luz de neón**: nuevo sistema de alumbrado urbano. La primera instalación se hace en Alemania. *(2 Enero)*
- A. Carrel, pionero de los **trasplantes de órganos**, recibe el Premio Nobel de medicina: *(10 Diciembre)*
- H. Leavitt descubre la **relación período-luminosidad** de las estrellas de luz variable cefeidas.

- Los químicos alemanes Klatte y Zacharias patentan un proceso para la obtención de una **sustancia plástica** a la que llaman cloruro de polivinilo (PVC).
- El físico escocés Ch.T.R. Wilson inventa la **cámara de burbujas** que lleva su nombre y que permite seguir la trayectoria de partículas elementales cargadas.
- M. von Laue analiza la **estructura de los cristales** mediante interferencia de rayos X.

- *La conquista del Polo*, nueva película de G. Méliès.

- *It's a long way to Tipperary*, de J. Judge y H. H. William, que se hará popular entre los soldados aliados durante la II Guerra Mundial.
- *You can't stop me from loving you*, A. Gerber, H.I. Marshall.
- *Batallón de modistillas* y *¡Alirón!*, cuplés: letra de Á. Retana, música de G. de Aquino. Los estrena "Marietina" (Teatro Romea).

- Alemania: **victoria socialdemócrata** en las elecciones legislativas. *(25 Enero)*
- Firma de un **protocolo entre Francia y Rusia** contra Alemania. *(13 Julio)*
- El sultán reconoce el **protectorado francés sobre Marruecos**. *(30 Marzo)*
- El demócrata Th. W. Wilson es elegido 28.º presidente de Estados Unidos. *(5 Noviembre)*
- Hertzog, representante de los Afrikaaners, funda el **Partido Nacionalista** en Sudáfrica.

- P. Guerlain, perfumista en París, pone a la venta *L'heure bleu*. La botella de cristal de Baccarrá acentúa las intenciones románticas de la fragancia.
- Coco Chanel abre su primer salón de moda en Deauville (Francia).

- Inauguración del servicio de **correo aéreo** entre París y Londres. *(1 Agosto)*
- Sociedad Alemana de Oriente: hallazgo del **busto de Nefertiti**. *(7 Diciembre)*
- *La Gioconda*, el célebre cuadro de Leonardo da Vinci, es recuperada felizmente en Florencia. Ha sido detenido el pintor italiano Perugia como autor del robo, y se especula sobre la posible complicidad de otros intelectuales, como G. Apollinaire, extremo que no se ha podido demostrar. *(13 Diciembre)*

- Olimpiadas de Estocolmo: el atleta de origen indio americano, J. Thorpe gana las pruebas de **pentatlón y decatlón** estableciendo récords impresionantes. No obstante, es desclasificado en una decisión muy controvertida por haber cobrado una cantidad misérrima de dinero jugando al béisbol.
- Olimpiadas: el príncipe hawaiano D.P. Kahanamoku gana la prueba de 100 m libres, nadando en el estilo **crawl**, que se popularizará más adelante.
- Primer campeonato de fútbol de España: el **Barcelona, campeón**. *(7 Abril)*

- «La orquesta todavía estaba tocando. Imagino que se han hundido todos.» H. Bridge, operador telegráfico en el *Titanic*.

- **August Strindberg**, dramaturgo sueco, autor entre otras obras del célebre drama naturalista *La señorita Julia*. *(14 Mayo)*
- **Henri Poincaré**, cuya obra científica supera los quinientos títulos. *(17 Julio)*
- **José Canalejas**, presidente del Consejo de Ministros español, asesinado en la Puerta del Sol de Madrid. *(12 Noviembre)*

1913

Boceto de un decorado para el estreno en París, en 1913, de La consagración de la primavera, de Igor Stravinski.

Rueda de bicicleta, réplica fabricada en 1964 por la Galería Schwartz de Milán de uno de los ready-made de Marcel Duchamp.

El poeta indio Rabindranath Tagore, premio Nobel de Literatura en 1913. Aunque escribió en bengalí, su obra se popularizó en todo el mundo traducida al inglés.

Magnicidio en Grecia
20 ABRIL

El rey Jorge I (1845-1913) es asesinado en Salónica poco después de la derrota de los turcos en la primera guerra balcánica. Jorge I, príncipe danés de la casa real de los Glücksburg, había sido coronado rey de los helenos en 1863 con el beneplácito de Rusia, Francia y el Reino Unido, las potencias protectoras de Grecia. Durante su reinado había alentado el nacionalismo griego y dotado al reino de una constitución democrática. Asimismo se había mostrado especialmente fiel a los británicos, de quienes recibió las islas Jónicas y el apoyo para la anexión del Epiro, casi toda Tesalia y Creta, donde alentó varias sublevaciones contra los turcos. Le sucede su hijo Constantino I. ➡ **1946**

Escandaloso estreno de La consagración de la primavera
29 MAYO

Pocas obras tan paradigmáticas de la música del siglo XX como este ballet de Igor Stravinski (1882-1971). Su estreno en París, por la compañía de los Ballets Rusos de Serge de Diaghilev, supone uno de los grandes escándalos de la historia del arte, sólo comparable al estreno en 1830 del *Hernani* de Victor Hugo. Su primitivismo, su politonalidad, su agresiva orquestación, y sobre todo sus irresistibles, impetuosos, desenfrenados ritmos, chocan con el conservadurismo del público asistente. La coreografía de Vatslav Nijinski, discutida por el propio compositor, tampoco ayuda a la aceptación del ballet. Sin embargo la obra pronto se hará un hueco en el repertorio, y posteriores audi-

ciones –dirigidas por el mismo responsable del estreno, el francés Pierre Monteux– serán acogidas con verdadero entusiasmo.

Pacificación de los Balcanes
30 MAYO

La Liga Balcánica, formada por Serbia, Bulgaria, Grecia y Montenegro, había declarado la guerra a Turquía (octubre de 1912) aprovechando la circunstancia de la guerra ítalo-turca y con el pretexto de combatir la política xenófoba de los Jóvenes Turcos. Las importantes victorias militares logradas por la Liga comprometían el equilibrio de fuerzas en el área. Ante ello, las grandes potencias promovieron una conferencia de paz en Londres, que ha elaborado unos tratados cuya firma pone fin a la primera guerra balcánica. De acuerdo con las disposiciones de Londres, Turquía cede Creta y los territorios situados al oeste de la línea Enos-Midia, que serán origen de un nuevo Estado independiente, Albania. ➡ **1915**

Muchos más Ford T
7 OCTUBRE

Henry Ford (1863-1947) ha anunciado una nueva mejora en el sistema de producción de automóviles Ford T, que permitirá un aumento nunca visto en la productividad. Si antes había desarrollado ya el sistema de la producción en serie, en el que cada obrero realiza una operación específica, ahora la cadena de montaje se verá perfeccionada con la posibilidad de que el vehículo se mueva a lo largo de la línea de montaje, pasando por delante de los distintos operarios sucesivamente. El nuevo método permitirá el montaje de un nuevo Ford T en menos de tres horas, cuando antes se requerían catorce. Para el próximo año se prevé la producción de unas 250 000 unidades.

Los ready-made de Duchamp

Con la pieza *Rueda de bicicleta*, el dadaísta Marcel Duchamp (1887-1968) inicia una larga serie de obras que inauguran un concepto artístico: el *ready-*

made. Efectivamente, y tal como puede verse, no hay más que una rueda de bicicleta sobre un no menos convencional taburete. Está claro que, así dispuestos, ambos objetos carecen de toda utilidad, aunque el sencillo ejercicio de descolocarlos respecto de su contexto habitual los ha convertido, de golpe, en extraños. No se aconseja buscar en la obra de Duchamp un sentido claro y obligatorio, sino que se trata más bien de descubrir que el valor artístico depende de una convención, un juego. Cualquier objeto puede resultar artístico, con sólo que el espectador lo mire de manera distinta, y el sentido de la pieza deberá buscarlo también él mismo. ➡ **1916**

Nuevo modelo atómico propuesto por Bohr

El físico danés Niels Bohr (1885-1962) establece el modelo del átomo que lleva su nombre. Bohr continúa los trabajos de Rutherford acerca de la estructura del átomo y concluye, aplicando los postulados de la teoría cuántica, que la explicación del espectro del hidrógeno exige admitir que los electrones describen órbitas alrededor del núcleo atómico. Si un electrón es excitado, mediante la aportación de energía pasa a una órbita superior. Cuando se produce el proceso inverso, el electrón vuelve a una órbita inferior emitiendo al mismo tiempo la energía excedente en forma de cuantos de radiación. ➡ **1924**

Tagore obtiene el Nobel de Literatura

Rabindranath Tagore (1861-1941) es autor de una vasta y rica obra literaria que abarca casi todos los géneros (poesía, novela, drama, ensayos políticos y pedagógicos, diarios de viaje, etc.), y en la que resalta un cierto panteísmo místico vinculado a los *Upanishad*. Tagore debe su fama universal a sus poemarios, especialmente *Cantos del crepúsculo*, *Cantos de aurora*, *El libro de los cumpleaños* y *La ofrenda lírica*, y a la difusión, a través de conferencias en Gran Bretaña y Estados Unidos, de sus ideales pedagógicos basados en el desarrollo armónico de la personalidad y puestos en práctica a partir de 1901 en su escuela de Santiniketán.

Relevo en el liderazgo mundial

En vísperas del estallido del primer conflicto mundial, puede hablarse de un sentimiento generalizado de frustración en Europa, ante su incapacidad para superar las fuerzas disgregadoras que amenazaban con la ruptura de la estabilidad del continente. Esta situación ofrecía un vívido contraste con la profunda confianza y cohesión de que disfrutaban los Estados Unidos de América.

AUGE ECONÓMICO Y POLÍTICO DE ESTADOS UNIDOS

En Estados Unidos el nuevo presidente, Woodrow Wilson (1913-1921), impulsó un programa de liberalización económica basado en la supresión de trabas proteccionistas y en la iniciativa emprendida por el anterior presidente, Taft, en relación con las leyes antitrust. Wilson apoyó además la creación de doce bancos centrales y una legislación sobre fondos federales, la Federal Reserve Act. La industria norteamericana se hallaba en un momento de rápida expansión productiva. Así, en octubre de 1913 Henry Ford creó la primera cadena de fabricación de automóviles, poniendo al alcance de las clases trabajadoras norteamericanas un medio eficaz de transporte privado. Esta tendencia no era privativa de Estados Unidos; en Italia la empresa Fiat, fundada en 1898, exportó en 1913 un total de 4 000 vehículos. El proceso estadounidense tuvo la peculiaridad de democratizar el disfrute del automóvil en un momento en que paradójicamente culminaba la expansión del ferrocarril. En febrero de 1913 la ciudad de Nueva York se dotó de la mayor estación ferroviaria del mundo.

El progresivo abandono del aislacionismo, iniciado por Estados Unidos en 1898 y seguido de una consecuente política de intervención en las cuestiones centroamericanas, se tradujo en que, a la altura de 1913, las naciones vecinas se vieron abocadas a situaciones de creciente inestabilidad. En México, las empresas estadounidenses controlaban una porción cada vez más amplia de las industrias y de la política. Tras los enfrentamientos entre constitucionalistas y huertistas, en 1913 el presidente Madero fue asesinado y Huerta se hizo con el gobierno de la nación.

Arriba, ceremonia inaugural de la presidencia de Woodrow Wilson, bajo cuyo mandato alcanzó Estados Unidos un duradero liderazgo económico y político en el mundo.

Automóviles y campos petrolíferos en Texas. Dos símbolos del pujante poderío industrial y de la riqueza de materias primas de Estados Unidos.

EUROPA: INTENTOS FRUSTRADOS DE PAZ

En Europa, el incremento de la tensión se puso de manifiesto al fracasar el tratado de paz de Londres firmado en mayo de 1913 y producirse en junio una segunda guerra en los Balcanes. Si bien en agosto se logró alcanzar el acuerdo de paz de Bucarest, la situación balcánica se mantenía tan inestable como al inicio de la crisis. Ninguna de las nacionalidades en conflicto (Servia, Montenegro, Grecia, Rumania y Bulgaria) se mostró satisfecha con los

Forma única de continuidad en el espacio, obra de Umberto Boccioni (Museo Cívico de Arte Contemporáneo de Milán). La figura está modelada en bronce mediante una alternancia de líneas quebradas y curvas que ayuda a potenciar la sensación de movimiento y de dinamismo, una preocupación esencial en el arte futurista.

El comercio exterior británico representaba aún el 13 por ciento del total mundial, y la capacidad de su flota mercante era del 44 por ciento. Los préstamos exteriores británicos seguían financiando las inversiones en infraestructuras en muchos países del mundo. La libra mantenía su hegemonía frente al resto de las divisas. No obstante el crecimiento de los obstáculos arancelarios, que tendía a incrementar las dificultades para la exportación de mercancías, el dinero británico discurría internacionalmente sin mayores trabas.

A pesar de todo ello, en 1913 el Imperio Británico asistía impotente al deterioro de su hegemonía económica. El principal síntoma de la enfermedad se manifestó en 1913, cuando Alemania consi-guió adelantar al Reino Unido en el volumen de su producción manufacturera. La riqueza británica se había acumulado en unas pocas manos, acentuando con ello el peligro de inestabilidad social. La situación en Irlanda complicaba aún más las cosas. La Cámara de los Lores torpedeó el Home Rule, forma restringida de autonomía que no satisfizo ni a los nacionalistas irlandeses ni a los conservadores británicos. No es de extrañar, pues, que el gobierno británico, acuciado por la pérdida de control y de prestigio, viese en la compleja situación europea de preguerra una oportunidad excepcional para frenar los procesos de descomposición interna y recuperar una posición hegemónica en el contexto internacional. ∎

acuerdos de paz. Por su parte, Turquía, que había adoptado recientemente un modelo constitucional de corte europeo, tomado del programa político de los Jóvenes Turcos, insistía sin embargo en formas de nacionalismo intransigente frente a los intentos segregacionistas de las minorías étnicas. Así pues, la actitud turca no facilitó precisamente una salida pacífica del conflicto balcánico.

En Europa occidental, la tensión franco-británica se agudizó a partir de enero con la elección de Poincaré como presidente de la República. La cuestión militar centró la actividad parlamentaria en Francia. Al igual que en Alemania, se debatieron y votaron leyes militares. En agosto, la Cámara, pese a la oposición de la izquierda radical, de conocida tradición antimilitarista, aprobó la ampliación del servicio militar a tres años. En Alemania la liga pangermanista, próxima a los grupos más conservadores, fomentaba un nacionalismo de carácter expansionista. Los grupos de presión, representantes de los principales sectores de la producción industrial del país, movilizaron a los grupos parlamentarios. Sin embargo los partidos políticos alemanes, faltos de coherencia interna a excepción del socialista, carecían de capacidad y autonomía de decisión. En 1913 el crecimiento económico situaba a Alemania en segunda posición mundial como potencia industrial, inmediatamente por detrás de Estados Unidos y por delante del Reino Unido.

Instantáneas 1913

 • *Forma única de continuidad en el espacio*: dinamismo y potencia se combinan en esta escultura del futurista U. Boccioni.

 • La búsqueda de una felicidad inalcanzable ocupa un lugar importante en *El gran Meaulnes*, casi la única obra de Alain-Fournier, que morirá en acción en 1914, en la batalla del Marne.
• *Poesías de A.O. Barnabooth*, de V. Larbaud.
• *Una voluntad adolescente*: R. Frost cala muy hondo entre el público con una poesía sencilla, casi coloquial.
• *Pygmalion*: la famosa obra de teatro de G.B. Shaw.

 • R. Garros atraviesa el Mediterráneo en avión, tardando sólo 7 horas y 53 minutos. (23 Setiembre)
• A. Werner, premio Nobel de Química por sus investigaciones sobre los **enlaces de los átomos en las moléculas.**
• El químico belga A. Reychler inventa los **detergentes químicos**, que logran unos resultados muy superiores a los del tradicional jabón.
• Ch. Fabry demuestra la presencia de **ozono** en las capas altas de la atmósfera terrestre.

 • R. Poincaré, elegido presidente de la República francesa. (17 Enero)
• **Golpe de Estado en Turquía** protagonizado por los Jóvenes Turcos, de tendencia renovadora y nacionalista. (21 Enero)
• México: parece que el general V. Huerta está detrás de la **muerte de F. Madero**, después de que éste se viera obligado a renunciar a la presidencia. Se teme que sus ejecutores hayan sido los soldados que le escoltaban a la penitenciaría, que luego habrían acribillado sus propios coches para justificar la versión oficial, que atribuye el asesinato a bandas armadas. (22 Febrero)
• **Atentado anarquista** contra Alfonso XIII, por fortuna frustrado. (13 Abril)
• **Nace el infante don Juan de Borbón**, hijo de Alfonso XIII y de doña Victoria Eugenia de Battenberg. (20 Junio)
• **Visita del presidente de la República francesa**, R. Poincaré, a Madrid, en relación con los recientes acuerdos franco-españoles sobre Marruecos.
• El Partido Obrero Belga declara una **huelga general** que paraliza el país durante 10 días. (14 Abril)
• El Consejo de Ministros español aprueba el largamente perseguido proyecto de las **Mancomunidades**, aunque precisa que sus fines son puramente administrativos. (17 Diciembre)

 • A. Schweitzer funda un hospital en Lambaréné (Gabón).
• Nueva York inaugura la **estación Central**, la mayor estación ferroviaria del mundo en este momento. (2 Febrero)
• El ingeniero G. Sundback inventa la **cremallera**. (29 Abril)

 • «La campaña de las mujeres por su derecho al voto es más importante que la guerra en México, porque sólo las mujeres podrán asegurar la paz en el mundo, cuando gobiernen.» Declaración de la dirigente sufragista británica E. Pankhurst.
• «Debemos abolir cualquier cosa que conlleve el menor amago de privilegio.» W. Wilson al Congreso estadounidense, sobre la reducción de impuestos.
• «Cuando el hombre quiso imitar la marcha inventó la rueda, que es lo menos parecido a una pierna, e hizo así surrealismo sin saberlo.» Definición de G. Apollinaire sobre el surrealismo, término a su vez creado por él.

1914

Atentado en Sarajevo
28 JUNIO

El asesinato del archiduque Francisco Fernando de Habsburgo (1863-1914) y de su esposa hace saltar la espoleta de la Primera Guerra Mundial. El estudiante servio Gavrilo Princip (1894-1918) ha disparado contra el heredero de la corona austrohúngara durante la visita de éste a Sarajevo, capital de Bosnia-Herzegovina, cuya liberación reclama la organización nacionalista "Joven Bosnia", a la que pertenece el autor del magnicidio. Éste ha utilizado armas suministradas por la asociación secreta servia "Mano negra", y morirá en prisión, cumpliendo una condena de veinte años de cárcel.

Ultimátum de Austria a Servia
23 JULIO

Ante la sospecha de que el promotor del magnicidio de Sarajevo, en el que murieron el heredero del trono imperial austrohúngaro y su esposa, ha sido en último término el gobierno de Servia, que desde 1903 había iniciado una ofensiva por la unidad nacional de todos los eslavos del sur, los austríacos deciden acabar con "el avispero servio". El ultimátum austríaco a Servia aumenta aún más la tensión en el área y provoca la reacción de Alemania, que advierte a las potencias sobre la necesidad de limitar el conflicto. ➡ 1915

ALINEACIÓN DE LAS POTENCIAS

Potencias centrales
Entente aliada
Países simpatizantes
Países neutrales (al principio del conflicto)
Imperio otomano

NORUEGA
SUECIA
GRAN BRETAÑA
Mar del Norte
DINAMARCA
Mar Báltico
Moscú
IMPERIO
PAÍSES BAJOS
Londres
Berlín
RUSO
BÉLGICA
IMPERIO ALEMÁN
LUX.
Praga
Océano Atlántico
París
Viena
Budapest
FRANCIA
SUIZA
IMPERIO AUSTRO-HÚNGARO
RUMANÍA
Mar Negro
Sarajevo
PORTUGAL
ESPAÑA
ITALIA
SERBIA
BULGARIA
Constantinopla
ALBANIA
IMPERIO OTOMANO
GRECIA
Mar Mediterráneo

Aldeanos servios se defienden de las tropas austrohúngaras, según una estampa de la época.

Estalla la Gran Guerra en Europa
28 JULIO

Si bien Servia ha aceptado la mayoría de las duras condiciones del ultimátum austríaco, no ha evitado con ello el principio de una terrible conflagración. La declaración de guerra de Austria-Hungría a Servia dispara los mecanismos de alianzas que debían preservar la paz y Rusia, aliada de los servios, moviliza sus tropas en la frontera con el Imperio Austrohúngaro y Alemania. Ante la amenaza, ésta declara la guerra a Rusia y a Francia, su aliada, el 1 de agosto. De inmediato tropas alemanas invaden Bélgica, lo cual provoca la reacción del Reino Unido, que declara a su vez la guerra a los alemanes el 4 de agosto. ➡ 1915

Se inaugura el canal de Panamá
15 AGOSTO

El presidente estadounidense Thomas Woodrow Wilson (1856-1924) abre a la navegación el canal interoceánico en el istmo centroamericano. La vía marítima de casi 80 km de longitud que une el Atlántico con el Pacífico, cuya construcción supuso la secesión de Panamá de Colombia en 1903, evita a los barcos una travesía de más de 9 600 km alrededor del continente sudamericano. Así mismo, su valor estra-

Distribución de los dos bandos enfrentados al inicio de la guerra de 1914-1918.

El canal de Panamá en el curso de su construcción. La inauguración oficial tuvo lugar el 15 de agosto de 1914.

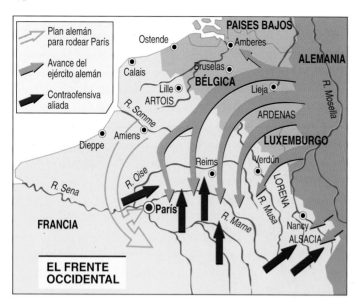

Líneas del ataque alemán en el frente occidental, y ejes principales de la contraofensiva de los ejércitos aliados.

El mariscal Joffre conversa con unos militares británicos en su puesto de mando en el Marne. Su táctica permitió preservar París de la amenaza de invasión.

Retrato de Miguel de Unamuno, autor de Niebla.

El personaje de Charlot (aquí en un fotograma de Luces de la ciudad) se convirtió en un símbolo de la condición del hombre del siglo xx. ▶

tégico queda de manifiesto ante el estallido de la guerra en Europa, que también ha obligado a las autoridades estadounidenses a posponer su inauguración oficial. Ésta tiene lugar finalmente con el paso del inmenso trasatlántico *Alliance*.

Victoria alemana en Tannenberg
26-30 AGOSTO

Fuerzas zaristas, que habían invadido Prusia Oriental, son sorprendidas por tropas alemanas, que obtienen una rotunda victoria. El ejército alemán, mandado por Hindenburg y Ludendorff, atacó las tropas del general Samsonov, infligiéndoles una dura derrota y haciendo más de 100 000 prisioneros. Al parecer, gran parte del éxito alemán se debe a las desavenencias personales entre los rusos Samsonov y Rennenkampf, cuyo ejército será prácticamente aniquilado por Hindenburg en los lagos de Masuria. ➡ **1915**

La batalla del Marne salva París
4 SETIEMBRE

El ejército alemán es rechazado en el Marne y la capital francesa se salva de su ocupación. Cuando todo hacía prever que las tropas germanas a las órdenes del general Alexander von Kluck (1846-1934) entrarían en París, se desvían en persecución del ala izquierda del ejército francés, el cual inicia una enérgica contraofensiva. Las fuerzas francesas atacan a las alemanas a lo largo de un frente de 200 km, en una maniobra ideada por el general Joseph Joffre (1852-1931), y libran, entre el 5 y el 11 de setiembre, la batalla del Marne.

La victoria francesa aleja de París a los alemanes y la libra de ser ocupada. ➡ **1915**

Difracción de los rayos X
10 DICIEMBRE

El físico alemán Max von Laue (1879-1960) es recompensado con el premio Nobel de Física por el descubrimiento de la difracción de los rayos X a su paso por el interior de los cristales. Von Laue, siguiendo una idea formulada por él mismo en 1912, trata de medir la longitud de onda de los rayos X utilizando, como redes de difracción, redes cristalinas naturales. Estos experimentos le permiten demostrar que en el interior de los cristales tienen lugar efectos de difracción de los rayos X, a partir de los cuales mide la longitud de onda de dicha radiación electromagnética. ➡ **1927**

Nace el conductismo

El psicólogo estadounidense John B. Watson (1878-1958) publica *El comportamiento, introducción a la psicología comparativa*. Un año antes había formulado por primera vez, en su obra *La psicología objetiva*, el concepto de conductismo o behaviorismo, una teoría que, en abierta oposición a las concepciones de Sigmund Freud y sus seguidores, entiende por conducta el aspecto meramente funcional y reflejo del comportamiento y rechaza los factores psíquicos.

Miguel de Unamuno publica Niebla

Niebla quizá no es una novela; llamémosla, si lo preferimos, "nivola". Tal es la sorprendente concesión que hace Unamuno en el prólogo de la obra, adelantándose a sus críticos. Y sin embargo todo comienza de la forma más convencional: Augusto Pérez está enamorado de Eugenia, pero no es correspondido, porque ella ama a Mauricio. Lo que sigue es la historia de sus desengaños, hasta que Augusto, al fin, decide suicidarse. Pero antes quiere hacer una cosa, que para la sorpresa del lector resulta ser visitar al señor don Miguel de Unamuno, ya que este señor ha escrito un

interesante ensayo sobre el suicidio. Lo que va a descubrir allí nuestro personaje es, precisamente, que es un personaje, un ser falso, ilusorio. Pero antes de morir –de ser asesinado, como Augusto pretende ahora ante Unamuno, pues ya no quiere morir si la voluntad no es suya– se atreve a espetarle una última amenaza: quizás él no es tampoco más que el sueño de alguien, otra ilusión.

Nace el personaje de Charlot

Uno de los personajes más emblemáticos que ha dado el cine es el de Charlot. Su creador, Charles Chaplin (1889-1977), cuenta cómo un día el director de filmes cómicos Mack Sennet, para quien trabajaba desde 1913, le pidió improvisar un maquillaje cómico para una escena. «En el camino del vestuario me dije que me pondría un pantalón demasiado largo, grandes zapatos y un bombín... No tenía ni idea del personaje que iba a interpretar, pero desde el instante en que estuve vestido, la ropa y el maquillaje me hicieron sentir lo que era: al mismo tiempo un vagabundo, un señor, un poeta, un soñador, un tipo desamparado, enamorado siempre de lo novelesco y de la aventura.» Así nació Charlot, que entre 1914 y 1925 protagonizó más de sesenta películas, entre ellas obras maestras como *El emigrante*, *El chico* y *La quimera del oro*. ➡ **1921**

Gozne entre los viejos tiempos y los nuevos

Las naciones más avanzadas del mundo demostraron en 1914 una mortífera capacidad para aglutinar todos los conocimientos de la ciencia, la técnica, la economía, la política y los medios de comunicación, al servicio de una Gran Guerra diseñada y largamente sopesada por unos cuantos gobiernos y sectores de interés. Este año fue el gozne que articuló la transición entre dos tiempos históricos: nuevas formas de vida y de mentalidad surgirían del caos impuesto por la guerra.

ESTALLA LA GUERRA EN EUROPA

Sin duda alguna, 1914 será siempre recordado como el año del estallido de la Primera Guerra Mundial. Este suceso trágico, ocurrido en el mes de julio, relegó el resto de los eventos a un oscuro segundo plano. Y sin embargo, la vida cotidiana discurrió hasta el instante crucial ajena al drama en que iba a verse envuelta. En 1914 la sociedad occidental se vio movilizada de improviso y sumergida en una guerra feroz largamente preparada, con precisión y empeño, por los distintos Estados. Por encima del pacifismo internacionalista de los grupos socialistas y de la izquierda europea en general, durante los años precedentes Europa había realizado importantes inversiones en armamento y en intendencia militar. Tras el magnicidio de Sarajevo, el 27 de julio Austria dirigió un ultimátum a Servia. El 30 de julio Rusia procedió a la movilización de su ejército, y el 1 de agosto Alemania desplegó sus tropas contra Rusia. Entre el 3 y el 4 de agosto Alemania declaró la guerra a Francia e invadió Bélgica.

Una vez abierto el frente occidental, la guerra europea adquirió los rasgos propios de una "guerra de movimiento", tal y como había sido diseñada en los planes militares. La estrategia militar alemana, definida por el plan Schlieffen como "guerra en dos frentes", fue respondida por una ofensiva aliada francobritánica que, después de notables fracasos a lo largo del mes de agosto, consiguió frenar el avance alemán hacia la capital francesa.

A comienzos de setiembre París estaba a salvo. Comenzó entonces un programa de cambios estratégicos que desembocó en

Enfrentamiento entre servios y austríacos junto al río Sava, en los inicios de la Primera Guerra Mundial (estampa de la época).

el inicio de la "carrera hacia el mar", en noviembre de 1914. La guerra de movimiento dio paso a la guerra de posiciones, más conocida como "guerra de las trincheras". Mientras tanto, en el límite oriental del continente europeo, los militares alemanes se hicieron cargo del ejército turco. El apoyo de la Joven Turquía a la política de los imperios centrales resultaría a la larga traumático para la nación.

La neutralidad de algunos países europeos fue esencial para el aprovisionamiento de las naciones en conflicto. España declaró su neutralidad en agosto de 1914, procurándose con ella una expansión industrial y económica sin precedentes. Durante los años de la guerra mundial España aumentó su producción textil, metalúrgica

y naviera, e incrementó considerablemente sus ingresos en concepto de exportaciones. Pero también proporcionó mano de obra a los países vecinos, que, debido a la movilización de sus tropas, recurrían a la población femenina y a la inmigración para mantener activo el aparato productivo. A pesar de las posibilidades económicas que la Guerra Mundial proporcionó a España, el conflicto contribuyó en contrapartida a la progresiva descomposición del sistema parlamentario, de modo que las reivindicaciones políticas, sociales y autonómicas bloquearon las tímidas líneas para el desarrollo de los programas gubernamentales.

En el contexto de la guerra, la realidad de Europa y el mundo fluían a otro ritmo. El movimiento por el derecho al voto de las mujeres luchaba a marchas forzadas por abrirse paso en el seno de la turbulenta sociedad occidental. La reivindicación sufragista condujo a la cárcel a un nutrido grupo de mujeres británicas. Las duras

Primer ensayo de una ametralladora montada en un aeroplano, realizado en Francia el 7 de febrero de 1914.

Lovaina es evacuada por las tropas belgas, ante el avance alemán en el frente occidental. La primera fase de las operaciones se caracterizó por los rasgos de una "guerra de movimiento".

condiciones de las prisiones británicas les llevaron entonces a emprender huelgas de hambre, a las que replicaron las autoridades alimentando a las huelguistas por la fuerza. El de las sufragistas fue un pulso más que se añadió al maltrecho estado del Imperio Británico y de Europa.

LA PRIMERA GUERRA MUNDIAL Y EL CINE

La Primera Guerra Mundial fue la primera gran contienda de masas. Toda la población de los países combatientes se vio inmersa en ella; de ahí la especial relevancia que la propaganda y la informa-ción adquirieron en el conflicto. En 1914 los gobiernos recurrieron a fórmulas de censura para controlar la información que se proporcionaba a la población civil. Así, la propaganda sustituyó a la información. Especialmente en el bando aliado y desde el inicio del conflicto, a fin de presentar a la población la guerra como un proceso inevitable, se hizo un concienzudo trabajo de difusión a través del cine de las atrocidades cometidas por el enemigo.

En este contexto, todos los países tomaron conciencia de la importancia del cine para transmitir ideología y conseguir una implicación psicológica y sentimental de la población en la guerra. El cine se presentaba como un medio casi en experimentación, susceptible de ser utilizado como instrumento de propaganda al tiempo que se perfeccionaban sus elementos. Otra circunstancia hacía posible esa utili-zación del cine: el público, escasamente familiarizado con el medio, aceptaba como verdaderas las manipulaciones sobre el material documental recogido en el frente, e incluso la ficción pura y simple.

La importancia del cine para la elaboración ideológica no se limitó exclusivamente a la sociedad civil. Algunos autores han verificado y estudiado su uso en las trincheras. En Verdún, por ejemplo, se experimentó en este campo construyendo salas de proyección subterráneas. A medida que avanzaba la guerra, los organismos de información y propaganda de los distintos países fueron perfeccionando la utilización del recurso cinematográfico. Se dio vía libre, por ejemplo, a la elaboración de noticiarios de actualidad rodados en las zonas de combate. Los propios ejércitos se dotaron de secciones dedicadas a la fotografía y al cine.

En Francia, ya en 1914, los estudios cinematográficos reconvirtieron su labor cotidiana, con la creación de filmes en los que se ensalzaban las virtudes patrióticas. El Reino Unido y Alemania siguieron sus pasos inmediatamente. La situación en Estados Unidos fue especial. En el inicio de la guerra, dada su posición de neutralidad y la postura aislacionista del presidente Wilson y de la población, se importaron

Buques de guerra estadounidenses en la bahía de Veracruz. Siete mil soldados ocuparon la ciudad en 1914 en un intento de forzar al presidente Huerta a convocar elecciones y poner fin a la guerra civil.

Botella de anís del Mono, *collage cubista de Juan Gris que incluye la etiqueta original del licor (Colección particular de Judith Rotschild).*

dente Wilson inauguró el canal de Panamá. La ceremonia se llevó a cabo a bordo del paquebote *Alliance*. La compañía constructora del Canal, fundada por Lesseps en 1879, había quebrado en 1903 en medio de un escándalo que suscitó un proceso por fraude. A comienzos de siglo, Estados Unidos había asumido el control de la empresa y continuó los trabajos de construcción, obteniendo la soberanía sobre esta vía de comunicación marítima. La ingente obra de ingeniería tenía una longitud total de 82 kilómetros y una anchura que oscilaba entre los 300 y los 90 metros. La construcción de tres esclusas dobles compensaba el desnivel de 26 metros entre el Pacífico y el Atlántico. El Canal se convirtió en la clave para la consecución de la hegemonía naval estadounidense en el Atlántico y en el Pacífico. ■

películas tanto británicas como alemanas. Sin embargo, a los pocos meses la industria cinematográfica se decidió a apoyar la intervención estadounidense produciendo películas de propaganda. Además, se creó un Comité de Información Pública cuyo objetivo era controlar la importación y exportación de filmes. En la sociedad americana, el impacto del cine se tradujo en el alistamiento de muchas personas, al tiempo que suministró cuantiosos ingresos para sufragar la intervención.

ESTADOS UNIDOS EN VERACRUZ Y EN PANAMÁ

Pero en 1914 la clase política de Estados Unidos vivía aún ajena al conflicto, absorbidos sus intereses por problemas mucho más inmediatos. El empeoramiento de la situación en México condujo a los marines norteamericanos a desembarcar en Veracruz. Una fuerza de siete mil hombres ocupó la ciudad portuaria tras una dilatada resistencia. Wilson planteó al presidente Huerta la exigencia de una convocatoria de elecciones con el fin de pacificar México. La negativa de Huerta sirvió para incrementar aún más la tensión, acosado como estaba por el ejército constitucionalista de Carranza y de Pancho Villa y por las fuerzas revolucionarias campesinas de Zapata.

A modo de culminación de la actividad expansiva del país durante los últimos años, el 15 de setiembre de 1914 el presi-

Instantáneas

- ***Botella de Anís del mono***, cubismo sintético, a cargo de J. GRIS. Es típica la introducción de elementos reales en el cuadro.

- ***Les caves du Vatican***, de A. GIDE. Uno de los protagonistas, Lafcadio, sorprende al lector con sus "actos gratuitos".
- ***Cantos órficos***, único volumen de poesía publicado en vida por DINO CAMPANA.
- ***El rosario***, obra que consagra la siempre personal poesía de A. AJMÁTOVA.
- ***Satires of circunstance***, sencillos y trágicos poemas de TH. HARDY.

- Zarzuela: ***Las golondrinas***, de J.M. USANDIZAGA, en el Teatro Price (Madrid).
- ***St. Louis blues***, de W.C. HANDY.
- ***You planted a rose in the garden of love***, J. WILL CALLAHAN y E.R. BALL.
- ***Colonel Bogey march***, de K.J. ALFORD. En 1957 fue adaptada por M. ARNOLD para el filme *El puente sobre el río Kwai*.
- Cuplé: *Flor de té*, letra y música de J. MARTÍNEZ ABADES. Estrena RAQUEL MELLER.

- Se realiza con éxito la **primera transfusión indirecta** de sangre.
- Inaugurado el primer **servicio postal aéreo** en la colonia alemana de África Oriental.

- Los Toronto *Blueshirts* ganan la **primera Copa Stanley de hockey sobre hielo**.

- Las **sufragistas británicas** abandonan su postura de no violencia: hoy han roto la ventana del ministro del Interior y prendido fuego al selecto y feudalizante *Lawn-Tenis-Club*. E. PANKHURST, líder del movimiento, ha salido de la cárcel tras iniciar una huelga de hambre y sed. *(15 Febrero)*
- Barcelona: las diversas fuerzas políticas se ponen de acuerdo al menos para combatir la grave **epidemia de tifus** que sufre la ciudad desde hace quince días. *(8 Noviembre)*
- Creación de la productora cinematográfica **Paramount**.
- La **neutralidad de España** en el conflicto europeo comienza a repartir beneficios económicos en sectores como el textil, el metalúrgico o el naviero. *(3 Noviembre)*

- E. SAARINEN proyecta la **Estación Central de Helsinki**, de estilo ecléctico, sencillo y delicado.
- Se coloca el **primer semáforo** en Cleveland, Ohio. *(5 Agosto)*

- Elección de E. PRAT DE LA RIBA como **presidente de la Mancomunitat catalana**. *(6 Abril)*
- México: fulgurante **desembarco militar de Estados Unidos en Veracruz**, parte del programa de W. WILSON que pretende «enseñar a esas repúblicas del sur de América a elegir buenos gobernantes». Parece que el general V. HUERTA no es grato a los ojos del poderoso vecino del norte. *(22 Abril)*
- **Aumentan las partidas presupuestarias** que el Reino Unido destina al ejército. *(5 Marzo)*
- Un mes después de la renuncia del presidente V. HUERTA, las tropas del general Á. OBREGÓN, partidario de V. CARRANZA, **ocupan Ciudad de México**. *(16 Agosto)*
- Comienza la **guerra submarina**: los alemanes hunden el acorazado ruso *Pallada*, lo que produce también un gran impacto psicológico sobre las filas enemigas. *(11 Octubre)*
- **Egipto** se convierte en un protectorado británico. *(16 Diciembre)*

- «Tu país te necesita.» Propaganda de guerra británica.
- «El asesinato del príncipe heredero del trono austrohúngaro es como un rayo sobre el cielo de Europa.» Premonitorias palabras del *Daily Chronicle*, poco después del asesinato del archiduque FRANCISCO FERNANDO y su esposa, en Sarajevo.
- «Estaréis de vuelta a casa antes de que las hojas hayan caído de los árboles.» El káiser GUILLERMO II despide a sus tropas a principios de agosto.

- FRÉDÉRIC MISTRAL, célebre poeta provenzal. *(25 Marzo)*
- JACOB RIIS, periodista y fotógrafo norteamericano de origen danés. *(26 Mayo)*
- JEAN JAURÈS, dirigente y teórico socialista francés, asesinado en Montmartre (París). *(31 Julio)*
- ROQUE SÁNCHEZ PEÑA, presidente de la República Argentina. *(9 Agosto)*

1915

Aviones aliados bombardean una trinchera alemana. El arte de la guerra se había desarrollado hasta ahora sobre un "tablero de ajedrez" bidimensional; pero a partir de la Primera Guerra Mundial, la aviación y los submarinos dotaron al campo de batalla de una tercera dimensión.

Desarrollo de la guerra en los Balcanes. Servia estuvo en primera línea de todas las operaciones y sufrió especialmente las consecuencias de una guerra que había contribuido a desencadenar.

Bombas sobre París
22 MARZO

Lo terrorífico del bombardeo que acaba de sufrir la capital francesa es que las bombas llovían del cielo, desde un zepelín alemán situado a unos 150 m de altura, fuera del alcance del fuego de los defensores. La guerra ya no se reducirá al frente nunca más, desde que es posible llegar por el aire a las ciudades enemigas. Esta vez, los alemanes han buscado dañar estaciones ferroviarias y arsenales, iluminando primero la ciudad con bengalas atadas a globos que descendían lentamente, y que arrojaban una luz roja sobre los espantados parisinos. La guerra por el aire acaba tan sólo de empezar, y pronto será conocida por otras ciudades. ➧ **1916**

Estreno de El amor brujo
15 ABRIL

El Teatro Lara de Madrid acoge el estreno de una de las más ambiciosas y originales obras del compositor gadita-

no Manuel de Falla (1876-1946). La partitura, un ballet con algunos fragmentos cantados por una cantaora, es un logrado intento de expresar musicalmente el ambiente gitano y una admirable muestra de la forma de trabajar del músico, quien, partiendo de melodías y ritmos de origen popular, flamenco en este caso, sabe crear una música totalmente nueva, personal. Su *Danza ritual del fuego* es una página que dará la vuelta al mundo. La gran cantaora Pastora Imperio fue la protagonista del estreno de esta "gitanería".

Alemania utiliza gases tóxicos como arma bélica
22 ABRIL

Por primera vez en la historia un ejército usa gases tóxicos asfixiantes contra tropas enemigas. En el curso de la se-

gunda batalla de Ypres, los alemanes lanzan un ataque con el llamado gas mostaza contra las trincheras francobritánicas, entre las poblaciones flamencas de Ypres y Langemarck. A pesar de los terribles efectos del gas, que provoca la muerte de un elevado número de soldados en medio de violentas convulsiones y vómitos de sangre, el ejército germano no puede romper las líneas aliadas, que son reforzadas con extraordinaria rapidez. ➧ **1916**

Turquía consuma un nuevo genocidio en Armenia
27 ABRIL

Invadido por el ejército turco, el pueblo armenio es objeto de deportación en masa y feroces matanzas. Su deseo de independencia y la religión cristiana que profesan chocan con el nacionalis-

OFENSIVA DE OTOÑO
→ Ofensiva de las potencias centrales
→ Ofensiva de la entente aliada
— · — Vías férreas

RUSIA

IMPERIO AUSTRO-HÚNGARO

RUMANÍA

Belgrado

Bucarest

Sarajevo

Plevna

Mar Negro

SERBIA

Nish

Sofía

Mar Adriático

Tirana

BULGARIA

Istambul

Brindisi

ALBANIA

Salónica

Dardanelos

Gallipoli

ITALIA

GRECIA

TURQUÍA

Mar Egeo

Atenas

Mar Mediterráneo

◀ *El compositor finlandés Jan Sibelius, adalid de la escuela musical nacionalista en su país.*

mo exaltado del gobierno de los Jóvenes Turcos. Aunque parcialmente protegida por las tropas rusas que avanzan sobre la región de Van, la población armenia es víctima de terribles matanzas. Incluso los soldados armenios incorporados al ejército otomano son desarmados y fusilados por centenares. ➡ **1923**

Muere Porfirio Díaz
2 JULIO

Ha muerto en París, donde se había exiliado hace cuatro años, el ex dictador mexicano Porfirio Díaz (1830-1915). Díaz, que había abandonado México el 25 de mayo de 1911, poco después de estallar la Revolución mexicana, ocupó la presidencia durante treinta y cinco años. Durante el llamado *porfiriato*, había modernizado el país y logrado una prosperidad económica sin precedentes siguiendo la doctrina del positivismo científico, pero a costa de reducir las libertades, encarcelar a sus opositores, reprimir las reivindicaciones obreras y despojar de sus tierras a los campesinos. ➡ **1920**

Estados Unidos invade Haití
29 JULIO

Tropas de la marina estadounidense desembarcan en Haití con el propósito de proteger sus intereses económicos y financieros. Ante el clima de caos que vive el país caribeño tras el asesinato del presidente Jean Vibrun Guillaume Sam, Estados Unidos se ha apresurado a enviar sus tropas para restablecer el orden y situar en el gobierno a un político afecto. Una de las primeras medidas ha sido asumir el control administrativo de las aduanas haitianas, y todo parece indicar que el nuevo presidente será Philippe Sufre Dartiguenave y que Haití se convertirá de hecho en un protectorado de Estados Unidos. ➡ **1957**

Primera Conferencia interaliada
6 DICIEMBRE

Por primera vez desde que estalló la guerra las potencias aliadas se reúnen en Chantilly para coordinar las acciones militares. Ante los reiterados fracasos de Artois, Champaña y Galípoli, los aliados se reúnen en la ciudad francesa para superar sus diferencias de criterio acerca de la valoración de los distintos frentes y coordinar las ofensivas de sus ejércitos. En la ocasión también se prevé la victoria final sobre Alemania y sus aliados, y se acuerda que la mayoría de las colonias alemanas pase a Gran Bretaña y que Alsacia y Lorena retornen a la soberanía de Francia. ➡ **1919**

Sibelius estrena su Quinta sinfonía
8 DICIEMBRE

Jan Sibelius (1865-1957) es el líder de la escuela musical nacionalista finlandesa. Cada uno de sus estrenos es saludado como un acto patriótico por un país que hasta 1917 no conquista su independencia respecto a Rusia. Títulos como *Finlandia* o todos los poemas sinfónicos basados en las leyendas del *Kalevala*, la obra literaria nacional finlandesa, demuestran esa filiación nacionalista, aunque Sibelius nunca busca su inspiración en el folclor de su tierra. Autor de siete sinfonías, de ellas la n.º 5 es quizá la más apreciada. Esta *Quinta sinfonía* se estrena el día del cincuenta cumpleaños del compositor, quien, no contento con esta versión, hará una nueva, estrenada al año siguiente, y aún otra, publicada en 1919, que convierte sus cuatro movimientos en tres y que es la que habitualmente se interpreta. A pesar de sus éxitos musicales, Sibelius abandonará la composición hacia 1929, y permanecerá prácticamente en silencio hasta su muerte.

El nacimiento de una nación, de Griffith

David Wark Griffith (1875-1948) es uno de los indiscutibles creadores del lenguaje cinematográfico, en una época en la que el cine estaba dando sus primeros pasos, aún muy marcado por

el teatro. *El nacimiento de una nación* es, a pesar de su sospechoso mensaje ideológico, una de sus primeras obras maestras, una obra capital en la historia del cine por el uso innovador de técnicas como el montaje, el primer plano, el movimiento de cámara o el *flashback*, que tanta importancia tendrán en el desarrollo posterior del medio, y que Griffith es uno de los primeros en experimentar. En la posterior *Intolerancia* (1916) llevará aún más lejos todas estas técnicas, creando una monumental película que ha influido decisivamente sobre multitud de cineastas.

Suprematizm, de Kasimir Malevich (Stedelijk Museum de Amsterdam). Para el suprematismo, la composición había de ser una concordancia de ritmos desplegados en el espacio, del mismo modo que una frase musical se despliega en el tiempo.

Cartel de la película El nacimiento de una nación, *de David Wark Griffith, una de las obras que definieron el lenguaje artístico del cine y las líneas maestras para su evolución futura.*

Guerra de posiciones

En el invierno de 1915, la lucha en Europa tomó nuevos giros que alteraron las previsiones de los estados mayores y modificaron gran parte de los conceptos estratégicos iniciales. Las naciones beligerantes se vieron empujadas a dirigir su esfuerzo hacia regiones donde las posiciones enemigas carecían de una organización sólida. Si bien Alemania conservó la iniciativa, las condiciones de la guerra se endurecieron para los soldados y las poblaciones de los países contendientes.

GASES TÓXICOS, BOMBAS Y TORPEDOS

En 1915 se inició la llamada *guerra de posiciones*. Las líneas quedaron estacionadas y los frentes estabilizados. Los alemanes diseñaron ofensivas cortas y sangrientas en Francia y Rusia, a las que se aprestaron a responder los ejércitos de ambos países. En febrero de 1915, el cierre del canal de Suez a los barcos neutrales movió a los ejércitos francobritánicos a desembarcar en la región turca de los Dardanelos, con el fin de conseguir la reapertura de los suministros a Rusia. El desembarco aliado en Galípoli, el 25 de abril, resultó infructuoso. Los turcos, mandados por Mustafá Kemal, resistieron la embestida de los 150 000 hombres del general Hamilton. Los franceses consiguieron desembarcar en Salónica, en Grecia, pero los Dardanelos permanecieron bajo control otomano.

Las ventajas territoriales alemanas durante este año fueron limitadas, al tiempo que los contraataques aliados resultaban infructuosos. En Ypres, durante la primavera, el empleo de gases tóxicos y la devastación provocada por los bombardeos dio al mundo imágenes de un horror inconcebible hasta la fecha. El gas clorado empleado en Ypres había sido puesto a punto por científicos del Instituto Káiser Guillermo de Berlín. El ataque, lanzado en una extensión de unos seis kilómetros, aniquiló a las tropas francesas allí emplazadas. En otros terrenos, la tecnología se aprestaba también a renovar las armas convencionales. En tierra, la artillería pesada; en el aire, el empleo del zepelín para el combate aéreo utilizado en los bombardeos, acompañaron a la utilización en el mar de los nuevos acorazados

Nuevas armas elevaron la capacidad de destrucción de los ejércitos combatientes: los alemanes utilizaron el gas mostaza, con los terribles efectos (ceguera, asfixia, parálisis) que muestra esta pintura aparecida en una revista de la época (arriba).

Sobre estas líneas, un mortero pesado francés. La artillería progresó durante el conflicto mundial en alcance, precisión y capacidad destructiva. En la guerra de posiciones, las baterías de armas pesadas desempeñaron un papel relevante.

y de los submarinos pertrechados con poderosos torpedos. En marzo París fue bombardeada desde un zepelín alemán. Las bengalas, lanzadas en pequeños globos desde la aeronave, permitían a los soldados alemanes localizar sus objetivos: las fábricas, las estaciones de ferrocarril y los arsenales parisinos. Paralelamente se ensayó una práctica desgraciadamente frecuente a partir de esta guerra, la de sembrar el pánico entre la población civil.

El hundimiento del transatlántico *Lusitania*, a bordo del cual viajaban 128 estadounidenses, por un submarino alemán U-20 el 7 de mayo de 1915, dio pie a una intensa campaña antialemana en Estados Unidos, cuyo resultado a largo plazo había de ser la entrada de este país en el conflicto. Hasta la fecha se había impuesto la opinión de la derecha conservadora, de tradición aislacionista. Estados Unidos insistía en el respeto de los derechos de la navegación y del comercio neutrales, incluso con los propios beligerantes. El hundimiento del *Lusitania* fue considerado, sobre todo por Estados Unidos, como una prueba concreta de la inhumanidad con la que los alemanes hacían la guerra. En consecuencia el gobierno americano exigió a Alemania, bajo la amenaza de interrumpir las relaciones diplomáticas, reparaciones por la acción contra el *Lusitania*, así como el cese inmediato de la guerra submarina. El káiser Guillermo II, consciente del peligro que suponía la implicación estadounidense en el conflicto, dictó una tímida orden de cese de la actividad submarina, que el ejército no acató. La guerra submarina no había hecho sino comenzar. El Congreso autorizó el primer empréstito estadounidense a las empresas francobritánicas.

La clase obrera y la guerra

La intensificación del conflicto y la conciencia del alcance de la confrontación fue interpretada por el movimiento obrero como un ataque a su supervivencia. Las convocatorias de neutrales e izquierdistas a las conferencias de Berna y Copenhague no habían tenido el eco esperado. Sin embargo, en setiembre de 1915 la conferencia de Zimmerwald, en Suiza, tuvo una excelente acogida. Reunidos los delegados de la mayor parte de los países beligerantes, redactaron un Manifiesto dirigido a los trabajadores europeos, en el que se solicitaba la unión del proletariado internacional. Pese a la oposición de los seguidores del moderado Karl Kautsky, Lenin llegó a exigir la transformación de la contienda

El zar de Bulgaria en una revista militar. Bulgaria optó por unirse a los imperios centrales en 1915.

europea en una guerra civil de liberación del proletariado contra la burguesía.

El genocidio armenio en el frente oriental

Los imperios centrales lanzaron una nueva ofensiva en los Balcanes. Austria había entrado en la guerra sin especiales deseos anexionistas, pero tras las campañas balcánicas de 1915, aparecieron sectores favorables a una rectificación de las fronteras con Italia y Rumania. En octubre caía Belgrado y Bulgaria se alineaba al lado de las potencias centrales. Los italianos, que habían declarado la guerra a Austria en mayo con la expectativa de conseguir los territorios del Tirol del Sur, la península de Istria y una parte de Dalmacia, no lograron tampoco romper las líneas austríacas en las primeras batallas del Isonzo.

En el frente oriental, durante 1915 se produjeron ofensivas y contraofensivas repetidas sobre el territorio de Prusia Oriental a cargo de alemanes y rusos. En setiembre, el zar Nicolás II asumió el cargo de general en jefe del ejército de Rusia. Turquía, por su parte, desplegó una gran actividad en el frente caucásico. En ejecución de un plan ambicioso, el general Enver hizo avanzar hacia la Armenia rusa a dos de sus mejores cuerpos de ejército, y la resistencia de la población sometida a los turcos, acicateada por la actividad de los agentes zaristas, desembocó en un terrible genocidio durante los años 1915 y 1916. Poblaciones armenias enteras fueron deportadas o suprimidas. El exterminio de la población armenia residente en el imperio otomano venía de lejos. Los años 1895 y 1909 habían sido devastadores para los armenios. Ahora, durante la guerra mundial, los soldados de origen armenio fueron fusilados en grupos de cien. Se expropiaron los bienes de toda la población civil de origen armenio, y se dio la orden de su deportación a Alepo, en Siria. Casi nadie consiguió llegar vivo a su destino.

LA MOVILIZACIÓN CIVIL

La inesperada prolongación y expansión geográfica del conflicto tuvo como primer efecto la toma de conciencia por parte de los gobiernos de que los recursos materiales y humanos inicialmente previstos resultaban insuficientes. El voluntariado reclutado en el principio de la guerra constituía una fuente de potencial humano muy limitada y las fábricas y empresas comenzaban a ser reconvertidas para producciones diferentes a las que tenían en tiempos de paz. Los Estados europeos pusieron en marcha campañas de movilización forzosa de hombres que, enviados a los frentes, dejaban vacantes los puestos en las fábricas. Los campesinos, las mujeres y todos los hombres impedidos o jubilados disponibles, se hicieron cargo de la producción industrial y de la gestión de los transportes y las infraestructuras de las comunicaciones. Esta nueva realidad incorporó una distorsión de la estructura social de la vieja Europa. Los modelos de comportamiento se vieron alterados en función de la nueva prioridad: la guerra. Y algunas consecuencias se extendieron más allá del esfuerzo bélico; por ejemplo, las nuevas responsabilidades ciudadanas otorgadas a las mujeres tuvieron el efecto de forzar su reconocimiento social e integrarlas en la vida pública a través de la progresiva adquisición del derecho al voto.

Al mismo tiempo, Francia, el Reino Unido, Alemania y demás países en conflicto se vieron obligados a poner en marcha sistemas de economía de guerra. A la restricción del consumo de productos energéticos como el gas, el carbón y la electricidad, se unió la introducción del racionamiento de los alimentos. En el campo sólo quedaron mujeres y ancianos cuyo esfuerzo resultaba insuficiente para sacar la producción adelante. Se acortaron las raciones diarias de comida y, con el fin de hacer frente a la carestía, se alteró la composición de los alimentos mediante el uso de sucedáneos. Las importaciones procedentes de países neutrales fueron una vía fundamental para aliviar el rápido desabastecimiento.

Si la población metropolitana tuvo que reconvertir sus hábitos de trabajo y su vida cotidiana, también en las colonias la instalación del conflicto tuvo importantes consecuencias. Carentes de derechos equiparables a los de las poblaciones blancas europeas, los soldados nativos que luchaban para el Reino Unido o para Francia encontraron en su entrega al combate una

Mohandas Gandhi y su esposa Kasturba a su regreso a la India, en el año 1915. El Congreso Nacional Indio apoyó el esfuerzo bélico de los aliados, esperando a cambio concesiones en su reivindicación independentista.

justificación suficiente para exigir la autodeterminación y la independencia de sus naciones. En la India, a finales de 1915, Mohandas Gandhi, líder del Congreso Nacional Indio, supo aprovechar la coyuntura bélica para ofrecer a los británicos su apoyo durante la guerra a cambio de la obtención de garantías para la consecución de la soberanía al final de la misma. ∎

Instantáneas
1915

- En la exposición "0,10" el pintor vanguardista ruso K. MALEVICH presenta su **Manifiesto suprematista**, acompañado de 35 obras totalmente abstractas, la más sorprendente de las cuales quizá sea *Cuadrado negro sobre fondo blanco*.

- F. KAFKA estrena concepto de la literatura y del mundo en una de las obras más diversamente interpretadas del siglo: **La metamorfosis**.
- **La nube con pantalones**, extenso poema futurista del ruso V. MAIAKOVSKI.
- En la novela **Servidumbre humana**, W.S. MAUGHAM retrata con toda minuciosidad la opresiva sociedad inglesa de fines de siglo.
- R. ROLLAND toma una posición pacifista frente a la guerra en la novela **Por encima del conflicto**, que será fuente de innumerables controversias

- J.C. BREIL escribe la música para la película de D.W. GRIFFITH **El nacimiento de una nación**. Esta partitura tendrá una importancia considerable sobre la posterior música de cine.
- **The sunshine of your smile**, L. COOKE y L. RAY.
- R. MELLER canta en el Trianón Palace el cuplé **Agua que no has de beber**, con letra y música de J. MARTÍNEZ ABADES.
- **Mala entraña**, cuplé de J. MARTÍNEZ ABADES, popularizado por R. MELLER.

- El alto mando del ejército alemán ordena la **vacunación preventiva** de todos los heridos en el campo de batalla. Esta medida puede reducir significativamente el número de víctimas de la guerra. *(15 Octubre)*
- Los físicos británicos W.H. y L. BRAGG desarrollan la **cristalografía de rayos X** que permite estudiar la estructura cristalina.
- Aparecen los primeros **aviones equipados con armas**.
- Creado el **Junkers J1**, primer avión completamente fabricado en metal de la historia. *(12 Diciembre)*

- Tres columnas turcas, dirigidas por oficiales alemanes, intentan **cortar el canal de Suez**, pero su ataque es rechazado por las guarniciones británicas de Egipto. El Canal es una arteria importante del imperio británico, pues

permite el enlace con la India y otros territorios orientales. *(2 Febrero)*
- Un submarino alemán hunde el transatlántico británico **Lusitania**: de los 1959 pasajeros, sólo 700 logran salvarse. Entre los desaparecidos hay 128 estadounidenses. El presidente de **Estados Unidos**, W. WILSON, recuerda a los alemanes que estas acciones violan la neutralidad de su país. *(7 Mayo)*
- **Polonia**: las potencias centrales terminan de repartirse el país. La han dividido en dos distritos administrativos, Varsovia para los alemanes, Kielce para los austríacos. *(31 Agosto)*
- **Un regimiento de 250 personas desaparece** durante la campaña de Galípoli, sin que se encuentren supervivientes ni rastro alguno que permita explicar lo que sucedió. Las versiones posteriores van desde suponer un entierro masivo y rápido por los turcos, hasta la mismísima intervención alienígena.
- **M.K. GANDHI** anuncia que su partido, el Congreso Nacional Indio, apoya al Reino Unido en el conflicto europeo, y que está dispuesto a frenar sus reivindicaciones hasta la finalización de aquél. La esperanza del pueblo de la India es que este gesto se vea correspondido de alguna manera cuando llegue la paz. *(22 Noviembre)*

- «Directo del horno a la mesa», reza uno de los primeros carteles publicitarios que anuncian el **Pyrex**, un nuevo cristal transparente que resiste el calor.
- El estadounidense M. LEVY fabrica la primera **barra de labios**.

- «Todas nuestras obligaciones, en el momento presente, en cualquier caso, pueden resumirse en esta frase: América primero.» W. WILSON, discurso pronunciado en Nueva York.
- «Los soldados ingleses luchan como leones.» E. LUDENDORFF.
- «Cierto. Pero lo que nosotros ignoramos es que son leones dirigidos por burros.» Comentario del general M. HOFFMAN ante los resultados de la batalla de Loos.

- **FRANCISCO GINER DE LOS RÍOS**, pedagogo, filósofo y escritor español, fundador de la Institución Libre de Enseñanza. *(18 Febrero)*
- **PAUL EHRLICH**, premio Nobel de medicina y fisiología en 1908. *(20 Agosto)*

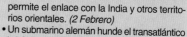

1916

Surge el movimiento dadaísta
5 FEBRERO

Artistas de vanguardia reaccionan violentamente contra los valores tradicionales y el absurdo de la guerra. En el "Cabaret Voltaire" de Zurich, del poeta alemán Hugo Ball, un grupo de jóvenes artistas, entre quienes se hallan el pintor Hans Arp y el poeta Tristan Tzara, inicia, bajo la divisa del internacionalismo, una serie de espectáculos caracterizados por el anticonvencionalismo y la provocación. En su declaración de principios adoptan la palabra *Dadá* para identificarse: «*Dadá sale de un diccionario, no significa nada (...) Queremos cambiar el mundo con nada.*» Dos años más tarde Tzara publicará su *Manifiesto Dadá*. **➡ 1922**

Muere el poeta Rubén Darío
6 FEBRERO

Ha fallecido en su casa de León, Nicaragua, uno de los más grandes poetas hispanoamericanos. Félix Rubén García Sarmiento, Rubén Darío (1867-1916), había consagrado su vida errabunda y cosmopolita a la poesía. Influido inicialmente por Victor Hugo y más tarde por los movimientos de vanguardia europeos, con su libro *Azul* (1888) inició el modernismo lírico y se convirtió en uno de los intelectuales más influyentes de habla hispana. Después de dar dos conferencias en Estados Unidos en favor de la paz, regresó a Nicaragua, donde ha muerto. El gobierno ha decretado duelo nacional y se le rendirán honores de estadista.

Ofensiva alemana en Verdún
21 FEBRERO

Después de una preparación artillera intensiva (1 400 piezas pesadas), las tropas alemanas lanzan una gran ofensiva contra las posiciones fortificadas francesas de la línea del Mosa, a la altura de Verdún. El avance se detiene siete kilómetros más allá. Una nueva ofensiva en la orilla izquierda del Mosa, en el mes de marzo, correrá la misma suerte. Después empezará una interminable batalla de desgaste en torno a objetivos separados entre sí por unos centenares de metros. Los aliados, dirigidos por Pétain,

utilizarán 66 divisiones y cerca de 2 millones de toneladas de material en la tarea de liberar Verdún de la tenaza alemana. Más de medio millón de hombres morirá en la batalla. **➡ 1917**

Los austríacos matan a miles de fugitivos servios
21 MARZO

El propósito del Imperio Austrohúngaro de someter a vasallaje a Servia topa con una tenaz resistencia. Como consecuencia de esta fuerte oposición, el ejército austríaco amplía sus operaciones con la siembra sistemática del terror entre la población. Uno de los capítulos más dramáticos de esta guerra tiene lugar cuando tropas imperiales dan alcance a una columna de fugitivos y degüellan sin piedad a más de 9 000 civiles servios indefensos. **➡ 1917**

Enrique Granados perece en el mar
30 MARZO

El célebre compositor español y su esposa figuran entre las víctimas del barco británico *Sussex*, hundido por un submarino alemán. Enrique Granados (1867-1916) regresaba de Nueva York, donde había asistido, el 28 de enero, al estreno de su suite *Goyescas* en el Metropolitan Opera House, cuando se produjo el trágico suceso. Según el testimonio de un sobreviviente, Granados se arrojó al mar detrás de su esposa, Amparo Gal, que había caído al agua al producirse una explosión. Los intentos de hallar el cadáver de Granados han resultado infructuosos.

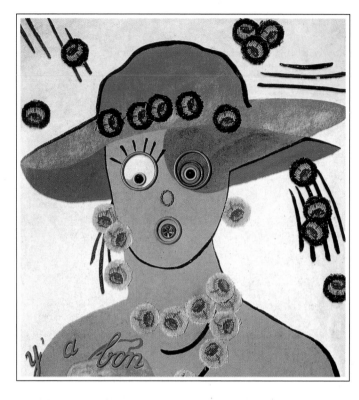

Sangrienta insurrección en Dublín
24-29 ABRIL

El levantamiento de los nacionalistas irlandeses da lugar a una Pascua sangrienta. Dirigidos por James Connolly, líder sindicalista y miembro del Sinn Fein, y Patrick Pearse, de la Hermandad Republicana Irlandesa, rebeldes nacionalistas han tomado Boland's Fluir Mill y otros edificios dublineses, entre ellos el de Correos. En este último, convertido en cuartel general, Pearse proclama la independencia de Irlanda y nombra un gobierno republicano provisional.

Retrato dadá de Germaine Everling, de Francis Picabia; Museo Nacional de Arte Moderno de París. Las paradojas visuales y la presencia de elementos incongruentes en la composición aproximaron a dadaístas y surrealistas.

El compositor español Enrique Granados, desaparecido en el naufragio del buque británico Sussex.

Voluntarios de la Guardia nacional irlandesa parapetados en los tejados de Dublín, durante los sucesos del Domingo de Pascua.

▲
Los carros blindados o "tanques" ▶
aparecieron en la batalla del Somme, y su utilización masiva había de cambiar muy pronto las coordenadas tácticas de la batalla terrestre. Sobre estas líneas, un carro británico apresado por los alemanes. A la derecha, los restos del pueblo de Beaumont Hamel después de la batalla del Somme. El montículo central había sido la iglesia. Antes de la guerra, el pueblo estuvo rodeado por un frondoso bosque.

Acorazados británicos dispuestos en línea, en el curso de la batalla naval de Jutlandia. Fue prácticamente la última gran ocasión de protagonismo de estas moles recubiertas de acero y poderosamente armadas. En la Segunda Guerra Mundial, demostrarían ser un arma ya obsoleta.

Sin embargo, al no contar con la prometida ayuda alemana ni la adhesión popular, los rebeldes son sometidos sangrientamente por el ejército británico. Connolly, Pearse y otros doce cabecillas serán ejecutados en la prisión de Kilmainham. ➡ **1919**

Formulada la ley de la relatividad general
11 MAYO

El físico alemán Albert Einstein (1879-1955) formula, en un artículo publicado en *Annalen der Physik*, la llamada teoría de la relatividad general. Partiendo del principio de equivalencia, concluye la equivalencia entre inercia y gravitación, y predice la existencia de campos gravitatorios así como la curvatura del espacio-tiempo ligada a la materia que contiene el universo. Formula de este modo una nueva teoría de la gravitación que con el correr de los años verá confirmadas experimentalmente sus predicciones más importantes, tales como la desviación de los rayos de luz en presencia de campos gravitatorios intensos, la precesión del perihelio de Mercurio, el efecto Doppler gravitatorio, etc. ➡ **1924**

Batalla naval de Jutlandia
31 MAYO

Se libra en el mar del Norte la batalla naval más importante de la Gran Guerra. A primera hora de la tarde entran en combate la escuadra británica, al mando del almirante Beatty, y la alemana, comandada por el contraalmirante Hipper. El fuego prosigue hasta que al anochecer intervienen las flotas principales, dirigidas por el almirante Jellicoe y el vicealmirante Scheer respectivamente. Si bien el resultado táctico de la batalla es indeciso y ambas flotas sufren graves daños y miles de bajas, el balance estratégico es favorable a la Royal Navy, ya que los barcos alemanes de superficie no volverán a salir de puerto durante el resto de la contienda. ➡ **1917**

Comienza la cruenta batalla del Somme
1 JULIO

Al norte del río Somme y a lo largo de un frente de 32 km comienza una batalla decisiva para el curso de la guerra. Después de una semana de intensos bombardeos, el IV Ejército británico y el VI Ejército francés lanzan un ataque masivo contra las posiciones alemanas, entre las poblaciones de Albert y Péronne. La ofensiva, que tenía como principal objetivo aliviar la presión alemana sobre Verdún y desgastar al enemigo según los planes elaborados en la conferencia de Chantilly, durará veinte semanas. En el curso de la misma se emplearán coordinadamente artillería y aviación, y aparecerán por primera vez los carros de combate. ➡ **1917**

Los primeros "tanques"
15 SETIEMBRE

En plena batalla del Somme (Primera Guerra Mundial) y tras un intenso bombardeo de las líneas avanzadas alemanas, los británicos utilizan los primeros carros de combate o "tanques" (Mark I) para apoyar el asalto de las posiciones enemigas, cerca de Cambrai, al norte de Francia. A pesar del pánico y la confusión que estos nuevos ingenios siembran entre los alemanes, que se ven impotentes para rechazar su avance, el limitado número de unidades (11 en total) utilizadas impide un éxito a gran escala. El primer ataque masivo con carros de combate se realizará un año más tarde, y a partir de entonces esta arma se convertirá en pieza fundamental en las operaciones terrestres. ➡ **1917**

Muere Francisco José I
21 NOVIEMBRE

A los ochenta y seis años fallece en Viena el emperador austrohúngaro Francisco José I (1830-1916). Coronado emperador de Austria tras la abdicación de su tío Fernando, en 1848, y rey de Hungría en 1867, su reinado se ha caracterizado por su voluntad de devolver a la familia Habsburgo la preponderancia en la Europa danubiana. Finalmente, este «monarca de la vieja escuela», como lo ha definido el presidente estadounidense Theodore Roosevelt, quedó atrapado en la compleja red de intereses geoestratégicos que desembocaron en la Primera Guerra Mundial. Le sucede en el trono su sobrino el archiduque Carlos, que será coronado como Carlos I. ➡ **1918**

Infierno en Verdún

Siguiendo la lógica de una guerra de desgaste, en 1916 las operaciones bélicas se concentraron en frentes reducidos en los que la desmesurada acumulación de fuerzas y la intensidad de fuego se ponían al servicio del objetivo, no de ganar terreno, sino de quebrar la capacidad de resistencia enemiga. Verdún fue el paradigma de esta nueva versión del Infierno de Dante. El absurdo de aquella inmensa hecatombe inspiró nuevas ideas radicales al arte de vanguardia: como respuesta a la destrucción de toda una generación de jóvenes en las trincheras, Dadá planteó la destrucción implacable de la cultura que había hecho posible la guerra.

EL DESGASTE
DE LOS EJÉRCITOS: VERDÚN

Durante los años de la guerra sólo se libraron dos combates navales entre Gran Bretaña y Alemania en aguas europeas. El primero en 1914, frente a las costas alemanas, y el segundo, en mayo de 1916 en el estrecho de Skagerrak. En ambos casos, las pérdidas fueron cuantiosas, si bien quedó manifiesta la gran capacidad técnica de los barcos alemanes. Ambas armadas no volverían a enfrentarse en Europa, dejando el protagonismo bélico naval a los submarinos.

En la primavera de 1916, conforme a lo acordado en Chantilly, los rusos prepararon su ofensiva. El invierno había mejorado las perspectivas del ejército zarista, reforzando su capacidad humana y material. En mayo, el ejército del general Brusilov desencadenó un gran ataque sobre las regiones polacas de Volinia y Galitzia, en un área de 150 km. El ejército austrohúngaro retrocedió momentáneamente. Durante el mes de julio las fuerzas rusas por un lado y las austrohúngaras y alemanas por otro, mantuvieron un cuerpo a cuerpo equilibrado que sirvió para paliar los efectos de la ofensiva alemana en el frente occidental sobre Verdún.

Animada por la aparente recuperación de Rusia, en agosto Rumania entró en la guerra al lado de la Entente. Esta circunstancia provocó el que el ejército austrohúngaro se viera expulsado de amplias zonas de Transilvania. Sin embargo, en el otoño los ejércitos austroalemanes, en una acción conjunta con los búlgaros y los turcos, de-

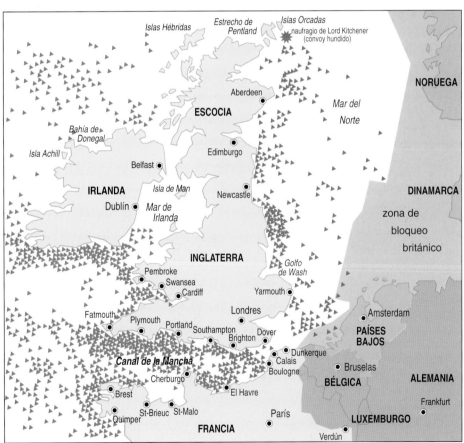

Arriba, una trinchera aliada en el frente de Verdún. La partida de ajedrez en el frente occidental concluyó con este monumental enroque de ambos bandos. Al final los alemanes abandonaron el campo, pero la mortandad fue pareja para uno y otro ejército.

El mapa muestra la mortífera eficacia de la guerra submarina: cada punto representa un buque aliado hundido en el curso de la guerra. Como puede apreciarse, el Canal de la Mancha y la costa sur de Irlanda fueron los cazaderos favoritos de los submarinos alemanes.

*El Consejo de Guerra aliado. De izquierda a derecha,
De Castelnau (Francia), Haig (Reino Unido),
Wielemans (Bélgica), Gilinsky (Rusia), Joffre
(comandante supremo), Porro (Italia) y Pechic
(Servia).*

rrotaron a Rumania. El ejército rumano pudo mantenerse tan sólo en Moldavia, en la frontera con Rusia.

La actividad bélica en Europa occidental se incrementó también a partir de la primavera de 1916. Durante este año el objetivo alemán fue tratar de evitar la acción conjunta francobritánica desde la costa hacia Verdún. Entre los meses de febrero y julio tuvo lugar la batalla de Verdún, más conocida como *el infierno de Verdún*. El general alemán Falkenhayn eligió la fortaleza de Verdún para lanzar una ofensiva que obligase a los ejércitos del general francés Joffre a concentrar sus efectivos. Las pérdidas iniciales francesas fueron enormes. La utilización persistente de granadas y lanzallamas acrecentó la dureza de los combates. Pero Joffre se resistió a concentrar su ejército y, pese a la enorme sangría de vidas humanas, resistió durante cuatro meses. Las tropas de refresco conseguían llegar a Verdún a pesar del corte de las comunicaciones en la retaguardia. En junio, los alemanes hubieron de hacer frente al ataque ruso en el frente oriental y aminoraron la presión que ejercían sobre Verdún. La batalla se prolongó aún durante seis meses, tras los cuales, la enormidad de las bajas en ambos bandos –unos 600 000 hombres en total– acabó por resultar especialmente perjudicial para el ejército alemán.

Entre junio y noviembre, Francia tomó la iniciativa en el Somme. El general Nivelle sustituyó a Joffre al mando del ejército aliado. Falkenhayn, tras su fracaso en Verdún, cedió el mando supremo alemán a Hindenburg –que pasó a dirigir el frente oriental– y a Ludendorff. En la región del Somme, los alemanes consiguieron rechazar los ataques aliados. En setiembre de

1916 las tropas francobritánicas utilizaron por primera vez los tanques de combate Mark I. Los aliados mantuvieron la táctica de desgaste, que se saldó con aproximadamente un millón de soldados muertos, entre alemanes, franceses y británicos.

OFERTAS DE PAZ RECHAZADAS

En diciembre de 1916 y a tenor del curso de las operaciones militares, las poten-

Tropas británicas junto a una barricada en llamas, en los violentos choques del Domingo de Pascua en Dublín.

cias centrales se encontraban en una situación de ventaja para la negociación de la paz: se proponían consolidar su dominio en el continente europeo, así como prosperar en la expansión ultramarina. Los aliados, por su parte, aspiraban a conseguir la desmembración del Reich alemán y de la monarquía austríaca, al tiempo que la del imperio otomano. También entraba en sus cálculos la perspectiva de apropiarse de los espacios coloniales de Alemania.

El 12 de diciembre de ese año, los imperios presentaron una oferta de paz que, sin mencionar en absoluto los objetivos de la guerra, proponía la convocatoria de una conferencia de las potencias a fin de discutir los términos de la paz. En la medida en que las condiciones del momento no favorecían a los aliados, las potencias de la Entente no tuvieron en consideración una oferta que en nada les beneficiaba ni política ni militarmente. Las razones oficiales para el rechazo de la iniciativa fueron la exigencia de garantías para las pequeñas naciones europeas y de eliminación de las apetencias del militarismo prusiano sobre Europa.

La iniciativa austroalemana fue respondida con otra, en este caso la estadounidense del presidente Wilson, que tampoco pa-

Portada del Boletín Dadá, *el principal medio de expresión escrita del grupo. Entre los manifiestos cuya lectura se anuncia en este número, figura uno de André Breton, pasado posteriormente al campo surrealista.*

reció oportuna a los aliados europeos. Wilson presentó una propuesta de mediación el 18 de diciembre, que fue rechazada por todos los beligerantes. El Presidente proponía que los países en conflicto le comunicasen a título personal sus objetivos de guerra. En realidad, ninguna de las potencias creía en la paz ni estaba dispuesta a hacer concesiones en aras de su consecución. Unos meses más tarde los acontecimientos a ambos lados del Atlántico condujeron a la definitiva mundialización del conflicto, y las posibles soluciones del mismo se hicieron inevitablemente mucho más complejas. Así, si la paz se preveía fragmentada, la victoria o la derrota tendrían que ser totales.

DOMINGO DE PASCUA EN IRLANDA

El domingo de Pascua de abril de 1916 *The Irish Volunteers*, un nutrido grupo de patriotas partidarios de la independencia de Irlanda, al mando de James Connolly, tomó los centros estratégicos de la ciudad de Dublín. La población no respaldó la acción de los voluntarios. En plenas vacaciones de Pascua, la lectura que Patrick Pearse hizo de la *Proclamación* desde el edificio de la Central de Correos no fue atendida por los dublineses. A pesar de ello, el levantamiento se mantuvo durante la semana del 24 de abril al 1 de mayo. Los británicos opusieron a los rebeldes una nutrida fuerza, de la que formaron parte numerosos católicos enrolados en el *Royal Irish Regiment* y los *Dublin Fusiliers*. Al cabo de la semana sangrienta, Dublín era una ruina. Cientos de muertos y casi tres mil heridos no habían servido para que la revuelta se extendiese por toda la nación.

Quince de los líderes del movimiento, entre los que se encontraban Connolly y Pearse, fueron ejecutados; y unas tres mil personas, arrestadas. Eamon de Valera, que consiguió sobrevivir a las ejecuciones, hubo de sufrir la recriminación del pueblo durante el viaje hacia su cautiverio. Sin embargo, la violenta reacción de los británicos provocó en la opinión pública el crecimiento del nacionalismo radical y ofreció a Eamon de Valera la oportunidad de construir un movimiento político, el Sinn Fein, que muy pronto, en 1918, ganaría las primeras elecciones celebradas en Irlanda en un lapso de diez años.

DADÁ O LA DESTRUCCIÓN DE LOS VALORES ARTÍSTICOS TRADICIONALES

Ante la quiebra de valores humanos que supuso la I Guerra Mundial, un grupo de intelectuales y artistas se plantearon la destrucción de una cultura que ellos encontra-

ban corrompida. Entre 1915 y 1922 surgió el movimiento Dadá, como significación de la nada. Sus integrantes se propusieron acabar con el arte establecido, para ello se burlaban de las piezas artísticas que habían sido veneradas durante siglos en los museos, y presentaban objetos cotidianos como obras de arte. En esta línea Marcel Duchamp, una figura central del movimiento, presentó un urinario al que denominó "Fuente", y afirmó que el arte convencional no significaba nada y que la simple casualidad tenía más sentido que el arte de una sociedad degenerada. El pintor y poeta Kurt Schwitters creó collages y esculturas con objetos de desecho y detritos, y George Grosz representó a la burguesía alemana con una ironía feroz.

El dadaísmo aplicó nuevas técnicas y materiales, nuevos medios expresivos. Los fotomontajes de Raoul Hausmann y los objetos construidos con elementos residuales respondían a una intención conflictiva.

A partir de 1922, muchos artistas Dadá se comprometerían con el surrealismo. ■

Instantáneas

- *Así es, si así os parece*: el dramaturgo italiano L. PIRANDELLO echa una mirada humorística y a la vez oscuramente escéptica sobre la sociedad.
- *El formalismo en ética y ética material de los valores*: M. SCHELER intenta fundar una "ética material", frente a la formal de I. KANT, que sin embargo mantenga su apriorismo.

- *La cumparsita*, célebre tango de G.H. MATOS.
- *I ain't got nobody*, de R. GRAHAM, S. WILLIAMS y D. PEYTON.
- J. MARTÍNEZ ABADES escribe el cuplé *Mimosa*, estrenado por CONCHITA ULÍA.

- *Intolerancia* de D.W. GRIFFITH, una superproducción que narra paralelamente cuatro historias situadas en épocas distintas. Obra maestra.

- P. HINDENBURG obtiene del gobierno alemán la formación de un **Estado polaco "independiente"**. Con esta maniobra pretende implicar a los polacos en el frente oriental, dado que no se fía de la capacidad de resistencia austríaca. *(20 Julio)*
- **Rumania entra en la guerra** al lado de la Entente y amplía el frente que deberán defender los austríacos, ya con dificultades para contener la ofensiva rusa. *(27 Agosto)*
- **El monje RASPUTÍN muere asesinado víctima de un complot** urdido por miembros de

la familia real. La fama de místico y milagrero le permitió ganarse la confianza de la zarina ALEXANDRA, y cuando subió al poder el zar NICOLÁS II, sometido a su mujer, su poder llegó a ser inmenso. *(30 Diciembre)*
- H. YRIGOYEN, del Partido Radical, es elegido **presidente de Argentina** en medio del fervor popular. *(16 Octubre)*

- Cutex: la primera **pintura líquida para uñas.**

- Se disputa la **primera Copa América de fútbol**: Uruguay vence a Argentina.

- «Esta guerra, como la próxima, es la guerra para acabar con todas las guerras.» D. LLOYD GEORGE hace una alusión al libro de H.G. Wells, *The War That Will End War*.
- «Irlanda no es más que una vieja cerda que se come a sus crías.» J. JOYCE, *Retrato del artista adolescente*.

- HENRY JAMES, escritor estadounidense. Se nacionalizó británico hace un año como protesta por la neutralidad de su país en la guerra. *(28 Febrero)*
- THOMAS EAKINS, artista estadounidense, cuya obra incluye pintura y fotografía. *(25 Junio)*
- JOSÉ ECHEGARAY, dramaturgo español, galardonado con el premio Nobel de Literatura en 1904. *(16 Setiembre)*

1917

Desfile de tropas estadounidenses en Nueva York, antes de su partida para el frente europeo. La entrada de Estados Unidos en la guerra rompió en favor de los aliados el anterior equilibrio de fuerzas.

La revolución rusa de febrero pone fin al zarismo
12 MARZO

La gravedad de los disturbios populares de Petrogrado (nombre, desde 1914, de la antigua San Petersburgo fundada por Pedro el Grande) y la incapacidad del régimen zarista para restablecer el orden ponen el imperio ruso al borde del caos. Aislado en el cuartel de Pskov, Nicolás II se ve impotente para solucionar la crisis social y política en la que se halla sumido el país. La huelga general convocada por los bolcheviques paraliza la ciudad el 10 de marzo. El 12 de marzo, 27 de febrero según el calendario juliano, le sigue la sublevación de las tropas a las que se ha obligado a disparar contra los trabajadores. Obreros y soldados asaltan los arsenales y los edificios públicos, liberan a los presos y detienen a los ministros del gobierno imperial. Tres días más tarde abdica el último zar de Rusia. ➡ 1921

Estados Unidos entra en la guerra
2-6 ABRIL

El Congreso vota a favor de la entrada de Estados Unidos en la guerra como "potencia asociada" de los enemigos de Alemania. Ante los continuos ataques de submarinos alemanes a navíos estadounidenses y los intentos de crear una alianza germanomexicana, Estados Unidos opta por poner fin a su neutralidad e intervenir en el conflicto. Mientras este país activa un plan de ayuda económica a sus aliados, inicia el envío de material bélico y moviliza a millones de soldados, varios países latinoamericanos, entre ellos Cuba, Panamá y Guatemala, también declaran la guerra a Alemania. ➡ 1918

Lenin regresa a Rusia
16 ABRIL

Vladimir Ilich Lenin (1870-1924) regresa a Petrogrado una vez producida la revolución de Febrero que provocó la abdicación del zar Nicolás II. Lenin, que se hallaba exiliado en Suiza, ha viajado en un tren especial fletado por el gobierno alemán, al cual ha prometido negociaciones de paz en cuanto asuma el poder. La presencia de Lenin en Rusia, en donde es aclamado por la multitud, radicaliza la actividad de los revolucionarios bolcheviques. En un contexto de exaltación general, éstos celebran su Primer congreso, en el cual reclaman «todo el poder para los soviets». ➡ 1921

Fusilamiento de Mata-Hari
15 OCTUBRE

Un tribunal francés condena a muerte a la bailarina Mata-Hari (1876-1917) por espionaje en favor de los alemanes. Mata-Hari, cuyo verdadero nombre era Margaretha Geertruida Zelle, había nacido en la localidad neerlandesa de Leeuwarden en el hogar de un sombrerero. En Java y Sumatra, donde había residido con su marido, el capitán Campbell Mac Leod, aprendió las dan-

Mata-Hari, bailarina, espía doble y leyenda erótica y galante de la "Belle Époque" que concluyó con la Primera Guerra Mundial.

Lenin es recibido entusiásticamente a su llegada a Petrogrado, después de cruzar Europa en un tren con permiso de libre circulación firmado por los alemanes.

La silla roja y azul diseñada por Gerrit Thomas Rietveld, un clásico del diseño del siglo XX. En el contraste de colores y el riguroso geometrismo de la estructura, se adivina la influencia de Mondrian.

zas exóticas que le dieron fama. Divorciada e instalada en París, se había convertido en un mito de la *Belle époque* ante cuya belleza y seducción pocos se resistían. Fue reclutada como espía por alemanes y franceses; finalmente, al descubrir su doble juego, éstos la han arrestado y, tras un juicio sumario, la han ejecutado esta madrugada.

Cae el frente italiano en Caporetto
24-31 OCTUBRE

Sorprendentemente los italianos son derrotados por un ejército austríaco ligeramente inferior en efectivos. El general Von Below, comandante de las fuerzas austroalemanas, ha aprovechado errores tácticos en apariencia irrelevantes de los mandos italianos para infligirles una severa derrota a sus tropas en Caporetto, en el curso de la duodécima batalla del Isonzo. Casi 300 000 soldados italianos han sido apresados por los austríacos, mientras que el resto, en una desordenada retirada, trata de reorganizarse detrás del Piave.   ➡ **1918**

Estalla la revolución de Octubre en Rusia
7 NOVIEMBRE

Los bolcheviques se levantan contra el gobierno de Alexander Kerenski (1881-1970) y toman Petrogrado. El 25 de octubre, según el calendario juliano vigente en la Rusia zarista, el soviet de la capital, encabezado por Lev Trotski (1879-1940), protagoniza un golpe de fuerza que constituye un momento culminante de la Revolución rusa de signo marxista. Ante el anacronismo del régimen zarista y su incapacidad para hacer frente a los problemas derivados de la guerra y aliviar las precarias condiciones de vida de la población, los revolucionarios abogan por la fundación de un Estado socialista y el rechazo a la "guerra imperialista".   ➡ **1921**

Premio Nobel de la Paz a la Cruz Roja

El Comité Internacional de la Cruz Roja es galardonado con el Premio Nobel de la Paz. Se reconocen así los esfuerzos de esta organización fundada por Henri Dunant por humanizar la guerra condenando las represalias, deportaciones y torturas, y por aliviar a millones de soldados heridos y prisioneros independientemente del bando en el que combatan. Precisamente, la principal misión del Comité dentro del organigrama de la asociación es garantizar la neutralidad de ésta en cualquier lugar y bajo cualquier circunstancia.

Freud publica Introducción al psicoanálisis

Sigmund Freud (1856-1939) da a conocer *Duelo y melancolía. Introducción al Psicoanálisis*, uno de los libros fundamentales de la ciencia psicoanalítica. En esta obra, Freud, quien ha abandonado sus observaciones clínicas, se centra en el desarrollo de una teoría que analiza la personalidad humana desde una perspectiva radicalmente novedosa. Freud demuestra aquí la existencia y la importancia del inconsciente en el comportamiento individual y colectivo de las personas.

Nace el neoplasticismo

Piet Mondrian (1872-1944) y Theo van Doesburg (1883-1931) impulsan una de las principales corrientes del arte abstracto. Ambos artistas, principales impulsores de De Stijl y considerados pioneros de la pintura abstracta, conciben el neoplasticismo como una forma de liberar el arte de sus ataduras figurativas. De este modo las obras deben componerse a partir de elementos abstractos, para lo cual se propugna el uso exclusivo de colores puros y líneas rectas.   ➡ **1922**

Rietveld diseña su silla roja y azul

El decorador y arquitecto neerlandés Gerrit Thomas Rietveld (1888-1964) diseña en 1917 su famosa "silla roja y azul". Construida en madera, siguiendo formas geométricas y con unos colores contrastados para destacar sus diferentes planos, la silla muestra una clara influencia del movimiento artístico De Stijl y de sus dos máximos representantes, Piet Mondrian y Theo van Doesburg. Es el más representativo de todos los muebles diseñados por Rietveld, hasta el punto de convertirse casi en un símbolo de las nuevas corrientes del diseño, rupturistas respecto a la tradición.

Un hospital de campaña aliado; en la parte superior izquierda de la imagen es visible el distintivo de la Cruz Roja.

Rusia en revolución

Mil novecientos diecisiete fue uno de los años cruciales del azaroso y convulso siglo XX. Aunque no acabó la guerra, la entrada en el conflicto de Estados Unidos y los cambios revolucionarios en Rusia anunciaron una nueva época, que aún tardaría cierto tiempo en cristalizar. Por lo demás, el mundo siguió su marcha inexorable. Las muertes de Edgar Degas y de Auguste Rodin causaron un hondo pesar en los círculos artísticos internacionales, la desaparición de Émile Durkheim dejó huérfana a la pujante sociología moderna, y las apariciones de la Virgen a tres niños transformaron la aldea portuguesa de Fátima en un importante centro de peregrinación.

EL AÑO DE RUSIA

Sin duda alguna, el acontecimiento que más resonancia y dimensión histórica habría de alcanzar de todos los ocurridos en 1917, fue la desaparición del imperio zarista y su sustitución por un nuevo y revolucionario sistema de organización política, basado en la ideología socialista y en la dictadura del proletariado. Rusia acaparó todas las miradas internacionales, porque lo que en ella acontecía estaba destinado a tener, tanto a corto como a largo plazo, una importantísima repercusión y dimensión mundial. Por lo pronto, como los bolcheviques habían anunciado su aspiración a una paz rápida y sin exigencias, los alemanes estaban interesados en su consolidación porque acariciaban la posibilidad de imponer condiciones muy ventajosas en el frente oriental y concentrar después su esfuerzo en la recuperación de la iniciativa bélica en Europa occidental.

Desde el punto de vista estrictamente político, durante 1917 Rusia había pasado de un sistema autocrático a un gobierno de Comisarios del Pueblo provenientes de los soviets de obreros, soldados y campesinos. Con el triunfo de los soviets sobre la Duma, que culminaría a principios de 1918 con la disolución de la Asamblea constituyente donde los bolcheviques eran minoritarios, se puso de manifiesto el rechazo de la fórmula de la democracia representativa y del parlamentarismo burgués que intentaron desarrollar sin éxito los gobiernos de Lvov y Kerenski entre febrero y octubre de 1917.

Alexandr Kerenski (arriba, con los obreros de una fábrica) ocupó la jefatura del gobierno de Rusia en julio de 1917. Tres meses más tarde su tibio intento democratizador fue barrido por el estallido revolucionario radical dirigido por los soviets de soldados, campesinos y obreros.

Lucha en las calles de Petrogrado. El asalto al palacio de Invierno fue el prólogo espectacular de la construcción del gigantesco Estado soviético. Setenta años después, ese Estado había de derrumbarse casi con la misma espectacularidad de sus inicios.

El revolucionario régimen político que se implantó en octubre despertó en un principio la imaginación y la admiración de las clases trabajadoras de numerosos países europeos, así como el recelo y el temor de los sectores económicamente más podero-

sos de la sociedad. Pero antes de acabar el año, en Rusia no había más que desorganización e incertidumbre. El grupo minoritario que se había alzado con el poder pretendía organizar una sociedad en creciente estado de descomposición, según un modelo

Arriba, Hindenburg (a la izquierda) y Ludendorff (a la derecha) informan al káiser Guillermo II de la marcha de las operaciones bélicas.

Alfonso XIII en las Cortes, óleo de A. Mañanos. El rey de España cedió en ocasiones a la tentación de buscar atajos no constitucionales para sus iniciativas.

en el campo de batalla, porque fracasaron todos los intentos pacificadores desarrollados a lo largo del año. La idea wilsoniana de "paz sin victoria", proclamada por el presidente estadounidense en enero de 1917, fue muy pronto desestimada. Las ofertas y condiciones de paz que en algún momento plantearon los países contendientes resultaban inaceptables para los del otro bando, pues nadie estaba dispuesto a ceder en sus pretensiones ni en sus reivindicaciones. Y, por último, tampoco la inciativa pacificadora del papa Benedicto XV en agosto de 1917 mereció la aceptación de las potencias beligerantes. Por todo ello, la guerra siguió produciendo frustraciones y desesperanzas, tremendas convulsiones sociales y unas pérdidas humanas y materiales que nadie se hubiera atrevido a imaginar. La guerra submarina total e indiscriminada declarada por Alemania, que desencadenó la beligerancia estadounidense; las armas químicas, como el famoso gas mostaza que quemaba la piel y dejaba ciegas a las personas, o los bombardeos aéreos a ciudades, como el efectuado sobre Londres a mediados de junio, se convirtieron en trágicas imágenes cotidianas para muchos europeos de 1917.

Una cruda realidad cuyo final, cuando acababa el año, aún resultaba imprevisible. Aunque no cabía duda de que los aliados ampliaban sus apoyos internacionales –Estados Unidos y algunos países americanos, Grecia y China declararon la guerra a Alemania durante ese año–, también era cierto que los imperios centrales mantenían intacta su fe en la victoria, acrecentada con la expectativa de cerrar ventajosamente el frente oriental, una vez firmado el armisticio con Rusia. Sin embargo, al final la entrada en la guerra de Estados Unidos se convirtió en el factor decisivo que inclinó la balanza del lado de las potencias occidentales. En 1917 Estados Unidos, que ese año incorporaba definitivamente a Puerto Rico, declaró la guerra a los imperios centrales, y su decisión provocó un efecto mimético en otros países del continente americano. La ayuda económica, financiera y militar estadounidense resultaría decisiva para la posterior y todavía lejana victoria de los aliados en el conflicto mundial.

que hasta hacía pocos meses casi nadie, ni siquiera un sector importante de los propios bolcheviques, creía realizable. Se anunciaban ya muchas dificultades, y otras estallarían muy poco más tarde.

NO FUE POSIBLE LA PAZ

Lo que sí quedó suficientemente claro es que la paz, cuando llegase, sería consecuencia del triunfo de uno de los bandos

◄ *La "pintura metafísica" del italiano Giorgio De Chirico se inscribe en el ámbito del surrealismo. Un ejemplo es* Héctor y Andrómaca, *conservado en la Colección Gianni Macchioli de Milán.*

▲

El abrazo, *de Egon Schiele; Österreichische Galerie, Viena. Como la de Gustav Klimt, la obra de Schiele está vinculada al movimiento vienés de la* Sezession, *precursor del expresionismo.*

LA CRISIS DE ESPAÑA

El año tampoco pasó desapercibido en España, y lo que en ella sucedió vino a evidenciar la distancia existente entre la España real y la España oficial. La Asamblea de parlamentarios, la primera huelga general revolucionaria y las reclamaciones de los militares con sus Juntas de Defensa, evidenciaron el agotamiento y la ineficacia del sistema político de la Restauración. En síntesis, unos partidos políticos nada representativos y en estado de creciente atomización; un agravamiento de los problemas y conflictos sociales, que los políticos se mostraban incapaces de resolver; unos militares que reclamaban cada vez mayor protagonismo político y que se consideraban a sí mismos salvadores de la patria, y un monarca, Alfonso XIII, que se movía en el límite de la legalidad constitucional, vinculando cada vez más su causa y su destino a los de los militares. Y en medio de todo ello, una sociedad cada vez más desarticulada, sin alternativas, que sufría los problemas de la carestía y la falta de subsistencias, y que observaba cómo la neutralidad estaba sirviendo para el enriquecimiento de acaparadores y empresarios sin escrúpulos, que se olvidaban del mercado nacional y de la paupérrima situación de las clases populares, y sólo se preocupaban de presionar al Estado para que satisficiera sus exclusivos intereses.

España sufría una nueva crisis de identidad. Como en otras ocasiones, la crisis se cerró en falso, y vino a engrosar el ya de por sí complicado legado que habrían de asimilar y administrar las siguientes generaciones de españoles. Pero, pese a tantas desgracias e infortunios, siempre cabía la posibilidad de encontrar un hueco, o unos momentos para los placeres del espíritu. En mayo de ese año el poeta Juan Ramón Jiménez publicaba la primera edición completa de su libro más famoso, *Platero y yo*. ■

Instantáneas

- **Héctor y Andrómaca**: G. DE CHIRICO presenta en su cuadro tristes maniquíes sin rostro, construidos a base de soportes de madera semejantes a caballetes y cartabones.
- **Gran exposición de arte francés** en el Palacio de Bellas Artes de Barcelona. *(23 Abril)*
- En **El abrazo**, E. SCHIELE pinta la angustiosa distancia que separa a los amantes, a pesar del contacto de sus cuerpos, que más parece un combate.

- E. RICE BURROUGHS escribe la novela de ciencia ficción **Una princesa de Marte**.
- P. VALÉRY rompe un silencio poético de 25 años con **La joven Parca**: el poeta debe ser geómetra y arquitecto del lenguaje, de acuerdo con su visión.
- **Diario de un poeta recién casado** marca una doble inflexión, vital y poética, para J.R. JIMÉNEZ. La obra se acerca a la "poesía desnuda", que tan intensamente deseaba.
- R. GÓMEZ DE LA SERNA: primera colección de **Greguerías**, definidas por su creador como «metáfora + humorismo», lo que bien podría ser otra greguería.

- Alemania declara la **guerra submarina total**: a partir de ahora cualquier buque que navegue por aguas británicas, no importa bajo qué bandera, se expone a ser hundido.
- **Puerto Rico** pasa a ser territorio de Estados Unidos, después de la reforma en el Congreso de la "*Organic Act*". *(2 Marzo)*
- A. KERENSKI **es nombrado ministro de la guerra** en Rusia. Su primera medida: ofrecer a Alemania la paz «sin anexiones ni sanciones», dando un giro total a la política del anterior gobierno. *(19 Mayo)*
- España: el enfrentamiento entre gobierno y ejército se agudiza a raíz de la **disolución de las Juntas de Defensa**. *(27 Mayo)*

- Se estrena en París, interpretada por los Ballets Rusos de S. DE DIAGHILEV, **Parade** de E. SATIE, con decorados de P. PICASSO.
- Éxito clamoroso de las **primeras grabaciones de jazz** realizadas por la Dixieland Jazz Band Play.
- **The bells of St. Mary's** de D. FURBER y A. EMMETT ADAMS.
- **For me and my gal** de E. LESLIE, E. RAY GOETZ y G. W. MEYER.
- **Till the clouds roll by** de J. KERN, G. BOLTON, P.G. WODEHOUSE y música de J. KERN.

- Tras siete días de graves conflictos, puede darse por terminada la primera gran **huelga general revolucionaria** en España.

- «Dígaselo con flores.» Eslogan de los floristas americanos.
- «La dictadura del proletariado.» Eslogan aparecido en las calles de Petrogrado
- «En pie sobre un coche blindado, el camarada Lenin saludaba al proletariado y al ejército revolucionario de Rusia, que no sólo han logrado liberar a su país del despotismo zarista, sino que han fijado las bases para la revolución socialista a escala mundial.» Crónica del diario *Pravda*, órgano de los bolcheviques, sobre la llegada de V.I. LENIN a la capital rusa.

- EMIL VON BEHRING, bacteriólogo alemán que descubrió el suero antidiftérico. Fue Premio Nobel en 1901. *(31 Marzo)*
- El conde FERDINAND VON ZEPPELIN, inventor del dirigible. *(8 Marzo)*
- EDGAR DEGAS, maestro francés del impresionismo. *(26 Setiembre)*
- AUGUSTE RODIN, célebre escultor francés. *(17 Noviembre)*

1918

Guerra y trabajo femenino

Entre los profundos cambios sociales producidos por la guerra figura el de la incorporación de la mujer al mercado de trabajo. La movilización de millones de hombres a los frentes bélicos ha propiciado la masiva participación de las mujeres en tareas hasta este momento consideradas propias del varón. La participación femenina en los sectores de la industria armamentística, de los servicios y de las actividades agropecuarias ha contribuido a generar un cambio cualitativo muy importante en el papel social de la mujer.

Los bolcheviques instauran la dictadura
18 ENERO

Los bolcheviques, que han sufrido una aplastante derrota electoral, disuelven la Asamblea constituyente. El rechazo de la mayoría de los diputados, integrada por liberales y socialdemócratas, a legitimar el poder que la minoría bolchevique detenta desde la revolución de Octubre, provoca la disolución de la Asamblea por parte del gobierno presidido por Lenin, mientras los guardias rojos toman las calles y emprenden una dura represión, como preludio de una nueva dictadura.   ➡ 1921

Primera exposición de Miró
16 FEBRERO

Joan Miró (1893-1983) presenta en Barcelona su primera exposición individual. Ésta tiene lugar entre los días 16 de febrero y 3 de marzo en las Galerías Dalmau, bien conocidas por su decidido apoyo a los artistas modernos. En esta primera muestra puede verse más de sesenta pinturas realizadas por el maestro catalán entre 1914 y 1917. *Huerta con asno* es una de las más representativas, caracterizada por el primitivismo deliberado de su factura, por el detallismo casi obsesivo de su figuración y, sobre todo, por un personal y brillante uso del color, elemento éste que tanta importancia tendrá en su posterior, y más valorada, pintura abstracta.   ➡ 1928

Ejecución de Nicolás II y su familia
16 JULIO

Los bolcheviques optan por eliminar a toda la familia imperial rusa para evitar de raíz toda posibilidad de una restauración. Tras su abdicación, en marzo de 1917, y fracasado el propósito de exiliarse en el Reino Unido, Nicolás II y su familia han permanecido prisioneros en Tsarskow Selo hasta el mes de agosto. Trasladados más tarde primero a To-

bolsk, en Siberia, y, después, el 30 de abril, a Ekaterimburgo, en los Urales, allí un comando bolchevique local, ante el temor de que fueran rescatados por contrarrevolucionarios "blancos", ha ordenado la ejecución del zar, su esposa y los cinco hijos del matrimonio imperial.   ➡ 1921

Derrota alemana en el frente occidental
8 AGOSTO

Los ejércitos aliados lanzan una potente ofensiva que provoca el derrumbe de las fuerzas alemanas en todo el frente occidental. Las tropas aliadas, al mando del general Ferdinand Foch, han tomado las posiciones germanas en Amiens y en Saint Quentin e inmovilizado las fuerzas enemigas acantonadas en Ancre y el Aisne. La situación se presenta favorable a los planes aliados y el general Foch se prepara para desencadenar una ofensiva general con todas sus fuerzas entre el Mosa y el mar y en dirección Mézières, con el propósito de someter definitivamente a los alemanes.   ➡ 1918

Estreno de Los planetas de Gustav Holst
29 SETIEMBRE

Clifford Bax, hermano del compositor Arnold Bax, introdujo en 1913 a Gustav Holst (1874-1934) en el mundo de la astrología, ciencia que pronto despertó el interés de este excelente músico británico. La suite orquestal *Los pla-*

El presidente francés Raymond Poincaré y el soberano británico Jorge V (segundo y tercero por la izquierda, respectivamente), con los jefes militares aliados: Joffre (primero por la izquierda), Foch (cuarto) y Douglas Haig (derecha).

Portada de la partitura de Los planetas, *suite orquestal del compositor británico Gustav Holst, escrita en 1914-1916.*

◀ *La llamada "gripe española", que tantos estragos causó, tuvo en realidad su origen en América del Norte. En la imagen, reparto de comida a niños en cuarentena en Cincinnati, Estados Unidos.*

Thomas Edward Lawrence fue posiblemente el último romántico y una leyenda viva de las postrimerías del Imperio Británico. Soñó con la fundación de una gran nación árabe amiga, pero ni su país ni su época supieron estar a la altura de su sueño.

netas, escrita entre 1914 y 1916, es el principal resultado de esta pasión astrológica. Su estreno, bajo la batuta de Adrian Boult, tiene lugar en Londres en 1918. La obra conquistará una pronta fama, especialmente gracias a su primer movimiento, *Marte, dios de la guerra*, una apocalítica marcha considerada una alusión a la Primera Guerra Mundial. *Venus, Mercurio, Júpiter, Saturno, Urano* y *Neptuno* conforman el resto de movimientos. El gusto esotérico del autor, junto a un vivo interés por la cultura hindú, se plasmará también en otras obras: una de las más importantes es la ópera de cámara *Savitri*.

El mayor T.E. Lawrence entra en Damasco
1 OCTUBRE

Las tropas insurgentes árabes hacen su entrada en la ciudad siria de Damasco. Thomas Edward Lawrence (1888-1935), que soñaba con la fundación de una gran nación árabe ligada al Imperio Británico, fue quien dirigió las operaciones contra los turcos, al frente del ejército árabe de liberación del príncipe Faysal. Engañado por sus compatriotas británicos, que junto a los franceses van a repartirse los territorios ganados a los turcos, Lawrence ve frustrarse su sueño árabe y se retirará del servicio militar de inteligencia en el cual servía para alistarse, bajo un nombre falso, en la RAF. Un accidente de motocicleta acabará con su vida en 1935.

Proclamación de la República Alemana
9 NOVIEMBRE

Las derrotas sufridas por Alemania durante el verano anuncian su derrota y determinan la abdicación del káiser Guillermo II (1859-1041). Tras la rebelión de las flotas de Kiel y Wilhelmshaven se suceden los disturbios que precipitan la caída del Káiser, que huye a los Países Bajos, y el fin del II Reich. Inmediatamente se proclama la República y el canciller Max de Baden traspasa sus poderes al nuevo presidente, el socialdemócrata Friedrich Ebert (1871-1925). Dos días más tarde, el nuevo gobierno firmará el armisticio con los aliados.
➡ 1919

Epidemia de gripe

Una grave epidemia de gripe se extiende por todo el mundo, y causa en un año más de 30 millones de muertes. Parece que la epidemia, que no conoce precedentes en lo que a mortandad y expansión se refiere, empezó en Fort Riley, Kansas, en el mes de marzo. Pronto se extendió por Estados Unidos, y los soldados que se incorporaron a los campos de batalla en Europa trajeron consigo este azote imprevisto. La medicina no puede hacer nada para detener el contagio, a pesar de que se han probado múltiples vacunas y que muchos se entregan a las más extrañas supersticiones con el fin de evitar el contagio. En el salto siguiente, la enfermedad va a correr como el fuego sobre Asia, Sudamérica, e incluso islas remotas del Pacífico. En Europa se la conoce como "influenza" española, pese a que su verdadero origen no tiene nada que ver con España.

Los Caligramas de Apollinaire
9 NOVIEMBRE

Fallece víctima de la epidemia de gripe el poeta francés, precursor del surrealismo, Guillaume Apollinaire (1880-1918). Poco antes había publicado su libro *Caligramas*, con el subtítulo "Poemas de la paz y de la guerra". Algunos de los poemas, en realidad los menos, forman dibujos con las propias líneas del texto, una propuesta técnica que Guillaume Apollinaire llamó "ideograma" antes de encontrar el nombre definitivo de "caligrama". Aunque la idea no es nueva –los griegos ya la pusieron en práctica–, sí causa un gran impacto en el mundo literario: en plena efervescencia de las vanguardias artísticas, estos poemas que saltan las fronteras de la literatura, que parecen jugar con la idea de pintar un objeto y describirlo al mismo tiempo, responden perfectamente a la voluntad de no obedecer límites ni clasificaciones establecidos por la tradición. El propio lector se halla en la perplejidad de leerlos o contemplarlos, pero difícilmente puede conjugar ambas cosas a la vez, una contradicción en la que anida otra más profunda y que se refiere a la distancia que separa las palabras y las cosas.

La guerra ha concluido
11 NOVIEMBRE

Al hacerse efectiva la rendición alemana en Rethondes, en el bosque de Compiègne, cesan todas las hostilidades. El armisticio, firmado en un vagón del tren del mariscal Ferdinand Foch por una delegación germana encabezada por el diputado Mathias Erzberger, supone el fin de la guerra en toda Europa. Previamente ya habían capitulado Turquía (31 de octubre) y el Imperio Austrohúngaro (4 de noviembre). Después de poco más de cuatro años, la primera gran conflagración mundial deja, además de ingentes pérdidas materiales, un trágico saldo de más de diez millones de personas muertas.

Se instituyen los premios Pulitzer

El editor de origen húngaro Joseph Pulitzer (1847-1911) crea en Estados Unidos los prestigiosos premios literarios y periodísticos que llevan su nombre. El propietario del periódico The *New York World* funda la *Pulitzer Prize Board* para que a través de la Universidad de Columbia, donde ha contribuido a la creación de una Facultad de Periodismo, entregue anualmente unos galardones a las obras más importantes que se realicen en los campos de la literatura y el periodismo.

Nobel por la síntesis del amoníaco

El químico alemán Fritz Haber (1868-1934) recibe el premio Nobel de Química de 1918 por la «síntesis del amoníaco a partir de sus componentes». Haber logró desarrollar su proceso de síntesis del amoníaco a partir de sus componentes presentes en la atmósfera y mediante la utilización de altas presiones y temperaturas y catalizadores adecuados, en 1908, y mejorarlo de manera definitiva en 1909. Gracias a los trabajos posteriores de otro químico alemán, Carl Bosch (1874-1940), este proceso alcanza su madurez industrial contribuyendo de este modo de forma decisiva al desarrollo de la agricultura en el siglo XX mediante la fabricación masiva de abonos nitrogenados.
➡ 1919

Joseph Pulitzer, periodista, editor y filántropo, creador de la Fundación que concede anualmente los premios que llevan su nombre.

Nuevo orden internacional

En 1918 los estadounidenses instalaron en Nueva York los "semáforos", unos curiosos artefactos tricolores para regular el tráfico; los británicos establecieron el sufragio femenino; los turcos incendiaron la biblioteca de Bagdad y destruyeron cerca de veinte mil libros; desapareció el alemán Georg Cantor, creador de la teoría de conjuntos, y también dejó de existir el poeta surrealista francés de origen lituano Guillaume Apollinaire, como consecuencia de la asoladora epidemia de gripe extendida por casi todo el planeta, que disparó espectacularmente las estadísticas sobre víctimas ocasionadas por una guerra mundial que antes de acabar el año había llegado a su fin.

SE ACABÓ LA GUERRA

Aunque el ocho de enero de 1918, el presidente Woodrow Wilson presentó en el Congreso estadounidense sus famosos catorce puntos de inexcusable cumplimiento para iniciar conversaciones de paz, habría que esperar hasta noviembre de ese año para que sobre ellos comenzara a articularse el nuevo orden internacional. Por lo pronto fueron las potencias centrales las que al principio del año impusieron condiciones en Europa oriental, aprovechando la inestabilidad y debilidad del gigante ruso. Así, en febrero se firmó la "Paz del pan" con Ucrania; en mayo la paz de Bucarest, y sobre todo en marzo se impuso a la Rusia soviética el tratado de Brest-Litovsk, que los alemanes celebraron como uno de los mayores éxitos de su historia. Rusia tuvo que reconocer la independencia de Ucrania y Finlandia, y renunciar a importantes territorios del extinto imperio zarista como Livonia, Curlandia, Lituania, Estonia y Polonia, que Alemania pasó a incluir en su área de influencia. Sin embargo, a partir del verano se invirtió la situación con motivo de los serios reveses sufridos por Alemania en el frente occidental. En setiembre, los desmoralizados militares alemanes ya se planteaban solicitar el armisticio, pero ahora será el presidente americano el que impondrá duras exigencias para comenzar a negociar, que pasaban por la rendición incondicional y la previa abolición del régimen imperial. Y los alemanes acabarían accediendo: el once de noviem-

EUROPA TRAS LA GUERRA

Países vencidos
Países vencedores
Nuevos Estados
Países neutrales
URSS

La Gran Guerra ocasionó un auténtico cataclismo en las fronteras europeas. He aquí el nuevo mapa del continente, surgido de los tratados de paz. El Imperio Austrohúngaro ha desaparecido, Alemania ve drásticamente reducidos sus límites territoriales, aparecen nuevas naciones en Europa central y los Balcanes, y la Turquía europea queda confinada en un pequeño rincón de Tracia.

El káiser alemán Guillermo II con su esposa. La derrota militar forzó su abdicación y la creación de la inestable República de Weimar, destinada a una vida efímera.

bre, sobre la base de los catorce puntos wilsonianos, los principales contendientes firmaron un armisticio que constituyó una auténtica capitulación para Alemania. De esa manera quedaron suspendidas las hostilidades en todos los frentes, y terminó la guerra en Europa.

REESTRUCTURACIÓN DEL MAPA EUROPEO

Al tiempo que esto sucedía, las potencias centrales comenzaron su proceso de desintegración interior que culminaría en 1919 con el reconocimiento internacional de los nuevos Estados y el establecimiento de un nuevo mapa europeo, de un nuevo orden internacional. Por lo pronto desaparecieron los dos imperios centrales, el alemán con la obligada abdicación del

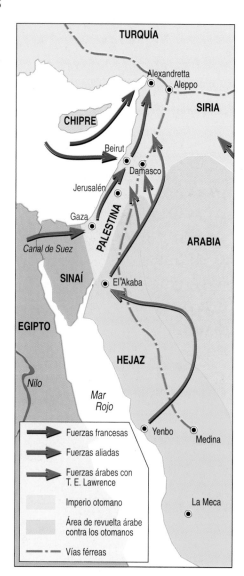

Mapa de la revuelta árabe contra el imperio otomano. El pacto previo entre franceses y británicos para el reparto de los territorios frustró la idea de Lawrence de Arabia de crear una gran nación árabe ligada al Imperio Británico.

LOS PROBLEMAS DE LA RUSIA SOVIÉTICA

Si 1917 había sido para los rusos un año de mudanzas y perplejidades, el año siguiente los enfrentó con la cruda realidad, en su empeño por definir y consolidar el nuevo régimen que pretendían establecer. Los obstáculos fueron inmensos, y el coste para superarlos excesivo, pero el sufrido pueblo ruso logró mantener su carácter diferencial. En enero la Guardia Roja, al tiempo que disolvía la "antibolchevique" Asamblea constituyente, cerró la posibilidad de instaurar un sistema democrático parlamentario.

En su lugar, unos meses más tarde, y casi al tiempo en que el zar y su familia eran ejecutados en Ekaterimburgo, fue proclamada la República Federal Socialista Soviética, muy mermada territorialmente por las cesiones realizadas en Brest-Litovsk, pero con una Constitución provisional que contemplaba los «derechos del pueblo trabajador y explotado». El poder de los bolcheviques se ejercía cada vez de manera más autoritaria como consecuencia de los desórdenes y movimientos contrarrevolucionarios, que desembocaron en una cruenta guerra civil entre los defensores del régimen revolucionario y los partidarios del anterior sistema, apoyados por socialistas moderados y burgueses y por las potencias internacionales, temerosas del contagio revolucionario y enfrentadas a la Rusia soviética por haber firmado la paz por separado con Alemania. Ante tales circuns-

Káiser y la proclamación en un ambiente prerrevolucionario de una república democrática que tendría que sortear serias dificultades iniciales; y el austrohúngaro, que en función del derecho a la libertad nacional de los pueblos del Imperio quedó fragmentado en varios Estados independientes: Hungría, Checoslovaquia y los pueblos yugoslavos alcanzaron su independencia en octubre de ese año. A esta situación se unieron el surgimiento de los Estados bálticos, que pasaron a formar un "cordón sanitario" en torno a la Rusia soviética de la que acababan de independizarse, y la proclamación de la República de Polonia, al frente de la cual se colocó el socialista Josef Pilsudski con poderes dictatoriales.

La aldea y yo, de Marc Chagall (MOMA de Nueva York). La composición está impregnada de la nostalgia que hizo regresar a Chagall a su Vitebsk natal después de la Revolución. Su mundo mágico y onírico encuentra aquí uno de sus resultados más felices.

Francesc Cambó, dirigente de la Lliga Regionalista catalana, tuvo en 1918 una breve experiencia ministerial en el gabinete formado por Antonio Maura. La idea de un "gobierno de concentración" no prosperó, dado el estado de descomposición en que se encontraban las fuerzas políticas de la Restauración española.

do con inusitada expectación, tan sólo duró siete meses y medio como consecuencia de los enfrentamientos entre algunos de los ministros más destacados, como Santiago Alba y Francesc Cambó, o entre el propio presidente del ejecutivo y Eduardo Dato. Como muestra de la gravedad de la situación, el ministerio que le sucedió duró poco más de tres semanas. Cuando finalizaba el año, en medio de esta crisis política y de los estragos que estaba causando la epidemia de gripe, se radicalizaron las reivindicaciones regionalistas en Cataluña y Vascongadas que se extendieron a otras regiones españolas. El régimen político español, impotente para solucionar los múltiples problemas a que se enfrentaba y sin capacidad regeneradora, se encontraba en trance de disolución. ■

Dibujo de Demetrio Monteserín en La Esfera, *que muestra la moda femenina de la época: escotes moderados, talle ceñido, falda recogida en los tobillos y grandes sombreros de fantasía.*

tancias, los bolcheviques reaccionaron con la organización del ejército y del "terror rojo" para enfrentarse al terror "blanco". Se estableció un régimen policial y represor, y se pusieron en marcha medidas económicas excepcionales y muy radicales, el denominado "comunismo de guerra". Todo ello restó atractivo al nuevo modelo de sociedad, que empezó a adquirir tintes alarmantemente totalitarios.

LA DIFÍCIL SALVACIÓN NACIONAL ESPAÑOLA

Después de los críticos acontecimientos ocurridos el año anterior, persistieron los problemas y las tensiones sociales, agudizados por la insoportable inflación y el problema de las subsistencias. En marzo de 1918 se ensayó de manera provisional una nueva fórmula política, superadora del tradicional y denostado "turno pacífico". El Rey amenazó con expatriarse y abdicar si los políticos no cooperaban para salvar la situación, y el resultado fue la formación de un gobierno de concentración nacional presidido por Antonio Maura y del que formaron parte los jefes de la mayoría de las facciones políticas existentes en ese momento. Pero ese gobierno, recibi-

Instantáneas — 1918

- M. CHAGALL **funda una escuela de arte** en Vitebsk. El pintor ruso, que residía en París desde 1910, regresó a su patria para alistarse en 1915, y tras la Revolución fue nombrado comisario de Bellas Artes.

- *Los doce:* versión neocristiana y redentorista de la Revolución de Octubre, del poeta ruso A. BLOK.
- *Misterio bufo,* obra teatral en la que el ruso V. MAIAKOVSKI expresa su adhesión al proceso revolucionario que vive su país.
- *La decadencia de Occidente,* interpretación organicista de la historia a cargo del alemán O. SPENGLER.
- Publicada dos años antes, la novela *Los cuatro jinetes del Apocalipsis,* del español V. BLASCO IBÁÑEZ, se convierte en un inesperado best-seller mundial.

- I. STRAVINSKI compone la *Historia del soldado,* obra sorprendente e inclasificable, en la que teatro, música y danza se dan la mano.
- *Madelon* de L. BOUSQUET y C. ROBERT, canción que cantaban los soldados franceses en la Primera Guerra Mundial.
- Con letra de OLIVEROS y CASTELLVÍ y música del maestro PADILLA, RAQUEL MELLER interpreta el cuplé *El relicario.*

- **Graves motines** en la flota alemana de Wilhelmshaven y Kiel. Los soldados sublevados izan en los mástiles banderas rojas revolucionarias. *(1 Noviembre)*
- **La guerra ha terminado:** en un vagón de tren, en el bosque de Compiègne, se firma el armisticio entre Alemania y los aliados. *(11 Noviembre)*
- **Rusia es incapaz de retener su imperio:** hoy el Cáucaso se ha declarado independiente, siguiendo de cerca los pasos de Ucrania, Estonia, Livonia, Curlandia, Lituania y Finlandia. *(24 Febrero)*
- Se constituye oficialmente el **Ejército Rojo,** encargado de defender la revolución, bajo la dirección de L. TROTSKI.

- El estadounidense E.H. ARMSTRONG y el alemán W. SCHOTTKY inventan los **receptores superheterodinos.**
- El estadounidense H.E. WAREN crea los primeros **relojes eléctricos fiables.**

- El piloto alemán M. VON RICHTHOFEN, llamado el **"Barón rojo",** es derribado con su "Fokker" y muere en el valle del Somme, Francia. *(22 Abril)*

- «¡Adelante, hijos de puta! ¿Acaso queréis vivir para siempre?» Atribuido al sargento de marines DAN DALY.
- «Eso es lo que sois. Eso es lo que sois todos. Todos los jóvenes que habéis servido durante la guerra. Una generación perdida.» GERTRUDE STEIN.
- «¿Cuál es nuestra tarea? Hacer de Inglaterra un país adecuado para que los héroes vivan en él.» Discurso de D. LLOYD GEORGE al finalizar la Guerra Mundial.

- **GUSTAV KLIMT,** pintor austríaco: innovador, simbolista y genial dibujante. *(6 Febrero)*
- **CLAUDE DEBUSSY,** compositor francés, uno de los padres de la música del siglo XX, autor, entre otras obras, de *La mer* y *Pelléas et Mélisande.* *(25 Marzo)*
- **GEORGI PLEJANOV,** teórico socialista ruso, fundador del Partido Socialdemócrata. *(30 Mayo)*

1919

A la derecha, la Bauhaus de Dessau. Inicialmente se había instalado en Weimar, pero cerró en 1925 debido a dificultades insalvables con los estamentos conservadores. Dessau, con un Ayuntamiento progresista, se ofreció entonces como nueva sede, y Walter Gropius proyectó un edificio paradigmático de la arquitectura racionalista.

Thomas Woodrow Wilson, presidente de Estados Unidos. La Sociedad de Naciones fue una de las propuestas incluidas en sus 14 puntos para garantizar la paz.

Retrato del economista John Maynard Keynes, que se conserva en la National Portrait Gallery de Londres.

Semana trágica de Buenos Aires
15 ENERO

Estallan en la capital argentina graves disturbios obreros que provocan centenares de muertos. Finalizada la guerra europea, el mayor costo de los alimentos y de las manufacturas importadas ha repercutido negativamente en el nivel de vida de la población y en la demanda de mano de obra. La situación, que ha degenerado en una escalada de tensiones sociales, alcanza particular virulencia en Buenos Aires, donde las huelgas y manifestaciones obreras son brutalmente sofocadas. La sangrienta represión de la policía y de matones de la patronal deja un saldo de 700 muertos, 4 000 heridos y 55 000 trabajadores encarcelados.

Mussolini funda el Partido Fascista
23 MARZO

En medio de una grave recesión económica, Benito Mussolini (1883-1945) funda el movimiento que lo encumbrará en el poder. En un acto que reúne a poco más de un centenar de personas, funda en Milán los *Fasci di combattimento*, grupo derechista cuya doctrina postula el nacionalismo, el corporativismo y la implantación de un régimen autoritario. El Partido Fascista aparece como una respuesta de las clases medias a la crisis de posguerra y un medio de contrarrestar los avances políticos y asociativos de carácter socialista en la clase trabajadora. ➡ **1922**

Raquel Meller canta La violetera

La violetera es uno de los cuplés más célebres de finales de la década de 1910 y principios de la de 1920. La letra es del poeta Eduardo Montesinos (1868-1929) y la música del maestro José Padilla (1889-1960). Su triste melodía quedará para siempre asociada a la que fuera su más destacada intérprete, la tonadillera española Raquel Meller (1888-1962), quien la hace triunfar, como ya antes había hecho con otra no menos famosa composición de Padilla, *El relicario*.

Creación de la Sociedad de Naciones
28 ABRIL

El organismo internacional nace como recurso para preservar la paz en el mundo. La propuesta de contar con un foro internacional donde se debatieran los asuntos que amenazasen la paz mundial había sido incluida por el presidente estadounidense Woodrow Wilson en sus célebres catorce puntos para la paz, y más tarde aprobada por la Conferencia de París. La Sociedad de Naciones tiene su sede en Ginebra, Suiza, y está presidida por el británico Eric Drummond, quien se propone impulsar una "nueva diplomacia" que garantice el desarrollo de la democracia en el mundo.

➡ **1920**

Walter Gropius funda la Bauhaus
25 ABRIL

El arquitecto alemán Walter Gropius (1883-1969) funda en Weimar el Instituto de Artes y Oficios, llamado Bauhaus (casa de la construcción). El propósito de esta escuela de arquitectura y artes plásticas, que cuenta con profesores como los pintores Kandinsky y Klee, es, como se precisa en el manifiesto fundacional, vincular el diseño y las técnicas de producción industrial. Para el padre del racionalismo arquitectónico, es fundamental en toda actividad artística la unidad de los saberes artesanal y técnico para trascender la mera funcionalidad de los objetos. ➡ **1922**

Primer paracaídas
28 ABRIL

Un piloto de globos y aeroplanos californiano, Leslie Irvin, lleva a cabo el primer salto en caída libre con paracaídas. Demuestra así la viabilidad del sistema tras una serie de pruebas realizadas con muñecos. El paracaídas de Irvin, cuyos componentes están plegados en el interior de una bolsa que el saltador lleva sujeta a la espalda, dispone de dos novedades respecto de modelos anteriores, que son la llamada válvula de Lalande, gracias a la cual se disminuye notablemente el balanceo durante la caída, y el paracaídas extractor o piloto, que, accionado por el paracaidista, extrae el conjunto de la bolsa.

Portada de una edición de la correspondencia inédita de Marcel Proust. El novelista francés saltó a la fama al obtener el premio Goncourt.

Firma del Tratado de Versalles
28 JUNIO

Los aliados imponen duras y humillantes condiciones de paz a Alemania, de acuerdo con las disposiciones de la Conferencia de París. Además de obligarla a ceder todas sus posesiones coloniales, modificar drásticamente sus fronteras, limitar su ejército a 100 000 hombres y, entre otras condiciones, emplazar a pagar cuantiosas sumas en concepto de reparación bélica, el tratado incluye la polémica cláusula de "aceptación de culpabilidad" de la guerra. Los excesos del tratado de Versalles, que también contiene las bases fundacionales de la Sociedad de Naciones, determinan que Alemania lo firme con objeciones y que el Congreso de Estados Unidos no lo ratifique.
➡ **1945**

Estados Unidos aprueba la Ley Seca
20 OCTUBRE

El Congreso estadounidense aprueba por abrumadora mayoría la Enmienda de la Prohibición, por la que prohíbe el consumo, fabricación e importación de bebidas alcohólicas. La llamada *Ley Seca*, que entrará en vigor el próximo 16 de enero, ha sido promovida por las sectas fundamentalistas arraigadas en los medios rurales, las cuales ven en el alcohol el emblema de la corrupción y de los males que aquejan a la sociedad. Sin embargo, los efectos de la prohibición serán negativos, al propiciar el desarrollo del contrabando controlado por bandas de gángsters, que determinarán uno de los períodos más violentos de la historia de Estados Unidos. ➡ **1931**

Guerra civil en Irlanda
19 DICIEMBRE

Militantes del Sinn Fein atentan contra el virrey inglés de Irlanda. Un grupo de unos veinte nacionalistas irlandeses dispara y lanza bombas de mano contra el automóvil en el que viajaba el mariscal John Denton French, cuando salía de la estación ferroviaria de Ashfowe, en las proximidades de la ciudad de Dublín.

El ex comandante en jefe del ejército británico ha salido ileso del atentado, en el que ha muerto uno de los atacantes. Se trata de uno de los incidentes más graves ocurridos en Irlanda desde que el Sinn Fein se declarara en guerra contra el Reino Unido. ➡ **1920**

El Goncourt para Proust
10 DICIEMBRE

Marcel Proust (1871-1922) obtiene el prestigioso premio literario por la obra *A la sombra de las muchachas en flor*. Este libro, publicado el año pasado y precedido por *Por el camino de Swan*, editado por cuenta del autor en 1913, constituye la segunda parte de un ambicioso proyecto que el autor ha titulado *En busca del tiempo perdido*. Los volúmenes siguientes (*El mundo de Guermantes, Sodoma y Gomorra, La prisionera, La fugitiva* o *La desaparición de Albertine* y *El tiempo recobrado*) completarán una monumental serie novelística, que el propio Proust no alcanzó a ver publicada completa, pero que situarán su nombre en el primer plano de la narrativa del siglo XX. El fluir del tiempo, las modificaciones impalpables que aporta en las personas y en las experiencias, la pérdida irremediable de la vida humana en ese fluir, y su rescate posible a través del arte, es el fondo del argumento de esta singular obra literaria.

Keynes ante el peligro de una nueva guerra

El prestigioso economista británico John Maynard Keynes (1883-1946) publica su libro *Consecuencias económicas para la paz*. En este importante informe económico sobre la Primera Guerra Mundial, Keynes, que ha forma-

do parte recientemente de la delegación británica a la Conferencia de París, estima que las reparaciones de guerra exigidas a Alemania por el tratado de Versalles constituyen una seria amenaza para la paz mundial. Según explica, Alemania no sólo no puede pagar las sumas impuestas sino que su esfuerzo en este sentido repercutirá negativamente en toda la economía europea y será causa de graves tensiones. ➡ **1923**

Primera transmutación nuclear

El físico británico Ernest Rutherford (1871-1937) consigue llevar a cabo la primera "transmutación" nuclear de la historia. Para ello Rutherford bombardea núcleos de nitrógeno con partículas emitidas por un cuerpo radiactivo, obteniendo de este modo núcleos de oxígeno. Explica el proceso en términos de la captación por parte del nitrógeno de partículas alfa o núcleos de helio y la emisión de protones. Las cantidades de materia transmutadas en dichos experimentos son casi inapreciables, a pesar de lo cual se desprende gran cantidad de energía. ➡ **1938**

Retrato del físico británico Ernest Rutherford. Sus investigaciones sentaron las bases de la teoría atómica.

Esquema del experimento de Rutherford. El bombardeo con nitrógeno de átomos de ciertos elementos radiactivos permite obtener grandes cantidades de energía.

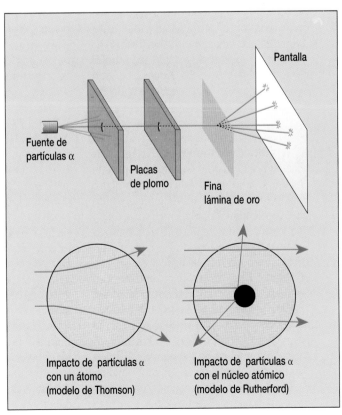

Pantalla

Fuente de partículas α

Placas de plomo

Fina lámina de oro

Impacto de partículas α con un átomo (modelo de Thomson)

Impacto de partículas α con el núcleo atómico (modelo de Rutherford)

Paz con represalias

En este año se realizó el primer vuelo regular entre París y Londres; la aristócrata Lady Astor se convirtió en la primera mujer que ocupó un escaño en la Cámara de los Comunes británica; Gandhi inició su predicación de la desobediencia civil y la resistencia pasiva en la India, y el historiador neerlandés Johan Huizinga publicó *El otoño de la Edad Media*. Pero 1919 fue sobre todo el año en el que se impusieron unas condiciones de paz extremadamente duras y en el que casi todo el mundo podía alegar motivos para justificar la insatisfacción y el pesimismo.

DURAS CONDICIONES DE PAZ

Finalizada la guerra, con el inicio del nuevo año los vencedores afrontaron la ardua tarea de diseñar el edificio de la paz, recomponiendo un nuevo mapa europeo sobre el que articular un nuevo orden internacional que a muchos resultaría insatisfactorio. Francia se tomó la revancha sobre Alemania, reuniendo en su capital a los delegados de los países vencedores, para establecer responsabilidades, condiciones y reparaciones que excedieron en mucho lo que algunos Estados podían asumir. A tal punto llegó esta actitud intransigente, que en noviembre el propio Congreso estadounidense se negó a ratificar el Tratado de Versalles, o que uno de los delegados británicos, el economista J.M. Keynes, advirtió con preocupación lo efímera que podía resultar una paz levantada sobre tan inestables presupuestos. Evidentemente, donde peor acogida recibieron las conclusiones de Versalles fue en Alemania, exacerbándose un resentimiento nacionalista que con el tiempo conduciría a la creación de un Estado totalitario y a una segunda conflagración mundial. Por el momento, lo único que los alemanes se permitieron realizar fueron acciones testimoniales de su orgullo herido, como la inmolación de su armada en Scapa Flow. Sin embargo, no sólo Alemania se sintió perjudicada. A lo largo del año, los vencedores firmaron otros tratados de paz con Austria y Bulgaria, a los que se sumarían los de Hungría y Turquía en 1920, que generaron numerosos litigios fronterizos y una sensación generalizada de insatisfacción e impotencia. A las cesiones y amputaciones territoriales, e incluso

Los delegados de la Conferencia de Paz de París salen de una de las sesiones, según un dibujo de la época.

a la ocupación militar de algunos territorios, había que añadir una importante reducción de los efectivos militares, el pago de una considerable cantidad en concepto de reparaciones, y la humillación moral que suponía la obligación de asumir toda la culpabilidad y responsabilidad en el desencadenamiento del conflicto.

CRISIS POSBÉLICA Y CONVULSIONES SOCIALES

En el interior de la mayoría de los países, las secuelas de la guerra persistirían durante algún tiempo. La crisis económica posbélica provocó el cuestionamiento de los sistemas políticos democráticos, un importante crecimiento de la agitación social y de la militancia sindical, así como la generalización de los movimientos huelguísticos de diversa naturaleza, como los acaecidos en Estados Unidos, Canadá, el Reino Unido, Francia, Alemania, Italia, Portugal, Japón, etc. En Argentina, durante la primera semana de enero el ejército desarrolló una acción represiva que ocasionó más de 700 muertos y cerca de 55 000 trabajadores presos. Y en España, donde se

suspendieron las garantías constitucionales y se declaró el estado de guerra, la inicial reclamación autonómica dio paso a una gravísima conflictividad social que puso de manifiesto la incapacidad de un sistema político en creciente descomposición para regular las tensiones sociales, el miedo de los sectores empresariales a los avances sociales y el recrudecimiento de los enfrentamientos entre obreros y patronos.

FRACASA LA EXPORTACIÓN DEL MODELO SOVIÉTICO

Alemania acabó la guerra en un clima de inestabilidad política y agitación social preocupante. En las últimas semanas del año anterior, al tiempo que desaparecían las instituciones del Imperio y se proclamaba la República, comenzaron a generalizarse los consejos de obreros, soldados y campesinos que, inspirados en el modelo ruso, acabarían enfrentándose al gobierno socialdemócrata con el objetivo de implantar una revolución comunista. Ése fue el sentido de la insurrección espartaquista de enero, aplastada por el ejército y la policía, que acabaron brutalmente con la vida de sus principales inspiradores. Desaparecido el problema, aunque sin resolver los tremendos conflictos existentes en el país, la nueva clase política alemana consiguió a

Pancho Villa, con uniforme, junto a Emiliano Zapata, en una fotografía de 1915. A partir de 1916 Villa, que guerreaba en el norte de México contra el gobierno de Carranza, tuvo numerosas dificultades con las tropas estadounidenses.

lo largo del año consolidar el nuevo régimen, con la aprobación en julio de una Constitución republicana y democrática. El modelo soviético, que había fracasado en Alemania, tampoco prosperó en Hungría cuando Béla Kun intentó establecer la dictadura del proletariado, y a punto estuvo de sucumbir en la propia Rusia, sumida en una asfixiante guerra civil. Pese a ello, los bolcheviques consiguieron mantenerse en el poder y al mismo tiempo emprendieron una ofensiva ideológica internacional mediante la fundación en Moscú de la III Internacional o Komintern, cuyo objetivo era exportar el modelo soviético a todas las partes del mundo, aprovechando el creciente clima de agitación y conflictividad social posbélico.

Así transcurrió 1919, un año en el que el presidente estadounidense Woodrow Wilson recibió el premio Nobel de la Paz, al tiempo que en su propio país tanto su labor como sus proyectos eran ampliamente cuestionados. El nuevo orden mundial surgía de la reciente contienda mundial lleno de contradicciones. ■

Instantáneas

- K. Schwitters comienza a realizar **collages** con objetos y materiales de desecho, escogidos al azar.

- Se publican póstumamente **Poemas** y **Sebastián en sueños,** del poeta expresionista austríaco G. Trakl, muerto en 1914.
- H. von Hofmannsthal es uno de los poetas más relevantes de la Viena finisecular. Su obra **La mujer sin sombra,** de un complejo simbolismo, será musicada por R. Strauss.
- **Winnesburg, Ohio,** de S. Anderson, uno de los creadores de la novela corta norteamericana.
- H. Bergson reúne en **La energía espiritual** una serie de ensayos y conferencias sobre uno de sus temas preferidos: la independencia de la conciencia respecto al cuerpo.

- Estreno en Londres del ballet de M. de Falla **El sombrero de tres picos.** Los decorados son de P. Picasso.
- **Cielito lindo,** de Mendoza y Cortez.
- **Swanee,** letra de I. Caesar y música de G. Gershwin.
- **Sweet sixteen,** de G. Buck y D. Stamper.
- **Daddy Long Legs** (Papaíto Piernas Largas), de S. Lewis, J. Young y H. Ruby.
- Cuplé: **Nena** con letra de P. Puche y música de R. Zamacois. Lo canta Salud Ruiz.
- Éxito del cuplé **Banderita,** de la revista Los corsarios. Letra de Jiménez y Paradas y música del maestro Alonso.

- **El gabinete del doctor Caligari,** de R. Wiene, origen del movimiento expresionista en el cine alemán
- P. Negri y E. Jannings protagonizan **Madame du Barry,** de E. Lubitsch, primer éxito mundial de la productora alemana UFA.
- Ch. Chaplin, D. Fairbanks, D.W. Griffith y M. Pickford **crean la United Artists** con el fin de producir sus propias películas.

- El ginecólogo británico G. D. Read da a conocer su **método para eliminar el dolor durante el parto** a través de técnicas psicológicas de relajación.
- Th.H. Morgan publica Las bases sustanciales de la herencia, uno de los tratados clásicos de la **biología moderna.**
- Se instala el **primer depósito de sangre** en el Instituto Rockefeller de Nueva York. Es el primer paso para la creación de bancos de sangre.
- Concluye la **primera travesía** de ida y vuelta de un dirigible, el británico R-34, entre las dos orillas del Atlántico. (13 Julio)
- **Primer vuelo transatlántico** sin escalas, llevado a cabo por los británicos J.W. Alcock y A. Whiten-Brown a bordo de un hidroavión NC-4 Curtiss. (14/15 Julio)
- El primer ejemplar vivo de **okapi** sale de la jungla del Congo.
- Kellogg fabrica y lanza al mercado los primeros copos de avena: **corn-flakes.**

- **Insurrección espartaquista en Berlín**: respondiendo al llamamiento de Rosa Luxemburg y K. Liebknecht, los obreros toman el barrio donde los periódicos tienen las imprentas, y publican luego una llamada a la revolución. (6 Enero)
- Se prevé la próxima publicación del texto del Estatut, texto legal que debe dar cuerpo a las **aspiraciones autonomistas** de Cataluña. No es éste el único caso en España: el País Vasco presenta al gobierno idénticas exigencias. (17 Enero)
- Nace en Moscú la **III Internacional,** con el propósito de extender el comunismo a todo el mundo. (4 Marzo)
- Las condiciones draconianas impuestas a Alemania hacen que el almirante Von Reuter, que se siente humillado como casi todos los alemanes, ordene a sus soldados **hundir la propia flota,** antes que entregarla a los aliados. (21 Junio)
- Tras la Revolución rusa **el comunismo se extiende** por otros países de Europa. Finlandia, los Países Bajos y Bulgaria ven nacer en 1919 sus propios partidos comunistas.
- En una cervecería de Munich, donde el Partido Obrero alemán celebra una asamblea, un joven soldado, de nombre Adolf Hitler, capta la atención de todos durante su intervención. Es luego invitado de manera entusiasta a ingresar en el partido. (12 Setiembre)
- La caballería roja logra una importante **victoria sobre el ejército blanco** de A. Denikin, que se hallaba a 300 km de Moscú. (21 Octubre)
- El líder revolucionario **Pancho Villa** ha sido capturado por el ejército federal y puesto a disposición del gobierno mexicano. (4 Diciembre)

- La tenista S. Lenglen **revoluciona Wimbledon** con un vestido corto y sin mangas diseñado por J. Paton.
- A fin de **prevenir las enfermedades infecciosas,** se establecen toda una serie de medidas higiénicas en las escuelas. Las condiciones de los edificios mejoran sensiblemente, al mismo tiempo que se ejerce un control riguroso sobre los alumnos.
- Entra en vigor en España la **jornada de ocho horas,** lo que supone una primera victoria en las reivindicaciones de los trabajadores. (9 Octubre)
- Inaugurado en Madrid el primer tramo del ferrocarril **metropolitano** subterráneo. (17 Octubre)

- «Tendremos que librar otra guerra de nuevo en veinticinco años, y costará tres veces más.» Palabras de D. Lloyd George, acerca del tratado de Versalles.
- «Es mucho más sencillo hacer la guerra que la paz.» Discurso de G. Clemenceau.
- «No hay nada que haya conseguido la guerra que nosotros no pudiéramos haber logrado sin ella.» Havelock Ellis, en La filosofía del conflicto.

- Theodore Roosevelt, ex presidente de Estados Unidos. (6 Enero)
- La escritora y revolucionaria socialista Rosa Luxemburg, asesinada por la policía en Berlín. (15 Enero)
- Auguste Renoir, pintor impresionista francés. (3 Diciembre)

1920

El escritor español Benito Pérez Galdós, fotografiado en su gabinete de trabajo.

Fallece Benito Pérez Galdós
4 ENERO

Un ataque de uremia pone fin en Madrid a la vida del patriarca del realismo literario en España. Galdós había nacido en Las Palmas en 1843, y desde 1862 residía en la capital, a la que llegó para estudiar Leyes. Los paisajes y las costumbres madrileños quedaron indeleblemente plasmados en su obra narrativa ya a partir de *La Fontana de Oro* (1869), y la ciudad alcanzó la categoría de auténtica protagonista en *Fortunata y Jacinta* (1887), tal vez la obra maestra de Galdós. Gran amigo de otros escritores realistas como José María de Pere-

Una imagen del dirigente revolucionario mexicano Pancho Villa, tomada durante una de las legendarias campañas que desarrolló en el norte del país a partir de 1911.

da y Emilia Pardo Bazán, en política fue liberal, y en sus últimos años se aproximó al socialismo y mantuvo cordiales relaciones con Pablo Iglesias. Por todo ello, su figura fue objeto de furibundos ataques por parte de los sectores más abiertamente conservadores y clericales.

Max Weber y el desarrollo de las ciencias sociales
14 JUNIO

Max Weber, el autor de *La ética protestante y el espíritu del capitalismo*, fallece en Munich. El sociólogo alemán desarrolló durante toda su vida un ingente esfuerzo por deslindar el campo de la sociología del de la política, y criticó desde el punto de vista de la objetividad científica las concepciones tanto del positivismo como del materialismo histórico. En el momento de su muerte, trabajaba en la redacción de un vasto tratado en el que pretendía sintetizar sus aportaciones a la sociología como una disciplina con metodología propia, diferente tanto de la historia como de las restantes ciencias sociales. La viuda de Weber, Marianne Schnitger, editará este trascendental trabajo en 1922 bajo el título *Economía y sociedad*. Dos nuevas ediciones críticas de la obra, ampliadas con textos inéditos, aparecerán en 1925 y 1956.

Villa se rinde tras el asesinato de Carranza
9 JULIO

La amenaza de un nuevo período de inestabilidad social y política se disipa con la rendición de Pancho Villa (1878-1923) en la convención de Sabinas. La oposición de Venustiano Carranza (1859-1920), artífice de la Constitución de 1917 y del encauzamiento institucional de la Revolución, a la candidatura presidencial de Álvaro Obregón, motivó que éste se sublevara en Agua Prieta. El presidente salió de la capital para no caer en manos de los alzados, pero el 22 de mayo, mientras dormía, fue acribillado a balazos por el general Rodolfo Herrero. Estos sucesos y el nombramiento de Adolfo de la Huerta como presidente interino han inducido a Villa a deponer las armas. ➡ **1927**

Fin del conflicto ruso-polaco
6 OCTUBRE

Se firma en Riga, Letonia, el armisticio que pone fin a las disputas ruso-polacas. Al finalizar la Gran Guerra, Polonia se constituyó en nación independiente y, liderada por el mariscal Josep Pilsudski (1867-1935), pretendió incorporar a su territorio a Ucrania, Bielorrusia (Rusia Blanca) y Lituania, lo que provocó la reacción de la Rusia bolchevique. Finalmente, la debilidad militar de ésta ha dado lugar a la firma del acuerdo de Riga que, a pesar de fijar la divisoria unos 150 km al este de la línea Curzon, no satisface plenamente las ambiciones polacas.

"Furia española" en Amberes
AGOSTO

España participa por primera vez en unos Juegos Olímpicos. Se desplazan a Amberes 15 atletas, 12 nadadores, 9 tiradores y 16 futbolistas. En la selección española de fútbol destacan la seguridad de Ricardo Zamora en la puerta, la técnica de Samitier en la línea media, y el empuje irresistible de los delanteros Patricio, Sesúmaga y Pichichi. Gana, entre otras, a Dinamarca, Italia y Holanda, y la prensa europea define su juego con una frase afortunada: "furia española". España pierde únicamente contra Bélgica –la selección anfitriona–, y consigue la medalla de plata. El éxito contribuirá poderosamente a la popularización en España del llamado deporte rey.

Primera reunión de la Sociedad de Naciones
15 NOVIEMBRE

Por primera vez se reúne en su sede de Ginebra la Asamblea de la Sociedad de Naciones, en la que se hallan representados cuarenta y dos países. Entre otras disposiciones tendentes a garantizar la paz mundial, el Consejo de la organización, en cumplimiento de uno de los puntos del tratado de Versalles, formaliza la constitución de Danzig como Estado libre, aunque autoriza a Polonia el uso de su puerto y la gestión de sus relaciones internacionales. ➡ **1922**

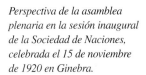
Perspectiva de la asamblea plenaria en la sesión inaugural de la Sociedad de Naciones, celebrada el 15 de noviembre de 1920 en Ginebra.

Irlanda dividida en dos

14 DICIEMBRE

El Parlamento británico aprueba el tratado firmado el pasado día 6 por el que Irlanda queda dividida en dos entidades. De acuerdo con el *Government of Ireland Act*, seis de los nueve condados del Ulster, donde la mayoría de la población es protestante, pasan a constituir el dominio británico de Irlanda del Norte, con cierto grado de autonomía. La decisión de Londres provoca violentas reacciones en Irlanda del Sur, donde la mayoría católica se opone a la partición del país. ➡ **1921**

Agatha Christie crea a Poirot

La escritora británica Agatha Christie (1891-1976) da vida en su primera novela, *El misterioso caso de Styles*, a Hércules Poirot, uno de sus personajes más característicos. Se trata de un detective belga, atildado hasta el ridículo y dotado de una demoledora ironía, cuyo método de trabajo consiste en la reconstrucción psicológica de los hechos. Desde su aparición, Poirot y su acompañante el capitán Hastings pasan a ocupar el lugar que Sherlock Holmes y Watson, los personajes de sir Arthur Conan Doyle, dejaron vacante en el género policíaco basado en el misterio como motor de la acción, la investigación detallada de los indicios y la solución sorprendente de los casos.

Invención del neopreno

El químico Julius Arthur Nieuwland (1878-1936), que desde 1906 estudia el acetileno, logra descubrir los compuestos responsables de su extraño olor y determina que el acetileno tiene la capacidad de combinarse consigo mismo para, mediante un proceso conocido como "polimerización", dar una molécula gigante que presenta algunas de las propiedades características del caucho. Crea de este modo bajo la dirección de W.H. Carothers (1896-1937), inventor del nailon, uno de los primeros cauchos sintéticos, más conocido con el nombre de neopreno.

La novelista británica Agatha Christie, en una fotografía correspondiente a los años veinte.

◄ *Eamon De Valera pasa revista a las tropas del IRA durante la guerra civil que finalizaría con la independencia de la porción sur de Irlanda.*

Las secuelas de la guerra

En el año en que comenzó a funcionar la Sociedad de Naciones, las secuelas y cicatrices de la guerra seguían pesando mucho en el espíritu de los pueblos. Los VII Juegos Olímpicos de la era moderna, tras el obligado paréntesis de ocho años provocado por la guerra, no pudieron ser los de la conciliación porque Alemania, Austria y Hungría no fueron invitadas a participar.

INSATISFACCIÓN, REVANCHA, RESENTIMIENTO

La propia Sociedad de Naciones era percibida como reflejo del espíritu intransigente de los vencedores, y cuestionada su virtualidad al quedar excluidos protagonistas principales de la talla de Estados Unidos, Alemania y Rusia. La insatisfación era el sentimiento generalizado en los Estados que como Alemania, Hungría o Turquía, habían perdido la guerra y tenían que afrontar las duras condiciones de Versalles, Trianon y Sèvres respectivamente; pero también fue un sentimiento presente en los propios países vencedores, como Francia, Italia, Polonia y los nuevos e inestables Estados de Europa central, que pusieron un listón muy alto a sus ambiciosas aspiraciones. Las consecuencias de todo ello no se hicieron esperar: rebrote del nacionalismo y progresiva extensión de las ideologías totalitarias. En Alemania se produjo un nuevo levantamiento espartaquista en la zona del Ruhr, reprimido con la misma brutalidad que el anterior, y Hitler proclamó los 25 puntos del nuevo Partido Obrero Nacional Socialista Alemán. En Italia se extendió la frustración por la crisis social y lo que se consideraba una *vittoria mutilata,* y se agudizó la tensión con respecto a Yugoslavia. Polonia se enzarzó en una guerra con Rusia con el objetivo de ensanchar sus fronteras orientales y alcanzar los límites de la Gran Polonia de 1772. Y Francia, que no estaba dispuesta a ceder un ápice ni en sus reivindicaciones ni en su vigilancia sobre Alemania, se mostraba inflexible ante cualquier posible modificación del estatuto de la Sociedad de Naciones.

Mientras todo esto sucedía, el Reino Unido –que obtuvo importantes ventajas en los tratados de paz, sobre todo en el Próximo Oriente– se vio obligado a afrontar el secular problema irlandés. Se hacía

Inválidos de guerra jugando a las cartas, *de Otto Dix (colección particular, Constanza). Los detalles macabros y grotescos y la intención de denuncia social y política son elementos propios del expresionismo alemán.*

Cartel de los Juegos Olímpicos de Amberes, celebrados en agosto y setiembre de 1920.

necesario encauzar la situación porque la tensión acumulada había desencadenado manifestaciones de violencia extrema, como las del Domingo Sangriento dublinés. Pero la Government of Ireland Act, aprobada en diciembre de ese año y que suponía la división de Irlanda en dos áreas autónomas dentro del Reino Unido con poderes limitados de autogobierno, dejó insatisfechos a todos y, en consecuencia, no pudo poner fin a la violencia.

Desórdenes en España

La situación política alcanzó un dramatismo todavía más preocupante en España, sumida en una oleada de huelgas, disturbios y atentados terroristas, y con una sociedad en práctica descomposición. Los pistoleros del Sindicato Libre y los terroristas del sindicato único se adueñaron de las calles barcelonesas. El gobierno no encontró otra solución al caos existente que destinar a la capital catalana, antes de que acabase el año, al general Martínez Anido, que no tuvo reparos para imponer medidas expeditivas calificables de terrorismo de Estado, como la llamada ley de fugas. En medio de todo ello, una buena noticia pasó casi desapercibida para la gran mayoría de la población: la selección española de fútbol obtuvo la medalla de plata en los Juegos Olímpicos.

El escritor Ramón Gómez de la Serna (de pie) preside La tertulia de Pombo, *en el cuadro pintado por José Gutiérrez Solana.*

RUSIA Y ESTADOS UNIDOS SE ALEJAN DEL ESCENARIO EUROPEO

Las dos futuras potencias mundiales afrontaron la situación posbélica de muy distinta manera. Estados Unidos, aparentemente deseoso de replegarse de nuevo a su dominio americano, decidió autoexcluirse de la Sociedad de Naciones y no ratificar el tratado de Versalles, aunque mostró sumo interés en la reconstrucción de Alemania y en mantener su condición de beneficiario del movimiento financiero internacional –deudas y reparaciones– ocasionado por la guerra. Las elecciones de noviembre, en las que votaron por primera vez las mujeres y los candidatos acudieron a la radio durante la campaña electoral, dieron el triunfo a los republicanos. Con ellos se inició una etapa sumamente conservadora, en la que las malas noticias no llegarían sólo para las capas de población negra, privadas de derechos civiles, sino para los obreros blancos de los centros industriales, cuya incipiente organización sindical fue reprimida con una severidad que llegaría en ocasiones al abuso, como en el juicio a los anarquistas de origen italiano Sacco y Vanzetti.

Por su parte, la Rusia soviética consiguió acabar en ese año la cruenta guerra civil que la desangraba, aunque se vio obligada a reconocer la independencia de las repúblicas bálticas. Acabada la guerra, los próximos años verían la consolidación del nuevo régimen mediante la utilización de unas estrategias políticas y económicas que llevarían a la República socialista al rango de gran potencia. Simultáneamente, Rusia no renunció a impulsar la revolución socialista mundial. Consciente de que los países occidentales intentaban establecer una especie de "cordón sanitario" para contener las ideas revolucionarias, en el segundo Congreso de la Komintern, celebrado durante el verano, Lenin expuso las 21 condiciones que debían aceptar todas las organizaciones políticas que quisieran integrarse en ella. El resultado fue que en varios países occidentales se crearon partidos comunistas filosoviéticos que por su parte mantuvieron su apoyo a los regímenes políticos basados en la democracia parlamentaria y representativa. ∎

Instantáneas 1920

- Inauguración en Berlín de la **primera feria-exposición internacional dadaísta**, con obras de R. HAUSMANN, G. GROSZ y J. HARTFIELD. La muestra recibe severas críticas por parte de los estamentos conservadores. *(1 Junio)*
- El artista soviético V. TATLIN diseña su *Monumento a la III Internacional*. En forma de espiral de acero y vidrio, este ambicioso proyecto abstracto no será nunca realizado.
- *Inválidos de guerra jugando a las cartas*, cuadro en el que el pintor expresionista O. DIX ataca ferozmente al estamento militar.
- J. GUTIÉRREZ SOLANA pinta *La tertulia de Pombo*, cuadro en el que aparecen los miembros más destacados de esta célebre reunión de artistas e intelectuales, presidida por el escritor R. GÓMEZ DE LA SERNA, en el madrileño Café Pombo.

- **Primer festival de música de Salzburgo**, homenaje que la ciudad natal de W.A. MOZART ofrecerá anualmente al insigne compositor. *(23 Agosto)*
- *Avalon*, de A. JOLSON, B.G. DESYLVA y V. ROSE.
- *The japanese sandman*, de R. EGAN y R. WHITING, se convierte en la primera canción en vender un millón de copias.

- E. O'NEILL, padre del teatro norteamericano moderno, escribe una pieza de corte expresionista: *El emperador Jones*.
- *La teoría de la novela*, uno de los ensayos más influyentes del pensador y crítico literario húngaro G. LUKÁCS.
- El escritor estadounidense S. LEWIS ataca duramente a la burguesía en una de sus novelas más representativas, *Calle Mayor*.
- *El cementerio marino*, uno de los poemas más personales y abiertos del escritor francés P. VALÉRY.
- *Reconstruction in Philosophy*, obra clave del filósofo y pedagogo estadounidense J. DEWEY, destacado representante de la corriente pragmatista.
- M. DE UNAMUNO **condenado por injurias al rey** en Valencia. *(16 Setiembre)*

- Entrada en vigor del **tratado de Versalles**, que impone gravísimas mutilaciones territoriales a Alemania. *(10 Enero)*
- A. HITLER presenta en Munich el **programa del Partido Obrero Nacionalsocialista**. *(4 Febrero)*

- **Encuentro de la Internacional** comunista en Petrogrado. *(19 Julio)*
- Turquía: el **tratado de Sèvres** reduce la extensión del antiguo imperio otomano. *(10 Agosto)*
- El partido indio del Congreso aprueba el programa de M. GANDHI que preconiza la **no violencia y la desobediencia civil** contra el Reino Unido, para alcanzar la descolonización del país. *(8 Setiembre)*

- La Otis Elevator Company construye e instala la **primera escalera mecánica**.

- El modista WORTH encarga al diseñador R. LALIQUE el envase de su **nuevo perfume**, el Worth'1920
- JANTZEN fabrica el **primer traje de baño de una pieza** en tejido elástico.
- H. BURT promueve el **helado de palo**.

- Tras un obligado paréntesis de ocho años, debido a la guerra mundial, se inauguran los **VII Juegos Olímpicos en Amberes**, en los que quedan excluidos los atletas de Alemania, Austria y Hungría. *(14 Agosto)*
- El veterano atleta finlandés H. KOLEHMAINEN gana la **medalla de oro del maratón** en las Olimpiadas de Amberes.

- «Puritanismo: el miedo obsesionante a que alguien, en algún lugar, pueda ser feliz.» H.L. MENCKEN. Sobre la prohibición.
- «Afortunadamente se advierte una reacción contra los grandes escotes, esa moda antihigiénica e inmoral contraria al buen gusto.» Comentario acerca de la moda de principios de 1920.
- «La América actual no necesita héroes pero sí salvadores. No necesita la panacea, pero sí la normalidad. No la revolución, pero sí la restauración. No la cirugía, pero sí la serenidad.» Palabras de W.G. HARDING, candidato republicano a la presidencia de Estados Unidos.

- **AMEDEO MODIGLIANI**, pintor y escultor italiano. *(25 Enero)*
- **EUGENIA DE MONTIJO**, emperatriz de Francia por su matrimonio con Napoleón III. *(11 Julio)*
- **ARTURO SORIA**, ingeniero, urbanista y matemático español. *(6 Noviembre)*

1921

Eduardo Dato e Iradier, jefe del gobierno español muerto en atentado el 8 de marzo de 1921.

Cartel anunciador de El chico, *la película que marcó el punto de inflexión decisivo en la carrera de Charles Chaplin.*

España implanta la ley de fugas
19 ENERO

El gobierno español presidido por Eduardo Dato (1856-1921) da curso a la llamada ley de fugas. Mediante este instrumento las autoridades buscan legitimar la represión que la policía y las organizaciones patronales vienen ejerciendo contra las asociaciones obreras y sus dirigentes. En los últimos tiempos son numerosos los detenidos que han sido muertos por las fuerzas del orden o por pistoleros de los patronos "cuando pretendían huir". La implantación de esta ley ha suscitado protestas entre los trabajadores, que denuncian la indefensión en la que se encuentran frente a la violencia gubernamental y patronal.

Se estrena El chico de Chaplin
5 FEBRERO

El chico es el primer largometraje realizado por Charles Chaplin (1889-1977). Producido por la First National y protagonizado por Jackie Coogan, Edna Purviance y Carl Miller, además del mismo Chaplin en el papel principal, la película trasciende la comicidad "pura" que había caracterizado sus primeras películas, para proponer una convincente mezcla de melodrama y comedia. En su descripción de los ambientes humildes es posible, además de cierta influencia de novelistas como Charles Dickens, rastrear la propia infancia del director, que creció en uno de los más miserables barrios de Londres. **➡ 1925**

Lenin anuncia una Nueva Política Económica
12 MARZO

La guerra civil en la que se halla inmersa y la crisis económica colocan a Rusia al borde de la bancarrota. Fracasado el propósito de llevar a cabo una revolución económica de acuerdo con los parámetros comunistas, Lenin ensaya un nuevo camino y anuncia la Nueva Política Económica (NEP), que equivale a dejar de lado el "comunismo de guerra". Esta política, elaborada en el marco del X Congreso del Partido Comunista, sienta las bases de una economía socialista planificada. Asimismo la NEP, que permite con limitaciones el comercio privado interior, autoriza la apertura de bancos estatales. **➡ 1922**

Seis personajes para Pirandello
10 MAYO

El dramaturgo italiano Luigi Pirandello (1867-1936) estrena en Roma *Seis personajes en busca de autor*. La trama es sorprendente: el Autor recibe a unos personajes que piden que les dé vida teatral, para que puedan dar a conocer al público el sórdido drama que los tortura. Una nueva forma de teatro dentro del teatro, que permite una reflexión distanciada por parte del espectador. Pirandello desarrolla con brillantez la tesis esbozada en 1917 en su debut como dramaturgo, *Así es (si así os parece)*, según la cual el teatro debe representar "el drama del ser y el parecer". El tema central es la crisis de identidad del ser humano en un mundo caracterizado por el absurdo. La originalidad del planteamiento escénico de Pirandello contribuye sin duda a fundar una importante corriente dentro de la vanguardia teatral.

El desastre de Annual
21 JULIO

El ejército español es sorprendido en sus posiciones de Marruecos por las tropas rifeñas. Los errores tácticos y estratégicos del general Fernández Silvestre, que había diseminado las fuerzas españolas en un amplio territorio con el propósito de someter a las tribus bereberes y luego concentrado sus refuerzos en Annual, son las causas directas de la tragedia. Las tribus rifeñas dirigidas por Abd el-Krim atacan simultáneamente a los españoles en Annual, Ben-Tied, Igueriben, Monte Arruit y Dar Drius, causando 12 000 bajas y la pérdida de miles de kilómetros del territorio colonial. **➡ 1927**

Gandhi inicia la resistencia pasiva
28 JULIO

Mohandas Gandhi (1869-1948), conocido ya popularmente como el Mahatma, pone en práctica un plan sistemático de protesta pacífica contra el Imperio Británico. Desde la plataforma del Partido del Congreso, Gandhi proyecta su figura de padre moral y político de la India y desarrolla una demoledora estrategia para denunciar la violencia y la injusticia de las leyes coloniales británicas. Mediante ayunos, marchas, boicoteos y campañas de desobediencia civil, la población india está tomando conciencia de su propia identidad y de su fortaleza para conseguir por medios no violentos la independencia. **➡ 1929**

Irlanda independiente y en guerra civil
7 DICIEMBRE

La partición de Irlanda en dos Estados provoca la violenta reacción de los nacionalistas. La virulencia que ha alcan-

◄ Caricatura de prensa relativa a la derrota
de las tropas españolas en Annual,
a manos del caudillo rifeño Abd el-Krim.

Cuba, derrota al gran maestro alemán Emmanuel Lasker en un apasionante match celebrado en La Habana con el campeonato del mundo en juego. El cubano gana cuatro partidas y empata diez, sin ninguna derrota. Capablanca había llegado a este momento después de vencer en importantes torneos internacionales, con la participación de los mejores ajedrecistas del mundo. Una técnica depurada, una extraordinaria intuición y una poderosa capacidad de concentración para analizar y ejecutar planes estratégicos de largo alcance, son las principales cualidades que adornan al nuevo campeón.

Chanel nº 5, el perfume del siglo

La diseñadora Gabrielle *Coco* Chanel (1883-1971) presenta en París un exquisito perfume. Después de imponer un estilo sobrio y desenfadado en el vestir de la mujer parisina, *Coco* Chanel sorprende con un perfume original. Se trata del primer perfume lanzado por una diseñadora de moda y, coherente con el estilo de su creadora, tanto su nombre, *Chanel nº 5,* como el carácter de su fragancia y la extrema sencillez de su envase rompen con todo lo que hasta ahora se conocía en este campo. Todo indica que será el perfume del siglo.

La diseñadora francesa de moda Gabrielle Coco *Chanel, fotografiada por Man Ray, y un frasco del perfume* Chanel nº 5.

El Autor se enfrenta a los personajes que le exigen que les dé vida, en Seis personajes en busca de autor, *de Luigi Pirandello.*

zado el conflicto civil mueve a las autoridades británicas a enviar soldados a Dublín. Sin embargo, la brutalidad de las tropas con la población tiende a aumentar el clima de violencia. En estas circunstancias se proclama el Estado Libre de Irlanda, contra el cual también se manifiesta Eamon De Valera (1882-1975), jefe del Fianna Fáil, partido republicano que defiende la independencia de una Irlanda unificada. ➡ **1922**

Vacuna antituberculosa

Los bacteriólogos franceses Albert Calmette (1863-1933) y Camille Guérin (1872-1961) desarrollan un procedimiento de vacunación contra el bacilo de Koch, conocido como bacilo bilioso Calmette-Guérin (BCG). La base de la vacuna es el hecho, descubierto por el propio Calmette, de que el bacilo se vuelve inofensivo cuando se cultiva en determinadas condiciones. Gracias a ello se refuerza el tratamiento antituberculoso consistente en una cura climatológica, al aire libre, y una dieta alimentaria especial, así como en una intervención quirúrgica (neumotórax). Más tarde se sumarán al tratamiento los antibióticos y la quimioterapia (tuberculostáticos).

Tractatus Logico-Philosophicus

Ludwig Wittgenstein (1889-1951) dice haber resuelto todos los problemas de la filosofía en este libro, que cuenta con el apoyo decidido de Bertrand Russell. La concepción de la lógica como condición previa e insuperable de todo pensamiento sirve a Wittgenstein para afirmar la estructura lógica, también, del mundo, pues sería imposible de otro modo que nuestro pensamiento correspondiera en modo alguno a la realidad. Una vez sentado este principio, carece de sentido plantearse todas aquellas cuestiones que no tienen un sentido lógico: la moral, la estética, la metafísica. Los problemas de la filosofía no se resuelven en realidad, sino más bien *se disuelven*, ante la evidencia de que todo lo que verdaderamente importa en esta vida no podemos resolverlo con el pensamiento, y que de hecho cualquier misterio es inexpresable por el lenguaje, a condición de que se trate de un verdadero misterio.

Insulina contra la diabetes

Los fisiólogos canadienses Frederick Grant Banting (1891-1941) y Charles Herbert Best (1899-1978) obtienen una solución que, administrada a perros diabéticos, corta de inmediato los síntomas de la enfermedad que padecen. Esta sustancia, que en un primer momento llevó el nombre de "isletina", se da a conocer finalmente con el nombre de "insulina". Los experimentos concluirán en 1922, y al año siguiente serán recompensados con el premio Nobel de Fisiología y Medicina.

Capablanca, campeón mundial de ajedrez

El gran maestro cubano José Raúl Capablanca (1888-1942), que aprendió a jugar al ajedrez a los cuatro años y ganó a los doce el campeonato nacional de

Reparaciones de guerra

En 1921, todavía en plena posguerra, Europa no acertaba a solucionar muchos de los viejos problemas pendientes. El surgimiento de un nuevo Estado pronto se mostraría una solución incompleta al espinoso problema irlandés. Tampoco colaboraba a cerrar las heridas el manifiesto deseo de revancha, de funestas consecuencias futuras, que caracterizaba la actitud de los vencedores en la Primera Guerra Mundial.

EL REVANCHISMO DE LA POSGUERRA

El año 1921 fue muy duro para Alemania. Meses antes de la firma de la paz con Estados Unidos, y en medio de una situación económica crítica que obligó a decretar el estado de emergencia, los aliados fijaron la cuantía de las indemnizaciones de guerra. El importe de las reparaciones, que el tratado de Versalles había dejado sin determinar, fue establecido por una Comisión de Reparaciones en 226 000 millones de marcos oro. Más tarde, ante la imposibilidad alemana de realizar tal pago y la dura oposición del gobierno germano, se redujo la cifra a 132 000 millones de marcos oro. A pesar de la drástica reducción que suponía respecto de la cantidad inicial, esta suma no tardó en ser percibida por muchos especialistas y economistas occidentales como muy superior a la capacidad real de los alemanes para hacer frente a los pagos. La orgullosa Alemania se veía duramente castigada por las potencias vencedoras en la Gran Guerra; lo equivocado de tal proceder se haría evidente en un futuro no muy lejano. La crisis económica y social alemana fue incubando a sus expensas un engendro monstruoso, el nazismo. En estado aún semilatente, la ideología nazi creció y se fortaleció en esta etapa inicial alimentándose afanosamente de los sentimientos de rencor y de frustración generados por la derrota bélica y la tremenda carestía. Más adelante, cuando las condiciones fueran las idóneas, llegaría el momento del asalto al poder. En 1921 el Partido Obrero Nacionalsocialista Alemán eligió a Adolf Hitler como su presidente, otorgándole poderes absolutos, y se crearon los tristemente célebres grupos de asalto, los *Sturmabteilung* o SA.

El Reichstag o Parlamento de Berlín, en una imagen correspondiente a los años de la República de Weimar.

EL COMUNISMO ENTRE LA CONTRADICCIÓN Y LA EXPANSIÓN

El régimen comunista se afianzó en Rusia con el final de la guerra civil. La cruenta contienda había destruido el país, pero el desafío militar de las fuerzas contrarrevolucionarias pudo ser superado con éxito. Sin embargo, los bolcheviques tuvieron que hacer frente en 1921 a nuevos y graves problemas, cuya solución no dejó de conllevar fuertes contradicciones. A nivel económico y social, los desastres de la guerra, la sucesión trágica de varios años de malas cosechas y una gestión económica excesivamente rígida, como la que había caracterizado el período anterior bajo el "comunismo de guerra", desembocaron en una situación de colapso económico. Una hambruna de proporciones auténticamente catastróficas se había apoderado de los campos y las ciudades. Los bolcheviques optaron por un giro de ciento ochenta grados en sus planteamientos económicos e introdujeron formas de capitalismo controlado para evitar la escasez. En tal contexto hay que situar la puesta en marcha de la NEP o Nueva Política Económica. Nació rodeada de una fuerte controversia, que evidenciaba la profunda confusión existente en el seno de la jerarquía gobernante respecto al camino a seguir. Pronto la situación económica mejoró, pero a costa de que afloraran de nuevo antiguas desigualdades y de la renuncia, cuando menos temporal, a los viejos sueños revolucionarios. Unas contradicciones que se manifestaron también en el terreno político. Ante la penuria económica imperante, en febrero de 1921 los marinos de la base naval de Kronstadt se sublevaron en demanda de mejoras en el abastecimiento de alimentos y en petición de elecciones libres. Se produjo así una revolución en el seno de la revolución; no en vano tales marineros eran considerados como auténticos héroes desde que en 1917 se habían sublevado contra el zarismo. Conscientes las autoridades del enorme prestigio de los amotinados y de la crítica situación del país, que hacía al pueblo más permeable a sus reivindicaciones, el nuevo régimen se apresuró a tildar el movimiento de contrarrevolucionario y a reprimirlo con extraordinaria dureza.

Paralelamente a este proceso de consolidación en Rusia, en el ámbito internacio-

Los tres músicos, de Pablo Picasso (MOMA de Nueva York), marca la transición de la etapa del cubismo analítico al cubismo sintético. La composición, característicamente plana, muestra una compleja trabazón de las formas.

nal el comunismo prosiguió su proceso de expansión. A partir del triunfo de la Revolución rusa era perceptible una proliferación en Europa de instituciones y organizaciones comunistas de todo tipo. En 1918 se constituyeron partidos comunistas en países centroeuropeos como Alemania, Austria o Hungría. Entre marzo de 1919, fecha del primer Congreso Constituyente de la III Internacional, y noviembre de 1920, aparecieron en Europa partidos comunistas en Yugoslavia y el Reino Unido, entre otros. En 1921 se fundaron el Partido Comunista de España y el italiano, este último bajo el liderazgo de Antonio Gramsci. Pero además el comunismo traspasó las fronteras europeas: en julio nació en Shanghai el Partido Comunista Chino, entre cuyos líderes despuntaba un joven Mao Tse-tung. Tanto el partido italiano como el chino iban a tener en décadas posteriores una participación determinante en el devenir histórico de sus respectivos países. ■

Instantáneas

- P. KLEE entra a formar parte del equipo de profesores de la **Bauhaus**, la escuela fundada por W. GROPIUS. Permanecerá en ella hasta 1931.
- P. PICASSO culmina con *Los tres músicos,* después de las experiencias casi abstractas del cubismo analítico, un nuevo tipo de cubismo, llamado sintético, caracterizado por su figuración más fácilmente reconocible para el espectador.
- C. BRANCUSI esculpe *Adán y Eva,* en la que es perceptible la influencia del arte africano.

- Chicago acoge el estreno de *El amor de las tres naranjas,* ópera cómica de S. PROKOFIEV. A pesar de su escaso éxito, es una de las obras maestras de este compositor ruso.
- *All by myself,* de I. BERLIN.
- *Love will find a way,* de N. SISSLE y E. BLAKE.
- *The sheik of Araby,* de H. SMITH y F. WHEELER.

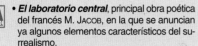

- *El laboratorio central*, principal obra poética del francés M. JACOB, en la que se anuncian ya algunos elementos característicos del surrealismo.
- El dramaturgo expresionista alemán E. TOLLER escribe **Hombre masa**. Estrenada por E. PISCATOR en Berlín, ejercerá una gran influencia en el teatro soviético.
- L. STRACHEY, asiduo del llamado Grupo de Bloomsbury, escribe una biografía novelada: *La reina Victoria.*
- *Nuestro padre san Daniel,* novela de G. MIRÓ que tendrá su continuación en *El obispo leproso.*

- *El tema de nuestro tiempo*, una de las obras fundamentales del filósofo español J. ORTEGA Y GASSET. En ella puede leerse una frase que sintetiza con notable fortuna las coordenadas de su sistema: «Yo soy yo y mi circunstancia.»
- Fundación de la organización internacional de escritores, el **PEN Club**. *(5 Octubre)*
- Concesión del **premio Nobel de Literatura** al escritor francés A. FRANCE, autor, entre otras obras, de *L'île des pingouins* y *Les dieux ont soif.*

- DOROTHY y LILLIAN GISH protagonizan la más reciente película de D.W. GRIFFITH: *Las dos huérfanas.*

- Los hermanos suizos C. y H. DREYFUS inician la fabricación de fibras de acetato o **seda artificial**.
- Se inicia la fabricación de la **primera metralleta** de la historia, la "Tommy", inventada por el oficial estadounidense J.T. THOMPSON.
- Abierta al tráfico la **primera autopista del mundo**, la Avus Autobahn de Berlín.
- H. RORSCHACH publica las láminas de manchas que conforman su **test de personalidad**.
- Presentación de un **predecesor del helicóptero**, diseñado por el ingeniero español PESCARA. *(10 Febrero)*
- Botado en Cartagena el **primer submarino de fabricación española**. *(3 Junio)*

- Guatemala, El Salvador y Honduras firman el acuerdo de constitución de la **República Federativa Tripartita**, con el fin de reunificar

América central. Sin embargo, el proyecto fracasa.
- El Ejército Rojo aplasta la **rebelión de los marineros de la base naval de Kronstadt**. *(18 Marzo)*
- Se funda en Shanghai el **Partido Comunista Chino**. *(30 Junio)*
- Fundación del Partido Nacionalista Fascista italiano. **B. MUSSOLINI se convierte en el "Duce"**. *(7 Noviembre)*
- **Fundación del Partido Comunista de España**, adherido a la III Internacional. El secretario general es R. MERINO GRACIA. *(Noviembre)*

- «Estoy firmando mi propia sentencia de muerte.» Premonitorias palabras del líder independentista irlandés M. COLLINS, al firmar el tratado que autorizaba la partición de Irlanda.
- «Mucho aliento, mucha voz, un noventa por ciento de memoria, un diez por ciento de inteligencia, una gran cantidad de trabajo y una pequeña cosa en el corazón.» El célebre tenor E. CARUSO explica las claves de su éxito.

- El príncipe PIOTR ALEXEIEVICH KROPOTKIN, teórico del anarquismo. *(8 Febrero)*
- **EDUARDO DATO**, presidente del gobierno español, en atentado cerca de la plaza de la Independencia, en Madrid. *(8 Marzo)*
- **EMILIA PARDO BAZÁN**, novelista española. *(12 Mayo)*
- **ENRICO CARUSO**, tenor italiano. *(2 Setiembre)*
- El pintor y dibujante FERNAND KHNOPFF, representante del simbolismo. *(12 Noviembre)*

1922

Cabeza de mujer, *de Constantin Brancusi. Toda la obra del escultor rumano revela el esfuerzo por eliminar los elementos superfluos y buscar las formas, los ritmos y las armonías esenciales.*

Lenin en el congreso de los soviets en el que se aprobó la creación de la Unión de Repúblicas Socialistas Soviéticas.

Brancusi esculpe Cabeza de mujer

Uno de los grandes renovadores del lenguaje escultórico del siglo XX es el rumano Constantin Brancusi (1876-1957). Autor de una obra rica y variada que testimonia en algunos aspectos la influencia del francés Auguste Rodin (1840-1917), conviven en él la búsqueda del sentimiento de lo absoluto y un afán de simplicidad, de primitivismo, que encuentra en la naturaleza y en las culturas extraeuropeas su fuente de inspiración. *Cabeza de mujer* es uno de sus temas preferidos. Es también representativa de su estilo de madurez: una escultura en mármol blanco, noble y estilizada, casi elemental en su desnudez, de superficies lisas y cuidadosamente pulimentadas.

Nanuk, el esquimal

El estadounidense Robert J. Flaherty (1884-1951) es uno de los pioneros del cine documental. El filme *Nanuk, el es-*quimal es su obra más conocida y la que le proporciona fama internacional. En ella narra las duras condiciones de vida de una familia de esquimales: Nanuk, su esposa Nyla, sus hijos y sus perros. La lucha del hombre contra una naturaleza hostil adquiere caracteres de epopeya en esta hermosa cinta.

Piet Mondrian pinta Composición 2

El pintor neerlandés Piet Mondrian (1872-1944) protagoniza una de las propuestas pictóricas más radicales e innovadoras del siglo XX: el neoplasticismo. *«Como pura representación del espíritu humano, el arte se expresará en una forma estética purificada, es decir, abstracta.»* A partir de una etapa cubista y figurativa, su pintura se caracteriza por la progresiva simplificación de sus elementos, formas y colores, reducidos a una mera expresión geométrica, basada en una relación básica de ejes perpendiculares y colores planos: rojo, azul, amarillo, blanco y gris, todos separados por gruesas franjas negras. Mondrian intenta así representar el equilibrio perfecto, lo inmutable frente al desorden cambiante que domina la naturaleza. *Composición 2* es una de las más representativas muestras del estilo pleno de Mondrian. ➡ 1942

Tribunal de Justicia de La Haya
6 FEBRERO

En la ciudad neerlandesa de La Haya inicia sus sesiones el Tribunal Permanente de Justicia. El organismo creado por la Sociedad de Naciones se ocupa de juzgar los conflictos internacionales y de evitar la violencia armada entre los Estados. Esta alta magistratura, que tiene su sede en el Palacio de la Paz, constituye una instancia superior al Tribunal Permanente de Arbitraje creado en 1898. No obstante, la eficacia de la labor del Tribunal de La Haya queda muy condicionada por la voluntad política de los Estados miembros de la Sociedad de Naciones: éstos son libres de someter o no sus divergencias a la jurisdicción del Tribunal, y pueden no aceptar los fallos que emita. ➡ 1926

Estreno de Nosferatu, *de F.W. Murnau*
5 MARZO

Friedrich Wilhelm Murnau (1888-1931) ofrece, con *Nosferatu*, una adaptación personal del *Drácula* de Bram Stoker. La película es un canto a favor del amor como arma para vencer al mal, y un nuevo ejemplo de la maestría de Murnau en la puesta en escena de sus guiones. Por su montaje, que hilvana perfectamente cada una de las escenas de la acción, y por su ambientación y fotografía marcadamente expresionistas, *Nosferatu* es una obra maestra del cine de terror y una pieza clave en el cine alemán de los años veinte.

Asesinato de Michael Collins
22 AGOSTO

El primer jefe del gobierno provisional de Irlanda muere en atentado cuando pasaba revista a las tropas. Michael Collins (1890-1922), uno de los líderes nacionalistas de la Rebelión de Pascua de 1916, había tenido una destacada participación en la delegación parlamentaria irlandesa que negoció en Londres la creación del Estado Libre de Irlanda, del que se había convertido en primer presidente el 22 de enero pasado. Ha sido asesinado por miembros del Irish Free State, uno de los grupos extremistas que se oponen a la partición de Irlanda. ➡ 1949

Marcha fascista sobre Roma
28 OCTUBRE

El líder fascista italiano Benito Mussolini (1883-1945) exige el poder para detener el avance del socialismo. Tomando como argumentos la anarquía reinante en el país y una hipotética amenaza de guerra civil, el rey Víctor Manuel III (1869-1947) llama a Mussolini para formar gobierno. Su viaje de Milán a Roma en tren expreso y la movilización de unos 40 000 "camisas negras" que después desfilan por las calles de la capital italiana, son exageradamente descritos por la propaganda fascista como una "Marcha sobre Roma". ➡ 1924

◄ Pequeño cuadro de un pino, de Paul Klee,
Kunstmuseum de Basilea. La visión
interior se enriquece con el leve
contrapunto externo del pino silueteado
y el sol rojo que lo corona.

causado gran impacto en la crítica especializada y escandalizado a sectores conservadores hasta el punto de que se prohibió su publicación en Estados Unidos. La obra aparece finalmente publicada por la editorial parisina Olympia Press.

El Nobel de Literatura para Benavente
10 DICIEMBRE

El español Jacinto Benavente (1866-1954) es galardonado con el premio Nobel de Literatura. Representante por antonomasia de la "alta comedia", su obra supone una ruptura con las formas melodramáticas posrománticas y la apertura a un teatro de diálogo ágil, en el que priman los caracteres y las pasiones de los personajes y la sátira de los vicios burgueses. El autor de Los intereses creados, La malquerida y La ciudad alegre y confiada, entre otras obras, había ingresado en 1912 en la Real Academia Española.

Nace la Unión Soviética
30 DICIEMBRE

El congreso de los soviets aprueba en Moscú la creación de la Unión de Repúblicas Socialistas Soviéticas (URSS). Como culminación de un proceso de pactos federativos entre las diferentes repúblicas, que ya había dado lugar a una acción diplomática común, se ha constituido un nuevo Estado que comprende Rusia, Ucrania, Bielorrusia y Transcaucasia, ésta formada por Azerbaiján, Armenia y Georgia. También manifiestan su interés por formar parte de la URSS (y de hecho se incorporarán entre 1924 y 1929) las repúblicas de Uzbekistán, Turkmenistán y Tadjikistán. **➡ 1923**

Klee, cerca de la abstracción

En la obra Pequeño cuadro de un pino Paul Klee (1879-1940) muestra una vez más su estilo personal, siempre al borde de la abstracción absoluta y en lucha por mantenerse fuera de ella. Una clave para entender la significación de este modo de entender la pintura reside en la importante formación musical de Klee: sus cuadros buscan expresar la interiori-

Mascarilla mortuoria del faraón Tutankamón. Junto a estas líneas, Howard Carter (derecha) y otro miembro de la expedición de lord Carnarvon, fotografiados a la entrada de la tumba descubierta por ellos.

Descubierta la tumba de Tutankamón
5 NOVIEMBRE

El arqueólogo Howard Carter (1873-1939) descubre en Egipto la fabulosa cámara funeraria de un joven faraón de la XVIII dinastía. Después de varios meses de arduos trabajos en el Valle de los Reyes de Tebas, un miembro de la expedición de lord Carnarvon, el egiptólogo Howard Carter, ha logrado dar con uno de los tesoros funerarios del antiguo Egipto más importantes hallados hasta ahora. Se trata de la tumba de Tutankamón, faraón que al parecer murió asesinado a los 19 años, hacia 1337 a.C. La cantidad de objetos hallados, el lujo y el refinamiento estético de la decoración de la tumba, deslumbran tanto a los especialistas como al público profano. Nunca un descubrimiento arqueológico había causado tanta sensación.

Aparece el Ulises de James Joyce
1 DICIEMBRE

El escritor irlandés James Joyce publica en París un libro que trastoca las bases tradicionales de la narrativa: la pluralidad de puntos de vista (Stephen Dedalus en los tres primeros capítulos, Leopold Bloom en los siguientes, y Molly, su mujer, en el largo monólogo del capítulo final), la variedad de estilos y de registros lingüísticos, la densa simbología, dan a la obra un relieve auténticamente revolucionario en la historia de la novela. La publicación previa de algunos pasajes en la revista estadounidense The Little Review había

dad a través de ritmos y contrastes cromáticos y formales. Klee se relacionó con Kandinsky, pero abandonó pronto su grupo para buscar un contacto propio y complejo con la realidad. En este cuadro, la silueta de un pino y la mancha roja que representa el sol enlazan con el mundo exterior, mientras que una sutil yuxtaposición de rectángulos y colores da entrada a los valores emocionales, a esa otra realidad que pertenece al hombre.

Trasplantes de córnea

Tras el éxito total obtenido en 1905 por el médico moravo Zirm en el primer injerto de córnea completa, éxito posible gracias al hecho de que la córnea es un tejido que no requiere irrigación sanguínea, ahora el ruso Vladimir Filatov demuestra que es posible utilizar córneas extraídas de cadáveres, lo cual da un nuevo impulso a este tipo de intervenciones.

Química macromolecular

El químico alemán Hermann Staudinger (1881-1965), especializado en química orgánica, establece las bases de la química de los plásticos mediante la formulación de su teoría acerca de los polímeros. Para designar las macromoléculas formadas por cadenas constituidas por cientos o miles de átomos utiliza el término de macromoléculas, mientras que a las sustancias obtenidas de este modo las llama macropolímeros. Sus trabajos serán reconocidos en 1953 con la concesión del premio Nobel de Química.

El dramaturgo español Jacinto Benavente, en un retrato de Ramón Casas (Museo de Arte Moderno de Barcelona, España).

Stalin y Mussolini entran en escena

En 1922 aparecieron nuevos protagonistas en el panorama político de una Europa que luchaba ahora por superar la crisis de la posguerra. Las conquistas de la democracia liberal empezaban a ser cuestionadas por el avance de ideologías totalitarias, alimentadas por los crecientes antagonismos sociales y políticos que ellas mismas contribuían a impulsar.

AVANCE DE LOS TOTALITARISMOS EN EUROPA

El régimen bolchevique se institucionalizó definitivamente en Rusia. En diciembre se fundó la Unión de Repúblicas Socialistas Soviéticas, un nuevo marco federativo que trataba de responder a las demandas de autonomía de las distintas repúblicas, a la vez que permitía asegurar la quebradiza unidad de los territorios del antiguo imperio. El proceso de consolidación del nuevo régimen culminó igualmente en el contexto internacional. En abril la Unión Soviética firmó con Alemania el tratado de Rapallo, destinado a regular las relaciones germano-soviéticas sobre la base de la renuncia a las indemnizaciones de guerra por parte de los soviéticos, el restablecimiento de las relaciones diplomáticas entre los dos países y la mutua consideración de nación más favorecida para los intercambios económicos. Los soviéticos pudieron beneficiarse así del aislamiento diplomático de una Alemania que, acuciada por la crisis económica y por una inflación galopante, intentaba cuando menos asegurar su frontera oriental.

En el seno de la nueva elite gobernante soviética, con Lenin enfermo, el partido comunista había elegido meses antes como su secretario general a Jossif Stalin. Un puesto desde el que éste emprendió una particular campaña de eliminación de posibles competidores en la lucha por el poder, que había de culminar con la persecución de Trotski por todo el mundo y con las grandes purgas de dirigentes del partido en los años treinta. Stalin se impuso como un elemento determinante en el futuro del régimen y con él se agudizaron todas las tendencias hacia el totalitarismo ya implícitas en la naciente Unión Soviética. De su mano y en las décadas siguientes, el proceso de expansión del joven Estado so-

▲ *Benito Mussolini flanqueado por los generales De Bono y De Vecchi, que lucen todas sus condecoraciones de guerra sobre las camisas negras, en un momento del desfile patriótico-militar con el que concluyó la "Marcha sobre Roma".*

viético se desarrolló paralelamente a un proceso de personalización del poder, de un rígido control ideológico de las masas y de una intensa centralización de la actividad gobernante que conllevó la burocratización hasta extremos patológicos de la vida política.

Simultáneamente a la consolidación de la Unión Soviética, la ideología comunista ganaba posiciones en una Europa marcada en su devenir por el poderoso desarrollo del movimiento obrero. En el seno de las clases burguesas se había instalado un miedo obsesivo a la revolución social, en unos momentos en que muchos países vivían las dificultades de la posguerra y las convulsiones sociales de ellas derivadas. Favorecidas por semejante contexto, las tentaciones totalitarias fueron acrecentándose paralelamente al aumento de los antagonismos en el seno de las sociedades europeas. En Italia, tras varios fracasos electo-

Las hermanas de Michael Collins ante la catedral de Dublín, en el entierro del líder irlandés asesinado por el IRA.

El look *de los años veinte: cabellos cortos, collares largos, sombreros extravagantes y un generoso uso del colorete para dar animación al rostro.*

rales Mussolini y su partido fascista, con su ostentoso y extremo nacionalismo, supieron presentarse como valedores del orden y la propiedad y granjearse la confianza de las capas sociales altas y medias, que, atormentadas por la inestabilidad social y el desarrollo y crecimiento de los grupos de izquierda, les facilitaron el acceso al poder. En octubre de 1922 el rey Víctor Manuel III encargó la formación de gobierno al *Duce*, y en noviembre éste recibió plenos poderes del parlamento.

LOS PROBLEMAS DEL IMPERIO BRITÁNICO

Los tiempos de gloria habían terminado para los viejos imperios coloniales. En estos momentos vivían inmersos en una prolongada languidez, que finalmente había de desembocar en su desaparición con el proceso de descolonización emprendido a mediados de la centuria. En 1922

Egipto dejó de ser protectorado de un Imperio Británico obligado ahora a afrontar numerosos problemas. La solución aportada al problema irlandés en 1921, con la partición en dos del territorio, se mostró pronto insuficiente. De inmediato se agudizó el enfrentamiento entre los sectores partidarios del nuevo estatuto de la isla y los más radicales, que lo rechazaban de plano. En ese contexto conflictivo se pro-

dujo el asesinato a manos del IRA del jefe del gobierno provisional irlandés, Michael Collins. El suceso era una demostración rotunda de que el problema irlandés se había cerrado en falso. Para agravar la situación surgió ahora un nuevo contencioso, el del Ulster, cuyas consecuencias habían de prolongarse a lo largo de muchas décadas.

Paralelamente, en la India crecía la inestabilidad. En 1922 las autoridades británicas condenaron a seis años de prisión al Mahatma Gandhi, detenido por formular un llamamiento a la desobediencia civil contra las autoridades coloniales. Inspirado en los métodos de resistencia no violenta de Gandhi, comenzaba a desarrollarse un gran movimiento en favor de la emancipación nacional; la condena a su líder indiscutido tuvo el efecto de fortalecer aún más ese movimiento, cuya actividad culminaría tras la Segunda Guerra Mundial con la consecución de la independencia. ■

Instantáneas

- M. ERNST pinta *Un encuentro de amigos*, cuadro en el que los principales representantes del movimiento surrealista, como A. BRÉTON, P. ÉLUARD, L. ARAGON o el mismo Ernst, conviven con clásicos como DOSTOIEVSKI y RAFAEL.
- J.C. OROZCO pinta los **murales de la Escuela Nacional Preparatoria** de Ciudad de México, que marcan el desarrollo de su propio estilo.
- Con el ascenso de Stalin, la **cultura rusa queda sometida al control del Partido Comunista**, que promueve el *Proletkult*, relegando el arte de vanguardia en favor de un "realismo" que ensalza al obrero revolucionario como héroe moderno.

- El **jazz triunfa en Estados Unidos**, mientras el fox-trot hace furor en París.
- *'Way down yonder in New Orleans*, de H. CREAMER y J. TURNER LAYTON.
- *A kiss in the dark*, de B.G. DESYLVA y V. HERBERT.

- Con el libro de poemas *Mi hermana es la vida*, B. PASTERNAK se sitúa entre los primeros poetas de la Unión Soviética.
- A. BIELY redacta la versión definitiva de *Petersburgo*, una novela de corte experimental, ambientada en la revolución de 1905.
- C. VALLEJO escribe *Trilce*, libro de poemas que supone la entrada de este escritor peruano en la vanguardia más radical.
- La estancia de diez años en las islas Trobriand del antropólogo B. MALINOWSKI, conviviendo con los indígenas y totalmente aisla-

do de cualquier contacto con Europa, da como resultado la publicación de *Los argonautas del Pacífico oriental*, un ensayo antropológico original y fascinante.
- La publicación de *Tierra baldía* marca la cima de la producción del estadounidense T.S. ELIOT.
- GABRIELA MISTRAL escribe *Desolación*, libro de poemas que le procura fama internacional.
- Poetisa de exquisita sensibilidad, JUANA DE IBARBOUROU escribe *Raíz salvaje*.
- Se constituye en Viena, con la llegada del filósofo M. SCHLICK, el llamado **Círculo de Viena**. Cuna del movimiento neopositivista, R. CARNAP, K. GÖDEL y O. NEURATH serán algunos de sus integrantes.

- BUSTER KEATON dirige y protagoniza *Cops*.
- Estreno en Berlín de la película *El doctor Mabuse*, del cineasta expresionista F. LANG. *(27 Abril)*

- J.-A. BOMBARDIER inventa un **vehículo con motor para la nieve**: el snowmobile.
- El norteamericano E. MACCOLLUM descubre una nueva vitamina, que bautiza con el nombre de **vitamina D**.

- Pío XI elegido **nuevo papa**, sucesor de Benedicto XV. *(6 Febrero)*
- **M. GANDHI encarcelado** por las autoridades coloniales británicas. *(18 Marzo)*
- Estados Unidos **retira sus últimas tropas** de República Dominicana, establecidas allí desde 1916.

- CH.L. WOOLLEY descubre la **antigua ciudad sumeria de Ur**, en Irak.
- Alfonso XIII visita la aislada comarca extremeña de **Las Hurdes**. *(20 Junio)*
- Presentado un informe sobre las responsabilidades de los **desastres militares en la campaña de Marruecos** de 1921. *(8 y 11 Julio)*
- **Fin de la guerra entre Grecia y Turquía**: los griegos, expulsados de Asia Menor. *(27 Setiembre)*

- La novela *La Garçonne*, de V. MARGUERITTE, pone de moda **el corte de pelo** y la vestimenta de tipo andrógino.
- Se funda en Berlín la **Sociedad alemana de higiene laboral**. *(7 Setiembre)*
- Chile: intensos movimientos sísmicos causan más de 2 000 muertos. *(14 Noviembre)*

- «El Duce siempre tiene razón.» Uno de los eslóganes fascistas a mayor gloria de B. MUSSOLINI.
- «El *fox-trot* es una música joven, emotiva y fresca. Hay que amar el *fox-trot* porque es un producto de nuestra época. Cuando su melodía cesa, uno advierte toda la felicidad que contenía.» El crítico musical H. LAUWICK escribe sobre el apogeo de la nueva música parisina.

- ALEXANDER GRAHAM BELL, físico, inventor y filósofo estadounidense. *(1 Agosto)*
- MARCEL PROUST, novelista francés, creador del ciclo novelístico *En busca del tiempo perdido*. *(18 Noviembre)*

1923

El autogiro ideado por Juan de la Cierva se dispone a emprender su vuelo inicial en el aeródromo de Getafe.

Uno de los primeros números de la Revista de Occidente, creada y dirigida por José Ortega y Gasset.

Tropas francesas en el fuerte de Ehrenbreitstein, en Coblenza. El episodio de la ocupación militar del Ruhr se cerraría en 1929.

Autogiro de La Cierva
9 ENERO

El ingeniero español Juan de la Cierva y Codorniu (1895-1936), hijo del que fuera varias veces ministro Juan de la Cierva y Peñafiel, lleva a cabo en el aeródromo de Getafe (cerca de Madrid) el primer vuelo de un ingenio de su invención, el autogiro. En esta ocasión el aparato, un prototipo C.4, se eleva 25 metros y recorre 4 km siguiendo un circuito cerrado. El rotor del autogiro no sirve para sustentar el aparato en el aire, como sucede en los helicópteros, sino que cumple una función de seguridad destinada a reducir el riesgo de accidente durante el aterrizaje. ➡ **1939**

Francia y Bélgica ocupan la cuenca del Ruhr
5 JUNIO - 16 OCTUBRE

La ocupación de la importante región minera e industrial alemana por tropas francobelgas provoca la indignación de los alemanes y la quiebra de su economía. Ante el retraso en el pago de las reparaciones de guerra por parte de Alemania, los gobiernos de Francia y Bélgica se hacen con el control militar de la cuenca del Ruhr precipitando la crisis económica del país, caracterizada por la hiperinflación, la escalada imparable de los precios y una creciente agitación social. Los primeros síntomas de los peligros advertidos por John M. Keynes en su libro *Consecuencias económicas para la paz* empiezan a hacerse perceptibles. ➡ **1936**

Lenin, presidente de la URSS
6 JULIO

Al entrar en vigor la nueva Constitución, el líder bolchevique se convierte en el primer presidente de la Unión Soviética. La carta magna estructura formalmente el Estado desde el federalismo; sin embargo, sus disposiciones prácticas consagran el predominio de Rusia sobre las demás repúblicas que integran la Unión. Asimismo, reconoce como depositario del poder y la soberanía popular al Congreso de los soviets, cuyo comité ejecutivo designa a su presidente. Como estaba previsto, Lenin es el primero en ocupar este importante cargo. ➡ **1928**

Aparece la Revista de Occidente
27 JULIO

El prestigioso filósofo español José Ortega y Gasset (1883-1955) crea una revista de pensamiento con vocación europeísta. Con Francisco Vela en la secretaría de redacción, el primer número de *Revista de Occidente*, que incluye las firmas de Pío Baroja, Corpus Barga, Gerardo Diego, Antonio Espina y Antonio Marichalar, entre otras, aparece como un medio abierto a distintas tendencias del pensamiento moderno y que aspira a situar a España dentro de las grandes corrientes filosóficas occidentales. La primera época de la publicación llegará hasta 1936. En 1963 se iniciará una segunda etapa bajo la dirección de José Ortega Spottorno, hijo del fundador.

Trágico terremoto en Japón
1 SETIEMBRE

En el archipiélago nipón se registran a mediodía violentos temblores de tierra que ocasionan más de 300 000 muertos. Tras el movimiento sísmico más grave de la historia de Japón, las principales ciudades aparecen arrasadas y envueltas en las llamas de numerosos incendios. En la capital, donde también arde el palacio imperial, el príncipe regente Hirohito se halla a salvo, pero se calcula que han muerto unas 150 000 personas; en Yokohama las víctimas del seísmo han sido unas 100 000. Las pérdidas materiales, especialmente en el sector de la industria, son elevadísimas.

Golpe de Estado en España
13 SETIEMBRE

El capitán general de Cataluña, Miguel Primo de Rivera (1870-1930), encabeza un golpe de Estado militar. La debilidad de la monarquía, acentuada por los avances de los anarquistas y las crecientes exigencias de autonomía de Cataluña, mueve a los sectores más conservadores a exigir un "gobierno de orden". En esta tesitura, y ante la "necesidad de salvación de la patria", el general Primo de Rivera suspende la Constitución e impone un Directorio militar encabezado por él mismo, que se encarga de velar por el orden público con "apartamiento total de los partidos políticos". De este modo comienza en España una dictadura leal a "la patria, la religión y la monarquía", que durará hasta 1930.
➡ **1930**

Estreno en Madrid de Doña Francisquita
17 OCTUBRE

El Teatro Apolo de Madrid acoge el estreno de *Doña Francisquita,* uno de los mejores retratos musicales de la capital española. *«El alma de Madrid hay que buscarla en las raíces profundas y no en la superficie cotidiana»,* decía su autor, el compositor catalán Amadeo Vives (1871-1932), y eso es precisamente lo que consigue en esta extraordinaria partitura, una de las más destacadas de todo el repertorio zarzuelístico, continuadora de la gran tradición de los Barbieri, Bretón y Chueca. Basada en una comedia de Lope de Vega, *La discreta enamorada,* constituye el mayor éxito de la fructífera carrera lírica de su autor, en la que destacan también títulos como *Bohemios* o *Maruxa* y algunas célebres canciones, como *La balanguera* o *L'emigrant.*

◀ *Portada del libreto de la zarzuela* Doña Francisquita, *de Amadeo Vives, un excelente ejemplo de fusión de las formas de la música culta con las raíces populares.*

Se proclama la República Turca
29 OCTUBRE

Mustafá Kemal Atatürk (1881-1938) es designado primer presidente de la República de Turquía. Kemal, llamado Atatürk o "padre de los turcos", había iniciado una revolución nacionalista en Samsun (Anatolia) opuesta al desmembramiento del país como consecuencia de la Primera Guerra Mundial. En 1920 formó un Gobierno provisional en Ankara y en noviembre de 1922 disolvió oficialmente el sultanato. El proceso emprendido entonces culmina hoy con la proclamación de la República de Turquía. Atatürk anuncia profundas reformas tendentes a secularizar y modernizar el Estado, occidentalizar las costumbres e impulsar el desarrollo económico de Turquía.

Fracasa el putsch nazi de Munich
12 NOVIEMBRE

El Partido Nacionalsocialista alemán, que celebró a pesar del estado de sitio su primer congreso el 27 de enero pasado, busca aprovechar en beneficio propio la caótica situación que vive el país. En Munich, donde Adolf Hitler (1889-1945) ha atacado duramente las condiciones del tratado de Versalles, los nazis intentan sin éxito un golpe de fuerza como punto de partida para una marcha sobre Berlín. De acuerdo con los planes trazados en una cervecería de la ciudad, los nacionalsocialistas inician un desfile, pero son atacados por la policía bávara en la Odeonplatz. En los desórdenes mueren dieciséis jóvenes nazis y son detenidos sus principales líderes, entre ellos Hitler y el general Erich von Ludendorff. ➡ **1933**

El arte oficial soviético exaltó la figura de Lenin, primer presidente de la URSS.

Vista de Tokio tras el terremoto que asoló el archipiélago japonés el 1 de setiembre de 1923.

La revolución surrealista

Como casi todos los años de esta sorprendente década, 1923 se caracterizó por los graves problemas económicos y sociales por los que atravesaba Europa, especialmente Alemania, pero también por la aparición de movimientos artísticos de gran vitalidad que anunciaban cambios culturales importantes, unidos a unos avances científicos cada vez más asombrosos.

ALEMANIA AL BORDE DEL COLAPSO

La ocupación de la cuenca del Ruhr por parte de Francia, que justificó esta acción por el retraso que Alemania había acumulado en el pago de las reparaciones de guerra, obedecía a la necesidad francesa de asegurarse unos ingresos constantes y de dominar dos sectores estratégicos de la zona, como eran las minas y la industria. La acción generó un agudo sentimiento de ofensa en Alemania, donde se inició inmediatamente un amplio movimiento de resistencia pasiva, al que replicaron las autoridades francesas con una fuerte represión.

La economía de Alemania se sumió en ese año en una quiebra total por falta de combustible, que tenía que comprar en el exterior con el consiguiente quebranto para sus ya muy debilitados recursos. Miles de indigentes llenaban las calles de las ciudades, y la inflación disparada generaba desorbitados crecimientos de los precios. El marco acabó por hundirse y se creó una nueva moneda, el *Retenmark*, que ni siquiera tenía el respaldo del oro. Los incidentes y el hambre se generalizaron, y se reavivaron los separatismos de Baviera y Sajonia. Para completar el panorama de un año nefasto, se potenciaron los distintos movimientos radicales. Se había celebrado en enero el primer Congreso nazi, con encendidos discursos de Hitler contra el tratado de Versalles. La tensión acumulada por los acontecimientos culminó en noviembre con un intento de *putsch* en Munich, auspiciado por el propio Hitler, que terminó en un rotundo fracaso.

ALTERACIONES EN EL MAPA POLÍTICO

La proclamación de Lenin como presidente de la recién constituida Unión de Repúblicas Socialistas Soviéticas, y el efec-

En *Un encuentro entre amigos, de Max Ernst (Colonia, Ludwigmuseum), aparecen componentes del grupo surrealista junto a figuras históricas como Dostoievski o Rafael.*

Alfonso XIII (derecha) con el Directorio militar constituido por el general Primo de Rivera (izquierda).

to que esta noticia tuvo en Europa, fueron una prueba evidente de la consolidación del nuevo régimen, pero también del poderoso influjo que la revolución soviética comenzaba a tener sobre otros países. En Bulgaria se sucedieron en este año violentos incidentes en un clima prerrevolucionario debido a la actividad de los comunistas, que querían proclamar los soviets. En Turquía, la proclamación de la república reafirmó la apuesta occidentalista que había emprendido el país. Bajo el mando de Mustafá Kemal, los turcos empezaron a caminar decididamente por la senda modernizadora, a pesar de las dificultades y de las resistencias de los partidarios de la tradición.

El año resultó también muy agitado en Hispanoamérica y especialmente en México, por el clima de violencia y agitación en que se afrontaban las transformaciones sociales emprendidas tras la revolución de

la década anterior. Los disturbios se debieron en esta ocasión a una polémica ley del subsuelo que no reconocía la propiedad de las riquezas mineras a los dueños de las tierras; y fueron tan violentos que culminaron con el asesinato de Pancho Villa y la revuelta contra el presidente Obregón.

EL MUNDO ARTÍSTICO EN REVOLUCIÓN

En el mundo artístico, 1923 fue un año clave en la configuración de las vanguardias que tanto influjo habían de ejercer en el resto del siglo. Su vitalidad se manifestó en un violento enfrentamiento entre dadaísmo y surrealismo en París, que expresó la variedad de tendencias y la unidad en la forma de reivindicarlas, casi siempre mediante la provocación y los comportamientos llamativos.

◄ *Harold Lloyd en una escena de* El hombre mosca (Safety Last), *dirigida por Hal Roach.*

La actriz francesa Sarah Bernhardt, fallecida en 1923, en una imagen que corresponde a la época de sus mayores triunfos en la escena.

La muerte de la actriz Sarah Bernhardt, gran intérprete de teatro (Hugo, Dumas, etc.) y musa de muchos artistas en su etapa de esplendor a finales del siglo XIX, supuso la desaparición de una precursora de actitudes que muchos divos, artistas e intelectuales desarrollarían después. Actuó en Europa y Estados Unidos y fue universalmente famosa gracias a su interpretación de *La dama de las camelias*. Si en su juventud posó para Nadar en una famosa foto que muestra su belleza y su esplendor artístico, en el momento de morir seguía abierta a todas las posibilidades y preparaba su primera película.

LA DICTADURA DE PRIMO DE RIVERA EN ESPAÑA

La llegada al poder del general Primo de Rivera se produjo gracias a un procedimiento al que los militares españoles habían recurrido con alarmante frecuencia desde el siglo XIX: el pronunciamiento. En un clima de degradación de la monarquía y de consolidación de la oposición al régimen, Primo apareció como el cirujano de hierro que podía estabilizar y reorientar la monarquía, cosa que consiguió en un primer momento. Sus éxitos le granjearon el apoyo inicial de las clases burguesas, incluidas las catalanas, aunque éstas pronto vieron frustrados sus anhelos descentralizadores.

Se produjo por esta época en España un acontecimiento cultural de primer orden: la aparición de la *Revista de Occidente*, dirigida por José Ortega y Gasset, que llegó a convertirse en una de las más importantes de Europa y sirvió de referencia imprescindible a la intelectualidad española. ■

Instantáneas

- **Objeto indestructible**, del polifacético MAN RAY: un ready-made consistente en un metrónomo con una fotografía de un ojo colgada del péndulo.
- El arquitecto A. PERRET levanta la iglesia de **Notre-Dame de Le Raincy**, construida totalmente en hormigón.

- Estreno de la cantata de Falla *El retablo de Maese Pedro* en Sevilla. *(23 Marzo)*
- Aparece el **charlestón**, pronto convertido en el baile de moda en Europa.
- *Los gavilanes*, zarzuela con libreto de J. RAMOS MARTÍN y música de J. GUERRERO, quien con esta obra logra su consagración definitiva en el género.
- *Bambalina*, de O. HARBACH, O. HAMMERSTEIN II, V. YOUMANS y H. STOTHART.
- *Estrellita*, de M. PONCE.
- *Yes! We have no bananas*, de F. SILVER e I. COHN.
- *Al Uruguay*, cuplé con letra de A. JOFRE y M. BOLAÑOS, y música de A. ORTIZ DE VILLAJOS. Canta NAZY.

- Aparece la novela **El trigo verde**, de la escritora francesa COLETTE, toda una exaltación del mundo femenino.
- Con sólo veinte años R. RADIGUET publica su novela, en parte autobiográfica, **El diablo en el cuerpo**, con un gran éxito de crítica. Sin embargo, el joven autor no podrá disfrutar de él, pues morirá el 12 de diciembre de este mismo año.
- Se publica **Elegías de Duino** y **Sonetos a Orfeo**, del poeta checo en lengua alemana R.M. RILKE.
- Aparece **Harmonium** del poeta norteamericano W. STEVENS, un libro escrito en 1914, pero publicado sólo ahora.
- Influido por el psicoanálisis de S. FREUD, el italiano I. SVEVO publica su obra fundamental: **La conciencia de Zeno**.
- **Historia y conciencia de clase**, de G. LUKÁCS, uno de los textos claves del marxismo posterior a la Revolución rusa.
- **La rosa als llavis** de J. SALVAT-PAPASSEIT, una de las mejores muestras de poesía erótica no sólo de la literatura española en lengua catalana, sino también de la europea.
- E. CASSIRER inicia la redacción de **La filosofía de las formas simbólicas**, en la que se considera al hombre como un animal simbolizante, esto es, que transforma en símbolos todo aquello que percibe.

- TH. SVEDBERG inventa la **ultracentrífuga** para la separación de partículas coloidales de pequeño tamaño.
- Se comercializan en Estados Unidos los primeros tractores con cuchilla, los **bulldozers**.

- La empresa alemana MAN comercializa los primeros **camiones equipados con motores Diesel**.
- La empresa alemana Zeiss construye el **primer planetario** de proyección de la historia, que permite reproducir la posición y los movimientos de los cuerpos celestes. Se instala en el Museo Alemán de Munich.

- Debuta **GRETA GARBO** en *La leyenda de Gösta Berling*, una película dirigida por M. STILLER.
- HAROLD LLOYD protagoniza uno de sus títulos emblemáticos: **El hombre mosca**.

- **Paraguay**: fuerzas del ejército dipuestas para prevenir posibles asaltos del disuelto **ejército revolucionario montonero**. *(2 Enero)*
- **Liberación de prisioneros** españoles en poder de Abd-el-Krim. *(1 Febrero)*
- Estados Unidos y los cinco países centroamericanos ratifican el **Tratado de Amistad y Paz**. *(7 Febrero)*

- Fundación de la **Organización de Higiene**, antecedente de la Organización Mundial de la Salud.
- **Violenta erupción del Etna**, en la isla de Sicilia, que arrasa la zona de Castiglione. *(20 Junio)*

- Primera edición de la carrera automovilística de **las 24 horas de Le Mans**. El vencedor consiguió una velocidad media de 92,064 km por hora. *(27 Mayo)*
- SUZANNE LENGLEN gana el torneo de **Wimbledon** por quinto año consecutivo. *(6 Julio)*

- «La destrucción también es creación.» Eslogan dadaísta.
- «Inglaterra está, por fin, madura para la revolución.» L. TROTSKI.
- «Una casa es una máquina para vivir en ella.» El arquitecto francés LE CORBUSIER en *Hacia una nueva arquitectura*.

- **TOMÁS BRETÓN**, autor de la zarzuela *La verbena de la paloma*.
- **WILHELM CONRAD RÖNTGEN**, descubridor de los rayos X. *(10 Febrero)*
- Asesinado en Barcelona el anarcosindicalista español **SALVADOR SEGUÍ**, conocido como el "Noi del Sucre". *(10 Marzo)*
- **SARAH BERNHARDT**, célebre actriz francesa. *(26 Marzo)*
- **PANCHO VILLA**, acribillado por más de cien balazos en Parral, Chihuahua. *(20 Julio)*
- **JOAQUÍN SOROLLA**, pintor español del sol y del mar. *(10 Agosto)*

1924

Representación en el Comedy ▶
Theatre de Nueva York de la obra
en un acto de Eugene O'Neill
In the Zone.

Cartel de los VIII Juegos
Olímpicos de verano, celebrados
en la ciudad de París.

Cartel de Rhapsody in Blue,
de George Gershwin. El éxito
popular de la pieza contrastó
con las críticas de quienes
consideraban todavía el jazz
como un género musical inferior.

El teatro de Eugene O'Neill
3 ENERO

Se estrena en Estados Unidos la pieza
teatral *El deseo bajo los olmos* (*Desire
under the Elms*), del dramaturgo Eugene O'Neill (1888-1953). La obra pertenece a la segunda etapa del autor, más
experimental, y refleja la influencia del
psicoanálisis. O'Neill posee un indudable temperamento poético que dota de
altura a las audacias de su técnica teatral, y puede afirmarse que con él nace
un teatro auténticamente norteamericano y moderno. En las turbulencias de la
trama, una tragedia de deseo y adulterio, se reconocen los ecos de una juventud aventurera, plagada de expediciones marinas y sueños de yacimientos
de oro en Sudamérica. O'Neill logrará
una amplia difusión internacional, y
prueba de ello es el premio Nobel de
Literatura con el que será galardonado
en 1936.

Muere Lenin
21 ENERO

El fallecimiento del fundador de la
Unión Soviética abre la lucha por el
poder entre los líderes bolcheviques.
Después de una serie de ataques de he-
miplejía que no afectaron sus facultades
mentales, Vladimir Ilich Ulianov, Lenin
(1870-1924), muere en Nizhnii Novgorod. Su puesto en el partido es ocupado
por Stalin, cabeza de una tendencia
opuesta a la liderada por Trotski, jefe
del Ejército Rojo. El nuevo gobierno
ha decretado que, en homenaje al padre
de la patria soviética, la ciudad de Petrogrado, la antigua San Petersburgo,
pase a llamarse Leningrado.   ➡ 1928

Estreno de Rhapsody in Blue
12 FEBRERO

Nueva York acoge el estreno de *Rhapsody in Blue* del estadounidense George
Gershwin (1898-1937). La obra, escrita
para piano y *jazz band*, obtiene un éxito popular enorme, pero la reacción de
la crítica es dispar, dividida entre los
que saludan el original talento del joven compositor y los que le acusan de
superficialidad y de parentesco con la
música ligera. Pronto aparecen una
transcripción para piano y orquesta debida a Ferde Grofé, y otras dos para piano solo y dos pianos. *Rhapsody in Blue*
marca el inicio de lo que será la madurez creativa de Gershwin, truncada por
su prematura muerte.

Objetos extragalácticos

El astrónomo estadounidense Edwin
Hubble (1889-1953) descubre, en el
marco de una investigación internacional de las distancias respecto de la Tierra a que se encuentran objetos situados fuera de la Vía Láctea, que la Nebulosa de Andrómeda es en realidad una
galaxia igual a la nuestra y situada a una
distancia de aproximadamente 800 000
años luz. Con posterioridad se determinará que la distancia real entre la Tierra
y la Nebulosa de Andrómeda es de 2,2
millones de años luz. Cinco años más
tarde (1929) Hubble descubrirá la recesión de las galaxias y demostrará experimentalmente la expansión del Universo.   ➡ 1948

Victoria electoral del fascismo en Italia
6 ABRIL

El partido de Benito Mussolini obtiene
una aplastante victoria en las urnas. En
disposición de los plenos poderes otorgados por la Cámara y con el apoyo
político y económico de la alta burguesía, Mussolini implantó un férreo orden
público, situó a los fascistas en todos los
organismos del Estado y eliminó toda
forma de oposición. Al abandonar los
ministros del Partido Popular el gabinete de gobierno, el líder fascista modificó la ley electoral y disolvió la Cámara para convocar elecciones, que ahora
le reportan 406 diputados sobre un total de 535. Mussolini no perdonará al
diputado socialista Giovanni Matteotti
su acusación en la Cámara, el 30 de
mayo, de que los fascistas adulteraron
los resultados electorales. El asesinato
de Matteotti el 10 de junio por un grupo
de "camisas negras" llevará a la oposición a abandonar la Cámara y a Mussolini a implantar la dictadura.   ➡ 1935

Se celebran en París los VIII Juegos Olímpicos
7 MAYO - 27 JULIO

Con la participación de 3 092 atletas,
de los que sólo 136 son mujeres, pertenecientes a 44 países, tienen lugar en
París los VIII Juegos Olímpicos de la
era moderna. El predominio de los representantes estadounidenses en la mayoría de los deportes no ha impedido

que el finlandés Paavo Nurmi sea el héroe de las pruebas de fondo y medio fondo y se haga con el oro en las carreras de 1 500 m y 5 000 m, batiendo en ambas las plusmarcas mundiales, los 10 000 m, los 3 000 m por equipos y la prueba de cross. También cabe destacar la excepcional actuación del nadador estadounidense Johnny Weissmuller, joven de 17 años, ganador de las pruebas de 400 m y 100 m, bajando en esta última la frontera del minuto. ➡ **1928**

Victoria de los laboristas británicos
22 JUNIO

La crisis social y política que afecta al Imperio propicia que los socialistas británicos accedan al poder. La incapacidad de los conservadores y de los liberales para hacer frente a las exigencias de una profunda transformación en las estructuras políticas y administrativas del Reino Unido, la crisis de orden económico que ha dado lugar a más de un millón de parados y un clima permanente de agitación social, determinan que los laboristas formen gobierno. James Ramsay MacDonald (1866-1937), que también desempeña la cartera de Asuntos Exteriores, encabeza el primer gabinete laborista británico, que deberá gobernar en minoría. ➡ **1926**

La primera radio española
14 NOVIEMBRE

Se inaugura en Barcelona la primera emisora de radio instalada en España. Lleva por nombre EAJ1 y es la tercera que inicia emisiones regulares en el continente europeo, tras las de París y Londres. La emisora nace auspiciada por Unión Radio Española y su línea informativa da apoyo al rotativo de gran tirada *El Sol*.

Tratamiento antirraquitismo

Se establece la relación entre la luz ultravioleta procedente de los rayos solares y la transformación de la provitamina D (que el cuerpo obtiene mediante la alimentación) en vitamina D (descubierta en 1922) y cuyo déficit es la causa del raquitismo. Gracias a este descubrimiento, es posible desarrollar tratamientos basados en la exposición a la luz ultravioleta con el fin de favorecer la síntesis natural de la vitamina D.

Las ondas de las partículas

El físico francés Louis Victor de Broglie (1892-1987) expone en su tesis doctoral el resultado obtenido un año antes mediante la combinación de la llamada fórmula de A. Einstein (1879-1955), que relaciona la masa y la energía, y la fórmula de M. Planck (1858-1947), que relaciona la frecuencia con la energía. Dicho resultado se refiere al hecho de que cada partícula elemental debe tener una onda asociada a ella. Su concepto de onda del electrón permitirá a Erwin Schrödinger (1887-1961) reformular el modelo del átomo propuesto por Niels Bohr (1885-1962). ➡ **1925**

Alberti publica Marinero en tierra

El poeta español Rafael Alberti (1902), uno de los principales representantes de la que posteriormente se llamará Generación del 27, da a conocer su primer poemario. *Marinero en tierra* aúna las formas del cancionero tradicional y del folklore andaluz con los modernos hallazgos de la lengua poética, para una acabada expresión de las diversas metamorfosis del yo. Los tonos populares entroncan con las canciones renacentistas y las metáforas de corte gongorino, en una perfecta síntesis de tradición y modernidad. El libro recibió, aún inédito, el Premio Nacional de Literatura.

Neruda y la poesía del amor

El poeta chileno cimenta su fama con *Veinte poemas de amor y una canción desesperada*. Este libro, publicado casi inmediatamente después de *Crepusculario*, convierte a Pablo Neruda (1904-1973) en uno de los poetas más célebres de Hispanoamérica. Cargados de emotivo simbolismo, sus versos, de tono y palabras que logran expresar la complejidad del sentimiento amoroso, son acogidos favorablemente por amplios sectores de la sociedad, trascendiendo los círculos puramente intelectuales. ➡ **1950**

Breton publica el Manifiesto del surrealismo

Los postulados del surrealismo revolucionan la creación artística. El escritor y poeta francés André Breton (1896-1966) publica el *Manifiesto del surrealismo*, en el que expone y desarrolla el principio del automatismo psíquico y la libre asociación de ideas como recurso de la creación artística. La originalidad y audacia de la propuesta encuentran una respuesta positiva en poetas como Paul Éluard y Louis Aragon, pintores como Salvador Dalí y Max Ernst, y cineastas como Luis Buñuel. Cinco años más tarde, Breton profundizará sus teorías en el *Segundo manifiesto del surrealismo*. ➡ **1929**

Se publica La montaña mágica

Thomas Mann (1875-1955) recrea en esta novela la desintegración moral e intelectual de Europa. El escritor alemán analiza, a partir de las vivencias de Hans Castorp durante su estancia en el sanatorio de Davos, los temas de la enfermedad, el amor, la muerte y el tiempo. Reflexiva, con múltiples implicaciones irónicas, *La montaña mágica* ofrece todo el calado de una novela histórica que concentra, en el microcosmos de un sanatorio aislado en los Alpes suizos, los problemas políticos, culturales y sociales de Europa en los años anteriores a la Primera Guerra Mundial.

El nuevo primer ministro laborista británico, Ramsay McDonald (a la izquierda), en una imagen de 1929 en la que aparece junto al embajador estadounidense Charles Gates Dawes, autor del plan que lleva su nombre sobre reparaciones de guerra.

Retrato del escritor y pintor español Rafael Alberti, premio Nacional de Literatura en 1924 por su libro de poemas Marinero en tierra.

Relevo en la Unión Soviética

En 1924, en un clima de afianzamiento de los sistemas totalitarios, la desaparición de Lenin en la URSS y la del ex presidente norteamericano Woodrow Wilson marcó el inicio de nuevas etapas en sus respectivos países, determinantes en la evolución del mundo en el período de entreguerras. Algunos Estados asiáticos apostaron decididamente por la modernización bajo los patrones occidentales. En otro terreno, cabe destacar el éxito clamoroso de los Juegos Olímpicos celebrados en París y la confirmación de una de las primeras estrellas del atletismo: Paavo Nurmi.

NAZISMO Y FASCISMO SE AFIANZAN

En Alemania e Italia, el año resultó clave para la configuración de los respectivos movimientos políticos de matriz totalitaria, que tanta relevancia estaban destinados a alcanzar en la siguiente década.

Con la entrada en vigor del plan Dawes se intentó dar curso a las reparaciones a las que estaba obligada Alemania tras la Primera Guerra Mundial, pero tratando de evitar su hundimiento económico y financiero. Alemania, forzada por las circunstancias, aceptó a regañadientes las disposiciones de las potencias vencedoras. Una consecuencia indirecta de la implantación del plan fue la condena de Adolf Hitler por el *putsch* de la cervecería del año anterior. Durante el tiempo en que permaneció en la cárcel, sobre todo en el año 1924, Hitler redactó su famoso panfleto *Mein Kampf* (Mi lucha), que encierra todas las claves y las obsesiones del personaje.

Poco después, la ocupación de Fiume (la actual ciudad croata de Rijeka, en la costa adriática) por parte de Italia coincidió con una importante victoria electoral de los fascistas, que tardaron muy poco en mostrar su verdadero rostro, al secuestrar y asesinar al diputado socialista Matteotti, que se les había enfrentado en el parlamento.

En este año se produjo la muerte de dos grandes personalidades: Vladimir Ilich Ulianov (Lenin) y el ex presidente estadounidense Woodrow Wilson. El mundo echó en falta muy pronto su talla de estadistas, desgraciadamente, porque quienes les sucedieron mostraron en los acontecimientos que se avecinaban rasgos y actitu-

Mussolini lee el discurso inaugural del primer gobierno fascista de Italia, constituido en Roma en 1924.

des altamente preocupantes. Mientras el Estado soviético inició tras la muerte de Lenin un ensimismamiento en sus problemas internos y una inclinación totalitaria de signo diferente al europeo, pero con los mismos efectos, el mundo occidental también se sintió sacudido por problemas agudos, generados sobre todo por la incapacidad de los nuevos mandatarios estadounidenses para desempeñar el papel relevante que ya se reconocía a este país en la esfera mundial.

INNOVACIONES EN EL CAMPO DE LA CULTURA

La muerte de Franz Kafka pasó casi inadvertida; pero el incumplimiento, por parte de su albacea y amigo Max Brod, del deseo del autor de que se destruyeran sus escritos inéditos, había de permitir su posterior consideración como uno de los máximos representantes de la literatura del siglo XX. Desaparecieron también Giacomo Puccini, el gran compositor operístico

autor de *La Bohème*, y Gabriel Fauré, el músico francés que marcó un estilo propio.

Las paradojas propias de la época hicieron que dos acontecimientos aparentemente sin conexión acabaran revelándose complementarios: por una parte el estreno de la película *Los Nibelungos* del cineasta alemán Fritz Lang, inflamado aún de ardor nacionalista; por otra, la fundación de los estudios cinematográficos Metro Goldwyn Mayer (MGM). Muchos años más tarde, un Lang huido de su país por los terribles sucesos que sacudieron Europa, aportó a Hollywood una segunda juventud de su impresionante talento.

George Gershwin estrenó *Rhapsody in blue*, y un desconocido poeta chileno, Neftalí Reyes, que firmaba con el seudónimo Pablo Neruda, publicó *Veinte poemas de amor y una canción desesperada*, al tiempo que el novelista Thomas Mann convertía *La montaña mágica* en una atalaya desde la que atisbar las grandes encrucijadas políticas, sociales y culturales de la época. En Alemania la Bauhaus, expresión del dinamismo que, en una etapa dura pero muy creativa, se concentró en este atormentado país, fue clausurada en Weimar, víctima del desagrado de los elementos conservadores, y se trasladó a Dessau. La

experiencia progresista de Gropius y sus seguidores, incompatible con el régimen nazi, concluiría definitivamente en 1933.

LA OLIMPIADA DE PAAVO NURMI

El año olímpico, fecha mágica por la relevancia que habían adquirido ya los juegos modernos, se concentró en Francia, pues tanto los juegos de invierno como los de verano se celebraron en ese país: en la estación alpina de Chamonix los primeros, y los segundos de nuevo en París por deseo expreso del fundador del movimiento olímpico, Pierre de Coubertin, que quiso hacer olvidar así la escasa repercusión de las olimpiadas 1900, celebradas cuando los juegos modernos estaban apenas recién nacidos. El finlandés Paavo Nurmi, corredor de fondo que ya había destacado cuatro años antes en la Olimpiada de Amberes, se erigió en el gran triunfador y escribió un nuevo capítulo de la leyenda que aún le permite ser uno de los atletas más galardonados de la historia. Se empezaba ya a adoptar sistemas programados de entrenamiento y a planificar la participación en las pruebas, en especial por aquellos países que consideraban los éxitos en los Juegos como un reflejo de su capacidad y de sus posibilidades en otros ámbitos de competencia entre las naciones.

VIENTOS DEL OESTE EN ORIENTE

Prosiguió la marcha de Turquía hacia la occidentalización. En este año se suprimió el califato y aumentaron las medidas en favor de la adopción de costumbres europeas, a veces de forma pintoresca, al ser llevadas a cabo casi por decreto. Así sucedió con la importación masiva, a través del ferrocarril, de sombreros occidentales. Por otra parte, la introducción en Japón del sistema métrico decimal, de importancia decisiva para la racionalización de los intercambios, significó la apuesta definitiva de este país por el modelo de desarrollo económico occidental. El sistema métrico será progresivamente adoptado por todos aquellos países que, fuera del área occidental, aspiren a alcanzar la modernización. ■

Instantáneas

- MAN RAY presenta uno de sus montajes fotográficos más originales: *El violín de Ingres*.
- J. MIRÓ: *El carnaval de Arlequín*.

- *Lady be good* y *The man I love*, de los hermanos IRA (letra) y GEORGE GERSHWIN (música).
- *Tea for two*, de I. CAESAR y V. YOUMANS. De este célebre tema hará D. SHOSTAKOVICH en la Unión Soviética, en 1928, un arreglo para orquesta sinfónica, bajo el nombre de *Tahiti Trot*.
- LA GOYA interpreta el cuplé *¡Ay, Sandunga!*, con letra de A. RETANA y música de L. BARTA.
- *Amapola*, de J.M. LACALLE.
- *La chula tanguista*, también conocido como *Vino tinto con sifón*, cuplé con letra de E. TECGLEN y música de J. RICA. Lo canta BELLA CHELITO.

- *Desguaces del cielo*, primera colección antológica de poemas de P. REVERDY.
- *Morir de no morir*, uno de los libros capitales del poeta surrealista P. ÉLUARD.
- G. DIEGO publica *Manual de espumas*, volumen poético en el que destacan el valor y variedad de sus imágenes.
- R. DEL VALLE-INCLÁN da a luz un nuevo género dramático, el esperpento, que tiene en la obra *Luces de Bohemia* su máxima expresión. En ella el autor expresa su visión amarga y grotesca de la sociedad española.
- M. DE UNAMUNO es **desposeído de su cátedra en Salamanca** y el gobierno anuncia su intención de hacer lo mismo con aquellos que se dediquen a «soliviantar pasiones y a propagar calumnias». *(21 Febrero)*
- En *Pasaje a la India*, E.M. FORSTER continúa la gran tradición novelística del siglo XIX. La falta de entendimiento y de comprensión entre diversas culturas es el gran tema de esta novela.
- Se publica en occidente la novela utópica *Nosotros*, de Y. ZAMIATIN, prohibida por las autoridades soviéticas.
- I. BÁBEL acaba de publicar los *Cuentos de Odesa*, centrados en la comunidad hebraica y comerciante de esta ciudad rusa.
- J.E. RIVERA publica *La vorágine*.

- El ingeniero austríaco V. KAPLAN **crea la turbina que lleva su nombre**, caracterizada por su buen rendimiento, incluso en situaciones en las cuales la presión del agua es baja.
- Se fabrica por primera vez a escala industrial el monómero conocido como **acetato de vinilo**.

- L.V. DE BROGLIE determina la longitud de onda de **las ondas materiales**.

- El general español D. BERENGUER, condenado a abandonar el servicio por su responsabilidad en el **desastre de Annual**. *(26 Junio)*
- P.E. CALLES proclamado nuevo presidente de México. *(29 Setiembre)*

- La cadena de tiendas abierta por G. JENSEN a principios de siglo, y que ofrece exclusivos diseños en cuberterías, joyería o juegos de té, siempre en plata, cuenta ya con sucursales en Berlín, París, Londres y Nueva York.

- **Olimpiadas de París**: E. LIDELL, estudiante de teología, no corre la prueba de los 100 m por celebrarse en domingo. Sin embargo, corre y gana la de 400 m, estableciendo un nuevo récord mundial.
- La selección de **Uruguay** gana la medalla de oro de fútbol, en las Olimpiadas de París.
- Se inicia la **primera vuelta aérea a España**, de una duración prevista de 21 días. *(5 Agosto)*
- A. CITROËN organiza un **"tour" automovilístico por África** para promocionar sus vehículos. *(28 Octubre)*

- «Cuatro años y medio de lucha contra las mentiras, la estupidez y la cobardía.» Título preliminar de *Mein Kampf*, la obra en la que A. HITLER expresa su ideología.
- «Porque está ahí.» El alpinista G.L. MALLORY, en respuesta a por qué deseaba escalar el Everest.
- «El cliente siempre tiene razón.» Eslogan de los almacenes de H. GORDON SELFRIDGE, en Estados Unidos.

- ELEONORA DUSE, gran dama del teatro europeo, cuando se encontraba en plena gira por Estados Unidos. *(21 Abril)*
- FRANZ KAFKA, literato checo de origen judío. La mayor parte de su obra, inédita, será publicada contra su voluntad expresa por su amigo y albacea Max Brod. *(3 Junio)*
- ÁNGEL GUIMERÀ, poeta y dramaturgo en lengua catalana. Sus exequias han constituido una espontánea manifestación de dolor popular. *(18 Julio)*
- El escritor JOSEPH CONRAD, autor de novelas como *Lord Jim*. *(3 Agosto)*
- GIACOMO PUCCINI, compositor italiano de óperas veristas como *La Bohème* y *Tosca*. *(29 Noviembre)*

1925

Retrato de Virginia Woolf. Mrs. Dalloway *fue la primera de sus grandes obras de madurez. Seguirían* Al faro, Orlando *y* Las olas, *sin olvidar el significativo ensayo* Una habitación propia.

Muere el fundador de la República China
12 MARZO

La muerte de Sun Yat-Sen (1867-1925), víctima de un cáncer, deja acéfalo el Kuomintang y desata la lucha por el poder en China. El joven general Chang Kai-shek (1887-1975), representante del sector más moderado de los nacionalistas, organizador del ejército republicano y director de la Academia militar de Huang Pou, se perfila no obstante como el más firme candidato a suceder al padre de la República China.
➡ **1928**

Mrs. Dalloway

La escritora británica Virginia Woolf (1882-1941) prosigue con espléndidos resultados la revolución de la narrativa contemporánea anunciada poco antes por James Joyce. En *Mrs. Dalloway*, Woolf prescinde de todo vestigio de "argumento" en el sentido convencional. La autora registra el "flujo de conciencia" de su personaje a través de largos monólogos que caracterizan sus tomas de posición ante lo que le rodea, sus prejuicios, sus preferencias. Desaparece el "autor omnisciente" de la literatura del siglo XIX, personificado en Honoré de Balzac (1799-1850). El novelista ya no intenta explicar el mundo;

Caricatura de la época, que representa a Adolf Hitler vendiendo ejemplares de su obra Mein Kampf *en una cervecería.*

sus personajes dan visiones fragmentarias de una realidad que les trasciende, y al lector le corresponde la tarea de sacar las conclusiones pertinentes. ➡ **1941**

Se publica El proceso de Kafka
26 ABRIL

El novelista checo, muerto el 3 de junio del año pasado, describe una terrible pesadilla. Frank Kafka (1883-1924) narra en *El proceso* la dramática experiencia de un hombre, Joseph K., quien en el día de su trigésimo cumpleaños es arrestado y condenado a morir en la horca sin que se le acuse concretamente de nada. En la metáfora kafkiana, el hombre contemporáneo es aplastado por la organización; la violencia y la arbitrariedad del poder son los responsables de un mundo absurdo y alienado, donde la muerte siempre es inútil e injustificada. Sus pesadillas adquirirán años más tarde el rango de visiones proféticas, con el Holocausto del pueblo judío al que él pertenecía.

Hindenburg elegido presidente de Alemania
26 ABRIL

El viejo mariscal gana la presidencia de la república por escaso margen. Paul von Beneckendorff y von Hindenburg (1847-1934), apoyado por el Partido Popular de Baviera, el Partido Nacional alemán y la Liga de los Campesinos Bávaros, que forman el llamado "bloque del Reich", supera a su rival de la izquierda y representante del "bloque popular", el ex canciller Wilhelm Marx, por un millón de votos. No obstante la alarma que su victoria provoca en Francia y el Reino Unido, Hindenburg ejercerá escasa influencia en los futuros asuntos políticos del país.
➡ **1932**

Exposición de Artes Decorativas en París
29 ABRIL

Se consolida en esta exposición el Art Déco como el estilo que define el espíritu de los años veinte. Heredero del *art nouveau*, que a finales del siglo pasado

había aparecido como una reacción al historicismo académico, e impregnado de cierto funcionalismo, el Art Déco encuentra aplicación tanto en las artes aplicadas (objetos ornamentales, lámparas, muebles, etc.) como en las creaciones arquitectónicas, como se aprecia en el Pabellón del Espíritu Nuevo, obra del arquitecto suizo Le Corbusier.

Hitler publica Mein Kampf
18 JULIO

El líder del Partido Nacionalsocialista alemán da a conocer en Berlín su ideario político. Durante los ocho meses pasados en la prisión bávara de Landsburg a raíz del frustrado golpe de Estado de Munich, Adolf Hitler dictó a Rudolf Hess una serie de consignas políticas que aparecen ahora reunidas en un volumen bajo el título *Mein Kampf (Mi lucha)*. En las páginas de este libro Hitler diseña, sobre la base de la superioridad de la raza germánica, el Estado nacionalsocialista como bastión contra el comunismo y contra la corrupción de las democracias occidentales.

La quimera del oro de Chaplin
16 AGOSTO

En 1923 Charles Chaplin funda junto a los actores Douglas Fairbanks y Mary Pickford, y el director David Wark Griffith, la productora United Artists, lo que le proporcionará una gran independencia a la hora de rodar sus películas. Una de las obras nacidas en esta nueva etapa es *La quimera del oro*, película en la que se encuentran algunos de los gags visuales más ingeniosos de toda la historia del cine. Escrita, dirigida e interpretada por Chaplin (autor también de la banda sonora de sus películas), narra las aventuras y desventuras de Charlot en una Alaska sacudida por la fiebre del oro. Una obra maestra, llena de humor y poesía. ➡ **1926**

Nace la televisión
2 OCTUBRE

El inventor escocés John Logie Baird (1888-1946) consigue llevar a cabo la primera transmisión de una imagen te-

◄ *Éste es el aparato con el que John Logie Baird logró transmitir las primeras imágenes de televisión de la historia.*

levisiva de la historia. Con un equipo rudimentario, en el que destaca un disco de Nipkow, inventado por el científico alemán Paul Nipkow (1860-1940) en el año 1884 y que permite fragmentar la imagen convenientemente, logra transmitir, en blanco y negro, la imagen de un viejo muñeco de ventrílocuo llamado "Bill". Dos años más tarde (1927) conseguirá realizar una transmisión entre Londres y Glasgow, y en 1928 lo hará entre Londres y nueva York. Nace así la televisión. ➡ **1951**

Se estrena en Berlín la ópera Wozzeck
14 DICIEMBRE

Nada menos que 137 ensayos son necesarios para poner en pie una de las obras capitales de la ópera contemporánea, *Wozzeck*. Obra del compositor austríaco Alban Berg (1885-1935), uno de los discípulos más destacados de Arnold Schönberg, su libreto se inspira en un texto del poeta romántico Georg Büchner. Técnicamente la partitura sorprende por su estilo atonal, su solidez formal (cada una de las cinco escenas en las que se dividen sus tres actos está construida a partir de una forma musical definida y característica) y por su trágica expresividad, entroncada con el expresionismo dominante en la época.

El acorazado Potemkin de Eisenstein
21 DICIEMBRE

Segunda película de Serge Eisenstein (1898-1948), realizada tras *La huelga*, *El acorazado Potemkin* está universal-

mente considerada como una de las mejores películas de la historia del cine. Ambientada durante la frustrada revolución de 1905, su acción se concentra a bordo del acorazado que le da título. Fruto de las investigaciones sobre el montaje de su creador, la película está compuesta por 1 209 planos diferentes, algo en absoluto habitual en el cine de la década de 1920. Algunas de sus escenas, como la de las escaleras del puerto de Odessa, son magistrales, imprescindibles en toda antología del cine. ➡ **1938**

Se publica Manhattan Transfer

John Dos Passos (1896-1970) publica una obra maestra. El escritor estadounidense, uno de los representantes de la llamada "generación perdida", realiza en *Manhattan Transfer* un grandioso fresco humano y social de la ciudad de Nueva York utilizando una técnica de narraciones entrecruzadas. Fiel a su estilo realista, Dos Passos describe con pasión la dura lucha por la vida de la mayoría de los ciudadanos, desmitificando el "sueño americano" y el *american way of life*.

Nace la mecánica cuántica

El físico alemán Werner Heisenberg (1901-1976) establece los fundamentos de la llamada mecánica cuántica, basados en la hipótesis establecida por Max Planck (1858-1947) en 1900. Dos años más tarde (en 1927) formulará el *principio de indeterminación* que lleva su nombre, según el cual resulta imposi-

ble determinar con exactitud de manera simultánea la posición y el momento de una partícula elemental. La formulación de dicho principio le valdrá, en 1932, la concesión del premio Nobel de Física. ➡ **1931**

El principio de exclusión

El físico austríaco Wolfgang Pauli (1900-1958) postula la existencia de un cuarto número atómico y enuncia el principio de exclusión que lleva su nombre. Dicho número atómico, que puede interpretarse como la posibilidad de que un mismo nivel energético atómico esté ocupado únicamente por dos electrones dotados de sentidos de giro contrarios, permite cerrar el modelo atómico propuesto por Niels Bohr y Arnold Sommerfeld. ➡ **1933**

Nace la Leica

Se inicia la fabricación en serie y comercialización por la empresa Leitz de una cámara fotográfica de pequeño formato, la Leica, cuya aparición dará un gran impulso a la fotografía de aficionados, al poner a disposición de éstos un aparato ligero y manejable dotado de una película que permite obtener hasta un total de 36 imágenes por carrete, de un nivel de calidad notable, con un formato de 26 × 36 mm. La aparición de este prodigio de la mecánica y la fotografía ha sido posible gracias a los notables avances en el campo de las películas fotográficas de grano fino.

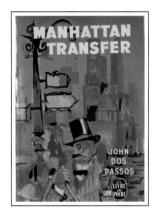

Portada de Manhattan Transfer, *del estadounidense John Dos Passos.*

La aparición de la cámara Leica supuso un enorme salto cualitativo en el campo de la fotografía de aficionados.

El cine, séptimo arte

En 1925 el mundo tomó conciencia de la desesperada situación de Alemania, pero las medidas para solucionar sus problemas, escasas y poco efectivas, no evitaron el fortalecimiento de un radicalismo nostálgico de los buenos tiempos pasados que contrastaba con los espectaculares avances técnicos. En China, la figura de Chang Kai-shek abanderó un nacionalismo heredero de Sun Yat-Sen, pero cada vez más inclinado a las potencias occidentales. El año contempló además el éxito de nuevas y más audaces vanguardias y la confirmación del valor artístico y cultural del nuevo medio de expresión que constituía el cine.

EUROPA EN LA TORMENTA

Concluyó en 1925 la conferencia de Locarno, dedicada a la revisión del tratado de Versalles. Con sus resultados se intentaba mitigar un tanto los efectos negativos que ese tratado tuvo para Alemania, aprovechando un momento de cierta recuperación económica en Europa y la llegada de créditos americanos que habían aliviado en parte la desesperada situación alemana.

El protagonismo y la relevancia de los movimientos totalitarios seguían en aumento en Europa, sobre todo en Italia, donde se reforzaron las tendencias apuntadas el año anterior, en el sentido de un poder cada vez mayor y de la imposición de modos y procedimientos autoritarios. El partido fascista de Benito Mussolini se convirtió oficialmente en partido único, después de que la retirada de los demás partidos del Parlamento, en protesta por la muerte de Matteotti, fuera castigada por el líder fascista con su ilegalización.

En Alemania, Hindenburg fue elegido presidente con el apoyo de todos los partidos de la derecha. Con la figura del prestigioso anciano se pretendía estabilizar el precario equilibrio en el que Alemania se mantenía desde el final de la Gran Guerra, casi roto al principio de la década y que ahora atravesaba por una fase de mayor tranquilidad. El partido nazi, por su parte, intentaba reorganizarse desde unas perspectivas a la baja, pues al no darse situaciones de extrema precariedad económica, sus postulados perdían apoyo. Apareció el escalón de seguridad o *Schutzs-*

Fotograma de la secuencia más célebre de El acorazado Potemkin, de Serge Eisenstein. El cochecito de niño rueda por las escaleras de Odessa, entre muertos y heridos por las descargas de los soldados zaristas.

taffel, la temible SS, para custodiar al führer Adolf Hitler.

CHANG KAI-SHEK Y LA NUEVA CHINA

La muerte del fundador de la República China, Sun Yat-Sen, dejó la dirección de su movimiento político, el Kuomintang, bajo el mando de Chang Kai-shek, un joven general de 38 años que asumió el principal protagonismo a partir de ese momento. Chang apostó por la moderación, se alejó progresivamente de la Unión Soviética, que había sido el aliado originario de su movimiento político, y buscó alianzas cada vez más directas con Estados Unidos y las potencias occidentales.

Esta tendencia marcó la política china en los siguientes años y provocó un enfrentamiento con los comunistas, aunque sin alcanzar todavía el grado de virulencia que adquiriría años después.

EL PARÍS DE LAS VANGUARDIAS

Si hubo una ciudad fetiche para los movimientos artísticos en la década de los años 20, ésta fue París. Allí se concentraron las vanguardias y los artistas. París era una isla nada desierta donde era posible olvidar el fortalecimiento de los movimientos políticos totalitarios en Francia y en toda Europa.

Uno de los acontecimientos culturales más relevantes de esta década prodigiosa, desde el punto de vista cultural, se produjo en 1925: la Exposición de las Artes Decorativas en París, expresión genuina de la vitalidad artística de la época. Apareció el Art Déco. En el mismo año y en el mismo lugar también se celebró la Exposición Surrealista, según sus impulsores con la intención de renovar el arte europeo mediante el automatismo psíquico, pues se declaraban fervientes seguidores de Freud, el psicólogo de moda, y partidarios de liberarse de la razón y de situarse al margen de preocupaciones estéticas o morales.

Coincidiendo con la muerte de Max Linder, uno de los cómicos pioneros del cine, se estrenaron dos de las mejores producciones de la historia del cinematógrafo.

Una muestra de joyería Art Déco: pitillera, brazalete, broches y diversos juegos de pendientes en oro y pedrería, diseñados en París por Cartier.

La quimera del oro consagró a Charles Chaplin, y *El acorazado Potemkin* causó un efecto impresionante tanto en la Unión Soviética como en occidente. Aun en el caso de que discreparan de sus contenidos, todos reconocieron el valor precursor de la cinta de Eisenstein y sus conquistas narrativas para consolidar un nuevo lenguaje cinematográfico.

AVANCES TÉCNICOS Y NUEVOS PARADIGMAS

La ciencia y la técnica prosiguieron su rápido desarrollo a pesar del degradado clima político y de los agudos problemas sociales. Algunos inventos estaban relacionados con el mundo de la comunicación, que a mediados de los años veinte apuntaba ya como el entorno de espectaculares realizaciones para el futuro. Así sucedió con la aparición de la primera cámara fotográfica totalmente portátil, la mítica Leica, o con el invento de las bombillas para iluminación o "flash", en la misma época en que la fotografía se introducía en la publicidad como un recurso fundamental.

Tan importante como desapercibido en ese momento resultó el desarrollo de los fundamentos de la mecánica cuántica por parte del físico alemán Werner Heisenberg, que además estableció el famoso principio de indeterminación que lleva su nombre y que está en el origen de una de las grandes transformaciones de la ciencia en la segunda mitad del siglo XX, poniendo en cuestión paradigmas de exactitud y predicción indiscutidos desde hacía varios siglos. También contribuyó al cambio el principio de exclusión desarrollado por W. Pauli. ■

Cartel de Paul Colin para La revue nègre, *espectáculo musical que hizo de Josephine Baker la reina del París frívolo.*

Instantáneas

- M. BREUER diseña la **silla Wassily**, a partir de una estructura tubular de acero, de línea cubista.
- **Exposición surrealista en París,** con obras de M. ERNST, H. ARP, MAN RAY, J. MIRÓ, P. PICASSO y G. DE CHIRICO. *(14 Noviembre)*

- Sobre un libreto de G. COLETTE, M. RAVEL compone *L'enfant et les sortilèges*, ópera de corte fantástico que narra la historia de un niño contra quien se revuelven los objetos y animales de su entorno para castigar sus travesuras.
- *Cecilia*, de H. RUBY y D. DREYER.
- *Manhattan*, L. HART y R. RODGERS.
- RAMONCITA ROVIRA estrena el cuplé *Fumando espero*, letra de FÉLIX GARZO, música de VILADOMAT.

- *Una visión*, ensayo del poeta irlandés W.B. YEATS que ofrece algunas claves para interpretar su obra poética.
- Primer libro de poemas de E. MONTALE: *Huesos de sepia*, dentro de la tendencia al hermetismo que triunfa en Italia.
- Aparecen los primeros *Cantos* del poeta estadounidense E. POUND.
- *El gran Gatsby*: F. SCOTT FITZGERALD pone al descubierto el espíritu de la época a través de la figura del "nuevo rico".
- El escritor irlandés G.B. SHAW recibe el **premio Nobel de literatura**.

- H. ROACH crea, con S. LAUREL y O. HARDY, la pareja de cine cómico conocida como **"El Gordo y el Flaco"**.

- **Premio Nobel de química**: R. ZSIGMONDY, inventor del ultramicroscopio, que permite observar partículas invisibles para el microscopio óptico.

- L. TROTSKI, acusado de antileninismo por la Troika, es relevado de sus cargos. STALIN se deshace así de su principal competidor en la lucha por el poder. *(17 Enero)*
- Inaugurada la **Universidad Hebrea de Jerusalén**. Los comerciantes árabes de la ciudad han cerrado en señal de protesta. *(1 Abril)*

- El caudillo rifeño ABD-EL-KRIM lanza una **ofensiva contra tropas francesas**, que provocará una intervención inmediata en Marruecos de los ejércitos francés y español. *(19 Mayo)*
- **Cuba**: G. MACHADO implanta un régimen dictatorial que durará hasta 1931. *(20 Mayo)*
- Primer congreso nacional del **Ku Klux Klan**, poderosa sociedad secreta racista, que cuenta con unos cinco millones de miembros. *(8 Agosto)*
- J.A. MELLA funda el **Partido Comunista Cubano**. *(15 Agosto)*
- **Desembarco español en Alhucemas**, en respuesta a la derrota sufrida por el ejército en Annual. *(30 Setiembre)*
- **Fundación de la "SS"**, cuerpo paramilitar en el seno del Partido Obrero Nacionalsocialista alemán. *(9 Noviembre)*

- El espectáculo de **"La revue nègre"** triunfa en París con JOSEPHINE BAKER.

- W.T. TILDEN gana su quinto torneo de tenis de Forest Hill consecutivo.
- H. CHAMPAN, entrenador del Arsenal inglés, pone en práctica una **nueva estrategia en fútbol**, la WM, con un defensa central.

- "Pensar es disentir". C. DARROW, en el juicio contra SCOPES.
- "Ante esta batalla tenemos sólo dos opciones posibles: o bien el enemigo pasa sobre nuestros cuerpos o bien somos nosotros quienes pasamos sobre los suyos." Discurso de A. HITLER en Munich.
- "El funcionamiento real del pensamiento, en ausencia de todo control ejercido por la razón y al margen de toda preocupación estética o moral." Comentarios sobre la concepción del arte surrealista, a propósito de la Exposición surrealista en París. *(14 Noviembre)*

- **PABLO IGLESIAS**, líder socialista español, fundador del Partido Socialista Obrero Español. *(9 Diciembre)*
- **ANTONIO MAURA**, presidente del gobierno español en 1903, 1907, 1918 y 1921. *(13 Diciembre)*

1926

Robert H. Goddard y su Kittyhawk *fotografiados por la esposa de Goddard en Auburn, Massachusetts, el 16 de marzo de 1926.*

Cartel del estreno de Turandot, *la ópera póstuma del italiano Giacomo Puccini.*

.TURANDOT.

Francisco Franco ascendido a general
3 FEBRERO

El militar español Francisco Franco (1892-1975) se convierte por méritos de guerra en el general más joven de Europa. Franco, que había participado en 1917 en la represión de la huelga revolucionaria de Asturias a las órdenes del general Burguete, y destacado por sus acciones en la guerra de Marruecos, a sus 34 años ha sido ascendido a general de brigada y ha pasado a dirigir la Academia Militar de Zaragoza. ➡ **1936**

Gesta del "Plus Ultra"
10 FEBRERO

Llega a Buenos Aires (República Argentina) el hidroavión "Plus Ultra" tripulado por Ramón Franco, Julio Ruiz de Alda, Juan Manuel Durán y Pablo Rada. El "Plus Ultra", un aparato del tipo Dornier Wall capaz de desarrollar una velocidad máxima de 197 km/h, ha recorrido 10 270 km y completado la primera travesía del Atlántico Sur partiendo de Palos de la Frontera (Huelva) y haciendo escalas en Las Palmas, Cabo Verde, Pernambuco y Río de Janeiro (Brasil) y Montevideo (Uruguay). ➡ **1927**

La Sociedad de Naciones rechaza a Alemania
9 MARZO

Alemania ve frustrado su propósito de ingresar en el foro internacional como miembro permanente. No obstante el apoyo de varias potencias, entre ellas Francia y el Reino Unido, que consideran que Alemania reúne todas las condiciones para formar parte de la Sociedad de Naciones como miembro de su consejo permanente, la votación es adversa en la asamblea plenaria inaugurada en Ginebra. De este modo, el consejo sigue formado por Francia, el Reino Unido, Italia, Japón y China. Ha trascendido asimismo que España entrará a formar parte del comité permanente. ➡ **1945**

Cohetes de combustible líquido
16 MARZO

El físico estadounidense Robert H. Goddard (1882-1945) lanza con éxito el primer cohete de combustible líquido experimental. Acompañado por su mujer, que inmortaliza el instante previo al lanzamiento, monta un entramado de barras ligeras que sujeta el cohete y le confiere estabilidad. El ingenio, de cuatro pies de altura y seis pulgadas de diámetro, se eleva por los aires durante 2,5 segundos, después de lo cual cae nuevamente al suelo. Su vuelo abre la posibilidad de los viajes espaciales. ➡ **1942**

Pacto de amistad germano-soviético
24 ABRIL

La firma de este tratado tiende a asegurar la neutralidad de ambos países en caso de que alguno de ellos sea atacado por un tercero. El pacto suscrito en Berlín complementa los acuerdos alcanzados en el tratado de Rapallo el 16 de abril de 1922, en virtud de los cuales la Unión Soviética y Alemania restablecían sus relaciones diplomáticas, renunciaban a las reclamaciones pendientes entre los dos países y se comprometían a una mutua cooperación. El nuevo pacto de amistad precisa que ni Alemania ni la URSS tomarán parte en ningún boicot económico o financiero contra el otro y que Alemania rechazará cualquier actitud agresiva contra la URSS en el seno de la Sociedad de Naciones, en caso de que ingrese como miembro permanente en esta organización. ➡ **1939**

Se publica en Argentina Don Segundo Sombra

La obra maestra de Ricardo Güiraldes (1886-1927) se inscribe en el género gauchesco iniciado en el siglo anterior con el *Martín Fierro* de José Hernández (1834-1886). En la novela de Güiraldes, el gaucho simboliza las virtudes de la vida rural frente a la decadencia moral de la vida urbana; el protagonista es Segundo Sombra, una figura entrañable que es «más una idea que un ser». Escrita con cuidado estilo y gran fuerza expresiva, *Don Segundo Sombra* será galardonada al año siguiente de su publicación, poco tiempo después de morir su autor, con el premio Nacional de Literatura.

Estreno póstumo de la ópera Turandot de Puccini
25 ABRIL

Dos años después de la muerte de Giacomo Puccini (1858-1924), se estrena en la Scala de Milán su última ópera, la inconclusa *Turandot*. Franco Alfano fue el responsable de acabar la partitura, la más moderna por su estilo de todas las que compuso el maestro italiano, en la que es palpable la influencia de Claude Debussy e incluso de Arnold Schönberg. La primera audición de la obra está dirigida por Arturo Toscanini y en ella sólo se interpretan las partes escritas por Puccini: «*Hasta aquí llegó el maestro*», exclama el gran director italiano mostrando la partitura al público, al finalizar el estreno. En represen-

◄ Segundo Sombra, *el gaucho que da nombre a la novela de Ricardo Güiraldes, según un dibujo realizado por el hermano del autor.*

taciones posteriores se añadirá el dúo final de Franco Alfano. La célebre aria de tenor *Nessun dorma* es una de las páginas más apreciadas de esta ópera.

Huelga general de los mineros británicos
5 MAYO - 12 NOVIEMBRE

La huelga general que desde principios de mayo llevan a cabo los mineros británicos se inscribe en el clima de agitación social que vive el país. La crisis económica que se prolonga a lo largo de la década y que ha generado más de un millón de parados es una de las causas de los conflictos sociales que aquejan al Reino Unido. Según un informe del Parlamento británico, los seis meses de huelga han causado pérdidas valoradas en unos 300 millones de libras y obligado a importar 15,4 millones de toneladas de carbón.

Fritz Lang y **Metrópolis**

Metrópolis es la gran producción del cine alemán de la década de 1920. Basada en una novela de su esposa Thea von Harbou, Fritz Lang (1890-1976) realiza un espectáculo futurista en el que destacan sus impresionantes decorados, inspirados en la ciudad de Nueva York; sus novedosos efectos especiales, como la transformación del robot en el personaje de María, y sus complejos movimientos de masas, en los que intervinieron miles de extras. La historia retrata una sociedad en la que una minoría privilegiada explota a una masa trabajadora esclavizada por las máquinas y obligada a vivir en el subsuelo de la ciudad. Su rico simbolismo, con la unión final del mundo superior y el inferior, será especialmente apreciado por los nazis, quienes, a pesar del origen judío de Lang, intentarán en más de una ocasión atraer infructuosamente al cineasta a sus filas. ➡ **1931**

Antoni Gaudí muere en accidente
1 JUNIO

El arquitecto español Antoni Gaudí (1852-1926) muere atropellado por un tranvía en Barcelona. El creador de la casa Milà, el parque Güell y el templo de la Sagrada Familia, entre otras obras destacadas de estilo modernista, había conseguido imprimir su sello personal al paisaje urbano de la ciudad de Barcelona y alcanzar con sus concepciones arquitectónicas un alto nivel expresivo. A pesar de que algunos de los proyectos del arquitecto fueron objeto de una exposición en París en 1910, Gaudí no gozó en vida de una gran repercusión internacional. Su obra se verá extraordinariamente revalorizada en la segunda mitad del siglo xx.

Buster Keaton protagoniza **El maquinista de la General**

Junto a Charles Chaplin (1889-1977) y Harold Lloyd (1893-1971), Buster Keaton (1895-1966) es el tercer gran cómico del cine mudo. Actor y realizador, Keaton crea un personaje de rostro impasible que conquista un gran éxito en todo el mundo, y que en España será conocido con el nombre de Pamplinas. Una de sus películas más justamente apreciadas es *El maquinista de la General*, dirigida en colaboración con Clyden Bruckman. Ambientada en la guerra de Secesión americana, es admirable tanto por su estructura, un itinerario de ida y vuelta, como por sus hallazgos cómicos, entre los que se encuentran algunos de los mejores gags visuales de la historia del cine.

Muere Rodolfo Valentino
23 AGOSTO

De origen italiano, Rodolfo Valentino (1895-1926) es el prototipo de galán del cine mudo. Su salto a la fama se debió principalmente al éxito de una película basada en una novela de Vicente Blasco Ibáñez, *Los cuatro jinetes del Apocalipsis*, dirigida en 1921 por Ingram. A ella siguieron otras como *El caíd* (1921), *Sangre y arena* (1922) y *El hijo del caíd* (1926), que cimentaron su le-

Estado de las obras de la Sagrada Familia de Barcelona (España) a la muerte de Antoni Gaudí, el hombre que había proyectado el templo y le había dedicado todas sus energías en los últimos años de su vida.

yenda de seductor hasta convertirlo en la personificación de un mito erótico (el *latin lover*). Su muerte provoca una oleada de histeria colectiva entre sus apasionadas admiradoras.

Gran duelo pugilístico **Dempsey-Tunney**
26 SETIEMBRE

En una formidable pelea Gene Tunney arrebata la corona mundial de la máxima categoría a Jack Dempsey. En un cuadrilátero de Filadelfia y ante 120 000 espectadores, cifra récord en un combate de boxeo, Dempsey pierde ante Tunney el título de campeón del mundo de los pesos pesados, que ostentaba desde julio de 1919. Dempsey, que se había impuesto en combates anteriores merced a su terrible pegada, se ha visto sorprendido por la técnica, la velocidad y la precisión de los golpes del desafiante, que sumó los puntos necesarios para hacerse con la victoria y, en consecuencia, con el título.

El mundo de la producción industrial, en una significativa escena de Metrópolis *de Fritz Lang, paradigma de la estética del expresionismo cinematográfico.*

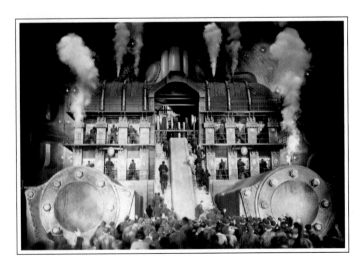

Al ritmo del charlestón

Los medios de comunicación dedicaron a lo largo de 1926 un espacio considerable a hablar del charlestón, un sugerente baile importado de Estados Unidos. La frivolidad estaba de moda y el liderazgo americano empezaba a extenderse a terrenos distintos de la indudable y decisiva influencia económica, para alcanzar la cultura y la sociedad. De otra parte, el ansia frenética de diversión no podía ocultar totalmente en la atormentada Europa la evidencia de los negros nubarrones de tormenta que empezaban a acumularse en el horizonte.

REALIZACIONES CIENTÍFICAS Y HAZAÑAS DE LA AVIACIÓN

Una noticia que revela el sentido lúdico y la fantasía que reinaban en todo el mundo en esos momentos, es el invento del escocés John Baird. Se presentó como una radio en imágenes, una denominación bajo la cual se escondía el primer prototipo de lo que luego llamaríamos televisión. El invento se divulgó como una simple curiosidad puesto que resultaba difícil aventurar, dada la escasa calidad de sus imágenes, que llegaría a rivalizar con el cine, por entonces en trance de incorporar el sonido a través de sistemas como el vitáfono.

Sin duda, las investigaciones del científico americano Robert Goddard pasaron más desapercibidas, pero sus logros en la fabricación de un cohete con combustible líquido, el propergol, tendrían un decisivo efecto en la industria bélica del futuro.

Amplia resonancia tuvieron, por el contrario, las hazañas de la aviación, que en estos años se sucedían casi sin interrupción. En 1926 se produjeron el vuelo sobre el polo norte en dirigible por parte de la expedición Némesis, y la primera travesía del Atlántico, aunque con varias escalas, en el vuelo del Plus Ultra, el avión más famoso de la historia de España. Ramón Franco, Ruiz de Alda y el mecánico Rada pasaron a ser héroes conocidos a nivel popular, y con ellos España pasó a ocupar un lugar destacado en el desarrollo y consolidación de la aviación mundial. No hay que olvidar que unos meses después otro vuelo español logró enlazar Madrid con Manila.

Concurso de charlestón en el Parody Club de Nueva York, en el año 1926. Muy pronto el nuevo baile invadiría Europa.

La subida al trono de Hirohito Tenno (emperador), en 1926, representó el inicio de una era de modernización y de expansión agresiva para Japón.

TORMENTAS POLÍTICAS

La sesión plenaria que la Sociedad de Naciones celebró en 1926 rechazó la admisión de Alemania en la organización, lo que vino a demostrar que las heridas de la guerra se habían cerrado en falso. Casi al mismo tiempo se firmó un tratado de amistad germano-soviético.

El general Carmona llega al poder en Portugal mediante un golpe de Estado. Aparentemente era uno más de la larga serie de incidentes por los que atravesaba el país durante la década, pero en realidad inauguraba el largo régimen que pasó a la historia con el nombre de la persona que, en el primer gobierno de Carmona, desempeñó la función de ministro de Hacienda: Antonio de Oliveira Salazar. El salazarismo, en cuanto respuesta autoritaria de los países meridionales de Europa ante el avance del movimiento obrero, sería imitado por algunos países del área. Otro golpe de Estado aupó al poder en Polonia al mariscal Józef Pilsudski, héroe de la lucha contra los soviets.

En ese mismo año estalló la guerra entre Chile y Perú por conflictos territoriales, muy frecuentes en América latina en esa época, y se produjo la ocupación chilena de Tacna y Arica.

Hirohito, que ya venía ejerciendo la regencia en Japón por la enfermedad de su padre Yoshihito, fue proclamado emperador en 1926 e inició un largo reinado en el que la modernización del país se combinó con tentaciones totalitarias, manifestadas

Arriba, un primer plano de Rodolfo Valentino en Los cuatro jinetes del Apocalipsis. *A la derecha, el duelo popular durante su entierro.*

ya en la coronación y en el reforzamiento de la figura del emperador como dios viviente.

Mientras tanto, el XXV Congreso del PCUS en la URSS consagró a Stalin como dirigente máximo e indiscutido, y acarreó la caída en desgracia de Zinoviev, Kamenev y Trotski.

LUTO EN EL MUNDO ARTÍSTICO

Muchas veces la desaparición de un artista sirve para resumir y valorar adecuadamente la magnitud de su obra y su legado. En 1926 fallecieron el pintor francés Claude Monet, padre del impresionismo; el poeta checo en lengua alemana Rainer Maria Rilke, uno de los precursores más singulares e innovadores de la lírica del siglo XX, y el arquitecto español Antoni Gaudí, genio original de la arquitectura, con una obra muy personal que irá agrandándose y adquiriendo mayor valor a medida que transcurra el tiempo. Sin embargo, el hueco dejado por los tres quedó aparentemente compensado por la efervescencia de nuevos y atractivos movimientos que vinieron a transformar profundamente los criterios estéticos y a sentar las bases de nuevas referencias culturales para el futuro.

Tal vez por esa razón, o tal vez por la incurable frivolidad que ha quedado como característica principal de toda la década, únicamente la muerte de un galán cinematográfico fue percibida como una verdadera tragedia. En efecto, nada igualó la honda impresión y las manifestaciones de dolor popular suscitadas por la muerte del actor estadounidense de origen italiano Rodolfo Valentino. El cinematógrafo trascendió con él el ámbito del arte para alzarse al de fábrica de sueños, y prefiguró la contribución decisiva que había de tener ese medio para conformar la mitología del siglo XX. ∎

Instantáneas

- M. ERNST inventa el *frottage*, técnica surrealista idónea para producir imágenes automáticas, sin concurso del intelecto.
- Se inaugura en Dessau la nueva sede de la **escuela de arquitectura Bauhaus**, fundada por W. GROPIUS en Weimar en 1919. *(4 Diciembre)*
- V. KANDINSKY publica **Punto y línea sobre el plano**, escrita el año anterior en Weimar, donde era profesor de la Bauhaus desde 1922.

- D. SHOSTAKOVICH se da a conocer como compositor con la *Primera sinfonía*, obra de juventud.
- *Cançó d'amor i de guerra*, del compositor R. MARTÍNEZ VALLS, se estrena en el teatro Victoria de Barcelona.
- La zarzuela *El caserío* obtiene un aplauso unánime en Madrid, y J. GURIDI reafirma sus brillantes dotes en la orquestación.
- *Are you lonesome tonight*, de R. TURK y L. HANDMAN.
- *Someone to watch over me*, de los hermanos I. y G. GERSHWIN.
- *Valencia*, pasodoble de J. PADILLA.
- *Black eyes*, arreglo de H. HORLICK y G. STONE sobre la canción tradicional rusa *Ochi Chornya*.
- *Júrame*, de M. GREVER.
- *Charmaine*, de E. RAPEE y L. POLLACK.
- Cuplé: *Madre, cómprame un negro*, letra de M. BOLAÑOS y A. JOFRE, música de VILLAJOS. Estrena *La Yankee*.

- *Moravagine*: la obra narrativa de B. CENDRARS es siempre una exaltación de la vitalidad.
- R. DEL VALLE-INCLÁN lleva el esperpento a la novela con *Tirano Banderas*, fabulación sobre una imaginaria dictadura sudamericana.
- El francés G. BERNANOS obtiene un éxito inmediato con *Bajo el sol de Satán*, su primera novela, teñida de elementos trágicos y sobrenaturales.
- T.E. LAWRENCE, más conocido como Lawrence de Arabia, relata sus viajes y aventuras en *Los siete pilares de la sabiduría*.
- *Altar mayor*, novela de exaltación asturiana de la española CONCHA ESPINA.

- *Nana*, filme autofinanciado de J. RENOIR, basado en la novela de E. ZOLA.

- Acontecimiento aéreo: el dirigible pilotado por el italiano U. NOBILE y el noruego R. AMUNDSEN **sobrevuela el polo Norte**. *(11 Mayo)*
- El francés Y. LE PRIEUR diseña la primera **escafandra autónoma** para la inmersión submarina.
- El noruego E. ROTHEIM inventa un procedimiento para dispersar líquidos y polvos mediante atomizadores: los aerosoles o **sprays**.
- Patentada la **WIDIA** (Wie Diamant - como diamante), un duro metal con propiedades parecidas a las del diamante. *(10 Junio)*
- El físico alemán H. BUSCH sienta las bases de la **óptica electrónica**, que permitirá la construcción del primer microscopio electrónico en 1931.
- Más de diez años después de que S. RUSSELL inventara la **manta eléctrica**, un grupo de veteranos de guerra británicos inicia su producción comercial.

- Chile ocupa los territorios de **Tacna y Arica**, en litigio con Perú. *(5 Julio)*
- F. MACIÀ, líder del partido nacionalista Estat Català, intenta penetrar en España desde Francia y es **detenido en Prats de Mollò**. *(2 Noviembre)*
- HIROHITO nuevo **emperador de Japón**, sucesor de YOSHIHITO. *(2 Diciembre)*

- I. CARASSO fabrica el primer **yogúr empaquetado**. El producto será lanzado al mercado con distintos sabores y bajo la marca Danone, que viene del nombre de su hijo, Daniel.

- P. UZCUDUN, campeón de Europa de **peso pesado** tras vencer al italiano SPALLA. *(18 Mayo)*
- La estadounidense G. EDERLÉ cruza **a nado el Canal de la Mancha** en 14 horas y 39 minutos. *(6 Agosto)*

- «Éste es un nuevo signo de que Mussolini goza de la protección divina.» El papa PÍO XI se congratula al salir ileso B. MUSSOLINI de un nuevo intento de asesinato: el cuarto.

- CLAUDE MONET, pintor impresionista francés. *(6 Diciembre)*
- RAINER MARIA RILKE, poeta checo en lengua alemana *(29 Diciembre)*

1927

El desembarco español en Alhucemas representado por José Moreno Carbonero, un artista especializado en la pintura de historia.

El presidente mexicano Plutarco Elías Calles, contra cuyos proyectos reformadores se alzó la revuelta cristera.

Reunión de intelectuales en la que aparecen buena parte de los miembros de la llamada Generación del 27: Cernuda, Aleixandre, García Lorca, Salinas, Alberti, Altolaguirre..., además de José Bergamín y el chileno Pablo Neruda (ambos de pie, al fondo). ▶

Estalla la revuelta cristera
ENERO

Rebelión popular contra la política anticlerical del gobierno de México. Al grito de «Viva Cristo Rey y la Virgen de Guadalupe», grupos armados de campesinos católicos se alzan contra el proyecto reformista del presidente Plutarco Elías Calles (1877-1945), que afecta directamente a los bienes y a la acción de la Iglesia. La prohibición del culto católico, la deportación de sacerdotes extranjeros, la clausura de las escuelas y seminarios religiosos y la secularización de las propiedades eclesiásticas son el detonante de la insurrección popular, duramente reprimida por las autoridades. ➡ **1934**

Homenaje poético a Góngora
30 MARZO

Se conmemora el tercer centenario de la muerte del poeta español Luis de Góngora (1561-1627). Con este motivo se publica *Antología poética en honor de Góngora*, dirigida por Gerardo Diego. La antología reúne a un grupo de poetas que se conocerá en adelante como Generación del 27 y que tiene como propósito común armonizar la tradición y la innovación en la producción poética, particularmente a través del cultivo de la metáfora. Los nombres más significativos son los de Dámaso Alonso, Gerardo Diego, Rafael Alberti, Federico García Lorca, Jorge Guillén, Luis Cernuda, Manuel Altolaguirre, Vicente Aleixandre, Pedro Salinas y Emilio Prados.

Estreno del Napoleón de Gance
7 ABRIL

La Ópera de París acoge el estreno de *Napoleón* de Abel Gance (1889-1981). El filme, una ambiciosa reconstrucción de la vida de este personaje histórico, en un principio había de constar de seis partes, pero por motivos económicos sólo la primera llegó a realizarse. El resultado, empero, es una obra monumental, de más de cuatro horas de duración, en la que Gance utiliza un nuevo sistema de proyección, la Polyvisión, que permite al espectador contemplar diversas imágenes sobreimpresionadas y yuxtapuestas sobre una triple pantalla. Al mismo tiempo el director hace un uso totalmente nuevo de la cámara, nunca estática. Arthur Honegger escribió para esta película una de sus mejores bandas sonoras.

Lindbergh atraviesa el Atlántico
21 MAYO

El piloto estadounidense Charles August Lindbergh (1902-1974) se convierte en el primer hombre que cruza el Atlántico Norte en solitario y sin escalas, en un vuelo que se desarrolla entre el 20 y 21 de mayo entre las ciudades de Nueva York (Estados Unidos) y París (Francia). El vuelo, que ha durado 33,5 horas, se ha llevado a cabo a bordo de un aparato Ryan NYP bautizado con el nombre de *Spirit of St. Louis*, equipado con un motor Wright-J-5-Whirlwind capaz de desarrollar una potencia de 237 CV.

Finaliza la guerra hispano-marroquí
11 JULIO

Tras la rendición, el año pasado, del líder rifeño Abd el-Krim, quedó expedita la pacificación del territorio para los franceses. Con el inicio de la colabora-

ción hispano-francesa, la guerra marroquí entró entonces en una fase decisiva que dio como resultado las victorias españolas de Alhucemas y Axdir y la rendición de Abd el-Krim a las tropas francesas en Corap, en el macizo de Adrar, el 25 de mayo de 1926. Completada la sumisión de las regiones rifeñas de Gomara y Yebala y una vez rendido el último reducto rebelde de El Jelipe, el gobierno español del general Primo de Rivera da hoy por concluida la guerra de Marruecos.

Sandino se alza en armas
27 JULIO - 19 SETIEMBRE

Augusto César Sandino (1893-1934) se subleva contra la ocupación estadounidense de Nicaragua. Tras la firma del tratado de Tipitapa, que puso fin a la guerra civil que enfrentaba a liberales y conservadores y consolidó la presencia militar de Estados Unidos en el país, Sandino inicia una campaña guerrillera con fuerzas notablemente inferiores a las de sus enemigos. Las matanzas de guerrilleros en El Ocotal y Las Flores por la aviación estadounidense provocan el repudio de la opinión pública internacional y no logran someter a Sandino, que continuará su lucha durante los siete años siguientes. ➡ **1933**

Primer caucho sintético

Inventado en Alemania el primer caucho sintético, al que se da el nombre comercial de Buna (apócope del nombre alemán BUtadien NAtrium). Estos trabajos culminan los esfuerzos realizados por los investigadores alemanes durante la Primera Guerra Mundial en busca de caucho sintético, obtenido ahora gracias a la polimerización de moléculas de butadieno en presencia de sodio, que hace las veces de catalizador de la reacción. Seis años más tarde (1933) se utilizará este caucho para la fabricación de los primeros neumáticos de automóvil operativos.

Mutación por rayos X

El biólogo estadounidense Hermann Joseph Muller (1890-1967), que había iniciado sus trabajos acerca de la mosca de la fruta (*Drosophila*) bajo la supervisión de Thomas Hunt Morgan (1866-1945), descubre, gracias a sus experimentos con rayos X aplicados a *Drosophila*, que éstos inducen un espectacular aumento de la frecuencia de mutación. De este modo consigue aumentar las tasas de mutación y obtener individuos mutantes para el estudio genético, y demuestra además que las mutaciones se deben a cambios químicos que se pueden inducir mediante radiaciones o sustancias químicas. ➡ **1931**

Ejecución de Sacco y Vanzetti
23 AGOSTO

Los anarquistas de origen italiano Nicola Sacco y Bartolomeo Vanzetti son ejecutados en la silla eléctrica en Estados Unidos. Ambos trabajadores habían sido acusados de cometer un robo con asesinato, y en 1923 fueron condenados a muerte en un polémico juicio. Durante el proceso, la acusación no pudo presentar pruebas incriminatorias y en cambio los acusados sí demostraron que no pudieron estar en el lugar del crimen cuando éste se cometió. Tampoco varió la sentencia cuando, en

1925, Celestino Madeiros confesó ser autor del asesinato. La flagrante injusticia ha promovido protestas en todo el mundo y convertido a Sacco y Vanzetti en mártires del movimiento obrero internacional.

Nicola Sacco y Bartolomeo Vanzetti, custodiados por un carcelero. Ambos serían ejecutados a pesar de la existencia de pruebas incontrovertibles de su inocencia.

Nace el cine sonoro
6 OCTUBRE

Película mítica más por lo que representa que por su calidad intrínseca, *El cantor de jazz* marca el nacimiento del cine sonoro. Dirigida por Alan Crosland y protagonizada por Al Jolson, es un convincente musical en el que destacan temas como *Mammy* o *Toot took tootsi*. Pero su verdadera significación radica en el hecho de ser la primera película hablada de la historia del cine. La nueva técnica, sin embargo, aún tardará unos años en imponerse definitivamente, ya que contará con la decidida oposición de muchos cineastas, algunos tan representativos como Charles Chaplin, que consideran que su uso puede provocar la muerte del cine, o al menos de una determinada idea del cine. ➡ **1940**

Hesse publica El lobo estepario

El escritor germanosuizo Hermann Hesse (1877-1962) recrea en una inquietante parábola la tensa lucha entre el individuo y las convenciones sociales. En *El lobo estepario*, el autor de *Demian* (1919) y *Siddharta* (1922), entre otras obras, logra una de sus creaciones más innovadoras y sugestivas. A través del artista protagonista, un hombre-lobo, Hesse descubre una realidad de pesadilla en el intento del ser humano de encontrar los perfiles definitorios de su identidad en un mundo dominado por el absurdo y las convenciones de la sociedad burguesa.

El cantor de jazz batió todos los récords de taquilla y colocó a su productora, la Warner, en una situación de privilegio. De buen grado o arrastrados por la fuerza de la demanda, el resto de los estudios de Hollywood se apuntaron rápidamente al cine sonoro.

◄ *El nicaragüense Augusto César Sandino inició en 1927 una guerra de guerrillas contra una oligarquía plegada a los intereses comerciales de Estados Unidos.*

El "Spirit of Saint Louis" sobrevuela el Atlántico

El mundo de 1927 aparecía imbuido del desaforado optimismo característico de la segunda mitad de la década de 1920, en la que la bonanza económica imperante no permitía imaginar el colapso económico posterior. La expansión de la economía no supuso, sin embargo, la total desaparición de la conflictividad social. Por el contrario, despuntaban ya muchos conflictos que años después, con la vuelta de la crisis en la década de 1930, adquirirían enorme protagonismo.

PROTESTA OBRERA Y DESAFÍO AL PODER EN EUROPA Y AMÉRICA

La rebelión y la protesta política y social revistieron formas diferentes en función de la realidad en que se insertaban, con variaciones importantes ya nos encontráramos en Europa central, Estados Unidos o América latina. De la estimable fuerza de los movimientos de inspiración marxista en Europa dio prueba en 1927 la insurrección obrera en Viena, inscrita en un contexto, cada vez más extendido por el Viejo Continente, en el que los antagonismos sociales adquirirían una particular virulencia, que en años posteriores aún había de agudizarse. En Viena se vivía un clima de extrema tensión derivado de los continuos y violentos choques entre los grupos ultranacionalistas y las fuerzas de la izquierda. La absolución judicial de miembros de la ultraderecha austríaca, a pesar de su responsabilidad en el asesinato de algunos trabajadores, activó en julio los sentimientos de indignación entre los sectores obreros, que asaltaron e incendiaron el Palacio de Justicia. La consiguiente represión, con centenares de muertos y heridos, convirtió a Viena en un auténtico campo de batalla.

Tal estado de cosas contrastaba vivamente con la realidad imperante en unos Estados Unidos de Norteamérica en los que la implantación y proyección de los movimientos de corte marxista y anarquista era muy residual. Se trataba de un país con un extraordinario nivel de vida, donde el consenso social respecto al sistema y la lealtad a los valores imperantes, los propios del "sueño americano", era casi total. No sólo no había lugar para el cuestionamiento de la realidad, sino que además el Estado

Charles August Lindbergh junto al Spirit of Saint Louis*, con el que efectuó la primera travesía aérea del Atlántico sin escalas.*

estaba dispuesto a que ello continuara siendo así en el futuro. Al objeto de evitar posibles contagios, dos anarquistas de origen italiano, los sindicalistas Sacco y Vanzetti, fueron ejecutados en 1927 por un delito que no habían cometido, después de un juicio en el que los argumentos políticos acabaron por falsear todas las valoraciones.

En América latina, en un contexto sociocultural muy diferente y con una realidad marcada por la injusticia social, por la fuerte dependencia política y económica del exterior y por una creciente oligarquización de la vida política, la contestación social adquirió formas peculiares por su violencia y su confusión ideológica. La guerrilla, que sería una de las formas más características de lucha social y política en la América latina del siglo XX, especialmente tras la Segunda Guerra Mundial, vio ahora aparecer uno de sus grandes mitos, el nicaragüense Augusto César Sandino,

que inició en 1927 su particular cruzada contra las tropas estadounidenses instaladas en su país.

NACIONALISMO Y COMUNISMO EN CHINA

En China las fuerzas militares del Kuomintang, en su imparable expansión militar hacia el norte, ocuparon las ciudades de Shanghai y Nankín, y constituyeron en esta última un nuevo gobierno nacionalista bajo el liderazgo de Chang Kai-shek. Éste, muy preocupado por la creciente fuerza del partido comunista chino, con el que hasta entonces mantenían los nacionalistas una estrecha alianza, optó desde ese momento por la ruptura radical y la represión sistemática de los comunistas. A las matanzas de la primavera en Shanghai, siguió en julio la ruptura de relaciones con el régimen soviético. Se inició así en 1927 una larga guerra civil entre el Kuomintang y los comunistas que se alargaría, con el paréntesis de la Segunda Guerra Mundial, hasta finales de 1949, año en que se proclamó la República Popular China.

El Hot Five de Louis Armstrong fue una de las formaciones de jazz más completas de todos los tiempos. De izquierda a derecha, el propio Armstrong (trompeta), Johnny St. Cyr (banjo), Johnny Dodds (clarinete), Kid Ory (trombón) y Lil Hardin (piano).

DESARROLLO DE LOS TRANSPORTES

La humanidad se hallaba inmersa en un flujo constante de conquistas y avances tecnológicos relacionados con el desarrollo de los transportes, en los cuales tenían un creciente protagonismo unos Estados Unidos de Norteamérica definitivamente a la cabeza del mundo desarrollado. La aviación vio culminado uno de sus grandes sueños cuando en mayo el estadounidense Charles Lindbergh, que ya había atravesado de este a oeste el inmenso territorio de su país, realizó el primer vuelo trasatlántico en solitario a bordo del "Spirit of Saint Louis".

En este año el mítico Ford T fue sustituido por el Ford A en un país por cuyas carreteras circulaba el ochenta por ciento de los vehículos de motor del mundo y en el que la industria del automóvil se había convertido, sin lugar a dudas, en una de las bases de la ola de prosperidad económica de los años veinte. El automóvil se convertía de esta forma en el símbolo supremo de la nueva sociedad de consumo. ∎

Babe Ruth bateando, en el curso de un partido de los Yankees de Nueva York.

Instantáneas

- El **jazz** comienza a consolidarse en Estados Unidos como estilo musical, y logra una gran resonancia popular a través de figuras como JOE "KING" OLIVER, DUKE ELLINGTON O LOUIS ARMSTRONG...
- J. KERN y el libretista O. HAMMERSTEIN II estrenan en Nueva York la comedia musical **Show Boat**.
- El músico mexicano C. HUÍZAR compone la pieza sinfónica **Imágenes**.
- **Funny face** y **'S wonderful**, ambas de I. y G. GERSHWIN.
- **Ay, ay, ay**, de OSMÁN PÉREZ FREIRE.

- **Thérèse Desqueyroux**: F. MAURIAC refleja en la novela sus profundas convicciones católicas, a través del conflicto entre la carne y el espíritu.
- **Ser y tiempo**, de M. HEIDEGGER, marca un hito en la historia del pensamiento por su análisis del hombre como "ser-ahí" y su ruptura con la oposición entre mundo y sujeto.

- N. BOHR formula el **principio de complementariedad**, en el congreso internacional de física celebrado en Como.

- China: las fuerzas nacionalistas al mando de CHANG KAI-SHEK **conquistan Shanghai y Nankín**. (19 Febrero, 21 y 24 Marzo).
- El coronel C. IBÁÑEZ DEL CAMPO asume la **presidencia provisional de la República de Chile**, tras la renuncia de H. Figueroa, con el mandato de convocar nuevas elecciones. (26 Mayo)
- Nicaragua: **derrota de A.C. SANDINO**, general sublevado contra la intervención estadounidense y el gobierno de Managua. (27 Julio y 19 Setiembre)
- México: aplastada la **insurrección antiobregonista** en Veracruz. (12 Setiembre)
- China: **fin de la aventura comunista** en Cantón. Las tropas de CHANG KAI-SHEK reconquistan la ciudad. (14, 15 Diciembre)

- Un violento terremoto, que ha afectado a Chile y Argentina, abre una profunda **grieta en el suelo de la ciudad de Santiago de Chile**. (15 Abril)

- F. BUISSON, fundador de la Liga de los Derechos del Hombre, **premio Nobel de la Paz**.
- El **diseñador de zapatos S. FERRAGAMO** regresa a Roma tras varios años como zapatero de las estrellas Hollywood.
- El gobierno español adjudica el **monopolio del tabaco** para Ceuta y Melilla a J. MARCH. (5 Agosto)
- Adjudicado en España el **monopolio del petróleo** a CAMPSA, compañía compuesta por capital del Estado y de un consorcio de los grandes bancos nacionales. (15 Octubre)

- **Béisbol**: los Yankees de Nueva York se convierten en un equipo demoledor gracias a jugadores como L. GEHRIG y B. RUTH, quien ha logrado este año un récord inmortal: 60 *home runs* en 154 partidos.
- Se celebra el primer **Campeonato del mundo de ciclismo de fondo en carretera** para profesionales, en Nurburgring (Alemania). Vence el italiano A. BINDA, y tres compatriotas suyos ocupan las siguientes posiciones.
- J.R. CAPABLANCA **pierde en Buenos Aires el título de campeón mundial de ajedrez**, que había conseguido en 1921 frente a E. LASKER. El nuevo campeón mundial, el ruso-francés A. ALEKHINE, un virtuoso del ataque táctico, se impuso en el maratoniano match por 6 victorias contra 3, y 25 partidas tablas.

- «¿Quién diablos querría oír hablar a los actores?» H.M. WARNER, propietario de los estudios Warner Bros.
- «Esperen un momento, esperen un momento, ¡todavía no han oído nada!» Comienzo del primer filme sonoro, *El cantor de jazz*.

- El pintor español **JUAN GRIS**, uno de los máximos exponentes de la escuela cubista. (11 Mayo)
- K. O'HIGGINS, vicepresidente del Estado libre de Irlanda, asesinado por el IRA. (10 Julio)
- El fotógrafo francés EUGÈNE ATGET, cuyo trabajo gira alrededor de escenarios y personajes de París. (Agosto)
- La bailarina ISADORA DUNCAN en accidente automovilístico, estrangulada por su propio echarpe. (14 Setiembre)

1928

La gran duquesa Anastasia, en una fotografía anterior al estallido de la Revolución rusa.

El ratón Mickey empezó a aparecer en las pantallas en 1928 y pronto se convirtió en el más popular de los personajes creados por Walt Disney. Disney, aparece en la imagen mostrando un "retrato" del sonriente y bonachón personaje.

¿La hija del zar?
6 FEBRERO

Una misteriosa joven afirma ser Anastasia Chaikovsky, la hija más joven del zar de Rusia, que fue asesinado junto con toda la familia real durante la guerra civil posterior a la Revolución de Octubre, en 1918. Ella habría logrado escapar gracias a la ayuda de un soldado. El hijo del médico del zar afirma reconocerla efectivamente como la niña con quien jugaba de pequeño, lo que anima todavía más el ambiente de especulaciones y misterio que rodea el hecho: se ha llegado a suponer la existencia de una fortuna secreta de la familia, aún por encontrar. Lo cierto es que hasta el posterior hallazgo de los restos de la familia imperial no se ha podido comprobar la muerte de Anastasia a manos de los revolucionarios.

II Juegos Olímpicos de Invierno
11 FEBRERO

Se celebran en Saint Moritz las segundas Olimpiadas de invierno, que tienen como gran estrella a la patinadora noruega Sonja Heine. Estos juegos, en los que han participado más de quinientos deportistas de veinticinco países, han supuesto un notable avance respecto de los celebrados en Chamonix. Cabe destacar en esta ocasión la hegemonía de los escandinavos en la mayoría de las pruebas, y sobre todo, la espectacular actuación de Sonja Heine. El éxito de los II Juegos Olímpicos de Invierno parece consolidar el futuro de este gran acontecimiento deportivo.

Chang Kai-shek se impone en China
8 JUNIO

El heredero político de Sun Yat-sen, padre de la República China, entra en Pekín y consolida su hegemonía militar en el país. Las rápidas y eficaces campañas de Chang Kai-shek contra los señores de la guerra le permiten ahora unificar el país. El jefe del Kuomintang, movimiento nacionalista chino, después de romper con el partido comunista y disponer de la ayuda solapada de las potencias occidentales, se propone luchar contra los comunistas, los seguidores del emperador y los japoneses. Paralelamente, sanciona una ley orgánica que formaliza su dictadura presidencial.
➡ 1934

Nace Mickey Mouse
19 SETIEMBRE

Se estrena el filme de dibujos animados *Steamboat Willi*, protagonizado por un ratón que en poco tiempo conquistará fama universal: Mickey Mouse. Su creador es Walt Disney (1901-1966), a quien el éxito de esta película permitirá producir una serie de filmes denominados *Sinfonías tontas* en los que paulatinamente, además de Mickey, irán apareciendo el resto de personajes que conforman el particular mundo fantástico de este popular realizador estadounidense: el pato Donald, Goofy, Pluto... **➡ 1937**

Estreno de Un perro andaluz
1 OCTUBRE

El surrealismo llega al mundo del cine con el cortometraje *Un perro andaluz*. Sus responsables, el realizador aragonés Luis Buñuel (1900-1983) y el pintor catalán Salvador Dalí (1904-1989), han creado una obra tan original como provocativa. El argumento está lleno de escenas oníricas y absurdas, pero lo que destaca sobre todo es la osadía y originalidad de algunas de sus imágenes. Una de ellas, la del propio Buñuel cortando el ojo de una muchacha con una navaja de afeitar, es especialmente estremecedora. Pintor y director volverán a colaborar en la posterior *La edad de oro*, en la que la provocación es llevada aún más lejos.

Stalin impone su poder en la URSS
1 OCTUBRE

Jossif Vissarionovich Djougatchovili Stalin (1873-1953) purga la vieja guardia bolchevique y decreta el plan quinquenal destinado a construir «el socialismo en un solo país». La lucha por el poder que venía sosteniendo desde la muerte de Lenin con Lev Trotski se decanta a su favor debido a su férreo control de la maquinaria del poder, desde la cual inicia una abierta persecución de sus enemigos políticos. Por otro lado, con el propósito de superar los problemas surgidos de la Nueva Política Económica inspirada por Lenin, Stalin elabora el primer plan quinquenal, que se propone el desarrollo de la industria pesada y la organización de la economía agrícola centralizada sobre la base de la colectivización forzosa y la liquidación de los "kulaks", campesinos propietarios, como clase. **➡ 1930**

Fundación en Madrid del Opus Dei
2 OCTUBRE

El sacerdote Josemaría Escrivá de Balaguer (1902-1975) crea la organización religiosa Opus Dei, que presidirá hasta su muerte. La Sociedad sacerdotal de la Santa Cruz y del Opus Dei tiene como fin el apostolado secular mediante métodos más eficaces que los utilizados por otras asociaciones católicas. En este sentido busca preparar integralmente a sus miembros para situarlos en puestos de privilegio dentro de las instituciones públicas y privadas y asegurar así la hegemonía católica en una sociedad cada

◄ *Decir tango es decir Carlos Gardel. En su voz, la música rioplatense saltó a todos los continentes y se hizo universal.*

vez más secularizada. La Obra, que empezará a ser conocida internacionalmente a partir de 1939, fue reconocida por el Vaticano en 1943, y su fundador beatificado por Juan Pablo II en 1992.

Carlos Gardel debuta en París
13 OCTUBRE

Después de actuar en Madrid y Barcelona en tres ocasiones, Carlos Gardel (1890-1935) debuta en París con un éxito extraordinario. El cantante de tangos argentino se ha presentado al público parisino en el teatro Florida acompañado por tres guitarristas. A sus actuaciones asisten desde el presidente de la República y personalidades de la política hasta los más conocidos representantes del mundo del espectáculo, como Maurice Chevalier, Charles Chaplin, Mistinguette, etc. Durante su estancia en París, donde grabará discos para el sello Odeón y proseguirá sus actuaciones en el teatro de la Ópera con la orquesta de Osvaldo Fresedo, Carlos Gardel alcanzará fama internacional.

Primera audición del Bolero de Ravel
22 NOVIEMBRE

El estreno del *Bolero* de Maurice Ravel (1875-1937) en París crea sensación y también división de opiniones entre los asistentes, desconcertados ante la mezcla asombrosa de refinamiento y simplicidad de la partitura: un gigantesco crescendo a partir de dos características melodías de danza que se repiten una y otra vez, hasta un total de dieciocho, sobre el mismo y obsesivo fondo rítmico,

sin otra variación que la entrada escalonada de los diferentes instrumentos de la orquesta.

Miró pinta Interior holandés I

Interior holandés I es una de las más representativas pinturas de la primera etapa surreal de un Joan Miró (1893-1983) que en 1924 se había trasladado a París, donde entró en relación con el círculo del poeta André Breton. Al mismo tiempo esta obra es una reinterpretación en clave moderna de *El tañedor de laúd*, un lienzo del pintor holandés barroco Hendrick Maertens Sorgh. La pintura de Miró, situada aún en el terreno figurativo, deja entrever ya algunos de los rasgos característicos de su posterior producción abstracta, como el uso de símbolos e imágenes de carácter onírico, en un vistoso marco de colores vivos y planos. **➥ 1939**

El primer antibiótico

El bacteriólogo escocés Alexander Fleming (1881-1955) descubre accidentalmente la existencia del *Penicillium notatum*, al observar que en un cultivo de gérmenes de estafilococos, que había dejado abierto y sobre el cual habían caído motas de moho, la colonia bacteriana había desaparecido por completo. Supone correctamente que el moho, semejante al que aparece en el pan viejo, produce alguna sustancia capaz de inhibir el crecimiento bacteriano, y da a ésta el nombre de penicilina.

Vencida la fiebre amarilla

El médico y microbiólogo estadounidense de origen sudafricano Max Theiler (1899-1972) desarrolla una vacuna contra la llamada fiebre amarilla, transmitida por los mosquitos, a base de un virus atenuado que desencadena ataques benignos y gracias a ello induce una inmunidad completa, incluso frente al ataque de las cepas más virulentas de la enfermedad. Mejorará su vacuna en 1937 creando otra mucho más segura obtenida a base de cepas seleccionadas no virulentas. Sus investigaciones serán recompensadas con el premio Nobel de Fisiología y Medicina de 1951.

El Romancero gitano de Lorca

Aparece uno de los poemarios más significativos del poeta granadino Federico García Lorca (1898-1936). Los poemas de este destacado miembro de la llamada Generación del 27 denotan un estilo refinado que no desdeña una raigambre popular y, merced al perfecto dominio de la técnica de versificación, sus versos alcanzan una precisión y musicalidad que realza la belleza y novedad de las imágenes. «*Procuro armonizar lo mitológico gitano con lo puramente vulgar de los días presentes*», dice García Lorca aludiendo a su *Romancero*, algunos de cuyos poemas están teniendo una gran difusión en boca de recitadores y cantantes profesionales. **➥ 1933**

Interior holandés I, de Joan Miró (MOMA de Nueva York), se inspira en El tañedor de laúd, pintado en el s. XVII por Hendrick Maertens Sorgh. El personaje y su instrumento adoptan las formas orgánicas y los colores planos típicos de la primera etapa surrealista de Miró.

Alexander Fleming, el descubridor de la penicilina, fotografiado mientras trabajaba en su laboratorio.

El último de los "felices" veinte

El año 1928 supuso la culminación de todas las tendencias generales características de la década: distensión franco-alemana y estabilidad internacional, prosperidad económica y desarrollo social, creatividad artística y vanguardismo cultural. A su término, nada hacía indicar que toda una época estaba a punto de fenecer bajo el impacto de la mayor crisis económica conocida hasta entonces.

LA RENUNCIA A LA GUERRA COMO IDEAL

El ambiente de relajado optimismo predominante en las relaciones internacionales durante el año 1928 tuvo su plasmación en el pacto Briand-Kellogg firmado en París el 27 de agosto. Denominado así por sus patrocinadores (Aristide Briand, ministro de Asuntos Exteriores francés, y Frank Kellogg, secretario de Estado estadounidense), el pacto condenaba «el recurso de la guerra para solucionar los conflictos internacionales» y estipulaba «su renuncia a la misma como instrumento de política nacional». Aparte de Francia y Estados Unidos, suscribieron la declaración desde el principio otras grandes potencias como el Reino Unido, Italia, Alemania y Japón. En total 62 gobiernos se adhirieron en momentos distintos a dicho compromiso de resolución pacífica y negociada de los conflictos internacionales.

En medio de esa aparente estabilidad de la situación internacional, la Unión Soviética prosiguió la vía marcada por Stalin con mano de hierro hacia la construcción del socialismo en un solo país. En enero de 1928 se decretó la expulsión definitiva de Lev Trotski de la Unión Soviética, y a finales de año se puso en marcha el primer plan quinquenal. El objetivo de este ambicioso proyecto económico era lograr la colectivización acelerada de la agricultura y la pronta constitución de una potente y autosuficiente industria pesada en el aislado Estado soviético.

En el otro extremo geográfico y político de Europa, el régimen fascista de Benito Mussolini prosiguió sus tareas de consolidación interna y exterior. La ocupación y pacificación definitiva de Libia se consumó en enero. A finales de año, el Duce creó el Gran Consejo del Fascismo como

Con la elección de Chang Kai-shek como presidente de la República China, el país pareció encaminarse hacia patrones de vida occidentales.

En las Olimpiadas de verano de Amsterdam volvieron a participar los atletas de Alemania y Austria, excluidos de los Juegos anteriores.

órgano oficial dentro del régimen totalitario de partido único. En abierto contraste con la evolución política italiana, en julio se aprobó en el Reino Unido una medida democrática largamente esperada: la concesión del derecho de voto a las mujeres en estricta igualdad de condiciones con los hombres.

En el Próximo Oriente, el padre fundador de la República de Turquía, Mustafá Kemal Atatürk, continuó los esfuerzos de modernización del viejo Estado otomano mediante la adopción de la cultura occidental. En abril decretó la abolición del islam como religión oficial e impuso el alfabeto latino en sustitución del arábigo y del persa. Más al este, en China, tras el previo aplastamiento de las fuerzas comunistas en Shanghai, el general Chang Kai-shek tomó Pekín en octubre y se hizo elegir presidente de la República con poderes casi dictatoriales y con el apoyo del partido del Kuomintang. Bajo la dirección de Chang Kaishek, el país recuperó transitoriamente su unidad, con Nankín como capital oficial.

En el nuevo continente, la VI Conferencia Panamericana celebrada en La Habana entre enero y febrero debatió fundamentalmente las intromisiones de Estados Unidos en América central y el Caribe. A pesar de las reticencias de los distintos Es

tados latinoamericanos y de sus opiniones públicas, el gobierno estadounidense recurrió nuevamente a la práctica de la intervención militar en Haití con el pretexto de evitar una guerra civil. Mientras tanto, Brasil comprobaba los riesgos de su hiperespecialización económica en un único monocultivo agrícola: el hundimiento del precio del café por superproducción originó una profunda crisis económica con amplias repercusiones sociales. Al sur del continente, la disputa fronteriza entre Bolivia y Paraguay derivó hacia la ruptura de relaciones diplomáticas y abrió la vía al recurso posterior a las armas (guerra del Chaco de 1932-1935).

CIENCIA Y POESÍA

La investigación científica obtuvo un nuevo éxito con el aislamiento del ácido ascórbico o vitamina C, realizado por el bioquímico húngaro Albert Szent-György. En el terreno de la reflexión filosófica vio la luz el libro *La estructura lógica del mundo,* del alemán Rudolf Carnap, uno de los más señeros miembros del Círculo de Viena. En España, los poetas de la llamada Generación del 27 pasaron al primer plano del panorama literario con la publicación del *Romancero gitano* de Federico

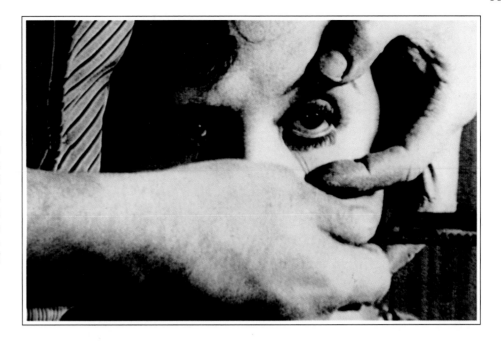

La célebre escena del ojo cortado con una navaja de afeitar de Un perro andaluz, *película firmada por Luis Buñuel y Salvador Dalí.*

García Lorca, *Cántico* de Jorge Guillén y *Ámbito* de Vicente Aleixandre. Desde orientaciones muy distintas, la novela de Erich Maria Remarque *Sin novedad en el frente* refrendó la ética del pacifismo para una generación todavía atenazada por la hemorragia de la Gran Guerra, en tanto que D.H. Lawrence escandalizaba al público británico con la publicación de *El amante de lady Chatterley.*

EL CINE ENTRE LA INDUSTRIA, EL ARTE Y LA PROPAGANDA

El cine, la más importante y emprendedora de las modernas industrias del ocio, comenzó su época dorada con el estreno en Estados Unidos de la película *Luces de Nueva York,* el primer largometraje con banda de sonido incorporada. La dimensión artística del cine añadió un nuevo hito en la lista de sus obras maestras con *Un perro andaluz,* de los españoles Luis Buñuel y Salvador Dalí, una delirante manifestación visual del movimiento surrealista. Por su parte, el cineasta soviético Serge M. Eisenstein demostró las inmensas posibilidades propagandísticas del cinematógrafo en su filme *Octubre.* ∎

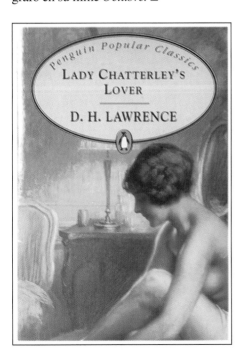

Portada de una moderna edición de bolsillo de El amante de lady Chatterley, *de David Herbert Lawrence.*

Instantáneas

- *An american in Paris*, de los hermanos I. y G. GERSHWIN.
- *I wanna be loved by you*, de B. KALMAR, H. STOTHART y H. RUBY.
- *Mackie Navaja*, de *La ópera de tres peniques*, ópera de B. BRECHT y K. WEILL.

- M. SHÓLOJOV inicia la publicación de la saga *El Don apacible*.
- A. HUXLEY experimenta en *Contrapunto* con la técnica del mismo nombre, y que consiste en presentar múltiples hilos narrativos en secuencias intercaladas.
- El filósofo y lógico alemán R. CARNAP publica *La estructura lógica del mundo*.
- D.H. LAWRENCE publica *El amante de lady Chatterley*.

- F. WHITTLE inventa el **motor de reacción** o de propulsión a chorro, que sin embargo no será operativo hasta 1939: el Heinkel 178.
- Nueva York: emisión del **primer programa de televisión.** *(11 Mayo)*
- J.L. BAIRD inventa la **televisión en color**.
- El médico y bacteriólogo británico A. FLEMING **descubre la penicilina**. *(30 Noviembre)*

- Cuba: celebración de la **V Conferencia Panamericana** en La Habana. *(25 Enero)*
- Firma del **acuerdo franco-español** sobre Tánger, que pone fin a los conflictos de la ciudad. *(3 Marzo)*
- El candidato radical, H. YRIGOYEN, proclamado **presidente de la República Argentina.** *(14 Junio)*
- Diversos países (Francia, Estados Unidos, Japón, Gran Bretaña, etc.) firman en París un **acuerdo que proscribe la guerra**. *(27 Agosto)*

- Botadura de dos **mercantes alemanes colosales**, *Europa* y *Bremen*, que desplazan 46 000 t. *(15 Agosto)*
- **Arde el teatro Novedades** de Madrid. En el incendio mueren 200 personas *(23 Setiembre)*

1928

- **AMELIA EARHART** se convierte en la primera mujer que cruza el Atlántico en avión.
- París: estreno de la **revista** *La gran locura* en el Folies Bergère. *(25 Setiembre)*

- Juegos Olímpicos de invierno: en patinaje de velocidad, vence de nuevo el finlandés **C. THUNBERG**.
- **Juegos Olímpicos de Amsterdam**. En esta ocasión participan los atletas de Alemania y Austria, excluidos en el certamen anterior.
- Olimpiadas: el atleta finlandés **P. NURMI** tiene una actuación irregular, y es acusado de exigir compensaciones económicas a su federación. En la carrera de 5 000 m, frena ostensiblemente en la última recta y deja ganar el oro a su compañero **RITOLA**.
- Olimpiadas: el argentino **A. ZORRILLA** gana la prueba de los 400 m, y se convierte en el primer medallista de oro sudamenicano en una prueba individual.

- «Presento esta novela como una obra honesta y saludable.» D.H. LAWRENCE, sobre su libro *El amante de Lady Chatterley*.
- «Estamos cincuenta o cien años por detrás de los países más avanzados. Tenemos que recuperar esa distancia en diez años. O lo logramos o nos aplastarán.» J. STALIN anuncia el primer plan quinquenal.

- **MARÍA GUERRERO**, una de las más ilustres actrices de teatro en lengua española. *(23 Enero)*
- **VICENTE BLASCO IBÁÑEZ**, polifacético escritor español. *(27 Enero)*
- El filósofo alemán **MAX SCHELER**. *(19 Mayo)*
- El general **ÁLVARO OBREGÓN**, asesinado en Santo Ángel, al sur de la ciudad de México. *(17 Junio)*
- El explorador noruego **ROALD AMUDSEN**, en el Ártico, cuando intentaba rescatar al italiano U. NOBILE. *(20 Junio)*
- **RICARDO GÜIRALDES**, argentino, autor de *Don Segundo Sombra*. *(11 Noviembre)*
- **JOSÉ EUSTASIO RIVERA**, escritor colombiano, autor de la novela *La vorágine*.

1929

Viñeta de Tintín *en el templo del Sol, una de las aventuras del personaje creado por el dibujante belga Hergé.*

Cartel de la Exposición universal de Barcelona (España). Las fuentes luminosas de Carlos Buigas y el pabellón de Alemania fueron sus mayores atracciones.

Ludwig Mies van der Rohe bautizó con el nombre de Barcelona esta silla diseñada por él.

Nacen Tintín, Tarzán y Popeye
10 ENERO - 1 JUNIO

En Bélgica y Estados Unidos nacen tres personajes de cómic de gran impacto popular. En el suplemento *Petit vingtième* del diario de Bruselas *El siglo XX*, aparece por primera vez Tintín, un joven reportero protagonista de una sorprendente aventura que el dibujante Hergé, su creador, titula *Tintín en el país de los soviets*. Tarzán, dibujado por Harold Foster, trasplanta al cómic el héroe de Edgar Rice Burroughs. Por su parte Popeye, un marinero feo y desgarbado, creado por el dibujante E.C. Segar, tiene como sano propósito publicitario promocionar las bondades nutritivas de las espinacas.

Se firma el pacto de Letrán
11 FEBRERO

Italia y la Santa Sede alcanzan un importante acuerdo que resuelve el conflicto jurisdiccional que mantenían. El secretario de Estado del Vaticano, cardenal Pietro Gasparri, en representación del papa Pío XI, y el jefe de gobierno italiano Benito Mussolini, firman el reconocimiento por parte de Italia de la soberanía de la Santa Sede en la ciudad-Estado del Vaticano, lo que supone que el Papa se constituye en soberano del mismo; el pago de una indemnización por la confiscación de posesiones pontificias durante el proceso de unificación italiano; la concesión de privilegios a la Iglesia en materia de educación, y la inclusión de un concordato que reglamenta la posición de la Iglesia católica en el Estado italiano.

Matanza del día de San Valentín
14 FEBRERO

La guerra entre las bandas de *gángsters* que se disputan, como consecuencia de la ley seca, el comercio clandestino del alcohol alcanza uno de sus momentos más violentos con la matanza ocurrida en Chicago. Al anochecer, mientras esperaban en el garaje de la SMC Cartage un camión cargado de whisky canadiense, seis hombres de la banda de Bugs Moran fueron sorprendidos y asesinados por varios matones de Al Capone, que pretende hacerse con la totalidad del negocio. Moran salvó la vida gracias a su habitual falta de puntualidad, y Capone celebró el hecho dando una fiesta en Miami y culpando cínicamente de la matanza a su rival.
➡ 1931

El pabellón de Alemania

En la Exposición Universal que se celebra en Barcelona ocupa un lugar de privilegio el pabellón alemán, diseñado por el arquitecto Ludwig Mies van der Rohe (1886-1969). El edificio refleja el renovado poder industrial de Alemania, pero va más allá de la mera demostración gracias a su audaz concepción: el conjunto prolonga las proporciones de un desnudo femenino que domina el jardín, y gira alrededor de amplios contrastes que oponen los valores curvos de la figura al carácter liso y anguloso del resto; de unos interiores y exteriores en diálogo a través de una pared acristalada; de ornamentos en ónice y acero... Mies van der Rohe ha diseñado también la "silla Barcelona", un modelo que se convertirá pronto en clásico, con el respaldo forrado de cuero y patas de acero en forma de X.
➡ 1932

Grandes exposiciones en España
9 Y 19 MAYO

Con la inauguración en Sevilla de la Exposición Iberoamericana y en Barcelona de la Exposición Universal, España se convierte en el centro de atención mundial. La Exposición Iberoamericana, a la que concurren 25 países, entre ellos Estados Unidos, Brasil y Portugal, se abre con la presencia de los reyes don Alfonso XIII y doña María Eugenia y del general Primo de Rivera, quienes también se desplazan días más tarde a Barcelona. Aquí, en el recinto ferial de Montjuic, tiene lugar la Exposición Universal, a la que concurren 20 países, en cuyos pabellones se exhiben los grandes adelantos de la tecnología industrial.

Primeros Óscar de Hollywood
16 MAYO

La Academia de Hollywood premia por primera vez a las mejores películas, actores y técnicos del año, con unas estatuillas antropomorfas que, según la bibliotecaria de la academia Margaret Herwick, se parecen a su tío Óscar. El nombre quedará para siempre ligado a estas figuras. Entre los galardonados destaca el actor alemán Emil Jannings, protagonista de varios films de Ernst Lubitsch, Friedrich Wilhelm Murnau o Josef von Sternberg.

Violento choque entre árabes y judíos en Jerusalén
23-26 AGOSTO

Ante el notable crecimiento de la población judía en el protectorado británico de Palestina, algunos dirigentes árabes, entre ellos el muftí de Jerusalén, Haji Amin al-Hussein, inician una campaña propagandística destinada a exacerbar el nacionalismo árabe. Como consecuencia de ello se suceden los choques entre judíos y palestinos, con una violencia que ha obligado al alto comisario británico a imponer la ley marcial y reclamar a Londres el envío de dos naves de guerra para restablecer el orden. Se calcula en unos doscientos los muertos en los sucesos de Jerusalén.
➡ 1947

Jueves negro en Wall Street
24 OCTUBRE

Caen los valores de la Bolsa de Nueva York, centro neurálgico de la economía estadounidense y mundial. La más terrible quiebra bursátil de la historia trae como secuela un elevado número de suicidios de personas que han perdido

◀ *La matanza del día de San Valentín ha sido reconstruida decenas de veces en el cine. Ésta es la imagen auténtica de los miembros de la banda de Bugs Moran acribillados en un garaje de Chicago por sicarios de Al Capone.*

de la mente ancestral de ella adquiere unas dimensiones alegóricas que hunden sus raíces en el *roman* medieval, más que en el costumbrismo decimonónico. El enfrentamiento de dos símbolos, la civilización y el atavismo, se resuelve en imágenes de gran potencia mítica en una tierra salvaje, profundamente desconocida para Europa, donde la magia parece aún posible. ➡ **1967**

do y de furia, pero nada significa»), es toda una declaración existencial. El monólogo interior y las interpolaciones temporales son algunos de los recursos técnicos de una novela que sigue el rumbo innovador inaugurado por James Joyce.

El gran masturbador, *de Salvador Dalí, presentado por primera vez en París en 1929, y conservado actualmente en el Centro de Arte Reina Sofía de Madrid. El artista alcanza en esta obra repleta de símbolos la máxima ambición surrealista: determinar el punto de unión de los contrarios (masculino y femenino, blando y duro, etc.).*

toda su fortuna. Desde el año anterior, la caída de los precios, en particular los agrícolas, y la fragilidad del sistema se habían reflejado en la Bolsa de Nueva York con abruptas subidas y bajadas en los índices Times y Dow Jones. La sobreproducción y la desmedida especulación financiera, atizadas por la ligereza con que ha manejado la situación económica la Administración del presidente Herbert Clark Hoover, están en el origen del colapso.

Primera exposición de Dalí en París
20 NOVIEMBRE

La obra de Salvador Dalí (1904-1989) causa gran impresión entre los críticos parisinos. Después de algunos coqueteos con el cubismo y el futurismo, Dalí parece adscribirse plenamente a la corriente surrealista impulsada por André Breton, quien presenta la obra del artista español en esta exposición. Dalí, que hace gala en la inauguración de notables capacidad histriónica y sentido de la provocación, manifiesta que las escenas oníricas que dominan sus cuadros son producto de un método de creación artística que califica como "paranoia crítica". ➡ **1989**

Llega la novela hispanoamericana

Rómulo Gallegos (1884-1969) publica en España la novela *Doña Bárbara*, y causa un impacto que anuncia ya la fascinación que ejercerá sobre escritores hispanoamericanos posteriores como Gabriel García Márquez o Julio Cortázar. La trama es convencional y afín al realismo que tanto se conoce en Europa: en los llanos de Venezuela, una mujer autoritaria se enfrenta a un hombre venido de la ciudad por la posesión de unas tierras. Pero el cariz casi diabólico

Un pulmón de acero

El ingeniero estadounidense Philip Drinker, de la Universidad de Harvard, en Boston, inventa un respirador artificial formado por una cámara de acero que cubre al paciente hasta el cuello. En su interior se produce una alternancia entre alta y baja presión que comprime la caja torácica del paciente induciendo unos movimientos que sustituyen, en los pacientes afectados de parálisis, a los propios de la respiración. El ingenio, fabricado y comercializado por la empresa Warren E. Collins Inc., es conocido popularmente como pulmón de acero.

Inventado el catéter

El cirujano alemán Werner Forssmann (1904-1979) inventa el catéter cardíaco con el objeto de minimizar los riesgos al realizar exploraciones del corazón. El catéter que desarrolla, probado por primera vez en su propio organismo, está formado por una sonda que introduce lentamente a través de una vena del brazo hasta llegar, bajo control radiológico, al ventrículo. Gracias al empleo del catéter es posible a partir de ahora determinar la presión del corazón o extraer muestras de sangre de su interior, a la vez que se mejora la localización de malformaciones y se dispone de la posibilidad de inyectar medios de contraste.

El ruido y la furia de Faulkner

William Faulkner (1897-1962) sorprende a la crítica con una novela cuyo título, extraído de un pasaje del *Macbeth* de Shakespeare («La vida es un cuento contado por un idiota: está llena de rui-

Se crea el MOMA de Nueva York

Se inaugura en Nueva York el Museum of Modern Art (MOMA) destinado a albergar las creaciones artísticas de vanguardia. El museo, concretado gracias a la iniciativa y el aporte financiero de Lillie P. Bliss, Mary Quinn Sullivan y Abby Aldrich Rockefeller, comienza sus actividades con la espectacular exposición "Cézanne, Gauguin, Seurat, Van Gogh", que marca de un modo meridiano su orientación. La nueva concepción del MOMA, no obstante la provisionalidad de sus actuales instalaciones, sin duda tendrá una gran influencia en los futuros museos dedicados a las obras del arte de vanguardia. ➡ **1932**

La India reclama su independencia
30 DICIEMBRE

El Congreso panindio celebrado en Lahore aprueba por mayoría independizarse de Gran Bretaña. Las tesis independentistas defendidas por el Mahatma Gandhi se han impuesto a las de Spinivassa Sastri y otros líderes hindúes que postulaban un período de transición tutelado por los británicos. La histórica decisión del Congreso, que también aprueba solicitar a las autoridades virreinales un consejo abierto, abre un período en el que se multiplicarán las manifestaciones y otras formas de resistencia al dominio colonial británico. ➡ **1930**

Portada de Doña Bárbara, *del venezolano Rómulo Gallegos; uno de los grandes títulos de la novela hispanoamericana del siglo XX.*

Estalla la Gran Crisis

Si hay un año en la historia contemporánea asociado íntimamente a la idea de crisis económica, no cabe duda de que se trata de 1929. A pesar de su venturoso comienzo, la intensidad y generalidad de la catástrofe bursátil y financiera desatada en el otoño hizo olvidar todos los aspectos favorables del año en favor de la imagen crítica y depresiva imperante en sus meses finales.

EL ABRUPTO FINAL DE LOS "FELICES VEINTE"

Al comenzar el año 1929, nada hacía prever que la época de prosperidad y tranquilo optimismo de los "felices veinte" estaba llegando a un traumático final. Buena prueba de ello es que en la emblemática ciudad de Nueva York se pusieron los cimientos del Empire State Building, que durante mucho tiempo iba a ostentar el título de edificio más alto del mundo. Al mismo tiempo, el dirigible alemán *Graf Zeppelin* conseguía un nuevo récord de la navegación aérea al dar la vuelta al mundo en veinte jornadas, haciendo sólo cuatro escalas en su itinerario para repostar.

En Italia, los Pactos de Letrán entre el gobierno italiano y la Santa Sede pusieron fin a la espinosa "cuestión romana" abierta con la unificación de 1870. A tenor de los mismos, se creó en Roma un Estado Vaticano independiente con el Papa como soberano y formalmente reconocido por la República Italiana, que además concedía varios privilegios a la Iglesia católica en su territorio. Por su parte, en el Reino Unido McDonald formaba su segundo gobierno laborista, con apoyo parlamentario de los liberales, y en España los fastos de la Exposición Universal celebrada en Barcelona y la Exposición Iberoamericana celebrada en Sevilla ocultaban a duras penas la profunda crisis interna en la que se debatía la dictadura del general Miguel Primo de Rivera.

En el terreno diplomático, la aceptación del plan Young sobre reparaciones de guerra debidas por Alemania a las potencias aliadas pareció confirmar la persistencia de la estabilidad política y económica en Europa. El plan estipulaba una reducción muy sustancial del volumen de la deuda germana y su pago en anualidades

Imagen de Wall Street el 29 de octubre de 1929. El pánico se desataba y las proporciones del crack empezaban a desbordar todas las posibilidades de contención.

Mussolini en la firma de los Pactos de Letrán, por los que se creó el Estado Vaticano. En representación de la Iglesia católica, el firmante fue el cardenal Gasparri.

durante los siguientes sesenta años. Un referéndum popular en Alemania aceptó las condiciones y, como contrapartida, los aliados asumieron el compromiso de evacuar sus tropas de Renania a partir del verano de 1930. En ese clima de optimismo y confianza, el jefe del gobierno francés, Aristide Briand, propuso infructuosamente en la Asamblea General de la Sociedad de Naciones la constitución de unos Estados

Unidos de Europa de carácter federal. El reverso conflictivo de la tranquilidad europea se registró en Palestina, territorio colocado bajo control británico por mandato de la Sociedad de Naciones. El resentimiento de la población autóctona árabe ante el constante flujo migratorio judío desencadenó los primeros enfrentamientos entre ambas comunidades en la ciudad de Jerusalén.

*Los reyes de España don Alfonso XIII y doña Victoria
Eugenia presiden la apertura de la Exposición
de Sevilla, según un cuadro de A. Grosso.*

En el plano intelectual, un joven ensayista y filósofo español, José Ortega y Gasset, terminó de escribir en 1929 un libro, *La rebelión de las masas,* que iba a lograr súbita notoriedad internacional por su carácter de diagnóstico y advertencia sobre los males de la época. También alcanzaba renombre universal el escritor estadounidense Ernest Hemingway, con la publicación de una novela semiautobiográfica sobre sus experiencias bélicas durante la Gran Guerra: *Adiós a las armas.* Al mismo tiempo, dos historiadores franceses, Marc Bloch y Lucien Febvre, fundaban la revista que había de renovar por completo su disciplina en todo el mundo: *Anales de Historia Económica y Social.*

Nacen tres héroes del cómic

El año contempló también el natalicio de tres personajes inmortales de la historieta gráfica universal. En Bélgica, el dibujante Hergé (seudónimo de Georges Rémi) publicó la primera aventura protagonizada por el intrépido y joven periodista Tintín y su perrito Milú. En Estados Unidos, por su parte, apareció el primer anuncio de un simpático marinero y ávido comedor de espinacas: Popeye. También allí salió a la luz por vez primera, ilustrado por el genial Harold Foster, el occidentalizado hombre-mono de la selva africana que había creado en 1914 Edgar Rice Burroughs en su novela *Tarzán.*

JUEVES NEGRO EN LA BOLSA DE NUEVA YORK

El punto final a esa era de estabilidad y confianza comenzó el 24 de octubre de 1929, el fatídico "jueves negro", en Wall Street. El súbito e irreversible hundimiento de la influyente bolsa de valores de la ciudad de Nueva York marcó el inicio de una profunda crisis económica de alcance mundial que no comenzaría a remontarse parcialmente y con dificultades hasta 1933. El inicio de la Gran Depresión coincidió simbólicamente con la prematura muerte de Gustav Stresemann, el respetado ministro de Asuntos Exteriores de Alemania, precisamente el país que más intensamente había de sufrir los efectos económicos, políticos y sociales de la gran crisis del capitalismo mundial. ■

Instantáneas
1929

• Le Corbusier diseña la **Villa Saboya**, en Poissy (Francia), considerada un manifiesto de la arquitectura racionalista que propugna este arquitecto.

• *Broadway melody*, de A. Freed y N. Herb Brown.
• *Happy days are here again*, de J. Yellen y M. Ager.
• *Siboney*, de E. Lecuona.
• *You do something to me*, de C. Porter.
• *Bilbao song*, de B. Brecht y K. Weill.
• *Chapultepec*, tres bocetos sinfónicos del compositor mexicano M.M. Ponce.

• *Berlín Alexanderplatz*, la obra principal del alemán A. Döblin, utiliza la técnica del montaje de múltiples hilos narrativos para ofrecer un gran fresco de la capital alemana.
• E. Hemingway trata literariamente, no sin amargura, sus propias experiencias en la I Guerra Mundial, en la novela *Adiós a las armas*.
• *Los indiferentes*, primera novela del italiano A. Moravia, da una visión desoladora de la sociedad burguesa bajo el fascismo.
• *Sin novedad en el frente*, relato antibelicista que dará fama mundial al novelista alemán E.M. Remarque.
• *Sobre los ángeles*, acercamiento poético de R. Alberti al surrealismo, fruto de una crisis interior.
• Se empieza a publicar la revista *Travaux du Centre Linguistique de Prague*, inspirada en el pensamiento de F. Saussure y que tiene como miembro destacado a R. Jakobson.
• M. Bajtin introduce en *Los problemas de la poética de Dostoievski* el concepto de dialogismo: toda expresión lingüística remite a distintos lenguajes, y por lo tanto también a sentidos diversos.

• *Aleluya*, musical del director King Vidor enteramente interpretado por negros.
• *El hombre de la cámara* pone en práctica la exigencia del director soviético D. Vertov de abandonar todo artificio y mostrar la realidad tal como aparece: es el *cine-ojo*.

• El dirigible **Graf Zeppelin** concluye la vuelta al mundo en 20 días y 4 horas. (*28 Agosto*)
• El **hidroavión gigante** alemán Dornier, propulsado por 12 motores, realiza su primer vuelo. (*12 Julio*)
• E. Hubble descubre la relación velocidad-distancia de las galaxias, la **"Ley de Hubble"**.

• El relojero estadounidense W.A. Marrisson inventa el primer **reloj de cuarzo**.
• El médico alemán H. Berger inventa el **Electroencefalograma** (EEG) para el registro de las ondas cerebrales.

• Entra en vigor en España el **nuevo código penal**. (*1 Enero*)
• Nicaragua: el liberal **J.M. Moncada, presidente de la República**. (*1 Enero*)
• Yugoslavia: el rey **Alejandro I establece la dictadura**. (*5 Enero*)
• **Acuerdo fronterizo entre Chile y Perú**: Tacna será devuelta a Perú, mientras que Arica pertenecerá a Chile. (*21 Febrero*)
• La firma de un acuerdo entre el presidente de México E. Portes Gil y monseñor Ruiz pone fin a la denominada "guerra de los cristeros". (*24 Junio*)

• R. Loewy, uno de los pioneros del **diseño industrial**, proyecta aparatos de oficina para la empresa Gestetner.
• Temblores de tierra y erupciones volcánicas destruyen varias poblaciones y causan **graves destrozos en la provincia de Mendoza, en Argentina**. (*5 Junio*)
• A. Briand, primer ministro francés, propone la constitución de unos **Estados Unidos de Europa** (*5 Setiembre*)

• «El valor de las acciones ha alcanzado lo que parece una meseta permanente.» I. Fisher, economista estadounidense, el 17 de octubre.
• «Ha habido una cierta inquietud vendedora en la Bolsa... La situación es puramente técnica.» Declaración de T.W. Lamont, ejecutivo de JP Morgan, efectuada a la 1 de la tarde del 24 de octubre.

• Doña María Cristina de Habsburgo-Lorena, reina y regente de España y madre de Alfonso XIII. (*6 Febrero*)
• Carl Benz, ingeniero alemán, creador del primer automóvil con motor de gasolina. (*4 Abril*)
• Torcuato Luca de Tena, periodista español, fundador de la revista *Blanco y Negro* y del diario *ABC*. (*15 Abril*)
• Hugo von Hofmannsthal, escritor austríaco en lengua alemana y libretista de R. Strauss. (*15 Julio*)
• Serge de Diaghilev, organizador de espectáculos y mecenas ruso. (*19 Agosto*)
• Georges Benjamin Clemenceau, ex primer ministro de Francia. (*24 Noviembre*)

1930

Los trabajadores de un koljoz *soviético durante las faenas de la siega, en los años treinta. La colectivización acabó con los pequeños propietarios campesinos y creó una nueva clase de "proletarios agrarios".*

El Ángel Azul de J. von Sternberg

El Ángel Azul, adaptación de una novela de Heinrich Mann, es la primera cinta sonora protagonizada por el gran actor alemán Emil Jannings. Pero es también, y sobre todo, la película que supone el descubrimiento de Marlene Dietrich. El director austríaco Josef von Sternberg (1894-1969) hará de ella un verdadero mito cinematográfico; Dietrich, por su parte, será durante seis años la musa del realizador. Ambos marcharán juntos a Hollywood, y la fructífera colaboración entre ellos quedará reflejada en siete películas, algunas inolvidables: *Marruecos, Fatalidad, El expreso de Shanghai* o *El diablo era mujer.*

Golpe de Estado en Brasil
24 OCTUBRE

Getúlio Vargas (1884-1954), con el apoyo del ejército, derroca al presidente e impide que el ganador de las últimas elecciones asuma el cargo. El progresivo descenso de las exportaciones de café, que ha agravado la crisis económica del país, y la incapacidad del régimen oligárquico para superarla han creado las condiciones para el golpe de Estado. Vargas instituye el Estado Novo, una suerte de "democracia autoritaria" que se caracteriza por un lado por la promoción de la diversificación agraria y el desarrollo industrial, y por otro,

El Mahatma Gandhi y sus seguidores durante la Marcha de la Sal, *cruzando las salinas de Jalalpur.*

por la dura represión de los movimientos populares y de los partidos de izquierda.

Colectivización agraria en la URSS
5 ENERO Y 16 MARZO

Stalin comienza a colectivizar las tierras de acuerdo con el Plan Quinquenal y los principios de la economía planificada. El gobierno soviético anuncia la creación del *koljoz,* cooperativa agrícola de producción, que se constituirá en el pilar de la economía agraria del país. Esta unidad productiva se basa en la idea de que la tierra es propiedad del Estado, el cual la cede de modo perpetuo y gratuito a quien la trabaja. La administración del *koljoz* está a cargo de un comité que elige anualmente a su presidente. La colectivización «liquidará como clase», tal como desea Stalin, a los *kulaks* y a otros propietarios de tierras. (Por desgracia, liquidará también físicamente a millones de campesinos, una clase social patológicamente odiada por el georgiano Stalin.) ➡ 1953

Gandhi inicia la Marcha de la Sal
2 FEBRERO

El Mahatma Gandhi radicaliza en la India su lucha pacífica contra el régimen colonial británico. Con el apoyo del partido del Congreso y como parte de su estrategia de desobediencia civil, el líder indio inicia la llamada *Marcha de la Sal* en Ashram. La misma tiene como finalidad protestar contra una ley británica que convierte el negocio de la sal, bien preciado del pueblo, en un monopolio del gobierno colonial. Resulta chocante observar cómo siguen la frágil figura del Mahatma miles de personas que, a pesar de ser brutalmente reprimidas por los soldados británicos, continúan camino de las salinas de Jalalpur. Aquí, Gandhi esparcirá simbólicamente puñados de sal sobre las aguas del océano Índico. ➡ 1942

Uruguay, campeón mundial de fútbol
30 JULIO

La selección uruguaya de fútbol gana el primer campeonato mundial de fútbol tras vencer a Argentina 4-2 en un épico partido disputado en el estadio Centenario de Montevideo. El equipo uruguayo, campeón olímpico en París y Amsterdam, había llegado a la final tras derrotar a Yugoslavia por 6-1, el mismo resultado con que el argentino había eliminado a Estados Unidos. El equipo campeón está formado por Masazzi y Mascheroni; Andrade, Fernández y Gestido, y Scarone, Dorado, Castro, Cea e Iriarte. El máximo goleador de la primera Copa del Mundo es el argentino Stabile, con ocho tantos.

◄ *La selección de Argentina posa para los fotógrafos antes de la disputa de la final de los Campeonatos Mundiales, en la que sería vencida por Uruguay.*

Detalle de un retrato del pensador español José Ortega y Gasset, obra de Ignacio Zuloaga.

Analizador diferencial

Un grupo de técnicos estadounidenses, encabezado por el ingeniero Vannevar Bush (1890-1974), logra poner a punto, en el Instituto de Tecnología de Massachusetts (MIT), un analizador diferencial que representa la cumbre de los ordenadores analógicos. Se trata de una máquina capaz de realizar operaciones por analogía con leyes físicas, y por lo tanto representa los números de forma continua y desarrolla las operaciones de forma simultánea. Este tipo de ordenadores se utilizará en un futuro sólo de manera híbrida, es decir en unión con ordenadores digitales, por ejemplo para el cálculo de las trayectorias de los vehículos espaciales enviados a la Luna.

Haile Selassie, coronado negus de Etiopía
14 NOVIEMBRE

El Ras Tafari Makonnen ha sido coronado *negus*, rey de reyes, de Etiopía con el nombre de Haile Selassie I (1892-1975) en una impresionante ceremonia. Nacido en Harar y primo del anterior emperador reinante, Menelek, fue educado por sacerdotes franceses y ya adolescente mostró su talento político y su ambición por el trono. Como regente de su tía Zawditu desde 1917, Haile Selassi se preocupó por la educación y la sanidad así como por la pacificación y modernización institucional y económica del país. Por esta razón goza de grandes simpatías entre los gobiernos occidentales. ➠ **1935**

Villa-Lobos inicia sus Bachianas brasileiras

Heitor Villa-Lobos (1887-1959), el compositor más representativo de Brasil, inicia la composición de su monumental serie de *Bachianas brasileiras*, nueve partituras de formas y carácter diferentes, cuya escritura le ocupará hasta 1945. En ellas intenta conciliar su anterior estilo nacionalista con su admiración por la música de Johann Sebastian Bach; de ahí que el título del ciclo, *Bachianas brasileiras*, sea toda una declaración de principios. La más conocida es la *N.º 5*, escrita entre 1938 y 1945 para un conjunto de ocho violoncelos al que se añade la voz de una soprano que canta dos poemas: uno de Ruth Correa, en el primer movimiento, especialmente célebre por sus exóticas vocalizaciones, y otro del poeta brasileño Manuel Bandeira, en el segundo y último movimiento.

Ortega y Gasset: La rebelión de las masas

José Ortega y Gasset (1883-1955) publica un libro clave del pensamiento filosófico español. *La rebelión de las masas* no opone, como algunos han deducido erróneamente, la masa inculta a las elites intelectuales, sino que denuncia la masificación del hombre moderno como la causa de su alienación objetivista. En este sentido, Ortega y Gasset sostiene que las masas como trasunto de la alienación social revelan una especie de obsesión por el bienestar y «*al mismo tiempo son insolidarias de las causas de ese bienestar*». ➠ **1955**

Inventado el ciclotrón

El físico estadounidense Ernest Orlando Lawrence (1901-1958) concluye la construcción de un acelerador de partículas subatómicas que bautiza con el nombre de "ciclotrón". Este ingenio, basado en las teorías formuladas en 1928 por George Gamow (1904-1968), permitirá alcanzar energías superiores al millón de eV y se utilizará para la obtención de grandes cantidades de isótopos radiactivos de uso médico e industrial. En 1937 Lawrence logrará crear con la ayuda del ciclotrón el primer elemento artificial de la historia, el tecnecio, mediante el bombardeo de molibdeno con núcleos de deuterio. ➠ **1931**

El compositor brasileño Heitor Villa-Lobos y su esposa.

Levantamientos republicanos en España
12-15 DICIEMBRE

La falta de coordinación y la precipitación entre los miembros del Comité Revolucionario Nacional surgido del pacto de San Sebastián hacen fracasar los planes para instaurar la República en España. El capitán Fermín Galán se alza en armas con la guarnición de Jaca (Huesca) tres días antes de la fecha prevista, y es fácilmente reducido por las fuerzas gubernamentales, que lo fusilan junto al capitán Ángel García Hernández el día 14. Tampoco prospera el levantamiento en el aeródromo de Cuatro Vientos del general Queipo de Llano y el comandante Ramón Franco, que huyen a Portugal. A pesar de este rotundo fracaso, el movimiento republicano saldrá fortalecido. ➠ **1931**

Nacionalismos y depresión económica

Abruptamente finalizada la venturosa década de los años veinte, 1930 fue un testigo desconcertado de las implacables consecuencias sociales y políticas de la intensa crisis económica extendida por todo el mundo. A pesar de ello, como correspondía a un año que actuaba de eje divisorio de dos épocas, las decrecientes esperanzas en una pronta solución a la crisis todavía pugnaban con los crecientes augurios sobre un mayor agravamiento de la situación.

EL AZOTE DEL PARO Y LA INESTABILIDAD

Como si quisiera simbolizar el clima de pesimismo creado por el inicio de la Gran Depresión, en octubre de 1930 el dirigible británico R101 fue destruido por un pavoroso incendio tras chocar en Francia contra una colina en su proyectado viaje hacia la India. El trágico accidente, en el que perecieron cuarenta y seis pasajeros, decidió al gobierno británico a abandonar la construcción de esos arriesgados medios de transporte aéreo.

El impacto social de la crisis económica mundial se manifestó en casi todos los países, sobre todo a través del cierre masivo de empresas y negocios y del correlativo aumento espectacular del número de obreros parados y sin perspectivas laborales inmediatas. Según cifras estadísticas oficiales, en el Reino Unido llegaron a registrarse más de dos millones de trabajadores desempleados, mientras que en Alemania la cifra superaba los tres millones y en Estados Unidos alcanzaba los cuatro y medio. La presencia de ese masivo paro obrero, unida al temor y la incertidumbre que afectaban a otros sectores de la población también azotados por la crisis, generó una gran inestabilidad social y política en todos los Estados del mundo.

Fue en Alemania donde el efecto político del paro y la inflación tuvo mayor trascendencia. En las elecciones generales celebradas en setiembre, el Partido Nacionalsocialista liderado por Adolf Hitler logró convertirse en el segundo partido del país (con seis millones de votos), inmediatamente por detrás de los socialdemócratas (con ocho y medio). En España, donde el pleno impacto de la crisis aún no había llegado, la presión popular y de las clases

Marlene Dietrich en el papel de la cabaretera Lola-Lola, en El Ángel Azul, *de Josef von Sternberg.*

medias forzó al rey Alfonso XIII a destituir al general Primo de Rivera e intentar el retorno gradual a un régimen constitucional. Mientras tanto, en el Reino Unido, el recién instaurado gobierno laborista hacía frente a los graves problemas económicos con medidas ortodoxas y deflacionistas que a duras penas atajaban su incidencia. Idéntica respuesta ofrecía la administración republicana del presidente Herbert Hoover en Estados Unidos, y con los mismos resultados insatisfactorios y deprimentes.

En Brasil, todavía bajo los efectos de la previa crisis del café, el derrotado candidato presidencial Getúlio Vargas consiguió el apoyo del ejército para implantar un régimen dictatorial que estuvo en vigor hasta 1945. También en la República Dominicana se inauguró este año una larga dictadura, la del general Rafael Leónidas Trujillo, que había de durar más de treinta años.

El continente asiático tampoco se vio a salvo de la inestabilidad predominante en todas las áreas geográficas del mundo. En China comenzó a librarse una cruenta y prolongada guerra civil entre el Ejército nacionalista de Chang Kai-shek y el Ejército Rojo de los comunistas que dirigía, entre otros, Mao Tse-tung. En Japón fue asesinado el primer ministro Hamaguchi en un

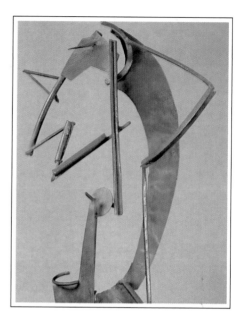

Mujer peinándose *(detalle). Ciertas estructuras metálicas de Julio González son auténticos dibujos en tres dimensiones.*

contexto de creciente reacción militarista y exaltación nacional e imperialista. Entre tanto, la lucha pacífica contra la dominación británica en la India proseguía su lento pero efectivo curso: el Mahatma Gandhi emprendió en este año una nueva campaña de desobediencia civil en todo el ámbito nacional, que le llevó de nuevo a la cárcel.

LA CULTURA EN TIEMPOS DE CRISIS

Las contradicciones, temores y miserias de la época quedaron muy bien reflejadas en la producción intelectual y artística del año 1930 en Alemania. Por un lado, el agitador antisemita y pangermanista Alfred Rosenberg publicó *El mito del siglo XX,* destinado a ser junto al *Mein Kampf* de Hitler un texto canónico de la ideología del movimiento nacionalsocialista. Por otro, el director cinematográfico Josef von Sternberg rodó en Berlín la película *El Ángel Azul,* memorable en muchos aspectos pero sobre todo por la revelación de una enigmática Marlene Dietrich en el papel de Lola-Lola, la "mujer fatal" que destruye al profesor Unrath.

Desde su privilegiado observatorio en Viena, el doctor Sigmund Freud analizó el

Sir Arthur Conan Doyle, fallecido en 1930, aparece en esta caricatura de Bernard Partridge encadenado por su personaje más popular, Sherlock Holmes.

derrumbe de las ilusiones occidentales sobre el progreso de la civilización en su obra *El malestar en la cultura*; la teoría del psicoanálisis pasó con esta obra del ámbito de lo estrictamente individual al análisis de fenómenos culturales. En el ámbito científico, el astrónomo norteamericano C.W. Tombaugh descubrió la existencia y posición del planeta Plutón, el noveno del sistema solar y el más alejado del propio Sol.

Al margen de las preocupaciones creadas por la crisis económica, el llamado ya por entonces "deporte rey" siguió captando el interés y la viva emoción de las masas populares en todo el mundo. En el mes de julio de 1930 se celebró en la república de Uruguay el primer Campeonato del Mundo de Fútbol, con la participación de sólo trece equipos deportivos nacionales. La victoria de esa primera competición mundial correspondió al equipo anfitrión uruguayo, que logró el triunfo en el emocionante partido final frente al de la Argentina por cuatro goles a dos. ∎

Instantáneas

- J. GONZÁLEZ forja en hierro *Mujer peinándose*, en la que están presentes referencias al cubismo, constructivismo y surrealismo.
- P. GARGALLO modela en hierro su escultura *El Profeta*.
- CASSANDRE, seudónimo de A. MOURON, reivindica con sus creaciones las posibilidades artísticas y estéticas del **cartelismo**. Sus carteles renuevan la tradición tomando elementos del cubismo.

- Se estrena en el teatro Apolo de Valencia la zarzuela *La Dolorosa*, con letra de J.J. LORENTE y música de J. SERRANO. Es la última zarzuela estrenada en vida por este compositor.
- *Body and soul*, de E. HEYMAN, R. SOUR, F. EYTON y J. GREEN.
- *Georgia on my mind*, de S. GORRELL y H. CARMICHAEL.
- *I got rhythm*, de IRA y G. GERSHWIN.
- *Malagueña*, del compositor cubano E. LECUONA.

- *Vidas privadas*, ingeniosa comedia del dramaturgo británico N. COWARD (1899-1973). MOLYNEUX diseña los vestidos para la representación.
- *Aguas y tierras*, primera colección de versos de S. QUASIMODO, que contiene ya todas las claves que definirán su estilo de madurez, caracterizado por el hermetismo y el uso de sugerentes imágenes.
- D. HAMMETT publica *El halcón maltés*, protagonizada por el detective Sam Spade, una de las grandes novelas del género negro. En 1941 J. HUSTON iniciará su brillante carrera de cineasta con una magnífica adaptación de esta obra, con H. BOGART en el papel de Spade.
- Con un volumen de *Poemas* se da a conocer un nuevo poeta en lengua inglesa: W. H. AUDEN.
- R. DESNOS, uno de los poetas surrealistas reunidos en torno a A. BRETON, publica *Cuerpos y bienes*.
- El poeta cubano N. GUILLÉN imita en su libro *Motivos de son* los ritmos y modos de las canciones populares negras de su país.

- R.M DEL VALLE-INCLÁN culmina la trilogía *Martes de Carnaval*, compuesta por *Los cuernos de don Friolera*, *Las galas del difunto* y *La hija del capitán*, tres esperpentos en los que el autor ataca al ejército y a la dictadura de Primo de Rivera.
- *La historia de San Michele*, libro de carácter autobiográfico del médico sueco A. MUNTHE, conoce un gran éxito.

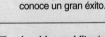

- *La aldea maldita*, de FLORIÁN REY. Se rodó en sólo seis días y ha sido considerada por muchos como la mejor película del cine mudo español.
- *El conflicto de los Marx*, dirigida por V. HEERMAN, es la segunda película protagonizada por los casi surrealistas GROUCHO, HARPO, CHICO y ZEPPO MARX, con M. DUMONT.
- Se estrena el melodrama *Luces de la ciudad*. CH. CHAPLIN, a pesar del éxito arrollador del sonoro, decidió rodar una película muda.

- El astrónomo estadounidense C.W. TOMBAUGH descubre un nuevo planeta del sistema solar, bautizado con el nombre de **Plutón**.
- H. FISCHER recibe el premio Nobel de Química por sus **análisis de la sangre**.
- En Estados Unidos se inicia la fabricación industrial de la **fibra de vidrio**.

- Dimisión del general **M. PRIMO DE RIVERA** como presidente del gobierno español. *(28 Enero)*
- El rey de España ALFONSO XIII nombra al general **D. BERENGUER** nuevo jefe de gobierno. *(29 Enero)*
- La ciudad colombiana de Cúcuta, destruida por un incendio. *(3 Mayo)*
- **Crisis en Egipto**: una serie de disturbios antimonárquicos y antibritánicos es reprimida violentamente por la policía. *(22 Julio)*
- **Pacto de San Sebastián**: representantes de todas las fuerzas republicanas de España se reúnen en San Sebastián y acuerdan unificar sus actuaciones frente a la monarquía y al gobierno. *(17 Agosto)*
- L. SÁNCHEZ CERRO depone al dictador A.B. LEGUÍA y se erige como jefe del gobierno de Perú. *(26 Agosto)*

- Argentina: H. YRIGOYEN derrocado por un **golpe de Estado** encabezado por el general J.F. URIBURU. *(6 Setiembre)*
- Las condiciones impuestas por las autoridades británicas para la **inmigración judía a Palestina**, muy restrictivas, encolerizan a esta comunidad. *(20 Octubre)*
- El partido socialdemócrata es el más votado en las elecciones alemanas, mientras que los **nazis** se sitúan como el segundo partido del país. *(15 Setiembre)*

- «Conozco tres oficios. Hablo tres idiomas. He luchado durante tres años. Tengo tres hijos y estoy sin trabajo desde hace tres años. Pero sólo quiero un empleo». Cartel exhibido por un desempleado en Londres.
- «Repudio esta ley y considero mi sagrado deber romper la triste monotonía de esta paz forzada que está ahogando el corazón de la nación por falta de aire fresco». M. GANDHI inicia la Marcha de la Sal, con el objetivo de protestar por el monopolio del comercio de dicha sustancia ejercido por el gobierno británico.
- «Nosotros no caeremos en el error de los británicos. Somos demasiado listos para intentar gobernar el mundo, así que lo poseeremos. Nadie puede detenernos». L. DENNY en *América conquista Inglaterra*.

- VLADIMIR MAIAKOVSKI se suicida en Moscú. Autor de obras como *La nube con pantalones*, fue el líder de la escuela futurista soviética. *(14 Abril)*
- JULIO ROMERO DE TORRES, retratista español. *(11 Mayo)*
- FRIDTJOF NANSEN, explorador, naturalista y humanista noruego, premio Nobel de la Paz en 1922. Fue uno de los investigadores más importantes del polo norte. *(13 Mayo)*
- ARTHUR CONAN DOYLE, el creador de Sherlock Holmes. *(7 Julio)*
- COSIMA WAGNER, hija de FRANZ LISZT y viuda de RICHARD WAGNER.
- LON CHANEY, actor estadounidense, conocido como "el hombre de las mil caras". *(26 Agosto)*

1931

Peter Lorre en una escena de
M, el vampiro de Düsseldorf, *de Fritz Lang.*

El inventor estadounidense Thomas Alva Edison en una fotografía de 1878.

El recluso Al Capone en el año 1939, poco antes de que se le concediera la libertad por razones de salud. ▶

trabajo de la productora estatal alemana UFA, consciente de la capacidad propagandística del cine. Instalado en Estados Unidos, allí rodará algunos interesantes filmes como *Furia*, *La mujer del cuadro*, *Los sobornados* o el western *Encubridora*.

Ernesto Lecuona compone Siboney

Una de las canciones más populares del compositor cubano Ernesto Lecuona (1896-1963) es *Siboney*. Canción de ambiente indio, caribeño, su suave melodía ha cautivado a generaciones enteras. Lecuona es también autor de algunas zarzuelas muy apreciadas en su momento (*Rosa la China*, *María de la O*, *El cafetal*) y de algunas obras instrumentales como una *Suite española*.

Fritz Lang filma M, el vampiro de Düsseldorf

En 1931 Fritz Lang (1890-1976) filma su primera película sonora: *M, el vampiro de Düsseldorf*. Su argumento, basado en el personaje de un asesino de niñas, va mucho más allá de la mera trama policíaca, para convertirse en una denuncia de la sociedad y, sobre todo, del nazismo, que dos años más tarde conquistará el poder en Alemania. En efecto, el cineasta pensó en un principio titular su obra *Los asesinos están entre nosotros*, en directa alusión a Hitler y sus seguidores. De origen judío, en 1933 el creador de *Metrópolis* marchará al exilio, rechazando una oferta de

Simenon crea al inspector Maigret

El escritor belga Georges Simenon (1903-1989) renueva el género policíaco con *El ahorcado de Saint-Pholien*. Simenon, que había empezado a publicar en 1927 novelas populares con seudónimo, firma por primera con su nombre una novela en la que aparece como protagonista el inspector Maigret. La inteligencia y humanidad de este personaje permiten situar la acción en un plano de la realidad inmediato y reconocible para los lectores y, consecuentemente, hacer más perceptibles las causas psicológicas y sociales que están en el origen de ciertos comportamientos criminales.

Inauguración del Empire State Building y del edificio Chrysler
MAYO

Dos bellos e impresionantes rascacielos modifican la línea del cielo de Nueva York. Poco después de ser habilitado el edificio Chrysler, obra de 319 m de altura, del arquitecto William van Alen, el presidente estadounidense Herbert

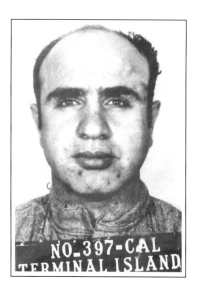

Hoover inaugura el que será hasta 1972, con sus 449 m, el edificio más alto del mundo, el Empire State, creado por el arquitecto William F. Lamb. Los dos rascacielos responden al estilo *art-déco* y son consecuencia aún del impulso económico de la década precedente, abruptamente interrumpido por el clarinazo del *crack* de la Bolsa de Nueva York en 1929, heraldo de la Gran Depresión.

Muere Thomas Alva Edison
18 OCTUBRE

Con la muerte del inventor estadounidense Thomas Alva Edison (1847-1931) desaparece el más prolífico inventor de todos los tiempos. Fiel exponente de su máxima: «el genio es un 1% de inspiración y un 99% de transpiración», fue una fuente inagotable de proyectos e ideas que le convierten en campeón absoluto en número de patentes registradas. Se le deben, entre muchas otras, la invención de diversos tipos de telégrafos, del micrófono de carbón, del fonógrafo y del dictáfono, de un ingenio conocido como kinetoscopio (un antecesor directo del cine), de diversos tipos de pilas, de un sistema práctico para el alumbrado eléctrico, de sistemas de generación de energía eléctrica, de la lámpara de incandescencia operativa, de la conexión eléctrica en paralelo, etc. Además fue el impulsor de la construcción de la primera central eléctrica del mundo (Pearl Street, Nueva York) y descubridor del efecto termoeléctrico que lleva su nombre.

Al Capone es encarcelado
24 OCTUBRE

El *gángster* de origen napolitano Alphonse Capone (1899-1947), conocido con el sobrenombre de *Scarface* por la cicatriz que le cruza el rostro, es condenado a prisión por un tribunal en Chicago. Uno de los hampones más peligrosos de Estados Unidos ha sido finalmente atrapado. Es responsable directo de muchos asesinatos, entre ellos la célebre matanza de San Valentín de 1929, y jefe de una banda dedicada al contrabando de bebidas alcohólicas, al juego ilegal y a la prostitución; pero no ha podido probarse nunca su implicación en estos delitos. Finalmente ha podido

◄ *El edificio Chrysler de Nueva York, proyecto del arquitecto William van Alen inaugurado en 1931.*

radiación de gran poder de penetración generada al bombardear berilio con partículas alfa. Chadwick descarta los rayos gamma como posibles candidatos al demostrar que no son capaces de comportarse del modo observado, y propone que la misteriosa radiación está formada por un haz de neutrones.

➡ **1932**

Descubierto el deuterio

El químico estadounidense Harold Clayton Urey (1893-1981) descubre la existencia de un isótopo pesado del hidrógeno, caracterizado por poseer un protón y un neutrón en su núcleo, al que por esa razón llama deuterio. Para obtenerlo, Urey evaporó lentamente cuatro litros de hidrógeno líquido hasta reducirlos a 1 centímetro cúbico, y al analizarlo comprobó que su espectro presentaba las características predichas para el hidrógeno pesado. Probada la existencia del deuterio, no tardará en obtener agua con gran cantidad de deuterio, conocida como agua pesada.

El teorema de Gödel

El matemático austríaco Kurt Gödel (1906-1978) formula el teorema que lleva su nombre y que culmina el proceso de eliminación del determinismo eu-

clideano, iniciado por Lobachevski y Bolyai, y su sustitución por un nuevo determinismo matemático. Gracias a sus trabajos prueba que todo sistema formal con contenido aritmético es necesariamente incompleto, y que es imposible demostrar su consistencia únicamente con sus propios medios. El teorema de Gödel tendrá una importante repercusión en el pensamiento del siglo XX.

Encabezamiento de la Constitución española de 1931. En el medallón, retrato del presidente de las Cortes, Santiago Casares Quiroga.

Niceto Alcalá Zamora, presidente del gobierno provisional, interviene en la sesión inaugural de las Cortes de la II República española.

ser acusado por agentes del Tesoro de evasión de impuestos, y condenado a once años de prisión. Su "imperio" se derrumbará rápidamente después de su encarcelamiento. En 1939 será liberado por razones de salud, y pasará los últimos años de su vida en Miami, suspirando por el retorno de los "buenos tiempos" de la Ley Seca.

Nueva Constitución republicana en España
9 DICIEMBRE

Dado el éxito de los republicanos en las elecciones municipales, la presión popular precipita los acontecimientos y el rey Alfonso XIII (1886-1941) opta por abandonar el país. Tras la proclamación de la República, se forma un gobierno provisional, presidido primero por Niceto Alcalá Zamora (1877-1949) y a partir del mes de octubre por Manuel Azaña (1880-1940), que emprende una serie de reformas tendentes a institucionalizar el nuevo régimen democrático. Tras la aprobación por el congreso constituyente de la Constitución republicana, Alcalá Zamora será elegido por abrumadora mayoría presidente de la segunda república española. ➡ **1932**

La hipótesis del neutrón

El físico británico James Chadwick (1891-1974) postula la existencia del neutrón (partícula elemental sin carga) como explicación a la aparición de una

El año más terrible

Se ha aludido con frecuencia a 1931 con el calificativo de "annus terribilis", por coincidir con la máxima intensidad de la depresión económica mundial y por representar el comienzo de una larga e irreversible crisis en el orden de las relaciones internacionales. Simbólicamente, fue también el año del triunfo cinematográfico del monstruo creado por el doctor Frankenstein, que consiguió inspirar tanto terror como compasión al ser encarnado en el cine por el actor británico Boris Karloff.

CRISIS DEL SISTEMA POLÍTICO INTERNACIONAL

La crisis del sistema internacional tuvo su origen en la ocupación militar por Japón de Mukden y otras áreas de la Manchuria china, donde estableció un Estado satélite, Manchukuo, con el ex emperador Pu Yi a su frente. La ocupación señaló el comienzo de una cruenta guerra chino-japonesa que duraría hasta 1945 y se entretejería con la propia guerra civil en China. La reacción de las grandes potencias ante la agresión japonesa fue muy tibia y se redujo a una condena formal de la Sociedad de Naciones por flagrante violación de la seguridad colectiva y la integridad de otro estado. Japón respondió abandonando dicho organismo y debilitando aún más su capacidad de maniobra para detener la crisis del sistema internacional.

En España, la prolongada crisis de la monarquía dio paso en abril al exilio de Alfonso XIII y a la proclamación pacífica de la Segunda República, un régimen democrático embarcado en un ambicioso programa de reformas políticas y sociales en un contexto de crecientes dificultades económicas. En el Reino Unido, la incapacidad del gobierno laborista para solucionar la aguda crisis financiera en agosto provocó la formación de un gobierno de coalición multipartidista en el que progresivamente fueron adquiriendo mayor poder los conservadores.

A finales de año, el Parlamento británico inició la gradual conversión del imperio en una *Commonwealth* o comunidad de naciones, mediante la aprobación del Estatuto de Westminster, que reconocía a los dominios de Australia, Canadá, Nueva Zelanda y Sudáfrica la condición de Estados

Manifestación de parados en Nueva York. La Gran Crisis iniciada en 1929 tocó fondo en 1931, "el año más terrible".

soberanos, iguales en derechos a la metrópoli y libremente asociados a la Commonwealth. Aunque la India no estaba incluida en el proyecto, la apertura de negociaciones sobre su estatus final entre el virrey británico y Gandhi, unida a la liberación de los presos políticos, logró el cese de la extensa campaña de desobediencia civil y resistencia pacífica. En contraste con esa mejora relativa, la situación en Palestina continuó su progresivo deterioro como resultado de las crecientes fricciones entre los inmigrantes judíos y la población árabe. Una conferencia celebrada en Jerusalén con asistencia de representantes de 22 países árabes emitió una dura advertencia contra las pretensiones sionistas de establecer un Estado judío en territorio palestino.

LA VIDA INTELECTUAL Y ARTÍSTICA, ENTRE LA REACCIÓN Y LA REVOLUCIÓN

Siguiendo con la tradición antimodernista de sus antecesores, el papa Pío XI dio a conocer su encíclica *Quadragesimo anno* que condenó como anticristianos el socialismo, el matrimonio no canónico, el control de la natalidad y el aborto. En el otro extremo ideológico, Stalin decretó en la Unión Soviética la prohibición de la música del compositor Rachmaninov por ser un exponente del gusto pequeñoburgués "decadente". Por su parte, Lev Trotski publicó

La moda se replegó en los años treinta a planteamientos de mayor austeridad: telas con más cuerpo, faldas largas, escotes reducidos, ausencia de maquillaje.

en el exilio *La revolución permanente*, obra que definitivamente le enfrentaría política e ideológicamente al dictador soviético y al fenómeno burocrático del estalinismo.

La escritora británica Virginia Woolf prosiguió su propia experimentación narrativa con la publicación de la novela *Las olas*. Mientras tanto, en la vanguardista atmósfera de París, el pintor Salvador Dalí terminaba su cuadro *La persistencia de la memoria*, obra considerada como el arquetipo del surrealismo pictórico. La sistemática crítica a la ontología mecanicista y determinista heredada del siglo XIX también prosiguió sus labores durante el año 1931. El filósofo y matemático checo Kurt Gödel dio a conocer el teorema que lleva su nombre, sobre el carácter indecidible de las proposiciones formales de las matemáticas. ■

Dibujo de Benjamín Palencia para el grupo de teatro universitario "La Barraca", animado por Federico García Lorca.

Instantáneas

1931

- El fotógrafo mexicano M. ÁLVAREZ BRAVO muestra en *Parábola óptica* la influencia del surrealismo.

- *Las Leandras*, zarzuela próxima al mundo de la revista, obra de los libretistas E. GONZÁLEZ DEL CASTILLO y J. MUÑOZ ROMÁN y del compositor F. ALONSO.
- *As time goes by*, de H. HUPFELD, la mítica canción de *Casablanca*.
- *Dancing in the dark*, de H. DIETZ y A. SCHWARTZ.
- *Dream a little dream of me*, de G. KAHN, W. SCHWANDT y F. ANDRE.
- *Minnie the moocher*, de C. CALLOWAY, I. MILLS y C. GASKILL.
- *El manisero*, de M. SIMONS RODRÍGUEZ.

- F. GARCÍA LORCA crea el teatro universitario **"La Barraca"**, que representará por todo el país las obras del teatro clásico español. *(2 Diciembre)*
- Aparece la revista *"Acción Española"* de ideología filofascista. *(16 Diciembre)*
- H. BROCH aborda la crisis de valores en la sociedad contemporánea en la trilogía histórica de *Los sonámbulos*, que inicia con *Pasenow o el romanticismo*, *Esch o la anarquía*, y que continuará con *Huguenau o el realismo*.
- *Las olas*, una de las novelas más complejas de V. WOOLF.
- W. FAULKNER trata en *Santuario* el tema de la depravación moral.
- Empiezan a publicarse los escritos póstumos del matemático y filósofo norteamericano CH. SANDERS PEIRCE (1839-1914), bajo el título de *Collected papers*. Este autor, en vida, no publicó ningún libro.
- La novela *Vuelo nocturno*, del escritor francés A. DE SAINT-EXUPÉRY, conquista un gran éxito. Las novela servirá de base al compositor L. DALLAPICCOLA para escribir una ópera (1939).
- En *La buena tierra* la novelista estadounidense PEARL S. BUCK inicia una trilogía ambientada en China, que completará con la publicación de *Hijos* (1932) y *Un hogar dividido* (1935).

- *Frankenstein*, de J. WHALE, uno de los grandes clásicos del cine de terror. El monstruo es encarnado por el actor B. KARLOFF.
- *¡Viva la libertad!*, uno de los films clásicos del realizador francés R. CLAIR.

- M. KNOLL y E. RUSKA inventan el **microscopio electrónico**. Su comercialización se iniciará en 1939.
- W. H. CAROTHERS descubre el **caucho sintético**.
- K. JANSKY detecta por primera vez las ondas radio procedentes del espacio y **crea la radioastronomía**.
- El buque italiano *Conte di Savoia* se convierte en el primer barco de pasajeros equipado con estabilizadores.

- Los científicos alemanes E. RUSKA y M. KNOLL inventan el **microscopio electrónico**.

- **Graves incidentes** en el pueblo extremeño de **Castilblanco**. Los vecinos linchan con piedras y machetes a cuatro guardias civiles que habían dispersado a tiros una manifestación. *(31 Enero)*
- En Guatemala, el candidato oficial del gobierno, J. UBICO, gana unas **elecciones claramente manipuladas**. Durante su mandato las puertas del país se abrirán a la especulación de las compañías estadounidenses. *(14 Febrero)*
- En El Salvador, el general M. HERNÁNDEZ MARTÍNEZ da **un golpe de Estado** contra el gobierno del presidente ARTURO ARAUJO.

- Pío XI publica una **encíclica** sobre el matrimonio. *(8 Enero)*
- Un **terremoto** de 5,6 grados en la escala de Richter destruye prácticamente la capital nicaragüense, Managua, causando más de 5000 muertos. *(31 Marzo)*
- Inauguración en París de la **Exposición colonial internacional**, muestra del poderío francés en el mundo. *(6 Mayo)*
- Empiezan a circular **trolebuses** en el área de Londres. *(1 Julio)*
- La crisis económica de Gran Bretaña obliga a **devaluar la libra**. *(20 Setiembre)*
- ANTONIA MERCÉ "La Argentina", bailarina y coreógrafa española, triunfa en su debut en Nueva York. *(29 Diciembre)*
- Apertura pública del **Whitney Museum** de Nueva York, destinado a mostrar el arte americano contemporáneo. El edificio es obra del arquitecto M. BREUER.
- A.M. BUTTS, arquitecto en paro, crea el **Scrabble**, un juego de palabras que conquistará un pronto éxito entre el público.

- F. y T. SCHMID, alpinistas alemanes, logran escalar, por primera vez, la cara norte del **Cervino**, en los Alpes. *(1 Agosto)*
- Se celebra el **primer campeonato del mundo de esquí** en Mürren (Suiza).

- «No es que fueran brutalmente sinceros, sino más bien sinceramente brutales.» N. ALCALÁ ZAMORA, aludiendo a los seguidores de PRIMO DE RIVERA.
- «No se puede recaudar impuestos legales sobre dinero ilegal.» AL CAPONE, al ser detenido por evasión de impuestos.
- «Poder sin responsabilidad: la prerrogativa de los eunucos de todos los tiempos.» STANLEY BALDWIN, en un mitin electoral, refiriéndose a LORD BEAVERBROOK.

- La bailarina rusa ANNA PAVLOVA. *(23 Enero)*
- Dame NELLIE MELBA, una de las grandes divas operísticas de comienzos del siglo XX y una de las primeras en grabar discos.
- JUAN ZORRILLA DE SAN MARTÍN, poeta uruguayo, autor de *Tabaré*. *(4 Noviembre)*

1932

Desfile nazi ante la puerta de Brandemburgo de Berlín, después de la victoria electoral de Adolf Hitler (dibujo de prensa de la época).

Asesinato de José Farabundo Martí
1 FEBRERO

Ante el inminente triunfo de los comunistas, el gobierno de El Salvador suspende las elecciones e inicia una sangrienta represión en el campo. En estas circunstancias, el Partido Comunista salvadoreño llama a la insurrección popular, pero las fuerzas de la Guardia Nacional, leales a Maximiliano Hernández Martínez, protagonizan una de las matanzas más terribles de la historia centroamericana. Perecen miles de campesinos y obreros y los cabecillas del movimiento, entre ellos José Farabundo Martí (1883-1932), son capturados y fusilados. Con su "victoria sobre los comunistas", Hernández Martínez se gana la confianza de Estados Unidos y se asegura su permanencia en el poder.

Nuevas partículas elementales

El físico estadounidense C. David confirma la existencia de la partícula de antimateria, bautizada como *positrón* por el físico británico Paul Dirac (1902-1984), que había postulado su existencia en 1928. Por otra parte, el físico ja-

ponés Hideki Yukawa (1907-1981), como continuación de los trabajos de Chadwick y Heisenberg, formula la hipótesis de la existencia de partículas elementales de tamaño intermedio, de las que la primera será detectada un año más tarde y bautizada con el nombre de *mesón*.   ➡ **1933**

El hijo de Lindbergh es hallado muerto
29 FEBRERO

El secuestro del hijo, de tan sólo diecinueve meses de edad, del famoso aviador Charles A. Lindbergh (1902-1974), que en 1927 cruzó por primera vez el Atlántico sin escalas, tiene un desenlace trágico. El niño es encontrado muerto y la policía detiene a un carpintero alemán llamado Bruno Hauptmann, que confiesa ser el autor del crimen que ha conmocionado a la sociedad estadounidense. El drama del matrimonio Lindbergh tiene eco en el Congreso, donde se modifican las condiciones de aplicación de la pena de muerte para castigar con ella a Hauptmann por su crimen.

Estreno madrileño de Luisa Fernanda
26 MARZO

El Teatro Calderón de Madrid acoge el estreno de una de las zarzuelas más celebradas. *Luisa Fernanda* de Federico Moreno Torroba (1891-1982) es uno de los últimos ejemplos de gran calidad de la llamada "zarzuela grande". En la línea de *Doña Francisquita* de Amadeo Vives, destaca por su retrato nostálgico del Madrid romántico del siglo XIX. Algunas de sus páginas, como el dúo "Caballero del alto plumero", la habanera "Marchaba a ser soldado", la romanza de tenor "De este apacible rincón de Madrid" o la "Mazurca de las sombrillas", pasarán pronto a formar parte del acervo popular español.

Avance popular de los nazis en Alemania
10 ABRIL

Hindenburg se impone en la segunda vuelta de las elecciones a la presidencia alemana, y la situación política del

país se complica aún más debido al espectacular avance del Partido Nacionalsocialista en las elecciones regionales, donde ha pasado del 2,9 % al 36,3 %. Este incremento del apoyo popular permite a los nazis contar con un número de escaños suficiente para condicionar al gobierno conservador de Hindenburg. El partido de Hitler, cuyo discurso señala a los judíos como responsables del caos y la quiebra económica del país, se ha beneficiado del creciente desempleo y del desencanto popular hacia los partidos políticos tradicionales.   ➡ **1933**

Victoria electoral de los nazis
30 JUNIO

El ascenso experimentado por el Partido Nacionalsocialista alemán en las elecciones regionales se confirma en las legislativas, que lo confirman como la primera fuerza política del país. El partido de Adolf Hitler, que ha obtenido el 37,4 % de los votos, cuenta ahora con 230 escaños en el Reichstag. La campaña electoral se ha visto dominada por la violencia protagonizada por las agrupaciones paramilitares nazis, como las SA y las SS, y la virulencia del discurso hitleriano, además de las medidas represivas impulsadas por el gobierno del centroderechista Franz von Papen.   ➡ **1933**

Oliveira Salazar accede al poder en Portugal
5 JULIO

Antonio de Oliveira Salazar (1889-1970) es designado primer ministro. Oliveira Salazar, quien desde su cargo de ministro de Hacienda ha sido el artífice del llamado *Estado Novo*, se dispone a iniciar una de las dictaduras más largas de la Europa del siglo XX. Su régimen corporativo y de corte fascista emprenderá una serie de reformas que repercutirá en una mejora de las condiciones de vida y realizará importantes obras públicas, entre las cuales destaca el puente lisboeta sobre el Tajo. Jefe de la Unión Nacional Portuguesa, único partido político autorizado en Portugal, Oliveira Salazar perseguirá duramente a sus opositores y se negará a modificar la relación de la metrópoli con las colonias.   ➡ **1974**

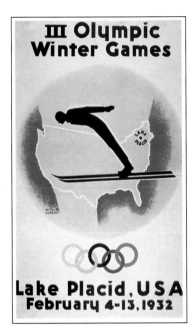

III Olympic
Winter Games

Lake Placid, USA
February 4-13, 1932

◄ *Cartel de los Juegos Olímpicos de invierno de Lake Placid 1932.*

X Juegos Olímpicos en Los Ángeles
30 JULIO - 14 AGOSTO

La ciudad estadounidense de Los Ángeles realiza un gran esfuerzo financiero para celebrar los Juegos Olímpicos de verano. Con la participación de 1408 atletas, entre ellos 127 mujeres, en representación de 37 países, los X Juegos Olímpicos de Los Ángeles son los primeros de la historia moderna que suman el éxito económico al de público, a pesar de la crisis económica que se arrastra desde 1929. Para su celebración la ciudad organizadora ha construido un moderno estadio, el Memorial Coliseum, y una villa olímpica para alojar a los atletas varones, con 550 pabellones de dos habitaciones cada uno. La espectacular ceremonia de apertura, en la que participan 300 músicos y 150 cantantes, marcará un hito para los futuros Juegos Olímpicos. Previamente se habían celebrado en Lake Placid, en el estado de Nueva York, las Olimpiadas de invierno, en las que la gran atracción fue nuevamente la joven patinadora noruega Sonja Henie.

El MOMA expone la obra de Van der Rohe

El Museo de Arte Moderno de Nueva York reúne en una exposición los proyectos más significativos del arquitecto alemán Mies van der Rohe. En la muestra de los trabajos del actual director de la Bauhaus destaca el soberbio proyecto no realizado de los rascacielos de acero y vidrio, que anuncia la orientación de la arquitectura del siglo XX, en consonancia con los rápidos avances de la tecnología y del tratamiento de los ma-

teriales. La obra de Van der Rohe, algunas de cuyas realizaciones más famosas son el pabellón alemán para la Exposición Internacional de Barcelona de 1929 y la casa Tugendhat de Brno (Checoslovaquia), se caracteriza por la perfecta armonía de las líneas, la sobriedad ornamental y la racionalidad funcional de los espacios.

Nuevo récord de altitud

El físico suizo Auguste Piccard (1884-1962) y el también físico belga M. Cosyns ascienden, a bordo de una cabina presurizada que pende de un globo fabricado con un material especial, hasta una altitud de 16 940 metros, alcanzando de este modo la estratosfera terrestre. La hazaña, además de establecer un récord absoluto de altitud, sirve para medir las radiaciones de la estratosfera y para demostrar que es posible para el ser humano, con un equipamiento adecuado, sobrevivir en tales altitudes.

El Gobierno español sofoca un golpe de Estado
10 AGOSTO

Fracasa un intento monárquico encabezado por el general José Sanjurjo de derribar al gobierno republicano de Manuel Azaña. En Madrid, el general Fernández Pérez intenta apoderarse de la sede del Ministerio de la Guerra, para coordinar desde allí las fuerzas monárquicas; pero el gobierno, enterado a tiempo de la conspiración, frustra la intentona. Mientras tanto, en Sevilla el general Sanjurjo logra el control de la ciudad pero opta por huir ante la falta de seguimiento y la rápida movilización popular. Sanjurjo es finalmente detenido en el pueblo onubense de Ayamonte, junto a la frontera portuguesa.
➡ **1933**

Un mundo feliz, libro inquietante de Huxley

El escritor británico Aldous Huxley (1894-1963) publica una novela que explora un futuro desesperanzador para el género humano. Después de *Contrapunto*, publicada en 1928 y en la que abordaba la crisis de valores que embar-

ga a la sociedad moderna, Huxley describe con pesimismo un mundo futuro dominado por la tecnología y la genética. *Brave new world*, el título inglés de la obra, está tomado de Shakespeare. El protagonista, un "salvaje" que ha recibido la anticuada educación de los hombres del siglo XX y vive confinado en una reserva, es "descubierto" por una expedición científica y conoce durante unos días una popularidad parecida a la de Tarzán en la sociedad victoriana; pero elige morir antes que integrarse en el "mundo feliz" de sus descubridores, en el que no existen el dolor, la enfermedad ni la vejez, pero tampoco valores éticos ni lazos afectivos entre las personas.

El Memorial Coliseum de Los Ángeles durante la ceremonia de inauguración de las Olimpiadas de verano de 1932.

Manuel Azaña, jefe del gobierno español, posa en Barcelona junto a Francesc Macià y el gobierno de la Generalitat de Cataluña.

La sombra del nazismo se alarga

En 1932 los totalitarismos avanzan implacables en Europa. En Alemania se confirma la tendencia del electorado a apoyar esta opción: el presidente Hindenburg es reelegido por mayoría absoluta, al tiempo que el nazismo obtiene un avance espectacular y definitivo en las elecciones regionales de Prusia, Berlín y Württemberg. A contracorriente de las tendencias en Europa, la República española insiste en la línea del progresismo, dando a luz una ley del divorcio.

BALANCE DEL I PLAN QUINQUENAL SOVIÉTICO

En 1932 se inauguró en la Unión Soviética el II Plan Quinquenal, en el que se previó que la industria ligera fuera el centro de interés prioritario, a pesar de la situación internacional inestable por los efectos de la depresión económica. Esta decisión de planificación se tomó como consecuencia del balance del I Plan Quinquenal.

El punto de partida del primer plan quinquenal de 1928 había sido la situación industrial característica de los años postreros de la Nueva Política Económica soviética, la NEP. Pese a la recuperación de los niveles de producción prebélicos, la industria atravesaba serias dificultades. Sector minoritario por lo que al empleo se refiere –junto con los sectores del transporte y las comunicaciones, empleaba a la décima parte de la población activa– la NEP sometió a la industria del Estado soviético a un conjunto de medidas correctoras para mejorar e incrementar su productividad. El gasto público se convirtió en la principal fuente de financiación de las empresas y se inició la tendencia a desviar hacia la industria pesada una buena parte de los recursos de las inversiones estatales. Éste fue precisamente el principal rasgo del I Plan Quinquenal, que concluyó en 1932.

Con una inversión de dos tercios de todo el presupuesto estatal, la industria pesada soviética aceleró sus niveles de crecimiento, sobrepasando con creces los de la industria ligera. En particular, la industria de defensa captó la parte principal de dichos recursos. Las industrias de tamaño medio y de bienes de consumo quedaron –a pesar de los planteamientos teóricos del partido bolchevique en sentido contrario– definitivamente relegadas.

Antonio de Oliveira Salazar, que monopolizaría durante muchos años el poder en Portugal.

El I Plan Quinquenal soviético permitió la consolidación de nuevos sectores industriales como la siderurgia, las construcciones mecánicas y la química pesada, y un gran desarrollo de la producción de electricidad y la construcción. También sirvió para cimentar el desarrollo industrial de áreas, como Siberia, en las que las actividades del sector primario conservaban todavía un peso fundamental. Pero el balance ofrecía asimismo aspectos no tan positivos, incluso desde el punto de vista meramente económico. Los sectores más ligados al primer desarrollo de la industrialización en Rusia, como la industria textil, la alimentaria y los ferrocarriles, fueron desatendidos, lo que dio lugar a secuelas cuyos efectos se hicieron sentir durante decenios. Finalmente, la agricultura seguía generando la mayor parte de la renta nacional.

En 1932, el planteamiento inicial del segundo período de planificación preveía subsanar las deficiencias del primero. Sin embargo, las dificultades para obtener créditos en el exterior y para exportar las producciones aconsejaron insistir en las tendencias del primer plan. En realidad, el crecimiento en inversiones para la industria pesada y para la defensa era una tendencia generalizada en todos los países de Europa en aquella época.

PORTUGAL: LA ASCENSIÓN DE SALAZAR

En julio de 1932 el jefe del Estado portugués, general Carmona, encargó la formación de un nuevo gobierno al hasta entonces ministro de Finanzas, el joven profesor de la Universidad de Coimbra Antonio de Oliveira Salazar. El nombramiento puso en marcha una etapa de la historia de Portugal caracterizada por el liderazgo de Salazar en el seno de un régimen aparentemente constitucional en el que, sin embargo, se fue agudizando la tendencia a la concentración del poder ejecutivo. Salazar exigió plenos poderes y apartó progresivamente del poder a aquellos políticos que no le eran absolutamente afectos, de modo que en las elecciones de diciembre hubo una sola candidatura, la gubernamental. Bajo la dictadura personal de Salazar y con la creación de un partido gubernamental y un sindicato oficial de corte fascista, Portugal iba a convertirse en el modelo de Estado corporativo autoritario.

La irrupción del régimen salazarista debe entenderse en relación con otros procesos históricos. Por un lado las dificultades de la dictadura de Carmona, sometida a fuertes presiones internas; por otro, los temores suscitados por la proclamación, en abril de 1931, de la temida República española. Y en tercer lugar, la existencia de un contexto general favorable al establecimiento de regímenes de corte totalitario.

La actriz española Margarita Xirgu.

Portada de Nudo de víboras, *una de las obras más significativas del escritor católico francés François Mauriac.* ▶

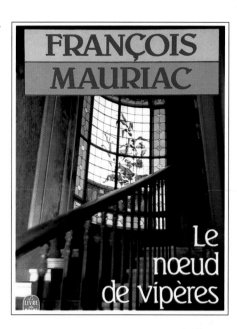

Pese a la descoordinación de la oposición política, en 1931, coincidiendo con la proclamación de la República española, se produjeron fuertes insurrecciones contra el gobierno de Lisboa en Madeira y Azores. Aunque los acontecimientos portugués y español habían tenido un desarrollo independiente, parecía verosímil apuntar a ciertos entendimientos para democratizar la península. De ahí que el nuevo régimen establecido en España se tornase muy peligroso para la dictadura portuguesa. ■

Instantáneas

- A. CALDER exhibe sus primeros *móviles*, piezas abstractas compuestas de varas y placas de metal, pintadas en colores vivos y suspendidas en el aire.
- *Máscara del miedo*, irónica pintura de P. KLEE en la que se ridiculiza la intolerancia y estupidez de los nazis.
- *La guerra*, un retablo en el que el pintor O. DIX expresa el absurdo y el horror de todo conflicto bélico, es asimismo una premonición de lo que acontecerá poco después con la llegada de los nazis al poder.

- R. BLUM y W. BASIL fundan los **Ballets rusos de Montecarlo**, con la intención de renovar el espíritu de los Ballets rusos de DIAGHILEV. En 1936, BLUM fundará una nueva compañía patrocinada por el principado de Mónaco, con el nombre Ballets de Montecarlo.
- *Suite del Gran Cañón*, de F. GROFÉ, una de las más representativas y brillantes obras orquestales del nacionalismo musical estadounidense.
- El director de orquesta sir TH. BEECHAM crea la **Orquesta Filarmónica de Londres**.
- *Fascination*, de F.D. MARCHETTI.
- *Brother can you spare a dime*, de E.Y. HARBURG y J. GORNEY.
- *Granada*, de A. LARA.
- *Mad about the boy*, de N. COWARD.

- J. ROMAINS inicia la redacción de la **novela-río** *Los hombres de buena voluntad*, que constará de 27 volúmenes y en la que trabajará hasta 1947.
- En *La marcha de Radetzky,* el novelista austríaco J. ROTH plasma de manera magistral el declive y disolución del Imperio Austrohúngaro.
- L.F. CÉLINE recibe el premio Renaudot por su novela *Viaje al fin de la noche*, polémica obra de carácter autobiográfico.
- *Un bárbaro en Asia*, obra del poeta belga H. MICHAUX, es un viaje intemporal que sirve al autor para condenar la civilización europea.
- *La ruta del tabaco*, del estadounidense E. CALDWELL, una novela tan cómica como cruel, conquista al público, especialmente el europeo.
- *Nudo de víboras*, obra de madurez de F. MAURIAC, en la que el autor francés profundi-

za en la contradicción entre fe cristiana y sensualidad.
- V. ALEIXANDRE escribe *Espadas como labios*, libro de poemas de influencia surrealista en el empleo de las imágenes y del lenguaje.
- Con *Tres sombreros de copa*, el dramaturgo español M. MIHURA se adelanta un par de décadas al llamado teatro del absurdo.

- Primer **festival de cine en Venecia**, el primero enteramente dedicado al séptimo arte, organizado en el marco de la Bienal artística veneciana. *(6 Agosto)*
- Con la película *Red-Haired Alibi*, debuta en el cine SHIRLEY TEMPLE, la niña prodigio de cuatro años de edad.
- *La Venus rubia*, uno de los filmes dirigidos por J. VON STERNBERG y protagonizados por su gran musa: MARLENE DIETRICH.

- Importantes avances en las técnicas de **anestesia quirúrgica**: sustitución del éter por inoculación endovenosa.
- Los físicos británicos J. COCKCROFT y E. WALTON crean el **acelerador de partículas** que lleva su nombre.
- K.G. JANSKY descubre accidentalmente la emisión galáctica en el rango de las ondas métricas XXX. **Nace la radioastronomía.**

- Disolución de la **Compañía de Jesús** en todo el territorio español. *(23 Enero)*
- El emperador de China, Pu Yi, proclama la **independencia de Manchuria**. *(1 Febrero)*
- Etiopía: inicio de un proceso para acabar con la **esclavitud** en el país. *(17 Abril)*
- Fracasa el intento comunista de proclamar la **república socialista en Chile**. *(27 Junio)*
- Estalla la **guerra del Chaco**, que enfrenta a Bolivia y Paraguay por esta región fronteriza. *(31 Julio)*
- El parlamento español aprueba el **Estatuto de Autonomía de Cataluña**. *(9 Setiembre)*
- F. MACIÀ elegido presidente de la Generalitat Catalana. *(14 Diciembre)*
- **Enfrentamientos armados** entre China y Japón: el ejército japonés ataca Shanghai. *(31 Enero)*
- Tropas peruanas atacan Puerto Leticia, provocando el estallido de las **hostilidades entre Colombia y Perú.**

- El demócrata **F.D. ROOSEVELT** elegido presidente de Estados Unidos. Su nombramiento ha despertado la esperanza nacional frente a la gravísima crisis económica. *(8 Noviembre)*
- E. HERZFELD, director del Instituto Oriental de la Universidad de Chicago excava la ciudad de **Persépolis**, en Irán, destruida en el 330 a.C. por ALEJANDRO MAGNO.

- Dimisión de **V. KENT**, directora de prisiones desde hace un año. *(3 Junio)*
- Concedido el **primer divorcio de España**, por la audiencia de Las Palmas de Gran Canaria. *(6 Setiembre)*
- La actriz **M. XIRGU** nombrada hija predilecta de la ciudad de Barcelona. *(20 Octubre)*
- Se inicia el proceso de **desecación de las marismas Pontinas**, con el fin de erradicar el paludismo.
- El gobierno estadounidense grava con impuestos estatales **el precio de la gasolina**, por primera vez en el mundo.

- Los "mosqueteros" del tenis francés, R. LACOSTE, H. COCHET, P. GILLON y J. BRUGNON, ganan su **sexta copa Davis**.
- **III Juegos Olímpicos de invierno en Lake Placid**: el explorador y marino estadounidense R.E. BYRD proclama el juramento olímpico en la apertura. *(13 Febrero)*
- **Juegos Olímpicos de Los Ángeles**: el argentino J.C. ZABALA conquista la medalla de oro en la prueba de maratón. *(7 Agosto)*

- «Esto es sólo el principio.» P. GOUGULOFF, ruso blanco tras asesinar al presidente francés P.L. DOUMER.

- **EDGAR WALLACE**, escritor británico autor de novelas como *Cuatro hombres justos*, *El hombre que compró Londres* o *La casa misteriosa*. *(10 Febrero)*
- El pintor **RAMÓN CASAS**, creador del cenáculo artístico barcelonés de "Els Quatre Gats". *(1 Marzo)*
- Asesinado en París el presidente francés, **PAUL DOUMER**. *(6 Julio)*
- **AMADEO VIVES**, inmortal creador de zarzuelas como *Doña Francisquita* o *Bohemios*. *(2 Diciembre)*

1933

Cartel de la película King Kong, *de Cooper y Schoedsack. En 1976 se realizó un* remake *dirigido por John Guillermin e interpretado por Jessica Lange y Jeff Bridges, que no hizo olvidar la anterior versión.*

Sir Malcolm Campbell sonríe después de haber batido el récord de velocidad sobre el prototipo Blue Bird *(Pájaro azul).*

Estreno de King Kong

Realizada en 1933 para la RKO por Merian C. Cooper y Ernest B. Schoedsack, *King Kong* es una original variación sobre el eterno tema de la Bella y la Bestia que se convierte rápidamente en un clásico del cine fantástico. Merecen una mención destacada sus innovadores efectos especiales, como en la escena antológica del monstruo trepando por un rascacielos con la muchacha en sus manos. El éxito del filme dará lugar a varias secuelas menos afortunadas, realizadas con medios técnicos más modernos pero que no consiguen hacer olvidar el encanto y la belleza primitiva del original. La música, que tan gran importancia tiene en la consecución de la peculiar atmósfera de la película, es obra de Max Steiner, que también creará la inolvidable banda sonora de *Lo que el viento se llevó*. ➡ **1939**

Matanza en Casas Viejas
11-13 ENERO

La Guardia Civil española desencadena una trágica matanza en el pueblo gaditano de Casas Viejas. En el marco de la huelga insurreccional convocada por los anarquistas y tras el frustrado asalto a la casa cuartel de la Guardia Civil de Casas Viejas, un grupo de rebeldes de tres hombres, dos mujeres y un niño dirigido por Curro Cruz, a quien llaman *Seisdedos*, se atrinchera en una casa. Ésta es finalmente bombardeada e in-

cendiada pereciendo todos sus ocupantes, salvo una mujer y un niño que consiguen huir. Poco después, la Guardia Civil irrumpe en el pueblo y fusila a catorce personas sospechosas de haber participado en la rebelión. ➡ **1934**

Hitler, nuevo canciller alemán
30 ENERO

Paul von Hindenburg nombra a Adolf Hitler nuevo jefe de gobierno, como consecuencia de las negociaciones entre éste y Franz von Papen. El crecimiento del partido nazi, el fracaso sucesivo de tres cancilleres y la presión de los grandes industriales y banqueros, entre ellos el poderoso Kurt von Schroeder, obligan al viejo general a recurrir a Hitler. La alianza entre conservadores y nacionalsocialistas para formar un gobierno de coalición no tardará en ceder ante la irresistible presión del partido nazi, que apenas cuatro semanas más tarde, tras el incendio del Reichstag, impondrá un régimen unipartidista. ➡ **1934**

Finaliza la guerra civil en Nicaragua
2 FEBRERO

La guerrilla sandinista depone las armas tras la retirada del ejército estadounidense del país, con lo que concluye una guerra civil de siete años. El general Sandino arriba a Managua en una avioneta del gobierno y firma el tratado de paz ya negociado con los representantes del presidente Sacasa en Las Segovias. De acuerdo con el tratado, a cambio de la entrega de las armas Sandino y sus hombres recibirán tierras para su cultivo. Los cambios en la política exterior estadounidense promovida por el presidente electo Roosevelt y concretada con la retirada de las tropas ordenada por Hoover, han movido a Sandino a dialogar y firmar la paz. ➡ **1934**

Récord de velocidad en automóvil
22 FEBRERO

El piloto británico Malcolm Campbell (1885-1948) supera los 200 km/h por primera vez en la historia. Campbell, que se ha especializado en alcanzar las máximas velocidades en automóvil, logra a bordo del prototipo *Pájaro Azul* batir el récord del mundo de velocidad a una media horaria de 219,378 km. En 1935, el propio Campbell llegará a los 484,510 km/h pilotando un automóvil. Su pasión por la velocidad lo llevará a participar en carreras de canoa-automóvil, en una de las cuales perderá la vida. Su hijo Donald (1921-1967) alcanzará los 444,615 km/h en un bólido acuático, y también perecerá en accidente al intentar batir el récord.

Arde el Reichstag alemán
28 FEBRERO

El gobierno de Adolf Hitler acusa a los comunistas de incendiar el parlamento germano y suspende las garantías constitucionales. La policía, mandada por Hermann Goering, lleva a cabo una espectacular redada entre militantes comunistas, con tal precisión que parece una operación ya planificada. En relación directa con el incendio es detenido el anarquista neerlandés Marinus van der Lubbe, quien será declarado culpable y decapitado poco después. Los comunistas búlgaros Vassili Tanev, Balgoi Popov y Giorgi Dimitrov, también acusados del crimen, son absueltos merced a la hábil defensa de Dimitrov, que señala como posibles autores del incendio a los mismos nazis para justificar la represión. ➡ **1945**

Roosevelt toma posesión del cargo de presidente de Estados Unidos
4 MARZO

Franklin Delano Roosevelt (1882-1945) jura como 32º presidente de Estados Unidos. Roosevelt, que ha obtenido una aplastante victoria sobre el republicano Hoover, promete tomar "medidas puntuales y vigorosas" contra la depresión económica. En efecto, la administración demócrata impulsa el denominado *New Deal*, un vasto plan que incluye obras públicas, subsidios a los agricultores, leyes de regulación de las relaciones laborales y control federal de bancos e industrias. Entre las medidas de choque destinadas a recuperar la economía nacional, el Congreso aprueba la *Emergency Banking Act*, que prorroga el cierre bancario y prohíbe la exportación de oro. ➡ **1945**

Estreno de **Bodas de sangre** de García Lorca
8 MARZO

El poeta andaluz Federico García Lorca (1898-1936) obtiene un gran éxito de público en el teatro Beatriz de Madrid con el drama *Bodas de sangre*, cuyos temas esenciales son el honor y la ternura de la mujer en un mundo dominado por la brutalidad del hombre. Con un lenguaje poético y escenas simbólicas que el coro enriquece adecuadamente, García Lorca despliega la historia trágica de una mujer raptada por su antiguo novio en el momento en que se disponía a casarse con otro hombre. Los amantes huyen juntos dejando tras de sí la muerte, que no tarda en darles alcance. La obra se inspira en un hecho real ocurrido en Almería. ➡ **1936**

Se abre un campo de concentración en Dachau
20 MARZO

Después de la ola de arrestos desatada por el Tercer Reich, el jefe de la policía nazi Heinrich Himmler (1900-1945), creador de las SS, construye un nuevo campo de concentración en Dachau. Este campo, situado en las naves abandonadas de una antigua fábrica, se suma a los ya abiertos en Prusia y otros puntos de Alemania, destinados a albergar en condiciones infrahumanas a miles de presos políticos. Los comunistas y los socialdemócratas, los católicos, judíos, etc., son víctimas de la política de "normalización" del régimen nazi, decidido a imponer la hegemonía del Reich alemán y de la raza aria en toda Europa. ➡ **1939**

Se funda Falange Española
29 OCTUBRE

La derecha española se organiza y toma posiciones al tiempo que aumenta el clima de agitación social y se polarizan las fuerzas políticas. En un acto celebrado en el teatro Comedia, José Antonio Primo de Rivera, Julio Ruiz de Alda y Al-

fonso García Valdecasas dan a conocer el ideario de Falange Española, agrupación que se caracteriza por su antiliberalismo y antimarxismo y su concepción nacionalista y totalitaria del Estado. *«No hay más dialéctica que la dialéctica de los puños y las pistolas cuando se ofende a la Justicia o a la Patria»*, dice en la ocasión Primo de Rivera, hijo mayor del ex dictador español. ➡ **1936**

Valle-Inclán estrena **Divinas palabras**
16 NOVIEMBRE

En el Teatro Español de Madrid se estrena una de las obras dramáticas más importantes de Ramón María del Valle-Inclán (1866-1936). A diferencia de *Luces de bohemia*, dada a conocer en 1920 por entregas y donde establece su estética del esperpento, en *Divinas palabras*, escrita el mismo año, Valle-Inclán opta por exaltar el poder sagrado de la palabra como fuerza transformadora que se impone a las pasiones carnales que imperan en un ambiente de degradación social y moral. Esta "tragedia de aldea", como la llama el autor gallego, ha sido puesta en escena por Cipriano Rivas Cherif.

Berkeley realiza **La calle 42**

Busby Berkeley (1895-1976) es el responsable de las coreografías de varios de los musicales de más éxito del Hollywood de la década de 1930. Su estilo, espectacular y extravagante, otorga al género una nueva dimensión, al concebir los números en función de las amplias posibilidades del lenguaje cinematográfico. *La calle 42* es uno de sus títulos legendarios y la mejor de sus coreografías, en la que las evoluciones de los bailarines, los movimientos de la cámara y el ritmo del montaje consiguen fundirse en un todo único y original. Dirigido en colaboración con Lloyd Bacon, responsable de la parte dramática, y protagonizado por Ruby Keeler y Dick Powell, el filme revitaliza el género del musical, librando a su productora, la Warner, de la bancarrota. Seguirán otros éxitos como *Vampiresas 1933*, *Desfile y candilejas* y *Música y mujeres*.

Revolución y condición humana

André Malraux (1901-1976) obtiene el prestigioso premio Goncourt con la novela *La condición humana*. La obra, ambientada en el Shanghai de 1928, narra con gran fuerza expresiva los conflictos derivados del colonialismo europeo, pero sobre todo describe la lucha, casi existencial, del hombre contra su destino, contra su propia condición. Malraux, que había viajado por primera vez al Sudeste asiático en 1923, como miembro de una expedición arqueológica, y que más tarde, llevado por sus simpatías hacia los comunistas, participó en la revolución china, se consagra con esta novela como uno de los grandes intelectuales franceses del siglo XX.

"Neutrones térmicos"

El físico italiano Enrico Fermi (1901-1954), tras el descubrimiento en 1932 del neutrón por J. Chadwick (1891-1974) y después de bautizar con el nombre de neutrino la partícula postulada por W. Pauli (1900-1958), prosigue sus estudios con los neutrones descubriendo que el efecto de los neutrones es mayor cuanto menor es su energía, es decir cuando son "neutrones térmicos". Siguiendo esta idea, bombardea uranio con neutrones con la idea de obtener el elemento situado encima del uranio, lo que le permite avanzar en el estudio de los procesos de fisión del uranio, más tarde establecidos por O. Hahn y L. Meitner. Sus trabajos serán recompensados en 1938 con el premio Nobel de Física. ➡ **1938**

Detalle del célebre retrato de Ramón María del Valle-Inclán, por Juan Echeverría (Museo de Arte Contemporáneo de Madrid).

José Antonio Primo de Rivera pasa revista a unos jóvenes falangistas formados militarmente.

Nuevos modelos sociales

En 1933 la democracia alemana, encarnada por la República de Weimar, queda tocada de muerte. Su credibilidad ante la sociedad civil, como en tantos otros países de Europa es muy escasa. Los votantes europeos se decantan hacia modelos extremos, de izquierdas o de derechas, que, por muy alejados que puedan parecer entre sí, se tocan en un punto común: el totalitarismo. En Estados Unidos, la depresión económica impulsa a los poderes a gobernar mediante decretos ley.

ROOSEVELT Y EL NEW DEAL

En medio de la peor de las depresiones económicas conocidas por Estados Unidos, los republicanos habían sido barridos en las elecciones de noviembre de 1932, por primera vez en la última década, por la fuerza de un demócrata, Franklin Delano Roosevelt, cuyo programa político proclamaba la responsabilidad del gobierno en el bienestar de los ciudadanos y anunciaba una nueva política, el New Deal, para el hombre olvidado. La defensa de la fe en el individualismo y en el sistema americano propugnados por el candidato republicano a la reelección, Herbert Hoover, se mostró insuficiente para hacer frente a la esperanza que despertaron las promesas de Roosevelt, materializadas en la forma de siete millones de votos populares.

Las medidas contenidas en el New Deal comenzaron a ponerse en marcha en 1933. Entre marzo y junio de ese año el Congreso aprobó sin resistencia todos los proyectos presentados por el Ejecutivo. Un primer grupo de medidas estaba destinado a reformar la legislación bancaria para evitar en el futuro situaciones parecidas a la ocurrida en 1929. Otro paquete de medidas se orientó al estímulo de la economía y del empleo: se devaluó el dólar, se alentó la subida de los precios y se inyectaron fondos federales a la producción. Se regularon los precios en la industria y en la agricultura y se propició la reconstrucción de amplias zonas del país con una ambiciosa política de obras públicas que ofrecía trabajo a muchos desempleados y favorecía la activación económica de extensas regiones.

En su primera fase, el New Deal hubo de hacer frente a la oposición del sector más conservador de la sociedad, que tachó

Alocución radiofónica de Franklin Delano Roosevelt, durante la campaña electoral que le llevó a la presidencia de Estados Unidos.

Mae West, en una de sus características poses. I'm no angel (No soy ningún ángel), advertía desde el título de una de sus películas más famosas. ▶

a la política de Roosevelt de intervencionista y hasta de socialista. La principal oposición provino del Tribunal Supremo federal, cuya oposición al desarrollo de los paquetes de medidas del New Deal provocó un serio conflicto entre los poderes ejecutivo y judicial.

LA ASCENSIÓN DEL NACIONALSOCIALISMO AL PODER EN ALEMANIA

En enero de 1933 Hitler, jefe del NSDAP, Partido Nacional Socialista Alemán, fue nombrado canciller de Alemania por el presidente Hindenburg. El ascenso del nacionalsocialismo había sido vertiginoso. En el marco peculiar de la República de Weimar, las numerosas dificultades del régimen democrático para subsistir en el contexto de la posguerra hicieron posible el nacimiento y la consolidación del nazismo. El líder de este movimiento, Adolf Hitler, había tomado parte en la Primera

Guerra Mundial, tras la cual entró a formar parte del Partido de los Obreros Alemanes, el DAP, que pasó a denominarse en seguida NSDAP. Los primeros años de la posguerra, en una Alemania sometida a la presión de la crisis económica y de la ocupación francesa de la región industrial del Ruhr, fueron de un notable crecimiento para el Partido Nacional Socialista.

En 1924, sin embargo, el movimiento nazi se replegó como consecuencia de la progresiva normalización de Alemania, que comenzaba a recibir inversiones, en forma de préstamos, de los países vencedores. La crisis de 1929 y sus desastrosos efectos sobre la maltrecha sociedad alemana provocó el pánico en las débiles clases medias que, temerosas de proletarizarse, optaron por apoyar a la única fuerza política que parecía proponer soluciones efectivas a cambio de la pérdida de las garantías constitucionales. El número de votantes de opciones radicales, como el NSDAP o el comunismo, creció espectacularmen-

Asamblea del gobierno nazi con dignatarios del partido y altos jefes militares en la Ópera Kroll, después del incendio del Reichstag.

te en las elecciones de 1930 y 1932. En 1932 el NSDAP se convirtió en el primer partido de Alemania, con 13,7 millones de votos y 230 escaños, aunque sin la mayoría absoluta.

A mediados de 1932 Hitler recibió el espaldarazo definitivo por parte de la gran derecha social y política alemana. El nombramiento de Hitler en enero de 1933 dio pie a una rápida destrucción del Estado liberal y del régimen democrático en Alemania. Se abrieron paso la imposición de la ideología por la fuerza y la supresión de la diversidad, no sólo ideológica sino también política, cultural y racial. Las organizaciones intermediarias entre la sociedad y el Estado desaparecieron, ocupando su lugar el partido único. El año 1933 fue

muy fructífero para la consolidación del nazismo. El incendio del Reichstag, el 28 de febrero de 1933, sirvió de excusa para poner fin a la vida parlamentaria. En marzo, la Ley de Autorización otorgó al canciller Hitler poderes especiales. En abril, y con el objeto de avanzar hacia la unión

alemana, se puso fin a la estructura federal: los Länder pasaron a ser distritos del Reich. En julio, Alemania fue declarada Estado de Partido Único. Los partidos políticos que, como los de signo liberal, no habían sido ya eliminados, decidieron su autodisolución. ■

Instantáneas

- El Museo de Arte Moderno de Nueva York organiza una **exposición retrospectiva** de E. Hopper, creador de una "pintura silenciosa".
- Se abre la **Trienal**, exposición sobre diseño, en Milán.
- El escultor británico H. Moore **expone su obra** en las Leicester Galleries de Londres. Sus esculturas conceden tanta importancia al vacío como al relieve.
- R. Tamayo pinta su primer **mural al fresco** en el Conservatorio Nacional de Música de Ciudad de México.
- A. Kertész **distorsiona** las imágenes en sus nuevas fotografías.
- G. Rouault, en su juventud integrante del grupo de los fauves, pinta el lienzo de *La Santa Faz*.

- *Maria Elena*, de L. Barcelata.
- *Smoke gets in your eyes*, de O. Harbach y J. Kern.
- *Stormy weather*, de T. Koehler y H. Arlen.
- *Temptation*, de A. Freed y N. Herb Brown.
- *Flying down to Rio*, de G. Kahn, E. Eliscu y H. Youmans.

- M. de Unamuno plasma su drama religioso personal y su sentimiento trágico de la vida en *San Manuel Bueno, mártir*.
- *Autobiografía de Alice B. Toklas*, la obra más representativa de G. Stein, escritora y crítica estadounidense que bautizó a la llamada Generación Perdida americana. *(29 Setiembre)*
- *Horizontes perdidos*, de J. Hilton, se convierte en el best seller del año.

- *No soy ningún ángel*, película dirigida por W. Ruggles, supone un gran éxito para su protagonista Mae West, el mito erótico del cine de la década 1930.

- J. Vigo estrena *Cero en conducta*, su trabajo más interesante. La prematura muerte del director un año después de concluir este film (1934), truncó una carrera prometedora.
- En *La vida privada de Enrique VIII* de A. Korda, el actor Ch. Laughton realiza una de sus caracterizaciones más magistrales.
- Inspirándose en un relato de H. G. Wells, *El hombre invisible*, J. Whale, el realizador de *Frankenstein*, rueda uno de los clásicos del cine fantástico.

- Un aeroplano **sobrevuela el Everest** por primera vez. *(3 Marzo)*
- El austríaco E. Schrödinger y el británico P. Dirac reciben el premio Nobel de Física por sus **investigaciones sobre la energía atómica**.
- R.O. Gibson y un equipo de científicos de la Imperial Chemical Industries británica descubren el material plástico conocido como **polietileno**.
- El físico R.J. Van der Graaff inventa el **generador de bandas** que lleva su nombre y que permite generar altas tensiones (de hasta varios milones de voltios) con potencias de aproximadamente un kilowatio.

- Bélgica, Países Bajos y Luxemburgo firman un tratado comercial, primer paso hacia la fundación del futuro **Benelux**. *(21 Febrero)*
- **Japón** abandona el foro de la Sociedad de Naciones tras la condena por la invasión de Manchuria. *(23 Febrero)*
- Agravamiento de los enfrentamientos entre **Colombia y Perú**, originado por la pretensión de ambos países sobre el puerto amazónico de Leticia. *(28 Febrero)*
- El dictador cubano G. Machado depuesto del poder; el ejército nombra a M. Céspedes nuevo jefe de Gobierno. *(23 Febrero)*
- **Triunfo de la CEDA** (Confederación Española de Derechas Autónomas) que lidera J.M. Gil

Robles en las elecciones municipales celebradas en España. *(25 Abril)*
- Primeras medidas nazis para la conservación de la **pureza racial**: esterilización para los alemanes imperfectos. *(26 Junio)*
- España: A. Lerroux forma gobierno tras la dimisión de M. Azaña. *(12 Setiembre)*
- Los partidos políticos españoles incorporan **mujeres a sus listas electorales**, con miras a las próximas elecciones de noviembre. *(20 Octubre)*
- **Triunfo de la CEDA** en las elecciones legislativas españolas. *(22 Noviembre)*
- En Nicaragua, A.C. Sandino **depone las armas** tras retirarse las tropas de Estados Unidos.

- Levantamiento de la **Ley Seca** por F.D. Roosevelt, tras 13 años de vigencia. *(6 Abril)*
- El gobierno nacionalsocialista alemán ordena la **quema de libros** de autores judíos y de sospechosos de simpatizar con los comunistas. *(10 Mayo)*
- Celebración de la **Exposición Universal en Chicago**. *(1 Junio)*
- A partir de diversos testimonios visuales, se cree que hay un **monstruo en el lago Ness** de Escocia.
- Ch.B. Darrow inventa el juego del **Monopoly**, fabricado posteriormente por Parker con un éxito inmediato.

- «Yo os prometo, me prometo a mí mismo, un Nuevo Contrato (New Deal) para el pueblo americano.» F.D. Roosevelt.

- El poeta griego Constantino Cavafis. *(29 Abril)*
- Francesc Macià, presidente de la Generalitat de Catalunya. *(25 Diciembre)*

1934

Bonnie Parker simula atracar a Clyde Barrow, en uno de los escasos documentos gráficos que se conservan de la pareja. ▶

Cartel de Morena Clara*, una de las películas de Florián Rey que contribuyeron a la fama de la actriz y cantante española Imperio Argentina.*

Alejandro Lerroux (en el centro de la imagen). La formación de un gobierno de derecha presidido por él fue el detonante de la revolución de Asturias, reprimida por el ejército.

Imperio Argentina protagoniza Morena Clara

Morena Clara es uno de los títulos más destacados del cine español de la época de la República y, junto a *Nobleza baturra*, tal vez el mayor éxito logrado por el tándem formado por el director Florián Rey (1894-1962) y la actriz Imperio Argentina, nombre artístico de Magdalena Nile del Río (n. 1906). El reparto lo completa otro actor de moda entonces, Miguel Ligero. De ambiente sainetero y folclorista, la película narra las picardías de una gitana y su tío para vivir sin dar golpe. Matrimonio en la vida real, Florián Rey e Imperio Argentina colaboraron ininterrumpidamente durante más de veinte años, a partir de *La hermana San Sulpicio* (1927). Imperio Argentina se retiró de los platós en 1951, pero afortunadamente no de manera definitiva. Dan fe de ello sus destacadas actuaciones en filmes como *Ama Rosa* (1960), de León Klimowsky, y *Tata mía* (1986), de José Luis Borau.

Sandino es asesinado en Nicaragua
21 FEBRERO

El líder guerrillero Augusto César Sandino cae abatido en una emboscada de la Guardia Nacional en las afueras de Managua. Firmada la paz, Sandino había sido invitado al palacio presidencial por el presidente Juan Bautista Sacasa a fin de tratar sobre la total pacificación del país. Camino de esa reunión, el confiado Sandino es abatido a tiros por soldados de la Guardia Nacional, obedeciendo órdenes de su jefe, Anastasio Somoza, sobrino del ex presidente

Moncada. Los nombres de Somoza y Sandino seguirán presentes durante muchos años en la historia de las contiendas civiles de Nicaragua. ➡ **1936**

Abatidos Bonnie y Clyde en Estados Unidos
23 MAYO

La célebre pareja de atracadores de bancos que ha tenido en jaque a la policía estadounidense caen finalmente en una emboscada. Bonnie Parker y Clyde Barrow, secundados por Buck Barrow, la mujer de éste, Blande, y C.W. Moss, han venido cometiendo numerosos atracos a bancos y dejando varias víctimas mortales en su camino sin que la policía pudiera detenerles. Finalmente, la intervención del padre del joven Moss ha sido decisiva para que las fuerzas del orden pudieran tender una trampa y abatir a tiros a la peligrosa banda. Las andanzas de Bonnie y Clyde inspirarán más tarde las películas de William Witney, *The Bonnie Parker Story* (1958), y de Arthur Penn, *Bonnie and Clyde* (1967).

Italia gana el Campeonato Mundial de fútbol
10 JUNIO

En un intenso partido disputado en el estadio Nacional de Roma, Italia logra el trofeo Jules Rimet al vencer por 2-1 a Checoslovaquia. Previamente, en Florencia, el equipo de Italia había tenido que disputar dos intensos partidos para apartar a España de la final. El primero acabó, tras una prórroga, con empate a

uno, y el segundo con victoria italiana por 1-0 y varios jugadores españoles lesionados.

Noche de los "cuchillos largos" en Alemania
29-30 JUNIO

Hitler ordena liquidar el ala radical de su partido para conservar el apoyo del estado mayor y asegurarse la totalidad del poder. Unidades de las SS, dependientes de Heinrich Himmler, asesinan a los radicales nazis encuadrados en las SA de Ernst Röhm, así como a otros miembros del partido nacionalsocialista opuestos a la línea de Hitler, y a rivales políticos como el general Kurt von Schleicher, que le había precedido en la cancillería. La purga, que ha costado la vida a más de un centenar de personas, convierte a Adolf Hitler en el líder indiscutible del movimiento nazi y le asegura el apoyo del Ejército para asumir la jefatura del Estado ante el inminente fallecimiento de Hindenburg. ➡ **1935**

Cárdenas asume la presidencia de México
2 JULIO

Lázaro Cárdenas (1895-1970), candidato del PNR, gana las elecciones a la presidencia de México por aplastante mayoría. La oposición alega la existencia de fraude, pero lo desmiente el masivo apoyo popular obtenido por Cárdenas, que pertenece al ala más progresista del partido gobernante, y por su programa populista, que contempla la aceleración de la reforma agraria, la regulación de las relaciones entre trabajadores y patronos, y la nacionalización de los ferrocarriles y del petróleo mexicanos. Asimismo, el nuevo presidente mexicano anuncia la puesta en práctica de una política exterior basada en el respeto a la soberanía de los Estados. ➡ **1938**

Muere el presidente Hindenburg
3 AGOSTO

La muerte del presidente alemán Paul von Hindenburg a los 86 años deja el camino libre al régimen dictatorial de

Adolf Hitler. Mientras se entierra a Hindenburg con todos los honores propios de su cargo y prestigio, el gobierno nazi decreta la unificación de la presidencia y la cancillería y convierte a Adolf Hitler en el máximo mandatario del Tercer Reich. De este modo, la dictadura hitleriana se dispone a acabar con los últimos vestigios del sistema parlamentario y de los sindicatos y a acelerar los planes de rearme con vistas a concretar su doctrina del *Lebensraum* o "espacio vital".

Revolución en Asturias
6 OCTUBRE

La formación de un gobierno de derechas presidido por Alejandro Lerroux (1864-1949) da lugar a una gran movilización de las fuerzas de izquierda y a la convocatoria de una huelga general en toda España. En Asturias, más de 70 000 obreros se apoderan de la cuenca minera, ocupan las fábricas y crean su propio ejército, mientras en Cataluña el presidente de la Generalitat, Lluis Companys (1883-1940), que se ha negado a entregar armas a los trabajadores, proclama la República Catalana dentro de la República Federal Española. Poco después, las fuerzas gubernamentales mandadas por los generales Batet en Cataluña y Franco en Asturias aplastan la insurrección e inician una feroz represión. ➡ 1951

Los comunistas chinos inician la Larga Marcha
21 OCTUBRE

Ante la imposibilidad de seguir manteniendo sus posiciones en la provincia de Jiangxi, los comunistas chinos encabezados por Mao Tse-tung emprenden un largo éxodo hacia el noroeste del país. La presión de las tropas nacionalistas de Chang Kai-shek obliga a Mao, Lin Piao y Chu Teh a retirarse seguidos de unas 100 000 personas hacia las montañas de Shansi, donde proyectan establecer un enclave comunista. Un año más tarde, después de recorrer más de 10 000 km, llegarán a destino sólo 30 000 de los que iniciaron la penosa marcha, que quedará como una soberbia gesta popular en la historia de la China comunista. ➡ 1937

Nueva pareja de bailarines
DICIEMBRE

Se llaman en realidad Fred Austerlitz (1899-1987), nacido en Omaha, Nebraska, y Virginia Katherine McMath (1911-1995) de Independence, Missouri, pero en el Olimpo de los mitos del cine serán siempre Fred Astaire y Ginger Rogers. Una comedia musical, *Volando a Río (Flying down to Rio)*, descubre a la pareja, que rueda sin parar en los años siguientes nuevos éxitos y números musicales inolvidables: *La alegre divorciada* (1934), *Roberta* (1935), *Sombrero de copa* (1935), *Siguiendo a la flota* (1936), *Ritmo loco* (1936), *Sin preocupaciones* (1938). Fuera del plató se llevan mal, y Ginger aprovechará la primera ocasión (una excelente ocasión: *Espejismo de amor*, un drama que le valdrá un Óscar de interpretación en 1940) para romper la pareja. Pero en la pantalla son realmente el uno para el otro; emanan una "química" especial, perceptible incluso para quienes opinan que Ginger no es una gran bailarina, y Fred un actor poco más que mediocre.

Miguel de Molina canta Ojos verdes

Junto a *La bien pagá*, la canción que más ha contribuido a la fama de Miguel de Molina (1908-1993) es *Ojos verdes*. Valverde, León y Quiroga son los autores de esta pieza, cantada también por otras estrellas del momento, como Estrellita Castro o la gran Concha Piquer. Miguel de Molina no es un cantante de extraordinaria voz, pero impone un estilo interpretativo que goza del favor del público y crea escuela. Mal visto por el régimen franquista, por su condición de homosexual y haber colaborado con la República durante la guerra, Miguel de Molina tomará en 1942 el camino del exilio.

El nailon, nueva fibra textil sintética

Un equipo de investigadores de la empresa Dupont, dirigido por el químico estadounidense Wallace Hume Carothers (1896-1937), inventa la fibra sintética conocida como nailon. Gracias a sus trabajos acerca de los ácidos diamí-

nicos y dicarboxílicos y mediante su combinación logra obtener enlaces similares a los de la seda que le permiten inventar las fibras sintéticas. A pesar del freno que supondrá la Segunda Guerra Mundial a su expansión, acabado el conflicto el nailon inaugurará una revolución en la industria textil: la nueva era de las fibras sintéticas. ➡ 1940

Radiactividad artificial

Los esposos Frédéric e Irène Joliot-Curie consiguen llevar a cabo las primeras "transmutaciones" atómicas artificiales, transformación de átomos en otros con un número atómico superior, mediante bombardeo de núcleos de boro, aluminio y magnesio con partículas alfa y observando que la masa de dichos núcleos aumenta. Además obtienen artificialmente el primer elemento radiactivo creando fosforo 30 que no existe en estado natural.

Se publica la novela Yo, Claudio

El narrador y poeta británico Robert Graves (1895-1985) publica una gran novela de corte histórico. El autor de *Adiós a todo esto*, relato que narra sus peripecias en la Primera Guerra Mundial, en la cual fue gravemente herido, recrea en *Yo, Claudio* los entretelones de la despiadada lucha por el poder en la Roma imperial. El extraordinario fresco de la vida política del Imperio Romano y de sus familias gobernantes se completa con la próxima publicación de *Claudio el dios y su esposa Mesalina*.

RUTA DE LA GRAN MARCHA DE MAO

Plazas comunistas

Ruta

Mao Tse-tung, Chu En-lai y Lin Piao en un cartel conmemorativo de la Larga Marcha. Arriba, mapa del recorrido seguido por las tropas comunistas.

Cartel de La alegre divorciada, uno de los títulos que consagraron a Ginger Rogers y Fred Astaire.

De la injerencia a la "buena vecindad"

Tras la ratificación del principio de *no intervención* por parte de Estados Unidos en la Conferencia Panamericana de 1933, el año de 1934 cosechó los primeros frutos de la política norteamericana de *buena vecindad* hacia las naciones del sur. El fin de la *doctrina Monroe* se vio recompensado con el desarrollo de un comercio más equilibrado entre las repúblicas americanas y su vecino del norte, y con el apoyo de aquéllas a las posiciones estadounidenses durante la Segunda Guerra Mundial.

CÁRDENAS Y EL DESARROLLO MEXICANO

En julio de 1934 el candidato del Partido Nacional Revolucionario, Lázaro Cárdenas, fue elegido por abrumadora mayoría presidente de la República de México. Durante su gobierno la revolución mexicana acabó de afirmar los rasgos institucionales que esbozó Venustiano Carranza al promulgar la Constitución de 1917. Cárdenas tomó el relevo del poder de manos del presidente Plutarco Elías Calles, presidente de la República desde 1929. Con Cárdenas al frente de la nación, el ex presidente Calles trató, sin éxito, de rehacer su liderazgo a fin de mantener a México en la tónica de conservadurismo que había caracterizado su mandato. Su fracaso le conduciría al exilio en 1936.

Durante la presidencia de Cárdenas, entre 1934 y 1940, México vivió un clima de estabilidad institucional que impulsó su desarrollo económico y social. En el terreno económico, las principales reformas acometidas fueron la nacionalización de los ferrocarriles y del petróleo, hasta entonces en manos de empresas estadounidenses. La política de "buena vecindad" del gobierno de Roosevelt atemperó el conflicto de intereses con Estados Unidos. Asimismo, Cárdenas impulsó la reforma agraria y la industrialización del país. En realidad, la reforma agraria estaba ya recogida en la Constitución, pero los anteriores presidentes la habían administrado con suma cautela; Cárdenas repartió entre el campesinado dieciocho millones de hectáreas. Por otra parte, el impulso dado a la industrialización se tradujo en un notable incremento de las exportaciones a Estados Unidos.

El general Lázaro Cárdenas, presidente de México en 1934-40 y fundador del Partido Revolucionario Institucional.

En el ámbito social, el presidente organizó el sistema de enseñanza pública, promoviendo la escolarización de la población. Consiguió además frenar la influencia del clero, que alentaba la resistencia a las reformas de la derecha tradicional mexicana, y puso las bases de la organización sindical por medio de la creación de la Confederación de Trabajadores de México, controlada, sin embargo, por el gobierno. Cárdenas reformó el partido, transformándolo en Partido de la Revolución Mexicana, que en la práctica siguió funcionando como partido único y coordinando la acción de las organizaciones de enlace entre el Estado y la sociedad, tal y como sucedía entonces con los partidos políticos en Europa.

En definitiva, con Cárdenas México consolidó un modelo político continuista

que garantizaba la pacificación y el desarrollo material del país. El carisma personal de este presidente logró dominar la situación y movilizar a las masas para ponerlas al servicio de un Estado, el mexicano, inmerso desde la promulgación de la constitución de 1917 en un proceso original pero de difícil concreción. En esta línea continuista, Cárdenas designó a su sucesor, Ávila Camacho, cuyo mandato se caracterizó por un tono bastante más conservador que el de su antecesor.

EL ASESINATO DE SANDINO EN NICARAGUA

En febrero de 1934 la Guardia Nacional detuvo y asesinó a Augusto César Sandino, dirigente del movimiento de oposición a la ocupación estadounidense de Nicaragua. El jefe de la Guardia era Anastasio Somoza, que en 1936 fue promovido al poder por Estados Unidos. A mediados de los años treinta Nicaragua seguía siendo un lugar de atención preferente para el intervencionismo estadounidense. Aunque Estados Unidos había retirado sus tropas en 1924, dos años más tarde volvió a intervenir en la zona para dirimir los conflictos internos y apoyar con su presencia a los presidentes liberales Moncada y Sacasa, contra los que se había alzado la guerrilla de Sandino. Desde las montañas, la guerrilla tuvo que hacer frente a los invasores y a la Guardia Nacional, adiestrada por instructores norteamericanos. En 1933, ante la retirada de las fuerzas estadounidenses y con Sacasa en el poder, Sandino accedió finalmente a firmar la paz. El hostigamiento de Somoza y de su Guardia Nacional a la guerrilla sandinista prosiguió, no obstante, hasta conseguir la eliminación física de Sandino en 1934.

EUROPA COMO LA AMÉRICA ALTERNATIVA

El escritor estadounidense Francis Scott Fitzgerald (1896-1940) publicó en 1934 *Suave es la noche*, una obra de madurez en la que se describe la alienación y desarraigo del ser humano en un contexto, el de la sociedad americana, que muestra la vaciedad absoluta de todos sus valores. Fitzgerald fue uno de los grandes representantes

Scott Fitzgerald, con su esposa Zelda y su hija Frances Scott, en una imagen correspondiente a mediados de los "felices veinte".

de la década de 1920 caracterizada como "era del jazz", en la que bajo la máscara de la frivolidad se abrió camino un poderoso movimiento intelectual y crítico, marcado posteriormente por la huella de la Depresión del 29.

Fitzgerald formó parte del grupo de escritores que Gertrude Stein llamó la "generación perdida", junto a Ernest Hemingway, John Dos Passos o Henry Miller, entre otros. Desilusionado por el materialismo imperante en la cultura americana, optó por la expatriación temporal a París, en busca de un clima más humano y tolerante y un escenario cultural más atractivo.

El éxito inmediato alcanzado por la publicación de su primera novela, *A este lado del Paraiso (This side of Paradise)* en 1920, le convirtió en portavoz y espejo de una generación que «creció para encontrar todos los dioses muertos, todas las guerras libradas, todas las fes de los hombres sacudidas». Su obra posterior, *El gran Gatsby* (1925), representó además, desde el punto de vista técnico, un avance en la ficción.

El conjunto de la obra de Fitzgerald representa un serio análisis de la exigencia de una responsabilidad de acción en el período de entreguerras y da expresión dramática a cómo los dirigentes en potencia fracasan por desnutrición espiritual en su búsqueda de alternativas al capitalismo, el catolicismo y el comunismo. ∎

Instantáneas   1934

- *La del manojo de rosas*, zarzuela de P. Sorozábal sobre un libreto de F. Ramos de Castro y A. Carreño. La partitura es un homenaje al casticismo musical y, especialmente, a *La revoltosa* de R. Chapí.
- La partitura que A. Honegger compone para la película de R. Bernard *Los miserables*, basada en el gran clásico de V. Hugo, es una de sus bandas sonoras más ambiciosas.
- Se inaugura el **Festival de Ópera de Glyndebourne**, en Gran Bretaña.
- *Anything goes*, de C. Porter.
- *Blue moon*, de L. Hart y R. Rodgers.
- *The continental*, de H. Margidson y C. Conrad.
- *La cucaracha* (trad.) se hace famosa con el film *Viva Villa*.

- Estreno en Madrid de *Yerma* de F. García Lorca. *(29 Diciembre)*
- *La hora de los niños*, obra teatral de la escritora estadounidense L. Hellman, con evidentes connotaciones lésbicas. Años más tarde el director W. Wyler la llevará al cine por dos veces, bajo los títulos de *Esos tres* (1936) y *La calumnia* (1962).
- *El cartero siempre llama dos veces*, la novela más conocida de J. M. Cain y uno de los clásicos de la novela negra.
- *Suave es la noche*, segunda gran novela, después de *El gran Gatsby*, de F. Scott Fitzgerald, uno de los grandes representantes de la generación perdida americana.
- *Cantiga nova que se chama Riveira*, libro de poemas del escritor gallego Á. Cunqueiro, exponente de una corriente calificada de neotrovadorista.
- *La voz a ti debida*, de P. Salinas, poeta de la Generación del 27.
- *Le marteau sans maître* de R. Char, colección de poemas de influencia surrealista, donde expone la relación trágica entre el hombre y la naturaleza.
- «Esto no es un libro. Es un libelo, una difamación». H. Miller escandaliza al público de su época con *Trópico de Cáncer*, una novela de marcado carácter vicioso y sensual.
- Primer **congreso de escritores soviéticos**, presidido por M. Gorki.
- Se publica la novela de ciencia-ficción *Lensmen*, de E.E. Smith.
- *The Logic of Scientific Discovery*, ensayo en el que el filósofo vienés K.R. Popper expone su teoría de la falsabilidad, según la cual ninguna muestra científica puede aspirar a tener una validez universal.

- M.Chevalier y J. MacDonald protagonizan *La viuda alegre*, una película dirigida por E. Lubitsch, basada en la célebre opereta de F. Lehar.
- *La alegre divorciada*, dirigida por M. Sandrich, es el segundo musical que protagonizan juntos F. Astaire y G. Rogers.
- R. Flaherty concluye el rodaje de *El hombre de Aran*, un documental sobre la vida de los pescadores de esta isla irlandesa.
- Estreno de la comedia *Sucedió una noche*, protagonizada por C. Gable y C. Colbert, y dirigida por F. Capra.

- Descubierta por M.L. Oliphant la existencia de otro isótopo del hidrógeno, el **tritio**.
- El físico alemán O. Heil patenta el llamado **transistor de efecto de campo** (FET).

- **Dictadura militar en Cuba**: C. Mendieta preside un gabinete integrado en su casi totalidad por militares y decreta la ley marcial. *(18 Enero)*
- Fuerzas del ejército español, al mando del coronel F. Capaz, ocupan de forma pacífica el territorio sahariano de **Ifni**. *(8 Abril)*
- Encuentro, sin acuerdos, entre **A. Hitler** y **B. Mussolini**. Ambos dictadores discrepan sobre el futuro de Austria y la política exterior europea. *(15 Junio)*
- La **URSS** es admitida en la Sociedad de Naciones. *(17 Setiembre)*

- **Elsa Schiaparelli** diseña **vestidos femeninos** con amplias hombreras.
- **Sale a competición el Pwagen**, coche diseñado por F. Porsche.
- Nacen en Callander, Ontario (Canadá), las **quintillizas Dionne**: Émile, Yvonne, Cécile, Marie y Annette. *(28 Mayo)*

- **Italia, campeona** del mundo de fútbol. *(10 Junio)*
- W.S. Van Dick dirige al ex campeón olímpico de natación J. Weissmuller en *Tarzán de los monos*, primera de una serie sobre este popular personaje. El éxito del film convertirá al actor en el Tarzán por antonomasia. *(2 Diciembre)*

- «Un reino, un pueblo, un líder.» Eslogan nazi.
- «Estamos experimentando un gran progreso. En la Edad Media me hubieran quemado; hoy en día se contentan con quemar mis libros.» S. Freud.
- «No era ningún secreto que en esta ocasión la revolución iba a ser sangrienta... Cuando hablábamos sobre ella, la denominábamos la *noche de los cuchillos largos*.» A. Hitler.

- El gángster estadounidense **J. Dillinger**, abatido a tiros en Chicago, a la salida de un cine. *(23 Julio)*
- El torero sevillano **Ignacio Sánchez Mejía**, a consecuencia de una cornada sufrida dos días antes en Manzanares. *(13 Agosto)*
- El escultor español **Pablo Gargallo**, famoso por sus originales esculturas de hierro. *(28 Diciembre)*
- **Josep Llimona**, escultor catalán. *(27 Febrero)*
- **Santiago Ramón y Cajal**, médico español. *(17 Octubre)*
- Sir **Edward Elgar**, compositor británico autor de obras orquestales como *Variaciones Enigma, Pompa y circunstancia* y oratorios como *El sueño de Gerontio*. *(23 Febrero)*

1935

▲ *El* Normandía *entrando en el puerto de Nueva York en su viaje inaugural (dibujo de la prensa de la época).*

▼ *Mapa de la guerra del Chaco. Tanto Paraguay como Bolivia sufrieron un drástico empobrecimiento derivado del largo conflicto bélico.*

EL CONFLICTO DEL CHACO

BOLIVIA

San José de Chiquitos

L. Gaibá

Santiago

L. Mandioré

Puerto Suárez · Corumbá

BRASIL

Bahía Negra

Campo Grande

Fuerte Olimpo

Puerto Sastre

R. Apa

Ponta Porá

La Esmeralda

PARAGUAY

R. Paraguay

Concepción

R. Pilcomayo

Rosario

Asunción

ARGENTINA

Formosa

Villarrica

R. Paraná

Encarnación

Corrientes

Posadas

Límite norte de la reclamación paraguaya

Límite sur de la reclamación boliviana

Propuesta fronteriza de Pinilla-Soler (1907)

Guerra de 1932-35:

Máximo avance paraguayo

Máximo avance boliviano

Bolivia en 1938

Paraguay en 1938

Nicolas Bourbaki

Comienzan a aparecer los *Elementos de matemática*, obra colectiva creada por un grupo de matemáticos, la mayoría de ellos franceses, que es en realidad un tratado que reconsidera las matemáticas desde su principio, sin presuponer ningún conocimiento previo. El grupo publicará años más tarde (1960) otra obra de gran trascendencia, *Elementos de historia de la matemática*.

Primera travesía atlántica del Normandía
29 MAYO

El transatlántico francés concluye exitosamente en el puerto de Nueva York su viaje inaugural. El *Normandía*, que parte de Le Havre el 29, llega a Nueva York el 3 de junio y vuelve a Le Havre, ha realizado la travesía del Atlántico en sólo cuatro días. Por este motivo recibe la "cinta azul del Atlántico", que distingue a la nave que ha cubierto con mayor rapidez el trayecto entre Europa y América. El lujoso paquebote, con 3 500 personas a bordo, ha desarrollado una velocidad de crucero de 39 nudos, diez más que las naves de su categoría que hasta ahora se consideraban las más veloces.

Acaba la guerra del Chaco
12 JUNIO

La cruenta guerra que ha enfrentado a Bolivia y Paraguay finaliza con la firma de un armisticio en la capital argentina, Buenos Aires. A instancias de una comisión mediadora integrada por Argentina, Chile, Perú, Uruguay y Estados Unidos, los dos países acuerdan el cese de las hostilidades. La guerra del Chaco se había iniciado el 15 de junio de 1932 a raíz de un conflicto de intereses entre las compañías petroleras Standard Oil y Royal Dutch Shell, que reavivó las diferencias paraguayo-bolivianas en cuanto a las fronteras comunes; y ha tenido graves consecuencias para ambos contendientes. Bolivia ha conservado su zona petrolífera pero al ceder el control del río Paraguay pierde la posibilidad de contar con una salida al mar. Además, en ambas naciones el empobrecimiento derivado de la guerra dará lugar a un período de gran agitación social.

Hitler legitima la persecución a los judíos
15 SETIEMBRE

Adolf Hitler anuncia en la concentración del partido nazi las llamadas leyes de Nuremberg, cuyo objetivo es excluir a los judíos de la vida pública para cumplir con el destino histórico de grandeza de Alemania. Estas "leyes" definen a los judíos como ciudadanos de segunda clase y les prohíben ejercer profesiones liberales, casarse con no judíos y mantener relaciones sexuales mixtas. Como consecuencia de las "leyes de Nuremberg", los judíos son despojados de sus derechos civiles y de la nacionalidad alemana y obligados a malvender sus bienes y a emigrar. Las democracias occidentales observan con consternación estos sucesos, pero siguen sin reaccionar ante el avance del totalitarismo nazi.
➡ **1939**

Stajánov revoluciona el sistema de producción
19 SETIEMBRE

El minero soviético Alexéi Grigórjevich Stajánov (1906-1977) logra importantes marcas de producción mediante el trabajo en equipo. Stajánov, que el pasado 31 de agosto había conseguido en Irmino, en la cuenca carbonífera de Donbass, extraer 102 toneladas de carbón en 345 minutos, bate ahora este récord de producción al llegar a las 227 toneladas por equipo. El sistema de Stajánov causa un gran impacto en la Unión Soviética, donde se da una gran cobertura propagandística al movimiento *estajanovista* con el propósito de obtener el máximo rendimiento del trabajo en todos los sectores de la producción industrial.

Estreno en Boston de Porgy and Bess
30 SETIEMBRE

El estreno de la ópera *Porgy and Bess* supone la consagración de George Gershwin (1898-1937) como compositor, después de algunos interesantes musicales escritos para Broadway y de páginas instrumentales tan populares como *Rhapsody in Blue*, el *Concierto para piano en Fa* y *Un americano en París*. La obra, admirada por músicos de estéticas tan di-

versas como Arnold Schönberg o Maurice Ravel, cuenta con un excelente libreto debido a DuBose Heyward, que retrata magistralmente la vida de la comunidad negra en el sur de Estados Unidos. Su música se caracteriza por la convincente introducción del jazz.

Los italianos invaden Abisinia
3 OCTUBRE

Sin previa declaración de guerra, diez divisiones italianas dan comienzo a la invasión de Abisinia (actual Etiopía). La excusa son unos incidentes fronterizos, pero el objetivo real resulta transparente: Mussolini considera que el Estado semifeudal gobernado por el negus supone un obstáculo para la expansión del imperio colonial italiano en Somalia y Eritrea. El ejército italiano arrasa, pese a su escasa preparación colonial, a las débiles fuerzas locales, y domina la zona en muy breve espacio de tiempo. De esta manera, el fascismo lanza un reto a las dos viejas potencias coloniales, Francia y el Reino Unido, desmarcándose de sus filas y alineándose definitivamente con Alemania. Las reacciones en Europa son tibias, aunque Italia es expulsada de la Sociedad de Naciones. **➡ 1943**

Historia universal de la infamia

Jorge Luis Borges (1899-1986) abre con este libro de relatos un nuevo horizonte en la ficción de habla castellana. El autor argentino, hombre de cultura universal y de prosa extraordinariamente precisa, reúne en *Historia universal de la infamia* una serie de cuentos dotados de una original e inquietante fantasía, en los que aborda temas relacionados con el destino humano y el enigma del mundo. Los relatos de *Historia universal de la infamia* se presentan como un lúcido y fascinante juego de la inteligencia, que atrae e implica de un modo irresistible al lector. **➡ 1949**

Se impone el PVC

La industria alemana pone a punto un procedimiento que permite la fabricación industrial masiva de uno de los plásticos más importantes a lo largo de todo el siglo, el cloruro de polivinilo, también conocido por la abreviatura PVC. La importancia del PVC se debe a la facilidad de su fabricación y a las grandes posibilidades de polimerización, así como la gran variedad de durezas que se obtienen con una mayor o menor adición de plastificante. A finales de siglo, sin embargo, se prohibirá para la fabricación de envases para alimentos, a causa de la sospecha de su poder cancerígeno.

Primer sistema operativo de radar

El físico escocés Robert Alexander Watson-Watt (1892-1973) desarrolla el primer sistema operativo de radar para la defensa aérea del Reino Unido. Aunque el principio del radar había sido ya estudiado por otros científicos, Watson-Watt consigue finalmente seguir la trayectoria de un aeroplano gracias a las ondas radio que refleja. El sistema recibe el nombre de radar por las siglas de la expresión inglesa RAdio Detection And Ranging (radiodetección y extensión) con la que se designa.

Nace Alcohólicos Anónimos en Estados Unidos

Poco más de un año después de ser abolida la Ley Seca, surge la primera organización de ayuda a los alcohólicos. Por iniciativa de un agente de la Bolsa de Nueva York, Bill W., y de un cirujano, Bob S., ambos afectados personalmente por el problema de la bebida, surge en Akron, Ohio, la primera asociación destinada a brindar apoyo a las personas que deciden superar su adicción al alcohol. El propósito de la entidad y la conservación del anonimato de sus miembros son determinantes en la rápida difusión de Alcohólicos Anónimos, cuya metodología contempla la formación de grupos de autoayuda y programas especiales para bebedores solitarios.

Aparecen los tubos de neón

Se inventa en Estados Unidos la primera lámpara fluorescente, también conocida como tubo de neón. Los primeros tubos fluorescentes, que se presentarán en público en el transcurso de la Exposición Universal celebrada en 1939 en la ciudad de Nueva York, son en realidad lámparas de descarga en las cuales la descarga eléctrica en el seno de un gas (por ejemplo el neón), genera una radiación luminosa conocida como "luz fría". Sus aplicaciones serán múltiples, sobre todo para la iluminación de espacios amplios (fábricas, talleres, locales comerciales, etc.).

Llega el magnetófono

La empresa alemana AEG crea el primer magnetófono gracias a la invención, conjunta con la empresa también alemana I.G. Farben, de la cinta de material plástico dotada con un revestimiento de óxido de hierro. Con la sustitución de las cintas de acero usadas a partir de 1928 por una banda ligera, flexible y por tanto muy manejable, se dota a las emisoras de radio con un sistema que permite producir programas fuera del riguroso directo. El invento se extenderá años más tarde al uso doméstico en forma de casete.

Una escena de la ópera Porgy and Bess, *de George Gershwin, en el montaje con el que fue estrenada en Boston, en el año 1935.*

Tropas italianas saludan a bordo del Conte Biancamano, *a punto de zarpar para Eritrea, desde donde se produjo la invasión de Abisinia.*

Evasión y propaganda: el cine en los años treinta

El mundo contempla espantado cómo en Alemania las llamadas leyes de Nuremberg agravan considerablemente la situación de los judíos y cómo Italia inicia una política brutal de hechos consumados con la invasión de Abisinia. El ciudadano recurre a los modernos medios de comunicación de masas, y en primer lugar al cine, como forma de evasión de una realidad ingrata. El cine se convierte además en un poderoso instrumento de propaganda, y su estructura narrativa influye en otras formas artísticas, como el muralismo de Orozco y Diego Rivera en México.

EL CINE Y LA RADIO, ARMAS CONTRA LA DEPRESIÓN

Los años de la Gran Depresión vieron cómo el cine, la radio, los comics, o el marketing se abrían paso entre las miserias que imponía la crisis material a la vida cotidiana de las gentes. Estos medios de comunicación ofrecieron a la sociedad una vía de escape que contribuyó a mejorar, creando una falsa euforia, el deprimido estado anímico de los ciudadanos. El programa de reformas puesto en marcha en 1933 por el presidente Roosevelt, más conocido como *New Deal,* tuvo también en cuenta la necesidad de alimentar la imaginación colectiva, y para ello incentivó la actividad creativa de la industria de Hollywood, la llamada *fábrica de sueños.*

En 1935 se estrenaron películas importantes: *Sombrero de copa,* de Mark Sandrich, interpretada por la pareja de bailarines Fred Astaire y Ginger Rogers; *El motín de la Bounty*, de Frank Lloyd; *Una noche en la ópera,* de Sam Wood, con los hermanos Marx como protagonistas; *El diablo es una mujer*, del director alemán emigrado a Estados Unidos Josef von Sternberg, con una Marlene Dietrich aún más seductora y fatal que la cabaretera de *El Ángel Azul;* o *La novia de Frankenstein,* de James Whale, que contó con las memorables actuaciones y caracterizaciones de Boris Karloff y Elsa Lanchester. Todos estos trabajos, inscritos en géneros cinematográficos tan diversos como el cine de aventuras, la comedia, el musical o el cine de terror, tenían un aspecto en común, se alejaban del realismo social y buscaban inducir a la evasión; promovían la hilaridad, o la tensión, la alegría o

Una escena de El motín de la Bounty, *de Frank Lloyd, con sus dos principales protagonistas: Clark Gable y Charles Laughton.*

el horror, pero todos ellos buscaban una idéntica finalidad: conseguir que el espectador fuese al cine para olvidar su realidad diaria. El apogeo del cine generó empleo en los Estados Unidos y produjo un notable incremento de divisas europeas.

En Europa, la cinematografía, con tendencias estéticas muy alejadas de los planteamientos industriales norteamericanos, vivió también una época dorada. Baste mencionar un solo ejemplo de la utilización propagandística e ideologizadora que se hizo de esta manifestación artística. En Alemania, el progresivo control de la industria por el Ministerio de Propaganda condujo a exaltaciones patrióticas como la película sobre la vida de Federico I de Prusia *El rey soldado*, de Hans Steinhoff, estrenada también en 1935. Pero sin duda alguna fue la obra de Leni Riefenstahl *El triunfo de la voluntad,* un documental que utilizó las técnicas de la ficción cinematográfica para narrar el Congreso del partido nazi del año anterior en Nuremberg, la más importante de las producciones alemanas del año.

En mayor medida aún, si cabe, que el cine, la radio se convirtió en vehículo de información y distracción de las familias occi-

dentales. Este medio avanzaba paralelamente en dos campos: al tiempo que se desarrollaba el progreso técnico, se entraba en la edad de oro comercial. En 1935, el investigador norteamericano Edwin Armstrong dio a conocer los principios de su sistema de modulación de frecuencia, *FM,* que no comenzaría a utilizarse de forma regular hasta 1940. Pero lo que sí existía ya en 1935 era una red mundial de radiodifusión estable, si bien el crecimiento del número de emisoras planteaba problemas de interferencias, que intentaron resolverse con acuerdos internacionales de reglamentación y reparto de frecuencias. Por lo que respecta a la faceta comercial de la radio, empezaron a popularizarse los concursos y sobre todo los seriales radiofónicos, servidos con abundante propaganda de las firmas patrocinadoras. Entre éstas destacaron varias marcas de detergentes; de ahí que los seriales fueran denominados popularmente *soap operas* (óperas de jabón). La radio era a mediados de los años treinta un negocio muy próspero.

UN ARTE POPULAR REVOLUCIONARIO: EL MURALISMO MEXICANO

La realización del mural del Palacio de Bellas Artes de México, pintado por José Clemente Orozco en 1934, y la terminación de los grandiosos murales del Palacio

Detalle del mural El gran Tenochtitlán, *de Diego Rivera, pintado en 1930-35 en el Palacio Nacional de México.*

Nacional, también de México, por Diego Rivera en 1935, fueron dos de los hechos más significativos del llamado muralismo mexicano.

Se trata de una experiencia artística que se desarrolló entre 1910 y 1950 en México tomando como eje central la revolución de 1910 contra Porfirio Díaz. El Manifiesto del arte revolucionario escrito por Diego Rivera en 1921 puede entenderse como el foco teórico del movimiento, que influyó en la formación de un sindicato de muralistas que ejecutaron más de 1 000 obras públicas en todo México, bajo el respaldo de José Vasconcelos, ministro de Educación.

El fenómeno tuvo una clara dimensión social al realizar obras que, por sus dimensiones y su soporte, no podían insertarse en el mercado privado del arte. El muralismo surgió como una propuesta de trabajo artístico propia de una ideología de izquierdas, en la que el componente comercial y elitista era sustituido por una funcionalidad ideal, radicalmente popular. Se trata de un arte específicamente mexicano en el que se representaron las leyendas, el folclore y el alma popular india, y donde lo grandioso se combinó con la fábula.

Desde México, el muralismo se extendió a otros países, como Argentina, Perú o Brasil. En este último país destaca la figura de Cándido Portinari, que pintó un gran mural para el Ministerio de Educación y Cultura construido en Río de Janeiro por Óscar Niemeyer y Le Corbusier, y fue autor asimismo de algunos murales del edificio de la ONU en Nueva York. ■

Instantáneas

- D. RIVERA termina sus **grandiosos murales** en el Palacio Nacional de México.
- La **Biblioteca Municipal de Viipuri**, el proyecto del arquitecto finlandés A. AALTO que mejor expresa sus inquietudes arquitectónicas, especialmente la de la iluminación.

- El músico vienés E. W. KORNGOLD inicia su carrera como compositor de bandas sonoras en Hollywood con *El capitán Blood*, película de aventuras protagonizada por E. FLYNN y dirigida por M. CURTIZ.
- El alemán F. WAXMAN pone música a la película de J. WHALE *La novia de Frankenstein*; su influencia se dejará sentir en posteriores bandas sonoras del género de terror.
- *Beguin the beguine*, de C. PORTER.
- *Così, così*, de N. WASHINGTON y B. KAPER.
- *Cheek to cheek*, de I. BERLIN.
- *Red sails in the sunset*, de J. KENNEDY y H. WILLIAMS.
- *Summertime*, de D. HEYWARD y G. GERSHWIN.
- Se pone de moda **la rumba** en las salas de baile.

- En *Teoría pura del Derecho* su autor H. KELSEN ensaya una interpretación positivista del Derecho.
- V. ALEIXANDRE publica *Pasión de la tierra*, obra en prosa escrita en 1928, en la que el surrealismo se revela en el uso de elementos visionarios y simbólicos.
- *Razón y existencia*, de K. JASPERS, uno de los primeros filósofos existencialistas.
- *Sexo y temperamento en tres sociedades primitivas*, de M. MEAD, un estudio antropológico sobre distintas tribus de Oceanía, realizado sobre el terreno.

- *Nobleza baturra*, de FLORIÁN REY, protagonizada por la estrella del cine español del momento: IMPERIO ARGENTINA.
- *La kermesse heroica*, filme francés en el que su director, JACQUES FEYDER, satiriza la guerra.

- E.C. KENDALL descubre la **cortisona**.
- El físico británico J. CHADWICK, descubridor del neutrón, recibe el **premio Nobel de Física**.
- El sismólogo estadounidense CH.F. RICHTER establece la **escala de intensidad de seísmos** que lleva su nombre.

- **Alemania recupera el Sarre** tras un plebiscito celebrado en esta región fronteriza con Francia. *(13 Enero)*
- Freno a la **reforma agraria** en España. El ministro de Agricultura N. VELAYOS propone la anulación de ciertas expropiaciones ya efectuadas. *(28 Julio)*
- Restauración de la monarquía en Grecia: el rey JORGE II regresa del exilio. *(25 Noviembre)*
- España: los partidos de izquierda definen una actuación en común y sientan las bases del llamado **Frente Popular**. *(16 Diciembre)*

- C. MAGEE inventa el **parquímetro**.
- La Krueger Brewing Company de Newark, en New Jersey, es la primera compañía en fabricar **cerveza en lata**.

- B. RUTH entra en la leyenda del **béisbol**: en 20 años ha conseguido 714 homeruns.
- J. OWENS bate el **récord de salto de longitud** con 8,13 metros, marca que se mantendrá durante 25 años.

- T. NUVOLARI, con Alfa Romeo, gana el **Gran Premio en Nurburgring**.
- Se disputa la primera **Vuelta a España**, aunque la prueba no tendrá continuidad en el calendario ciclista hasta 1955. El belga G. DELOOR es el primer vencedor.

- «Al igual que P.B. SHELLEY y CH. BAUDELAIRE, puede decirse de él que sufrió, en su propia persona, las inquietudes y neurosis de toda una generación.» El novelista británico CH. ISHERWOOD sobre T.E. LAWRENCE, al morir éste.
- «Todos sabemos que la ley es la más completa escuela para la imaginación. Ningún poeta ha interpretado nunca la naturaleza tan libremente como un abogado interpreta la verdad.» J. GIRAUDOUX.
- «¡El Papa! ¿De cuántas divisiones dispone?» J. STALIN responde así a una carta en que P. LAVAL le urgía a tolerar el catolicismo para no enemistarse con el Vaticano.

- **PAUL DUKAS**, compositor francés. Autor de la ópera *Ariadna y Barba Azul* y del poema sinfónico *El aprendiz de brujo*, popularizado por la película de W. DISNEY *Fantasía*. *(17 Mayo)*
- **ALBAN BERG**, compositor austríaco. Discípulo de A. SCHÖNBERG, es autor de las óperas *Wozzeck* y *Lulu*, esta última inacabada. *(24 Diciembre)*
- **ANDRÉ CITROËN**, ingeniero francés, impulsor de la industria automovilística. *(3 Julio)*
- **LAWRENCE DE ARABIA**, militar y escritor británico, muere en un accidente de motocicleta, en el condado inglés de Dorset. *(19 Mayo)*
- **CARLOS GARDEL**, cantante de tangos y actor argentino, muere en un accidente aéreo *(24 Junio)*

1936

Mitin del Frente Popular francés en la plaza de la Nación de París. Intervención de Léon Blum, el candidato a la presidencia del gobierno.

José Millán Astray era en 1936 el comandante de la Legión, el cuerpo de tropas coloniales que actuó como principal fuerza de choque de la sublevación militar en España.

Triunfo electoral del Frente Popular en España
16 FEBRERO

En un ambiente enrarecido por la radical polarización de las fuerzas políticas, el Frente Popular de izquierdas ha obtenido la mayoría absoluta en las elecciones legislativas. Manuel Azaña, que se hará cargo del gobierno el próximo día 19, se dispone a tomar medidas ante el anuncio de Falange Española y otras fuerzas derechistas de no acatar los resultados. La situación de inestabilidad política y social que vive España se agrava cada vez más, sin que el gobierno de la República pueda evitar un clima de confrontación civil.

Medallas Fields

Durante la celebración del congreso de la Unión Matemática Internacional en la ciudad de Oslo, se conceden al matemático finlandés Lars Ahlfors y al estadounidense Jesse Douglas las dos primeras medallas Fields, el equivalente de los premios Nobel en las matemáticas. Estas medallas, instituidas por la Unión Matemática Internacional al aceptar la donación de su fortuna hecha por el que fuera presidente de su congreso en 1924, John Charles Fields, se conceden desde entonces, con ocasión de cada congreso de la Unión, a matemáticos cuya edad no sobrepasa generalmente los 40 años.

El Frente Popular gana en Francia
26 ABRIL

Léon Blum se convierte en el primer socialista que ocupa la jefatura de gobierno francés. Las fuerzas de izquierdas agrupadas en el Frente Popular han obtenido un claro triunfo electoral al lograr 378 diputados, mientras que los grupos de la derecha sólo han conseguido 222 escaños en la Asamblea. Los comunistas se han apresurado a anunciar que no formarán parte del gabinete de Blum. Éste se propone democratizar la vida institucional de Francia por medio de un bloque de medidas reformistas. En este sentido ha afirmado que disolverá las asociaciones de extrema derecha, apoyará la escuela laica y a los sindicatos obreros, e impulsará una política de justicia social.

Estreno de Pedro y el lobo de Prokofiev
2 MAYO

Serguéi Prokofiev (1891-1953) había regresado a la Unión Soviética en 1933, después de varios años de exilio. En su país hubo de adaptarse a las directrices oficiales del Partido Comunista, que siguiendo los cánones del llamado realismo socialista preconizaba una música simple y fácilmente asequible para el público. El cuento infantil para narrador y orquesta *Pedro y el lobo* es una de sus obras más apreciadas de esta etapa del maestro ruso, junto a las posteriores *Quinta sinfonía* y los ballets *Cenicienta* y *Romeo y Julieta*. A su intención de entretener, *Pedro y el lobo* une una clara voluntad pedagógica: la de acercar a los niños el mundo de la orquesta sinfónica. Con esta intención, cada uno de los personajes del cuento está personificado por un instrumento o familia instrumental: la flauta representa al pájaro, el oboe al pato, el fagot al abuelo, las trompas al lobo y las cuerdas al propio Pedro.

Somoza derroca al presidente Sacasa
6 JUNIO

El presidente de Nicaragua, Juan B. Sacasa (1874-1946), es derrocado por Anastasio Somoza (1896-1956). El jefe de la Guardia Nacional y responsable del asesinato de Sandino, coloca en el gobierno a Carlos Brenes Jarquin con el expreso encargo de convocar elecciones para el próximo 8 de diciembre. Somoza, que cuenta con el apoyo de Estados Unidos, la oligarquía agraria y la alta burguesía mercantil, se apresta a concentrar en su persona todo el poder y convertir el país en una gran finca particular. Con el propósito de legitimar su dictadura modificará la Constitución, adecuará convenientemente las instituciones políticas del país a un régimen marcadamente personalista y reprimirá con dureza a los disidentes.   ➡ 1947

Asesinados en España el diputado Calvo Sotelo y el teniente Castillo
12-13 JULIO

Los crímenes políticos aumentan la espiral de violencia que vive España. En Madrid, tras el asesinato en mayo del capitán Carlos Faraudo, en el transcurso de la misma noche los falangistas dan muerte al teniente socialista José Castillo y un grupo de guardias de asalto detiene al diputado derechista José Calvo Sotelo y lo asesina en el trayecto hacia la Dirección General de Seguridad. Más tarde se atribuirá a este crimen político la adhesión de algunos políticos y oficiales indecisos, entre ellos José María Gil Robles y el general Francisco Franco, a la conjura golpista que desde hacía varios meses preparaba el general Emilio Mola Vidal.

Estalla la guerra civil española
18 JULIO

Grupos falangistas apoyados por miembros de la Legión y el ejército se alzan contra la República en Melilla y se apoderan de la ciudad, dando inicio a una cruenta guerra civil que durará hasta 1939. La insurrección se extiende rápidamente por el protectorado de Marrue-

◄ *Federico García Lorca, el poeta granadino asesinado en los primeros días de la guerra civil española por sus simpatías republicanas.*

cos y Canarias. Esa misma mañana, los generales Queipo de Llano y López Pinto se rebelan en Sevilla y Cádiz y, no obstante la reacción obrera, preparan el terreno para la llegada de las tropas procedentes de Marruecos. La sublevación en la península es seguida por Mola en Pamplona y Cabanellas en Zaragoza. Dos días más tarde, España ya está claramente dividida en dos bandos que dirimirán sangrientamente durante tres años su primacía y convertirán a España en un campo de ensayo bélico para las grandes potencias.   ➡ **1937**

Fracasa el alzamiento militar en Barcelona
19 JULIO

Unidades del Ejército acuarteladas en Barcelona se unen al alzamiento militar, pero son rápidamente sometidas. No obstante los esfuerzos del general Goded por lograr que otras fuerzas se unan a los sublevados, las masas populares logran hacerlos retroceder. La Guardia Civil, que hasta poco después del mediodía ha permanecido expectante, se inclina por la defensa del gobierno de la República y define la suerte de los rebeldes. Goded es apresado y obligado a admitir por radio que «*la suerte le ha sido adversa*». Al día siguiente grupos anarquistas apoyados por la aviación acabarán con los dos últimos focos de resistencia rebelde, en el cuartel de Atarazanas y el convento de los Carmelitas.   ➡ **1937**

El origen de la vida

El bioquímico ruso Aleksandr Ivanovich Oparin (1894-1980) publica *El origen de la vida sobre la Tierra*, obra en la que formula la teoría de la aparición de la vida en el planeta a partir de la hi-

pótesis de la existencia de una atmósfera de metano y amoníaco y de una fuente de energía natural, el Sol. Inaugura de este modo una nueva visión mecanicista del origen de la vida que seguirán, entre otros, científicos como el estadounidense Stanley Ll. Miller (n. 1930).

Hitler inaugura las Olimpiadas de Berlín
1-16 AGOSTO

Tras el éxito de los IV Juegos Olímpicos de Invierno, celebrados en febrero pasado en Garmisch-Partenkirchen, los XI Juegos Olímpicos de Verano son utilizados por el régimen nazi como excepcional plataforma propagandística. En las Olimpiadas blancas, la patinadora noruega Sonja Heine ganó por tercera vez consecutiva la medalla de oro y los escandinavos siguieron dominando las pruebas de fondo, mientras los alemanes resultaron triunfadores en las recién incorporadas pruebas de esquí alpino, con tres medallas de oro y tres de plata. En las Olimpiadas estivales, en las que participan 4 066 atletas, entre ellos 328 mujeres, en representación de 49 países, por primera vez se enciende la llama olímpica con una antorcha venida desde Grecia en relevos. La actuación de los atletas alemanes permite a Hitler recalcar, en consonancia con el carácter racista de su régimen, «*la indiscutible superioridad de la raza aria*». Sin embargo, Jesse Owens, el atleta negro estadounidense, cuádruple campeón olímpico, se convierte en el «*dios del estadio*», como lo llama Leni Riefensthal en el magnífico documental que ha rodado en la ocasión.

García Lorca es fusilado en Granada
19 AGOSTO

El poeta andaluz es ejecutado en confusas circunstancias por los nacionales cerca del pueblo de Víznar. Federico García Lorca había llegado a Granada el 16 de julio pasado con el propósito de descansar una vez acabado el texto de *La casa de Bernarda Alba*, y hubo de refugiarse en casa de su amigo Luis Rosales, también poeta, al enterarse de que era buscado por los nacionales. Rosales, no obstante sus simpatías e influencias

entre los falangistas, no puede evitar que García Lorca sea detenido y más tarde fusilado junto a otros civiles granadinos.

Franco es designado jefe de la Zona nacional
1 OCTUBRE

Tras la liberación del Alcázar de Toledo, el general Francisco Franco es designado por la Junta de Defensa jefe máximo de la España nacional. Franco se convierte en jefe de gobierno y generalísimo de todos los ejércitos merced a su prestigio como soldado, el cual se ha visto aumentado con la liberación del Alcázar. La toma de posesión del cargo se realiza en el Ayuntamiento de Burgos, donde Franco traza las líneas maestras de su régimen, basado en el nacionalismo militar, el respeto de la Iglesia y la organización jerárquica de la convivencia sobre los tres pilares de la familia, el municipio y el sindicato, que tiene la peculiaridad de ser vertical (es decir, constituido en cada rama de la producción tanto por los trabajadores como por los patronos).   ➡ **1937**

Se desencadena la batalla de Madrid
8 NOVIEMBRE

El gobierno de la República se traslada a Valencia mientras Madrid se dispone a impedir su ocupación por las fuerzas nacionalistas al grito de "no pasarán". Los generales Miaja, jefe político y militar de la capital, y Pozas, encargado de organizar una Junta de Defensa, se aprestan a detener al ejército de África, que ha arrollado todas las resistencias después de cruzar el estrecho de Gibraltar en una compleja operación combi-

Después del rápido progreso de sus tropas en el sur de España, Francisco Franco Bahamonde fue nombrado en octubre de 1936 jefe del gobierno de la Zona nacional y generalísimo de los ejércitos.

Resonancias imperiales en el cartel de los Juegos Olímpicos de Berlín de 1936, con la reproducción de la cuadriga que corona la puerta de Brandemburgo.

La bahía de San Francisco de California con las obras del puente Golden Gate en setiembre de 1936, dos meses antes de su conclusión.

La casa Kaufmann o "Casa de la Cascada", proyectada por el estadounidense Frank Lloyd Wright, sigue siendo en nuestros días un ejemplo perfecto de adaptación de la arquitectura a los accidentes del terreno y de integración en el paisaje.

nada. No obstante los bombardeos a que es sometida la ciudad y la presión de las fuerzas nacionalistas, los defensores, que pronto son apoyados por nuevas fuerzas republicanas y la 11ª y 12ª brigadas internacionales, logran resistir y rechazar a los atacantes, que llegaron a ocupar parcialmente la Ciudad Universitaria. La defensa de Madrid pasará a la historia como un modelo de coordinación militar y organización de los servicios de atención hospitalaria y de intendencia.   **➡ 1937**

Acabado el Golden Gate
12 NOVIEMBRE

En la ciudad estadounidense de San Francisco, y como parte del trazado de la carretera 101, finaliza la construcción del puente más largo del mundo (2824 metros), el llamado Golden Gate (Puerta dorada). Este puente, que conecta el N de la ciudad con el estado de California a través de la bahía, está hecho de

José Antonio Primo de Rivera en la cárcel de Alicante, donde sería fusilado el 20 de noviembre de 1936. ▶

hormigón armado y posee dos torres de acero que sobresalen 227 m sobre el nivel de las aguas. Con una luz de 1280 metros, posee la sección colgante más grande del mundo.

Fusilamiento de José Antonio Primo de Rivera
20 NOVIEMBRE

José Antonio Primo de Rivera (1903-1936), fundador de Falange Española, es fusilado por los republicanos en la prisión de Alicante. La ejecución de José Antonio, junto a otros dos falangistas y dos carlistas, sorprende al presidente del Consejo Largo Caballero, quien afirma que si bien las peticiones de clemencia no habían sido desatendidas y las negociaciones para un posible canje de prisioneros habían fracasado ante la escasa voluntad de los nacionalistas, la sentencia de muerte no había sido confirmada por el gobierno. La desaparición del carismático líder falangista supone un obstáculo político menos en el camino del general Franco hacia el poder absoluto del Estado. Falange Española, la Comunión Tradicionalista y las JONS (un grupo de inspiración nazi) quedarán unidas por decreto bajo la presidencia del propio Franco para formar el partido único del nuevo régimen.

Keynes publica su Teoría general

John Maynard Keynes (1883-1946), director desde 1912 del *Economic Journal*, profesor de Economía en Cambridge, asesor del gobierno británico en temas financieros, periodista, coleccionista de arte y una de las personalidades que forman el llamado círculo literario de Bloomsbury, se convierte en el economista más influyente de su generación con la publicación de su obra *Teoría general del empleo, el interés y el dinero*. El esquema teórico introducido por Keynes permite desarrollar recetas eficaces contra los ciclos depresivos de la economía, y en particular asigna al Estado la misión de regular las funciones del consumo y el empleo a través del instrumento del gasto público. Nace así un importante concepto, el *Welfare State* (Estado benefactor o Estado del bienestar), modelo indiscutido para to-

dos los gobiernos de países desarrollados en el largo período de prosperidad posterior a la Segunda Guerra Mundial.

Abdica Eduardo VIII
12 DICIEMBRE

El duque de York, con el nombre de Jorge VI, se convierte en el nuevo monarca británico. La crisis institucional abierta en el Reino Unido como consecuencia de la decisión de Eduardo VIII de casarse con la divorciada estadounidense Wallis Simpson ha quedado cerrada al anunciar el rey su renuncia a trono. *«Encuentro que me resulta imposible cargar con el pesado fardo de mis responsabilidades y asumir mis deberes de rey sin el apoyo y la ayuda de la mujer que amo»*, ha dicho el rey en su discurso de abdicación. El ahora duque de Windsor piensa abandonar su país y dirigirse a Francia, donde se casará con la señora Simpson.

Wright inicia la Casa de la Cascada

El arquitecto Frank Lloyd Wright (1869-1959) inicia una obra emblemática de la arquitectura orgánica. En la localidad estadounidense de Bear Run, Pennsylvania, han comenzado las obras de la casa Kaufmann o Casa de la Cascada, nombre que recibe por alzarse, entre árboles y rocas, paralela a un torrente y en punto muy próximo al lugar donde se precipita una bella cascada. Uno de los aspectos más originales de este edificio es que, según el proyecto, los voladizos orientados hacia el valle parecen extenderse como un puente inacabado hacia la otra orilla del torrente, cuyo trazado sigue el edificio y cuya parte más estrecha se vincula armónicamente con la naturaleza. De acuerdo con las previsiones, la obra estará acabada en 1939.

Guerra en España y presagios en Europa

El nítido perfil de la confrontación civil en España, recortándose contra el trasfondo de un Panorama internacional cargado de tensiones e incertidumbres, atrajo la atención de todo el mundo. Revolución, orden, libertad, religión, democracia, autoridad..., dejaron de ser ideas abstractas para encarnarse en nombres y tendencias concretas enfrentadas. Las potencias vieron en España un laboratorio de ensayo de futuras armas e incluso de futuros sistemas de gobierno. Para millones de europeos, el desenlace de la guerra española se convirtió en una premonición de su propio destino.

EUROPA EN LA SENDA DE UNA NUEVA GUERRA

Desde comienzos del año 1936, la crisis del orden internacional europeo se acentuó rápidamente como resultado de la política expansionista practicada por las dictaduras nazi y fascista. En marzo, Hitler repudió el pacto de Locarno y el tratado de Versalles y ordenó a su ejército ocupar la provincia de Renania, fronteriza con Francia y hasta entonces desmilitarizada. La reacción condenatoria de los gobiernos francés y británico fue muy tibia, en consonancia con una política común de apaciguamiento basada en la voluntad de evitar casi a cualquier precio una nueva guerra general en el continente. Esa política ya había dictado la tolerancia de facto de la invasión italiana de Abisinia, que culminó en mayo con la victoriosa ocupación de Addis-Abeba. En ese ambiente de crispación, las elecciones generales francesas dieron la victoria al Frente Popular y su programa de reformas sociales avanzadas (cuarenta horas laborales a la semana, vacaciones pagadas, etc.).

En julio las tensiones que recorrían Europa alcanzaron su máxima intensidad con motivo del estallido de la guerra civil en España. Los militares sublevados bajo el mando del general Francisco Franco se enfrentaron a las fuerzas del gobierno de la República en una cruenta lucha que excitó el interés y la pasión de toda la opinión pública europea y mundial. El bando franquista recibió el rápido apoyo diplomático y militar de Hitler y Mussolini, en tanto que las potencias democráticas se refugia-

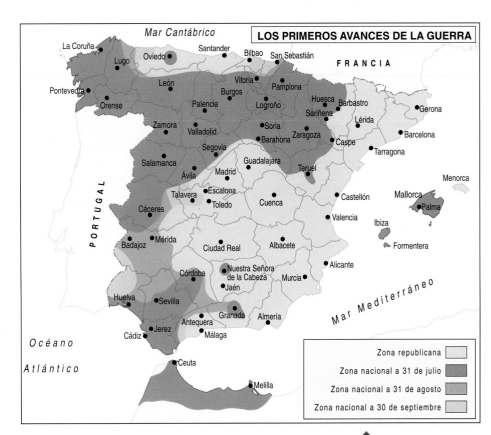

LOS PRIMEROS AVANCES DE LA GUERRA

Zona republicana	
Zona nacional a 31 de julio	
Zona nacional a 31 de agosto	
Zona nacional a 30 de septiembre	

Las zonas republicana y nacional durante los primeros meses de la guerra civil española.

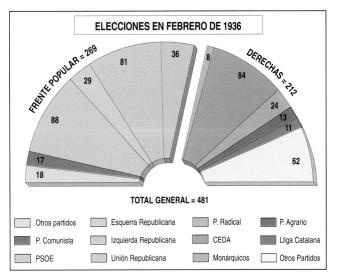

ELECCIONES EN FEBRERO DE 1936

FRENTE POPULAR = 269

81 36
29
88
17
18

DERECHAS = 212

8
84
24
13
11
62

TOTAL GENERAL = 481

Otros partidos	Esquerra Republicana	P. Radical	P. Agrario
P. Comunista	Izquierda Republicana	CEDA	Lliga Catalana
PSOE	Unión Republicana	Monárquicos	Otros Partidos

Las elecciones de febrero de 1936 habían dado una victoria no muy holgada, pero nítida, a las fuerzas del Frente Popular. Desde ese momento empezó a fraguarse el alzamiento militar.

ban en la política de No Intervención para no apoyar a los republicanos y atajar la conversión del conflicto en una guerra europea. Sólo la Unión Soviética acudió finalmente en auxilio de la República, lo que permitió su supervivencia a corto plazo pero agudizó los recelos de las democracias occidentales en cuanto a la naturaleza del régimen respublicano. España se convirtió así en el escenario de una pequeña

guerra europea que había de durar hasta abril de 1939.

La colaboración italo-germana en España abrió el camino a la constitución en octubre de una alianza inicialmente política y luego militar entre ambas dictaduras: el llamado Eje Roma-Berlín. Un mes más tarde, la diplomacia alemana consiguió otro triunfo notable al firmar con Japón el Pacto Anti-Comintern, nominalmente antico-

Jesse Owens vence con facilidad en la prueba de los 100 m de las Olimpiadas de Berlín. Hitler se ausentó precipitadamente del estadio para no verse obligado a saludarlo.

una serie de manifestaciones y desórdenes duramente reprimidos por la policía.

El continente asiático no fue inmune a las convulsiones del año. En China se produjo un cese de hecho de la guerra civil entre comunistas y nacionalistas, para hacer frente por separado a la creciente amenaza de invasión de los japoneses. Al otro extremo, en Palestina, la protesta árabe frente a la creciente inmigración y asentamiento de colonos judíos desembocó en abril en una situación de guerra abierta que duraría más de tres años y que obligaría a las autoridades británicas a establecer la ley marcial en el territorio.

POLITIZACIÓN DE LAS OLIMPIADAS Y ABDICACIÓN REAL

La celebración en agosto de los Juegos Olímpicos en Berlín bajo la presidencia de Hitler fue ocasión para un despliegue espectacular de las técnicas de propaganda de masas del régimen nazi. El único contratiempo para los gobernantes alemanes consistió en los espectaculares triunfos del atleta afroamericano Jesse Owens,

munista pero susceptible de orientarse contra las potencias occidentales. Con la incorporación de Italia al mismo un año después, quedó fijada la tríada de potencias que combatirían como aliadas en la Segunda Guerra Mundial.

Mientras tanto, las elecciones presidenciales en Estados Unidos daban la victoria por segunda vez al demócrata Franklin D. Roosevelt y revalidaban su política exterior de buena vecindad con América latina. El presidente Lázaro Cárdenas prosiguió en

México su política económica nacionalista, en tanto que en Bolivia el presidente David Toro iniciaba una línea similar con la confiscación de los bienes de la Standard Oil Company. Por su parte, Nicaragua contempló la violenta llegada al poder del general Anastasio Somoza, el comandante de la Guardia Nacional que iniciaba así una larga dictadura personal. En Puerto Rico hizo su aparición un fuerte movimiento nacionalista que reclamó la plena independencia de Estados Unidos y dio origen a

Instantáneas

1936

- S. Dalí presenta un cuadro titulado *Construcción blanda con judías hervidas*, cuyo subtítulo es quizá más clarificador: *Premonición de la guerra civil*.

- Estreno mundial en Barcelona del *Concierto para violín* "a la memoria de un ángel", de A. Berg, inspirado por la prematura muerte de Manon, hija de Alma Mahler y W. Gropius.
- El compositor mexicano C. Chávez estrena la *Sinfonía n.º 2 "India"*.
- *San Francisco* (G. Kahn, W. Jurmann, B. Kaper).
- *The way you look tonight* (D. Fields/ J. Kern).

- W. Benjamin publica *La obra de arte en la edad de su reproducibilidad mecánica*.
- L. Aragon publica la novela *Los barrios residenciales*.
- E. Husserl desarrolla su doctrina del ego puro en el libro *La crisis de las ciencias europeas y la fenomenología trascendental*.
- *Diario de un cura rural*, generalmente considerada la obra maestra del novelista católico francés G. Bernanos.
- G. Ungaretti, máximo representante del hermetismo italiano, se vuelve hacia la tradición romántica con el libro de poemas *Sentimiento del tiempo*.

- *Auto de fe*, parábola sobre la imposibilidad de comunicación entre los hombres, del austríaco E. Canetti.
- *Red*, colección de cuentos con un marcado carácter descriptivo, del venezolano A. Uslar Pietri.
- C. Vallejo publica el poemario *España, aparta de mí este cáliz*, inspirado en la guerra civil que enfrenta al país.
- *El rayo que no cesa*, libro de poemas de M. Hernández, refleja la influencia de la poesía del Siglo de Oro español sobre el autor.
- M. Mitchell, un ama de casa aficionada a la escritura, publica *Lo que el viento se llevó* y logra un éxito inesperado. En Estados Unidos la gente llega a romper los cristales de los escaparates de algunas librerías para hacerse con un ejemplar.
- L.F. Céline muestra de nuevo su cinismo en *Muerte a crédito*.

- *Rose Marie*, con la presencia J. McDonald y dirigida por N. Eddy, es la versión cinematográfica del musical de Friml.
- *Nacida para el baile*, con música de C. Porter, está pensada para el lucimiento de E. Powell, gracias a canciones como *I've got you under my skin*.
- *La vida futura*, un clásico de la ciencia ficción y toda una superproducción para la época, con una destacada banda sonora de A. Bliss.

- R. Capa toma en España su famosa fotografía *Muerte de un soldado republicano*.
- Ch. Chaplin critica el maquinismo en la película *Tiempos modernos*.

- El dirigible alemán *Hindenburg* inaugura el servicio aéreo Frankfurt-Nueva York. *(9 Mayo)*
- H. Focke crea el primer **helicóptero** operativo de la historia, el Fa-61.
- F. Zernike inventa el llamado **microscopio de contraste de fases**.

- Proclamación de **Eduardo VIII**, sucesor de **Jorge V**, como monarca del Reino Unido *(22 Enero)*
- P.J. Nehru elegido presidente del partido del **Congreso Indio**, sustituye a M. Gandhi. *(8 Febrero)*
- Tropas alemanas entran en la zona desmilitarizada de **Renania**. *(7 Marzo)*
- M. Azaña es nombrado presidente de la **República Española**. *(12 Mayo)*
- El **asalto al cuartel de la Montaña**, donde se habían acuartelado los militares sublevados dirigidos por el general J. Fanjul, pone fin al levantamiento militar en Madrid. *(20 Julio)*
- La **Iglesia española** apoya la sublevación de los militares. Sólo el arzobispo de Tarrago-

(Continúa)

*El monarca británico Eduardo VIII da lectura
a la nota de su abdicación, para casarse con
la divorciada estadounidense Wallis Simpson. En
adelante sólo llevaría el título de duque de Windsor.*

Muerte de un soldado
republicano, *instantánea
tomada por el reportero gráfico
Robert Capa que se convirtió
en una imagen de la guerra
civil española tan emblemática
como el* Guernica *de Picasso.* ▶

que obtuvo cuatro medallas de oro. Hitler no quiso saludarlo por tratarse de un negro, y se ausentó de la entrega de las medallas. El otro acontecimiento social de resonancia internacional fue la abdicación en diciembre del joven soberano del Reino Unido Eduardo VIII, después de un corto reinado de menos de un año y ante la imposibilidad de contraer matrimonio con una divorciada estadounidense, Wallis Simpson. Convertido en duque de Windsor, se desposó con ella al año siguiente en París y nunca regresó a Inglaterra.

Un reputado economista británico, John Maynard Keynes, dio a conocer su libro *Teoría general del empleo, el interés y el dinero*, que habría de servir poco después como fundamento de la política económica de casi todos los países occidentales hasta la década de los años setenta. El también británico y matemático Alan M. Turing configuró la "máquina de Turing", hito básico en el desarrollo del cómputo digital y precedente de los ordenadores actuales. La guerra española tuvo desastrosas repercusiones en el mundo de la cultura: en agosto y en Granada fue asesinado el poeta Federico García Lorca por su identificación con la causa de la República. ■

Instantáneas *(continuación)*   **1936**

na, cardenal F. VIDAL I BARRAQUER, y el obispo de Vitoria, cardenal P. SEGURA, así como los sacerdotes vascos, se decantan en favor de la República. *(25 Julio)*

- El presidente del gobierno francés, L. BLUM, preconiza la política de **no intervención** en la guerra española. *(1 Agosto)*
- Los anarquistas a la **conquista de Aragón**, en poder de los sublevados contra la República. *(31 Agosto)*
- España: el líder socialista F. LARGO CABALLERO forma gobierno tras la dimisión de J. GIRAL. *(4 Setiembre)*
- El grupo de combate alemán denominado **Legión Cóndor** llega a España, en apoyo de los militares sublevados. *(25 Octubre)*
- **F.D. ROOSEVELT** reelegido presidente de Estados Unidos. *(3 Noviembre)*
- Llegan a España las primeras unidades de las **Brigadas Internacionales**, compuestas por voluntarios alemanes, belgas, franceses y polacos. *(1 Noviembre)*

- **Ocupación de tierras** en el suroeste de España. *(31 Marzo)*
- El gobierno del Frente Popular encabezado por el socialista L. BLUM propone al parlamento francés la **semana de 40 horas**. *(7 Junio)*
- Se empieza a publicar la revista *Life*: el reportaje fotográfico alcanza un protagonismo muy destacado.

- D. GIACOSA diseña el **Fiat 500**, el coche del pueblo.
- El diplomático argentino C. SAAVEDRA LAMAS recibe el **premio Nobel de la paz**, por su decisiva contribución al fin de la guerra del Chaco.
- La alemana L. RIEFENSTAHL, realizadora oficial del III Reich, realiza un documental en los Juegos Olímpicos de Berlín, que será la mejor **propaganda** del régimen nazi.

- **IV Juegos Olímpicos de Invierno** en Garmisch-Partenkirchen (Alemania): los alemanes dominan, tanto en hombres como en mujeres, la recién incorporada disciplina del **esquí alpino**. *(6 Febrero)*
- Los japoneses, con tres medallas de oro en categoría masculina y otra en la femenina, vuelven a dominar la **natación** en los Juegos Olímpicos de Berlín.
- El portero de fútbol español R. ZAMORA se retira tras veinte años de carrera deportiva. *(27 Junio)*

- «La televisión no será capaz de mantener su mercado más allá de seis meses. La gente pronto se cansará de mirar una caja de madera cada noche.» D. F. ZANUCK.
- «¿Qué tal va el imperio?» Últimas palabras del rey JORGE V.
- «Es mejor ser la viuda de un héroe que la mujer de un cobarde... Es mejor morir de pie que vivir de rodillas.» D. IBÁRRURI, "La Pasionaria", en un mitin en Valencia.
- «Esta generación tiene una cita con el destino.» F. D. ROOSEVELT.

- **OTTORINO RESPIGHI**, compositor italiano.
- **RAMÓN MARÍA DEL VALLE INCLÁN**, escritor español que cultivó todos los géneros. *(5 Enero)*
- **RUDYARD KIPLING**, escritor británico, premio Nobel en 1907. *(18 Enero)*
- **IVÁN PAVLOV**, padre de la reflexología. *(27 Febrero)*
- **OSWALD SPENCER**, filósofo alemán, crítico con la idea de progreso. *(8 Mayo)*
- **JORGE V**, soberano del Reino Unido. *(20 Enero)*
- **GILBERT KEITH CHESTERTON**, escritor y agudo polemista británico creador del PADRE BROWN, un humilde párroco que también es un sagaz detective. *(17 Junio)*
- **MÁXIMO GORKI**, novelista y dramaturgo ruso. *(18 Junio)*
- **MIGUEL DE UNAMUNO**, escritor y pensador español. *(31 Diciembre)*
- El líder anarquista **BUENAVENTURA DURRUTI**, en el frente de Madrid, a consecuencia de un disparo recibido por la espalda. Su muerte nunca pudo ser aclarada. *(20 Noviembre)*
- **L. TORRES QUEVEDO**, ingeniero español, inventor de las máquinas algebraicas de calcular. *(19 Diciembre)*

1937

Estado en que quedó la ciudad vizcaína de Guernica (España) después del bombardeo a que fue sometida por la Legión Cóndor

La batalla de Madrid concentró los principales esfuerzos de los dos bandos contendientes en la guerra civil española, desde octubre de 1936 hasta mediados del año siguiente.

Música para cuerda, percusión y celesta
21 ENERO

Béla Bartók (1881-1945) estrena una de sus obras más originales y personales: la *Música para cuerda, percusión y celesta*. Encargo de Paul Sacher para su Orquesta de Cámara de Basilea, es una partitura de una gran belleza, en la que las referencias al folclore húngaro no esconden el carácter esencialmente abstracto de la partitura. Dividida en cua-

tro movimientos, lentos los impares, rápidos y contrastados los pares, la arquitectura tonal y el desarrollo de los motivos, junto a la fascinación tímbrica, son las características que la definen y las que le confieren su personal aire de misterio. El director cinematográfico Stanley Kubrick apreció sin duda estas cualidades cuando utilizó algunos extractos para la banda sonora de su inquietante película *El resplandor*.

Concluye la batalla del Jarama
5-25 FEBRERO

Las fuerzas republicanas logran detener una maniobra envolvente sobre Madrid en una sangrienta batalla. Las tropas nacionales, bien equipadas y apoyadas con carros blindados, ametralladoras y la escuadra aérea de la alemana Legión Cóndor, habían lanzado un poderoso ataque sobre el Jarama con el propósito de ocupar la carretera a Valencia, donde se halla el gobierno republicano, y cortar las comunicaciones con Madrid. Sin embargo, las brigadas republicanas de

los generales Miaja y Pozas y las internacionales 14ª y 15ª, con el apoyo aéreo de 40 aviones de origen ruso, frustran la operación en una cruenta batalla, con pérdidas humanas y materiales muy cuantiosas para ambos bandos. ➥ **1938**

Tropas italianas en Málaga y Guadalajara
8 FEBRERO Y 13 MARZO

En el marco de la ofensiva del ejército franquista en el sur, fuerzas mecanizadas italianas integradas por unos 10 000 hombres al mando de Mario Roatta, apoyadas por unos 100 aviones italianos, entran en Málaga después de tres días de combates y desencadenan una feroz matanza. Un mes después el cuerpo expedicionario italiano sufre un severo correctivo en la batalla de Guadalajara, donde la imprevisión de sus mandos deja atascadas en el barro a sus unidades mecanizadas. La ofensiva, que contaba inicialmente con 50 000 hombres y apoyo artillero y de la aviación, además del respaldo de una fuerza de 20 000 hombres a cargo del general Moscardó, finaliza en una desbandada que deja en manos republicanas valiosísimo material bélico. ➥ **1938**

Trágico bombardeo de Guernica
26 ABRIL

A las 4,30 de la tarde aviones alemanes de la Legión Cóndor al servicio del bando nacional lanzan miles de toneladas de bombas que destruyen casi totalmente la histórica población vizcaína de Guernica. En el inhumano ataque a la población civil perecen más de mil personas y se producen miles de heridos, mutilados y quemados. La acción es objeto de condenas en todo el mundo, y la propaganda nacional opta primero por negarla, y después por atribuirla a tropas republicanas en fuga.

Se inaugura la Exposición internacional de París
4 MAYO

El presidente francés Albert Lebrun (1871-1950) inaugura en París la Exposición internacional del arte y la téc-

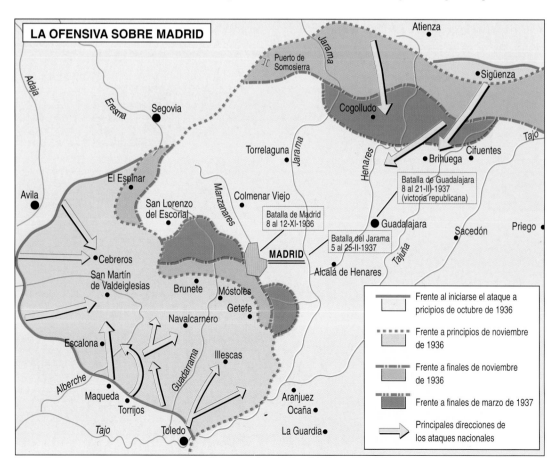

LA OFENSIVA SOBRE MADRID

Atienza
Puerto de Somosierra
Jarama
Sigüenza
Segovia
Cogolludo
Adaja
Eresma
Tajo
Cifuentes
Torrelaguna
Jarama
Henares
Brihuega
El Espinar
Manzanares
Colmenar Viejo
Batalla de Guadalajara
8 al 21-II-1937
(victoria republicana)
Avila
San Lorenzo del Escorial
Batalla de Madrid
8 al 12-XI-1936
Guadalajara
Sacedón
Priego
Cebreros
MADRID
Batalla del Jarama
5 al 25-II-1937
San Martín de Valdeiglesias
Brunete
Móstoles
Tajuña
Alcalá de Henares
Getafe
Navalcarnero
Escalona
Illescas
Guadarrama
Alberche
Maqueda
Aranjuez
Torrijos
Ocaña
Tajo
Toledo
La Guardia

Frente al iniciarse el ataque a pricipios de octubre de 1936
Frente a principios de noviembre de 1936
Frente a finales de noviembre de 1936
Frente a finales de marzo de 1937
Principales direcciones de los ataques nacionales

◄ *El general español José Moscardó con sus oficiales, en 1937. Con el grado de coronel, defendió en 1936 el Alcázar de Toledo del asedio de los republicanos hasta la llegada de las tropas africanas.*

Emilio Mola Vidal, muerto al estrellarse el avión que lo conducía en el cerro de Alcocero (Burgos, España).

nica en la vida moderna. El recinto ferial, que ocupa un amplio sector entre la colina de Chaillot y la plaza Jena, alberga los pabellones de numerosos países del mundo, entre los cuales destacan los de Alemania, Unión Soviética y Estados Unidos. El inacabado pabellón francés cuenta con un espectacular mural de 600 m², obra de Raoul Dufy, denominado *El hada de la electricidad*. Uno de los pabellones que más atraen la atención del público, dadas las dramáticas circunstancias que vive el país, es el de la República de España, donde Picasso expone el sorprendente *Guernica*, pintado en homenaje a esta población vasca que ha sufrido un salvaje bombardeo. También destacan las obras de Julio González, en particular *La Montserrat*, y de Joan Miró.

El dirigible Hindenburg explota en el aire
6 MAYO

A las 7,30 h de la mañana, cuando se disponía a aterrizar en el aeropuerto de Lakehurst, Nueva York, el dirigible alemán *Hindenburg* ha estallado por causas que se ignoran. En el trágico accidente han perecido treinta y seis personas. Si bien parece difícil que las comisiones de investigación del Ministerio de Comercio y de la Marina estadounidenses puedan determinar con precisión los motivos de la catástrofe, los restos de la aeronave serán enviados a Alemania para su análisis. De cualquier manera, todo parece indicar que tras esta tragedia los gigantescos zepelines pasarán a un segundo plano como medio de transporte aeronáutico.

El ciclo de Krebs

El bioquímico alemán Hans Adolf Krebs (1900-1981) desentraña los procesos metabólicos ligados a la respiración. A partir del estudio del metabolismo de los

hidratos de carbono, y prosiguiendo trabajos de otros investigadores, Krebs logra establecer un ciclo (que lleva su nombre) de transformaciones químicas que conducen a la producción de la energía que necesitan los seres vivos para su actividad, si bien no es la única fuente de energía de la que disponen.

Avión con cabina presurizada
7 MAYO

Se inician los vuelos del primer avión del mundo equipado con una cabina presurizada, el Lockheed XC-35. Este aparato, en realidad una versión modificada de un avión muy popular, el Lockheed 10-A Electra, se emplea para evaluar el rendimiento a gran altura de los motores turboalimentados, así como la conveniencia de dotar a todos los aparatos con este tipo de cabinas. Un año más tarde aparecerá el primer avión de pasajeros totalmente presurizado, el Boeing 307 Stratoliner, que realizará su primer vuelo el 31 de diciembre de 1938.

El general Mola muere en accidente de aviación
3 JUNIO

El general Emilio Mola (1887-1937), director de la sublevación militar española y jefe del Ejército del Norte, perece al estrellarse el avión en que viajaba. El general se dirigía hacia el frente de Segovia, donde los republicanos habían desencadenado una ofensiva con el propósito de aliviar la presión de éstos sobre Bilbao, cuando el avión en el que se trasladaba se precipitó a tierra muriendo todos sus ocupantes, entre ellos el teniente coronel Pozas y el comandante Serrat.

Triunfal estreno de la cantata Carmina Burana
8 JUNIO

En Alemania, Carl Orff (1895-1982) estrena su obra más popular: la cantata dramática para solistas, coro y orquesta *Carmina Burana*. Basada en poemas medievales escritos por estudiantes y clérigos vagabundos, los célebres goliardos del siglo XIII, es la obra que marca el cenit de toda la producción de Orff, caracterizada por la supremacía del ritmo y la simplicidad armónica. Autor básicamente dramático, de su música posterior cabe destacar dos nuevas cantatas inspiradas en textos de la antigüedad, *Catulli carmina* y *El triun-*

La Montserrat, escultura de Julio González exhibida en 1937 en el pabellón español de la Exposición de París, y que se conserva en el Museo Stedelijk de Amsterdam.

◄ *El zepelín alemán Hindenburg en llamas, después de estallar en el aire cuando se disponía a aterrizar. El accidente puso fin a la era de los dirigibles.*

Durante la guerra Chino-japonesa, habitantes de Shanghai abandonan los sampanes que les servían de vivienda para refugiarse en la Legación estadounidense, ante los bombardeos japoneses.

Cartel en lengua alemana de la película de Jean Renoir La gran ilusión, *de tema declaradamente pacifista y antimilitarista.*

Los siete enanitos velan el sueño de la princesa en una escena de Blancanieves, *el primer largometraje de dibujos animados de Walt Disney y uno de sus mayores éxitos de siempre.*

fo de *Afrodita*, además de las óperas *Antígona* y *Edipo tirano*, ambas sobre las traducciones al alemán de Friedrich Hölderlin de las tragedias homónimas de Sófocles.

Estalla la segunda guerra chino-japonesa
28 JULIO

El ataque japonés al puente Marco Polo, en el norte de China, señala el comienzo de la segunda guerra chino-japonesa. La guerra civil que mantienen los nacionalistas de Chang Kai-shek y los comunistas de Mao Tse-tung ha facilitado el ataque de los japoneses, que avanzan hacia Pekín ante la impotencia de las fuerzas chinas. En tan sólo un mes, el ejército nipón desembarca en Shanghai y expulsa de Nankín al jefe nacionalista. Antes de fin de año el ejército japonés controla las principales ciudades y puertos de China. Chang Kai-shek se ve obligado por las circunstancias a pedir a los comunistas una alianza temporal para luchar contra el invasor. ➡ **1949**

Nace la fotocopiadora
27 OCTUBRE

El estadounidense Chester Carlson (1906-1968) patenta un invento propio, la fotocopiadora. Gracias al proceso Xerox, se logra copiar el contenido de un documento en otro papel sin necesidad de revestir éste con un material fotosensible, como sucedía con ante-

rioridad. La primera demostración pública del nuevo invento tendrá lugar el año siguiente: Carlson copiará la fecha y el lugar de la experiencia en un papel en blanco: *10.02.38 ASTORIA*.

Matanza de haitianos en la República Dominicana
27 NOVIEMBRE

El dictador dominicano Rafael Leónidas Trujillo (1891-1961) ordena dar muerte a miles de campesinos haitianos. Tras los graves incidentes en la frontera haitiano-dominicana del pasado día 10, en los que murieron unas 2 600 personas, Trujillo, respaldado por el gobierno de Estados Unidos, desata una feroz represión contra campesinos haitianos residentes en la República Dominicana. Al parecer la terrible orden, que ha causado más de 8000 víctimas, fue impartida por el dictador en el curso de una fiesta, para satisfacer un capricho de la anfitriona.

Disney realiza Blancanieves

Dentro del cine de animación, el nombre del guionista, realizador y productor Walt Disney (1901-1966) es una referencia obligada. Él es el creador de personajes tan entrañables como Mickey Mouse, el pato Donald y el perro Goofy. *Blanca-*

nieves y los siete enanitos es su primer largometraje, basado en un cuento de los hermanos Grimm. Su éxito es inmediato, gracias sobre todo a sus entrañables enanos, a los que Disney confía el papel más agradable y simpático de la historia. Vendrán luego otras adaptaciones de cuentos infantiles (*La cenicienta*, *La bella durmiente*, *Pinocho*), junto a filmes de carácter más experimental como *Fantasía*, trasposición en imágenes de diversas obras de música clásica. ➡ **1940**

La gran ilusión de Renoir

La gran ilusión es uno de los grandes clásicos del cine francés. Ambientada en la Primera Guerra Mundial, su presentación en el Festival de Venecia en 1937 levanta una airada polémica, hasta el punto de ser calificada por Goebbels de «*enemigo cinematográfico número uno*». La razón es su argumento pacifista: situada la acción en un campo de concentración, sugiere que son las elites las que promueven las guerras, mientras que las clases menos privilegiadas aspiran a vivir en paz, sea cual sea su nacionalidad. Realizado por Jean Renoir (1894-1979), hijo del pintor impresionista Auguste Renoir, el filme cuenta con un espectacular reparto, en el que sobresalen Jean Gabin, Pierre Fresnay y el también director, autor de la monumental y genial *Avaricia* (1923), Erich von Stroheim (1885-1957).

Guernica, símbolo de un futuro sombrío

La guerra civil en España siguió dominando el ámbito de las relaciones internacionales y el interés de la opinión pública mundial durante 1937. El momento culminante de esa pasión por la lucha española tuvo lugar a raíz del bombardeo de Guernica por parte de la aviación alemana que combatía en el bando del general Franco, el 26 de abril. La destrucción intencionada de una pequeña villa en retaguardia provocó una fuerte repulsa en todo el mundo y se percibió como un anticipo de los horrores bélicos que habría de sufrir la población civil en los conflictos venideros.

LA MOVILIZACIÓN INTERNACIONAL EN TORNO A ESPAÑA

Guernica representó un nuevo nivel en la escalada de inhumanidad de la guerra: una población alejada del frente, en un día de mercado, destruida por repetidas pasadas de los bombarderos en vuelo rasante. Ningún objetivo militar: sólo víctimas civiles. Una única razón estratégica: sembrar el terror. Una sola "justificación": la Luftwaffe deseaba ensayar nuevas técnicas de bombardeo en picado.

Pablo Picasso se hizo eco del sentimiento de repulsa universal con su *Guernica*, que figuró en el pabellón español de la Exposición Universal celebrada en París aquel mismo año. Otros intelectuales de todo el mundo prestaron igualmente su apoyo a la causa de la República: el escritor André Malraux con su novela *La esperanza*, los poetas César Vallejo y W.H. Auden con sus composiciones *España, aparta de mi este cáliz* y *España*, etc.

La cooperación italo-alemana en los frentes de batalla españoles fue intensificando su alianza política y diplomática frente a las potencias democráticas y a la Unión Soviética. A finales de año, Mussolini se adhirió al Pacto Anti-Comintern germano-nipón y abandonó la denostada Sociedad de Naciones. La política desprovista de miramientos de las potencias del Eje no fue contrarrestada de manera eficaz por las democracias occidentales. Francia se hallaba dividida internamente y sus gobiernos carecían de la suficiente estabilidad parlamentaria. En el Reino Unido, el ascenso de Neville Chamberlain

▲

Guernica es por sus dimensiones, su complejidad y su ambición, la obra cumbre de Picasso. En este óleo de cerca de ocho metros de largo por tres y medio de alto, el pintor malagueño conjugó las formas cubistas con una simbología personal de intenso dramatismo, para plasmar todo el horror de la guerra.

Rafael Alberti recita sus versos ante un auditorio de milicianos, en plena guerra civil española.

a la jefatura del gabinete conservador ratificó el compromiso con la política de apaciguamiento de los dictadores y el rechazo a la unidad de acción con la Rusia Soviética. En esta última se emprendieron con redoblada intensidad los grandes procesos destinados a purgar al partido comunista y al ejército rojo de todo rival real o potencial de Stalin. La detención y ejecución del mariscal Tujachevski y sus colaboradores militares en el verano reveló públicamente la extensión y crudeza del fenómeno de las purgas. Paralelamente, Stalin contribuyó a la codificación de la ideología marxista oficial con su influyente ensayo *Materialismo dialéctico y materialismo histórico*.

La actitud cautelosa del Pontífice romano ante el deterioro de la situación europea y la intensidad de la lucha ideológica tuvo su plasmación en dos encíclicas publicadas en el mismo año 1937. Pío XI censuraba los excesos del régimen nazi en *Mit*

Brennender Sorge, a la par que condenaba el comunismo en *Divini Redemptoris*.

UN MUNDO EN EBULLICIÓN

A pesar de la antipatía del presidente Roosevelt por los regímenes totalitarios europeos, la aprobación de la Ley de Neutralidad en mayo reflejaba el aislacionismo dominante entre la opinión pública de Estados Unidos y su voluntad de no involucrarse de nuevo en posibles conflictos europeos. Mientras tanto, en México el presidente Cárdenas decidía la nacionalización del petróleo y de los ferrocarriles como parte de su programa económico. Por su parte, en Brasil, Getulio Vargas proclamaba una nueva constitución que le dotaba de poderes dictatoriales y reorganizaba el Estado según un patrón corporativo muy similar al modelo fascista europeo.

El pacto de No Agresión firmado en julio entre Turquía, Irak, Irán y Afganistán garan-

Amelia Earhart, la aviadora estadounidense desaparecida cuando intentaba dar la vuelta al mundo.

tizaba las fronteras asiáticas de la república turca y proporcionaba una era de estabilidad a esa zona del Próximo Oriente. Por el contrario, ese mismo mes se reanudaba en China con virulencia la guerra contra Japón a raíz de la ocupación nipona de Shanghai y, poco después, de Nankín. El único dato esperanzador en el área lo constituía el anuncio por parte de los Países Bajos de que concedería la autonomía a su colonia de Indonesia en el plazo de un decenio.

Síntoma premonitorio del futuro, el dirigible alemán Hindenburg, uno de los más grandes nunca construidos, fue destruido por un incendio en mayo cuando trataba de aterrizar en New Jersey después de cruzar el Atlántico. Perecieron treinta y seis personas en la catástrofe, que marcó el final definitivo de la construcción de esos aparatos aéreos rígidos. Al mismo tiempo, en la vieja Europa, el director cinematográfico francés Jean Renoir daba a conocer su película pacifista *La gran ilusión*, y el compositor alemán Carl Orff representaba por vez primera su cantata escénica *Carmina Burana*. ■

Instantáneas

1937

- Munich: los alemanes organizan una exposición itinerante bajo el título **"Arte degenerado"**, donde muestran el arte de la etapa inmediatamente anterior al nazismo. *(19 Julio)*
- *El hada electricidad*, de R. DUFY, expuesto en la Exposición internacional de París, es **el cuadro más grande del mundo**: sesenta y un metros de largo por ciento diez de alto. Aparecen en él todos aquellos que han intervenido en el descubrimiento de la electricidad, desde ARQUÍMEDES hasta EDISON.
- J.C. OROZCO, máximo representante junto con D. RIVERA de la escuela muralista mexicana, pinta los **murales del Palacio del Gobernador**, en Guadalajara, México.

- El músico de vanguardia J. CAGE realiza *Construcción en metal*, junto con el bailarín M. CUNNINGHAM.
- Estreno en Zurich de la ópera *Lulu*, de A. BERG, muerto dos años antes.
- Estreno de la *Quinta sinfonía* de D. SHOSTAKOVISCH, con un aplauso unánime del público y la crítica. *(21 Noviembre)*
- El austríaco **H. VON KARAJAN** dirige *Tristán e Isolda*, de R. WAGNER, en el Teatro de la Ópera de Viena.
- *The lady is a tramp*, y *My funny Valentine*, de L. HART y R. RODGERS.
- *Silbando al trabajar*, la canción de los enanitos en la película *Blancanieves*, de L. MOREY y F. CHURCHILL.
- *The donkey serenade*, de R. WRIGHT, G. FORREST y R. FRIML.

- Se celebra en diversas ciudades de España el **II Congreso Internacional de Escritores**, al que asisten intelectuales de todo el mundo. *(7 Julio)*
- W.H. AUDEN plasma su experiencia en la guerra civil española, que vivió como camillero, en el poema *Spain*.
- El escritor francés A. MALRAUX, voluntario como E. HEMINGWAY en el bando republicano durante la guerra civil española, lleva su experiencia a la literatura con la novela *La esperanza*.
- *Muerte de Narciso*, primer poema del cubano J. LEZAMA LIMA, con influencias de GÓNGORA.

- El libro de D. CARNEGIE *Cómo ganar amigos e influir en la gente* refleja a la perfección la cultura del éxito imperante en Estados Unidos.

- *Horizontes perdidos*, de F. CAPRA. Destaca la banda sonora del músico húngaro afincado en los Estados Unidos D. TIOMKIN, que se hará famoso por sus composiciones para *Westerns*.

- Se estrena la primera película rodada íntegramente en **Technicolor**: *Becky Sharp*.
- A.W.K. TISELIUS aplica la **electroforesis** al estudio de las mezclas de proteínas.
- Se comercializa la primera cámara fotográfica **Reflex XXX**.

- El gobierno de Estados Unidos decreta el **embargo de armas** a los dos bandos contendientes en España. Sin embargo, la Texas Oil Company sigue suministrando combustible al ejército nacional. *(8 Enero)*
- El presidente de Estados Unidos, F.D. ROOSEVELT, pone en marcha un **programa de recuperación social** para generar empleo. *(3 Febrero)*
- Construcción del **primer portaaviones británico**, el Ark Royal. *(21 Abril)*
- La República Española inicia la **evacuación de niños** de las regiones del norte hacia México. *(24 Mayo)*
- J. NEGRÍN ocupa la presidencia del gobierno español. *(17 Mayo)*
- Las tropas franquistas comandadas por el general E. Mola entran en **Bilbao**. *(19 Mayo)*
- El **frente del Norte** bajo total control de las tropas nacionales. *(21 Octubre)*
- Las autoridades británicas en Palestina limitan la llegada de **inmigrantes judíos** a causa de las violentas reacciones de los árabes. *(20 Octubre)*
- L. TROTSKI recibe asilo en México.

- *En mi angustiosa inquietud,* encíclica de Pío XI condenando el movimiento fascista. *(14 Marzo)*
- J. FATH abre su salón de **alta costura** en París.
- **Boda del duque de Windsor**, ex rey EDUARDO VIII, con la plebeya divorciada W-W. SIMPSON. *(3 Junio)*

- **A. EARHART desaparece** en aguas de Japón, durante su intento de dar la vuelta al mundo en avión. *(3 Julio)*

- «Un subproducto decadente de la corrupción judeo-bolchevique... Hemos tenido Futurismo, Expresionismo, Realismo, Cubismo, incluso Dadaísmo. ¿Puede darse todavía una mayor locura? Hay cuadros con cielos verdes y mares de color púrpura. Hay pinturas que sólo pueden explicarse por problemas oculares.» A. HITLER en la inauguración de la exposición de "Arte degenerado".
- «¿Qué hay de nuevo, viejo?» Nace Bugs Bunny.
- «Era imposible bajar por algunas calles debido a las llamas. Los escombros se amontonaban hasta muy alto. Todos los traumatizados supervivientes contaban la misma historia: aviones, balas, bombas, fuego.» 26 de abril de 1937: las tropas nacionales bombardean Guernica.

- **GEORGE GERSHWIN**, compositor estadounidense. *(11 Julio)*
- **LOU ANDREAS-SALOMÉ**, escritora de origen ruso. *(5 Febrero)*
- **GUGLIELMO MARCONI**, físico e inventor italiano, premio Nobel de física en 1909. *(20 Julio)*
- **MAURICE RAVEL**, compositor francés, conocido popularmente por su *Bolero*. *(28 Diciembre)*
- **JEAN HARLOW**, la rubia platino del celuloide, muere en Hollywood a los 26 años de edad, víctima de una nefritis. *(7 Junio)*
- El británico **ERNEST RUTHERFORD**, premio Nobel de química en 1908. *(19 Octubre)*
- **ANTONIO GRAMSCI**, fundador y dirigente del Partido Comunista italiano, en la cárcel fascista en la que llevaba preso once años. Algunos amigos consiguen rescatar las notas sobre política, filosofía y literatura que escribió a escondidas de sus carceleros. Serán publicadas póstumamente bajo el título *Cuadernos de la cárcel*. *(27 Abril)*
- **PIERRE DE COUBERTIN**, restaurador de los Juegos Olímpicos e infatigable defensor del deporte como medio de formación de la juventud. *(2 Setiembre)*

1938

El Carnegie Hall abre sus puertas al jazz
16 ENERO

El clarinetista Benny Goodman (1909-1986) es uno de los grandes nombres del swing de todos los tiempos. Sus recitales con el pianista Teddy Wilson y el batería Gene Krupa marcan la época dorada del género. Uno de los momentos estelares de su larga carrera es su actuación en el prestigioso marco del Carnegie Hall de Nueva York, en lo que supone el primer concierto jazzístico en esta sala. Junto a él actúan otros prestigiosos grupos y solistas como Johnny Hodges, Lester Young, Cootie Williams, Buck Clayton, Freddie Green, Jo Jones y, sobre todo, el pianista Count Basie (1904-1984), líder de una de las big bands más importantes del momento.

Franco forma su primer gobierno
30 ENERO

Los progresos en los distintos frentes animan a los nacionales a constituir su primer gobierno en sustitución de la Junta Técnica del Estado. El gabinete presidido por el ahora titulado generalísimo Francisco Franco y que se constituirá oficialmente mañana en Burgos está integrado por Serrano Súñer en Interior; el conde de Jordana, en Asuntos Exteriores; el general Dávila, en Defensa; el general Martínez Anido, en Orden Público; Sáinz Rodríguez, en Educación; Peña Boeuf, en Obras Públicas; Suances, en Industria y Comercio; Amado y Reygondaud, en Hacienda; González Bueno, en Organización y Acción Sindical, y Fernández Cuesta, en Agricultura y en la Secretaría General del Movimiento. ➡ **1939**

Cárdenas nacionaliza el petróleo mexicano
18 MARZO

El presidente mexicano Lázaro Cárdenas, en cumplimiento de su programa electoral y bajo el lema «*México para los mexicanos*», decreta la nacionalización de los yacimientos petrolíferos mexicanos y la expropiación de los bienes de las compañías británicas, neerlandesas y estadounidenses, y asume la responsabilidad de su explotación. La medida también afecta a varias compañías de ferrocarriles, pues el pleno ejercicio de la soberanía del país depende, afirma el presidente mexicano, de su «*esencial liberación económica*».

Los nacionales cercan Cataluña
15 ABRIL

Tras la caída de Teruel el pasado enero, las tropas franquistas afianzan su ofensiva sobre Cataluña. Aprovechando el desgaste de las tropas republicanas en la batalla de Teruel, el general Franco ha llevado a cabo con éxito la campaña de Aragón como paso previo a la separación de Cataluña de Madrid y Valencia en la línea del Ebro. La ofensiva progresa desde el bajo Ebro (Alcañiz y Caspe) por el valle del Segre hasta Lérida, que cae en manos nacionales el 3 de abril, y Vinaroz, el 15, con lo que la zona republicana del este queda partida en dos sectores y Cataluña aislada. ➡ **1939**

Eisenstein rueda Alexander Nevski

Con *Alexander Nevski* su realizador Serge Eisenstein (1898-1948) crea uno de los grandes monumentos de la historia del cine. Obra de intención propagandística, advertencia clara a la Alemania nazi de lo que podría pasarle si, como ya en ese momento se sospechaba, invadiera la Unión Soviética, narra la lucha y victoria del pueblo ruso, simbolizado en el príncipe Nevski, encarnado por Nikolái Cherkasov, contra los invasores teutónicos. Sin embargo la película va mucho más allá de la anécdota política y alcanza la altura de una obra de arte indiscutible. El uso del montaje por partes es admirable, pero lo es más aún la fusión de las imágenes con la música. En *Alexander Nevski*, primera película sonora de su autor, Eisenstein explora las posibilidades que le ofrece la banda sonora, y en particular las relacionadas con la música. En estas investigaciones contó con la colaboración de Serguéi Prokofiev. Nunca antes y nunca después un compositor iba a participar tan de lleno en la realización de un filme, hasta el extremo de que muchas imágenes se montaron a partir de la música escrita, a fin de conseguir una sincronización perfecta entre imagen y sonido. ➡ **1945**

Estreno de la ópera Mathis der Maler *en Suiza*
28 MAYO

Tras ser prohibida por los nazis en Alemania, la ópera de Paul Hindemith (1895-1963) se estrena en Zurich. La llegada de Hitler al poder en 1933 provocó la persecución de las corrientes artísticas modernas y Hindemith, más por sus escandalosas obras de juventud (las óperas *Santa Susana* y *Asesino, esperanza de mujeres*) que por las de madurez, se convirtió en un compositor poco grato al régimen. Por otra parte, el tema de su ópera –la conflictiva relación entre el artista y su sociedad– es considerado poco adecuado por unos dirigentes que demandan a los artistas una sumisión total. Hindemith opta por el exilio y marcha a Zurich, donde se estrena la obra maestra que es *Mathis der Maler*, basada en la vida del pintor alemán del primer cuarto del siglo XVI Matthias Grünewald.

Capra rueda Vive como quieras

Uno de los principales exponentes de la llamada "comedia americana" es el italoamericano Frank Capra (1897-1991). Capra se inició en el mundo del

Cartel anunciador de Alexander Nevski, *primer filme sonoro de Serge Eisenstein, que contó para la música con la colaboración de Serguéi Prokofiev.*

Una escena de la película Vive como quieras. *Frank Capra, su director, fue probablemente el cineasta que mejor supo expresar el mensaje optimista del New Deal rooseveltiano.*

La selección de Italia, después de proclamarse campeona del Mundo de fútbol al vencer en la final a Hungría por 4 a 2.

cine como comparsa en algunos westerns, y en 1926 dirigió su primer largometraje, una comedia titulada *El hombre cañón*. Con un reparto encabezado por James Stewart y Jean Arthur, *Vive como quieras* es una de sus mejores comedias, cuyo estilo amable, conservador y algo sentimental, representativo de toda la producción de Capra, gozará de una excelente acogida en una Norteamérica aún conmocionada por la gran depresión económica de 1929. Durante la Segunda Guerra Mundial, el realizador dejará la comedia en favor de toda una serie de reportajes de guerra, alguno en colaboración con John Huston.

Graves inundaciones en China
JUNIO

El desbordamiento del río Amarillo provoca millones de víctimas en el norte de China. Como consecuencia de los combates que están librando los ejércitos chino y japonés, quedaron destruidas las presas del río Amarillo en la zona de Huayan, y ello provocó el desbordamiento de las aguas. Según se calcula, han muerto unas 500 000 personas y 6 millones han perdido sus hogares, además de haberse producido cuantiosas pérdidas materiales. No obstante la catástrofe, los comunistas chinos dirigidos por Mao Tse-tung continúan hostigando con su guerra de guerrillas a los japoneses, que encuentran serias dificultades para seguir avanzando hacia el interior del país.

La dirigente comunista española Dolores Ibárruri, llamada "La Pasionaria", visita el frente de Aragón, durante la guerra civil.

La fisión de los átomos

Los físicos alemanes Otto Hahn (1879-1968) y Fritz Strassmann (1902-1980) descubren la fisión de los núcleos atómicos o fisión nuclear al bombardear núcleos de uranio con neutrones. Un año más tarde su colaboradora Lise Meitner (1878-1968), en colaboración con el físico austríaco Otto Robert Frisch (1904-1979), interpretan correctamente los resultados de los experimentos llevados a cabo por Hahn y Strassmann en términos de una reacción de fisión nuclear. **➡ 1940**

Italia gana por segunda vez el Mundial de fútbol
19 JUNIO

La selección italiana, al derrotar en la final a Hungría por 4-2, gana la tercera Copa Mundial del Fútbol, cuya fase final se ha disputado en París. Gracias a una eficaz delantera, formada por Meazza, Ferrari, Biavatti, Colaussi y Piola, Italia ha ganado su segundo campeonato mundial consecutivo. Previamente había dejado en el camino a Noruega, Francia y Brasil, equipo éste que ha causado las delicias de los miles de aficionados que han asistido a sus encuentros. Uno de los delanteros brasileños, Leónidas, a quien se llama *El diamante negro*, ha sido el máximo goleador del torneo.

Inventado el bolígrafo

Los hermanos húngaros Lazlo (Ladislaus) y Georg Biro inventan el primer bolígrafo realmente operativo. Se trata de un instrumento de escritura formado por un tubito que contiene una tinta pastosa, rematado por un dispositivo formado por una bolita de aproximadamente 1 milímetro de diámetro que gira libremente al entrar en contacto con el papel, arrastrando de este modo un fino hilo de tinta. Será el instrumento de escritura más popular a partir de entonces.

Energía solar y fusión nuclear

El físico estadounidense de origen alemán Hans Albrecht Bethe (n. 1906) y el físico alemán Carl Friedrich von Weizsäcker (n. 1912) formulan, independientemente uno del otro, la teoría de la generación de la energía de las estrellas a partir de reacciones nucleares de fusión. Sus trabajos culminan aportaciones anteriores de físicos como sir A.S. Eddington (1882-1944), que intuyó el origen nuclear de la energía solar y calculó en 1926 que en el interior del Sol debían reinar temperaturas de varias decenas de millones de grados.
➡ 1942

Comienza la batalla del Ebro
25 JULIO

Para asegurar la defensa de Valencia y reunificar los sectores de Levante y Cataluña, el ejército republicano lanza una fuerte ofensiva a través del Ebro. Con una fuerza compuesta por 80 000 hombres al mando del coronel Modesto, a las 0,15 los republicanos comienzan a cruzar el río por dieciséis puntos diferentes y a lo largo de un frente de 15 kilómetros, entre Mequinenza y Cherta. Se inicia así la más larga (durará 114 días) y sangrienta batalla de la guerra civil española. No obstante las graves pérdidas sufridas, los nacionalistas harán valer la superioridad de su material bélico y terminarán por aniquilar prácticamente al ejército republicano.
➡ 1939

La diplomacia europea claudica en Munich
29 SETIEMBRE

Francia y el Reino Unido ceden a la presión de Alemania y permiten el desmembramiento de Checoslovaquia. En una conferencia convocada en Munich bajo amenaza de guerra por Hitler y a la que concurren los jefes de gobierno del Reino Unido (Chamberlain), Francia (Daladier) e Italia (Mussolini) y ningún representante de Checoslovaquia, se firma un pacto por el que se entrega a Alemania la región de los Sudetes, minoría de habla germana. Además, las cuatro potencias adoptan medidas para frenar las pretensiones polacas y húngaras sobre Checoslovaquia, a la que garantizan la integridad del resto de su territorio. Tras la firma del pacto de Munich, Chamberlain es recibido en Gran Bretaña como un héroe y asegura haber «*ganado la paz en nuestro tiempo*», pero Winston Chur-

chill le replica en la Cámara de los Comunes: «*Hemos sufrido una derrota sin luchar.*» ➡ **1939**

Silvestre Revueltas compone Sensemayá

La lección de *La consagración de la primavera* es asumida por Silvestre Revueltas (1899-1940) en esta breve obra. Su vitalidad rítmica evoca de inmediato la obra de Igor Stravinsky. Basada en un poema del escritor cubano Nicolás Guillén, *Sensemayá* es la página más conocida del violinista y compositor mexicano. De ella existen dos versiones: la original para coro y orquesta, y una posterior únicamente para orquesta. El éxito obtenido por Revueltas facilitará el reconocimiento internacional a otros compositores mexicanos, en particular Carlos Chávez (1899-1978).

Suicidio de Alfonsina Storni
25 OCTUBRE

La poetisa argentina Alfonsina Storni (1892-1938) se suicida en la ciudad balnearia de Mar del Plata. Storni había publicado su primer libro, *La inquietud del rosal*, en 1916, y era una de las voces más destacadas de la poesía hispanoamericana. Su obra, esencialmente femenina, está impregnada por una sugestiva sensualidad, sobre todo en sus libros *Languidez* (1920) y *Ocre* (1926). Sin perder este rasgo, en los poemarios posteriores, *Mundo de siete pozos* (1934) y *Mascarilla y trébol*, su poesía se hace más hermética y simbólica. Enferma de cáncer y presa de una profunda depresión, pone fin a su vida internándose en el mar. Su testamento poético, *Quiero dormir*, es publicado el día siguiente en el diario *La Nación* de Buenos Aires.

Alienígenas siembran el pánico en Nueva York
30 OCTUBRE

El realismo de una versión radiofónica que Orson Welles (1915-1985) hace de *La guerra de los mundos*, de H.G. Wells, provoca el pánico en las calles de Nueva York. Welles, fundador con John Houseman de la compañía Mercury Theatre, ya había difundido con gran éxito varias novelas en versión radiofónica, pero esta noche el realismo extraordinario de la transmisión ha hecho creer a miles de oyentes que de verdad estaban ante una invasión de extraterrestres. El escándalo, que constituye uno de los momentos más significativos en la historia de la radiodifusión, reporta a Orson Welles un sustancioso contrato de la R.K.O. para hacer varias películas, la primera de las cuales será *Ciudadano Kane*.

Hitler anexiona Austria a Alemania
12 DICIEMBRE

Ante el entusiasmo de gran parte de la población y la pasividad de las potencias europeas, el ejército nazi ocupa Austria y consuma el *Anschluss* o "unificación". La presión alemana se había tornado asfixiante desde que el mes pasado Hitler se entrevistara con el canciller austríaco Kurt von Schuschnigg y le exigiera el cumplimiento del tratado austroalemán de 1935 que contemplaba la reunificación de los dos Estados. Ante la resistencia de Schuschnigg, los austríacos partidarios del *Anschluss* optaron por sustituirlo por un dirigente nazi. El nuevo canciller, Arthur Seyss Inquart, se apresura a satisfacer las pretensiones alemanas y a dar la bienvenida a Adolf Hitler, que recorre triunfalmente las calles de Viena tras la anexión.

Charles Trenet canta La mer

Las canciones de Charles Trenet (n. 1913) son más famosas que el propio nombre de su autor e intérprete: son millones las personas que tararean sus melodías pero que desconocen quién las creó. Trenet, encarnación viva de la canción francesa, inicia su carrera en 1933 formando un dúo con Johnny Hess, y a partir de 1938 triunfa como intérprete y como compositor. A él se deben más de quinientas canciones, muchas de ellas interpretadas por figuras de la talla de Maurice Chevalier. Su composición más importante, *La mer*, data de 1938. Es todo un clásico que, traducido al inglés como *Beyond the sea*, conocerá una rápida y duradera difusión internacional. *L'âme des poètes*, *Boum!*, *Douce France* o *La vie qui va*, son otros de sus numerosos éxitos.

Se publica La náusea, de Sartre

Jean-Paul Sartre (1905-1980) traslada a su primera novela las características esenciales de su pensamiento filosófico. A través del protagonista de *La náusea*, Antoine de Roquentin, el pensador francés, uno de los principales exponentes de la corriente existencialista, define al ser humano como una pasión inútil, la cual es en definitiva la causa última de su angustia existencial. Para Sartre, el ser humano como individuo es responsable de sus propios actos y de su propio destino, pero sólo colectivamente puede alcanzar la libertad. ➡ **1958**

Robín de los Bosques

Erich Wolfgang Korngold (1897-1957) es uno de los pioneros de la música de cine de Hollywood. Antiguo niño prodigio en Viena, donde estrenó algunas de las óperas de más éxito de la década de 1920 (*Violanta*, *La ciudad muerta*, *El milagro de Heliane*), obras caracterizadas por su acusado romanticismo, la subida al poder de los nazis le obligó a exiliarse en Estados Unidos, dada su condición de judío. Instalado en Hollywood, trabaja para la productora Warner Brothers. Compone su primera banda sonora original para la película *Capitán Blood* (1935), protagonizada por Errol Flynn y dirigida por Michael Curtiz, con los que también trabaja en *Las aventuras de Robín de los Bosques*, que le vale su segundo Óscar de la Academia (el primero lo recibió en 1936 por *El caballero Adverse*).

Voluntarios republicanos españoles se dirigen al frente del Ebro. El éxito inicial de la ofensiva dirigida por Modesto cedió paso muy pronto a una brutal batalla de desgaste.

Cartel de Las aventuras de Robín de los Bosques, *filme dirigido por Michael Curtiz y protagonizado por Errol Flynn y Olivia de Havilland.*

La irresistible ascensión del III Reich

Mientras la suerte de la República española queda definitivamente sellada en las orillas del Ebro, las democracias europeas parecen también batirse en retirada ante la codicia del Reich alemán, decidido a reivindicar el "espacio vital" que corresponde a su "raza" hasta unos "límites naturales" más y más extensos. Cada nueva concesión, hecha en beneficio de la paz, aleja un poco más la paz deseada. Y cada nuevo zarpazo de las tropas alemanas significa penurias, persecuciones y dolor para la sufrida población de Europa central.

EL DESAFÍO EXPANSIONISTA DE ALEMANIA

Durante todo el año 1938, la atención europea e internacional estuvo pendiente de las reiteradas y desafiantes acciones expansionistas protagonizadas por el régimen de Hitler para engrandecer territorialmente a Alemania. El primer paso en esa dirección se produjo en marzo, cuando las tropas alemanas entraron en Austria sin encontrar resistencia y anexionaron ese país al Tercer Reich. Apenas consumada la anexión, y a pesar de las protestas de las potencias democráticas occidentales, Hitler comenzó a presionar al gobierno de Checoslovaquia para que cediera voluntariamente la región de los Sudetes, habitada por una mayoría de población alemana. La amenaza de una invasión nazi persuadió a los gobiernos británico y francés de la necesidad de intervenir como mediadores en la disputa germanocheca para evitar el estallido de la guerra por ese motivo. A finales de setiembre, en Munich, Hitler se reunió con su aliado Mussolini y con los jefes de gobierno de Francia, Édouard Daladier, y el Reino Unido, Neville Chamberlain. La conferencia de Munich acordó satisfacer las demandas nazis y mutilar de inmediato el territorio de Checoslovaquia, sin consideración a los deseos e intenciones del propio país.

El triunfo diplomático y estratégico de Hitler en Munich fue inmediatamente seguido de una intensificación de su política antisemita en el interior. El 9 de noviembre tuvo lugar la "noche de los cristales rotos" en Alemania, un pogromo auspiciado por las autoridades que incluyó el asalto a los barrios judíos, la destrucción de todas las sinagogas y el internamiento en campos de

Tropas franquistas conducen a un grupo de prisioneros republicanos en el frente de Bilbao, durante la guerra civil española. En 1938 la suerte de la guerra estaba ya decidida, y el bando republicano sólo continuó resistiendo en la esperanza de una ayuda exterior que nunca llegó.

Franco filma las operaciones bélicas en el curso de la batalla del Ebro, en la guerra civil española.

concentración de los detenidos en la operación. La violenta acción fue seguida al mes siguiente por una nueva crisis ocasionada por reivindicaciones territoriales, en este caso por parte de la Italia fascista. Mussolini exigió inútilmente a Francia la entrega de Córcega, Niza y Túnez a cambio de promesas de "buena vecindad". Mientras tanto, el constante apoyo germano-italiano a las tropas del general Franco sentenciaba en España el trágico destino de la República.

EL MUNDO, A LA ESPERA DE LA GUERRA

La posibilidad de una nueva guerra en Europa tuvo su reflejo diplomático en el Nuevo Continente. La VIII Conferencia

Panamericana, reunida en Perú en diciembre, aprobó la Declaración de Lima, que reafirmó la solidaridad de los Estados americanos y su intención de defenderse contra cualquier posible intervención exterior. Sin embargo, esa actitud solidaria no se extendió siempre al plano de las relaciones bilaterales. La tradicional disputa fronteriza entre Perú y Ecuador provocó en el verano ocasionales enfrentamientos armados y un duro conflicto diplomático irresuelto. Mientras tanto, en Chile subió al poder un gobierno de Frente Popular bajo el presidente Pedro Aguirre Cerda, que puso en práctica un programa de reformas sociales.

A finales de año se produjo en Turquía el fallecimiento de Kemal Atatürk. Su sucesor en la presidencia de la República,

Hitler recibe un ramo de flores a su entrada en Viena, después del Anschluss *o anexión de Austria a Alemania.*

Ismet Inonu, prosiguió con todo vigor la política de modernización y occidentalización. Más al este, las imparables victorias japonesas en China (Cantón fue ocupada en octubre) comenzaron a preocupar seriamente a otros Estados del área. El gobierno de Australia decidió bloquear sus exportaciones de hierro y manganeso a Japón para no reforzar su capacidad bélica y en previsión de posibles intenciones agresivas contra su propio territorio.

La investigación química dio en 1938 un paso de gigante cuyas consecuencias tardarían algunos años en asumirse y ponerse en práctica. Dos químicos alemanes, Otto Hahn y Fritz Strassmann, llevaron a cabo una serie de experimentos que demostraban la escisión del uranio por fisión nuclear. En el mismo año, la compañía norteamericana Du Pont de Nemours comenzó la comercialización del nailon, una fibra sintética flexible descubierta tres años antes y que muy pronto revolucionaría la industria textil mundial.

La literatura y la novela recogieron fielmente la atmósfera de desesperanza y pesimismo que hacía presa en la opinión pública. El filósofo francés Jean-Paul Sartre publicó oportunamente *La náusea*, primera

La tenista estadounidense Helen Moody-Wills, vencedora en ocho ocasiones en el torneo de Wimbledon y en siete del Campeonato de Estados Unidos.

novela de espíritu existencialista. Por su parte, el pintor ruso Marc Chagall expuso su cuadro *Crucifixión blanca*, inspirado en la doliente condición de los judíos alemanes contemporáneos. A pesar de todo, el Campeonato del Mundo de Fútbol se celebró en Francia con la participación de 36 equipos nacionales. Para desconsuelo de los anfitriones, fue campeona la selección nacional de Italia. ■

Instantáneas 1938

- Sobre un texto dramático del poeta P. Claudel, que evoca los misterios medievales, el compositor suizo A. Honegger compone su ópera *Juana de Arco en la hoguera*.
- El compositor estadounidense S. Barber estrena en Nueva York *Adagio para cuerdas*. *(5 Noviembre)*
- El mexicano C. Huízar compone su *Cuarteto de cuerda*.
- *September song*, de M. Anderson y K. Weill.
- *Our love is here to stay*, de los hermanos Ira y G. Gershwin.
- *La conga*, de E. Grenet.

- *La barca*, del poeta italiano M. Luzi, fuertemente influida por la poesía postsimbolista europea.
- D. du Maurier publica la novela *Rebecca*, objeto en 1940 de una memorable versión cinematográfica realizada por A. Hitchcock.
- *Vinieron las lluvias*, un bestseller de L. Bromfield.

- *La fiera de mi niña*, dirigida por H. Hawks, clásica comedia de enredo que cuenta con un irresistible tándem protagonista, C. Grant y K. Hepburn.

- Primer vuelo del avión estadounidense Boeing 307 Stratoliner, el primer aparato comercial de **transporte de pasajeros con cabina presurizada**. *(31 Diciembre)*
- El químico estadounidense R. Plunket inventa un nuevo plástico, el politetrafloururo de etileno, que se comercializa con el nombre de **teflón**.
- R. Vishniac y F. Goro desarrollan la técnica de la **microfotografía científica**.

- Los interminables **procesos de Moscú**: 18 "troskistas-derechistas" condenados a muerte. *(15 Marzo)*
- El Vaticano reconoce como único gobierno legítimo de **España** al del general F. Franco. *(4 Mayo)*
- Disensiones entre los republicanos: dirigentes del **POUM** en prisión. *(3 Noviembre)*

- Despedida a las **Brigadas Internacionales** que han luchado en España al lado del ejército republicano. *(26 Octubre)*

- E. Head es nombrada diseñadora para las películas de Paramount Pictures. Vestirá durante más de 25 años a las más famosas actrices de **Hollywood**.
- Alemania: una serie de disposiciones impiden a los **judíos** el acceso a determinados lugares públicos y les prohíben escribir o producir teatro o cine a menos que traten temas estrictamente judíos. *(3 Diciembre)*

- La tenista H. Moody-Wills se retira tras haber ganado 8 veces Wimbledon.
- Tras numerosos intentos saldados con diez muertes en los tres últimos años, una cordada de cuatro escaladores austríacos y alemanes logran coronar la **pared norte del Eiger**. *(24 Junio)*
- El equipo nacional de Estados Unidos nada los **4×100 m libres** en menos de 4 minutos.
- El **River Plate**, con Pedernera y Moreno, se convierte en el mejor equipo argentino de la década.

- «Ante nosotros se alza el última problema que debe ser y será resuelto. Es la última reclamación territorial que debo hacer en Europa, pero es una reclamación a la cual no voy a renunciar.» A. Hitler manifiesta sus apetencias sobre Checoslovaquia.
- «Un ataque japonés sobre Pearl Harbour es una imposibilidad estratégica.» G. Fielding Eliot.

- **Juan de la Cierva**, político conservador español. *(12 Enero)*
- Suicidio del poeta argentino modernista **Leopoldo Lugones**. *(19 Febrero)*
- **Gabriele d'Annunzio**, escritor y político italiano, autor predilecto del fascismo. *(1 Marzo)*
- El poeta peruano **César Vallejo**. *(15 Abril)*
- **Miguel Fleta**, tenor español. *(29 Mayo)*
- **Konstantin Stanislavski**, padre del teatro ruso. *(7 Agosto)*

1939

Las tropas franquistas desfilan a banderas desplegadas por la plaza de Cataluña de Barcelona. Tras la batalla del Ebro se produjo el colapso final de los frentes republicanos, con la excepción de Madrid.

Muere el papa Pío XI
10 FEBRERO - 2 MARZO

Ha fallecido en el Vaticano el papa Pío XI (1857-1939) y le sucede Pío XII (1876-1958). Achille Ratti había sido, como papa Pío XI, el artífice de los concordatos que regularizaron las relaciones de la Iglesia católica con algunos Estados europeos, entre ellos el italiano a través de los pactos de Letrán. Después de tan sólo tres sesiones del cónclave, el cardenal italiano Eugenio Pacelli, antiguo nuncio en Baviera y Berlín, es elegido para ocupar el solio vaticano con el nombre de Pío XII. El nuevo pontífice anuncia su intención de proponer iniciativas en favor de la paz y la distensión entre las naciones europeas.   ➡ 1958

El Reino Unido y Francia reconocen a Franco
27 FEBRERO

Ante la inminente derrota de la República española, el Reino Unido y Francia reconocen al gobierno del general Franco. Éste inmediatamente envía como embajadores a Londres y París al duque de Alba y a Félix de Lequerica, quienes se apresuran a sustituir la bandera republicana por la bicolor nacionalista. El gobierno francés envía como embajador a Burgos al mariscal Philippe Pétain. Como consecuencia de este reconocimiento de las democracias eu-

Achille Ratti, el papa Pío XI, ▶ *fallecido en febrero de 1939. El cardenal Pacelli, que le sucedería con el nombre de Pío XII, había sido con Gasparri uno de los grandes colaboradores de su pontificado.*

ropeas, el presidente de la República española, Manuel Azaña, presenta al presidente de las Cortes, Martínez Barrio, su renuncia al cargo.

Se derrumba el frente republicano español
30 MARZO

Desde el hundimiento del frente del Ebro y la práctica aniquilación del ejército republicano, los días de la Segunda República están contados. Ante la inevitabilidad de la derrota, la Junta de Defensa localizada en Madrid había enviado el día 19 emisarios al cuartel general de Franco para negociar una "paz honrosa", pero los nacionales, que sólo desean "una paz victoriosa", emprenden una vasta ofensiva en todos los frentes. En consecuencia, unidades del ejército republicano huyen hacia la frontera francesa o son apresadas por los franquistas, que ocupan Madrid y Valencia y se sitúan a las puertas de Murcia, Alicante y Almería.

Acaba la guerra civil española
1 ABRIL

Las tropas nacionales ocupan los últimos reductos republicanos mientras miles de personas inician el camino del exilio. Consumada la victoria militar, el cuartel general del generalísimo Francisco Franco emite el último parte, cuyo

texto dice: «En el día de hoy, cautivo y desarmado el ejército rojo, han alcanzado las tropas nacionales sus últimos objetivos militares. La guerra ha terminado.» Los vencedores desatan de inmediato una implacable persecución de todos aquellos que combatieron o simpatizaron con la República. Las penas de muerte y de prisión serán el triste epílogo de la contienda civil.   ➡ 1940

Racionamiento y estraperlo en España

Acabada la guerra, la falta de alimentos mueve a las autoridades a imponer el racionamiento. El gobierno de Franco instituye cartillas individuales de primera, segunda y tercera categorías para obtener cantidades tasadas de los productos de primera necesidad en la Comisaría de Abastos. Simultáneamente florece un mercado clandestino en el que es posible conseguir toda clase de alimentos a altos precios. Popularmente, ese mercado negro es conocido como "estraperlo", nombre que deriva de un juego fraudulento de azar. La ley sancionada por el gobierno para combatirlo no evita su propagación.

México acoge a los exiliados españoles

El gobierno mexicano presidido por Lázaro Cárdenas acoge a miles de españoles que huyen del régimen franquista. El presidente Cárdenas había anunciado ya el 19 de abril de 1937 su compromiso con la República española y contribuido a ella con material bélico. Concluida la guerra, se dispone ahora a recibir a los fugitivos del bando republicano. En este sentido ha tomado una serie de medidas tendentes a incorporarlos a la vida activa del país.

Lubitsch dirige **Ninotchka**

Aunque alemán de nacimiento, Ernst Lubitsch (1892-1947) realiza sus películas más importantes en Hollywood. Una de las más apreciadas es *Ninotchka*, una corrosiva sátira sobre los soviéticos, que trasciende la simple crítica política para ser un afilado retrato del ser humano en general, realizado con

◀ *Francisco Franco saluda a la multitud que lo aclama en Burgos, capital provisional de la España nacional. Es el primero de abril de 1939, "día de la victoria".*

inigualable maestría. Lubitsch, que siempre fue un extraordinario director de actores, cuenta aquí con la inestimable participación de la mítica Greta Garbo, que realiza su primera comedia después de una larga serie de papeles dramáticos (*Cristina de Suecia*). La frase «Garbo ríe» se convierte en el principal reclamo publicitario para esta inolvidable película. **➡ 1942**

dar a Polonia una salida al mar, había sido administrada por un comisario de la Sociedad de Naciones hasta 1933, cuando cayó bajo el control del partido nazi local. Desde entonces se han venido produciendo una serie de incidentes provocados por el *gauleiter* nazi, Albert Forster, que han elevado la tensión entre Polonia y Alemania.

Carta de Einstein a Roosevelt
2 AGOSTO

El físico alemán, creador de la teoría de la relatividad, Albert Einstein (1879-1955), de origen judío y exiliado en Estados Unidos por esta causa, dirige una carta al presidente F.D. Roosevelt en la que le insta a que impulse el desarrollo de la bomba atómica. El resultado del proyecto Manhattan, nombre con el que se conoce en clave el desarrollo del arma nuclear, supondrá el inicio de la era atómica con los lanzamientos de sendas bombas sobre las ciudades japonesas de Nagasaki e Hiroshima (1945).

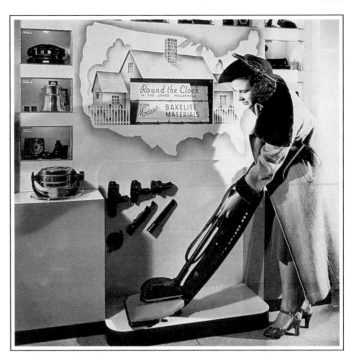

Demostración de limpieza con una aspiradora eléctrica, en la Exposición Internacional de Nueva York de 1939.

alemán H. von Ohain para la empresa alemana Heinkel. Estas pruebas se llevan a cabo en la base de desarrollo de cohetes del ejército alemán en Peenemünde y en el marco del esfuerzo bélico de la Alemania nazi. Dos años después, el 2 de abril de 1941, levantará el vuelo el primer aparato a reacción dotado de dos motores, el He 280 V1, creado por la misma empresa.

Inaugurada la Feria Mundial de Nueva York
30 ABRIL

El presidente de Estados Unidos, Franklin D. Roosevelt, inaugura en Long Island la Exposición Internacional de Nueva York. En su discurso de apertura, evoca la figura de George Washington, de quien se conmemoran los ciento cincuenta años de su muerte, y destaca los principios democráticos como motores del progreso y de la paz: *«Toda América mantiene viva la esperanza de que, en años venideros, se borren las barreras que hoy se erigen entre las naciones de Europa.»* En la feria se exponen los últimos avances tecnológicos, en particular los producidos en el campo de los electrodomésticos.

La crisis de Danzig
30 JULIO

El gobierno polaco rechaza una vez más las pretensiones alemanas sobre Danzig y el puerto báltico de Gdynia. Danzig (Gdansk), situada en la desembocadura del Vístula y declarada ciudad libre por el tratado de Versalles a fin de

Sorprendente pacto nazi-soviético
23 AGOSTO

Hitler y Stalin establecen un tratado que provoca un profundo cambio geoestratégico en Europa. Los ministros de Asuntos Exteriores de la Unión Soviética, Viacheslav M. Molotov (1890-1986), y del Tercer Reich, Joachim von Ribbentrop (1893-1946), firman en Moscú un pacto de no agresión y al mismo tiempo de reparto de áreas de influencia entre sus respectivos países. Las cláusulas secretas del tratado germano-soviético otorgan a Hitler libertad de acción sobre Polonia y Lituania, y a Stalin sobre Letonia, Estonia, Besarabia, Finlandia y el sector oriental de Polonia. Un anexo posterior ampliará la zona de influencia alemana en Polonia, y en contrapartida Lituania pasará a la de la URSS. **➡ 1941**

Primer avión a reacción
27 AGOSTO

Primer vuelo del primer avión de reacción o de propulsión a chorro, el Heinkel 178, desarrollado por el ingeniero

Steinbeck publica Las uvas de la ira

El escritor estadounidense John Steinbeck (1902-1968) da a conocer uno sus libros más conmovedores. El autor de *Tortilla Flat* (1935), *En lucha incierta* (1936) y *De ratones y hombres* o *La fuerza bruta*, como ha sido traducida al español (1937), narra con una prosa vigorosa y gran dramatismo las peripecias de una familia de Oklahoma que, durante la Depresión, debe emigrar a California. Steinbeck, que conoce por experiencia la vida de los braceros, logra un relato impresionante que será galardonado al año siguiente con el premio Pulitzer. **➡ 1952**

Explicado el enlace químico

El bioquímico estadounidense Linus Carl Pauling (1901-1994) logra dar una explicación convincente de la naturaleza de los enlaces químicos entre los átomos en su libro *The nature of the chemical bond* (*La naturaleza del enlace químico*), una obra que ejercerá una influencia capital en la química del siglo XX. Con anterioridad, y gracias a la aplicación de la teoría cuánti-

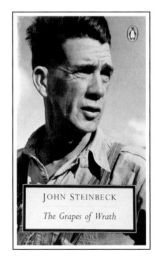

JOHN STEINBECK
The Grapes of Wrath

Portada de una edición de bolsillo de Las uvas de la ira, *del novelista estadounidense John Steinbeck.*

Cartel de Joan Miró para ayudar a la causa republicana en la guerra civil española. La República intentó compensar su inferioridad bélica con un esfuerzo propagandístico dirigido a concienciar a las democracias europeas.

Tropas soviéticas entran en la ciudad polaca (hoy lituana) de Vilna. Alemanes y soviéticos se repartieron el territorio polaco en los primeros compases de la guerra mundial.

Cartel republicano de propaganda. Los "nacionales" –banqueros, obispos, moros y militares– navegan en un barco con matrícula de Lisboa, y con el lema de "Arriba España" cuelgan al país de la horca.

particularmente del cartel. En este capítulo, los republicanos han contado con la aportación de grandes artistas gráficos que han llevado el diseño de carteles a un alto nivel, como el *Aidez l'Espagne*, creado por el pintor mallorquín Joan Miró.

Tropas alemanas invaden Polonia
1 SETIEMBRE

Unidades del ejército alemán atraviesan la frontera polaca y desencadenan la Segunda Guerra Mundial. *«Por orden del Führer, comandante supremo de las fuerzas armadas, la Wehrmacht ha asumido la protección activa del Reich. En cumplimiento de la misión encomendada, para poner freno a la potencia polaca, esta mañana unidades del ejército alemán han pasado al contraataque en las fronteras entre Alemania y Polonia...»*, reza el parte de guerra alemán, que informa asimismo que las hostilidades han comenzado a las 4,45 horas a.m. ➡ **1940**

Nace el helicóptero moderno
14 SETIEMBRE

Primer vuelo de prueba con éxito del prototipo VS-300, el primer helicóptero equipado con un rotor único, creado por el constructor aeronáutico estadounidense, de origen ruso, Igor Sikorsky (1889-1972) y que servirá de modelo para todos los aparatos de este género construidos a partir de ahora. Desarrollado en la fábrica de la empresa Vought-Sikorsky de Stratford (estado de Connecticut, Estados Unidos), el prototipo vuela durante unos segundos y se eleva ligeramente del suelo.

Nazis y soviéticos se reparten Polonia
6 OCTUBRE

Un mes después de iniciada la invasión, Alemania ocupa la mitad occidental del territorio polaco, y la Unión Soviética la mitad oriental. Mientras Stalin se apresta a invadir Finlandia y Molotov declara que *«ya no queda nada de Polonia, ese bastardo deforme del tratado de Versalles»*, Hitler anuncia en el

Reichstag que ha nacido *«un nuevo orden en el Este y el Sureste de Europa»*. En la Polonia ocupada por los nazis ya han comenzado la germanización del territorio y los traslados forzosos de la población para hacer coincidir las fronteras internas con las distintas etnias polacas.

Primeras deportaciones de judíos
12 OCTUBRE

Miles de judíos arrestados en Austria y Checoslovaquia por los nazis son enviados a campos de concentración alemanes. Desde las estaciones ferroviarias de Viena y Praga parten diariamente trenes cargados de judíos con destino al distrito de Lublin y al campo de Buchenwald, como consecuencia de la política antisemita del régimen hitleriano. En Checoslovaquia, la Gestapo comenzó el arresto masivo de judíos desde que el pasado 15 de marzo Alemania consumara la ocupación de los Sudetes y su ejército entrara en Praga. ➡ **1942**

El Graf Spee es hundido en el Río de la Plata
19 DICIEMBRE

El acorazado de bolsillo alemán *Graf Spee*, de 10 000 toneladas, es hundido frente a las costas uruguayas por orden de su propio capitán. Convertido en un serio problema para la marina mercante aliada, a la que había hundido numerosas naves, el pasado día 13 había sido descubierto por una escuadra aliada al mando del comodoro Henry Harwood. Si bien en la batalla el *Graf Spee* inutilizó un crucero enemigo, sufrió daños que lo obligaron a buscar refugio en el puerto de Montevideo, territorio neu-

ca los enlaces químicos, había formulado conceptos capitales de la química moderna. Linus Pauling verá recompensados sus trabajos con el premio Nobel de Química de 1954. ➡ **1953**

El cartel en la guerra civil española

La propaganda ha constituido un arma poderosa aunque no decisiva en el curso de la guerra civil española. Ambos bandos contendientes han empleado la propaganda para crear una corriente de opinión favorable a sus respectivas ideologías, valiéndose de la radiodifusión y

◄ *Cartel anunciador de* Lo que el viento se llevó. *Las aventuras de Scarlett O'Hara y Rhett Butler en el marco de la guerra de Secesión han pasado a formar parte del imaginario colectivo de varias generaciones.*

Un mito del cine: Lo que el viento se llevó

La novela de Margaret Mitchell inspira una de las películas más admiradas y populares de toda la historia del cine, elevada a la categoría de mito: *Lo que el viento se llevó*. Su gestación es difícil: trabajan en ella George Cukor y Sam Wood, pero es Victor Fleming quien se hace cargo de casi todo el rodaje, bajo las directrices del productor David O. Selznick y del director artístico William C. Menzies. La película, ambientada en la Guerra de Secesión americana, obtiene un gran éxito, gran parte del cual se debe a su extraordinario reparto (Vivien Leigh, Clark Gable, Olivia de Havilland, Leslie Howard) y a la espectacular recreación de los ambientes sureños en los que se desarrolla la acción. Max Steiner firma la excelente y legendaria banda sonora.

Frida Kahlo pinta Las dos Fridas

El grueso de la producción pictórica de Frida Kahlo (1907-1954) lo componen autorretratos. Ella explica así la razón: «Me retrato a mí misma porque paso mucho tiempo sola y porque soy el motivo que mejor conozco.» Uno de los más impactantes es el titulado *Las dos Fridas*, en el que la pintora mexicana refleja la dualidad de su personalidad entre el sueño y la cruda vida real, el sufrimiento físico y moral que preside toda su vida, marcada por un accidente que le dejó importantes secuelas y la imposibilitó para tener hijos. Su pintura,

altamente simbólica, será especialmente apreciada por los surrealistas, aunque ella misma no se considera parte de este movimiento.

John Ford y La diligencia

A lo largo de su extensa carrera, John Ford (1895-1973) cultivó el género del western en más de cincuenta ocasiones. Uno de sus grandes clásicos es *La diligencia*, en el que el director irlandés aborda uno de sus temas preferidos: el comportamiento de los seres humanos ante la muerte. Pero sobre todo, la película sobresale por su descripción de los seres que comparten el microcosmos de la diligencia, todos ellos perfectamente tipificados y definidos. John Wayne, un actor que trabajará en numerosas ocasiones con Ford (*El hombre tranquilo*, *La taberna del irlandés*), es uno de sus principales protagonistas. ➡ **1952**

Aparece el DDT

El suizo Paul Müller (1899-1965) concluye los trabajos iniciados en 1935 y demuestra que el diclorodifeniltricloroetano, sintetizado en 1873 y más conocido por sus siglas DDT, es extremadamente eficaz usado como plaguicida. Su empleo se generalizará a partir de su fabricación comercial en 1942. Concluida la Segunda Guerra Mundial, el uso del DDT se extenderá a la agricultura de todo el mundo, aplicado a la lucha contra todo tipo de plagas. Sus efectos nocivos para la salud humana, que llevan a su prohibición, se pondrán de manifiesto muchos años más tarde.

Las dos Fridas, de Frida Kahlo; Museo de Arte Moderno de Ciudad de México. Dos mujeres en una, la que observa y la que siente, con los corazones al descubierto y unidas por un hilo sutil. El rostro de la derecha adopta rasgos viriles, como para indicar un principio masculino en su personalidad. El realismo de los retratos se combina con una composición surrealista, llena de símbolos.

tral donde no podía permanecer más de 72 horas. Atrapado por sus enemigos, que bloqueaban la desembocadura del Río de la Plata, su capitán, Hans Langsdorf, ordenó evacuar secretamente a la tripulación y hundirlo.

Estreno en Barcelona del Concierto de Aranjuez
9 NOVIEMBRE

El guitarrista Regino Sáinz de la Maza estrena en Barcelona el *Concierto de Aranjuez* de Joaquín Rodrigo (n. 1901). La obra, escrita en París, donde su autor estudiaba con Paul Dukas, es recibida con entusiasmo por el público, y se convierte en una de las páginas más conocidas e interpretadas del siglo XX. De estética nacionalista, debe la mayor parte de su fama a su evocador y hermoso *Adagio*. Es la primera obra importante que su autor dedica a la guitarra, y le seguirán otras como *Fantasía para un gentilhombre* o *Concierto madrigal*, importantes pero sin la magia del *Concierto de Aranjuez*.

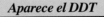

◄ *El gobierno polaco en el exilio, reunido tras la capitulación de Polonia ante Alemania para debatir la nueva situación creada por la invasión de las tropas rusas en el este del país.*

El estallido de una guerra anunciada

A los tres meses de comenzar el año 1939, la guerra civil española llega a su término con la rendición incondicional del bando republicano; el vencedor de la guerra, el general Franco, se mantendrá en el poder ejerciendo una dictadura personal hasta su muerte en 1975. Casi al mismo tiempo, Hitler viola las cláusulas del Pacto de Munich del año anterior y ordena la ocupación militar de Praga y el resto de Checoslovaquia. Alentado por la falta de reacción anglofrancesa ante la iniciativa germana, en abril Mussolini emprende la ocupación militar italiana de Albania. Para entonces, con notable renuencia y desmayo, los gobernantes y la opinión pública de Francia y del Reino Unido han asumido la necesidad de una guerra para frenar el expansionismo de las potencias del Eje.

LOS PACTOS DE AYUDA MUTUA

El desarrollo de los acontecimientos en Europa central no permitía albergar ninguna esperanza de evolución positiva. El Reino Unido y Francia comprendieron la necesidad de pasar de la contemporización a la disuasión, y establecieron pactos de ayuda mutua con los amenazados gobiernos de Polonia, Rumania y Grecia. También iniciaron, con mínimo entusiasmo, conversaciones con Stalin para alinear a la Unión Soviética en ese frente de contención. Sin embargo, las esperanzas occidentales de detener a Hitler mediante la presión diplomática se vinieron abajo estrepitosamente ante la conclusión, a finales de agosto, del pacto de no agresión germanosoviético. Eliminada así la posibilidad de una guerra en dos frentes, Hitler ordenó llevar a cabo la invasión de Polonia el 1 de setiembre. Dos días más tarde, el Reino Unido y Francia declaraban la guerra a Alemania mientras Italia, debilitada, optaba por proclamarse no beligerante y una España semidestruida se veía forzada a la neutralidad.

La guerra europea tanto tiempo anunciada por fin daba comienzo. Los dominios británicos de Canadá, Australia, Nueva Zelanda y Sudáfrica acudieron muy pronto en auxilio de los aliados. El resto del mundo permanecía por el momento al margen, pero expectante ante la potencial expan-

LA OFENSIVA FINAL (FEBRERO-ABRIL DE 1939)

Línea del frente

Territorio en poder de los franquistas al comenzar la ofensiva

Dirección de las columnas

▲▲ *Liquidados los frentes del Norte y de Cataluña, las últimas operaciones de la guerra civil española se redujeron a un desfile militar.*

▲ *La industria de guerra alemana trabajó a pleno rendimiento para dotar a la Luftwaffe de los medios que necesitaba la agresiva política del Führer.*

*Adolf Hitler, que aparece delante del presidente
del Reichstag, Hermann Goering, declara la guerra
a Polonia el día 1 de setiembre. Su anuncio es
acogido con una ovación.*

sión del conflicto por zonas externas a Europa. Para evitar sobresaltos, en la Conferencia Panamericana reunida en Panamá los Estados miembros declaraban neutrales sus territorios y aguas jurisdiccionales, prohibiendo cualquier acción de guerra en ellos y comprometiéndose a defender por la fuerza esa decisión.

La rápida acometida del ejército alemán sobre Polonia no tardó en lograr su objetivo: Varsovia capituló el 29 de setiembre y desde entonces la lucha se concentró exclusivamente en el frente occidental y en alta mar. Incapacitados para llevar a cabo una ofensiva terrestre decisiva y conscientes de su superioridad marítima y financiera, los aliados optaron por una estrategia de bloqueo naval y desgaste económico para forzar la derrota alemana. La consecuente falta de combates y enfrentamientos épicos y notorios hizo que esta primera etapa de la guerra recibiera el nombre sarcástico de "guerra telefónica".

A LA SOMBRA DEL CONFLICTO EUROPEO

Pocos meses antes de estallar la guerra, tuvo lugar un relevo obligado al frente del Vaticano. Tras la muerte de Pío XI, el cardenal Eugenio Pacelli subió al solio

*Joachim von Ribbentrop, Jossif Stalin y Viacheslav
Molotov en el acto de la firma del pacto de no
agresión germano-soviético.*

pontificio con el nombre de Pío XII y hubo de encargarse de la difícil tarea de dirigir a la Iglesia católica durante toda la Segunda Guerra Mundial. También murió apenas iniciado el conflicto el doctor Sigmund Freud, exiliado en Londres por razón de su ascendencia judía. Por su inequívoco compromiso republicano, el mismo destino de muerte en el exilio sobrevino al gran poeta español Antonio Machado, fallecido en la localidad francesa de

Collioure a fines de febrero en el mayor desamparo.

Como si quisiera establecer un paralelismo entre la coyuntura bélica en Europa y la de la Guerra de Secesión en Estados Unidos, la película *Lo que el viento se lle-*

*Las columnas motorizadas de la Wehrmacht
avanzan por territorio polaco, en los primeros días
de setiembre de 1939.*

Figura yacente, de Henry Moore. La disposición de la figura recuerda la de los chac-mool *de las ciudades precolombinas de Tula y Chichén-Itzá. Moore sintió una especial fascinación por la civilización maya.*

vó fue estrenada con gran éxito de público y crítica. Vivien Leigh en el papel de Escarlata O'Hara y Clark Gable en el de Rhett Butler se convirtieron en estrellas cinematográficas inmortales y conocidas universalmente. El director norteamericano John Ford presentó ese mismo año una de sus obras inmortales, *La diligencia*, una película sobre el oeste que trasciende los tópicos habituales del género y retrata agudamente el perfil psicológico de sus protagonistas.

Sobreponiéndose a la tragedia del combate fratricida y al fervor bélico dominante, el maestro Joaquín Rodrigo compuso el sugerente *Concierto de Aranjuez* para guitarra y orquesta. El escultor británico Henry Moore prosiguió la experimentación con formas orgánicas y abstractas en su representativa obra *Figura yacente*. Mientras tanto, en Estados Unidos, el floreciente arte de la historieta gráfica veía nacer muy oportunamente a un nuevo héroe enigmático y dispuesto siempre a defender la causa del bien contra las fuerzas del mal: Batman, el hombre murciélago. ∎

John Wayne (al fondo, en la imagen) pasó de la serie B al estrellato gracias a su interpretación de Ringo en La diligencia, *de John Ford.*

Instantáneas 1939

 • *Figura yacente*, de H. Moore: una muestra representativa de su producción en bronce

 • *Moonlight serenade*, de M. Parish y G. Miller.
• *All the things you are*, de O. Hammerstein II y J. Kern.

 • *Los acantilados de mármol*, novela alegórica del alemán E. Jünger.
• *El día de la langosta*, donde el estadounidense N. West pinta en tonos casi surrealistas el mundillo de la Babilonia moderna: Hollywood.
• *El hacedor de estrellas*, un hito de la ciencia-ficción, de O. Stapledon.
• *Poemas humanos*, libro póstumo del poeta peruano C. Vallejo, y en el que la reflexión nostálgica alterna con el presentimiento de una muerte próxima.
• J. Gorostiza, autor destacado en el panorama de la poesía moderna mexicana, descubre alientos metafísicos y una gran pureza lírica en su libro *Muerte sin fin*.

 • *El mago de Oz*, protagonizado por Judy Garland, un clásico del musical y del cine de fantasía. El tema musical *Over the rainbow* se hará justamente famoso.
• *Cumbres borrascosas*, adaptación de la novela de E. Brontë a cargo del realizador W. Wyler. La banda sonora es de A. Newman.

 • Vuelo del primer avión cohete operativo del mundo, el *Heinkel He 176*, desde las instalaciones de Peenemünde, donde los alemanes desarrollarán las bombas volantes V-1 y V-2. (20 Junio)
• El fotógrafo estadounidense E. Rolke Faber inventa el sistema de **flash estroboscópico**.
• Alemania ensaya el primer vuelo de un **avión sin hélice**. (27 Agosto)

 • Las tropas alemanas entran en **Praga**, y se crea por decreto el protectorado de Bohemia. Checoslovaquia desaparece formalmente como Estado. (15 Marzo)
• Las tropas de F. Franco desfilan por Barcelona. **Fin de la guerra en Cataluña**. (26 Enero y 10 Febrero)
• Italia invade **Albania**. (7 Abril)
• Decretado el servicio militar obligatorio en el Reino Unido. (3 Mayo)

• Alemania e Italia firman el **"Pacto de Acero"**, por el que se refuerza el eje Roma-Berlín (22 Mayo)
• España se declara **neutral** en el conflicto bélico europeo. (5 Setiembre)
• El acorazado británico *Royal Oak* hundido por un submarino alemán. (14 Octubre)
• Estados Unidos aprueba una ley que permite la **venta de armas** a las partes en conflicto. (4 Noviembre)
• La Unión Soviética invade **Finlandia**. (30 Noviembre)

 • La compañía aérea estadounidense **Pan American** pone en servicio el primer vuelo regular trasatlántico de pasajeros. (28 Junio)
• España: se publica una ley que persigue el **estraperlo**. (3 Noviembre)
• Chile: un fuerte **terremoto** en el sur del país destruye las ciudades de Talca y Biobío.
• Otro **terremoto**, esta vez en Anatolia, Turquía, causa 45 000 víctimas mortales.
• La empresa americana Birds Eye ofrece **platos precocinados congelados**.

 • «Durante años, he insistido una y otra vez en esta columna en que el horóscopo de Hitler no es un horóscopo de guerra... Si y cuando la guerra tenga lugar, no él sino otros serán los primeros en golpear.» El astrólogo R.H. Naylor escribe en el *Sunday Express*.
• «Sé cuánto ama el pueblo a su **Führer**. En consecuencia, propongo un brindis a su salud.» J. Stalin tras firmar el Pacto de no Agresión entre Alemania y la URSS.
• «Si nos metemos sin la ayuda de Rusia, caeremos en una trampa», D. Lloyd George.
• «Tengo que deciros que no se ha tomado ninguna medida al respecto, y consecuentemente este país se encuentra en guerra con Alemania.» Mensaje radiofónico de sir N. Chamberlain a las 11,15 horas del 3 de setiembre, en referencia al ultimátum del Reino Unido conminando Alemania a abandonar Polonia.

 • El poeta irlandés **William Butler Yeats**, premio Nobel de literatura en 1923. (28 Enero)
• **Antonio Machado**, poeta español, autor de *Campos de Castilla*, en su exilio en Collioure (Francia). (22 Febrero)
• **Sigmund Freud**, creador del psicoanálisis, en Londres, donde se había refugiado en 1938 ante la amenaza cada vez más apremiante del nazismo. (23 Setiembre)

1940

to posible. Aprovechando que, sorprendentemente, la ofensiva alemana se detiene, logran salvarse unos 340 000 soldados francobritánicos en casi 900 barcos.

◄ Winston Spencer Churchill, primer ministro del Reino Unido desde 1940, junto al comandante en jefe de las fuerzas aliadas, el general Dwight D. Eisenhower, en una fotografía de 1944.

Los alemanes ocupan París
14 JUNIO

Conquistados los Países Bajos y Bélgica, quebrada la línea Maginot y evacuada la Fuerza Expedicionaria británica, Francia queda a merced del ejército alemán que entra victorioso en París. Nada ha podido hacer el general francés Paul Maxime Weygand, que ha perdido treinta divisiones en la primera fase de la campaña, para detener los ataques combinados de las divisiones acoraza-

Llegada a Dover de fuerzas del cuerpo expedicionario británico evacuadas de Dunkerque bajo el fuego de la aviación alemana.

Bélgica y los Países Bajos en estado de alerta
10 ENERO

El accidente de un avión correo alemán en territorio belga descubre los planes de invasión de Hitler. Soldados y policías belgas se hacen con un documento secreto del alto mando alemán al detener a un piloto germano que había efectuado un aterrizaje forzoso cerca de Malinas. El documento, que el aviador había intentado destruir, era un informe completo sobre las instalaciones militares de Bélgica con los lugares precisos que debían ser atacados por la Luftwaffe en el curso de la ofensiva hacia el oeste.

Churchill es designado primer ministro
10 MAYO

El rey Jorge VI designa a Winston Churchill (1874-1965) primer ministro del Reino Unido. Tras la renuncia de Neville Chamberlain, el conservador Winston Churchill, excluido de los puestos de gobierno entre 1929 y 1939 a raíz de sus enérgicas denuncias del peligro alemán, preside un gobierno de coalición con los laboristas, con la misión de dirigir los destinos británicos «en su mejor hora». Winston Churchill, cuya única promesa al pueblo británico es «sangre, sudor y lágrimas», permanecerá al frente del gobierno hasta el fin de la Segunda Guerra Mundial en Europa.　➡ **1941**

El nailon revoluciona la moda
15 MAYO

Las empleadas de la firma DuPont de Nemours & Co. asombran a las mujeres estadounidenses usando medias de una nueva fibra sintética llamada nailon. En 1937, después de diez años de experimentos, el doctor Wallace H. Carothers, fallecido el año pasado, dio con la fórmula de una fibra sintética de gran resistencia y elasticidad. La DuPont, que había dado a conocer el nailon el 27 de octubre de 1938, pone a la venta en todo el país unas medias para mujer hechas con esta fibra, que pronto desplazarán a las de algodón y seda. La compañía prevé la utilización del nailon para cuerdas, paracaídas, tiendas de campaña y hasta neumáticos.

Evacuación aliada de Dunkerque
27 MAYO - 3 JUNIO

Tras la capitulación del ejército belga y el rápido avance de las unidades motorizadas de la Wehrmacht alemana hacia Amiens y Abbeville, el I Ejército francés y la Fuerza Expedicionaria británica habían quedado en una comprometida situación. Previendo el desastre, el Almirantazgo británico ha activado la *Operación Dinamo*, que contempla la evacuación de las tropas a través de Dunkerque, el único puer-

El avance de los blindados de la Wehrmacht según un dibujo de la prensa de la época.

▶ *Pilotos de caza en una base de entrenamiento de la RAF situada en la costa occidental de Gran Bretaña. Sobre ellos recaería el peso principal de la defensa de Inglaterra.*

Adolf Hitler pasea por París, cumpliendo uno de sus sueños más queridos: la derrota y la humillación de Francia, el desquite de la paz de Versalles. Mientras Pétain llegaba en Vichy a un acuerdo de colaboración con los ocupantes alemanes, Charles De Gaulle llamaba desde Londres a la resistencia.

das y la aviación alemanas, iniciados el pasado día 5. Dos días después de la entrada del ejército alemán en París, el presidente Paul Reynaud, cuyo gobierno se había retirado a Burdeos, renuncia y el mariscal Henri Philippe Pétain (1856-1951) asume el cargo y solicita el armisticio. ➡ **1941**

De Gaulle llama a la resistencia
18 JUNIO

El general Charles De Gaulle (1890-1970), refugiado en Londres, desconoce al gobierno francés de Vichy y convoca a los franceses a continuar la resistencia contra los alemanes. A través de un mensaje difundido por la BBC de Londres, el general De Gaulle, convencido de que las posesiones coloniales y la flota constituyen bases importantes para proseguir la lucha, pretende aglutinar a los patriotas franceses en el movimiento de la *Francia libre*. Mientras tanto, el mariscal Pétain, que ha instalado su gobierno en Vichy, instaura un régimen de abierta colaboración con Hitler. ➡ **1943**

Separación de lantánidos

El químico estadounidense Frank Harold Spedding, de la Universidad de Iowa y cuyas investigaciones se centran en los 15 elementos químicos comprendidos entre los números atómicos 57 y 71, conocidos como lantánidos, logra desarrollar métodos que permiten separarlos. Salvada la dificultad de que las propiedades de dichos elementos sean muy similares, logra de este modo producir por primera vez dichos elementos por separado con grados de pureza lo bastante altos para que resulte posible utilizarlos.

Se libra la batalla de Inglaterra
10 JULIO - 31 OCTUBRE

Como preludio al desembarco de sus tropas, Hitler ordena bombardear Gran Bretaña, pero la respuesta de ésta da lugar a una de las batallas más emblemáticas y decisivas de la Segunda Guerra Mundial. Durante doce semanas la Luftwaffe y la RAF libran un espectacular combate por la supremacía aérea.

Los temibles cazas Messerschmitt 109 y 110 y los bombarderos de la Luftwaffe encuentran un magnífico oponente en los Spitfire de la RAF, la cual cuenta con la ayuda de un nuevo aparato de detección llamado radar. Al acabar la batalla de Inglaterra, los alemanes han perdido 1 733 aparatos y los británicos 915, lo que induce a Hitler a aplazar la invasión. ➠ 1944

Trotski es asesinado en México
20 AGOSTO

El revolucionario ucraniano Lev Trotski (1879-1940) es asesinado por un agente de Stalin, en su casa de México, donde se hallaba refugiado. Opuesto al régimen estalinista, al que consideraba una perversión burocrática de la dictadura del proletariado, Trotski continuaba siendo un enemigo peligroso para Stalin. Obligado a marcharse de Noruega por presiones del gobierno soviético, había encontrado refugio en México, donde ahora, en su casa de Coyoacán, ha sido víctima de un atentado mortal. Su autor, el comunista español Ramón Mercader, que se había convertido en su secretario, le clavó un piolet de alpinista en la cabeza.

Descubierto el neptunio

En el transcurso de experimentos de fisión, los físicos estadounidenses Edwin Mattison McMillan (1907-1991) y Philip Hauge Abelson (n. 1913) descubren la existencia de un elemento de número atómico 93, que ha aparecido en cantidades muy pequeñas como consecuencia de una reacción, no relacionada con la fisión, del uranio con los neutrones. Se detecta de este modo el primer elemento químico perteneciente al grupo de los transuránidos, al que se denomina neptunio. ➠ 1964

Firma del Pacto Tripartito
27 SETIEMBRE

Alemania, Italia y Japón firman en Berlín el Pacto Tripartito y consolidan el Eje Roma-Berlín-Tokio. El acuerdo, al que más tarde se unirán Hungría, Rumania, Eslovaquia, Bulgaria y Yugosla-via, tiene como finalidad establecer la alianza entre el "orden nuevo" de Europa y la "gran Asia oriental" para preservar el "espacio vital" de las potencias del Eje. El compromiso político, económico y militar de los firmantes establece la intervención directa en caso de que alguno de ellos sea atacado por alguna potencia que aún no esté en guerra, lo que se interpreta como una advertencia a Estados Unidos. ➠ 1945

Hitler y Franco se entrevistan en Hendaya
22 OCTUBRE

Francisco Franco y Adolf Hitler se encuentran en la frontera francoespañola. El motivo principal de la entrevista entre los dictadores español y alemán es analizar la posibilidad de que España entre en la guerra al lado de Alemania. Sin embargo, la condición franquista de anexarse el Marruecos francés topa con la negativa de Hitler. En la ocasión se firma un protocolo por el cual España se compromete vagamente para el futuro a adherirse al Pacto Tripartito a cambio de Gibraltar y algunos territorios africanos.

Los nazis amurallan el gueto de Varsovia
15 NOVIEMBRE

Las autoridades alemanas de ocupación, en el marco de la política de *germanización* y de persecución de los judíos, ordenan la constitución del gueto de Varsovia. Cerca de 400 mil judíos polacos son encerrados en el gueto, de cuyo recinto han sido evacuados todos los no hebreos. De acuerdo con la orden, las puertas del gueto de Varsovia son vigiladas por los cuerpos de policía polaco y alemán, mientras que una milicia judía mantiene el orden en el interior. La población interna sólo puede salir del sector mediante un pase especial otorgado por los alemanes. ➠ 1943

Se funda el Frente de Juventudes en España
6 DICIEMBRE

El gobierno de Franco decreta la creación, como parte de su proyecto social, del Frente de Juventudes, asociación juvenil paramilitar, con el propósito de «asegurar la formación y disciplina de las generaciones de la patria en el espíritu católico, español y de milicia». Todos los estudiantes de primera y segunda enseñanza están obligados a ingresar en esta organización, en cuyo seno las mujeres son reconducidas a la denominada Sección Femenina.

Bombas alemanas arrasan Coventry
30 DICIEMBRE

La pequeña ciudad del centro de Gran Bretaña es reducida a escombros por la aviación alemana. Unos quinientos

Hitler y Franco se estrechan la mano durante su corta entrevista en Hendaya. La posibilidad de que España se adhiriera al Eje Roma-Berlín era considerada con frialdad por ambos estadistas, y la reunión finalizó con una declaración de buenas intenciones mutuas, nunca llevadas a la práctica.

Lev Davidovich Bronstein, Trotski, fue perseguido por el implacable rencor de Stalin hasta su retiro de Coyoacán, en la aglomeración urbana de Ciudad de México.

La catedral de Coventry, después de los bombardeos masivos a que fue sometida la ciudad industrial inglesa por la Luftwaffe.

John Atanasoff junto al primer calculador binario electrónico, construido por él y su discípulo Cliff Berry.

bombarderos de la Luftwaffe han lanzado más de 500 toneladas de bombas sobre Coventry, que poseía un importante enclave industrial. Tras el formidable ataque, apenas un tercio de los edificios de la ciudad quedan en pie y unas 600 personas han perecido, la mayoría sepultada bajo los escombros. Las fábricas de material bélico, principalmente de motores para aviones, han sufrido graves daños. **➡ 1944**

Carl Gustav Jung, inicialmente discípulo de Sigmund Freud y más tarde defensor de una "psicología analítica" enfrentada a las concepciones psicoanalíticas de su maestro. ▶

La primera computadora

Inspirándose en los calculadores electrónicos creados por ellos mismos, de los que en otoño de 1939 existía ya un prototipo, el físico estadounidense John Atanasoff y su discípulo Cliff Berry inician la construcción de una máquina capaz de resolver sistemas lineales de más de 30 ecuaciones, precursora de la aparición de la primera computadora operativa, el ENIAC (Electronic Numerical Integrator and Computer) creado por John Eckert y John Maughly en la Universidad de Pensilvania. **➡ 1944**

Sholojov publica El Don apacible

Mijail Alexándrovich Sholojov (1905-1984), autor de los celebrados *Cuentos del Don* (1926) y de *Campos roturados* (1932), narra en *El Don apacible* los efectos de la Primera Guerra Mundial y de la guerra civil en el tramo cosaco del Don. La novela es considerada una obra maestra del realismo socialista. Su estilo, que prolonga la tradición realista rusa del siglo XIX, se enriquece con las aportaciones culturales del imaginario cosaco. Más tarde, Shólojov será incluido en el Soviet Supremo de la URSS y en el Presídium de la Unión de escritores soviéticos.

El inconsciente colectivo

El psicólogo y psiquiatra suizo Carl Gustav Jung, tras la ruptura con Freud en 1912, lleva su "psicología analítica" –competidora del psicoanálisis freudiano– por caminos casi tan revolucionarios como los que abrió su maestro hace medio siglo. Al lado del inconsciente freudiano, basado en experiencias de carácter personal, Jung defiende la existencia de un inconsciente colectivo, compartido por todos los hombres. Los "arquetipos" serían imágenes ancestrales, instintivas, comunes a la humanidad y cuyas huellas podrían encontrarse a la vez en los sueños de pacientes actuales y en los textos de alquimistas y sectas herméticas de siglos pasados, tradiciones olvidadas pero que habrían servido de contrapeso y válvula de escape para símbolos reprimidos por el Cristianismo oficial. Jung reelabora este año

Psicología y Religión, publicado dos años antes, y están a punto de aparecer *Introducción a la esencia de la mitología* (1941) y *Psicología y alquimia* (1944).

Cine con sonido estereofónico

El productor y creador de películas animadas Walt Disney presenta la primera película con sonido estereofónico de la historia, *Fantasía*. En esta cinta, en la que los dibujos animados están apoyados por la interpretación de una selección de piezas de música clásica interpretadas por la Orquesta Sinfónica de Filadelfia bajo la dirección del maestro Leopold Stokowski, se ha utilizado una película independiente de 35 mm para el registro del sonido. Son muy controvertidas las ilustraciones de Disney a obras como la *Sinfonía Pastoral* de Beethoven o *La consagración de la primavera* de Stravinski. Pero todo el mundo coincide en elogiar la "interpretación" que hace el ratón Mickey de *El aprendiz de brujo* de Paul Dukas.

Superconductividad y superfluidez

El físico soviético Piotr Leonidovich Kapitsa (1894-1984) formula la teoría de la superfluidez. Su estudio del comportamiento de la materia a temperaturas muy próximas al cero absoluto le ha permitido demostrar, para el helio II, que éste conduce la electricidad varios cientos de veces más rápido que el cobre y que presenta una enorme facilidad para fluir, que denomina "superfluidez".

Sangre, sudor y lágrimas

Se confirma y amplía la magnitud del conflicto bélico, con éxitos alemanes en todos los frentes. El pacto tripartito entre Alemania, Italia y Japón constata el poder de los regímenes totalitarios. Por su parte, los aliados se enfrentan a la humillación de la derrota, a la angustia de la posible invasión o a los bombardeos. Al hacerse cargo del gobierno de coalición en el Reino Unido, Winston Churchill ofrece a la población «sangre, sudor y lágrimas», frase que refleja lo extremo de la situación, aunque también la esperanza y la resistencia de los pueblos sometidos a la amenaza totalitaria.

LA GUERRA RELÁMPAGO Y LOS ÉXITOS DEL REICH

En unos pocos meses desde el comienzo de la guerra, y gracias a las conquistas espectaculares de este año, los alemanes dominan toda Europa occidental por medio de la *Blitzkrieg* o guerra relámpago. Primero ocupan Dinamarca y Noruega y luego conquistan los Países Bajos, rodean la línea Maginot, invaden Francia, entran en París y celebran un desfile militar en los Campos Elíseos.

La resistencia de los dos países nórdicos fue más fuerte de lo esperado, sobre todo en el caso de Noruega, y supuso importantes pérdidas para los alemanes, que a largo plazo habían de afectar al curso de la guerra. La rapidez alemana en la conquista se debió al deseo de impedir la iniciativa aliada de intervención en la zona. El motivo de disputa eran las materias primas estratégicas de las que se abastecía Alemania, especialmente el hierro sueco.

Francia fue el país que más directamente sufrió las consecuencias del avance alemán. En el mes de mayo, con una ofensiva en las Ardenas, los alemanes penetraron en Bélgica y en unos días se hicieron con el control absoluto, ridiculizando las defensas aliadas y rodeando la famosa línea Maginot, que los franceses juzgaban inexpugnable y que quedó así inutilizada. Ahora los ejércitos alemanes encontraron libre el camino para la conquista de París, lo que consiguieron en menos de un mes.

Los aliados, especialmente los británicos, evacuaron sus tropas desde Dunkerque bajo la presión de los bombardeos alemanes, en unas condiciones lamentables y con la moral muy baja por las cons-

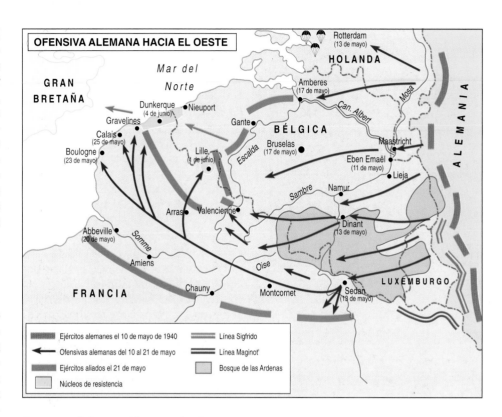

Operaciones bélicas en el frente occidental en mayo de 1940. Después de varios meses de inactividad, el empuje alemán arrolló en menos de dos semanas las defensas aliadas.

tantes derrotas y humillaciones ante la aviación alemana y las divisiones "panzers". No obstante, lograron salvar el grueso de su ejército, que fue recibido en el puerto británico de Dover con una mezcla de decepción y de satisfacción.

El orgullo de Francia, su papel de gran potencia, quedó seriamente afectado al contemplar el desfile de las tropas alemanas por los Campos Elíseos y al verse obligada, un poco más tarde, a firmar el armisticio en el mismo vagón de ferrocarril que había sido escenario de la humillación alemana en 1918, con motivo de la firma del tratado de Versalles.

El fenómeno de la colaboración

Los éxitos alemanes no fueron contemplados con unánime actitud de repulsa en toda Europa. Una parte de la sociedad, incluso de los países invadidos, admiraba y envidiaba la organización y la disciplina alemanas e incluso deseaba imitar sus conquistas y reproducir sus valores. Éste es

un aspecto a menudo olvidado en la consideración de la tragedia que sacudió al mundo a mediados de siglo. La "colaboración" con los nazis fue bastante más intensa y concienzuda de lo que luego se ha intentado explicar. A principios del verano de 1940 el mariscal Pétain, el héroe de la Primera Guerra Mundial, fundó el nuevo Estado francés en la zona no ocupada por los alemanes y propuso la colaboración con éstos, al tiempo que declaraba que su régimen, el de Vichy, había de basarse en los valores de familia, trabajo y patria. El llamamiento desde Londres del general De Gaulle a la resistencia contra el invasor, en el famoso discurso radiado por la BBC, provocó menos apoyos que los logrados por Pétain para la colaboración.

Al final del verano, con el comienzo de la batalla de Inglaterra y los intensos bombardeos alemanes sobre Londres, se inició el momento más angustioso y terrible para los aliados de toda la Segunda Guerra Mundial. Los alemanes alcanzaron al principio de esta operación la cima de su éxito militar. Churchill, al hacerse cargo del Gobierno británico cuando más agobiante era la presión alemana, declaraba: «Prefiero ver Londres en ruinas que mancillada por una servidumbre innoble.»

Manuel Azaña, fallecido el 4 de noviembre, en un retrato de J. López Mezquita que se conserva en la Hispanic Society de Nueva York, Estados Unidos.

El gran dictador de Chaplin contempla con voracidad el globo terráqueo, dispuesto a engullirse cuatro o cinco países más. La sátira se reveló como una eficaz arma de propaganda antinazi, en los países aliados. ▶

El clima favorable a Alemania, gracias a sus éxitos militares, permitió que se produjeran, sin apenas protestas en el seno de la comunidad internacional, medidas como el cierre del gueto de Varsovia, donde fueron recluidos casi 400 000 judíos, obligados a llevar de forma visible símbolos identificativos de su condición.

Nuevas invasiones

La debilidad aliada había permitido igualmente que a principios de año se produjera la invasión de Finlandia por parte de la URSS. Las protestas de Francia y Gran Bretaña ante la Sociedad de Naciones resultaron ineficaces. A finales del año se produjo una nueva invasión, en este caso de Grecia por parte de Italia, sin previo aviso y para tratar de equilibrar, por parte del otro país totalitario, los éxitos alemanes. Se ponía de manifiesto de esta forma la ambición de los regímenes autoritarios, pero también las tensiones internas entre ellos y la inexistencia de una alianza firme.

ESPAÑA ENTRE LA REPRESIÓN INTERIOR Y EL EXILIO

España se recuperaba lentamente de los estragos de su guerra civil. Franco prosiguió su política de persecución de los vencidos y exaltación de los vencedores. La construcción del Valle de los Caídos sirvió al mismo tiempo para honrar a los "mártires" y para humillar a los combatientes del bando republicano forzándoles a trabajar en las obras. En 1940 tuvo lugar también la entrevista entre Franco y Hitler en Hendaya, que luego daría mucho que hablar, pero que en realidad fue expresión de la debilidad española y de la escasa atención que el Führer prestaba al país.

No obstante, el franquismo necesitaba acciones que revelasen su aspiración "imperial" y permitieran recuperar, al menos en apariencia, el papel de gran potencia que las nuevas autoridades soñaban para España. En ese contexto hay que entender la ocupación de Tánger, que contó con el beneplácito de una Francia deseosa de contener los deseos expansionistas de Italia en la zona en un momento especialmente delicado, con los alemanes entrando en París.

Mientras tanto, abandonado por todos y con el único apoyo de diplomáticos mexicanos, fallecía el ex presidente de la II República española, Manuel Azaña. La personalidad más relevante del régimen que había perdido la guerra civil, desaparecía en medio de la indiferencia o el olvido. Otro destacado dirigente republicano, el socialista Julián Besteiro, murió en la cárcel de Carmona (Sevilla), y el general Escobar, acendrado católico, fue fusilado en Montjuïc por su lealtad a la República. Los perdedores de la guerra civil tenían muchos motivos para sentirse desesperanzados. En el interior sufrían la cárcel y el hambre, cuando no el pelotón de fusilamiento; en el exterior, los avances alemanes en Francia y la actitud del gobierno de Vichy les abocaban de nuevo a escapar para evitar la detención y la entrega a las autoridades franquistas.

AVANCES EN LA TECNOLOGÍA DE LA INFORMACIÓN

En 1940 parecía difícil concentrar la atención en otra cosa que no fueran los acontecimientos bélicos. Otras noticias, sin embargo, conmovieron a la opinión. Así sucedió con la muerte de Lev Trotski a manos de un comunista español, Ramón Mercader, comisionado por el propio Stalin para cumplir el siniestro encargo. Lo que causó repulsa y fascinación al mismo tiempo en este asesinato fue el procedimiento

Los toros de Lascaux (Dordoña, Francia), pinturas rupestres de unos 14 000 años de antigüedad, descubiertas por el abate Breuil en 1940.

Portada de La invención de Morel, *relato del escritor argentino Adolfo Bioy Casares.*

miento empleado: un piolet, el pico de los alpinistas, clavado en la nuca del ex dirigente soviético.

En el capítulo de las desapariciones hay que anotar también la de Paul Klee, el pintor de lo imaginario y lo abstracto, uno de los más destacados representantes de la vanguardia artística y profesor en la Bauhaus hasta su clausura. El nombre y la obra de Klee pasaron por méritos propios a constituir un punto de referencia obligado en el universo de las artes del siglo XX.

Un acontecimiento cargado de trascendencia pasó prácticamente inadvertido en el vendaval de noticias que diariamente se producían. La creación del primer ordenador, el ENIAC, abrió un territorio nuevo de investigación en el manejo de grandes cantidades de información, pero también de aplicación inmediata de sus resultados, en directa correspondencia con una tecnología que iba a transformar profundamente el mundo en la segunda mitad del siglo. La conjunción entre los nuevos soportes para la información, los medios de comunicación de masas y los nuevos productos de consumo, que habrá de conformar el imaginario de la segunda mitad del siglo XX, nace precisamente en el momento en que el viejo mundo desaparece en medio de combates espantosos, bombardeos destructores y exterminios sistemáticos y programados. Lo fantástico y lo terrorífico componen así, una vez más, una síntesis aparentemente imposible pero que ha acompañado de forma constante a la condición humana a través del tiempo. ■

Instantáneas

- J. MIRÓ inicia la serie de *Las constelaciones*, composiciones llenas de ritmo y colorido, donde se mezclan hombres, estrellas e insectos. En cierto sentido, se trata de un refugio artístico frente a la guerra.
- El Museo de Arte Moderno de Nueva York **(MOMA)** abre un espacio para la fotografía.

- *When you wish upon a star*, de N.WASHINGTON y L.HIRLINE, canción de Pepito Grillo en la película *Pinocho*.
- *Mamá yo quiero*, de J. y V. PAIVA.
- *It never entered my mind* de L.HART y R. RODGERS.
- *The last time I saw Paris* (O. HAMMERSTEIN II, J. KERN), inspirada en la caída de París bajo el poder nazi.
- Banda sonora de *El ladrón de Bagdad*, del músico húngaro afincado en Hollywood M. RÓZSA.

- *Tú no puedes volver a casa otra vez*, obra póstuma del joven novelista TH. WOLFE, y que refleja la vehemencia con que vivió.
- C.P. SNOW retrata en la novela *Extraños y hermanos* la Inglaterra de entreguerras.
- Se publica *Poeta en Nueva York*, colección de poemas de F. GARCÍA LORCA cercanos al surrealismo, en los que el malogrado poeta español expresa su angustia en la ciudad de los rascacielos.
- G. GREENE publica *El poder y la gloria*, novela de tesis sobre el catolicismo, al que él mismo se había convertido años antes.
- E. HEMINGWAY se inspira en sus experiencias de la Guerra Civil española, en la novela *Por quién doblan las campanas*.
- El psicólogo suizo C. GUSTAV JUNG publica *La interpretación de la personalidad*.
- El mexicano J. GAOS escribe *Dos ideas de la filosofía*.
- El poeta brasileño C. DRUMMOND DE ANDRADE publica *Sentimiento do mundo*.
- A. BIOY CASARES publica la novela fantástica que le dará fama: *La invención de Morel*.

- *Ruta de Singapur*: se inicia una serie de películas, a caballo entre el humor y el musical, interpretadas por BING CROSBY, HEDY LAMARR y BOB HOPE.
- CH. CHAPLIN parodia a Hitler en la película *El gran dictador*.
- J. FORD dirige *Las uvas de la ira*, basada en la novela de J. STEINBECK, que trata la dura vida de los granjeros americanos durante la Depresión.
- A. HITCHCOCK estrena *Rebeca*, melodrama psicológico basado en la novela de D. DU MAURIER. La película pone de moda el **jersey** que llevará su mismo nombre.
- *Historias de Filadelfia*, una divertida comedia de G. CUKOR.

- W. DISNEY produce la primera película con sonido estereofónico, *Fantasía*, cuya banda sonora es una selección de piezas de música clásica dirigidas por L. STOKOWSKY.

- El químico estadounidense F.H. SPEDDING logra desarrollar métodos que permiten **separar lantánidos**.
- El físico soviético P.L. KAPITSA formula la **teoría de la superfluidez**.
- Descubierto el primer elemento químico del grupo de los transuránidos, el **neptunio**.

- La URSS encuentra una encarnizada **resistencia** en su lento avance sobre Finlandia, por parte de un ejército inferior en número y en armamento. *(1 Febrero)*
- La Royal Navy aborda el **buque alemán** *Altmark* en las costas de Noruega, que transportaba 300 prisioneros ingleses. *(26 Febrero)*
- El Duce italiano fue más tibio en sus promesas de **colaboración militar** que el Führer alemán, A. HITLER, en su reunión de Brenner. *(18 Marzo)*
- Con la llegada de 30 delincuentes alemanes entra en funcionamiento el campo de concentración de **Auschwitz**. *(20 Mayo)*
- La "Guerra relámpago" permite a los alemanes la ocupación en 19 días de Bélgica y Holanda, y el desmembramiento de la "infranqueable" línea Maginot. *(28 Mayo)*
- J.F. ESTIGARRIBIA sanciona una Constitución presidencialista en **Paraguay**. *(11 Junio)*
- **Tánger es ocupado** por tropas españolas, para impedir la expansión italiana en la zona. *(14 Junio)*
- **LL. COMPANYS** es entregado por la Gestapo a las autoridades españolas, tras ser torturado e interrogado. *(13 Agosto)*
- El general H. MORÍÑIGO se erige en **dictador**, e instaura un orden de raíz netamente fascista en Paraguay. *(1 Diciembre)*

- VARGA publica el **primer calendario de pin-up girls**, con modelos ligeras de ropa
- El general F. FRANCO preside la inauguración de las obras del faraónico proyecto del **Valle de los Caídos**. *(1 Abril)*
- El abate BREUIL descubre **pinturas rupestres** en la cueva de Lascaux (Francia).
- La represión nazi lleva al **exilio**, como a tantos otros, al pintor austríaco O. KOKOSCHKA.

- «Nunca tantos debieron tanto a tan pocos» W. CHURCHILL, refiriéndose a la RAF, vencedora de la llamada batalla de Inglaterra.

- La escritora sueca SELMA LAGERLOF, premio Nobel de Literatura, en 1909. *(16 Marzo)*
- **JOAQUÍN MIR**, pintor impresionista catalán. *(28 Abril)*
- **PAUL KLEE**, pintor abstracto, cuyo sentido musical da la razón última de sus obras. *(29 Junio)*
- Muere en el exilio el ex presidente de la República española, **MANUEL AZAÑA**. *(4 Noviembre)*
- **ARTHUR NEVILLE CHAMBERLAIN**, el primer ministro inglés que confió en Hitler. *(9 Noviembre)*
- **FRANCIS SCOTT FITZGERALD**, destacado novelista estadounidense. *(21 Diciembre)*
- **SILVESTRE REVUELTAS**, compositor mexicano.
- El fotógrafo español **JOSÉ ORTÍZ ECHAGÜE**, representante del Pictorialismo.
- **LEWIS HINE**, fotógrafo social.

1941

El mariscal alemán Erwin Rommel. Al frente del Afrika Korps llevó la iniciativa de las acciones bélicas en Libia hasta que, en 1943, el bloqueo del Mediterráneo por parte de la Royal Navy y la total superioridad aérea aliada le privaron de los suministros necesarios para resistir.

Orson Welles en una escena de Ciudadano Kane, *película de cuyo guión y dirección también fue responsable.*

Cuarteto para el fin de los tiempos
15 ENERO

El *Cuarteto para el fin de los tiempos* es escrito por Olivier Messiaen (1908-1992) en unas circunstancias especialmente difíciles: en el transcurso de la Segunda Guerra Mundial, el músico, internado en un campo de concentración de Silesia, escribe esta estremecedora obra. Messiaen ha de adaptarse a los escasos instrumentos disponibles en el campo (piano, violín, clarinete y violonchelo) y a las condiciones en que éstos se encuentran (al violonchelo por ejemplo, le faltaba una cuerda y Messiaen escribe su parte consciente de esa falta). La partitura es estrenada por prisioneros del campo y por el mismo

compositor al piano, ante un público de cinco mil reclusos. La preocupación religiosa que caracteriza la obra del músico francés es especialmente evidente en este *Cuarteto*. ➡ **1949**

El Afrika Korps desembarca en Trípoli
14 FEBRERO

Unidades acorazadas del Afrika Korps al mando del general Erwin Rommel (1891-1944) llegan a la capital libia en apoyo de las maltrechas tropas italianas. Tras las derrotas sufridas por los italianos, Rommel prepara una gran ofensiva contra los ejércitos británicos. El talento estratégico de Rommel y su capacidad para lograr el mayor rendimiento de sus tropas y de los medios con que cuenta harán de él una figura casi legendaria de la guerra del norte de África, donde se ganará el apelativo de *Zorro del desierto*. ➡ **1942**

Muere en Roma Alfonso XIII
28 FEBRERO

Poco después de abdicar al trono de España en favor de su hijo don Juan, fallece en Roma Alfonso XIII (1886-1941). Reinó en España entre 1902 y

1931, año en que el abrumador triunfo electoral de los republicanos lo llevó al exilio, y apoyó el alzamiento militar del 18 de julio de 1936 con la vana esperanza de que los nacionales lo restituyeran en el trono. Tampoco su heredero, don Juan de Borbón, conde de Barcelona, reinará en España, pero la restauración de la monarquía tendrá lugar en la persona de su nieto Juan Carlos I, en 1975, tras la muerte de Francisco Franco. ➡ **1975**

Suicidio de Virginia Woolf
28 MARZO

La escritora británica Virginia Woolf (1882-1941) se suicida en la localidad de Lewes. Hija del prestigioso crítico Lester Stephen, era una de las figuras más relevantes de la intelectualidad británica. Junto a su marido, el economista Leonard Woolf, fue el centro del llamado *grupo de Bloomsbury*, del que también formaron parte E.M. Forster, J.M. Keynes, T.S. Eliot y K. Mansfield. La autora de *La señora Dalloway* (1925), *Al faro* (1927), *Orlando* (1928), *Las olas* (1931), etc., había sufrido últimamente varias crisis de locura, la última de las cuales la ha llevado a arrojarse a las aguas del río Ouse.

Estreno de Ciudadano Kane
9 ABRIL

Con sólo veinticinco años, Orson Welles (1915-1985) realiza una de las más grandes películas de la historia del cine: *Ciudadano Kane*. Es la primera película del director, y éste no se limita sólo a dirigir, sino que colabora también en la redacción del guión y encarna el papel protagonista. La obra, libremente inspirada en la vida del magnate de la prensa Randolph Hearst (que una vez estrenado el filme intentó infructuosamente comprar todas las copias para destruirlas), es de una gran originalidad, tanto por la forma de narrar la historia, a base de continuos saltos temporales, como por la planificación y los juegos de iluminación. Otra razón de su éxito es la música de Bernard Herrmann, compositor más conocido por sus posteriores colaboraciones con Alfred Hitchcock. Welles y Herrmann colaboraron estrechamente, montando aquél algunas escenas en base

◀ *Alfonso XIII en una fotografía de sus últimos años, revestido con el hábito de maestre de la orden de Santiago.*

a la música escrita por éste, y no, como habitualmente sucede, al revés. ➡ **1949**

Comienza la operación Barbarroja
21-22 JUNIO

Los inmensos recursos alimentarios de Ucrania y petrolíferos del Cáucaso y el deseo de abrir una puerta a Oriente mueven a Hitler a invadir a la Unión Soviética. La invasión, denominada "operación Barbarroja", comienza sin previa declaración de guerra cuando 79 divisiones germanas, con el apoyo de tropas rumanas y finlandesas, cruzan la frontera soviética por el norte, el centro y el sur, en dirección a Leningrado, Moscú y Ucrania respectivamente. Los tres ejércitos mandados por los mariscales Von Leeb, Von Bock y Von Rundstedt llegan con extraordinaria rapidez hasta Leningrado, Kiev y Jarkov. ➡ **1942**

La División Azul parte al frente ruso
5 JULIO

España, a pesar de su condición de país neutral, organiza un cuerpo de 20 000 "voluntarios" para luchar al lado de la Alemania de Hitler. Tras una manifestación antisoviética celebrada en Madrid

el pasado 24 de junio por los falangistas, un grupo de militares y civiles encabezado por José Luis Arrese, secretario general del Movimiento, constituye con el apoyo del gobierno la División Española de Voluntarios contra Rusia. La popularmente llamada División Azul parte hacia el frente al mando del general Agustín Muñoz Grandes para luchar "contra el comunismo" y exterminar a Rusia, por "exigencia de la Historia y el porvenir de Europa".

Se firma la Carta Atlántica
9-12 AGOSTO

Roosevelt y Churchill firman una declaración de principios que regirá el mundo de la posguerra. En sucesivas visitas que se intercambian en sus respectivos barcos de guerra, el *Prince of Wales* y el *Augusta*, anclados en la bahía de Placentia, Terranova, el primer ministro británico y el presidente estadounidense postulan la libertad de los pueblos para escoger sus propias formas de gobierno, la necesidad de desarmar a las naciones agresoras y el deber de colaborar económicamente con las más desfavorecidas. El principal objetivo de la Carta Atlántica es reafirmar los principios democráticos ante el proyecto de "orden nuevo" del régimen nazi. ➡ **1943**

Comienza el cerco alemán a Leningrado
8 SETIEMBRE

Tropas alemanas al mando del mariscal Ritter von Leeb inician el asedio de Leningrado. La caída de la ciudad parecía inminente, pero la tenaz resistencia opuesta por los defensores de la antigua capital rusa mueve al alto mando alemán a optar por el bloqueo y el bombardeo para inducirlos a la rendición. Será el cerco más prolongado de toda la Segunda Guerra Mundial, ya que ni la Wehrmacht podrá ocuparla ni el Ejército rojo liberarla hasta el 27 de enero de 1944. A pesar de las bombas, la mayoría de las casi 4 000 muertes de civiles que se producen en el primer mes de asedio se deben al frío y al hambre que sufren los habitantes de Leningrado antes de que los soviéticos establezcan una vía de aprovisionamiento a través del lago Ladoga. ➡ **1942**

Fracaso alemán a las puertas de Moscú
5 DICIEMBRE

Tras la toma de Kiev el pasado 19 de octubre, una poderosa ofensiva de las tropas alemanas dirigidas por el general Fedor von Bock las sitúa a 30 km del Kremlin. Ante la proximidad de los alemanes, el gobierno soviético evacua Moscú y el general Georgij Zhukov asume su defensa. No obstante la enver-

Franklin D. Roosevelt y Winston S. Churchill a bordo del Prince of Wales, *en una de las reuniones de las que nació la Carta Atlántica.*

Las tropas alemanas cruzan el río Don en el curso de la ofensiva contra la Unión Soviética, según un dibujo de la prensa de la época.

Cairo (Peter Lorre) amenaza con una pistola al detective privado Sam Spade (Humphrey Bogart), en una escena de El halcón maltés, *la película con la que John Huston debutó como realizador cinematográfico.*

gadura de la ofensiva, la encarnizada resistencia opuesta por los moscovitas, el durísimo invierno ruso y el agotamiento de las tropas alemanas, factores sobre los cuales ya había advertido Von Bock al alto mando, hacen fracasar la que se suponía iba a ser "última gran maniobra del año" para la Wehrmacht. Pocos días más tarde, Hitler ordena detener la ofensiva en todo el frente ruso y asume el mando directo de los ejércitos del este.   ➡ 1943

Ataque sorpresa de Japón a Estados Unidos
7 DICIEMBRE

Sin previa declaración de guerra, escuadrillas aeronavales japonesas atacan por sorpresa Pearl Harbor (Hawai), base de la Marina estadounidense. En poco más de media hora, los atacantes inutilizan 188 aviones, cinco acorazados, tres cruceros y cuatro destructores, inmovilizando la flota estadounidense del Pacífico. A pesar de su victoria, los japoneses no logran destruir el poderío naval norteamericano, ya que el grueso de la flota no se hallaba en la base en el momento del ataque. Con esta acción, seguida por la declaración de guerra de Estados Unidos y el Reino Unido a Japón y de Alemania e Italia a Estados Unidos, el conflicto, hasta entonces circunscrito al ámbito europeo, adquiere carácter mundial.   ➡ 1942

Después del ataque japonés a ▶ *la base estadounidense de Pearl Harbor, en las Hawai, los acorazados de la flota del Pacífico aparecen envueltos en llamas y semihundidos en sus fondeaderos. Estados Unidos se veía obligado a entrar en la guerra en las peores condiciones posibles.*

Imparable avance japonés en el Sudeste asiático
25 DICIEMBRE

Tras el ataque a la base naval estadounidense de Pearl Harbor, los ejércitos japoneses conquistan casi todo el Sudeste Asiático en una espectacular campaña. Dueños del control marítimo del Pacífico oriental, los japoneses han iniciado las conquistas territoriales desembarcando en Filipinas el día 10 y en el norte de Borneo el 17, y hoy ocupando Hong Kong. Si bien la colonia británica estaba defendida por un fuerte contingente naval, las fuerzas de tierra han resultado insuficientes para detener la fuerte presión ejercida por el XXIII Ejército al mando del general Takaishi Sakai.   ➡ 1942

Huston rueda El halcón maltés

Hijo de un actor, John Huston (1906-1987) se inicia en el mundo del cine como guionista, trabajando para directores de la categoría de William Wyler,

Raoul Walsh y Howard Hawks. El paso a la dirección lo da en 1941 con *El halcón maltés*, notable película del género negro basada en una novela de Dashiell Hammett. Humphrey Bogart encabeza un reparto en el que también destacan Mary Astor y el siempre eficiente Peter Lorre.

Estreno de Madre Coraje y sus hijos

El dramaturgo alemán Bertolt Brecht (1898-1956) estrena en Zurich una de sus obras capitales. *Madre Coraje y sus hijos*, escrita entre 1937 y 1938, durante el exilio de Brecht en Dinamarca, es un drama en 12 cuadros que, en el marco de la guerra de los Treinta Años, describe la peripecia vital de una cantinera, Anna Fierling, que vive de la guerra porque sigue a los ejércitos por los campos de batalla, pero a la que la guerra acaba por arrebatar a sus tres hijos. Inspirada en *La pícara Courasche*, de Grimmelshausen, la pieza es un recordatorio de que para el pueblo llano nunca hay vencedores, sino sólo vencidos.

El año de Pearl Harbor

En 1941 Alemania alcanza los mayores éxitos en la guerra, pero también se producen sus primeros fracasos, algunos sonados, como la brusca detención de la campaña de Rusia. No obstante, lo peor todavía está por venir. La entrada de Japón en el conflicto consolida el frente totalitario, pero provoca la respuesta de la gran potencia del otro lado del Atlántico, que hasta ahora no se había implicado directamente y que a partir de Pearl Harbor lo hará con todas las consecuencias.

ÉXITOS Y FRACASOS ALEMANES

La guerra se enmarca este año especialmente en dos frentes: África y la campaña de Rusia, aunque también hay que señalar la rápida conquista alemana de Grecia y de Yugoslavia.

La guerra en África se había planteado desde el principio, en el bando del Eje, como una responsabilidad italiana debido a las ambiciones territoriales del régimen fascista en esta zona, donde había contado con una presencia permanente desde hacía tiempo. No obstante, las victoriosas acciones iniciales italianas toparon con la resistencia aliada, que logró conformar una tropa mixta de británicos, franceses y australianos y obtuvo su primer éxito resonante con la toma de Tobruk en el mes de enero. La victoria fortaleció especialmente la moral de la resistencia francesa, muy maltrecha por la doble oposición al invasor y a los colaboracionistas. El general De Gaulle había declarado el año anterior, en su famoso discurso radiado, que la victoria llegaría desde las posesiones coloniales, y los acontecimientos parecían darle la razón.

Para reforzar las unidades y las posiciones italianas acudió un ejército acorazado alemán, el Deutsche Afrika Korps mandado por el general Erwin Rommel, que labraría su propia leyenda con acciones espectaculares que tuvieron éxito gracias a su novedoso y arriesgado planteamiento táctico. La ofensiva alemana se concentró en la reconquista de la Cirenaica, que había sido arrebatada a los italianos. Ya en el mes de marzo llegaron los primeros éxitos alemanes, a pesar de la superioridad de las unidades blindadas aliadas.

Los frentes de la guerra en este año de 1941 fueron varios, aunque todos ellos re-

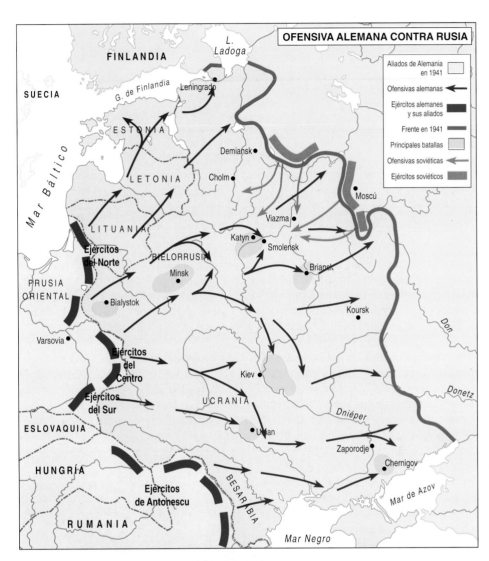

Mapa de la campaña de Rusia de 1941. Los ejércitos alemanes llegaron hasta las puertas de Moscú, pero la llegada del invierno detuvo su ofensiva.

Pearl Harbor después del ataque japonés: buques de guerra hundidos en sus fondeaderos, ruinas humeantes, caos y desolación.

Marlene Dietrich canta Lili Marleen. *La canción fue radiada casualmente en 1941 por una emisora alemana a las tropas del Afrika Korps, y se convirtió en favorita de los soldados de ambos bandos.*

gidos por los mismos principios. La conquista de Grecia expresa muy bien la dinámica en la que se movían las acciones. Grecia había sido invadida por Italia a finales de 1940, en un intento de equilibrar con su conquista la importante presencia alemana en el Mediterráneo. Ello había puesto de manifiesto fuertes tensiones y rivalidades entre Alemania e Italia, que no se informaban mutuamente de sus planes. En Grecia sucedió, sin embargo, lo mismo que en el norte de África: la debilidad italiana forzó la intervención de los alemanes y, de nuevo de forma espectacular, éstos conquistaron el país en menos de un mes, forzando la capitulación griega el 23 de abril.

Estas operaciones coincidieron con la también victoriosa campaña de la Wehrmacht en Yugoslavia, que supuso la desintegración del país y el surgimiento de la Croacia "Ustacha", colaboracionista, que procedió al exterminio de los disidentes. No obstante, los comunistas mandados por Tito organizaron enseguida la resistencia y plantearon problemas serios a los ocupantes alemanes.

En este contexto de éxitos apabullantes de los ejércitos alemanes se enmarca un acontecimiento enigmático. En un vuelo cuyo verdadero objetivo nunca se ha sabido, Rudolf Hess, el hombre de confianza de Hitler, aterrizó en Escocia y fue hecho prisionero. Las autoridades alemanas declara-

ron que se había vuelto loco. Empezó así para Hess un prolongado encarcelamiento que terminaría únicamente con su muerte, muchos años después y tras el juicio de Nuremberg, en la prisión de Spandau.

Nuevo frente en el este

Uno de los momentos cruciales de la II Guerra Mundial llegó con la inesperada apertura de un frente bélico en Rusia. Sin previo aviso el régimen nazi se dirigió contra uno de los fantasmas que habían alimentado su ascensión al poder, intentado

cumplir así la vieja aspiración de Hitler de dominar toda Europa. El avance alemán a principios de junio, coincidiendo con el verano, resultó imparable y prosiguió sin interrupción hasta el cerco de Leningrado y el acoso a Moscú. Las órdenes dadas a los oficiales alemanes fueron tajantes: eliminación de todos los comisarios del ejército rojo y arrasamiento de Moscú y Leningrado, para evitar tener que alimentar a los prisioneros con la llegada del invierno. La toma de Kiev supuso el inicio de una durísima represión contra judíos y comunistas.

Los avances alemanes hacia el este coincidieron por tanto con la puesta en marcha de un sistemático plan de eliminación de los disidentes o simplemente de personas molestas. Campos de concentración de tan siniestro recuerdo como Auschwitz se encontraban ya funcionando a pleno rendimiento por estas fechas. Entre los miles de casos que expresan el horror de esos días destaca por su ejemplaridad el del padre Kolbe, un sacerdote polaco que se ofreció a sustituir a otro prisionero que había sido elegido arbitrariamente para ser ajusticiado.

La 4ª División estadounidense desfila por Broadway, antes de salir con destino a Europa. Pronto la enorme potencia bélica norteamericana cambiaría el signo del conflicto bélico.

◄ *El ingeniero alemán Konrad Zuse y la computadora Z3, reconstruida en el Museo Alemán de Munich. El aparato original resultó destruido durante la guerra.*

Joe Di Maggio, uno de los jugadores más destacados en la historia del que tal vez sea el deporte más característicamente estadounidense: el béisbol.

La guerra prosiguió durante el verano con una sucesión constante de éxitos alemanes que parecían predecir un rápido final de la campaña de Rusia. En el mes de octubre las tropas de Hitler se encontraban a 30 kilómetros de Moscú. Sin embargo, la extensión de este país, sus condiciones climáticas y su potencia demográfica se volvieron contra Alemania con la llegada del invierno. En diciembre la ofensiva sufrió un brusco parón a las puertas de la capital soviética, debido al frío intenso y al hecho de que el ejército rojo, reforzado con obreros, al fin había logrado organizarse y comenzaba a repeler los ataques alemanes.

JAPÓN ATACA PEARL HARBOR

El ataque japonés contra la base estadounidense de Pearl Harbor se produjo a finales de año, cuando la batalla de Rusia estaba llegando a su momento crítico, y supuso la entrada en guerra de Estados Unidos, sometido en estos compases iniciales a ofensivas contundentes de los japoneses para aprovechar su ventaja inicial. Estados Unidos había mantenido hasta entonces una posición favorable a los aliados, pero no había comprometido su capacidad económica y militar en el conflicto. La firma en Terranova, en el mes de agosto, de la Carta Atlántica entre el presidente Roosevelt y el primer ministro británico Churchill, tenía como finalidad oponerse, me-

diante un documento oficial que expresara una voluntad firme, al "orden nuevo" que Hitler pretendía imponer al mundo tras la victoria del Eje.

Con el estallido de la guerra en el Pacífico, ésta alcanzó una auténtica dimensión mundial, pues hasta entonces se había desarrollado en suelo europeo o en sus aledaños. Los enfrentamientos entre japoneses y estadounidenses tenían su origen en la disputa por China, vieja ambición de los primeros pero donde también tenían fuertes intereses los segundos, que venían apoyando al Kuomintang desde hacía tiempo.

Para preparar la acción que daría comienzo a la guerra, el Imperio del Sol Naciente había firmado meses antes un pacto de no agresión con la Unión Soviética, en un momento en que el régimen soviético se encontraba en una difícil situación, agravada por la fácil conquista alemana de Yugoslavia. La ventaja inicial con que contaban tras el ataque a Pearl Harbor fue aprovechada por los japoneses para conquistar en pocos días casi todo el Sudeste asiático. Los estadounidenses habían visto destruida su flota y todavía no se habían re-

James Joyce, prácticamente ciego desde hacía años, se trasladó al comenzar la guerra de París a Zurich, y allí lo sorprendió la muerte el 3 de enero de 1941.

cuperado de la sorpresa por la eficacia de la maquinaria bélica japonesa. No tardarían en responder adecuadamente.

NADA SE SUSTRAE A LOS AVATARES DE LA GUERRA

En este terrible contexto de destrucción y muerte se estrenó la película *Ciudadano Kane* que, por sus valores cinematográficos y el desarrollo de un nuevo lenguaje, entró a formar parte de las mejores películas de la historia y consagró a su director Orson Welles. La cinta anticipa el influjo de los medios de información en las sociedades de masas y está cargada de símbolos que expresan la angustia del hombre actual.

La muerte en este año de James Joyce, casi ciego y en la pobreza, reforzó aún más el mito del intelectual europeo del siglo XX, incomprendido e ignorado en su tiempo pero referencia imprescindible para el futuro. En 1941 murió también el general Baden-Powell, fundador de los Boys Scouts, que tanto contribuyeron a educar a muchas generaciones en el amor a la naturaleza.

El año del hambre

España afrontó este año terrible, recordado luego como "el año del hambre", con casi las mismas dificultades económicas y sociales que el anterior, pero en la prensa únicamente se resaltó la entrevista de Franco con Mussolini en Bordighera –una de las muy escasas ocasiones en las que el

Greta Garbo junto a Robert Taylor, en Margarita Gautier. *La tibia acogida del público a* La mujer de dos caras *motivó su retirada de los platós.*

dictador español salió de las fronteras españolas en su largo mandato– y el envío de la División Azul, de voluntarios españoles, contra Rusia en el momento de mayor euforia y éxito de los alemanes en la campaña del Este. El régimen de Franco ponía así de manifiesto su militancia contra el comunismo y aprovechaba al mismo tiempo el signo favorable de la guerra para las potencias del Eje.

Finalmente, la muerte del rey Alfonso XIII en Roma a principios del año cerró una época histórica. La desaparición del monarca exiliado por propia voluntad después de las elecciones municipales de 1931 permitió a Franco un amplio margen de maniobra ante las reclamaciones de restauración monárquica que le dirigían diversos sectores, desde los militares hasta los católicos, que le habían apoyado en la guerra civil. ■

Instantáneas

- Yousuf Karsh realiza una serie de **retratos fotográficos** personalizados de W. Churchill.

- *Chattanooga Choo Choo*, de M. Gordon y H. Warren.
- *I could write a book*, de L. Hart y R. Rodgers.
- *Lili Marleen,* cantada por la alemana Lale Andersen, se convierte en un éxito inmediato entre los alemanes y los británicos que la escuchan en un programa de propaganda nazi. Más adelante será popular en todo el mundo en la voz de M. Dietrich.

- *De tu tierra* es la personal contribución de C. Pavese a la estética neorrealista, de un fuerte contenido social, al margen de la narrativa italiana contemporánea dominada por el fascismo.
- *Conversación en Sicilia*, novela de carácter épico y simbólico del italiano E. Vittorini.
- La obra de la novelista norteamericana C. McCullers bebe directamente de la de W. Faulkner. *Reflejos en un ojo dorado* es una de sus mejores y más sombrías creaciones. J. Huston filmará en 1967 la versión cinematográfica.
- *Lenguaje infantil y afasia*, ensayo del lingüista R. Jakobson en el que se compara el proceso de adquisición del lenguaje en los niños, respecto al proceso contrario en los afásicos.
- *Os vellos non deben de namorarse*, una comedia de A. Rodríguez Castelao escrita en gallego. Político comprometido y artista polifacético (escritor, pintor y dibujante), Castelao es uno de los artífices del resurgimiento cultural de Galicia en el siglo xx.
- La comedia fantástica de N. Coward *Un espíritu burlón* constituye todo un éxito, manteniéndose durante cinco años en las carteleras. La versión cinematográfica, dirigida por David Lean, interpretada por Rex Harrison y producida por el propio Coward, será realizada en 1945.
- *El ciudadano del olvido*, una de las últimas colecciones poéticas del chileno V. Huidobro, el creador del ultraísmo.
- El escritor peruano C. Alegría publica la novela *El mundo es ancho y ajeno*, donde describe la vida en una aldea india y denuncia la política gubernamental que obliga a los indios a abandonar sus tierras.

- El psicoanalista E. Fromm publica *Miedo a la libertad*, del que el nazismo sería un buen ejemplo. La obra se inscribe en la tendencia "culturalista" del psicoanálisis.

- En *Qué verde era mi valle,* su director, J. Ford, crea una hermosa película centrada en las aventuras y desventuras de una familia minera galesa a fines del siglo xix. Walter Pidgeon, Maureen O'Hara y Roddy McDowall la protagonizan.
- Una comedia ligera de G. Cukor, *La mujer de dos caras*, supone la despedida del cine de la mítica actriz Greta Garbo.
- El director norteamericano P. Sturges realiza con *Los viajes de Sullivan* un despiadado retrato, en forma de comedia, de la sociedad norteamericana de su época.
- *El último refugio* encumbra al estrellato a Humphrey Bogart. Al mismo tiempo es una de las mejores películas de cine negro de la historia del cine. Su director es R. Walsh.
- Bette Davis y Wylliam Wyler colaboran por tercera y última vez (tras *Jezabel* y *La carta*) en *La loba*, un film basado en una violenta y tensa historia, original de L. Hellman. La actriz realiza aquí una de las mejores, y más perversas, interpretaciones de toda su carrera.

- G.W. Beadle y E.L. Tatum formulan la hipótesis **"un gen-una enzima"**.
- El astrónomo D.D. Maksutov introduce diversas mejoras en la cámara Schmidt, creando un nuevo tipo de instrumento de observación astronómica conocido como **cámara Maksutov** y caracterizado por permitir la corrección de la aberración esférica y un campo visual plano.
- En plena II Guerra Mundial, el ingeniero alemán K. Zuse construye su **ordenador Z-3**, la primera máquina electromecánica de este tipo del mundo que funciona de manera satisfactoria, siguiendo un programa preestablecido. *(2 Mayo)*

- F. Franco se entrevista con B. Mussolini en la ciudad italiana de Bordighera. *(12 Febrero)*
- URSS y Japón firman un pacto de no agresión y delimitan sus zonas de influencia. *(13 Abril)*
- Yugoslavia, nueva presa de la Wehrmacht. El coronel monárquico D. Mihailovich y el comunista J. Broz "Tito" no aceptan la capitulación. *(17 Abril)*

- **Grecia capitula** frente al ejército alemán, que invadió el país el pasado 6 de abril. *(23 Abril)*
- El acorazado alemán *Bismarck* es hundido por la Royal Navy, a 400 millas de Brest. *(27 Mayo)*
- Tito organiza la **resistencia yugoslava** en todo el territorio nacional. *(4 Julio)*
- Graves incidentes en la frontera entre **Perú y Ecuador**. Perú reclama los territorios de Túmbez, Jaén y Maynas. *(24 Julio)*
- Fusilamientos en masa de **judíos y comunistas** en Kiev. *(29 Setiembre)*

- El centro de la ciudad de **Santander destruido** por las llamas de un incendio que se inició por un cortocircuito producido en la catedral. *(16 Febrero)*

- J. Di Maggio **batea de hit** en 56 partidos consecutivos.

- «¡Hundan al Bismarck!» Orden del Almirantazgo británico a todos los barcos disponibles. El acorazado alemán es hundido el 27 de mayo.
- «Sólo tenemos que patear la puerta y toda la podrida estructura se vendrá abajo.» Palabras de A. Hitler tras el inicio de la Operación Barbarroja.
- «No debemos dejarles nada. Nuestra política será de "tierra quemada".» J. Stalin.
- «Volveremos a vernos, no sé dónde, no sé cuándo. Pero sé que volveremos a vernos, un día soleado.» Estrofa de una famosa canción de Vera Lynn.
- «Todos los hombres tienen el derecho de vivir libres del miedo y la necesidad.» Fundamento de la Carta Atlántica firmada en secreto por W. Churchill y F.D. Roosevelt.
- «Temo que hayamos despertado a un gigante dormido, y que su reacción sea terrible.» Almirante japonés Isoroku Yamamoto tras el ataque a Pearl Harbor.

- Lluís Millet, músico catalán fundador, junto a Amadeu Vives, del Orfeó Català.
- El filósofo francés Henri Bergson. *(1 Enero)*
- James Joyce, autor del *Ulysses*. *(3 Enero)*
- Rabindranath Tagore. *(7 Agosto)*
- El presidente de la república de Chile, Pedro Aguirre Cerdà. *(25 Noviembre)*

1942

Los nazis oficializan la solución final
20 ENERO

En una conferencia celebrada en Wannsee, cerca de Berlín, los dirigentes nazis acuerdan la «solución final del problema judío», eufemismo que encubre la aniquilación de este pueblo. La decisión constituye una tercera fase de la política racista implantada por Hitler y se concreta en la creación de campos de concentración, donde los prisioneros, reducidos a esclavitud, son utilizados en la industria bélica, y campos de exterminio, como los de Auschwitz, Treblinka, Bergen-Belsen, Sobibor, Maidanek y Chelmno, a donde van a parar los enemigos políticos y los judíos, eslavos, gitanos y otros individuos considerados de "raza inferior". En la conferencia se fijan los detalles para la aniquilación a escala masiva de los judíos mediante la instalación de cámaras de gas y la utilización del Zyklon B.   **➡ 1943**

Se publica El extranjero
14 MARZO

El escritor francés Albert Camus (1913-1960), miembro de la Resistencia y director del periódico clandestino Combat, reflexiona en El extranjero acerca del absurdo del mundo contemporáneo como factor constitutivo de la conducta humana. Mersault, el protagonista, mata a un árabe de un modo fortuito, pero, incapaz de oponer resistencia al aparato de la justicia humana, acepta resignadamente su condena a muerte.   **➡ 1958**

Muere el poeta Miguel Hernández
29 MARZO

El poeta español Miguel Hernández (1910-1942) fallece en la prisión de Alicante. Detenido en su Orihuela natal cuando efectuaba una visita a su mujer e hijo, había escrito en la cárcel gran parte de su Cancionero y romancero de ausencias. Comprometido con la causa de la República, Hernández hizo de la poesía un instrumento de lucha social, como en Viento del pueblo (1937), y de reflexión existencial, con El rayo que no cesa (1936). Conmutada su condena a muerte por treinta años de prisión, había

pasado por varias cárceles en las que contrajo una tuberculosis fatal. Hernández será enterrado mañana en el cementerio de Alicante.

Los americanos bombardean Tokio
18 ABRIL

La aviación estadounidense da un tremendo golpe psicológico en el corazón de Japón. En una operación cuidadosamente planificada, escuadrillas de bombarderos B-25 al mando del teniente coronel James H. Doolittle bombardean la capital japonesa, causando graves daños materiales y humanos y, particularmente, destruyendo el mito de la invulnerabilidad imperial. Para salvar las grandes distancias, los bombarderos han partido del portaaviones Hornet, que ha navegado hasta unos 800 km de las costas japonesas, y luego de descargar su mortífera carga, se han dirigido hacia territorio chino, donde, agotado el combustible, los pilotos se han arrojado en paracaídas.

Batalla del Mar de Coral
4-8 MAYO

La victoria de la flota angloamericana impide a los japoneses desembarcar en el sector meridional de Nueva Guinea y salva a Australia de la invasión. Es la primera batalla en la que las flotas enemigas no tienen contacto visual. El combate es una sucesión de ataques aéreos con aviones que tienen sus bases en portaaviones y en los aeropuertos de Nueva Guinea (japoneses) y de Australia (aliados). El resultado de la batalla supone el primer indicio de reacción de los aliados frente al avance japonés, y les reporta el restablecimiento de las comunicaciones entre Australia y Nueva Caledonia.   **➡ 1943**

Comienzan los bombardeos sobre Alemania
30 MAYO

Los bombarderos de la RAF, que ya habían realizado en marzo pasado un raid sobre la ciudad industrial de Lübeck, inician una nueva fase en la estrategia del alto mando británico, destinada a to-

mar la iniciativa en la guerra. Según el responsable de estas misiones, el general Arthur Harris, la ciudad de Colonia ha sido prácticamente destruida por miles de toneladas de bombas arrojadas por la aviación británica.   **➡ 1945**

Mondrian y Pollock exponen en Nueva York

Nueva York se ha convertido en uno de los más activos centros del arte moderno. Como consecuencia de la guerra, son numerosos los artistas europeos que encuentran en Estados Unidos un campo propicio para la difusión de sus

Un bote salvavidas se aleja de un portaaviones en llamas, en el curso de la batalla del Mar de Coral.

Las torres de la catedral de Colonia, intactas, se alzan sobre la desolación causada por los bombardeos aliados.

Los cañones del acorazado Iowa *baten un objetivo lejano durante la preparación de un desembarco estadounidense en el Pacífico.*

obras, las cuales a su vez tienen eco en los creadores nativos. Piet Mondrian, que había llegado a este país en 1940 invitado por el pintor Harry Holtzmann, muestra en su exposición la gran influencia que está ejerciendo en él el dinamismo neoyorquino, como se aprecia en su *New York City I.* Asimismo, el estadounidense Jackson Pollock (1912-1956), en el marco de la *Federal Art Project,* sintetiza en su arte las orientaciones de la abstracción europea y el tratamiento de los materiales aprendido en el taller del mexicano Siqueiros. ➡ **1946**

Gandhi, a la derecha, y Nehru, en primer plano, durante la asamblea panindia en la que plantearon una campaña de desobediencia civil. Los británicos reaccionaron con violencia a las pretensiones emancipadoras de lo que consideraban la "joya de la corona" de su Imperio.

Batalla aeronaval de Midway
4 JUNIO

Los japoneses fracasan en su intento de destruir la flota estadounidense del Pacífico. El desciframiento de mensajes secretos permite a la flota americana mandada por el almirante William Nimitz conocer el hábil plan diseñado por el alto mando japonés y así evitar un de-

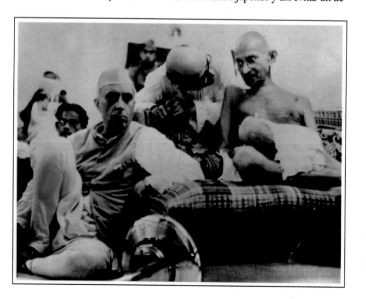

sastre. La batalla se inicia a las 10,20 a.m. cuando aviones estadounidenses atacan la flota del almirante Nagumo, compuesta de 200 buques, entre ellos ocho portaaviones. Si bien la victoria de Midway no significa un resultado decisivo para Estados Unidos, sí supone afianzar sus bases, igualar las fuerzas y colocar a Japón en posición defensiva. ➡ **1944**

Caída de Sebastopol
3 JULIO

La Unión Soviética pierde su más importante base naval en el mar Negro. Desde que el 8 de mayo pasado el general Manstein lanzara su ofensiva sobre Crimea, la presión sobre la península había ido incrementándose a pesar de las fuertes defensas soviéticas, integradas por 125 mil soldados apoyados por la flota del mar Negro. Finalmente, tras la conquista del fuerte Gorki, la Wehrmacht logra entrar en Sebastopol. Desalojados los soviéticos de este estratégico enclave, los alemanes tienen expedito el camino hacia el Cáucaso y disponen de tropas suficientes para marchar sobre Stalingrado. ➡ **1943**

La guerra en el Pacífico
7 AGOSTO

La conquista aliada de Guadalcanal marca un punto de inflexión en el avance japonés, que desde principios de año le había supuesto la conquista de Birmania, Singapur y Filipinas. El ejército japonés invade Birmania en enero con el propósito de cortar los suministros aliados a China y enseguida se dirige hacia Malasia, comenzando sus ataques al norte de Singapur, que ocupan al cabo de seis semanas. Casi simultáneamente, los japoneses, que ya habían iniciado sus desembarcos en el archipiélago filipino, logran expulsar de él al general Douglas MacArthur en abril. El dominio de Japón en el Pacífico, donde en apenas cuatro meses ha logrado sus principales objetivos, parece indiscutible. Sin embargo, la reacción aliada, apuntada ya en la defensa de Nueva Guinea y en la batalla del Mar de Coral (mayo), se concreta en la reconquista de Guadalcanal. ➡ **1944**

Gandhi y Nehru encarcelados
9 AGOSTO

La disolución del Congreso panindio y el arresto de sus dirigentes, entre ellos el Mahatma Gandhi y el Pandit Nehru, provocan disturbios en la India. La reacción de las autoridades coloniales británicas se ha producido a raíz de la aprobación por la asamblea nacionalista panindia de la propuesta de Gandhi de iniciar una campaña de desobediencia civil. No obstante el carácter pacifista del movimiento encabezado por el líder espiritual indio, su detención origina violentos choques entre los nacionalistas indios y las fuerzas de seguridad británicas. ➡ **1946**

El primer cohete
3 OCTUBRE

Los científicos aeroespaciales que trabajan para el Ministerio de Defensa del III Reich bajo la dirección del físico y pionero de la astronáutica alemán Wernher von Braun (1912-1977), desarrollan el primer cohete operativo de la historia, la "bomba volante" V-2, cuyo primer prototipo, llamado A-4, se lanza con éxito desde Peenemünde. Estos ingenios forman parte del programa de desarrollo de nuevas armas impulsado por A. Hitler con la intención de doblegar a sus enemigos, en especial al Reino Unido. Muchos de los científicos y de los prototipos experimentados pasarán al final de la guerra a manos de los aliados y servirán para el desarrollo de los programas espaciales soviético y estadounidense. ➡ **1944**

Estreno de Rodeo de Copland
16 OCTUBRE

Entre los compositores estadounidenses, uno de los más interesantes es Aaron Copland (1900-1990). Sus obras más conocidas y apreciadas por el gran público son las que recrean musicalmente, no sin cierto aire nostálgico, la vida en el salvaje Oeste. *Rodeo* pertenece a ellas, como también *Billy the Kid* o *Primavera apalache,* todas ellas ballets escritos a partir de temas y motivos de inconfundible raíz americana, de una gran capacidad de seducción. En obras

◀ *Detalle de la escenografía con la que fue estrenado el ballet* Rodeo, *del compositor estadounidense Aaron Copland.*

grado, donde los soviéticos oponen una férrea resistencia casa por casa, dada la importancia industrial y como nudo de comunicaciones de la ciudad. A pesar de su mayor poder de fuego, las tropas alemanas, lejos de sus centros de suministros y sorprendidas por el invierno, quedan en una difícil situación. El Ejército rojo, al mando del general Zhukov, comienza entonces una contraofensiva y el asedio de Stalingrado, que concluirá el 31 de enero de 1943, con la rendición de Von Paulus y 90 mil soldados alemanes. Ésta es una de las grandes batallas que marcan un punto de inflexión en el curso de la guerra. ➥ **1943**

posteriores Copland se apartará del neonacionalismo que representan estas partituras para investigar caminos y estilos no siempre tan accesibles, como el dodecafonismo.

Victoria británica en El Alamein
23 OCTUBRE

Tras una fulgurante ofensiva que tenía como objetivo desalojar a los británicos del norte de África y hacerse con el control del canal de Suez, los alemanes son detenidos en El Alamein, a pocos kilómetros de El Cairo. En el curso de una primera batalla, a principios de julio, el general Auchinleck impide que Rommel alcance la capital egipcia, Alejandría y el delta del Nilo, y a la vez gana tiempo para que el general Montgomery prepare una contraofensiva al mando del VIII Ejército. Tal propósito se consigue después de la segunda batalla de El Alamein, tras la cual los alemanes deben retroceder. Por esas mismas fechas tiene lugar la "operación Torch", nombre en clave del desembarco angloamericano en las playas de Argelia y Marruecos. Atrapados entre dos fuegos, los alemanes se ven obligados a evacuar el norte de África. ➥ **1944**

La batalla de Stalingrado
23 NOVIEMBRE

Tras la conquista de Crimea y del saliente de Járkov, la Wehrmacht inicia a finales de julio la ofensiva hacia el Cáucaso y Stalingrado. Después de más de un mes de combates, el general Von Paulus, al mando del VI Ejército y del IV Cuerpo acorazado, entra en Stalin-

Los alemanes ocupan toda Francia
27 NOVIEMBRE

Como consecuencia del desembarco aliado en el norte de África, Hitler decreta la ocupación total de Francia y la confiscación de su flota anclada en Tolón. El régimen de Vichy encabezado por el mariscal Pétain no puede impedir que el ejército francés sea desarmado y acepta su papel de policía al servicio de los alemanes. Sin embargo, cuando tropas de la Wehrmacht intentan hacerse con el control de la flota anclada en el puerto de Tolón, los barcos y submarinos franceses hacen explosión uno tras otro. El almirante François Darlan había dado la orden de dinamitarlos a fin de que no cayeran en poder de los alemanes, como Pétain había garantizado a Estados Unidos. ➥ **1944**

El primer reactor nuclear
2 DICIEMBRE

Bajo la dirección del físico estadounidense de origen italiano Enrico Fermi (1901-1954) concluye la construcción del primer reactor nuclear de la historia, destinado a la generación de energía eléctrica a partir de la fisión nuclear. Se comprueba de este modo experimentalmente la viabilidad de la primera reacción en cadena puesta en marcha por el ser humano, en el complejo instalado en la Universidad de Chicago. Con este experimento se inicia la aplicación pacífica de la energía nuclear, paralela a los desarrollos militares de armas de destrucción masiva. ➥ **1949**

Creación en España del SOE
14 DICIEMBRE

El gobierno español impulsa una ley de sanidad pública. En el marco de su política social de corte populista, el régimen franquista promulga la ley del Seguro Obligatorio de Enfermedad. Esta ley representa la base de la futura Seguridad Social española, mediante la cual todos los trabajadores españoles tendrán asegurada la atención médica y la percepción de prestaciones sociales como jubilados o pensionados una vez cumplido el ciclo laboral activo.

Nace el Talgo

Se llevan a cabo con éxito, entre las poblaciones de Madrid y Getafe, las pruebas del Tren Ligero Articulado Goicoechea Oriol, más conocido por sus si-

Enrico Fermi, galardonado con el premio Nobel de Física por el descubrimiento del neutrón y "padre" del primer reactor nuclear.

Tiradores rusos con armas automáticas ligeras hostigan a las tropas alemanas cerca de la planta industrial Octubre Rojo, durante la batalla de Stalingrado.

Cartel de la película Casablanca, *de Michael Curtiz. Amor, guerra, nostalgia y aventura forman un cóctel inolvidable y difícilmente repetible.*

glas TALGO, que entrará en servicio en España en 1950. El tren, creado por el ingeniero español Alejandro Goicoechea Omar (1895-1984), está formado básicamente por un coche con un único eje central; los convoyes, más ligeros que los convencionales, son arrastrados por locomotoras Diesel. Entre sus ventajas destaca la posibilidad de modificar el ancho de vía, lo que hace posible que circulen indistintamente por la red española y europea.

Portada de una edición de La familia de Pascual Duarte, *primera novela del futuro Nobel español Camilo José Cela y manifiesto de un modo de novelar situado en las antípodas de los ensueños imperiales de los literatos del régimen franquista.*

Primer riñón artificial

El médico internista neerlandés W.J. Kolff, que trabaja en Salt Lake City (Estados Unidos), inventa un aparato que permite la diálisis de la sangre en pacientes afectados por problemas de funcionamiento del riñón, y que es bautizado popularmente con el nombre de "riñón artificial". Se trata de la aplicación de un proceso físico de separación de sustancias disueltas, basado en la propiedad de algunas de ellas de atravesar membranas semipermeables (por ejemplo, de celofán), al que se somete de forma extracorpórea a la sangre del paciente supliendo así la disfunción renal que padece.   ➡ **1953**

Bing Crosby canta White Christmas

Harry Lillis Crosby (1903-1977), llamado "Bing" por sus grandes orejas, que recuerdan las de un personaje de cómic llamado Bingo, graba a lo largo de su extensa y fructífera carrera más de dos mil seiscientos temas, de los cuales más de trescientos entran en los veinte primeros puestos de las listas de éxitos del período comprendido entre 1931 y 1948. No sólo eso: sus ventas superan los cuatrocientos millones de discos. Sin duda es uno de los cantantes solistas que más discos ha vendido en toda la historia. Su gran éxito es el tema *White Christmas*, obra de Irving Berlin, tres veces número uno de las listas (1942, 1945 y 1946), del cual llega a vender más de treinta millones de copias. A su faceta de cantante une también la de actor en películas como *Navidades blancas* o *Siguiendo mi camino*, por la que ganará un Óscar al mejor actor en 1944.

Una obra maestra: Ser o no ser

Carole Lombard, Jack Benny, Robert Stack y Tom Duggan encabezan el reparto de una de las comedias más originales de la historia del cine: *Ser o no ser*. La película, una corrosiva sátira contra el nazismo, es la obra maestra absoluta de su creador, Ernst Lubitsch (1892-1947), y uno de los mejores ejemplos de su forma de resolver las es-

cenas mediante elegantes elipsis (lo que se llamó el "toque Lubitsch"). En su perfecto guión, una de las claves del éxito del film, colabora uno de los creadores que, en años posteriores, mejor sabrán recoger las enseñanzas del director alemán: Billy Wilder.

Curtiz estrena Casablanca

El cineasta de origen húngaro Michael Curtiz (1888-1962), un director extraordinariamente prolífico y siempre eficaz, estrena *Casablanca*. La película pronto alcanza la categoría de mito, incluso entre los no aficionados al cine. En realidad, la entusiasta acogida del público sorprende a sus mismos responsables: Humphrey Bogart e Ingrid Bergman, sus protagonistas, en ningún momento habían creído en las posibilidades de éxito del film; es más, consideraban que podía suponer el punto final para sus carreras. Por otra parte, el rodaje fue extraño: las escenas se iban filmando a partir de un guión improvisado casi sobre la marcha, sin saber aún cuál sería el final. A pesar de todo, el filme sobrevivirá al paso del tiempo, conservando intacto todo su atractivo para las generaciones posteriores. Algunas memorables escenas en la taberna de Rick (Bogart), la brillantez de los diálogos y la sugerente música, debida a Max Steiner, son las cualidades más apreciables de esta romántica historia, ambientada en Marruecos durante la Segunda Guerra Mundial.

Publicada La familia de Pascual Duarte

Camilo José Cela (n. 1916), con sólo un libro de poemas publicado *(Pisando la dudosa luz del día,* 1936), se inicia en la narrativa con *La familia de Pascual Duarte*, una novela escrita en una prosa vigorosa puesta al servicio de una historia descarnada y tremendista. Su protagonista, un campesino ignorante y violento, narra su vida desde la celda donde espera su ejecución. El *Pascual Duarte* supone un revulsivo considerable en las aguas estancadas de la literatura española de la posguerra, y recibe encendidos elogios de una parte de la crítica.   ➡ **1951**

Guerra en los frentes, terror en las retaguardias

En 1942 la guerra comienza a tornarse favorable a los aliados, aunque prosiguen por un tiempo los éxitos del Eje. Las acciones que marcan el punto de inflexión se producen en África, donde, a pesar de las victorias iniciales de Rommel, tiene lugar el desembarco aliado y la reconquista de Tobruk a finales de año. En este contexto apenas se presta atención pública al logro del científico italiano Enrico Fermi, que logra la fisión nuclear y potencia la investigación en torno al átomo que culminará con el desarrollo de la bomba atómica.

POLÍTICA DE EXTERMINIO, POLÍTICA DE RESISTENCIA

Prosiguieron los avances japoneses en Birmania y se produjo la capitulación de Singapur, que abrió a la potencia oriental la posibilidad de conquistar fácilmente Indonesia. No obstante, los estadounidenses comenzaron a organizar acciones de contraofensiva como la batalla de Guadalcanal, una acción de desgaste a partir de la cual los japoneses perdieron la iniciativa estratégica. Pero el signo de la guerra continuó, en general y todavía, mostrándose favorable a los sistemas totalitarios, porque a los éxitos alemanes en Europa, únicamente amenazados por la resistencia rusa, y en África, había que sumar ahora los avances japoneses y el refuerzo italiano.

El dominio alemán sobre Europa en la primera parte de 1942 llegó a ser abrumador, apenas contestado con acciones aisladas y desesperadas. Merece la pena destacar la audaz acción de los guerrilleros checoslovacos que consiguieron dar muerte al protector de Bohemia y Moravia, Heydrich, el más firme ejecutor del plan de Himmler para exterminar a los judíos. El atentado fue castigado con la ejecución de más de mil personas y el arrasamiento de todo un pueblo, Lídice. Estas represalias exacerbaron el terror a los nazis, pero no acabaron con la voluntad de resistencia de los pueblos sometidos a su yugo.

A principios de año, en una reunión de dirigentes nazis celebrada cerca de Berlín, se decidió poner en práctica lo que ellos denominaron eufemísticamente "la solución final", y que no era otra cosa que el exterminio sistemático del pueblo judío. Existe una relación estrecha entre la intensifica-

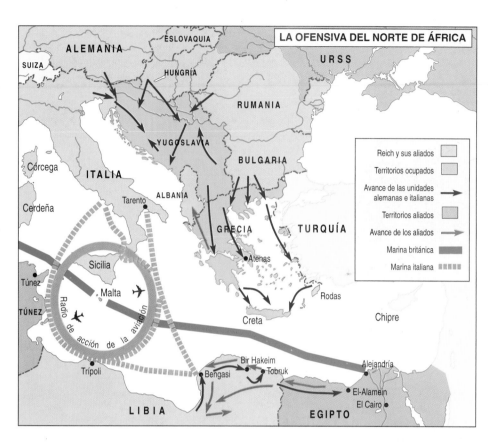

LA OFENSIVA DEL NORTE DE ÁFRICA

Reich y sus aliados
Territorios ocupados
Avance de las unidades alemanas e italianas
Territorios aliados
Avance de los aliados
Marina británica
Marina italiana

Esquema de las operaciones bélicas en los Balcanes y el norte de África. Malta desempeñó un gran papel estratégico en el bloqueo del Mediterráneo oriental.

El foso, las alambradas electrificadas y una de las torres de vigilancia que cerraban el perímetro del campo de concentración de Dachau.

ción de las matanzas y los resultados adversos en la guerra, como si, ante el cambio de signo del conflicto, los alemanes intentaran combatir la incertidumbre con el aniquilamiento de aquellos a quienes consideraban sus más feroces enemigos.

Por otra parte, a principios de año se suicidó en Brasil el escritor austríaco Stefan Zweig, deprimido y abrumado por los éxitos alemanes en Europa. Se había llegado al momento más crítico de toda la contienda, y la incertidumbre del resultado fi-

◀ Árbol solitario y árboles conjugados, *de Max Ernst (colección Thyssen-Bornemisza, Madrid). Una naturaleza casi mineral se alza amenazante ante el hombre, en este notable ejemplo de la obra del artista durante la II Guerra Mundial.*

Cartel de propaganda de ▶ *la película española* Raza, *dirigida por José Luis Sáenz de Heredia a partir de un guión del general Franco, que utilizó el seudónimo Jaime de Andrade.*

nal provocaba comportamientos trágicos y sorprendentes en ambos bandos.

PUNTO DE INFLEXIÓN

A medida que avanzaba el año, los alemanes encontraban más dificultades en Rusia. Todavía no podía hablarse de un derrumbe de las tropas nazis, pero con la llegada del otoño y el invierno los frentes se complicaron para las tropas de Hitler, que había asumido directamente el mando de las operaciones. La nueva ofensiva aliada en África comenzó con una victoria decisiva en la batalla de El Alamein y culminó en noviembre con el desembarco en Marruecos y Argelia. A partir de entonces los aliados controlaron la zona y la utilizaron como base para otras operaciones. En el norte de África se estableció un nuevo gobierno francés, con algunas desavenencias internas entre el general Giraud, que lo presidía oficialmente, y el general De Gaulle, hasta que éste acabó por imponer su personalidad.

En noviembre se alcanzó también un momento crítico en Rusia, con la batalla de Stalingrado y el copo de la bolsa alemana sobre la ciudad. Con esta acción la Wehrmacht pareció haber agotado sus reservas y llegado a un punto de no retorno, que evidenciaba el momento crítico que se atravesaba.

Las acciones que mejor expresaron el cambio de rumbo en la guerra fueron el primer bombardeo de la RAF sobre Colonia, y también el primero que se realizó sobre Berlín, en este caso llevado a cabo por los rusos; ambos anunciaban el martilleo sistemático que había de producirse en los años siguientes. Los bombardeos aéreos

fueron el arma más contundente –aparte la bomba atómica al final del conflicto– que utilizaron los ejércitos en la Segunda Guerra Mundial, sobre todo por el tremendo impacto psicológico que tuvieron sobre la población. El terror y la angustia eran mucho más dañinos que las bajas reales que provocaban las acciones de la aviación.

LA DIFÍCIL POSICIÓN INTERNACIONAL DE ESPAÑA

Coincidiendo con el cambio de signo en la guerra, Franco destituyó a Serrano Súñer en un proceso todavía no muy claro, pero tremendamente oportuno al desaparecer del gobierno el más firme partidario de la colaboración con los alemanes y ser sustituido en Exteriores por Jordana, más favorable a los aliados.

Por lo demás, las noticias de los medios de comunicación reflejaban un ambiente muy diferente del que debería expresar un país atormentado por las dificultades económicas, la represión política y los terribles recuerdos de la contienda civil. La razón es que esos medios expresaban únicamente la voz oficial, y ésta se movía en un entorno de aislamiento casi total del exterior.

De esta forma era posible que, mientras se intentaba apresuradamente adaptar la política exterior a los nuevos tiempos que se barruntaban detrás de los primeros éxitos aliados, en España se produjera el éxito clamoroso de *Raza*, la película que Sáenz de Heredia dirigió sobre un guión del propio Franco, bajo el seudónimo de Jaime de Andrade. La cinta muestra todas las obsesiones del Caudillo y es un fiel retrato de su personalidad; en ella se transparentan su

odio al comunismo y su admiración por los regímenes fascistas, aunque también se pone de manifiesto el fuerte contenido religioso y militar de su ideario.

El cine fue el instrumento principal del franquismo para aleccionar a los españoles en los valores del régimen. Si bien éstos eran muy tradicionales, la forma de comunicarlos fue bastante moderna, y el cine desempeñó quizá el papel más importante. Unos meses después del estreno de *Raza* se iniciaron las emisiones del No-Do (Noticiarios y Documentales), que tanta influencia había de ejercer en varias generaciones de españoles al permitir que llegara por primera vez la información a los lugares más apartados del país.

A pesar de sus intenciones públicas y oficiales, el franquismo continuó su política de colaboración con los regímenes totalitarios en la medida en que podía hacerlo, pues su capacidad de maniobra era muy escasa en un país asolado por el hambre y carente de los recursos más elementales. Como una forma de liberar población y de ayudar al mismo tiempo a Alemania, trabajadores españoles acudieron a participar en el esfuerzo de guerra alemán, en un proceso que se repetiría en los años sesenta como una forma de reducir el paro interior y conseguir divisas gracias al trabajo de los emigrantes. En esos momentos la medida se interpretó con recelo por parte de los aliados, porque contradecía las declaraciones oficiales de neutralidad que venía expresando España, aunque oficialmente siguió ostentando la condición de país no beligerante.

El poeta español Miguel Hernández murió en la cárcel, símbolo del sufrimiento y el abandono padecidos por la España

El poeta español Miguel Hernández, condenado por su apoyo a la causa republicana y muerto de tuberculosis en la cárcel de Alicante (retrato por Gregorio Prieto).

que perdió la guerra, ninguneada deliberadamente por las nuevas autoridades.

EL ÁTOMO ANUNCIA UNA NUEVA ERA

En el contexto de la guerra, cuando se estaban planteando las batallas decisivas que podían inclinar la balanza a uno u otro lado de forma definitiva, pasó desapercibida la detención de Gandhi y Nehru por parte de las autoridades británicas, que pretendían impedir el crecimiento imparable de su movimiento de resistencia civil y pacífico. Sin embargo, el acontecimiento anunciaba la necesidad de fundar las relaciones entre la metrópoli y la colonia en otros principios cuando la guerra terminara, y preludiaba un nuevo marco de relaciones y un nuevo tipo de problemas para la posguerra.

Tampoco trascendieron las investigaciones de Fermi en Estados Unidos sobre la fisión nuclear, especialmente porque estas cuestiones eran consideradas alto secreto por unos contendientes empeñados en una carrera frenética por crear armas poderosas capaces de doblegar al enemigo. Las investigaciones de Fermi culminarían con la puesta a punto de la bomba atómica, utilizada para poner fin al conflicto y que significó el comienzo de la era atómica, que había de presidir las relaciones internacionales en el marco de la guerra fría.

La muerte del novelista austriaco Robert Musil, partidario de las tesis de Nietzsche en el sentido de dar preferencia a las experiencias emocionales antes que a las racionales, se produjo un poco después que la del gran campeón de ajedrez, el cubano Raúl Capablanca, oscurecido en los últimos años de su carrera por los estudios teóricos y la preparación minuciosa de los ajedrecistas de la escuela soviética. ∎

La nueva cajetilla de Lucky Strike, aparecida en 1942. El eficaz diseño de Raymond Loewy ha sobrevivido durante varias décadas.

Instantáneas 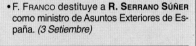 1942

- En *Europa tras la lluvia II*, M. ERNST representa las ruinas de la civilización europea, el fin de todo un mundo destruido por la guerra. El cuadro es interesante no sólo por su temática y por su fuerza expresiva, sino por la novedosa técnica empleada: la calcomanía.
- G. BRAQUE pinta la angustia y el aprisionamiento de la guerra en *La paciencia*.

- *That old black magic*, de J. MERCER y H. ARLEN.
- *Amor, amor*, de G. RUIZ.
- El musicólogo español H. ANGLÈS descubre la clave de la notación musical de las *Cantigas de Alfonso X el Sabio*. *(27 Octubre)*

- *Los ojos de Elsa*, libro de poemas escrito por L. ARAGON durante la Segunda Guerra Mundial, en el que el autor recupera el estilo de las antiguas canciones de gesta y de los cantos de los trovadores para cantar a la patria invadida por los alemanes, simbolizada en la mujer amada.
- J.-P. SARTRE encadena al hombre a la necesidad de fundar una moral en sí mismo, como puede leerse en *El mito de Sísifo*.

- ERROL FLYNN protagoniza *Murieron con las botas puestas*, un film dirigido con oficio por R. WALSH, en el que se relata noveladamente la vida del general CUSTER y su muerte en la célebre batalla de Little Big Horn.
- F. CAPRA coordina la serie de documentales de guerra *¿Por qué combatimos?*, en la que también participan otros cineastas de prestigio como J. HUSTON, A. LITVAK, G. STEVENS o J. IVENS.

- Bolivia en **estado de sitio** tras la agitación desatada en los departamentos de Potosí y Oruro. *(12 Enero)*
- En la **Conferencia interamericana** celebrada en Río de Janeiro veintiún países rompen con el Eje. *(14-28 Enero)*
- Descubierta una red de **espionaje alemán** en Brasil. *(29 Marzo)*
- **Tokio bombardeada** por primera vez por la aviación estadounidense. *(18 Abril)*
- Los **partisanos de TITO** logran una importante victoria en Bosnia. *(3 Noviembre)*

- F. FRANCO destituye a R. SERRANO SÚÑER como ministro de Asuntos Exteriores de España. *(3 Setiembre)*

- R. LOEWY diseña el nuevo paquete de cigarrillos de **Lucky Strike** y le añade elegancia e impacto al sustituir el fondo verde por uno blanco.
- Los marines americanos estrenan camisetas, las famosas **T-Shirts**, valoradas por el ejército por su capacidad de absorción del sudor bajo los brazos, aunque parece que los soldados preferían su impacto sobre las chicas.
- El presidente de Estados Unidos F.D. ROOSEVELT da a conocer su programa de "siete puntos" contra la **inflación**.
- Hallazgo de un **tesoro azteca** próximo a Oaxaca. *(9 Octubre)*

- Los **Cardinals de Saint Louis**, campeones de las series mundiales de béisbol.
- La **"garra charrúa"**: un país de sólo 3 millones de habitantes, Uruguay, gana su octava Copa América.

- «Volveré.» El general norteamericano D. McARTHUR al abandonar Filipinas.
- «Esto no es el final. Incluso puede que no sea el principio del final. Pero es, tal vez, el final del principio.» W. CHURCHILL, tras la victoria aliada en El Alamein.
- «Lo que necesitamos es ardor nacional-socialista, no habilidad profesional.» HITLER depone al general FRITZ HALDER después de que éste sugiriera la retirada de las tropas alemanas del frente ruso, dos meses antes del desastre de Stalingrado.

- La actriz CAROLE LOMBARD, esposa de CLARK GABLE, muere en accidente. *(17 Enero)*
- El escritor austríaco STEFAN ZWEIG se suicida junto con su esposa. *(23 Febrero)*
- J. R. CAPABLANCA, ajedrecista cubano, campeón mundial en 1921. *(8 Marzo)*
- JULIO GONZÁLEZ, escultor español reconocido principalmente por sus esculturas abstractas en hierro forjado. *(27 Marzo)*
- PORFIRIO BARBA JACOB, poeta colombiano.
- El escritor austríaco ROBERT MUSIL. *(15 Abril)*

1943

Un grupo de civiles abandona el gueto de Varsovia con los brazos en alto y custodiado por las tropas nazis. La resistencia desesperada de los judíos a la orden de traslado a los campos de concentración se prolongó durante un mes de lucha desigual.

Conferencia aliada en Casablanca
14-24 ENERO

Los líderes aliados Churchill y Roosevelt se reúnen en el Marruecos francés para definir la estrategia futura de la guerra. En la cumbre de Casablanca, a la que no asiste Stalin, los aliados definen los planes del desembarco en Sicilia y acuerdan intensificar los bombardeos sobre Alemania y rechazar una paz negociada con las potencias del Eje, para las cuales sólo cabe la rendición incondicional. Esta fórmula constituye una novedad en el derecho internacional y abre un intenso debate en el seno de las fuerzas políticas aliadas. De otra parte, el malestar expresado por el general De Gaulle, que no fue consultado acerca de la celebración de esta conferencia en suelo francés, se suaviza tras una entrevista con el presidente de Estados Unidos. ➡ **1945**

Macabro descubrimiento en Katyn
13 ABRIL

Las autoridades nazis anuncian el descubrimiento en el bosque de Katyn, cerca de Smolensk, de una fosa con los cadáveres de miles de oficiales polacos, al parecer asesinados por los soviéticos en 1940. Ante este anuncio, el general Sikorski, jefe del gobierno pola-

co en el exilio, solicita que una comisión de la Cruz Roja Internacional verifique el hallazgo e investigue el paradero de 10 mil soldados polacos desaparecidos durante la ocupación soviética de Polonia. Stalin, que acusa a los alemanes de ser los autores de la matanza, rompe relaciones con el gobierno del general Sikorski.

Alzamiento judío en el gueto de Varsovia
19 ABRIL - 16 MAYO

Los judíos del gueto de Varsovia se rebelan contra las tropas alemanas. Ante el comienzo de la deportación de judíos hacia campos de exterminio y como un estallido por las condiciones infrahumanas en las que viven, grupos armados de judíos atacan a las unidades de las SS cuando éstas reunían un nuevo contingente para su traslado a Treblinka u otros campos. La brutalidad de la respuesta alemana, que utiliza blindados y lanzallamas y da muerte a un gran número de civiles indefensos, no arredra a los judíos. Después de casi un mes de lucha desigual, muchos optan por huir para unirse a la resistencia.

Los aliados constituyen la FAO
8 MAYO

La FAO (*Food and Agricultural Organization*) tiene como principal objetivo luchar contra el hambre en el mundo. En una conferencia internacional celebrada en Hot Springs, Estados Unidos, los aliados acuerdan fundar una organización destinada a elaborar fórmulas prácticas para solucionar los problemas derivados de la escasez de alimentos y el hambre que aflige a millones de personas en el mundo. Mas tarde la FAO, que celebrará su primera sesión el 16 de octubre de 1945, quedará integrada en el organigrama de la Organización de las Naciones Unidas.

Desembarco aliado en Sicilia
10 JUNIO Y 17 AGOSTO

Los aliados inician su ataque al continente europeo desembarcando en Sicilia. Tropas angloamericanas coman-

dadas por los generales Montgomery y Patton comienzan a desembarcar en las playas sicilianas, en las proximidades de Siracusa, y se dirigen hacia Messina. La invasión tiene efectos más claramente positivos en el campo de la política, ya que provoca la caída de Mussolini. No obstante, en el terreno militar, a pesar de la superioridad aérea de los aliados, los alemanes consiguen realizar una eficaz defensa y evacuar la isla ordenadamente dos meses más tarde sin sufrir apenas bajas. ➡ **1945**

Los nazis ejecutan a un jefe de la Resistencia francesa
21 JUNIO

Jean Moulin (1899-1943), primer presidente del Consejo Nacional de la Resistencia, es ejecutado por los nazis. Siendo prefecto de Chartres, en junio de 1940 Moulin había sido torturado por los alemanes por negarse a firmar un escrito que lo inculpaba falsamente de haber cometido atrocidades contra soldados franceses negros. Tras exiliarse en Londres, en 1942 pasó al sur de Francia como delegado del general De Gaulle para organizar la Resistencia. A raíz de una delación fue arrestado por la Gestapo junto a otros maquis, y posteriormente muerto en el tren que lo conducía a Alemania. ➡ **1944**

Cae Mussolini e Italia pide el armisticio
25 JULIO

La invasión aliada de Sicilia y el posterior bombardeo de un barrio romano mueven al rey Víctor Manuel a destituir a Benito Mussolini, que es arrestado. Al día siguiente, el mariscal Pietro Badoglio (1871-1956) asume el gobierno y solicita el armisticio. Tras no pocas gestiones, Badoglio firma el acta de rendición incondicional, aunque la misma no se anuncia hasta tres días más tarde, cuando Italia declara la guerra a Alemania. Mientras Roma es declarada ciudad abierta y las tropas aliadas ocupan Calabria y aceleran su avance hacia el norte, los alemanes desarman al ejército italiano y se aprestan a ocupar los puntos estratégicos del norte de la península itálica. ➡ **1944**

Gran ofensiva soviética en Ucrania
6 AGOSTO

Tras el fallido intento alemán de recuperar la iniciativa en la batalla de Kursk, en julio, los soviéticos desencadenan una imparable ofensiva sobre Ucrania. La eliminación del saliente de 160 km de longitud y 130 de profundidad creado alrededor de Kursk por la contraofensiva soviética que siguió a la batalla de Stalingrado, era el objetivo inmediato de la Wehrmacht. Con este fin planificó la "operación Ciudadela" en la que comprometió diecisiete divisiones blindadas, que suponen casi tres mil tanques y cañones, los aviones de todo el frente del este y más de medio millón de hombres. La batalla por la posesión de Kursk dura diez días y es el mayor enfrentamiento de carros de combate de la historia. Dadas las pérdidas sufridas en ella, la Wehrmacht queda imposibilitada para una nueva ofensiva en el frente oriental. A partir de ese momento el Ejército rojo se lanza sobre Ucrania, hacia donde se retiran las fuerzas alemanas, y al llegar el invierno provocará el derrumbe de su resistencia. ➡ 1945

Fin de la ocupación japonesa de Nueva Guinea
28 AGOSTO

Las pérdidas sufridas en la batalla de las islas Salomón en noviembre pasado inducen a los japoneses a retirarse de Guadalcanal a principios de año, mientras las fuerzas aliadas comienzan la conquista del Pacífico sur. La victoria estadounidense de Guadalcanal supone un serio revés para Japón, que pierde cerca de 25 mil soldados, centenares de aviones y miles de toneladas en armamento. La táctica aliada de atacar objetivos seleccionados y dejar aisladas otras guarniciones enemigas da sus frutos cuando, a finales de agosto, los nipones se ven incapaces para mantener su posición en Nueva Guinea y la abandonan. A raíz de la pérdida de estas islas, el alto mando japonés crea la "esfera de defensa nacional absoluta", especie de frontera infranqueable que comprende desde Birmania hasta el sector occidental de Nueva Guinea, y desde las islas Carolinas y Marianas hasta las Kuriles. ➡ 1945

Batalla de Monte Cassino
25 OCTUBRE

El avance aliado es bruscamente detenido al sudeste del Lacio, en las montañas dominadas por el monasterio de Monte Cassino. Tras el desembarco en Salerno y Calabria, los aliados avanzan hacia el norte de la península italiana, pero se encuentran con una fuerte resistencia de los alemanes, que se han desplegado a lo largo de la "línea Gustavo". Esta línea, que se extiende del Garellano al Sangro bloqueando el paso hacia el norte, consiste en una serie de fortificaciones mandadas construir por el mariscal Kesselring y especialmente reforzadas en Cassino, situada a la entrada al valle de Liri, por el que transcurre la carretera que conduce a la capital. ➡ 1944

Cumbre aliada en Teherán
28 NOVIEMBRE - 1 DICIEMBRE

Churchill, Roosevelt y Stalin celebran una conferencia en la capital de Persia, una semana después de la mantenida en El Cairo. El encuentro de los dirigentes de las tres grandes potencias tiene como objetivo coordinar el desembarco aliado en el oeste de Europa con una ofensiva soviética desde el este sobre Alemania, a fin de acelerar su derrota. Asimismo, los tres estadistas incluyen en su agenda la posibilidad de que la URSS declare la guerra a Japón, y la creación de un organismo internacional que se encargue de preservar la paz mundial, teniendo en cuenta los principios de la Carta Atlántica. ➡ 1945

Chagall pinta Guerra

El pintor rusofrancés Marc Chagall (1887-1985), radicado en Estados Unidos desde 1941, pinta un cuadro de con-

Relevo de una unidad estadounidense después de 21 días de combate con los japoneses en la isla de Guadalcanal. Es visible el agotamiento físico de los soldados.

Las ruinas de la abadía de Monte Cassino, en el centro de Italia, después de la guerra. Fue una posición clave en la defensa alemana de la ciudad de Roma.

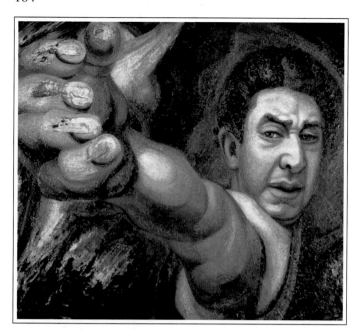

El coronelazo, de David Alfaro Siqueiros (Museo de Arte Moderno de Ciudad de México), es una obra representativa del arte de su autor, tanto por la temática como por la técnica audaz, con formidables escorzos y una iluminación violenta, de gran impacto expresivo.

movedor dramatismo. Chagall, cuyo primer contacto con los vanguardistas parisinos como Léger, Modigliani y Delaunay ha orientado su posterior producción, realiza una de las obras más significativas de la llamada Escuela de París, en la que muestra el horror de la guerra a través de dislocaciones espaciales y efectos prismáticos de color.

El principito *llega al mundo*

El escritor francés Antoine de Saint-Exupéry (1900-1944) publica una bella fantasía infantil ilustrada por él mismo. Saint-Exupéry, que también ha descollado como piloto y se ha unido a las fuerzas aéreas francesas que combaten en el norte de África, ya había alcanzado gran popularidad como escritor con *Vuelo nocturno* (1931), libro galardonado con el premio Fémina, y *Piloto de guerra* (1942). *El principito* es una sencilla historia en la que la fantasía y la ingenuidad aparecen como soportes de la sabiduría. El 31 de julio de

Portada de El principito, *del francés Antoine de Saint-Exupéry, con un dibujo del propio autor.*

1944, Antoine de Saint-Exupéry partirá hacia una misión de guerra de la que no regresará jamás.

Siqueiros pinta El coronelazo

Junto a Diego Rivera y José Clemente Orozco, David Alfaro Siqueiros (1898-1974) es el tercer gran representante de la escuela muralista mexicana. Afiliado al Partido Comunista de México, toda su obra, en la que confluyen la tradición popular de su país y la influencia expresionista y surrealista, está marcada por el compromiso político. Una clara muestra es *El coronelazo*, que puede verse en el Museo de Arte Moderno de Ciudad de México. En esta obra Siqueiros denuncia las distintas dictaduras y alzamientos militares que han asolado América latina durante el siglo XX. ➡ **1953**

Concluye la publicación de El hombre sin atributos

Se publican en Ginebra, Suiza, los manuscritos que completan *El hombre sin atributos*, ambiciosa novela de Robert Musil (1880-1942). El escritor austríaco, fallecido el 15 de abril del año pasado, autor de *Las tribulaciones del joven Törless* (1906), ya había publicado en 1930 y 1933 los dos primeros volúmenes de *El hombre sin atributos*. Con el que ahora se publica, se completa la que se considera una obra maestra de la narrativa europea y una de las novelas más importantes del siglo XX. En esta obra, Musil aborda con ironía el carácter de la sociedad contemporánea, particularmente la austrohúngara, y reflexiona sobre las causas que han originado la guerra.

Muere Serguéi Rachmaninov

El gran compositor ruso Serguéi Rachmaninov muere en Beverly Hills. Nacido cerca de Nóvgorod en 1873, con él desaparece uno de los últimos grandes creadores posrománticos. La revolución rusa de 1917 le obligó a tomar el camino del exilio, y a partir de 1936 se instaló en Estados Unidos. Excepcional virtuoso del piano, la mayor parte de su producción musical está dedicada a este instrumento, bien como instrumento solista o bien acompañado por la orquesta: son especialmente célebres su *Rapsodia sobre un tema de Paganini* y sus cuatro conciertos. También escribió otras obras para orquesta (tres sinfonías, *Danzas sinfónicas*, *La isla de los muertos*) y corales (*Las campanas*).

María Candelaria

La producción del "Indio" Emilio Fernández (1904-1986) es el mejor exponente del cine mexicano en el mundo. El título más prestigioso y representativo de toda su filmografía es *María Candelaria*, un hermoso drama de ambiente inconfundiblemente mexicano, que cuenta entre sus mayores atractivos con la hermosa fotografía de Gabriel Figueroa y la labor de dos de los mejores actores del cine mexicano, Dolores del Río y Pedro Armendáriz. Es la cuarta de las películas de este realizador, que en posteriores cintas seguirá cultivando la temática costumbrista, aunque nunca con resultados tan convincentes.

Nace la genética bacteriana

Salvador E. Luria (1912-1991) inicia los estudios de genética bacteriana demostrando la existencia de mutaciones espontáneas tanto en los bacteriófagos como en sus huéspedes y obteniendo una microfotografía de un bacteriófago. Más tarde demostrará que existen bacterias resistentes a los bacteriófagos. Sus trabajos serán reconocidos en 1969 con el premio Nobel de Fisiología y Medicina, compartido con Max Delbrück (1906-1981) y Alfred. D. Hershey (1908-1997).

Primeros circuitos impresos

El ingeniero P. Eisler crea los primeros circuitos impresos. Se trata de circuitos de conductores que se imprimen, con la ayuda de resina resistente a la acción de los ácidos, sobre placas de material aislante (por ejemplo, resina epoxídica) y que se recubren más tarde con una capa de material conductor (cobre). La fabricación de estos circuitos abarata en gran medida la producción de aparatos eléctricos y reduce la incidencia de averías debidas a malas conexiones. ➡ **1959**

La guerra cambia de signo

A comienzos de 1943 se produce la derrota de Alemania en el cerco de Stalingrado, lo que supone un golpe durísimo a las ambiciones nazis, agravado en mayo con el abandono de África. La detención de los avances japoneses en el Pacífico, a raíz de su derrota naval en Midway en el año anterior, da paso a los primeros retrocesos, con el abandono de Guadalcanal y el freno de la ofensiva nipona en Nueva Guinea. Los aliados comienzan a bombardear de forma continuada Alemania y Mussolini es depuesto en Italia al tiempo que se completa la conquista de Sicilia. El año central de la guerra es también el del cambio de iniciativa en favor de los aliados.

DERROTAS DEL EJE EN RUSIA Y EN ITALIA

La derrota en Stalingrado confirmó el desastre alemán en la campaña de Rusia. El frío extremo y el cerco del ejército soviético sometieron por fin al orgullo alemán y le infligieron una derrota determinante para el curso posterior de la guerra. Pocos días después y en un encendido discurso ante las masas, el ministro alemán de propaganda, Goebbels, afirmaba: «La guerra es total y la guerra total es la más corta.» Sin embargo, la población alemana era cada día más reticente a los mensajes y se mostraba remisa a prestarse a los continuos sacrificios que exigían sus dirigentes.

En la Unión Soviética se constituyó y se publicó una declaración oficial del llamado Comité Nacional de la Alemania Libre, que contaba con el apoyo de las autoridades soviéticas y estaba compuesto por prisioneros de guerra y emigrados alemanes. El intento de crear este comité era antiguo, pero sólo el cambio de signo en el conflicto pareció surtir efecto entre los numerosos prisioneros alemanes que, así y todo, forzaron la supresión de ciertas frases en la declaración.

Otro acontecimiento que reveló la creciente debilidad alemana fue la rebelión del gueto de Varsovia en el mes de abril. La desesperación de los judíos ante las terribles condiciones sanitarias y la falta de alimentos estalló finalmente cuando se iniciaron las deportaciones masivas a los campos de exterminio. A pesar de que los alemanes terminaron por aplastar el levan-

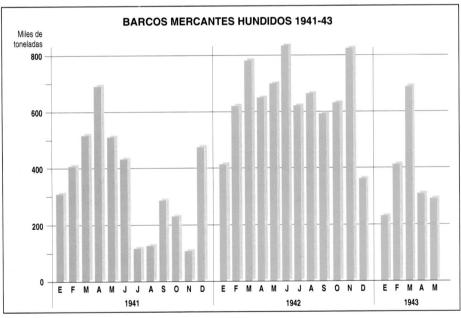

BARCOS MERCANTES HUNDIDOS 1941-43

Miles de toneladas

Perspectiva de un convoy aliado durante la travesía del Atlántico, desde uno de los cazas estadounidenses que le proporcionaban protección aérea.

Pérdidas de la marina mercante aliada (en toneladas de arqueo) durante los años centrales de la guerra. A partir de 1943, las cifras descienden significativamente.

tamiento, éste expresaba claramente que las cosas ya nunca más serían fáciles, en ninguna parte.

La campaña más exitosa de los aliados en 1943 tuvo lugar en Italia. El desembarco en Sicilia provocó el derrocamiento de Mussolini y su sustitución por Badoglio, que enseguida estableció conversaciones

con los aliados. Pero una vez más, ante un fracaso fascista se produjo la intervención directa de los alemanes. Mussolini fue otra vez aupado al poder en el norte de Italia, al frente de un gobierno republicano fascista. El control nazi era total, aunque aparentemente el poder recaía en el propio Mussolini. Los aliados apenas encontraron

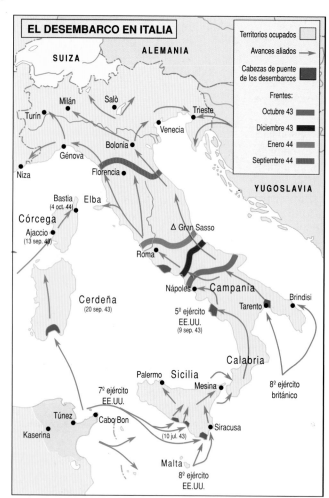

EL DESEMBARCO EN ITALIA

SUIZA — ALEMANIA

Territorios ocupados
Avances aliados
Cabezas de puente de los desembarcos
Frentes:
Octubre 43
Diciembre 43
Enero 44
Septiembre 44

YUGOSLAVIA

Turín — Milán — Saló — Trieste
Venecia
Bolonia
Génova
Niza — Florencia
Bastia (4 oct. 44) — Elba
Córcega
Ajaccio (13 sep. 43)
△ Gran Sasso
Roma
Nápoles — Campania
Cerdeña (20 sep. 43)
Tarento — Brindisi
5º ejército EE.UU. (9 sep. 43)
Calabria
Palermo — Sicilia
7º ejército EE.UU. — Mesina
8º ejército británico
Túnez — Cabo Bon
Kaserina — (10 jul. 43) — Siracusa
Malta
8º ejército EE.UU.

Los años de la guerra hicieron desaparecer todo vestigio de frivolidad en el look de la mujer: los vestidos sencillos y lisos se combinaban con el pelo largo recogido, la práctica ausencia de maquillaje y, en general, un aspecto marcadamente hogareño.

Líneas de avance de las tropas aliadas en la península italiana y las islas, a partir de julio de 1943 (fecha del desembarco en Sicilia). Las defensas alemanas se concentraron primero en Monte Cassino, posición clave en el camino de Roma, y luego en la llamada línea Gótica, donde resistirían hasta el mes de abril de 1945.

oposición en el sur, pero a medida que avanzaban la resistencia alemana se hizo más fuerte, y sólo al final de la guerra se produjo la derrota definitiva.

Con los sistemáticos bombardeos aliados sobre Alemania, se intentó responder al tremendo efecto que habían tenido los bombardeos alemanes sobre Londres al principio de la guerra. Ciudades como Hamburgo se convirtieron en auténticos infiernos, y al elevado número de víctimas se sumó el fuerte impacto emocional que tenían sobre la población estas acciones.

EL DISEÑO DE UN NUEVO ORDEN INTERNACIONAL

Los éxitos aliados exigían también una continuada coordinación en sus acciones. Fue la época de las conferencias o encuentros al más alto nivel, que proseguirían durante bastante tiempo después del fin del conflicto. Las conferencias servían para definir y coordinar las estrategias aliadas y fueron un instrumento fundamental para la resistencia, primero, y para la victoria, después. La diplomacia occidental vivió un momento de plenitud, antes de que la guerra fría viniera a enturbiar y degradar las relaciones entre las potencias.

En Casablanca se reunieron a principios de año Churchill y Roosevelt para diseñar la estrategia inmediata, tras el éxito aliado en África. La declaración final fijó como objetivo la capitulación sin condiciones de las potencias del Eje y la erradicación de toda forma de gobierno que defendiera los valores mediante los cuales esos países habían intentado someter a los demás pueblos del mundo. La conferencia pasó por momentos delicados debido al enfrentamiento entre Giraud, el general que presidía el gobierno de la nueva Francia en el norte de África, y De Gaulle, que únicamente fue invitado como observador a petición de Gran Bretaña.

La conferencia del mes de noviembre en Teherán fue la segunda gran cumbre del año, aunque hubo otras como la celebrada en Quebec de forma secreta en agosto, y también ha de ser considerada la más importante, por haber contado con la asistencia de las tres grandes potencias del momento (la URSS con Stalin, Estados Unidos con Roosevelt y Gran Bretaña con Churchill) y sobre todo por los acuerdos adoptados. La evolución de los frentes bélicos en el transcurso del año había sido muy favorable a los aliados y esto permitía hablar ya del futuro diseño internacional tras la previsible derrota de Alemania. Las discusiones territoriales se combinaron con el planteamiento de la necesidad de crear un marco internacional de entendimiento entre los países aliados. La idea tomó cuerpo, y se propuso el nombre de Organización de Naciones Unidas (ONU) para el futuro organismo internacional.

Dos iniciativas fundamentales producidas en este año contribuyeron al diseño definitivo de la ONU. En primer lugar se creó la FAO en la ciudad estadounidense de Hot Springs, con el objeto de arbitrar soluciones para hacer frente al problema del hambre en el mundo; su creación fue consecuencia del impulso que la Carta del Atlántico de 1941 deseaba dar a las acciones humanitarias, para potenciar ese nuevo orden internacional enfrentado al predicado por Hitler. Y en noviembre se constituyó la UNRRA o Administración de Socorro y Reconstrucción de las Naciones Unidas, por acuerdo de los 44 países que habían constituido anteriormente la FAO.

En mayo se había producido también la disolución de la Internacional comunista o Komintern, lo cual contribuyó al clima de entendimiento entre los aliados. Había sido fundada por Lenin veinticinco años atrás para coordinar la acción de todos los partidos comunistas del mundo y sirvió para reglamentar y condicionar las acciones de los comunistas. La disolución significaba en principio que la URSS renunciaba a inmiscuirse en los asuntos de otros países a través de las organizaciones comunistas, y que éstas tendrían un grado de autonomía suficiente para adaptar sus estrategias a las circunstancias de cada país.

Volumen con las obras teatrales de Jean-Paul Sartre
Huis clos (1945) y Las moscas (1943), ambas escritas
en la misma época que El ser y la nada, y expresión
dramática de la filosofía existencialista contenida
en dicho tratado.

AUMENTAN LOS PROBLEMAS PARA FRANCO

El generalísimo Franco vivió probablemente en este año los momentos más delicados de todo el tiempo que se mantuvo en el poder. La respuesta del régimen al aislamiento internacional consistió en concentrarse en los asuntos internos, interpretar como injerencia inadmisible cualquier indicación que afectara a una evolución progresiva hacia formas democráticas, y fortalecer el anticomunismo, que acabaría siendo la tabla de salvación del régimen surgido de la guerra civil.

Para proceder a una supuesta evolución y adaptación del régimen a los tiempos que se avecinaban, tuvo lugar la apertura solemne de las Cortes en el mismo edificio que había servido en la historia reciente de España para constituir los Parlamentos. Sin embargo la parafernalia de esta apertura, los uniformes de los llamados procuradores y el clima en que se produjo, desmentían sin lugar a dudas cualquier pretensión democratizadora.

Se puso en marcha una nueva cartilla de racionamiento con el fin de organizar mejor los abastecimientos ante una crisis de subsistencias que se prolongaba indefinidamente. También se decretó el doblaje obligatorio de todas las películas como una forma de defender y potenciar nuestro idioma ante la colonización cultural estadounidense; pero en realidad la medida escondía una manera de censurar los contenidos de las producciones que venían del extranjero, más sutil que el funcionamiento de las tradicionales tijeras.

España retornó en este año a «la vieja y tradicional política de neutralidad», y abandonó definitivamente la no beligerancia. Los equilibrios casi imposibles a los que se vio obligado el régimen se sumaron a las presiones de todo tipo que recibió el Caudillo para que abandonase el poder en favor de la monarquía borbónica.

Franco hubo de responder en primer lugar a una carta pública que le dirigió el pretendiente a la corona de España don Juan de Borbón, y lo hizo adoptando su táctica preferida: la dilación. Algo después recibió otro documento firmado por varios generales monárquicos que le habían apoyado en la guerra, encabezados por el general Kinde-

lán, igualmente en solicitud de una vuelta a la monarquía. Este segundo problema lo resolvió con criterios de disciplina militar.

A finales de año se produjo la muerte en el exilio suizo del cardenal Francisco Vidal y Barraquer, que se había negado en el año 1937 a firmar la carta colectiva que el episcopado español publicó para apoyar el alzamiento militar. El espíritu de concordia y perdón que siempre predicó para la reconciliación de los españoles, no cabía en una España sometida a una campaña de aplastamiento del vencido y de exhibición triunfalista de los logros del régimen victorioso. ∎

Instantáneas · 1943

- El pintor mexicano R. TAMAYO pinta un **mural en el Smith College** de Northampton.
- W. LAM expone su obra *La jungla* en el Museo de Arte Moderno de Nueva York.

- ***Bésame mucho***, arreglo de C. VELÁZQUEZ sobre un fragmento de *Goyescas* de E. GRANADOS.
- ***Oklahoma***, de L. HART y R. RODGERS.
- ***Oh, what a beautiful morning***, de L. HART y R. RODGERS.
- ***Tico tico***, de A. OLIVEIRA y Z. ABREU.

- ***Elegies de Bierville***, libro de poemas en catalán debido a la pluma de CARLES RIBA, en el que es patente la influencia de las grandes odas de F. HÖLDERLIN. Sentimiento religioso y dolor por el exilio son sus temas.
- M. VAN DER MEERSCH publica su obra cumbre: ***Cuerpos y almas***, por la cual recibe el gran Premio de la Academia Francesa.
- ***Eloísa está debajo del almendro***, una de las más divertidas y originales comedias del teatro español, escrita por el prolífico E. JARDIEL PONCELA.
- ***El ser y la nada***, tratado central de la filosofía existencialista, debido a J.P. SARTRE.
- «Representar el reino del espíritu y del alma como algo existente e insuperable» es la intención de H. HESSE en ***El juego de los abalorios***, novela de formación, que deviene así utópica.

- La pieza del dramaturgo y poeta alemán B. BRECHT ***Galileo Galilei*** se estrena en el teatro Schauspielhaus de Zurich con gran éxito de público. BRECHT plantea la cuestión de la responsabilidad de los intelectuales en la sociedad, y la relación entre ciencia y poder.

- Descrito por vez primera el cuadro clínico del **autismo infantil**.
- Inventado el **snorkel** o tubo de respiración y evacuación de gases de combustión para los submarinos, lo que permite a estos ingenios mantenerse indefinidamente a cota del periscopio, pero captando aire fresco y utilizando la propulsión con motores Diesel.
- Científicos suizos informan sobre la síntesis de la dietilamida del ácido lisérgico, llamado **LSD**. Uno de ellos, A. HOFMANN, prueba la sustancia y describe los efectos como «mirar la imagen en un espejo curvo.»

- El ejército británico al mando del mariscal **B.L.** MONTGOMERY entra en Trípoli. El pasado 19 de enero el mariscal alemán E. ROMMEL había retirado sus tropas de la ciudad y destruido las instalaciones del puerto. *(23 Enero)*
- Se implanta en España una nueva **cartilla de racionamiento**, esta vez individual en lugar de la familiar que existía hasta ahora. *(6 Abril)*
- Las fuerzas del Eje italoalemán abandonan África ante la **ofensiva británica**. *(13 Mayo)*
- **Argentina: golpe de estado** del GOU (Grupo de Oficiales Unidos) e instauración de una dictadura favorable al Eje. *(7 Junio)*
- F. FRANCO no cede ante la **presión sobre la dictadura**, por parte de JUAN DE BORBÓN y de importantes figuras de la política y aristocracia españolas, para dar paso a la monarquía. *(27 Junio y 8 Setiembre)*
- **Se prohíben los partidos políticos** y se implanta la obligación de la educación religiosa en Argentina. *(8 Diciembre)*

- E. J. NOBLE funda la cadena de televisión **ABC** (American Broadcasting Company).

- «Ésta es la primera página en la historia de la liberación del continente europeo.» El comandante en jefe aliado D. E. EISENHOWER sobre la ocupación de Palermo.
- «... la evacuación de los judíos, la aniquilación del pueblo judío..., ésta es una página gloriosa de nuestra historia aún no escrita y que será recordada por siempre.» H. HIMMLER, dirigiéndose a las SS.
- «Aunque nuestros corazones sigan latiendo, nunca habrá en ellos felicidad alguna.» Diario de un superviviente del gueto de Varsovia.

1944

Desembarco del 5.º Ejército estadounidense en Anzio. La operación, destinada a quebrar las líneas defensivas alemanas, no consiguió su objetivo.

El desembarco en Normandía. A pesar de la enorme cantidad de efectivos desplegados en la operación, se obtuvo el efecto sorpresa.

Restricciones de energía eléctrica en España
13 ENERO

A raíz del embargo de petróleo impuesto por Estados Unidos, España se ve obligada a restringir el consumo de energía eléctrica y de combustible en todo el país. Ante la imposibilidad de mantener un normal funcionamiento de las centrales hidráulicas, debido a la sequía, el gobierno franquista se ve obligado a realizar cortes en el suministro de fluido eléctrico, por lo que las industrias deben utilizar grupos electrógenos propios. Asimismo, la gasolina sólo puede ser usada por los vehículos oficiales, mientras que el resto utiliza gasógenos.

Desembarco aliado en Anzio
22 ENERO

Unidades anfibias del ejército estadounidense desembarcan en las playas de Anzio y Nettuno. Este desembarco, en la costa occidental de la península itálica y por detrás de la línea defensiva Gustavo, marca el inicio de la tercera fase de la campaña de Italia, cuyo objetivo es romper la resistencia alemana en Monte Cassino. Los estadounidenses se hacen fuertes en la cabeza de puente de Anzio-Nettuno, pero no lograrán romper las defensas alemanas hasta cinco meses más tarde, cuando tropas polacas logren, en una durísima ofensiva, conquistar al fin Monte Cassino.

Matanza de civiles en Italia
24 MARZO

Cumpliendo la orden de Adolf Hitler según la cual deben ser ejecutados diez italianos por cada alemán muerto, Herbert Kappler, jefe de las SS en Italia, ordena el arresto masivo de italianos tras una emboscada de los partisanos en Roma. Trescientos treinta y cinco prisioneros, entre ellos dos adolescentes, son conducidos hasta las catacumbas de la carretera de Ardea, llamadas las Fosas Ardeatinas, y allí son ejecutados uno por uno con un tiro en la nuca.

Aviones a reacción

Entran en acción los primeros cazas a reacción de la historia: en el bando alemán el Messerschmitt Me 262 (capaz de alcanzar una velocidad máxima de 870 km/h), y en el bando aliado el Gloster Meteor británico (con una velocidad máxima de 795 km/h). Para Alemania suponen una última baza para intentar ganar una contienda perdida. Por parte aliada se establecen las bases para el futuro desarrollo de aviones a reacción de uso civil, lo que dará un gran impulso a la aviación comercial de posguerra.   ➡ 1955

Los aliados entran en Roma
4 JUNIO

Los aliados logran liberar la capital italiana. Las tropas de la 88.ª División del ejército estadounidense son las primeras en entrar en la Ciudad Eterna, a las 19,15 h, y tras ellas franquean el Tíber y ocupan el monte Sacro las tropas de cuerpo expedicionario francés. Sin embargo, aún falta por conquistar el norte de la península, donde el mariscal Robert Kesselring se ha hecho fuerte.

Comienza el día D
6 JUNIO

Con el desembarco en Normandía, la operación anfibia más grande de la historia, comienza la operación Overlord, como se denomina en clave la masiva invasión aliada de Europa. Bajo el mando del general Dwight Eisenhower (1890-1969), las fuerzas aliadas inician la invasión con una serie de desembarcos en el sector comprendido entre el río Orne y Saint Marcouf. En esta gigantesca operación intervienen 6 697 navíos, 14 600 bombarderos y cazas de apoyo, y 85 divisiones. Para el desembarco de miles de toneladas de material

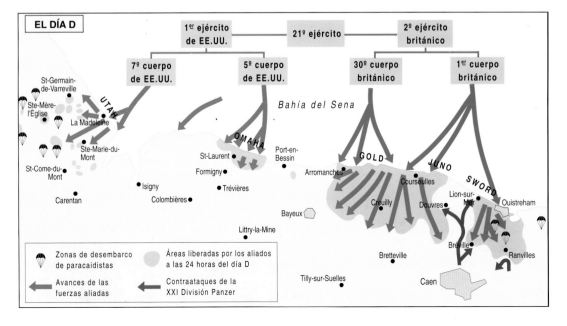

EL DÍA D

1er ejército de EE.UU. — 21º ejército — 2º ejército británico

7º cuerpo de EE.UU.   5º cuerpo de EE.UU.   30º cuerpo británico   1er cuerpo británico

St-Germain-de-Varreville
Ste-Mère-l'Eglise
La Madeleine
UTAH
Ste-Marie-du-Mont
St-Come-du-Mont
Isigny
Carentan
Colombières
Bahía del Sena
OMAHA
St-Laurent
Formigny
Trévières
Port-en-Bessin
Arromanches
GOLD
Creuilly
Courseulles
JUNO
Douvres
Lion-sur-Mer
SWORD
Ouistreham
Breville
Ranvilles
Bayeux
Littry-la-Mine
Bretteville
Tilly-sur-Suelles
Caen

Zonas de desembarco de paracaidistas
Áreas liberadas por los aliados a las 24 horas del día D
Avances de las fuerzas aliadas
Contraataques de la XXI División Panzer

◄ *Vannevar Bush junto al analizador diferencial ideado por él en la década de los años 30, y que fue el principal antecesor del ordenador Mark I.*

reconstrucción de las economías tras la guerra mediante ayudas económicas y financieras que mantengan el equilibrio de las balanzas de pago nacionales. Este organismo, que recibirá el nombre de Fondo Monetario Internacional (FMI), será fundado el 28 de diciembre de 1945 y pasará a formar parte de la ONU. La conferencia de Bretton Woods acuerda dotar al organismo de un capital inicial de 9 mil millones de dólares, así como de otros 10 mil millones para la reconstrucción y desarrollo.

bélico, el ejército aliado ha remolcado a través del canal de la Mancha varios *mulberries*, puertos artificiales hechos con piezas articuladas.   ➡ **1945**

Primeras bombas volantes sobre Inglaterra
12-13 JUNIO

En un desesperado intento de contrarrestar los efectos del desembarco aliado de Normandía, Hitler ordena utilizar las bombas volantes V-1 y V-2, su arma secreta. Por primera vez en la historia se utilizan bombas lanzadas desde rampas especiales situadas a gran distancia de sus objetivos. Las V-1 son como pequeños aviones provistos de pulsorreactores, mientras que las V-2, puestas a punto por Wernher von Braun (1912-1977) y cuyo diseño anticipa el de los futuros misiles teledirigidos, son cohetes que llevan una cabeza explosiva de 800 kg. Las primeras V-2 caen sobre Londres el 8 de setiembre. Entre junio de 1944 y marzo de 1945 caerán sobre la capital británica, y también sobre Bruselas, Lieja y Amberes, 8 000 V-1 y 7 000 V-2, pero su efecto no será suficiente para cambiar el curso de la guerra.

Acuerdo para crear un Fondo monetario de ayuda
22 JULIO

Las principales potencias acuerdan en Bretton Woods crear un fondo de ayuda al comercio mundial. En la ciudad británica de Bretton Woods, los aliados sientan las bases para contar con un organismo que contribuya a la expansión del comercio internacional y la

Construido el Mark I
7 AGOSTO

El físico estadounidense Howard H. Aiken (1900-1973), que trabaja para la empresa IBM, presenta el ordenador ASCC (Automatic Sequence Controlled Calculator) o Mark I de su invención, basado en los trabajos de Ch. Babbage (1792-1871) y de L. Torres Quevedo (1852-1936). Se trata de una máquina formada por un total de 250 000 piezas y más de 800 km de cables y que es capaz de sumar o restar dos números, de 23 cifras decimales más el signo, en aproximadamente medio segundo.   ➡ **1955**

El protagonismo de las superfortalezas

Los gigantescos bombarderos estadounidenses se revelan como armas decisivas. El bombardero Boeing B-17 fue el primero de los grandes bombarderos aportados por Estados Unidos a la guerra y el arquetipo de la decisiva "fortaleza volante", que tiene en los B-24, B-25, B-26 y B-29 sus ejemplos más acabados. Los bombarderos medios (B-25 y B-26) alcanzan velocidades medias de 550 km/h y pueden transportar hasta 1 tonelada de bombas (B-25 y B-26), mientras que los super-bombarderos (B-17 y B-29) están provistos de 4, 6 u 8 motores y pueden llevar hasta 8 toneladas de carga explosiva. Estos aviones de gran autonomía y poderosamente artillados son esenciales para los bombardeos estratégicos aliados sobre Alemania y las bases japonesas en el Pacífico, y hasta en el mismo archipiélago nipón.   ➡ **1945**

Léger pinta Los ciclistas

Fernand Léger (1881-1955) da a conocer uno de sus cuadros más famosos. El pintor francés radicado en Estados Unidos, donde da clases en la Universidad de Yale y en el colegio californiano de Mills, desarrolla su peculiar serie de ciclistas. Léger, encuadrado en el cubis-

El barrio de Ludgate Hill, en Londres, tras la explosión de una bomba volante alemana.

Lanzamiento desde Peenemünde del prototipo A4. Surgieron las bombas volantes V-1 y V-2.

La tripulación de un bombardero pesado británico Whitley, antes de una misión sobre Alemania. En estos cometidos destacaron por su eficacia las "superfortalezas" construidas por la firma estadounidense Boeing.

Las tropas estadounidenses desfilan por los Campos Elíseos el día 29 de agosto de 1944, entre los vítores de la población de un París recién liberado.

mo, aunque por sus líneas cilíndricas algunos lo califican de "tubista", se muestra especialmente atraído por el mundo de las máquinas. Sus colores, inicialmente vivos, evolucionan hacia grises y azules metalizados que confieren a sus personajes aires de autómatas.

ADN y herencia

El médico canadiense Oswald Theodore Avery (1877-1955) y sus colaboradores, C.M. MacLeod y M. McCarty, lo-gran demostrar que el ADN, hasta entonces considerado únicamente como un aditamento de poca importancia de las proteínas y al que se asignaban funciones genéticas, es en realidad un material hereditario. Los trabajos de Avery y sus colaboradores permiten emprender el estudio de la estructura del ADN, que será descubierta más tarde por Watson y Crick.   ➡ 1953

Liberación de París
25 AGOSTO

El general Charles De Gaulle entra victorioso en la capital francesa. Desoyendo las órdenes de Hitler de destruir París, el general Dietrich von Choltitz se ha rendido sin condiciones a los representantes de las fuerzas de la Francia Libre, coronel Rol-Tonguy y general Charles Leclerq. Poco después, el general Charles De Gaulle entra en la ciudad a la cabeza de las tropas francesas y recorre sus calles a pie, a pesar de que aún no han sido reducidos numerosos francotiradores alemanes. Inmediatamente, el pueblo francés comenzará la caza de colaboracionistas.

Williams publica
El zoo de cristal
7 SETIEMBRE

El dramaturgo estadounidense Thomas Lanier "Tennessee" Williams (1914-1983) da a conocer en formato de libro una obra en la que las pasiones y la crueldad, las frustraciones y la violencia marcan las relaciones de sus personajes. Con *El zoo de cristal*, que se estrenará el año próximo, Williams expone de una manera cruda los deseos, ambiciones, complejos y traumas sociales y sexuales de unos personajes condicionados por sus debilidades.   ➡ 1947

El mariscal Rommel se suicida
14 OCTUBRE

El mariscal Erwin Rommel (1891-1944) es obligado a suicidarse después de ser acusado por la Gestapo de participar en el complot contra Hitler. Rommel, que había destacado en la campaña de África, donde se ganó el apodo de *Zorro del desierto*, convalecía en su domicilio de Herlingen de las heridas sufridas durante la invasión de Normandía, cuando fue arrestado por los generales Burgdorf y Maisel. Implicado por uno de los conjurados en el fallido atentado contra Hitler de julio pasado, al parecer Rommel acepta suicidarse a cambio de garantizar la seguridad de su viuda y su hijo.

Intento de invasión guerrillera en España
16-31 OCTUBRE

Una columna de maquis invade España a través del Valle de Arán, pero es rápidamente neutralizada. Alrededor de 4 mil guerrilleros comunistas, hasta ahora encuadrados en la Resistencia francesa, penetran en España a través de los Pirineos con el propósito de reanudar la guerra contra el régimen de Francisco Franco. Muy cerca de la frontera son rechazados por un ejército de 40 mil soldados bien equipados y organizados al mando de los generales Yagüe, Moscardó y Monasterio. A pesar del fracaso, grupos guerrilleros lograrán formar focos de resistencia en distintos puntos del país.

Partisanos yugoslavos entran en Belgrado
17-20 OCTUBRE

Durante tres días el Ejército Yugoslavo de Liberación, las fuerzas soviéticas y grupos guerrilleros libran una intensa batalla contra los alemanes que ocupan Belgrado. Los partisanos yugoslavos mandados por Josip Broz, más conocido por Tito, logran entrar en la ciudad antes de que los soviéticos acaben con los últimos focos de resistencia alemana. La toma de Belgrado impedirá el paso de los alemanes a Hungría a través de esta ciudad, a la vez que cortará las líneas de comunicación y suministro del ejército alemán de Löhl.

MacArthur reconquista Filipinas
19-24 OCTUBRE

Con la flota japonesa en inferioridad de condiciones después de la batalla del Mar de las Filipinas, las fuerzas aliadas

del Pacífico, al mando del general Mac-Arthur, emprenden la reconquista de Filipinas librando la mayor batalla naval de la historia en el golfo de Leyte. Los japoneses utilizan en el combate el 60 % de los efectivos de su flota, pero se ven obligados a retirarse después de sufrir pérdidas decisivas. MacArthur cumple así la promesa de regresar, hecha a los filipinos cuando en 1942 hubo de retirarse del archipiélago. ➡ **1945**

Japón recurre a los kamikazes
19 OCTUBRE

En el curso de la batalla de Leyte, Japón utiliza por primera vez la táctica de los *kamikazes*, pilotos suicidas. La inferioridad de las fuerzas japonesas obliga a su alto mando a recurrir a los *kamikazes* ("viento divino"), cuerpo de aviadores fanáticos adiestrados para estrellarse con sus aparatos cargados de explosivos contra los objetivos elegidos. La táctica, que tenía como finalidad asegurar el impacto y causar el mayor daño posible al enemigo, no da los resultados previstos a pesar de la espectacularidad de las acciones. Los ataques *kamikazes* más importantes se producirán durante los desembarcos es-

tadounidenses en Luzón, el 14 de enero de 1945, y en Okinawa, en abril y mayo de este mismo año. ➡ **1945**

Contraofensiva alemana en las Ardenas
16 DICIEMBRE

La presunta debilidad del ejército aliado tras la victoria alemana de Arnhem lleva a Hitler a lanzar una fuerte contraofensiva en las Ardenas. Prescindiendo de la opinión del comandante de las fuerzas alemanas en el frente occidental, el general Gerd von Rundstedt, y de las objeciones de su estado mayor, Hitler cree oportuno utilizar las reservas para atacar a los aliados en un frente que va desde el Mosa hasta Amberes y Bruselas. El efecto inicial de sorpresa se ve reforzado por el mal tiempo, pero finalmente la ambiciosa operación de Hitler fracasa ante el tremendo potencial de las fuerzas aliadas, que, después de un mes de lucha, obligan a retroceder a las diezmadas tropas alemanas.

Teoría de juegos

El matemático estadounidense de origen húngaro John von Neumann (1903-

1957), profesor del Instituto de Estudios Avanzados de Princeton, Estados Unidos, publica, en colaboración con el también matemático Oskar Morgenstern (1902-1977), la obra *Teoría de juegos y comportamiento económico*, en la que se establecen los fundamentos de una nueva rama de la matemática. Los trabajos en este campo, que inició hacia 1924, dan ahora como resultado una teoría que a partir del estudio de juegos simples permite inferir una serie de interesantes resultados aplicables a campos más complejos como el mundo de los negocios, la guerra, etc. Además von Neumann logra demostrar que la mecánica ondulatoria de E. Schrödinger (1887-1961) y la mecánica matricial de W. Heisenberg (1901-1976) son matemáticamente equivalentes. En años posteriores, aún realizaría otras importantes contribuciones a la construcción y diseño de los primeros grandes ordenadores.

John von Neumann, uno de los más notables matemáticos de este siglo, autor de trabajos en los campos de la física nuclear, de las teorías de conjuntos y de juegos, del análisis matemático, de la cibernética y la informática.

◄ *Douglas MacArthur durante las operaciones de reconquista de Filipinas. El general regresó antes al verse obligado a evacuar su cuartel general de Corregidor.*

Los ciclistas*, del francés Fernand Léger, despliega una composición tan deudora del cubismo como del estudio de los maestros clásicos. No en balde su autor planteó el cuadro como un homenaje a Louis David.*

No ardió París

Las nuevas y peligrosas armas puestas en juego por Alemania no consiguen cambiar el curso de la guerra, y las tropas nazis en retirada no siempre ponen en práctica la consigna de "tierra quemada" emitida por el Reich. Empieza a alborear la esperanza, aunque una galería de horrores sigue abatiéndose sobre las poblaciones civiles, incluso en países en los que nadie sabe distinguir entre los dos bandos que combaten. Mientras, al ritmo acelerado de las conferencias internacionales, las cancillerías empiezan a anticipar un futuro que no se verá libre de nuevas pesadillas.

MALOS TIEMPOS PARA LA LÍRICA

Hitler salió ileso de un atentado que pudo haber cambiado o acelerado el curso de la historia, y el demócrata Franklin Delano Roosevelt ganó de nuevo y por cuarta vez consecutiva las elecciones presidenciales de Estados Unidos. Fueron dos encrucijadas significativas en la historia de un año en el que los acontecimientos bélicos absorbieron la atención del mundo y ensombrecieron otras noticias correspondientes al ámbito de la cultura. Johann von Newmann, además de establecer los principios teóricos del ordenador, publicaba junto a O. Morgenstern su obra *Teoría de los juegos y comportamiento económico*. En los países nórdicos volvía a celebrarse, por primera vez desde el comienzo de la guerra, la ceremonia de entrega de los premios Nobel. El mundo de la pintura lloraba los fallecimientos de Piet Mondrian, creador del neoplasticismo; de Edward Munch, precursor del expresionismo, y de Vassily Kandinsky, el padre de la pintura abstracta. En el campo de la literatura se produjo la desaparición del poeta futurista italiano Filippo Tomaso Marinetti y del creador de *El principito*, el escritor francés Antoine de Saint-Exupéry, desaparecido con su avión en una acción anodina. También falleció el reputado músico Glenn Miller, director de la orquesta del Ejército del Aire estadounidense. Pese a la importancia de estos acontecimientos, no cabe la menor duda de que eran otras las cuestiones que acaparaban la atención de la humanidad. Dicho con un escueto verso del poeta y dramaturgo alemán Bertolt Brecht, se vivían «malos tiempos para la lírica».

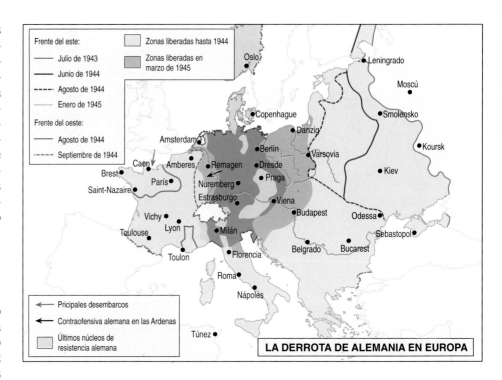

LA DERROTA DE ALEMANIA EN EUROPA

Frente del este:
— Julio de 1943
— Junio de 1944
--- Agosto de 1944
— Enero de 1945

Frente del oeste:
— Agosto de 1944
--- Septiembre de 1944

Zonas liberadas hasta 1944
Zonas liberadas en marzo de 1945

→ Principales desembarcos
← Contraofensiva alemana en las Ardenas
Últimos núcleos de resistencia alemana

Con la batalla de Alemania concluyó la guerra en Europa. El mapa muestra la progresiva reducción de los territorios controlados por el III Reich.

Infantes estadounidenses vigilan semienterrados en la arena de una playa de Normandía el desembarco de los blindados y vehículos motorizados. Es el día D.

SE ESTRECHA EL CERCO SOBRE ALEMANIA

El balance de 1944 con respecto a la evolución de los frentes de guerra no podía ser más favorable para los países aliados. En Europa se abrió, gracias al desembarco en Normandía, el anhelado frente occidental insistentemente reclamado por la URSS, y en el Pacífico las tropas aliadas reconquistaron a Japón numerosas islas y archipiélagos; el general Douglas MacArthur pudo cumplir su promesa de volver y recuperar las Filipinas, y antes de finalizar el año comenzaron los bombardeos norteamericanos sobre Tokio. Finlandia y la Unión Soviética firmaron un armisticio y los estadounidenses se apoderaron de

Un piloto kamikaze bebe el sake ritual antes de despegar para una misión suicida.

Aquisgrán, primera gran ciudad alemana que caía en manos de los aliados. Tras los desembarcos de Anzio y Normandía, Roma y París fueron liberadas sin apenas dificultades. El avance hacia el norte por la península italiana persistió y fruto de ello fue la recuperación de Pisa y Florencia. En el oeste, toda Francia quedó liberada, y con ella Bélgica y Luxemburgo. En el este, la URSS expulsó a los alemanes definitivamente de su territorio, liberó Ucrania y Crimea, consiguió penetrar en Polonia hasta llegar casi a las puertas de Varsovia, y estimuló y tuteló la conversión de los países balcánicos a la causa aliada, haciendo retroceder a los alemanes con el apoyo de las fuerzas de la resistencia, entre las que sobresalieron los partisanos de Tito. Sólo Grecia escapó a la influencia soviética al ser liberada por los británicos, aunque los helenos en seguida se enfrascaron en una guerra civil.

Alemania, donde se decretó una movilización general de la población masculina entre 16 y 60 años y se implantó una férrea economía de guerra, mostró una capacidad de reacción cada vez más reducida y limitada: la desesperada ofensiva de las Ardenas quedó abocada al fracaso. Por todo ello, al terminar el año era ya seguro que Alemania iba a perder la guerra, aunque persistía la incertidumbre sobre el cómo y el cuándo. Afortunadamente, y pese a las innumerables atrocidades de la guerra, la capitulación de París y de otras importantes ciudades europeas no fue precedida por la destrucción sistemática que habían ordenado los altos jerarcas del nazismo. Y es que en medio de tanta sinrazón, crueldad y abatimiento, quedaron algunos, pocos, resquicios para la sensibilidad y la cordura.

EL TERROR COMO ESTRATEGIA

Los bombardeos sobre núcleos urbanos se generalizaron. Los ciudadanos que vivían en Berlín, Londres, Viena, Bucarest, Budapest, Tokio, Bangkok, Rangún, por citar sólo algunas de las ciudades más importantes, experimentaron con desolación y terror los efectos de las toneladas de bombas que caían desde el cielo destruyendo hogares, enseres y personas, millones de personas. A partir del verano los aliados dominaron el espacio aéreo alemán, y en los últimos meses de la guerra llevaron a cabo repetidos ataques contra diversas ciudades alemanas. La Luftwaffe contraatacó y emprendió el bombardeo aéreo sobre Londres más intenso desde mayo de 1941. Los alemanes recurrieron a su arma secreta, menos efectiva de lo que en principio habían imaginado. Las bombas volantes V1 y V2, cohetes autopropulsados cuyas rampas de lanzamiento estaban en la costa francesa del Canal de la Mancha, cayeron sobre Inglaterra desde el verano de 1944. Mientras esto sucedía, el mundo conocía el horror de los campos de exterminio alemanes, por primera vez fotografiados desde el cielo por los aliados, como el campo de Auschwitz, o liberados por las tropas soviéticas, como el de Majdanek, en Polonia. Pero aún no se había escrito la última palabra sobre el fanatismo: en el otoño hicieron su aparición los kamikazes, pilotos suicidas que entregaban su vida en homenaje patriótico y religioso a su emperador-dios.

PLANES PARA DESPUÉS DE LA GUERRA

Prácticamente desde que comenzó la Segunda Guerra Mundial, pero sobre todo a partir de 1943, cuando la situación se tornó favorable para los aliados, se celebraron numerosas reuniones en distintos puntos del planeta para preparar y diseñar estrategias y alianzas, y para trazar las líneas directrices sobre las que levantar un nuevo orden internacional. Aunque las decisiones finales no se adoptarían hasta 1945, durante 1944 se avanzó en el frente diplomático en diversas reuniones –Dumbarton Oaks, Quebec, Londres y Moscú, entre otras– en las que se impuso el criterio de que la mayor parte de Europa oriental quedaría bajo la influencia y tutela soviética, aunque los británicos intentaban reservarse algún protagonismo en los Balcanes; Alemania y Berlín serían divididos entre las potencias aliadas, y se crearía una Organización de Naciones Unidas dotada de un Consejo de Seguridad y un Tribunal Internacional. También tuvo una gran trascendencia la Conferencia monetaria y financiera celebrada en Bretton Woods, en la que se acordó la creación del Banco Internacional de Reconstrucción y Desarrollo (BIRD) y del Fondo Monetario Internacional (FMI), con la finalidad básica de prevenir y afrontar los problemas económicos de la posguerra. Keynes ya no se lamentaba, porque todos le daban la razón.

Mientras tanto, Bélgica, los Países Bajos y Luxemburgo iniciaron la construcción del Benelux, y en una reunión celebrada en Alejandría, Siria, Líbano, Transjordania, Irak y Egipto asumieron el compromiso de crear la Liga Árabe, que quedaría constituida en marzo de 1945. El futuro se encargaría de iluminar y proyectar estos incipientes acontecimientos.

A MÍ LA LEGIÓN

El mutilado general Millán Astray se vio obligado a repetir esta famosa frase cuando, en su calidad de padrino en la boda de la cupletista Celia Gámez, se vio desbordado por la impresionante multitud de personas que no querían perderse el acontecimiento. Una frase que resume toda una actitud ante la vida. En España comenzaban a sentirse los efectos –embargo petrolero incluido– de haber apostado por el bando que iba a perder irremisiblemente la guerra, y que no pudieron contrarrestar, al menos por el momento, el no reconocimiento de la República Social Italiana de Mussolini, el regreso de los últimos voluntarios de la División Azul, la restricción de los envíos de wolframio a Alemania o las consignas de prensa favorables a Estados Unidos en su guerra contra Japón; ni, por supuesto, las retóricas declaraciones de Franco a finales de año sobre el carácter original de la democracia

Retrato de Dámaso Alonso, por Cristóbal Toral. El poeta español publicó en 1944 su mejor volumen poético, Hijos de la ira.

española, y sobre el hecho de que el catolicismo consustancial a su régimen imposibilitó siempre su identificación con el fascismo o el nazismo. Casi nadie podía creerle, aunque en la primavera Churchill dedicó en la Cámara de los Comunes algunas alabanzas al régimen franquista que causaron tal euforia en el dictador español que unos meses más tarde se permitió aconsejar al mandatario británico que deshiciera la alianza anglosoviética. Las

miserias y la pobreza de la posguerra se acrecentaron a lo largo del año como consecuencia de accidentes ferroviarios y catástrofes naturales provocadas por el agua y el viento, que causaron numerosas víctimas y destrozos en diversos lugares de la geografía española. Como muestra, un solo ejemplo: el hundimiento de un edificio de ocho pisos en la madrileña calle de Maldonado, donde hubo que lamentar 102 víctimas. ■

Instantáneas

- El pintor y arquitecto chileno R. MATTA pinta *El vértigo de Eros*, dentro de la línea del surrealismo.

- *Concierto para orquesta*, de B. BARTÓK. Encargado por el director S. KOUSSEVITZKY, es una de las grandes páginas de madurez de este compositor húngaro. Supone un retorno a las fuentes clásicas, en un momento en el que en el panorama musical impera la vanguardia.
- Gran éxito en Broadway de la comedia musical *On the town,* de L. BERNSTEIN, que será posteriormente adaptada al cine en 1949 como *Un día en Nueva York*, con GENE KELLY y FRANK SINATRA.
- *Rum and Coca-Cola*, de J. SULLAVAN y P. BARON, posiblemente basada en una canción de L. BELASCO compuesta en 1906. El productor de este último presentó una denuncia por plagio y ganó.
- *Ev'rytime we say goodbye*, de C. PORTER.
- *Have yourself a merry little Christmas*, de H. MARTIN y R. BLANE.
- DAVID RAKSIN realiza la banda sonora de una película de O. PREMINGER, *Laura*. El pegadizo y sentimental tema melódico que escribió para ella es uno de los más populares de la historia del cine.
- La versión cinematográfica del shakespeariano *Enrique V*, de LAWRENCE OLIVIER, cuenta con una extraordinaria banda sonora debida a W. WALTON, uno de los grandes compositores clásicos que han contribuido de manera valiosa al desarrollo de la música de cine.

- El estreno de la obra teatral *Antígona* supone un éxito rotundo para su autor, J. ANOUILH. Basada en la tragedia homónima de SÓFOCLES, superará las quinientas representaciones.
- Se otorga en Barcelona, España, el primer Premio Nadal a *Nada*, de CARMEN LAFORET, novela realista que describe los ambientes de la posguerra española en toda su miseria y sordidez.
- *Le Mas Théotime*, una novela representativa del estilo secreto, misterioso, del escritor francés HENRI BOSCO, por la cual obtiene el Premio Renaudot.
- El filósofo y científico argentino M. BUNGE funda la revista "Minerva".

- C. G. JUNG estudia en *Psicología y alquimia* las técnicas e ideas aún desconocidas de la alquimia, en busca no de un oscuro tanteo precientífico, sino de un pulso del individualismo naciente frente al dogmatismo religioso.
- Una angustia mortal circula por los poemas de *Hijos de la ira*, del poeta español D. ALONSO, considerada por muchos su mejor obra.
- *El filo de la navaja*, novela de aprendizaje del intelectual moderno, del escritor británico W. SOMERSET MAUGHAM.
- A. CAMUS lleva su filosofía del absurdo a la torturada obra teatral *Calígula*, donde el emperador se erige en destino.
- *Ficciones*, colección de cuentos del argentino JORGE LUIS BORGES, a menudo calificados de "metafísicos". Su estilo, en apariencia transparente, esconde un vertiginoso juego intelectual de simetrías y correspondencias, de retornos y perplejidades que fascinan y confunden al lector.

- *Arsénico por compasión*, una extraordinaria comedia de humor negro sobre unas ancianitas que se dedican a aliviar los males de la gente mediante veneno. CARY GRANT es uno de sus intérpretes, mientras que la dirección corre a cargo de FRANK CAPRA.
- Dirigido por VINCENTE MINNELLI, el musical *Meet me in St. Louis* significa la revalida de una gran estrella, por entonces esposa del realizador: JUDY GARLAND. *"Trolley Song"* es el número más afortunado de la cinta.
- Aunque generalmente relacionado con el mundo de la comedia, BILLY WILDER ha dejado también algunas obras maestras en otros géneros. Una de ellas es *Perdición*, uno de los grandes títulos del cine negro, basado en un relato de J. M. CAIN y con un guión escrito en colaboración entre el propio WILDER y R. CHANDLER.

- R.B. WOODWARD logra sintetizar la **quinina**.
- A.J.P. MARTIN inventa la **cromatografía**.
- Construcción de la **primera casa prefabricada** en Estados Unidos. (*30 Abril*)

- Ejecutado el ex ministro italiano de Asuntos Exteriores, conde GALEAZZO CIANO. Ante la presión alemana, B. MUSSOLINI no ha podido interceder en favor del marido de su hija. (*11 Enero*)

- El presidente de Argentina, **P.P. RAMÍREZ, es destituido** por romper las relaciones con el Eje. (*25 Febrero*)
- **Hungría ocupada** por los alemanes, la Wehrmacht asume el mando del ejército húngaro. (*19 Marzo*)
- Dimite el presidente de Guatemala, el general dictador J. UBICO, tras una serie de disturbios y huelgas obreras. (*2 Julio*)
- El presidente finlandés, mariscal C.G. MANNERHEIM, firma el **armisticio entre Finlandia y la URSS**. (*19 Setiembre*)
- **F. D. ROOSEVELT**, obtiene su cuarto mandato como presidente de EE.UU. (*7 Noviembre*)

- Argentina: un **terremoto** destruye en un minuto la ciudad de San Juan. (*15 Enero*)
- El gobierno español dicta una nueva reglamentación laboral, recogida en el **Fuero del Trabajo**. (*27 Enero*)
- España: el Instituto Nacional de la Vivienda ha elaborado un plan de **construcción de 360 000 viviendas** en diez años. (*18 Enero*)

- «No me gusta, pero ahí está. No veo de qué otra forma podemos hacer algo. De acuerdo, vamos allá.» El general D. E. EISENHOWER ordena el inicio de la "Operación Overlord", el desembarco de las tropas aliadas en Normandía.
- «Siento que debo hacer algo para salvar a Alemania. Los oficiales debemos aceptar nuestras responsabilidades.» El coronel K. VON STAUFFENBERG habla con su esposa antes de unirse a un atentado fallido contra la vida de HITLER.
- «¿Arde París?» A. HITLER, tras conocer la noticia de la liberación de la ciudad. Había ordenado a sus generales que la incendiaran al abandonarla. Éstos desobedecieron.
- «He vuelto.» El general D. McARTHUR al aterrizar en el aeropuerto de Leyte, en Filipinas.

- EDVARD MUNCH, pintor noruego. (*23 Enero*)
- PIET MONDRIAN, pintor neerlandés. (*1 Febrero*)
- ANTOINE DE SAINT EXUPÉRY, escritor y aviador francés, muere en combate. (*31 Julio*)
- El poeta italiano FILIPPO TOMASO MARINETTI, padre del futurismo. (*3 Diciembre*)
- VASSILI KANDINSKY, pintor ruso. (*13 Diciembre*)
- ERICH SALOMON, fotógrafo alemán.

1945

Se celebra la Conferencia de Yalta
4-11 FEBRERO

En Yalta, estación balnearia de la península de Crimea, se reúnen los dirigentes de las tres principales potencias aliadas: Roosevelt, Churchill y Stalin acuerdan el reparto de las áreas de influencia de sus respectivas potencias en el nuevo orden que surgirá tras el final de la guerra. Algunos de los principales acuerdos son la creación de la Organización de las Naciones Unidas, la inclusión de Francia en la administración de la Alemania ocupada, y la fijación de las líneas Curzon y Oder-Neisse como fronteras oriental y occidental de Polonia.

➡ **1946**

Destrucción de Dresde
13-14 FEBRERO

La aviación aliada arrasa la ciudad alemana de Dresde en un bombardeo llevado a cabo, en tres oleadas sucesivas, por miles de aviones británicos, canadienses y estadounidenses. La destrucción de la capital del antiguo reino de Sajonia, donde se cree que han perecido más de 100 mil personas, se ha llevado a cabo con el objeto de quebrar cuanto antes las últimas bolsas de resistencia de la Wehrmacht y acelerar la carrera hacia Berlín.

Eisenstein e **Iván el Terrible**

Iván el Terrible representa la segunda colaboración entre Sergei Eisenstein y Prokofiev. El ambicioso proyecto inicial incluía tres partes, de las que sólo dos serán realizadas. La primera, *Iván el Terrible* (1944), es saludada con entusiasmo por las autoridades soviéticas, por su retrato de una Rusia unida bajo el liderazgo de un caudillo fuerte, en el que se quiere ver la imagen idealizada de Stalin. La segunda parte, *La conjura de los boyardos* (1945), es, por el contrario, criticada por mostrar al protagonista como un ser complejo, con dudas, temores y odios, demasiado humano para simbolizar a Stalin. La película es prohibida y, como consecuencia de ello, la tercera parte nunca recibirá el permiso para ser filmada.

Los marines conquistan Iwo-Jima
19 FEBRERO - 17 MARZO

La importante base militar que los japoneses habían establecido en Iwo-Jima, isla volcánica del archipiélago de Bonín, ha sido conquistada por la infantería de marina de Estados Unidos. Desde su desembarco, y no obstante el número de fuerzas comprometidas en la operación, los estadounidenses han debido librar una cruenta lucha, que les ha costado

5 mil muertos y 15 mil heridos, para conquistar la fortaleza construida por los japoneses en el monte Suribachi. Finalmente, soldados del 28.º Regimiento de marines logran izar la bandera estadounidense en Iwo-Jima, que podrá ser utilizada por los bombarderos como base de partida hacia objetivos más próximos a Japón.

El Nobel de Literatura para una chilena

Gabriela Mistral (1889-1957) es galardonada con el premio Nobel de Literatura. La escritora y poetisa chilena, cuyo verdadero nombre es Lucina Godoy Alcayaga, es autora de una obra marcada por la ternura hacia los más débiles y el dolor por un amor trágico. Es asimismo una activa defensora de los derechos de la mujer y ha empeñado gran parte de sus esfuerzos en la reorganización de la enseñanza pública tanto en su país como en México. Algunas de sus obras más conocidas son *Ternura* (1924) y *Tala* (1938). Más tarde publicará *Poemas de las madres* (1950), *Lagar* (1954), *Recados contando a Chile* (1957), etc.

Muere el presidente Roosevelt
12 MARZO

Franklin Delano Roosevelt (1882-1945) fallece de un derrame cerebral antes de completar su cuarto período presidencial.

La poetisa chilena Gabriela Mistral en la ceremonia de recepción del premio Nobel de Literatura de 1945.

Monumento que inmortaliza el momento en que los marines estadounidenses izan su bandera en el punto culminante de la isla de Iwo-Jima.

◀ *Churchill, Roosevelt y Stalin en la Conferencia de Yalta. Aquí se trazaron las líneas principales de la lógica geopolítica que dividió en dos bloques irreconciliables el mundo de la posguerra.*

El mariscal soviético Zhukov y el británico Montgomery conversan amigablemente, con la ayuda de un intérprete, en Berlín, después de la rendición de Alemania.

Los restos mortales de Franklin D. Roosevelt, fallecido en Warm Springs, son conducidos a Washington en tren, escoltados por una guardia de honor. ▶

El presidente había impulsado la recuperación económica de Estados Unidos tras la gran Depresión y superado la política aislacionista que obstaculizaba la ayuda a las democracias europeas en su lucha contra el nazismo. Su cargo será ocupado por el hasta hoy vicepresidente Harry S. Truman (1884-1972), representante del ala conservadora del Partido Demócrata. A Truman le corresponderá asumir la dirección de los últimos meses de la guerra y autorizar el lanzamiento de la bomba atómica sobre Japón.

Se funda la Liga Árabe
22 MARZO

Los países árabes se agrupan en una alianza política, militar y económica. En cumplimiento de los acuerdos alcanzados en setiembre del año pasado por los gobiernos de Egipto, Irak, Líbano, Arabia Saudí, Siria, Transjordania, Yemen y los representantes palestinos, se firma el acta fundacional de la Liga Árabe, cuyo Consejo tiene su sede en El Cairo. El propósito de esta asociación de Estados es reducir los conflictos interárabes; fomentar los vínculos culturales, técnicos y económicos, y formar un frente común ante la creciente influencia de los judíos en Oriente Medio. **➡ 1948**

Acta fundacional de la ONU
25 ABRIL - 26 JUNIO

La conferencia de Estados en guerra contra las potencias del Eje reunida en San Francisco (Estados Unidos) firma el acta fundacional de la ONU u Organización de las Naciones Unidas. De acuerdo con el plan trazado en la cum-

bre de Yalta, se crea un organismo internacional cuyo fin es regular las diferencias entre los Estados miembros, preservar la paz mundial y apoyar la cooperación económica, social y cultural entre los distintos países. En el mismo acto se firma el estatuto del Tribunal Internacional de Justicia. Tanto el tribunal como la ONU entrarán en vigor el próximo 24 de octubre.

Mussolini es ejecutado por los partisanos
28 ABRIL

Detenido por un grupo de partisanos cuando huía protegido por un comando alemán, Mussolini es ejecutado en Bonzanigo. Sorprendidos por los partisanos cerca de Musso, los alemanes les entregaron a Mussolini a cambio de que les dejaran continuar la retirada hacia Austria. Los partisanos tenían la intención de trasladar al ex *Duce* italiano a Como y entregarlo a los aliados, pero el Comité de Liberación de la Alta Italia decreta su muerte. Junto al ex dictador son ejecutados su amante y otros 17 dirigentes fascistas. Pocos días más tarde, los cadáveres de Mussolini y Clara Petacci son expuestos, colgados cabeza abajo ante una multitud enfurecida, en la plaza Loretto de Milán.

La batalla de Berlín
21 ABRIL - 2 MAYO

La ocupación de Berlín desata una espectacular carrera entre los ejércitos aliados y el soviético. Cuando la 69ª División del I Ejército estadounidense y la

58ª División de la guardia ucraniana se encuentran en Torgau, a orillas del Elba, los soviéticos, al mando de los generales Zhukov y Koniev, han completado ya el cerco de Berlín y desde hace cuatro días bombardean la ciudad. Toneladas de bombas, medio millón de muertos de ambos bandos y sangrientos combates callejeros preceden la caída de la capital del Tercer Reich, y con ella de uno de los regímenes más atroces de la historia de la civilización.

Rendición incondicional de Alemania
8 MAYO

El gobierno alemán presidido por el almirante Karl Dönitz (1891-1980) se rinde incondicionalmente y las tropas alemanas dejan de combatir a partir de las 23,01 horas. Tras firmar la capitulación en Reims, en el cuartel del general Eisenhower, la delegación alemana encabezada por el mariscal Wilhelm Keitel lo hará en Karlhorst, en el cuartel del ge-

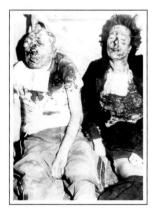

Los cadáveres desfigurados de Benito Mussolini y Clara Petacci, expuestos en una plaza de Milán el 28 de abril de 1945.

Acto solemne de la firma de la ▶ *rendición incondicional de Alemania, en presencia de los mandos de las fuerzas aliadas.*

neral Zhukov. En los días siguientes se rendirán las tropas alemanas destinadas en los Países Bajos, Dinamarca y noroeste de Alemania. La lucha en el frente ruso prosigue unos días más ante el propósito germano de romper el cerco soviético para rendirse a los occidentales.

La URSS ocupa casi la mitad de Alemania
6 JUNIO

Según el reparto de Alemania sancionado por la cumbre de Potsdam, la Unión Soviética domina casi la mitad del territorio oriental de Alemania. Berlín también es dividida en cuatro sectores administrados por las cuatro potencias, las cuales, al quedar la capital alemana dentro de la zona soviética, acceden a la misma a través de corredores específicos desde Alemania occidental. La URSS, autorizada por las otras potencias a obtener de su sector alemán las reparaciones de guerra, impone un riguroso plan de transformaciones económicas que no tardará en provocar profundos desequilibrios entre los sectores este y oeste.

Estreno de **Peter Grimes**
7 JUNIO

Sobre un libreto de Montagu Slater, basado en el poema *El burgo* de George Crabbe, escribe Benjamin Britten (1913-1976) la ópera que le va a convertir, junto al alemán Hans Werner Henze, en el autor operístico más representativo de la segunda mitad del

siglo XX. *Peter Grimes* narra el trágico conflicto entre el individuo (el pescador que da título a la pieza) y la sociedad, un tema que estará presente en otras obras del autor *(Billy Budd, Owen Wingrave, Muerte en Venecia)*, al lado de otros como la corrupción de la inocencia *(Una vuelta de tuerca)*. Su estilo ecléctico, que hunde sus raíces en Purcell, Puccini y Berg, posee una gran eficacia dramática y es de fácil comprensión para el público.

Conferencia de Potsdam
16 JULIO - 2 AGOSTO

Se celebra en los palacios de Potsdam, en las afueras de Berlín, la última conferencia en la cumbre de la Segunda Guerra Mundial. Stalin, Truman y Churchill (sustituido en el curso de la conferencia por Clement Attlee) abordan el control aliado de Alemania, la cuestión de las indemnizaciones, la confirmación de la línea Oder-Neisse como frontera germano-polaca y la declaración de guerra a Japón por parte de la Unión Soviética, como contrapartida de la aceptación angloamericana de una zona de influencia soviética en el centro y este de Europa. Durante la reunión, Truman informa a Stalin de que Estados Unidos posee la bomba atómica.

El saldo de la tragedia bélica

La Segunda Guerra Mundial ha dejado como trágico saldo unos 38 millones de muertos. El mayor conflicto armado de la historia ha puesto de manifiesto el

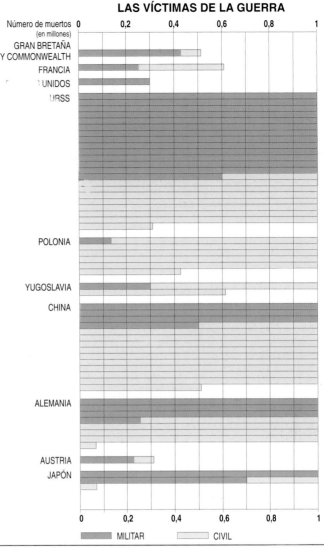

LAS VÍCTIMAS DE LA GUERRA

Número de muertos (en millones)

GRAN BRETAÑA Y COMMONWEALTH
FRANCIA
ESTADOS UNIDOS
URSS
POLONIA
YUGOSLAVIA
CHINA
ALEMANIA
AUSTRIA
JAPÓN

MILITAR CIVIL

enorme poder destructivo de los artefactos bélicos convencionales y de las nuevas armas atómicas, bajo cuya amenaza empieza a construirse el mundo de la posguerra. Además de las pérdidas de vidas humanas y de los millones de heridos y mutilados, debe pensarse en el balance final de la guerra en la destrucción de infraestructuras industriales y de miles de hectáreas de campos cultivables, que inciden directamente en la producción y exigen un esfuerzo excepcional para la reconstrucción tanto de Europa como en muchos países de Asia.

La bomba atómica destruye Hiroshima
6 Y 9 AGOSTO

El tremendo poder destructivo de las bombas atómicas obliga a Japón a una rendición incondicional. La perspectiva de una prolongación indefinida de la guerra en el Pacífico induce al presidente Truman a lanzar una bomba atómica sobre Hiroshima. El teniente coronel Paul Tibbets, a bordo del superbombar-

Gráfico de las víctimas de la II Guerra Mundial. Destaca la elevadísima aportación de China, donde causó estragos la invasión japonesa; de la URSS., y sobre todo de Polonia, con cinco millones y medio de muertos, casi todos civiles.

◀ *Internados en el campo de concentración nazi de Ebensee (Austria), en el momento de su liberación.*

El "hongo" atómico de Hiroshima en una fotografía histórica, tomada por un civil japonés a ocho kilómetros de distancia del punto de impacto.

Fotograma de Roma, ciudad abierta, *la película de Roberto Rossellini que marcó el punto de partida del neorrealismo italiano.*

dero B-29 *Enola Gay*, es el encargado de lanzar sobre Hiroshima *Little Boy*, como se denomina la bomba atómica que a las 8,15 a.m. cae sobre su objetivo. Más de 100 mil personas se volatilizan en la explosión y la ciudad desaparece prácticamente del mapa. Una segunda bomba, lanzada tres días después sobre Nagasaki, obliga a Japón a rendirse. El 2 de setiembre se firmará la capitulación ante el general MacArthur a bordo del *Missouri*, buque insignia de la flota estadounidense anclado en la rada de Tokio.

Bao Dai, emperador de Indochina, hacia el año 1933. El éxito de la guerrilla del Vietminh contra los japoneses forzaría su abdicación en 1945. ▶

Proclamada la República de Vietnam
2 SETIEMBRE

Tras la rendición de Japón, los guerrilleros del Vietminh obligan a abdicar al emperador de Indochina, Bao Dai, y proclaman la República de Vietnam. El Vietminh, que durante tres años ha venido luchando contra la ocupación japonesa consentida por el régimen francés de Vichy, se prepara para hacer frente al ejército de Francia después de la negativa de su máximo dirigente, Ho Chi Minh (1890-1969), a aceptar las limitadas concesiones de París. Éstas contemplaban la integración de Vietnam en una confederación indochina bajo el control colonial francés. ➡ **1946**

Liberación de Perón en Argentina
17 OCTUBRE

El coronel Juan Domingo Perón (1895-1974), confinado en la isla Martín García, es liberado por una multitudinaria manifestación popular. Perón, perteneciente al grupo de oficiales nacionalistas que se halla en el poder desde el 4 de junio de 1943, había impulsado desde su puesto de secretario de Trabajo y Previsión una política social claramente favorable a los trabajadores. La preocupación del embajador estadounidense y de los grupos conservadores ante la creciente popularidad de Perón llevó a éstos a promover su destitución y confinamiento. Pero entonces la esposa de Perón, Eva Duarte o *Evita*, moviliza a miles de *descamisados* que convergen sobre la casa de gobierno y exigen con éxito la liberación de Perón, quien al año siguiente será elegido presidente.

Se constituye el tribunal de Nuremberg
20 NOVIEMBRE

Jueces militares estadounidenses, británicos, franceses y soviéticos se encargan de juzgar a los criminales de guerra. El primer y más importante proceso del tribunal internacional de Nuremberg se realiza contra veintiún jerarcas nazis, entre ellos Goering, Hess, Frank, Rosenberg, Keitel, Jodl, Dönitz y Von

Ribbentrop, y contra ocho organizaciones hitlerianas, entre ellas el Partido Nacionalsocialista, las SA, las SS y la Gestapo. Si bien las acusaciones están basadas en el Derecho internacional y en las convenciones sobre la conducta en tiempo de guerra, el hecho de que el tribunal esté constituido exclusivamente por los vencedores es cuestionado por algunos juristas. ➡ **1946**

Rossellini: Roma, ciudad abierta

El estreno, una vez acabada la Segunda Guerra Mundial, de *Roma, ciudad abierta*, es uno de los grandes acontecimientos de la historia del cine, no sólo italiano, sino mundial. Es la primera obra importante de su realizador, Roberto Rossellini (1906-1977), y una de las cumbres del amplio movimiento artístico, literario y cinematográfico que pronto será bautizado como neorrealismo, movimiento caracterizado por su simplicidad formal, su antiacademicismo y su intento de captar la realidad cotidiana de una manera fiel y directa. Para acentuar la sensación de realidad, Rossellini trabaja en esta película con un grupo de actores no profesionales, que secundan a intérpretes de la talla de Anna Magnani y Aldo Fabrizi.

El inicio de la era atómica

Hiroshima, Nagasaki, y antes que ellas Dresde, Berlín, Manila, Tokio, Osaka y Yokohama, son nombres de ciudades que encarnan la desolación y el horror provocados por los últimos estertores de la terrible conflagración mundial. Con estos postreros sufrimientos se cierra una etapa de la historia de la humanidad caracterizada por el triunfo de la idea del progreso y la felicidad individual, pero también por la agresividad incontrolada y la impresionante capacidad autodestructiva del género humano. Mientras, en Yalta, Potsdam y San Francisco se inaugura otra etapa histórica, no exenta desgraciadamente de temores, tensiones y enfrentamientos en campos de batalla reales y en algunos casos, avanzado el tiempo, virtuales.

LA GUERRA HA TERMINADO

Cuando comenzó 1945 todo el mundo consideraba inminente el fin de la guerra. Sin embargo, todavía habían de librarse combates decisivos, y morir cientos de miles de personas. Entre enero y abril se libraron duras batallas en Europa, de las Ardenas a Berlín y de Varsovia a Viena, hasta que las últimas resistencias alemanas cedieron y llegó la confraternización en las proximidades de Berlín de soldados rusos y americanos. Los máximos responsables de las atrocidades cometidas desaparecieron de la escena: Hitler, Goebbels, Himmler y otros jerarcas nazis eligieron el suicidio para no afrontar responsabilidades; Mussolini y Clara Petacci acabaron colgados para escarnio público en una gasolinera milanesa, después de ser fusilados por los partisanos; otros optaron por una fuga infructuosa en gran número de casos; y algunos fueron procesados y condenados por tribunales internacionales como el de Nuremberg, que inició sus sesiones en noviembre de 1945. Pero aunque en mayo se firmó la capitulación alemana incondicional, la guerra continuó en el Pacífico. Fue necesario esperar tres meses más para que en agosto, después del tremendo impacto causado por el lanzamiento de las bombas atómicas, Japón se rindiera incondicionalmente a los estadounidenses. En los últimos meses de la guerra Japón vio arrasadas algunas de sus más populosas ciudades, y la fotografía y el cine dejaron

▲▲ *Soldados rusos y estadounidenses festejan con canciones su conjunción, en las afueras de Berlín.*

▲ *Un soldado coloca la bandera de la Unión Soviética sobre un pináculo del Reichstag de la capital alemana.*

plasmados para la posteridad los momentos álgidos de las batallas de Iwo Jima, Okinawa y otras.

LA CONSTRUCCIÓN DE UN NUEVO ORDEN INTERNACIONAL

En las Conferencias de Yalta (febrero) y Potsdam (julio) se trazaron las nuevas coordenadas geopolíticas del mundo y se establecieron las condiciones para un nuevo orden internacional que alcanzó su culminación en la Conferencia de San Francisco con la creación de la ONU, el organismo encargado de preservar la paz y el orden mundial y de arbitrar los conflictos que pudieran surgir entre los diversos Estados. Sin embargo, ya en 1945 se empezaron a

Hermann Goering (a la izquierda, con gafas oscuras) y otros veinte altos cargos nazis en un momento de los juicios de Nuremberg.

manifestar síntomas de precariedad e inestabilidad en los nuevos equilibrios internacionales.

En ese año dos de los tres artífices de las conferencias interaliadas desaparecieron de la escena y tuvieron que ser sustituidos: uno, el presidente americano Roosevelt, falleció en abril víctima de una hemorragia cerebral; y el otro, el primer ministro británico Winston Churchill, fue reemplazado días antes de que terminase la Conferencia de Yalta por el laborista Clement Attlee, vencedor en las elecciones legislativas. Stalin, el único superviviente, consiguió imponer en Potsdam sus tesis relativas a las fronteras polacas, a la ocupación y división de Alemania y Austria, y al establecimiento de esferas de influencia en los países de Europa oriental. Por su

parte, Estados Unidos ocupó y tuteló a Japón, afianzó su liderazgo moral en Europa occidental y consiguió que la URSS declarase la guera a los japoneses, circunstancia que los soviéticos aprovecharon para saciar su irredentismo invadiendo Manchuria y ocupando las islas Sajalín y Kuriles.

Los países europeos bastante tenían por el momento con reparar sus heridas de guerra y afrontar la reconstrucción nacional y económica, amén de otros problemas de carácter colonial derivados de la guerra. Quedaron, pues, prefiguradas las condiciones para el establecimiento de un sistema bipolar, y los conflictos no tardaron en aparecer. En la propia Europa surgieron motivos de tensión que habían de agudizarse años más tarde. A mediados de setiembre se celebró en Londres una Confe-

rencia entre los ministros de Exteriores de las cinco grandes potencias, en la que quedaron planteadas grandes divergencias sobre importantes cuestiones pendientes. En octubre, Eisenhower incumplió una de las concesiones hechas a la URSS en Yalta, al ordenar a sus tropas que no obligasen a los súbditos soviéticos a regresar a la URSS. Un mes más tarde, la Comisión de Control Aliado aprobó la transferencia a Alemania occidental de más de seis millones de germanoparlantes procedentes de Austria, Hungría y Polonia, y a finales de noviembre, el Consejo de Control Aliado confirmó la puesta en servicio de tres puentes aéreos desde y hasta Berlín. La desconfianza alcanzó su punto culminante cuando en noviembre Canadá, Estados Unidos y el Reino Unido se negaron a entregar el secreto de la bomba atómica a la URSS.

Pero los mayores problemas se plantearon fuera de Europa. Antes de que acabase el año, Corea y Vietnam reclamaron su protagonismo. El paralelo 38 comenzó a hacerse famoso y a dividir intereses y aspiraciones soviéticas y estadounidenses; Ho Chi Minh inició su revolución nacional en Indochina, enfrentándose primero a los japoneses y luego a los franceses. En Indonesia ocurrió algo parecido, si bien en este caso los nacionalistas Ahmed Sukarno y Muhammad Hatta tuvieron que batirse con británicos y neerlandeses, previa declaración de guerra el 27 de octubre.

Otro foco de tensión internacional se situó en Palestina, donde los judíos pretendían establecer un Estado propio. En agosto se celebró en Londres un Congreso Sionista Mundial y el presidente del Congreso, Chaim Weizmann, futuro primer presidente del Estado de Israel, dirigió una petición a la ONU para que aprobase la constitución de un Estado judío en Palestina. Al tiempo, comenzó a manifestarse otra vertiente del problema: en Palestina varios grupos de guerrilleros israelíes recurrieron a la acción armada para conseguir sus objetivos, como sucedió en setiembre con el ataque a un campamento de ins-

Las tropas chinas desfilan por las calles de Cantón el 9 de setiembre de 1945, después de la retirada de los japoneses.

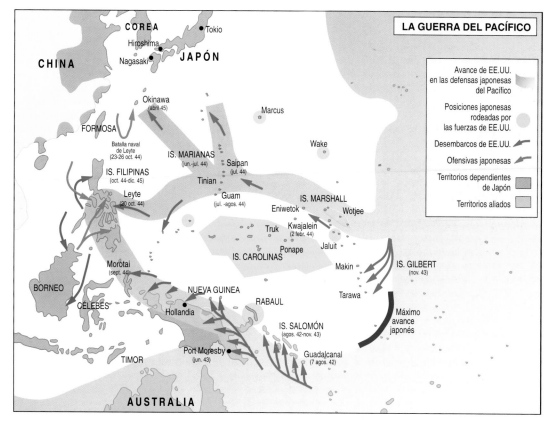

Mapa de las operaciones bélicas en el Pacífico. Los aliados no tuvieron que invadir el archipiélago japonés para forzar la rendición: les bastó el empleo de la bomba atómica.

trucción británico, del que sustrajeron armas y munición, y en diciembre cuando terroristas judíos mataron a ocho personas en atentados en Jaffa y Tel Aviv. Por su parte, los países árabes constituyeron en marzo de 1945 la Liga Árabe, que entre otros objetivos se proponía rechazar las pretensiones sionistas.

ESPAÑA: AISLADA Y POSTERGADA

Mientras todo esto sucedía, en España se comenzaban a pagar las consecuencias de la identificación con los regímenes totalitarios que perdieron la guerra. De nada sirvieron, al menos por el momento, las aproximaciones y los gestos más o menos sinceros, muchos de ellos forzados, que se hicieron para congraciarse con las potencias aliadas, sobre todo con Estados Unidos. Así hay que interpretar el acuerdo para construir un aeródromo cerca de Barajas desde el que organizar los suministros estadounidenses destinados a las poblaciones europeas liberadas; la ruptura de las relaciones diplomáticas con Japón, o la autorización en julio para que las tropas yanquis pasasen, sin necesidad de visado, un período de vacaciones en España antes de volver a su país. España intentaba adaptarse a los nuevos tiempos, pero esa intención mereció escasa credibilidad internacional. En julio se proclamó el Fuero de los Españoles, que reconocía aunque no amparaba amplios derechos a los ciudadanos. En setiembre quedó derogado el decreto que había instituido el saludo brazo en alto como "saludo nacional", y en octubre, casi al tiempo de la promulgación de la Ley sobre el Referéndum Nacional, llegó un amplio indulto para los condenados por delitos de re-

belión militar cometidos antes del 1 de abril de 1939.

La actitud de las repúblicas hispanoamericanas hacia el régimen franquista fue particularmente dura. A petición de México, donde se reorganizó el gobierno republicano en el exilio, la Conferencia de la ONU en San Francisco rechazó en junio la entrada de España en esta organización, resolución ratificada en Potsdam un mes más tarde; y en agosto Uruguay propuso a

los demás gobiernos hispanoamericanos la ruptura de relaciones con España, consigna que secundó Bolivia en octubre de ese mismo año.

Otra desatención sufrida por España ocurrió en la conferencia parisina celebrada en agosto sobre el futuro de Tánger, ocupado por España desde junio de 1940. En ella se decidió, sin participación ni consulta española, poner la ciudad bajo control internacional de un comité integrado

La delegación de Japón en el acorazado Missouri, *en la ceremonia de la firma de la rendición. Hirohito quedó al margen de las responsabilidades, pero en la nueva Constitución japonesa sus funciones pasaron a ser meramente honoríficas y de representación.*

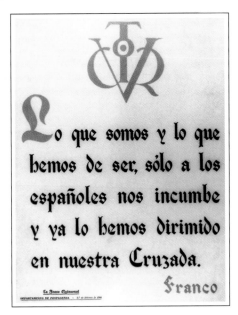

◀ *La lapidaria frase del Generalísimo Franco, impresa bajo el anagrama de la Victoria, quiere expresar una réplica contundente a las críticas de la comunidad internacional contra el nuevo régimen español.*

Lo que somos y lo que hemos de ser, sólo a los españoles nos incumbe y ya lo hemos dirimido en nuestra Cruzada.

Franco

por británicos, estadounidenses, franceses y soviéticos, a quienes España, tras ordenar la retirada de su ejército, debía entregar la tutela del enclave norteafricano. Aunque

el gobierno español reaccionó airado ante cada una de estas situaciones, cada vez estaba más claro que no quedaba otra posibilidad que seguir el consejo de Carrero Blanco: orden, unidad y aguantar.

Mientras tanto, gracias al radar del húngaro Bai o a las potencialidades de los cohetes autopropulsados inspirados en las terribles V2 alemanas, la Luna, aunque todavía inalcanzable, era sentida y percibida como más próxima a la humanidad, y los existencialistas, con Sartre a la cabeza, trataban de interpretar y concebir un mundo diferente al que quedó reflejado en el diario de una niña judía que se llamó, durante los quince años que duró su vida, Anna Frank. ∎

Evelyn Waugh publicó en 1945 Retorno a Brideshead, *crónica de un mundo y de una cultura, los de la Inglaterra victoriana, irremediablemente perecidos en la hoguera del conflicto mundial.*

Instantáneas 1945

- El pintor D. ALFARO SIQUEIROS, quien junto con RIVERA y OROZCO forma la tríada de grandes **muralistas mexicanos**, ha realizado un impactante mural en el Palacio de Bellas Artes de México.
- El arquitecto mexicano L. BARRAGÁN inicia el proyecto de los **"Jardines del Pedregal"** en la Ciudad de México

- *If I loved you*, y *You'll never walk alone*, ambas de O. HAMMERSTEIN II y R. RODGERS.
- A. COPLAND estrena en Washington una suite sinfónica basada en su ballet *Primavera apalache*. (4 Octubre)
- El mexicano A. LARA compone las populares canciones *María bonita* y *Oración Caribe*.

- K. POPPER niega la posibilidad de la previsión en las ciencias sociales en su libro *La sociedad abierta y sus enemigos.*
- *Retorno a Brideshead*, retrato de la alta sociedad británica, del novelista E. WAUGH.
- G. ORWELL publica **Rebelión en la granja**, fábula demoledora sobre el sistema soviético, en tradición de Swift.

- *Recuerda*, una de las películas célebres de ALFRED HITCHCOCK, con una brillante banda sonora de MIKLÓS RÓZSA.

- A. FLEMING, CHAIN y FLOREY comparten el premio **Nobel de Medicina y Fisiología** por el descubrimiento y la aplicación terapéutica de la penicilina.
- D.W. KERST inventa y construye el primer **betatrón** de la historia.
- Se crea el **primer banco de ojos** en Estados Unidos.
- Finaliza en Estados Unidos la construcción del **primer ordenador electrónico** realmente operativo, el ENIAC (Electronic Numerical Integrator And Calculator)

- El Ejército Rojo ocupa **Varsovia**. *(17 Enero)*
- **Conferencia interamericana en Chapultepec:** los países de la Unión Panamericana se reúnen para elaborar un compromiso de defensa mutua, con la excepción de Argentina, que no ha sido invitada por su política dictatorial, y El Salvador, que ha roto sus relaciones con México. *(21 Febrero y 5 Marzo)*
- Se aprueba una nueva **constitución en Ecuador**. *(6 Marzo)*
- Guatemala: **J.A. BERMEJO**, nuevo presidente de la República. *(15 Marzo)*
- Los campos de exterminio de **Auschwitz y Dachau** son liberados por las tropas aliadas. *(6 Enero y 18 Abril)*
- **A. HITLER** y **E. BRAUN**, y **J. GOEBBELS** y su esposa se suicidan en el Reichstag poco antes del asalto final soviético a Berlín. **H. HIMMLER**, jefe de la Gestapo, se quitará la vida después de ser detenido por los británicos. *(30 Abril y 25 Mayo)*
- **Alzamiento nacionalista** en Argelia, duramente reprimido por las fuerzas coloniales francesas. *(29 Mayo)*
- **W. CHURCHILL** es derrotado en las elecciones británicas por los laboristas de C. ATTLEE. *(12 Julio)*
- Las Cortes han aprobado el **Fuero de los españoles**. *(13 Julio)*
- Perú: **J.L. BUSTAMANTE**, candidato de una coalición de izquierdas, asume la presidencia. *(28 Julio)*
- Los soviéticos penetran en **Corea**. *(10 Agosto)*
- El jefe del régimen colaboracionista francés de Vichy, **mariscal H. PH. PÉTAIN**, es condenado a muerte. DE GAULLE conmutará esta pena por la de cadena perpetua. *(14 Agosto)*
- **A. SUKARNO** proclama la independencia de Indonesia. *(17 Agosto)*
- El mariscal J. BROZ, **TITO**, se convierte en el primer jefe de gobierno de la República Federal de Yugoslavia. *(30 Noviembre)*

- España: se concede el monopolio sobre el tabaco a **Tabacalera, S.A.** *(3 Febrero)*

- Inaugurado en París el **Congreso Mundial de Sindicatos**, que sentará las bases de una Federación Mundial de Sindicatos. *(25 Setiembre)*
- Se comercializa el **primer encendedor cargado con gas licuado** en lugar de gasolina.
- Después de varios años de colaborar con LELONG, **PIERRE BALMAIN** se independiza y abre un taller de costura en París.
- España: alcanzan una gran popularidad las melodías pegadizas que acompañan a los **anuncios** de la radio: Norit, OKAL, Cola-Cao, etcétera.

- «Ésta es la mayor locura que hayamos hecho nunca... La bomba no puede funcionar, y hablo como un experto en explosivos.» El almirante W. LEAHY, jefe del gabinete militar del presidente, sobre la bomba atómica.
- «¿Quiere eso decir que como los americanos harían oídos sordos al sentido común, pretende usted convencerles de tonterías?» El economista J.M. KEYNES pregunta a un oficial del Tesoro británico antes de una de las reuniones de la Conferencia de Bretton Woods.

- El poeta francés **PAUL VALÉRY**, autor de *El cementerio marino*. *(20 Julio)*
- El pionero de la astronáutica **R.H. GODDARD**. *(10 Agosto)*
- **BÉLA BARTÓK**, compositor húngaro. *(26 Setiembre)*
- El pintor español **IGNACIO ZULOAGA Y ZABALETA**. *(30 Octubre)*
- El pintor y muralista español **JOSÉ Mª SERT**. *(27 Noviembre)*
- **ANTON VON WEBERN**, compositor austríaco, creador de una obra que se caracteriza por su extrema brevedad, lindando con el aforismo. Murió víctima del disparo de un centinela americano que vio una luz: era WEBERN fumando. *(15 Setiembre)*

1946

Ho Chi Minh es elegido presidente
2 MARZO

El padre de la República Democrática del Vietnam es elegido presidente por abrumadora mayoría de votos. Ho Chi Minh, fundador del Partido Comunista indochino y jefe del movimiento guerrillero Vietminh, que incorpora a grupos nacionalistas que luchan por la independencia de la república. Su prestigio político y militar y su carisma han sido decisivos para conseguir el masivo apoyo popular, imprescindible para sostener contra Francia una guerra anticolonial que se vislumbra larga. No obstante algunos intentos de evitarla, la tensión entre los bandos se traduce en graves incidentes, como el bombardeo naval francés a un barrio de Hanoi, en el que perecen más de 6 mil personas, y la voladura de la central eléctrica de la misma capital por los comunistas.
➡ **1954**

Nace la OMS
7 ABRIL

En la ciudad suiza de Ginebra se crea un nuevo organismo, dependiente de la Organización de Naciones Unidas (ONU), cuya misión principal es la política sanitaria mundial, sobre la base de la actuación de los organismos sanitarios nacionales y con la vista puesta en mejorar las condiciones de salud de la población mundial. El nuevo organismo, bautizado como Organización Mundial de la Salud (OMS) y dependiente de la ONU, celebra una asamblea general una vez al año. El secretariado general tiene su sede en la ciudad suiza de Ginebra, y un consejo ejecutivo de 24 miembros se reúne dos veces al año.
➡ **1958**

Comienzan los ensayos atómicos en el Pacífico
1 JULIO

En el atolón Bikini, perteneciente al archipiélago de las Marshall, Estados Unidos inicia una serie de pruebas nucleares. Esta mañana, a las 8,45 a.m., un superbombardero ha lanzado sobre el deshabitado atolón del Pacífico Sur una bomba atómica de potencia superior a las lanzadas sobre Japón el año pasado. El propósito es estudiar científicamente los múltiples efectos de la radiación, además de los propios de la explosión atómica. El experimento es observado a distancia por científicos, militares y periodistas. El peligro que supone la difusión indiscriminada de estos artefactos determina que la Comisión de Energía Atómica de la ONU se encargue de su control y reglamentación.
➡ **1949**

Nehru es designado jefe del gobierno indio
19-24 AGOSTO

Sri Pandit Jawaharlal Nehru (1889-1964) es designado por el virrey británico jefe del gobierno provisional indio, a pesar de la oposición de la Liga Musulmana. Tras el frustrado intento de que hindúes y musulmanes formaran un gobierno de coalición, el virrey británico, lord Mountbatten, designa jefe del gobierno a Nehru, que desde 1929 preside el Partido del Congreso con el apoyo de Gandhi, y es el principal estratega del movimiento independentista indio. Los sangrientos disturbios provocados en Calcuta y Bombay por los musulmanes, que pretenden la partición de la India y el reconocimiento de Pakistán, contribuyen a acelerar el proceso emancipador.
➡ **1947**

Radiofuente espacial

Los astrofísicos J.S. Hey, S.J. Parsons y J.W. Phillips detectan la primera fuente cósmica de ondas radio, Cygnus A, situada como su nombre indica en la constelación del Cisne. Cinco años más tarde el astrofísico Graham Smith, que trabaja en el radiotelescopio de Cambridge (Reino Unido), logra determinar la posición de dicha fuente con un grado de precisión suficiente como para identificar Cygnus A con un objeto visible.

Estalla la guerra civil en Grecia
17 SETIEMBRE

La guerrilla comunista se levanta contra la monarquía griega y comienza un conflicto de vastas proporciones. Tras un plebiscito favorable a la monarquía que ha permitido el regreso de Jorge II, el EAM (Ejército Popular de Liberación), fuerza comunista dirigida por Markos Vafiadis, se levanta en armas. Comienza así un conflicto civil que acabará en octubre de 1949 con la victoria de los monárquicos, apoyados por el Reino Unido y Estados Unidos. La gue-

Ho Chi Minh, jefe del movimiento comunista del Vietminh, elegido en 1946 presidente de la República de Vietnam.

Nehru pasó a presidir en 1946 un gobierno provisional que era ya el prólogo a la independencia definitiva de la India.

Observadores de las Naciones Unidas transmiten informaciones recogidas sobre el terreno, en el curso de la guerra civil griega.

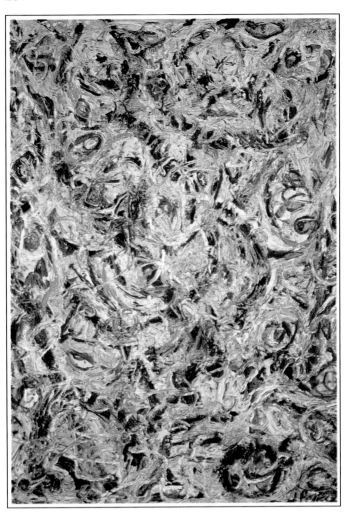

Ojos en el calor, *de Jackson Pollock. El artista prescinde del pincel y aplica el color sobre la tela directamente del tubo, creando una pintura "en relieve" característica. En la naturaleza caótica así plasmada, parecen entreverse ojos de criaturas escondidas.*

El comandante Frank Wallis, uno de los fiscales, explica al tribunal de Nuremberg la posición de los distintos acusados dentro de la jerarquía nazi, plasmada en un organigrama al fondo de la sala. ▶

rra civil, que se cobrará casi 30 mil muertos, dejará entre los griegos una profunda herida que tardará muchos años en cicatrizar.

Asturias publica El señor presidente

Miguel Ángel Asturias (1899-1974) publica *El señor presidente*, uno de los grandes hitos de la literatura hispanoamericana. Aunque inspirada en la dictadura de Estrada Cabrera, la novela trasciende los hechos históricos para situarse en el plano de lo simbólico y, consecuentemente, universalizar su denuncia de la violencia ejercida desde el poder. El conjunto de su obra, caracterizada por la reivindicación de las tradiciones indígenas y el valor de la lucha personal, merecerá en 1967 el premio Nobel de Literatura. ➡ **1967**

Un horno de microondas

El inventor P.L. Spencer crea el llamado horno de microondas. Venderá la patente más tarde (1953) a la empresa estadounidense Raytheon Manufacturing Company de Newton (Massachusetts),

que iniciará la fabricación y comercialización de este tipo de hornos para uso doméstico. Las microondas, que son la radiaciones del espectro electromagnético comprendidas entre las ondas radio y la luz infrarroja, poseen la propiedad de polarizar las moléculas. Al hacerlo varios millones de veces por segundo producen un calentamiento uniforme, tanto exterior como interior, de los alimentos, cocinándolos en tiempos muy cortos.

Primeras sentencias de Nuremberg
1 OCTUBRE

El tribunal de Nuremberg constituido para juzgar los crímenes de guerra y contra la humanidad cometidos por los nazis y sus instituciones, da a conocer su veredicto. De los veinticuatro jerarcas procesados, tres son absueltos, doce condenados a morir en la horca, y el resto a penas que oscilan entre los diez años y cadena perpetua. De los condenados a la pena capital, Martin Bormann, secretario de Hitler, se halla en paradero desconocido, y Herman Goering ha conseguido suicidarse al conocer

Portada de una edición reciente de El señor presidente, *tal vez la obra literaria más significativa del guatemalteco Miguel Ángel Asturias.* ▶

el veredicto. Los dirigentes nacionalsocialistas absueltos, Franz von Papen, Hjalmar Schacht y Hans Fritzsche, quedan de hecho condenados al destierro, ya que ninguna de las potencias acepta que vivan en las zonas de ocupación que cada una de ellas administra.

Ojos en el calor de Jackson Pollock

Jackson Pollock (1912-1956) es uno de los representantes más destacados del llamado expresionismo abstracto ame-

LA DIVISIÓN DE ALEMANIA

Mar del Norte — Kiel — Mar Báltico

Hamburgo

Bremen

HOLANDA

Berlín

Potsdam

POLONIA

Düsseldorf

Colonia

Elba

Halle

BÉL.

Coblenza

Erfrut — Dresden

Wiesbaden

LUX. — Frankfurt

Oder

Praga

CHECOSLOVAQUIA

FRANCIA

Rin — Stuttgart

Danubio

Friburgo — Munich

SUIZA — LIECHT. — AUSTRIA

ZONAS DE OCUPACIÓN
EE.UU. — URSS
Francia — Reino Unido

▲
◄ *Sobre estas líneas, soldados británicos revisan la documentación de algunos civiles en el Tiergarten de Berlín. La ciudad quedó dividida en cuatro sectores, al igual que el país en su conjunto (mapa, izquierda).*

ricano. Sus pinturas se caracterizan por el gran formato, la violencia expresiva, la pincelada gestual de duro trazo, y la obsesión por llenar todo el espacio del cuadro. *Ojos en el calor* pertenece a la serie *Sonidos en la hierba*. Es un inquietante lienzo en el que es posible percibir ciertas alusiones figurativas, en particular unos inquietantes ojos que observan al espectador desde la densidad de la materia pictórica aplicada a la superficie del cuadro directamente desde el tubo. En obras posteriores Pollock popularizará una nueva técnica, el *dripping* o chorreado, usado por vez primera en *Profundidad total cinco* (1947), y consistente en dejar caer libremente la pintura sobre el lienzo colocado en el suelo.

Edith Piaf canta
La vie en rose

Edith Piaf (1915-1963) es uno de los grandes símbolos de la canción francesa de todos los tiempos. De salud frágil y quebradiza, desdichada en amores, «su vida fue tan triste que resulta demasiado hermosa para ser cierta», dirá de ella Sacha Guitry. Durante largos años se gana la vida deambulando por cafés y cabarets parisinos de mala muerte, hasta que en 1936 la descubre el director de Gerny's, Louis "Papá" Leplée. Poco a poco las canciones desgarradas y dolientes de la *Môme* Piaf se van haciendo un hueco en las preferencias del público, y acaba por convertirse en la musa indiscutible de los mejores

poetas y músicos de la época. *La vie en rose, Mon Dieu, Non, je ne regrette rien* o *Milord* son algunas de sus inolvidables melodías.

Se inaugura la IV República en Francia
13 OCTUBRE - 24 DICIEMBRE

Sometida a plebiscito, es aprobada por escaso margen y con una alta abstención popular la Constitución que articula el sistema de gobierno de la IV República. Después de un intenso debate sobre el carácter que debía tener el Estado francés tras el derrumbamiento institucional de 1940, la nueva Constitución prevé la creación de la Asamblea nacional y el Consejo de la República, especie de segunda cámara aunque de menor incidencia que la primera. El proyecto aprobado se opone al defendido por De Gaulle, que pretendía un sistema presidencialista y unicameral, y no presenta diferencias notables con las instituciones que rigieron la III República. ➡ **1958**

Rita Hayworth protagoniza
Gilda

Gilda es una de las grandes leyendas, aunque no una de las mejores películas, de la historia del cine. Realizada con profesionalidad por Charles Vidor, toda su fuerza y atractivo se circunscriben a su protagonista, Rita Hayworth, uno de los mitos eróticos más perturba-

dores del arte cinematográfico. Glenn Ford y George Macready completan el reparto de un film que cuenta con escenas antológicas, muy imitadas posteriormente: el número de Hayworth en el casino, en el que se despoja de un guante con irresistible sensualidad, y el bofetón, seguramente el más célebre de la historia del cine, que propina Ford a la protagonista.

Rita Hayworth se despoja de un guante mientras baila, en la escena más emblemática de la película Gilda, *de Charles Vidor.*

El Tercer mundo asciende al primer plano

En 1946, con los juicios sumarísimos de Nuremberg y Tokio, se saldan cuentas con los vencidos en la Segunda Guerra Mundial. Las sentencias dictadas ponen fin a un pasado terrible, pero también marcan el inicio de una nueva época. Una paz duradera se establece ahora en Europa, aunque paradójicamente venga a coincidir en el tiempo con la división del continente y la irremediable pérdida de peso político de sus naciones.

LAS NUEVAS COORDENADAS DEL MUNDO DE LA POSGUERRA

En 1946, una serie de importantes transformaciones a todos los niveles permitieron ya atisbar muchos de los factores que iban a configurar el desarrollo de un nuevo período histórico, determinado en última instancia por la "guerra fría" y por la aparición en la escena mundial de otros protagonistas, las jóvenes naciones del que había de llamarse "Tercer Mundo". La revuelta colonial en Asia y África, que había representado un factor de presión sobre las metrópolis en los años que sucedieron a la Primera Guerra Mundial, se tornó en auténtica riada en los años siguientes a la Segunda. En un proceso iniciado en estos momentos, y que se había de prolongar hasta la década de 1960 e incluso de 1970, los grandes imperios coloniales prácticamente desaparecieron. En algunos casos la descolonización revistió una forma pacífica, como la independencia de Filipinas de Estados Unidos en 1946; en otros fue traumática, como en el caso de Indonesia. Tras la derrota de los japoneses, los Países Bajos trataron de recuperar su antiguo poder y empezaron una guerra contra el movimiento nacionalista de Sukarno y Hatta, que sólo terminaría en 1949 con el reconocimiento de la nueva República independiente. Otro tanto aconteció en la Indochina francesa. A finales de 1946 se iniciaron las hostilidades entre el ejército francés y las fuerzas nacionalistas del Vietminh, dominadas por los comunistas de Ho Chi Minh, que se prolongarían durante más de siete años hasta poner fin a la dominación europea.

Como ejemplificaba el caso vietnamita, otra de las novedades de la posguerra consistió en el auge de la ideología comunista, que alcanzó en estos años dimensiones

▲▲
"Cumbre" de las cuatro potencias aliadas en París. El espíritu de Yalta siguió presente en estas reuniones.

▲
Aspecto de la plaza de Oriente de Madrid en protesta por la decisión de la ONU de boicotear al régimen franquista.

verdaderamente mundiales y generó una dinámica agresiva que iba a condicionar el devenir de la humanidad durante casi toda la segunda mitad del siglo XX. La Unión Soviética, a pesar de las enormes pérdidas sufridas, había salido políticamente reforzada del conflicto y aureolada por su victoria sobre Alemania, por lo que se encontraba en condiciones inmejorables para favorecer la implantación de gobiernos afines, especialmente en Asia y el este de Europa. En 1946 se proclamó la Repú-

blica Popular de Albania y los comunistas vencieron en las elecciones checoslovacas y rumanas, sentando las bases del futuro control soviético sobre ambos países. China y Grecia se vieron sumidas en sendos conflictos civiles determinados por el asalto al poder de los respectivos partidos comunistas. El comunismo también se extendió por Europa occidental, y en particular en Francia, donde el Partido Comunista ganó en 1947 las primeras elecciones de la recién proclamada IV República.

El general Juan Domingo Perón, elegido presidente de Argentina en febrero de 1946.

HACIA LA SOCIEDAD DE CONSUMO

Las naciones industrializadas capitalistas apostaron decididamente por un nuevo modelo socioeconómico. Especialmente en Estados Unidos, país ajeno a las destrucciones de la guerra, pero también en Europa y Japón, se produjo un cambio de rumbo del sistema industrial, con el paso de una economía de producción a otra de consumo. Pronto se hizo evidente la progresiva profusión de bienes, servicios, objetos, ocio, etc., en unas sociedades caracterizadas por el ascenso imparable de las clases medias. Nacieron ahora algunos de los futuros grandes símbolos de la nueva sociedad; en efecto, se fundaron en este año las compañías japonesas Sony y Honda, coincidiendo con la salida al mercado de la popular Vespa, que se convertiría con el tiempo en la motocicleta más vendida de la historia.

Una sociedad de consumo en la que el papel de los "mass media" se había de tornar fundamental, convertidos en poderosos mecanismos de generación y modificación de los comportamientos consumistas. Llegó el turno de la televisión, surgida y desarrollada en décadas anteriores, y que tras la parálisis de la guerra inició su ascensión como medio de masas. En cuanto a la radio, en 1946 la BBC británica, como otras muchas emisoras, reemprendió sus emisiones; pero el mayor protagonismo pasó a acapararlo Estados Unidos, con un espectacular progreso tanto en el número y potencia de las emisoras en funcionamiento, como en la multiplicación del número de receptores, que de las escasas decenas de miles de 1945 pasaría a más de cuatro millones en 1950. ∎

Instantáneas 1946

- ***Come rain or come shine***, de J. Mercer y H. Arlen.
- ***Tenderly***, de J. Lawrence y W. Gross.
- ***There's no bussiness like show bussiness***, de I. Berlin.
- ***Put the blame on Mame***, de A. Roberts y D. Fisher. Se hará extraordinariamente popular cantada por Rita Hayworth en *Gilda*.

- Estreno en París de *La puta respetuosa* de J.P. Sartre. *(8 Setiembre)*
- H. Hesse ha sido galardonado con el **Premio Nobel de Literatura**.

- Celebración del primer **festival de cine en Cannes**. *(20 Setiembre)*
- ***Los mejores años de nuestra vida***, del director W. Wyler, del productor S. Goldwyn. Destaca la banda sonora de H. Friedhofer.
- ***Las puertas de la noche***, última colaboración del director M. Carné con J. Prévert. Juntos implantaron el llamado "realismo poético" en Francia.
- Una de las tramas clásicas del cine negro, la corrupción de un buen hombre por una malvada y lujuriosa mujer, toma forma en ***Forajidos***, de R. Siodmark, con Burt Lancaster y Ava Gardner.
- Otro filme de género negro, ***El sueño eterno*** de Howard Hawks, con Faulkner como guionista, y de Humphrey Bogart y Lauren Bacall de protagonistas. Basada en una novela de R. Chandler.
- ***Duelo al sol***, un *western* de King Vidor, con Gregory Peck como protagonista.

- El científico estadounidense W. F. Libby crea el **reloj atómico**, que permite medir el tiempo con un error máximo de 1 segundo cada 300 000 años.
- El pediatra estadounidense B. Spock publica ***El libro del sentido común sobre el cuidado del bebé y del niño***, que ejercerá una gran influencia sobre los padres del *baby boom* de la posguerra.
- El científico argentino **B.A. Houssay** recibe el nobel de Medicina y Fisiología.

- E. Hodja, líder del Frente Democrático que venció en las elecciones del pasado 2 de diciembre, ha proclamado la **República Popular de Albania**. *(11 Enero)*
- Proclamación de la **República de Hungría**: I. Nagy asume la presidencia del gobierno. *(1 Febrero)*
- La ONU **condena al régimen de España** y le niega la posibilidad de ingresar en dicho organismo internacional. *(9 Febrero)*
- Argentina: **J.D. Perón** es elegido presidente tras su triunfo en la elecciones, las primeras no fraudulentas desde 1928. *(24 Febrero)*
- Italia ha adoptado la forma republicana de gobierno. El rey Humberto II abandonará el país. *(2 Junio)*
- La sede de la **ONU** se instala en Nueva York. *(5 Diciembre)*

- Triunfo del **Partido Comunista** en las elecciones francesas. Se constituye la primera Asamblea de la IV República. *(10 Noviembre)*
- **M. Alemán** es elegido presidente de México. *(2 Diciembre)*
- **Manifestaciones en la Plaza de Oriente** de Madrid contra la recomendación de la ONU de boicot al franquismo. *(9 Diciembre)*

- España: **huelga general** –la primera de la posguerra– en la industria textil de la ciudad de Manresa. *(25 Enero)*
- Graves **disturbios sociales en Chile** causan once muertos y numerosos heridos. Se ha decretado el estado de sitio. *(28 Enero)*
- España: se celebran las segundas **elecciones sindicales** de la posguerra. Los representantes sindicales deben pertenecer a Falange. *(28 Febrero)*
- Una modelo francesa exhibe el **primer bañador de dos piezas**, que se popularizará con el nombre de "biquini". *(11 Junio)*
- **Estée Lauder**, nacida Josephine Esther Mentser, funda, junto con su esposo Joseph, la compañía de cosmética que lleva su nombre.
- **T. Wirkkala**, diseñador escandinavo, ofrece al público sus famosos jarrones *Kantarelli*. También trabaja por encargo para Venini, Rosenthal y Airam.
- Dow Chemical Co fabrica el **Lurex**, fibra con brillo metálico.

- **A. Pomar**, campeón de España de ajedrez a los trece años de edad. *(10 Junio)*

- «Desde Stettin en el Báltico hasta Trieste en el Adriático, un Telón de Acero ha caído sobre el continente.» W. Churchill.
- «El tiempo se acaba. En la actualidad tenemos espacio para respirar, pero si vamos a formar unos Estados Unidos de Europa –o cualquiera que vaya a ser su nombre– debemos empezar ya.» W. Churchill.

- **Francisco Largo Caballero**, político socialista español, ha fallecido en su exilio de París. *(23 Marzo)*
- El poeta argentino **Alberto Guiraldo**. *(23 Marzo)*
- El ensayista argentino **Pedro Henríquez**. *(11 Mayo)*
- El general boliviano **Gualberto Villarroel** muere ahorcado tras una revuelta popular. *(20 Junio)*
- El escritor británico **Herbert George Wells**. *(13 Agosto)*
- El músico español **Manuel de Falla** ha muerto en su exilio de Argentina. *(14 Noviembre)*
- **John Maynard Keynes**, economista británico. Sus teorías se van a implantar en la mayoría de las economías desarrolladas a partir de la posguerra mundial.
- El fotógrafo húngaro **Lászlo Moholy Nagy**.
- El fotógrafo norteamericano **Alfred Stieglitz**.

1947

Thor Heyerdahl supervisa la construcción de la balsa Kon-Tiki, con la que intentó demostrar las vinculaciones entre las culturas precolombinas sudamericanas y las polinesias.

Williams estrena Un tranvía llamado Deseo

Tennessee Williams conmueve al público estadounidense con una obra de personajes desgarrados. El dramaturgo, que hace dos años sorprendió con *El zoo de cristal*, regresa a los escenarios con una pieza en la que la violencia, el deseo y las pasiones condicionan las relaciones de personajes que no pueden escapar a un profundo sentimiento de frustración existencial. A pesar de la complejidad de sus dramas, Tennessee Williams se perfila como uno de los autores teatrales estadounidenses de mayor éxito de público.

Se descubren los "manuscritos del Mar Muerto"
ENERO

Un grupo de pastores descubre en unas cuevas situadas al noroeste del mar Muerto unos manuscritos de los tiempos de san Juan Bautista y Jesús. Los rollos de papiros y pergaminos, que se hallaban enterrados en jarras en las cuevas próximas a las ruinas del monasterio judío de *Qirbet Qumran*, pertenecen a la secta de los esenios y constituyen el documento más antiguo que se conoce relacionado con el texto del Antiguo Testamento. Estos manuscritos, que a su vez permiten comprender el clima espiritual dominante en la época en la que surgió el cristianismo, al parecer fueron enterrados por los monjes del monasterio judío ante la inminencia de su destrucción por el ejército romano, hacia el año 68 d.C.

Los manuscritos del Mar Muerto, enterrados hacia el 68 de nuestra era por monjes de la secta de los esenios y descubiertos casualmente en 1947.

Se inicia la expedición de la Kon-Tiki
28 ABRIL

El etnólogo noruego Thor Heyerdahl zarpa en la *Kon-Tiki* desde el puerto peruano de El Callao, rumbo a la Polinesia. A bordo de una primitiva balsa de juncos que seguirá el curso de los vientos y corrientes marinas, Heyerdahl se propone demostrar la posibilidad de que ciertas culturas de la América meridional, que precedieron en varios siglos a la incaica, tuvieran algún tipo de vinculación con las de la Polinesia. El 7 de agosto, después de 101 días de ardua navegación por el Pacífico, la *Kon-Tiki* encallará en las rocas de la isla de Raroia, en el archipiélago de las Tuamotu.

Estados Unidos crea una nueva agencia de espionaje
25 MAYO

El Congreso de Estados Unidos aprueba la constitución de un organismo de información y espionaje orientado al control del comunismo. Por iniciativa del secretario de Estado, John Foster Dulles, ha quedado constituida la Central Intelligence Agency (CIA) en sustitución del Strategic Services Office, que operó durante la guerra mundial. La CIA, cuyo primero director es Allan Dulles, tiene como objeto principal coordinar y analizar los informes recibidos del extranjero para el presidente de la nación, relacionados fundamentalmente con las actividades de los países comunistas y sus aliados. **➡ 1961**

Somoza destituye al presidente Argüello
26 MAYO

Anastasio Somoza, jefe de la Guardia Nacional de Nicaragua, depone al presidente Leonardo Argüello a los pocos días de asumir el cargo. Argüello, que había ganado las elecciones celebradas en febrero como candidato del Partido Liberal presidido por Somoza, pretendió asumir las riendas del país prescindiendo del poderoso jefe de la Guardia Nacional. La reacción de éste no se hace esperar: tras deponerlo y enviarlo al exilio, coloca en su lugar a Benjamín Lacayo. **➡ 1979**

Ayuda económica para Europa
17 JUNIO

Estados Unidos se prepara para activar el Plan Marshall destinado a la reconstrucción de Europa. De acuerdo con la propuesta realizada por el general George C. Marshall durante un discurso pronunciado en Harvard el pasado día 5, el gobierno de Estados Unidos se propone llevar adelante un plan de ayuda económica y financiera a los países europeos con el fin de acelerar su recuperación tras la guerra. El plan «contra el hambre, la pobreza, la resignación y el caos», que entrará en vigor el año próximo, cuenta con el entusiasta apoyo del Reino Unido y Francia, y es rechazado por la URSS, que ve en él una agresión indirecta contra los regímenes comunistas del Este de Europa.

India y Pakistán, independientes
15 AGOSTO

Entra en vigor la ley británica que concede la independencia a la India y crea el Estado de Pakistán. Ante la falta de acuerdo entre las fuerzas políticas indias acerca del tipo de gobierno que debe tener el país una vez obtenida su independencia del Reino Unido, y que ha desembocado en graves enfrentamientos entre hindúes y musulmanes, el Parlamento británico ha aprobado el 18 de julio pasado la ley que concede la emancipación a la India. Hoy, de acuerdo a lo estipulado en esa ley, tiene lugar en el antiguo dominio británico la creación de los estados de la India, mayoritariamente hindú, y del Pakistán, predominantemente musulmán. No obstante esta resolución, no se ha logrado la pacificación y se seguirán produciendo sangrientos choques, como la matanza de musulmanes en la región del Punjab, el 24 de setiembre. **➡ 1948**

Beauvoir publica su tercera novela

Simone de Beauvoir (1908-1986) da a conocer *Todos los hombres son mortales*. La escritora francesa ilustra en esta novela las concepciones existencialistas que comparte con Jean Paul Sartre, su

◄ *George Catlett Marshall, secretario de Estado con Truman y creador del plan de reconstrucción económica de Europa que lleva su nombre.*

ta, organismo que representa a los judíos, se ha apresurado a aceptar la resolución; no así la Liga Árabe, que se niega a la división del país. **➡ 1948**

Inventado el transistor
22 DICIEMBRE

En los laboratorios de la compañía estadounidense Bell Telephone, los físicos John Bardeen (1908-1991), Walter Houser Brattain (1902-1987) y William Shockley (1910-1989) inventan el transistor. Más tarde perfeccionarán el invento y demostrarán su operatividad y buen funcionamiento como componente industrial. En 1948, los primeros transistores serán ya una realidad. Estos elementos están hechos de finas capas de un material semiconductor, el germanio. Tienen un tamaño mucho menor que las válvulas y gozan de una vida útil mucho más prolongada, por lo que acabarán por sustituirlas.

Dior crea una nueva imagen

El modisto francés Christian Dior (1905-1957) funda su casa de alta costura en París y lanza una nueva moda. Dior, que había trabajado como dibujante de modas para Agnès, Schiaparelli y la casa Piguet, acaba de fundar, con la colaboración de Marcel Boussac, su propia casa de alta costura. La ocasión le ha servido para presentar una colección caracterizada por faldas amplias y largas que rompe con el estilo austero impuesto durante la posguerra, causando gran sensación entre las mujeres de la alta sociedad francesa. **➡ 1959**

Los éxitos de Antonio Machín

Antonio Machín (1903-1977) graba el tema *Angelitos negros*, una canción que gozará de un éxito sin precedentes en la España de finales de la década de 1940. Machín, nacido en Cuba, hijo de un emigrante gallego y una cubana, había llegado a Europa en 1936 y realizado giras por el continente (París, Montecarlo, Londres), siempre acompañado por el éxito. El estallido de la Segunda Guerra Mundial le conduce a España, donde a partir de ese momento se desarrollará toda su carrera. *Angelitos negros*, un "son moruno" con algunos tintes orientales, como la definía el propio intérprete, supone su consagración definitiva en este país, orientándole hacia el bolero y la canción romántica. *Madrecita*, *Solamente una vez*, *Mira que eres linda*, *Espérame en el cielo* y *Dos gardenias para ti* son otras de sus canciones más apreciadas.

La cámara Polaroid

El inventor estadounidense Edwing Herbert Land (1909-1991) inventa un procedimiento de fotografía rápida que comercializa con el nombre de Polaroid, y que permite obtener revelados pocos minutos después de haber tomado la fotografía. Aunque las imágenes son inicialmente en blanco y negro, en 1963 lanzará una nueva película que permite obtenerlas también en color. Básicamente la invención consiste en una película especial que, además del material fotosensible, contiene una bolsa con las sustancias necesarias para el revelado y que se extienden sobre la película mediante unos rodillos. A lo largo del siglo se venderán más de 100 millones de cámaras de este tipo en todo el mundo.

De izquierda a derecha, William Shockley, Walter Brattain y John Bardeen, inventores del transistor y galardonados por ese motivo con el premio Nobel de Física

compañero sentimental desde 1935. La autora de *La invitada* y de *La sangre de los demás* narra en *Todos los hombres son mortales*, a través de las peripecias de un hombre que ha bebido un filtro que lo hace inmortal, la inutilidad de la empresa humana, cuyo destino es hallar en la muerte su esencial libertad. **➡ 1968**

Datación por carbono-14

El físico estadounidense Willard Frank Libby (1908-1980) desarrolla un método de datación mediante el carbono-14, basado en el hecho de que la cantidad de átomos de carbono-14 radiactivos presentes en la atmósfera es aproximadamente constante. Cuando dicho carbono se incorpora a material vivo, comparando la cantidad de carbono-14 y su producto de desintegración el carbono-12, y dado que el período de semidesintegración es de 5 730 años, se puede determinar la antigüedad de unos restos hasta un límite de unos 700 000 años y con un margen de error de 100 años.

Partición de Palestina
26 SETIEMBRE Y 29 NOVIEMBRE

Debido a la incapacidad de la autoridad británica para solucionar la cuestión judeo-árabe, la ONU ha resuelto la partición de Palestina en un Estado árabe y otro judío. Las actividades terroristas de las organizaciones judías, el Ergun Zvai Leumi y la banda Stern, y la intransigencia árabe, han hecho imposible la creación de un Estado binacional en Palestina. Ante esta situación y siguiendo las recomendaciones del informe elaborado por un Comité especial, la Asamblea de la ONU ha resuelto aprobar la partición de Palestina en dos Estados. La Agencia Judía Sionis-

◄ *Escotes amplios, cinturas ajustadas, faldas con mucho vuelo y, en general, la apuesta por una mujer más consciente de su feminidad, fue la propuesta de Christian Dior al abrir su casa de alta costura en París en el año 1947.*

Plan Marshall y política de bloques

En 1947, las viejas rivalidades entre los imperios coloniales tradicionales fueron sustituidas por nuevos y vigorosos antagonismos. El antiguo mapa geopolítico del mundo se vio trastocado por la emergencia de jóvenes naciones que ya desde su propia génesis tenían que afrontar gravísimos problemas, y por el reparto del mundo en dos grandes esferas de influencia regidas por una u otra de las nuevas superpotencias.

ESTADOS UNIDOS Y EL FRENTE ANTICOMUNISTA

Estados Unidos, enormemente fortalecido tras el conflicto mundial, se arrogó definitivamente, con la proclamación en marzo de 1947 de la "doctrina Truman", el título de supremo guardián de Occidente, y se preparó para defenderlo del nuevo "enemigo" comunista. Como consecuencia directa tomó el relevo del Reino Unido en Grecia, asolada desde setiembre de 1946 por una cruenta guerra civil. La fuerte implantación del comunista Ejército Nacional Popular de Liberación, la debilidad del gobierno monárquico griego y la incapacidad de los británicos para controlar la situación, obligaron a Estados Unidos a intervenir con un respaldo militar, primero, y, más tarde, con apoyo económico a través de los recursos derivados del Plan Marshall.

Precisamente en torno a la puesta en marcha de ese plan se organizó la doctrina Truman. En junio, el secretario de Estado estadounidense George Marshall presentó su proyecto para la reconstrucción económica de Europa, conocido después como Plan Marshall. Sus connotaciones políticas eran evidentes. Los estadounidenses estaban convencidos de que el único medio de frenar el avance del comunismo consistía en facilitar la recuperación económica de Europa y el renacimiento del poder alemán. Por otro lado, una reanimación de la economía a escala mundial, producida en un contexto de mayor interdependencia de todos sus miembros, permitiría a los norteamericanos conquistar nuevos mercados para sus productos.

Dentro de esa estrategia general, los partidos democristianos como la alemana Unión Demócrata Cristiana, fundada en

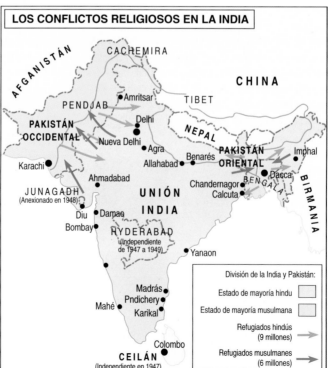

Tel Aviv en 1947, bajo la ley marcial decretada ante los problemas causados por los atentados terroristas perpetrados por grupos sionistas

LOS CONFLICTOS RELIGIOSOS EN LA INDIA

AFGANISTÁN · CACHEMIRA · CHINA · TIBET · Amritsar · PENDJAB · Delhi · NEPAL · PAKISTÁN OCCIDENTAL · Nueva Delhi · Agra · PAKISTÁN ORIENTAL · Imphal · Karachi · Allahabad · Benarés · Ahmadabad · Chandernagor · BENGALA · Dacca · BIRMANIA · JUNAGADH (Anexionado en 1948) · UNIÓN INDIA · Calcuta · Diu · Damao · Bombay · HYDERABAD (Independiente de 1947 a 1949) · Yanaon · Madrás · Pndichery · Mahé · Karikal · Colombo · CEILÁN (Independiente en 1947)

División de la India y Pakistán:
Estado de mayoría hindu
Estado de mayoría musulmana
Refugiados hindús (9 millones)
Refugiados musulmanes (6 millones)

La partición de la India en dos Estados, la Unión India y Pakistán (dividido a su vez en dos sectores separados entre sí por la cordillera del Himalaya), trajo conflictos de orden religioso, étnico y político, y una inestabilidad crónica en todo el subcontinente.

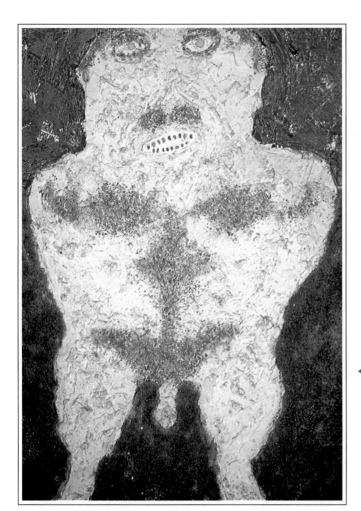

◄ Voluntad de poder,
de Jean Dubuffet.
La agresividad de la
figura pintada al óleo
se realza con la peculiar
rugosidad de la
superficie, lograda con
el "empaste" de arena
y grava.

▲
Franco acude personalmente a recibir a Eva Duarte
de Perón, en visita oficial a España. Argentina fue
la primera puerta entreabierta al régimen franquista
en el ámbito internacional.

1946, o el Partido de la Democracia Cristiana en Italia, se convirtieron en vitales elementos de contención del comunismo gracias a un fuerte respaldo financiero estadounidense y, en algunos casos, a la modificación de las leyes electorales en su beneficio. Estados Unidos orientó a la expulsión (roll back) de los comunistas de los gobiernos occidentales. En Italia el primer ministro democristiano, De Gasperi, se apresuró a destituir a los comunistas del gobierno de unidad formado con el retorno de la democracia.

Paralelamente, y como contrapartida, se reunieron en Varsovia en el mes de setiembre los principales dirigentes de los partidos comunistas europeos, y acordaron la fundación de un Comité Internacional de Información (Kominform), a fin de fijar una estrategia común ante la complejidad extrema de la nueva realidad política surgida tras la guerra.

CONFLICTOS BAJO EL SIGNO DE LA PARTICIÓN

En el continente asiático y en el seno del Imperio Británico, se desarrollaron paralelamente dos procesos que, aunque alejados en el espacio, tuvieron en común el estigma de la división territorial y el enfrentamiento étnico y religioso entre comunidades.

En agosto de 1947 la India se independizó del Reino Unido, pero también se fraccionó en dos nuevos Estados, uno predominantemente hindú, bajo el control del Partido del Congreso de Jawaharlal Nehru, y otro principalmente musulmán, Pakistán, con el líder de la Liga Musulmana Alí Jinnah como primer gobernador. La independencia llegó envuelta en sangrientos conflictos entre las dos comunidades y éxodos masivos entre ambos Estados. La división de Pakistán en dos partes (Occidental y Oriental, el futuro Bangladesh) presagiaba graves problemas para el nuevo Estado; y el establecimiento de la frontera en el fértil valle de Cachemira enfrentó desde el primer momento a la India con Pakistán.

En Oriente Medio, la tensión se agudizó a lo largo del año. El holocausto del pueblo judío en Europa había llevado a muchas personas a buscar refugio en Israel, y fue cobrando cada vez más fuerza la necesidad de un Estado propio en Palestina. La afluencia masiva de inmigrantes tendía a agravar la situación. En julio, un grupo de judíos alemanes embarcado en el Exodus conmovió a la opinión pú-

El compositor austríaco Arnold Schönberg se
inspiró en el holocausto judío para su composición
coral El superviviente de Varsovia.

blica del mundo; al llegar al puerto de Haifa, los inmigrantes fueron devueltos a Francia. A todo ello se añadió la multiplicación de las actividades terroristas, con un progresivo deterioro de la convivencia entre árabes y judíos. El Reino Unido, enfrentado a una situación insostenible, renunció a su mandato en Pales-

◄ *Portada de una edición de bolsillo de* La espuma de los días, *del escritor francés Boris Vian.*

tina y puso el problema en manos de la ONU. En noviembre, la Asamblea General resolvió aprobar la división del territorio palestino en dos Estados, uno judío y otro árabe. Era una decisión precipitada, forzada por la presión política de las partes en conflicto, que equivalía a encender la mecha de un inmenso polvorín. Un año después, en 1948, nacía el Estado de Israel y daba comienzo la guerra entre las dos comunidades. ■

El político catalán Francesc Cambó, fallecido en Buenos Aires en 1947. Fue sin duda uno de los políticos más influyentes en la España de Alfonso XIII, pero ni en la República ni tras la guerra civil encontró un espacio adecuado para sus propuestas. ▶

Instantáneas

- El fotógrafo francés **H. Cartier-Bresson** funda la agencia Magnum, con R. Capa, Chim y Rodger.
- J. Dubuffet realiza su serie *Retratos*, dentro de lo que él denomina **art brut**, en los que pretende traducir de forma inmediata los impulsos del espíritu.

- *Ballerina*, de B. Russell y C. Sigman.
- *Sixteen tons*, de M. Travis.
- *Les feuilles mortes*, de J. Prévert y W. Kosma.
- *Quizás, quizás, quizás* de O. Farrés.
- M. Callas debuta en Verona con *La Gioconda* de Ponchielli.
- A. Schönberg se inspira en el dramático canto de un grupo de judíos antes de ir a la cámara de gas para componer *Un superviviente de Varsovia*.

- *El gesticulador*, la obra dramática más popular y divulgada del mexicano R. Usigli.
- A. Gide recibe el **premio Nobel de Literatura**, en mérito de una obra fuertemente individual y audaz, tanto técnicamente como en sus posicionamientos políticos y morales.
- *El doctor Fausto*: enésimo tratamiento literario del mito de Fausto, o el genio maldito, y que recibe aquí una envoltura netamente romántica. El alemán Th. Mann se atreve a enfrentarse con los fantasmas aún recientes de la guerra, y hace una crítica valiente y ajena a los simplismos.
- M. Lowry cimienta su fama literaria en la novela *Bajo el volcán*, complejo descenso a la experiencia interior de un personaje transido de sentimientos de culpa y soledad.
- *La espuma de los días*, novela a la vez poética y humorística del polifacético B. Vian.
- A. Camus compone con *La peste* una obra angustiante y existencialista. En el escenario de una ciudad sitiada por la epidemia, permi-

te interpretaciones en clave simbólica, como la denuncia del nazismo y la guerra.

- El piloto de pruebas estadounidense Ch. Yeager rompe por primera vez la **barrera del sonido** a los mandos de un avión-cohete experimental Bell X-1. *(14 Octubre)*
- E.V. Appleton recibe el **premio Nobel de Física** por sus contribuciones al estudio de la estructura de las altas capas de la atmósfera, y el descubrimiento de la capa ionosférica que lleva su nombre.
- El físico británico de origen húngaro D. Gábor inventa la **holografía** o fotografía tridimensional.
- Se introduce formalmente en el ejército soviético el **rifle Kalashnikov**. A lo largo de la guerra fría, medio mundo estará armado con esta arma resistente y fiable.
- Aparece el cine en tres dimensiones: la película se llama *Estereokino*, y requiere unas gafas adecuadas, con una lente verde y otra roja.

- Argentina: **J.D. Perón** expone su programa de política socioeconómica. *(25 Febrero)*
- Jerusalén bajo la ley marcial, tras un ataque de **terroristas judíos** contra el casino de oficiales británicos. *(1 Marzo)*
- Paraguay: sofocada la **revolución febrerista** contra el gobierno de H. Moríñigo. *(31 Marzo)*
- España: F. Franco anuncia el proyecto de **Ley de Sucesión a la jefatura del gobierno.** *(1 Abril)*
- Eva Perón visita España y el pueblo le brinda un caluroso recibimiento. *(7 Junio)*
- Ha sido declarado ilegal el **Partido Comunista de Brasil**. *(15 Junio)*
- **Las islas Hawai**, a cerca de 4 000 kilómetros de California, se han convertido en el 50.º estado de la Unión. *(30 Junio)*
- Argentina: aprobada la ley que establece el **derecho al voto a las mujeres**. *(25 Setiembre)*

- **R. Gallegos,** líder de Acción Democrática, ha sido elegido presidente de la República de Venezuela, tras el triunfo electoral de su formación. *(14 Diciembre)*

- Gran Bretaña: la princesa heredera **Isabel** ha contraído matrimonio con **Felipe de Grecia**, duque de Edimburgo. *(20 Noviembre)*
- Un grupo de judíos alemanes a bordo del **"Exodus"** intenta en vano llegar a Palestina. Las autoridades británicas no permiten el desembarco en Haifa. *(18 Julio)*
- España: el toro Islero mata a **Manolete**. *(29 Agosto)*
- El músico catalán **Pau Casals promete no tocar** en público mientras Franco esté en el poder.

- Se crea la **NBA**, organización que reúne a los grandes clubs de baloncesto de EE.UU.

- «Tendremos un Estado de Israel.» Consigna del grupo terrorista de ideología sionista Irgun.
- «Mientras haya lágrimas y sufrimiento, nuestra labor no habrá terminado.» Primer discurso del Pandit Nehru ante la Asamblea Constituyente de la India.

- El poeta y dramaturgo español **Manuel Machado**. *(19 Enero)*
- **Francesc Cambó** muere en el exilio argentino. *(30 Abril)*
- El industrial estadounidense **Henry Ford**. Deja una fortuna de 625 millones de dólares. *(7 Abril)*
- El escultor español **Mariano Benlliure**. *(9 Noviembre)*
- **Ettore Bugatti**, constructor de coches de carreras italiano, nacionalizado francés.
- **Pierre Bonnard**, pintor francés. *(23 Enero)*

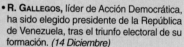

1948

El Mahatma Gandhi muere asesinado
30 ENERO

En Delhi, un fanático hindú hiere mortalmente al jefe espiritual de la India provocando gran consternación en todo el mundo. Gandhi, que hace diez días había salido ileso de otro atentado, muere al recibir varios disparos efectuados por un joven radical. Las condiciones en que se ha dado la independencia del país, sobre todo la secesión de Pakistán, así como las dificultades económicas, han provocado un estado de agitación social presidido por la violencia y los sangrientos choques entre hindúes y musulmanes. ➡ **1984**

Se crea la Organización de Estados Americanos
30 ABRIL

Los países asistentes a la IX Conferencia Interamericana que se celebra en Bogotá firman la carta fundacional de la Organización de Estados Americanos (OEA). Esta asociación, que sustituye a la Unión Panamericana, tiene como finalidad asegurar la paz y la seguridad entre los países americanos; defender la soberanía e integridad territorial de los Estados miembros, y promover su desarrollo económico, social y cultural. Las sesiones de la Conferencia se han visto alteradas por el estallido del *bogotazo*, reacción popular por el asesinato del líder del ala izquierda del Partido Liberal, Jorge Eliécer Gaitán. La sangrienta represión gubernamental provoca cinco mil muertos.

Se proclama el Estado de Israel
14 MAYO

Al finalizar el protectorado británico en Palestina, y de acuerdo con el mandato de la ONU, se proclama en este territorio el Estado de Israel, cuya existencia los países árabes se niegan a reconocer. Chaim Weizmann y David Ben Gurión, jefes del movimiento sionista, son designados respectivamente presidente y primer ministro del nuevo Estado judío. Los países de la Liga Árabe reaccionan con violencia, desencadenando la primera guerra árabe-israelí. Ésta concluirá al año siguiente con una paz negociada que beneficiará a Israel con un sustancial incremento de su territorio. ➡ **1969**

Los soviéticos bloquean Berlín
24 JUNIO

Las elecciones en la capital alemana y la introducción de una nueva divisa en Alemania occidental han contribuido a aumentar las tensiones entre las potencias occidentales y los soviéticos, cuyas tropas bloquean los accesos a Berlín. Las restricciones al tráfico terrestre procedente de occidente, impuestas por las autoridades soviéticas desde el pasado 30 de marzo, culminan con el bloqueo de la zona aliada de Berlín, medida que amenaza con desembocar en una grave crisis internacional. Francia, el Reino Unido y Estados Unidos establecen un puente aéreo para llevar alimento, combustible y correo a los berlineses occidentales. ➡ **1961**

Juegos Olímpicos de Londres
29 JULIO - 14 AGOSTO

Se celebran en la capital británica, tras el segundo paréntesis bélico, los XIV Juegos Olímpicos, y en Saint Moritz los V Juegos Olímpicos de Invierno. Presididas por la austeridad impuesta por la posguerra, las Olimpiadas de Londres, cuyo escenario principal ha sido el estadio de Wembley, han contado con la participación de 59 países, entre ellos España, que acude por primera

Camiones cargados de harina para la población de Berlín, en la terminal del puente aéreo montado por las potencias occidentales para burlar el bloqueo soviético a la ciudad.

OLYMPIC GAMES

29 JULY 1948 14 AUGUST
LONDON

Cartel anunciador de los Juegos de Londres, la primera cita olímpica después del paréntesis bélico.

◄ *El nacimiento del nuevo Estado de Israel dio origen a nuevas y dolorosas migraciones humanas. En la imagen, llegada a Port Said de un barco con palestinos procedentes de Haifa.*

Ceremonia de clausura de los Juegos Olímpicos de Londres, en el estadio de Wembley.

Los V Juegos Olímpicos de invierno se celebraron en la estación suiza de Saint Moritz. ▶

JEUX OLYMPIQUES D'HIVER
1948 St MORITZ SUISSE

Kiss me, Kate *de Cole Porter*
30 DICIEMBRE

Cole Porter (1891-1964) es autor de algunos de los musicales de mayor éxito en Broadway, caracterizados por su elegancia. De su abundante producción, el más apreciado y difundido –hasta el punto de haber sido incluido en el repertorio de los grandes teatros de ópera europeos a la altura de *El murciélago* de Johann Strauss o *La viuda alegre* de Franz Lehar– es *Kiss Me, Kate*, basado parcialmente en la comedia de Shakespeare *La fierecilla domada*, con libreto de Bella y Samuel Spewack, y letra del mismo Porter. En 1953 el musical será llevado a la pantalla por la MGM, dirigido por George Sidney y con Kathryn Grayson y Howard Keel en los principales papeles.

Se publica el Informe Kinsey

Alfred Kinsey (1894-1956) da a conocer la primera parte de un amplio estudio sobre la conducta sexual del ser humano. El biólogo y zoólogo estadounidense venía trabajando desde 1942 por encargo de la fundación Rockefeller y la Universidad de Indiana en el campo de la sexualidad humana, a fin de determinar ciertas pautas de comportamiento y el origen de determinados problemas. Fruto de estas investigaciones es el primer informe, *Sexual be-*

vez después de 17 años de ausencia, y 4 099 atletas, de los cuales 385 son mujeres. Los Juegos suponen la consagración internacional del checo Emil Zatopek, la "locomotora humana"; del estadounidense Bob Mathias, y de la neerlandesa Fanny Blankers-Koen. Previamente, en los Juegos de Invierno celebrados en Saint Moritz, habían participado 28 países y 713 atletas, de ellos 72 mujeres.

Declaración de los Derechos Humanos
10 DICIEMBRE

La ONU, tras intensos debates, adopta en París la Declaración Universal de los Derechos Humanos. Esta declaración, que consta de un preámbulo y 30 artículos, reafirma y completa los principios históricamente estipulados en las Declaraciones de los derechos fundamentales del ser humano estadounidense de 1776 y francesa de 1789. Asimismo reafirma la igualdad racial y establece las reglas que deben presidir las relaciones internacionales y sociales. La Declaración Universal de los Derechos Humanos es aprobada con el voto favorable de 48 Estados y la abstención de la Unión Soviética, Polonia, Ucrania, Bielorrusia, Checoslovaquia, Yugoslavia, Arabia Saudí y Sudáfrica.

havior in the human male, dedicado a la conducta sexual masculina. En 1953 aparecerá *Sexual behavior in the human female*, dedicado al comportamiento sexual de la mujer.

La teoría del Big Bang

El físico estadounidense de origen ruso George Gamow (1904-1968) reelabora la teoría del gran estallido inicial o "Big Bang", formulada inicialmente por el astrónomo belga G.E. Lemaître (1894-1966), tras descubrir una solución de las ecuaciones de Einstein que suponían un universo en expansión, y recibir la confirmación experimental de dicha expansión gracias a los trabajos de Edwin Hubble (1889-1953). Establece de este modo el paradigma aceptado por la mayoría de los científicos a finales del siglo acerca del origen del universo. ➠ **1964**

Alfred Kinsey aparece en esta imagen entre dos ayudantes en la Universidad de Indiana, que contribuyó a financiar sus influyentes estudios sobre la sexualidad humana. ▶

Nace la cibernética

El matemático estadounidense Norbert Wiener (1894-1964) establece los fundamentos de una nueva ciencia, la cibernética o teoría matemática de la información, en su libro *Cibernética o el control de la comunicación en el animal y la máquina*. La cibernética, formulada por Wiener a partir del paralelismo entre sistemas de regulación tanto orgánicos como técnicos, se aplicará tanto al sistema nervioso humano como a las computadoras creadas por el hombre. Wiener patenta además el nuevo término, cibernética, que deriva de la expresión griega "kybernetos" o gobierno. **➡ 1968**

Ladrón de bicicletas de De Sica

Uno de los pilares fundamentales del cine neorrealista italiano es *Ladrón de bicicletas*. Su director es el también actor Vittorio de Sica (1901-1974), a quien se deben otros títulos cimeros de este movimiento, como *El limpiabotas* (1946) y *Umberto D.* (1953), retrato todos ellos de la vida de las clases menos privilegiadas. El guión es del escritor Cesare Zavattini (1902-1989), responsable de los guiones de casi toda la filmografía de De Sica, desde *I bambini ci guardano* (1942) hasta *El jardín de los Finzi-Contini* (1970).

Nace el Long Play

La empresa estadounidense CBS Corporation comercializa los primeros discos de vinilo irrompibles de larga duración o LP (long play). Estos nuevos soportes para el registro sonoro, que giran a 33⅓ revoluciones por minuto (rpm), vienen a sustituir a los discos de goma laca, más frágiles que los de vinilo, ofreciendo además una mayor capacidad de almacenamiento de registros debido, por un lado, a su mayor tamaño y, por otro, a que el material plástico permite la grabación del sonido en surcos más estrechos, lo que aumenta la densidad de grabación. Por su parte, la compañía estadounidense RCA lanza al mercado los primeros microsurcos de menor diámetro y que se reproducen a una velocidad de 45 rpm. **➡ 1983**

Teoría de la comunicación

El matemático estadounidense Claude Shannon (n. 1916) publica su obra *Teoría matemática de la transmisión de información*, en la que establece los fundamentos de la teoría de la comunicación al cuantificar el contenido de información de un mensaje y analizar su flujo. La llamada fórmula de Shannon permite calcular la entropía de un elemento de información. Gracias a esta teoría, que se hará imprescindible en campos como el diseño de circuitos y los sistemas de comunicación, se puede determinar cuál es el mejor camino para transmitir una información, y las vías en las cuales la información corre peligro de degradarse.

Hamlet, por Olivier

Laurence Olivier (1907-1989) es uno de los más grandes actores británicos del siglo xx. Especializado en el repertorio shakespeariano, a él dedica tres de las cinco películas que rueda como director: *Enrique V*, *Hamlet* y *Ricardo III*, en las que también encarna los papeles protagonistas. Discutida por su aparente falta de pretensiones "cinematográficas", por no ser más que la plasmación en imágenes de una obra teatral, su *Hamlet* es notable sobre todo por la soberbia interpretación de Olivier y por la extraordinaria banda sonora de William Walton (1902-1983), músico que colaborará también con el actor en sus dos restantes películas basadas en textos de Shakespeare. **➡ 1972**

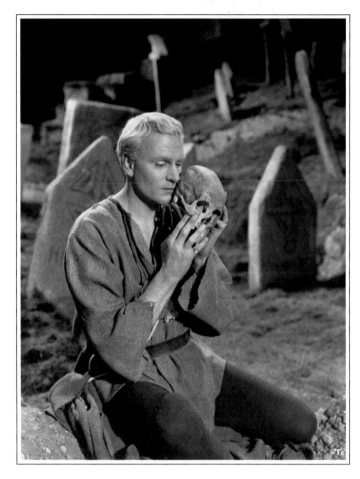

Laurence Olivier en el papel protagonista del filme Hamlet, *que recrea en imágenes la tragedia de Shakespeare. En el doble papel de director y actor, Olivier centró sus esfuerzos en la interpretación, despreocupándose de los valores propiamente*

Fotograma de Ladrón de bicicletas, *de Vittorio de Sica, una de las joyas del neorrealismo italiano y de toda la historia del cine.*

Declaración universal de los Derechos del Hombre

En 1948, a pesar de la creciente hostilidad entre los bloques geopolíticos enfrentados, la humanidad tenía sobrados motivos para el optimismo. En paralelo al imparable progreso científico y tecnológico que ahora se experimentaba, el mundo se dotaba de nuevas instituciones supranacionales y adoptaba la Declaración Universal de los Derechos del Hombre, en un intento de lograr, tras los horrores de la guerra, un consenso en dicha materia.

EL MUNDO BAJO UN SISTEMA BIPOLAR

Con el final de la guerra y la desaparición del enemigo común que había posibilitado la alianza contra el fascismo, retornaron los antagonismos, ahora polarizados en la dos potencias situadas en el primer plano de las relaciones internacionales. Estados Unidos consolidó su hegemonía en "el mundo libre", apenas discutida por una Europa cuya reconstrucción dependía de la ayuda técnica y financiera aportada por el Plan Marshall y que se encontraba debilitada además por la pérdida de los imperios coloniales que habían sido la base de su fortaleza política. Un año después de la emancipación de la India y Pakistán, Birmania y Ceilán obtuvieron también la independencia del Imperio Británico.

Paralelamente, en Europa central y oriental un proceso de características distintas iba vinculando progresivamente, tanto desde el punto de vista económico como desde el político, las nuevas "democracias populares" a las directrices impuestas por la Unión Soviética. Incluso antes del fin de la guerra, Moscú había sostenido una línea de pactos bilaterales, inaugurada en 1943 con Checoslovaquia y en 1945 con Polonia. El comienzo del enfrentamiento con Occidente aceleró el proceso, y en los primeros meses de 1948 se firmaron tratados bilaterales con Rumania, Hungría y Bulgaria. Pero muy pronto los soviéticos demostraron que estaban dispuestos a ir más lejos. En febrero, tras la muerte del presidente Massaryk, se produjo el llamado "golpe de Praga": con el apoyo de las tropas soviéticas instaladas en el país y en un contexto de crisis económica derivada de los desastres de la guerra y del veto al Plan Marshall, los comunistas de

Niños berlineses saludan la llegada de un avión estadounidense durante el puente aéreo del año 1948.

Klement Gottwald se hicieron con los resortes del poder y dejaron fuera de la ley al resto de los partidos políticos.

Estados Unidos y la Unión Soviética se convirtieron así en los polos en torno a los cuales habían de girar en el futuro jerárquicamente el resto de los países del planeta, en una dialéctica centro-periferia. Como expresión de este proceso se produjo la división de la península coreana en dos Estados, Corea del Sur bajo el gobierno de Syngman Rhee, y Corea del Norte con Kim Il Sung como supremo líder. En

Jorge Negrete, ídolo de la canción y del cine mexicanos, junto a María Elena Marqués.

Europa central, Berlín, una ciudad bajo el estigma de la división, se convirtió en el gran escenario del creciente distanciamiento entre las dos superpotencias y en la protagonista de la primera gran crisis entre los dos bloques. En junio la URSS bloqueó los sectores occidentales, interrumpiendo todo tráfico terrestre, a lo que replicaron Estados Unidos y el Reino Unido con la creación de un gigantesco puente aéreo a través del cual, diariamente, cientos de aviones transportaban miles de toneladas de víveres y todo tipo de mercancías.

INESTABILIDAD POLÍTICA EN AMÉRICA LATINA

En abril de 1948, los 21 países asistentes a la IX Conferencia Interamericana suscribieron la Carta de la Organización de los Estados Americanos, que vino a sustituir a la Unión Panamericana en un momento en que América latina se encontraba sumergida en una profunda inestabilidad. El contexto político aparecía marcado por el monopolio de la vida pública por parte de una reducida oligarquía, un acusado intervencionismo del ejército en la vida civil, y la escasa implantación de hábitos democráticos en unos sistemas parlamentarios reducidos en su funcionamiento a los aspectos meramente formales. Perú y Venezuela se vieron sobresaltados por sendos golpes militares contra los gobiernos vigentes. En Venezue-

Placa doble cara, *una de las cerámicas realizadas por Joan Miró y Josep Llorens Artigas en 1945-46 y presentadas en la Galería Maeght de París en 1948.*

zuela el presidente Rómulo Gallegos fue depuesto por las fuerzas armadas, y en Perú el general Odría se rebeló contra el gobierno en un golpe de signo conservador que exigía mano dura contra el aprismo, recientemente protagonista de un fracasado movimiento revolucionario. En Costa Rica, tras la invalidación por el gobierno de unas elecciones ganadas por la oposición, se produjo una situación de auténtica guerra civil con la rebelión de los socialdemócratas de José Figueres, que finalmente entraron triunfantes en abril en la ciudad de San José. La violencia política dominaba también la vida pública de Colombia, donde en el mismo mes murió asesinado Jorge Eliécer Gaitán, un personaje incómodo para las oligarquías al haberse convertido en líder de las masas más desfavorecidas. ■

Instantáneas

- El pintor francés G. Braque ha sido galardonado con el Gran Premio en la **Bienal de Venecia**. *(8 Junio)*
- Se abre en la Galería Maeght de París una **exposición de piezas de alfarería** realizadas por J. Miró en colaboración con el ceramista J. Llorens i Artigas. Picasso presenta también, en la Maison de la Pensée Française, sus primeras tentativas como ceramista.

- *Nature boy*, de E. Abhez, inspirada en un tema de H. Yablokoff y el espiritual *Sweet Jesus Boy*.
- *The dream of Olwen*, de C. Williams.
- *Red roses for a blue lady*, de S. Tepper y R. Brodsky.
- Aparece en Estados Unidos el **cool-jazz**, más suave, de la mano de músicos como Miles Davis.

- Un clásico de la ciencia-ficción, *El mundo de los no-A*, de A. E. Van Vogt.
- El argentino E. Sábato escribe *El túnel*, obra experimental donde un criminal narra su propia locura.
- M. Delibes gana el premio Nadal con la novela *La sombra del ciprés es alargada*.
- N. Mailer logra su fama literaria con la novela *Los desnudos y los muertos*, violenta pintura de la guerra en una isla del Pacífico, de tono antiheroico.

- Se estrena en España, precedida de rumores de escándalo, la película *Gilda*, de Ch. Vidor, protagonizada por Rita Hayworth y Glenn Ford. *(1 Febrero)*
- Chaplin acusado por el Comité de Actividades Antinorteamericanas. *(1 Octubre)*
- J. L. Mankiewicz se consolida con *Carta a tres esposas*, donde es a la vez guionista y director.
- *El ídolo caído*, del realizador C. Reed, basada en la novela de G. Greene.
- *Scott of the Antarctic*, de Ch. Frend, narra la tragedia del capitán Scott. Excelente la banda sonora de R. Vaughan Williams.
- Jorge Negrete, el cantante más popular de México, protagoniza la película *Allá en el Rancho Grande*.
- Basada en una novela de S. Zweig, *Carta de una desconocida* es una magnífica exploración de la pasión amorosa, de M. Ophüls. Joan Fontaine hace su mejor papel.

- A. Piccard realiza las primeras pruebas con su primer modelo de **batiscafo**, el FNRS-2.
- Inauguración del **telescopio gigante** construido en Monte Palomar, San Diego.
- Se inicia en Japón la comercialización de la **cámara Nikon**, pionera en el formato de 35 mm.

- Los comunistas se apoderan del poder en **Checoslovaquia**. *(25 Febrero)*
- El Benelux, Francia y Gran Bretaña firman en Bruselas un **pacto de defensa e integración económica regional**. *(17 Marzo)*
- Firma del protocolo entre F. Franco y J.D. Perón que desarrolla y amplía el convenio comercial de pagos existente entre España y Argentina. *(3 Abril)*
- El "Bogotazo": graves disturbios sociales en Bogotá a raíz del asesinato del líder del ala izquierda del Partido Liberal, J. E. Gaitán. *(9 Abril)*
- Unión Sudafricana: llega al poder el Partido Nacionalista, con D.-F. Malan al frente, quien implantará su programa de *apartheid*.*(28 Mayo)*
- Perú: la **rebelión conservadora** del coronel Llosa ha sido sofocada. *(7 Julio)*
- Acuerdo entre F. Franco y Don Juan de Borbón, para que los hijos de éste puedan estudiar en España. *(25 Agosto)*
- Golpe de Estado en Perú: el general M. Odría toma el poder. *(29 Octubre)*
- H. Truman es reelegido presidente de los Estados Unidos. *(2 Noviembre)*
- El infante Don Juan Carlos de Borbón llega a Madrid para cursar estudios de bachillerato. *(9 Noviembre)*
- El **Tribunal Militar Internacional de Tokio** declara culpables de fomentar la guerra a todos los gobiernos japoneses desde 1928. *(12 Noviembre)*
- El presidente de Venezuela, R. Gallegos, es derrocado por un golpe de Estado militar. *(23 Noviembre)*
- **Militares neerlandeses** detienen al presidente de la República de Indonesia, A. Sukarno, y a otros miembros del gobierno. *(19 Diciembre)*

- Francia, Italia, Alemania y el Benelux fundan en París la **Organización Europea de Cooperación**. *(16 Abril)*
- Los laboristas británicos deciden **nacionalizar la sanidad**. *(5 Julio)*
- F. Bertone diseña el *2 Caballos* para la Citroën, en parte para responder al éxito del *Escarabajo* Volkswagen.

- El MOMA lleva ya una década realizando exposiciones de **diseño para el hogar**. Una serie de nombres se han ido consolidando: H. Bertoia, Ch. Eames, E. Saarinen y F. Knoll. La de este año se titula "Diseño de mobiliario a bajo coste".
- Se empieza a publicar en Barcelona la revista *Dau al set* con A. Tàpies, J. Brossa, M. Cuixart, eco de los movimientos vanguardistas de entreguerras.

- **Juegos Olímpicos de Invierno en Saint-Moritz**: sólo Suecia ha mantenido el nivel de otras épocas en esquí de fondo, gracias a su neutralidad durante la guerra.
- Olimpiadas de Londres: un argentino, D. Cabrera, vuelve a ganar el **maratón**, en un final emocionante y ajustado.
- En ausencia de Japón, los norteamericanos acaparan en Londres las medallas en **natación**.

- «Aterrizar y desplazarse sobre la Luna presenta tal cúmulo de problemas para los seres humanos que puede tomarle a la ciencia otros 200 años superarlos.» *Science Digest*.
- «Amigos y camaradas, no sé bien qué deciros ni cómo hacerlo. Nuestro amado líder, *Bapu*, como solíamos llamarle, el padre de la nación, ya no está. La luz se ha extinguido...» Mensaje radiofónico del primer ministro Nehru, anunciando el asesinato de Mahatma Gandhi.
- «Todos los seres humanos nacen libres e iguales en dignidad y derechos.» Artículo 1º de la Declaración Universal de los Derechos Humanos.

- El poeta vanguardista chileno Vicente Huidobro. *(3 Enero)*
- Antonin Artaud, escritor y hombre de teatro francés. *(4 Marzo)*
- Louis Lumière, químico e industrial francés, padre del cinematógrafo. *(7 Junio)*
- George Bernanos, escritor católitoc francés. *(5 Julio)*
- El cineasta estadounidense David Wark Griffith, autor de alguna de las más célebres películas del cine mudo. *(23 Julio)*
- El lingüista catalán Pompeu Fabra. *(25 Diciembre)*
- Manuel M. Ponce, compositor mexicano.
- Sergeï Eisenstein, teórico y director de cine soviético. *(11 Febrero)*

1949

Abdullah ibn Husayn (en el centro) es coronado rey de Jordania. A su izquierda el príncipe Abdul Illah, regente de Irak.

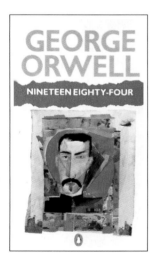

Portada de una edición de bolsillo de 1984, de George Orwell.

Mapa de Palestina en 1949. ▶ El Estado de Israel nació en guerra con sus vecinos y reducido a una estrecha franja costera, un árido desierto interior y una férrea voluntad de supervivencia.

Se constituye el reino de Jordania
24 ENERO

El emir Abdullah ibn Husayn proclama el Reino hachemí de Jordania y consolida las conquistas territoriales al oeste del Jordán. Tras expirar el mandato británico sobre el territorio de Transjordania y retirarse sus tropas de Palestina, Transjordania ocupó una parte del territorio de ésta, que, como provincia de Cisjordania, ha pasado a integrar el nuevo reino de Jordania. Si bien el antiguo emirato de Transjordania y su emir Abdullah han llevado el mayor peso de la guerra árabe-israelí, la proclamación del reino jordano ha causado malestar en ciertos sectores árabes, que ven en este hecho un reconocimiento tácito del Estado de Israel. ➡ **1988**

George Orwell publica 1984
13 JUNIO

Orwell, tres años después de su feroz crítica al estalinismo en *Rebelión en la granja*, publica una aterradora visión del futuro. El escritor indobritánico describe en *1984*, inversión de 1948, año en que ha sido escrita la novela, un desolador mundo futuro, donde un sistema totalitario se vale de la tecnología para espiar, controlar o destruir cualquier forma de individualidad y dar lugar a una sociedad sin alma. En el marco de la "guerra fría", el libro de Orwell alcanza rápidamente un gran éxito.

Egipto e Israel firman un armisticio
24 FEBRERO

La mejor organización y equipamiento del ejército israelí fuerza un armisticio con Egipto, que le supone ampliar su territorio en una cuarta parte. Israel firma con Egipto un armisticio cuyo cumplimiento será garantizado por el Consejo de Seguridad de la ONU. Egipto, que se niega a reconocer a Israel como Estado y lo denomina "entidad sionista", se ve obligado a aceptar el control judío sobre Beersheva y un amplio y estratégico sector del desierto de Néguev. ➡ **1951**

Eire se convierte en la República de Irlanda
1 ABRIL

Tras las elecciones celebradas en diciembre pasado, en las que el Fianna Fáil fue desplazado por Fine Gaël y John Costello se convirtió en nuevo primer ministro, una modificación constitucional convierte a Eire en la República de Irlanda. Al mismo tiempo, la nueva República se separa de la Commonwealth y reafirma su oposición a la partición de la isla. El Reino Unido reconoce a Irlanda, pero mantiene su política sobre Irlanda del Norte. ➡ **1971**

Creación de la OTAN
4 ABRIL

Se firma en Washington el Tratado del Atlántico Norte (OTAN), alianza militar de los países occidentales. Los ministros de Asuntos Exteriores de Bélgica, Reino Unido, Dinamarca, Francia, Islandia, Luxemburgo, Países Bajos, Noruega, Canadá y Estados Unidos firman un importante acuerdo por el cual se comprometen a defenderse mutuamente si son atacados por otras potencias. La alianza es fruto de las tensiones originadas por la "guerra fría" y consecuencia directa de los incidentes derivados del bloqueo de Berlín por los soviéticos. La alianza no se organizará como fuerza militar multinacional hasta después de la guerra de Corea de 1950. ➡ **1949**

Telescopio de 200 pulgadas

Entra en servicio el mayor telescopio de refracción de la época, el telescopio de 5 metros (200 pulgadas) instalado en el observatorio de Monte Palomar, en Estados Unidos. La construcción de un instrumento de estas características plantea graves problemas en cuanto a la lente, que en esta ocasión se ha fabricado a partir de 17 toneladas de vidrio que, una vez fundidas, se han sometido a los procesos de enfriamiento y corrección necesarios para el correcto funcionamiento de la instalación. ➡ **1970**

Se concreta la partición de Alemania
23 MAYO Y 12 OCTUBRE

El Consejo parlamentario alemán y la Cámara parlamentaria provisional proclaman la República Federal de Alemania (RFA) y la República Democrática Alemana (RDA), consumando

---

PALESTINA EN 1949

Mar Mediterráneo

LÍBANO

SIRIA

Acre

L. Tiberíades

Nazaret

Tel-Aviv

Jordán

Jerusalén

Gaza

Mar Muerto

Beersheba

P A L E S T I N A

N E G E V

T R A N S J O R D A N I A

E G I P T O

Elat

Aqaba

Fronteras de Palestina bajo mandato británico

Plan de partición de Palestina (ONU, 1947)

Estado judío

Estado árabe

Adquisiciones de territorio por Israel en 1949

la división del territorio alemán como fruto de la política mundial de bloques. Los representantes de todos los *länder* alemanes del sector ocupado por las potencias occidentales han aprobado en el Bundestag la ley fundacional de la RFA, donde Konrad Adenauer se convierte en el primer canciller de la república al ganar las elecciones del 15 de setiembre. Poco después, en el sector ocupado por los soviéticos, la Cámara parlamentaria, surgida de la reunión del Consejo Popular Alemán y del Bloque Democrático Antifascista, constituye la RDA, de la que Wilhelm Pieck es elegido primer presidente.
➡ **1961**

Primera prueba nuclear soviética
23 SETIEMBRE

La URSS se convierte en potencia atómica al hacer estallar un artefacto nuclear. Tras las explosiones atómicas de Hiroshima y Nagasaki, que aceleraron la rendición de Japón, y las pruebas realizadas en la Micronesia, Estados Unidos era hasta ahora la única potencia nuclear del mundo. Sin embargo los científicos soviéticos, que desde 1943 venían trabajando en la consecución de la bomba atómica, realizan con éxito la primera prueba que convierte a la URSS en la segunda potencia nuclear.
➡ **1954**

Mao proclama la República Popular China
1 OCTUBRE

Mao Tse-tung (1893-1976), tras derrotar al ejército nacionalista de Chang Kai-shek, proclama en Pekín la República Popular China. Finalizada la alianza estratégica frente a los japoneses, las fuerzas comunistas y las del Kuomintang volvieron a enfrentarse por el control del poder. Mao Tse-tung ha conseguido expulsar a Chang Kai-shek a la isla de Formosa (Taiwan) y proclama la nueva república comunista. Convertido en máximo dirigente, la política exterior de Mao se mostrará independiente respecto de Moscú, y la interior encaminada a aplicar recetas «originales y radicales» a los problemas tradicionales.
➡ **1950**

Estreno de la Sinfonía Turangalîla
2 DICIEMBRE

Leonard Bernstein es el encargado de estrenar, al frente de la Orquesta Sinfónica de Boston, una de las partituras orquestales más ambiciosas y fascinantes del siglo XX: la *Sinfonía Turangalîla* de Olivier Messiaen (1908-1992). Escrita para una orquesta de colosales proporciones, con la incorporación casi concertante de un piano y de unas Ondas Martenot, y dividida en diez movimientos, la obra es una extraordinaria síntesis de todas las inquietudes musicales y espirituales (desde la fe cristiana hasta el canto de los pájaros, pasando por la filosofía hindú) de este creador francés. El título *Turangalîla* proviene del sánscrito y quiere decir «a la vez canto de amor, himno a la alegría, tiempo, movimiento, ritmo, vida y muerte», según explica su propio autor.

Emancipación de Indonesia
28 DICIEMBRE

Los Países Bajos reconocen la independencia de Indonesia, cuya Asamblea constituyente designa a Ahmed Sukarno (1901-1970) su primer presidente. El traspaso de las Indias Orientales, a excepción de la parte occidental de Nueva Guinea, que se efectúa hoy, conforma el territorio del nuevo Estado indonesio, que conserva algunos vínculos de carácter económico con el reino neerlandés. Dentro de dos días las autoridades coloniales evacuarán el país, en tanto que sus tropas permanecerán hasta ser sustituidas por el ejército local.
➡ **1965**

Detección mediante ecografía

Ludwig y Struthers demuestran que es posible en la práctica llevar a cabo la detección de cuerpos extraños en tejidos, mediante el empleo de ultrasonidos. Establecen de este modo las bases de la ecografía, una técnica incruenta e inocua, que no altera las estructuras y organismos estudiados y que permite realizar en la mayoría de los casos diagnósticos con grados de precisión adecuados. Las investigaciones en este campo, llevadas a cabo por diversos

grupos, darán como resultado el desarrollo en 1951 del primer aparato de ecografía para la exploración abdominal, que se perfeccionará más tarde con la introducción de técnicas digitales.

Borges publica El Aleph

Jorge Luis Borges (1899-1986) da a conocer en Buenos Aires *El Aleph*, que obtiene un éxito inmediato. Como en otras obras anteriores, entre ellas *Historia universal de la infamia* (1935), y *El jardín de los senderos que se bifurcan* (1941), las recurrencias de Borges son el tiempo, la ambigüedad de la identidad, el carácter cíclico del conocimiento y de la historia, y un humor cargado con una punta de ironía. En los diecisiete relatos que componen el libro, la precisión de la prosa se convierte en un elemento esencial tanto del discurso narrativo como del universo, puesto que el Aleph simboliza, según la cábala, al hombre como unidad colectiva y señor del mundo.
➡ **1979**

El tercer hombre de Carol Reed

Aunque en los títulos de crédito figura el nombre del realizador británico Carol Reed (1906-1976) como director de *El tercer hombre*, la película remite, por su factura, al estilo de Orson Welles. Éste no sólo protagoniza el filme junto a Joseph Cotten y Alida Valli, sino que interviene decisivamente en la realización, especialmente en la antológica escena de la persecución por las alcantarillas de Viena. Otro factor determinante en el éxito de la película es su célebre tema musical, interpretado a la cítara por Anton Karas. El guión es de Graham Greene, uno de los mejores escritores británicos de la segunda mitad del siglo XX.
➡ **1966**

La reina Juliana de los Países Bajos preside la ceremonia de la concesión de la independencia a Indonesia, en el palacio Real de Amsterdam. Junto a la reina, con gafas, Mohammed Hatta, primer ministro del nuevo Estado.

Portada de una edición de El Aleph, *libro de relatos del argentino Jorge Luis Borges.*

Los escenarios de la guerra fría

A partir de la creencia de que el campo enemigo albergaba siempre propósitos agresivos, las grandes superpotencias preconizaron la creación de un complejo entramado de pactos militares, económicos y políticos, en un intento de englobar a los países de sus respectivos bloques. Tales pactos eran visibles ya en 1949, como también el resultado indirecto de esta política: la continua inestabilidad en el plano internacional y un clima marcado por la tensión, el recelo y el miedo.

Las cifras de la ayuda del plan Marshall para la reconstrucción de Europa. La lluvia de dólares permitió reparar rápidamente las consecuencias de la guerra en toda Europa occidental, con la excepción de España.

NACE EL COMECON EN EL ESTE DE EUROPA

El continente europeo, bajo la plena vigencia del sistema bipolar, quedó inmerso de lleno en la "guerra fría", un término surgido en 1947 que el periodista estadounidense Walter Lippmann se encargó de popularizar. La expresión designaba el complejo sistema de relaciones internacionales de la posguerra, determinado por una constante tensión prebélica entre las dos grandes superpotencias que luchaban por la hegemonía mundial. En mayo de1949, a pesar de que el final del bloqueo de Berlín y de la guerra civil en Grecia hizo desaparecer los puntos de fricción más fuertes, el proceso de división del continente europeo era ya un hecho irreversible.

En enero y como respuesta al Plan Marshall, denunciado por la Unión Soviética como una maquinación imperialista de Estados Unidos, los países socialistas crearon un "Consejo de Ayuda Mutua Económica" destinado a reforzar los vínculos económicos entre la URSS y las "democracias populares" y facilitar la reconstrucción de las naciones del Este europeo, terriblemente castigadas por la guerra. El Consejo, que sólo alcanzó un grado aceptable de actividad a partir de 1954, se convirtió en un organismo de coordinación de las políticas de sus Estados miembros a través de la elaboración de planes quinquenales, el establecimiento de acuerdos eco-

EL PLAN MARSHALL

Países beneficiados e importe recibido

Países no beneficiados

Cifras en dólares
m = millones   ml = millardos

◀ A finales de 1949 se proclamó la República Popular China. Concluía de ese modo la "larga marcha" de Mao Tse-tung hacia el poder.

El Nobel de Literatura de 1949 vino a premiar la obra densa, coherente y de extraordinaria brillantez formal del estadounidense William Faulkner.

nómicos y comerciales y la creación de entidades autónomas como el Banco Internacional de Cooperación Económica, fundado a mediados de la década de 1950.

Por su parte, Estados Unidos se embarcó en una política abierta de contención del comunismo tanto en el interior como en el exterior, reforzada aún más tras la proclamación a finales de 1949 de la República Popular China. La "guerra fría" se introdujo violentamente en la vida artística y cultural del país con el Comité de Actividades Antiamericanas del senador MacCarthy, que junto a dirigentes del Partido Comunista juzgó a artistas, científicos e intelectuales, implicando al país entero en una "caza de brujas" dirigida contra personas sospechosas de simpatías prosoviéticas.

En el exterior tuvo lugar en abril la fundación de la OTAN, con la firma en Washington del Tratado del Atlántico Norte por los representantes de Estados Unidos, el Reino Unido, Francia y los países del Benelux, a los que se añadieron posteriormente otras naciones europeas. La OTAN nació con el ánimo de garantizar la asistencia mutua en el caso de que cualquiera de sus miembros fuera objeto de una agresión. Su creación, como no podía ser de otra manera, provocó duras críticas por parte de la Unión Soviética. Se vino así a cumplir la teoría que en 1946 había esbo-

Firma en Washington del Tratado del Atlántico Norte, en el que sería acto fundacional de la OTAN.

zado Churchill en su discurso en la Universidad de Fulton sobre la existencia de "dos mundos" irreconciliables separados por la barrera del "telón de acero". La confirmación definitiva de esta intuición llegó con la división de Alemania, consumada oficialmente en octubre con la creación de la República Democrática de Alemania en el ámbito territorial de ocupación soviética. Con Wilhelm Pieck como presidente y bajo el control comunista, en el nuevo Estado quedó englobada la tercera parte de la población alemana. La URSS respondía así a la creación en mayo de la República Federal Alemana en los territorios ocupados por las tropas occidentales.

PRIMEROS ENSAYOS PARA UNA EUROPA UNIDA

Desprovista de buena parte de su protagonismo político y económico, Europa empezó a renacer de sus cenizas lentamente y a sentar las bases de una mayor integración de sus naciones con la crea-

ción de diversas instituciones supranacionales. En marzo se creó la Unión de la Europa Occidental, con la firma en Bruselas de un tratado de defensa y de integración económica regional por los delegados de los países del Benelux, Francia y Reino Unido. El 5 de mayo de 1949, los cinco países firmantes del Pacto de Bruse-

El popular actor mexicano Mario Moreno
"Cantinflas" en la película El portero.

Magenta, negro, verde y naranja, *de Mark Rothko
(MOMA de Nueva York). A través de las bandas
horizontales de color, el artista crea una atmósfera
visual en la que el cromatismo se convierte
en sustancia espiritual del arte.*

las más las cinco naciones invitadas a adherirse al proyecto de Unidad Europea –Italia, Irlanda, Noruega, Suecia y Dinamarca– suscribieron en Londres los estatutos del Consejo de Europa. Se estableció en Estrasburgo la sede del organismo, que fijó como objetivo básico la defensa de los principios de la democracia en el Viejo Continente, y en segundo término el fomento de la cooperación entre sus miembros en el terreno económico, cultural, científico y jurídico. El proceso de construcción europea se había puesto en marcha. ■

Instantáneas

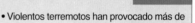 1949

 • M. Rothko llena todo el espacio de sus grandes telas con bandas de colores, como en *Magenta, negro, verde y naranja*. Su abstracción reposa en la confianza en la espiritualidad intrínseca del color.
• **Exposición de O. Kokoschka** en el MOMA de Nueva York.

 • *Diamonds are a girl's best friend*, de L. Robin y J. Styne. Marilyn Monroe la cantará en *Los hombres las prefieren rubias*.
• *Some enchanted evening* y *Younger than springtime*, ambas de R. Rodgers y Hammerstein, que pertenecen a la comedia musical *South Pacific*.
• Tema de **The Third man** *(El tercer hombre)*, interpretado a la cítara por su autor, A. Karas.
• A. Copland firma la música de la película *The red pony*.

 • A. Buero Vallejo gana el premio Lope de Vega de Teatro con *Historia de una escalera*. *(14 Octubre)*
• En su pieza teatral *La muerte de un viajante* A. Miller pretende desmitificar el "sueño americano" por antonomasia, el éxito.
• G. Ryle aplica en el libro *El concepto de lo mental* su teoría de los "conflictos categoriales", según la cual todos los problemas filosóficos surgen de un uso inadecuado del lenguaje.
• *Diario del ladrón*: J. Genet traduce en novelas intensamente líricas, a la vez que duras, el mundo de la delincuencia que le ha llevado a la cárcel, desde donde escribe.
• C. Pavese publica *El bello verano*, que incluye tres novelas cortas. Una de las protagonistas se suicida, como hará el propio Pavese, muy pronto.
• *El cielo protector* refleja algo de la vida de su autor, el estadounidense P. Bowles. La angustia existencial y la búsqueda de salidas en el exilio.
• W. Faulkner, Premio **Nobel de Literatura** por su brillante aportación a la renovación de la literatura.
• S. de Beauvoir provoca controversias con su obra feminista *El segundo sexo*.
• L. Panero muestra en *Escrito a cada instante* el carácter religioso e intimista de su poesía.

• El escritor finlandés M. Waltari demuestra su dominio técnico con la novela *Sinuhé el egipcio*, cuyo éxito la llevará a la pantalla, de la mano de M. Curtis.

 • Se estrena en Broadway el musical *South Pacific*. *(7 Abril)*
• *La malquerida*, de Indio Fernández, con María Félix y fotografía de G. Figueroa.
• Una Ingrid Bergman atrapada en una isla de pescadores protagoniza el documental dramático *Stromboli*, de R. Rossellini.
• Mario Moreno, **Cantinflas**, estrena **El portero**.

 • Un equipo de científicos y técnicos soviéticos, dirigido por I.V. Kurchatov, consigue desarrollar la **primera bomba atómica soviética**. *(Agosto)*
• W. Francis Giauque recibe el premio **Nobel de Química** por sus estudios sobre la química de las bajas temperaturas.
• W.R. Hess, premio **Nobel de Medicina y Fisiología** por sus contribuciones a la localización de las funciones cerebrales.
• Se desarrolla en Suiza el primer **contestador automático telefónico**, aunque su peso (unos 300 kg) y tamaño lo hacen poco práctico.

 • Se levanta el **bloqueo** de Berlín. *(12 Mayo)*
• Fundación del **COMECON** en Moscú. *(25 Enero)*
• Se promulga en Argentina una **nueva constitución** denominada "Justicialista" por su creador, el general J.D. Perón. *(11 Marzo)*
• Creación en Londres del **Consejo de Europa**. *(5 Mayo)*
• La **derrota de la guerrilla comunista** en la guerra civil de Grecia preludia el fin del conflicto. *(14 Agosto y 16 Octubre)*
• Bolivia: tropas gubernamentales aplastan la **insurrección popular** en Sucre y Potosí. *(5 Setiembre)*
• La comisión delegada de la ONU impone un alto el fuego en la **guerra entre India y Pakistán** por la posesión de Cachemira. *(1 Enero)*

 • La actriz norteamericana Rita Hayworth se ha casado con el príncipe indio Alí Khan. *(27 Mayo)*

• Violentos terremotos han provocado más de 3 000 muertos en Ecuador. *(16 Agosto)*
• Robinson's, en Gran Bretaña, es el pionero de los **pañales de usar y tirar**, aunque tienen el doble problema de su coste y su escasa capacidad de absorción.
• A. Dassler, posterior dueño de *Adidas*, diseña las primeras **zapatillas para correr**. Todas las zapatillas posteriores descienden de éstas.
• C. Hilton funda la **Hilton International Company** para ampliar su cadena de hoteles a todo el mundo.
• Gran Bretaña: **la libra se devalúa** un 50% cuando vuelve a la paridad con el oro. A partir de ahora se establecerá un sistema especial de paridades dólar-oro, ya que se demuestra que sólo la economía americana puede sostenerla. *(18 Setiembre)*

 • El boxeador estadounidense Joe Louis, **el bombardero negro**, se retira tras 10 años de conservar su título de campeón del mundo de pesos pesados.
• Se crea el **campeonato del mundo de motociclismo** para las categorías de 125, 250, 350 y 550 centímetros cúbicos.

 • «No mientras yo siga con vida.» El secretario de Exteriores inglés, E. Bevin, al serle sugerido que su colega gubernamental H. Morrison era el peor enemigo de sí mismo.
• «Oh no, gracias. Sólo fumo en ocasiones especiales.» Respuesta del ministro laborista al serle preguntado si deseaba un cigarro en una comida con el rey Jorge VI.

 • Niceto Alcalá Zamora, que en el año 1931 fue primer presidente de la República española. *(18 Febrero)*
• El político socialista español Fernando de los Ríos. *(31 Mayo)*
• José Orozco, muralista mexicano. *(7 Setiembre)*
• El compositor y director de orquesta alemán Richard Strauss. *(8 Setiembre)*
• Muere en accidente Marcel Cerdan, ex campeón del mundo de boxeo: en 113 peleas sólo perdió en 4 ocasiones. *(27 Octubre)*

1950

Neruda publica su Canto general
30 ENERO

El poeta chileno Pablo Neruda (1904-1973) publica en México el poema *Canto general*, que consolida su enorme popularidad. La obra consta de 15 cantos que narran, desde las alturas del Machu Picchu, la historia social de América. El tema predominante es la confrontación entre la belleza y la riqueza naturales del continente y la fealdad y miseria de una civilización basada en la explotación del hombre por el hombre y en la destrucción de la naturaleza. *Canto general* es celebrado como uno de los puntos culminantes de la tradición épica de la literatura hispanoamericana. ➡ **1971**

Pacto de amistad chino-soviético
14 FEBRERO

En el marco determinado por la política de bloques y las tensiones derivadas de la guerra de Corea, China y la Unión Soviética firman un acuerdo con una vigencia prevista de treinta años y que estipula la ayuda mutua en el caso de que cualquiera de ambos Estados sea agredido por un tercero. Asimismo, el pacto contempla la concesión de la URSS a China de un importante crédito para activar el desarrollo industrial y agrario, la devolución a China del ferrocarril de Manchuria y la retirada de las tropas soviéticas de las bases de Port Arthur. ➡ **1966**

Caza de brujas en Estados Unidos
FEBRERO

El senador republicano Joseph McCarthy (1908-1956) inicia la persecución de izquierdistas y liberales, al anunciar que tiene en su poder una lista de 57 "comunistas con carné" infiltrados en el Departamento de Estado. Basándose en prejuicios muy extendidos y en un visceral temor al comunismo, McCarthy centra su histérica campaña contra la "amenaza roja" en los ambientes intelectuales y artísticos. Muchos de los acusados se verán forzados a emigrar o a ocultarse bajo seudónimos para seguir trabajando.

Conquista del Annapurna
3 JUNIO

El alpinista Maurice Herzog, jefe de la segunda expedición francesa al Himalaya, logra, junto a su compañero L. Lachenal, alcanzar la cumbre nepalí del Annapurna, pico de 8 075 m. Herzog y Lachenal habían partido del campamento V situado a 7 400 m, y son los primeros hombres en conquistar un pico de una altitud superior a los 8 000 m. ➡ **1953**

Estalla la guerra de Corea
25 JUNIO

Tropas norcoreanas cruzan por sorpresa el paralelo 38, invaden Corea del Sur y se apoderan de Seúl, desencadenando una guerra que durará tres años. El elemento desencadenante del conflicto ha sido el propósito de la ONU de celebrar elecciones para instaurar un Estado unificado en la península coreana. En respuesta a la solicitud de ayuda a Corea del Sur efectuada por la ONU, una fuerza multinacional encabezada por Estados Unidos y al mando del general MacArthur interviene en el conflicto a partir del 15 de setiembre, lanzando una ofensiva desde Pusan. Poco después, el 24 de octubre, China acude en ayuda de Corea del Norte. ➡ **1951**

Dinero de plástico

El estadounidense Ralph Scheider crea el "dinero de plástico" al poner en circulación las primeras tarjetas de crédito de uso general, emitidas por el Diner's Club creado por él. La tarjeta permite en un principio a los primeros 200 poseedores cenar a crédito en veintisiete restaurantes de la ciudad de Nueva York. Tras el éxito obtenido por esta forma de pago, en 1959, el Bank of America creará la primera tarjeta de crédito bancario, que comercializará con el nombre de BankAmericard.

Memorias de núcleos de ferrita

Se inicia la comercialización de las llamadas memorias de núcleos de ferrita para almacenar información en los sistemas de procesamiento de información. Estas memorias, fabricadas con núcleos del material cerámico conocido como ferrita, se pueden magnetizar en dos estados diferentes dependiendo de la dirección del estado de magnetización, con lo que cumplen a la perfección la exigencia de poseer dos estados, p. ej. 1 y 0. En principio la información contenida en ellas desaparece tras su lectura, por lo que es necesario disponer de sistemas que la dupliquen si se quiere conservar la información una vez leída.

El senador Joseph McCarthy en 1950, época en la que empezó su particular cruzada contra la infiltración comunista en las instituciones estadounidenses.

El estallido de la guerra en la línea divisoria de las dos Coreas provocó un interminable éxodo de campesinos que se dirigían hacia el sur en busca de seguridad.

Vista aérea del estadio de Maracaná, en Río de Janeiro, de una capacidad de aforo superior a los 200 000 espectadores. En él se disputó la final de la Copa del Mundo de 1950.

Bertrand Russell, premio Nobel de Literatura en 1950 y pacifista militante, durante un acto de protesta contra la carrera de armamentos.

Nuevo material aislante

La empresa alemana Badische Anilin und Soda Fabrik, más conocida por sus siglas BASF, crea la espuma de poliuretano, un material de gran capacidad aislante, esponjoso, duro y de gran resistencia, que se utiliza tanto para revestimientos y aislamientos como para todo tipo de embalajes. Popularmente se conoce con el nombre de "corcho blanco" y se utiliza bien en planchas de diferentes espesores, por ejemplo como aislante térmico, o bien dándole formas concretas mediante moldes, gracias a lo cual es muy útil para la protección de mercancías valiosas durante el transporte y el almacenamiento.

Uruguay gana el Campeonato Mundial de Fútbol
16 JULIO

La selección uruguaya de fútbol gana por segunda vez la Copa del Mundo al derrotar en la final a Brasil, la selección anfitriona. Tras el largo paréntesis impuesto por la guerra y la posguerra, la cuarta edición de la Copa del Mundo celebrada en Brasil ha contado con importantes ausencias, como las de Alemania y Hungría, que no fueron invitadas, y las de Francia y Argentina, que renunciaron a competir no obstante estar clasificadas. En el estadio de Maracaná y en una final que la selección brasileña creía

El dramaturgo francés de origen rumano Eugène Ionesco, figura destacada del llamado "teatro del absurdo". ▶

ganada de antemano, la uruguaya se hizo con la victoria por 2 a 1, con goles de Schiaffino y Ghiggia para los uruguayos y Friaca para los brasileños. ➡ **1954**

Derrota francesa en Indochina
18 OCTUBRE

El ejército colonial francés sufre en Cao-Bang su más importante derrota desde que estalló la guerra de Indochina. Las tropas del Vietminh ocuparon las colinas de Dong-Khe, que dominan la guarnición de Cao-Bang, y un mes más tarde la situación de los franceses se ha hecho insostenible. La victoria de la guerrilla vietnamita provoca el desconcierto en los mandos y la desmoralización en las tropas coloniales, que abandonan sus posiciones en Lang-Son dejando en manos enemigas más de mil toneladas en armamento y munición. ➡ **1954**

Russell obtiene el Nobel de Literatura
10 DICIEMBRE

El filósofo y escritor británico Bertrand Russell (1872-1970) es galardonado con el premio Nobel de Literatura. La Academia sueca ha querido distinguir este año la creación diversa y significativa de uno de los pensadores más relevantes del siglo xx. El autor de *Principia mathematica* (1910-1913) se distingue a su vez por una firme actitud pacifista y su expresa condena de la guerra y otras formas de manifestación de la violencia. ➡ **1957**

Rashomon *de Akira Kurosawa*

El director Akira Kurosawa (n. 1910) estrena en Japón *Rashomon*, un filme de aliento épico que pasa desapercibido en su país natal. Sin embargo, maravillará a críticos y público occidentales y obtendrá en 1951 el León de Oro del Festival de Venecia y el Óscar de la Academia de Hollywood. El prestigio de Kurosawa más allá de las fronteras de su país se incrementará con títulos posteriores como *Los siete samuráis, Vivir (Ikiru), Dersu Uzala* o *Ran*. El protagonista de *Rashomon*, el sobrio actor Toshiro Mifune (n. 1920), también realizará una brillante carrera internacional.

Minnelli dirige Un americano en París

Tomando como punto de partida una pieza instrumental de George Gershwin (1897-1937), Vincente Minnelli crea uno de los grandes clásicos del cine musical (1913-1986): *Un americano en París*. La película, protagonizada por Gene Kelly y Leslie Caron, es un espectáculo vistoso y colorista, acorde con la espléndida partitura de Gershwin. El gran ballet final es uno de los grandes logros de este director y una de las indiscutibles escenas antológicas de todo este género cinematográfico.

Teatro del absurdo

Eugène Ionesco (1912-1994) estrena en París una obra que revoluciona los criterios de una representación escénica: *La cantante calva*. A través de un diálogo construido mediante frases hechas utilizadas fuera de contexto, el dramaturgo de origen rumano expresa la incapacidad de la sociedad occidental para superar la incomunicación y la alienación que impone una vida cotidiana cuya vacuidad critica con ferocidad.

Debut de Maria Callas en Milán

Maria Callas sustituye a Renata Tebaldi en la representación de la ópera de Giuseppe Verdi *Aida* en la Scala de Milán. El triunfo de la soprano griega en uno de los más prestigiosos teatros del mundo marca el inicio de una meteórica carrera internacional. En muy pocos años se convertirá en la intérprete por antonomasia del repertorio operístico y en todo un mito que sobrepasa con creces el marco estricto de la ópera y de la música clásica.

Conflictos en Asia y guerra en Corea

Consumada en la segunda mitad de la década de 1940 la división de Europa entre las grandes superpotencias, se inicia en estos momentos una enconada pugna entre los nuevos bloques geopolíticos por el control del resto del mundo. En este sentido, son espectaculares los avances iniciales del denominado "bloque socialista". Tras el triunfo de la revolución china el año anterior, en 1950 el comunismo se extiende imparable por otros países de Asia.

TENSIONES EN ASIA ORIENTAL

En Extremo Oriente e Indochina la tensión llegó a lo largo del año a su máximo nivel. Toda la zona se convirtió en el escenario privilegiado de la guerra fría entre las dos superpotencias. Eran las primeras manifestaciones de un modelo de comportamiento que había de repetirse con obstinada frecuencia: los bloques antagónicos surgidos de la Segunda Guerra Mundial eludían, en las décadas inmediatas al conflicto, el enfrentamiento directo y elegían escenarios periféricos, preferentemente situados en lo que más adelante había de llamarse el Tercer mundo, para dirimir sus diferencias. En 1950 fue Corea el punto caliente elegido para un pulso de fuerzas. Dividida desde 1949 en dos Estados como una secuencia microscópica del mismo fenómeno que acontecía a nivel mundial, la península coreana se vio ahora envuelta en un conflicto armado con grandes repercusiones internacionales. Corea del Norte, industrial y bien organizada, en la que la URSS había instalado un sólido ejército, se enfrentaba a una Corea del Sur agrícola y con unas fuerzas armadas débiles, bajo el gobierno impopular de Syngman Rhee. El ejército norcoreano vio pronto frenada su inicial ventaja militar por la intervención de Estados Unidos. Sin embargo, la entrada en el conflicto de China a finales de año volvió a reavivar una guerra que parecía tocar a su fin, y obligó a los estadounidenses a retroceder.

La decidida intervención de la nueva China revolucionaria en el conflicto coreano venía a mostrar, desde muy temprano, una clara vocación de gran potencia en el nuevo régimen. La victoria comunista en China hizo variar asimismo la relación de fuerzas en Indochina, con la aportación de

Un convoy con armas y equipo estadounidenses utiliza una ruta de montaña para abastecer a una unidad de artillería, en un frente coreano.

George Catlett Marshall, secretario de Defensa de Estados Unidos, dirigió la intervención militar y diplomática de Estados Unidos en Corea.

una decisiva ayuda material al Vietminh. Los franceses sufrieron un duro revés con la caída de la guarnición francesa de Cao-Bang en octubre, lo que supuso la mayor derrota sufrida por el ejército colonial francés hasta ese momento en la guerra de Indochina. Cao-Bang anticipaba ya la catástrofe posterior de Dien Bien Fu: inequívocamente, representó el principio del fin para la presencia en la zona de una Francia cada vez más impotente, que pocos años después se vería obligada a retirarse de manera definitiva del Sudeste asiático.

En un nuevo gesto expansionista, China invadió en octubre el Tíbet, un país situado en el punto de mira de las apetencias imperialistas chinas desde tiempo inmemorial. La invasión supuso el fin de la teocracia del Dalai Lama, marcada por el atraso y el aislamiento. Paradójicamente, y aunque fuera en un marco de totalitarismo político y de represión cultural, de la mano de China se introdujeron en el Tíbet profundas reformas sociales, como la abolición de la servidumbre, que le permitieron cruzar la puerta de la modernidad.

El extenso imperio colonial francés en el Sudeste asiático se vino abajo en apenas cinco años. La zona seguiría siendo durante varios decenios un "punto caliente": guerras internas en Laos y Camboya, y tropas de Estados Unidos ocupando el lugar de las francesas en Vietnam.

Operaciones en los primeros meses de la guerra de Corea. Después de una etapa inicial con numerosos ataques y contraataques, los frentes se estabilizaron y la solución militar pretendida inicialmente dio paso a una fase caracterizada por las negociaciones diplomáticas.

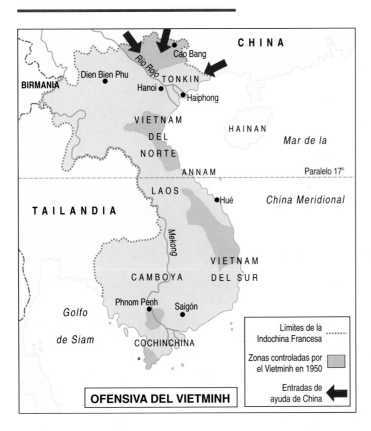

OFENSIVA DEL VIETMINH

LA INVASIÓN DE COREA DEL SUR

En consonancia con esta política intervencionista, China, que vivía también profundos cambios internos en los ámbitos político y económico, muy pronto se alió en el plano internacional con la Unión Soviética, al firmar en 1950 un tratado de asistencia y amistad que preveía la ayuda recíproca entre los dos países en caso de ataque de un tercero. Los soviéticos aportaron también ayudas para la reconstrucción de China y accedieron a retirarse de los puertos manchúes que aún ocupaban. En virtud de ese buen entendimiento entre los dos países, la URSS denunció airadamente la presencia en la ONU de los nacionalistas de Chang Kai-shek como representación de China, y llevó su protesta hasta el extremo de retirar a su delegado del Consejo de Seguridad.

El surgimiento de un régimen comunista en China, con toda su política transformadora y expansionista, afectó globalmente al equilibrio del mundo, ya que el país más poblado del planeta, con un ingente potencial de recursos, quedó integrado en la órbita soviética. Sin embargo, la posterior evolución de los acontecimientos fue disipando poco a poco los temores de Occidente, dadas las profundas grietas que con el tiempo aparecieron en el bloque formado por los dos colosos comunistas.

Memoria de núcleos de ferrita, el sistema de almacenamiento de información que permitió la creación de los primeros ordenadores operativos.

LOS PRIMEROS PASOS DE LA INFORMÁTICA

Tuvieron lugar en estos momentos los primeros pasos de una revolución que en poco menos de cuarenta años había de introducir profundas transformaciones en las sociedades más desarrolladas, aportando de un lado mejoras considerables en el funcionamiento de la estructura productiva, y de otro modificaciones sustanciales de los modos de vida de la mayoría de la población. El origen de tal proceso se había producido en realidad algunos años antes, aproximadamente hacia la mitad de la década de 1940. En 1944 la calculadora electromagnética Mark I vino a demostrar la utilidad de los sistemas automáticos de tratamiento de la información. Sus limitaciones y lentitud fueron superadas con la presentación oficial en 1945 de la primera calculadora electrónica, la ENIAC, diseñada en realidad a principios de la II Guerra Mundial pero mantenida en secreto por las numerosas aplicaciones bélicas de su gigantesca capacidad de cálculo. Desde entonces los avances no cesaron. Las conquistas en este ámbito se hicieron patentes ya en 1949. La entrada en funcionamiento en ese año del

◄ Bailarina criolla, *composición de gouaches recortados realizada hacia 1950 por un Matisse octogenario, pero con su inquietud creativa intacta.*

V-4, primer computador en utilizar el sistema binario, vino a coincidir con la puesta en marcha del Zephir, el primer ordenador traductor, dotado de una memoria que incluía más de cincuenta mil palabras en diversos idiomas. En 1950, los nuevos ingenios informáticos fueron ya capaces de llevar a cabo un importante servicio público: el censo de población de Estados Unidos. ■

Cartel del estreno en París del Preludio a la siesta de un fauno *de Debussy por los Ballets Rusos, con el bailarín Vatslav Nijinski como principal estrella.* ►

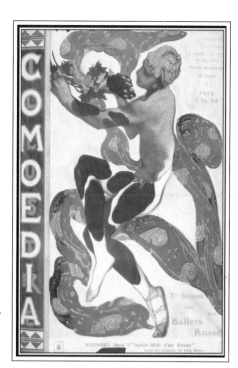

Instantáneas

- La Bienal de Venecia premia la larga trayectoria del pintor **Henri Matisse**. *(11 Junio)*

- *C'est si bon*, de H. Betti y A. Hornez.
- *Mona Lisa*, de R. Evans y J. Livingston.
- Con *Sinfonía para un hombre solo*, escrita en colaboración por P. Henry y P. Schaeffer, nace la **música concreta**, la cual utiliza "objetos sonoros", ruidos cotidianos modificados electroacústicamente.

- Estreno en Madrid de la obra de A. Buero Vallejo **En la ardiente oscuridad**. *(1 Diciembre)*
- *El abate C.*, novela de G. Bataille, en la que expresa sus obsesiones eróticas y su concepto de la transgresión, punto clave de toda su obra.
- *Crónicas marcianas*, novela de ciencia-ficción donde su autor, R. Bradbury, critica con velada ironía muchos aspectos de la sociedad norteamericana.
- El poeta español Blas de Otero da expresión poética al vacío existencial y a la angustia de raíz religiosa, en la colección de poemas *Ángel fieramente humano*.
- *En el laberinto de la soledad*, libro de ensayos del poeta e intelectual mexicano Octavio Paz, uno de los autores más brillantes del siglo xx.
- *Lo voluntario y lo involuntario*, ensayo sobre la voluntad y la filosofía del querer del filósofo francés P. Ricoeur.
- En *Sendas en el bosque*, M. Heidegger renuncia al lenguaje fenomenológico que había caracterizado su producción anterior, para acercarse al lenguaje poético.
- *Introducción a la Filosofía*, ensayo de K. Jaspers, uno de los principales teóricos de la filosofía existencial.

- *El crepúsculo de los dioses*, retrato feroz de la cara más amarga de Hollywood, realizado por Billy Wilder. F. Waxman firma la partitura.

- John Ford rueda *Río Grande*, uno de sus westerns más célebres, centrado en el mundo de la caballería norteamericana. El habitual John Wayne es el protagonista.
- *Eva al desnudo*, un clásico absoluto del cine que descubre los entresijos del mundo del espectáculo. Obra de J.L. Mankiewicz, lo protagoniza Bette Davis.
- Una novela de W. R. Burnett proporciona el argumento para *La jungla de asfalto*, de John Huston, uno de los títulos más sobrios y efectivos de este director.

- A. Einstein pronuncia un histórico discurso contra el empleo de la **bomba de hidrógeno**. *(15 Febrero)*
- Se inaugura oficialmente en España el tren articulado **TALGO**, diseñado por el ingeniero vasco A. Goicoechea. *(2 Marzo)*
- La TV norteamericana inicia las **primeras emisiones en color**.
- Se construye junto al Volga la **mayor central hidroeléctrica del mundo**.
- Kodak fabrica la **primera película no inflamable**.

- España: ejecución del maquis **Manuel Sabater** en la ciudad de Barcelona. *(24 Febrero)*
- **Encuentro entre el presidente** de Estados Unidos Truman y el general Mac Arthur en Corea, en el que se debate la posibilidad de llevar la guerra al interior de China. *(10 Octubre)*

- Un terremoto destruye la ciudad peruana de **Cuzco** y provoca una cincuentena de muertos. *(22 Mayo)*
- M. Nizzoli diseña la máquina de escribir portátil **Lettera 22**, una clásica de Olivetti.
- El físico alemán K. Fuchs es condenado en el Reino Unido a catorce años de prisión por entregar a los soviéticos **secretos sobre la bomba atómica**.
- Sixten Sason diseña el nuevo **SAAB 92**, con un estilo aerodinámico.

- Con motivo de la Copa del Mundo de Fútbol celebrada en Brasil, se inaugura el **estadio de Maracaná**, con una capacidad de 203 000 espectadores. *(16 Julio)*
- El "Millonarios" de Bogotá cuenta con **tres de los mejores jugadores sudamericanos** en sus filas: Pedernera, Rossi y Di Stéfano.
- Se crea el campeonato del mundo de conductores de **automovilismo**.
- **Ferreira da Silva**, saltador brasileño de triple salto, sobrepasa la marca de los 16 m. *(3 Diciembre)*

- «A los cincuenta, todo el mundo tiene el rostro que se merece.» G. Orwell.
- «Basta de palabras. Un gesto.» Última entrada del diario personal del poeta italiano C. Pavese, antes de su suicidio.
- «Aquellos de nosotros que hablan más a gritos de americanismo... son demasiado frecuentemente los que... ignoran sus principios básicos: el derecho a la crítica, el derecho a mantener creencias impopulares, el derecho a protestar, el derecho al pensamiento independiente...» Senadora M. Chase Smith en los inicios de la "caza de brujas".

- **Vatslav Fomich Nijinski**, bailarín y coreógrafo ruso, protagonista de algunos de los estrenos más célebres de la época, como *Preludio a la siesta de un fauno* de Debussy o *La consagración de la primavera* de Stravinsky.
- **George Orwell**, ensayista y novelista británico. *(21 Enero)*
- **Kurt Weill**, compositor alemán, conocido por sus colaboraciones con Bertolt Brecht en obras como *La ópera de tres centavos* o *Grandeza y decadencia de la ciudad de Mahagonny*. *(3 Abril)*
- **George Bernard Shaw**, escritor irlandés, autor de una valiosa producción caracterizada por la aguda crítica a su sociedad. *(2 Noviembre)*
- Tras ser secuestrado, muere asesinado el presidente de la junta militar del gobierno de Venezuela, el coronel **Carlos Delgado Chalbaud**. *(13 Noviembre)*

1951

Firma de un acuerdo para el intercambio de prisioneros de guerra entre las partes contendientes, primer éxito de las negociaciones de paz sostenidas en Panmunjon para alcanzar la paz en Corea.

Televisión por cable
1 ENERO

La Cenith Radio Corporation de Chicago saca al mercado la televisión por cable, que da una señal mucho mejor y permite por tanto más definición en la imagen, además de ofrecer la posibilidad de escoger entre varias películas. Sin embargo, y dejando aparte los propios empleados de la empresa, sólo 300 suscriptores están dispuestos a pagar el precio inicial de un dólar por película. ➡ **1962**

Primer aparato de vídeo

La Ampex Corporation de California (EE.UU.) crea, gracias a los trabajos de Charles Ginsburg, el primer aparato de vídeo para el registro de imágenes en una cinta magnética. La comercialización de este revolucionario invento se iniciará en 1956. Aunque el proceso de registro es similar al del sonido, la grabación de imágenes requiere mucho mayor espacio, por lo que Ginsburg utiliza una cinta magnética de unos 5 cm de ancho, que avanza a una velocidad de aproximadamente 38 cm/s delante del cabezal de registro/lectura. ➡ **1956**

Soldados de la 16.ª Brigada ▶ de Paracaidistas británicos, acampados junto al canal de Suez en octubre de 1951. La consecuencia más inmediata de la crisis sería la abdicación del rey Faruk en 1952.

Finaliza la huelga general en Barcelona
16 MARZO

El aumento en el precio del billete de los tranvías de la ciudad catalana, el pasado 23 de febrero, fue la chispa que encendió la mecha de una situación explosiva para los trabajadores, por la situación de grave crisis económica que atravesaban. En este contexto, las protestas aisladas de los usuarios barceloneses se generalizaron hasta desembocar en una huelga general, iniciada el 1 de marzo. Tras quince días de disturbios y una gigantesca manifestación de protesta, la represión policial pone fin a la huelga. Los disturbios se han cobrado la vida de un niño. ➡ **1988**

El matrimonio Rosenberg, condenado a muerte por espionaje
5 ABRIL

Un tribunal de Nueva York declara a Ethel y Julius Rosenberg culpables de espiar en favor de la URSS, refrendando la acusación según la cual desde 1944 facilitaban a los soviéticos secretos atómicos que obtenían a través de David Greenglass, hermano de Ethel y empleado de la base nuclear estadounidense de Los Álamos. A pesar de la debilidad de las pruebas presentadas por la acusación y de la ola de protestas que se producirá en todo el mundo, la sentencia se cumplirá y los Rosenberg serán ajusticiados en 1953.

Se constituye la CECA en París
18 ABRIL

De acuerdo con el Plan Schuman de mayo de 1950, que propone la unión de las industrias francoalemanas del carbón, el hierro y el acero, los gobiernos de Francia, República Federal de Alemania, Italia y el Benelux firman en París un convenio por el que se constituye la Comunidad Europea del Carbón y el Acero (CECA), primer organismo plurinacional de Europa y embrión de la futura Comunidad Económica Europea. En virtud de este acuerdo, se crea una autoridad central que fomentará el desarrollo industrial y un mercado libre de trabajo entre los países miembros. ➡ **1957**

Conversaciones de paz en Corea
26 JULIO

Corea del Sur y Corea del Norte se encuentran para tratar el fin de la guerra que las enfrenta desde el pasado año. Después de la movilidad de las acciones bélicas de los primeros meses, la entrada en la guerra de fuerzas internacionales bajo las banderas de la ONU y de China, en apoyo de uno y otro bando, fijó los frentes e hizo prever un conflicto de larga duración. Las dos delegaciones, reunidas a instancias de la ONU, se limitan en su primer encuentro a fijar un orden del día para la negociación, pero existe la esperanza de que el alto el fuego lleve al armisticio. ➡ **1953**

Tensión en el canal de Suez
17 OCTUBRE

Tropas británicas desembarcan en Suez, como reacción a la decisión del Parlamento egipcio de romper unilateralmente el convenio firmado con el Reino Unido sobre el control del canal de Suez y nacionalizarlo. Desde 1948, Egipto impedía el paso a los barcos israelíes; aho-

229

◀ *Ethel y Julius Rosenberg, detenidos en Nueva York bajo la acusación de espionaje en favor de la URSS. Ambos serían ejecutados en la prisión de Sing Sing, el 19 de junio de 1953.*

ra, mientras el gobierno exige la marcha del ejército británico, en El Cairo se producen masivas manifestaciones populares de carácter nacionalista. ➡ **1956**

Los cinco de Cambridge, descubiertos

"Los cinco de Cambridge" o, según el nombre en clave soviético, "Los cinco magníficos", son los espías G. Burgess, D. Maclean, A. Blunt, J. Cairncross y Kim Philby, reclutados durante los años agitados e idealistas de la Depresión por los servicios de inteligencia soviéticos, mientras estudiaban en Cambridge, o poco después. Nadie sospechó su intensa labor de espionaje durante la guerra, desde puestos como el MI6 (servicio exterior de espionaje) o el MI5 (servicio interior de contraespionaje), y el más famoso, Kim Philby, fue propuesto incluso como jefe de inteligencia del Reino Unido. Su actividad continuó tras la guerra, y sólo ahora los servicios estadounidenses han logrado descifrar un mensaje soviético que les ha llevado a Maclean: avisados por Philby, Burgess y él mismo huyen a la URSS, pero los registros en sus domicilios desenmascaran a otros dos. El avergonzado gobierno británico no admitirá oficialmente hasta mucho tiempo después su condición de espías, y Philby no será descubierto hasta 1963, cuando él mismo deserte a la Unión Soviética.

Cela publica La colmena

Camilo José Cela (n. 1916) rompe con los viejos esquemas del realismo costumbrista español en su nueva novela.

La colmena, ambientada en el Madrid de los primeros años de la década de los cuarenta, incorpora a la narrativa española nuevas técnicas formales que le permiten desarrollar una exposición coral de una realidad marcada por las penurias económicas, la mediocridad social y la opresión del régimen. *La colmena*, tras ser rechazada por varias editoriales españolas, acaba de aparecer en Buenos Aires. ➡ **1989**

Rocky Marciano derrota a Joe Louis
26 OCTUBRE

Joe Louis, el más grande peso pesado de todos los tiempos, regresa de su retiro para enfrentarse a Rocky Marciano, y sufre su primera derrota. Marciano, llamado en realidad Rocco Marchegiano (1923-1969), es un gran pegador y un púgil excepcionalmente resistente. Se proclamará al año siguiente campeón del mundo al vencer a Joe Walcott, defenderá el título en seis ocasiones y se retirará invicto en 1956.

Ciclo de Calvin

El bioquímico estadounidense Melvin Calvin (1911-1997) y su equipo de colaboradores consiguen aclarar todos los pasos del mecanismo de la fotosíntesis y fijar el llamado "ciclo de Calvin", trabajo que será recompensado en 1961 con el premio Nobel de Química. Gracias a la utilización de dioxido de carbono radiactivo, que contiene carbono 14, Calvin logró detectar con facilidad las diferentes transformaciones que forman el proceso completo de la fotosíntesis en las plantas.

I love Lucy

La televisión estadounidense estrena una nueva serie, *I love Lucy*, pionera como mínimo por dos motivos: se filman los capítulos previamente –hasta ahora las series se emitían en directo– e inaugura también el modelo de serie "doméstica", que hará fortuna. Se trata de la vida de un matrimonio, los Ricardo, formado por el líder de una banda (Desi Arnaz) y su alocada mujer, Lucy (Lucille Ball), que no soporta ser una

simple ama de casa e inventa mil formas de conseguir la fama y el éxito, todas ellas desastrosas. El matrimonio ficticio en la pantalla lo es también en la vida real, y la serie aprovechará algunas circunstancias biográficas para nutrir sus guiones: así, el embarazo y el parto de la protagonista de la serie coincidirán con los de Lucille Ball. La serie, "real como la vida misma", finalizará tras el divorcio de los dos actores, que eran también los productores.

Reacción en cadena
20 DICIEMBRE

Se inicia la primera reacción en cadena en el EBR-I, el primer reactor nuclear regenerador experimental de la historia, construido en Arco (Idaho, EE.UU.) con la idea de generar corriente aprovechable comercialmente. La ventaja de esta instalación experimental es que, además de generar corriente eléctrica, permite llevar a cabo un proceso de "regeneración" de materiales fisionables (uranio y torio), de modo que al final del proceso el reactor ha producido una cantidad de combustible nuclear mayor de la que ha consumido. ➡ **1991**

Cabalgata fin de semana

El locutor chileno Bobby Deglané entra en Radio Madrid para dirigir, la noche del sábado, el magazine *Cabalgata fin de semana*, pronto convertido en un éxito sin precedentes en España, un verdadero fenómeno social. Bobby Deglané arrolla literalmente a la audiencia con su prodigioso torrente verbal, florido, barroco, cargado de adjetivos hasta el delirio. Y sin embargo su forma de hacer radio es moderna y competitiva, desafía el encorsetamiento impuesto por la posguerra española y aporta aires nuevos capaces de mantener al público quieto en sus asientos, aturdido y fascinado.

Parodia del trabajo en cadena (en este caso, en una pastelería) en la serie cómica estadounidense I love Lucy, *protagonizada por Lucille Ball.*

Portada de una edición de La colmena, *una de las novelas más significativas del escritor español Camilo José Cela.*

El turno del populismo en América latina

Sobre el monumental rescoldo dejado en todo el planeta por la finalización de la Segunda Guerra Mundial, empiezan a avivarse nuevos conflictos más localizados, que responden a una dinámica diferente: la creciente hostilidad entre los bloques geopolíticos enfrentados. El enorme desarrollo tecnológico que ahora se experimenta queda sujeto a la misma rivalidad y, aunque encuentra numerosas aplicaciones en el ámbito civil, alcanza amplia proyección en la imparable carrera armamentística emprendida.

AÑO CLAVE EN EL CONFLICTO DE COREA

Iniciada el año anterior, la guerra de Corea prosiguió su curso en 1951 con un panorama que no podía ser más desalentador para Estados Unidos y sus aliados. A principios de enero una nueva ofensiva chino-norcoreana arrastró a sus enemigos al sur del paralelo 38. Hubo que esperar a finales de mes para que una contraofensiva estadounidense, dirigida por el general Ridgway, obligara a retroceder a las tropas chinas más allá del citado paralelo. Pero el frente no quedó estabilizado por mucho tiempo, y el vaivén de ofensivas y contraofensivas se prolongó durante un mes más. En los últimos días de abril y la primera mitad de mayo, el ejército estadounidense se vio obligado a retroceder de nuevo, aunque pronto pudo recuperar el terreno perdido. Fueron las últimas acciones bélicas de envergadura en el escenario coreano. El agotamiento de ambos bandos en el ámbito militar favoreció el recurso a la diplomacia y el inicio de conversaciones de paz, al tiempo que los combates languidecían y los distintos frentes entraban en una fase marcada por la inmovilidad.

Por otro lado, la destitución de MacArthur, decidido defensor de una victoria total sobre China, y su sustitución en abril por un más disciplinado Ridgway, constituyó un claro indicio de una actitud más proclive a la búsqueda de una solución política del conflicto, por parte estadounidense. Sin embargo las negociaciones para un armisticio, comenzadas en julio en Kaesong y continuadas a partir de octubre en Panmunjom, habían de prolongarse aún dos años hasta la firma definitiva de la paz en 1953.

Juan Domingo Perón, después de su reelección en 1951 como presidente de Argentina, por una abrumadora mayoría. La posibilidad de optar a un segundo mandato presidencial no estaba prevista en la legislación del país, por lo que previamente se procedió a una reforma constitucional.

Jozef Mindszenty, arzobispo de Esztergom y cardenal primado de Hungría, encarcelado por su oposición al régimen comunista. Fue liberado en 1956 por el régimen de Imre Nagy, y buscó refugio en la Embajada de Estados Unidos con la entrada de los tanques soviéticos en Budapest. En la embajada vivió desde 1956 hasta 1971, rechazando todos los intentos de mediación de la Santa Sede con el gobierno húngaro.

La guerra de Corea fue con seguridad la prueba más evidente y descarnada de que la guerra fría entre las superpotencias estaba aún muy lejos de llegar a su fin. Pero, en ese mismo año, otros acontecimientos y sucesos históricos vinieron a corroborar esa apreciación. En Occidente no vaticinaba buenos augurios el fuerte aumento de los gastos militares que Truman incluyó en los presupuestos que presentó en julio al Congreso. Probablemente esos presupuestos habían sido confeccionados con la intención de costear, entre otros, el desarrollo del proyecto de la bomba de hidrógeno o "bomba H", mucho más mortífera que la bomba atómica, cuyo primer ensayo experimental había tenido lugar en el Pacífico un mes antes.

Jean Giono
Le hussard
sur le toit
Texte intégral, dossier

◀ *Portada de una edición de bolsillo de* El húsar sobre el tejado, *del escritor francés Jean Giono.*

Cartel de Día de fiesta, *primer largometraje de Jacques Tatischeff (Tati), mimo y artista de music-hall que triunfaría en el cine en 1951 con la creación de un personaje inolvidable: Monsieur Hulot.*

Como forma de garantizar su control sobre el Sudeste asiático, área de especial importancia estratégica para Estados Unidos y sus aliados europeos en su objetivo de contención del comunismo, en 1951 se firmó en Ceilán (actual Sri Lanka) el plan Colombo, por el que los países occidentales se comprometieron a contribuir al desarrollo industrial y económico de la zona. El año se distinguió además por el hecho de que en ambos bloques se incrementaron las medidas represivas internas tendentes a evitar la aparición de cualquier grieta que pudiera aprovechar el adversario: mientras el Senado estadounidense aprobaba la ley McCarthy sobre actividades antinorteamericanas, en el otro bloque se detenía a dirigentes comunistas poco disciplinados, como el polaco Wladislaw Gomulka; se prohibía el derecho a la huelga, como en el caso de la República Democrática Alemana; o se condenaba y encarcelaba a personalidades significativas de la jerarquía eclesiástica opuestas al recién nacido régimen estalinista, como aconteció en Hungría con el cardenal Mindszenty.

En la vertiente más sugerente de la guerra fría y la que más atención ha recibido de cineastas y literatos, la de los espías, el año quedó marcado asimismo por un acontecimiento fundamental. En un clima dominado por la represión macartista, fue condenado a muerte en Estados Unidos el matrimonio Rosenberg, acusado de la venta de secretos nucleares a la URSS.

LÍDERES POPULISTAS EN BRASIL, PERÚ Y ARGENTINA

Uno de los fenómenos políticos más característicos de América latina en el siglo XX es el del populismo, que cobró diferentes formas en función de las peculiaridades existentes en las distintas naciones:

Instantáneas

- Se inauguran las **vidrieras de la capilla del Rosario de Vence**, en Francia, realizadas por H. MATISSE.
- GOYA inspira el cuadro **Matanza en Corea**, en el que PICASSO denuncia la barbarie y brutalidad de la guerra, de cualquier guerra, donde las víctimas son siempre los más inocentes.
- DALÍ pinta su particular visión de la **Crucifixión**, un cuadro que conquistará una pronta fama.
- En Aspen, Colorado, tiene lugar la primera **Conferencia Internacional de Diseñadores**.
- Se concede el primer **premio Lunning de diseño** al conjunto de la obra de los diseñadores escandinavos, que se caracteriza por la pureza de sus líneas.

- **Amahl y los visitantes nocturnos**, una encantadora ópera, escrita originalmente para televisión, de G. MENOTTI, autor de la música y del texto.
- **Domino**, de J. PLANTE y L. FERRARI.
- **Kisses sweeter than wine**, de P. CAMPBELL y J. NEWMAN.
- **Blue velvet**, de B. WAYNE y L. MORRIS.
- **Unforgettable**, de I. GORDON.
- B. HERRMANN utiliza instrumentos electrónicos, como el teremín, en **Ultimátum a la Tierra**. Esta partitura influirá considerablemente en todo el cine de ciencia-ficción posterior.
- A. NORTH se inicia en el mundo de la composición musical cinematográfica con **Un tran-** *vía llamado deseo*, película dirigida por E. KAZAN, basada en la novela homónima de TENNESSEE WILLIAMS.

- El cólera vuelve a simbolizar la guerra en **El húsar sobre el tejado**, de J. GIONO. Se percibe el influjo de STENDHAL, como en muchas otras obras de esta década en Francia.
- M. YOURCENAR escribe las **Memorias de Adriano**. La escritora dedicó años a "emparse" de la psicología de ADRIANO y recogió una amplísima documentación, antes de realizar este singular apócrifo.
- G. CELAYA muestra su vocación de poeta social en el libro **Las cartas boca arriba**.
- **Mínima moralia**, libro de aforismos del filósofo y musicólogo alemán TH.W. ADORNO.
- La escritora y socióloga alemana HANNAH ARENDT relaciona, en **Los orígenes del totalitarismo**, el surgimiento de los regímenes totalitarios con el antisemitismo y el imperialismo decimonónico.
- **Fundación**, primer título de una trilogía de ciencia-ficción escrita por I. ASIMOV, que será completada con *Fundación e Imperio* y *Segunda fundación*.
- **Bestiario**, libro de relatos en el que se encuentra lo mejor del original talento narrativo del escritor argentino J. CORTÁZAR.
- **Réquiem por una monja**, novela en la que W. FAULKNER hace un alarde de todo su dominio técnico, creando una obra estructurada en tres secciones narrativas y tres dramáticas alternadas.

- En **El fin de la aventura**, G. GREENE trata el tema de la salvación y de la misericordia divina, a partir de sus profundas convicciones religiosas.
- El problema de la libertad es la base de la obra de J.P. SARTRE, **El diablo y el buen Dios**.
- En **El guardián entre el centeno**, J.D. SALINGER crea un personaje entrañable, Holden Cauldfield, símbolo a partir de ahora del adolescente inquieto.

- **Tambores lejanos**, western sobre los primeros tiempos de la colonización. Filmado por R. WALSH y protagonizado por GARY COOPER.
- **Extraños en un tren**, memorable adaptación de una novela de P. HIGHSMITH, realizada por el maestro del suspense, A. HITCHCOCK.
- **Brigada 21**, filme policíaco de W. WYLER, en el que se narra la vida en una comisaría de policía.
- R. ROSSELLINI dirige a su mujer, INGRID BERGMAN, en **Europa 1951**, un magistral drama humano.
- J. TATI dirige y protagoniza **Las vacaciones del Sr. Hulot**, uno de los grandes clásicos del cine cómico.

- El buque oceanográfico **"Calipso"** del comandante J.Y. COUSTEAU zarpa en dirección al mar Rojo para estudiar su flora y fauna submarinas. *(24 Noviembre)*

(Continúa)

Las reformas emprendidas por Jacobo Arbenz, presidente de Guatemala en 1951, finalizarían bruscamente tres años después con una invasión del país apoyada desde Estados Unidos.

Plataforma extractora de petróleo en el Golfo de México. El gobierno mexicano de Miguel Alemán completó la nacionalización, iniciada por Lázaro Cárdenas en 1938, de las compañías petroleras extranjeras, cuyas instalaciones quedaron integradas en la empresa estatal Pemex.

"varguismo" en Brasil, "aprismo" en Perú, "peronismo" en Argentina. Los líderes populistas americanos hicieron gala, por lo general, de una considerable ambigüedad ideológica, y dirigieron constantemente su discurso a las necesidades inmediatas de las masas, a las que atrajeron con una poderosa demagogia nacionalista y el recurso a una justicia redistributiva de gran vaguedad en su concreción real. Entre sus notas más llamativas, cabe destacar la exaltación carismática del líder. En 1951 el prestigio de algunos de los más importantes líderes populistas estaba en su máximo apogeo. En enero, a los cinco años de haber sido depuesto y tras vencer en las elecciones del año anterior, Getúlio Vargas se convirtió de nuevo en presidente de Brasil. Sólo dos meses después, el coronel Jacobo Arbenz asumió la presidencia de Guatemala con el apoyo de los sectores liberales y de la izquierda. Sin embargo, el caso más espectacular fue el de Juan Domingo Perón, que por abrumadora mayoría fue reelegido presidente de Argentina tras vencer en las elecciones celebradas en noviembre de 1951. Pareja a la enorme popularidad de Perón crecía la de su mujer, Eva Duarte de Perón, conocida por sus seguidores como Evita, convertida en la principal "valedora" de millones de "descamisados" argentinos. ■

Instantáneas *(continuación)* 1951

- La Remington Rand produce el **primer ordenador comercializado**, el Univac I, obra de J.W. Mauchly y J.P. Eckert.

- G. Vargas vuelve a la **presidencia de Brasil**, de la que había sido depuesto cinco años antes. *(31 Enero)*
- El coronel **J. Arbenz** vence en las elecciones y es nombrado presidente de la República de Guatemala. *(15 Marzo)*
- El presidente **Truman destituye a Mac Arthur**, por haber desaprobado la política norteamericana en Corea. *(11 Abril)*
- El ex presidente panameño A. Arias es acusado por la Asamblea Nacional de su país de **abuso de poder**. *(25 Mayo)*
- El **cuarto gobierno del general Franco** jura sus cargos. L. Carrero Blanco, J. Ruiz-Giménez y G. Arias Salgado son algunos de los nuevos ministros. *(19 Julio)*
- Irán inicia la **nacionalización de sus explotaciones petrolíferas**. *(1 Agosto)*
- China **ocupa la capital del Tíbet**, Lhassa. *(9 Setiembre)*
- W. Churchill, retirado desde la derrota conservadora de 1945, vuelve a la política tras ganar por un estrecho margen las **elecciones del Reino Unido**. *(25 Octubre)*
- Es **detenido en Varsovia** el ex dirigente del Partido Comunista polaco, W. Gomulka. *(31 Octubre)*
- **Detención de R. Slansky**, vicepresidente del gobierno checo y ex secretario general del Partido Comunista. *(13 Noviembre)*

- **Libia** conquista su independencia. *(24 Diciembre)*
- María Eva Duarte de Perón, Evita, esposa del político J.D. Perón, escribe **La razón de mi vida**.

- **El sah de Persia**, Muhammad Reza Pahlavi, ha contraído matrimonio en segundas nupcias con la princesa de origen alemán Soraya. *(12 Febrero)*
- Se celebran en Argentina los primeros **Juegos Panamericanos**. *(27 Febrero)*
- El gobierno de México **expropia la última compañía petrolífera del país**. A partir de este momento todas las explotaciones son nacionales. *(5 Setiembre)*
- Para conmemorar el 51 aniversario de su fundación, la Parker pone a la venta la pluma **Parker 51**, de plástico y capuchón metálico. Su éxito es inmediato.
- Aparición del **Biscooter** en Francia.
- La **moda** es la gran protagonista de las fotografías de R. Avedon e I. Penn.
- A. Jacobsen diseña la **"silla hormiga"**, de patas metálicas, ligera y cómoda.

- El argentino J.M. Fangio, con Alfa Romeo, primer **campeón del mundo de automovilismo**. *(10 Octubre)*

- «Odio la idea de causa, y si tuviera que elegir entre traicionar a mi país o traicionar a un amigo, espero tener las agallas de traicionar a mi país.» Palabras del novelista E. M. Forster.
- «Los franceses sólo se unirán ante la presencia del peligro. Simplemente, nadie puede unificar un país que tiene 256 clases distintas de queso.» Ch. de Gaulle.

- **Ferdinand Porsche**, ingeniero y constructor de automóviles alemán. *(30 Enero)*
- **André Gide**, autor de novelas tan importantes como *Los monederos falsos* o *Los sótanos del Vaticano*. *(19 Febrero)*
- **Ludwig Wittgenstein**, filósofo austríaco, autor del *Tractatus logico-philosophicus*, obra que revolucionó el mundo de la filosofía. *(29 Abril)*
- **Arnold Schoenberg**, compositor austríaco, creador de la técnica dodecafónica y líder de la llamada Segunda Escuela de Viena. Entre sus obras destacan *Noche transfigurada*, *Pierrot lunaire* y *Moisés y Aarón*. *(13 Julio)*
- **William Randolph Hearst**, magnate californiano, propietario de diarios y revistas. Orson Wells se inspiró libremente en algunos aspectos de su personalidad para rodar *Ciudadano Kane* (1940). *(14 Agosto)*
- **María Montez**, actriz norteamericana de origen español. *(7 Setiembre)*
- **Pedro Salinas**, poeta español, uno de los representantes de la Generación del 27. *(23 Diciembre)*
- **Maxence van der Meersch**, escritor francés, ganador en 1936 del premio Goncourt por su novela *La huella de Dios*.

1952

Se celebra el primer happening

El músico John Cage y el pintor Robert Rauschenberg realizan en Estados Unidos el primer *happening*, nueva y original forma de práctica artística en la que los participantes actúan de forma espontánea e irrepetible, siguiendo sus impulsos o su inspiración. Siguiendo la tradición dadaísta, John Cage valora el azar y lo indeterminado como vehículos de definición estética y parte de la idea de que el arte es *"una acción de la vida"*. Según la definición de Allan Kaprow, el *happening* "es una forma de arte relacionada con el teatro, en cuanto se actúa en un tiempo y un espacio dados".

La OTAN se amplía
18 FEBRERO

La OTAN incorpora a Grecia y Turquía a su organización, ampliando su radio de acción hacia el sudeste europeo. El mariscal de campo Alexandros Papagos, jefe de la derechista Unión Griega, en Grecia, y Adnan Menderes, jefe del Partido Democrático, en Turquía, son los artífices de la entrada de sus países en la Alianza Atlántica. La incorporación de Grecia y Turquía a la OTAN, que satisface plenamente los intereses geoestratégicos occidentales en la región, sirve asimismo para reducir la tensión greco-turca por la cuestión de Chipre.
➥ 1964

Batista derroca al gobierno cubano
11 MARZO

El general Fulgencio Batista (1901-1973) encabeza un golpe militar incruento que acaba con el gobierno del presidente Carlos Prío Socarrás en medio de la indiferencia popular. La ineficacia y la corrupción de la administración gubernamental han facilitado el golpe de Batista, que cuenta con el tácito apoyo de Estados Unidos. Batista disuelve el Parlamento e instaura un régimen de partido único. Su gobierno se basará en la aplicación de recetas desarrollistas favorables a las grandes corporaciones internacionales y a la oligarquía local, y en un férreo control del orden público.
➥ 1953

Acaba el racionamiento en España
1 ABRIL

La tendencia a la recuperación que experimenta la economía española, las buenas cosechas y la ayuda financiera internacional permiten al gobierno del generalísimo Franco poner fin al racionamiento del pan, el aceite y la carne, que estaba vigente desde el fin de la guerra civil. La medida permite también la desaparición paulatina del mercado negro o "estraperlo".

Se celebran los Juegos Olímpicos de Helsinki
19 JULIO - 3 AGOSTO

En Helsinki tienen lugar los XV Juegos Olímpicos de Verano, en los que participan 69 países y 4 925 atletas, entre ellos 518 mujeres, participa por primera vez la URSS y se produce el retorno alemán a través de la RFA. Los Juegos, en los que se realiza un gran homenaje a Paavo Nurmi, consagran como figura excepcional del atletismo al checo Emil Zatopek, que consigue la proeza de vencer en las carreras de 5 000 y 10 000 m y maratón. El español Ángel de León gana la medalla de plata en tiro de precisión con pistola. En los Juegos Olímpicos de invierno, celebrados en el mes de febrero en Oslo, vuelven a participar Alemania y Japón. Noruega encabeza el medallero, con 7 medallas de oro, de las cuales 3 son ganadas por el patinador H. Anderson.

Abdica el rey Faruk de Egipto
23 JULIO

Faruk (1920-1965) es obligado a abdicar por el general Muhammad Naguib y huye a Italia. Si bien al inicio de su reinado, en 1936, había intentado poner en práctica una reforma agraria e impulsar el desarrollo económico, pronto la corrupción de su régimen se convirtió en una fuente de continuos problemas. A éstos se había sumado, en 1948, el fracaso en la primera guerra árabe-israelí, que movió a un grupo de oficiales del ejército egipcio a reclamar una política más dinámica. Finalmente, ante la falta de respuesta de Faruk, el general Naguib

ha marchado sobre El Cairo y lo ha obligado a abdicar en favor de su hijo Fuad, de pocos meses de edad. ➥ 1954

La RFA indemnizará a Israel
27 AGOSTO

Alemania occidental pagará a Israel 3 000 millones de marcos para reparar los daños cometidos a la comunidad judía por el régimen nazi. De acuerdo a lo acordado en Luxemburgo por sus respectivas delegaciones diplomáticas, la indemnización que la RFA pagará a Israel y que se hará efectiva mediante la entrega de mercancías, material tecnológico y servicios, no supone eximir de sus responsabilidades jurídicas a los nazis responsables del genocidio.

Hemingway publica El viejo y el mar
4 SETIEMBRE

El escritor estadounidense Ernest Hemingway (1899-1961) publica una pequeña obra maestra. En *El viejo y el mar*, el autor de *Por quién doblan las campanas* narra en un estilo tenso y preciso la peripecia de un viejo pescador que logra capturar un enorme pez espada pero no puede evitar que lo devoren los tiburones. La intensidad y economía de medios del relato, galardonado con el

El rey Faruk de Egipto y la reina Narriman Sadek, en una fotografía oficial. Faruk hubo de exiliarse en Italia después de ser depuesto por un golpe de Estado nacionalista encabezado por el general Naguib, pero cuyo núcleo organizativo era el movimiento clandestino de los oficiales libres, dirigido por el joven teniente coronel Gamal Abdel Nasser.

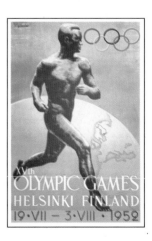

Cartel de los Juegos Olímpicos de Helsinki. La figura del corredor de fondo homenajea al atleta local Paavo Nurmi.

El científico estadounidense Jonas Edward Salk, inventor de la primera vacuna contra la poliomielitis o parálisis infantil.

Una escena de Violetas imperiales, *de Richard Pottier, en la que aparecen sus protagonistas, Luis Mariano y Carmen Sevilla. La escenografía de esta y otras películas similares, ambientadas en una Andalucía tan colorista como improbable, dio lugar al término "españolada".*

Ernest Hemingway. Sus expediciones de pesca en el Caribe, desde la isla de Cuba, le inspiraron la parábola El viejo y el mar.

Cartel anunciador de los Juegos Olímpicos de invierno, celebrados en Oslo.

premio Pulitzer, lo convierten en una portentosa parábola de la lucha del hombre contra la adversidad.

Steinbeck publica
Al este del Edén

Se publica en Estados Unidos *Al este del Edén*, vigorosa novela en la que John Steinbeck (1902-1968) recrea una vez más la historia de las comunidades rurales de los colonos del Oeste americano, en las que conviven gentes procedentes de muy distintos lugares y culturas, lo que provoca tensiones de tipo social y religioso. En este caso, la historia se centra en el conflicto entre un pequeño propietario y sus hijos, como consecuencia de la incomunicación y las distintas formas de ver y entender la vida.

Moore esculpe Rey y reina

Henry Moore (1898-1986) concluye *Rey y reina*, una de las obras maestras de la escultura del siglo XX. El artista británico, inspirándose en parte en la escultura de los mayas, consigue en esta obra una rotunda armonía entre la forma y el ritmo de la figura humana, gracias a su tratamiento del espacio y los volúmenes sólidos, los cuales parecen mantener un tenso diálogo entre sí. *"He encontrado los principios de la forma y el ritmo en el estudio de los objetos de la naturaleza..."*, ha declarado Henry Moore.

Vacuna contra la poliomielitis

El microbiólogo estadounidense Jonas Edward Salk (1914-1995) aprovecha el desarrollo de métodos de cultivo y producción del virus de la poliomielitis para crear la primera vacuna contra esta enfermedad. Tras realizar una prueba limitada en 1952 y preparar cantidades no-

tables del nuevo remedio en 1954, lo probará con éxito en 1955 causando un impacto semejante al de la creación de la vacuna contra la viruela. La vacuna será perfeccionada en 1957 por el microbiólogo Albert Bruce Sabin (1906-1993), que desarrollará un sistema de administración oral que, tras su aprobación en 1961, se convertirá en el estándar universalmente aceptado.

Luis Mariano protagoniza
Violetas imperiales

Violetas imperiales es uno de los títulos más celebrados de la extensa producción de Francis López (1916-1995), el indiscutible rey de la opereta francesa de la segunda mitad del siglo XX, prolífico autor de más de cuarenta obras del género (*La bella de Cádiz, Andalucía, El cantor de México...*), más de un millar de canciones y numerosas bandas sonoras. La versión fílmica de esta popular obra, ambientada en el París del Segundo Imperio y centrada en la historia de Napoleón III y la española Eugenia de Montijo, triunfa en todo el mundo. Está protagonizada por el cantante Luis Mariano (1920-1970), intérprete ideal de la música de Francis López y cantante de moda, y Carmen Sevilla.

El hombre tranquilo, *o la*
vuelta al hogar de John Ford

John Ford (1895-1973) es conocido por sus westerns (*La diligencia, Centauros del desierto, Río Grande*), pero dentro de su abundante filmografía hay lugar también para otros géneros, como la comedia. *El hombre tranquilo* es, en este campo, una de sus películas más perfectas y apreciadas. Protagonizada por John Wayne, Maureen O'Hara y Barry Fitzgerald, alterna humor y drama de manera incomparable. Ambientada en la localidad de Innisfree, es sobre todo un canto al paisaje, las gentes y las costumbres de la Irlanda natal del realizador.

Donen y Kelly filman
Cantando bajo la lluvia

Uno de los títulos legendarios del cine musical es *Cantando bajo la lluvia*, una historia ambientada en los propios

estudios de Hollywood en el momento crítico en que el advenimiento del sonoro amenaza con jubilar a las estrellas del cine mudo. Obra maestra del tándem formado por el director Stanley Donen (n. 1924) y el bailarín y actor Gene Kelly (1912-1996), a quienes también se debe *Un día en Nueva York* (1949), cuenta con algunos de los mejores números de la historia del género, como el que da título a la película.

Nacen los tranquilizantes

El gigante suizo de la industria farmacéutica, Ciba, saca al mercado el primer tranquilizante, con el nombre de Reserpine. Han sido el bioquímico británico Robert Robinson y el farmacólogo suizo Emil Schittler los descubridores de los efectos calmantes del polvo sacado de la raíz de la planta india *Rauwolfia serpentina*. De este tipo de fármacos se usará (y abusará) extensamente a partir de este momento.

Estreno de Boulevard Solitude
17 FEBRERO

El tema de Manon Lescaut, original del Abate Prévost, inspiró a Giacomo Puccini y Jules Massenet dos de sus óperas más apreciadas. También es el tema escogido por el compositor Hans Werner Henze (n. 1926) para su primera gran ópera, que lo consagrará a nivel internacional. La obra, escrita en un lenguaje libremente atonal, con frecuentes alusiones al jazz y a la canción popular, es un gran éxito. *El príncipe de Homburg, Elegía para jóvenes amantes, El joven Lord* o *El mar traicionado* son algunos de los títulos de este prolífico autor, que ha sabido como pocos sintetizar las nuevas técnicas compositivas con un lenguaje tradicional y de un gran poder comunicador. A su producción operística hay que sumar la instrumental, en la que sobresale su serie de nueve sinfonías.

En el nombre de la disuasión

Durante 1952 se mantienen abiertos muchos de los interrogantes y de las tensiones surgidos en años anteriores. Continúan la guerra de Corea y la primera guerra de Indochina, prosigue la crisis entre iraníes y británicos, se observa un recrudecimiento de la "caza de brujas" en Estados Unidos, y de los enfrentamientos racistas y nacionalistas en algunos enclaves africanos y asiáticos, se obtienen espectaculares avances en las investigaciones y experimentos sobre armamento nuclear. En definitiva, los ciudadanos occidentales comienzan a aceptar la inevitable convivencia con la incertidumbre de una posguerra que les incita a rechazar cualquier intento de comprender los entresijos de un mundo que se aleja cada vez más de los parámetros humanos.

ENTRE LA GUERRA FRÍA Y LA APOTEOSIS TERMONUCLEAR

Cuando en abril, la televisión estadounidense retransmitió en directo la explosión de una bomba atómica en el desierto de Nevada, algo había cambiado en el corazón y en el sentimiento de la sociedad occidental. Lo que unos años antes había causado horror y acelerado el fin de la guerra mundial, ahora se utilizaba para inspirar confianza, orgullo y seguridad en una sociedad cada vez menos crítica con sus gobernantes, y obsesionada por afianzar su superioridad frente a potenciales enemigos. En realidad, la competencia entre los bloques y los distintos países apenas había hecho otra cosa que comenzar, pero ya se atisbaban las primeras consecuencias. En octubre, el Reino Unido hizo estallar su primera bomba atómica en Monte Bello, en la costa australiana; y en noviembre, Estados Unidos llevó a cabo, en una de las islas Marshall, la primera prueba experimental termonuclear, con la explosión de una bomba de hidrógeno cuya capacidad destructora era varias veces superior a la de las bombas atómicas. A partir de aquí se inauguraba una nueva etapa de la loca carrera armamentística, donde ya había que considerar la posibilidad de destrucción total de la humanidad. Nadie, sin embargo, estaba dispuesto a abandonar tan absurda competición, y en agosto de 1953, para que no cupiera duda, se produjo en las ex-

Una de las explosiones atómicas de prueba realizadas en el desierto de Nevada, en Estados Unidos. Los efectos a largo plazo de las radiaciones sobre el entorno no eran todavía bien conocidos.

Eva Duarte de Perón, esposa del presidente argentino Juan Domingo Perón y principal portavoz de las ideas del justicialismo a través del desempeño de la secretaría de Trabajo y de la dirección de la Fundación de Ayuda Social. Falleció prematuramente en 1952, sin que su desaparición hiciese menguar el fervor popular que despertaba su figura.

tensas planicies de Siberia la primera explosión de una bomba H soviética. Todo ello en nombre de la disuasión, una nueva palabra a la que estaba destinado un brillante porvenir en el lenguaje diplomático internacional.

Al tiempo que esto sucedía, en diversos lugares del planeta la guerra fría se expresó en toda su crudeza, tiñendo de sangre y sufrimiento los campos de batalla. Corea e Indochina ofrecieron un nuevo testimonio de un mundo donde persistían importantes contradicciones, algunas de ellas anteriores, y otras consecuencia de la Segunda Guerra Mundial. Ambos conflictos tenían

una naturaleza anticolonial en la que predominó el factor nacionalista frente a la dependencia política y económica de otras potencias imperialistas con intereses en la zona; en ambos, en Corea más directamente que en Indochina, se observó la influencia creciente de los intereses estadounidenses por controlar y ejercer el liderazgo en esa parte del continente asiático, sobre todo en un año en el que Japón había recuperado su plena soberanía; y tanto en uno como en otro, se puso de manifiesto de forma expresa el enfrentamiento entre los dos modelos de sociedad, el capitalista y el comunista, condenados a enfrentarse des-

Mujer I *de Willem de Kooning (MOMA de Nueva York). La obra de De Kooning disuelve las fronteras entre abstracción y figuración, distorsionando brutalmente las formas mediante violentas pinceladas de un cromatismo exaltado.*

de el final de la guerra mundial hasta la última década del siglo XX. En 1952, las espadas se mantuvieron en alto en estos frentes de batalla.

ALGO SE MUEVE EN AMÉRICA LATINA

El año en que Puerto Rico consiguió el estatus político de Estado Libre Asociado de Estados Unidos, estuvo lleno de contrastes en América Latina. Tres son los personajes que pueden ejemplificar el estado de cosas en este continente. Por un lado, en julio desapareció, víctima de la leucemia, la argentina María Eva Duarte de

Perón, que encarnó una innovadora opción política, la populista, e impulsó a su marido hasta las más altas magistraturas, de las que sería desposeído tres años más tarde como consecuencia de un levantamiento militar. Por otro, en febrero se hizo con el poder en Cuba el general Fulgencio Batista, dispuesto a desarrollar una política estrechamente vinculada a Estados Unidos; y por último, en abril Víctor Paz Estenssoro, el líder del Movimiento Nacionalista Revolucionario boliviano, asumió la presidencia de Bolivia tras una insurrección popular, e implantó medidas con claras resonancias revolucionarias como la reforma agraria, o las nacionalizaciones mineras del estaño, que afectaban seriamente a los intereses estadounidenses. Bolivia se enfrentaba a la que ya había que considerar como primera potencia mundial, y lo propio harían Chile, cuyo gobierno incautó las minas de cobre, y Guatemala, donde se expropiaron las posesiones de la todopoderosa United Fruit Company. En seguida iba a ponerse de manifiesto que el gobierno norteamericano no estaba dispuesto a permitir los signos y tendencias marcadamente nacionalistas que habían surgido de manera inconexa en algunos puntos del continente.

ESPAÑA, HACIA SU HOMOLOGACIÓN INTERNACIONAL

España superó la etapa de la autarquía económica, suprimió las cartillas de racionamiento y empezó a integrarse en la comunidad internacional de la mano de Estados Unidos. Aunque hasta 1953 no alcanzaría la homologación definitiva, ya en 1952 quedó claro que la tensión derivada de la guerra fría podía resultar beneficiosa para el régimen político franquista, tan pragmático que no oponía reparos a ceder importantes porciones de soberanía a cambio del reconocimiento internacional. Por lo pronto, durante ese año España estableció relaciones diplomáticas con numerosos países (en febrero con Japón; en abril con la Cuba de Batista; en junio con Taiwan, la China nacionalista), e inició una ofensiva diplomática en el mundo árabe, donde el Reino Unido y Francia atravesaban dificultades, ofreciéndose como el nexo de unión entre el Islam y el Nuevo Mundo. De ahí los contactos y las visitas a Líbano, Siria, Irak, Yemen, Arabia Saudí, etc., países con los que España estrechó relaciones y en algunos casos firmó tratados de amistad. Pero el principal mentor de la rehabilitación internacional española fue Estados Unidos, que ofreció signos indiscutibles de su excelente predisposición hacia España. El presidente Truman, en su último año de mandato, anunció que España participaría en la defensa de la zona mediterránea, y aceptó la inclusión de este país entre los beneficiarios de la Ley de Seguridad Mutua, destinando a la ayuda militar y técnica española 25 millones de dólares, una cantidad muy alejada de la que percibieron otros países europeos con motivo del Plan Marshall, pero importante como síntoma y preludio de una nueva amistad, que el presidente Eisenhower se mostró dispuesto a cimentar y consolidar.

De esta manera transcurrió un año en el que además ocurrieron otras cosas, no por

Una imagen de la gran convención del Partido Republicano en la que Dwight Eisenhower fue elegido candidato a la presidencia de Estados Unidos.

En su último año como presidente de Estados Unidos, Harry Truman entreabrió al régimen de Franco las puertas de la comunidad internacional, con el anuncio de que España sería uno de los países beneficiarios de la Ley de Seguridad Mutua.

singulares, menos interesantes. Así, un médico estadounidense implantó por primera vez un marcapasos a un paciente de 72 años; el ciudadano danés Georg Jorgensen anunció su deseo de ser consecuente con sus inclinaciones sexuales y llamarse Christine, para lo cual se sometió a la primera operación de cambio de sexo; gracias al carbono 14, pudo descubrirse el fraude cometido en 1912 con respecto a los restos fósiles del hombre de Piltdown, y Michael Ventris consiguió descifrar la escritura minoica conocida como Lineal B, datada entre 1500 y 1200 a.C. ■

Instantáneas

- El escultor italiano H. Bertoia diseña la **silla diamante**, que ejercerá una poderosa influencia en las décadas de 1950 y 1960.
- **Woman**, de W. de Kooning, uno de los máximos exponentes del expresionismo abstracto. Obra de trazo violento y de una gran agresividad, conserva cierta referencia figurativa.

- **4'33"**, una de las acciones musicales de J. Cage, muy cercana al espíritu provocativo de los dadaístas. En ella el intérprete ha de estar durante cuatro minutos y treinta y tres segundos silencioso e inmóvil. La "música" estará provocada por los ruidos del atónito auditorio.
- **Do not forsake me, oh my darling**, de N. Washington y D. Tiomkin.
- **Jambalaya**, de H. Williams.
- **Wonderful Copenhagen**, de F. Loesser.

- **Déjala que caiga**, escrita por P. Bowles poco después de *El cielo protector* y siguiendo un proceso casi tan accidentado y exótico como el relatado en el texto.
- E. Ionesco, artífice del teatro del absurdo, estrena su "farsa trágica" **Las sillas**.
- La novelista británica Doris Lessing inicia la publicación de un ciclo narrativo, **Hijos de la violencia**, de base autobiográfica, que le costará quince años culminar.
- Se publica póstumamente **Investigaciones filosóficas**, en las que L. Wittgenstein rompe con la teoría semántica de su filosofía anterior, según la cual el lenguaje se ajusta a la forma del mundo.
- El novelista francés F. Mauriac, autor de obras como *Thérèse Desqueyroux* o *Nido de víboras*, recibe el **Premio Nobel de Literarura**.

- Estreno de **Candilejas**, de Ch. Chaplin, la historia de un cómico incapaz de hacer reír a su público. *(10 Octubre)*
- Aunque fue escrita hace veinte años, la obra teatral **Tres sombreros de copa** de M. Mihura no se ha estrenado en Madrid hasta hoy. Se trata de un revulsivo inaplazable para un teatro español cada vez más frívolo e inconsistente. *(24 Noviembre)*
- La Segunda Guerra Mundial a través de los ojos de una niña, eso es lo que propone el realizador R. Clement, con fina sensibilidad, en **Juegos prohibidos**. La música, basada en un romance anónimo, está interpretada a la guitarra por N. Yepes.
- **O cangaceiro**, de L. Barreto, es uno de los títulos míticos del cine brasileño. Su argumento gira en torno del romántico tema de los bandidos generosos.
- Uno de los films más valorados de la carrera de J. Huston es **La reina de África**, protagonizado por dos actores de la talla de Katharine Hepburn y Humphrey Bogart.
- **Solo ante el peligro**, clásico indiscutible del western, de un relieve psicológico poco común. Dirigido por F. Zinnemann, con música de D. Tiomkin, de origen ruso y especialista en western.
- El popular Danny Kaye protagoniza la película de Ch. Vidor **El fabuloso Andersen**, una biografía musical de este escritor danés.

- G. Jorgensen se somete a la primera operación para **cambiar de sexo**. Tras ella será conocido como Christine.
- W. Baade detecta un error en la **escala de distancias de las cefeidas** y demuestra que se encuentran a una distancia doble de lo que se pensaba.
- Por primera vez, se implanta un **corazón artificial**. La operación tiene lugar en el Hospital Pennsylvania de Filadelfia. *(8 Marzo)*
- El **cloranfenicol** produce anemia aplásica, además de colorear la dentadura definitiva
- Se concede el **Premio Nobel de Medicina y Fisiología** a E. Waksman, por sus descubrimientos de antibióticos como la neomicina y la estreptomicina.

- **Tropas británicas ocupan la ciudad egipcia de Ismailía**, después de intensos choques con el ejército de liberación de Egipto en la zona del canal de Suez. *(20 Enero)*
- V. Paz Estenssoro, líder del Movimiento Nacional Revolucionario (MNR), **recupera el poder en Bolivia**, tras el golpe de estado del general Ballivián. *(16 Abril)*
- **Jordania**: el parlamento ha depuesto al rey Talal, y ha designado a su hijo Hussein como nuevo monarca. *(11 Agosto)*
- D. Eisenhower, candidato republicano, sucede a Truman en la **presidencia de EE.UU.**

- España: un **consejo de guerra**, celebrado en Barcelona contra miembros de la CNT, condena a muerte a cuatro de ellos y a diversas penas de consideración al resto. *(6 Febrero)*
- La celebración en Barcelona del **XXXV Congreso Eucarístico Internacional** convierte a España en el centro universal de la catolicidad. *(27 Mayo)*
- España: **nacionalización de la compañía telefónica**, con la adquisición por el Estado de las acciones que desde 1924 estaban en manos de la multinacional estadounidense ITT. *(4 Julio)*
- Hubert Taffin de Givenchy abre su casa de **alta costura** en París.

- Maureen Connolly, conocida como "Little Mo", gana el torneo de **Wimbledon** con tan sólo 17 años. *(5 Julio)*
- Se disputa el **primer campeonato del mundo de frontón**.
- España, Francia y Argentina se reparten los títulos de cesta-punta, pala, mano y pala corta.
- En los **Juegos Olímpicos de Invierno**, celebrados en Oslo, Canadá vuelve a ganar la medalla de oro en hockey sobre hielo. A. Lawrence-Mead gana dos medallas de oro en esquí alpino femenino.
- **Olimpiadas de Helsinki**: en hípica gana el mítico jinete francés Pierre Jonquères d'Oriola.
- Olimpiadas de Helsinki: el francés J. Boiteux gana los **400 m libres** en natación. Su padre, que presenciaba la prueba, se lanza vestido a la piscina para felicitarlo.
- Olimpiadas de Helsinki: por primera vez se hace el **cómputo de las medallas**. Estados Unidos gana 40 de oro, por 22 Rusia; sorprendentemente, Hungría queda en tercer lugar.

- «Si los comunistas se imponen en Indochina, todo el resto de Asia del Sur caerá como una fila de fichas de dominó.» J. de Torneau.
- «¡Nuestra líder espiritual se ha ido!» Mensaje radiofónico emitido tras la muerte de Eva Perón.
- «He llegado ahora al punto donde ya no me importa si vivo o muero. Lo que tenga que ocurrir, ocurrirá.» Diario de Anna Frank, publicado en 1952. Anotación hecha en 1944.

- **Jorge VI**, monarca del Reino Unido. Le sucederá su hija Isabel. *(6 Febrero)*
- El argentino **Macedonio Fernández**, cuya obra literaria, casi por entero inédita, influirá poderosamente en autores como J.L.Borges. *(10 Febrero)*
- Argentina llora la muerte de **Eva Perón**, "Evita", esposa del presidente J.D. Perón. Su magnetismo personal le permitió levantar al pueblo para liberar a su marido, depuesto y encarcelado en 1945, y la convirtió en un líder político muy querido por el país. *(26 Julio)*
- **Paul Éluard**, poeta surrealista francés. *(18 Noviembre)*

1953

El prestigio personal y la habilidad política del montenegrino Josip Broz, "Tito", consiguieron mantener unidos en la República Federal de Yugoslavia distintos pueblos eslavos.

Cadena de montaje de la empresa automovilística SEAT en Barcelona (España). En la imagen, un modelo de la serie 1400 A, el primero en fabricarse en la factoría.

Beckett estrena Esperando a Godot
3 ENERO

El escritor y dramaturgo irlandés Samuel Beckett (1906-1989) estrena en París *Esperando a Godot*, obra esencial del llamado "teatro del absurdo". En esta pieza publicada el año pasado, Beckett, quien ha adoptado la lengua francesa, prescinde casi por completo de la acción y a través de un diálogo sin sentido expresa descarnadamente la incomunicación y la soledad sin esperanza de sus personajes, los inefables vagabundos Estragón y Vladimir.

➦ **1954**

Tito es elegido presidente de Yugoslavia
14 ENERO

El mariscal Tito gana las elecciones a la presidencia de Yugoslavia y consolida su posición entre los países no alineados. El prestigio de Tito al terminar la guerra le permitió desafiar a Stalin, negándose a seguir la política soviética en los Balcanes y planteando en cambio un proyecto nacional de "socialismo autogestionario". Con su elección como presidente, ve reforzado su liderazgo tanto en Yugoslavia como entre los países que buscan seguir una tercera vía distinta de la dictada por cualquiera de los dos grandes bloques ideológicos.

➦ **1991**

Inundaciones en Bélgica y Países Bajos
1 FEBRERO

Un terrible maremoto en el mar del Norte provoca graves inundaciones en Bélgica y Países Bajos. La rotura de los diques costeros y los vientos de más de 120 km/h han causado miles de víctimas y obligado a la evacuación de unas 100 000 personas que han quedado sin hogar. La gravedad de la situación y las cuantiosas pérdidas inducen a las autoridades neerlandesas y belgas a solicitar la ayuda internacional para paliar los efectos de la catástrofe.

Tamayo renueva la tradición muralista en México

El pintor Rufino Tamayo (1899-1991) concluye en el palacio de Bellas Artes de México la pintura de un magnífico mural. Tamayo, a diferencia del carácter social de las composiciones pintadas por Orozco, Rivera y Siqueiros, otorga mayor relevancia a los recursos pictóricos y sintetiza con gran habilidad las influencias de las vanguardias europeas y las del arte indígena mexicano para lograr en sus obras en general, y en este mural en particular, una visión personal y lírica de la realidad mexicana.

Un clásico del cine español

Bienvenido, Míster Marshall es el primer largometraje que dirige Luis García Berlanga (n. 1921) en solitario y una de las películas más logradas del cineasta valenciano. A medio camino entre el humor y la crítica agridulce de la sociedad española de posguerra, narra la espera en un pequeño pueblo castellano de los altos dignatarios del Plan Marshall, y los preparativos efectuados para celebrar su llegada. Al final los norteamericanos pasan de largo. La película fue galardonada en el festival de Cannes.

➦ **1955**

Los Mau-Mau siembran el pánico en Kenia
MARZO

Los *Mau-Mau*, organización secreta kikuyu que inició sus actividades terroristas el 20 de octubre del año pasado, aterrorizan a los colonos blancos y la población africana contraria a sus consignas. La colonización blanca británica y la creciente presencia de indios que llegan a Kenia están en el origen del malestar de la población negra, que ha ido degenerando en disturbios raciales que amenazan con una guerra civil. En este contexto la rebelión de los Mau-Mau, que ha alcanzado uno de sus momentos cruciales con la matanza de Lari, en el Rift Valley, obliga a las autoridades coloniales a imponer el estado de sitio, pero no lograrán sofocarla hasta finales de 1954.

➦ **1964**

El primer SEAT
ABRIL

La Sociedad Española de Automóviles de Turismo (SEAT), promovida el 7 de junio de 1949 y fundada el 10 de mayo de 1950, da sus primeros frutos con la construcción y comercialización de las primeras 1 000 unidades. Los vehículos, construidos bajo licencia de la italiana FIAT y con el apoyo y asesoramiento técnico de ésta, están basados en el modelo Fiat 1400, y su producción en serie se iniciará el mes de junio en la planta que la empresa ha construido en la Zona Franca de Barcelona. Se trata del Seat 1400 A, con un motor de 1 395 cc, capaz de alcanzar una velocidad de 120 km/h.

Primeros trasplantes de riñón

El primer trasplante de riñón realizado en el hombre, aunque sin éxito, se debió al cirujano soviético I. Voronoi en 1933; pero en 1953 se llevan a cabo, en París y Boston, trasplantes renales con órganos donados por familiares de los pacientes y que se ven coronados por el éxito. Michan, en París, trasplanta un riñón de una mujer a su hijo. Murray, en Boston, realiza el primer trasplante de riñón entre gemelos monocigóticos, consiguiendo la curación definitiva del gemelo enfermo. Por otro lado, los primeros trasplantes con éxito realizados con riñones procedentes de cadáveres se producirán en 1962. A finales de siglo se llevarán a cabo en el mundo más de 10 000 trasplantes renales al año.

➦ **1967**

Hillary y Tensing conquistan el Everest
29 MAYO

El alpinista y explorador neozelandés Edmund Hillary (n. 1919) y el sherpa nepalí Norgay Tensing alcanzan el techo del planeta, a 8 848 m de altitud, al escalar el mítico Everest, en la cordillera del Himalaya. La hazaña de Tensing y Hillary, precedida de los recientes intentos del suizo Wyss Dunant, que alcanzó los 8 600 m, y del británico John Hunt, que dijo haber *"resuelto el problema de los últimos 300 m"*, concluye la conquista del monte más alto del mundo, situado en la frontera entre Nepal y el Tíbet.

Coronación de Isabel II en Londres
2 JUNIO

Isabel II (n. 1927), reina de Gran Bretaña e Irlanda del Norte, es coronada en una solemne ceremonia que tiene lugar en la antigua abadía de Westminster. Isabel II, casada con Felipe de Mountbatten, duque de Edimburgo, se hallaba en Kenia el 6 de febrero, cuando falleció su padre Jorge VI. A la impresionante ceremonia de coronación, que por primera vez miles de personas pueden seguir a través de una transmisión televisiva, asisten monarcas y miembros de la nobleza europea, diplomáticos de todo el mundo y representantes de la Commonwealth y de las colonias británicas.

Asalto al cuartel Moncada en Cuba
26 JULIO

Un grupo de revolucionarios cubanos, entre quienes se halla el abogado Fidel Castro, intenta tomar el cuartel Moncada con el propósito de derrocar a Batista. El ataque a uno de los principales bastiones del ejército cubano, situado a pocos kilómetros de Santiago, se salda con la muerte de casi la mitad de los asaltantes y la captura de unos 30 sobrevivientes, entre ellos el propio Castro. A pesar del fracaso del asalto y de su condena expresa por el Partido Comunista, el hecho ha conmovido a la población cubana, la mayoría de la cual sufre las duras condiciones de vida impuestas por la dictadura de Batista. **➡ 1959**

Se firma la paz en Corea
27 JULIO

El armisticio de Panmunjom pone fin a la guerra de Corea tras laboriosas negociaciones. La disminución de la tensión internacional a raíz de la sustitución de Truman por Einsenhower en la presidencia de Estados Unidos y de la creciente influencia de Jruschov, que se perfila como sucesor del recientemente fallecido Stalin, en la política soviética, ha desbloqueado algunos puntos conflictivos y hecho posible el acuerdo de paz. Fracasados los intentos de unificación, el armisticio de Panmunjom consagra la existencia de dos Estados: la República de Corea, con capital en Seúl, y la República Democrática de Corea, con capital en Pyongyang. Incluyendo las bajas civiles, la guerra de Corea ha costado la vida a cerca de un millón y medio de personas.

Jruschov sucede a Stalin en la URSS
12 SETIEMBRE

Nikita Sergievich Jruschov (1894-1971) es nombrado primer secretario del Presídium soviético en contra del deseo explícito de Stalin, muerto el pasado 5 de marzo, que había designado como sucesores a Malenkov y Beria. Jruschov, que organizó la guerrilla ucraniana contra el ejército nazi durante la guerra, ocupó el cargo de primer ministro de la República Soviética de Ucrania y, entre 1949 y 1950, reorganizó la producción agrícola soviética por encargo de Stalin. El nuevo mandatario se propone llevar a cabo profundos cambios en las formas de gobierno de la URSS, que desembocarán en el proceso conocido como la desestalinización. **➡ 1956**

Doble hélice del ADN

Los bioquímicos J.D. Watson (n. 1928), estadounidense, y F.H.C. Crick (n. 1916), británico, establecen el modelo estructural en doble hélice del ácido desoxirribonucleico (ADN) con la ayuda de un método de difracción de rayos X desarrollado por el investigador neozelandés Maurice Wilkins (n. 1916) y la evidencia de la existencia de estructuras de "escalera de caracol" en moléculas de proteína fibrosa, aportada por L. Pauling (1901-1994) en 1951. Sus trabajos serán recompensados en 1962 con la concesión del premio Nobel de Medicina y Fisiología. **➡ 1962**

Nace el Cinemascope

Los estudios cinematográficos estadounidenses Twentieth Century Fox desarrollan un nuevo sistema de proyección en pantalla grande de películas cinematográficas, basado en el principio óptico de la anamorfosis y que se comercializa con el nombre de Cinemascope. La primera película rodada mediante dicho sistema es *La túnica sagrada (The Robe)*, dirigida por Henry Koster, que se estrena este mismo año. En 1961 se mejorará la calidad de la imagen de dicho sistema gracias a la incorporación de un nuevo objetivo capaz de compatibilizar la anamorfosis y la profundidad de campo, que será utilizado por primera vez en la película *Rey de Reyes (King of Kings)*, dirigida por Nicholas Ray.

La reina Isabel II sale de la abadía de Westminster, investida ya con los símbolos de la monarquía. En los estrados destinados a los invitados, figuran miembros de las monarquías reinantes en Europa y representantes diplomáticos de todo el mundo.

Edmund Hillary y el sherpa Norgay Tensing, fotografiados durante la expedición que consiguió culminar por primera vez la ascensión al Everest.

La compleja sucesión de Stalin

La desaparición de Stalin, víctima de de un ataque cerebral, coincide en el tiempo con el retorno de los republicanos, en la persona de Eisenhower, a la presidencia de Estados Unidos, tras dos décadas de fracasos electorales. Isabel, una mujer de 27 años, sube al trono del Reino Unido; un abogado cubano de 26 años, Fidel Castro, protagoniza el asalto al cuartel Moncada en contra del dictador Batista, y otro joven, Husayn, recién cumplidos los dieciocho, se convierte en el tercer rey hachemita de Jordania. También en este año un neozelandés y un nepalí pisan la cima del Everest, el techo del mundo, y dos científicos, Crick (británico) y Watson (estadounidense), descubren la estructura helicoidal del ácido desoxirribonucleico. Para los españoles, es sobre todo el año de puesta de largo de su país en la sociedad internacional.

ORIENTE MEDIO, FOCO DE TENSIÓN

Los países de la cuenca oriental del Mediterráneo y del extremo occidental del continente asiático comenzaban a asumir un protagonismo histórico de primera magnitud, y a crear estados de alarma en los principales grupos de interés de las potencias occidentales, como consecuencia de los avances del nacionalismo. Fue el caso de Irán y de Egipto, que intentaron plantar cara, aunque con desigual fortuna, al poderío colonial británico. En Irán, la política nacionalizadora emprendida desde 1951 por el primer ministro Muhammad Mossadegh, a punto estuvo de costarle la vida en agosto de 1953 cuando fue expulsado del gobierno por un golpe militar auspiciado por el sah, la CIA y el gobierno británico. En Egipto, los acontecimientos adoptaron un cariz diferente; al contencioso con el Reino Unido sobre el canal de Suez y el futuro de Sudán, se sumó la proclamación de la República por Naguib, el general que el año anterior encabezó el golpe de Estado que obligó al rey Faruk a ceder la corona a su hijo de pocos meses, y que muy pronto sería desbancado del poder por su propio vicepresidente, Gamal Abdel Nasser.

En otras zonas del continente africano se produjeron movimientos de protesta anticolonial. Especial temor causaron las acciones violentas que, desde 1950, protagonizaban en Kenia los miembros del Mau Mau contra colonos británicos e incluso contra sectores de población negra considerados simpatizantes de los blancos. En 1953, el que con el tiempo sería primer presidente de la República de Kenia, el nacionalista Jomo Kenyatta, fue condenado a siete años de trabajos forzados como uno de los fundadores del Mau Mau. Por otra parte, y volviendo a la cuenca mediterránea, Israel también ocupó la atención de las potencias occidentales y de los países árabes, debido a las secuelas provocadas por el acuerdo alcanzado a finales del año anterior con la República Federal de Alemania sobre reparaciones de guerra; a la ruptura de las relaciones diplomáticas con la URSS en enero, y sobre todo a la invasión de la aldea jordana de Qibya por tropas israelíes, en octubre, que ocasionó la muerte de 53 civiles y que fue condenada por la Liga Árabe y también por el Reino Unido y Estados Unidos, temerosos de las repercusiones que la actitud desafiante israelí podía provocar en los países del entorno.

Stalin con Molotov (a la izquierda) y Andreyev. El dictador soviético habría deseado que su amigo personal Molotov le sucediera al frente de la URSS, pero los mecanismos de selección del aparato de poder dieron preferencia a Jruschov y Kosiguin. Molotov sería excluido primero del Comité Central del PCUS (1957) y luego del propio partido (1962). Aún corrió peor suerte Lavrenti Beria, ejecutado en 1953 después de un rápido proceso secreto.

Muhammad Mossadegh, primer ministro de Irán en 1951-1953. Llevó a cabo una política nacionalista y antioccidental frontalmente opuesta a la preconizada por el sah Reza Pahlavi, y fue derribado por un golpe organizado por la CIA con la complicidad del sah.

El sah Muhammad Reza Pahlavi fue en todo momento un leal servidor de los intereses occidentales en la conflictiva zona del Oriente Medio. En la imagen, aparece en el curso de una visita oficial a España.

LA DEFENSA DE OCCIDENTE Y LA TEORÍA DEL DOMINÓ

A medida que avanzaba la década cicatrizaban las heridas internas de la guerra mundial e iba consolidándose una situación internacional fuertemente polarizada, con las principales potencias en permanente estado de vigilia, para no ceder ni un palmo de terreno en una estratégica guerra de "posiciones" de alcance planetario. Ejemplo de lo primero, el establecimiento en Francia, en el mes de marzo, de una amplia amnistía para todos los que colaboraron con la ocupación alemana; y de lo segundo, la desarticulación en la República Federal Alemana de una red de espionaje soviético, la ejecución en junio de los Rosenberg, el matrimonio de físicos estadounidenses acusados de haber revelado secretos atómicos a la Unión Soviética, o la destitución de todos sus cargos de J. Robert Oppenheimer, el "padre" de la bomba atómica, por razones de seguridad, es decir por su actitud hostil a la fabricación de la bomba de hidrógeno y por sus presuntos contactos con círculos comunistas. El grado de crispación era tan elevado que el presidente Eisenhower, antes de finalizar su primer año al frente de la Casa Blanca, rozó la ilegalidad constitucional al promulgar un decreto que penalizaba con el despido a los empleados públicos que se negasen a declarar ante el Comité de Actividades Antiamericanas, que incluso extendió sus investigaciones y acusaciones a destacados miembros de las Fuerzas Armadas.

Mientras todo esto sucedía, la muerte de Stalin abría una serie de incógnitas muy difíciles de despejar en la URSS y en los países del bloque comunista, donde también surgían dificultades, del tenor de los disturbios acaecidos al comienzo del verano en la zona oriental de Berlín. El mandatario soviético había dejado una difícil herencia que sus sucesores no estaban dispuestos a asumir en toda su integridad. Al principio, en la URSS se volvió a la dirección colegiada y nadie se atrevió a formular críticas altisonantes; pero la detención en julio y

El eficaz actor español Manolo Morán, en una escena de Bienvenido, Míster Marshall, de Luis García Berlanga.

el posterior fusilamiento de Lavrenti P. Beria, vicepresidente del gobierno y jefe de la policía secreta soviética durante los años del terror impuesto por Stalin, hicieron presagiar un cambio de rumbo en el Estado soviético, que se materializaría en 1956 cuando Nikita Jruschov derribó el mito de Stalin al calificarlo de cruel y despótico dictador. Pero antes de que llegase esa fecha, en 1953 se puso fin, tras muchas vacilaciones e incertidumbres, a la guerra de Corea. El conflicto dejó un saldo negativo en torno al millón y medio de muertos, y acabó prácticamente en tablas, pues se sancionó la división de la península en dos territorios de diferente significación ideológica separados por el paralelo 38.

En Indochina la guerra seguía viva, y los avances del Vietminh hicieron formular al secretario de Estado norteamericano Foster Dulles la famosa teoría del dominó: había que impedir a toda costa que cayera Indochina, porque su caída arrastraría al resto de los Estados del Sudeste asiático como fichas de dominó puestas en fila. No obstante, ya por esas fechas comenzaban a formularse algunos reproches en relación con lo que encubrían expresiones y doctrinas aparentemente tan encomiables: en una alocución radiada Clement Attlee, jefe del partido laborista y ex premier británico, advirtió contra la peligrosa intolerancia de Estados Unidos frente a los países que no coincidían con sus propios objetivos políticos. Sobre tales cuestiones, algo habían aprendido ya los países centro y sudamericanos.

BIENVENIDO, MR. MARSHALL

En 1953, para decirlo con los habituales clichés de la época, España padeció una pertinaz sequía, lo que no fue óbice para que en el ámbito internacional el régimen franquista alcanzase metas largamente anheladas. El concordato con la Santa Sede firmado en agosto, y los acuerdos con Estados Unidos de setiembre, además del ingreso en la UNESCO como miembro de pleno derecho, constituyeron el espaldarazo definitivo a un régimen político como el español que hasta hacía muy poco tiempo había recibido ostensibles muestras de repulsa de los países occidentales. Las importantes cesiones que en materia religiosa o de soberanía nacional tuvieron que hacerse para alcanzar estos acuerdos, apenas

Duelo popular en el entierro del ídolo de la canción mexicana Jorge Negrete, fallecido en Los Ángeles el día 5 de diciembre de 1953.

fueron conocidas o intuidas por los contemporáneos, a quienes se ofreció la imagen de una ayuda económica americana, migajas si lo comparamos con lo recibido por otros países –bien lo reflejó Berlanga en su excelente película, estrenada ese mismo año–, pero que constituyó un importante revulsivo para el progreso y desarrollo español. ■

Instantáneas

- Se estrena con éxito en Barcelona la ópera catalana *Canigó* de A. MASSANA. *(21 Mayo)*
- *Frescos de Piero della Francesca*, una de las más sugerentes partituras orquestales del checo B. MARTINU, inspirada en la obra del gran pintor renacentista italiano.
- V. YOUNG compone una banda sonora ya histórica para el western *Raíces profundas*, de G. STEVENS.
- *April in Portugal*, de J. GALHARDO y P. FERRÃO.
- *Crying in the chapel*, de A. GLENN.
- *I believe*, de E. DRAKE, I. GRAHAM, J. SHIRL y A. STILLMAN
- *Candilejas*, de G. PARSONS y CH. CHAPLIN, para el film del mismo título.

- A. MILLER estrena *Las brujas de Salem*, alegato contra la intolerancia religiosa y política basado en un célebre proceso contra la brujería que tuvo lugar en la localidad estadounidense de Salem, en el siglo XVII.
- El francés SAINT-JOHN PERSE (seudónimo de ALEXIS LÉGER) publica *Amargos*, poesía lírica donde destacan el ritmo y las imágenes.
- *El hombre demolido*, una novela innovadora dentro del género de la ciencia-ficción. Su autor es A. BESTER.
- *Introducción a la metafísica*, ensayo de M. HEIDEGGER.
- R.J. SENDER escribe *Mosén Millán*, una de sus obras más valiosas. En 1960 será reeditada con el título más difundido de *Réquiem por un campesino español*.
- A. CARPENTIER plasma su personal poética de lo "real maravilloso" en su novela *Los pasos perdidos*.
- *El llano en llamas*, original e innovador volumen de cuentos del escritor mexicano J. RULFO.

- Se estrena en Estados Unidos un programa de televisión, **Cámara oculta**, en el que se busca captar la reacción de la gente ante situaciones insólitas.
- *Johnny Guitar*, fascinante western de N. RAY, de una inusitada potencia psicológica y belleza, ajeno a todo convencionalismo.
- Triunfa la película japonesa **Cuentos de la luna pálida**, de K. MIZOGUCHI, uno de los más hermosos y poéticos poemas de amor jamás filmados.
- La crisis de un matrimonio británico de viaje por Italia es el tema de la nueva película de R. ROSSELLINI: *Te querré siempre*.
- En *De aquí a la eternidad*, F. ZINNEMANN plasma con habilidad la vida cotidiana en la

base militar de Pearl Harbour, antes del ataque japonés que provocó la entrada de Estados Unidos en la Segunda Guerra Mundial. Convincente interpretación de BURT LANCASTER.

- F. SANGER logra establecer la secuencia completa de los aminoácidos en la **molécula de insulina**.
- Las firmas de neumáticos Pirelli y Michelin ponen a punto los **neumáticos de carcasa radial**, más resistentes que los usados anteriormente.
- El científico alemán H. STAUDINGER recibe el Premio Nobel de Química por sus investigaciones sobre las **macromoléculas**.
- Se lleva a cabo la primera operación quirúrgica en la que se utiliza una **máquina de circulación extracorpórea** creada por el cirujano estadounidense J.H. GIBBON. Gracias a este dispositivo es posible reemplazar el funcionamiento natural del corazón y los pulmones durante la intervención.

- **Kenia**: JOMO KENYATTA, líder independentista y fundador del movimiento Mau-Mau, es condenado a siete años de trabajos forzados. *(8 Abril)*
- **Colombia**: un **golpe de estado** incruento del general G. ROJAS PINILLA depone al presidente conservador L. GÓMEZ. El general cuenta con el apoyo de los conservadores del ex presidente M. OSPINA PÉREZ y está bien visto por los liberales. *(13 Junio)*
- Un **alzamiento popular en Berlín Oriental** contra el gobierno es reprimido por tropas soviéticas. La movilización, que comenzó ante el anuncio de un aumento de la cuota obligatoria de producción de los obreros, se convirtió en un auténtico levantamiento en demanda de elecciones libres. *(18 Junio)*
- La URSS entra en el grupo de potencias que poseen la **bomba de hidrógeno**. *(20 Agosto)*
- España firma un nuevo **concordato con la Santa Sede**, estableciendo entre otras medidas la oficialidad del catolicismo, la enseñanza religiosa obligatoria, y la facultad del Caudillo para nombrar obispos. *(27 Agosto)*
- Estados Unidos concede su **apoyo al régimen de FRANCO**.

- **Buenos Aires**: tras el estallido de dos bombas durante una manifestación de adhesión al presidente PERÓN, que causaron seis muertos y centenares de heridos, la multitud asalta e incendia instituciones ligadas a la oligarquía

porteña, como el Jockey Club, ante la pasividad de la policía. *(16 Abril)*
- **EE.UU**: **el matrimonio Rosenberg es ejecutado en la silla eléctrica**, acusado de entregar secretos atómicos a la URSS. *(19 Junio)*
- Se realiza en España una **reforma del Bachillerato**, que permite la opción entre ciencias y letras. *(1 Julio)*
- **Catástrofe aérea en España**: un avión de la compañía Aviaco que cubría el trayecto entre Bilbao y Madrid se estrella en la sierra Cebollera. De los treinta y tres pasajeros que viajaban a bordo, sobreviven diez. *(3 Diciembre)*
- El **diseño** entra en Japón: la compañía Canon abre un departamento de diseñadores.

- **España**: celebración de la **1ª edición del Trofeo Conde de Godó de tenis**, en Barcelona. *(7 Junio)*
- **Inglaterra** pierde su primer partido oficial de fútbol en Wembley: 3-6 contra Hungría.
- El piloto automovilístico italiano A. ASCARI gana dos años consecutivos con Ferrari el **campeonato del mundo de conductores Fórmula I**.
- **MAUREEN CONNOLLY** se convierte en la primera tenista que logra el Gran Slam femenino, al adjudicarse los cuatro grandes torneos el mismo año.
- El jugador de golf B. HOGAN ganador de **tres grandes torneos** el mismo año: el Open USA, el Open Británico y el Masters.

- «Prohibid la bomba.» Eslogan antinuclear.
- «Durante muchos años pensé que lo que era bueno para el país era bueno para General Motors, y viceversa.» CH. IRWIN WILSON.
- «No soy comunista y nunca lo he sido. He sido víctima de una propaganda maliciosa.» CH. CHAPLIN.
- «¡Hemos descubierto el secreto de la vida!» F. CRICK y J. WATSON desvelan la estructura del ADN.

- **STALIN**, primer mandatario soviético. Verdaderas multitudes se citan en Moscú para rendir culto a sus restos mortales. *(5 Marzo)*
- **SERGEI PROKOFIEV**, compositor soviético, precursor del vanguardismo. *(5 Marzo)*
- **FRANCIS PICABIA**, pintor francés, destacado integrante del dadaísmo. *(2 Diciembre)*
- **JORGE NEGRETE**, cantante y actor mexicano. *(5 Diciembre)*

1954

Un submarino atómico
21 ENERO

Tiene lugar en Estados Unidos la botadura del primer submarino de la historia propulsado por energía nuclear, que es bautizado con el nombre de *Nautilus* en honor del ingenio del capitán Nemo, nacido de la fantasía del novelista francés Jules Verne. De 98 m de eslora, va propulsado por dos hélices accionadas por un ingenio capaz de desarrollar 15 000 CV y de hacerle avanzar, sumergido, a una velocidad de 20 nudos. Entre el 1 y el 5 de agosto de 1958, navegará sumergido por el polo Norte. Entre los años 1955 y 1956 el *Nautilus* recorrerá aproximadamente 100 000 km si necesidad de repostar.

Suena la hora del **rock and roll**
ABRIL

Bill Haley lanza *Rock around the clock* y su ritmo arrebatador causa sensación en la juventud estadounidense. El disco, grabado en la casa Decca de Nueva York con el acompañamiento del grupo *The Comets,* es una síntesis de blues, rhythm and blues y música country. *Rock around the clock* llegará a vender 17 millones de copias y convertirá el *rock and roll* en la nueva música bailable. El *rock* cuenta entre otros intérpretes con Buddy Holly, Chuck Berry, Jerry Lee Lewis, Little Richard y Elvis Presley.   ➡ **1957**

Bannister bate el récord de la milla
6 MAYO

El atleta británico Roger Bannister rompe la barrera de los 4 minutos en una excepcional carrera disputada en Oxford. Si bien Bannister había quedado en cuarto lugar en la final olímpica de los 1 500 m en Helsinki, como consecuencia de una preparación que hubo de compaginar con sus estudios universitarios, sus cualidades atléticas lo situaban entre los mejores del mundo. Hoy lo ha demostrado al correr la milla en 3'59"4.

Nace Eurovisión
6 JUNIO

La Unión Europea de Radiodifusión crea Eurovisión y establece su sede administrativa en Ginebra. Se trata de una organización cuya misión es coordinar los intercambios de programas de televisión y radio entre los Estados de Europa occidental y del norte de África. Además se encarga de la realización y transmisión. Entre sus actividades destaca el Festival de la Canción que convoca anualmente.

Nace el radiotransistor

La empresa estadounidense Regency Electronics inventa y comercializa por primera vez radios equipadas con amplificadores transistorizados. En ellas se han sustituido las válvulas por componentes hechos a base de semiconductores, con lo cual se logra, además de un peso y tamaño inferiores de los receptores, una vida operativa mucho más prolongada. Por otro lado, el empleo de transistores permite reducir la potencia consumida por el aparato y por tanto el tamaño de las pilas que lo alimentan. La empresa japonesa Sony será la que comercialice masivamente, a partir de 1956, los primeros aparatos de este tipo.

Éxito y escándalo de **Buenos días, tristeza**

Françoise Sagan (1935) escandaliza a los franceses con su primera novela. La joven autora de *Buenos días, tristeza* retrata con ironía y crudeza la vida insustancial de ciertos sectores de la alta sociedad francesa. Con un lenguaje sencillo y directo, perfila personajes fatuos y amorales, cuyas existencias se mueven entre la frivolidad y la hipocresía. No obstante la reacción contraria de algunos sectores que se sienten aludidos, *Buenos días, tristeza* se convierte rápidamente en un gran éxito de ventas.

La RFA gana la Copa Mundial de Fútbol
4 JULIO

La selección de Alemania Federal se proclama campeona mundial de fútbol al derrotar a la de Hungría por 3 a 2 en la final disputada en la ciudad suiza de Berna. Tras la disputa de los cuartos de final, en los que también han intervenido Brasil, Yugoslavia, Uruguay, Austria

Roger Bannister en el momento de llegar a la meta en la pista atlética de Oxford, después de correr la distancia de la milla en 3 minutos, 59 segundos, 4 décimas.

Buenos días, tristeza despertó grandes expectativas sobre su autora, Françoise Sagan. Algún crítico la denominó "un nuevo Camus". La carrera posterior de la escritora no justificó la comparación.

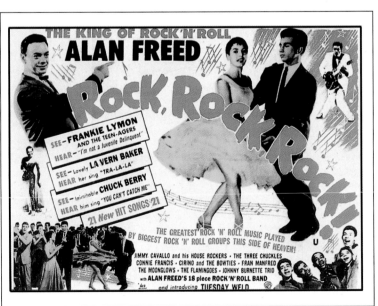

◀ *Alan Freed fue un pionero en el lanzamiento de la moda del* rock and roll *en Estados Unidos. La ola de popularidad conseguida le llevó a producir y protagonizar una película en la que se presentó a sí mismo como "el rey del rock".*

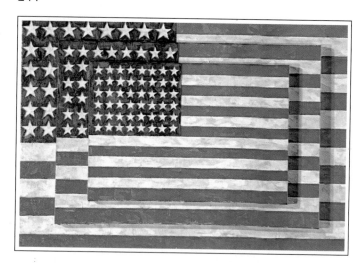

Tres banderas, *de Jasper Johns (Museo Whitney, Nueva York), pertenece a la serie* Flags (Banderas), *que se convirtió en paradigma del Pop Art. La superposición de las banderas se convierte en un recurso formal para disolver la definición figurativa del icono.*

e Inglaterra, la selección húngara, considerada favorita al haber goleado hasta ese momento a todos sus rivales, y la alemana se enfrentan en un emocionante partido. Los húngaros se adelantan con sendos goles de Puskas y Czibor que parecen sentenciar la final, pero los alemanes, con tantos de Morlok y Rahn, empatan y, poco antes de acabar el partido, marcan el gol de la victoria.

Acaba la guerra de Indochina
20 JULIO

Tras la derrota francesa en Dien Bien Fu, se firman en Ginebra los acuerdos que ponen fin a la guerra de Indochina y dan lugar al reconocimiento de los Estados de Laos, Camboya y Vietnam. Los ministros de Asuntos Exteriores de Francia, Reino Unido, Estados Unidos, URSS y China, después de dos meses de negociaciones, establecen una línea de alto el fuego entre Vietnam del Norte y Vietnam del Sur a lo largo del paralelo 17. Al mismo tiempo que se consagra la división de Vietnam en dos Estados, se reconoce la independencia de Camboya y Laos. El fin de la presencia francesa en Indochina no supondrá la pacificación de la región. ➡ **1962**

Portada de El señor de las moscas, *una penetrante parábola de William Golding sobre la naturaleza humana y la civilización.*

Nasser toma el poder en Egipto
17 NOVIEMBRE

Gamal Abdel Nasser (1918-1970), líder nacionalista egipcio que venía ocupando el puesto de primer ministro, promueve un golpe de estado que derroca al presidente Naguib. Nasser ha alcanzado gran prestigio como el principal artífice de la evacuación británica del canal de Suez, y proyecta impulsar una política panarabista y llevar a cabo una revolución social mediante una reforma agraria que contemple el reparto de los latifundios y la extensión de las tierras cultivables. ➡ **1956**

Le Corbusier, uno de los grandes renovadores de la arquitectura contemporánea, fotografiado en su estudio de la calle Sèvres de París, en los años cincuenta.

Jasper Johns pinta Flags

El pintor estadounidense Jasper Johns (1930) concluye *Flag*, inicio de una serie *(Flags)* que anticipa el arte pop. Johns se caracteriza por utilizar temáticamente para sus obras objetos cotidianos y de consumo, como banderas, latas de cerveza, pinceles, medias, etc., a los que da un tratamiento pictórico refinado, tanto en el color como en la textura, que la crítica especializada interpreta como una rigurosa exploración de la relación entre arte y realidad. En este sentido, Johns puede ser considerado como uno de los pioneros del arte pop. ➡ **1954**

Notre Dame de Ronchamp, de Le Corbusier

El arquitecto suizofrancés Le Corbusier (1887-1965) concluye uno de sus proyectos más emblemáticos. La capilla de Notre Dame du Haut, en Ronchamp, cerca de Belfort, expresa en el tratamiento de sus volúmenes el propósito de crear un espacio funcional, que en este caso equivale a *"un lugar de silencio, de oración, de paz, de gozo espiritual"*, según las propias palabras del creador. Le Corbusier, uno de los principales animadores de la renovación arquitectónica internacional del momento, propone una arquitectura funcional acorde con la vida moderna, tanto a través de las formas como del uso de materiales simples.

Golding publica El señor de las moscas

William Golding (1911-1993) alcanza fama internacional con *El señor de las moscas*, su primera novela. Golding, que hasta ahora había publicado poesía, construye una alegoría pesimista de la evolución de la humanidad a través de la peripecia de un grupo de niños que van a parar a una isla desierta tras sufrir un accidente aéreo y paso a paso se despojan de su barniz civilizado hasta recaer en el salvajismo. Con una prosa no exenta de lirismo, Golding pone de manifiesto el escaso valor de la inteligencia humana y los hábitos creados por la educación cuando está en juego la supervivencia.

Nace la "píldora"

Se inician los ensayos clínicos de la "píldora anticonceptiva", que en 1957 se utilizará ya como regulador de las funciones reproductoras femeninas. La píldora nace de la aplicación de dos descubrimientos, la existencia de secreciones anovulatorias (L. Haberlandt, 1921) y el descubrimiento de la progesterona (Allen y Corner, 1929). Ahora Gregor Pincus inicia la utilización de cantidades determinadas de progesterona con propósitos contraceptivos. A partir de 1961 su prescripción se generalizará en todo el mundo. ➡ **1988**

Ha nacido una estrella, consagración de Judy Garland

Con este "remake" de la película homónima dirigida por William Wellman en 1937, Judy Garland es nominada al Óscar a la mejor actriz. En *Ha nacido una estrella*, George Cukor filma magistralmente la relación de amor entre un actor maduro y alcohólico y una joven llena de talento y vitalidad. Garland, aclamada por sus interpretaciones en clásicos del género musical como *El mago de Oz* o *El pirata*, volverá a ser nominada al Óscar por su papel en *Vencedores y vencidos*. ➡ **1964**

Carmen Jones

Otto Preminger rueda *Carmen Jones*, una película que adapta la ópera *Carmen*, de Georges Bizet, a los ambientes afroamericanos. Protagonizada por Dorothy Dandridge, cuenta con la voz de la mezzosoprano Marilyn Horne para el papel principal. En 1958 el director hará una incursión parecida en el mundo operístico con otra obra también protagonizada íntegramente por actores negros: *Porgy and Bess*, según la ópera homónima de George Gershwin.

La industria militar, locomotora del desarrollo en Occidente

La desintegración de los imperios coloniales recibe un fuerte impulso en 1954, un año que resulta nefasto para Francia. En plena guerra fría las dos grandes potencias intensifican la investigación tecnológica con fines militares, con una proyección contradictoria sobre otros campos de actividad económica. En Occidente se producirá el despegue definitivo de la sociedad de consumo, mientras que la primacía dada a la industria de armamentos acabará por estrangular, con el tiempo, el crecimiento soviético. Se reafirma el control norteamericano sobre América latina, coincidiendo con la intensificación de la campaña del senador McCarthy contra el comunismo, centrada ahora en el ejército.

EL DESMORONAMIENTO DEL IMPERIO COLONIAL FRANCÉS

El proceso imparable de afirmación nacionalista en las colonias tuvo su primera expresión en la lucha por el poder que se entabló en Egipto entre el presidente Naguib, partidario de Occidente, y el coronel Nasser, primer ministro y uno de los líderes más significados del nuevo movimiento panárabe que abogaba por la neutralidad activa frente a las grandes potencias. Pero el acontecimiento más importante, en lo que se refiere a la crisis colonial, tuvo lugar en el imperio francés. Dien Bien Fu, una posición considerada inconquistable, defendida además por paracaidistas de elite franceses, cayó en manos del Vietminh después de un largo asedio en el que Vô Nguyên Giap, comandante de las tropas sitiadoras, mostró su gran capacidad logística y unas altas dotes de estratega presididas por una inagotable paciencia. La caída de Dien Bien Fu asestó un golpe definitivo a la moral francesa, y abrió a los vietnamitas la posibilidad de conquistar toda la península indochina, confirmada en octubre con la vuelta de Ho Chi Minh a Hanoi. No acabaron aquí los problemas para Francia, que además tuvo que enfrentarse a la sublevación nacionalista en Argelia, cuya independencia había de acarrear disgustos incluso más graves que los de Indochina. En el Imperio Británico, y como expresión de un proceso de autodeterminación generalizado e irreversible, el movimiento Mau Mau se enfrentó

a la metrópoli en Kenia. La fuerte represión sufrida por muchos de sus miembros y el internamiento masivo en campos de reclusión no sirvieron para mitigar el sentimiento de protesta y la oposición a la dominación británica.

LOGROS TECNOLÓGICOS DE LA INDUSTRIA MILITAR

El lanzamiento de la primera bomba de hidrógeno o bomba H, con una potencia 60 veces superior a las lanzadas sobre Japón al final de la Segunda Guerra Mundial,

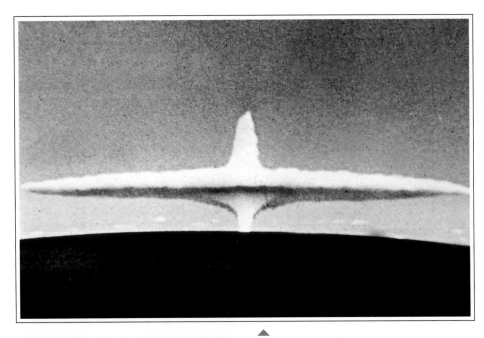

Explosión de la primera bomba de hidrógeno en el atolón de Eniwetok, en el Pacífico. El hongo atómico alcanzó una altura superior a los 15 kilómetros, y un perímetro de unos 150 kilómetros.

Ho Chi Minh, presidente de la República de Vietnam, pudo regresar a Hanoi después de la victoria de su ejército en Dien Bien Fu. Años más tarde, los estadounidenses sustituirían a los franceses en Indochina.

confirmó que el enfrentamiento entre las potencias en el marco de la guerra fría evolucionaba hacia la búsqueda de una mayor seguridad por la peligrosa vía de la disuasión. Pero también empezó en esa ocasión a manifestarse claramente la inquietud de muchas personas ante la imparable marcha de las potencias hacia el rearme. Las críticas del científico estadounidense Robert Oppenheimer le costaron su apartamiento de las investigaciones sobre la energía atómica, pero eran el reflejo de un estado de opinión que había de adquirir cada día mayor peso en la conciencia del mundo.

Sonrisas de una noche de verano, *del director de cine sueco Ingmar Bergman; ejemplo de un cine europeo de autor, de hondo calado intelectual y estético.*

ba de ser una calculadora de circuitos integrados.

Lo más relevante sin embargo es que, aunque las investigaciones con fines militares en un campo y en otro tenían una validez parecida, puesto que el nivel de preparación científica era similar, la proyección de las creaciones tecnológicas sobre el sistema económico de ambas potencias tuvo características muy diferentes. En el bloque del Este, los logros tecnológicos estrangularon y sustrajeron recursos para la actividad económica. La industria ligera, y en especial la dedicada a bienes de consumo, apenas se desarrolló. El secretismo que rodeó toda la sofisticada tecnología dedicada a la concepción de nuevas armas más potentes y eficaces no revirtió en una modernización equivalente del aparato productivo en otros sectores. Las hazañas de la exploración espacial convivieron en los países situados detrás del "telón de acero" con la carestía, el racionamiento de los alimentos, la contaminación de las ciudades y el estancamiento de los niveles de vida.

Nada de todo ello ocurrió en el Oeste. Por el contrario, la industria militar esta-

El "look" de la moda de los años cincuenta: colores discretos, drapeados, acentuación del maquillaje; una leve brisa de frivolidad femenina después de los años de austeridad bélica.

dounidense actuó como una locomotora que potenció y estimuló el conjunto de una economía marcada cada vez más por los comportamientos de un consumo de masas. Y el consumo no se limitó a los artículos más indispensables o al sector de los electrodomésticos; progresivamente se fue extendiendo a otras áreas, y en especial a las relacionadas con la información y con el tiempo libre. Para completar las carac-

En el mismo proceso se inscribe la botadura del primer submarino atómico, el *Nautilus*, una muestra más de la finalidad esencialmente militar que tuvieron las innovaciones tecnológicas más espectaculares en toda la década de los años 50. Así sucedió también con la presentación del primer cerebro electrónico, creado por la empresa IBM, que lo llamó pomposamente "máquina pensante" y que no pasa-

---

Instantáneas

- El arquitecto C. Lazo proyecta la **Ciudad universitaria de México**.
- F. Léger pinta **Acróbata y bicicleta**, cuadro perteneciente a su última etapa, cuando el pintor cuenta con una sólida trayectoria cubista tras de sí.
- El arquitecto y pintor surrealista chileno R. Matta pinta **Las dudas de tres mundos**.

- E. Varèse compone una de las obras claves de la música de vanguardia: **Déserts**, para piano, cuatro grupos de maderas, percusión y cinta magnética.
- **Spartacus**, ballet de A. Khachaturian. Fiel a los postulados del realismo socialista, la obra narra, con gran espectacularidad, el levantamiento de este personaje histórico contra los romanos.
- El compositor polaco W. Lutoslawski concluye su **Concierto para orquesta**, la primera partitura importante y más difundida de su obra.
- El cantante de boleros chileno Lucho Gatica se presenta en Ciudad de México. Sus éxitos principales son *Contigo en la distancia* y *El reloj*.
- **Shake, rattle and roll**, de C. Calhoun.
- **Three coins in the fountain**, de S. Cahn y J. Styne.
- **Hernando's hideaway**, de R. Adler y J. Ross.

- **Fly me to the moon**, o **In other words**, de B. Howard.
- Se estrena póstumamente en Hamburgo la ópera inacabada de A. Schönberg **Moisés y Aarón**.

- **El señor de los anillos** es una novela fantástica de J.R.R. Tolkien, en tres volúmenes. Miles de lectores se identifican con las aventuras caballerescas del libro: los juegos de rol permitirán, más adelante, ampliar las perspectivas de la aventura.
- S. de Beauvoir gana el Premio Goncourt por su novela **Los mandarines**. (6 Diciembre)
- K. Amis refleja en la novela **Jim el afortunado** la problemática de la juventud en los años cincuenta.
- Gabriela Mistral alterna brillantes imágenes con coloquialismos chilenos en su última colección de poemas, **Lagar**.
- P. Neruda retorna a su "materialismo", después de la experiencia surrealista, con la colección de poemas **Odas elementales**.
- El dramaturgo británico T. Rattigan estrena en Broadway *Mesas separadas*, con notable éxito.
- M.Á. Asturias novela en *El Papa Verde* la dramática realidad de su país, Guatemala, y traza un gran fresco de la condición de una América sometida al capital extranjero.
- Se publica *Bajo el bosque lácteo*, del poeta británico D. Thomas, fallecido el año pasado en Nueva York.

- Se celebra en España el **Primer Festival Internacional de Cinematografía** de San Sebastián. *(31 Julio)*
- **La strada** de F. Fellini se estrena en París con un gran éxito. La protagoniza su mujer Giulietta Massina.
- Estreno en España del programa radiofónico **Avecrem llama a su puerta**, de J. Soler Serrano, que hace realidad los deseos de algunos, pocos, afortunados: sólo tres cartas de las muchas que se reciben cada semana. *(10 Octubre)*
- El cómico argentino Pepe Iglesias, **"El Zorro"**, presenta por radio a sus populares personajes, como el finado Fernández.
- **Senso**, de L. Visconti, ambientada en la Italia garibaldina, anticipa muchos aspectos de *El gatopardo*.
- Versión del eterno cuento de la Cenicienta, **La condesa descalza** consagra a Ava Gardner, trabajando aquí al lado de Humphrey Bogart.
- E. Kazan logra una película lírica y sensible con **La ley del silencio**, tratando el delicado tema del delator. Hay quien ha visto aquí una justificación de su propia actitud en la "caza de brujas". Destaca la música de L. Bernstein.
- A. Kurosawa marca todo un patrón con **Los siete samuráis**, luego repetido por J. Sturges en *Los siete magníficos*.

(Continúa)

La comunidad del anillo, *primera parte de la trilogía de J.R.R. Tolkien* El señor de los anillos, *continuada con* Las dos torres *y* El retorno del rey. *Niños y mayores de varias generaciones han disfrutado con esta espléndida aventura.*

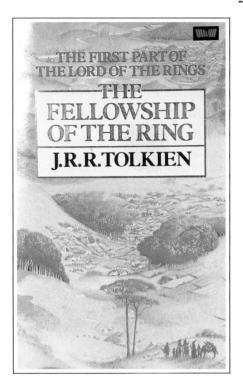

terísticas de la nueva sociedad que había de hacer su eclosión definitiva tras la crisis de los años 70, se creó en 1954 la red de Eurovisión, que unificó determinados contenidos y programas para gran parte de Europa y sirvió para asentar la comunicación y la información dirigidas a millones de personas.

El cine, convertido ya en una gran industria, empezaba a atisbar la aciaga posibilidad de que miles de personas optaran por pasar la velada en el hogar, ante el televisor, en lugar de acudir a las salas de proyección. Frente a esa posibilidad, Hollywood exploró a fondo las posibilidades del espectáculo; por ejemplo, el musical *Siete novias para siete hermanos*, de Stanley Donen, una de las películas más taquilleras de 1954 y de todas las épocas. En Europa se optó por una vía distinta, el "cine de autor", practicado por cineastas como el italiano Federico Fellini, que en este año estrenó *La strada*, o el sueco Ingmar Bergman, cuya inmensa proyección internacional se inició precisamente a partir de una película rodada en 1954, *Sonrisas de una noche de verano*.

NUEVAS FRUSTRACIONES EN AMÉRICA LATINA

América latina había iniciado tras la guerra una era de esperanza que en seguida se vio frustrada por la intervención directa de Estados Unidos en la zona con el deseo de controlar los procesos sociales y económicos de estos países y apartarlos de posibles influencias comunistas, en un contexto enfermizamente obsesivo de anticomunismo que tuvo su principal expresión en las actividades del senador McCarthy en el propio país norteamericano.

En 1954 se produjo en Colombia una matanza de estudiantes que se manifestaban como protesta contra los gobiernos conservadores, hecho que evidencia la determinación de las oligarquías nativas de sofocar cualquier intento de cambio, contando además con el firme y seguro apoyo de la gran potencia del Norte. En Guatemala fue derrocado Jacobo Arbenz por instigación de Estados Unidos, que no encontró otra forma de abortar las iniciativas del presidente guatemalteco, tendentes a un desarrollo basado en la nacionalización y la in-

dependencia. El suicidio de Getúlio Vargas, acorralado por la oposición estadounidense a su política de nacionalizaciones, tiene una lectura similar. En el mismo año llegó a la presidencia de Paraguay el general Alfredo Stroessner, después de un golpe de Estado, en unas elecciones unipartidistas y con candidato único. Tras los populistas, los militares empezaban a ensayar su propia fórmula de gobierno en América latina. ■

Instantáneas *(continuación)* 1954

- ***Siete novias para siete hermanos*** es un alegre musical que adapta la mítica historia del rapto de las Sabinas, dirigido por Stanley Donen y con música de Gene de Paul.
- ***Las diabólicas***, del realizador francés H. Clouzot, está emparentada con la tradición del Grand Guignol.

- La marina de Estados Unidos bota el mayor buque de guerra construido hasta ahora: el **portaaviones Forrestal**, con 316 m de eslora. Su construcción ha costado 197 millones de dólares. *(12 Diciembre)*

- Estados Unidos hace estallar en el atolón de Eniwetok, en el Pacífico, la **bomba de hidrógeno** más potente experimentada hasta el momento. *(1 Marzo)*
- El presidente guatemalteco J. Arbenz es forzado a **renunciar a su cargo**, presionado por los estamentos militares. *(30 Junio)*
- Nace la **SEATO** (South East Asia Treaty Organization), una alianza para la defensa del sureste asiático, que incluye a Pakistán, Thailandia, Filipinas, Australia, Nueva Zelanda, Estados Unidos, Francia y Reino Unido. *(6 Setiembre)*
- Una violenta **sublevación nacionalista en Argelia** sorprende a las autoridades francesas. Ha producido atentados en ciudades argelinas y está dirigida por un nuevo grupo

independentista: el Comité Revolucionario de la Unidad y la Acción. *(1 Noviembre)*
- El Senado de Estados Unidos condena los métodos de **McCarthy** durante la llamada "caza de brujas". *(2 Diciembre)*

- Manifestaciones estudiantiles en toda España en favor de la **españolidad de Gibraltar**. *(25 Enero)*
- Llega al puerto de Barcelona el Semíramis, barco con **286 repatriados de la Unión Soviética**, la mayoría miembros de la División Azul. *(2 Abril)*
- Se crean en España los **Premios Ondas** para programas de radio, tanto nacionales como extanjeros. *(14 Noviembre)*
- E. Hemingway recibe el premio **Nobel de Literatura**.

- El ciclista español F. Martín Bahamontes gana el gran premio de la montaña en el **Tour de Francia**. En la clasificación general el campeón es, por segunda vez consecutiva, L. Bobet. *(2 Agosto)*
- A. Palmer gana el **campeonato amateur de golf** de Estados Unidos.

- «Hollywood es un lugar donde te pagan 1 000 dólares por un beso y 50 céntimos por tu alma.» Marilyn Monroe.

- **Frida Kahlo**, pintora mexicana, cuya obra sintetiza elementos surrealistas y expresionistas.
- **José Millán Astray**, fundador de la Legión Española. *(1 Enero)*
- **Jacinto Benavente**, dramaturgo español, Premio Nobel de Literatura de 1922. *(14 Julio)*
- **Getúlio Vargas**, presidente de Brasil, se suicida tras haber recibido la notificación de que iba a ser apartado temporalmente del poder. *(24 Agosto)*
- **Eugeni D'Ors**, escritor y filósofo español, también conocido por su seudónimo catalán Xènius. *(25 Setiembre)*
- **Henri Matisse**, maestro del color, uno de los nombres clave de la pintura francesa e internacional de la primera mitad del siglo xx. *(3 Noviembre)*
- **Enrico Fermi**, físico estadounidense de origen italiano, uno de los padres de la bomba atómica, Premio Nobel de Física en 1938. *(28 Noviembre)*
- **Gabrielle Colette**, escritora francesa, cuya agitada vida y la independencia personal que buscó siempre acabaron convirtiéndola en todo un personaje.
- El fotógrafo húngaro **Robert Capa**: «Si tus fotografías no son lo bastante buenas es que no estás lo bastante cerca.» Fue ante todo fotógrafo de guerra y defendió la necesidad de sentirse parte implicada en la acción retratada.

1955

Firma solemne del tratado por el que las potencias aliadas restituyen a Austria su plena soberanía. La imagen recoge el momento de la firma del representante soviético, V. Molotov.

Reunión fundacional del Pacto de Varsovia, en la capital polaca. La República Democrática Alemana se adheriría al Pacto en 1956, y Albania se retiraría del mismo en 1968.

Churchill se retira de la política
5 ABRIL

El primer ministro británico Winston Churchill renuncia a su cargo por motivos de salud. El gobernante que dirigió los destinos del Reino Unido durante los azarosos años de la guerra, había regresado al poder hace cuatro años. En este tiempo, Churchill ha mantenido y asegurado los avances sociales logrados durante el gobierno laborista y ha procurado reforzar la articulación de la Commonwealth y las relaciones con Estados Unidos. Los problemas de salud que afectan al anciano estadista lo han inducido a renunciar dejando el cargo en manos de Anthony Eden.

Juan Rulfo escribe Pedro Páramo

El mexicano Juan Rulfo (1918-1986), conocido ya por los relatos reunidos en El llano en llamas (1953), se consagra como uno de los escritores más importantes en lengua española con la publicación en México de Pedro Páramo, una breve y soberbia novela, donde el lenguaje adquiere toda su fuerza fundacional al servicio de una realidad que participa tanto de lo evidente como de lo mágico; del mundo físico, de los muertos y de los mitos.

La RFA y Austria alcanzan su plena soberanía
9 Y 15 MAYO

Merced a los acuerdos alcanzados previamente en sendas conferencias de París y Londres, el Reino Unido, Francia y Estados Unidos deciden dejar sin efecto el Estatuto de ocupación vigente en la República Federal de Alemania desde la rendición del régimen nazi, en 1945, y sustituir a sus administradores militares por embajadores. La RFA ingresa en la Alianza Atlántica, y el 13 de setiembre establece relaciones diplomáticas con la URSS. En cuanto a Austria, los representantes de las potencias aliadas y el gobierno del país acuerdan la retirada de las tropas de ocupación y la restitución de la soberanía. Las condiciones impuestas por la URSS a los austríacos para la firma consisten en el pago de una indemnización y en la sanción por parte del Parlamento de una ley que asegure la neutralidad permanente de Austria.

Se constituye el Pacto de Varsovia
14 MAYO

Como réplica a la OTAN, el bloque de países comunistas europeos, encabezados por la Unión Soviética, firma el Pacto de Varsovia. Reunidos en la capital polaca los representantes de la URSS, Rumania, Polonia y Checoslovaquia, acuerdan una alianza defensiva con un mando único. La ausencia de la RDA en este pacto se interpreta como una puerta abierta a la reunificación de Alemania. Al mismo tiempo, los términos del tratado no difieren de los que constituyen la OTAN, aunque cabe destacar la inclusión de una cláusula que establece que el Pacto de Varsovia dejará de tener efecto cuando "se establezca un pacto general de seguridad europea". ➡ 1968

Aparece el Caravelle
27 MAYO

Tiene lugar el primer vuelo de un nuevo tipo de reactor comercial que por sus especiales características está llamado a ser modelo para los constructores de reactores comerciales de las décadas siguientes. Se trata del Caravelle, que entrará en servicio en Air France el 15 de mayo de 1959. Este avión, creado por la empresa francesa Sud Aviation Pierre Nabot, está equipado con dos motores Rolls Royce situados en la cola, capaces de generar 4 536 kg de empuje; tiene una longitud de 32 m y una envergadura de 34,3 m, y es capaz de transportar hasta 99 personas (más 4 tripulantes) a una velocidad máxima de 790 km/h. ➡ 1974

Construcción de Baikonur
31 MAYO

Se inician los trabajos de construcción del complejo que más tarde de conocerá como cosmódromo de Baikonur, en la república soviética de Kazajstán, y que será una pieza clave en los éxitos de la navegación espacial, primero soviética y después rusa. Desde este cosmódromo, que dispone de instalaciones de ensamblaje, bancos de prueba, estación de control, plataformas de lanzamiento y una compleja red de comunicaciones, tendrá lugar, una vez concluida la primera fase de las obras, el lanzamiento del primer satélite de la historia, el Sputnik I, el 4 de octubre de 1957. ➡ 1957

Trágico accidente en Le Mans
11 JUNIO

Un espectacular accidente provoca una tragedia en las 24 Horas de Le Mans. Más de ochenta espectadores muertos y unos doscientos heridos es el saldo del violento choque en el que se vieron involucrados varios corredores en la célebre carrera. El accidente tuvo lugar cuando Hawthorn, a bordo de un Jaguar, tras frenar por causas que aún se ignoran, embistió a otros dos coches de carrera, un Mercedes y otro Jaguar. A causa del terrible impacto este último salió despedido de la pista y cayó sobre los espectadores.

Estreno de Le marteau sans maître
18 JUNIO

La obra musical del francés Pierre Boulez (n. 1925) se enmarca de lleno en las corrientes derivadas del serialismo de Anton von Webern, compositor considerado el verdadero padre de la música contemporánea. *Le marteau sans maître* es una de sus partituras más atractivas de la década de 1950. Directamente influida por *Pierrot Lunaire* de Arnold Schönberg, es un ciclo de canciones sobre textos del poeta francés René Char, escrito para contralto solista, flauta alto, xylorimba, vibráfono, percusión, guitarra y viola, instrumentos que confieren a la obra una particular fisonomía tímbrica, casi exótica. Paralelamente a su actividad como compositor, Boulez desarrolla una no menos importante labor como director de orquesta, y es uno de los más destacados intérpretes y difusores de la música contemporánea.

Charles Laughton dirige su único filme, La noche del cazador

Charles Laughton, excelente protagonista de films como *La vida privada de Enrique VIII*, *Rebelión a bordo* o *Testigo de cargo*, estrena una auténtica joya cinematográfica, *La noche del cazador*. Robert Mitchum interpreta a un falso predicador que acosa a una mujer y sus dos hijos pequeños en busca de una gran suma de dinero. De una belleza visual entre mágica y onírica, la película se convierte, a consecuencia de su fracaso comercial, en la única muestra del talento de Laughton como director. Mediada la década de los 70 la crítica reivindicará el poder de fascinación de la película, un caso excepcional dentro de la historia del cine.

◄ *Un primer plano de* La noche del cazador, *de Charles Laughton. El personaje interpretado por Robert Mitchum muestra escritas sobre los nudillos las palabras* LOVE *(amor) y* HATE *(odio).*

Jacobsen y Aalto consagran el diseño nórdico

El arquitecto finlandés Alvar Aalto (1898-1976) y el danés Arne Jacobsen (1902-1971) definen los rasgos particulares del diseño nórdico dentro del movimiento moderno. Ambos arquitectos y diseñadores superan el rigor esquemático y geométrico del racionalismo y dan a sus creaciones, tanto en muebles, como en tejidos o edificios, una libertad orgánica de movimientos en armonía con los materiales empleados. Son ejemplares de esta concepción la Casa de la Cultura de Helsinki y la iglesia de Seinäjoki, de Alvar Aalto, y el palacio Stelling y el edificio del Ayuntamiento de Rodovre, de Arne Jacobsen.

Bobet triunfa en el Tour de Francia
31 JULIO

Louison Bobet (1925-1983), que también es el poseedor del título de campeón mundial de fondo en carretera, gana por tercera vez consecutiva el *Tour* de Francia. El ciclista francés consigue la hazaña tras realizar una carrera que se definió en la escalada al Mont Ventoux. Hasta ese momento su adversario más directo, Antonin Rolland, y Charly Gaul habían vestido el *maillot* amarillo que identifica a los líderes en la vuelta francesa. Pero, una vez puesto en cabeza, Bobet sólo ha tenido que vigilar al peligroso belga Brankart para entrar triunfante en los Campos Elíseos.

Muerte de un ciclista, de Juan Antonio Bardem

Alberto Closas y Lucía Bosé protagonizan *Muerte de un ciclista*, uno de los títulos clave del cine español. Bardem se convierte, juntamente con Berlanga, en el director que con mayor visión crítica disecciona la realidad de la España de posguerra, como demuestran películas como *Esa pareja feliz*, *Calle Mayor* o *Nunca pasa nada*. En *Muerte de un ciclista*, realiza una inteligente parábola para denunciar la hipocresía de la burguesía nacida bajo el amparo franquista y, al mismo tiempo, reivindicar la figura de los jóvenes estudiantes como símbolo de una esperanzadora nueva generación.

Un traductor de fórmulas
JULIO

John Backus, que trabaja para el departamento de programas de la IBM, tras formular los conceptos básicos de un nuevo lenguaje en 1954, redacta las especificaciones completas del que será el primer lenguaje universal utilizado por todos los fabricantes de ordenadores, el FORTRAN. El nombre es un acrónimo de FORmula TRANslator o traductor de fórmulas. Con el correr del tiempo aparecerán nuevas versiones de dicho lenguaje. ➡ **1981**

Blas de Otero publica Pido la paz y la palabra
7 NOVIEMBRE

Pido la paz y la palabra es un poemario fruto de un espíritu que refleja el dolor y la angustia que le producen las circunstancias que lo rodean. Blas de Otero (1916-1979) marca con este libro el tránsito desde las preocupaciones religiosas que embargan sus primeros poemas, a las sociales, realizando una síntesis ética y estética en la poesía española de posguerra. En este sentido, su actitud crítica frente a la realidad inmediata no supone la exclusión de sus ideas religiosas acerca de la existencia.

Pionero del funcionalismo en Finlandia, el arquitecto Alvar Aalto sobresalió también en el diseño de muebles.

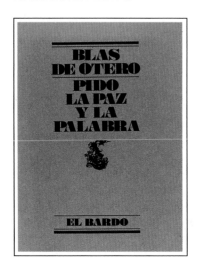

Portada de una edición de Pido la paz y la palabra, *del poeta español Blas de Otero.*

Luto en la Física y en la Medicina

En 1955 se produce la muerte de dos grandes personajes del siglo XX relacionados con la ciencia: Alexander Fleming y Albert Einstein. También se proclama la república en Vietnam y los marroquíes reciben entusiasmados a su rey Mohamed V, antes de alcanzar la plena independencia el año siguiente. La publicación de los papeles secretos de Yalta, cuando más intensa es la guerra fría y se acaba de constituir el Pacto de Varsovia, causa un estupor generalizado; se confirma en ellos que los máximos dirigentes mundiales llegaron a acuerdos secretos para el reparto del mundo en esferas de influencia, a pesar de las insistentes declaraciones en contra de los mandatarios occidentales.

LA CIENCIA PIERDE
DOS GRANDES FIGURAS

La muerte de Albert Einstein y Alexander Fleming representó indudablemente un hito doloroso en la historia de la ciencia. Son dos personajes que representan las dos grandes aportaciones de la reflexión científica y la aplicación tecnológica del siglo XX. Fleming, el descubridor de la penicilina, fue quizás el primer científico que recibió un reconocimiento universal por los inmensos beneficios que su trabajo reportó al conjunto de la humanidad. Einstein significó también el paradigma del hombre de ciencia en el siglo XX, revolucionario en sus teorías y reconocido universalmente. Es cierto que en sus figuras se aprecia el influjo que los medios de información ejercen para trazar los rasgos de los famosos de este siglo, pero el hecho de que fueran investigadores y populares es precisamente lo más llamativo de sus figuras. Tanto uno como otro habían desarrollado su trabajo antes de cumplir los treinta años, pero recibieron durante mucho tiempo, hasta su muerte y después, el respeto y la admiración del conjunto de la sociedad y no sólo de los investigadores o científicos.

Sobre todo en el caso de Einstein hay que destacar también su compromiso ante los problemas de su tiempo, oponiéndose primero al régimen nazi y a la guerra, y realizando luego una activa campaña en contra de la energía nuclear y de sus aplicaciones bélicas, aunque paradójicamente hubiese contribuido a su desarrollo con sus teorías.

Sir Alexander Fleming, descubridor de la penicilina, en el curso de una conferencia celebrada en la Academia de Medicina de París.

Albert Einstein dio un paso gigantesco en la comprensión del universo físico al enunciar la teoría de la relatividad.

DISOLUCIÓN DE LOS IMPERIOS COLONIALES EN EL MARCO DE LA GUERRA FRÍA

En el mismo año en que Churchill se retiró enfermo, se publicaron los papeles secretos que intercambiaron en Yalta los representantes de las potencias aliadas en la guerra. El escándalo que suscitaron y el cinismo que revelaban en cuanto a las actuaciones posteriores de cada uno de los dirigentes, no supusieron alteraciones importantes en la dinámica social que vivía en esos momentos el mundo occidental. Como mucho, esos papeles eran la prueba de la frivolidad con la que se trataron en

Robert Altman y George W. George analizaron el mito juvenil de James Dean en un filme-reportaje titulado The James Dean Story. *El resultado no convenció a la productora, que encargó a Ray Connolly un "remontaje" más comercial y convencional, lanzado con el título:* James Dean, el primer adolescente americano.

Perspectiva del palacio Merdeka durante la celebración de la Conferencia de Bandung. En el escenario aparecen las banderas de los países participantes.

su momento asuntos cruciales para el mundo. Pero al ciudadano occidental le preocupaba ahora mucho más la creación del Pacto de Varsovia, que venía a ser la respuesta del bloque del Este a la organización militar de occidente, la OTAN.

Continuó la disgregación de los imperios coloniales con dos nuevos acontecimientos principales, ambos negativos para Francia: la proclamación de la república en Vietnam y el recibimiento multitudinario que rindió la población de Marruecos a su rey Mohamed V. América latina atravesaba en esta década por una mezcla de optimismo desarrollista plasmado en la inauguración del ferrocarril amazónico, y de continuas crisis políticas por la incapacidad de encontrar una vía autónoma para potenciar el esperado desarrollo socioeconómico. Este segundo aspecto se plasmó en la forzada dimisión del general Perón en Argentina, vencido por un golpe militar.

La muerte de James Dean conmocionó a los jóvenes, a esos "rebeldes sin causa" que tan bien encarnó el actor norteameri-

Escena de La muerte de un ciclista, *de Juan Antonio Bardem, con Alberto Closas en primer plano, a la izquierda. La película marcó un hito en la evolución del cine español.*

cano, mientras que apenas suscitó ecos la del alemán, premio Nobel de literatura, Thomas Mann, lo cual revela el protagonismo que el cine tenía a estas alturas frente a otras expresiones artísticas clásicas.

EL CINE COMO VÍA DE ESCAPE DE LAS FRUSTRACIONES DE LOS ESPAÑOLES

Para España, y en particular para el régimen de Franco y sus autoridades, el año resultó muy positivo al recibir el país el reconocimiento internacional derivado de su aceptación como miembro de las Naciones Unidas. Con ello parecía llegarse al final de un largo período de aislamiento que, sin embargo, aún añadiría nuevos episodios relevantes a lo largo de la década. En Madrid murió el filósofo José Ortega y Gasset, una de las cumbres de la intelectualidad española que alcanzó su madurez intelectual en los años 30.

En este contexto el cine era tal vez la vía de escape de las frustraciones y el único alimento de esperanza de los españoles. Como ejemplo de la fascinación que ejercía sobre ellos el cine americano, obtuvo un éxito resonante el estreno de *Mogambo*, con una curiosa resolución de la censura al hacer pasar al marido por her-

*Thomas Lanier "Tennessee" Williams consiguió
el éxito con dramas sombríos ambientados en el Sur
de Estados Unidos, como* La gata sobre el tejado
de cinc.

mano y convertir un adulterio –que se
quería soslayar– en un incesto. En el mismo año se estrenó *La muerte de un ciclista* de Bardem, que planteaba, de forma hábil para evitar la censura, algunos de los problemas de la sociedad española y realizaba una defensa de la necesidad de superar el pasado conflicto civil para afrontar el futuro. Las simpatías comunistas de su director y el apoyo a las tesis del PCE que se realizaba en la cinta, no impidieron su exhibición en España. ■

Instantáneas

1955

- S. DALÍ pinta *La última cena.*
- B. BUFFET presenta la colección de litografías *La pasión*, dentro de su estilo esquemático y austero.
- R. MAGRITTE hace gala en el cuadro *Recuerdo de viaje* de un surrealismo extraño, si cabe, y sin embargo sus imágenes son recurrentes, fruto de una meticulosa reflexión.

- El compositor norteamericano COLE PORTER pone música a la película **Medias de seda,** protagonizada por FRED ASTAIRE.
- *Love is a many-splendored thing*, de P. FRANCIS WEBSTER y S. FAIN obtiene el Óscar a la mejor canción.
- *Rock around the clock*, de M. C. FREEDMAN y J. DE KNIGHT.
- *Unchained melody*, de H. ZARET y A. NORTH. Alcanzará su mayor difusión adaptada por los Righteous Brothers.
- The Platters triunfan con *Only you*, de B. RAM y A. RAND.

- *Chicos de la vida*, de PIER PAOLO PASOLINI, aúna la denuncia social y un delicado esteticismo en las barriadas de la Roma de posguerra. El autor cosechó con esta temprana novela el rechazo tanto de los comunistas como de los conservadores, una hazaña que repetirá a menudo en su carrera.
- *La gata sobre el tejado de cinc*, obra teatral de TENNESSEE WILLIAMS, donde el personaje central, Maggie, está dispuesta a todo por su pasión. El éxito es total y su autor gana el premio Pulitzer.
- N. BOBBIO publica sus *Estudios sobre teoría general del derecho*, donde niega la validez del llamado "derecho natural" para fundar un consenso sobre determinados valores jurídicos, dada su equivocidad.
- *Tristes trópicos* refleja la nueva pasión de C. LÉVI-STRAUSS por la antropología, campo en el que fundará la llamada "antropología estructural", influido por el movimiento estructuralista que es moda entre los lingüistas.
- El escritor venezolano M. OTERO SILVA escribe *Casas muertas*, de temática social y estilo directo.

- L. BUÑUEL continúa su carrera en México con *La vida criminal de Archibaldo de la Cruz.*
- El popular y siempre picante humorista británico BENNY HILL consigue su primer programa de humor en la BBC.
- A. MILLER escenifica la difícil integración de los inmigrantes italianos en Estados Unidos y su peculiar sentido del honor en *Panorama desde el puente.*
- Estados Unidos: debuta el programa de la CBS *$64000 Question*, patrocinado por la marca de cosmética Revlon, y con él la moda de los **concursos televisivos** de preguntas y respuestas, consiguiendo un auténtico *boom* de audiencias.
- El coreógrafo francés M. BÉJART sorprende con *Sinfonía para un hombre solo* por la modernidad de su estilo.
- *Nuit et bruillard*, famoso documental de A. RESNAIS sobre los campos de exterminio nazis.
- La película de J. DASSIN *Rififí* casi crea un género: el atraco meticulosamente planeado que fracasa por culpa de un detalle absurdo. Surgirán numerosas imitaciones: *Rififí en Tokio, Rififí en Amsterdam, Rififí y las mujeres...*
- La joven actriz alemana ROMY SCHNEIDER es la revelación de *Sissí*, que recrea los amores del emperador de Austria, FRANCISCO JOSÉ, con ISABEL DE BAVIERA.
- *La palabra* de C.T. DREYER, filme denso y metafísico de tema religioso.
- *Las maniobras del amor*, una romántica historia de amor, de R. CLAIR.

- Finaliza en el Reino Unido la construcción del primer **radiotelescopio**, diseñado por J. BANK.
- S. BENZER establece la **estructura fina del gen** identificando el mutón, el recón y el cistrón.
- V. DU VIGNEAUD recibe el premio **Nobel de Química** por la primera síntesis de una hormona polipeptídica, la oxitocina.

SIGLO 20
- Se abre en Bandung (Indonesia) una **conferencia afro-asiática** que reúne a 29 países, emancipados en su mayoría después de 1945. La conferencia condena el colonialismo y el racismo, e inicia el movimiento internacional de los países no-alineados. *(17 Abril)*
- La sorprendente visita a Belgrado de N. BULGANIN, A. NIKOYAN y N. JRUSCHOV marca la **reconciliación entre la URSS y la Yugoslavia** de TITO, cuyas relaciones se habían roto en 1948. *(26 Mayo)*
- Algunas unidades de la marina y de la aviación argentinas han protagonizado un **alzamiento contra el gobierno de PERÓN**, bombardeando el centro de Buenos Aires. El ejército fiel al presidente ha sofocado rápidamente la insurrección, que ha provocado cientos de víctimas entre la población civil. *(19 Junio)*
- La **cumbre de Ginebra** reúne a los mandatarios de Estados Unidos, Reino Unido, Francia y la URSS, con el propósito de relajar el clima de confrontación que ha caracterizado sus relaciones hasta ahora. *(23 Julio)*
- El general NGO DINH DIEM proclama en Saigón la **República de Vietnam**. *(26 Octubre)*

- Inaugurado el último tramo del **ferrocarril amazónico** que une Brasil con Bolivia. *(5 Enero)*
- HANAE MORI, pionera de la **moda japonesa**, abre su primer taller en la calle Ginza, Tokio.
- **Unión Sudafricana**: gran manifestación pacífica de la población negra contra la segregación de residencias. *(31 Enero)*
- NORRIS y ROSS MCWHIRTER publican el primer **Libro Guinness de los Records**, y logran entrar en las listas británicas de *best-sellers* en sólo cuatro meses.

- El español G. TIMONER conquista el **campeonato del mundo de ciclismo**, celebrado en el velódromo del Parque de los Príncipes de París. *(15 Setiembre)*

- «Algunos programas televisivos son como chicles para los ojos.» J. MASON BROWN.
- «Una celebridad es una persona que trabaja duro toda su vida para ser famoso, y que una vez lo ha conseguido lleva gafas oscuras para no ser reconocido.» FRED ALLEN.

- El presidente panameño JOSÉ ANTONIO REMÓN es asesinado en el hipódromo Juan Franco. *(2 Enero)*
- PAUL CLAUDEL, dramaturgo y poeta francés de inspiración cristiana, autor de obras como *La anunciación de María* y *Cristóbal Colón*. *(23 Febrero)*
- ALEXANDER FLEMING, científico británico descubridor de la penicilina. *(11 Marzo)*
- PIERRE TEILHARD DE CHARDIN, antropólogo y filósofo jesuita francés. *(10 Abril)*
- ALBERT EINSTEIN, uno de los grandes científicos del siglo XX, creador de la teoría de la relatividad. *(18 Abril)*
- CONCHA ESPINA, escritora española. *(19 Mayo)*
- THOMAS MANN, escritor alemán, autor de algunos de los títulos más importantes de la literatura germana del siglo XX, como *Muerte en Venecia, Doctor Faustus* o *La montaña mágica*. Premio Nobel en 1929. *(12 Agosto)*
- JAMES DEAN, actor norteamericano, fallece en un accidente de automóvil. Tras su muerte su nombre alcanza la categoría de mito. *(30 Setiembre)*
- JOSÉ ORTEGA Y GASSET, filósofo español. *(18 Octubre)*
- ARTHUR HONEGGER, compositor suizo, uno de los integrantes del famoso "Grupo de los Seis". *(18 Noviembre)*

1956

Sánchez Ferlosio gana el premio Nadal con El Jarama
6 ENERO

Rafael Sánchez Ferlosio (1927) es galardonado con el prestigioso premio Nadal por su novela *El Jarama*. En esta obra el autor, ya conocido por *Industrias y andanzas de Alfanhuí*, publicada en 1951, retrata una jornada dominguera de un grupo de jóvenes, llevando hasta sus últimas consecuencias el objetivismo realista. El premio viene a colocar a Sánchez Ferlosio como cabeza de una brillante generación de narradores españoles que comparten en buena medida los mismos postulados realistas y críticos: Ignacio Aldecoa, Carmen Martín Gaite, Luis Martín Santos, Jesús Fernández Santos y Ana María Matute, entre otros.

Jruschov critica el estalinismo
25 FEBRERO

El líder soviético Nikita Jruschov inicia el proceso de desestalinización del aparato soviético en el XX Congreso del Partido Comunista. Jruschov fustiga "el culto a la personalidad" y ataca el carácter autocrático del régimen de Stalin, cuyas consecuencias fueron las grandes purgas y masivas ejecuciones de veteranos bolcheviques. Asimismo, el nuevo líder soviético denuncia la "ingenuidad criminal" de Stalin al creer que Hitler cumpliría el pacto germano-soviético, pese a que fue advertido de la inminencia de la invasión alemana a la URSS. El cambio de rumbo de la política soviética hace prever una distensión en las relaciones internacionales. ➡ 1957

Tunicia y Marruecos se independizan
23 MARZO Y 9 ABRIL

Como consecuencia del crecimiento de los movimientos nacionalistas en Tunicia y Marruecos, las autoridades francesas, y en el caso de Marruecos también las españolas, optan por otorgar la independencia a ambos países. En Tunicia, donde Francia había instaurado desde 1881 un protectorado gobernado por un bey con poderes monárquicos, el principal motor de la lucha por la soberanía fue el Frente Nacional liderado por Habib Burguiba. Marruecos, por su parte, tuvo en el partido Istiqlal la formación que más consecuentemente trabajó por una independencia sellada con el reconocimiento por Francia y España de Mohamed V Yusuf como rey. ➡ 1957

Se desarrolla el Pop Art

Surge en Gran Bretaña un movimiento artístico que reivindica la cultura popular. El *Pop Art*, término acuñado por el artista británico Lawrence Alloway, aparece como una respuesta al subjetivismo, el irracionalismo y el cientificismo, que exalta, desde la plataforma cultural urbana, los objetos cotidianos de la civilización del consumo. Entre los primeros artistas representativos del *Pop Art* figuran los británicos Richard Hamilton, Eduardo Paolozzi y L. Alloway, y los estadounidenses Andy Warhol, Claes Oldenburg y Tom Wesselman, entre otros. ➡ 1967

Osborne estrena Mirando hacia atrás con ira

La pieza teatral de John Osborne (1929-1994) constituye un revulsivo en la escena británica. El dramaturgo, perteneciente al grupo de los llamados "jóvenes airados", se da a conocer con una obra que ataca directamente tradiciones muy arraigadas en la sociedad británica. *Mirando hacia atrás con ira* es una obra sin concesiones a los hábitos de una cultura adocenada y conformista, y que airea con brutal descaro las miserias humanas. Por este motivo, la pieza es tomada como punto de referencia y emblema por una generación de artistas rebeldes.

Movimiento contra la segregación racial en Estados Unidos

El movimiento por los derechos civiles impulsado por Martin Luther King (1929-1968) se extiende por el profundo Sur de Estados Unidos. El carismático pastor baptista negro, doctor en teología por la Universidad de Boston y titular de una iglesia de Montgomery, Alabama, lanza una campaña contra la segregación racial en los autobuses municipales. La acción pacífica, en la línea a las que en su momento impulsó Gandhi en la India, ha convertido a King en el más activo defensor de los derechos civiles, y extendido su mensaje a toda la sociedad estadounidense. ➡ 1963

El británico Richard Hamilton fue uno de los pioneros del Pop Art con este collage en el que acumuló fetiches de la sociedad de consumo bajo el sugerente título: Exactamente, ¿qué es lo que hace que las casas de hoy sean tan diferentes, tan atrayentes?

El Real Madrid, campeón de Europa
13 JUNIO

El Real Madrid gana la primera edición de la Copa de Europa de fútbol, torneo creado por iniciativa del periódico deportivo francés *L'Équipe* que enfrenta a los campeones de las distintas ligas europeas. El equipo español vence en la final, disputada en París, al Stade de Reims por 4 a 3, tras dejar en el camino al Servette, Partizan y Milan. Los goles madridistas han sido logrados por Di Stéfano, Marquitos y Rial (dos), en un partido de gran intensidad y durante el cual el equipo francés tuvo ventajas de 2 a 0 y 3 a 2.

Naufraga el Andrea Doria
25 JULIO

El accidente del *Andrea Doria*, en el que perecen unas 50 personas, es la mayor tragedia marítima desde el naufragio del *Titanic*, en 1912. Al parecer la

El pastor baptista Martin Luther King, protagonista de la lucha por los derechos civiles en el Sur de Estados Unidos.

Vista aérea de la ceremonia de apertura de los XVI Juegos Olímpicos de verano en Melbourne, Australia.

Cartel anunciador de las Olimpiadas de invierno en Cortina d'Ampezzo, la estación alpina italiana. ▶

niebla ha sido la causante del choque del trasatlántico italiano con el mercante sueco *Stockholm,* producido a unas 200 millas del puerto de Nueva York. La violencia del impacto abre una brecha en el casco y hace inútiles los esfuerzos por evitar el hundimiento. El buen tiempo y la mar en calma permiten el rescate de las 1 692 personas que viajaban en el barco siniestrado.

Estalla la crisis del canal de Suez
23 AGOSTO Y 31 OCTUBRE

Francia y el Reino Unido hacen uso de la fuerza para impedir la nacionalización egipcia del canal de Suez. Ante la negativa de británicos y estadounidenses de financiar la presa de Asuán, Nasser decreta la nacionalización de la compañía que gestiona el canal de Suez, cuyas acciones pertenecen mayoritariamente al gobierno británico y a inversores franceses. La intervención armada del Reino Unido y Francia en la zona del canal en connivencia con Israel, que desencadena una campaña en el Sinaí, es repudiada por la opinión pública, Estados Unidos y la ONU, cuya fuerza pacificadora detiene las acciones bélicas. **➡ 1964**

Insurrección popular en Hungría
23 OCTUBRE - 4 NOVIEMBRE

Con el derribo de una estatua de Stalin comienza en Budapest la insurrección húngara contra la dominación soviética. El proceso de desestalinización iniciado en el XX Congreso del PCUS anima a los disidentes húngaros a plantear sus reivindicaciones nacionalistas y pedir la retirada de las tropas soviéticas. Para sofocar la agitación, Moscú nombra un nuevo gobierno encabezado por Imre Nagy y János Kadar, pero la dinámica de los hechos obliga a éste a retirarse, mientras los carros blindados soviéticos bombardean Budapest. Una vez sofocado el alzamiento popular, Nagy es ejecutado y Kadar ocupa el poder ante la pasividad de las potencias occidentales.

Cintas para vídeo

A.M. Poniatoff inventa la cinta de vídeo. Sin embargo, las cintas magnéticas que llegarán a comercializarse serán desarrolladas este mismo año por Mel Sater y Joe Mazzitello, dos investigadores que trabajan para la empresa estadounidense 3M Scotch. Las primeras cintas de esta marca pesan 10 kg y su ancho es de dos pulgadas (aproximadamente 50,8 mm).

Se celebran los XVI Juegos Olímpicos en Melbourne
22 NOVIEMBRE - 8 DICIEMBRE

Las Olimpiadas de la ciudad australiana de Melbourne cuentan con la participación de 67 países y 3 342 atletas, de los cuales 384 son mujeres. La aplicación de una cuarentena de medio año para los caballos ha determinado que las pruebas hípicas se celebraran en junio en Estocolmo. Los grandes triunfadores son el soviético Vladimir Kutz, que se consagra como sucesor de Zatopek; los estadounidenses Robert Morrow, en los 100 m, y Milton Campbell, en decathlon; el brasileño Ferreira de Silva, ganador del triple salto, y la gimnasta soviética Laryssa Latynina, ganadora de 3 oros. Dos días más tarde de la clausura de estos juegos, se inauguran los invernales en la localidad italiana de Cortina d'Ampezzo, en un estadio que revolu-

ciona la arquitectura deportiva. Asimismo, por primera vez se televisa un acontecimiento de estas características, lo que abre nuevas posibilidades a la proyección mundial de los Juegos. El austríaco Toni Sailer es el gran protagonista, al ganar 3 medallas en esquí alpino.

Juan Ramón Jiménez obtiene el Nobel de Literatura
10 DICIEMBRE

El poeta español exiliado en Puerto Rico Juan Ramón Jiménez (1881-1958) es galardonado con el premio Nobel de Literatura. Juan Ramón es un poeta de extraordinaria sensibilidad y delicadeza, cuya obra se caracteriza por la refinada musicalidad de sus versos y la riqueza metafórica de su prosa. Entre sus obras figuran *Elejías puras* (1908), *Poemas májicos y espirituales* (1911), *Diario de un poeta recién casado* (1917), *Ciego ante ciegos* (1939) y las celebradas prosas poéticas de *Platero y yo* (1914).

La vuelta al mundo en 80 días

Con *La vuelta al mundo en 80 días,* el popular humorista mexicano Cantinflas debuta en Hollywood en una superproducción sobre la célebre novela de Jules Verne, al lado del galán David Niven y de la joven y hermosa actriz estadounidense Shirley McLaine. Las aventuras de Phileas Fogg y sus dos acompañantes en su travesía alrededor del mundo lograron convencer al público y a la Academia de Hollywood, que premió al film con cinco Óscares (entre ellos el de la mejor película). Para dar más vistosidad a esta espectacular superproducción, el director incluyó a estrellas como Frank Sinatra, Marlene Dietrich, Buster Keaton, Charles Boyer, Peter Lorre e incluso el torero Luis Miguel Domínguín, en breves apariciones.

Tropas francesas patrullan por las calles de Port Said, en Egipto, durante la crisis del canal de Suez y antes de la llegada de la fuerza pacificadora de las Naciones Unidas.

La televisión es la estrella

En 1956 llega a España la televisión, un símbolo de la nueva era que se avecina. Si un país aislado como España no puede sustraerse a la vorágine de las nuevas formas de comunicación, con mayor razón sucede esto en los países de un Occidente ya introducido plenamente en los fenómenos de información de masas. Mientras, la URSS afronta la desestalinización con una crítica parcial pero a veces profunda de la etapa superada –lo que no impide, por otra parte, el aplastamiento violento de la experiencia húngara–, y los pueblos de lo que se empieza a conocer como "Tercer mundo" oscilan entre la esperanza del desarrollo y la frustración ante los constantes problemas que han de afrontar para conseguirlo.

DESESTALINIZACIÓN Y DESCOLONIZACIÓN

El XX Congreso del PCUS desmitificó y criticó la era estalinista en la URSS, especialmente el llamado culto a la personalidad, aunque apenas se hizo pública una mínima parte de los abusos y, menos aún, de los horrores sufridos bajo el mandato de Stalin. Aunque sus intenciones eran loables, la reforma del sistema soviético apenas pasó de simple amago, y sirvió para poner ya de manifiesto las inercias y resistencias que el régimen socialista iba a ofrecer ante cualquier reforma, hasta su desaparición definitiva.

Unos meses después se produjeron los acontecimientos de la rebelión en Hungría, un alzamiento popular contra la dominación soviética. Los tanques rusos aplastaron la revuelta y con ello vinieron, por añadidura, a demostrar la imposibilidad de superar los principios establecidos en la guerra fría; las protestas de Occidente, por más que fueran nítidas e incluso estridentes, no pasaron de ser proclamas necesarias para reforzar la unión interna contra el enemigo común. Ambos bloques sabían muy bien que no debían ni podían inmiscuirse en los asuntos "internos" de la otra parte.

El otro gran foco de tensión se localizó en los países liberados recientemente de la colonización y que aspiraban a organizarse por sí mismos, pero donde igualmente se reflejaba el enfrentamiento entre los grandes. Poco después de la salida de los últi-

Ciudadanos de Budapest queman retratos de Stalin y otros símbolos del poder soviético durante el levantamiento popular contra el régimen comunista. La sublevación sería sofocada por la fuerza de las armas.

mos soldados británicos de Egipto se produjo el litigio por el canal de Suez, cuya nacionalización por las nuevas autoridades egipcias no fue aceptada por Francia y el Reino Unido. Se produjeron algunos escarceos bélicos e incluso bombardeos sobre territorio egipcio, pero la ONU logró paralizar la dinámica de guerra. Fue también un año de cambios importantes en el Magreb: Marruecos y Tunicia alcanzaron definitivamente su independencia y comenzó la batalla de Argel, que había de acarrear en el futuro intensos problemas a

Francia y de iniciar el proceso de liquidación definitiva de su imperio colonial.

Como contraste con esta situación, la llegada al poder del nuevo presidente de Brasil se inició con una declaración sorprendente pero muy significativa de la época. Juscelino Kubitschek comenzó su mandato prometiendo cincuenta años de progreso en cinco. Otros países de América latina despertaron de sus ilusiones de forma violenta, como sucedió en Argentina, donde, tras el derrocamiento de Juan Domingo Perón el año anterior, se procedió a la derogación de la Constitución justicialista.

LA SOCIEDAD DEL OCIO ASIENTA SUS VALORES

En el invierno "más frío del siglo", según la prensa de la época, se celebraron los

Juegos Olímpicos de Invierno en Cortina d'Ampezzo. Las celebraciones olímpicas habían alcanzado ya una relevancia considerable, puesta de manifiesto de forma aún más clara cuando se celebraron los Juegos en Melbourne, Australia. La presencia masiva de los medios de comunicación y la amplia cobertura que dedicaron a ambos eventos deportivos, anunciaban una sintonía entre el deporte de elite y los medios de comunicación que no haría sino reforzarse con el paso del tiempo. De otro lado, la emergencia del deporte como espectáculo

Gamal Abdel Nasser anuncia al Parlamento egipcio la nacionalización del canal de Suez. La medida acarrearía la invasión de tropas francesas y británicas.

de masas empezó a dejar obsoleto el espíritu del barón de Coubertin: en los años siguientes, las barreras entre amateurs y profesionales irían difuminándose lenta pero inexorablemente.

Desde la misma perspectiva del sentido del espectáculo hay que resaltar el efecto que tuvo la boda entre el príncipe Rainiero de Mónaco y la actriz de cine Grace Kelly, inicio de una larga saga "rosa" que dura hasta nuestros días. También en este año se casó Marilyn Monroe con el intelectual y autor teatral Arthur Miller; con ese matrimonio, la estrella deseaba escapar de su encasillamiento como actriz frívola y ser algo más que un mito erótico. El intento quedó condenado desde el principio a un fracaso patético, y Miller reflejó más tarde en un intenso drama, *Después de la caída*, las razones y los culpables de ese fracaso.

En el mismo plano de las noticias espectaculares se encuadra el naufragio del trasatlántico italiano *Andrea Doria*, que puso punto final a los viajes transoceánicos de los grandes paquebotes, cuando empezaba ya a generalizarse la alternativa de los vuelos intercontinentales.

Los jugadores del Real Madrid celebran la consecución de la primera Copa de Europa, tras la final disputada en París contra el Stade de Reims.

ESPAÑA, AL MARGEN DE LOS CAMBIOS

Como si de una auténtica isla se tratara, en España continuaron las medidas represoras que intentaban salvaguardar a los españoles de la "degradación moral del mundo". Para ello se prohibieron lo que

---

Instantáneas

- E. Saarinen diseña la embajada de Estados Unidos en Londres.
- El **gobierno de Brasil aprueba el proyecto** de los arquitectos L. Costa y O. Niemeyer para la construcción de la nueva capital del país, Brasilia.

- *Tutti-frutti* y *Blue suede shoes* popularizadas por Elvis Presley.
- *Qué será, será*, de R. Evans y J. Livingston, cantada por Doris Day en la película *El hombre que sabía demasiado*, de A. Hitchcock. Gana un premio de la Academia.
- *See you later, alligator* (Hasta luego, cocodrilo), de R. Guidry.

- E. Fromm, vinculado a la Escuela de Frankfurt, trata de aplicar las teorías psicoanalíticas a la cultura occidental en su ensayo *El arte de amar*.
- Imposible separar lo literario de la vida real: el *Aullido*, título del poema y del libro de A. Ginsberg, es el mismo grito de la generación *Beat*, marginal, enloquecida, drogada, incapaz de integrarse en una sociedad norteamericana que ellos consideran insensible, anestesiada.

- *Calle mayor* de J.A. Bardem, una cruel sátira de la vida en provincias, y *Calabuch*, ima-

ginario pueblecito español donde un físico nuclear norteamericano va a esconderse de sus propias creaciones, de L. García Berlanga, son premiadas en el Festival de Cine de Venecia. *(5 Diciembre)*
- Se empieza a emitir en Estados Unidos la serie *Lassie*, protagonizada por una inteligente y heroica perra collie.
- La televisión norteamericana presenta *Las aventuras de Rin-Tin-Tin*, esta vez las peripecias de un niño huérfano y su talentoso compañero, un perro pastor alemán.
- La Compañía Disney presenta *Davy Crokett*, las aventuras del mítico héroe del *Far-west*, para público infantil.
- *El rey y yo*, una gran superproducción con Yul Brynner como protagonista. Música de R. Rodgers y Hammerstein.
- *Alta sociedad*: versión musical hecha por C. Porter de *Historias de Filadelfia*, con Bing Crosby, Frank Sinatra y Grace Kelly.
- Estreno de *Fresas salvajes*, de I. Bergman, que rueda ya su siguiente película, *El séptimo sello*, ambientada en una Suecia medieval azotada por la peste.
- Cecil B. De Mille realiza su segunda versión de *Los diez mandamientos*, esta vez en sonoro, y haciendo gala de su habitual extremosidad y apasionamiento dramáticos.
- *Guerra y Paz*, de K. Vidor, la adaptación por excelencia del clásico de L. Tolstoi, con Henry Fonda y Audrey Hepburn en el reparto.

- *El mundo del silencio*, un documental de J.Y. Cousteau dirigido por L. Malle, logra un éxito rotundo en el Festival de Cine de Cannes, y al año siguiente el Óscar al mejor documental.

- J.H. Tjido y A. Levan identifican el **número cromosómico humano:** $2n = 46$.
- Gracias a las investigaciones de A. Sabin se inicia la fabricación de la **vacuna oral contra la poliomielitis**, la "vacuna de Sabin".
- Un grupo de científicos de la Universidad de California logra "crear" un protón negativo, es decir, la **antipartícula antiprotón**, acelerando protones hasta 6 200 millones de eV y proyectándolos contra un pedazo de cobre, todo ello en el interior de un betatrón.

- J. Kubitschek, tras su victoria en las elecciones generales del pasado mes de octubre, es elegido **nuevo presidente del Brasil**. *(31 Enero)*
- Los disturbios estudiantiles obligan al gobierno de España a declarar el **estado de excepción**. El grave ataque sufrido por el estudiante Miguel Álvarez es el detonante que desencadena la represión gubernamental contra grupos universitarios izquierdistas. *(24 Febrero)*

(Continúa)

rafael sánchez ferlosio: el jarama

premio eugenio nadal 1955

Portada de El Jarama*, de Rafael Sánchez Ferlosio. El premio Nadal cumplió en este caso la función de dar a conocer al público a un escritor importante.*

Tropas británicas registran un barrio de Nicosia en busca de arsenales clandestinos, después de un atentado del movimiento terrorista EOKA.

en el lenguaje de la época se llamaban "casas de tolerancia" y se proclamó un nuevo estado de excepción. Menos mal que la incertidumbre ante el futuro y el malestar social recibieron una importante compensación desde la perspectiva del deporte: el Real Madrid conquistó la Copa de Europa en su primera edición y puso de brillante manera el eslabón inicial

de una cadena de éxitos internacionales que había de prolongarse durante bastantes años.

En este año se produjo la muerte del escritor Pío Baroja y se concedió el premio Nobel a otro gran escritor español, el poeta Juan Ramón Jiménez. Pero más significativa que el galardón obtenido por el exquisito poeta de Moguer fue la aparición de una nueva generación de creadores cinematográficos y literarios, implicados en una estética realista y crítica con el sistema. El estreno de *Calle Mayor* y *Calabuch*, premiadas en certámenes interna-

cionales, expresó la vitalidad creadora de los dos grandes cineastas españoles del momento, Juan Antonio Bardem y Luis García Berlanga, y el premio Nadal concedido a la novela *El Jarama*, de Rafael Sánchez Ferlosio, vino a situar en un merecido primer plano a un denso movimiento literario basado también en las premisas del realismo crítico. ■

Instantáneas *(continuación)*

- El Reino Unido ordena la deportación de Makarios, arzobispo de **Chipre** y líder de la comunidad griega en la isla. El movimiento terrorista EOKA, presuntamente inspirado por él, responde con la colocación de una bomba bajo el lecho del gobernador británico, que logra salvar su vida. *(9 y 25 Marzo)*
- **W. Gomulka es rehabilitado** y readmitido en el Partido Comunista polaco. El líder nacionalista, destituido de sus cargos en 1948, ha podido volver a la escena política como consecuencia del proceso de desestalinización abierto por el XX Congreso del PCUS. *(10 Abril)*
- **Colombia**: el presidente A. Lleras Camargo ha declarado una "lucha frontal contra el bandolerismo", ya que a raíz del pacto entre los dos grandes partidos muchos guerrilleros se han entregado a la delincuencia. *(2 Junio)*
- Los **británicos abandonan Egipto**, tras setenta y cuatro años de protectorado. G.A. Nasser se convierte así en la gran figura del panorama político egipcio. *(18 Junio)*
- Se recrudecen en Argelia los **atentados nacionalistas** contra intereses y ciudadanos europeos. *(22 Junio)*
- F. Castro y varios de sus colaboradores **son detenidos en México**, acusados de organizar una expedición armada para derrocar al presidente cubano F. Batista. *(26 Junio)*
- Luis Somoza sucede en la **presidencia de Nicaragua** a su padre Anastasio, asesinado el pasado 21 de Octubre. *(29 Octubre)*

- El príncipe Rainiero de Mónaco y la actriz norteamericana Grace Kelly **contraen matrimonio**. *(19 Abril)*
- Gio Ponti, uno de los diseñadores italianos más innovadores, diseña la **silla "superligera"**, de madera y enea.
- El diseñador español de alta costura C. Balenciaga, famoso por su tendencia al dramatismo y a los colores pasionales, propone un nuevo estilo, el llamado vestido "saco", por su forma.
- **TVE inicia sus emisiones regulares** en España, cuyo alcance y espectro horario van aumentando progresivamente. *(28 Octubre)*
- Primera edición del **Festival de Eurovisión**, donde competirán anualmente cantantes de distintos países europeos.
- Violenta **manifestación en París** contra el aplastamiento de la sublevación en Hungría por tanques soviéticos, con el intelectual J.P. Sartre a la cabeza.

- Se retira invicto el boxeador Rocky Marciano, "el rey del KO", quien ha ganado sus 49 combates como profesional, casi todos por KO. *(27 Abril)*
- El futbolista **J. Bozsik** cumple su partido número 100 con su equipo nacional de Hungría.
- En los **Juegos Olímpicos de Invierno** de Cortina d'Ampezzo, los soviéticos entran en el medallero de esquí nórdico, tanto hombres como mujeres, y dominan el patinaje de velo-

cidad. Incluso consiguen la medalla de oro de hockey hielo, coto tradicional de Canadá.
- V. Kuts, gana el oro en los 5 000 y los 10 000 m en las **Olimpiadas de Melbourne**.
- La URSS copó literalmente el medallero en **gimnasia masculina** en las Olimpiadas de Melbourne, y se adjudicó también el torneo de fútbol. En total logró 35 medallas de oro, tres más que los Estados Unidos.
- El francés A. Mimoun gana el **maratón**.

- «Ayuda para Hungría. Ayuda. Ayuda. Ayuda.» Último mensaje emitido desde Radio Budapest el 4 de noviembre.
- «Les enterraremos.» N. Jruschov a un diplomático occidental.
- «A usted no le gusta el comunismo. A mí no me gusta el capitalismo. Sólo nos queda una solución: la coexistencia pacífica.» N. Jruschov durante una visita al Reino Unido.

- Giovanni Papini, escritor italiano. *(8 Julio)*
- Jackson Pollock, pintor norteamericano, nombre clave del expresionismo abstracto americano. Su gran innovación fue el *dripping* o chorreado. *(11 Agosto)*
- Bertolt Brecht, dramaturgo alemán cuya obra ejercerá una profunda influencia en el teatro posterior. *(14 Agosto)*
- Pío Baroja, escritor español, miembro de la Generación del 98. *(30 Octubre)*

1957

Fotografía promocional de Elvis Presley para una de sus películas, ambientada en Hawai.
La filmografía del ídolo del rock rara vez estuvo a la altura de sus dotes musicales.

El general Gustavo Rojas Pinilla, presidente de Colombia en 1953-1957.

El imparable fenómeno Elvis

Elvis Presley (1935-1978) enloquece a la juventud con sus canciones y extiende su popularidad a través del cine. Tras sus primeros éxitos, alcanza la cumbre con canciones como *Love me tender, Hound dog, Teddy bear, All shook up* y *Jailhouse rock*, que se sitúan rápidamente en los primeros puestos de las listas de ventas. Elvis, que el año pasado debutó con *Love me tender* en el cine, lleva ahora de nuevo la música del rock'n'roll a la pantalla en *Jailhouse rock*. ➡ **1977**

Estreno de Diálogos de carmelitas
26 ENERO

Francis Poulenc (1899-1963) estrena en Milán su ópera *Diálogos de carmelitas*, basada en la obra homónima de Georges Bernanos y más ambiciosa que las dos restantes óperas de este antiguo miembro del Grupo de los Seis: *Los pechos de Tiresias*, sobre un irreverente texto de Guillaume Apollinaire, y el monodrama con libreto de Jean Coc-

teau *La voz humana*. Ambientada en un convento durante la Revolución francesa, *Diálogos de carmelitas* permite a Poulenc desarrollar toda su capacidad melódica y su intenso lirismo para crear un drama que convence por su hondo humanismo. Estremecedora es la última escena, la de la ejecución de las religiosas en la guillotina.

Nace la Comunidad Económica Europea
25 MARZO

Se constituye oficialmente en Roma la Comunidad Económica Europea (CEE) o Mercado Común. Bélgica, Francia, Alemania occidental, Luxemburgo, Países Bajos e Italia firman el Tratado que funda la CEE de acuerdo con las propuestas de Paul-Henri Spaak. El estadista belga ha informado positivamente sobre las grandes posibilidades de una asociación económica basada en el librecambio, en una política social y financiera conjunta y en la libre circulación continental de capitales, mercancías y personas. ➡ **1973**

Rojas Pinilla es derrocado en Colombia
10 MAYO

Un incruento golpe de Estado derriba al presidente colombiano, general Gustavo Rojas Pinilla, cuando intentaba su reelección. Rojas Pinilla, que había pacificado el país instaurando un régimen populista, es forzado a dimitir y a abandonar Colombia por un sector del ejército encabezado por el general París. Los acontecimientos se precipitaron después de que la Asamblea constituyente votara a favor de la reelección de Rojas Pinilla. La alianza liberal-conservadora reaccionó contra esa decisión promoviendo un *lock out* empresarial, y los sindicatos replicaron con una huelga general.

Científicos contra las pruebas nucleares
2 JUNIO

Un grupo de prestigiosos científicos encabezado por el premio Nobel Linus Pauling advierte sobre el peligro atómi-

co y pide el fin de las pruebas nucleares. Basándose en la experiencia de Hiroshima y Nagasaki y los resultados de los posteriores ensayos, que han puesto de manifiesto "la horrible naturaleza de las armas atómicas", numerosos científicos e intelectuales, entre los que se cuenta Bertrand Russell, reclaman el cese del uso de la energía atómica con fines bélicos ante el enorme peligro que representan para la vida humana los nocivos efectos de la radiación.

El nouveau roman *francés*

Algunos escritores franceses consideran que la novela convencional debe dejar paso a una nueva receta literaria: el *nouveau roman*. Desaparecen el autor omnisciente, la psicología de los personajes y la adecuada trabazón del argumento, el desenlace... desaparece prácticamente todo lo que daba sentido a una novela, o mejor, lo imponía a escondidas del lector, en la opinión que Nathalie Sarraute viene a expresar en su ensayo *La era de la sospecha*. Se publica este año *La celosía*, de Alain Robbe-Grillet, texto que podría considerarse fundacional del movimiento. Las acciones y los personajes se convierten aquí en meros soportes o pretextos para el desarrollo de un texto meticulosamente entregado a describir, hasta el agotamiento o la pérdida de sentido, los objetos nimios e intrascendentes, que se han convertido en únicos protagonistas, parece, de la literatura.

Jruschov se consolida en el poder
22 JUNIO Y 3 JULIO

Nikita Jruschov da un nuevo paso hacia la consecución del poder absoluto en la Unión Soviética y obtiene el apoyo del comité central del Partido Comunista. Profundizando el proceso de desestalinización, Jruschov elimina del Presídium y del comité central a Molotov, Kaganovich, Malenkov y Chepilov, miembros del "grupo antipartido", y destituye al ministro de Defensa, el mariscal Zhukov. El poderoso Bulganin, presidente del consejo de ministros, es el último obstáculo en su camino hacia el control absoluto del poder soviético. ➡ **1960**

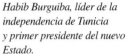

Burguiba es elegido presidente de Tunicia
27 JULIO

Tras la abolición de la monarquía, la Asamblea constituyente tunecina proclama la República y Burguiba es elegido su primer presidente. Habib ibn Ali Burguiba, jefe indiscutible del movimiento nacionalista tunecino y primer ministro de Tunicia desde que en marzo de 1956 el país lograra su independencia, dominará la escena política tunecina hasta 1987. Durante sus primeros años de gobierno apoyará al FLN argelino en su lucha contra Francia, con la que estrechará relaciones al acabar el conflicto argelino. Asimismo, no se integrará en el movimiento panárabe hasta después de la tercera guerra árabe-israelí.

Duvalier se asegura el poder en Haití
22 SETIEMBRE

François Duvalier (1907-1971) gana las elecciones presidenciales celebradas en Haití. Representante de la burguesía negra, llega al poder tras el período de inestabilidad política que siguió al derrocamiento, el año pasado, del presidente Magloire. En ese tiempo el general Kebrau, jefe del Consejo ejecutivo de gobierno, emprendió una dura represión que ha favorecido a Duvalier o *Papa Doc*, que se apresta a imponer un régimen de gobierno personal basado en el autoritarismo y el vudú. **➡ 1986**

Primer satélite artificial
4 OCTUBRE

Desde el cosmódromo de Baikonur (URSS), es lanzado al espacio el primer satélite artificial de la historia, el *Sputnik I*. Se trata de un ingenio de forma esférica equipado con cuatro antenas que salen de él en forma de cola. Se ha colocado en órbita mediante un lanzador del tipo Vostok, en realidad el primer misil intercontinental construido por la Unión Soviética. Con un diámetro de 58 cm y una masa de 86,3 kg, el *Sputnik I* describe órbitas a una altitud de 263 km y una velocidad de 28 000 km/h. Durante 21 días emite señales que captan los radioaficionados de todo el mundo. Un mes más tarde la URSS volverá a adelantarse a

Estados Unidos con el envío del primer ser vivo al espacio, la perra Laika (3 de noviembre de 1957). **➡ 1963**

Graves inundaciones en España
14 OCTUBRE

Violentos temporales causan el desbordamiento del río Turia y la inundación de Valencia, donde perecen unas ochenta personas. Más de la mitad de la población de la capital valenciana se ha visto afectada por las aguas desbordadas del Turia, que también han destruido centenares de viviendas en otras poblaciones, entre ellas Catarroja, Chivas, Massanassa, Albal y Carlet. También se han desbordado los ríos Magro en Algemesí, Júcar en Alicante y Segura en Orihuela, provocando ingentes pérdidas humanas y materiales.

Se alzan las torres Satélite en México

El arquitecto mexicano Luis Barragán construye las emblemáticas torres Satélite en Ciudad de México. La capital mexicana moderniza su perspectiva urbana con estos edificios, a los que se suman o sumarán otros monumentos y edificios de tendencia funcionalista. En este sentido cabe mencionar la Biblioteca central de la Ciudad Universitaria y el Estadio olímpico de Juan O'Gorman, las torres "sin función" de Mathias Goeritz, y el conjunto urbano Nonoalco-Tlatelolco, construido bajo la dirección del arquitecto Mario Pani, y que incluye la plaza de las Tres Culturas.

Botero pinta El festín de Baltasar

Inscrito dentro del realismo mágico pictórico latinoamericano, Fernando Botero (n. 1932) ha desarrollado un estilo muy personal mediante el cual recrea un mundo rico en imágenes de mujeres, clérigos, militares y niños obesos y hieráticos, enmarcados por poéticos paisajes. *El festín de Baltasar* es una de sus obras más logradas y significativas. "*El estilo es una cierta deformación mental, una pequeña locura*", dice Botero, que se prepara para dar el salto internacional también con sus esculturas.

Un cierre sin botones

Se generaliza el uso del Velcro, invento del suizo Georges de Mestral en 1948, constituido por una cinta de tejido provista de ganchos minúsculos que se enganchan entre sí al contacto y permiten de ese modo mantener fijas en el lugar deseado piezas de tela, por ejemplo, sin necesidad de utilizar botones. El invento, cuyo nombre deriva del apócope de VELours-CROchet, es decir terciopelo-gancho, experimentará diversa mejoras y su uso acabará por imponerse.

Violación de paridad

Los físicos Tsung Dao Lee (n. 1926) y Chen Ning Yang (n. 1922) reciben el premio Nobel de Física por la propuesta de ciertos experimentos que permiten demostrar si la ley de la conservación de la paridad se viola o se conserva en las interacciones débiles. Pocos meses después de la formulación de dichas pruebas (1956), se demuestra finalmente que la ley de conservación de la paridad no se cumple.

Habib Burguiba, líder de la independencia de Tunicia y primer presidente del nuevo Estado.

El Sputnik, *con sus elementos componentes desplegados. Una vez encajados en su lugar dichos elementos, el satélite era una esfera de poco más de medio metro de diámetro.*

◀ *François Duvalier, llamado "Papa Doc", gobernó Haití con procedimientos despóticos, amparado en una guardia pretoriana desprovista de todo escrúpulo legalista, los* Tonton Macoutes.

El año de los Sputniks

Superando los obstáculos legados por siglos de enfrentamientos nacionalistas, la formación de la Comunidad Económica Europea en el año de 1957 significa el comienzo de la larga marcha hacia la unidad en el Viejo Continente. El resto del mundo sigue siendo escenario de grandes transformaciones, como resultado esencial del proceso de descolonización de los imperios occidentales y como fruto palpable de los avances de la investigación científica y tecnológica, especialmente deslumbrantes en el terreno aeroespacial.

EL SUEÑO DE LA UNIDAD EUROPEA, MÁS CERCA

El 25 de marzo, en la emblemática ciudad de Roma, los jefes de gobierno de Francia, Alemania, Italia, Bélgica, Luxemburgo y Países Bajos ratificaron solemnemente el tratado de constitución de la Comunidad Económica Europea (conocida por sus siglas: CEE). Los "Seis" países fundacionales ponían en marcha así un ambicioso proyecto destinado a la progresiva unificación económica y a la integración política del continente, un proyecto parcialmente esbozado en 1951 con el establecimiento de la Comunidad Europea del Carbón y del Acero (CECA). La creación paralela por parte de esos mismos países de la Comunidad Europea de la Energía Atómica (EURATOM) reafirmaba su voluntad declarada de superar los límites de los Estados nacionales y de integrarse progresivamente en una estructura supranacional que abarcara todas las esferas de la vida continental.

La extraordinaria coyuntura de expansión económica que vivía paralelamente la mayor parte de Europa occidental, puesta de relieve por el pleno auge del llamado "milagro" alemán, contribuyó a hacer posible esos pasos institucionales decisivos e irreversibles. Desde entonces, el viejo sueño de una Europa unida comenzaría a hacerse una realidad, al compás de los éxitos económicos y políticos alcanzados por la CEE y de las peticiones de incorporación a la misma procedentes de varios países inicialmente refractarios a la idea o excesivamente celosos de su soberanía. En definitiva, los países europeos encontraban finalmente una vía pacífica hacia la unidad

El 25 de marzo de 1957 tuvo lugar el acto de la firma del Tratado de Roma, por el que se creó la Comunidad Económica Europea o Mercado Común.

Nikita Jruschov afianzó su posición al frente de la Unión Soviética al obtener el respaldo del Comité Central del partido frente al intento de destituirle promovido por un grupo de altos cargos de la época de Stalin, encabezado por Molotov. En la imagen, Jruschov aparece saludando al primer ministro británico Harold McMillan.

continental sobre la base del respeto, en lo económico, a las reglas del mercado capitalista, y en lo político, a las formas de gobierno democrático-parlamentarias.

SE ACELERA EL PROCESO DE DESCOLONIZACIÓN

El fracaso el año anterior de la intervención militar franco-británica en Egipto aceleró los procesos de emancipación. La aparición y multiplicación de nuevos Estados independientes modificará progresi-

vamente la dinámica estrictamente bipolar de la guerra fría y permitirá la aparición de un nuevo actor en el escenario mundial, cada vez más confiado e influyente: el Tercer mundo.

En marzo de 1957 Costa de Oro obtuvo pacíficamente la independencia del Reino Unido y se convirtió en el estado soberano de Ghana, dentro de la Commonwealth. Se trataba del primer estado negro independiente en África. Su prestigioso presidente, Kwame Nkrumah, se manifestó desde el principio como un ferviente

En el balcón, *de Peter Blake (Tate Gallery, Londres).*
La crítica de la modernidad industrial habitual en
el Pop Art se tiñe aquí de connotaciones nostálgicas.

Como resultado de la política de integración, una
joven negra acude bajo protección a una escuela
de Little Rock, Arkansas.

partidario del "neutralismo activo" de su país y del resto de los Estados nacidos de la descolonización. Cinco meses más tarde, el Reino Unido también concedió la independencia a sus colonias de la península de Malasia, constituyéndose así la Federación de Malaysia.

El contrapunto violento a esos procesos se vivió en dos escenarios, muy alejados entre sí, de los continentes africano y asiático. En la Argelia francesa, desde principios de 1957 las autoridades coloniales se enfrentaron a una amplia insurrección popular en favor de la independencia, liderada por el Frente de Liberación Nacional y particularmente efectiva en la capital, Argel. Por su parte, en la península de Indochina comenzó la segunda guerra de Vietnam (1957-1975) con la insurrección del Vietcong, apoyado por el régimen comunista de Vietnam del Norte, contra el gobierno dictatorial de Ngo Dinh Diem en Vietnam del Sur, que se había negado a convocar elecciones según los acuerdos de independencia firmados en Ginebra en 1954.

En ese contexto de disolución pacífica o cruenta de los antiguos imperios coloniales tuvo lugar en El Cairo, en el mes de diciem-

bre de 1957, la Primera Conferencia de solidaridad afro-asiática. Con la participación de 43 Estados de ambos continentes, incluida la Unión Soviética, la conferencia aprobó una condena inequívoca del fenómeno del colonialismo y preconizó el principio de la coexistencia pacífica entre los dos bloques enfrentados en la guerra fría. La participación soviética en dicha conferencia, y más aún la concesión de grandes créditos soviéticos a Egipto y la India para promover su desarrollo económico, evidenciaron el interés de la URSS por ganarse el apoyo y la simpatía de los nuevos Estados independientes en el plano internacional.

LA CONQUISTA DEL ESPACIO

A principios de octubre de 1957, la Unión Soviética anunció un logro espectacular en el campo de la investigación aeroespacial: había conseguido poner en órbita

alrededor de la Tierra el primer satélite artificial, el *Sputnik I*. De este modo, la ciencia había conseguido que un objeto proyectado por el hombre superara las leyes de la atracción terrestre y llegara al espacio para colocarse en órbita circular alrededor del planeta. La carrera por el dominio del espacio había comenzado. Un mes más tarde, los soviéticos repetían su éxito y colocaban en órbita el *Sputnik II*, dentro del cual viajaba la perrita Laika para demostrar que un ser vivo era capaz de sobrevivir en condiciones de ingravidez. La primacía soviética en este campo de las investigaciones quedó refrendada en diciembre con el fracaso del primer intento estadounidense de poner un satélite en órbita. ■

El argentino Juan Manuel Fangio, sobre Ferrari,
cruza victorioso la meta del Gran Premio de
Silverstone. Fangio se proclamó por quinta vez
campeón del mundo de Fórmula I.

Instantáneas

- Inauguración en Nueva York de la **Leo Castelli Gallery**, expositora de Pop Art. *(2 Febrero)*
- A. Frutiger, diseñador de letras, lanza este año la *Univers*, su letra más aceptada, aunque en su carrera creará más de veinte tipos distintos.
- Como se ve en su obra *En el balcón*, el arte "pop" de P. Blake es peculiar y se aparta de la tendencia general por mirar hacia el pasado, por ser nostálgico. En este caso el cuadro concentra multitud de objetos diversos, todos relacionados con el tema del balcón.

- *Diana*, de un P. Anka casi adolescente, dedicada a la niñera de su hermana. Fue el inicio de una carrera fulgurante.
- El excéntrico Jerry Lee Lewis alcanza su mayor éxito con *Great balls of fire*, de J. Hammer y O. Blackwell.

- *El barón rampante* ilustra una vida "posible": la de este barón, vivida por entero en la copa de un árbol. La ironía, la capacidad de fabulación y la inteligencia de I. Calvino se hicieron públicas y reconocidas con esta novela.
- *Abejas de cristal* es una novela alegórica en la que el alemán E. Jünger opone el ideal caballeresco y militar de principios de siglo con la sociedad tecnocrática actual.
- A. Camus recibe el premio **Nobel de Literatura**.
- R. Barthes descubre la ideología de la sociedad que le rodea en los más nimios detalles: anuncios de detergentes, las recetas culinarias de *Elle*. Su libro *Mitologías* es un análisis de estos "mitos", revelando cómo cualquier cosa está inadvertidamente cargada de sentido, lo que se convierte en un instrumento de dominación y una falsificación de la naturaleza.
- S. Beckett reduce la vida a su pobreza y esquematismo esenciales en la obra teatral *Fin de partida*.
- El escritor estadounidense J. Kerouac publica *En el camino*, el libro más emblemático de la generación *Beat*.

- *Alfred Hitchcock presenta...*, serie televisiva de relatos de misterio, a cargo del "mago del suspense". Todos están supervisados por él, cuando no dirigidos directamente.
- Uno de los títulos más famosos de la historia del cine, *El puente sobre el río Kwai*, dirigida por David Lean, con un popular tema musical (la banda sonora es de Malcolm Arnold), lleva las contradicciones del militarismo y de la guerra hasta extremos dramáticos de tensión.
- *Doce hombres sin piedad*, un clásico del cine judicial dirigido por S. Lumet.
- Un hombre mata al marido de su amante, de acuerdo con ella, pero se queda atrapado en el ascensor cuando huye de la escena del crimen. Se trata del *Ascensor para el cadalso*, el primer filme del director francés L. Malle.

- El director de cine francés René Clair, tras su breve estancia en Hollywood, regresa a Francia para dirigir *Puerta de las Lilas*, una sencilla y agradable tragicomedia inspirada en una novela de René Fallet.

- La fábrica automovilística española SEAT inicia la comercialización de su primer utilitario, el *SEAT 600*. Este pequeño automóvil de cuatro plazas, del que se producirán en principio 16 000 unidades, se pone a la venta a un precio de 80 000 pesetas. *(27 Junio)*
- La perra *Laika* se convierte en el primer ser vivo que viaja al espacio. El ingenio, llamado *Sputnik II*, tiene una altura de 4 m y pesa unos 500 kg. *(3 Noviembre)*
- Se lleva a cabo la botadura del primer carguero propulsado por energía nuclear del mundo. Se trata del **rompehielos soviético** *Lenin*, que entrará en servicio en 1959. *(5 Diciembre)*

- La URSS nombra a A. Gromyko ministro de Asuntos Exteriores. Se mantendrá en su puesto, como interlocutor principal de Occidente, hasta 1985. *(15 Febrero)*
- F. Castro combate a F. Batista en **Sierra Maestra**. *(24 Febrero)*
- El Reino Unido concede la independencia, dentro de la Commonwealth, a su colonia de Costa de Oro, que pasa a llamarse Ghana, nombre que evoca un antiguo imperio africano. *(6 Marzo)*
- Chile: el gobierno declara el **estado de excepción** ante las numerosas manifestaciones de protesta por el aumento del 50% en las tarifas del transporte urbano. *(3 Abril)*
- El gobierno egipcio decide la **reapertura del canal de Suez**. *(9 Abril)*
- **Deportaciones masivas en China**, como consecuencia de las reformas sociales impulsadas por el régimen maoísta y la aceleración de la colectivización agrícola. *(8 Junio)*
- Cuba: F. Batista **cede posiciones** ante el avance de los rebeldes comandados por F. Castro y el Che Guevara. *(5 Setiembre)*
- La negativa del gobernador de Arkansas, Orval E. Faubus, a aplicar la ley antisegregacionista de 1954 desemboca en graves disturbios, durante los cuales son **asesinados numerosos negros**. *(23 Setiembre)*
- Se aprueba en Colombia el **sistema de alternancia** entre el Partido Liberal y el Conservador, ahora unidos en el Frente Nacional. *(1 Diciembre)*
- Polonia: el ministro de Asuntos Exteriores presenta su **plan para la desnuclearizacion** de la Europa Central. *(9 Diciembre)*

- La trapecista española Pinito del Oro obtiene el **primer premio en el Festival Internacional del Circo**.
- **Naufraga el buque-escuela alemán Pamir**. Sólo seis de sus ochenta y seis tripulantes logran salvar la vida. *(21 Setiembre)*
- Epidemia de **gripe asiática** en el sur de Europa. *(5 Octubre)*
- Argentina queda paralizada durante dos días por la **huelga general** convocada por los sindi-

catos peronistas, agrupados en sesenta y dos organizaciones, en demanda de mejores salarios. *(24 Octubre)*
- J. Stephen abre el primer taller de ropa masculina en Carnaby Street, calle de Londres, en el Soho, que se convertirá en los años sesenta en la meca de la **moda juvenil**.

- El corredor argentino **J.M. Fangio** se proclama por quinta vez campeón del mundo de automovilismo de Fórmula 1.
- La popular carrera automovilística en circuito abierto que se celebra cada año en Italia, **las Mille Miglia, es suprimida** por su peligrosidad.
- El futbolista argentino **A. Di Stéfano**, la "saeta rubia", máximo responsable de los triunfos del Real Madrid, recibe el "balón de oro" que le reconoce como mejor futbolista de Europa.
- El boxeador **Ray "Sugar" Robinson**, rey de los pesos welter en los años cincuenta.
- Se disputa el primer **campeonato del mundo de pesca submarina** en Yugoslavia.
- El español **J. Blume**, especialista en anillas, gana el campeonato de Europa de gimnasia celebrado en París.
- **Ben Hogan** gana de forma consecutiva tres grandes torneos de golf: el Open USA, el Open Británico y el Masters de Augusta (Estados Unidos).

- «Era como si descubriéramos un nuevo planeta, como si nos trasladáramos al futuro. Estábamos aturdidos. No podíamos creer que la gente viviera de esa forma.» A. Kezlov rememora una "exhibición cultural" norteamericana que tuvo lugar en Moscú.
- «Otros sirven cócteles, yo sólo proporciono agua pura.» J. Sibelius.
- «Era como un hermano para mí.» Stan Laurel llora la muerte de su compañero Oliver Hardy.

- **Gabriela Mistral**, poetisa chilena. *(10 Enero)*
- **Humphrey Bogart**, actor norteamericano, protagonista de películas tan inolvidables como *Casablanca*, *El halcón maltés* o *La reina de África*. *(14 Enero)*
- **Arturo Toscanini**, director de orquesta italiano. *(16 Enero)*
- **Constantin Brancusi**, innovador escultor rumano. *(16 Marzo)*
- El general **Carlos Castillo Armas**, presidente de Guatemala, es asesinado por un soldado de su guardia. *(26 Julio)*
- **Jean Sibelius**, el mayor compositor finlandés y un auténtico héroe nacional. *(20 Setiembre)*
- **Diego Rivera**, muralista mexicano, que junto a Siqueiros y Orozco impulsó un arte mural público inspirado en la revolución mexicana. *(24 Noviembre)*
- **Christian Dior**, fundador de la exitosa casa de alta costura francesa que lleva su nombre.
- **Pedro Infante**, popular cantante y actor mexicano.

1958

Dürrenmatt estrena La visita de la vieja dama

El novelista y dramaturgo suizo en lengua alemana Friedrich Dürrenmatt (1921-1990) estrena una de sus obras más representativas. *La visita de la vieja dama* es una ácida crítica de la sociedad contemporánea, en la que pone en juego su dominio de originales formas de expresión dramática y su agudo sentido de la farsa. Según el autor, la farsa constituye el medio más idóneo para expresar el carácter conflictivo de la vida humana en una sociedad dominada por los prejuicios burgueses y el racionalismo cientificista.

El existencialismo francés

El clima intelectual de la inmediata posguerra está dominado en Francia por el "existencialismo", un término acuñado por Gabriel Marcel en 1943 y que engloba a un grupo muy dispar de personajes y actitudes. Los puntos de contacto se deben buscar en la lectura de Kierkegaard y Heidegger, un cierto sentimiento de angustia vital, la reivindicación del desamparo radical del ser humano y la necesidad de inventar una nueva moral y un nuevo humanismo. Figuras señeras del movimiento son Jean-Paul Sartre, Simone de Beauvoir, Albert Camus, pero también se puede descubrir algo de la atmósfera que lo acompañaba en las ropas negras y los ojos maquillados de la cantante Juliette Greco. A pesar de sus incoherencias y de lo dispar –a veces también lo somero– de sus planteamientos, se trata quizá del último movimiento de nuestro siglo capaz de acercar al intelectual a la realidad concreta y conectar con un amplio público.

Gran éxito de Un sabor a miel

La comedia teatral de Shelag Delaney se convierte en un gran éxito de público. Con un estilo brillante, la autora británica narra las conflictivas relaciones entre una estudiante y su madre algo alocada, que se mudan de un apartamento a otro a medida que van venciendo sus alquileres. La situación hace crisis cuando el último de los amantes de su madre acepta casarse a condición

de que la hija no vaya a vivir con ellos. La muchacha responde haciéndose embarazar por un marinero negro y marchándose a vivir con un joven homosexual. La obra será llevada al cine por Tony Richardson.

Amado publica Gabriela, clavo y canela

Jorge Amado (1912) recrea con intensidad y frescura, humor e ironía, la colorida vida cotidiana de su Bahía natal a través de un espléndido friso de personajes y de una prosa rica y vigorosa. Jorge Amado, conocido por un ciclo anterior de novelas sociales, da con *Gabriela, clavo y canela* un giro significativo en su producción: siguen los contenidos de denuncia, pero ahora predominan una filosofía vitalista y un gran amor hacia los seres humildes y hacia sus pequeños problemas diarios.

España crea dos provincias en África
10 ENERO Y 12 MARZO

El consejo de ministros español decreta la constitución de las provincias africanas de Ifni y Sahara. Las nuevas entidades jurídicas situadas en el África occidental tienen sus capitales respectivas en Sidi Ifni y El Aaiún, donde residen los gobernadores generales. Éstos, según el decreto publicado en el BOE,

dependen en lo administrativo de la presidencia del Gobierno, y en lo militar, de la capitanía general de Canarias.
➡ **1973**

Brasil gana el Campeonato Mundial de Fútbol
8-29 JUNIO

La selección brasileña de fútbol gana la Copa del Mundo de Fútbol celebrada en Suecia. Tras derrotar a la selección local en un vibrante partido por 5 a 2, los brasileños se proclaman campeones mundiales por primera vez en su historia. El equipo de Brasil ha asombrado a miles de aficionados por su fútbol dinámico y bello, que tiene en el joven Edson Arantes do Nascimento, Pelé, a su más brillante estrella. La delantera formada por Pelé, Vavá, Didí, Garrincha y Zagalo ha causado estragos en las defensas adversarias y en el partido final, no obstante encajar un gol apenas iniciado el partido, ha catapultado a Brasil hacia la victoria.

Creada la NASA
1 OCTUBRE

La creación de la agencia espacial, conocida por la sigla NASA *(National Aeronautics and Space Administration)*, obedece al objetivo de reagrupar organismos ya existentes y potenciar el papel de Estados Unidos en la "carrera espacial". Su sede central se fija en Washington y se nombra como administrador a T. Keith-Glennan. La NASA se hace cargo de las instalaciones de la base de Edwards, del Jet Propulsion Laboratory (JPL), de las instalaciones de lanzamiento de Wallops y del centro espacial de Cabo Cañaveral. ➡ **1957**

Muere el papa Pío XII y le sucede Juan XXIII
9-28 OCTUBRE

Eugenio Pacelli (1876-1958), que accedió al papado con el nombre de Pío XII, muere en el Vaticano a los 82 años y le sucede Angelo Giuseppe Roncalli (n. 1881), que será llamado Juan XXIII. Con la muerte de Pío XII concluye un pontificado iniciado en 1939 y marcado por el impulso evangelizador de la Igle-

Portada de una edición de Gabriela, clavo y canela, *de Jorge Amado. La tierna historia de Gabriela, cocinera y amante del sirio Nacib en la ciudad de Ilhéus, sirve de pretexto a una novela coral que retrata con humor y agudeza una sociedad y una época.*

◄ *Pelé, entre el defensa Djalma Santos y el extremo Garrincha, celebra la victoria de Brasil en la Copa del Mundo de Suecia. La selección brasileña consiguió reunir este año una constelación de estrellas difícilmente repetible.*

Tony Curtis al saxo, Jack Lemmon al contrabajo y Marilyn Monroe, en una escena de Con faldas y a lo loco, *la comedia más enloquecida y justamente famosa de Billy Wilder.*

sia, pero también por los reproches por su aparente pasividad ante las persecuciones de judíos por los nazis. La elección de Juan XXIII resulta una relativa sorpresa dada su avanzada edad, que hace presumir a algunos que será un papa de transición. Sin embargo, el nuevo papa impulsará desde el primer momento una profunda puesta al día *(aggiornamento)* de la Iglesia católica en los ámbitos doctrinal y pastoral. ➡ **1961**

Pasternak renuncia al Nobel de Literatura
28 OCTUBRE

La concesión del premio Nobel de Literatura al poeta y escritor ruso Boris Pasternak provoca la airada reacción del gobierno de la Unión Soviética. La publicación clandestina, el año pasado, en Italia de la novela *El doctor Zhivago*, había llevado las relaciones entre Pasternak y los estamentos culturales soviéticos a una máxima tensión. El otorgamiento del prestigioso galardón internacional a Pasternak es interpretado por la URSS como "un acto de hostilidad", y la Unión de Escritores Soviéticos expulsa a Pasternak de su seno, a pesar de la renuncia explícita al premio hecha por el escritor.

Nueva sede de la UNESCO en París
3 NOVIEMBRE

Tiene lugar en la capital francesa la inauguración de la nueva sede de la Organización de las Naciones Unidas para la Educación, la Ciencia y la Cultura (UNESCO). El singular edificio en forma de "Y", situado en la parisina plaza de Fontenoy, es obra de los arquitectos Marcel Breuer, Pier Luigi Nervi y Bernard Zehrfuss, quienes lo han concebido de acuerdo con los preceptos del funcionalismo racionalista. Artistas como Pi-

casso, Rufino Tamayo, Henry Moore, Calder, Miró, Llorens Artigas, Bazaine, Hans Arp, Jean Lurçat, etc., han contribuido a la decoración del edificio.

Wilder, Lemmon, Curtis y Monroe, Con faldas y a lo loco

La filmografía de Billy Wilder incluye obras maestras como *Perdición*, *El crepúsculo de los dioses*, *El apartamento* o *Uno, dos, tres*, y sin embargo quizá sea *Con faldas y a lo loco* la más famosa de sus películas. Dos músicos en paro (Tony Curtis y Jack Lemmon) son testigos de una matanza entre gángsters, y el jefe de la banda ordena que sean capturados y ejecutados. En su huida tienen la "brillante" idea de vestirse de mujeres para entrar a formar parte de una orquesta femenina en la que toca una atractiva y chispeante joven rubia (Marilyn Monroe), de la que ambos se enamoran. Las situaciones cómicas y las sorpresas se suceden a un ritmo trepidante hasta el famoso diálogo final. Joe Brown intenta convencer a Lemmon (disfrazado) de que se case con él: "Soy un hombre", alega Lemmon. "Nadie es perfecto", replica Brown.

Primer satélite artificial estadounidense

El *Explorer I*, primer satélite artificial de Estados Unidos que orbita la Tierra, inaugura la historia de la astronáutica norteamericana tras los intentos fallidos de 1957. Gracias a este ingenio, lanzado al espacio mediante un cohete de cuatro fases del tipo Júpiter C, rebautizado como Juno I, se descubre la existencia de los cinturones de radiación que rodean la Tierra, conocidos como cinturones de Van Allen. El *Explorer I* es un ingenio de dimensiones y peso reducidos en comparación con las naves soviéticas del tipo *Sputnik*. ➡ **1962**

Marcapasos miniatura
8 NOVIEMBRE

Se implanta por primera vez un marcapasos miniaturizado, durante una intervención llevada a cabo en el Karolinska Institut de Estocolmo. El marcapasos,

inventado por el sueco Ake Senning, es un estimulador cardíaco desarrollado con la idea de suplir el mal funcionamiento del corazón; mediante impulsos eléctricos emitidos por una pila implantada de manera subcutánea y que llegan al corazón mediante unos cables llamados electrodos, el corazón recibe, con la intensidad y ritmo adecuados, los impulsos que necesita para su buen funcionamiento. En lo sucesivo las operaciones de implantación de marcapasos pasarán a formar parte de la práctica médica habitual. ➡ **1963**

De Gaulle preside la V República de Francia
21 DICIEMBRE

La intensificación de la guerra de Argelia provoca la caída de la IV República y el regreso de Charles De Gaulle al poder en Francia. Los avances militares obtenidos por el general Jacques Massu desde principios de 1957 en Argelia y la sospecha de que el gobierno de París negociará la independencia de la colonia con el FLN, inducen a los generales franceses a adoptar una actitud de rebeldía. Tras el anuncio del gobierno de Pierre Pflimlin de la celebración de elecciones libres en Argelia, el Ejército y los colonos, al grito de *Algérie Française*, provocan su caída y el retorno del general De Gaulle. Éste se apresura a proclamar la V República, de la que es elegido presidente ante el entusiasmo general. ➡ **1968**

La moda del hula hop

Cuando los estadounidenses Richard Knerr y Arthur "Spud" Melin compraron para su empresa Wham-O los derechos comerciales de un fabricante de juguetes australiano sobre un círculo de bambú usado para las clases de gimnasia, poco se imaginaban que empezaba la moda más furibunda, efímera e incomprensible del siglo. Lo lanzan con el nombre de hula hop, y en plástico, para hacerlo más ligero, y con tan poca cosa provocan una auténtica fiebre, que les permitirá vender en pocos meses 70 millones de unidades. Tan rápido como vino, se fue: a finales de año las ventas se detienen de golpe. Varios intentos de resucitar el fenómeno, en las próximas décadas, no lograrán su objetivo.

Exhibición de hula hop en Los Ángeles, Estados Unidos.

Un nuevo mapa de África

La creciente confianza en la capacidad transformadora de la ciencia y la tecnología queda fielmente reflejada en la Exposición Universal celebrada en Bruselas. El Atomium, un edificio con la forma de un modelo de átomo gigante, se convierte en símbolo y emblema del acontecimiento. El panorama político internacional sigue dominado por el rápido proceso de descolonización y el consiguiente surgimiento de nuevos Estados independientes pero inestables, que son por ello motivo tanto de optimismo como de incertidumbre.

DE GAULLE RETORNA
A UNA FRANCIA EN CRISIS

La guerra contra los independentistas en Argelia, con su pesado coste humano y económico, había provocado una gravísima crisis política y social en la siempre inestable IV República francesa. Las tropas galas combatientes en la colonia, con el apoyo de los residentes de esa nacionalidad, se enfrentaron abiertamente a la voluntad de los últimos gobiernos metropolitanos de negociar una salida política a la situación. En esas condiciones, en mayo de 1958, el respetado general De Gaulle, retirado de la política por decisión propia, fue reclamado por todos los sectores influyentes del país para buscar una solución que evitara la fractura definitiva y la posibilidad de un golpe de Estado o una guerra civil. De Gaulle se convirtió así en jefe de gobierno con poderes excepcionales temporales y con capacidad para redactar una nueva constitución. A finales de año ya había nacido la V República francesa, de carácter mucho más presidencialista y menos parlamentaria, de la que De Gaulle fue el primer presidente. Al amparo de la nueva legalidad, con notable prudencia y habilidad, De Gaulle empezó a sentar las bases para la futura retirada francesa de Argelia mediante una dura y prolongada negociación política a dos bandas, con los independentistas de un lado y de otro con los mandos militares franceses de la colonia.

AIRES DE RENOVACIÓN
EN EL VATICANO

A principios de octubre de 1958 fallecía en su palacio de Castelgandolfo el papa Pío XII, a los 82 años de edad. Deja-

▲
Parapetos de protección en una calle de Argel. La ciudad, sede del cuartel general del ejército colonial francés, quedó desde el primer momento en poder de los militares sublevados contra el gobierno metropolitano.

El edificio estrella de la Exposición Universal de Bruselas fue el Atomium, una concepción audaz que reproducía la forma del átomo, con módulos esféricos interconectados mediante pasillos tubulares por los que circulaban ascensores y escaleras mecánicas.

ba tras de sí casi 20 años de pontificado en los cuales la Iglesia católica había tenido que enfrentarse, con decisiones a veces muy polémicas y discutidas, a las duras pruebas de la Segunda Guerra Mundial y de la guerra fría. Su inesperado

sucesor fue el cardenal Angelo Giuseppe Roncalli, de 77 años, hijo de una humilde familia campesina, que adoptó el nombre de Juan XXIII. De carácter abierto y bondadoso, su trayectoria, en estrecho contacto con las nuevas realidades socia-

El general Charles De Gaulle volvió a regir los destinos de Francia en un momento especialmente difícil para su país.

les y culturales del mundo de la posguerra, anunciaba desde el principio grandes cambios en la orientación del catolicismo mundial. En efecto, el nuevo Papa no tardó en anunciar su decisión de convocar un concilio ecuménico en Roma (el concilio Vaticano segundo) para tratar colectivamente de los problemas planteados por el mundo moderno y de las nuevas respuestas exigidas a la Iglesia por los mismos. El contraste de estilos y perspectivas entre el nuevo pontífice y su antecesor quedaba así fehacientémente demostrado.

NACIMIENTO DE NUEVOS ESTADOS

El proceso de descolonización de los imperios occidentales continuó con un ritmo trepidante a lo largo de todo el año. El vasto continente africano fue el escenario principal de la aparición de nuevos Estados soberanos e independientes, con una profusión y celeridad realmente sorprendentes. En el mes de octubre, sólo dos países habían alcanzado su emancipación definitiva: Madagascar y Guinea. Pero en noviembre, en el brevísimo plazo de cinco días, la cifra se elevó a seis: Malí, Mauritania, Senegal, Chad, Gabón y Congo-Brazzaville. Al mes siguiente todavía se unieron a esa lista Costa de Marfil, Dahomey, Alto Volta (actual Burkina Faso) y Níger. Lo que parecía ser una verdadera reacción en cadena se había puesto en marcha, y tardaría muchos años en detenerse.

El clima inicial de franco optimismo desencadenado por ese proceso de emancipación mayormente pacífico y negociado sólo quedaba eclipsado por la persistencia de serios problemas latentes en la zona: delimitación final de fronteras, rivalidades étnicas y tribales, situación de dependencia económica respecto de las ex metrópolis, etc. Los nuevos Estados africanos tendrían que afrontar ese cúmulo de problemas a menudo con muy pocos medios y en pésimas condiciones internas y externas, con el consecuente efecto negativo en el desarrollo económico, social y cultural de esos países. A la postre, el legado del colonialismo iba a resultar un fardo notablemente pesado para las nuevas naciones, a pesar de que éstas hubiesen logrado la independencia formal y la condición de Estados soberanos.

NUEVOS ÉXITOS EN LA INVESTIGACIÓN ESPACIAL Y CIENTÍFICA

A principios de febrero, Estados Unidos respondió al desafío soviético y consiguió colocar en órbita su primer satélite terrestre artificial: el *Explorer I*. Dos emisoras de radio instaladas a bordo del mismo permitieron enviar mensajes a la Tierra. Gracias a ellas, la primera comunicación lanzada al mundo desde un satélite en órbita fue un mensaje del presidente Eisenhower. De este modo, la investigación espacial superó su carácter meramente científico y comenzó a tener aplicaciones prácticas en el mundo de la comunicación. La carrera por la conquista del espacio entre las dos superpotencias continuaría en años sucesivos sin pausa alguna.

Estados Unidos logró un nuevo éxito científico y militar a mediados de año con

A Eugenio Pacelli, Pío XII, le correspondió la tarea de mantener a flote la nave de la Iglesia católica en una época tormentosa: la II Guerra Mundial.

Angelo Giuseppe Roncalli, Juan XXIII, fue el pontífice de la adaptación de la acción pastoral de la Iglesia a un nuevo contexto social y económico.

Monsieur Hulot parece encontrarse incómodo entre los automatismos ultramodernos del jardín de la casa de su sobrino. Una escena de Mi tío, *de Jacques Tati.*

la proeza lograda por el submarino de propulsión atómica *Nautilus*, el primero de su condición construido en el mundo. Durante una travesía de más de 3 000 kilómetros, el submarino consiguió pasar del océano Pacífico al Atlántico navegando siempre bajo la capa de hielos del polo Norte y sin salir a la superficie. ■

Instantáneas

- *La hora del crepúsculo*, popularizada por Los cinco latinos.
- Con *Volare*, D. Modugno se adjudica el Festival de San Remo.
- *Donna*, de R. Valens.
- *If I had a hammer*, de L. Hays, P. Seeger.
- Tema de **The big country**, de J. Moross.
- *Johnny B. Goode*, de Chuck Berry, dispara el éxito del rock and roll.
- El pianista ruso **S. Richter** debuta en los países occidentales.

- Ecos del existencialismo y un sentimiento de impotencia ante la vida se encuentran en *El fin de la carretera*, del norteamericano J. Barth, en una onda cercana a la de S. Bellow y J.D. Salinger.
- Atahualpa Yupanqui, cantante y folclorista argentino, famoso por la canción *Los ejes de mi carreta*, publica el libro de poesías *Guitarra*.
- Publicación póstuma de *El gatopardo*, única novela del noble siciliano G.T. de Lampedusa, recreación entre nostálgica y crítica de la época garibaldina, vista desde una aristocracia que añora el pasado y sin embargo no puede resistirse al advenimiento de un futuro que les ignora.
- V. Nabokov crea en su novela *Lolita* un personaje que hará fortuna, la adolescente capaz de seducir y perder a hombres maduros.
- Se publica *Desayuno en Tiffany's*, la novela de T. Capote, protagonizada por una joven impalpable, volátil, que se da a sí misma el improbable nombre de Holly Golightly *"go lightly"*, moverse con ligereza.

- Se empieza a emitir *El zorro*, serie de Walt Disney ambientada en California y protagonizada por un enmascarado, defensor del pueblo y de la justicia, que firma siempre con una "Z" escrita a espada sobre el cuerpo de sus enemigos.
- **Miguel Gila**, el humorista de la década, triunfa en la radio española.
- *Cenizas y y diamantes*, de A. Vadja y protagonizada por Z. Zybulski.
- A. J. Lerner y F. Loewe componen la partitura del musical de V. Minnelli *Gigi* protagonizado por Maurice Chevalier y Leslie Caron.
- *Vértigo*, un clásico de A. Hitchcock, cuya banda sonora es obra de B. Herrmann.
- Orson Welles director, guionista y protagonista de *Sed de mal*. Desde sus tres puestos de privilegio convierte el argumento típico de serie negra en una tragedia densa y abstracta.

- J. Tati realiza y protagoniza su película más famosa, *Mi tío*, galardonada con el Óscar a la mejor película extranjera.

- V. Fuchs y su grupo consiguen **atravesar por primera vez la Antártida**. *(2 Marzo)*
- El submarino atómico norteamericano *Nautilus* realiza el **primer enlace de los océanos Pacífico y Atlántico**, a través del Polo Norte. *(5 Agosto)*

- Venezuela: M. Pérez Jiménez es **apartado del poder** tras perder el apoyo del ejército. El dictador ha tomado el camino del exilio. *(23 Enero)*
- La unión política de Egipto y Siria da lugar al **nacimiento de la República Árabe Unida (RAU)**, la cual es presidida por G.A. Nasser. *(1 Febrero)*
- A. Frondizi, líder de la Unión Cívica Radical Intransigente, **gana las elecciones en Argentina**, con el apoyo de los peronistas. *(23 Febrero)*
- M. Ydígoras Fuentes asume la **presidencia de Guatemala**, con la intención de reforzar los lazos entre su país y Estados Unidos. *(4 Marzo)*
- Cuba: F. Castro declara, a través de Radio Rebelde, la **guerra total** al régimen de F. Batista. *(1 Abril)*
- España: entra en funcionamiento la **base estadounidense de Rota**, en la provincia de Cádiz. *(14 Abril)*
- Se reúne en Liberia la **1ª Conferencia de los Estados Africanos Independientes**, preconizando la inmediata independización de los territorios aún controlados por las potencias occidentales, aunque sea por la fuerza. *(15-22 Abril)*
- **Líbano**: la insurrección panárabe contra el gobierno del cristiano C. Chamoun degenera en guerra civil entre musulmanes y cristianos. La intervención de tropas norteamericanas logrará en los próximos meses controlar la situación. El musulmán Gouad Chehab restablecerá el orden. *(9 Mayo al 15 Octubre)*
- **Envío de tropas norteamericanas** a Latinoamérica para proteger a R. Nixon en su azarosa visita a la zona, durante la que se enfrenta a numerosas y violentas manifestaciones antinorteamericanas. *(14 Mayo)*
- El general Franco proclama en España la **Ley de los Principios del Movimiento Nacional**. *(17 Mayo)*
- Como consecuencia de la insurrección húngara de 1956, violentamente reprimida por los tanques soviéticos, **son ejecutados** el ex presidente del gobierno Imre Nagy y el general Pal Maléter. *(17 Junio)*

- **Irak**: el rey Faysal, el regente Abd al-Ilah y el primer ministro Nuri-es-Said son asesinados durante un alzamiento militar, tras el cual se proclama la República. *(14 y 31 Julio)*
- Según una declaración del Partido Comunista Chino, el **sistema de comunas populares** sustituirá a partir de ahora a la tradicional estructura familiar. Con ello Mao pretende la implantación del régimen de producción comunista. *(30 Agosto)*
- J. Alessandri accede a la **presidencia de Chile** tras vencer en las elecciones, por muy estrecho margen, a S. Allende. *(4 Setiembre)*
- **Uruguay**: el partido conservador o "blanco" gana las elecciones generales tras 93 años de gobierno de los liberales o "colorados". *(30 Noviembre)*

- Siete miembros del equipo de fútbol británico **Manchester United** perecen, junto a algunos periodistas y miembros de la directiva, en un accidente aéreo en Munich. *(6 Febrero)*
- En el Reino Unido más de diez mil personas se manifiestan **contra el armamento nuclear**, en una concentración organizada por el Comité para el Desarme Atómico. B. Russell se halla entre los presentes. *(4 Abril)*
- Se inaugura en Bruselas la **Exposición Universal**, cuyo símbolo es el Atomium, escultura de acero de 110 m de altura que representa un átomo. *(17 Abril)*

- «Muchos más mueren en Estados Unidos por comer demasiado que por comer demasiado poco.» J.K. Galbraith, en *La sociedad opulenta*.
- «Estoy atado a Rusia por mi nacimiento, por mi vida y por mi trabajo. Abandonar la madre patria sería mi muerte.» El premio Nobel B. Pasternak escribe a N. Jruschov rogándole que no le exilie.

- **José Miaja**, general español republicano, defensor de Madrid durante la guerra civil. *(14 Enero)*
- **Ataúlfo Argenta**, director de orquesta español, uno de los más importantes que ha dado la música española. *(21 Enero)*
- **Edward Weston**, fotógrafo norteamericano que abandonó el trabajo comercial como retratista para lanzarse a la persecución de formas puras en objetos cotidianos.
- **Juan Ramón Jiménez**, poeta español, premio Nobel de Literatura en 1956, autor, entre otras obras, de la narración *Platero y yo*. *(29 Mayo)*

1959

Para ganar el Tour de Francia de 1959, el español Federico Martín Bahamontes hubo de aprender a ser ambicioso. Por seis veces "rey de la montaña" en la prueba francesa, le costó dejar su etiqueta de especialista: en su primer Tour, después de marcharse solo en la ascensión al terrible Tourmalet, al llegar a la cumbre se sentó a esperar al pelotón. ▶

Günter Grass
Die Blechtrommel
Danziger Trilogie 1

Portada de una edición alemana de El tambor de hojalata, *de Günter Grass, primera parte de la* Trilogía de Danzig.

El científico Severo Ochoa, en la ceremonia de recepción del premio Nobel, el 12 de diciembre de 1959 en Estocolmo.

Triunfo de la revolución en Cuba
1 ENERO

El ejército guerrillero entra triunfalmente en La Habana, poco después de que el dictador Fulgencio Batista abandone el país. A pesar de la convocatoria de elecciones con que Batista quiso impedir el triunfo revolucionarió, una columna guerrillera al mando de Ernesto *Che* Guevara desfila por las calles de La Habana. Guevara, Fidel y Raúl Castro y Camilo Cienfuegos son aclamados como héroes por miles de cubanos. Castro, en un encendido discurso, anuncia como prioridades del gobierno revolucionario la reforma agraria, la justicia social y la democratización de las instituciones. ➡ **1961**

Cardin democratiza la alta costura

El modisto francés de origen italiano Pierre Cardin (1922) exhibe su primera colección de *prêt-à-porter*, poniendo al alcance del gran público modelos de alta costura. El discípulo de Christian Dior, que en 1949 fundó su propia casa de alta costura, se acomoda a las reglas del mercado basadas en el consumo masivo, y modelos hasta el momento exclusivos se colocan a partir de ahora al alcance de sectores más amplios de las clases medias. El mundo de la moda se incorpora así a la dinámica de la vida urbana.

Estalla una rebelión en el Tíbet
10-31 MARZO

El pueblo tibetano se levanta en armas contra las tropas chinas que ocupan el país. Grupos nacionalistas del Tíbet, invadido por los comunistas chinos en 1950 y anexionado a su territorio al año siguiente, se han rebelado violentamente al iniciarse el Año Nuevo tibetano. La Kascha, el consejo del país, proclama la independencia al mismo tiempo que desencadena una ofensiva contra el ejército de ocupación. Sin embargo, las tropas chinas destruyen el palacio del Dalai Lama, obligan a éste a huir a la India y ponen en su lugar al Panchen Lama, restableciendo la calma en el país.

Bahamontes gana el Tour
17 JULIO

Federico Martín Bahamontes (1928) se convierte en el primer español que gana la célebre vuelta ciclista francesa. Considerado el mejor escalador de la actualidad, el "águila de Toledo" ha logrado por fin entrar vencedor en el parque de los Príncipes de París. La etapa decisiva fue la escalada contrarreloj del Puy de Dôme, donde Bahamontes obtuvo el triunfo y una ventaja suficiente para asegurarse la victoria final en la carrera en ruta más importante del mundo.

Lumumba es detenido en el Congo
1 NOVIEMBRE

Patrice Lumumba (1926-1961), el carismático jefe nacionalista congoleño, es detenido por las autoridades coloniales belgas. El fundador en 1957 del Movimiento Nacional Congoleño (MNC) es acusado de promover los disturbios que, desde enero, alteran la paz de la colonia y en especial de Léopoldville, la capital (actual Kinshasa), a causa de la pobreza de la población y la negativa de la metrópolis a conceder la independencia. Tras su llamada, en un acto en Stanleyville (Kisangani), a la movilización de los africanos contra la ocupación belga, Lumumba es arrestado en medio de violentos choques entre nativos y fuerzas belgas. ➡ **1960**

Hallado un cráneo de Homo habilis

El famoso paleoantropólogo británico Louis Leakey encuentra en la garganta de Olduvai, en Tanzania, un cráneo que informa sobre los orígenes del hombre actual. Leakey, cuyo equipo trabaja en este yacimiento paleontológico situado al sudoeste del lago Natron desde 1931, ha descubierto, entre otros fósiles de homínidos y herramientas líticas, un cráneo que ha bautizado *Homo habilis* y que, según su parecer, corresponde a un momento crucial de la evolución, a partir del cual habría surgido el hombre moderno.

Grass y El tambor de hojalata

Günter Grass (1927) confirma su gran talento con la novela *El tambor de hojalata*. El escritor alemán, integrante del llamado "Grupo 47", refleja una visión aguda y crítica de la sociedad alemana de posguerra y sus mezquindades pequeñoburguesas, que ridiculiza hasta la crueldad. *El tambor de hojalata* es una magnífica metáfora del comportamiento humano en el marco social determinado por el nazismo, cuya negativa influencia impide toda forma de crecimiento.

Trisomía 21 y síndrome de Down

J. Lejeune, M. Gautier y R. Turpin establecen las bases de la citogenética clínica al descubrir que la trisomía 21 es la causante del llamado síndrome de Down. El síndrome de Down aparece como consecuencia de un cromosoma supernumerario del par 17 o 21; es decir, cuando en lugar de los dos cromosomas habituales, aparecen tres. Se trata de un trastorno del desarrollo que se produce ya desde los primeros tiempos posteriores a la fecundación del óvulo.

Circuitos integrados
OCTUBRE

Se inicia la producción de los primeros circuitos integrados, inventados en 1958 por el ingeniero electrónico estadounidense J.S. Kilby, que trabaja para la em-

presa Texas Instruments. Los circuitos integrados son circuitos hechos con semiconductores que permiten niveles de integración mucho mayores que los circuitos impresos. La primera aplicación comercial de circuitos tendrá lugar cinco años más tarde (1964) en una prótesis auditiva. **➡ 1968**

Calvino publica El caballero inexistente

Italo Calvino (1923-1985) concluye con la publicación de *El caballero inexistente* su trilogía *Nuestros antepasados*, a la que también pertenecen *El vizconde demediado*, 1952, y *El barón rampante*, 1957. El autor italiano se sirve en este ciclo narrativo de lo fantástico y lo maravilloso para tratar problemas esenciales del ser humano contemporáneo. A través de los tres relatos autónomos, los personajes de Calvino, desde distintos territorios y actitudes, aspiran a la plenitud existencial y al disfrute de la libertad.

Premio Nobel para Severo Ochoa

El científico español, nacionalizado estadounidense en 1956, Severo Ochoa de Albornoz (1905-1993) recibe el premio Nobel de fisiología y medicina por la síntesis del ácido ribonucleico (ARN). Ochoa ha descubierto la existencia de la enzima fosforilasa polinucleótido, que interviene en la síntesis del ARN, lo que le permitió ya en 1955 sintetizar por primera vez en el laboratorio una de dichas moléculas a partir de sus nucleótidos o componentes elementales. **➡ 1962**

Aparecen los teenagers

Los adolescentes o *teenagers* irrumpen en el mundo como un grupo con un estilo y unas aspiraciones propias, en la cresta de la ola del *baby boom* de la posguerra. Sólo en el Reino Unido, los *teenagers* disponen de ochocientos millones de libras al año que gastar, una cifra suficiente para persuadir al mercado de ofrecerles todo lo que pidan: ropa, música, tabaco, cine y motos. Se realizan este año los primeros estudios de mercado para captar el consumo de

este grupo social, inédito en la historia, que se ha modelado a sí mismo a imagen y semejanza del James Dean de *Rebelde sin causa*, o de los Marlon Brando, Elvis Presley y Cliff Richard, y que baila el rock and roll –los más jóvenes, superada la etapa jazzística de los más viejos, que tienen ya más de dieciocho años– y se reúne en los bares alrededor de los *jukebox*, hablando una jerga propia, vestidos y peinados según un estilo que los identifica.

Los primeros pantys

Glen Raven Mills, de Glen Raven, Carolina del Norte, lanza los pantys, desarrollados por su jefe ejecutivo Allen Grant a petición de su mujer, incómoda por culpa de las ligas durante su embarazo. Los pantys conservan, de momento, una costura en la parte posterior de la pierna para hacerlos indistinguibles de las medias, pero en sólo dos años desaparecerá, de nuevo ante una muy pragmática petición, la de la bailarina Sally Rand, que quería llevar pantys pero que debía aparentar ante sus fans que llevaba las piernas desnudas, para no defraudarlos.

Fraude televisivo

Después de la confesión de los productores Al Freedman y Dan Enright, el flamante campeón Charles Van Doren reconoce ante un comité del Congreso de Estados Unidos la inmensa falsificación que fueron sus victorias en el concurso de televisión Twenty-One, que le reportaron un beneficio total de 129 000 dólares en premios y una resonante popularidad. Van Doren, un alto y apuesto profesor universitario, fue escogido por los productores del concurso para derrotar al anterior campeón, el rechoncho e inseguro Herb Stempel, al que efectivamente venció, por la sencilla razón de que tanto sus respuestas como las de su predecesor estaban amañadas de antemano. Sin duda ha sido éste el caso más sonado, pero prácticas parecidas habían existido también en otros concursos televisivos modelados sobre la ley según la cual hay que dar al público lo que desea. Y los espectadores desean sin duda la victoria emocionante de un hombre corriente, parecido a ellos mismos.

La dolce vita, de Federico Fellini, desata el escándalo

La dolce vita, sátira de la frivolidad de la alta burguesía romana, se convierte en uno de los títulos célebres del cine europeo. La crítica indirecta a la Iglesia católica provoca tal revuelo que en España la película tarda veinte años en estrenarse. Se trata de la primera colaboración entre Federico Fellini y el actor que posteriormente, en *Otto e mezzo* y otras películas, será su *alter ego* cinematográfico, Marcello Mastroianni, y contiene una de las escenas más famosas del cine mundial: el baño de la exuberante Anita Ekberg en la Fontana di Trevi. Premiada en los Festivales de Cannes y Nueva York, *La dolce vita* es una de las obras maestras que jalonan la filmografía de Fellini, al lado de *La strada*, *Las noches de Cabiria*, *Otto e mezzo*, *Roma* o *Amarcord*. **➡ 1974**

François Truffaut debuta con Los 400 golpes

Los 400 golpes supone el debut de François Truffaut como director y, de paso, constituye una especie de manifiesto filmado del movimiento conocido como *Nouvelle Vague*. La película, de carácter autobiográfico, es un sensible y poético retrato de un trozo de la vida de Antoine Doinel, un niño que, ignorado por sus padres, intenta encontrar su sitio en el mundo. El ritmo de la narración, la fluidez de movimientos de la cámara, el cariño con que están tratados los personajes y el espíritu de libertad hacen de la *opera prima* de Truffaut un clásico del cine francés y europeo, de una importancia equiparable a la de la película *Al final de la escapada*, dirigida por Jean Luc Godard también dentro de los presupuestos estéticos de la *Nouvelle Vague*. De la filmografía posterior de Truffaut cabe destacar, entre otras, *La piel suave*, *La noche americana*, *El amante del amor* y *Jules y Jim*.

Teenagers *californianos ocupan en bandada el coche de un amigo. En las sociedades más prósperas, los adolescentes empezaron a constituir un grupo consumidor específico, con altos niveles de renta y gustos sensiblemente distintos de los de los mayores.*

Anita Ekberg bañándose en la romana Fontana di Trevi, en una secuencia emblemática de La dolce vita, *de Federico Fellini. El protagonista masculino fue Marcello Mastroianni, a partir de entonces el "otro yo" cinematográfico de Fellini en numerosas ocasiones.*

El gran momento de la revolución cubana

Tiene lugar en el curso del año un reflujo notable en la excluyente dinámica bipolar característica de los momentos más críticos de la guerra fría. La distensión en las relaciones entre el bloque soviético y el bloque occidental se manifiesta por primera vez en actos públicos y oficiales. Sin embargo, los problemas originados por la descolonización siguen provocando numerosos conflictos e incidentes. En gran medida, el acontecimiento estrella es el triunfo de la revolución en Cuba, cuyos primeros pasos transcurren en una atmósfera de idealismo romántico y entusiasmo popular verdaderamente contagiosa.

LA REALIDAD DE LA DISTENSIÓN BIPOLAR

El nuevo clima de distensión imperante en las relaciones internacionales encontró gráfica expresión en las dos visitas realizadas durante el transcurso de 1959 por mandatarios estadounidenses y soviéticos a Moscú y Washington, respectivamente. En julio el vicepresidente de Estados Unidos, Richard Nixon, visitó oficialmente la capital de la Unión Soviética y afirmó que, a la vista de la capacidad de destrucción mutua derivada del armamento nuclear, "debemos aprender a vivir juntos o moriremos también juntos". Dos meses más tarde, fue el jefe del gobierno soviético, Nikita Jruschov, quien paseó por la capital norteamericana el rostro jovial y vitalista de los dirigentes soviéticos de la era postestalinista e hizo votos públicos por la "coexistencia pacífica entre el comunismo y el capitalismo". Todo parecía indicar que la fase más aguda de la época de la guerra fría había quedado atrás definitivamente.

TRIUNFO DE LA REVOLUCIÓN EN CUBA

Nada más comenzar el año de 1959, en la isla de Cuba la corrompida dictadura militar de Fulgencio Batista se derrumbó ante el empuje incontenible de las fuerzas guerrilleras revolucionarias dirigidas, entre otros, por el joven abogado Fidel Castro y por el médico argentino Ernesto *Che* Guevara. Las nuevas autoridades cu-

El comandante Fidel Castro en uno de sus característicos y enfáticos discursos, después de la toma del poder en Cuba.

banas, los denominados "barbudos", vestidos invariablemente de uniforme verde oliva, pusieron en marcha inmediatamente un programa de transformaciones económicas de naturaleza revolucionaria (la reforma agraria, la nacionalización de intereses extranjeros, etc.). El acceso al poder por vía insurreccional de los dirigentes revolucionarios y sus inmediatas medidas económicas y sociales causaron honda impresión y declarado temor en los medios políticos de Estados Unidos, a la par que dieron ánimo y estímulo a otros movimientos guerrilleros existentes en toda el área de América latina. No en vano el triunfo de una revolución cubana envuelta en una atmósfera de tintes románticos y juveniles significaba un desafío abierto al dominio geopolítico de Estados Unidos en el área del Caribe, y había de convertirse

Un soldado belga retira las colgaduras que adornaban un "altar" dedicado a Lumumba, el héroe de la independencia del Congo.

en un foco principal de tensiones recurrentes en los años sucesivos.

LA CRISIS DEL CONGO Y LA REVUELTA TIBETANA

Después de varios conflictos previos, a finales de 1959 se desencadenó en la rica colonia belga del Congo una insurrección independentista dirigida por Patrice Lumumba, líder del Movimiento Nacional Congolés, la mayor fuerza política secesionista en el país. Los esfuerzos de los belgas por aplastar la insurrección, que incluyeron la detención de Lumumba y una dura respuesta militar contra los insurrectos, no lograron acabar con el conflicto ni atajar su extensión. La fuerte resistencia interior y la creciente condena internacional hicieron que las autoridades de Bélgica se dieran

Detalle del Retrato imaginario de Brigitte Bardot, *de Antonio Saura (Museo de Arte Abstracto Español de Cuenca). Las pinceladas "salvajes" del expresionismo abstracto desvelan un ritmo interno lleno de sugerencias.*

Louis Leakey ante los cráneos, de izquierda a derecha, de un hombre actual, un homínido sudafricano, el cráneo hallado por él en Olduvai, y un gorila.

cuenta de que la única solución consistía en negociar con los insurrectos los términos de la independencia. El patente fracaso de la vía militar en el Congo iba a dar al traste con medidas similares en otros casos de conflictos coloniales.

De otro lado, en el Tíbet, al cumplirse el noveno aniversario de la ocupación militar por parte de China, la resistencia popular pasiva contra los invasores desembocó en una insurrección masiva. En mar-

zo, con el apoyo del Dalai Lama, líder espiritual del budismo tibetano y antiguo gobernante del país, grandes sectores de la población nativa se enfrentaron abiertamente a la dominación china y ofrecieron una resistencia duradera en Lhasa, la capital. Sin embargo, el poderío militar chino consiguió aplastar la sublevación y forzó al Dalai Lama a partir hacia el exilio en la India. Las sucesivas condenas de la Asamblea General de la ONU por las vio-

laciones chinas de los derechos humanos en el Tíbet no tuvieron efectos prácticos notables. Desde entonces, la cuestión tibetana es un contencioso pendiente en el escenario diplomático asiático e internacional.

Instantáneas

- Se inaugura en Nueva York el **Museo Guggenheim**, obra del arquitecto F. LLOYD WRIGHT. El centro acoge una de las colecciones más importantes de arte moderno del mundo.
- **Exposición de pintores españoles en París.** A. SAURA, R. CANOGAR, M. CUIXART, A. TÀPIES o L. MUÑOZ son algunos de los trece artistas representados, todos ellos pertenecientes a las últimas tendencias artísticas.

- NAT "KING" COLE canta en español: *Ansiedad.*
- *Fever,* de E. COOLEY y J. DAVENPORT.
- *Sea of love,* de G. KHOURY y P. BAPTISTE.
- *Venus,* de E. MARSHALL.
- *Milord,* de M. A. MONNOT y J. MUSTACCHI, popularizada por EDITH PIAFF.
- *The sound of music,* de O. HAMMERSTEIN II y R. RODGERS, se convierte en uno de los musicales más taquilleros de la historia.
- Se organiza el primer **Festival Español de la Canción en Benidorm.**
- **Primer Festival de música del Mediterráneo** transmitido en directo por televisión. *(27 Setiembre)*

- **El libro siguiente,** ensayo sobre crítica literaria de M. BLANCHOT.
- *Zazie en el metro,* la más burlesca y exitosa de las novelas de R. QUENEAU.

- El poeta alemán P. CELAN da muestras de su experimentalismo en *Rejas del lenguaje,* sin rechazar la influencia del romanticismo.
- *Conjeturas sobre Jakob,* de U. JOHNSON, es un buen ejemplo del realismo socialista, impuesto en la República Democrática de Alemania como estética oficial.
- La italiana ELSA MORANTE debe su fama a la novela *La isla de Arturo,* relato del paso difícil de la adolescencia a la madurez.
- *Las armas secretas,* excelente libro de relatos de J. CORTÁZAR.
- S. QUASIMODO recibe el **Premio Nobel de Literatura** por el conjunto de su obra poética.
- V. FERREIRA introduce el neorrealismo en Portugal con novelas como *La aparición.*
- *Rinoceronte,* de E. IONESCO, un alegato contra el fascismo.
- GOSCINNY y URDEZO publican por primera vez en Francia las aventuras de **Astérix y Obélix,** dos personajes de cómic cuyas andanzas se sitúan en la Galia, en tiempos de la dominación romana.

- **Ben Hur,** una de las mayores superproducciones del Hollywood, dirigida por W. WYLER y protagonizada por CHARLTON HESTON, acapara once Óscars de Hollywood. M. RÓZSA compone la música.
- La película de L. BUÑUEL *Nazarín* es premiada en el Festival de Cannes. Inspirada en una no-

vela de B. PÉREZ GALDÓS, está protagonizada por FRANCISCO RABAL. *(15 Mayo)*
- CARY GRANT protagoniza **Con la muerte en los talones,** un film en el que A. HITCHCOCK trata uno de sus temas favoritos, el del falso culpable, con un gran sentido del humor. La partitura corresponde a B. HERRMANN.
- Sobre un guión de M. DURAS, el director francés A. RESNAIS realiza su poética, y algo hermética película, *Hiroshima mon amour.*
- M. CAMUS trasplanta el mito clásico de ORFEO y EURÍDICE al Brasil contemporáneo, en *Orfeo negro.*
- JOHN WAYNE protagoniza el western *Río Bravo,* una de los mejores films de H. HAWKS, cuya acción transcurre casi íntegramente en una prisión.
- Con *Imitación a la vida* culmina la carrera del director DOUGLAS SIRK. Se trata de un denso melodrama protagonizado por LANA TURNER.
- I. BERGMAN consigue en *El manantial de la doncella* una de sus obras maestras. Basada en una leyenda medieval sueca, la fuerza expresiva y poética de sus imágenes es innegable.
- *Mirando hacia atrás con ira,* film de cierta crudeza que protagonizan RICHARD BURTON y CLAIRE BLOOM. Su director es T. RICHARDSON.

(Continúa)

El Valle de los Caídos, en la sierra de Guadarrama, comunidad de Madrid (España). Este conjunto monumental consta de una basílica excavada en la roca, sobre la que se alza una gran cruz de 150 m de altura. El interior de la basílica está decorado con esculturas de J. de Ávalos.

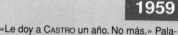

nía a demostrar que el arsenal militar soviético de cohetes intercontinentales implicaba un riesgo directo para la seguridad del país y para la de sus aliados en todo el mundo.

Apenas un mes más tarde, los dirigentes soviéticos tuvieron ocasión de hacer de nuevo patente su primacía en este campo de la investigación científica y tecnológica. La estación espacial *Lunik III*, un nuevo satélite artificial recientemente lanzado, transmitió las primeras fotografías de la cara oculta de la Luna, nunca antes vista por los ojos humanos. El cúmulo de éxitos cosechado por los soviéticos tuvo como efecto la intensificación del programa de investigaciones aeroespaciales en Estados Unidos. ■

PROSIGUE LA CARRERA POR EL CONTROL DEL ESPACIO

A mediados de setiembre, las autoridades soviéticas anunciaron un nuevo logro de su programa de investigaciones aeroespaciales: habían conseguido por vez primera que uno de sus cohetes alcanzara la superficie de la Luna. Las evidentes implicaciones militares de la hazaña no dejaron de preocupar en los círculos oficiales de Estados Unidos: la hazaña ve-

---

Instantáneas *(continuación)*

- Se empieza a emitir la serie de televisión **Perry Mason**, que lleva a la fama a su protagonista: RAYMOND BURR. *(21 Julio)*
- **Rawhide**, una de las primeras series del oeste, protagonizada por CLINT EASTWOOD.

- **Estados Unidos envía dos monos** al espacio en el cohete *Júpiter*, con el fin de medir posibles cambios en el organismo durante un viaje espacial. *(28 Mayo)*
- El ingeniero británico CH. COCKERELL, inventor en 1955 del **aerodeslizador** *(hovercraft)*, desarrolla y presenta el primer modelo operativo, el SR. N1. *(11 Junio)*
- Se inaugura en Canadá el **canal de Saint-Laurent**, que comunica el Atlántico con los Grandes Lagos. *(26 Junio)*
- Los soviéticos consiguen éxitos con sus **sondas Lunik**. La *Lunik I* se convierte en el primer ingenio humano que orbita un cuerpo celeste distinto a la Tierra y la *Lunik III* obtiene las primeras imágenes de la cara oculta de nuestro satélite. *(18 Octubre)*
- El ingeniero alemán F. WANKEL presenta el motor de combustión interna dotado de pistón rotatorio inventado por él y que se conocerá popularmente con el nombre de **motor Wankel**. *(24 Noviembre)*
- Aparece la Xerox 914, primera **fotocopiadora** comercial, sobre el invento de CH. CARLSON en 1937. Es capaz de realizar siete copias por minuto.

- Se crea la **Federación de los Emiratos Árabes del Sur**. *(3 Febrero)*
- R. BETANCOURT **inicia su mandato** como presidente de Venezuela. *(13 Febrero)*
- **Chipre conquista su independencia**, pese a lo cual persisten los enfrentamientos en-

tre las comunidades griega y turca. *(19 Febrero)*
- Los doce países que poseen bases científicas en la Antártida firman un documento por el cual este continente helado se declara **zona neutral y desmilitarizada**. *(1 Diciembre)*
- MAKARIOS, de origen griego, se convierte en el **primer presidente de Chipre**. *(14 Diciembre)*
- El presidente norteamericano D. EISENHOWER realiza una **visita oficial a España** y se entrevista con el general FRANCO. *(21 Diciembre)*

- España: F. FRANCO inaugura solemnemente el **Valle de los Caídos**, todo un monumento a los ideales cristianos y nacionales del bando vencedor en la guerra civil. *(1 Abril)*
- El gobierno español aprueba un austero **Plan de Estabilización Económica**, preparado por los ministros de Comercio y Hacienda. *(21 Julio)*
- M. REZA PAHLEVI, sha de Persia, **contrae matrimonio** con la joven FARAH DIBA. La boda tiene lugar en Teherán. *(21 Diciembre)*
- A. ISSIGONIS diseña el **Mini Morris**, un coche que hará época.
- VALENTINO abre su **casa de moda** en Roma.
- La industria y el concepto de las muñecas sufre una revolución con la aparición de *Barbie*, la muñeca adulta con aspecto de una mujer de verdad, bella y lista, apta para todo tipo de peinados y vestidos.

- El futbolista argentino del Real Madrid, A. DI STÉFANO, es proclamado por segunda vez (la primera, en 1957), **mejor jugador de fútbol de Europa**.
- F. PUSKAS, el **mejor delantero zurdo del fútbol mundial**, abandona Hungría para jugar en España. Su equipo será el Real Madrid.

- «Le doy a CASTRO un año. No más.» Palabras de F. BATISTA desde su exilio en la República Dominicana.
- «Todavía soy un ateo, gracias a Dios.» LUIS BUÑUEL.
- «Puedes ir vestida de satén blanco, con gardenias en el pelo y sin una sola caña de azúcar en varias millas, pero aún estás trabajando en una plantación.» BILLIE HOLIDAY, sobre las condiciones de vida de la mujer negra.

- CECIL B. DE MILLE, director y productor estadounidense. Autor de dos versiones de *Los diez mandamientos*. *(21 Enero)*
- LUIS ALBERTO DE HERRERA, líder histórico del Partido Blanco de Uruguay y uno de los más influyentes políticos latinoamericanos. *(9 Abril)*
- FRANK LLOYD WRIGHT, arquitecto estadounidense, toda una referencia de la arquitectura moderna. *(9 Abril)*
- JOAQUÍN BLUME, gimnasta español, en un accidente de aviación. *(29 Abril)*
- CARLES RIBA, poeta español en lengua catalana. *(12 Julio)*
- BILLIE HOLLIDAY, cantante de jazz. *(17 Julio)*
- BOHUSLAV MARTINU, compositor checo. Una de sus últimas obras, acabada el mismo año de su muerte, es la ópera *La pasión griega*, basada en un texto de NIKOS KAZANTZAKIS. *(28 Agosto)*
- HÉITOR VILLA-LOBOS, compositor brasileño, líder de la escuela nacionalista de su país. *(19 Noviembre)*
- ALFONSO REYES, poeta y ensayista mexicano. *(27 Diciembre)*
- RAYMOND CHANDLER, novelista estadounidense, una de las principales figuras del género negro. *(26 Marzo)*

1960

Récord de profundidad
23 ENERO

El físico Ernest Jean Piccard (n. 1922), hijo del famoso físico y meteorólogo Auguste Piccard (1884-1962), alcanza en compañía del teniente Don Walsh, de la Marina de Estados Unidos, una profundidad de 10 911 m a bordo de la batisfera *Trieste*. El descenso tiene lugar en la Fosa Challenger de las islas Marianas, en el océano Pacífico. J. Piccard diseñará y construirá un ingenio conocido como mesoscafo, basado en el helicóptero, que permitirá llevar pasajeros hasta profundidades medias.

La URSS abate un avión espía de Estados Unidos
1 MAYO

Un ultramoderno avión espía estadounidense U2 es abatido por las fuerzas áreas soviéticas cuando sobrevolaba el espacio aéreo de la URSS. La captura del piloto, Francis Gary Powers, provoca un serio incidente diplomático y pone en peligro el precario estado de las relaciones diplomáticas entre las dos superpotencias. Éste es probablemente hasta ahora el episodio más grave de la "guerra fría", ya que amenaza seriamente el futuro de la próxima conferencia de paz, en la que Estados Unidos y la URSS tienen previsto seguir trabajando por la distensión mundial.
➡ **1961**

Primera copa de Europa de Naciones

Se celebra en París la primera edición de la Copa de Europa de Naciones de fútbol y, en América, los campeones y subcampeones de clubes disputan la Copa Libertadores. En el torneo de selecciones nacionales se proclama campeón el equipo de la URSS, que vence en la final a Yugoslavia por 2 a 1. La primera edición de la Copa Libertadores de América es ganada por el equipo uruguayo Peñarol, el cual disputa a su vez la primera Copa intercontinental de clubes al campeón europeo, el Real Madrid. El Madrid empata el primer partido a cero en el estadio Centenario y gana el segundo en la capital española por 5 a 1.

Entra en vigor la EFTA
4 MAYO

Entra en vigor la Asociación Europea de Libre Comercio (EFTA) creada por un grupo de países no integrados en la CEE. Tras la firma del tratado de la EFTA, el 20 de noviembre del año pasado, el Reino Unido, Austria, Noruega, Dinamarca, Portugal, Suecia y Suiza acuerdan abolir los aranceles no agrícolas y extender el comercio común entre los Estados miembros. Sin embargo, la competencia con la CEE se presenta problemática por el mayor desarrollo industrial de los países miembros de esta última organización. ➡ **1973**

Un terremoto sacude Chile
20 JUNIO

Un violento terremoto hace temblar el sur de Chile en medio de un fuerte temporal y causa miles de víctimas. El epicentro del sismo ha sido Valdivia, ciudad que ha quedado sin suministro de agua potable e incomunicada. De acuerdo con las primeras apreciaciones, más de mil personas han muerto y se da a otras dos mil como desaparecidas a consecuencia de la fuerte onda sísmica, las lluvias torrenciales y los vientos huracanados. Esta catástrofe se suma a la producida por el temblor de mayo pasado, que produjo unas 6 000 víctimas y destruyó los hogares de alrededor de 600 mil personas.

Se celebran las XVII Olimpiadas de Roma
25 AGOSTO - 11 SETIEMBRE

En los Juegos Olímpicos de verano celebrados en la Ciudad Eterna participan 83 países y 5 348 atletas, de los cuales 651 son mujeres. Las pruebas se celebran en el nuevo Estadio Olímpico y el Palacio de Deportes cubierto construido por Nervi. Las grandes estrellas de esta edición son la "gacela negra" Wilma Rudolph, con tres medallas de oro; Livio Berruti, héroe italiano en 200 m; Rafer Johnson, campeón de decatlón; el boxeador estadounidense Cassius Clay, medalla de oro en la categoría de los pesos pesados; el nadador John Konrads; la gimnasta Laryssa Latynina, con 3 medallas de oro, 2 de plata y 2 de bronce, y el regatista Paul Elvström, que obtiene su cuarto triunfo olímpico consecutivo en la clase Finn. La URSS, con 42 oros, se sitúa al frente del medallero en esta edición de los Juegos Olímpicos.

Roa Bastos escribe Hijo de hombre

Augusto Roa Bastos (1917) publica *Hijo de hombre*, novela enmarcada en la guerra del Chaco. El escritor paraguayo había participado siendo adolescente en este conflicto de su país con Bolivia, y narra con crudeza la dramática realidad social de su país. Con *Hijo de hombre*, novela que sitúa a Roa Bastos entre los más grandes escritores del continente americano, se inicia una trilogía paraguaya que se completará con su novela más célebre, *Yo, el supremo*, recreación de la vida del dictador Francia que publicará en 1974, y *El fiscal*, que lo será en 1993.

John F. Kennedy, elegido presidente de Estados Unidos
9 SETIEMBRE

El demócrata John F. Kennedy (1917-1963) vence ajustadamente al republicano Richard Nixon en las elecciones presidenciales estadounidenses. El programa de Kennedy, primer católico que llega a la Casa Blanca, prevé en política interior la integración racial y el desarrollo de los derechos civiles, y en la

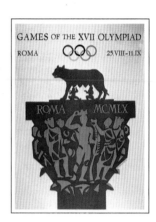
Cartel anunciador de la XVII edición de los Juegos Olímpicos de verano de Roma (año 1960).

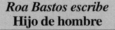

Portada de una edición de Hijo de hombre, *del paraguayo Augusto Roa Bastos.*

◄ *Ernest Jean Piccard, fotografiado en Groton (Estados Unidos) delante de uno de sus inventos, el mesoscafo, capaz de sumergirse hasta 5 000 m de profundidad.*

El demócrata John F. Kennedy en el curso de su primera rueda de prensa como presidente electo de Estados Unidos.

El general Joseph Désiré Mobutu en la época en que tomó el poder en el Congo ex belga. Después cambiaría su nombre por el de Mobutu Sese Seko y adoptaría un fantasioso tocado de piel de leopardo.

exterior la coexistencia pacífica con la URSS y las "fronteras abiertas" con los demás países, cambiando el carácter de las relaciones con los más desfavorecidos a través de la Alianza para el progreso.   ➡ 1961

Los países petroleros fundan la OPEP
10 SETIEMBRE

Un grupo de países productores de petróleo crea en Bagdad la Organización de Países Exportadores de Petróleo (OPEP) con el propósito de controlar la producción y estabilidad de los precios. De acuerdo con una reunión previa celebrada en Caracas, Irán, Irak, Kuwait, Qatar, Arabia Saudí y Venezuela, que representan el 40 % de la producción mundial de petróleo, fundan la OPEP, asociación interestatal destinada a desarrollar una política de mercado común. El posterior ingreso de Libia, Indonesia, Abu Dhabi y Nigeria, y de Egipto, Siria y Argelia en una tercera fase, dará un extraordinario poder a la organización, cuyas acciones condicionarán la política mundial.   ➡ 1974

Zapatazo de Jruschov en la ONU
13 OCTUBRE

En un gesto sin precedentes en la Asamblea General de la ONU, el líder soviético Nikita Jruschov muestra públicamente su enfado golpeando la mesa con un zapato. Jruschov rompe de forma tan insólita la monotonía de un diálogo de sordos para expresar su protesta por el rechazo del orador estadounidense a una propuesta soviética de desarme general. Jruschov interviene después para incluir en sus críticas al secretario general de la ONU, Dag Hammarskjöld, a quien acusa de parcialidad en favor de Occidente.   ➡ 1964

El primer láser de la historia, construido por Theodore Maiman en los Hughes Laboratories, en Estados Unidos.

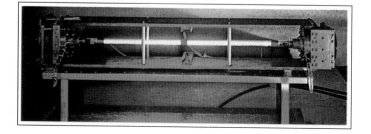

Primer láser

El físico estadounidense Theodore Harold Maiman (n. 1927) crea, en los Hughes Laboratories, el primer dispositivo de amplificación de la luz mediante emisión estimulada de radiación, más conocido como láser, basándose en las concepciones desarrolladas por el físico G. Gould y perfeccionando el máser, inventado por Ch.H. Townes en 1953. Un año más tarde se construye en los laboratorios de la compañía Bell el primer láser de ondas continuas. Las aplicaciones del láser aumentarán con rapidez en los años siguientes, dando lugar a todo tipo de ingenios, de aplicación en los campos más diversos.

La descolonización de África

Los países africanos se emancipan en un rápido y traumático proceso de descolonización. África apenas se vio afectada por la Segunda Guerra Mundial, pero los efectos de ésta se tradujeron en la aparición de una burguesía nativa y el nacimiento de partidos políticos, movimientos de liberación y agrupaciones sindicales que cuestionaron el régimen colonial. Las independencias de Sudán en 1956 y de Costa de Oro (Ghana) al año siguiente fueron los jalones iniciales de un proceso que ha proseguido con las emancipaciones de la República de Guinea en 1958, y en este año con las de Nigeria, Chad, Níger, Malí, Mauritania, Senegal, Costa de Marfil, Togo, Dahomey (Benín), Alto Volta (Burkina Faso), República Centroafricana, Gabón, Camerún, República Popular del Congo (ex Congo francés), República del Congo (ex Congo bel-

ga), Madagascar y Somalia. Los nuevos Estados heredan, no obstante, fronteras convencionales trazadas por las potencias coloniales y un conglomerado de etnias y pueblos con costumbres e intereses disímiles que provocan constantes tensiones. A ello se añade la posición dominante de las antiguas metrópolis, que maniobran en función de sus intereses económicos; así ocurre en la República del Congo con la secesión de la provincia de Katanga, propiciada por las compañías mineras belgas (15 julio), y el golpe de Estado de Joseph Désiré Mobutu contra el líder izquierdista Patrice Lumumba (14 setiembre).   ➡ 1961

Se crea el Mercado Común Centroamericano

Cuatro países centroamericanos firman en Managua el Tratado General por el que se constituye el Mercado Común Centroamericano (Mercomún). Guatemala, Honduras, El Salvador y Nicaragua constituyen un área de libre comercio para activar la economía regional, e impulsar un desarrollo conjunto en los terrenos industrial y comercial. Esta organización, en la cual ingresará en 1962 Costa Rica, dará nuevos incentivos fiscales a las nuevas industrias y canalizará a través del Banco Centroamericano de Integración Económica importantes ayudas financieras procedentes de Estados Unidos.

Rocco y sus hermanos, entre la crítica social y la obra de arte

En Rocco y sus hermanos, el cineasta italiano Luchino Visconti dirige su ojo crítico hacia la desintegración de una familia campesina italiana que se ve obligada a emigrar hacia una gran ciudad industrial en busca de una vida mejor. El análisis de los sentimientos humanos se funde con una aguda crítica del complejo entramado social de la Italia de los años 50 en la que, juntamente con El gatopardo, es la obra maestra de Visconti. El maestro impregnó con su sensibilidad y creatividad películas como La tierra tiembla, Senso, Las noches blancas, Muerte en Venecia o Confidencias.   ➡ 1963

El arranque de la era Kennedy y la Nueva Frontera

Por varias razones, 1960 fue un año especial en el contexto del siglo XX. Si cronológicamente supuso un cambio de década, históricamente ese cambio llevó aparejadas una serie de transformaciones de índole diversa, incluidas algunas ligadas a la evolución de mentalidades colectivas cuyos rasgos, apuntados en este año, adquirieron cuerpo y se afianzaron a lo largo del decenio. La irrupción en la sociedad occidental del modelo norteamericano de progreso fue el más llamativo de los cambios.

LA CRISIS DEL U2 Y CUBA, FOCOS DE LAS TENSIONES ESTE-OESTE

En la primavera de 1960 el presidente Eisenhower aprobó un plan de la CIA cuya finalidad era armar a los exiliados anticastristas en Guatemala y entrenarlos para la liberación de Cuba en el momento oportuno. La política de *buena vecindad,* característica de la acción exterior estadounidense a partir de la década de los años treinta, parecía imposible de aplicar en la Cuba prosoviética. Con el fin de castigar el acuerdo comercial con la Unión Soviética, el presidente Eisenhower había dejado a Cuba sin las ayudas del Fondo Monetario Internacional. Una nueva fricción se produjo ante la negativa estadounidense a refinar el petróleo importado desde el Este por el régimen de Castro. Cuba respondió a la medida con la nacionalización de las compañías petroleras, y Estados Unidos por su parte suspendió las compras de azúcar cubano.

La tensión internacional creció cuando un avión estadounidense de reconocimiento del tipo U2 fue derribado por las defensas antiaéreas soviéticas, y su piloto hecho prisionero. El avión norteamericano sobrevolaba la URSS con la misión de espiar las instalaciones militares estratégicas soviéticas, práctica denunciada reiteradamente por la URSS ante la sociedad internacional. Pero en ese momento, la confirmación de la acusación constituyó un duro golpe para las relaciones entre el Este y el Oeste.

La difícil situación de las relaciones con Cuba y con la URSS fue uno de los legados políticos recibidos por el joven presidente Kennedy de la anterior administración republicana. Kennedy obtuvo la victoria en las elecciones presidenciales del 11 de noviembre de 1960 al derrotar –por un escaso margen– al candidato republicano Richard Nixon. Descendiente de una poderosa familia de origen católico irlandés cuyo patriarca, Joseph Kennedy, había apoyado financieramente a la administración demócrata de Roosevelt durante los años treinta, John Fitzgerald juró su cargo en enero de 1961, y propuso como líneas básicas de su programa político el relanzamiento económico del país, la lucha contra el desempleo y la declaración de guerra abierta contra el comunismo.

Este último aspecto del programa pretendía introducir algún elemento innovador en lo referente a la actitud norteamericana hacia la URSS. La supuesta novedad consistía en fomentar el establecimiento de nuevos lazos de unidad entre los países occidentales, para construir de ese modo un gran frente de rechazo internacional al comunismo; pero resulta evidente que en este terreno el partido demócrata no planteaba posiciones de particular discrepancia respecto del programa republicano. El 26 de setiembre de 1960 se produjo el primer debate televisado entre los dos candidatos. Aquel Kennedy-Nixon mediático estableció una pauta para el futuro: todos los demás actos de la campaña pasaron a segundo plano, y la batalla de las elecciones presidenciales pasó a ser una cuestión esencialmente de imagen ante los televidentes.

La escenografía y las reglas del juego de los debates televisados entre candidatos políticos quedaron establecidas desde la campaña presidencial estadounidense de 1960. Richard Nixon culparía más tarde al maquillador de su derrota ante John F. Kennedy.

El Echo I, *una de las realizaciones de la NASA, puesto en órbita a una altitud de 1 500 km en 1960, como parte de un ambicioso programa espacial.*

◀ *Los reyes de Bélgica Balduino I y Fabiola,*
casados en Bruselas el 15 de diciembre de 1960,
en una gala oficial.

Un fotograma de la serie televisiva Bonanza,
ambientada en el oeste, en el que aparecen
el ganadero Ben Cartwright y sus tres hijos.

En el inicio de la década de los años 60 el conservadurismo de la etapa de Eisenhower fue objeto de duras críticas por parte de los sectores más radicales de la sociedad estadounidense, ansiosos por devolver al ciudadano la confianza en su capacidad para construir y asumir los logros de una política progresista y ambiciosa, que los demócratas llamaron la *Nueva Frontera*. En 1960, los cambios producidos durante la década anterior en la estructura de la población y los desequilibrios existentes entre los diferentes grupos de renta amenazaban con generar convulsiones sociales. A la cabeza del liberalismo reformista se situaron economistas como Joseph Schumpeter y John K. Galbraith e historiadores como Arthur Schlesinger –este último, futuro consejero del presidente Kennedy– cuya obra, estructurada en los años cincuenta, pudo ser llevada a la práctica en la década siguiente. A la altura de 1960 el proyecto crítico del Partido Demócrata buscaba construir un horizonte nacional social y culturalmente equilibrado.

DESARROLLO CIENTÍFICO Y CARRERA DE ARMAMENTOS

En el segundo tercio del siglo XX la hegemonía científica occidental se desplazó a Estados Unidos. En el inicio de la década de los 60 la ciencia, y más aún la técnica, adquirieron un estatus y un reconocimiento social sin precedentes. La nueva ciencia requería de unas infraestructuras e inversiones muy cuantiosas que solamente una sociedad opulenta como la norteamericana podía asumir sin hipotecas excesivas sobre el futuro del *Estado del bienestar*. La carrera armamentística y la espacial articularon en gran medida los avances científicos estadounidenses. Frente a la acumulación de tecnología en Estados Unidos, Europa aparecía como un continente envejecido, donde la fe en el progreso era un valor más relativo que en Norteamérica.

En los años sesenta, en Estados Unidos la creencia de la sociedad en la ciencia llegaría a convertirse en una profesión de fe y a identificarse con la naturaleza misma de la nación. Sólo de esta manera puede explicarse el grado de compromiso ciudadano que adquirieron las misiones espaciales. En el inicio de la era Kennedy el apoyo federal a la ciencia fue muy cuantioso. En 1960 la inversión federal para investigación era ya de ocho millones de dólares, y en 1964 alcanzó los 21 millones. Esta decisión oficial se explica mediante dos argumentaciones, una de carácter económico y otra de carácter estratégico. Para mantener la hegemonía mundial se hacía imprescindible acelerar la puesta en marcha de los conocimientos científico-tecnológicos, cuya finalidad inmediata era la conquista del espacio. Así, el avance en los campos de la astrofísica, la cibernética, la medicina o la química, alimentó la creencia en el desarrollo de otro tipo de ciencias que, como las sociales, podían contribuir a construir la identificación del sentimiento nacional con el progreso científico.

Tareas de desescombro en Agadir (Marruecos),
después del terremoto que destruyó la ciudad en la
noche del 29 de febrero al 1 de marzo.

El personaje de Norman Bates en Psicosis, *de Alfred Hitchcock, marcó la carrera de Anthony Perkins. Era un prometedor galán joven (*La gran prueba, No me digas adiós), *pero a partir de entonces quedó encasillado en papeles de desequilibrado.*

El modelo de progreso científico-tecnológico inaugurado y desarrollado en el inicio de la década de los 60 tuvo dos rasgos básicos: fue dirigista y esencialmente armamentístico. La arrogancia del sistema no permitía tomar en cuenta ningún tipo de consideración sobre la incidencia de la aceleración de los progresos científicos y tecnológicos sobre el medio ambiente o sobre los colectivos humanos. ■

Instantáneas

- El arquitecto italiano P.L. Nervi diseña el interior del **Palacete del Deporte de Roma**.
- El pintor y escultor italoargentino **L. Fontana** consagra el espacialismo en la galería Tate de Londres, con la exposición *Concepto espacial "Espera"*, en la que mediante lienzos agujereados y acuchillados pretende transmitir *"emociones plásticas y emociones de color proyectadas en el espacio"*.

- *Nunca en domingo*, de M. Hadjidakis.
- *The green leaves of summer*, de P. Francis y D. Tiomkin.
- *Quince años tiene mi amor*, de R. Arcusa y M. de la Calva, el "Dúo Dinámico".
- *El sueño de una noche de verano*, ópera de B. Britten basada en la mágica comedia de Shakespeare.
- *Kontakte*, composición para banda magnética, piano y percusión, en la que su autor, el alemán K. Stockhausen, experimenta con procedimientos electrónicos y aleatorios.
- *El Álamo*, película de John Wayne con una memorable banda sonora de D. Tiomkin.
- E. Bernstein escribe para el film de John Sturges **Los siete magníficos** una célebre banda sonora, con un tema principal especialmente afortunado.
- Alex North compone la banda sonora de **Espartaco**, un espectacular film que dirige Stanley Kubrick. Kirk Douglas encabeza su estelar reparto.

- Se publica en Londres *La soledad del corredor de fondo*, una de las obras capitales del grupo de los "jóvenes airados", escrita por A. Sillitoe. El relato será llevado al cine en 1962 por T. Richardson, otro de los jóvenes rebeldes británicos.
- En *Libertad bajo palabra* Octavio Paz reúne algunos de sus primeros libros de poemas, como por ejemplo *Entre la piedra y la flor*, y *A la orilla del mundo*.
- Los poemas e historias incluidos en *El hacedor* resumen todas las preocupaciones y características del estilo de J.L. Borges.
- *Corre, conejo*, novela del norteamericano J. Updike, primera parte de una trilogía dedicada al personaje de Harry Armstrong.
- El líder revolucionario Ernesto "Che" Guevara escribe *Guerra de guerrillas*.
- *Palabra y objeto*, ensayo de W. Quine, en el que este filósofo estadounidense afirma que la relación entre el lenguaje y la realidad es pragmática y no mimética.

- El terror llega de la mano de A. Hitchcock en *Psicosis*, con una soberbia interpretación de Anthony Perkins. La partitura musical es de B. Hermann.

- Se estrena en Estados Unidos una serie de éxito: *Bonanza*. Ambientada en el oeste, narra las aventuras de la familia Cartwright.
- *Dos mujeres*: Sofia Loren interpreta la adaptación de V. de Sica de una historia de A. Moravia.
- *El apartamento*, comedia dirigida por B. Wilder y protagonizada por Jack Lemmon y Shirley McLaine.
- *Sábado noche, domingo mañana*, de K. Reisz, muestra del "Free cinema" británico. Supone la revelación del actor Albert Finney.
- En el programa de Televisión Española *Ustedes son formidables*, su presentador, Alberto Oliveras, apela a la caridad de los españoles.
- *Diálogos de Miguel Servet*, pieza del dramaturgo español Alfonso Sastre.

- La empresa japonesa Sony comercializa el **primer televisor transistorizado** de la historia. El aparato se convierte en todo un éxito de ventas en Estados Unidos.
- Puesto en órbita el **primer satélite meteorológico**, el *Tiros I*. Este ingenio enviará hasta el 17 de junio de 1960 un total de 22 962 imágenes de la capa de nubes que cubre la superficie terrestre. *(1 Abril)*
- Estados Unidos pone en órbita su **primer satélite de comunicaciones pasivo**, el *Echo I*. *(12 Agosto)*

- Las fuerzas policiales de la **República Sudafricana** provocan violentos choques en todo el país, especialmente en Sharpeville, donde la brutal acción policial causa más de 70 muertos entre los manifestantes negros. *(21 Marzo)*
- David Ben Gurión anuncia la captura del criminal de guerra nazi A. Eichmann, en su refugio argentino, por agentes de los servicios secretos israelíes. *(27 Mayo)*
- Fracasa en Argentina el **alzamiento de la provincia de San Luis** contra el presidente Frondizi. *(12 Junio)*
- Triunfa en las **elecciones brasileñas** J. da Silva Quadros, candidato de la Unión Democrática Nacional. *(3 Octubre)*
- El general Nosavan intenta un golpe de Estado nacionalista contra el gobierno prooccidental de Ngô Dinh Diem. De acuerdo con las tesis estadounidenses, **Vietnam vive un estado de guerra civil** como consecuencia de la agresión subversiva de los comunistas, lo que justificará su progresiva implicación en el conflicto. *(9 Diciembre)*

- La ciudad marroquí de **Agadir queda destruida por un terremoto**. El número de víctimas se estima entre dos y tres mil. *(29 Febrero)*

- Brasilia, ciudad concebida por los arquitectos L. Costa y O. Niemeyer, se convierte en la **nueva capital de Brasil**. *(21 Abril)*
- Aparece en el mercado norteamericano la **primera píldora anticonceptiva**. *(18 Agosto)*
- **Boda del rey** Balduino de Bélgica con la española Fabiola de Mora y Aragón. *(15 Diciembre)*
- Primera colección de Yves Saint Laurent en París, en la Casa Dior. Dos años más tarde abrirá su propia casa de modas.
- La Warner fabrica el **primer sujetador de lycra**.

- **VIII Juegos Olímpicos de Invierno** en Squaw Valley, Estados Unidos. La ceremonia de inauguración ha sido organizada por Walt Disney. La URSS, con 21 medallas, ha hegemonizado el torneo, mientras que Estados Unidos se ha situado en segundo lugar con diez medallas. *(18-29 Febrero)*
- **Juegos Olímpicos de Roma**: A. Bikila, de Etiopía, gana la medalla de oro de maratón. R. Kárpati, esgrimista húngaro, conquista su sexta medalla de oro. La rumana I.Balas gana la prueba de salto de altura. India pierde la medalla de oro de hockey frente a Pakistán.
- El Barcelona, liderado por Ladislao Kubala, gana su octava Liga de fútbol en España. *(17 Abril)*
- **Luis Suárez** es el primer español elegido "Balón de Oro" del fútbol europeo. Tras varios años de jugar en el F. C. Barcelona, su traspaso al Inter de Milán levanta polémica.

- «Ese mentiroso, ese estúpido, ese títere de los americanos». Nikita Jruschov recrimina duramente al embajador filipino en la ONU mientras golpea la mesa con su zapato.
- «¿No se da cuenta de la responsabilidad con la que cargo? Soy la única persona que se interpone entre Richard Nixon y la Casa Blanca.» John Fitzgerald Kennedy.
- «Uno no arresta a Voltaire». Charles de Gaulle explica por qué no manda arrestar a Jean-Paul Sartre por inducir a la sedición de las tropas francesas en Algeria.

- El escritor francés **Albert Camus**, autor de *Calígula*, *El extranjero* y *La peste*, pierde la vida en un accidente de coche. *(4 Enero)*
- **Gregorio Marañón**, médico y escritor español. *(27 Marzo)*
- **Jaume Vicens Vives**, historiador catalán. *(28 Junio)*
- **Clark Gable**, actor norteamericano, protagonista inolvidable de la mítica *Lo que el viento se llevó*. *(17 Noviembre)*

1961

Patrice Lumumba quería nacionalizar las enormes riquezas mineras de la República Democrática del Congo y conducir el país hacia la órbita del socialismo. A pesar de su carisma personal, tropezó en su camino con la ingobernabilidad de un país sumergido en luchas tribales y marcado a fuego por los intereses económicos de las potencias colonialistas. No llegó a cumplir tres meses como jefe de Gobierno; fue secuestrado, entregado a sus enemigos y asesinado.

Yuri Gagarin, primer ser humano en salir al espacio exterior, en la nave tripulada Vostok I. *Después de dar varias vueltas a la Tierra, aterrizó con paracaídas en la región de Saratov.*

Asesinato de Patrice Lumumba
17 ENERO

Patrice Lumumba (1926-1961), líder del Movimiento Nacional Congoleño (MNC), es asesinado por tropas katangueñas. El líder nacionalista, adalid del anticolonialismo, había ocupado el puesto de primer ministro durante once semanas, al cabo de las cuales hubo de dimitir a raíz de los motines, la secesión de Katanga encabezada por Moïse Tshombé, y los conflictos políticos que desembocaron, el 14 de setiembre pasado, en el golpe de Estado del coronel Mobutu. Cuando Lumumba se dirigía hacia su cuartel general de Stanleyville, al parecer fue apresado por tropas leales a Mobutu, las cuales lo entregaron a las katangueñas. **➡ 1997**

Primer vuelo espacial
12 ABRIL

El cosmonauta ruso Yuri Alekséevich Gagarin (1934-1968) se convierte en el primer ser humano que sale al espacio exterior. A bordo de la nave *Vostok I* describe varias órbitas alrededor de la Tierra en un vuelo de 108 minutos de duración en el que alcanzó una altitud de unos 250 km sobre la superficie terrestre y viajó por el espacio a una velocidad de 28 000 km/h. **➡ 1965**

Cuba rechaza una invasión anticastrista
20 ABRIL

El ejército cubano rechaza al cabo de tres días de combates en la bahía de Cochinos una invasión contrarrevolucionaria. La fuerza expedicionaria anticastrista, compuesta por unos 1 500 hombres entrenados y equipados por la CIA, había desembarcado en playa Girón y playa Larga y fracasó en su intento de establecer una cabeza de puente y nombrar un "gobierno rebelde" que solicitara la ayuda oficial de Estados Unidos. Mueren poco más de cien contrarrevolucionarios y cerca de 1 200 son capturados. Los errores de planificación y la adhesión popular al régimen revolucionario fueron determinantes para frustrar el intento invasor y poner en un serio aprieto diplomático a Estados Unidos. Poco después, el 13 de mayo, Castro bloqueará la base estadounidense de Guantánamo. **➡ 1962**

Nuréiev se pasa a Occidente

El bailarín soviético Rudolf Nuréiev (1938-1993) pide asilo en Francia. La defección de Nuréiev, primer bailarín de la compañía del teatro Kirov de Leningrado (San Petersburgo), tiene un gran impacto propagandístico en el marco de la guerra fría. Considerado el sucesor del gran Nijinski, Nuréiev bailará primero en la compañía del marqués de Cuevas y, casi en seguida, en el Royal Ballet de Londres, donde formará pareja con Margot Fonteyn. Nuréiev, hasta su muerte en 1993 víctima del sida, colaborará en las principales compañías del mundo como bailarín y coreógrafo. **➡ 1993**

Sudáfrica proclama la república
31 MAYO

Tras abandonar la Commonwealth, la minoría blanca proclama la República de Sudáfrica. El reforzamiento de la política nacionalista y segregacionista del régimen sudafricano había provocado las condenas de la ONU y las protestas de algunos miembros de la Commonwealth. A raíz de ello, el gobierno celebró un referéndum del que quedó excluida la población negra y cuyo resultado determinó la salida de la Commonwealth y la proclamación de la República, que se convertirá en el principal instrumento de dominación de la minoría blanca. **➡ 1976**

Asesinato del dictador Trujillo
31 MAYO

El dictador dominicano Rafael Leónidas Trujillo (1891-1961) es acribillado a balazos en una calle de Ciudad Trujillo (Santo Domingo). Trujillo, que gobernaba la República Dominicana como si se tratara de una finca particular desde que en 1930 derrocara al presidente Vázquez, fue el implacable ejecutor de una política favorable a los intereses de Estados Unidos. Sin embargo, su poder comenzó a declinar a partir de 1956 debido al aumento de la oposición clandestina y a la progresiva retirada del apoyo estadounidense tras las "desapariciones" del español Jesús Galíndez y del estadounidense G. Lester Murphy, los choques con la Iglesia y el intento, condenado por la OEA, de asesinar al presidente colombiano Belisario Betancur. **➡ 1965**

Cumbre de Viena
3 JUNIO

El jefe de gobierno soviético, Nikita Jruschov, y el presidente estadounidense, John F. Kennedy, se entrevistan en la capital austríaca con la disposición personal de crear un clima de distensión en las relaciones entre los dos grandes bloques. La cuestión del desarme y el punto muerto en el que se halla la conferencia de Ginebra iniciada el año pasado centran las conversaciones, pero la buena disposición de ambos líderes mundiales no consigue salvar las grandes diferencias que los separan. **➡ 1962**

La oposición democrática se organiza en España
10 JUNIO

La oposición al régimen de Franco da un primer paso hacia una acción conjunta a través de la Unión de Fuerzas Democráticas (UFD). Diversas organizaciones democráticas se unen para luchar políticamente contra el franquismo a través de la UFD, de la cual forman parte el Partido Socialista Obrero Español, el Partido Nacionalista Vasco e Izquierda Demócrata Cristiana, entre otros grupos. El Partido Comunista español no ha sido invitado a formar parte de esta importante plataforma antifranquista. **➡ 1962**

Encíclica social de Juan XXIII
14 JULIO

El nuevo rumbo dado a la Iglesia por el papa Juan XXIII aparece nítido en la encíclica *Mater et Magistra*. El documento pontificio denuncia la injusticia social y los abusos de las elites privilegiadas frente a la miseria en la que viven millones de individuos en el mundo. Juan XXIII aboga por un sistema social construido sobre la base de la justicia y el respeto a la dignidad humana, y defiende el derecho de toda persona a la propiedad privada, al trabajo y a la percepción de un salario justo. ➡ **1962**

Comienza la construcción del muro de Berlín
13 AGOSTO

Inesperadamente las fuerzas de seguridad de la RDA cierran 68 de los 80 puntos de entrada a Berlín. El contraste entre el nivel de vida de la Alemania del Este y la del Oeste, que ya en 1953 había provocado huelgas y manifestaciones en Berlín, determina que miles de alemanes del este se pasen al sector occidental. Para detener esta enorme fuga de recursos económicos de la RDA, Jruschov intentó en 1958 la retirada de Berlín de todas las fuerzas de ocupación. Ahora, después de que la República Democrática Alemana se hiciera cargo de las rutas de acceso a Berlín, las nuevas autoridades han decidido levantar un muro que dividirá la ciudad en dos. La respuesta de los aliados ha sido desplegar una división blindada en el sector occidental de la ciudad. ➡ **1990**

Nace el twist

El cantante estadounidense Chubby Checker lanza el *twist* tras la estela del *rock*. El nuevo ritmo lanzado por Checker ya había obtenido un extraordinario éxito en el Pippermint Lounge, un local neoyorquino próximo a Time Square y frecuentado por personajes como Greta Garbo, Judy Garland, Tennessee Williams o Margot Fonteyn. Ahora Checker, cuyo verdadero nombre es Ernest Evans, salta espectacularmente a la fama con la salida al mercado de la grabación *The twist*, de la que en menos de un año venderá 3 millones de copias. Sin embargo, el verdadero inventor del *twist* no es él sino Hank Ballard, que ya había grabado el mismo título hace dos años sin que tuviera ninguna repercusión.

Jean Anouilh estrena Becket

Se estrena en Francia *Becket o el honor de Dios*, obra de Jean Anouilh (1910-1987). La nueva pieza ocupa un lugar aparte en la producción del dramaturgo francés, por su carácter histórico, y desarrolla la historia de Thomas Becket (1117-1170), que años atrás había sido ya llevada a la escena por Thomas Stearns Eliot. Becket fue amigo personal del rey Enrique II de Inglaterra, ministro suyo más tarde, y finalmente arzobispo de Canterbury. En la disyuntiva de agradar a su amigo y señor o a Dios, el arzobispo eligió la segunda opción y se opuso a la exención del clero de la jurisdicción política. El rey lo hizo asesinar en la catedral.

Los efectos negativos de la talidomida
5 NOVIEMBRE

El medicamento llamado talidomida provoca malformaciones en los fetos de las madres que lo han consumido en los primeros meses de gestación. Se constata que la talidomida, fármaco administrado como sedante y producido y distribuido desde 1957 en Estados Unidos, Canadá y numerosos países europeos por los laboratorios alemanes Chemie Grünenthal, tiene graves efectos secundarios para las mujeres embarazadas. Las madres tratadas con talidomida han dado a luz a niños con deformaciones físicas o carencia de algunas extremidades.

Robots industriales

En la planta de fundición inyectada de Turnstead, en Estados Unidos, empieza a funcionar el primer robot industrial de la historia, creado por el inventor George C. Devol (que obtuvo su primera patente relativa a robots en 1954) y auspiciado por Joseph Engelberger (n. 1920). Tras la instalación experimental de un prototipo tres años antes, se inicia una revolución que hará que a finales del siglo XX millones de estos ingenios trabajen sin descanso en miles de fábricas repartidas por todos los países industrializados.

Se estrena el musical West Side Story

West Side Story, adaptación de la tragedia *Romeo y Julieta* de Shakespeare a la época actual y a la ciudad de Nueva

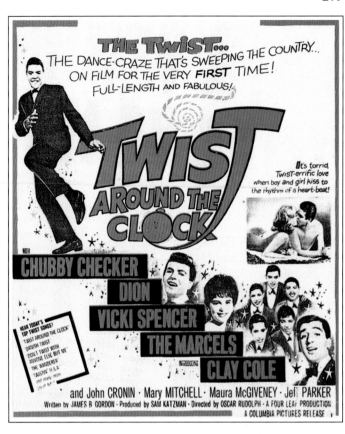

York, es uno de los clásicos del musical dirigido por Robert Wise. La versión cinematográfica de esta historia de amor entre dos jóvenes pertenecientes a dos bandas rivales, los Jets y los Sharks, protagonizada por Natalie Wood y Richard Beymer, excelentemente secundados por George Chakiris y Rita Moreno, logra alzarse con diez de los once Óscares a los que estaba nominada. La excelente banda sonora compuesta por Leonard Bernstein, los títulos de crédito diseñados por Saul Bass, y la coreografía creada por Jerome Robbins, fueron elementos claves en la consagración de *West Side Story*. ➡ **1965**

Válvulas artificiales

Los médicos estadounidenses Albert Starr y M. Lowell Edwards crean la primera válvula cardíaca artificial realmente operativa. Ya en 1952 el norteamericano Charles Hufnagel (1915-1989) había logrado llevar a cabo una intervención con éxito destinada a la implantación de una prótesis de este tipo, destinada a reemplazar los orificios valvulares patológicos; técnica que más tarde perfeccionaría gracias a la aparición de materiales compatibles con el medio sanguíneo. A finales del siglo la implantación de válvulas artificiales en pacientes con problemas cardíacos se convertirá en una intervención habitual en las unidades coronarias de los principales hospitales del mundo. ➡ **1982**

Cartel de Twist around the clock, *una película de la Columbia específicamente dirigida a aprovechar el tirón comercial de Chubby Checker y del nuevo ritmo del twist.*

La Alianza para el Progreso de América latina

Si la década de los años sesenta se había abierto prometedoramente, anunciando el inicio de una época más feliz bajo los rasgos de la nueva modernidad, los fantasmas de la historia parecían resistirse a perder protagonismo. A finales de año, un tribunal en Jerusalén acusaba de genocidio y condenaba a muerte a Adolf Eichmann, uno de los responsables nazis de los campos de exterminio judío. De nada le sirvió a Eichmann el aspecto mediocre e inofensivo con que intentó camuflarse en la sociedad de posguerra.

TENSIONES INTERNACIONALES Y CARRERA ESPACIAL

En abril de 1961 el jefe del gobierno soviético, Nikita Jruschov, y el presidente estadounidense John F. Kennedy se entrevistaron en Viena en un clima de distensión, con el fin de tratar sobre las vías para conseguir el desarme. Este encuentro ha de ser valorado históricamente más como un gesto de buena voluntad ante la opinión pública que como una iniciativa políticamente creíble. Varios acontecimientos históricos ocurridos ese mismo año iban a refrendar la tesis del escaso sentido de la distensión durante aquel año.

A bordo de la nave *Vostok I*, el comandante Yuri Gagarin tomó la delantera a los astronautas estadounidenses en la carrera del espacio, al tripular por vez primera un vuelo espacial que cubrió varias órbitas alrededor de la Tierra. El viaje duró casi dos horas, durante gran parte de las cuales Gagarin se encontró en estado de ingravidez. Cuatro meses después German Titov describía diecisiete órbitas alrededor de la Tierra, en un vuelo de una duración total de 25 horas y 18 minutos. Mientras tanto, Estados Unidos se volcó en el programa *Mercury*. A bordo del *Mercury 3,* en mayo de 1961, Shepard voló durante quince minutos; en junio, Grissom realizó otro vuelo suborbital. Sólo en febrero de 1962 consiguieron los norteamericanos que el astronauta John Glenn describiese tres revoluciones alrededor del planeta. El programa *Mercury* consiguió poner a punto el sistema de construcción, lanzamiento y recuperación de naves tripuladas, en lo que sería la culminación de la primera etapa de la carrera espacial.

El Vostok 1 despega del cosmódromo de Baikonur, el 12 de abril de 1961, transportando en su interior a Yuri Gagarin, el primer ser humano en salir al espacio exterior.

Inauguración de la administración Kennedy, el 20 de enero de 1961. En su discurso, el nuevo presidente anunció ya las líneas maestras de la Alianza para el Progreso.

La invasión fallida de la bahía de Cochinos

Mientras la competitividad tecnológica se medía en el espacio, mucho más cerca, en la bahía de Cochinos, la escalada de la tensión iba a romper las relaciones entre Estados Unidos y una Cuba ya en ese momento plenamente decantada hacia la URSS. La CIA, en colaboración con el gobierno y el Pentágono, había urdido un plan consistente en apoyar un desembarco armado en la bahía de Cochinos de fuerzas anticastristas. Dos días antes de la invasión los aeródromos militares cubanos fueron bombardeados por aviones estadounidenses. No obstante, el régimen cubano de Fidel Castro organizó un nutrido ejército de resistencia que consiguió una rápida rendición de los invasores y dejó en evidencia a los estrategas estadounidenses que diseñaron la operación.

Un momento del rodaje de Viridiana, *la película que significó el regreso, marcado por el escándalo, de Luis Buñuel a España.*

La construcción del muro de Berlín

Sin embargo, las consecuencias del fracaso de la invasión no se hicieron perceptibles de inmediato, y la crisis cubana quedó aparcada momentáneamente al desplazarse la tensión internacional a un escenario distinto. La razón: un muro de hormigón empezó a alzarse en Berlín, en el lugar donde los alambres de espino habían marcado la línea fronteriza entre el Este y el Oeste.

La construcción del muro de Berlín en 1961 a instancias de la URSS consolidó, a modo de símbolo tangible, la escisión de Europa entre los dos bloques. Las razones que condujeron a este cambio en la naturaleza de la frontera entre el Este y el Oeste han de buscarse en el crecimiento de la tensión dentro de la ciudad. El trasiego de ciudadanos que abandonaban a diario la zona oriental para dirigirse a la zona occidental, atraídos por las mejores expectativas de empleo y bienestar, se hizo insostenible para las autoridades orientales, incapaces de contener la sangría de población. En agosto de 1961 las tropas de la República Democrática Alemana ocuparon la ciudad e impidieron el paso al Oeste a to-

dos cuantos carecían de una autorización expresa de las autoridades.

LA MUERTE DE TRUJILLO Y LA CONFERENCIA DE PUNTA DEL ESTE

El dictador dominicano Rafael Leónidas Trujillo fue asesinado a instancias de la oligarquía dominicana en las cercanías de la capital, Santo Domingo, rebautizada por el dictador como Ciudad Trujillo, en mayo de 1961, cuando viajaba en su automóvil.

El presidente Trujillo había dominado la escena política de su país desde que en 1930 ocupó el poder por el procedimiento de exterminar a sus adversarios políticos. Durante buena parte de su largo mandato tuvo el apoyo pleno de Estados Unidos, que consideraba su gobierno útil a los objetivos de estabilidad general en la zona. Fundador de una dinastía, Trujillo pretendió y consiguió controlar la vida del país situando a sus familiares y partidarios en todas las esferas de la administración pública. Trujillo se había hecho además con

---

Instantáneas

- El escultor GIACOMETTI consigue en su obra **Annete** originales efectos de luz a través de su acabado tosco y rugoso. Su forma agudamente estilizada contribuye a transmitir un aire de angustiosa soledad de claras resonancias existencialistas.
- El **arte español triunfa internacionalmente**: tres artistas españoles, el escultor E. CHILLIDA y los pintores L. FEITO y R. CANOGAR, exponen en distintas galerías de París.

- LUIGI NONO provoca al público con **Intolleranza 1960**, una ópera que denuncia la opresión de los menos favorecidos, escrita en un lenguaje de gran modernidad que incluye elementos electroacústicos.
- **Miles Davis in person**, uno de los trabajos más representativos de este revolucionario del jazz: el trompetista MILES DAVIS.
- Estreno en el Liceo de Barcelona de la obra póstuma de M. DE FALLA: **La Atlántida**, cantata escénica completada y orquestada por E. HALFFTER. *(24 Noviembre)*

- El escritor y dramaturgo suizo MAX FRISCH concluye una de sus obras más representativas, **Andorra**, en la que insiste en su reflexión sobre la identidad humana.
- J. GARCÍA HORTELANO gana el primer Premio Formentor de Novela con **Tormenta de verano**. *(1 Mayo)*

- **Sobre héroes y tumbas**, compleja novela del argentino E. SÁBATO, visiblemente influida por el existencialismo.
- **El coronel no tiene quien le escriba**, uno de los grandes éxitos de G. GARCÍA MÁRQUEZ.
- **Franny and Zooey**, dos novelas cortas de J. D. SALINGER.
- Premio Nobel de Literatura para el escritor yugoslavo I. ANDRIC.
- **Kaddish**, libro de poemas de A. GINSBERG, un clásico de la literatura *beatnik*.
- J.L. BORGES y S. BECKETT comparten el **premio internacional Formentor 1961**, que conceden editores europeos y norteamericanos.
- **Himno al Universo**, obra póstuma de T. DE CHARDIN.
- **Extranjero en tierra extraña**, de R. HEINLEIN, novela de ciencia-ficción.
- P. J. FARMER renueva el género de la ciencia-ficción con su novela **Los amantes.**
- **Solaris** de STANISLAV LEM, destacado título de la literatura fantástica.

- BILLY WILDER vuelve a demostrar su habilidad para dirigir comedias en **Uno, dos, tres**. Divertidísima caracterización de JAMES CAGNEY e impecable fotografía en blanco y negro de ANDRÉ PREVIN.
- **El último año en Marienbad**, film clave de la década de 1960. Lo dirige A. RESNAIS.
- **El buscavidas**, obra maestra de R. ROSSEN, con PAUL NEWMAN como principal protagonista.

- Continúa la colaboración entre el guionista R. AZCONA y el director L. GARCÍA BERLANGA en **Plácido**, ácido retrato de la sociedad española.
- Se rueda en España **El Cid**, espectacular película norteamericana producida por S. BRONSTON y dirigida por A. MANN. CHARLTON HESTON y SOFIA LOREN la protagonizan.
- **Tempestad sobre Washington**, última película protagonizada por CHARLES LAUGHTON y dirigida por O. PREMINGER.
- F. TRUFFAUT dirige **Jules y Jim**, uno de los films más representativos de la "Nouvelle vague".
- **Desayuno con diamantes**, sofisticado drama de BLAKE EDWARDS, con una hermosa melodía, *Moon River*, de H. MANCINI.
- Se presenta en Televisión Española una serie escrita, dirigida y protagonizada por A. MARSILLACH: **Silencio... se rueda**, un agudo retrato de la industria cinematográfica desde dentro.
- **Los vengadores**, legendaria serie de agentes secretos de la televisión inglesa, con PATRICK MACNEE como principal protagonista.
- Se estrena en el canal americano ITV, la primera serie dramática con un médico como héroe: **Ben Casey.**
- **Perry Mason**: RAYMOND BURR protagoniza la primera serie de abogados y juicios.

(Continúa)

Cascos azules suecos embarcan en un avión estadounidense con destino al Congo, donde la provincia secesionista de Katanga amenazaba provocar una guerra civil.

el control de las principales fuentes de riqueza del país, y controlaba en su provecho particular los bancos y las principales empresas productoras de tabaco, papel, cemento, etc.

Unos meses depués de la muerte de Trujillo, en agosto de 1961, las repúblicas iberoamericanas aprobaron en la Conferencia de Punta del Este el programa norteamericano de Alianza para el Progreso. El compromiso entre las partes estipulaba que, a cambio de diseñar políticas para el progreso del bienestar social de sus poblaciones, las repúblicas recibirían de Estados Unidos sustanciales fondos económicos y tecnológicos. La cultura norteamericana del progreso recibía un nuevo espaldarazo oficial en el seno de las sociedades latinoamericanas.

ÉXITO Y ESCÁNDALO DE *VIRIDIANA* DE LUIS BUÑUEL

En la España franquista se acogió con grandes dosis de triunfalismo la petición de Luis Buñuel de regresar a su país natal para filmar una película. El cineasta, exiliado desde la guerra civil primero en Estados Unidos y luego en México, volvía aureolado por el sólido prestigio que le confería el éxito mundial de películas como *Los olvidados* (1950) o la reciente *Nazarín* (1959). El ministro de Información y Turismo, Gabriel Arias Salgado, decidió aprovechar la inmejorable ocasión que se le brindaba para hacer propaganda del régimen de Franco y ganar credibilidad en los foros internacionales. Así, España presentó oficialmente la nueva película de Buñuel, *Viridiana*, a la competición oficial de Cannes, el festival de cine más prestigioso y aquel en el que las realizaciones de la cinematografía española habían sufrido tal vez mayores desaires.

Viridiana consiguió la Palma de Oro, y el éxito de crítica y público fue, más que rotundo, clamoroso. Arias Salgado fue ovacionado al anunciarse el galardón, pero no lo recogió ni pudo articular una sola palabra de agradecimiento. No había visto la película hasta que ésta fue exhibida en el Festival; conocía sólo un borrador de guión, y al ver el resultado final, quedó aterrado. Franco lo destituyó fulminantemente, y *Viridiana* fue prohibida en España (hasta 1975) por sacrílega y obscena. La propaganda y el prestigio cultural que deseaba el régimen español habían tenido el efecto perverso de un bumerán, y Buñuel, el malicioso causante del fiasco, fue a instalarse en Francia, donde siguió creando obras maestras del cine. ∎

Instantáneas *(continuación)* 1961

- R. MÖSSBAUER, **Premio Nobel de Física** por la medición de la variación de la longitud de onda de los rayos gamma. Comparte el premio con el estadounidense R. HOFSTADER.
- El antropólogo británico L. LEAKEY descubre en Tanganica un **nuevo fósil humano**, anterior en el tiempo a los restos más antiguos hasta entonces encontrados. Se calcula su antigüedad en un millón de años aproximadamente. *(24 Febrero)*

SIGLO 20
- Adopción por el Partido Comunista Chino de un **programa de liberalización económica**. *(14 al 18 Enero)*
- HASÁN II **nuevo rey de Marruecos** tras la muerte de su padre MOHAMMED V. *(26 Febrero)*
- Estalla una **rebelión armada nacionalista en el norte y noreste de Angola**. Para hacerle frente Portugal envía 40 000 soldados. *(15 Marzo)*
- **Espías soviéticos** condenados en Gran Bretaña. *(22 Marzo)*
- **Primeros atentados de ETA** (Euskadi Ta Askatasuna, Euskadi y Libertad) en España: con ocasión de celebrarse el 25º aniversario del Alzamiento Nacional, ETA sabotea la línea férrea Madrid-Barcelona. *(18 Julio)*
- Finaliza en Uruguay la **Conferencia de Punta del Este** que reúne a los delegados del Consejo Interamericano Económico y Social. *(17 Agosto)*

- Dimite el presidente brasileño JÂNIO DA SILVA QUADROS, tras sólo siete meses en el poder. La presión norteamericana puede ser la causa de tal dimisión. *(25 Agosto)*
- Encuentro de los veinticuatro **países no alineados** en Belgrado. *(5 Setiembre)*
- El secretario general de la ONU, DAG HAMMARSKJÖLD, muere en un accidente de aviación mientras se dirigía a Katanga (Congo). *(18 Setiembre)*
- Las **tropas de la ONU** intervienen en la provincia minera de Katanga a petición del gobierno del Congo para evitar el estallido de una guerra civil. *(20 Setiembre)*
- K. ADENAUER reelegido por cuarta vez canciller del gobierno federal alemán. *(7 Noviembre)*
- China e India anuncian un **alto el fuego** en el conflicto que mantienen respecto a la delimitación de su frontera común. *(21 Noviembre)*
- J. NYERERE se convierte en el **presidente de Tanganica**, nueva república independiente en el seno de la Commonweath. *(9 Diciembre)*
- El criminal de guerra alemán A. EICHMANN es condenado a muerte por un tribunal especial en Israel. *(15 Diciembre)*
- Tropas indias ocupan **territorios portugueses** en Goa, Damão y Diu. *(17 Diciembre)*

- Último viaje del **Orient Express**.
- OLEG CASSINI se convierte en el **diseñador oficial** de JACKIE KENNEDY.

- **Inundaciones en Sevilla.** Las torrenciales lluvias han provocado el desbordamiento de los afluentes del Guadalquivir y la rotura de un muro de contención, dejando un saldo de 4 víctimas mortales, 125 mil personas sin hogar e ingentes pérdidas materiales en la capital andaluza. *(25 Noviembre)*

- Irina Press, GRAN ATLETA SOVIÉTICA, REBASA LA MARCA DE LOS 5 000 PUNTOS EN LA PRUEBA DE PENTATHLON FEMENINO.
- El equipo español formado por los catalanes GOMIS y NOGUERA gana el **campeonato del mundo de pesca submarina**.
- MANUEL SANTANA, considerado el mejor tenista español de la historia, gana el prestigioso torneo de Roland Garros.

- GARY COOPER, actor norteamericano, protagonista de *Solo ante el peligro*. *(13 Mayo)*
- CARL GUSTAV JUNG, psicoanalista suizo, autor de *Psicología y religión*. *(6 Junio)*
- Se suicida el novelista norteamericano ERNEST HEMINGWAY, autor de *El viejo y el mar* y *Por quién doblan las campanas*. *(2 Julio)*
- ENRIQUE LARRETA, novelista argentino. *La gloria de don Ramiro* es una de sus obras más representativas. *(7 Julio)*
- JOSEP MARIA DE SEGARRA, escritor español en lengua catalana. *(27 Setiembre)*

1962

España se moderniza
26 ENERO

El gobierno español se propone la modernización del país a través de la puesta en marcha de un Plan de Desarrollo Económico. El ambicioso proyecto, elaborado por un grupo de jóvenes políticos de formación católica encabezado por Laureano López Rodó, plantea la adecuación de las estructuras económicas españolas a las nuevas exigencias planteadas por el nuevo contexto internacional y alcanzar los niveles de crecimiento que presentan los principales países europeos. En este sentido, se instruye al embajador español en Bélgica para que solicite oficialmente el ingreso de España en la Comunidad Económica Europea. ➡ **1964**

Estados Unidos aumenta su implicación en Vietnam
9 FEBRERO

Estados Unidos crea un "comando de ayuda militar" a Vietnam del Sur ante la mayor presión comunista. A partir de la tesis de que la República de Vietnam es un Estado legal *"víctima de una agresión subversiva por parte de los comunistas vietnamitas"*, Estados Unidos decide aumentar la cooperación militar con el régimen de Ngo Dinh Diem que lucha contra el Frente de Liberación Nacional, el Vietcong, fuertemente implantado en las zonas rurales y que recibe suministros y asesoramiento de Hanoi. ➡ **1964**

Boda de Juan Carlos de Borbón y Sofía de Grecia en Atenas
14 MAYO

Juan Carlos de Borbón, hijo de don Juan de Borbón y Battenberg y nieto del último rey de España Alfonso XIII, contrae matrimonio con la princesa Sofía de Grecia en Atenas. Acompañados de más de un centenar de miembros de casas reales europeas y representantes de los gobiernos griego y español, entre otros invitados, don Juan Carlos y doña Sofía se han casado en las catedrales de San Dionisio y de Santa María por los ritos católico y ortodoxo. El cortejo real ha dado lugar a una gran muestra de afecto de miles de personas, muchas de las cuales hacían ondear banderas griegas y españolas. ➡ **1969**

La oposición franquista se reúne en Munich
5 JUNIO

Más de un centenar de políticos españoles opositores al régimen de Franco se reúnen en Munich para debatir sobre el posible ingreso de España en la CEE. La reunión en la ciudad alemana de numerosas personalidades españolas, unas residentes en el país y otras procedentes del exilio, para tratar sobre las probabilidades y las consecuencias de la integración de España en la Comunidad Europea, provoca la violenta reacción del gobierno franquista, que tilda el encuentro de *"contubernio contra España"*.

Juan Carlos de Borbón y Sofía de Grecia durante la ceremonia de su boda, en Atenas, por el doble rito católico y ortodoxo.

Brasil, campeón mundial de fútbol
20 MAYO - 17 JUNIO

La selección brasileña de fútbol, privada del concurso de un Pelé gravemente lesionado en el partido inicial del campeonato, mantiene su primacía mundial al ganar la VII Copa del Mundo, cuya fase final se ha jugado en Chile. El equipo brasileño, con Garrincha, Didí, Vavá, Zagalo y Amarildo como principales figuras, revalida su título de campeón del mundo tras derrotar en el partido final a Checoslovaquia por 3 a 1, con goles de Amarildo, Zito y Vavá.

Argelia vota a favor de la independencia
3 JULIO

Tras ocho años de sangrienta guerra contra los franceses, los argelinos deciden su independencia en un referéndum. El ejército francés controló el te-

◀ *Una familia acogida en un campo de refugiados de Vietnam del Sur parece informar a un soldado de dónde estaba situado su hogar destruido en un bombardeo.*

Aspecto de la basílica de San Pedro durante una de las sesiones solemnes del Concilio Vaticano II, inaugurado en octubre de 1962. El papa Juan XXIII no llegaría a ver la conclusión de sus trabajos.

rritorio argelino durante todo el conflicto, pero éste originó una profunda crisis moral e intelectual en la sociedad francesa. Finalmente, el general De Gaulle optó, como única salida posible a la situación, por permitir que los argelinos decidieran libremente si continuaban ligados a Francia, bien totalmente integrados en ella o bien con un amplio margen de autogobierno, o si por el contrario preferían la independencia total. El resultado del referéndum arroja un 99,72% de votos por la independencia. ➡ **1965**

Carpentier publica El siglo de las luces

El cubano Alejo Carpentier (1904-1980) construye en *El siglo de las luces* una extraordinaria parábola de la revolución. La novela está ambientada en el Caribe durante el período de la Revolución francesa, y Carpentier describe cómo el ejercicio del poder corrompe las ideas revolucionarias que inspiraron el "siglo de las luces", y cómo la utopía social es relegada al olvido cuando la dinámica de la violencia se impone sobre la razón.

Portada de una edición de ▶ El siglo de las luces, *posiblemente la obra más significativa del cubano Alejo Carpentier y uno de los pilares que sustentaron el prestigio mundial de la literatura hispanoamericana en los años sesenta.*

Lanzado el Telstar I
10 JULIO

Es lanzado al espacio el satélite estadounidense Telstar I, el primer satélite de telecomunicaciones capaz de trans-

El escritor ruso Aleksandr Soljenitsin. Una ▶ *carta crítica hacia la política del gobierno fue el "delito" que lo recluyó durante ocho años en un campo de trabajo de los que conformaron el inmenso* Archipiélago Gulag *de la represión, creado por Stalin.*

mitir imágenes de televisión. Doce días más tarde (22 de julio) tiene lugar la primera transmisión de imágenes de televisión entre Estados Unidos (estación de Andover) y Francia (estación de seguimiento de Pleumeur-Bodou). A lo largo del año el Telstar I transmitirá también las primeras conversaciones telefónicas vía satélite entre las dos orillas del océano Atlántico. ➡ **1965**

Marilyn Monroe se suicida
5 AGOSTO

Marilyn Monroe (1926-1962), uno de los mayores mitos eróticos del cine mundial, se suicida en su casa de Hollywood. Su ama de llaves la encuentra muerta en su dormitorio, sosteniendo en su mano inerte el auricular del teléfono. Marylin, que pasaba por dificultades profesionales y afectivas, ingirió al parecer una sobredosis de barbitúricos, pero los médicos se niegan en principio a asegurar que se trate de un suicidio. La muerte de la actriz dará pábulo a gran cantidad de conjeturas relacionadas con su agitada e infeliz vida sentimental, que reforzarán aún más el mito de la estrella cinematográfica fallecida.

Estalla la crisis de los misiles en Cuba
13 SETIEMBRE Y 28 OCTUBRE

La decisión de la URSS de instalar una base de misiles en Cuba apuntando a Estados Unidos coloca al mundo al bor-

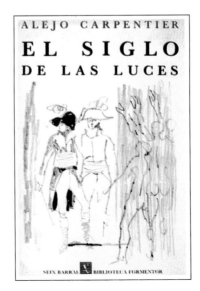

de de la guerra nuclear. Las fotografías tomadas por un avión espía estadounidense revelan la construcción en Cuba de rampas de lanzamiento de misiles soviéticos. Ante la evidencia, el presidente Kennedy ordena el bloqueo naval de la isla y la preparación de una fuerza invasora en Florida, al mismo tiempo que insta a Jruschov a desmantelar las rampas. Tras varios días de gran tensión, durante los cuales el mundo teme el estallido de una guerra nuclear, la URSS acepta la mediación de la ONU. Poco después comienza a desmontar los misiles, a cambio de la promesa de Estados Unidos de no invadir Cuba. ➡ **1963**

Se funda Amnistía Internacional
1 OCTUBRE

Peter Benenson y Sean MacBride fundan en Londres Amnistía Internacional. Esta organización, *"abierta a todos los hombres de buena voluntad"*, tiene como principal finalidad atender la situación de los presos de conciencia en todo el mundo y velar por la seguridad de aquellos que, no ejerciendo la violencia, sean perseguidos por sus convicciones políticas o religiosas. De acuerdo con el manifiesto publicado en *The Observer*, el método de acción de Amnistía Internacional consistirá en sensibilizar a la opinión pública mundial para lograr la libertad de los injustamente encarcelados. ➡ **1977**

Comienza el Concilio Vaticano II
11 OCTUBRE

Con una solemne misa en la basílica de San Pedro, Juan XXIII abre el Concilio Ecuménico Vaticano II. Decidido a *"abrir las ventanas para que entre aire fresco en la Iglesia"*, el papa, en su discurso de apertura, deja claras cuáles serán las líneas básicas de su proyecto reformador. El *aggiornamento* emprendido por el Vaticano II, con la oposición de los sectores más conservadores, tiene como objetivos principales devolver a la Iglesia católica un papel determinante en la vida moderna, defender su autonomía frente a los dos bloques ideológicos, y recuperar el carácter pastoral de su misión. **➡ 1963**

La desestalinización en la URSS

Fecha clave en el largo y contradictorio exorcismo llevado a cabo en la URSS tras la muerte de Stalin, es la publicación de la novela *Un día en la vida de Iván Denísovich*, de Aleksandr Soljenitsin. Concebida durante los ocho años pasados por el autor en el campo de trabajo de Ekibastouz, y escrita en sólo tres semanas, su publicación en la revista *Novy Mir* es acordada por el Comité Central, bajo la presión de N. Jruschov. La novela destapa de golpe todo el horror que durante décadas se hizo cotidiano en la URSS, en las inmensas y arbitrarias purgas de Stalin. La oleada de cartas recibidas por el autor, muchas procedentes de antiguos *zeks* –nombre administrativo de los detenidos–, es un indicio claro del nacimiento de una opinión pública en la URSS. Pero el régimen no puede absorber una penitencia tan dura, y se inicia una campaña en contra de Soljenitsin que llevará, en 1972, a su expulsión del país. La concesión, dos años antes, del premio Nobel de literatura, será vivida por el aparato del poder soviético como una afrenta. **➡ 1964**

Descifrado el código genético

Un equipo de científicos, dirigido por Marshall Warren Nirenberg (n. 1927) y Severo Ochoa de Albornoz (1905-1993), logra descifrar el código genéti-

co mediante la utilización de copolímeros. Nirenberg descubre que cada tres nucleótidos del ADN y del ARN codifican un aminoácido, lo cual es posible porque Ochoa había logrado sintetizar el ARN gracias al descubrimiento de la enzima fosforilasa polinucleótido, a partir de sus componentes elementales (los nucleótidos). El descubrimiento de Ochoa mereció el premio Nobel de 1959. Por su parte Nirenberg compartirá el premio Nobel de Fisiología y Medicina de 1968 con R. Holley y H.G. Khorana. **➡ 1977**

La nadadora Dawn Fraser baja del minuto en los 100 m libres

La australiana Dawn Fraser (n. 1938) se convierte en la nadadora más rápida del mundo. La campeona olímpica de Melbourne, en 1956, y Roma, en 1960, es la primera mujer que nada los 100 m libres por debajo de la mítica barrera del minuto. Fraser alcanza en este momento la plenitud de su carrera, y aún logrará ganar una nueva medalla de oro en los Juegos Olímpicos de Tokio, en 1964.

Consagración tenística de Rod Laver

El tenista australiano Rod Laver (n. 1938) consigue emular a Don Budge y ganar el Gran Slam, es decir, la serie de los cuatro torneos internacionales más importantes de la temporada tenística:

Australia, Roland Garros, Wimbledon (que ya había ganado el año anterior) y Forest Hill. Budge había conseguido el Gran Slam en 1938, precisamente el año en que nació Laver. Éste conseguirá repetir la hazaña en 1969 y se convertirá en el único tenista de la historia en ganar por dos veces el Gran Slam.

Cinturón obligatorio en los automóviles

El estado norteamericano de Wisconsin obliga a instalar el cinturón de seguridad en todos los automóviles. Por primera vez en la historia del transporte automotor se sanciona una ley que impone el uso obligatorio del cinturón, que hasta ahora era opcional y con un costo adicional para el usuario.

Agente 007 contra el Dr. No, primer film de James Bond

Primera aparición cinematográfica del personaje creado por Ian Fleming, James Bond, un valeroso, imperturbable y seductor agente de los servicios secretos británicos. En *Agente 007 contra el Dr. No* se encuentran ya todas las características propias de la serie: un enemigo malvado y poderoso, mujeres atractivas, persecuciones a toda velocidad y la famosa presentación "Me llamo Bond, James Bond". Sean Connery interpretará al agente 007 en varios filmes para posteriormente dejar paso a otros actores, ninguno de los cuales conseguirá hacer olvidar al carismático Connery. Cabe también destacar la aparición de Ursula Andress surgiendo de las aguas como una moderna Venus en bikini, y el tema central de la banda sonora, compuesto por John Barry.

H. Gobind Khorana, nacido en Rajpur (India), fotografiado en su laboratorio de la Universidad de Wisconsin, donde consiguió sintetizar por primera vez un gen. Su éxito dependió en buena parte de los trabajos anteriores de M.W. Nirenberg y S. Ochoa, que descifraron el código genético.

El investigador español Severo Ochoa, premio Nobel de Medicina en 1959 y uno de los directores del equipo científico que consiguió descifrar el código genético.

◀ *En el imaginario colectivo, el superespía británico James Bond "007" nunca ha dejado de tener los rasgos de Sean Connery, el actor que primero y mejor lo encarnó en la pantalla.*

El año en que murió Marilyn

En plena bonanza y optimismo social, una noticia conmovió a la ciudadanía norteamericana y al mundo: el 5 de agosto la actriz Marilyn Monroe apareció muerta en su domicilio, víctima de una sobredosis de barbitúricos. Su supuesta vinculación sentimental al presidente Kennedy incrementó el grado de desasosiego de una nación huérfana de héroes y que descubría el barro mortal de que estaban fabricados sus mitos.

LA INDEPENDENCIA DE ARGELIA

Tras ocho años de guerra, el acuerdo firmado en marzo en Évian-les-Bains entre el FLN y Francia puso fin a las hostilidades en Argelia. El reconocimiento de la soberanía argelina fue el resultado final de un conflicto demasiado largo y de un referéndum que, convocado por De Gaulle, llamó a la población a pronunciarse por una Argelia vinculada a Francia como provincia o una Argelia libre. El resultado fue abrumador: un 99% del electorado que acudió a las urnas se pronunció en favor de la plena independencia.

Se ponía fin a un largo proceso histórico que, iniciado en 1945, no había conseguido implantar en la colonia formas de autonomía que paliasen las ansias de independencia. Desde entonces, el Frente para la Liberación Nacional había desplegado todos sus recursos, desde la propaganda hasta la lucha abierta contra el ejército francés, con el fin de conseguir la independencia. Las reformas de De Gaulle, dirigidas a frenar el proceso mediante la concesión de más autonomía, inflamaron el sentimiento nacionalista y colonial de los residentes franceses en Argelia, quienes crearon la llamada *Organisation de l'Armée Secrète* (OAS) con el fin de defender su posición en Argelia. La OAS y los *pieds-noirs* (argelinos de origen europeo) reaccionaron ante el acuerdo de Évian-les-Bains con una serie de atentados cuya culminación fue la sublevación de parte del ejército francés en Argelia. De Gaulle se empleó a fondo en sofocar esta rebelión, que amenazaba con impedir el referéndum y, lo que era más grave, extenderse al continente. De hecho, la sociedad francesa se escindió ideológica y políticamente hasta extremos que ponían en peligro la estabilidad del Estado.

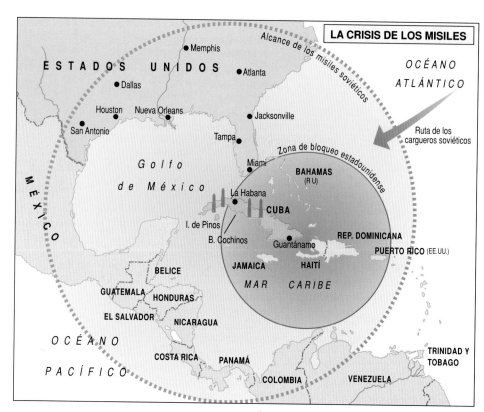

LA CRISIS DE LOS MISILES

El despliegue de misiles ofensivos en la isla de Cuba ponía en peligro la seguridad de amplios territorios del sudeste de Estados Unidos, de México y de América Central. Las medidas del presidente Kennedy impidieron el acceso de armas a la isla.

LA CRISIS DE LOS MISILES

Entre los acontecimientos políticos que tuvieron lugar en 1962, la crisis de los misiles fue el más impactante porque tras las fotografías tomadas por el U2 americano en las que se proporcionaban evidencias de que la URSS preparaba el emplazamiento de misiles de alcance medio con capacidad nuclear, el mundo asistió a una crisis que llevó al borde de un enfrentamiento nuclear. Las plataformas de lanzamiento de misiles balísticos de alcance intermedio se habían construido al este de San Cristóbal. Dado que el gobierno cubano parecía dispuesto a albergar *cohetes ofensivos,* se llegaba fácilmente a la conclusión de que en caso de ser disparados sobre las ciudades americanas, ochenta millones de norteamericanos serían exterminados.

A comienzos de setiembre, los norteamericanos tenían ya la certeza de que los sovié-

Marilyn Monroe, "juguete roto" de una sociedad obcecada en colocarla en el olimpo de los mitos sin atender a su frágil condición de ser humano.

Balouba, *de J. Tinguely (Museo Nacional de Arte Moderno, Centro Pompidou, París). Se trata de una "máquina inútil" que incorpora movimiento real.*

Calendario blando del mes de agosto, *de Claes Oldenburg (Colección Newman, Chicago); lienzo rellenado con gomaespuma pintada.*

ticos estaban armando a Cuba. Los vuelos de reconocimiento y los testimonios de algunos testigos directos avalaban estas presunciones. Kennedy amenazó con la invasión de Cuba si ésta se convertía en una base ofensiva. Jruschov respondió que estaba dispuesto a dar el paso a una guerra total. Así, el 20 de octubre, después de un mes de mutuas amenazas, Kennedy tomó la decisión de decretar el bloqueo naval de Cuba: ningún buque que transportara armas con destino a la isla podría traspasar el cerco. El Presidente, que llamó a su plan *cuarentena selectiva,* dispuso que una enorme flota compuesta por destructores, cruceros, portaaviones antisubmarinos y barcos nodriza formasen un arco que, a modo de barrera, impediría el paso de barcos soviéticos con cabezas nucleares.

Kennedy asumió la presidencia del *Consejo de Seguridad Nacional* para la dirección efectiva de las operaciones de la rama ejecutiva en la presente crisis, y exigió a Guinea y Senegal, países en los que hacían escala los aviones soviéticos que marchaban a Cuba, que negaran el permiso para aterrizar en su territorio a dichos aviones. El bloqueo fue anunciado a la nación norteamericana por televisión el 22 de octubre, aunque Moscú manifestó su intención de no tener en cuenta el bloqueo, que fue efectivo a partir del día 24. La me-

---

Instantáneas

- **Exposición de C. OLDENBURG** en la Green Gallery de Nueva York, en la que el artista muestra sus recreaciones, en tamaño gigantesco, de objetos de consumo cotidiano. *Giant hamburger* y *Soft calendar for the month of August* son dos de las piezas expuestas.
- **Balouba**, una escultura cinética (o "máquina inútil") de J. TINGUELY, compuesta por un cable, un plumero, diversos objetos de plástico y un bidón industrial. El resultado es una parodia de la estatuaria clásica.

- **War Requiem**, monumental partitura sinfónico-coral de B. BRITTEN, de mensaje antibelicista.
- Con motivo de la consagración de la nueva catedral de Coventry se estrena la más reciente ópera de M. TIPPETT, **El rey Príamo**, basada libremente en la *Ilíada,* y en la que su autor, desde una postura pacifista, denuncia lo absurdo de la guerra.
- El **Festival de la Canción de Benidorm** descubre al joven RAPHAEL con la canción *Llevan.*
- **Speedy Gonzalez**, éxito de PAT BOONE.
- **I can't stop loving you**, de D. GIBSON.
- **Días de vino y rosas**, de J. MERCER y H. MANCINI.
- **Desafinado**, de N. MENDONCA y A. C. JOBIM.

- A. BURGESS publica **La naranja mecánica**, una parodia futurista sobre la sociedad, donde la juventud, violenta, cínica y criminal, se enfrenta a la hipocresía del sistema y a unos adultos casi anestesiados por el civismo.
- **El hombre en el castillo**, novela de ciencia-ficción de Philip K. Dick.
- El escritor peruano M. VARGAS LLOSA conquista el premio Biblioteca Breve que concede la editorial Seix Barral, por su novela **La ciudad y los perros**. *(1 Diciembre)*
- El escritor norteamericano J. STEINBECK, autor de *Las uvas de la ira* y *Tortilla Flat,* recibe el **Premio Nobel de Literatura**.
- **La noche de la iguana**, tormentoso drama de TENNESSEE WILLIAMS. El director JOHN HUSTON lo llevará al cine en 1964.
- **¿Quién teme a Virginia Woolf?**, obra maestra del dramaturgo E. ALBEE. M. NICHOLS realizará en 1966 la adaptación cinematográfica.
- En **La muerte de Artemio Cruz**, el mexicano C. FUENTES continúa la tradición de la novela realista de BALZAC, BAROJA y GALDÓS.
- **Obra abierta**, de UMBERTO ECO, uno de los textos claves sobre el papel del arte en el siglo XX.
- **La estructura de las revoluciones científicas**, ensayo en el que T. KUHN desarrolla la teoría del paradigma científico.
- **Cómo hacer cosas con las palabras**, texto de AUSTIN en el que este autor afirma que las palabras no sólo *dicen,* sino que también *actúan.*

- Triunfan en España los **consultorios radiofónicos**, como los de HELENA FRANCIS en *Radio Barcelona* y MONTSERRAT FORTUNY en *Radio España.*

- El programa radiofónico español **El gran musical** se convierte en la ventana de la música joven de todo el mundo.
- **El Santo**, de S. TEMPLAR, una serie británica popular en todo el mundo.
- **El extra**, comedia protagonizada por el inimitable MARIO MORENO "CANTINFLAS".
- **La escapada**, film de DINO RISI, con VITTORIO GASSMAN en el papel protagonista.
- **El hombre que mató a Liberty Valance**, un western crepuscular de JOHN FORD.
- ROGER CORMAN filma, basándose en diversos cuentos de EDGAR A. POE, **El péndulo de la muerte**.
- **Lawrence de Arabia**, monumental reconstrucción de la vida de T. E. LAWRENCE, realizada por DAVID LEAN. MAURICE JARRE compone la música.

- El ingeniero estadounidense N. HOLONYAK inventa los **diodos luminiscentes** o LED, que se generalizan como indicadores luminosos en todo tipo de dispositivos.
- **Primer vuelo orbital tripulado** en torno a la Tierra realizado por el teniente coronel estadounidense JOHN GLENN, a bordo de la nave *Friendship 7.* (20 Febrero)
- Los soviéticos lanzan al espacio las naves tripuladas **Vostok III y Vostok IV**, con lo que confirman el dominio de la URSS en la carrera espacial. *(15 Agosto)*

(Continúa)

El estadounidense Arnold Palmer ganó en 1962 su segundo Open británico consecutivo y su tercer Masters, después de los conseguidos en 1958 y 1960 (ganaría un cuarto en 1964).

diación de la ONU consiguió frenar la escalada de tensión. La ONU propuso la interposición entre el convoy soviético y los buques estadounidenses de una flota procedente de países no alineados.

La intermediación fue aceptada por la URSS, mientras que Estados Unidos solicitó además la retirada del arsenal soviético ya instalado en Cuba. A cambio de acceder a esta petición, la URSS exigió a Estados Unidos el compromiso de no invadir la isla. La URSS –manifestaba Jruschov a Kennedy en un mensaje escrito– había enviado cohetes a Cuba a raíz de los sucesos de Bahía Cochinos. Esas armas, aseguraba Jruschov, tenían un carácter exclusivamente defensivo. La respuesta favorable de Kennedy, en el sentido de aceptar contener las intenciones estadounidenses de invadir la isla, fue la jugada final que facilitó la solución de la crisis. El 29 de octubre Kennedy levantó el bloqueo durante los dos días en los que el secretario general de la ONU, U Thant, visitó Cuba.

La crisis de los misiles proporcionó a Castro unas condiciones históricas que no podía desaprovechar para consolidar su régimen en Cuba. Estados Unidos iba, tras la invasión frustrada de Bahía Cochinos y la crisis de 1962, a dejar por el momento en paz a la isla. El compromiso soviético de moderar su apoyo militar a Cuba tuvo además la contrapartida, favorable para el afianzamiento de la coexistencia pacífica, de la promesa norteamericana a la URSS de no incrementar la dotación de misiles en Turquía.

AMNISTÍA INTERNACIONAL

La fundación de Amnistía Internacional (AI), el 1 de octubre en Londres, fue uno de esos pequeños gestos que tienen la virtud de convertir nuestro planeta en un lugar un poco más cálido y habitable. AI no está vinculada a ninguna ideología, a ningún movimiento, a ninguna religión. Su fin último son las personas individuales. Su objetivo, denunciar las violaciones de los derechos humanos de los presos políticos y de conciencia en todo el mundo, bajo todos los regímenes; sin otra reticencia ni prejuicio respecto de las ideas que puedan defender esos presos, que la de su no vinculación a acciones violentas. Nadie, dice AI, debe padecer en su dignidad por el simple hecho de expresar unas ideas, sean o no éstas acertadas. Una organización así hacía falta en el mundo; y correspondió al jurista británico Peter Benenson y al político irlandés Sean McBride el indiscutible mérito de ser sus creadores. ■

Instantáneas *(continuación)*

1962

- La sonda norteamericana **Mariner II** alcanza el punto más cercano a Venus. *(14 Diciembre)*

- Nuevo **golpe de Estado** en la República Dominicana: el general P. RODRÍGUEZ ECHEVARRÍA derroca al presidente BALAGUER. *(19 Enero)*
- Ginebra acoge la celebración de una **conferencia sobre desarme** a la que asisten cinco representantes del bloque oriental, cinco del occidental y ocho de los países no alineados. *(14 Marzo)*
- Declaración del **alto el fuego** entre el FLN argelino y Francia, primer paso para el reconocimiento de la soberanía argelina. *(19 Marzo)*
- **Derrocamiento del presidente** argentino FRONDIZI por los militares. *(29 Marzo)*
- J. NEHRU es elegido nuevamente por su partido, el Partido del Congreso Nacional Indio, como **primer ministro de la India**, país del que es líder indiscutible desde el asesinato de GANDHI. *(3 Abril)*
- CASTRO cobra **rescates por los norteamericanos** que participaron en el frustrado desembarco de Bahía Cochinos. *(11 Abril)*
- En Francia G. POMPIDOU es el encargado de formar **nuevo gobierno** tras la renuncia del primer ministro M. DEBRÉ. *(14 Abril)*
- La policía de la República Democrática Alemana abate al joven PETER FECHTER cuando intentaba cruzar el muro que divide en dos la ciudad de Berlín. FECHTER se convierte así en la primera víctima del muro. *(17 Agosto)*
- Diversos **atentados con bomba** contra el régimen de Franco sacuden algunas ciudades españolas. Se cree que su autoría corresponde a grupos anarquistas. *(20 Agosto)*
- El nombramiento del general ONGANÍA como comandante en jefe del ejército argentino parece que supone el **fin de la crisis militar** entre los legalistas y los partidarios de implantar una férrea dictadura. *(22 Setiembre)*
- Se celebran las **primeras elecciones democráticas en la República Dominicana**. Las gana el candidato del Partido Revolucionario, JUAN BOSCH. *(20 Diciembre)*

- Se comercializa la **lata de bebida** con apertura de anillo.
- Un **temporal de lluvia** provoca inundaciones en toda la geografía española, causando cuantiosos daños. *(8 Enero)*
- Un **gigantesco alud de barro** asola la región andina de Perú, enterrando varios pueblos. Se calculan en tres mil las víctimas. *(10 Enero)*
- Apertura en España de las **salas de Arte y Ensayo**, dedicadas al cine de vanguardia o con escasas posibilidades de ser exhibidas en los circuitos comerciales. *(12 Enero)*
- Entra en vigor la **política agraria común** de la Comunidad Económica Europea. *(30 Julio)*
- En Irán una **catástrofe sísmica** provoca la muerte de más de doce mil personas. *(1 Setiembre)*

- **ARNOLD PALMER**, ganador del Open británico de golf dos años consecutivos.
- **EUSEBIO** lleva a su equipo, el Benfica, a ganar su segunda Copa de Europa. Conocido como el "Pelé europeo", tiene un gran sentido del fútbol colectivo.
- El Botafogo, con su excepcional delantera compuesta por GARRINCHA, DIDÍ, AMARILDO y ZAGALO, gana el **campeonato carioca de fútbol**. Tras la consecución del título, DIDÍ fichará por el Real Madrid.
- WILT CHAMBERLAIN logra la extraordinaria marca de 100 puntos en un partido oficial de baloncesto de la NBA. El jugador, de 2,18 m de estatura, anotará a lo largo de su carrera profesional (1959-1974), más de 30 mil puntos. *(2 Marzo)*

- **WILLIAM FAULKNER**, novelista norteamericano, autor, entre otras, de *El sonido y la furia* y *Santuario*. *(6 Julio)*
- **RAMÓN PÉREZ DE AYALA**, poeta y novelista español. *(5 Agosto)*
- **LEOPOLDO PANERO**, poeta español. *(27 Agosto)*
- **HERMANN HESSE**, novelista alemán, premio Nobel de Literatura de 1946. De su amplia producción cabe destacar *El lobo estepario* y *El juego de los abalorios*. *(27 Agosto)*
- **NIELS BOHR**, científico danés. *(19 Noviembre)*
- **CHARLES LAUGHTON**, actor británico. Dirigió una sola película: *La noche del cazador*, una obra maestra. *(16 Diciembre)*

1963

Se crea en España el TOP
3 MAYO

El gobierno del general Franco crea un tribunal especial, el Tribunal de Orden Público (TOP), con jurisdicción sobre todo el territorio nacional para juzgar los delitos político-sociales. Con esta medida el régimen franquista reestructura el aparato judicial, pasando al TOP atribuciones del antiguo Tribunal para la represión de la masonería y el comunismo y relevando a los tribunales militares del juicio de estas actividades. ➡ **1964**

El "tren bala"

Entra en servicio en Japón, entre la capital Tokio y la ciudad de Osaka, situada a 515 km, el "tren bala" japonés Shinkansen, que circula a una velocidad de 210 km/h. Los buenos resultados obtenidos con esta línea, la más rápida del mundo, suponen la inauguración de una nueva era en el transporte ferroviario de pasajeros, la de las líneas servidas por los llamados "trenes de alta velocidad". ➡ **1992**

Fallece el papa que renovó la Iglesia Católica
3 JUNIO

Muere en el Vaticano, a los 81 años, el papa Juan XXIII, impulsor del *aggiornamento* de la Iglesia católica. Durante su corto pontificado, Juan XXIII (1881-1963) convocó el Concilio Ecuménico Vaticano II, cuyos trabajos plantean una renovación profunda de la Iglesia para adecuarla a las circunstancias del mundo actual. La preocupación de este papa por la convivencia social y la paz en el mundo ha sido constante, y así aparece en su última encíclica, *Pacem in Terris*, dada a conocer el 11 de abril de este año. Su sucesor, Giovanni Battista Montini, es elegido por el conclave de cardenales el día 21 de junio, y adopta el nombre de Pablo VI. ➡ **1965**

Escándalo político-sexual en el Reino Unido
5 JUNIO

John Profumo dimite como ministro de Defensa británico al conocerse sus relaciones con Christine Keeler. Profumo había negado ante una comisión de la cámara de los Comunes que mantuviera cualquier tipo de relación con la muchacha, una *call-girl* que frecuentaba círculos sociales selectos; pero se ha visto finalmente forzado a admitir su aventura. Al parecer, el ya ex ministro comentó una serie de detalles sobre asuntos reservados a Christine Keeler, que a su vez los transmitió a un agregado de la embajada soviética en Londres.

Teléfono rojo entre Estados Unidos y la URSS
20 JUNIO

Estados Unidos y la Unión Soviética acuerdan instalar una línea directa de comunicación entre la Casa Blanca y el Kremlin. En el marco de las conversaciones sobre desarme que se llevan a cabo en Ginebra, las dos grandes potencias han decidido instalar lo que ya se conoce como *teléfono rojo*. Se trata de dos aparatos teleimpresores y un doble sistema de traducción que los jefes de Estado estadounidense y soviético utilizarán para comunicarse en caso de conflicto.

Una mujer en el espacio
JUNIO

La cosmonauta soviética Valentina Tereshkova (n. 1937) se convierte en la primera mujer que sale al espacio exterior durante la misión de la nave Vostok 6, en cuyo transcurso describe 48 órbitas alrededor de la Tierra. La misión, iniciada con el lanzamiento del cohete portador tipo A-1 desde el cosmódromo de Baikonur, dura aproximadamente 71 horas y finaliza con el aterrizaje de la cápsula a unos 600 km de Karanga. ➡ **1965**

Asalto al tren de Glasgow
8 AGOSTO

El tren correo Glasgow-Londres es objeto del robo más espectacular de la historia británica. Una banda perfectamente entrenada lleva a cabo de madrugada un audaz golpe planificado hasta el más mínimo detalle para hacerse, en sólo 15 minutos, con un soberbio botín de más de 2 600 000 libras esterlinas, que transportaba el tren correo. Con el tiempo se descubrirá que el cerebro del asalto es Ronald Biggs, que disfrutará tranquilamente de su parte del botín primero en España y después en Brasil, país que en 1974 se negará a extraditarlo.

Marcha por los derechos civiles en Washington
28 AGOSTO

Martin Luther King marcha sobre Washington al frente de miles de personas que se manifiestan pacíficamente por el ejercicio de los derechos civiles y contra el

Martin Luther King se dirige en Washington D.C. a los 200 000 manifestantes que lo acompañaron en su marcha por los derechos civiles. El compromiso contra el racismo y por la mejora de la situación de las minorías étnicas en su país, valdría al pastor protestante de Atlanta el premio Nobel de la Paz en 1964.

◀ *Tren japonés de alta velocidad. La línea de Tokio a Osaka, inaugurada en 1963, representó un nuevo concepto en las comunicaciones terrestres, pronto exportado a otros países.*

The Beatles, en la época de sus mayores éxitos. En primer plano, de izquierda a derecha, Paul McCartney, George Harrison y John Lennon. Detrás, el batería Ringo Starr. Lennon y McCartney componían la mayoría de las canciones del grupo, y se turnaban en el papel de vocalistas principales.

racismo. Una delegación de los manifestantes es recibida en la Casa Blanca por el presidente Kennedy, a quien exponen sus reivindicaciones. Éstas consisten en arbitrar los medios legales para acabar con la segregación racial en las escuelas y un paquete de medidas destinadas a mejorar la situación social y laboral de los negros. No obstante la buena disposición del gobierno, que ya ha presentado al Congreso un proyecto de ley favorable al desarrollo de los derechos civiles, éstos se siguen conculcando en algunos estados del sur del país, como Alabama. ➡ **1968**

Böll publica Opiniones de un payaso

Heinrich Böll (1917-1985) logra un gran éxito con su última novela, *Opiniones de un payaso*. El escritor alemán, ferviente católico, expone a través de la conmovedora e irónica historia de Schnier, un peculiar "payaso", su repugnancia ante las adulteraciones y perversiones del catolicismo adoptadas por algunos católicos para asegurar sus posiciones de poder político en la sociedad alemana. Con este libro, uno de los más vendidos de la posguerra, Böll descubre descarnadamente las miserias de la conciencia social de Alemania.

The Beatles, en cabeza en las listas de ventas
31 OCTUBRE

John y Jacqueline Kennedy ▶ circulan por Dallas en coche descubierto junto al gobernador de Texas John Connally y su esposa, el 22 de noviembre de 1963. Minutos después tendría lugar el atentado que acabó con la vida del presidente de Estados Unidos.

El lanzamiento de *She loves you* mantiene a The Beatles en el lugar más alto de las listas de ventas. El conocido grupo de pop rock de Liverpool revoluciona los gustos juveniles, y sus canciones, desde la primera que entró en las listas de discos más vendidos, *Love me do*, se sitúan en los primeros puestos en cuanto son lanzadas, como ha sucedido

con *Please, please me, From me to you* y ahora *She loves you* y *I want to hold your hand*. La *beatlemanía*, incluidas las frecuentes manifestaciones de histeria colectiva que se producen en sus apariciones públicas, se extiende rápidamente por todo el mundo, sobre todo entre un público juvenil, aunque alcanza también a la familia real británica, que asistirá al concierto que The Beatles ofrecerán en el Royal Variety Perfomance.

El Santos de Brasil gana la copa Libertadores

El Santos de São Paulo, Brasil, gana por segunda vez consecutiva la copa Libertadores de América, el torneo interclubes que reúne a los campeones de las distintas ligas americanas. El equipo paulista capitaneado por Edson Arantes do Nascimento, Pelé, mantiene de este modo su hegemonía futbolística continental.

Asesinato del presidente Kennedy
22 NOVIEMBRE

El presidente de Estados Unidos, John Fitzgerald Kennedy (1917-1963), primer presidente católico del país, es asesinado de varios disparos cuando circulaba por el centro de Dallas, en un coche descubierto, en el que también viajaban su esposa Jacqueline y el go-

bernador de Texas, John Connally, que también resulta herido. Poco después del atentado la policía detiene a Lee Harvey Oswald como presunto asesino, y éste es a su vez asesinado por el hampón Jack Ruby dos días más tarde. El informe de la Comisión Warren, que investigó el magnicidio, no conseguirá despejar todas las dudas sobre la autoría real del mismo.

Circulación extracorpórea

Diez años después de llevar a cabo la primera operación a corazón abierto con la ayuda de una máquina de circulación extracorpórea, John Gibbon mejora su aparato haciéndolo realmente operativo. Sin embargo los trabajos de su equipo, en el que se incluyen su esposa y varios colaboradores, se prolongarán a lo largo de 19 años. La máquina se conecta durante una intervención cardíaca, por un lado a los grandes vasos sanguíneos del paciente y por el otro a la aorta, y permite la oxigenación y la circulación de la sangre durante toda la operación. ➡ **1967**

Identificados los cuásares

El astrónomo estadounidense de origen neerlandés Maarten Schmidt (n. 1929) identifica por primera vez los cuásares con la ayuda del radiotelescopio de Jodrell Bank (Reino Unido). Schmidt estudiaba las fuentes de radia-

ción descubiertas por A.R. Sandage (n. 1926), que presentan un espectro muy característico, y logra explicarlo suponiendo que su gran corrimiento al rojo se debe a que se encuentran a gran distancia de la Tierra y que son de grandes dimensiones. Los llama "objetos cuasiestelares", nombre que derivará más tarde en "cuasar".

Nace el casete

La empresa neerlandesa Philips, que ha desarrollado en 1961 el minicasete para registros de audio, presenta ahora su revolucionario invento en Berlín, iniciándose así su comercialización. Se trata de un soporte de 10 cm de longitud que contiene una cinta especialmente diseñada para almacenar registros estereofónicos, si bien también se puede utilizar para grabaciones monoaurales. El éxito del nuevo soporte y del aparato empleado para su uso se debe en parte a que Philips ha cedido la patente gratuitamente a todos los fabricantes que deseen utilizarla, por lo que el casete se populariza a gran velocidad en todo el mundo.

Hitchcock crea un nuevo monstruo en Los pájaros

Como ya sucediera con *Rebecca*, Hitchcock utiliza un corto relato de Daphne du Maurier para crear otra obra maestra que añadir a la historia del séptimo arte. En el pueblo de Bodega Bay, la joven pareja que forman Melanie y Mitch se ve acosada por las intromisiones de la posesiva madre de él y por los extraños ataques de grandes bandadas de pájaros enfurecidos. Hitchcock logra arrancar escalofríos de angustia del público ante una imagen tan inocente y cotidiana como unos pájaros posados en unos hilos eléctricos. Su habilidad para situar la cámara dentro del espacio fílmico, el prodigioso trabajo del montador y la compleja elaboración del sonido, en la que colabora el compositor Bernard Hermann, son determinantes en el éxito del filme. La pareja protagonista está interpretada por Tippi Hedren y Rod Taylor, aunque la caracterización más notable es la de la veterana actriz Jessica Tandy, como la madre de Mitch.

Luchino Visconti dirige El Gatopardo

Adaptación de la novela homónima del príncipe de Lampedusa, *El Gatopardo* narra, a lo largo de sus doscientos minutos de duración, los acontecimientos de la revolución democrática que acabó con los privilegios de la aristocracia italiana, a través de la visión nostálgica del príncipe Fabrizio. Éste, prodigiosamente interpretado por Burt Lancaster, añora el pasado pero comprende la necesidad de adaptarse a los cambios sociales que se están produciendo y por eso aprueba la boda de su sobrino (Alain Delon) con la hija del zafio nuevo alcalde del pueblo (Claudia Cardinale). Visconti logra plasmar tanto los complejos sentimientos del viejo príncipe como la realidad social que lo rodea, mediante unas imágenes de enorme riqueza visual y una excelente dirección de actores.

Se estrena Cleopatra

Cleopatra, película que describe las relaciones de la reina Cleopatra con Julio César y Marco Antonio, pasará a la historia, esencialmente, por dos motivos. En primer lugar, la película tarda tres años en rodarse debido a una serie de acontecimientos desafortunados: una enfermedad de Elizabeth Taylor, los continuos desfases presupuestarios, algunos accidentes en la construcción de decorados, la meteorología adversa, etc.

Por otro lado, durante el largo rodaje, Elizabeth Taylor (Cleopatra) y Richard Burton (Antonio) inician una apasionada y tormentosa relación amorosa. Casados y separados dos veces, el carácter histérico y depresivo de ella y el alcoholismo de él harán correr ríos de tinta en la prensa sensacionalista de los años 60. En cuanto al filme propiamente dicho, los sucesivos remontajes realizados por la productora lo hacen irreconocible para su director, Joseph L. Mankiewicz.

Gran éxito del musical Los paraguas de Cherburgo, con música de Michel Legrand

El director francés Jacques Démy es uno de los nombres clave del cine musical europeo. En *Los paraguas de Cherburgo*, construye un atractivo melodrama romántico que logra atraer masivamente al público galo, gracias a la deslumbrante presencia de Catherine Deneuve y a la hermosa banda sonora de Michel Legrand. Con el mismo equipo artístico más Françoise Dorléac (hermana de Catherine Deneuve), Démy obtendrá un nuevo gran éxito en 1968 con *Las señoritas de Rochefort*, un sentido y fascinante homenaje al musical hollywoodiense, en el que tiene un pequeño papel el mismísimo Gene Kelly. Por su parte, Michel Legrand se consagrará a nivel internacional en 1970, al ganar un Óscar por la banda sonora del filme *Verano del 42*.

Alfred Hitchcock. El mago del "suspense" posa junto a uno de los "monstruos" creados por su prolífica imaginación: un pájaro.

◄ Elizabeth Taylor y Richard Burton en una escena de Cleopatra, *de Joseph L. Mankiewicz. El magnetismo de la pareja protagonista fue el mayor atractivo de una película que, en el aspecto artístico, quedó por debajo del nivel que cabía esperar.*

Magnicidio en Dallas

En el verano de 1963 el espíritu de reconciliación y de optimismo acompañan el viaje del presidente Kennedy a Berlín para manifestar su apoyo a la voluntad de integración de las dos Alemanias. De alguna forma, el gesto de Kennedy asume el deseo de la sociedad europea de terminar con una escisión pactada y exclusivamente política que obstaculizaba el futuro de una Europa en paz. Pero las prometedoras perspectivas abiertas en Berlín se truncan poco después en Dallas.

EL MAGNICIDIO DE DALLAS

El 22 de noviembre de 1963 el presidente de Estados Unidos, John F. Kennedy fue abatido por los disparos de un francotirador cuando, en un vehículo descapotado y en compañía de su esposa y del vicepresidente Johnson, visitaba Dallas. La presencia de la comitiva en la ciudad tejana se inscribía en una gira por los estados del sur del país, que se habían mostrado especialmente reacios a asumir los principios liberales del presidente demócrata. Muchas de las medidas diseñadas en la campaña electoral, como la apertura de los cargos de la administración pública a la población de color o la campaña decidida de lucha contra los monopolios, chocaron frontalmente con la hostilidad de una buena parte de la nación. Los sectores más derechizados de la sociedad empezaron por criticar el programa y acabaron por concentrar sus fuegos en la persona del Presidente. En ese contexto tuvo lugar el hasta hoy no totalmente esclarecido asesinato de Kennedy. La policía detuvo en el lugar de los hechos y acusó del magnicidio a Lee Harvey Oswald, que el 24 de noviembre fue a su vez asesinado a balazos, probablemente con el fin de silenciar su testimonio, por Jack Ruby, un oscuro personaje vinculado con la mafia.

El magnicidio conmovió profundamente a la nación norteamericana, en la que despertó un sentimiento colectivo por querer comprender y al tiempo borrar el sentimiento de culpa. Todos los indicios apuntaban a la hipótesis del asesinato como consecuencia de una compleja conspiración contra el presidente. La liturgia nacional organizada en torno a la muerte de Kennedy fue rentabilizada por el voto de-

Los restos de John F. Kennedy, cubiertos por la bandera de las barras y estrellas, son transportados al interior del Capitolio, en Washington.

mócrata, con efectos tan positivos que el presidente en funciones, Lyndon B. Johnson, carente del carisma que irradiaba Kennedy cuatro años antes, ganó las elecciones de 1964 por una mayoría mucho más amplia.

PACEM IN TERRIS

Angelo Giuseppe Roncalli, Juan XXIII o el "papa bueno", como lo llamaron muchos, falleció en el Vaticano el día 3 de junio. Dejó una importante obra en marcha, el Concilio Ecuménico, cuyos trámites procuró acelerar todo lo posible, consciente de que era poco el tiempo que tenía a su disposición, y cuya inauguración pudo celebrar personalmente, oficiando una misa solemne, en octubre del año 1962. Juan XXIII dejó también un hermoso testamento, la encíclica *Pacem in Terris*, pu-

blicada poco más de un mes antes de su muerte. El texto pontificio, hondamente enraizado en las difíciles circunstancias de su tiempo y de su mundo, rebasa con mucho el ámbito estricto de lo pastoral y constituye una lección de humanidad, luminosa y llena de serenidad, acerca de la opción de los cristianos por la paz y la convivencia social.

RAYUELA O LA LITERATURA COMO EXPERIMENTO

El argentino Julio Cortázar (1914-1984) publicó en 1963 *Rayuela*, una de las novelas experimentales más famosas del siglo, que ya desde sus comienzos invita al lector a decidir libremente el orden de su propia lectura, obligándolo a convertirse en cómplice del autor, de los narradores y los personajes, para sumergirlo en un fascinante laberinto literario que no sigue una trama convencional ni obedece a una causalidad lógica. Con el lenguaje y el estilo innovador que lo caracterizan y una poderosa fantasía, Cortázar rompe las le-

El programa Vostok *colocó en órbita, entre 1960 y 1963, seis naves espaciales tripuladas. En el* Vostok IV *salió al espacio la primera mujer, la cosmonauta soviética Valentina Tereshkova.*

Portada de Rayuela, *de Julio Cortázar. Como en el juego infantil, la novela permite al lector seguir su propio camino, saltando de casilla en casilla.* ▶

sus obras, destaca en *Rayuela* la creatividad imaginativa, la ironía y el humor con los que el autor se propone romper con la aceptación pasiva de una existencia rutinaria y encorsetada.

Otro acontecimiento importante marcó las letras hispanoamericanas en este mismo año: la muerte del poeta Luis Cernuda, una de las figuras más destacadas de la llamada Generación del 27, exiliado tras la guerra civil española en el Reino Unido, Estados Unidos, y finalmente México. El conjunto de su obra poética se recoge bajo el significativo título de *La realidad y el deseo*, como símbolo de un sentimiento trágico de la vida que nace del permanente conflicto entre los anhelos personales y la realidad, entre la apariencia y la verdad. Su poesía desnuda, su verso sobrio y su delicado espiritualismo servirán de ejemplo y de modelo para numerosas generaciones poéticas posteriores.

Dos grandes figuras de la literatura desaparecieron asimismo en 1963: el fran-

yes de lo previsible y pone de manifiesto los aspectos más inquietantes y misteriosos de la vida cotidiana, convirtiendo el relato en una búsqueda de la autenticidad de la existencia, pero también de la autenticidad del arte. Al igual que en el resto de

cés Jean Cocteau y el británico Aldous Huxley. El primero fue un artista polifacético recordado principalmente por su actividad como director de cine (*La Belle et la Bête*, 1946; *Orphée*, 1949) y autor teatral (*La machine infernale*, 1932; *Les pa-*

Instantáneas

- Inauguración en Barcelona del **Museo Picasso**. *(9 Marzo)*
- En una exposición celebrada en Florencia como reacción al academicismo de la pintura abstracta, se reivindica la necesidad de una **nueva figuración en arte**.
- FRANCIS BACON expone una **retrospectiva de su obra en el Museo Guggenheim** de Nueva York. Es ésta la primera exposición individual del pintor británico en Estados Unidos. Sus duras y violentas imágenes, sus representaciones de personajes sufriendo, no dejan indiferente al público que la visita.

- ***Blowin' in the wind***, de B. DYLAN.
- ***Be my baby***, de P. SPECTOR, E. GREENWICH y J. BARRY.
- ***Surfin' USA***, de C. BERRY.
- ***We shall overcome***, de Z. HORTON, F. HAMILTON, G. CARAVAN y P. SEEGER.
- ***Enamorada de un amigo mío***, de ROBERTO CARLOS.

- El japonés YUKIO MISHIMA publica *El marinero que perdió la gracia del mar*, una dura y poética novela, cumbre del arte de su autor.
- La prosa experimental italiana tiene un primer hito en *El aprendizaje del dolor*, del extraordinario prosista C.E. GADDA.
- Si el hermetismo dominaba la poesía italiana de preguerra, la nueva realidad exige un cambio en los poetas, al que MARIO LUZI responde con la mayor sobriedad de los poemas de *En el magma*.

- ***Las sandalias del pescador***, *best-seller* de M. L. WEST ambientado en el Vaticano. En 1968 será llevado al cine, con gran éxito, por M. ANDERSON con un reparto de lujo.
- La novela ***Rayuela***, del escritor argentino J. CORTÁZAR, sorprende por sus innovaciones técnicas, que permiten al lector la posibilidad de leerla sin seguir un orden preestablecido, lineal.
- ***El espía que surgió del frío***, una de las mejores obras de espionaje surgidas de la pluma del especialista J. LE CARRÉ.
- ***Quousque Tandem...!***, texto en el que el escultor vasco J. OTEIZA, quien había abandonado la práctica escultórica desde 1958, expresa su visión del mundo y del arte.
- ***El largo viaje***, novela del español J. SEMPRÚN, escrita en francés. Su argumento se inspira en las propias vivencias del autor como activista político.
- ***El rey se muere***, un "ensayo de aprendizaje de la muerte", despojado de todo artificio, obra del dramaturgo E. IONESCO.

- ***Doctor Who***, una serie de ciencia ficción para niños, producida por la BBC británica.
- ***¿Teléfono rojo? Volamos hacia Moscú***, vitriólica sátira de la guerra fría y el miedo nuclear, dirigida por S. KUBRICK. Lo mejor es la actuación de PETER SELLERS en un triple papel.
- VITTORIO DE SICA dirige a MARCELLO MASTROIANNI y SOFIA LOREN en *Matrimonio a la italiana*, una divertida comedia con guión de E. DE FILIPPO.
- ***El verdugo***, amarga película de L. GARCÍA BERLANGA. Una obra maestra del cine español.

- L. BUÑUEL realiza en Francia una de sus películas más interesantes: *El diario de una camarera*, con JEANNE MOREAU.
- En *Los tarantos*, F. ROVIRA BELETA narra la historia de Romeo y Julieta trasplantada a ambientes gitanos. Es la última película en la que participa la *bailaora* CARMEN AMAYA.
- ***Llanto por un bandido***, segundo film de C. SAURA, inspirado en la mítica figura del TEMPRANILLO.
- ***Lío en los grandes almacenes***, la más brillante colaboración entre el director F. TASHLIN y el cómico JERRY LEWIS.
- ***Tom Jones***, de T. RICHARDSON, sobre las andanzas de este joven seductor, se convierte en uno de los grandes éxitos del cine británico.
- ***El sirviente***, un cuento moral y perverso magistralmente filmado por JOSEPH LOSEY.

- Estados Unidos ha puesto en órbita el satélite de telecomunicaciones *Telstar II*. *(7 Mayo)*
- Regresa a la Tierra V. TERESHKOVA, comandante de la misión que la nave Vostok IV lleva a cabo en el espacio desde el día 16, convirtiéndose así en la **primera mujer cosmonauta**. *(19 Junio)*
- Los científicos británicos F. VINE y D. MATTHEWS exponen su **teoría sobre la tectónica de placas**.
- La marca Philips patenta casetes que permiten la **grabación del sonido**. En poco tiempo el nuevo invento sustituirá a las cintas magnetofónicas.

(Continúa)

Segunda versión de una pintura de 1946, de Francis Bacon (Ludwig Museum, Colonia). Es representativa de la violencia visual de la obra figurativa del pintor británico: un hombre se protege con un paraguas de una lluvia de carne de vacuno.

La bailarina Carmen Amaya falleció el 19 de noviembre de 1963. Poco antes se había estrenado Los Tarantos, de F. Rovira Beleta, en la que desempeñaba uno de los papeles principales.

rents terribles, 1938). Cocteau estuvo vinculado durante la época de las vanguardias a los espectáculos del dadaísmo, pero su teatro se convirtió pronto en una moderna parodia de la tragedia clásica y sus mitos, con una escritura provocadora en la que son constantes ciertos componentes surrealistas.

Aldous Huxley reflejó en sus obras tanto un hondo afán de experimentación formal como una fuerte preocupación intelectual por la profunda crisis de valores suscitada por los conflictos bélicos del siglo. Así, convirtió su novela *Contrapunto* (1928) en un ejercicio de fragmentación y de juego constructivo, aplicando la técnica musical a la que se refiere el título. Pero quizá su obra más famosa sea *Un mundo feliz* (1932), utopía satírica sobre una sociedad del futuro completamente dominada por la tecnología, de cuya ironía se desprende la falta de confianza en el progreso humano a la par que científico. ■

Instantáneas *(continuación)*

- Oposición de De Gaulle a la **entrada de Gran Bretaña en el Mercado Común Europeo.** *(14 Enero)*
- H. Wilson elegido **líder de los laboristas británicos.** *(14 Febrero)*
- Se funda en la capital etíope Addis Abeba la **Organización de la Unidad Africana** (OUA), con el propósito de que sus estados miembros se comprometan a respetar la soberanía de todos los estados africanos. A la asamblea no asistió Marruecos. *(26 Mayo)*
- El presidente norteamericano J.F. Kennedy **visita Berlín**, donde es recibido y aclamado por más de 400 000 personas. *(26 Junio)*
- El líder nacionalista A. Ben Bella es elegido presidente de Argelia. *(15 Setiembre)*
- El **presidente de la República Dominicana**, J. Bosch, del Partido Revolucionario Dominicano, es derrocado por un golpe militar siete meses después de tomar el poder y obligado a exiliarse. *(25 Setiembre)*
- Un **golpe de Estado**, promovido por el general Duong Van Minh, ha derrocado al presidente de Vietnam del Sur, Ngo Dihn Diem. El nuevo gobierno cuenta con el apoyo de Estados Unidos. *(1 Noviembre)*
- El presunto asesino de J.F. Kennedy, **Lee Harvey Oswald**, es asesinado por Jack Ruby en Dallas. *(24 Noviembre)*
- Raúl Leoni, nuevo presidente de la República de Venezuela. *(1 Diciembre)*

- El gobierno de Arabia Saudí decreta la **abolición de la esclavitud** en su territorio. *(2 Junio)*
- La detención del *ayatollah* Jomeini por las autoridades iraníes provoca toda una serie de incidentes y disturbios en Teherán. Ante el carácter violento de éstos, el gobierno ha proclamado el estado de sitio. *(5 Junio)*
- En España el dirigente comunista José Grimau es juzgado y condenado a muerte. A pesar de las presiones del exterior y de la intervención del Vaticano, la sentencia es ejecutada. *(18 Abril)*
- El torero Manuel Benítez El Cordobés toma la alternativa en Córdoba. *(25 Mayo)*
- Un **maremoto** causa más de 30 000 muertos en Pakistán. *(28 Mayo)*
- Se producen graves **disturbios raciales** en el estado norteamericano de Alabama, debido a la oposición de su gobernador, el derechista George Wallace, de impedir la entrada en los colegios reservados para blancos, de niños negros. *(9 Setiembre)*
- Nace en España el movimiento sindical **Comisiones Obreras.** *(14 Setiembre)*
- Se aprueba en España el llamado **Plan de Desarrollo Económico.** *(27 Diciembre)*
- La marca japonesa Pentel empieza a fabricar los **rotuladores de punta fina.**

- El mítico Lev Yashin, "la araña negra", se convierte en el **primer portero en recibir el Balón de Oro.**
- Se disputa en Budapest el primer campeonato del mundo de **gimnasia rítmica femenina**: las gimnastas rusas son las grandes triunfadoras.
- Nace un automóvil deportivo clásico: el **Porsche 911**, diseñado por "Butzi" Porsche.
- El tenista mexicano "Ratón" Osuna, **campeón de los internacionales de Estados Unidos** en Forest-Hill.

- El estadounidense D. Schollander nada **200 m libres con un tiempo de 1'58"8.**
- El equipo de baloncesto de los **Lakers** se trasladan de Minneapolis a Los Ángeles. En esta última ciudad lograrán sus mayores éxitos.

- **Ramón Gómez de la Serna**, escritor español. *(12 Enero)*
- **Juan XXIII**, Papa, en el quinto año de su pontificado. Le sucede Pablo VI. *(3 Junio)*
- **Pedro Armendáriz**, actor mexicano. *(18 Junio)*
- **Jean Cocteau**, escritor y cineasta vanguardista francés, gran animador de la vida cultural de su país. *(11 Octubre)*
- **Edith Piaf**, cantante francesa, inolvidable intérprete de canciones como *La vie en rose*. *(11 Octubre)*
- **Luis Cernuda**, poeta español, miembro destacado de la Generación del 27. Muere en México, donde residía desde el final de la guerra civil española. *(5 Noviembre)*
- **Carmen Amaya**, bailaora española. *(19 Noviembre)*
- **Aldous Huxley**, novelista británico, autor de *Contrapunto* y *Un mundo feliz*. *(22 Noviembre)*
- **Ernesto Lecuona**, compositor y pianista cubano, autor de zarzuelas como *El cafetal* y canciones como *Siboney*. *(29 Noviembre)*
- **Tristan Tzara**, poeta francés de origen rumano, fundador del movimiento dadá. *(24 Diciembre)*
- **Paul Hindemith**, compositor alemán, autor de una amplia producción en la que descuellan títulos como las óperas *Cardillac* y *Mathis der Maler*. *(28 Diciembre)*

1964

Crece la tensión entre griegos y turcos en Chipre
12 FEBRERO

La falta de entendimiento entre las comunidades turca y griega de Chipre provoca graves enfrentamientos. Desde la obtención de la independencia, en 1960, el presidente grecochipriota Makarios y el vicepresidente turcochipriota Fazil Küçük acusan las tensiones de ambas comunidades. La crisis estalla finalmente al aprobarse (diciembre 1963) una Constitución destinada a unificar la administración del nuevo Estado. La violencia de los choques de ambos bandos va en aumento, mientras Grecia moviliza sus tropas y Turquía amenaza con invadir Chipre. Ante la prolongación de esta situación, la ONU decidirá intervenir en abril con una fuerza de paz.

Cassius Clay gana el título mundial
25 FEBRERO

En una apasionante pelea, el boxeador estadounidense Cassius Clay (n. 1942) derrota a Sonny Liston y se corona campeón mundial de la máxima categoría. Clay, quien este mismo año se ha convertido al islamismo y cambiado su nombre por el de Muhammad Alí, ya había logrado el campeonato olímpico de los semipesados en Roma hace cuatro años. Su hegemonía se verá truncada en 1967, al ser desposeído del título por negarse a combatir en la guerra de Vietnam. En 1974 lo recuperará al vencer a George Foreman, y lo mantendrá durante cuatro años antes de perderlo a los puntos frente a Leo Spinks.

Se celebran los Juegos Olímpicos
29 ENERO - 9 FEBRERO Y 10-24 OCTUBRE

Se celebran en Innsbruck, Austria, y en Tokio, Japón, los Juegos Olímpicos de invierno y verano. La URSS es, con 11 medallas de oro, la gran triunfadora de los Juegos Olímpicos de invierno, y la patinadora Lydia Skoblikova, su gran estrella. En Tokio, en los estadios gemelos construidos por Kenzo Tange (n. 1913), se desarrollan los XVIII Juegos Olímpicos de verano con un gran éxito organizativo debido al racional aprovechamiento de los avances técnicos. En esta ocasión participan 5 140 atletas, entre ellos 683 mujeres, en representación de 93 países. Las grandes figuras son el etíope Abebe Bikila, ganador por segunda vez del maratón; los estadounidenses Don Schollander, que consigue cuatro medallas de oro y bate el récord mundial de los 400 m libres; Bob Hayes, que baja de los 10 segundos en los 100 m lisos; Al Oerter, campeón olímpico por tercera vez en lanzamiento de disco; el neerlandés Anton Geesink, que acaba con la imbatibilidad japonesa en judo, y la nadadora australiana Dawn Fraser, quien mantiene su primacía en los 100 m libres.

Veinticinco años de régimen franquista
1 ABRIL

El gobierno del general Franco festeja el aniversario de la victoria en la guerra civil española con gran pompa. Bajo el lema "25 años de paz", además de la celebración oficial el régimen acuerda un indulto general. En un clima marcado por el desarrollo económico impulsado por el Plan de Estabilización, el carácter dictatorial del régimen sigue siendo el aspecto más polémico, tal como lo resalta el padre Escarré, abad de Montserrat, quien declara que en España *"no tenemos tras nosotros veinticinco años de paz, sino veinticinco años de victoria".* ➡ **1969**

La presa de Asuán
13 MAYO

El jefe del Estado egipcio Gamal Abdel Nasser (1918-1970) inaugura la mayor presa del mundo, situada cerca de la ciudad de Asuán, en Nubia, aguas abajo de la primera catarata del río Nilo. La presa tiene 3,6 km de largo y 111 m de altura, y junto a ella se ha construido una central hidroeléctrica con una capacidad de producción de 5 300 millones de kWh. La presa, ideada para regular las inundaciones periódicas del valle del Nilo, formará un gran lago de 60 000 km^2 de superficie. Para evitar la desaparición bajo las aguas de importantes monumentos de la cultura egipcia se impulsa una campaña de salvamento cuya operación más importante será el "despiece y traslado" vertical del templo de Abu Simbel.

Mary Quant impone la minifalda
10 JULIO

La diseñadora británica Mary Quant (n. 1934) revoluciona la moda al acortar la falda de las mujeres por encima de la rodilla. Quant rompe con los moldes tradicionales y responde a las exigencias de una juventud dominada por un espíritu inconformista, ofreciéndole una moda fresca y desenfadada. La minifalda, que tendrá en la modelo británica Twiggy a una de sus portadoras más emblemáticas, se popularizará rápidamente y llegará incluso a los salones de la alta costura parisina a través del modisto André Courrèges.

Anquetil gana el **Tour** por quinta vez
14 JULIO

El ciclista francés Jacques Anquetil (1934-1987) gana la 51ª edición del *Tour* de Francia. Anquetil viene de ganar el *Giro* de Italia, que también ganó en 1960, y logra su quinta victoria en la carrera ciclista por etapas más importante del mundo, cuatro de ellas de forma consecutiva. La estrategia deportiva del ciclista francés anticipa la que seguirá años después el español Miguel Induráin: marca diferencias en las etapas contra reloj, su gran especialidad, y las defiende en la montaña.

Cartel anunciador de los Juegos Olímpicos de invierno de Innsbruck.

Propaganda de los 25 años del régimen de Franco en España.

El estadio olímpico cubierto de Tokio, obra de Kenzo Tange.

Marat en el baño, en un momento de la representación del Marat-Sade de Peter Weiss.

Fotografía oficial de Nikita Jruschov, luciendo en su solapa derecha la medalla del premio Lenin de la paz, y en la izquierda las tres estrellas de héroe del trabajo soviético. Los malos resultados de las reformas económicas precipitaron su caída, al poco de haber cumplido los setenta años.

Imagen radiotelescópica de la radiación cósmica predicha por G. Gamow y descubierta experimentalmente por A. Penzias y R. Wilson en 1964.

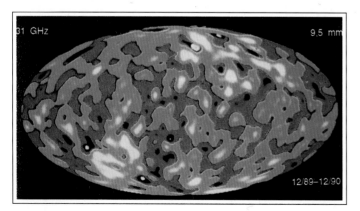

Incidente de Tonkín
2 AGOSTO

Torpederos norvietnamitas atacan el destructor *Maddox* y otros navíos estadounidenses que patrullaban las aguas del golfo vietnamita de Tonkín. Como consecuencia de ello, el presidente Lyndon B. Johnson convoca al Congreso y al Senado de Estados Unidos, y recaba su autorización para realizar incursiones de represalia contra bases navales y refinerías de petróleo de Vietnam del Norte. La resolución de las cámaras estadounidenses marcará el principio de la escalada bélica en Vietnam, en la que Estados Unidos comprometerá su poderosa maquinaria militar. ➡ **1968**

Jruschov es apartado del poder en la URSS
14 OCTUBRE

Nikita Jruschov es destituido como jefe del Estado y secretario general del partido por el Comité Central del PCUS. Al parecer, el deterioro de las relaciones con China y el temor a una guerra con ésta han colmado la paciencia de la vieja guardia comunista, que no le perdona los aires de renovación con los que barrió el estalinismo y la ligera apertura política que permitió en los países hegemonizados por la URSS. Alexei Kosiguin y Leonid Brezhnev ocuparán los cargos de jefe del gobierno y secretario general del partido respectivamente. ➡ **1966**

Peter Weiss estrena Marat-Sade

El escritor alemán, nacionalizado sueco, Peter Weiss (1916-1982), conocido hasta ahora por la novela *La sombra del cuerpo del cochero*, publicada en 1960, obtiene un señalado triunfo como dramaturgo con el estreno de su primera obra teatral, *La persecución y el asesinato de Jean-Paul Marat, tal como fue representado por los actores improvisados del hospicio de Charenton bajo la dirección del marqués de Sade*, título completo de la obra mundialmente conocida como *Marat-Sade*. El drama será objeto de una memorable adaptación a la pantalla por Peter Brook, en 1967.

Radiación de fondo

El astrofísico estadounidense de origen alemán Arno Allan Penzias (n. 1933) y el radioastrónomo Robert Wilson (n. 1936) detectan experimentalmente, mientras realizan estudios con el radiotelescopio de los laboratorios Bell, la radiación de fondo predicha por G. Gamow y sus colaboradores en 1948. Encuentran de este modo la prueba que sustenta el llamado modelo del Big Bang (gran explosión), según el cual el origen del universo se remonta a unos 15 000 millones de años. Ambos serán galardonados con el premio Nobel de Física de 1978, que compartirán con el soviético Piotr Kapitsa (1894-1984). ➡ **1990**

El modelo quark

El físico teórico estadounidense Murray Gell-Mann (n. 1929) propone la existencia de partículas subatómicas constitutivas de los protones y neutrones, a los que llama quarks. Inicialmente propone la existencia de tres quarks (up/arriba, down/abajo y strange/extraño) y de sus correspondientes antiquarks. Se trata de estados ligados, que no se pueden observar individualmente. Más tarde la teoría electrodébil de S.L. Glashow (n. 1932), S. Weinberg (n. 1933) y A. Salam (1926-1996) permite descubrir un cuarto quark (charme/encanto) al que se sumarán más tarde los quarks bottom/fondo o beauty/belleza y el quark top/cima o truth/verdad. A lo largo del siglo se confirmarán experimentalmente la existencia y propiedades de todos ellos. ➡ **1994**

Independencia de Kenia
12 DICIEMBRE

Kenia se convierte en República independiente dentro de la Commonwealth, con Jomo Kenyatta como presidente. Tras el período de violencia generado por el terrorismo de los Mau Mau y la represión de las autoridades coloniales británicas, éstas se han visto obligadas a conceder a Kenia el autogobierno primero, y ahora la independencia plena. El presidente Kenyatta proyecta combatir la fragmentación tribal mediante una constitución centralista, y desarrollar una política de colaboración con algunos jefes, sobre todo Tom Mboya, de la tribu luo, y de "africanización" del país.

Se estrena el musical My fair lady

My fair lady es la adaptación cinematográfica del musical del mismo título que triunfó en los escenarios de Broadway y que se inspiraba directamente en la obra de Bernard Shaw *Pigmalión*. George Cukor, director de clásicos como *Historias de Filadelfia*, *Nacida ayer* o *Ha nacido una estrella*, logra su único Óscar con este musical, que cuenta en sus papeles estelares con Audrey Hepburn radiante en el papel de la florista Elisa Doolittle, y con un inspirado Rex Harrison como el profesor Higgins. En la edición de los Óscares de 1964, *My fair lady* consigue ocho estatuillas, entre ellas la concedida a la mejor película.

Nace el Tetra Brik

El inventor sueco Ruben Rausing (1895-1983), inventor del sistema de envasado en cartón y fundador de la empresa Tetra Pak (1956), presenta un nuevo tipo de envase para líquidos que no deben estar expuestos a la acción de la luz. Se trata del Tetra Brik, que se popularizará en todo el mundo y cuyo uso permitirá la presencia de su empresa, a su muerte, en más de 85 países del mundo.

El ocaso de Jruschov y la lucha por los derechos civiles en Estados Unidos

Mientras China pone en marcha su primer experimento atómico, Estados Unidos, hasta el momento presente en Vietnam del Sur sólo con sus consejeros militares, decide intervenir abiertamente en el conflicto vietnamita, al ser atacados sus efectivos por Vietnam del Norte en el golfo de Tonkín. Casi en la mitad de la década, el progreso de la paz y del bienestar parece limitarse a un bien interno accesible sólo a las sociedades occidentales.

LA DESAPARICIÓN POLÍTICA DE JRUSCHOV

Nikita Jruschov estuvo al frente de la URSS entre 1958 y 1964. En octubre de 1964 fue apartado de sus cargos por la cúspide de su partido. Alexei Kosiguin y Leonid Brezhnev tomaron el relevo. Oficialmente, la ortodoxia soviética le acusó de sobrepasar sus atribuciones y de manifestar actitudes populistas. Sin embargo, escasos años antes, cuando en enero de 1959 Jruschov inauguró las sesiones del XXI Congreso del PCUS, su posición al frente del Estado era muy sólida. Su talante campechano, aunque en la línea personalista de sus antecesores, le granjeó la confianza de los poderes públicos en la URSS.

Desde mediados de la década de los años 50, la vida soviética había experimentado grandes transformaciones que la etapa de Jruschov rentabilizó y consolidó en alguna medida. No en vano el final del estalinismo había estado marcado por un esfuerzo de reconstrucción nacional sin precedentes. Pero la prioridad que los Planes Quinquenales atribuían a los bienes de producción sobre los de consumo mantenía el nivel de vida de la población al borde del estancamiento. El fuerte desarrollo de la industria pesada generaba aglomeraciones urbanas pésimamente abastecidas. A la muerte de Stalin, los planificadores intentaron atajar los males del sistema, mejorando e incrementando la producción para el consumo y ofreciendo a la ciudadanía algunas cuotas de libertad.

Pese a que Jruschov había hecho formalmente suyos los propósitos de corrección de la economía soviética, su objetivo fundamental siguió siendo emular los niveles de producción norteamericanos, para cuya consecución decidió intensificar la

Leonid Brezhnev durante el discurso de apertura del 24º Congreso del Partido Comunista de la Unión Soviética. Su férreo control de los aparatos del partido le permitió acumular apoyos para destituir a Jruschov en 1964.

explotación de las fuentes de energía y desarrollar la industria pesada. Aplicó la descentralización al sistema productivo e intentó luchar contra la burocratización de las instituciones del Estado dando a los consejos económicos regionales, dentro de las directrices del *Gosplan* estatal, autonomía para gestionar recursos y producción. El caos organizativo resultante obligó en 1963 a la suspensión de la experiencia descentralizadora. Como ella, quedaron en entredicho los experimentos agrícolas que Jruschov intentó poner en práctica desde el Comité Central con el fin de rentabilizar las explotaciones y abrir nuevas extensiones al cultivo y al empleo de la población activa de regiones remotas y deprimidas. Los mecanismos coercitivos empleados con el campesinado y las malas cosechas de 1963 contribuyeron a acelerar la caída de Jruschov. En el capítulo industrial, el Plan Septenal 1959-1965 se reveló excesivamente ambicioso, y se saldó con un fracaso. La demanda de productos de consumo superó con creces los resultados obtenidos, y el desarrollo tecnológico no llegó con la rapidez prevista.

En el terreno de la política, las maneras bonachonas de Jruschov no ocultaban la concentración del poder operada en los últimos años. El poder del Presídium fue recortado, y la organización dividida en ramas para su mejor control. Las bases del Partido dieron entrada a población no obrera y el Ejército Rojo, reorganizado en 1960, perdió buena parte de sus efectivos profesionales, aunque se agrupó en torno a Jruschov, que creó además una milicia, los *vigilantes populares,* con atribuciones sobre el orden público. El PCUS recobró algunos elementos de coacción característicos de la etapa estalinista. Así, a finales de 1964 la oposición liderada por Brezhnev, Kosiguin y Podgorny, convocó un pleno del Comité Central y desde él dio un golpe de fuerza que terminó con la década de Jruschov.

Maria Callas *en* Medea *de Cherubini, uno de los autores clave, con Bellini y Donizetti, del repertorio romántico y* belcantista, *en el que la soprano griega destacó especialmente.*

LUTHER KING, PREMIO NOBEL DE LA PAZ

En 1964, a raíz de las protestas raciales de carácter radical producidas en los barrios negros de Nueva York, Filadelfia, Chicago y Nueva Jersey, Martin Luther King hizo un llamamiento en favor de la resistencia no violenta. Ese mismo año, el rey de Noruega le hizo entrega del premio Nobel de la Paz. Nacido en Atlanta, Georgia, en 1924, el pastor protestante Martin Luther King creció en una época y en un ambiente en los que la segregación racial y la desigualdad social en Estados Unidos eran muy profundas. Existía una legislación integracionista, pero pocos ciudadanos blancos la respetaban. Durante la Segunda Guerra Mundial, la incorporación de la población de color a las unidades de combate forzó a la nación a rectificar en alguna medida su política relativa a la igualdad racial.

En 1954 la Administración Eisenhower reiteró la inconstitucionalidad de la segregación de las razas, dando origen a una guerra en el terreno legal y, sobre todo, en el espacio social. Durante los años cincuenta, y paralelamente a la agudización de las tensiones sociales y raciales, varios movimien-

El look *de la década: colores vivos, aire juvenil, ojos subrayados por el rímel, pelo cardado.*

tos de color, de diferente signo ideológico y filiación política, protagonizaron importantes experiencias de organización ciudadana. Creció la afiliación al movimiento *República Africana* de Marcus Garvey y surgió la *Hermandad de sangre africana,* de Ciril V. Briggs, con vinculaciones comunistas. La *NAACP, Asociación Nacional*

Instantáneas

- El arquitecto danés J. UTZON ha diseñado la **Ópera de Sydney**.
- El artista plástico estadounidense R. RAUSCHENBERG **triunfa en la Bienal de Venecia** y con él todo el movimiento Pop Art, en unas obras que intentan expresar la esencia de la sociedad de consumo a partir de los objetos que la caracterizan: latas de Coca-Cola, desechos, etiquetas...
- A. WARHOL, el artista más controvertido del Pop Art estadounidense, inicia una serie de retratos de Marilyn Monroe, basados en una fotografía de prensa.

- **El joven Lord** de H. W. HENZE, una de las pocas óperas cómicas que ha dado el siglo XX.
- **Hyperion**, hermética y sugerente partitura de B. MADERNA, uno de los más destacados representantes de la Escuela de Darmstadt.
- **MARIA CALLAS** triunfa con *Norma* de BELLINI, en la Ópera de París.
- D. SHOSTAKOVICH escribe para la versión fílmica de *Hamlet*, que dirige G. KOZINTSEV, una banda sonora de descarnada violencia expresiva.
- **Oh pretty woman**, de R. ORBISON.
- **The house of the rising sun**, de A. PRICE.
- **She loves you**, de J. LENNON y P. McCARTNEY.
- **La chica de Ipanema**, de A. C. JOBIM.
- **Everybody loves somebody**, de K. LANE e I. TAYLOR.

- **Herzog**, novela del estadounidense SAUL BELLOW sobre un hombre solitario, abatido, y su relación con el exterior.

- El escritor uruguayo J. C. ONETTI continúa en su novela **Juntacadáveres** su personal exploración del desencantado universo de la imaginaria región de Santa María.
- **El hombre unidimensional**, de H. MARCUSE, un clásico de la filosofía social que influyó poderosamente en los movimientos estudiantiles del 68.
- El novelista y filósofo francés J.-P. SARTRE **rechaza el premio Nobel de Literatura** por motivos políticos. *(10 Octubre)*

- **Dios y el diablo en la tierra del sol**, título capital de la cinematografía brasileña, realizado por GLAUBER ROCHA.
- Sobre una novela de M. DE UNAMUNO, M. PICAZO realiza un clásico del cine español: **La tía Tula**.
- **Zorba el griego**, filme dirigido por M. CACOYANNIS, basado en la novela homónima de N. KAZANTZAKIS, y con ANTHONY QUINN como protagonista. La música de THEODORAKIS gozará de una amplia difusión.
- **El desierto rojo**, claustrofóbico drama realizado por M. ANTONIONI, con MONICA VITTI y RICHARD HARRIS como protagonistas.
- **La pantera rosa**, de BLAKE EDWARDS, una disparatada y original comedia con PETER SELLERS encarnando al inspector Clouseau. Su éxito provocó diversas secuelas realizadas por el mismo director y protagonista.
- **Pierrot el loco**, cinta con la que J.-L. GODARD se convierte en uno de los más polémicos directores del momento. JEAN-PAUL BELMONDO y ANNA KARINA forman la pareja protagonista.
- **América, América**, de E. KAZAN, retrata el sueño de unos emigrantes.
- **Mary Poppins**, clásico indiscutible del cine familiar de la factoría DISNEY, firmado por

R. STEVENSON y protagonizado por JULIE ANDREWS. Algunas de sus mejores escenas combinan dibujos animados y personajes reales.
- En la plenitud de su fama, THE BEATLES protagonizan **Qué noche la de aquel día**, un filme dirigido por RICHARD LESTER.
- **El fugitivo**, serie que narra los avatares de un médico injustamente acusado del asesinato de su mujer.
- **El virginiano**, un *western* televisivo que goza de gran audiencia en todos los países en los que se emite.
- Nace el spaguetti-western: *Por un puñado de dólares*, del director italiano SERGIO LEONE con música de ENNIO MORRICONE.
- Estreno en Nueva York de *El violinista en el tejado*, obra musical escrita por JOSEPH STEIN a partir de los relatos populares de SHOLOM ALEICHEM. *(22 Setiembre)*

- IBM desarrolla el **primer procesador de textos** de la historia, el MTSM.

- CONSTANTINO sucede en el **trono de Grecia** a su padre el rey PABLO I, muerto durante una operación quirúrgica. *(6 Marzo)*
- En Haití F. DUVALIER, más conocido como *Papa Doc*, ha sido proclamado **presidente vitalicio**. *(1 Abril)*
- Un **golpe de Estado provoca la caída del presidente** brasileño J. GOULART, quien durante su mandato había establecido relaciones con la Unión Soviética y legalizado el Partido Comunista. *(2 Abril)*

(Continúa)

El rey Pablo I de Grecia, fallecido en 1964, sería sucedido en el trono por su hijo Constantino.

para el Mejoramiento de la Gente de Color, de signo interclasista y pacifista, abrió locales en la mayoría de los estados.

En los años sesenta los movimientos en favor de los derechos civiles de la población negra radicalizaron sus acciones. El desempleo y los bajos niveles de ingresos constituían el reverso de una sociedad que crecía en la abundancia de bienes materiales. También entonces irrumpió en la escena norteamericana la figura de Luther King. King predicó la idea de la lucha en defensa de la justicia social, y no de la raza en sí misma. Postulaba la resistencia pasiva como respuesta a los inquietantes y violentos ataques de que eran objeto los negros por parte de los grupos de fanáticos blancos que, como los seguidores del viejo Ku Klux Klan, se oponían a la igualdad de los derechos civiles.

El propio King, a lo largo de toda su vida, sufrió agresiones físicas, como sus familiares y propiedades, e incluso fue encarcelado por sus actividades antirracistas. La posición de la administración Kennedy en defensa de los derechos civiles fue más tibia de lo que había esperado la comunidad negra, lo cual favoreció la irrupción en la escena de facciones que, como la liderada por Malcolm X, defendían la violencia como forma de lucha. Luther King sobrevivió a Malcolm X tres años; éste fue asesinado en 1965, y aquél en 1968. Pero con la muerte de King se vino abajo la vía integracionista para la defensa de los derechos cívicos de la población de color, y en cambio sobrevivieron las formas violentas de lucha. ■

Instantáneas *(continuación)*

- La OEA (Organización de Estados Americanos) resuelve el **bloqueo a Cuba**, la suspensión de todo intercambio comercial y diplomático con el régimen de CASTRO. México es el único país que rechaza esta disposición. *(3 Agosto)*
- En las elecciones a la **presidencia de Chile** el democristiano E. FREI vence a S. ALLENDE. *(4 Setiembre)*
- China realiza su **primera explosión atómica**, convirtiéndose en una potencia nuclear. *(16 Octubre)*
- **El general R. BARRIENTOS**, hasta entonces vicepresidente boliviano, se hace con la presidencia de su país, provocando el exilio del presidente V. PAZ ESTENSSORO. *(3 Noviembre)*
- El demócrata L. B. JOHNSON es elegido **presidente de Estados Unidos** con más de quince millones de votos que su rival, el candidato republicano B. GOLDWATER. *(3 Noviembre)*
- Se crea en Jordania la **Organización para la Liberación de Palestina** (OLP). *(2 Junio)*
- **MOÏSE TSHOMBÉ** regresa del exilio y es nombrado primer ministro de la República del Congo. *(10 Julio)*
- G. DÍAZ ORDAZ, representante del ala más conservadora del PRI, accede a la **presidencia de México**. *(1 Diciembre)*

- Jerusalén acoge la celebración de la **cumbre ecuménica** que reúne al papa PABLO VI y al patriarca de Constantinopla ATENÁGORAS. Se trata del primer encuentro de este tipo desde el cisma de 1493. *(4 Enero)*
- Unos **328 espectadores mueren en Lima** a raíz de los incidentes causados por el público durante un partido de fútbol entre Perú y Argentina. *(24 Mayo)*

- En África del Sur el dirigente negro N. MANDELA es **condenado a cadena perpetua** por sabotaje y conspiración contra el gobierno de la minoría blanca. *(14 Junio)*
- Los barrios negros de Nueva York son escenario de violentos incidentes a causa de las **manifestaciones de la comunidad negra contra la discriminación racial**. Los enfrentamientos con la policía han provocado la muerte de un niño de diez años. *(2 Julio)*
- M. L. KING, líder de la lucha por los derechos de la comunidad afroamericana, recibe el **Premio Nobel de la Paz**. *(10 Diciembre)*
- Ford lanza al mercado un **nuevo modelo de coche deportivo**: el Ford Mustang
- Aparece **Action Man**, un muñeco articulado destinado a los niños que, en sus versiones de soldado o de aventurero, obtiene un gran éxito.
- VIDAL SASSON crea un **nuevo tipo de peinado**, corto y con la nuca en punta.
- TERENCE CONRAN abre la primera de una serie de **tiendas Hábitat de diseño para el hogar**, que luego se expandirán por todo el mundo.
- BARBARA HULANICKI inaugura en Londres la **boutique BIBA**, que marcará el diseño de ropa y cosméticos durante años.

- Helenio Herrera triunfa en el fútbol italiano con una estrategia que lo hará popular en todo el mundo: el *catenaccio* o cerrojo defensivo, que consiste en situar un *libero* o defensor libre, cuya misión es ayudar a la línea defensiva e impulsar el contraataque
- **Cassius Clay**, campeón del mundo de boxeo.
- V. SALDÍVAR, campeón de **boxeo en la categoría de peso pluma**.
- El equipo nacional USA nada los **4 × 100 m libres en menos de 4 minutos**.

- J. Á. IRÍBAR, portero de la selección española, ganador del Campeonato de Europa de selecciones nacionales, logra el **récord de entorchados con la selección**: 49 partidos jugados.
- Sir STANLEY MATTHEWS **se retira del fútbol** como jugador, tras una excepcionalmente larga carrera que inició en 1931.
- El estadounidense T. MANN **nada los 100 m espalda en un minuto**.

- «Voy a construir el modelo de nación que el presidente Roosevelt soñó, por la que el presidente Truman luchó, y por la que el presidente Kennedy murió.» L. B. JOHNSON, candidato demócrata a la presidencia de EE.UU.
- «Las jóvenes están hartas de llevar básicamente lo mismo que sus madres.» M. QUANT, creadora de la minifalda.

- ALEXANDER ARCHIPENKO, escultor ruso nacionalizado estadounidense. *(24 Febrero)*
- JAWAHARLAL NEHRU, primer ministro indio y líder de los países no alineados. *(27 Mayo)*
- GIORGIO MORANDI, pintor italiano célebre por sus naturalezas muertas. *(18 Junio)*
- IAN FLEMING, escritor británico. Es el creador del agente secreto 007, el popular JAMES BOND. *(12 Agosto)*
- SEAN O'CASEY, escritor irlandés. *Juno y el pavo real* y *La copa de plata* son dos de sus obras. *(18 Setiembre)*
- COLE PORTER, compositor estadounidense, figura relevante de la canción y el musical americanos. *(15 Octubre)*
- EZEQUIEL MARTÍNEZ ESTRADA, poeta, narrador y ensayista argentino. *(3 Noviembre)*

1965

Huari Bumedián apartó a Ben Bella del poder e imbuyó un mayor rigor a los presupuestos socializantes del FLN, el partido único de la revolución argelina.

Intervención de los bomberos para apagar un incendio durante los violentos disturbios raciales de Watts, el barrio negro de Los Ángeles.

Estreno de Los soldados
15 FEBRERO

Colonia acoge el estreno de una de las óperas clave de la segunda mitad del siglo XX: *Los soldados*, de Bernd Alois Zimmermann (1918-1971), única ópera compuesta por este músico alemán. Obra difícil, tanto por su argumento (tomado del drama homónimo de 1775 de Jakob Michael Lenz) como, sobre todo, por su música, de un serialismo riguroso en el que las formas musicales tradicionales se combinan con elementos de la música concreta y electroacústica, del jazz y de técnicas inspiradas en el collage, es todo un manifiesto del teatro musical contemporáneo, de una altura parecida a la de *Wozzeck* o *Lulu* de Alban Berg.

Cae asesinado Malcolm X
21 FEBRERO

El líder negro estadounidense Malcolm X (1925-1965) es abatido a tiros durante un mitin en Nueva York. El carismático Malcolm Little, conocido como Malcolm X, era la voz más radical de la población negra. Era presidente de la organización Pro Unidad África-América y partidario de la violencia para defender los derechos de su comunidad. Tras su asesinato, muchos de sus seguidores achacarán la autoría del mismo a Elijah Muhammad, jefe de los *Black Muslims* o Musulmanes Negros, que mantenía una conflictiva rivalidad con Malcolm X desde que éste abandonó su organización el año pasado.

Primer paseo espacial
18 MARZO

El cosmonauta soviético Alexei A. Leonov (n. 1934) se convierte en el primer ser humano que lleva a cabo un "paseo espacial" conectado por un cable a la nave *Vosjod 2* tripulada por su compañero de misión, P. Belyayrev. El paseo tiene una duración de 10 minutos y sirve para demostrar que el ser humano, adecuadamente equipado, puede salir al espacio y mantenerse junto a una nave que viaja en órbita terrestre a una velocidad de 28 000 km/h. Estas operaciones se generalizarán con las misiones del transbordador espacial estadounidense y el montaje de estaciones permanentes en el espacio. **➡ 1984**

Primer satélite de comunicaciones
6 ABRIL

Con la puesta en órbita del satélite *Early Bird*, el primer satélite comercial de telecomunicaciones de la historia, se inicia la era de las telecomunicaciones vía satélite, que alcanzará un importante desarrollo a finales de siglo. Preparado para transmitir conversaciones telefónicas, señal de televisión y datos, su posición geoestacionaria supone un gran avance al permitir conexiones ininterrumpidas entre los puntos conectados. A lo largo del siglo le seguirán auténticas legiones de ingenios similares, cuya cobertura se extenderá a toda la superficie terrestre. **➡ 1992**

Estados Unidos interviene en Santo Domingo
24-29 ABRIL

Tropas estadounidenses desembarcan en la República Dominicana ante el temor de que los comunistas se hagan con el poder. El levantamiento del coronel Francisco Caamaño para exigir el retorno del presidente Juan Bosch, derrocado por un sector pro norteamericano del ejército, induce al presidente Johnson a enviar un contingente de *marines* apoyado por tropas de la OEA para proteger *"a los ciudadanos e intereses de Estados Unidos"* y restablecer el orden. El choque con las fuerzas constitucionalistas dejó como saldo más de 3 000 dominicanos muertos y dio paso a un gobierno provisional presidido por García Godoy.

Bumedián toma el poder en Argelia
20 JUNIO

El ministro de Defensa, coronel Huari Bumedián (1925-1978), depone al presidente Ben Bella y se hace con el poder en Argelia. Bumedián, que no tardará en ocupar el puesto de presidente del Consejo de la Revolución, se propone estabilizar el país e instaurar un régimen progresista capaz de desarrollar una activa política internacional de neutralidad respecto de los grandes bloques. **➡ 1992**

Disturbios raciales en Los Ángeles
11-18 AGOSTO

La guardia nacional estadounidense es enviada a Los Ángeles para sofocar una violenta revuelta negra. Los barrios negros de Watts y Newton, en la ciudad ca-

liforniana, han sido escenario de graves disturbios que han ocasionado 34 muertos, centenares de heridos y miles de detenidos. La marginación y el desempleo de los que son víctimas los jóvenes negros están en el origen de la violencia que han protagonizado. **➡ 1992**

Auge del minimalismo artístico

Paralelamente a la llamada "nueva abstracción" se desarrolla el "minimal art" o "arte mínimo", según la denominación acuñada por Robert Wollheim. Las obras del minimalismo, cuyos principales representantes son Carl André, Don Judd y Tony Smith, se relacionan con distintos tipos de experimentaciones escultóricas y pictóricas sobre la base de formas geométricas elementales. En su libro *Specific Objects*, que acaba de ser publicado, Judd afirma que la tridimensionalidad permite superar las condiciones restrictivas de la pintura.

Julie Andrews protagoniza Sonrisas y lágrimas

Cuatro años después de ganar el Óscar al mejor director con el musical *West Side Story*, Robert Wise vuelve a lograrlo gracias a otro musical, *Sonrisas y lágrimas*. En él, Julie Andrews interpreta a una alegre y cariñosa novicia que entra a trabajar como institutriz de los hijos del barón Von Trapp, capitán de la marina austríaca durante la ocupación nazi. En un hogar que siempre había estado presidido por la disciplina, las canciones de la joven suponen toda una revolución, pero ella y Von Trapp (interpretado por Christopher Plummer) acabarán por enamorarse. *Sonrisas y lágrimas* recibe el Óscar a la mejor película del año, así como otras cuatro estatuillas.

El arte conceptual

El arte se concibió siempre a partir de una obra sensible, concreta, y desde el romanticismo encarnó la expresión, necesariamente eterna, del genio; pero el nuevo arte conceptual viene a romper con esa tradición y da prioridad a la idea sobre su realización material, al proceso de creación, efímero, por encima de la durabilidad de la obra, relativizando al artista en nombre de conceptos impersonales. En la base de esta subversión de los valores del arte está una crítica al mercantilismo que ha convertido la obra en un objeto de consumo, aparte del desmoronamiento teórico de muchos de sus presupuestos filosóficos. Joseph Kosuth presenta la pieza *Una y tres sillas*, formada por una silla, su fotografía y la definición del diccionario, rompiendo con ello la frontera de lo plástico y entendiendo todo, el arte antes que nada, como lenguaje. Un año más tarde publicará el libro titulado *El arte como idea*, manifiesto del arte conceptual y punto de arranque de su vertiente lingüística. Pronto las obras de Kosuth consistirán casi exclusivamente en textos.

Satisfaction consagra a los Rolling Stones
11 SETIEMBRE

The Rolling Stones, grupo musical británico, irrumpe con fuerza salvaje en el panorama del pop. Liderados por Mick Jagger, se plantean como la alternativa a The Beatles y abren una nueva vía en la música popular caracterizada por la

provocación como forma de rebeldía. *Satisfaction*, el tema que los ha llevado al primer puesto de la lista de ventas y los consagra como uno de los grupos más innovadores de su generación, ha sido calificado de pornográfico por algunos sectores puritanos de la sociedad británica.

Cruento golpe de Estado en Indonesia
1 OCTUBRE

El ejército inicia una sangrienta represión contra los comunistas indonesios. La política socializante del presidente Sukarno (1901-1970) se ha visto truncada por la acción del ejército, que ha tomado las riendas del poder dirigido por los generales Suharto y Nasution y apoyado por nacionalistas, musulmanes y católicos. Tras acusar al Partido Comunista de ser el instigador del fracasado golpe del pasado día 30 de setiembre, los militares han desencadenado una brutal persecución de comunistas que deja como saldo unos 100 mil muertos.

Clausura del Concilio Vaticano II
8 DICIEMBRE

Tiene lugar en la Santa Sede la ceremonia de clausura del Concilio Ecuménico Vaticano II, presidida por el papa Pablo VI. Con una solemne misa en la basílica de San Pedro y la lectura del texto *In Spiritu Sancto*, el papa ha clausurado el XXI Concilio Ecuménico de la Iglesia Católica, inaugurado el 11 de octubre de 1962 por Juan XXIII y que ha significado una rigurosa puesta al día de las instituciones eclesiásticas. **➡ 1976**

De izquierda a derecha, Brian Jones, Keith Richard, Bill Wyman, Mick Jagger y Charlie Watts: la formación clásica de The Rolling Stones. Jones, fallecido en 1969, sería sustituido por Mick Taylor primero, y luego por Ron Wood.

◀ *Ahmed Sukarno, el presidente de Indonesia descabalgado del poder después de un golpe militar que fue acompañado por una caza masiva de militantes comunistas.*

La renovación de la Iglesia católica

La muerte de Juan XXIII, ocurrida en la primavera de 1963 durante el quinto año de su pontificado, había dejado en marcha un Concilio ecuménico destinado a tener una particular trascendencia en la historia de la Iglesia. Pablo VI culmina, dos años después, la generosa visión de su antecesor. El Concilio facilita la reconciliación entre las diferentes ramas del cristianismo y contribuye a una política de acercamiento de la Iglesia a los sectores más desfavorecidos de la sociedad, actualizando con ello las raíces más profundas del catolicismo.

CLAUSURA DEL CONCILIO VATICANO II

En diciembre de 1965 fue clausurado oficialmente el Concilio Vaticano II. Convocado a comienzos de 1959 por Juan XXIII, este Papa presidió el discurso de apertura de la primera sesión celebrada entre el 11 de octubre y el 8 de diciembre de 1962. En ese primer discurso el Papa señaló las directrices de trabajo que el Concilio había de seguir, consistentes en apoyar actitudes de tolerancia en relación con cuestiones de índole social y religiosa. Por primera vez en la historia de los Concilios acudieron a Roma obispos de todas la nacionalidades y razas. La política renovadora de Juan XXIII hizo posible que una mayoría de obispos progresistas impusiese sus criterios aperturistas a la curia romana, declaradamente conservadora.

Una de las conclusiones más trascendentales del Concilio en relación con su tiempo fue que señaló la independencia de la Iglesia respecto de los dos grandes bloques geopolíticos. El protagonismo del Tercer mundo fue acompañado por la crítica del Concilio tanto hacia las injusticias provocadas por la economía de mercado como hacia la quiebra de las libertades en el bloque soviético.

El nuevo pontífice, Pablo VI, hizo suyos los postulados renovadores de Juan XXIII y trabajó en la línea de dotar de transparencia y democracia a una estructura, la de la Iglesia, históricamente lastrada por una excesiva jerarquización. La renovación propugnada por el Concilio afectó también, en consecuencia, a la colegialidad del episcopado. Todas estas transformaciones, la apertura de la Iglesia a las bases y su im-

plicación en los debates sociales, tuvieron el efecto positivo de implicar a la Iglesia en los fenómenos de su tiempo y de reducir, con ello, el creciente número de escépticos hacia la institución.

La desaparición de Churchill cierra un capítulo de la historia de Europa

El fallecimiento de Winston Churchill, el 24 de julio de 1965, simbolizó el fin definitivo de una etapa ideológica y cultural

de la historia europea. Heredero de los principios victorianos del siglo XIX pero pragmático en su quehacer diario, Churchill supo encarar con entereza la pérdida de un imperio colonial y dos guerras mundiales, desde sus responsabilidades políticas al frente del Partido Conservador y de varios Gobiernos británicos. Su desaparición se produjo en un momento de plenitud del laborismo.

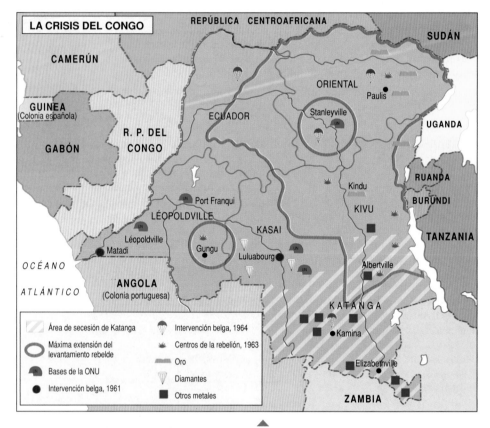

LA CRISIS DEL CONGO

Área de secesión de Katanga
Máxima extensión del levantamiento rebelde
Bases de la ONU
Intervención belga, 1961
Intervención belga, 1964
Centros de la rebelión, 1963
Oro
Diamantes
Otros metales

El Congo, un país inmenso y riquísimo situado en el corazón de África, entre el océano Atlántico y la región de los Grandes Lagos, vivió a partir de la independencia una larga y cruenta crisis. Dos de sus protagonistas, Mobutu y Laurent Kabila, volverían a enfrentarse en los años noventa.

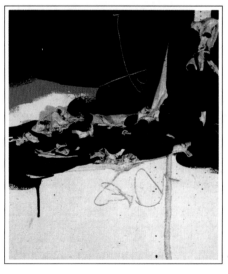

Galería de la mina, de Manolo Millares (Museo de Arte Abstracto de Cuenca, España). La oposición del negro y el blanco crea una imagen impactante y dura, como la realidad a la que alude el artista.

Unidad de habitación (1947-52), en Marsella, obra emblemática de Le Corbusier. Viviendas, servicios comunes y equipamientos se agrupan en un gran bloque rectangular, con un aprovechamiento integral del espacio.

LE CORBUSIER Y EL DESARROLLO DE LA ARQUITECTURA RACIONALISTA

El 27 de agosto de 1965, tras una crisis cardíaca, falleció en la Costa Azul Charles Édouard Jeanneret, nacido en La Chaux-de-Fonds, Suiza, en 1887, hijo de un relojero. Nunca fue alumno de ninguna escuela de arquitectura, pero pasó a la historia, bajo el seudónimo de Le Corbusier, como la figura más destacada del siglo XX en el ámbito de la arquitectura.

Tras una larga etapa de eclecticismo e historicismo, a principios del siglo XX algunos arquitectos alemanes se propusieron dar prioridad en su trabajo al proceso racional. Su idea motriz era que la arquitectura, antes que satisfacer necesidades artísticas o sentimentales del arquitecto o de la sociedad, tiene una finalidad superior: atender una serie de necesidades elementales, pero cuya satisfacción debe llegar al mayor número posible de personas, empleando para ello los medios que el desarrollo de la industria pone al servicio de la construcción.

En 1907, los industriales alemanes crearon el «Deutscher Werkbund», una asociación entre cuyos fines figuraba el de la incorporación de los valores estéticos a la producción industrial. Peter Behrens, uno de los arquitectos pertenecientes a dicha asociación, fue el iniciador de la utilización racional de las estructuras metálicas –sin camuflarlas ocultándolas bajo artísticas molduras de cemento–, y las aplicó a la fábrica de turbinas AEG en Berlín (1909) y la de gas de Frankfurt del Main (1911). En su estudio trabajaron los mayores impulsores de la renovación de la arquitectura contemporánea: Walter Gropius y Ludwig Mies van der Rohe, ambos ligados a la labor de la Bauhaus, y el propio Le Corbusier.

Le Corbusier destacó especialmente en la faceta de difusor y propagador de las nuevas doctrinas racionalistas. Participó activamente en la redacción de revistas como «Esprit-Nouveau» o «L'Architecture Vivante», escribió varios libros entre los que destaca *Vers une Architecture* (1923), y se presentó, asociado a su primo Pierre Jeanneret, a importantes concursos,

---

Instantáneas

- El cuadro de MANOLO MILLARES titulado *Galería de la mina* traduce toda la agresividad y el espíritu crítico del grupo español El Paso, del que también es miembro ANTONIO SAURA. Su estilo los acerca al informalismo.

- Se estrena un musical de M. LEIGH y J. DARION, *El hombre de La Mancha*, basado en la figura de Don Quijote.
- Debut de MONTSERRAT CABALLÉ en el Metropolitan, sustituyendo a MARILYN HORNE.
- La devoción religiosa de K. PENDERECKI se plasma en su *Pasión según San Lucas*, obra que ejercerá una profunda influencia sobre toda la música de su época.
- *Réquiem*, de LIGETI. Uno de sus fragmentos, *Lux aeterna*, será usado en 1968 por STANLEY KUBRICK en *2001: una odisea del espacio*.
- Último disco de la cantante y folklorista chilena VIOLETA PARRA: *Recordando a Chile*.
- *Like a rolling stone*, nuevo éxito de BOB DYLAN, aunque algunos de sus más puristas seguidores se quejen del recién estrenado sonido eléctrico.
- *My girl*, de W. ROBINSON y R. WHITE.
- *Yesterday*, la legendaria canción de J. LENNON y P. MCCARTNEY.
- THE ROLLING STONES logran el número uno con *I can't get no satisfaction*, de M. JAGGER y K. RICHARDS.
- *The shadow of your smile*, de P. F. WEBSTER y J. MANDEL.
- *My generation*, de P. TOWNSHEND.

- J. BARRY, cuya música ha acompañado al mítico agente secreto James Bond desde *007 contra el Dr. No*, logra un gran éxito con el tema *Goldfinger*, banda sonora de la película del mismo título, que G. HAMILTON estrena este año.

- El dramaturgo británico H. PINTER descubre, bajo lo cotidiano, la radical extrañeza que subvierte los valores y reglas aceptados, como sucede en su pieza *El retorno*.
- L. ALTHUSSER realiza una relectura de los textos de MARX en el libro *Pour Marx* (título en castellano: *La revolución teórica de MARX*).
- R. CAILLOIS busca un punto de contacto entre las obras del pensamiento y las de la naturaleza en su ensayo titulado *En el corazón de lo fantástico*.
- N. CHOMSKY formula su teoría generativa transformacional en *Aspectos de la teoría sintáctica*. El lingüista debe estudiar el sistema ideal de reglas que permite a los hablantes de cualquier lengua construir un número infinito de oraciones, sistema que considera innato.
- *El socialismo y el hombre en Cuba*, de ERNESTO "CHE" GUEVARA, es a la vez un análisis del país tras la revolución, y un completo manual sobre estrategia de guerrillas.
- *Dune*, la epopeya de ciencia-ficción de F. HERBERT.
- El dramaturgo español A. SASTRE publica *La sangre y la ceniza* o *Diálogos de Miguel Servet*.

- D. LEAN estrena una espectacular adaptación de la novela de B. PASTERNAK *El doctor Zhivago*.
- *El Evangelio según San Mateo*, título fundamental y, claro está, también polémico, en la filmografía de P.P. PASOLINI.
- *Smart, El superagente 86*, parodia televisiva de *James Bond*.
- *Thunderbirds*, serie televisiva de ciencia-ficción para niños.
- Se estrena en Estados Unidos la serie *Peyton Place*, basada en la vida de los habitantes de un pequeño pueblo estadounidense.
- Llega a la televisión americana la serie de humor *La familia Munster*, competidora de *La familia Adams*. La diferencia está en que mientras los Adams parecen normales, y sólo después descubres que no lo son –para nada–, los Munster son eso, monstruos, desde el principio.
- *Los amores de una rubia*, comedia de aire melancólico del director M. FORMAN.
- RICHARD BURTON compone un magnífico espía "crepuscular" en la desmitificadora película *El espía que surgió del frío*, de M. RITT.
- R. POLANSKI dibuja en *Repulsión* uno de sus complejos y subversivos retratos de mujer, con la inestimable colaboración en este caso de CATHERINE DENEUVE.
- El tándem formado por el director japonés A. KUROSAWA y el actor T. MIFUNE estrena este año la película *Barbarroja*.

(Continúa)

Omar Sharif (Yuri) y Julie Christie (Lara) en un fotograma de El doctor Zhivago, *de David Lean, basada en la novela de B. Pasternak.*

Bartrolí (capitán), Couder, Gisbert, Santana y Arilla, componentes del equipo de España que disputó a Australia la final de la copa Davis.

destacados sus numerosísimas conferencias en todo el mundo y su estudio-taller en París, por el que pasaron jóvenes arquitectos de toda Europa, que extendieron las ideas de la nueva arquitectura y el nuevo urbanismo.

Para aunar esfuerzos, en 1928 un grupo de arquitectos racionalistas fundó en La Sarraz el grupo CIAM (Congreso Internacional de Arquitectura Moderna), en cuya sesión inaugural participaron los españoles Fernando García Mercadal y Juan de Zavala. Desde aquella fecha se reunieron periódicamente, publicaron manifiestos y realizaron una incansable labor de propaganda del racionalismo, con Le Corbusier al frente, consiguiendo que se identificaran con su persona los aciertos y errores de los CIAM. Sucedió a Le Corbusier al frente de mencionado organismo su discípulo José Luis Sert.

como los convocados para la sede del Palacio de la Sociedad de Naciones en Ginebra (1927), o para el Palacio de los Soviets en Moscú (1931). Ninguno de sus proyectos racionalistas fue premiado, pero todos provocaron grandes polémicas, y convirtieron los concursos en medios de difusión de las nuevas ideas. También merecen ser

Por encima de las realizaciones, este maestro de arquitectos sobresalió por su empeño en la democratización de la arquitectura, haciendo extensivo al conjunto de la sociedad el acceso a una vivienda digna, a través de una planificación urbana racional y de la introducción de las nuevas tecnologías en la industria de la construcción. ■

Instantáneas *(continuación)* 1965

- R. LESTER, uno de los "nuevos valores" del cine de los 60, triunfa de nuevo en Cannes con *El knack... y cómo conseguirlo*. El "knack" es el gancho, la gracia personal, en este caso del protagonista.

- NASA: **"cita espacial"** entre dos cápsulas *Gemini*, realizada con gran precisión. *(15 Diciembre)*

- Primera ofensiva de la aviación norteamericana contra posiciones situadas en **Vietnam del Norte**. La acción levanta las protestas de la URSS y China. *(27 Febrero)*
- EE.UU. emplea **napalm** en la guerra de Vietnam. *(14 Abril)*
- **Los norteamericanos "empatan" con los soviéticos** tras el "paseo espacial" de E. White, que dura sin embargo diez minutos más que el de su homólogo ruso. *(3 Junio)*
- Hasán II de **Marruecos** instaura una dictadura real apoyada por la policía y el ejército, ante la oposición del Parlamento. *(7 Junio)*
- **Vietnam del Sur**: el general N. THIEU, nuevo jefe de Estado. *(14 Junio)*
- **EDWARD HEATH**, nuevo líder de los conservadores británicos. *(27 Julio)*
- **India-Pakistán**: las tropas indias penetran en Cachemira, dando comienzo a la segunda guerra entre ambos países. *(8 Agosto)*
- Tanzania: **J.N. NYERERE** es elegido presidente. *(30 Septiembre)*

- **Colombia**: el sacerdote CAMILO TORRES ingresa en la guerrilla colombiana, el Ejército de Liberación Nacional. *(18 Octubre)*
- **Rhodesia**: proclamación unilateral de independencia frente al Reino Unido. *(11 Noviembre)*
- **Congo**: golpe de estado de J. MOBUTU. *(25 Noviembre)*

- España: un **incendio** en el tren correo Madrid-Barcelona causa 34 muertos. *(10 Febrero)*
- España: **manifestaciones estudiantiles** en Madrid al prohibirse una conferencia en la facultad de Filosofía y Letras de esta ciudad. La policía disuelve a los estudiantes y detiene a algunos catedráticos, algunos de los cuales, como JOSÉ LUIS ARANGUREN, serán separados de la Universidad. *(25 Febrero)*
- España: la **agitación obrera** se suma a las protestas de los estudiantes. La más impresionante, una manifestación de mineros en Asturias. *(18 Marzo)*
- El jesuita español **PEDRO ARRUPE** es elegido Superior General de la Compañía de Jesús. *(22 Mayo)*
- España recibe por primera vez a **THE BEATLES**, en uno de los escasos contactos de la juventud española con el pop que triunfa en el mundo. *(2 Julio)*
- El papa **PABLO VI** hace un llamamiento al entedimiento entre naciones ante la Asamblea General de la ONU. *(4 Octubre)*

- España, finalista en la **Copa Davis** de tenis. *(31 Julio)*
- GEORGE BEST, jugador del Manchester United, ha llevado a su equipo al campeonato de su país y de la copa de Europa. Elegido **Balón de Oro europeo**, su evolución posterior frustró su carrera como futbolista.
- LUIS SUÁREZ lleva al Inter a su segunda **Copa de Europa** de fútbol.

- La fotógrafo estadounidense DOROTHEA LANGE. Su máxima preocupación fue siempre revelar el sufrimiento humano, y ayudar con sus fotografías a calmarlo.
- **T. S. ELIOT**, poeta y dramaturgo británico, también renovador como crítico literario. *(4 Enero)*
- Sir **WINSTON CHURCHILL**, símbolo de la resistencia británica durante la II Guerra Mundial. *(24 Enero)*
- **LA BELLA OTERO**, cuyo verdadero nombre aún se discute. En su juventud tuvo a sus pies a príncipes y gobernantes, y fue causa de suicidios por amor.
- CHARLES E. JEANNERET-GRIS, llamado **LE CORBUSIER**, arquitecto suizo. *(27 Agosto)*
- **ALBERT SCHWEITZER**, el gran filántropo y amante de África, fundador del hospital de Lambarené. *(4 Septiembre)*
- ALEJANDRO RODRÍGUEZ ÁLVAREZ, que usaba el nombre de **ALEJANDRO CASONA**, dramaturgo español. *(17 Septiembre)*
- **WILLIAM SOMERSET MAUGHAM**, novelista y dramaturgo británico. *(16 Diciembre)*

1966

Hippies

Estados Unidos está viviendo una curiosa revolución, que empieza a extenderse por todo el mundo, y cuyos protagonistas son adolescentes, chicos y chicas vestidos con ropas de colores, que fuman marihuana y toman LSD, practican el amor libre y se juntan en comunas, sobre todo en California. Habría que buscar sus antecedentes allí mismo, en la región donde se instalaron los *beatniks*, cuya filosofía marca quizás el ideario hippy, aunque ha desaparecido el acento sombrío y apocalíptico de Ginsberg o Kerouac, sustituido por un optimismo casi feliz. Los hippies se oponen a Vietnam y, en general, a todo el estilo de vida que se conoce en su país –y en Europa– como la "sociedad de consumo".

Proezas astronáuticas

El 16 de marzo las cápsulas estadounidenses Gemini 6 y Gemini 7 llevan a cabo el primer acoplamiento de dos ingenios espaciales en el espacio, mientras que por su parte los soviéticos consiguen, el 3 de febrero, posar con éxito en nuestro satélite un artefacto, la sonda Luna 9, que durante tres días envía imágenes de la superficie lunar a la Tierra. Los éxitos de la cosmonáutica soviética no acaban aquí, ya que el 1 de marzo la sonda Venus 3 (lanzada el 16 de noviembre del año anterior) alcanza la superficie de Venus, si bien no envía ningún tipo de datos por fallos en el sistema de transmisión. Un año más tarde la sonda soviética Venus 4 (octubre de 1967) y la estadounidense Mariner 5 (14 de junio) llegan al planeta y obtienen los primeros datos sobre su atmósfera. **▸ 1969**

Brezhnev se afianza en el PCUS
28 MARZO - 8 ABRIL

La figura de Leonid Brezhnev (1906-1982) sale reforzada del XXIII Congreso del Partido Comunista de la Unión Soviética (PCUS). Brezhnev había sucedido a Jruschov en el puesto de secretario general del partido el 15 de octubre de 1964. Convertido en el hombre fuerte de una dirección institucionalmente colegiada, la política de Brezhnev, si bien acaba con los últimos vestigios del culto a la personalidad, se caracteriza por un tono ideológicamente inflexible y geoestratégicamente imperialista. **▸ 1979**

Dylan triunfa en París
1 JUNIO

Bob Dylan (n. 1941) conquista Europa desde el Olympia de París. El cantante *folk* estadounidense, quien el año pasado alcanzó sus máximas cotas de popularidad en Estados Unidos con canciones como *Bringing it all back home* y *Subterranean Homesick*, y que acaba de grabar el mes pasado *Blonde on Blonde*, entusiasma a los franceses con su estilo lírico y barroco y el carácter comprometido de sus canciones. Al mes siguiente, después de sufrir un accidente de moto en Woodstock, Bob Dylan desaparecerá de la vida pública largo tiempo, durante el cual sólo los músicos de *Band* podrán comunicarse con él.

La Revolución cultural china
3 JUNIO

Gigantescas manifestaciones populares encabezadas por los jóvenes Guardias Rojos impulsan la llamada Revolución cultural. Desde que el 3 de setiembre del año pasado Lin Piao, con el beneplácito de Mao Tse-tung, apremiara a la juventud a volver a los principios revolucionarios originales, acabar con los intentos del "revisionismo socialimperialista" soviético y los "restos de ideología capitalista", los fanáticos Guardias Rojos han iniciado, entre movilizaciones populares y la confección de grandes murales, una radical purga en el partido y una violenta implantación de los preceptos del Libro Rojo en la sociedad china. **▸ 1972**

Golpe de Estado en Argentina
28 JUNIO

El presidente Arturo Humberto Illia es derrocado por un incruento golpe militar encabezado por el general Juan Carlos Onganía. El presidente constitucional es desalojado de la Casa de gobierno por la policía, ante la pasividad general. El acoso de los sindicatos, la recuperación de los peronistas, el inicio de un nuevo ciclo recesivo y una intensa campaña de desprestigio orquestada desde los sectores más conservadores, han creado un clima favorable para que el ejército tome el poder. Onganía proclama la Revolución Argentina como proyecto de un régimen de "orden y autoridad". **▸ 1969**

Inglaterra gana el mundial de fútbol
11-30 JUNIO

La selección inglesa se proclama campeona de la VIII Copa del Mundo de Fútbol al vencer a la alemana occidental por 4 a 2, en el estadio de Wembley. La fase final del campeonato mundial disputada en el Reino Unido ha contado con la participación de 16 selecciones,

Leonid Brezhnev, durante una intervención en el Palacio de Congresos del Kremlin de Moscú. Bajo su liderazgo irían agravándose las diferencias entre una clase dirigente instalada en sus privilegios y una sociedad desarticulada y resentida por las carencias de todo tipo a que se veía sometida.

El cantante estadounidense Bob Dylan en una conferencia de prensa en París, en 1966.

Florencia bajo las aguas, en noviembre de 1966. El desbordamiento del río Arno causó graves daños en el patrimonio artístico de la ciudad italiana.

Paradiso, de José Lezama Lima, novela de minorías por su temática, su rica simbología y su complejo lenguaje, se convirtió en la Cuba de Castro en un bestseller *clandestino, oficialmente perseguido como "decadente" y por ello mismo más apreciado en los círculos intelectuales.*

entre las cuales las de Inglaterra, República Federal de Alemania, Portugal y la URSS han jugado las semifinales. El pase a la final de Inglaterra ha sido polémico dado el favoritismo mostrado por los árbitros en los partidos frente a Argentina y Portugal. También la validez del gol inglés de Hurts en la final es objeto de discusión.

Orson Welles presenta
Campanadas a medianoche

En *Campanadas a medianoche*, Welles toma de distintas obras de Shakespeare el personaje de Falstaff, para narrarnos la relación de éste con el joven príncipe de Gales. Falstaff (interpretado por el propio Welles) ejerce de simpático bufón del príncipe, quien, cansado de las presiones a las que le somete su padre, el rey Enrique IV (papel que interpreta sir John Gielgud), acude a Falstaff y a otros truhanes en busca de diversión. Pero las cosas cambiarán, para pesar de Falstaff, cuando el príncipe se convierta en Enrique V de Inglaterra. Gracias a la ayuda financiera del productor español Emiliano Piedra, Welles pudo acabar su última película de ficción y, así, dejar para la historia del séptimo arte una obra que constituye una reflexión sobre la decadencia y que fascina por su belleza visual y por el magnífico trabajo de todo el elenco de actores.

Se publica Paradiso, de Lezama Lima

Se da a conocer en La Habana *Paradiso*, obra maestra de José Lezama Lima (1910-1976). Considerado uno de los mayores poetas hispanoamericanos del siglo XX, el cubano Lezama Lima logra una novela en la que la deslumbrante originalidad y la riqueza de imágenes sustentan distintos planos significativos.

El fundador de la influyente revista *Orígenes* crea en *Paradiso*, como afirma Octavio Paz, *"el mundo lento del vértigo, que gira en torno a ese punto intocable que está ante la creación y la destrucción del lenguaje"*.

Graves inundaciones en el norte de Italia
20 NOVIEMBRE

Las intensas lluvias que desde hace tres semanas caen en el norte de Italia inundan la región. Las poblaciones y campos, sobre todo del valle del Arno, se hallan bajo las aguas; miles de personas han debido ser evacuadas, y unas 120 han perecido. Ciudades como Pisa y Florencia también se encuentran parcialmente anegadas, y su rico patrimonio artístico corre grave peligro. En Venecia las aguas han subido a una cota de 1,89 m por encima del nivel normal.

Capote publica A sangre fría

Truman Capote (1924-1984), tras el éxito de *Desayuno en Tiffany's*, publica otra novela excepcional. *A sangre fría* relata con descarnada fidelidad un hecho real: el asesinato de los Clutter, una familia de acomodados granjeros, a manos de una pareja de asaltantes. Con un relato fiel al estilo periodístico, Capote inaugura la "novela-reportaje" y sienta las bases de lo que, en Estados Unidos, se llamará "nuevo periodismo", del que Tom Wolfe será una de sus máximas estrellas. Al año siguiente, *A sangre fría* será adaptada al cine por Richard Brooks.

Los Boston Celtics ganan su noveno título de la NBA

Encabezados por su pívot Bill Russell, el equipo de baloncesto de los Boston Celtics se proclama campeón de la NBA (Liga profesional de Estados Unidos) por octavo año consecutivo. Con el inestimable aporte de Russell, considerado el mejor defensor del baloncesto estadounidense, y de Jerry West, el equipo dirigido por Red Auerbach, en su último año como entrenador, gana a Los Ángeles Lakers en una apasionante serie final.

Inauguración de la Metropolitan Opera House

En el complejo cultural del Lincoln Center se inaugura la Metropolitan Opera House de Nueva York. El magnífico edificio de la Ópera neoyorquina, una de las más prestigiosas del mundo, es obra del arquitecto Wallace K. Harrison, que ha proyectado un gran vestíbulo en el que destacan dos murales de Marc Chagall, y un auditorio con capacidad para 3 800 personas decorado con maderas procedentes de África. Junto a su flanco occidental se inaugurará en 1969 el Guggenheim Bandshell, teatro al aire libre dedicado a conciertos estivales.

Informe Masters y Johnson

Se publica en Estados Unidos *Respuesta sexual humana*, un amplio y profundo estudio sobre el comportamiento sexual del ser humano conocido popularmente como el Informe Masters y Johnson. Los médicos estadounidenses William Howell Masters y Virginia Johnson han llevado a cabo una exhaustiva investigación sobre la conducta sexual humana con la colaboración voluntaria de numerosas parejas. Como resultado de dicha investigación, el Informe establece que las disfunciones sexuales son generalmente producto de una incorrecta educación en este campo y que, consecuentemente, pueden ser superadas mediante una terapia específica.

El filme de Carlos Saura La caza, *premiado en San Sebastián*

Cuatro hombres se reúnen para cazar en una zona en la que habían combatido durante la guerra civil española. A medida que los recuerdos y las reflexiones acerca de aquellos sucesos afloran, la relación entre los cazadores se va haciendo más tensa, hasta acabar con un brutal estallido de violencia. *La caza*, una inteligente y sutil parábola política, recibe un Oso de Plata en el Festival Internacional de Berlín y convierte a Carlos Saura en un director de prestigio en Europa. Aunque el filme fracasa comercialmente en su país, hoy es innegable su importancia en el resurgir del cine español a mediados de los años 60.

Revolución cultural en China

Mientras el "tigre" del régimen maoísta vuelve a desperezarse con una nueva campaña marcada por grandes purgas, la India presenta otro foco de interés en 1966. En el inicio del año, el Partido del Congreso se decide a apoyar a Indira Gandhi para el cargo de primera ministra de la nación. Hija de Nehru, Indira manifiesta el deseo de continuar el trabajo de su padre. También en enero, la India pone fin al conflicto con Pakistán por la cuestión de Cachemira. La pacificación y la presencia de la nueva líder abren optimistas perspectivas sobre el futuro de este complejo Estado.

UNA REVOLUCIÓN PERMANENTE

La Revolución cultural se fraguó en una sesión plenaria del Partido Comunista Chino celebrada en agosto de 1965. Sus principales objetivos eran el sometimiento de las funciones del Estado al control directo del pueblo y la imposición en todo el país de las comunas populares. El movimiento produjo el endurecimiento de las formas de organización social que se habían establecido y desarrollado en China a partir del proceso revolucionario.

Ya a comienzos de la década, la clase dirigente, encarnada en el Comité Central del Partido Comunista Chino, se había decantado hacia la política del llamado *gran salto adelante* y el avance de la socialización. La sociedad china asumió el culto al pensamiento de Mao, y el movimiento de la educación socialista, iniciado en 1963, dio paso a la *Revolución cultural*, cuyo objetivo final era mantener viva la llama de la revolución, dotando a ésta de un cariz de movimiento permanente. La Revolución cultural se desarrolló a lo largo de una década, durante la cual las purgas y las depuraciones alcanzaron a personalidades de los estamentos más elevados del sistema político chino, a quienes se acusó de atacar al socialismo y al partido. Los sectores críticos a la revolución permanente se oponían a comprometer el relativo despegue económico del país en aras de unas consignas de carácter ideológico. Por su parte, Mao y sus seguidores, entre los que se encontraban su propia esposa Chiang Ching y el ministro de Defensa Lin Piao, defendían el pleno desarrollo del modelo marxista-leninista.

Jóvenes manifestantes pasean un gran retrato de Mao: una escena habitual en los tiempos de la Revolución cultural china.

En 1966, la victoria de la ideología sobre el pragmatismo económico significó una reorientación del régimen, y las nuevas tendencias incidieron poderosamente en la conformación de la sociedad china de los años setenta. El tercer plan quinquenal quedó seriamente dañado por la Revolución cultural. La Revolución cultural sirvió para intensificar el conflicto entre Mao y Liu Chao-chi, responsables respectivamente de la dirección del Partido y de la presidencia de la República. Mao, apoyado por una minoría activa, tuvo que luchar contra la mayoría de los dirigentes con el fin de mantener el control de la situación.

Producto de la Revolución cultural china fue la agudización de las tensiones con el mundo occidental y la ruptura de las relaciones con la URSS. Las discrepancias entre China y la URSS arrancaban de finales de la década de los cincuenta, cuando la URSS no vio con buenos ojos la adopción por parte de China de la política del *gran salto adelante*. Jruschov objetó al PCCh la carencia de la experiencia necesaria para llevar a la práctica el ambicioso plan de creación de comunas. También la política nuclear constituyó un motivo de enfrentamiento. La URSS manifestó su preocupación por el interés de los chinos en fabricar una bomba de hidrógeno y entrar a formar parte del club nuclear.

En el XXIII Congreso del PCUS, en octubre de 1961, se produjo la ruptura con China. El movimiento comunista se había

Andy Warhol, el "papa del Pop". La Factory, *su taller de Nueva York, fue durante unos años un punto de irradiación de nuevas ideas y un lugar de encuentro de intelectuales inquietos y de* beautiful people.

El liberal Carlos Lleras Restrepo, tras ser elegido presidente de Colombia en 1966.

escindido. En el complicado juego internacional China radicalizaba su confrontación con Estados Unidos, al tiempo que Jruschov se esforzaba por aparentar una normalidad que dio en llamarse *coexistencia*.

LA CULTURA POP LLEGA A LA PLENA MADUREZ

La cultura Pop, abreviatura de popular, se consolidó en Occidente como alternativa a valores más tradicionales. Fue una explosión que fascinó a los jóvenes de todo el mundo y aportó un aire renovador al terreno de las artes.

El Pop Art había aparecido hacia finales de los años 50, simultáneamente en Inglaterra y en Estados Unidos. El grupo londinense inició el movimiento de la mano de Richard Hamilton, el cual realizó en 1956 un primer ejemplo: un fotomontaje, titulado "¿Qué es lo que hace que las casas sean tan diferentes, tan atractivas?", en el que aparecían pequeños electrodomésticos, una *pin-up* y viñetas de cómic, elementos que pronto pasarían a convertirse en prototípicos de la iconografía Pop. Pese a este origen británico, fue en Estados Unidos donde el arte Pop logró su mayor expansión, y por ello es considerado, en general, una expresión genuinamente norteamericana.

Desarrolló una estética realista como reacción al expresionismo abstracto, y consiguió altas cotas de aceptación popular. De hecho, fue reconocido antes por los coleccionistas, el gran público y las revistas de amplia tirada como «Life», que por los museos de arte contemporáneo y por los críticos. Se centró en representar los objetos más populares de la cultura de masas, propios de la sociedad de consumo:

imágenes televisivas y publicitarias, cómics, sex-symbols, latas de comidas, botellas de coca-cola, automóviles... Demostró, así, que los objetos más banales y frívolos de la civilización de consumo tienen un potencial estético importante. Adoptó técnicas variadas, desde la serigrafía hasta el collage fotográfico, y tendió a incorporar tintas planas, de cierto regusto oriental.

El estilo se internacionalizó cuando en la Bienal de Venecia de 1964 se concedió el primer premio a un pintor Pop, Robert Rauschenberg, integrante del grupo neoyorquino. Otros miembros destacados de la escuela de Nueva York fueron Roy Lich-

---

Instantáneas

- Inaugurado en Cuenca el **Museo de Arte abstracto**.
- Se inaugura el nuevo edificio del **Whitney Museum of American Art** en Nueva York, diseñado por M. Brenev.

- The Beach Boys consiguen su tercer número uno en la lista americana de éxitos con *Good vibrations*, pregonando su nueva filosofía hecha de playa, surf, chicas y diversión.
- *Nacida libre*, tema de J. Barry que gana el Oscar, con la película del mismo título.
- *California dreamin'*, de J. Phillips y M. G. Phillips.
- *Guantanamera*, en versión de P. Seeger.
- *The sounds of silence*, de P. Simon.
- *Strangers in the night*, de B. Kaempfert, E. Snyder y C. Singleton.
- *When a man loves a woman*, de C. H. Lewis y A. Wright.
- *I got you (I feel good)*, del incombustible James Brown.
- Se inaugura en España el **I Festival de jazz en Barcelona**. *(20 Enero)*

- *Insultos al público* es, decididamente, una transgresión de la forma habitual de hacer teatro. Su autor, el alemán P. Handke, ha publicado el mismo año una novela, *Los avispones*, y se estrena como literato con ambas obras.

- En sus *Escritos*, el psicoanalista francés J. Lacan propone un regreso a Freud, considerando el psicoanálisis como un problema de lenguaje. El inconsciente está formado por palabras, no tanto lo más íntimo como lo más común, lo que está ahí fuera.
- *Flores para Algernon*, problemas con la manipulación mental en la novela de ciencia-ficción de D. Keyes.
- H. Michaux publica **Las grandes pruebas del espíritu**.
- Ecos de Joyce y pastiche burlesco en la novela de Cabrera Infante *Tres tristes tigres*.
- J. Mª Gironella alcanza un espectacular éxito de ventas con su novela *Ha estallado la paz*.
- Gran éxito de la novela rosa *El valle de las muñecas*, algo picante, de Jacqueline Susann.
- M. Foucault reinterpreta la historia a partir de sus discontinuidades en *Las palabras y las cosas*. Dos nociones clásicas se hacen problemáticas: progreso y sujeto.

- Decimocuarto aniversario del **Festival de cine de San Sebastián**, ya definitivamente consolidado. *(18 Junio)*
- Roland Petit estrena el ballet *Elogio de la locura*, con Rudolf Nureiev.
- Irónicas especulaciones futuristas a cargo de F. Truffaut en el filme *Fahrenheit 451*.
- Gran éxito de la película *Un hombre y una mujer*, del director francés Claude Lelouch.

- *Belle de jour*, una película cargada de morbo con Catherine Deneuve y dirigida por Luis Buñuel en su estilo satírico-surrealista.
- La cadena radiofónica española SER estrena el programa *Los cuarenta principales*, con la filosofía del *hit-parade*.
- Se estrena en Estados Unidos la serie televisiva *Batman*, versión kitsch del popular cómic creado en 1939 por Bob Kane, con Adam West.

- La estación espacial soviética *Venus 3* ha llegado a su destino, Venus. El éxito de la misión es sólo relativo dado que se ha estrellado en el suelo del planeta. *(1 Marzo)*
- Exitoso acoplamiento en el espacio del *Gemini XI* con el cohete *Agena*. *(12 Setiembre)*
- Tratamiento de la **incompatibilidad Rh** mediante inoculación de anticuerpos anti-Rh a la madre.

- **Indira Gandhi**, hija de Nehru, es elegida primera ministra de la India. *(19 Enero)*
- De Gaulle anuncia en rueda de prensa la intención de Francia de abandonar la **OTAN**. *(21 Febrero)*
- **Golpe de Estado** militar en Ghana. *(24 Febrero)*
- **Indonesia**: Sukarno cede el poder al general Suharto, ante el temor de un golpe de

(Continúa)

◄ *Wilt Chamberlain, una leyenda del baloncesto, luciendo la camiseta de los Lakers de Los Ángeles.*

de los retratos de Marilyn Monroe o de las latas de sopa Campbell.

La música Pop triunfó en el Reino Unido de la mano de los Beatles y logró un éxito sin precedentes entre la juventud del momento. El emblemático grupo de Liverpool y los solistas Cliff Richard, Sandie Shaw o Petula Clark revolucionaron el panorama musical con canciones de gran impacto que registraron en "singles" para abastecer una demanda cada vez mayor y desconocida hasta entonces. En Estados Unidos sobresalieron los Monkees, y en España los Pekenikes, los Sirex, los Bravos o los Brincos importaron las novedades británicas y norteamericanas. El éxito de estos intérpretes fue bastante pasajero y pronto se vieron desplazados por el auge del rock sinfónico. Sin embargo, en la década de los 80, la música pop recuperó su antiguo esplendor y alumbró los nuevos estilos del "tecno-pop" o el "pop-negro".

En el campo cinematográfico, un pintor Pop, Andy Warhol, realizó en los años 60 varios filmes que marcaron un hito dentro del llamado cine "underground" (subterráneo) por su carácter semiclandestino y marginal. Estas películas (*Sleep*, 1963, o *Chelsea girls*, 1966), hechas al margen de cualquier condicionamiento, estaban alumbradas por una clara voluntad de transgresión. ■

La verja de Gibraltar, punto de paso habitual de los trabajadores españoles en la colonia británica. En 1968 las autoridades españolas cerraron esta frontera para desbloquear las negociaciones sobre la soberanía del Peñón.

tenstein, cuyos trabajos se inspiraron en el cómic y en los anuncios publicitarios, y Andy Warhol, que diseñó la famosa lengua roja de los Rolling Stones y obtuvo su mayor popularidad con las series serigráficas

---

Instantáneas *(continuación)*

Estado comunista como el del pasado 1 de octubre de 1965. *(12 Marzo)*
- **Colombia**: CARLOS LLERAS RESTREPO, presidente. *(7 Agosto)*
- **Crisis política en la RFA** por las críticas del general W. PANITZKI ante la compra de una nueva partida de aviones de guerra estadounidenses *Starfighter*. 60 de estos ingenios se han estrellado por razones desconocidas, y el general los tilda de "ataúdes volantes". *(25 Agosto)*
- Ante lo infructuoso de las negociaciones, España decide cerrar las fronteras de **Gibraltar** y aislarla comercialmente. *(24 Octubre)*
- **España**: aprobación en referéndum de la nueva **Ley Orgánica del Estado**. FRANCO ve en ella un ejemplo de democracia "bien entendida", que en este caso consiste en un sistema que combina el partido único con el pluripartidismo. *(14 Diciembre)*

- Cuba: se reúne la **Tricontinental**, la conferencia internacional contra el imperialismo, que cuenta con representantes de países de Asia, África y América Latina. *(3 Enero)*
- PACO RABANNE lanza una nueva línea de **vestidos hechos de plástico** y metal.
- Un bombardero estadounidense cargado con cuatro bombas nucleares se estrella en España, cerca de Palomares (Almería). Una fisura, en uno de los ingenios, contamina varios centenares de hectáreas de cultivo.

- Japón: dos **accidentes de aviación** ocurridos en menos de 24 horas causan 188 víctimas mortales. *(5 Marzo)*
- España: tras pasar 42 horas encerrados en el convento de los capuchinos (la "**capuchinada**") de Sarriá, en Barcelona, se entregan más de cuatrocientos estudiantes. La policía los había rodeado cuando intentaban fundar un sindicato democrático. *(11 Marzo)*
- **TIMOTHY LEARY**, creador y divulgador del LSD, es condenado a 30 años de prisión por posesión de estupefacientes. *(16 Abril)*
- España: ELEUTERIO SÁNCHEZ, *El Lute*, es capturado por la Guardia Civil tres días después de su fuga, cuando saltó en marcha del tren que lo transportaba a la prisión del Duero, en Madrid. *(14 Junio)*
- Perú: un fuerte **terremoto** aterroriza la capital, Lima, y causa cien muertos y más de mil heridos.
- Las primeras "**top model**": JEAN SHRIMPTON y la anoréxica TWIGGY, los dos estilos del año.
- La falda se alarga: la "**midi**" se convierte en protagonista de las pasarelas de Londres y París.

- Nace el "**Circo blanco**", competición mundial de esquí. J.C. KILLI y NANCY GREENE, ganadores.
- ANTONIO CARBAJAL, portero mexicano de **fútbol**, juega su quinto campeonato del mundo de fútbol.
- El jugador de baloncesto estadounidense **WILT CHAMBERLAIN**, de 2,16 m, es por sexto

año consecutivo el máximo anotador de la NBA.

- «Una revolución no es una cena, escribir un ensayo o hacer un bordado. Es una insurrección, un acto de violencia mediante el cual una clase derroca a otra.» MAO TSE-TUNG invita a la juventud china a una "revolución cultural".
- «Haz el amor, no la guerra.» Eslogan pacifista contra la guerra de Vietnam.

- **ALBERTO GIACOMETTI**, escultor y pintor suizo. *(11 Enero)*
- **BUSTER KEATON**, actor estadounidense. *(1 Febrero)*
- **CAMILO TORRES**, el sacerdote que se hizo guerrillero, en un enfrentamiento del ELN contra el ejército colombiano. *(15 Febrero)*
- **MONTGOMERY CLIFT**, actor estadounidense. *(23 Julio)*
- **ANDRÉ BRETON**, cabeza de filas de la vanguardia surrealista. *(22 Setiembre)*
- **MARGARET SANGER**, estadounidense, pionera de la contracepción.
- **WALT DISNEY**, estadounidense, cuyo verdadero nombre era WALTER ELÍAS, creador de personajes inolvidables para el público infantil. *(15 Diciembre)*
- **BATTISTA "PININ" FARINA**, diseñador y constructor de coches italiano.

1967

Tropas del ejército de Nigeria en el curso de una operación contra los rebeldes de la etnia ibo, en la guerra de Biafra.

Trágico accidente en la NASA
27 ENERO

Tres astronautas estadounidenses mueren al incendiarse la cápsula espacial en la que se entrenaban. Virgil Grissom, Edward White y Roger Chaffee no pudieron salir a tiempo y perecieron al inhalar gases tóxicos producidos en el incendio de la cápsula *Apolo* por causas que todavía no se han determinado. El grave accidente obliga a la agencia espacial estadounidense a suspender el vuelo previsto para el próximo febrero, al poner de manifiesto fallos de seguridad, y ha abierto una polémica acerca del riesgo que implican los entrenamientos habituales de los astronautas. ➡ **1986**

Miguel Ángel Asturias, premio Nobel de Literatura

El guatemalteco Miguel Ángel Asturias obtiene el premio Nobel de Literatura. Asturias, el segundo escritor hispanoamericano después de la chilena Gabriela Mistral en recibir el prestigioso galardón de la Academia sueca, se ha distinguido por su recuperación de los mitos y leyendas indígenas, así como por su preocupación por las injusticias sociales de que son víctimas los sectores más pobres de la sociedad. En la actualidad desempeña el cargo de embajador de Guatemala en Francia, y cuenta en su bibliografía con novelas de tanto calado como *El señor Presidente*, *Hombres de maíz*, *El papa verde* y *Los ojos de los enterrados*, además del conjunto de narraciones *Leyendas de Guatemala* y de una traducción del *Popol Vuh*, el libro sagrado de los mayas.

Miguel Ángel Asturias, diplomático y escritor guatemalteco galardonado con el premio Nobel en 1967.

Marea negra en el Canal de la Mancha
18 FEBRERO

El naufragio del superpetrolero británico *Torrey Canyon* provoca una grave catástrofe ecológica. Como consecuencia de una avería, el *Torrey Canyon* quedó a merced de la tormenta y acabó estrellándose contra los arrecifes de Seven Stones, en Cornualles, al sudoeste de Gran Bretaña. Ante el previsible derramamiento del crudo que transportaba el barco, el gobierno británico decidió incendiarlo mediante un bombardeo que, al resultar fallido, ha dado lugar a que la marea negra se extienda hasta la península de Cotentin, en la Bretaña francesa. La reserva natural de Sept-Îles es uno de los sectores más afectados por el petróleo derramado en este accidente.

Muere Azorín en Madrid
2 MARZO

El escritor José Martínez Ruiz, *Azorín* (1874-1967), fallece en la capital española. Considerado uno de los representantes más emblemáticos de la "generación del 98", Azorín se caracterizó literariamente por un estilo preciso, una prosa plena de cadencias y un gran sentido del paisaje, en especial el castellano. En sus novelas, especialmente en la trilogía compuesta por *La voluntad*, 1902, *Antonio Azorín*, 1903, y *Las confesiones de un pequeño filósofo*, 1904, refleja *Azorín* sus ideas acerca del mundo y de la creación artística. Elegido miembro de la Real Academia Española en 1924.

Golpe de los coroneles en Grecia
21 ABRIL

Con el pretexto de acabar con una conspiración comunista, el Ejército se hace con el poder en Grecia e instaura un régimen militar. Las tensiones entre los monárquicos y los seguidores del socialista republicano Georgios Papandreu (1888-1968) y la posibilidad de un triunfo electoral del partido de éste, Unión del Centro, han sido los desencadenantes del golpe militar encabezado por los coroneles Georgios Papadopoulos y Stylianos Pattakos. El rey Constantino se ha limitado a aceptar los hechos consumados, mientras los principales dirigentes políticos han sido detenidos y suspendidas todas las garantías constitucionales. ➡ **1973**

Estalla la guerra de Biafra en Nigeria
30 MAYO

El coronel Odumegwa Ojukwu desencadena una guerra al proclamar la República de Biafra, una región del este de Nigeria. El conflicto intertribal de la Federación de Nigeria tiene como trasfondo un conflicto de intereses entre franceses y británicos, que se disputan el control de una rica zona petrolífera; de modo que los primeros apoyan al secesionista Ojukwu, de la tribu ibo, y los segundos, al general Gowon, presidente de Nigeria. La guerra se prolongará hasta enero de 1970, sumiendo a la población biafreña en el hambre y la miseria más absoluta.

Guerra de los Seis Días
5-10 JUNIO

En una espectacular guerra relámpago, el ejército israelí comandado por el general Moshe Dayan derrota a los árabes en todos los frentes. La debilidad de la fuerza de pacificación de la ONU y la fuerte presión ejercida por los árabes en la frontera de Israel, a la que se sumó el bloqueo naval egipcio en el golfo de Akaba, determinaron la fulminante campaña militar de Israel. En sólo seis días, la aviación israelí ha destruido toda la aviación árabe en sus propios aeropuertos y a los carros de combate egipcios en el desierto del Sinaí. Como resultado de estas acciones, Israel ha llegado hasta el canal de Suez, ocupado la orilla occidental del Jordán, los Altos del Golán y la ciudad de Kuneitra, y abierto el golfo de Akaba. ➡ **1969**

Se publica Cien años de soledad
15 JULIO

Aparece en Buenos Aires *Cien años de soledad*, novela del colombiano Gabriel García Márquez (n. 1928) que se convierte rápidamente en uno de los mayores éxitos literarios del siglo XX. Su peculiar forma de abordar la realidad latinoamericana, con algunos ilustres precedentes en el continente, es llamada por la crítica *realismo mágico*. La coincidencia en el tiempo de la novela de García Márquez con *Rayuela* del argentino Julio Cortázar y *La casa verde* del peruano Mario Vargas Llosa desencadena en Europa un intenso interés por la literatura hispanoamericana, un fenómeno pronto bautizado como el *boom*. En 1982, García Márquez obtendrá el premio Nobel de Literatura.   ➡ **1982**

Alarma ante el dopaje
23 JULIO

El mundo del deporte despierta traumáticamente de su ignorancia, más o menos voluntaria, en el tema de los estimulantes en el deporte (el dopaje). Oficialmente nadie tomaba drogas, pero no existían tampoco medidas estrictas para controlar el cumplimiento de esta norma. Al defender el "juego limpio" no se trata sólo de evitar una competición desigual, sino también, y antes que nada, cuidar la salud de los deportistas, casi siempre ignorantes de los efectos secundarios que pueden producir estas sustancias. Este año, el ciclista británico Tom Simpson ha muerto durante una etapa de montaña del Tour por un paro cardíaco debido al efecto de la ingestión de anfetaminas, multiplicado por el intenso calor y el esfuerzo físico. El hecho tenía ya antecedentes, concretamente en las Olimpiadas de Roma de 1960, donde murió el ciclista Knud Jensen, también por culpa de las anfetaminas. El *doping* fue definido en una reunión de especialistas en Estocolmo hace sólo dos años, y parece que la desgraciada noticia viene a confirmar la preocupación cada vez mayor de la comunidad deportiva.

El Pop Art español del Equipo Crónica

El Equipo Crónica se consolida en la vanguardia del arte español con un estilo original y crítico. Nacido hace tres años, el Equipo Crónica, integrado por Manuel Valdés y Rafael Solbes, se manifiesta como un puente entre la cultura tradicional y la moderna surgida de los me-

dios de comunicación de masas, y propone temas de reflexión entre los que no falta la crítica social. La influencia del Equipo Crónica en el desarrollo del Pop Art en España será decisiva.

Vargas Llosa gana el premio Rómulo Gallegos
2 AGOSTO

El escritor peruano Mario Vargas Llosa (n. 1936) gana la primera edición del premio Rómulo Gallegos con *La casa verde*, su segunda novela. El premio concedido al autor de *La ciudad y los perros*, uno de los escritores emblemáticos del llamado *boom* de la literatura hispanoamericana, recuerda al gran intelectual venezolano y ha sido instituido en el marco de celebraciones del cuarto centenario de la fundación de Caracas. El Rómulo Gallegos se otorgará cada cinco años a un escritor de lengua española que haya destacado especialmente en el lustro precedente.   ➡ **1990**

A Mach 6,72
3 OCTUBRE

El avión cohete estadounidense X-15, pilotado por W.J. Knight, bate el récord absoluto de velocidad al alcanzar la velocidad de 6,72 Mach, equivalente a 7 297 km/h. El aparato, construido por la empresa estadounidense North American Aviation, está equipado con un motor capaz de desarrollar un empuje de 27 215 kp, tiene una longitud de tan sólo 6,7 m y pesa unos 14 000 kg. Despega sujeto a la parte inferior de un bombardero B-12, una vez que éste ha alcanzado una altitud suficiente.

Captura y muerte del Che Guevara
9 OCTUBRE

El guerrillero Ernesto *Che* Guevara (1928-1967) cae en Bolivia en manos del ejército y es ejecutado. El héroe de la revolución cubana y uno de los grandes mitos de los jóvenes rebeldes de la actualidad intentaba implantar un foco revolucionario en Bolivia. Ayer cayó en una emboscada que el ejército le tendió en la quebrada del Yuro y fue trasladado junto a otros seis guerrilleros a la pobla-

ción de La Higuera, en cuya escuela es ejecutado. Tras ser exhibido en una lavandería del pueblo de Vallegrande, el cadáver del *Che* desaparecerá y no se sabrá nada de él hasta 1997, cuando sus huesos se descubran enterrados en la pista de aterrizaje del lugar y sean trasladados a Cuba.

Fastuosa coronación del sah de Irán
26 OCTUBRE

El sah Mohammed Reza Pahlevi (1919-1980) es coronado emperador de Irán. En una imponente ceremonia, recibe los atributos del poder imperial en presencia de los mandos del ejército. Reza Pahlevi, en cuyo favor había abdicado su padre en 1941, cuando el Reino Unido y la URSS invadieron el país para evitar que el petróleo iraní cayera en manos de Hitler, ha reforzado su autoridad e incrementado la renta nacional, lo que se ha traducido en la posesión de las fuerzas armadas mejor equipadas de la región, pero no en una mejora en el nivel de vida de la población.   ➡ **1978**

Primer trasplante de corazón

El cirujano sudafricano Christiaan Neethling Barnard (n. 1922) lleva a cabo la primera operación de trasplante cardíaco de la historia. El paciente, Louis Washkansky, sobrevive 18 días, al cabo de los cuales fallece como consecuencia de una pulmonía contraída por la falta de defensas provocada por los medicamentos que se le han administrado para combatir el rechazo. Pocos días después repite la operación en la persona de Philip Blaiberg, que logra sobrevivir un total de 19 meses. Se da de este modo un impulso enorme a la práctica del trasplante cardíaco, que se generalizará a lo largo del siglo.   ➡ **1982**

El alambique, *del Equipo Crónica (Museo de Bellas Artes San Pío V, Valencia). La inserción de una imagen anacrónica (Felipe IV por Velázquez) en el marco de un tinglado industrial crea un efecto irónico de distanciación.*

Portada de una edición de La casa verde, *novela del peruano Mario Vargas Llosa.*

Ernesto Che Guevara, muerto en octubre de 1967 en una operación de tropas de elite bolivianas.

Nueva guerra en el Próximo Oriente

En junio de 1967 estalla la guerra de los Seis Días. El conflicto viene a explicitar unas tensiones que, reprimidas desde la última guerra árabe-israelí, la guerra del Sinaí y Suez, se mantenían larvadas en el contexto de las propias dificultades internas del mundo árabe y de la línea de crecimiento económico y militar israelí. Mientras la violencia regresa también a las calles del Ulster, las potencias llegan a un acuerdo por el que la colaboración científica, y no los enfrentamientos políticos, marcarán la pauta de la exploración espacial. Y en el terreno literario, un estruendoso *boom* sacude las estructuras de la novela. Se publica *Cien años de soledad*, del colombiano Gabriel García Márquez: una de las obras más admiradas, estudiadas e imitadas de la historia de la literatura.

LA GUERRA DE LOS SEIS DÍAS

En vísperas del estallido de la tercera guerra árabe-israelí, la población palestina era de casi dos millones y medio de personas, de las cuales casi un millón y medio eran refugiados que subsistían gracias a la ayuda internacional, muchos de ellos en condiciones muy precarias, en campamentos abiertos por la *UNWRA*, organismo creado por la ONU a fin de ayudar a esta comunidad sin tierra. En estos campamentos de refugiados palestinos se fraguó el germen de las células terroristas que actuarían años más tarde. Desde mediados de los años cincuenta y hasta mediados de los años sesenta el progreso de la actividad palestina hizo concebir a sus líderes la posibilidad de celebrar un Congreso Nacional de los Árabes en Palestina, que tuvo lugar en 1964, y a instancias del cual se fundó la OLP, Organización para la Liberación de Palestina, cuyo primer presidente fue Ahmed el Chukeiri.

En junio de 1967, los factores determinantes del estallido de la guerra fueron la actitud desafiante del Estado de Israel –el 15 de mayo Israel celebró de manera arrogante el XIX aniversario de la creación del Estado– y los cada vez más intensos ataques de los palestinos a las posiciones israelíes. La alianza militar egipcio-siria, propiciada por Nasser en 1966 con el fin de aprovechar las excelentes posiciones de Siria sobre Israel y al mismo tiempo lograr una po-

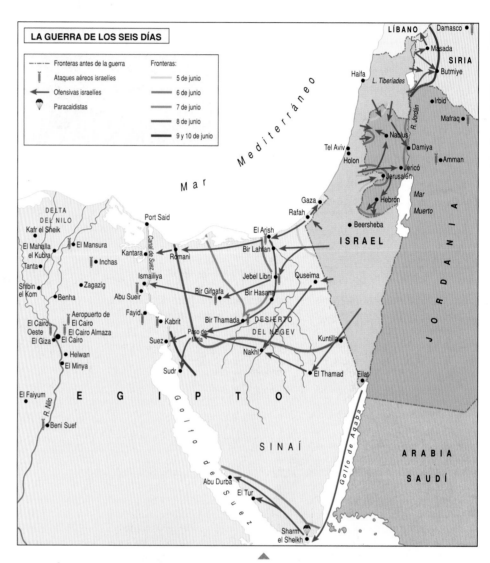

LA GUERRA DE LOS SEIS DÍAS

- Fronteras antes de la guerra
- Ataques aéreos israelíes
- Ofensivas israelíes
- Paracaidistas

Fronteras:
- 5 de junio
- 6 de junio
- 7 de junio
- 8 de junio
- 9 y 10 de junio

Mapa de las operaciones de la guerra de los Seis Días. Israel ocupó la Cisjordania al este, los Altos del Golán al norte y la península del Sinaí al sur.

Moshe Dayan, el estratega responsable de la fulminante victoria israelí en la guerra de los Seis Días.

sición de dominio y prestigio dentro de la Liga Árabe y frente a las ambiciones similares expresadas por el rey Feisal de Arabia Saudí, sirvió de prolegómeno diplomático al conflicto. Egipto y Siria por sí solos contaban con una ligera superioridad material sobre Israel, pero una victoria era impensable. Egipto, pese a las dificultades de entendimiento entre Nasser y Hussein, procedió a formalizar una alianza con Jordania para reforzar aún más su situación dentro de la Liga Árabe. También Irak se incorporó a la alianza antiisraelí, con la misión de apoyar a Jordania en los seiscientos kilómetros de frontera entre este país e Israel.

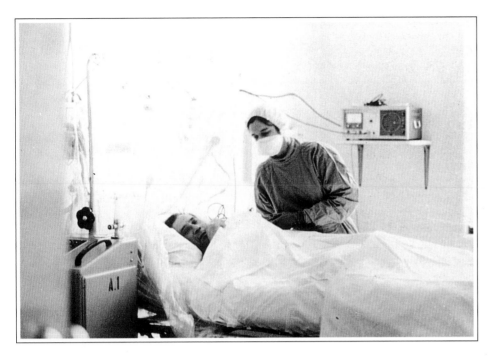

A la izquierda, Louis Washkansky después de la operación de trasplante de corazón a que fue sometido en diciembre de 1967. Sobre estas líneas, el cirujano sudafricano Christiaan Barnard, pionero de esta técnica quirúrgica.

En mayo, Nasser comenzó a concentrar sus tropas en el Sinaí y los palestinos fueron armados en la franja de Gaza, ocupada por los "cascos azules" de la ONU. A petición palestina, las tropas de la ONU fueron retiradas de la franja, y ese hecho supuso el pistoletazo de salida al enfrentamiento. Pero los árabes, tal como ya observaran los técnicos soviéticos destinados en El Cairo, no estaban preparados para la guerra. Su fuerza militar era desorganizada y endeble. Tan sólo su fuerza aérea parecía provocar respeto al adversario. No sucedía lo mismo con Israel, cuyo Estado Mayor y Ministerio de Defensa, presididos por Rabin y Dayan respectivamente, habían preparado a conciencia las operaciones.

El 5 de junio comenzó el ataque israelí por aire y por tierra. El Sinaí fue atacado con tal efectividad que las líneas egipcias en Gaza fueron tomadas por sorpresa y neutralizadas ese mismo día. La aviación jordana, siria e iraquí quedó fuera de combate en escasas horas: los aeropuertos egipcios fueron destruidos. El día 6 pudo comprobarse la magnitud de la derrota árabe: las guarniciones de Gaza se rindieron y el norte del Sinaí quedó cercado, dejando amenazada a la ciudad de Jerusalén. Egipto acusó a Estados Unidos y al Reino Uni-

---

Instantáneas

- El **pabellón de Estados Unidos** en la Exposición Universal de Montreal, de BUCKMINSTER FULLER, está en la línea de moda del "edificio-envoltura".
- MOSHE SAFDIE presenta *Hábitat 67*: una construcción hecha a partir de viviendas prefabricadas montadas aleatoriamente.
- Exposición en Génova de "**Arte povera**", movimiento vanguardista que pretende disociar arte y cultura, recuperando elementos de desecho como materia prima.
- Con el conjunto de su obra, el escultor BRUCE NAUMAN propone un **nuevo concepto de escultura**, en el que el compromiso social no está ausente.

- *Bomarzo*, ópera de ALBERTO GINASTERA sobre una novela de MANUEL MÚJICA LAÍNEZ, en la que este compositor argentino utiliza recursos aleatorios y microtonales que confieren a la obra una particular atmósfera.
- *All you need is love*, de J. LENNON y P. McCARTNEY.
- *I heard it through the grapevine*, de N. WHITFIELD y B. STRONG.
- *I'm a believer*, de N. DIAMOND.
- *Respect* logra el Grammy para OTIS REDDING.
- *Suzanne*, de L. COHEN.

- M. TOURNIER se acerca a la literatura por caminos muy filosóficos: su novela *Viernes o los limbos del Pacífico* es una versión del tema de Robinson Crusoe, pero esta vez el náufrago no querrá regresar a Inglaterra, sino que aprenderá de Viernes el camino de regreso a la vida salvaje.
- *El grito silencioso*, de KENZABURO OÉ, considerado el mejor escritor japonés de la posguerra.
- En *Washington D.C.* GORE VIDAL pone al descubierto novelísticamente los entresijos de la política estadounidense.
- *El arquitecto y el emperador de Asiria*, obra de teatro de F. ARRABAL, representativa del estilo barroco y escatológico de este autor español afincado en Francia.
- *Visiones peligrosas*, antología de relatos de ciencia-ficción, editada por H. ELLISON.
- Se publican las *Memorias políticas* de F. MAURIAC.
- *La broma*, irónica novela de M. KUNDERA, que lanza a la fama a su autor.
- *El tragaluz*, intenso drama de ANTONIO BUERO VALLEJO.

- La película de M. ANTONIONI *Blow up* recibe la Palma de Oro en Cannes. *(12 Mayo)*
- STANLEY DONEN dirige *Dos en la carretera*, protagonizada por AUDREY HEPBURN.
- *Doce del patíbulo*, el mejor cine de acción a cargo del realizador ROBERT ALDRICH.
- Un clásico de ARTHUR PENN: *Bonnie and Clyde*.
- RICHARD BROOKS adapta al cine la novela de TRUMAN CAPOTE *A sangre fría*, metódica reconstrucción de la historia de un crimen real.
- *Ironside*, serie norteamericana protagonizada por un detective en silla de ruedas, encarnado por RAYMOND BURR.

- La sonda soviética *Venus IV* se posa finalmente en Venus. *(18 Octubre)*
- Un equipo quirúrgico dirigido por el profesor C. BARNARD logra realizar con éxito el primer **trasplante de corazón** humano. Ahora, el miedo se centra en el posible rechazo. *(3 Diciembre)*
- Entra en funcionamiento en Saint Malo (Francia) la primera **central mareomotriz** del mundo que suministra energía eléctrica a la red de distribución convencional. *(4 Diciembre)*
- **H.A. BETHE** recibe el premio Nobel de Física por sus investigaciones alrededor de la producción de energía por las estrellas.
- El inventor estadounidense RAY M. DOLBY crea un sistema para eliminar los ruidos de fondo en las grabaciones, que lleva su nombre. Más tarde desarrollará un sistema Dolby estéreo para su aplicaciónn en las salas de cine.
- C.B. JACOBSON y R.H. BARTER introducen la **amniocentesis** como técnica de diagnóstico precoz "in utero" para la determinación de anomalías del feto.

- **China**: los militares disputan el poder a la Guardia Roja. *(23 Enero)*
- **Nicaragua**: movilizaciones callejeras contra la dictadura de ANASTASIO SOMOZA. *(23 Enero)*
- EE UU intensifica su acción sobre Vietnam lanzando miles de toneladas de **herbicidas tóxicos**. *(28 Febrero)*

(Continúa)

Nguyen Van Thieu, presidente de Vietnam del Sur, ataviado con un traje típico de la región montañesa de Pleiku. Su régimen sólo pudo sostenerse apoyado por una masiva presencia militar estadounidense.

mitir la verdadera situación y la de Israel a retroceder en los espacios conquistados. Israel había adquirido una fuerte posición como resultado lógico de su apabullante victoria. Sin embargo, no utilizó adecuadamente su ventaja para trazar un plan de paz que agilizase la salida al conflicto con los árabes. La debilidad de la diplomacia internacional tampoco ayudó en este sentido.

VIOLENCIA EN LAS CALLES DEL ULSTER

En 1967, la aparición en la violenta escena pública de Irlanda del Norte de grupos conocidos como Peoples Democracy y NICRA, significó la toma de la calle por parte de una nueva generación de jóvenes católicos que intentaban poner de relieve la dureza de las actuaciones del Estado británico en Irlanda del Norte. Manifestantes desarmados y pacíficos se enfrentaron a una policía que los trataba con brutalidad. Las cámaras de televisión mostraban al mundo el alto grado de violencia que padecían los católicos del norte. Los manifestantes demandaban la norma de *un hombre, un voto* y el fin de la discriminación en la asignación de viviendas. El movimiento pro derechos ci-

viles adoptó como punto de referencia el protagonizado por la población estadounidense de color durante los mismos años.

Las celebraciones del cincuentenario del levantamiento de 1916 habían desenterrado la conciencia de los nacionalistas en relación con Irlanda del Norte. El IRA inició una amplia campaña de agitación y adoptó, junto a su rama política, el Sinn Fein, posiciones marxistas que desbordaban las viejas posiciones estrictamente nacionalistas. Sus efectos se harían ver a lo largo de la década.

Acuerdo internacional para la investigación pacífica del espacio

En enero, Estados Unidos, Gran Bretaña y la Unión Soviética firmaron, respectivamente en Washington, Londres y Moscú, un acuerdo encaminado a fomentar la investigación y el desarrollo pacífico del espacio. Cualquier recurso diplomático parecía oportuno para neutralizar la posible explotación bélica de los descubrimientos espaciales. La competencia que mantenían soviéticos y estadounidenses en el ámbito de los vuelos espaciales era tan reñida, que el acuerdo fue considerado de forma unánime un paso extraordinariamente positivo. ■

do de haber colaborado en la destrucción de las fuerzas árabes, lo que abrió una crisis internacional de la que la ONU salió malparada, dada su incapacidad para frenar la escalada de tensión que había conducido al choque armado.

La guerra continuó durante unos días más, ante la resistencia de los árabes a ad-

---

Instantáneas *(continuación)*

- EE UU: nuevo contingente de *marines* hacia **Vietnam**. Son ya más de medio millón los soldados estadounidenses que intervienen en el conflicto. *(3 Agosto)*
- España: **CARRERO BLANCO** asume la vicepresidencia del Gobierno. *(21 Setiembre)*
- **Yemen del Sur** accede a la independencia, tras cuatro años de insurrección contra los británicos. *(29 Noviembre)*

- Tiene lugar en la ciudad canadiense de Montreal la **Exposición Universal** en la que intervienen más de cien países. *(28 Abril - 27 Octubre)*
- **España**: ingreso en prisión de MARCELINO CAMACHO, dirigente del movimiento sindical Comisiones Obreras. *(1 Marzo)*
- PIERRE CARDIN diseña los vestidos de la "era espacial".
- SVETLANA J. ALILUJEVA, la **hija de Stalin**, solicita asilo en Suiza. *(12 Marzo)*
- La **encíclica** *Populorum Progressio*, del papa Pablo VI, eleva por vez primera el deber de solidaridad del plano puramente individual al de las relaciones internacionales entre Estados. *(26 Marzo)*

- Construida en Moscú la **torre más alta del mundo,** de 533 m de altura, encargada de los servicios técnicos de la televisión soviética.
- **CASSIUS CLAY**, que se hace llamar Muhammad Alí, es desposeído del título mundial de boxeo al negarse a hacer el servicio militar. *(9 Mayo)*
- Gran Bretaña: se abre la vía en la Cámara de los Comunes para la **legalización del aborto.** *(14 Julio)*
- **Depuraciones en Cuba**: diversos dirigentes revolucionarios son arrestados, bajo la acusación de tramar un complot. *(10 Noviembre)*
- LAURA ASHLEY abre su primera tienda de telas estampadas en Londres.
- JOHN LENNON da un **toque de color psicodélico** a su Rolls-Royce.

- MIKE HAILWOOD, ganador de 12 títulos en el *Tourist Trophy* de Le Mans, con todo tipo de motos.
- La **gira de los ALL BLACKS** por Europa se salda con 17 victorias en los 17 encuentros disputados.
- Los *Green Bay Packers* ganan la *1ª Super Bowl.*

- JIM RYAN bate el **récord de 1 500 m** en 3'33"1.
- ROY EMERSON, campeón de los **internacionales de Australia** de tenis por quinta vez consecutiva.

- **OLIVERIO GIRONDO**, poeta argentino. *(20 Enero)*
- **CIRO ALEGRÍA**, escritor y periodista peruano. *(17 Febrero)*
- **JULIUS R. OPPENHEIMER**, padre de la bomba atómica. *(18 Febrero)*
- **KONRAD ADENAUER**, estadista alemán.
- **V. KAMAROV**, astronauta soviético. Es la primera víctima que se cobra la carrera espacial, fallecido al estrellarse su nave al regresar a la Tierra. *(24 Abril)*
- **JAYNE MANSFIELD**, actriz estadounidense que se había convertido en una especie de sucesora de Marilyn Monroe.
- **SPENCER TRACY**, actor estadounidense. *(10 Junio)*
- **VIVIEN LEIGH**, actriz británica. *(8 Julio)*
- **RENÉ MAGRITTE**, pintor surrealista belga. *(15 Agosto)*
- **ANDRÉ MAUROIS**, escritor francés. *(9 Octubre)*

1968

Olimpiadas de Grenoble y de México

6-18 FEBRERO Y 12-27 OCTUBRE

Se celebran en México los XIX Juegos Olímpicos de verano, precedidos de las Olimpiadas de invierno de Grenoble. Con la participación de 5 531 atletas, entre ellos, 781 mujeres, representantes de 112 países, las olimpiadas mexicanas deparan marcas extraordinarias propiciadas por la altura de la ciudad. La gran estrella es el estadounidense Bob Beamon, cuyo portentoso salto de 8,90 m tardará 23 años en ser superado. También destacan la gimnasta checa Vera Cavslavska; el británico David Hemery, récord mundial en los 400 m vallas, y los estadounidenses Al Oerter, campeón olímpico por cuarta vez consecutiva en lanzamiento de disco, y Richard Fosbury, quien impondrá en el salto de altura una particular técnica que recibirá su nombre. Así mismo, la conjunción de deporte, espectáculo y política da lugar a las demostraciones de adhesión al *black power* de algunos atletas negros estadounidenses, especialmente sensibilizados después del asesinato de Martin Luther King. Previamente, en las Olimpiadas de invierno de Grenoble, Noruega ha ocupado el primer puesto en el medallero, seguida de la URSS.

Stanley Kubrick reinventa el cine de ciencia-ficción con 2001: una odisea del espacio

2001: una odisea del espacio es una de las películas con mayor poder de fascinación de toda la historia. El filme de Kubrick es una brillante reflexión filosófica sobre el universo y el origen del hombre. Aunque el guión es resultado de la colaboración del director con el prestigioso escritor británico Arthur C. Clarke, la fuerza visual de las imágenes pertenece a Kubrick, que se encargó personalmente de los efectos especiales, por los que fue galardonado con un Óscar. La película narra la odisea de la nave Discovery, tripulada por dos astronautas y gobernada por el ordenador HAL 9000, en su expedición a Júpiter. Más allá de las interpretaciones que saque cada espectador sobre lo expuesto en la pantalla, *2001* es sin duda una de las cimas del séptimo arte.

Matanza de My Lai en Vietnam

16 MARZO

Tropas estadounidenses asesinan a sangre fría a los habitantes de la aldea vietnamita de My Lai. En el marco de una escalada bélica que alcanza proporciones inusitadas, un contingente de soldados del ejército de Estados Unidos mata indiscriminadamente a hombres, mujeres y niños de la aldea de My Lai. La noticia, que se conocerá en noviembre del año siguiente, causará gran impacto en la opinión pública estadounidense y avivará la agitación pacifista. El 29 de marzo de 1971, un Consejo de Guerra juzgará los asesinatos y condenará a cadena perpetua al teniente William L. Calley, absolviendo en cambio a su superior, el capitán Ernest Medina. ➡ **1975**

Martin Luther King y Bob Kennedy son asesinados

4 ABRIL Y 6 JUNIO

Con el asesinato en Estados Unidos del dirigente negro Martin Luther King (1929-1968) y del senador demócrata Robert Kennedy (1925-1968) desaparecen dos activos defensores de los derechos civiles. El reverendo Martin Luther King es abatido a tiros en un hotel de Memphis, Tennessee, a donde había llegado para encabezar una marcha pacífica por la defensa del pleno reconocimiento de los derechos civiles a los negros. Su muerte provoca una serie de

disturbios en todo el país, y la policía detiene a un sospechoso que poco después se confiesa culpable. Condenado a cadena perpetua sobre la base de pruebas circunstanciales, años más tarde se desdecirá y pedirá un nuevo juicio, con el apoyo de la familia King. Por su parte, el senador Kennedy cae en un hotel de Los Ángeles al ser alcanzado por los disparos efectuados por un fanático árabe llamado Sirham B. Sirham, que será condenado a muerte al año siguiente.

Nuevos ordenadores

Se inicia la llamada "cuarta generación" de ordenadores, cuyo desarrollo ha sido posible gracias a los avances en la integración de los componentes. Se trata de máquinas basadas en circuitos miniaturizados, y que sobre la base de los microprocesadores darán lugar a la popularización de la informática, a la aparición de los microordenadores y al desarrollo de un tipo de *software* (programación) destinado a aplicaciones populares: juegos, educación, informática personal, etc. ➡ **1969**

Massiel triunfa en el festival de Eurovisión

6 ABRIL

La cantante española Massiel gana el Festival de la canción de Eurovisión, que se celebra este año en el Albert Hall de Londres. Massiel sustituyó como representante de España a Joan Manuel Serrat, que quería cantar en catalán, y

El prodigioso vuelo de Bob Beamon en el estadio olímpico de México superó en 55 cm el récord mundial anterior de salto de longitud.

Cartel anunciador de los Juegos Olímpicos de invierno celebrados en Grenoble.

◀ *El teniente William L. Calley, responsable directo de la matanza de civiles vietnamitas en la aldea de My Lai.*

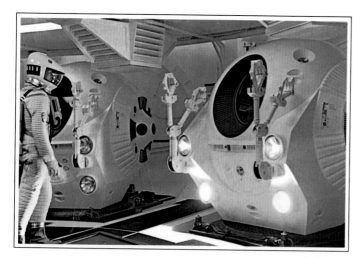

Fotograma de 2001: una odisea del espacio, *de Stanley Kubrick. La película anticipa un nuevo estadio de la evolución: el momento en el que la inteligencia artificial se enfrenta a la humana, y la derrota.*

ha interpretado con extraordinaria frescura la canción *La, la, la*, típicamente festivalera, obra de Ramón Arcusa y Manuel de la Calva, componentes del popular Dúo Dinámico. En segundo lugar y a un punto ha quedado el rockero británico Cliff Richard con la pegadiza canción *Congratulations*.

La gran revuelta de París
29 MAYO

Bajo el lema *"la imaginación al poder"*, miles de estudiantes se lanzan a las calles de París contra el viejo orden burgués y el inmovilismo político. El vasto movimiento juvenil contestatario se traduce en masivas manifestaciones, huelgas y disturbios callejeros que ponen en jaque al gobierno del general Charles De Gaulle y le obligan a emplear la fuerza pública para reprimirlo. La revuelta no provocará el derrumbe del poder establecido, pero poco más tarde Francia iniciará una serie de reformas que adecuarán el sistema a formas de vida más abiertas. *"Después de lo que hemos vivido este mes, ni el mundo ni la vida volverán a ser como eran"*, dice Daniel Cohn-Bendit, uno de los principales dirigentes estudiantiles.

Tanques soviéticos en Praga
20 AGOSTO

Tropas del Pacto de Varsovia entran en Checoslovaquia y ponen fin al proceso democratizador conocido como la "primavera de Praga". El proceso de desestalinización iniciado por Jruschov en el XX Congreso del PCUS fomentó "un socialismo en libertad" en muchos países de la Europa comunista. Entre éstos, Checoslovaquia es el que ha ido más lejos en sus reformas, provocando la alarma en Moscú. Allí, el científico soviético Andrei Sajarov publica sus *Pensamientos respecto al progreso, coexis-*

tencia pacífica y libertad intelectual, donde defiende el entendimiento entre los bloques y apunta a Checoslovaquia como ejemplo del rumbo que se ha de seguir. Por el contrario, los dirigentes del Kremlin ven en la "primavera de Praga" una seria amenaza para la unidad de los países socialistas y, basándose en la doctrina de la "soberanía limitada", deciden acabar con el gobierno de Alexander Dubcek y restituir el orden por la fuerza.

Rodríguez de la Fuente presenta Fauna

El naturalista español Félix Rodríguez de la Fuente (1928-1980) inicia con *Fauna* una gran serie televisiva sobre el mundo animal. Con el soporte de cámaras estratégicamente situadas, descubre de forma amena y con gran rigor científico los secretos de la vida animal en el planeta y promueve la protección de las especies y del medio ambiente. Al extraordinario éxito mundial de *Fauna*, le sucederán los de *Fauna ibérica*, en 1975, y, poco después, *El hombre y la Tierra*, durante cuya realización Rodríguez de la Fuente morirá en un accidente de helicóptero en Alaska.

Balenciaga se retira
31 AGOSTO

El modisto español Cristóbal Balenciaga (1895-1972) cierra su casa de París. El anuncio de la retirada de Balenciaga después de cuarenta años de presencia en el mundo de la moda ha causado un gran impacto en el mundo de la alta costura. Pero mientras el español cierra

las puertas de su taller de París, en Nueva York se abren las de un diseñador de moda estadounidense con gran proyección de futuro: Calvin Klein.

Antología poética de Juana de Ibarbourou

Se publica en Montevideo *Los mejores poemas*, libro antológico de Juana de Ibarbourou (1895-1979). La edición de esta antología es un nuevo reconocimiento público a la trayectoria lírica de *Juana de América*, como también se la llama. Autora de versos cálidos sobre la vida cotidiana, el amor y la naturaleza, la poetisa uruguaya ocupa un lugar destacado en la poesía hispanoamericana del siglo XX desde que en 1919 publicara *Las lenguas de diamante*. La colección de relatos *Juan Soldado*, que se publicará en 1971, será su último libro.

Matanza de estudiantes en México
2 OCTUBRE

El clima de agitación social que vive México en los días previos a la inauguración de los Juegos Olímpicos desemboca en una terrible matanza en la plaza de las Tres Culturas de Tlatelolco, en la aglomeración urbana de la capital. La movilización estudiantil, que ha creado un estado de revuelta general en todo el país y provocado la dura represión del gobierno mexicano, alcanza su punto culminante en la masiva manifestación de Tlatelolco. Allí, miles de estudiantes que reclaman más democracia son acribillados desde los cuatro costados de la plaza por tropas del ejército mexicano.

Bob Kennedy recibe los primeros ▶ *auxilios después de ser herido de muerte por un fanático pro árabe durante un acto electoral en Los Ángeles.*

Vientos de protesta

Contrapunto a toda una década «prodigiosa», el año de 1968 fue testigo de una efervescencia social y una rebelión juvenil extendida por casi todo el globo terráqueo. Significativamente, esa convulsión juvenil afectó por igual a países del Este comunista como a países del Oeste capitalista. En este sentido, la corta primavera vivida en Praga fue tanto el anticipo directo del imaginativo Mayo parisino como la prefiguración del cruento octubre vivido en México.

LA PRIMAVERA CHECOSLOVACA

A principios de abril de 1959, la nueva dirección del gobernante Partido Comunista de Checoslovaquia, encabezada por su secretario general Alexander Dubcek, emprendió un programa de reformas políticas destinado a ofrecer un «socialismo de rostro humano». El efecto de las nuevas medidas democratizadoras se apreció de inmediato en la vida del país: eliminación de la censura previa de prensa y publicaciones, rehabilitación de ciudadanos injustamente perseguidos, respeto a las libertades constitucionales de expresión, reunión y manifestación, etc.

La aparición de esa singular variante checoslovaca en el bloque socialista europeo provocó de inmediato hondos temores de contagio en el resto de los países integrantes del Pacto de Varsovia y en la propia Unión Soviética. Después de cuatro meses de forcejeo diplomático con los dirigentes checos, las autoridades soviéticas decidieron intervenir militarmente para acabar con un incómodo foco de perturbaciones. En la segunda mitad de agosto, un contingente de tropas del Pacto de Varsovia compuesto por unidades soviéticas, polacas, húngaras, búlgaras y germanoorientales, invadió Checoslovaquia y aplastó la débil resistencia popular encontrada. El saldo total de la operación se cifró en 50 muertos y unos 500 heridos. La Primavera de Praga había quedado ahogada en sangre. Dubcek fue obligado a firmar en Moscú unos protocolos que pusieron fin al proceso democratizador, y en abril del año siguiente sería destituido y confinado a un modestísimo puesto administrativo en Bratislava. Las purgas afectaron a toda la plana mayor del partido checoslovaco. El su-

Desfile militar de las tropas soviéticas por las calles de Praga, en agosto de 1968. La intervención militar puso fin a la experiencia de "socialismo con rostro humano", un programa de reformas políticas desarrollado por los dirigentes checos.

ceso vino a demostrar que en el bloque del Este no tenía cabida otro socialismo que el realmente existente: el ofrecido por el modelo soviético postestalinista.

EL MAYO FRANCÉS

El protagonismo contestatario de la juventud, ya patente en los sucesos de Praga, se exacerbó en el movimiento de protesta surgido en Francia en mayo de 1968. La rebelión juvenil había comenzado en las aulas parisinas de la Universidad de Nanterre bajo la bandera de una exigencia de democratización de la enseñanza. El conflicto se extendió rápidamente a la Sorbona de París y al resto de las universidades francesas, a la par que se ampliaba su programa de reivindicaciones con cláusulas políticas y sociales más generales y de

contenido revolucionario. La decisión gubernativa de atajar las protestas mediante la represión policial provocó choques abiertos entre las fuerzas de seguridad y los estudiantes atrincherados con barricadas en recintos universitarios. A principios de mayo el Barrio Latino de París, solar de la Sorbona, fue escenario de duros enfrentamientos que causaron centenares de heridos y detenidos, pero ninguna víctima mortal.

A medida que el conflicto se agravaba, los partidos de izquierda y los sindicatos obreros empezaron a decantarse hacia la opción de apoyar a los estudiantes, y llamaron a una huelga general para el 13 de mayo. El éxito de la huelga fue también el principio del fin del movimiento, en virtud del divorcio creciente entre las expectativas utopistas de la juventud estudiantil y la cautela pragmática de los dirigentes políticos y sindicales. Tras la firma de los acuerdos de Grenelle (25 de mayo) entre empresarios y sindicatos, la central sindical CGT llamó a la vuelta al trabajo. La policía ocupó en junio el teatro del Odeón, la Sorbona y la Escuela de Bellas Artes, que habían

Gran manifestación en los Campos Elíseos de París, durante las revueltas estudiantiles y obreras de Mayo de 1968.

sido los centros de coordinación de la lucha estudiantil. La disolución de la Asamblea nacional, el 30 de mayo, y la convocatoria de unas elecciones generales que representaron un triunfo para el gaullismo, pusieron punto final a la crisis. Sin embargo, la rebelión juvenil tuvo efectos duraderos en el plano de las relaciones sociales y familiares y en la jerarquía de valores y principios de la sociedad francesa.

EL OCTUBRE MEXICANO

El último acto de protesta de la juventud tuvo lugar en la Ciudad de México a principios de octubre de 1968, justo en vísperas de la inauguración oficial de los XIX Juegos Olímpicos en dicha ciudad. Desde comienzos del verano, los estudiantes universitarios habían mantenido una masiva movilización que ocasionó serios enfrentamientos con las fuerzas de seguridad y con el gobierno del presidente Gustavo Díaz Ordaz. Como continuación de dichas movilizaciones, el 2 de octubre se celebró una concentración pacífica de estudiantes en la plaza de las Tres Cultu-

Instantáneas

1968

- Picasso cede al museo barcelonés que lleva su nombre su serie de lienzos inspirados en *Las Meninas* de Velázquez. (4 Marzo)

- L. Berio compone su *Sinfonía para ocho voces y orquesta*.
- *Those were the days*, de G. Raskin.
- *The windmills of your mind*, de A. Bergman, M. Bergman y M. Legrand.
- *The fool on the hill*, de J. Lennon y P. McCartney.
- *What a wonderful world*, de G. Douglas y G.D. Weiss.
- Para el film de F.J. Schaffner *El planeta de los simios*, J.Goldsmith compone una inquietante banda sonora. Partiendo de una orquesta sinfónica convencional, de la que están excluidos los instrumentos electrónicos, el músico consigue crear unas sonoridades nuevas, extrañas, que reflejan magistralmente el mundo en el que se desarrolla la película.
- Estreno en Broadway de la comedia musical-rock *Hair*, con música de G. MacDermot y letra de G. Ragni y J. Rado. Títulos clave del género, ejerció una profunda influencia sobre los movimientos juveniles de la época.

- *Casa de latón*, una de las novelas policíacas de Ellery Queen, seudónimo de varios autores: F. Dannay y M. B. Lee.

- *El mono desnudo*, un clásico de la divulgación científica debido a D. Morris.
- *Un mago de Terramar*, de Ursula K. LeGuin, es un título excepcional dentro de la literatura fantástica.
- J. Cheever recoge en pequeños fragmentos la realidad norteamericana, en los cuentos de *El nadador*.
- En *La clase de alemán* el novelista S. Lenz se hace eco de la guerra y del resentimiento de una generación de jóvenes que han sufrido la culpa de sus padres.
- La academia sueca concede el **Premio Nobel de Literatura** al japonés Y. Kawabata.
- M. Yourcenar recibe el Premio Fémina por su novela *El alquimista*.
- *Myra Breckinridge*, delirante y escandalosa novela del norteamericano Gore Vidal, en la que se trata el tema del cambio de sexo. En 1970 será llevada al cine en una película que supondrá el retorno de la mítica Mae West a la gran pantalla.
- *Ciencia y técnica como ideología*, obra de J. Habermas, último representante de la escuela de Frankfurt.

- *Teorema*, escandalosa y provocadora cinta de P.P. Pasolini sobre un joven que seduce a todos los miembros de una familia, sin importar el sexo.
- La película de Mike Nichols *El graduado*, sobre un joven que es seducido por la madre de

su novia, consagra al actor Dustin Hoffman. El célebre tema musical es de Simon y Garfunkel.
- Peter Sellers protagoniza *El guateque*, una disparatada y alocada comedia de Blake Edwards.
- R. Polanski dirige y protagoniza *El baile de los vampiros*, una divertida parodia del cine de terror.
- *Z*, famoso film de denuncia política firmado por C. Costa-Gavras. El guión es del español J. Semprún.
- *Un millón para el mejor*, popular concurso de televisión española, presentado por Joaquín Prats.
- La CBS americana pone en antena *60 minutos*, un programa resumen de los temas más importantes acaecidos durante la semana. Todas las televisiones adoptarán su fórmula.
- *Historias de la frivolidad* triunfa en el VIII Festival Internacional de Televisión: este programa satírico dirigido por N. Ibáñez Serrador obtiene la Ninfa de Oro a la mejor realización y la Palma de Plata de la UNDA.

- El astrónomo mexicano Guido Münch obtiene la **medalla de la NASA al mérito científico**.
- El Apollo VII se convierte en la **primera astronave tripulada que se sitúa en órbita alrededor de la Luna**. (11-22 Octubre)

(Continúa)

Francisco Macías Nguema en el acto de la firma de la independencia de Guinea Ecuatorial. Frente a él, el delegado del Gobierno español, Manuel Fraga Iribarne.

ras, en Tlatelolco (Ciudad de México), para protestar contra la represión y dar publicidad a su causa ante los medios periodísticos internacionales. Cuando caía la noche, tropas del ejército, que habían rodeado a los manifestantes por los cuatro costados de la plaza, abrieron fuego contra ellos ocasionando docenas de muertos y centenares de heridos. Se trató de una matanza premeditada, ordenada por las autoridades, que pretendía acabar definitivamente con la protesta para evitar que entorpeciera el desarrollo de las Olimpiadas. Consiguió parcialmente su objetivo, pero a costa de una fractura en la sociedad mexicana que tardaría mucho tiempo en cicatrizarse.

MAGNICIDIOS EN ESTADOS UNIDOS

También en Estados Unidos se registraron grandes movimientos sociales, básicamente juveniles, en protesta por la guerra de Vietnam y en demanda de derechos civiles para la población negra. Sin embargo, el año quedó marcado sobre todo por dos magnicidios. En abril, el pastor protestante Martin Luther King, líder del movimiento negro, murió víctima de un atentado perpetrado por un pistolero blanco en Memphis (Tennessee). Dos meses más tarde el senador Robert Kennedy, hermano del presidente asesinado, fue también víctima mortal de un atentado en Los Ángeles, en plena campaña para su nominación como candidato del partido demócrata, con grandes posibilidades de ocupar la presidencia. La muerte de Kennedy trastornó todo el panorama político. El republicano Richard Milhous Nixon se impuso en noviembre a un Hubert Horatio Humphrey que mostró en los debates televisados dotes de polemista experimentado y correoso, pero se reveló también como un candidato carente de todo atractivo ante el electorado. ■

Instantáneas *(continuación)*

- El Apolo VIII, tripulado por tres astronautas, realiza **un vuelo alrededor de la Luna**. *(21-27 Diciembre)*
- Los estadounidenses H. G. KHORANA, R. HOLLEY y M. NIRENBERG reciben el Premio Nobel de Medicina por sus trabajos de **desciframiento del código genético**.

- En Estados Unidos el presidente JOHNSON, el hombre que sucedió a KENNEDY en la presidencia del gobierno, **decide no presentarse a la reelección**. *(31 Marzo)*
- El liberal P.TRUDEAU se convierte en **primer ministro de Canadá**. *(6 Abril)*
- En Portugal M. CAETANO sustituye a OLIVEIRA SALAZAR en la presidencia del consejo de ministros. *(27 Setiembre)*
- El presidente del Perú, BELAÚNDE TERRY, ha sido derrocado por un **golpe militar**. El general J. VELASCO ALVARADO se convierte en el nuevo presidente. *(3 Octubre)*
- El coronel O.TORRIJOS es el **nuevo hombre fuerte de Panamá** tras el derrocamiento del presidente A. ARIAS, quien sólo ha podido disfrutar del poder durante diez días. *(11 Octubre)*
- **Guinea Ecuatorial conquista su independencia** respecto a España. F. MACÍAS es su presidente. *(12 Octubre)*
- El republicano **R. NIXON accede a la presidencia de Estados Unidos**, tras vencer de forma ajustada en las elecciones al candidato demócrata H. HUMPHREY. *(5 Noviembre)*
- En Brasil el mariscal y presidente A. DA COSTA E SILVA, forzado por el ejército y ante el surgimiento de movimientos democráticos contrarios al régimen, **proclama la dictadura militar.** *(13 Diciembre)*

- Nacimiento del príncipe **FELIPE DE BORBÓN Y GRECIA**, heredero de la corona española. *(30 Enero)*
- Entra en funcionamiento la **primera central nuclear construida en España**, en la localidad de Zorita, en la provincia de Guadalajara. *(17 Julio)*
- El **grupo terrorista ETA** realiza su primer asesinato: la víctima es un guardia civil, J. PARDINES AZCAY. *(7 Junio)*. Dos meses más tarde la misma organización atenta contra MELITÓN MANZANAS, jefe de la Brigada de Investigación Social de la Comisaría de Policía de San Sebastián. *(2 Agosto)*

- El cubano-español JOSÉ LEGRÁ, **campeón del mundo de peso pluma de boxeo**.
- **Manchester United**, campeón de la Copa de Europa de fútbol. *(29 Mayo)*
- La Federación Internacional de Tenis acepta los **torneos OPEN**: de esta manera los torneos se profesionalizan y se abren a todo tipo de jugadores, amateurs y profesionales.

- **JAUME SABARTÉS**, periodista español, íntimo amigo de PICASSO. A él se debe la donación de una importante colección de obras de este pintor que constituyen el fondo y el origen del Museo Picasso de Barcelona. *(13 Febrero)*
- El cosmonauta soviético **YURI GAGARIN**, primer hombre en llegar al espacio, pierde la vida en un accidente de aviación. *(27 Marzo)*
- **JIM CLARK**, piloto británico de Fórmula 1. Muere en un accidente mientras disputaba el Trofeo de Alemania. Sólo contaba 32 años. *(7 Abril)*
- **HELEN KELLER**, escritora norteamericana. Ciega, sorda y muda desde temprana edad, gracias al impulso de su profesora Anne M. Sullivan consiguió salvar las dificultades propias de su estado y comunicarse con el mundo. Escribió varias obras autobiográficas, como *Historia de mi vida*.
- **LEÓN FELIPE**, poeta y traductor español, exiliado en México desde el final de la guerra civil española.
- **MARCEL DUCHAMP**, artista francés. Adscrito al dadaísmo y posteriormente al surrealismo, es uno de los creadores más originales, irónicos, provocadores e influyentes del siglo XX. *(1 Octubre)*
- **RAMÓN MENÉNDEZ PIDAL**, filólogo e historiador español. Sus trabajos sobre la épica castellana medieval son de un indudable interés. *(14 Noviembre)*
- **JOHN STEINBECK**, novelista norteamericano. *(20 Diciembre)*

1969

Golda Meir ocupó la jefatura del gobierno de Israel en marzo de 1969, al fallecer Levi Eshkol, y se vio confirmada en el cargo tras el éxito del Partido Laborista en las elecciones de octubre del mismo año.

Juan Vilá Reyes, propietario y gerente de la empresa MATESA, obtuvo créditos oficiales cuantiosos mediante el falseamiento de los datos de exportación de un nuevo telar sin lanzadera. El escándalo provocado por el caso, utilizado por los sectores del régimen próximos a Falange en contra del equipo económico del gobierno, ligado al Opus Dei, provocó una de las mayores crisis políticas vividas por la España de Franco.

Arafat, nuevo jefe de la OLP
3 FEBRERO

Yasser Arafat (1929), fundador en 1959 del grupo guerrillero al-Fatah, se convierte en el máximo dirigente de la Organización para la Liberación de Palestina (OLP) al ser designado presidente del comité ejecutivo de esta organización por el Congreso nacional palestino reunido en El Cairo. El nombramiento de Arafat es, no obstante, rechazado por el Frente Popular para la Liberación de Palestina (FPLP), un grupo palestino de tendencia marxista radical, que opta por retirarse de la OLP. **➡ 1987**

Nace el Concorde
2 MARZO

El prototipo del avión supersónico europeo Concorde, fruto de la colaboración entre empresas aeronáuticas británicas y francesas agrupadas en un consorcio, lleva a cabo su primer vuelo. Este aparato es el segundo avión de pasajeros supersónico del mundo (el primero fue el Tupolev Tu-144, que por su similitud con el Concorde fue llamado "Concordov"). Con una longitud de 62 m y una envergadura de 25,4 m, su peso aproximado es de 181 toneladas y puede transportar a 144 pasajeros a una velocidad máxima de Mach 2. El aparato iniciará los vuelos regulares el 21 de enero de 1976.

Golda Meir, elegida primera ministra de Israel
7 MARZO

La laborista Golda Meir (1898-1978) sucede al fallecido Levi Eshkol en la presidencia del gobierno de Israel. La carrera política de Meir, cuyo apellido de soltera es Mabovich, se inició con los socialistas judíos, con quienes participó en la fundación del partido de los Trabajadores de Israel (Mapai) y de la Confederación General de Trabajadores (Mistadrut). Designada embajadora israelí en la URSS, a su regreso fue ministra de Trabajo, en el período 1949-1956, y de Asuntos Exteriores en 1956-1966. Ya como primera ministra mantendrá en la cartera de Defensa al general Dayan, a pesar de sus diferencias ideológicas. **➡ 1973**

Nace el Pacto Andino
26 MAYO

Se firma en Santa Fe de Bogotá, la capital de Colombia, el Pacto Andino del Pacífico, fórmula de integración económica que tiene como fin la constitución de un mercado común entre los países signatarios. Representantes de Bolivia, Colombia, Chile, Ecuador y Perú han acordado una serie de medidas tendentes a suprimir progresivamente las tarifas aduaneras con el objetivo de constituir en 1980 un espacio económico común acorde con lo estipulado en el Acuerdo de Integración Económica Subregional Andina, que fue establecido en el marco de la Asociación Latinoamericana de Libre Comercio (ALALC).

Estalla el Cordobazo en Argentina
29-30 MAYO

La violenta revuelta popular de Córdoba se propaga por diversas ciudades del país. Como un eco del Mayo francés del 68, una sucesión de huelgas y protestas estudiantiles y obreras contra el régimen dictatorial del general Onganía dan lugar a violentos disturbios que alcanzan un clima prerrevolucionario. El llamado *Cordobazo* provoca una gran conmoción en la sociedad argentina y radicaliza a algunos sectores de la oposición, que optan por la vía insurreccional e inician un largo período de agitación sociopolítica que se prolongará hasta 1975. **➡ 1972**

Los demonios de Loudun de Penderecki
20 JUNIO

La ciudad alemana de Hamburgo acoge el estreno de la ópera *Los demonios de Loudun*, del compositor polaco Krzysztof Penderecki (n. 1933). Basada en una novela del británico Aldous Huxley, narra un caso de posesión demoníaca. La ópera crea sensación por la novedad de sus recursos técnicos, en especial su original y novedosa escritura vocal, que incluye técnicas como el susurro o el grito, además del canto, y su densa y oscura orquestación por bloques, *clusters*.

El hombre en la Luna
20 JULIO

Tiene lugar el primer alunizaje de una nave tripulada (*Eagle*, Águila) sobre la superficie lunar, en concreto en el "Mar de la Tranquilidad". Los astronautas estadounidense Neil Armstrong y Edwin Aldrin pisan la superficie lunar mientras Michael Collins aguarda a sus compañeros en el módulo de mando (Columbia) de la misión Apolo 11. La misión, iniciada el 16 de julio con el lanzamiento del Apolo 11 desde Cabo Kennedy, dura un total de 8 días, 3 horas y 18 minutos. Al pisar la Luna por primera vez, Armstrong pronuncia la frase que resume el espíritu de la gesta: "Es un pequeño paso para un hombre, pero un gran salto adelante para la humanidad". **➡ 1970**

Juan Carlos sucederá a Franco en España
22 JULIO

El príncipe Juan Carlos de Borbón es proclamado príncipe de España y sucesor de Franco en la jefatura del Estado español. En una solemne ceremonia, las Cortes aprueban la designación de Juan Carlos, propuesta por el general Franco, para sucederle como jefe del Estado. *"Se trata de una instauración, no de una restauración"*, afirma en su discurso el dictador español, puesto que *"el reino que hemos establecido nada debe al pasado"*. Don Juan, padre del príncipe y heredero de la corona, disuelve su consejo privado a pesar de su disconformidad. **➡ 1975**

Estalla el caso MATESA en España
9 AGOSTO

Se da a conocer un escándalo financiero de vastas proporciones protagonizado por la compañía española MATESA. Según fuentes de la Administración, la empresa, dedicada a la producción de telares sin lanzadera y dirigida por los hermanos Juan y Fernando Vilá Reyes y Manuel Salvat Durán, ha realizado una serie de operaciones fraudulentas con el propósito de disponer de los créditos gubernamentales destinados a la exportación. Asimismo, el escándalo

◄ *Charles Manson, cabeza del grupo que realizó la matanza ritual de Bel Air, en Los Ángeles.*

ha puesto al descubierto una sorda lucha por el poder entre distintas tendencias o "familias" del régimen.

Matanza ritual en Los Ángeles
9 AGOSTO

La actriz Sharon Tate y otras cuatro personas han sido asesinadas en Los Ángeles por una secta satánica. Sharon Tate, esposa del realizador polaco Roman Polanski; Jay Sebring, Abigail Folger, Yoitec Frykowski y Stephen Earl Parent, que la acompañaban en su residencia del barrio residencial de Bel Air, han sido brutalmente asesinados siguiendo al parecer una ceremonia ritual. La "familia" Manson, autora de la matanza, actuó bajo los efectos de drogas alucinógenas, después de escuchar obsesivamente una canción de The Beatles titulada *Helter Skelter* ("Sálvese quien pueda"), y dejó escrita la palabra *pigs*, cerdos, en las paredes de la mansión.

Se celebra el macrofestival de Woodstock
17-20 AGOSTO

En la localidad canadiense de Woodstock, próxima al lago Ontario, tiene lugar durante tres días un histórico festival de música pop. Organizado y financiado por John Roberts, un estudiante de 23 años, el festival se convierte en una impresionante fiesta a la que acuden más de cuarenta conjuntos e intérpretes musicales procedentes de todos los rincones de Estados Unidos y Canadá, y un auditorio compuesto por cerca de medio millón de jóvenes. Los tres días de paz y música constituirán un sueño irrepetible para unos y para otros el canto del cisne de una generación rebelde a la que se llamará *Nación de Woodstock*.

Brandt, nuevo canciller de la RFA
21 AGOSTO

El socialdemócrata Willy Brandt (1913-1992) es designado canciller de la República Federal Alemana. Presidente del Partido Socialdemócrata Alemán (SPD), ganador de las elecciones de setiembre pasado, Brandt llega a la cancillería merced a la coalición formada con los liberales del FDP. Durante su mandato Brandt trabajará por la reconciliación de los dos bloques impulsando la *Ostpolitik*, política hacia el este, lo cual le reportará el premio Nobel de la Paz en 1971. Su trayectoria se verá truncada en 1974, al verse obligado a dimitir tras el descubrimiento de que su secretario privado, Günther Guillaume, espiaba por cuenta de la Alemania oriental.

Resurge en Estados Unidos el movimiento homosexual

Renace en Estados Unidos con renovado impulso el movimiento homosexual. Con la creación de los Frentes de Liberación Gay (FLG), los homosexuales estadounidenses cambian radicalmente la orientación que habían tenido en el pasado sus organizaciones. Los FLG ya no se limitan a pedir la tolerancia de la sociedad para su opción sexual, sino que proclaman el orgullo de ser homosexual y denuncian su persecución como una forma más del carácter represivo del sistema. La nueva tendencia del movimiento homosexual estadounidense no tardará en extenderse por Europa. ➡ **1993**

OCR

Creado el primer sistema funcional de Reconocimiento Óptico de Caracteres (OCR). Se trata de un sistema informático formado por un escáner y un *software* adecuado que permite copiar textos y pasarlos a formato digital, comprensible por el ordenador. Este sistema se ha creado para simplificar en la medida de lo posible la penosa tarea de copiar textos, una y otra vez. Este y otros sistemas sientan las bases de lo que más tarde se conocerá como burótica u ofimática, es decir, automatización de los procesos de gestión. ➡ **1976**

Un horno solar

Entra en servicio en la región de los Pirineos franceses, concretamente en Odeillo, un horno solar capaz de alcanzar, sobre la base de la radiación solar captada por su gran espejo, temperaturas suficientemente elevadas como para fundir acero. Se trata de una instalación experimental en la cual se estudian las propiedades de ciertos materiales. Gracias a esta instalación, que permite alcanzar temperaturas de hasta 3 800 °C, el proceso de fusión de realiza sin correr el peligro de introducir en el material fundido impurezas procedentes del propio proceso de fusión, lo que permite obtener materiales de gran pureza. ➡ **1973**

Los bestsellers

Las modernas técnicas de marketing, la internacionalización del mercado y la aparición de un nuevo público lector masivo, han dado lugar a un fenómeno literario antes desconocido, el bestseller. Este año, el escritor de bestsellers Harold Robbins ha recibido un adelanto de 2,5 millones de dólares por su nuevo libro, sin haber escrito siquiera una sola línea. La literatura ya no es una exquisitez sólo para minorías, sino un elemento más del ocio colectivo, y las grandes editoriales han debido adaptarse al nuevo sentido que tiene el libro hoy, es decir, ser antes que nada ocio, entretenimiento, y estar dirigido a todo el mundo. El resultado de todo ello, el bestseller, mueve cantidades ingentes de dinero y crea a sus propios escritores "especialistas". Las grandes tiradas posibilitan otro fenómeno nuevo, los *paperbacks* o ediciones de bolsillo, de tapas finas, papel barato y portada llamativa, con letra apretada, que pueden adquirirse en los quioscos de prensa o en los supermercados.

Sexo, droga y rock and roll se dieron cita durante tres días en el macrofestival de Woodstock, un nombre que quedará asociado para siempre al movimiento hippy. En la imagen, un aspecto del festival, con sus tenderetes improvisados en el bosque, a orillas del lago Ontario.

El hombre llega a la Luna

Sin ninguna duda, el año de 1969 será siempre recordado por un hecho espectacular: la llegada del hombre a la Luna. Esta hazaña científica y tecnológica sirve como telón de fondo optimista a un panorama mundial de transformaciones políticas y sociales de gran calado, que incluyen una renovación generacional muy notable de gobernantes y dirigentes internacionales.

EL PRIMER ALUNIZAJE

El 21 de julio de 1969, el módulo de exploración lunar *Eagle*, pilotado por dos astronautas estadounidenses, Neil Armstrong y Edwin Aldrin, aterrizó suavemente y sin contratiempo en la superficie de la Luna. Pocas horas después, Armstrong se convertía en el primer ser humano que pisaba el suelo lunar, seguido unos momentos más tarde por Aldrin. Culminaba así una operación iniciada cinco días antes, con el despegue desde Cabo Kennedy de la nave espacial *Apolo XI*, que había conseguido colocarse en órbita alrededor de la Luna antes de proceder al envío a su superficie del módulo exploratorio.

El corto y lento paseo lunar de ambos astronautas fue transmitido en directo y seguido con un asombro alborozado por casi 500 millones de telespectadores en todo el mundo. También tuvo lugar la primera conversación telefónica entre la Luna y la Tierra, protagonizada por los dos astronautas y el presidente Richard Nixon. El programa de investigaciones aeroespaciales estadounidense demostró así su primacía sobre los programas soviéticos y logró un éxito notable en la conquista del espacio. En un alarde de orgullo patriótico, el presidente Nixon declaró que el alunizaje era «la mayor hazaña de toda la especie (humana) a lo largo de la historia».

A LA SOMBRA DE VIETNAM

El éxito espacial apenas supuso un alivio temporal para los graves problemas sociales y políticos planteados a la administración Nixon en Estados Unidos. De hecho, a lo largo del año 1968, la intervención militar norteamericana en la guerra de Vietnam provocó las mayores manifestaciones pacifistas y las más duras condenas, desde

El astronauta Edwin E. Aldrin fotografiado en la superficie de la Luna por su compañero de misión, el capitán Neil Armstrong.

sectores juveniles e intelectuales. En particular, el conocimiento de la matanza indiscriminada llevada a cabo en marzo por tropas norteamericanas en la pequeña aldea sudvietnamita de My Lai, con más de cien víctimas mortales civiles (ancianos, mujeres y niños), destruyó gran parte de la legitimidad moral de las explicaciones oficiales para intervenir en el conflicto. En noviembre, las imponentes manifestaciones contra la guerra en Vietnam celebradas en Washington demostraron el amplio rechazo de un creciente sector de la población, especialmente juvenil y universitaria, hacia la política exterior norteamericana. Al compás de una guerra lejana en el espacio, pero muy cercana gracias a las imágenes de televisión, la joven América estaba perdiendo gradualmente la inocencia y descubría los efectos perversos de las decisiones militares y diplomáticas de sus gobernantes.

El ministro español de Justicia, Antonio María de Oriol y Urquijo, estampa su firma preceptiva en el decreto que designa a Juan Carlos de Borbón sucesor de Franco en la jefatura del Estado, a título de rey.

RENOVACIÓN DE GOBERNANTES EN EUROPA

Los sucesos de mayo de 1968 en Francia se cobraron un año después su mayor víctima política. En abril de 1969, el venerado general De Gaulle, ante el resultado adverso del referéndum convocado para reformar la Constitución, decidió dimitir de su cargo presidencial y retirarse definitivamente de la vida política. Su sucesor fue Georges Pompidou, un estrecho colaborador del general, plenamente identificado con su política y trayectoria. De este modo, bajo la presión incontenible de las circunstancias, comenzó a ponerse en marcha la renovación generacional de los gobernantes franceses.

Algo muy similar sucedió en otros países europeos donde la onda expansiva generada por los sucesos de 1968 había llegado más amortiguada, pero igualmente reivindicativa. En octubre de 1969 los socialdemócratas accedieron al gobierno de la República Federal de Alemania de la mano de un nuevo canciller, Willy Brandt, ex alcalde de Berlín, que gobernó en coalición con los liberales. Por vez primera Alemania occidental, escenario fundamental de la guerra fría, dejaba atrás la era de gobiernos demócrata cristianos y conservadores e iniciaba el experimento de un ejecutivo de centro-izquierda. Ese mismo mes, en Suecia, un joven político también socialdemócrata, Olof Palme, ocupó la jefatura del gobierno sucediendo al anciano Tage Erlander. Desde entonces, la figura de Palme y su vía socialdemócrata sueca no dejaría de aumentar en prestigio y reconocimiento internacionales.

Juan Carlos de Borbón, sucesor de Franco a título de rey

Características peculiares, dentro de ese proceso general de renovación de los dirigentes políticos europeos, tuvo la proclamación de Juan Carlos de Borbón como sucesor de Franco. La Ley de Sucesión a la jefatura del Estado databa del año 1947, pero el dictador envejecía sin tomar una decisión acerca de la persona que había de regir los destinos de la nación cuando él desapareciera. Un accidente de caza disparó todas las alarmas entre las "familias" del régimen franquista.

¿Qué ocurriría si llegara a faltar repentinamente la presencia providencial del frágil anciano en el que se concentraban todos los poderes del Estado? Con una oposición política que crecía y se organizaba día a día, y la fuerza, extensión y coordinación mostrada por las luchas obreras, podía temerse lo peor. No uno, sino varios emisarios del entorno político, militar y familiar del Caudillo, se acercaron a él en distintas ocasiones para recordarle la urgencia de una solución definitiva al tema sucesorio.

España había sido definida en las Leyes Fundamentales del régimen como un reino, y Franco deseaba refrendar la nueva "legalidad" surgida de la guerra civil haciéndola entroncar con la tradición histórica de una monarquía quebrada en 1931 por la renuncia de Alfonso XIII y su marcha al exilio de Roma. Pero en los proyectos sucesorios del dictador no figuraba una restauración de la monarquía a partir de los criterios intrínsecos de legitimidad de la propia institución; y mucho menos, una sucesión encarnada en la persona en la que

Charles De Gaulle decidió en 1969 retirarse de la vida política, después del resultado negativo del referéndum convocado para modificar la Constitución.

El socialdemócrata Willy Brandt, después de ocupar durante algunos años la alcaldía de Berlín, accedió al cargo de canciller de la República Federal Alemana.

We rose up slowly, *del representante del Pop Art americano Roy Lichtenstein (Museum für Moderne Kunst, Francfort), cuadro-viñeta inspirado en las imágenes del cómic.*

recaía dicha legitimidad: don Juan de Borbón y Battenberg. El príncipe Juan Carlos había sido educado en España como una alternativa para "instaurar" una nueva monarquía basada, no en la línea natural de sucesión dinástica, sino en la victoria de la guerra civil. El joven príncipe, casado en 1962 con Sofía de Grecia y con un descendiente varón desde 1968, era la gran baza de Franco para proyectar a las generaciones venideras su propia concepción de España y dejar un futuro "atado y bien atado". Pero el dictador sospechaba (con razón, como se demostraría pocos años más tarde) que en Juan Carlos, una vez en el poder, podían pesar más las consideraciones debidas a la tradición dinástica y el amor a su padre, que la rígida lealtad al Caudillo y a sus concepciones políticas. Algunas personas del entorno más inmovilista de Franco atizaban sus dudas y proponían otros candidatos, de modo que la designación del sucesor se convirtió en un hervidero de intrigas.

Cuando por fin se produjo la designación de Juan Carlos, para el que se acuñó el título de príncipe de España en lugar del tradicional de príncipe de Asturias, don Juan de Borbón se sintió profundamente herido, no sólo por el hecho de que Juan

Carlos aceptara la designación, sino sobre todo porque buena parte de sus partidarios respaldaron en la ocasión la actitud del príncipe. No obstante, y en eso reside la grandeza de don Juan, supo comprender la razón de quienes prefirieron salvaguar-

---

Instantáneas 1969

- La reelaboración del **universo del cómic** por el artista estadounidense Roy Lichtenstein es una de las experiencias más significativas del Pop Art.

- *Sinfonía n.º 14* de D. Shostakovich. Escrita para soprano, bajo, orquesta de cuerdas y percusión, sobre una serie de poemas de Lorca, Kügelbecker, Apollinaire y Rilke.
- *La Transfiguración de Nuestro Señor Jesucristo*, partitura de O. Messiaen, escrita para solistas, coro y gran orquesta.
- Joaquín Rodrigo compone *Cantos de amor y de guerra*.
- *Je t'aime moi non plus*, de S. Gainsbourg.
- *Sugar, sugar*, de J. Barry y A. Sim.
- *Everybody's talking*, tema de F. Neil para la película de J. Schlesinger *Cowboy de medianoche*.
- *Oh Calcutta!*, comedia musical en la misma línea que el celebérrimo *Hair*, aunque mucho más explícita en sus alusiones al sexo.
- La Orquesta Sinfónica de Londres realiza la grabación de la **primera ópera rock**, *Tommy*, el gran éxito del grupo Who.

- El escritor irlandés en lengua francesa **S. Beckett**, uno de los padres del teatro del absurdo, recibe por el conjunto de su obra el Premio Nobel de Literatura.
- *Ada o el ardor*, novela inglesa del ruso-americano V. Nabokov. Su argumento –de un erotismo más acusado que el de *Lolita*–, no es más que la excusa para la creación de una

obra seductora, en la que la manipulación del idioma alcanza cotas de perfección inusitadas.
- *El lamento de Portnoy*, cínico relato de P. Roth sobre la vida sexual.
- *Papillon*, novela autobiográfica de H. Charrière, bate récords de ventas. Su adaptación cinematográfica, realizada en 1973 por F. J. Schaffner, será igualmente un éxito.
- En *La mujer del teniente francés* el novelista, J. Fowles, no llega a esconderse detrás del texto y muestra los hilos de su farsa, a la vez que aquellos de la sociedad victoriana que retrata. Prueba de ello son los dos finales, tres en realidad, que propone para su historia.
- Nathalie Sarraute publica *Tropismos*, su primera novela, en la onda del *Nouveau roman* que ella misma ha contribuido a teorizar.
- *Todos sobre Zanzíbar*, una de las más importantes novelas de ciencia-ficción de J. Brunner.

- Basándose en la novela homónima de D. H. Lawrence, Ken Russell filma *Mujeres enamoradas*, quizás la obra maestra, y la más contenida, de este controvertido realizador británico.
- El periodista español Jesús Hermida transmite en directo por Televisión Española la **llegada del hombre a la Luna**. *(21 Julio)*
- *Star Trek*, serie que narra los viajes de la nave especial Enterprise bajo el mando del capitán Kirk y su primer oficial, el vulcaniano Mr Spock. Su éxito fue espectacular.
- La película *Funny girl* supone la revelación de la actriz y cantante: Barbra Streisand. Su

interpretación del personaje de Fanny Brice le valdrá un Óscar.
- *Grupo salvaje*, violento, descarnado y renovador, a la vez que poético, *western* que consagra internacionalmente a su director, Sam Peckinpah.
- *La leyenda de la ciudad sin nombre*, *western* musical de Lerner y Loewe en clave de comedia que protagonizan Lee Marvin, Clint Eastwood y Jean Seberg, y dirige Joshua Logan. Su tema central, cantado por Marvin, es el nostálgico "Estrella errante".
- Claude Chabrol logra con *La mujer infiel* una de sus películas más admirables, análisis mesurado y sutil de la alta burguesía.

- En Cambridge un equipo de científicos ha descubierto el mecanismo por el que **la hemoglobina se combina con el oxígeno**.
- Los científicos soviéticos logran confinar por primera vez un **plasma de hidrógeno** gracias al empleo de un *tokamak*, competidor directo de las instalaciones de tipo *sterellator*.
- Exitoso primer vuelo del avión supersónico franco-británico *Concorde 001*. André Turcat es su piloto. *(2 Marzo)*

- El gobierno español ha impuesto el **estado de excepción en todo el país** a causa de las manifestaciones y disturbios organizados por los estudiantes universitarios en demanda de mayores libertades. *(24 Enero)*

(Continúa)

Margarida Xirgu, fallecida en Montevideo en 1969, fue una brillante intérprete de las obras de Federico García Lorca. En la imagen, cartel de una representación de Doña Rosita la soltera, *protagonizada por la actriz española.*

dar ante todo la institución monárquica, y consideraron accesoria la discusión sobre la persona que había de encarnarla. Batallar por la candidatura de don Juan habría sido inútil en las condiciones en las que se planteaba la sucesión, y además habría comprometido peligrosamente las posibilidades de Juan Carlos y, por consiguiente, la continuidad de la línea dinástica. Los monárquicos españoles arroparon al príncipe. Don Juan de Borbón siguió en Estoril, disolvió su consejo privado en señal de renuncia a competir con su hijo por la corona, y eliminó con su actitud un obstáculo nada desdeñable a la futura transición pacífica de España desde el franquismo hacia un régimen de libertades.

LA RENOVACIÓN GENERACIONAL EN EL RESTO DEL MUNDO

El reemplazo de dirigentes no fue patrimonio exclusivo de los países europeos. En el resto del mundo también se vivió un cambio generacional en las elites dirigentes de la política. Por ejemplo, en febrero de 1969 el Congreso Nacional Palestino, reunido en el exilio en El Cairo, acordó constituir un organismo central para luchar política y militarmente contra la ocupación israelí: la Organización para la Liberación de Palestina (OLP). Su jefe indiscutido fue el joven Yasser Arafat, que se convirtió a partir de ese momento en la encarnación del movimiento de resistencia palestino. Siempre perseguido por enemigos implacables, la capacidad de supervivencia no fue la menor de sus habilidades políticas. Otro ejemplo de renovación forzada se produjo en Libia, donde un grupo de oficiales jóvenes derrocó en setiembre al rey Idris e instauró un régimen de tendencia progresista y marcadamente antioccidental. El nuevo líder del país pasó a ser el coronel Muammar al-Gaddafi, llamado a tener un destacado protagonismo internacional en las décadas siguientes. ■

Instantáneas *(continuación)*

- Las **tensas relaciones entre el presidente de Guinea Ecuatorial F. Macías**, quien se ha hecho con el control absoluto de su país, y el gobierno de Franco culminan con la expulsión del embajador español. *(4 Marzo)*
- G. Heinemann alcanza la **presidencia de la República Federal Alemana** tras tres reñidas votaciones. *(5 Marzo)*
- En China Lin Piao, el líder de la Revolución Cultural, **se perfila como el futuro sucesor de Mao.** *(1 Abril)*
- El secretario general del Partido Comunista de Checoslovaquia, **A. Dubcek**, ha sido desprovisto de sus cargos. El ostracismo de los artífices de la Primavera de Praga acaba de comenzar. *(17 Abril)*
- Muere en accidente de helicóptero el presidente boliviano René Barrientos, quien había accedido a la presidencia en 1964 tras un golpe de Estado. *(27 Abril)*
- De Gaulle dimite tras conocerse su derrota en el referéndum convocado para promover la reforma de la constitución francesa, con miras a establecer un gobierno fuerte y autoritario. *(28 Abril)*
- G. Pompidou se convierte en el nuevo presidente de la República Francesa, sucediendo al dimitido De Gaulle. *(16 Junio)*
- El Ulster es escenario de una **nueva oleada de violencia entre la población católica y el ejército británico**. El motivo del conflicto es la conmemoración por parte de los protestantes de la victoria militar de Guillermo de Orange contra las tropas católicas de Jacobo II en 1660.

- Profesores, académicos e intelectuales en general, hasta un total de 1 500 firmas, han redactado un **manifiesto contra la tortura en España**. *(17 Enero)*
- **Firma del Pacto Andino** de integración económica, por el cual Bolivia, Ecuador, Perú, Colombia y Chile se comprometen a unirse en un mercado común en un plazo de once años. *(26 Mayo)*
- **Consejo de guerra en España contra cinco sacerdotes vascos** por su protesta ante las últimas detenciones de sacerdotes acaecidas en el país. Son condenados a penas de entre diez y doce años de reclusión. *(12 Junio)*
- El musical *Hair* populariza el **estilo de peinado afro.**
- El magnate R. Murdoch se hace con el tabloide inglés *The Sun*.

- Gianni Rivera, conocido como "Il bambino d'oro", consigue el **Balón de Oro del fútbol europeo** tras su extraordinaria campaña con el A. C. Milán.
- El tenista estadounidense Ricardo "Pancho" González gana el torneo de Wimbledon a los 41 años, tras un maratoniano partido de 5 horas y 12 minutos. Su rival fue Ch. Pasarell.
- En la final del campeonato del mundo de **hockey sobre patines**, Carbonell, convaleciente de una lumbalgia, logra el gol de la victoria de España contra Portugal.

- «El Estado no se ha de meter en los dormitorios de la nación.» P.E. Trudeau, primer ministro de Canadá, apoya la despenalización de la homosexualidad.
- «Venimos en misión de paz en nombre de la humanidad.» Placa colocada en la superficie de la Luna por los astronautas del Apolo XI.

- Boris Karloff, actor británico nacionalizado estadounidense, cuyo verdadero nombre era William Henry Pratt. Encasillado en el género de terror, su creación más inolvidable fue la del monstruo de Frankenstein. *(2 Febrero)*
- Karl Jaspers, filósofo suizo, uno de los padres del existencialismo. *(26 Febrero)*
- David Dwight Eisenhower, general y presidente de Estados Unidos (1952-1960). Fue el responsable del desembarco aliado en Normandía durante la Segunda Guerra Mundial. *(28 Marzo)*
- Rómulo Gallegos, escritor venezolano, autor, entre otras, de la novela *Doña Bárbara*. *(4 Abril)*
- Margarida Xirgu, actriz española, protagonista de los estrenos de algunas de las obras más importantes de F. García Lorca. Tras la guerra civil española, se exilió a Sudamérica. *(25 Abril)*
- Judy Garland, actriz y cantante estadounidense, cuyo verdadero nombre era Frances Gumm. Protagonizó célebres musicales como *El mago de Oz* o *El pirata*. *(22 Junio)*
- Walter Gropius, arquitecto alemán, padre de la célebre escuela Bauhaus. *(5 Julio)*
- Mies van der Rohe, arquitecto alemán nacionalizado estadounidense. *(17 Agosto)*

1970

El mensaje de Salvador Allende conectó con buena parte del pueblo chileno. En la imagen aparece, con casco blanco, en el día del trabajo nacional voluntario de 1972.

Se celebra la Expo 70 de Osaka
14 MARZO - 12 MAYO

Osaka, gran centro industrial y la segunda ciudad de Japón por su población, es la sede de la celebración de la Exposición Universal. Tras los Juegos Olímpicos de 1964, la Expo 70 vuelve a situar a Japón en el primer plano de la atención internacional. En los futuristas pabellones de los 79 países participantes, que ocupan 330 hectáreas, se muestran los más espectaculares avances logrados en distintos campos de la tecnología. ➡ **1992**

Devastador terremoto en Perú
31 MAYO

Un seísmo de más de ocho grados de la escala Richter, probablemente el más terrible de la historia de América, arrasa el litoral peruano entre Chimbote y Casma, y un sector de la cordillera de los Andes, en particular las ciudades de Huaraz y Yungai, en el llamado Calle-

Panorámica general de las instalaciones de la Exposición Universal de Osaka. ▶

jón de Huaylas. Poblaciones enteras quedan reducidas a escombros, bajo los cuales las patrullas de salvamento localizan los cadáveres de cerca de setenta mil personas; más de ochocientas mil han quedado sin hogar. ➡ **1972**

Brasil campeón mundial de fútbol
31 MAYO - 21 JUNIO

La selección brasileña gana la fase final de la Copa del Mundo jugada en México y se queda en propiedad el trofeo Jules Rimet. Brasil, capitaneado por Pelé, después de vencer a Uruguay por 3 a 1 había accedido a la final con Italia, que a su vez había derrotado a Alemania Federal por 4 a 3. El partido entre ambas selecciones resulta vibrante, pero la superioridad brasileña termina por plasmarse en un resultado final contundente: 4 a 1, con goles de Pelé, Gerson, Jairzinho, Carlos Alberto, y Bonisegna por parte italiana. ➡ **1974**

Desaparecen dos ídolos del rock en Estados Unidos
18 SETIEMBRE Y 4 OCTUBRE

El guitarrista Jimi Hendrix (1942-1970) y la cantante Janis Joplin (1943-1970) mueren víctimas de la droga. Hendrix había revolucionado el uso de la guitarra en el pop convirtiéndose en una leyenda viva a la que también contribuyó su salvaje exhibicionismo en los esce-

narios. Joplin, por su parte, había conseguido con su voz desgarrada una fama comparable a la de Jimi Hendrix, Jim Morrison y Mick Jagger.

Allende gana las elecciones en Chile
24 OCTUBRE

Salvador Allende (1908-1973), candidato de Unidad Popular, gana las elecciones presidenciales chilenas. Allende logra al frente de la UP, coalición formada por los partidos comunista, socialista y radical y otras agrupaciones de izquierda, una exigua mayoría frente a sus adversarios, el derechista Jorge Alessandri y el demócrata cristiano Radomiro Tomic. El revolucionario programa que se propone llevar a cabo Allende se basa en "un socialismo de rostro humano" que contempla el desarrollo de las instituciones democráticas, la justicia social, y la nacionalización de las riquezas nacionales, de la banca y de las industrias básicas. ➡ **1973**

Nieto, campeón del mundo de motociclismo
27 OCTUBRE

El piloto español Ángel Nieto (1947) gana el campeonato mundial de motociclismo en la categoría de 50 cc por segundo año consecutivo. El corredor español inicia así una hegemonía en las

El púgil argentino Carlos Monzón en la época en que se proclamó campeón del mundo.

pequeñas cilindradas que se extenderá hasta 1984. En ese largo período logrará seis títulos en los 50 cc en los años 1969, 1970, 1972, 1975, 1976 y 1977, y siete en 125 cc (1971, 1972, 1979, 1981, 1982, 1983 y 1984), consagrándose como uno de los deportistas españoles más destacados de la historia. Se retirará en 1986.

Monzón, campeón mundial de boxeo
7 NOVIEMBRE

El púgil argentino Carlos Monzón (1942-1995) gana el título mundial de los pesos medios al vencer al italiano Nino Benvenutti. Durante doce años el boxeador argentino hará valer su demoledora pegada para mantener su imbatibilidad en 80 combates. Incluso el cubano mexicano José *Mantequilla* Nápoles, que se había proclamado campeón mundial de los *welter* en 1969, perderá su corona en 1974, incapaz de resistir los terribles golpes de Monzón. Dos años más tarde, el campeón argentino se retirará del ring.   ➡ **1980**

Primer vehículo lunar soviético
10 NOVIEMBRE

Es lanzada al espacio la nave soviética *Lunik 17*, cuya misión es posarse sobre la superficie lunar y desembarcar el vehículo de exploración lunar automático, el *Lunajod I*. Éste es un robot equipado con dispositivos de análisis que le permiten recoger muestras de 500 lugares distintos de la Luna (en la zona del Mar de las Lluvias) y estudiar de ese modo en profundidad las propiedades físicas y químicas del suelo lunar. Además, lleva a cabo perforaciones de has-

ta un metro de profundidad. La misión permite mejorar el conocimiento de la geología de nuestro satélite.   ➡ **1971**

Hafez al-Assad asume el poder en Siria
13 NOVIEMBRE

Hafez al-Assad (n. 1930) destituye al presidente Atassi en un golpe de palacio y se hace con el poder en Siria. El hasta ahora ministro de Defensa ha disuelto la cúpula civil del partido Baas y hecho arrestar a sus principales dirigentes, entre ellos el depuesto presidente. Con este desenlace se resuelven las tensiones existentes en el seno del partido, entre los sectores propalestinos y el moderado. Assad, perteneciente a este último, será elegido presidente al año siguiente e iniciará una política de acercamiento a otros países árabes, al mismo tiempo que endurecerá la posición siria frente a Israel.   ➡ **1973**

Observatorio de Kitt Peak

Estados Unidos dota al Observatorio Nacional de Kitt Peak (Tucson, Arizona) de nuevos instrumentos de gran calidad. Este centro dispone del telescopio solar más grande y más avanzado construido nunca, dotado de un espejo de 2 m de diámetro instalado a 2 089 m de altitud, capaz de producir una imagen del Sol muy detallada de 76 cm de diá-

El vehículo soviético automático de exploración lunar Lunajod 1.

metro. Además dispone de un telescopio refractor de 4,01 m y de otros instrumentos e instalaciones que convierten a Kitt Peak en uno de los principales observatorios del mundo.   ➡ **1972**

Se celebra el proceso de Burgos en España
3-30 DICIEMBRE

En un polémico proceso de guerra celebrado en Burgos se dictan nueve condenas a muerte y 500 años de prisión contra quince miembros de ETA. El régimen franquista, ignorando las peticiones de clemencia tanto nacionales como internacionales, incluidas las de la Iglesia, ha buscado en el juicio de Burgos dar un severo escarmiento a la organización, aplicando las más severas penas contempladas en la ley de Bandidaje y Terrorismo a los etarras juzgados por su participación en el asesinato de un co-

Panorámica del observatorio de Kitt Peak, en Arizona, Estados Unidos.

El húngaro Victor Vasarely ante una de sus obras Op Art, inspirada en los sistemas seriales, con formas que cambian según se modifica el ángulo de visión.

Luis Federico Leloir, premio Nobel de Química en 1970.

El disquete flexible o Floppy Disk fue el primer soporte magnético de información accesible a un amplio público consumidor.

Nobel de la Paz para Borlaug

El agrónomo estadounidense Norman Ernest Borlaug es galardonado con el premio Nobel de la Paz por sus trabajos orientados a paliar el hambre en el mundo. Considerado el artífice de la llamada "revolución verde", Borlaug inició en 1944 sus investigaciones en el valle del Yaqui, México, por encargo de la fundación Rockefeller. Las experiencias obtenidas trabajando con distintas variedades de cereales permitieron la utilización posterior de semillas especiales y técnicas avanzadas para conseguir altos rendimientos agrícolas en países pobres como India, Pakistán, Filipinas, etc., logrando un notable incremento en la producción de alimentos. ➡ **1984**

Resonancia magnética nuclear, RMN

Se ponen a punto las primeras instalaciones basadas en el fenómeno de la resonancia magnética nuclear o RMN, descubierto en 1946 por los físicos F. Bloch y E. Mills (premios Nobel de Física en 1952). Este procedimiento, que se basa en la capacidad de adaptación de los protones a su entorno, permite obtener imágenes de las estructuras blandas presentes en el interior del cuerpo humano. Gracias a la RMN se puede eliminar en gran parte la utilización de los rayos X para las exploraciones de procesos interiores, reduciéndose así la sobrecarga de radiación. ➡ **1972**

Cinetismo y Op Art

El cinetismo abraza multitud de tendencias que aparecieron tanto en el arte europeo como en el americano, y que se consagraron como movimiento en la Bienal de Venecia de 1966. Su centro principal de interés es el estudio del movimiento, abstraído de cualquier otra exigencia representativa o teórica. Surge ahora una nueva tendencia, el Op Art (Arte óptico), emparentada con el cinetismo pero que se distingue porque el movimiento es una pura ilusión óptica, un efecto del juego de colores y estructuras, sea en el nivel tridimensional o bidimensional. Se encuadran bajo esta etiqueta artistas muy diversos, cuyo único punto en común es quizá la experimentación sobre la percepción visual a través de sus estímulos. Artistas destacados de esta corriente son Vasarely, Sedgley o Geiger. ➡ **1971**

misario de policía. Sin embargo, por primera vez desde el fin de la guerra civil, se produce una movilización de proporciones tan masivas que aconseja al general Franco acceder a la conmutación de la pena capital a los condenados ➡ **1973**

Floppy Disk

La empresa estadounidense International Business Machines (IBM) crea el disco flexible o Floppy Disk, que se convertirá en el soporte de almacenamiento magnético de información más popular. Se trata de un disco de plástico flexible, revestido con una capa de material magnetizable, y cuyo empleo se extiende sobre todo a los ordenadores de tipo personal. Se fabrica tanto en doble densidad (DD) como en alta densidad (HD). A lo largo de los años evolucionará desde el formato de 5¼ pulgadas, protegido con una estuche flexible, hasta el formato de 3½ pulgadas dotado con una carcasa de plástico rígida que lo hace más resistente al uso. ➡ **1971**

Nobel para F. Leloir

El bioquímico estadounidense de origen argentino Luis Federico Leloir (1906-1987) obtiene el premio Nobel de Química por el descubrimiento de los nucleótidos, que desempeñan un papel de gran importancia en el metabolismo de los azúcares en el cuerpo humano como coenzimas o formando parte de las enzimas. Además de este descubrimiento, se deben a Leloir importantes investigaciones relativas al metabolismo de los hidratos de carbono (azúcares).

Llamadas de atención desde el Tercer mundo

El año de 1970 resulta bastante pródigo en sucesos y noticias desfavorables o simplemente trágicas, tanto de orden natural como cultural. El brutal terremoto que sacude Perú sirve, entre otras cosas, para llamar la atención sobre la sangrante miseria y pobreza imperante en América latina y, por extensión, en todo el Tercer mundo. En otra dimensión, la disolución del grupo The Beatles provoca consternación en amplios círculos de la juventud occidental. Ambos acontecimientos sirven como recordatorio de que ha quedado atrás la imaginativa y optimista década de los sesenta, que será objeto de una progresiva mitificación a medida que se aleje en el tiempo.

EL FINAL DE LA TRAGEDIA DE BIAFRA

En enero de 1970 llegó a su trágico final la cruenta guerra de Biafra, la región sudoriental de Nigeria, habitada por una mayoría de la etnia ibo de confesión cristiana, que se había declarado independiente del resto del país, poblado por pueblos hausas y falanis de confesión islámica. La rendición de las autoridades secesionistas ante las tropas nigerianas fue incondicional, después de dos años y medio de brutales combates en territorio selvático y con una cosecha de centenares de miles de muertos. Fuentes fidedignas calculan que durante el conflicto, sólo en Biafra, murieron de hambre aproximadamente un millón de civiles. La guerra de Biafra vino a mostrar al mundo la gravedad de los problemas políticos y económicos que se veían constreñidos a afrontar los nuevos países independientes creados por la descolonización.

CATACLISMOS NATURALES Y ESPERANZA HUMANA EN AMÉRICA DEL SUR

La zona norte de Perú experimentó en mayo de 1970 un brutal y terrible movimiento sísmico cuyos efectos se notaron en una línea de más de cien kilómetros de longitud a lo largo de la costa marítima. Se trató de uno de los terremotos más intensos registrados en el área (superior a los ocho grados en la escala Richter) y de uno de los de mayor impacto destructivo y mortífero. Como resultado del seísmo, las auto-

Funerales nacionales del general Charles De Gaulle, presidente de la República Francesa en varias ocasiones.

De izquierda a derecha Anwar al-Sadat, Hafez al-Assad y Muammar al-Gaddafi, nueva plana mayor de la política árabe.

ridades peruanas y los observadores internacionales calcularon que habían perdido la vida unas 67 000 personas y que habían quedado sin casa ni cobijo otras 800 000.

Una figura emblemática del continente americano adquirió gran notoriedad internacional durante el año 1970: el prelado Helder Cámara, arzobispo de la diócesis de Recife, en el depauperado nordeste de Brasil. Su infatigable denuncia de la pobreza y la miseria imperante en esa región y en todo el país, al igual que sus conde-

nas a las numerosas violaciones de los derechos humanos registradas, lo convirtieron en uno de los enemigos públicos más temidos y odiados de la dictadura militar implantada en Brasil desde 1964. La valiente actitud del arzobispo Cámara reflejaba la creciente preocupación de la Iglesia católica brasileña y latinoamericana por la grave situación social y política en el continente, que habría de conducir pocos años después a la eclosión de la llamada "teología de la liberación".

Portada del disco Abbey Road, *de The Beatles. George, Paul, Ringo y John cruzan la calle en dirección a los estudios de grabación.*

Como en los casos de Janis Joplin y Jim Morrison, la heroína hizo de Jimi Hendrix una estrella fugaz en el firmamento del rock.

FALLECIMIENTOS Y ENCUMBRAMIENTOS EN LA POLÍTICA INTERNACIONAL

Como si se tratara de subrayar lo que el año tenía de final de época, a lo largo de 1970 encontraron la muerte por causa natural tres figuras influyentes de la vida política internacional: el general Charles De

Mujer en el supermercado, de Duane Hanson: la hipercrítica del modo de vida americano o la quintaesencia del hiperrealismo.

Gaulle, indiscutido artífice de la Francia contemporánea; Antonio de Oliveira Salazar, creador y rector de la longeva dictadura portuguesa; y el general Lázaro Cárdenas, reformador presidente de México entre 1934 y 1940. En el lado opuesto de la rueda de la fortuna, a lo largo de ese año accedieron a la cumbre del poder en sus respectivos países otros tres políticos llamados a tener gran renombre internacional en el futuro: el doctor Salvador Allende, socialista, elegido presidente de Chile en el mes de octubre; Anwar al-Sadat, nombrado presidente de Egipto tras el fallecimiento de Nasser en el mismo mes, y Hafez al-Assad, que ascendió en noviembre a la jefatura del gobierno de Siria, y luego a la presidencia mediante el decimoprimer golpe de Estado militar (incruento, en este caso) que vivía el país desde 1949.

BAJAS Y PÉRDIDAS EN LA CULTURA POPULAR

En el panorama de la cultura popular del año 1970 predominaron también los tonos sombríos e incluso trágicos en algunos casos. The Beatles, el popular grupo musical británico que había seducido a varias generaciones de jóvenes y no tan jóvenes en todo el mundo, anunció su decisión de separarse tras un período de tormentosas relaciones entre sus cuatro componentes masculinos. Sus últimos éxitos discográficos habían sido la canción *Let It Be*, de título vagamente premonitorio ("Déjalo estar"), y el LP *Abbey Road*, del cual se vendieron más de 5 millones de ejemplares en los primeros meses. La ruptura y disolución del grupo pop más famoso de todos los tiempos puede considerarse tam-

bién un epitafio simbólico al final de toda una década, la de los años sesenta, prodigiosa e innovadora como muy pocas.

Menor trascendencia pública internacional, pero igual carácter simbólico, cabe atribuir a la muerte de Jimi Hendrix, uno de los guitarristas y cantantes de rock estadounidenses de mayor éxito entre la juventud americana y mundial. Hendrix, que se había convertido en una leyenda viva tras su destacada participación en el festival musical de Woodstock (Nueva York) en 1969, falleció a consecuencia de una sobredosis de heroí-

Cartel de La rodilla de Claire, *una de las películas en las que se basó el prestigio del francés Eric Rohmer.*

Tercera Conferencia de países no alineados en Lusaka. En el centro K. Kaunda (Zambia), el anfitrión; inmediatamente a su derecha, S. Bandaranaike (Sri Lanka) y Haile Selassie (Etiopía). A su izquierda, Tito (Yugoslavia) e I. Gandhi (India).

na, según los informes policiales. También la cantante Janis Joplin murió prematuramente por culpa de la heroína. Ambos ídolos del rock estadounidense se contaron entre las primeras víctimas mortales relevantes de la trágica drogodependencia que se había extendido a la par que el movimiento juvenil característico de la década de los sesenta. ■

Instantáneas

- R. Rauschenberg y W. Klüver diseñan el **Pabellón Coca-Cola** de la Expo-70 de Osaka (Japón).
- **Mujer en el supermercado**, escultura hiperrealista de Duane Hanson.

- **Tout un monde lontain**, concierto para violoncelo y orquesta del francés H. Dutilleux, obra de una cautivadora riqueza tímbrica.
- Gran éxito de Miguel Ríos con su versión pop del *Himno a la alegría* de la Novena Sinfonía de Beethoven.
- Simon and Garfunkel cantan **Bridge over troubled water** y **El cóndor pasa**, basada en una canción folclórica peruana.
- **Let it be**, de J. Lennon y P. McCartney, es la despedida de The Beatles, que se separan en el mes de abril.
- **Raindrops keep fallin' on my head**, tema de la película *Dos hombres y un destino*, de H. David y B. Bacharach.
- **Concierto para orquesta**, de Elliott Carter.

- **Ojos azules**, su primera novela, descubre ya todo el talento de la escritora afroamericana T. Morrison.
- A. Schmidt publica un ensayo-novela de más de 5 000 páginas, **El sueño de Zettel**, donde se entrecruzan el análisis literario de la obra de E. Allan Poe y el propio argumento de la novela, en un monumental laberinto. En Alemania se creará, muy seriamente, un Sindicato para el Desciframiento de la Obra de A. Schmidt.
- A. Soljenitsin recibe el premio **Nobel de Literatura**.
- Juan Goytisolo satiriza la España sagrada con la novela **Reivindicación del conde don Julián**.

- **La rodilla de Claire** es sin duda el más célebre de los "cuentos morales" del director francés E. Rohmer.
- José Mª Íñigo dispara la audiencia de la segunda cadena de Televisión Española, con el programa de entrevistas **Estudio abierto**.
- El francés J. Anouilh estrena su obra teatral **Los peces rojos**.

- H.O. Smith, K.W. Wilcox y T.J. Kelley purifican la primera **endonucleasa** de restricción específica de tipo H.
- Entran en servicio las primeras unidades del avión de pasajeros de gran capacidad **Boeing 747 "Jumbo"**.

- La República Popular China y Japón ponen en órbita sus primeros **satélites artificiales**.
- Exploración de Venus: la sonda soviética **Venera-7**, primera en emitir tras posarse en la superficie del planeta.
- El bioquímico Choh Hao Li logra sintetizar la **hormona** humana del crecimiento.
- La nueva **pantalla de cristal líquido** da buena visibilidad incluso con luz directa, y usa mucha menos electricidad que el diodo.

- **Nigeria**: termina la guerra al rendirse las fuerzas separatistas de Biafra. *(12 Enero)*
- Aumenta la intervención de Estados Unidos en el Sudeste asiático, al ordenar Nixon la entrada de tropas en **Camboya**. *(1 Mayo)*
- Cambios en la cúpula militar de **Argentina** tras la destitución del general Onganía, lo que se interpreta como un principio de apertura. *(13 Junio)*
- El conservador Edward Heath, nuevo primer ministro del **Reino Unido**. *(3 Junio)*
- Primeros éxitos de la **Ostpolitik** de Willy Brandt, con la firma de un tratado entre la República Federal Alemana y la URSS. *(12 Agosto)*
- Uruguay: los **tupamaros** aumentan la presión sobre el gobierno al cumplir su amenaza de ejecutar a un diplomático estadounidense, que tenían secuestrado, si no se liberaba a 150 guerrilleros presos. *(9 Agosto)*
- La firma de un acuerdo entre Y. Arafat, líder de la OLP, y el rey Husayn de Jordania pone fin a la guerra civil larvada que se vivía en este país. *(27 Setiembre)*
- **Bolivia**: dimite el presidente Ovando Candía a causa de un golpe de Estado derechista. El general Juan José Torres, nuevo presidente provisional, intenta controlar a los golpistas. *(7 Octubre)*
- El moderado Anwar al-Sadat sucede a Nasser en la presidencia de **Egipto**. *(15 Octubre)*
- Tiene lugar en Lusaka, capital de Zambia, la **Tercera Conferencia de países no alineados**.

- España: exigencias laborales y políticas convierten la cuenca minera de **Asturias** en un polvorín, en permanente revuelta. *(24 Enero)*
- Se producen 140 muertos y más de 500 heridos en un grave **accidente ferroviario** en Argentina. *(1 Febrero)*
- Los astronautas del **Apolo XIII** amerizan sanos y salvos en el Pacífico, tras correr un serio peligro durante su misión espacial. *(17 Abril)*
- España: sentencia condenatoria en el **caso MATESA**, por evasión de divisas. *(19 Mayo)*
- Egipto: finalizada la presa de **Asuán**. *(21 Julio)*

- **Montblanc Maestertuck** diseña el modelo 149 de su clásica pluma. La cifra 4 810 grabada en la plumilla corresponde a la altura de la montaña que le da nombre, y simboliza su alto nivel de calidad.

- España: José Manuel Ibar, *Urtáin*, **campeón de Europa** de los pesos pesados. *(3 Abril)*
- Uwe Seeler juega su cuarto campeonato del mundo de fútbol con el equipo alemán. Jugador del Hamburgo, ha marcado 760 goles en 710 partidos oficiales.
- Se empiezan a disputar los Campeonatos del mundo de **karate**: el primero, en Tokio, se lo adjudican los japoneses tanto en la categoría individual como por equipos.
- El mexicano Olegario Vázquez Raña logra el récord del mundo insuperable en **tiro con carabina**: 400 dianas sobre 400.
- Los **Springboks**, el equipo nacional de rugby de Sudáfrica, aislados a causa de la política de *apartheid* de su país.

- «Sexo, drogas y rock'n'roll.» Para los jóvenes rebeldes, esta frase representó una especie de santísima trinidad. Janis Joplin, Jim Morrison y Jimi Hendrix fueron los máximos exponentes musicales del exceso.

- **Bertrand Russell**, matemático, filósofo y sociólogo británico. *(2 Febrero)*
- **Candelario Huízar**, músico mexicano. *(3 Mayo)*
- **Ahmed Sukarno**, que fue presidente en Indonesia. *(21 Junio)*
- **Antonio de Oliveira Salazar**, un año después de abandonar su larguísima jefatura de gobierno en Portugal. *(27 Julio)*
- **François Mauriac**, escritor francés. *(1 Setiembre)*
- **Rudolf Carnap**, filósofo estadounidense de origen austríaco. *(14 Setiembre)*
- **Gamal Abdel Nasser**, presidente de Egipto. *(28 Setiembre)*
- **John Dos Passos**, novelista estadounidense. *(28 Setiembre)*
- **Lázaro Cárdenas**, político y militar revolucionario mexicano. *(19 Octubre)*
- **Charles De Gaulle**, estadista y militar francés. *(9 Noviembre)*
- **Luis Jiménez de Asúa**, político, profesor y escritor español. *(16 Noviembre)*
- El escritor japonés **Yukio Mishima** se suicida haciéndose el *harakiri*, tras un intento fallido de provocar un levantamiento militar. *(25 Noviembre)*
- **Agustín Lara**, compositor mexicano.

1971

Manifestación popular en Dacca, en favor de la independencia de Bangla Desh.

móviles de lujo que le dio fama mundial. Su actividad se diversificó con la producción de vehículos blindados y motores de aviación. Uno de éstos, el RB-211-22 encargado por la Lockheed, es la principal causa de la quiebra. Ante esta circunstancia, el gobierno británico se propone nacionalizar la fabricación de este motor, hasta el cumplimiento del compromiso con la compañía estadounidense, y la división de recambios y mantenimiento de motores.

Bangla Desh se separa de Pakistán
2 MARZO

El movimiento secesionista encabezado por Mujibur Rahman proclama la independencia de Bangla Desh y consuma la división de Pakistán. Bengala, que había formado parte de la India bajo dominio británico y, tras la independencia de ésta, de Pakistán, se sentía explotada y marginada por el gobierno central paquistaní. La abrumadora victoria electoral de la Liga Awami en diciembre pasado dio a Rahman apoyo social para negociar la autonomía, pero el fracaso de las conversaciones le ha inducido a declarar unilateralmente la independencia de la República de Bangla Desh e instaurar un gobierno en el exilio con sede en Calcuta. La secesión desemboca en una guerra

civil y, ya en el mes de diciembre, se produce la intervención de la India en favor de la nueva República.   ➡ **1977**

Un automóvil lunar estadounidense
26 JULIO

Durante la quinta misión que llevan a cabo los estadounidenses en la superficie lunar, la *Apolo 15*, los astronautas D. Scott y J. Irwin disponen de la inestimable ayuda de un coche para trasladarse por la superficie lunar con los equipos de investigación. Se trata del *Lunar Rover*, un vehículo de 209 kg de peso, alimentado por baterías y que dispone de una autonomía de 92 km. El primer viaje del *Lunar Rover* tendrá lugar el 31 de julio. El vehículo volverá a utilizarse en las misiones *Apolo 16* y *17*.   ➡ **1972**

Sangrientos disturbios en el Ulster
9 AGOSTO

Violentos choques entre católicos y protestantes ensangrientan las calles de Belfast. La propuesta del primer ministro de Irlanda del Norte, Brian Faulkner, de internar en campos de concentración a los simpatizantes del IRA o sospechosos de serlo, provoca la airada reacción de los católicos, incluida la

Golpe de Estado en Uganda
25 ENERO Y 2 FEBRERO

El general Idi Amin Dada (192 6) derriba al presidente Milton Obote y toma el poder en Uganda. Aprovechando una ausencia del presidente, Amin, comandante de las Fuerzas Armadas, encabeza un golpe de Estado e inicia una sangrienta represión entre sus opositores. El nuevo hombre fuerte ugandés, procedente de la etnia kakwa, instaurará un régimen de terror que en ocho años provocará la muerte de más de trescientas mil personas. En 1979, el Movimiento de Salvación de Uganda apoyado por tropas tanzanas derribará a uno de los dictadores más sanguinarios de la historia de África.

Cierre de Rolls Royce
4 FEBRERO

La prestigiosa fábrica británica de automóviles Rolls Royce presenta expediente de quiebra en Londres. Rolls Royce había sido fundada en 1904 en Manchester, y desde sus inicios se dedicó a la construcción de un tipo de auto-

El astronauta estadounidense ▶ *James Irwin, fotografiado junto al* Lunar Rover *desde el módulo lunar del* Apolo 15.

◄ *Una imagen idílica, pero falsa, de la vida cotidiana de los* tasaday, *la tribu cuyo aislamiento de la civilización fue inventado por el ministro de Cultura de Filipinas.*

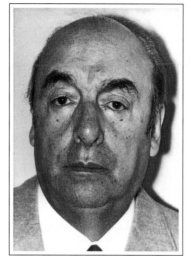

◄ *A la izquierda Neftalí Reyes, más conocido por su seudónimo Pablo Neruda; arriba, portada de una edición de la obra que lo dio a conocer en todo el mundo.*

del cardenal de Irlanda, monseñor William Conway. El clima de tensión hace eclosión cuando grupos de protestantes se enfrentan a los manifestantes católicos y causan la muerte de al menos tres personas. Más de un centenar de católicos son detenidos y enviados a "campos especiales". ➡ **1979**

Asesinado el primer ministro jordano
28 NOVIEMBRE

Setiembre Negro asesina en El Cairo a Wasfi Tell, primer ministro de Jordania. Los tres autores del magnicidio, miembros del grupo terrorista palestino Setiembre Negro, son detenidos por la policía egipcia. Al parecer el asesinato de Wasfi Tell se ha producido como represalia por la muerte de Abu Liljyad, uno de los más importantes jefes de Al Fatah, caído en las colinas de Ajlun durante los combates entre jordanos y palestinos. ➡ **1988**

Neruda obtiene el Nobel de Literatura
10 DICIEMBRE

El poeta chileno Pablo Neruda (1904-1973) es galardonado con el Premio Nobel de Literatura por la calidad e intensidad de su poesía. Neruda, cuya obra refleja las distintas tendencias estéticas que han dominado la poesía del siglo XX así como una clara toma de posición social y política, es uno de los mayores poetas de habla castellana. Desde que en 1924 publicara sus *Veinte poemas de amor y una canción desesperada*, su fama y prestigio universales se han consolidado con obras como *Residencia en la tierra, Canto general* y *Odas elementales*. ➡ **1976**

La pintura brutal de Bacon

Francis Bacon (1909-1992) destruye o hace nuevas versiones de sus pinturas, testimoniando la provisionalidad de la obra artística. La exposición de sus *Tres estudios de figura en la base de una crucifixión*, en 1945, lo convirtió en el pintor británico más controvertido de la posguerra, y a partir de entonces Bacon ha utilizado toda clase de técnicas para añadir pintura o retirarla con objeto de dar cuerpo, de un modo brutal y orgánico, a lo nunca visto. En este sentido se interpretan las distintas versiones de algunos de sus retratos, como el tríptico de *Henrietta Moraes*. «*El arte verdadero* –dice Bacon–, *siempre te obliga a enfrentarte a la vulnerabilidad de la condición humana.*» ➡ **1992**

Falso descubrimiento de una tribu en Filipinas

El ministro de Cultura filipino, Manuel Elizalde, anuncia el descubrimiento en el país de un pueblo cuyo horizonte cultural se sitúa en la Edad de Piedra. Se trata de los *tasaday*, tribu que habita al parecer desde hace unos cuarenta mil años en el interior de las selvas de Mindanao, la isla más grande del archipiélago filipino, completamente aislada de la civilización. En 1986 se descubrirá que los *tasaday* eran un montaje de Elizalde para apropiarse de las subvenciones destinadas a la protección de las minorías.

Intel 4004

El ingeniero Ted Hoff (n. 1937), que trabaja para la empresa estadounidense Intel, crea el primer microprocesador de la historia, que se conocerá con el

nombre de Intel 4004, capaz de realizar hasta 60 000 operaciones por segundo. Este microprocesador, que reúne en un único componente electrónico (conocido como circuito integrado) todas las funciones que debe llevar a cabo un ordenador, está formado por el equivalente de 2 300 transitores y funciona a 4 bits. ➡ **1972**

Detalle de Tres estudios de figura en la base de una crucifixión, *característico del realismo brutal, visceral y onírico de Francis Bacon.*

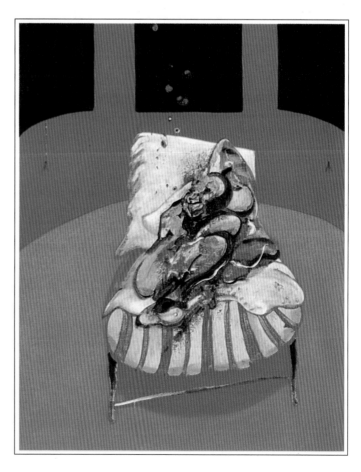

Julie Christie y el joven Dominic Guard en un primer plano de El mensajero, *uno de los frutos de la colaboración del cineasta Joseph Losey con el guionista Harold Pinter.*

Burrhus F. Skinner en su despacho del Departamento de Psicología de la Universidad de Harvard.

Joseph Losey estrena
El mensajero

El mensajero es la tercera colaboración del británico Joseph Losey con el prestigioso dramaturgo Harold Pinter, después de *El sirviente* y *Accidente*. En ella se narran las experiencias de un chico de trece años durante un verano pasado en la casa de campo de un amigo. El chico se enamora de la hermana mayor de su amigo y compone un curioso triángulo secreto entre ella y un apuesto terrateniente. La relación de amor clandestino y los conflictos que origina, harán que el chico descubra, traumáticamente, sentimientos como el amor, la pasión y el odio. Julie Christie y Alan

Modelo propuesto por el diseñador japonés Issey Miyake. ▶

Bates demuestran, nuevamente, su condición de estrellas del cine británico, y el joven Dominic Guard debuta con una conmovedora interpretación. ➡ 1972

El conductismo de Skinner

El psicólogo B.F. Skinner, máximo representante del conductismo, publica su libro *Más allá de la libertad y la dignidad*, donde expone una vez más sus polémicas tesis sobre la conducta humana. Skinner puso en marcha un ambicioso proyecto de estudio de la psicología humana sin tener en cuenta nociones oscuras como "conciencia" o "interioridad", en su opinión inútiles, partiendo del supuesto de que era posible explicarla objetivamente como conjunto de respuestas adaptativas a estímulos procedentes del entorno, ambos observables. Sus investigaciones, claro está, tuvieron que conformarse con ratas y palomas, aunque en su novela *Walden Dos* (1948) lleva el experimento al terreno de la ficción e imagina una sociedad totalmente controlada y diseñada a partir de una adecuada "ingeniería" de estímulos. En cualquier caso, sus resultados con los animales son espectaculares –enseñó a sus palomas a jugar al ping-pong, y durante la II Guerra Mundial trabajó en un proyecto para que guiasen misiles, luego abandonado–, y sus propuestas han tenido un gran impacto en toda una generación de psicólogos.

Peter Bogdanovich
se da a conocer con
La última película

Peter Bogdanovich fue el primer crítico de cine estadounidense en dirigir una película. Debutó como realizador con *El héroe anda suelto*, un sobresaliente thriller protagonizado por Boris Karloff y en el que contó con el apoyo del realizador de serie B Roger Corman. *La última película*, estrenada ahora, lo revela como un nuevo valor del cine americano. Bogdanovich retrata con nostalgia el proceso de maduración de unos adolescentes en un solitario pueblo de Texas a mediados de la década de los 50. Al mismo tiempo, asistimos a la decadencia del propio pueblo y a la dolorosa desaparición de los cines en favor de la poderosa televisión. Ben John-

son y Cloris Leachman ganarán los Óscares al mejor actor y actriz secundarios, y Jeff Bridges, Timothy Buttons y Cybill Shepherd iniciarán sus carreras en Hollywood gracias a sus excelentes interpretaciones. ➡ 1972

Alta costura japonesa

El diseño japonés ha tenido un papel en la moda europea ya desde principios de siglo, pero en las últimas décadas su influencia se ha hecho más fuerte. La nueva generación de diseñadores japoneses, representada por Issey Miyake y Kenzo Takada, propone líneas étnicas, atentas a la textura y la calidad del tejido; menos preocupadas por marcar las líneas del cuerpo, sus propuestas permiten una mayor libertad de movimientos que los diseños occidentales. Issey Miyake abre este año una casa de alta costura, cuya influencia no dejará de crecer; formado en el mundo de la moda parisina, afirma que los movimientos estudiantiles de mayo del 68 influyeron poderosamente en él a la hora de proponer líneas menos restrictivas, adaptadas a la mujer moderna y activa. ➡ 1974

El precio humano del progreso

Continuando la tendencia abierta por la nueva década, 1971 cosecha abundantes desastres y convulsiones humanas y tecnológicas. Buen ejemplo del primer caso es el cruento estallido de la guerra civil en Bangla Desh, que se prolongará a lo largo de todo el año. En cuanto al segundo, la catástrofe de la nave *Soyuz 11* permite calibrar el alto precio humano de los progresos de la investigación espacial.

EL NACIMIENTO DE UNA NUEVA NACIÓN

Después de varios años de tensiones larvadas y de diversos episodios conflictivos, en marzo de 1971 la provincia del Pakistán Oriental declaró su independencia del Pakistán Occidental y se transformó en el Estado soberano e independiente de Bangla Desh. Su principal dirigente y padre fundador fue el jeque Mujibur Rahman, cuyo partido, la Liga Awami, había ganado por abrumadora mayoría las elecciones generales en la región. La respuesta inmediata de las autoridades del Pakistán Occidental consistió en la ocupación militar del país, actitud que condujo a la guerra civil en virtud de la amplísima resistencia popular encontrada. Debido a las atrocidades cometidas durante el conflicto, unos 10 millones de refugiados procedentes de Bangla Desh atravesaron la frontera y buscaron refugio en la India, incluidos los principales dirigentes secesionistas. Finalmente, en diciembre de 1971 el gobierno indio decidió intervenir militarmente para ayudar los independentistas en su lucha contra Pakistán. La consecuente guerra indo-paquistaní supuso un rápido y completo triunfo para la India y confirmó la condición de Estado independiente de Bangla Desh.

CATÁSTROFE ESPACIAL Y NUEVOS HITOS EN LA EXPLORACIÓN LUNAR

En junio de 1971 tuvo lugar una de las catástrofes más importantes de la historia de la investigación aeroespacial. Los tres componentes de la nave espacial soviética *Soyuz 11* perecieron a consecuencia de un imprevisto accidente en su viaje de regreso a la Tierra. La nave había sido lanzada el 6 de junio y al día siguiente se había aco-

La bandera de Bangla Desh ondea al viento, tras la proclamación de la independencia del nuevo país.

Imagen del golpe militar que depuso a Juan José Torres en Bolivia. A la derecha, el coronel Hugo Banzer.

El general Juan José Torres protagonizó en Bolivia un golpe militar-popular de carácter progresista en octubre de 1970. Menos de un año después, fue derrocado por otro golpe militar, y en 1976 fue secuestrado y muerto por un comando de ultraderecha en Argentina.

◀ *Silvana Mangano en un fotograma de* Muerte en Venecia, *obra maestra del cineasta italiano Luchino Visconti.*

Cristo como estrella del rock, o los Evangelios trasplantados al musical. Cartel de Jesucristo Superstar, *de Norman Jewison.*

plado sin problemas a la estación espacial *Salyut 1*. Su permanencia en la misma batió el récord de duración de un vuelo por el espacio hasta la fecha. Veinticuatro días más tarde emprendieron el regreso a la Tierra sin complicaciones aparentes. Pero la consternación fue mayúscula cuando se abrieron las puertas de la *Soyuz 11* y se encontró a los tres cosmonautas muertos en sus asientos. El fallo mortal se produjo, al parecer, cuando el aparato entraba en las capas bajas de la atmósfera, apenas 30 minutos antes del aterrizaje. En ese momento tuvo lugar una brutal caída de la presión interior de la nave que causó la muerte ins-

tantánea a sus tripulantes. Lamentablemente, no habría de ser el último accidente que produjera como consecuencia la pérdida de vidas humanas, en la imparable carrera por la conquista del espacio.

Apenas dos meses después de la tragedia soviética, la tripulación de la nave estadounidense *Apolo 15* consiguió un nuevo triunfo en la exploración de la Luna. Dos astronautas del equipo, David Scott y James B. Irwin, recorrieron la superficie lunar durante más de 18 horas discontinuas, en un vehículo de cuatro ruedas construido al efecto. El paseo en el llamado "jeep lunar" fue retransmitido a la Tierra por televisión en color y sirvió para recoger información que permitió ampliar los conocimientos científicos sobre la estructura y composición de la Luna.

LA DECISIVA INTERVENCIÓN DE LOS MILITARES EN AMÉRICA LATINA

La inestabilidad política y la tensión social siguieron aquejando como males endémicos a diversos países de América latina, durante todo el año 1971. En Chile, el programa de reformas económicas y nacionalizaciones de empresas extranjeras emprendido por el presidente Salvador Allende encontró una viva resistencia en los

sectores sociales afectados y una gran falta de apoyo de las todopoderosas autoridades norteamericanas. Por su parte, en Argentina, por iniciativa de la Junta de Comandantes en Jefe de las Fuerzas Armadas, en marzo tuvo lugar el relevo forzado en la presidencia del país del general Levingston. Su sucesor al frente de la dictadura, el general Alejandro Lanusse, asumió el cargo presidencial a la par que mantenía su condición de comandante en jefe del Ejército y presidente de la Junta de Comandantes. Finalmente, en Bolivia, en el mes de agosto, un golpe militar derechista, encabezado por el coronel Hugo Banzer Suárez, puso fin al breve intervalo del régimen progresista del general Juan José Torres. Todos estos casos venían a demostrar el carácter decisorio de la intervención de las fuerzas armadas en la resolución de las recurrentes crisis que asolaban a algunas naciones latinoamericanas.

PANORAMA CULTURAL DE UN AÑO AMBIGUO

Dos grandes figuras de la vida artística e intelectual del siglo xx fallecieron en 1971: el filósofo neomarxista alemán afincado en Estados Unidos Herbert Marcuse, uno de los más directos inspiradores de la rebelión estudiantil de los años sesenta; y el compo-

La delegación de la República Popular China en la ONU, presidida por el viceministro de Asuntos Exteriores Chiao Kuan-hua, es objeto de la atención de los reporteros gráficos.

Portada del álbum Mediterráneo, *del cantautor español Joan Manuel Serrat.*

sitor y músico ruso exiliado en Estados Unidos, Igor Stravinski, autor de obras maestras como *El pájaro de fuego* y *La consagración de la primavera*. Por su parte, la industria cinematográfica siguió ofreciendo frutos artísticos de primera magnitud. El director italiano Luchino Visconti presentó su película *Muerte en Venecia*, inspirada en la novela de Thomas Mann, una melancólica meditación sobre la belleza sensorial redescubierta por un músico escéptico en vísperas de su muerte. El siempre iconoclasta director norteamericano Stanley Kubrick sorprendió al público con *La naranja mecánica*, una fábula y reflexión sobre la violencia irracional en el mundo moderno. ∎

Instantáneas

- España: el **cantautor** JOAN MANUEL SERRAT presenta su álbum *Mediterráneo*, contemporáneo a la revelación de otra gran cantautora, CECILIA, con *Dama, dama*.
- NINO BRAVO graba su álbum *Un beso y una flor*.
- JOHN DENVER canta *Take me home country roads*.
- Se estrena el musical *Jesucristo Superstar* en el Mark Hellinger Theater. *(12 octubre)*
- JANIS JOPLIN, fallecida en 1970, emociona a su público con la grabación póstuma *Me and Bobby McGee*.
- *Shaft*, de I. HAYES, tema de la película del mismo título.
- *What's goin' on*, de R. BENSON, A. CLEVELAND y M. GAYE.

- *Retrato de grupo con señora*, del novelista alemán crítico HEINRICH BÖLL.
- ERICH SEGAL publica *Love Story*, novela de amor convertida rápidamente en un espectacular éxito de ventas.
- JOHN RAWLS lleva el contractualismo a su extremo más sutil y matizado en su *Teoría de la justicia*.

- STANLEY KUBRICK lleva a la pantalla la novela de A. BURGESS *La naranja mecánica*, entendida por unos como una apología de la violencia, por otros como todo lo contrario.
- *Muerte en Venecia*, una novela corta de TH. MANN, es llevada por L. VISCONTI a la gran pantalla, con música de G. MAHLER.
- *Harry el sucio*, auténtico clásico del cine de acción interpretado por C. EASTWOOD, se ha leído a menudo como un filme fascistoide. Sin embargo, no deja de sorprender el paralelismo casi paródico entre el policía, Harry, y el psicópata.
- *Cabezas cortadas*, una alegoría sobre el poder del director brasileño GLAUBER ROCHA, interpretada por F. RABAL.
- *El Decamerón*, nuevo escándalo en el haber de P.P. PASOLINI, con la adaptación al cine de este clásico del Renacimiento.
- *Crónicas de un pueblo*, serie televisiva de A. MERCERO, retrata con viveza y realismo la vida rural española.
- *Arriba y abajo (Up and down)* aparece en la televisión británica, dibujando de forma exquisita el ir y venir de criados y señores en una aristocrática familia londinense del cambio de siglo.
- La televisión estadounidense estrena el programa infantil *Barrio Sésamo*, con muñecos creados por JIM HENSON.

- La URSS pone en órbita la primera **estación espacial** de la historia, la *Salyut I*. *(19 Abril)*
- Inaugurado el **radiotelescopio de Arecibo** (Puerto Rico) con un plato reflector de 340 m de diámetro. Es la mayor instalación del mundo de este tipo (es decir, fija). Un año antes, 1970, se inaugura el mayor radiotelescopio de plato móvil en Effelsberg (Alemania) con una antena de 100 m de diámetro.

- **Argentina**: A. LANUSSE es designado presidente. *(25 Marzo)*
- **Chile** desbloquea sus relaciones con Cuba. *(22 Mayo)*
- Fallido golpe de Estado en **Marruecos**. *(10 Julio)*
- **Jordania**: liquidación de los últimos núcleos de los *fedayin* palestinos. La resistencia palestina se instalará a partir de ahora en Siria y Líbano. *(17 Julio)*
- La República Popular China ingresa en la ONU. *(15 Noviembre)*
- Las tropas indias lanzan una **ofensiva** victoriosa contra Pakistán. *(20 Diciembre)*

- España: el delincuente ELEUTERIO SÁNCHEZ, *el Lute*, se fuga nuevamente de la cárcel, esta vez del penal de Santa María, en Cádiz. *(1 Enero)*
- Se **prohíben** los anuncios de cigarrillos en la televisión de Estados Unidos.
- **Gran Bretaña**: 66 muertos en un encuentro de fútbol en Glasgow, al ceder una barandilla a la presión de los espectadores. *(3 Enero)*
- Italia: la entrada en vigor de la **ley del divorcio** recibe un fuerte rechazo de los sectores más conservadores. Por el momento, se recogen firmas para forzar un referéndum. *(11 Enero)*
- El Reino Unido adopta el **sistema métrico decimal**. *(15 Febrero)*
- PAU CASALS es nombrado en Washington "ciudadano de honor de las Américas". El músico español dirigirá más tarde, en Nueva York, su "Himno a las Naciones Unidas". *(5 Mayo)*
- Argentina: el **ERP** (Ejército Revolucionario del Pueblo) secuestra a un diplomático británico. *(23 Mayo)*
- Muerte, al regresar a la Tierra después de una misión espacial, de los tres astronautas soviéticos del *Soyuz 11*. *(29 Junio)*
- **Uruguay**: 125 guerrilleros tupamaros logran evadirse del penal de Punta Carretas, gracias a un túnel excavado por ellos mismos. *(6 Setiembre)*
- **España**: cierre del periódico *Madrid* por irregularidades en la financiación, si hay que creer al gobierno. *(25 Noviembre)*

- El austríaco K. WALDHEIM es elegido secretario general de la **ONU**. *(22 Diciembre)*
- Chile: S. ALLENDE consigue que la **nacionalización** de los recursos mineros y combustibles del país sea sancionada por el Congreso.
- Chile: se levanta el estado de emergencia tras las manifestaciones de la llamada **"marcha de las cacerolas"**, en protesta por la escasez de alimentos. *(9 Diciembre)*
- W. BRANDT, premio **Nobel de la Paz**. *(10 Diciembre)*

- El entrenador R. MICHELS, defensor de un "fútbol total", dirige a la llamada **"naranja mecánica"**, el equipo de Holanda, favorito para el Campeonato del Mundo.
- Se disputa en Barcelona el primer campeonato del mundo de **hockey sobre hierba**: Pakistán gana la final a España.

- «¿Por qué no hacéis nada para ayudarnos? El mundo exterior dice que esto es un asunto interno… esto no es un asunto interno. Es un pogromo.» Comentario de un miembro de la Asamblea de Bangla Desh, que nace como un nuevo país tras décadas de descontento y meses de matanza.
- «No se puede estrechar una mano con el puño cerrado.» INDIRA GANDHI durante el conflicto entre la India y Pakistán por la soberanía de la zona que se convertirá en Bangla Desh.

- GABRIELLE "COCO" CHANEL, diseñadora de moda francesa. *(10 Enero)*
- HAROLD LLOYD, actor de cine mudo estadounidense. *(8 Marzo)*
- IGOR STRAVINSKI, compositor de origen ruso. *(6 Abril)*
- FRANÇOIS DUVALIER, también llamado *Papa Doc*, presidente de Haití. *(21 Abril)*
- GYÖRGY LUKÁCS, filósofo húngaro. *(4 Junio)*
- LOUIS ARMSTRONG, trompetista, cantante y director de orquesta estadounidense, una figura irreemplazable en el mundo del jazz. *(6 Julio)*
- DIANE ARBUS, fotógrafa estadounidense, cuyos retratos resultan inquietantes, grotescos. *(26 Julio)*
- MARGARET BOURKE-WHITE, fotógrafo y periodista estadounidense. *(27 Agosto)*
- NIKITA JRUSCHOV, presidente de la URSS entre 1958 y 1964. *(11 Setiembre)*
- LIN PIAO, ministro de Defensa chino, en un oscuro accidente de aviación. *(12 Setiembre)*
- GUILLERMO LEÓN VALENCIA, eminente político colombiano, de tendencia conservadora. *(4 Noviembre)*

1972

El esquiador Francisco Fernández Ochoa, con el dorsal 2, en el podio de Sapporo, después de ganar la medalla de oro en el slalom *especial de los Juegos Olímpicos.*

Hugo Banzer Suárez, ▶ presidente de Bolivia.

Cartel de los XI Juegos Olímpicos de invierno.

La bahía de San Francisco ▶ (California, Estados Unidos), fotografiada desde el satélite Landsat.

Olimpiadas de invierno de Sapporo
3-13 FEBRERO

Los XI Juegos Olímpicos celebrados en Sapporo, Japón, dan a España una medalla de oro, al imponerse el esquiador español Francisco Fernández Ochoa en el *slalom* especial a los italianos Gustavo y Rolando Thoeni. En esta ocasión la URSS recupera su lugar de privilegio ocupado en las dos anteriores ocasiones por Noruega. De otra parte, las Olimpiadas han estado marcadas por la polémica suscitada entre el presidente del COI, Avery Brundage, defensor a ultranza del amateurismo, y el esquiador austríaco Karl Schranz, partidario del profesionalismo.

Visita histórica de Nixon a China
21 FEBRERO

El presidente de EE.UU. Richard Nixon y el jefe de Estado de China Mao Tse-tung se reúnen en Pekín (Beijing) e inician una política de distensión. Los primeros síntomas de un clima más favorable al diálogo entre estas dos potencias ya se evidenciaron el año pasado cuando la selección estadounidense de ping pong jugó varios partidos en China y fue atendida por Chu En-lai. Ahora Mao y Nixon, ante las suspicacias de la URSS, procuran un mayor acercamiento entre EstadosUnidos y China con vistas a la normalización de sus relaciones diplomáticas. ➡ 1974

Nuevos ingenios espaciales
23 FEBRERO

Tiene lugar el lanzamiento del primer satélite de detección de recursos terrestres, el estadounidense *ERTS-A*, rebautizado más tarde como *Landsat-1* y que iniciará una serie de gran éxito. Por otro lado, el 2 de marzo Estados Unidos envía al espacio la sonda interplanetaria *Pioneer* 10, que pasará por Marte y Júpiter (1973), para llegar a Urano (1979) y Plutón (1987) antes de abandonar el sistema solar portando el primer mensaje que el ser humano dirige a posibles culturas extraterrestres. En diciembre de este año se da por concluido, con la misión *Apolo 17*, el programa que ha permitido la conquista de la Luna. ➡ 1996

El coronel Banzer legaliza su gobierno
3 MARZO

El coronel Hugo Banzer (nacido en 1926) es designado presidente de Bolivia con el apoyo de distintas fuerzas políticas. Banzer, que venía gobernando de hecho desde que en agosto de 1971 derrocara al gobierno progresista del general Juan José Torres, ha logrado el decisivo apoyo del Frente Popular Nacionalista. Así mismo, el general Banzer cuenta con el soporte del Movimiento Nacionalista Revolucionario (MNR) y de la Falange Socialista para ejercer un gobierno liberal conservador y emprender las reformas sociales que exige el país.

Matanza de guerrilleros argentinos en Trelew
22 AGOSTO

Un grupo de 19 guerrilleros del Ejército Revolucionario del Pueblo (ERP) es masacrado por soldados de la Marina argentina en la base aeronaval de Trelew. Tras huir la semana pasada del penal de Rawson, donde se hallaban confinados, los guerrilleros del ERP tomaron

Cartel de los Juegos Olímpicos de verano, celebrados en Munich en 1972.

el aeropuerto de Trelew y se apoderaron de un avión de pasajeros que llevó a seis de ellos a Chile, mientras 19 oponían resistencia a los infantes de Marina. Finalmente, después de cuatro horas de combate el grupo se rindió y fue alojado en dependencias de la base aeronaval, donde esta mañana se ha producido la masacre, en la que han perecido once guerrilleros y seis han quedado gravemente heridos en dudosas circunstancias.

Calculadora de bolsillo

Los norteamericanos J.S. Kilby, J.D. Merryman y J.H. Van Tassel, que trabajan para la empresa estadounidense Texas Instruments, crean la primera calculadora electrónica de bolsillo, cuya patente obtendrá Texas Instruments en 1978. Un año más tarde, la empresa Hewlett-Packard propone la construcción de calculadoras electrónicas programables de pequeño tamaño adaptadas a tareas específicas (cálculo financiero, cálculo científico, etc.) cuya comercialización iniciará con gran éxito a partir de 1976. Este avance ha sido posible gracias a la invención del microchip, que se disputan las empresas estadounidenses Hewlett-Packard y Texas Instruments.

XX Juegos Olímpicos en Munich
26 AGOSTO - 10 SETIEMBRE

El terrorismo enluta los Juegos Olímpicos que se celebran en la ciudad alemana. Un comando del grupo terrorista palestino Setiembre Negro asalta la Villa Olímpica y provoca 17 víctimas mortales, entre ellas 11 integrantes del equipo de Israel. Ya el 31 de mayo pasado, un comando japonés al servicio del Frente

de Liberación de Palestina había sembrado la muerte y el terror en el aeropuerto de Tel Aviv. Desde el punto de vista deportivo, los Juegos de Munich han contado con la participación de 7 147 atletas, entre ellos 1 299 mujeres, representantes de 122 países. Los grandes protagonistas de estas olimpiadas han sido el estadounidense Mark Spitz, ganador de siete medallas de oro en natación; la australiana Shane Gould, primera nadadora en ganar tres medallas de oro; los finlandeses Pekka Vasala y Lasse Viren, triunfadores en los 1 500 m el primero y en 5 000 y 10 000 m el segundo, y el soviético Valeri Borzov, campeón olímpico en 100 y 200 m lisos.

Victoria de Fischer en el Mundial de ajedrez
2 SETIEMBRE

El estadounidense Robert Fischer (n. 1943) vence al soviético Boris Spassky (n. 1937) y se corona campeón mundial de ajedrez. Bobby Fischer rompe con esta victoria 26 de años de hegemonía soviética en el ajedrez, iniciada con la victoria de Mijail Botvinnik en el torneo que reunió en La Haya y Moscú a los cinco aspirantes a la corona dejada vacante por el fallecimiento del rusofrancés A. Alekhine. Tanto Fischer como los representantes soviéticos convierten el tablero de ajedrez en un trasunto de la guerra fría que mantienen las grandes potencias. El match por el título, disputado a la distancia de 24 partidas, se ha jugado en Reykjavik, Islandia, y Fischer ha obtenido 12,5 puntos, por 8,5 de su rival. Fischer será desposeído del título en 1976, al negarse a defenderlo contra otro soviético, Anatoli Karpov. ➡ **1985**

Primer Airbus
28 OCTUBRE

El avión europeo Airbus A-300 lleva a cabo su primer vuelo de carácter comercial. Se trata de un aparato de tipo medio para el transporte de carga y pasajeros, desarrollado y construido por el consorcio europeo Airbus formado por las empresas Aérospatiale (Francia), Belairbus (Bélgica), British Aerospace (Reino Unido), Construcciones Aeronáuticas S.A. (España) y MMB (Alemania), que

intenta competir con los grandes constructores estadounidenses y conseguir de este modo la autosuficiencia europea en materia de transporte aéreo.

Un terremoto destruye Managua
24 DICIEMBRE

Un terremoto reduce a escombros más de la mitad de la capital de Nicaragua y provoca miles de víctimas. En la mayor catástrofe sufrida por la ciudad desde que en 1931 otro seísmo la destruyera, han muerto 18 mil personas, unas 50 mil han quedado heridas y más de 250 mil han perdido sus viviendas. La magnitud de la catástrofe ha activado la inmediata solidaridad internacional, y la OEA y otros organismos internacionales se han apresurado a conceder créditos de urgencia para la reconstrucción de Managua. Más tarde, la Organiza-

El californiano Mark Spitz fue el gran dominador de las pruebas cortas de natación de los Juegos Olímpicos de Munich, en estilo libre y en mariposa. Con su participación en los relevos, consiguió en total siete medallas de oro.

Imágenes seriadas del abdomen por tomografía axial computadorizada (TAC).

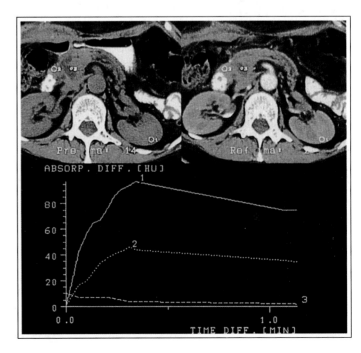

Fotograma de El último tango en París, *la película-escándalo que asentó el prestigio internacional del italiano Bernardo Bertolucci.*

Marlon Brando transmitió una fuerza de atracción casi hipnótica al personaje del anciano Don Corleone de El padrino, *de Francis Ford Coppola.*

Bertolucci provoca la controversia con El último tango en París

Con el éxito obtenido gracias a *El último tango en París*, Bernardo Bertolucci confirma su gran talento. Marlon Brando interpreta magistralmente a un hombre maduro que, después del suicidio de su mujer, decide iniciar una relación puramente sexual con una hermosa joven (una sensual Maria Schneider). La pasión desenfrenada irá dejando paso a una tensión autodestructiva, y la joven acabará por dar muerte a su atormentado compañero. La excelente fotografía de Vittorio Storaro ayuda a Bertolucci a plasmar, con vigor, esta convulsa relación de amor y odio, que provoca polémicas en ciertos ambientes por algunas escenas explícitas de sexo. Bertolucci es nominado al Óscar al mejor director y Brando logra su sexta nominación.

Francis Ford Coppola inicia la trilogía de El Padrino

Adaptación de una novela de Mario Puzo, *El padrino* convierte a su joven realizador, Francis Ford Coppola, en uno de los nombres claves del actual cine estadounidense. La película ofrece una visión de la América de los años 50 a través del análisis de los entresijos de una organización mafiosa de Nueva York, los Corleone. Marlon Brando rea-liza una impresionante interpretación como el viejo patriarca del clan (por la que gana un Óscar) y Al Pacino se da a conocer gracias al papel de Michael Corleone quien, tras el intento de asesinato del que es objeto su padre, decide tomar el mando y acabar con las demás familias que operan en la zona. La historia de los Corleone continuará en *El padrino II*, con un excelente Robert De-Niro interpretando los primeros pasos del futuro don Corleone, y en *El padrino III*, un infravalorado colofón en el que Al Pacino borda su papel de envejecido padrino. Coppola es nominado en las tres ocasiones para el Óscar al mejor director, consiguiéndolo por la que quizás sea la mejor de sus películas, *El padrino II*. ➡ **1973**

Gran éxito de Un, dos, tres... en la televisión española

Televisión Española estrena con gran éxito el nuevo y espectacular concurso *Un, dos, tres..., responda otra vez*. Se trata de un programa creado por Narciso Ibáñez Serrador, quien ha desarrollado una fórmula que combina la mecánica de los concursos clásicos y el espectáculo, del que forman parte desde bellas secretarias y bailarinas hasta personajes estrafalarios como Don Cicuta. El presentador es el popular Kiko Ledgard. El concurso marcará un hito en la televisión española y, en distintas etapas y convenientemente renovado, mantendrá su popularidad durante más de veinte años. ➡ **1990**

Tomografía computadorizada

Los investigadores Allan MacLeod Cormack y Gordon Newbold Hounsfield crean la Tomografía Computadorizada (TAC) gracias al desarrollo del escáner que la hace posible. Se trata de una técnica de exploración radiológica basada en radiografiar partes de la anatomía por secciones y reconstruir después, con la ayuda de un ordenador, la imagen obtenida en función de la densidad de los rayos X absorbida para cada punto de la sección anatómica explorada. Conociendo la densidad de los huesos, tejidos y fluidos corporales, es posible detectar la presencia de "cuerpos extraños" tales como tumores, quistes, derrames de sangre, etc. Ambos investigadores recibirán el premio Nobel de Fisiología y Medicina en 1979.

Nacen los videojuegos

El joven ingeniero estadounidense Nolan Bushnell desarrolla para la compañía Ampex un juego electrónico, *Pong*, que reproduce esquemáticamente el ping pong en la pantalla del televisor. No obstante su sencillez, el éxito de *Pong* ha sido inmediato. Más tarde Bushnell fundará Atari, compañía que liderará durante varios años este nuevo concepto de juegos electrónicos domésticos. ➡ **1989**

Joseph L. Mankiewicz se despide con una obra maestra, La huella

Director de filmes tan elogiados como *Eva al desnudo* o *La condesa descalza*, Joseph L. Mankiewicz firmó, con *La huella*, un brillante testamento cinematográfico. En él, Laurence Olivier interpreta a un maduro aristócrata que, enojado por las infidelidades de su esposa, invita al amante de ésta (un apuesto peluquero al que da vida Michael Caine) a su mansión, con el fin de proponerle un plan que resultará beneficioso para ambos. Pero el objetivo de Olivier es el de acabar con la vida de su rival y el plan, que en un principio era una especie de juego, acaba convirtiéndose en una lucha implacable entre dos miembros de clases sociales opuestas. El increíble *tour de force* interpretativo de Olivier y Caine, el imaginativo guión de Anthony Schaffer y la vistosa dirección artística de Ken Adams son elementos suficientes para considerar *La huella* como la última obra maestra de Mankiewicz. ➡ **1973**

Teoría de catástrofes

El matemático francés René Thom publica el libro titulado *Estabilidad estructural y morfogénesis*, en el que expone una nueva teoría para dar cuenta de los procesos discontinuos. Thom llama a su descubrimiento "teoría de catástrofes", y le encontrará aplicación en diversos campos de la ciencia. ➡ **1975**

ción Mundial de la Salud denunciará al régimen de Somoza por uso indebido de la ayuda internacional. ➡ **1985**

Síntomas de distensión

El creciente clima de distensión internacional queda reflejado en el año 1972 en las entrevistas directas y personales protagonizadas por los máximos dirigentes de Estados Unidos, la Unión Soviética y la República Popular China. La nota trágica la proporciona la acción terrorista desplegada en Munich durante la celebración de las Olimpiadas, que obliga al mundo a recordar la persistencia del grave contencioso árabe-israelí en la sufrida tierra de Palestina.

LA DIPLOMACIA VIAJERA DE NIXON

A lo largo de 1972, el presidente de Estados Unidos, el republicano Richard Nixon, emprendió una gira de viajes de Estado a la República Popular China y a la Unión Soviética que demostró palpablemente el nuevo ambiente de distensión y coexistencia pacífica dominante en las relaciones internacionales.

En febrero, Nixon visitó Pekín y se entrevistó con el máximo líder comunista chino, Mao Tse-tung, y con el jefe del gobierno, Chu En-lai, en un ambiente de abierta cordialidad y simpatía. Ambas entrevistas y el recibimiento otorgado al mandatario norteamericano pusieron de relieve el sorprendente acercamiento diplomático entre China y Estados Unidos y la voluntad de aquélla de salir de su relativo ostracismo diplomático para ejercer un papel más dinámico en el plano mundial como tercera superpotencia que reclamaba ser.

Apenas tres meses más tarde, en mayo, Nixon viajó hasta Moscú, convirtiéndose así en el primer presidente estadounidense que visitaba oficialmente la Unión Soviética, el eterno enemigo de la guerra fría. El motivo principal de la visita era la firma del tratado SALT sobre limitación de armas nucleares, negociado previamente entre delegaciones de ambas potencias. El acto de la firma significó un paso importante en la confirmación del clima de distensión internacional, a pesar de los puntos de fricción todavía vigentes. En palabras de Henry Kissinger, secretario de Estado norteamericano: «Cuba, el caso de Berlín, Vietnam, son conflictos parciales, que no deben conducirnos a un enfrentamiento global.»

Imagen de un deshielo en las relaciones internacionales: Richard y Pat Nixon son agasajados por los dirigentes comunistas chinos en su visita a Pekín.

Los éxitos cosechados por Nixon en su diplomacia viajera dieron su fruto predecible en el ámbito de la política interior estadounidense. En noviembre, las elecciones presidenciales otorgaban la victoria por abrumadora mayoría al candidato republicano y presidente en ejercicio, que se impuso en 49 de los 50 estados de la Unión. El demócrata George McGovern se vio incapaz de contrarrestar la gran popularidad alcanzada por Nixon en su primer mandato en la Casa Blanca, y sólo obtuvo ventaja en el estado de Massachusetts, auténtico feudo electoral de la familia Ken-

nedy. En aquellos días de euforia, nada hacía sospechar que las escuchas montadas en el edificio Watergate, cuartel general electoral del partido demócrata, acabarían por arruinar la brillante carrera del presidente reelegido.

LA TRAGEDIA OLÍMPICA DE MUNICH

Durante el mes de setiembre de 1972, las Olimpiadas celebradas en la ciudad germano-occidental de Munich fueron escenario de las habituales y espectaculares proezas deportivas; pero la disputa de las medallas se vio ensombrecida por un atentado terrorista que provocó una auténtica carnicería.

En lo que respecta a la competición, los laureles principales y la máxima atención

Liza Minnelli, hija de Judy Garland y Vincente Minnelli, fue la inolvidable protagonista de Cabaret, *de Bob Fosse.*

informativa se los llevó el nadador norteamericano Mark Spitz, que obtuvo cuatro medallas de oro en natación en las pruebas de los 100 metros libres, 200 metros libres, 100 metros mariposa y 200 metros mariposa. En cuanto al brutal atentado, comenzó cuando un comando del grupo árabe y propalestino Setiembre Negro asaltó el edificio de la villa olímpica donde se alojaba parte de la delegación israelí y secuestró a nueve atletas de esa nacionalidad, después de matar a otros dos en la operación. Una vez acordonada la zona por la policía alemana, los terroristas dieron a conocer sus exigencias: a cambio de la liberación de los rehenes, reclamaban la excarcelación de decenas de presos políticos palestinos en poder de Israel y la garantía oficial de que las autoridades alemanas permitirían el transporte del comando y los rehenes a una capital árabe. Después de conocerse la decisión oficial israelí de no ceder al chantaje, las tensas negociaciones del comando con el gobierno alemán progresaron en apariencia, y se acordó el traslado de terroristas y rehenes a un aeropuerto militar, en tres helicópteros. En el mo-

Una volea característica de Billie Jean King, la jugadora que marcó un antes y un después en el tenis femenino.

mento del aterrizaje, intervinieron por sorpresa unidades de elite de la policía alemana. El comando fue aniquilado, pero no sin que antes los rehenes israelíes fueran asesinados por el comando terrorista. El saldo final arrojado por la trágica locura fue de 17 muertos.

Instantáneas   1972

- Primera exposición individual del escultor E. CHILLIDA en Madrid.
- Exposición en el MOMA de Nueva York sobre **diseño industrial italiano** contemporáneo, que rinde homenaje a concepciones originales, como la célebre motocicleta "Vespa" o la máquina de escribir "Valentine", diseñada por ETTORE SOTTSASS, cercanas a la cultura "pop" americana.

- El eclecticismo de A. SCHNITTKE queda reflejado en su *Sinfonía núm. 1*, extensa partitura en la que este compositor ruso mezcla estilos y técnicas de diferentes épocas.
- DIANA ROSS encarna a BILLY HOLIDAY en la película *Lady sings the blues*, y gana el disco de oro con la banda sonora.
- *(Bye bye) American pie*, de D. McLEAN.
- Los *Moody Blues* relanzan su tema *Nights in white satin*, logrando un éxito mayor que cuando la estrenaron, hace cinco años.
- *Layla*, tema de E. CLAPTON y J. BECK.
- L. REED canta *Walk on the wild side*.
- *Sinfonía n.º 15*, de D. SHOSTAKOVISCH.

- El novelista alemán GÜNTER GRASS combina ficción y autobiografía en *Diario de un caracol*.
- M. DURAS publica *El amor*, en la línea del *Nouveau-roman*. El talento de la escritora

francesa se abre paso en el extremado ascetismo, la casi indigencia literaria que el movimiento se autoimpone.
- El poeta catalán S. ESPRIU galardonado con el Premio de Honor de las Letras Catalanas. *(19 Mayo)*
- El alemán H. BÖLL recibe el premio **Nobel de Literatura**.
- *Juan Salvador Gaviota*, éxito mundial de R. BACH.
- GUATTARI y DELEUZE, tras los acontecimientos de mayo del 68, trazan la figura de la "máquina deseante", en *El Antiedipo*.

- El coreógrafo B. FOSSE dirige el filme musical **Cabaret**, que ganará ocho Óscares, entre ellos al mejor director, a la mejor actriz principal (Liza Minnelli) y al mejor secundario (Joel Grey).
- *Estado de sitio*, del director COSTA GAVRAS, con tono de crónica periodística.
- M. BÉJART presenta en el Palacio de Deportes de París el espectáculo de danza *Nijinski, payaso de Dios*, con música de P. HENRY.
- A. TARKOVSKY adapta una novela de ciencia-ficción de S. LEM en su película *Solaris*.
- R. W. FASSBINDER adapta al cine su drama *Las amargas lágrimas de Petra von Kant*.
- *Ana y los lobos*, filme de CARLOS SAURA.
- «¿Cómo están ustedes?» es la frase de presentación de los nuevos payasos de la tele en

España: **Gaby, Fofó y Miliki**. Dicen que FRANCO se ríe a carcajadas con ellos.
- Aparece en la televisión española *Hora 25*. M. MARTÍN FERRAND lo presenta y se revela un especialista en deporte: J.Mª GARCÍA.
- *MASH*, serie televisiva que muestra la vida en un hospital militar durante la guerra de Corea, emitida en Estados Unidos durante la guerra de Vietnam.

- **Argentina**: el ERP mata a un general, a quien acusa de torturas y crímenes, y al director de la Fiat en el país, secuestrado para negociar la liberación de guerrilleros. *(10 Abril)*
- **R. NIXON visita Moscú**, y se convierte en el primer presidente estadounidense que entra oficialmente en la URSS. *(30 Mayo)*
- India y Pakistán firman la **paz**, después del conflicto que los ha enfrentado en Bengala Oriental. *(3 Julio)*
- **Noruega** rechaza en un referéndum popular su entrada en el Mercado Común. *(25 Setiembre)*
- Restablecimiento de relaciones diplomáticas entre **China y Japón**. *(25-30 Setiembre)*
- H. KISSINGER anuncia el **fin próximo de la guerra de Vietnam**, en virtud de las negociaciones que mantiene en París con Vietnam del Norte. *(26 Octubre)*

(Continúa)

El cardenal Vicente Enrique y Tarancón, elegido en 1972 presidente de la Conferencia Episcopal española, sería uno de los protagonistas del arduo período de la transición política del franquismo a la democracia en España. ▶

Angela Davis, militante del Partido Comunista de EE.UU., fue la mejor portavoz de las minorías afroamericanas políticamente organizadas.

UN CABARET EN BERLÍN Y UN TANGO EN PARÍS

Una de las grandes revelaciones cinematográficas del año fue la película dirigida por el coreógrafo estadounidense Bob Fosse: *Cabaret*. Basada libremente en una novela autobiográfica del escritor británico Christopher Isherwood (*Goodbye to Berlin*, de 1939) y protagonizada por una insuperable Liza Minnelli, el filme, prototipo del género musical, narraba la agridulce vida de una cantante de cabaret norteamericana en el convulso Berlín de los años previos al triunfo de los nazis.

En el mismo año alcanzó uno de sus mayores éxitos de público y crítica el director italiano Bernardo Bertolucci. Su película *El último tango en París*, con Marlon Brando y Maria Schneider como pareja protagonista, provocó un considerable revuelo por sus crudas y naturalistas escenas eróticas; pero el escándalo no fue en este caso más que un factor anecdótico, dados los grandes méritos intrínsecos de una película que se convirtió desde su presentación en un clásico del cine contemporáneo. ◼

Instantáneas *(continuación)*

- España: **ETA** libera al empresario Lorenzo Zabala tras la readmisión de doscientos trabajadores despedidos en su empresa, de acuerdo con las exigencias de la organización tras el secuestro. *(22 Enero)*
- Más de quince millones de coches **Volkswagen "Escarabajo"** convierten el modelo en el más vendido de la historia, por delante del Ford T. *(17 Febrero)*
- La **Iglesia española** se moderniza: Vicente Enrique y Tarancón es elegido presidente de la Conferencia Episcopal. *(7 Marzo)*
- España: desaparecen en **Redondela** 4 000 toneladas de aceite de los depósitos de la entidad pública REACE. Altos cargos del régimen podrían estar implicados en el caso, cuyos testigos principales han fallecido en extrañas circunstancias. *(14 Abril)*
- **Angela Davis**, activista del movimiento negro estadounidense, absuelta del cargo de conspiración. *(4 Junio)*
- España: un **accidente ferroviario** en Lebrija causa 79 muertos. *(21 Julio)*
- Uruguay: detenido **Raúl Sendic**, líder de los tupamaros. *(1 Setiembre)*
- México: una **catástrofe ferroviaria** en el norte del país causa más de doscientos muertos. *(5 Octubre)*
- Chile: la **huelga general de transportistas** intensifica la presión sobre el régimen de S. Allende, que ha decretado la ley marcial. *(31 Octubre)*

- El republicano Richard Nixon es **reelegido presidente**. *(7 Noviembre)*
- Halladas con vida 16 personas en los Andes, dos meses después de haber sufrido un **accidente de aviación**. La opinión pública conmocionada al saber que se vieron obligados a alimentarse con los cadáveres de sus compañeros. *(22 Diciembre)*

- El jockey Lester Piggot gana por sexta vez el **Derby** de Epsom, carrera de obstáculos que lleva disputándose cerca de 200 años.
- El sudafricano G. Player (n. 1935) gana el Campeonato profesional de Estados Unidos. Con esta victoria, ha inscrito su nombre entre los vencedores de los 4 principales torneos de **golf**; el primer Open británico lo ganó en 1958, y su último gran título, el Masters de Augusta, lo conseguirá en 1978.
- Gracias a una singular estrategia, la "bajadita", la selección argentina de rugby (los "**Pumas**"), alcanza un alto nivel internacional.
- **Graham Hill** vence en las 24 Horas de Le Mans, uno de los pocos títulos de automovilismo que faltaban en su historial. Fue campeón del mundo de conductores en dos ocasiones (1962 y 1968) y ganó en 1966 las 500 Millas de Indianápolis.
- **Billie Jean King**, triple campeona de tenis en Forest Hills: individual, dobles femeninos y dobles mixtos.

- Convertido a la confesión de los musulmanes negros, el mejor jugador del año de la NBA, el pívot de los Milwaukee Bucks Lew Alcindor, pasa a llamarse **Kareem Abdul-Jabbar**.
- El navegante Alain Colas gana la **travesía del Atlántico** en solitario.

- «Mi padre le hizo una oferta que no pudo rechazar.» Al Pacino, en *El Padrino*, de Francis Ford Coppola.
- «Puedo decir categóricamente que ningún miembro del personal de la Casa Blanca, nadie de esta administración, o que trabaje en ella en este momento, ha estado envuelto en este extraño incidente.» R. Nixon en referencia al allanamiento del edificio Watergate, sede del partido demócrata en Nueva York.

- **Atenágoras I** (Aristokles Spyron), patriarca ecuménico de la Iglesia ortodoxa. *(1 Enero)*
- **Maurice Chevalier**, cantante y actor francés. *(1 Enero)*
- **Max Aub**, escritor español. *(22 Julio)*
- **Américo Castro**, filólogo y ensayista español. *(25 Julio)*
- **José Arcadio Limón**, bailarín mexicano. *(2 Diciembre)*
- **Ezra Pound**, poeta estadounidense.

1973

Juan Domingo Perón regresó a la presidencia de Argentina en 1973. En la imagen aparece junto a su esposa María Estela Martínez de Perón, nombrada por él vicepresidenta.

Dos niñas ante las incógnitas del futuro, en un fotograma de la película El espíritu de la colmena, *de Víctor Erice.*

La CEE aumenta sus socios
1 ENERO

La Comunidad Económica Europea (CEE), fundada en 1957 por Bélgica, Países Bajos, Luxemburgo, Francia, Alemania e Italia, cuenta desde hoy con tres nuevos miembros: el Reino Unido, Dinamarca e Irlanda. En una sencilla ceremonia, los ministros de Asuntos Exteriores de los tres países entrantes entregan al Consejo de ministros de la CEE las cartas de aceptación a las modificaciones a las condiciones de adhesión, tras lo cual se convierten en socios de pleno derecho de la Comunidad. Es un importante paso en el proceso de ampliación del espacio comunitario europeo.   ➡ 1985

Regreso triunfal de Perón a Argentina
11 MARZO, 20 JUNIO Y 23 SETIEMBRE

Tras la victoria electoral del peronista Héctor J. Cámpora (1909-1980), el general Juan Domingo Perón (1895-1974) regresa al país y es elegido presidente en unas nuevas elecciones. El espectacular triunfo del Frente Justicialista de Liberación Nacional (FREJULI) permite a Cámpora asumir la presidencia y organizar desde ella el regreso del líder justicialista después de 18 años de exilio. El retorno triunfal de Perón se ve no obstante empañado por la matanza provocada por los enfrentamientos entre sindicalistas e izquierdistas ocurridos en el aeropuerto de Ezeiza, causando la muerte de unas 300 personas, y por el asesinato del secretario general de la CGT, principal sindicato del país. Tras la renuncia de Cámpora, Perón gana las nuevas elecciones presidenciales con el 61,5 por ciento de los votos.   ➡ 1976

Fallece Pablo Picasso
8 ABRIL

Ha fallecido en Mougins, Francia, Pablo Picasso (1881-1973), acaso el pintor más influyente del siglo XX. Desde que en 1907 inaugurara el cubismo con *Les demoiselles d'Avignon*, la figura del pintor español ha estado presente en las más importantes corrientes artísticas de vanguardia. Su vasta y diversa obra testimonia como pocas, estética y conceptualmente, las inquietudes espirituales del ser humano en una sociedad cada vez más dominada por el progreso científico y tecnológico.

Víctor Erice presenta El espíritu de la colmena

El espíritu de la colmena se convierte en el primer filme español que obtiene la Concha de Oro a la mejor película en el Festival de San Sebastián. Víctor Erice narra, con una mirada lírica y minuciosa, el despertar al mundo de dos chiquillas de un pueblo de la meseta castellana durante los primeros años de la posguerra. Ana, la más pequeña, se revela como una criatura muy sensible a todo lo que ocurre en el mundo de los mayores y, por ello inicia una entrañable amistad con un hombre perseguido por la guardia civil y que se oculta en el pueblo. Destacan especialmente la elaborada y detallista fotografía de Luis Cuadrado y la conmovedora interpretación de Ana Torrent, una niña cuyos ojos llenos de inocencia nos aproximan a la realidad de la posguerra.

Creación del Frente Polisario
10 MAYO

En el territorio español del Sahara Occidental se funda el partido político del Frente Popular de Liberación de Saguía el Hamra y Río de Oro (Frente Polisario). Se trata de un partido nacionalista y revolucionario, cuyo brazo armado es el Ejército de Liberación Popular Saharaui. Cuenta con el apoyo de Mauritania y Argelia, y en su programa defiende la nacionalización de la minería y una política de industrialización y protección de sus recursos pesqueros.   ➡ 1975

Ocaña gana el Tour de Francia
22 JULIO

Luis Ocaña (1945-1994) gana la carrera ciclista por etapas más importante del mundo. El corredor español, que interrumpe la serie de cuatro triunfos consecutivos del belga Eddy Merckx, logra imponerse con gran autoridad al ganar en la montaña, en la contrarreloj de Thuir y en el primer sector de la última etapa, acumulando una ventaja de más de quince minutos sobre el segundo clasificado, el francés Thevenet. Ocaña se retirará del ciclismo profesional en 1978.

Golpe de Estado en Chile
11 SETIEMBRE

El general Augusto Pinochet, que el pasado 24 de agosto había relevado a Carlos Prat al frente del ejército chileno, encabeza un golpe militar y derroca al gobierno socialista de Salvador Allende. Culminando un período de agitación social incentivada por los sectores conservadores chilenos, las fuerzas armadas encabezadas por Pinochet derrocan al gobierno de la UP, iniciándose un período de fuertes medidas de control a los partidarios de dicho partido. Allende, que promete al pueblo chileno en un sincero mensaje radiado no abandonar su puesto, pierde la vida poco después al ser bombardeado el Palacio de la Moneda.   ➡ 1987

Primera casa solar

En Estados Unidos se construye la primera "casa solar" del mundo, en la cual el 80 % de la energía consumida por

◄ *El líder egipcio Anwar al-Sadat desencadenó la guerra del Yom Kippur y fue uno de sus principales perjudicados.*

sus ocupantes es de origen solar y está suministrada por paneles instalados en el tejado de la vivienda. La casa, creada por K.W. Boer, es bautizada con el nombre de "SolarOne" y su construcción ha sido auspiciada por la universidad de Delaware. Tiene una superficie de 130 m² y está diseñada para ser habitada por una familia.

Nobel a la etología

El premio Nobel de Medicina y Fisiología de este año recae en el científico alemán Konrad Lorenz (1903-1989), en el austríaco Karl von Frisch (1886-1982) y en el neerlandés Nikolaas Tinbergen (1907-1988), por sus descubrimientos relativos a la conducta de los animales. Frisch descubrió, entre otros, el "lenguaje de las abejas"; Lorenz describió el comportamiento de los pollos al nacer y acuñó el término "impregnación", y Tinbergen estudió el comportamiento de las gaviotas en su medio natural.

Estalla la guerra del Yom-Kippur
6-22 OCTUBRE

Fuerzas sirias y egipcias lanzan un ataque sorpresa contra los israelíes durante la celebración del Yom-Kippur, Día de la Expiación. Tras la sorpresa inicial, al cabo de dos días Israel inicia un fuerte contraataque en todos los frentes. En el sur, en pocos días sus tropas cruzan el canal de Suez y llegan a un centenar de kilómetros de El Cairo; en el norte, recuperan los altos del Golán y avanzan hasta unos 55 km de Damasco. Finalmente, la ONU logra el alto el fuego, pero la guerra de Octubre tendrá graves consecuencias para la economía mundial al provocar el embargo y una significativa subida en el precio del crudo por parte de los países exportadores de petróleo (OPEP). ➡ **1978**

Muere Pau Casals
22 OCTUBRE

Fallece en San Juan de Puerto Rico el virtuoso del violoncelo, compositor y director de orquesta español Pau Casals (1876-1973). En 1939 se exilió en Francia y posteriormente se instaló en Puerto Rico. Durante su larga vida –vivió casi noventa y siete años– convirtió sus principios artísticos en parte de una perspectiva política y moral más amplia y protestó contra la complicidad occidental con el fascismo, convirtiéndose en un símbolo viviente de libertad y concienciación. Permanecerán en nuestra memoria su oratorio *El pessebre* (1960), que utilizó como una suerte de "cruzada" por la paz mundial, y su conmovedora interpretación del *Cant dels ocells* en la Casa Blanca, ante el presidente Kennedy (1961). Incansable luchador por la paz, según el director de orquesta Bruno Walter «fue una fuente de inspiración y de coraje para todo aquel que desee emular las más grandes gestas de la humanidad».

Golpe de Estado en Grecia
25 NOVIEMBRE

Un grupo de oficiales del Ejército griego derroca al presidente Papadopoulos, líder del llamado "régimen de los coroneles", al que acusa de traicionar los principios del golpe de Estado del 67 y bloquear el retorno al parlamentarismo. El general Ghizikis, que encabeza la rebelión, se proclama presidente de la República y forma un nuevo gobierno que, entre las primeras medidas adoptadas, suspende la Constitución y prorroga la ley marcial.

Carrero Blanco muere en atentado
20 DICIEMBRE

El almirante Luis Carrero Blanco (1903-1973) es asesinado por ETA meses después de ser designado presidente del gobierno español. La elección de Carrero Blanco como jefe de gobierno, el pasado 8 de junio, había sido la primera dejación de poderes de Franco, que siguió ostentando la jefatura del Estado; la medida estaba dirigida a garantizar la continuidad del régimen franquista después

de Franco. Sin embargo, la muerte del jefe del gobierno en el espectacular atentado llevado a cabo por ETA altera estos planes y plantea graves incógnitas para el futuro del franquismo. ➡ **1974**

Polémica sentencia sobre el aborto

El caso Roe contra Wade obliga a la justicia estadounidense a dar una respuesta al problema del aborto. El litigio es, en gran medida, un montaje propiciado por abogados proabortistas para plantear sus tesis ante los tribunales de Texas, estado que no acepta el aborto. Así, Norma McCorvey –la demandante– reconoció años después haber aceptado entregar su historia a cambio de dinero. Sus abogados apelan a la novena y la decimocuarta enmiendas, según las cuales un ciudadano americano tiene derecho a controlar siempre el curso de su vida; en este caso, la mujer tendría derecho exclusivo sobre su cuerpo. Finalmente, la sentencia del Tribunal Supremo legaliza de hecho el aborto. En todo caso, ya es tarde para McCorvey, que ha tenido a su hijo y lo ha dado en adopción.

El palacio de la Moneda, en Santiago, en cuyo interior trataba de resistir el presidente Allende, es bombardeado por la aviación militar en el curso del golpe de Estado protagonizado por el general Augusto Pinochet.

Los restos del coche oficial en que viajaba el almirante Carrero Blanco aparecen en un patio interior de la casa provincial de los jesuitas, después de que una bomba enterrada bajo el pavimento de la calle Claudio Coello de Madrid lo proyectara a más de veinte metros de altura.

Hacia la paz en el Sudeste asiático

El año 1973 comienza con un ligero toque de esperanza, gracias a la firma del armisticio en la guerra de Vietnam, pero termina con grandes dosis de frustración y de pesimismo, como consecuencia del estallido de la grave crisis mundial del petróleo. Entre uno y otro acontecimiento, el cruento golpe militar en Chile, la corta guerra árabe-israelí del Yom-Kippur, y la grave crisis del régimen militar en Grecia, son los hitos principales de la historia de un año aciago como pocos en la historia universal reciente. La muerte de dos Pablos, el genial pintor español Picasso y el poeta chileno Neruda, añade nuevos motivos de duelo a ese tono negativo dominante durante todo el año.

ARMISTICIO EN VIETNAM

A finales del mes de enero de 1973, después de varias rondas de negociación en París, los representantes de Estados Unidos (Henry Kissinger) y de Vietnam del Norte (Le Duc Tho) firmaron un acuerdo de alto el fuego que pretendía poner fin a la internacionalización de la larga guerra civil librada en Vietnam del Sur entre el gobierno prooccidental y las fuerzas comunistas del Vietcong. Como resultado del mismo, dos meses más tarde comenzó la repatriación de todas las tropas militares norteamericanas presentes en el país, que habían llegado a superar la cifra del medio millón de hombres. El anuncio del armisticio coincidió con el fallecimiento en Nueva York del ex presidente Lyndon B. Johnson, artífice y promotor de la política de masiva intervención militar estadounidense en el conflicto vietnamita a principios de los años sesenta.

Según estimaciones oficiales de las autoridades de Estados Unidos, el coste humano de esa operación militar había ascendido a 57 685 muertos y más de 150 000 heridos. El coste político de la operación fue también muy considerable, aunque mucho más difícil de ponderar. Como mínimo, la guerra de Vietnam provocó una amplia fractura entre pacifistas y belicistas en la sociedad norteamericana y generó un agudo sentimiento popular de duda en la justicia de la intervención y en la transparencia de la política exterior de Estados Unidos.

VIETNAM ANTE EL ARMISTICIO DE 1973

Xuan Thuy, de la delegación de Vietnam del Norte, estrecha en París la mano del secretario de Estado estadounidense Henry Kissinger, después de la firma del armisticio en Vietnam. Entre ambos, Le Duc Tho.

Mapa que expresa la relación de fuerzas en Vietnam, en la época del armisticio que puso fin a las hostilidades. Sólo la presencia masiva de Estados Unidos y la total superioridad aérea de su ejército conseguían mantener en poder del régimen de Van Thieu una estrecha franja costera del centro y sur del país.

REPRESIÓN EN SANTIAGO

En setiembre de 1973, después de varios meses de incertidumbre política y de una gran agitación social, el gobierno del presidente Salvador Allende fue destituido por un golpe militar protagonizado por las fuerzas armadas chilenas dirigidas por el general Augusto Pinochet. Allende pierde la vida durante un bombardeo al Palacio de la Moneda de Santiago, llevado a cabo por los militares que se enfrentan a los opositores al golpe, los adeptos al partido de la Unidad Popular y los simpatizantes de la izquierda en general. El carácter especialmente duro de estos hechos se comprueba en la triste suerte de muchos intelectuales y de los detenidos en el estadio de fútbol de

Operaciones bélicas durante la guerra del Yom-Kippur. Israel pudo equilibrar su desventaja inicial mediante un contraataque en el sector de los Lagos Amargos que cortó la retirada a las tropas egipcias que habían penetrado en el Sinaí por el sur.

la capital chilena, acontecimientos contra los que la opinión pública internacional difundió sus opiniones de repulsa. Pasarían muchos años antes de que la democracia, junto con todos sus requisitos, se instalase nuevamente en Chile. Mientras tanto, en aquel mismo mes de setiembre fallecía prematuramente en su país natal el gran poeta Pablo Neruda, inmortal autor de *Veinte poemas de amor y una canción desesperada*, partidario del gobierno de Salvador Allende.

LA GUERRA DEL YOM-KIPPUR

A principios de octubre de 1970, justo al comienzo de la fiesta judía de la reconciliación (la fiesta del Yom-Kippur), comenzó una nueva guerra (la cuarta desde 1948) entre Israel y las principales naciones árabes fronterizas, Egipto y Siria. Los ejércitos de estos dos países habían comenzado una ofensiva combinada con el objetivo de recuperar los territorios perdidos durante la "guerra de los Seis Días" de 1967, la península del Sinaí y los altos del Golán. Sin embargo, la rápida respuesta militar israelí desbarató los planes de sus enemigos y obligó a retroceder a sus fuerzas hasta más allá de sus propias líneas de partida. A finales de mes, debido a la estabilización de los frentes militares y a la

presión de Estados Unidos sobre Israel y de la Unión Soviética sobre los países árabes, las partes beligerantes acordaron aceptar el alto el fuego exigido y negociado por la ONU.

LA CRISIS DEL PETRÓLEO

Una de las consecuencias más decisivas del cuarto conflicto árabe-israelí fue el desencadenamiento de la crisis mundial

LA GUERRA DEL YOM-KIPPUR

Map of the Yom Kippur War showing the Suez Canal region, Egypt, and the Sinai Peninsula, Mediterranean Sea and Gulf of Suez.

Legend:
- Ocupado por Israel en la Guerra de los Seis días
- Fronteras de hecho al inicio de la guerra
- Ofensivas egipcias
- Contraofensivas israelíes
- Territorio israelí ocupado por Egipto el 24 de octubre
- Territorio egipcio ocupado por Israel el 24 de octubre

Instantáneas

- NANCY HOLT inicia una intervención en el desierto de Great Basin, Utah, dentro del **land-art**.
- Se inaugura en Niza el **museo Chagall**.

- **Six pianos**, hipnótica composición de S. REICH, uno de los padres del minimalismo.
- M. OLDFIELD sorprende con **Tubular Bells**.
- **Angie**, de M. JAGGER y K. RICHARD.
- **Send in the clowns**, de S. SONDHEIM.
- DEEP PURPLE, uno de los grupos pioneros del *heavy*, publica el tema **Smoke on the water**.
- **Stairway to heaven**, famosa balada de LED ZEPPELIN.
- LUCIANO BERIO compone su **Concierto para dos pianos y orquesta**.
- ROLF LIEBERMANN, nuevo director de la Ópera de París.

- La italiana NATALIA GINZBURG retrata con minuciosidad la disolución de la familia en la vida cotidiana de las sociedades urbanas modernas, en la novela epistolar **Querido Miguel**.

- **Cita con Rama**, novela de ciencia-ficción de ARTHUR C. CLARKE.
- El colombiano Á. MUTIS publica su colección de poemas *Summa de Maqroll el gaviero* y la colección de cuentos **La mansión de Araucaima**.
- MARIO VARGAS LLOSA logra un gran éxito de ventas con **Pantaleón y las visitadoras**. *(11 Noviembre)*
- **Del inconveniente de haber nacido**, del filósofo rumano E. CIORAN, llamado por algunos "esteta de la desesperación".

- **El discreto encanto de la burguesía**, del director español L. BUÑUEL, premiada con un Óscar. *(10 Enero)*
- Cine dentro del cine en la película de F. TRUFFAUT **La noche americana**, con música de G. DELERUE.
- **Las calles de San Francisco**, serie estadounidense de televisión con el típico policía veterano y su ayudante joven e inexperto.
- El periodista español L. DEL OLMO se incorpora al programa radiofónico **Protagonistas**, al que convertirá en el de mayor audiencia de la mañana.

- J. SOLER SERRANO presenta en España su programa de entrevistas "A fondo", con escritores de la talla de BORGES, CELA o PLA.
- **La cabina**, telefilme del español A. MERCERO, interpretado por JOSÉ LUIS LÓPEZ VÁZQUEZ, gana el premio de la crítica en el Festival de Montecarlo.
- **La prima Angélica**, del español CARLOS SAURA, premio del jurado en el festival de Cannes.
- En la serie estadounidense de televisión **Kung-Fu**, D. CARRADINE interpreta a un especialista en artes marciales en el Oeste americano.

- S.N. COHEN, A.C.Y. CHANG, H.W. BOYER y R.B. HELLING utilizan por primera vez endonucleasas de restricción para obtener moléculas de **ADN recombinante**.
- Se inicia la comercialización de aparatos de **vídeo** domésticos dotados de cintas en casete.
- Puesta en órbita de la primera **estación espacial** estadounidense, *Skylab I*.

(Continúa)

«No hay gasolina.» Un expresivo cartel en Estados Unidos durante la crisis del petróleo.

Delegación de Arabia Saudí, en la Conferencia de la OPEP en la que se decretaron represalias contra los países occidentales por su apoyo a Israel.

del petróleo, que habría de provocar graves trastornos y desajustes en las economías de los países industrializados. Enfurecidos por el apoyo abierto del mundo occidental a Israel durante la guerra del Yom-Kippur, los países árabes productores de petróleo decidieron castigar a sus clientes con una subida espectacular del precio del crudo. A finales de diciembre, la Organización de Países Exportadores de Petróleo (cuyos principales integrantes eran países árabes, responsables de más del 40 por ciento de la producción mundial de petróleo) resolvió doblar el precio del barril de crudo a partir de ese mismo momento. El súbito encarecimiento de la principal fuente de energía de las economías industriales provocó un efecto de multiplicación inflacionista que generó una profunda crisis económica de alcance mundial. Concluyó así bruscamente el prolongado ciclo expansivo que había comenzado pocos años después del término de la Segunda Guerra Mundial. ■

Instantáneas *(continuación)* 1973

- H.W. BOYER y A. COHEN establecen las primeras **técnicas de clonación** y recombinación genética de moléculas de ADN.

- Venezuela se adhiere al **Pacto Andino**.
- Estados Unidos y Vietnam del Norte firman un **alto el fuego**. *(27 Enero)*
- W. MERRIAN, vicepresidente de ITT, reconoce ante el Senado estadounidense la existencia de un **complot** entre su multinacional y la CIA contra S. ALLENDE en Chile. *(20 Marzo)*
- Un comando especial **israelí** mata a tres destacados dirigentes palestinos, en una rápida incursión. *(10 Abril)*
- Paraguay y Brasil llegan a un acuerdo para la construcción de la **presa de Itaipú** sobre el río Paraná. *(25 Abril)*
- W. BRANDT realiza la primera **visita oficial** de un dirigente político alemán al Estado de Israel. *(7 Junio)*
- **L. BREZHNEV**, jefe de gobierno de la URSS, visita Estados Unidos. *(17 Junio)*
- El presidente de Uruguay, J.M. BORDABERRY, instaura una **dictadura**, con el apoyo del ejército. *(30 Junio)*
- Chile: aumenta la presión sobre el régimen de S. ALLENDE con el **asesinato** de A. ARAYA, jefe de la casa militar del presidente. *(27 Julio)*
- Estados Unidos: H. KISSINGER es nombrado **secretario de Estado**. *(22 Agosto)*
- **Checoslovaquia-República Federal Alemana**: se firma en Praga un tratado de normalización por el que quedan abolidos los acuerdos de Munich. *(11 Diciembre)*

- España: comienza el llamado **proceso 1001** contra dirigentes del sindicato Comisiones Obreras. *(20 Diciembre)*
- W. LEONTIEFF recibe el premio **Nobel de Economía** por el desarrollo del método *input-output*.

- El **Ajax** de Amsterdam gana por tercera vez la Copa de Europa de fútbol. *(30 Mayo)*
- El club de fútbol **Independiente** de Buenos Aires logra la victoria en la Copa Libertadores y en la Intercontinental.
- El delantero del Ajax **J. CRUYFF**, el mejor jugador europeo del momento, cambia de club y ficha por el F.C. Barcelona.
- El campeón de lucha libre soviético **A. MEDVED** se retira tras ganar 4 campeonatos del mundo y 3 medallas de oro olímpicas.
- BOBBY MOORE bate el **récord de partidos** de fútbol como internacional con el equipo inglés, con 107 participaciones. Fue capitán del equipo de Inglaterra que ganó el Campeonato del Mundo en 1966.
- El equipo de España gana el campeonato del mundo de **pesca submarina** en Cadaqués.
- Anuncia su retirada el gimnasta japonés NAKAYAME, el mejor especialista en **anillas** de los últimos años.
- **Béisbol**: HANK AARON establece un nuevo récord de homers (755) y de carreras impulsadas (2 297).
- Australia recupera la **Copa Davis**: R. LAVER, K. ROSEWALL y J. NEWCOMBE ganan a Estados Unidos por 5 a 0. En los últimos 30 años, sólo estos dos países han conseguido la preciada Copa.

- «Gerald Ford es incapaz de tirarse un pedo y mascar chicle al mismo tiempo.» L.B. JOHNSON.
- «Mi manera de escribir no es alegórica. Deploro la alegoría en cuanto la huelo.» J.R.R. TOLKIEN, el hombre que creó un mito universal con su libro *El señor de los anillos*.
- «Lo pequeño es hermoso.» Título de un libro del economista E.F. SCHUMACHER.

- NINO BRAVO, cantante español, de nombre real LUIS MANUEL FERRI, en accidente de carretera.
- EDWARD STEICHEN, fotógrafo estadounidense. Supo dar un tratamiento emocional, impresionista, a sus motivos.
- JOSÉ GOROSTIZA, poeta mexicano.
- MANUEL ROJAS, escritor de origen argentino. *(11 Marzo)*
- JOHN FORD, director de cine estadounidense. *(31 Agosto)*
- GUSTAVO VI ADOLFO, rey de Suecia. Le sucederá su nieto CARLOS XVI GUSTAVO. *(15 Setiembre)*
- WYSTAN HUGH AUDEN, poeta y dramaturgo británico, nacionalizado estadounidense. *(28 Setiembre)*
- PABLO NERUDA, poeta chileno. *(29 Setiembre)*
- FRANCESCO MALIPIERO, compositor italiano.
- OTTO KLEMPERER, director de orquesta.
- BRUNO MADERNA, compositor y director de orquesta italiano.

1974

Tímida apertura del franquismo en España
12 FEBRERO

El nuevo presidente del gobierno español, Carlos Arias Navarro (1908-1989), anuncia las directrices aperturistas del régimen. Tras el atentado que en diciembre pasado costó la vida a Luis Carrero Blanco, el franquismo ha propiciado un cambio de rumbo *«para sumar voluntades y no excluirlas»*. De acuerdo con este nuevo talante, bautizado por los medios de comunicación *"espíritu de febrero"*, Arias Navarro anuncia que *«en el futuro, el consenso nacional en torno al régimen habrá de expresarse en forma de participación»*. La vida del espíritu aperturista de febrero será efímera; los últimos días del régimen franquista estarán marcados por la represión policial, las ejecuciones y los estados de excepción.

➡ **1975**

Ejecución de Puig Antich
2 MARZO

El estudiante y líder anarquista español Salvador Puig Antich (1949-1974) es ejecutado a garrote vil tras ser sentenciado a muerte por un tribunal militar, acusado de matar a un policía en Barcelona. Las circunstancias que rodearon el suceso nunca se han aclarado: en el forcejeo entre la policía y Puig Antich, murió un policía al tiempo que caía herido en el pecho el supuesto agresor. Ésta será la penúltima ejecución del franquismo: el 27 de setiembre de 1975 serán ejecutados Juan Paredes Manot *(Txiki),* Ángel Otegui –miembros de

ETA– y José Humberto Baena, Ramón García Sanz y José Luis Sánchez Bueno, miembros del FRAP.

Revolución de los Claveles en Portugal
25 ABRIL

Un golpe militar incruento derroca a Marcelo Caetano y acaba con la dictadura fundada por Oliveira Salazar en 1928. El general Antonio de Spínola (1910-1996) asume el poder. El agotamiento del régimen, la crisis social y económica y su incapacidad para hallar solución a los conflictos coloniales de Angola, Guinea Bissau y Mozambique, han movido a un grupo de jóvenes oficiales a crear el Movimiento de los Capitanes que hoy, con el aval del general Spínola, ha provocado el júbilo popular con su golpe de Estado. El carácter izquierdista del movimiento revolucionario determinará poco después la salida de Spínola del gobierno, pero la revolución se encauzará por cauces moderados hacia un régimen democrático.

Alemania Federal gana el Mundial de fútbol
13 JUNIO - 7 JULIO

Alemania Federal, país anfitrión del campeonato, gana la Copa del Mundo de Fútbol. La final, jugada en el estadio Olímpico de Munich, enfrenta al equipo capitaneado por Franz Beckenbauer con el de Holanda, que cuenta entre sus mejores hombres con Johan Cruyff. Éste es objeto al minuto de juego de un penalty que transforma Neeskens y da la ventaja ini-

cial a la *naranja mecánica,* nombre con el que se conoce popularmente a la selección neerlandesa. Sin embargo, antes de finalizar el primer tiempo Alemania Federal, con dos goles de Breitner y Müller, sentencia la final.

Tanquistas portugueses lucen los claveles que fueron el símbolo predilecto de la revolución democratizadora del país ibérico.

Fellini logra su cuarto Óscar con Amarcord

Aunque Federico Fellini considera que sus filmes no son autobiográficos, cabe señalar que *Amarcord* significa "Mis recuerdos" en un dialecto italiano. Recuerdos, desde una mirada entre onírica, nostálgica y distorsionada, de la vida en Rímini durante el apogeo del régimen fascista. A través de los ojos de un adolescente, Fellini construye un film sin guión aparente, pero que sugiere una ácida reflexión acerca de la influencia que ejerce en el individuo todo aquello que le rodea (amistades, familia, educación, situación política). La galería de pintorescos personajes que aparecen en *Amarcord* está interpretada por actores no profesionales (a excepción de Magali Noël), y Nino Rota vuelve a componer una deliciosa banda sonora para su director preferido. *Amarcord* supone, además, el cuarto Óscar a la mejor película extranjera para Fellini, tras *La strada, Las noches de Cabiria* y *Otto e mezzo.*

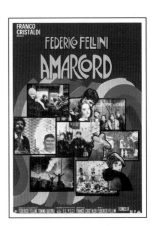

Cartel publicitario de Amarcord, *de Federico Fellini.*

◄ *Foto oficial de los miembros del primer gobierno de Carlos Arias Navarro, que aparece en la imagen inmediatamente a la derecha de Franco.*

Eddy Merckx encabeza el pelotón en un critérium celebrado en Lausana después de su quinta victoria en el Tour. Detrás del "monstruo" belga aparecen dos de sus más destacados rivales: el español Luis Ocaña y el francés Raymond Poulidor.

El argentino Guillermo Vilas logró a lo largo de su carrera 62 victorias en torneos del circuito oficial de la ATP, y fue uno de los jugadores más destacados de los años setenta.

Código de barras
26 JUNIO

Los supermercados Mash de Ohio (EE.UU.) adoptan el código de barras para la gestión automatizada de sus ventas. Se trata de un código identificativo de cada producto formado por una serie de barras paralelas de diferente grosor que permiten codificar diferentes informaciones relativas al producto, acompañadas por unos números. En el caso de los alimentos los números son 13, de los cuales los 2 primeros indican el país de procedencia (p. ej. 84 para España), los 5 siguientes la empresa fabricante, y los otros 5 describen el producto y su peso. El último dígito, conocido como dígito de control, asegura un 99% de fiabilidad en la lectura del código.

Vilas gana el Masters de tenis

Guillermo Vilas (n. 1952) se consagra como uno de los grandes del tenis mundial al ganar el Masters. El tenista argentino ha confirmado con su victoria en el torneo de maestros su ascendente carrera en el circuito internacional. Situado en los años siguientes entre los diez mejores del mundo, ganará cuatro campeonatos del *Gran Slam*: Roland Garros y Forest Hill en 1977, y Australia en 1978 y 1979.

Acupuntura en occidente

Un practicante médico alemán realiza una exhibición televisiva sobre el uso de la acupuntura. La medicina occidental se interesa cada vez más por esta técnica de origen oriental, por ejemplo para realizar anestesias menos peligrosas. En realidad se trata de analgesia y no de anestesia. Las ventajas de este método son numerosas: poca o ninguna pérdida sanguínea, escasas o nulas complicaciones postoperatorias, convalecencia más corta, y una infraestructura médica más sencilla.

Eddy Merckx gana su quinto Tour de Francia
21 JULIO

El ciclista belga Eddy Merckx (1945) entra en la leyenda del ciclismo al vencer por quinta vez en la vuelta francesa. Tras el paréntesis impuesto el año pasado por el español Luis Ocaña, Merckx vuelve a ganar y redondea uno de los historiales más espectaculares del ciclismo mundial. El ganador del Tour en 1969, 1970, 1971, 1972 y 1974, también ha triunfado en cinco ocasiones en el Giro de Italia, 1968, 1970, 1972, 1973 y 1974, y en tres en el Campeonato del Mundo, 1967, 1971 y 1974. Eddy Merckx se retirará del ciclismo profesional en 1978. **➡ 1995**

Dimite el presidente de Estados Unidos
8 AGOSTO

A causa de su implicación en el escándalo Watergate, Richard Nixon (1913-1994) se ve obligado a renunciar a la presidencia de EE.UU. A pesar del ferviente anticomunismo de sus inicios y de su adhesión activa al macarthismo, Nixon, presidente desde 1969, ha desarrollado una política exterior tendente a la distensión con el bloque comunista. Sin embargo, su directa participación en el espionaje del edificio Watergate, cuartel general electoral del Partido Demócrata, ha provocado su caída y la de la mayoría de sus principales colaboradores. El vicepresidente Gerald Ford le sucede desde hoy en la presidencia del país.

Giorgio Armani se independiza

El diseñador italiano Giorgio Armani, que ha venido trabajando hasta ahora para la firma Nino Cerruti, abre su propio taller de alta costura en Milán. Armani es pionero en el estilo de ropa "desestructurada": sus trajes para hombre se basan en líneas sencillas, ágiles, muy llevables, con un *look* deportivo y espontáneo, lo que los convierte en válidos para muy distintos momentos. Armani también realiza diseños para mujer, y más adelante producirá *prêt-à-porter* para sus tiendas Emporio Armani, con éxito creciente.

Puente aéreo Madrid-Barcelona
4 NOVIEMBRE

La compañía nacional de aviación española Iberia inaugura el primer puente aéreo del Estado, que conecta Madrid y Barcelona. Este nuevo servicio, que ya se practica en otros países tras el éxito obtenido por el primer puente aéreo de la historia, establecido por los Aliados con Berlín (1948-1949) y destinado a romper el bloqueo a que los soviéticos tenían sometida a la antigua capital del III Reich, está destinado a hacer más fluido el tráfico aéreo entre las dos capitales, ofreciendo vuelos con una frecuencia muy alta, sobre todo en las horas de máxima demanda.

Primer satélite español
15 NOVIEMBRE

Se lanza desde Estados Unidos, mediante un cohete portador del tipo Thor-Delta, el primer satélite español, bautizado con el nombre de *Intasat*. Este ingenio, destinado al estudio de la ionosfera terrestre, pesa 24,5 kg, mide 45 cm de altura y ha sido colocado en órbita circular a una altura de 1 460 km sobre la superficie terrestre. Ha sido desarrollado por el Instituto Nacional de Técnica Aeroespacial "Esteban Terradas", creado el 7 de mayo de 1942. **➡ 1992**

Carlos Andrés Pérez nacionaliza el hierro venezolano

El populista Carlos Andrés Pérez (n. 1922), llegado a la presidencia de Venezuela tras las elecciones del pasado 9 de diciembre de 1973, decreta la nacionalización del hierro. Pérez había sido encarcelado en 1948, tras el golpe militar que derrocó a Rómulo Gallegos (1884-1969), y se vio forzado a partir al exilio. Regresó al país tras la caída del dictador M. Pérez Jiménez, en 1958, y en dicho año fue elegido diputado por el partido Acción Democrática. Pérez completará el próximo año 1975 su programa político con la nacionalización de las empresas petroleras, medida que traerá al país una prosperidad inaudita y dará un fuerte impulso a la Organización de Países Productores de Petróleo (OPEP).

Las repercusiones de Watergate

Al margen de la intensa crisis económica en curso, dos sucesos son los grandes protagonistas del año 1974. Por una parte, Portugal se convierte en un centro de atención informativa internacional debido a su incruenta revolución democrática, respaldada por un amplísimo apoyo popular. Por otra, la dimisión del presidente de Estados Unidos al demostrarse que mintió al país y que estaba implicado en un caso de espionaje político, viene a demostrar el vigor de las instituciones democráticas y la sujeción a la ley de todos los poderes del Estado sin excepción.

LA REVOLUCIÓN DE LOS CLAVELES EN PORTUGAL

El 25 de abril de 1974, uno de los regímenes dictatoriales y reaccionarios más longevos y estáticos del continente europeo fue derribado mediante un golpe de Estado militar de carácter incruento y que llegó de un modo totalmente sorpresivo e inesperado. La dictadura portuguesa implantada por Oliveira Salazar en los años veinte y encabezada por el doctor Marcelo Caetano desde el fallecimiento de aquél en 1970, no pudo resistirse al Movimiento de las Fuerzas Armadas dirigido por oficiales jóvenes de Portugal.

El divorcio entre la dictadura y el ejército se había agudizado en los últimos años como resultado de las gravosas guerras de independencia libradas en las colonias africanas de Angola y Mozambique, que las autoridades civiles querían proseguir a toda costa y que los jefes y oficiales militares consideraban irremisiblemente perdidas. A los sones de la prohibida canción de José Afonso *Grandola, vila morena*, las unidades conjuradas emprendieron en la capital, Lisboa, su pacífico golpe, que contó de inmediato con el respaldo fervoroso de la población portuguesa. La confraternización entre tropas y civiles quedó simbolizada en el clavel rojo, ubicuo emblema de la recuperada libertad, que comenzó a adornar los fusiles de los soldados y los cañones de los carros blindados desplegados por las calles de todo el país. Portugal emprendía así una azarosa vía hacia la democratización social e institucional de la mano de los jefes y oficiales del Ejército, en medio del entusiasmo de la población civil y del vivo temor a

▲
Manifestación de júbilo en Lisboa, después de la recuperación de la democracia. La dictadura cayó debido al malestar popular por la lenta sangría de las guerras coloniales en Angola, Cabo Verde y Mozambique.

Richard Nixon tuerce el gesto al despedirse de los miembros de la Casa Blanca. La inminencia de un juicio por impeachment *forzó su dimisión cuando su imagen pública se había ya deteriorado irremisiblemente.*

un contagio de su vecino español, el régimen dictatorial del general Franco.

EL COSTE DEL ESCÁNDALO WATERGATE

En agosto de 1974, menos de dos años después de su triunfal reelección, Richard Nixon anunció su dimisión como presi-

dente de Estados Unidos debido a su probada implicación en el escándalo Watergate. El incidente provocado por el espionaje sufrido en el cuartel general del Partido Demócrata en junio de 1972 acabó por cobrarse su víctima más importante y fundamental. La lenta pero exhaustiva investigación llevada a cabo por dos periodistas del diario *Washington*

◄ *Músicos de escayola y estatuas simbólicas en las ventanas, en una perspectiva del Teatro-Museo de Dalí en Figueres (España).*

Post, Bob Woodward y Carl Bernstein, terminó por revelar todas las implicaciones políticas del suceso, hasta que la comisión de investigación del Senado estableció toda la verdad: Nixon había ordenado a sus colaboradores que espiaran a sus rivales electorales. Antes de que el Congreso iniciara el procedimiento de destitución *(impeachment)* del presidente, un Nixon abandonado por casi todos y muy envejecido se adelantó a presentar su dimisión. Pese a la consecuente pérdida de reputación de la institución presidencial, la resolución del escándalo Watergate demostró la vitalidad del sistema democrático estadounidense y la inestimable fuerza de control ejercida por la prensa independiente en una sociedad libre.

RENUNCIAS Y DERROCAMIENTOS

Nixon no fue el único mandatario que perdió su cargo durante el año. Otros gobernantes y dirigentes de diferentes países siguieron sus pasos o se le adelantaron. El caso más llamativo fue el protagonizado por el prestigioso canciller de la República Federal Alemana, Willy Brandt. En mayo se apresuró a presentar la renuncia de su cargo cuando descubrió que su secretario particular, Günter Guillaume, era en realidad un espía infiltrado de la República Democrática Alemana. La reacción de Brandt contrastó con la panoplia de recursos jurídicos, efugios o simples mentiras con la que Nixon había intentado mantenerse a toda costa en el poder. Moralmente reforzado por su intachable conducta, Brandt siguió influyendo en la política alemana e internacio-

Instantáneas
1974

- España: inauguración del **Teatro-Museo de Dalí** en Figueres (provincia de Girona). *(28 Setiembre)*
- El museo de la *Orangerie* muestra una parte de la colección de pintura de **Peggy Guggenheim**, una de las más importantes sobre cubismo, surrealismo y arte abstracto.
- J. Beuys realiza una *performance* artística, consistente en mantener una conversación con un coyote durante tres días.

- J. Denver canta *Annie's song*.
- *The way we were*, de A. y M. Bergman, cantada por Barbra Streisand.
- *Piano man*, de B. Joel.
- El grupo sueco **ABBA** gana el concurso de Eurovisión con *Waterloo*.

- *El juego de Ripley*, de P. Highsmith, novela del género negro que combina la trama policíaca con una gran penetración psicológica.
- El poeta británico Ph. Larkin se vuelve hacia el pasado, en *Altas ventanas*, con cierta dosis de ironía.
- Nadine Gordimer se acerca a su país, Sudáfrica, con una mezcla de lirismo e ironía y descubre las profundas contradicciones que laten en la mente de los dominadores, en su novela *El conservador*.
- *Memorias de una superviviente*, de la novelista británica Doris Lessing.
- *Yo el supremo*, del paraguayo A. Roa Bastos, novela basada en la figura del dictador J.G. Rodríguez de Francia.

- J. Le Carré, especialista en el género de la novela de espionaje, inicia el "ciclo de Smiley", su personaje más emblemático, con la publicación de la novela *El topo*.
- Aparece póstumamente el volumen de memorias de P. Neruda titulado *Confieso que he vivido*.
- El poeta mexicano Octavio Paz publica el ensayo *Los hijos del limo*.

- El melodrama *Boquitas pintadas* de L. Torres Nilson alcanza un considerable éxito.
- R. Polanski estrena su película *Chinatown*, un homenaje al género negro que cuenta en uno de los papeles principales con J. Huston.
- F.F. Coppola estrena *El padrino II*, segunda entrega de la mítica saga mafiosa.
- *Dersu Uzala*, poética realización del japonés A. Kurosawa.
- *Los caballeros de la mesa cuadrada y sus locos seguidores*, parodia de la leyenda artúrica, de los Monty Python.
- *Simplemente María* (501 capítulos) y *Lucecita*: los seriales radiofónicos vuelven a estar de moda en España.
- *Kojak*, Telly Savalas es un detective heterodoxo que lleva siempre su chupa-chups, en la nueva serie de la televisión estadounidense.

- La empresa automovilística alemana Porsche comercializa los primeros turismos **"turbo"**.
- La empresa estadounidense Hewlett-Packard lanza al mercado la primera **calculadora de bolsillo programable**, la HP-65.

- **P.J. Flory** recibe el premio Nobel de Química por sus trabajos sobre las macromoléculas y los plásticos.
- P. Leboyer aboga por un nuevo método de **"parto suave"**.
- M. Ryle y A. Hewish reciben el premio **Nobel de Física** por sus investigaciones en radioastrofísica.
- A. Claude, C. de Duve y E. Palade reciben el premio **Nobel de Medicina y Fisiología** por sus descubrimientos sobre la estructura y el funcionamiento celular.
- Se fabrican los primeros coches con **airbag**.
- Aparece el **vídeo doméstico** de Philips, aunque la auténtica revolución esperará a la llegada de los modelos de JVC y Sony.

- Egipto e Israel ponen fin a sus hostilidades mediante un tratado que la prensa llama **"Acuerdo del km 101"**. *(18 Enero)*
- Con el triunfo de H. Wilson, los **laboristas** regresan al poder en el Reino Unido. *(4 Marzo)*
- **Colombia**: el liberal A. López Michelsen gana con holgura las elecciones generales. *(21 Abril)*
- Yugoslavia: el mariscal Tito se convierte en **presidente vitalicio**. *(15 Mayo)*
- India posee ya la **bomba atómica**. *(16 Mayo)*
- **Francia**: V. Giscard d'Estaing, nuevo presidente de la República. *(19 Mayo)*
- Chipre: el presidente Makarios es **derrocado** por la guardia nacional chipriota, dirigida por oficiales griegos. *(15 Julio)*

(Continúa)

Valéry Giscard d'Estaing reivindicó la herencia de De Gaulle para vencer en las elecciones presidenciales al candidato de la izquierda, François Mitterrand. En la imagen, un momento de la ceremonia de investidura de Giscard. ▶

nal desde su posición de presidente de la Internacional Socialista.

Otro caso llamativo de derrocamiento fue el de Haile Selassie, flamante emperador de Etiopía y descendiente de una dinastía que se remontaba supuestamente al hijo del rey Salomón y la reina de Saba. El deterioro agudo de la situación política y social interna en el país, sumado a la hambruna derivada de la persistente sequía, provocó un golpe militar a cargo de oficiales progresistas, que derrocaron al emperador. Etiopía dejó de ser una monarquía, y comenzó su precaria andadura un régimen militar decidido a transformar al país en un Estado socialista.

El caso contrario al etíope se vivió en Grecia. Allí la dictadura militar implantada en 1967, acosada por la creciente presión popular interna y la hostilidad internacional (debido a su apoyo a los intentos de anexión de Chipre), decidió dar vía libre al restablecimiento de la democracia en julio de 1974. El general Ghizikis, último jefe del gobierno militar, entregó el poder al dirigente político exiliado Constantinos Karamanlis, que procedió a amnistiar a los presos políticos, restablecer las libertades democráticas y convocar elecciones generales. Grecia recuperaba así la normalidad política y volvía a integrarse legítimamente en el ámbito institucional de la Europa democrática. En el referéndum celebrado en diciembre, el pueblo griego optó por la república como forma de gorbierno. Sólo la explosiva situación en Chipre, dividida *de facto* en dos mitades hostiles entre sí (una grecochipriota y otra turcochipriota), empañaría ocasionalmente el futuro de Grecia y la estabilidad en el Mediterráneo oriental. ■

Instantáneas *(continuación)*

- **Grecia**: el general P. GHIZIKIS, jefe del gobierno militar, devuelve el poder a C. KARAMANLIS, que asume el cargo de primer ministro y promete restaurar todas las libertades. *(24 Julio)*
- **Invasión** de Chipre por los turcos. *(14 Agosto)*
- El emperador de **Etiopía**, HAILE SELASSIE, es derrocado por un golpe militar. *(12 Setiembre)*
- **España**: **ETA** hace estallar una bomba frente a una cervecería en Madrid, causando 11 muertos y más de 70 heridos. *(13 Setiembre)*
- **Dimisión** en Portugal del presidente A. DE SPÍNOLA. *(30 Setiembre)*
- La Organización para la Unidad Africana (OUA) reclama ante la ONU la autodeterminación del **Sahara Occidental**, contra la postura anexionista de Marruecos. *(9 Octubre)*

- El escritor A. SOLJENITSIN, **expulsado** de la URSS. *(13 Febrero)*
- **España**: una **homilía** del obispo de Bilbao A. AÑOVEROS exalta los derechos históricos de los pueblos. *(24 Febrero)*
- **Catástrofe aérea** en París, con más de 300 víctimas mortales. *(2 Marzo)*
- PATRICIA HEARST, la hija del magnate de la prensa, secuestrada hace dos meses por el **Ejército Simbiótico de Liberación**, se declara, metralleta en mano, solidaria con su lucha. *(16 Abril)*
- G. GUILLAUME, colaborador de W. BRANDT, arrestado por **espionaje** a favor de la RDA.

Brandt optará por dimitir de su cargo de canciller. *(25 Abril)*
- **España**: personas cercanas al régimen están implicadas en el escándalo del grupo inmobiliario *Sofico*, que ha estafado a multitud de pequeños inversores. *(13 Diciembre)*
- **Conflictos raciales** en Boston, al mantener un juez, y buena parte de la población, actitudes propias del más burdo *apartheid*. *(17 Diciembre)*
- Se aprueba en España el Estatuto Jurídico del **Derecho de Asociación** Política. *(20 Diciembre)*
- El Parlamento francés aprueba la ley del **aborto voluntario**.

- MUHAMMAD ALÍ (CASSIUS CLAY) recupera el título de campeón mundial de boxeo de los pesos pesados al derrotar a G. FOREMAN. *(Octubre)*
- El tenista sueco B. BORG gana el torneo de **Roland Garros**, con sólo 18 años de edad. *(16 Junio)*
- El español P. FERNÁNDEZ gana el campeonato mundial de boxeo en la categoría *welter-junior*.
- El piloto brasileño E. FITTIPALDI se adjudica por segunda vez el Campeonato del Mundo de Fórmula 1.
- Tras 14 años de no ganar la Liga española, el **F.C. Barcelona** se proclama campeón gracias a su jugador estrella: J. CRUYFF, galardonado con el Balón de Oro europeo.
- El extremo del Real Madrid **F. GENTO**, que ganó seis Copas de Europa con su club, se retira del fútbol activo.

- **G. AGOSTINI** consigue el Campeonato del Mundo de motociclismo en las categorías 350 cc y 500 cc. Son sus títulos números 13 y 14.

- «Los agujeros negros parecen sugerir que Dios no sólo juega a los dados sino que a veces también los tira donde no pueden ser vistos.» S. HAWKING, físico y cosmólogo británico, parafraseando una famosa cita de A. EINSTEIN.
- «He elegido quedarme y luchar.» PATRICIA HEARST, cuando sus padres pagan el rescate por su liberación.

- DAVID ALFARO SIQUEIROS, muralista mexicano. *(6 Enero)*
- SAMUEL GOLDWYN, productor de cine estadounidense. *(31 Enero)*
- GEORGES POMPIDOU, estadista francés. *(2 Abril)*
- DUKE ELLINGTON, músico de jazz estadounidense. *(24 Mayo)*
- MIGUEL ÁNGEL ASTURIAS, escritor y diplomático guatemalteco. *(9 Junio)*
- DARIUS MILHAUD, compositor francés, uno de los integrantes del histórico Grupo de los Seis. *(22 Junio)*
- JUAN DOMINGO PERÓN, presidente de Argentina. *(1 Julio)*
- RAÚL GONZÁLEZ TUÑÓN, poeta argentino. *(14 Agosto)*
- DAVID OISTRAKH, violinista soviético. *(24 Octubre)*
- VITTORIO DE SICA, actor y director italiano. *(13 Noviembre)*

1975

El armador griego Aristóteles Onassis, fallecido en 1975.

Una imagen de la guerra de Camboya: tropas del Pathet Lao en Phnom Penh, antes de la entrada en la capital de los khmers rojos.

Comienza el Año Internacional de la Mujer
1 ENERO

Con el patrocinio de la ONU se inicia el Año Internacional de la Mujer, como parte de una política de igualdad para ambos sexos. Dentro del programa recomendado por el organismo mundial y destinado a sensibilizar a las sociedades sobre las conductas y leyes que discriminan y marginan a la mujer del ámbito público, se realizarán diversos estudios sobre la importancia del papel de ésta en la sociedad contemporánea. De acuerdo con ellos, la ONU recomendará la aplicación de medidas tendentes a favorecer la igualdad entre los sexos. ➡ **1995**

Atentado palestino en Orly
15 Y 19 ENERO

Terroristas palestinos protagonizan una serie de atentados en el aeropuerto francés de Orly. Dos comandos de Setiembre Negro siembran el terror en el aeropuerto internacional de la capital francesa. El primero intenta destruir un B-707 de la compañía israelí El Al, con 136 pasajeros a bordo, y alcanza una aeronave de la yugoslava JAT, cuya tripulación sufre heridas leves. En la acción siguiente, los terroristas lanzan granadas y disparan contra los pasajeros, hiriendo a una veintena. ➡ **1983**

Muere Aristóteles Onassis
15 MARZO

Muere en París el naviero griego Aristóteles Onassis (1906-1975) dejando en herencia una de las primeras fortunas del mundo. Onassis, ejemplo cabal del hombre hecho a sí mismo, había iniciado en Buenos Aires, en 1924, una meteórica carrera empresarial a cuyo salto posterior contribuyó su casamiento, en 1948, con Tina Livanos, hija de un poderoso armador griego. Su romance con la diva Maria Callas lo llevó a divorciarse en 1964, para casarse cuatro años más tarde con Jacqueline Bouvier, viuda del asesinado presidente Kennedy. Su legado, sobre el cual tienen derechos su viuda y su hija Cristina, se cifra en unos 500 millones de dólares y una poderosa flota mercante.

Los khmers rojos toman Phnom Penh
1 ABRIL

Los guerrilleros comunistas toman la capital de Camboya y derrocan al régimen de Lon Nol. Después de una sangrienta guerra civil que ha causado más de un millón de víctimas, el Frente Unido Nacional de Kampuchea (FUNK) ocupa Phnom Penh y acaba con el régimen militar del mariscal Lon Nol, que se había mantenido hasta ahora gracias al apoyo de EE.UU. El triunfo de la guerrilla comunista permite el regreso del príncipe Sihanuk, pero será el jefe de los khmers rojos, Pol Pot, quien se haga finalmente con el poder e imponga una de las dictaduras más sanguinarias del siglo xx. ➡ **1979**

Trágico accidente en la Fórmula I
27 ABRIL

Un fatal accidente causa la muerte a cinco personas y heridas graves a otras doce en el circuito de Montjuic, en Barcelona, durante la disputa del Gran Premio de España de Fórmula I. En el curso de la vigesimoquinta vuelta, el bólido del piloto alemán Rolf Stommelen se precipita contra el público al rompérsele un alerón. El trágico accidente hace que el comisario de la prueba decida su suspensión, y determinará el cierre definitivo del circuito urbano de Montjuic, cuya seguridad ya había sido cuestionada por los pilotos.

Geometría fractal

El matemático francés de origen polaco Benoit Mandelbrot (n. 1924) publica la obra *Los objetos fractales*, en la que expone los fundamentos de la llamada teoría de los fractales, que completará más tarde con *La geometría fractal de la naturaleza* (1982), donde revisa en profundidad la geometría fractal subyacente a muchas formas naturales. Los fractales son curvas o figuras autosimilares, es decir, tales que cualquiera de sus porciones tiene la misma pauta de variación, independientemente de la escala a la que se observe.

Nicklaus gana su quinto Masters

Jack Nicklaus (n. 1940) vence una vez más en el Masters de Estados Unidos, que se juega en Augusta. El golfista estadounidense, *"un talento de primera magnitud"*, según Bobby Jones, otro grande del golf, ganará seis veces este título, el último en 1986, y dos veces los campeonatos más importantes del mundo, un récord inigualado en la historia

del golf. Nicklaus, dotado de una gran técnica y de una soberbia capacidad analítica, tiene un puesto asegurado entre los mejores golfistas de todos los tiempos.

Finaliza la guerra de Vietnam
30 ABRIL

La caída de Saigón en poder del Vietcong acaba con la guerra civil de Vietnam. Tras la evacuación de las tropas estadounidenses en virtud de los acuerdos de paz firmados en París en 1973, el conflicto entre el régimen prooccidental de Vietnam del Sur y el comunista de Vietnam del Norte ha continuado hasta ahora. El empuje de las tropas del Norte ha quebrado la resistencia del régimen de Nguyen Van Thieu, que poco antes de la caída de la capital había cedido su puesto al general Duong Van Minh, en un intento de soslayar lo inevitable. Finalmente, Duong ha acabado por rendirse incondicionalmente. La desaparición del régimen del Sur da lugar a la reunificación de hecho del país, que será ratificada el 24 de junio de 1976, bajo el nombre de República Socialista de Vietnam. Saigón será rebautizada con el nombre de Ciudad Ho Chi Minh. ➡ **1979**

Se inaugura la Fundación Miró en Barcelona
10 JUNIO

Se inaugura en Barcelona la Fundación Joan Miró, obra emblemática del funcionalismo arquitectónico. El moderno edificio del *Centre d'estudis d'art contemporani* o Fundación Miró, realizado por el arquitecto Josep Lluis Sert (1902-1983), está destinado a la exposición permanente de obras de arte y, entre otras actividades culturales, a la organización de seminarios y exposiciones específicas. Sert, discípulo aventajado de Le Corbusier, ha construido un edificio en el que aplica interesantes innovaciones museológicas en el plano funcional y armoniza el racionalismo y la tradición mediterránea en el conceptual. ➡ **1993**

Sexto título de Wimbledon para Billie-Jean King

La estadounidense Billie-Jean King (n. 1943) triunfa por sexta vez en el torneo de Wimbledon de tenis. Una de las más grandes campeonas en la historia del tenis mundial, ha hecho de la hierba del prestigioso torneo británico el escenario de sus mejores victorias. A lo largo de su carrera King logrará en Wimbledon seis títulos individuales, diez en dobles y cuatro en mixtos. Asimismo vencerá tres veces en el Open de Estados Unidos, cuatro en Roland Garros y dos en Australia. Se retirará en 1982.

Marcha Verde sobre el Sahara Español
21 OCTUBRE - 6 NOVIEMBRE

Ante la delicada situación internacional por la que pasa España, Hasán II (1929) envía a 300 mil civiles marroquíes desarmados al Sahara Español, cuyo territorio reivindica. El soberano de Marruecos, que ha seguido una política de aproximación a Francia, aprovecha la agonía de Franco para hacer valer sus derechos sobre la colonia española y a la vez iniciar un proceso de apertura interior y exterior de su régimen. Mientras sus tropas mantienen choques armados con las del Frente Polisario, el ejército español no puede disparar ni un tiro contra la multitud inerme. Poco después, Hasán II ordena detener la Marcha Verde y España acuerda la descolonización, ignorando las reclamaciones del Frente Polisario. Éste, no obstante, declarará, el 27 de febrero del año siguiente, la República Árabe Saharahui Democrática.

Una perspectiva de las instalaciones de la Fundación Miró (Barcelona, España).

◄ *Habitantes de Saigón huyen masivamente de la ciudad ante la proximidad de las fuerzas comunistas del Vietcong.*

Imagen de la Marcha Verde organizada por Marruecos sobre el Sahara Español o Sahara Occidental.

Flores delante del catafalco de Franco. Se formaron largas colas de ciudadanos que querían rendir un último homenaje al Caudillo de España.

Cartel de la película Furtivos, *una insólita parábola de la represión firmada por José Luis Borau.*

"Nacido para correr": Bruce ▶ *Springsteen con la E Street Band en el escenario.*

Steven Spielberg obtiene su primer éxito con Tiburón

Con su segundo e inquietante filme, *Tiburón*, Spielberg inicia una sucesión de éxitos en taquilla que acabaránn convirtiéndolo en el Rey Midas de Hollywood. La acción transcurre en las orillas de una tranquila localidad turística, Amity, en la que la aparición de un bañista muerto, presuntamente atacado por un tiburón, provoca la controversia entre las autoridades. Si durante la hora y media inicial la presencia del tiburón es sugerida por la cámara subjetiva y la aterradora música de John Williams, la escena de la caza está rodada con un enorme dinamismo y con efectos especiales increíbles para simular los ataques del animal. Spielberg repetirá el éxito de *Tiburón* en films como *E.T.*, *Encuentros en la tercera fase*, *En busca del arca perdida*, etc. ➡ **1981**

Fallece Francisco Franco
20 NOVIEMBRE

Después de una larga agonía, el general Francisco Franco fallece en Madrid. Le sucede el rey Juan Carlos I como jefe de Estado. Al cabo de 39 años de gobierno, el fallecimiento de Franco deja al régimen en delicada situación, sobre todo en el plano internacional, debido a las ejecuciones del anarquista Salvador Puig Antich, el 2 de marzo del año pasado, y de tres miembros del FRAP y dos de ETA, el pasado 27 de setiembre. A partir de la muerte de Franco, Juan Carlos I impulsará un proceso de reformas políticas que conformarán la llamada transición democrática. ➡ **1976**

Éxito de crítica y público de Furtivos, de Borau

Furtivos es un título clave dentro de la cinematografía española, una obra desgarradora y sórdida que nos muestra la cara menos amable de una sociedad que intenta dejar atrás los viejos fantasmas de la guerra civil. Protagonizado por Lola Gaos y Ovidi Montllor, el filme de Borau se adentra en la realidad más cruel del ámbito rural para contarnos una historia en la que se mezclan la pasión, los celos, la venganza y el engaño. A pesar de la resistencia que oponen los censores de los últimos días de la dictadura, *Furtivos* obtiene un gran éxito de taquilla y el aplauso de la crítica nacional e internacional. Borau rodará, posteriormente, *La Sabina* (una coproducción con Suecia), *Río abajo* (ambientada en Estados Unidos) y *Tatamía*.

Estreno de Equus

El dramaturgo británico Peter Levin Shaffer (1926) estrena en Londres *Equus*. Perteneciente al llamado grupo de los "jóvenes airados", había alcanzado fama internacional en 1958 con su vanguardista *Ejercicio para cinco dedos*. Desde entonces se ha mantenido en primer plano con obras en las que acusa la influencia de Artaud y Brecht y muestra su actitud crítica frente a los valores dicotómicos de la ética universal. Posteriormente a *Equus*, escribirá otras obras de éxito, como *Amadeus* (1979), sobre la vida de Mozart, y *Yonadab*, situada en el Jerusalén del siglo X a.C.

Born to Run

Bruce Springsteen se convierte de golpe, gracias a una sola canción, en un mito del rock en Estados Unidos. La canción lleva el mismo título que el álbum que ha publicado este año: *Born to run* (*Nacido para correr*), y con ella inicia una carrera brillante, marcada por un estilo personal y respetado en todo el mundo. Sin embargo, el éxito había sido anunciado casi unánimemente por los críticos –por una vez–, cuando aparecieron sus dos álbumes anteriores con la *E Street Band*, a pesar del escaso éxito comercial que obtuvieron. Su *manager* actual escribió en la prestigiosa revista *Rolling Stone*, justo antes de embarcarse en su proyecto: «Acabo de ver el futuro del rock and roll.» La fuerza de sus directos y la originalidad de sus composiciones va mucho más allá del éxito de una canción, como no dejará de demostrarse en las dos próximas décadas.

Empieza la cuenta atrás de la transición española

En el plano internacional, 1975 siempre será recordado como el año de la caída de Saigón en poder del Vietcong, que pone fin a la cruenta y larga guerra de Vietnam. También será recordado como el año en el que se constituye el régimen de los khmers rojos en Camboya, protagonista de una de las más sangrientas aberraciones políticas totalitarias de la presente centuria. En ese mismo año se produce el fallecimiento en España del general Franco, acontecimiento clave en la superación de los traumas legados por la guerra civil y requisito para la transición pacífica hacia un sistema democrático.

LA MUERTE DE FRANCO

En noviembre de 1975, después de una larga agonía, falleció en Madrid el general Francisco Franco Bahamonde, jefe del Estado después de vencer en la cruenta guerra civil que asoló España entre 1936 y 1939. La muerte del general Franco significó el comienzo del fin para el peculiar régimen autoritario vigente en el país desde 1939, que había atravesado distintas fases de mayor o menor apertura durante su prolongada vigencia temporal. El sucesor de Franco en la jefatura del Estado, el joven rey Juan Carlos I de Borbón, sería el encargado de poner en marcha el azaroso camino hacia el restablecimiento de un régimen democrático y plenamente respetuoso de los derechos humanos y las libertades civiles.

Para sorpresa de todos los observadores internacionales y de los mismos españoles, el proceso de transición política de la dictadura a la democracia abierto en España a finales de 1975 se iría desplegando con notable rapidez y encomiable tranquilidad. Ante todo, la voluntad popular de no repetir un enfrentamiento fratricida como el de 1936-1939 permitió que el diálogo y la negociación entre los gobernantes posfranquistas y la oposición antifranquista marcaran el ritmo y el perfil de todo el proceso y sus avatares. En realidad, tras la muerte de Franco todos los sectores influyentes del país, así como la abrumadora mayoría de la población, habían comprendido que no había más alternativa que la convivencia en paz y en democracia. Comenzaba una nueva era de la historia con-

▲
El cadáver de Francisco Franco fue expuesto al homenaje público en el palacio de Oriente, antes de recibir sepultura en el Valle de los Caídos.

Juan Carlos I en el acto de su investidura como jefe del Estado en las Cortes Españolas, el 22 de noviembre. A la ceremonia de su coronación asistirían el presidente francés Giscard d'Estaing, el duque de Edimburgo, el presidente de la Alemania federal y el vicepresidente de Estados Unidos, entre otros. En contraste, sólo un jefe de Estado asistió a los funerales de Franco: el chileno Augusto Pinochet.

temporánea de España que iba a ser particularmente feliz y venturosa.

LA CAÍDA DE SAIGÓN

A finales de abril de 1975, Saigón, la capital del régimen prooccidental de Vietnam del Sur, fue ocupada sin resistencia por tropas del Vietcong, la guerrilla comu-

nista sudvietnamita apoyada por el gobierno y el ejército de Vietnam del Norte. Desde la retirada de las tropas norteamericanas en marzo de 1973, la suerte de las armas había abandonado al desmoralizado ejército gubernamental sudvietnamita, que había retrocedido sin pausa ante el constante empuje de sus enemigos. La victoria incondicional del Vietcong supuso la inmediata

Un grupo de bonzos contempla el desfile de los khmers rojos en Phnom Penh, la capital de Camboya.

Pacífico, en Estados Unidos, la primera potencia mundial, derrotada y humillada en el trágico conflicto indochino.

LA PESADILLA DE CAMBOYA

La caída de Saigón fue precedida en varios días por la de Phnom Penh, capital de Camboya, en manos de las fuerzas guerrilleras comunistas de los khmers rojos. Desde 1970, el régimen militar prooccidental del general Lon Nol en Camboya había combatido al lado de Vietnam del Sur en la guerra contra el Vietcong, y con el apoyo de Estados Unidos. Sin embargo, la firme resistencia ofrecida en el interior de Camboya por la guerrilla khmer, que contaba con el apoyo de la República Popular China, fue debilitando las fuerzas del régimen camboyano hasta desembocar en su derrocamiento en abril de 1975. Las nuevas autoridades khmers, bajo la dirección de Pol

reunificación del país bajo un régimen comunista y fervientemente nacionalista. El precio de la guerra fue atroz desde todos los puntos de vista. Se calcula que más de dos millones de vietnamitas perdieron la vida durante el largo conflicto. Otros tres millones resultaron heridos de considera-

ción. Y los huérfanos originados por los combates se contaron por centenares de miles. El nuevo Vietnam unificado y victorioso tardaría muchos años en recuperarse de las heridas físicas y morales sufridas durante el largo conflicto. En gran medida, otro tanto sucedería al otro lado del

Instantáneas

- El **Ayuntamiento de París elige el proyecto del arquitecto español** R. BOFILL para sustituir el antiguo mercado de Les Halles por un gran centro comercial y cultural. *(30 Abril)*

- *Feelings*, de M. ALBERT.
- *Wish you were here*, de R. WATERS y D. GILMOUR.
- *Space oddity*, de D. BOWIE.
- El álbum de Chicago, *Chicago's greatests hits*, permanece setenta y dos semanas en el puesto número uno de las listas.

- *Sinfonía Napoleónica*, novela satírica de A. BURGESS.
- *Holocausto*, bestseller de CH. EZNIKOFF sobre el exterminio judío llevado a cabo por los nazis.
- *Terra nostra*, del mexicano C. FUENTES.
- *El otoño del patriarca*, de G.GARCÍA MÁRQUEZ, una sátira de las dictaduras sudamericanas y un alegato sobre la soledad del poder.
- *Vigilar y castigar*, ensayo de filosofía política del francés M. FOUCAULT.

- A. WAJDA pasa revista a la historia de Polonia en el filme *La tierra de la gran promesa*.
- EPI y BLAS ganan audiencia infantil para el programa de Televisión Española, *Un globo, dos globos, tres globos*. El éxito de la temporada es, sin embargo, la serie japonesa de dibujos animados *Heidi*.
- *Alguién voló sobre el nido del cuco*, film de M. FORMAN, basado en una novela de K. KESEY. Su protagonista es JACK NICHOLSON.

- En la película *Nashville*, R. ALTMAN retrata la vida de una pequeña ciudad norteamericana durante cinco días.
- Triunfa en todo el mundo *El jovencito Frankenstein*, parodia de las clásicas películas de terror, realizada por el irregular M. BROOKS.
- El filme *Cría cuervos* consolida el prestigio internacional de su realizador, el español C. SAURA.
- Triunfa *La casa de la pradera*, una lacrimógena serie televisiva estadounidense, protagonizada por MICHAEL LANDON, en la que se narran las aventuras y desventuras de la familia Ingalls.

- Las empresas Sony Corporation y Philips lanzan al mercado el **Laser Video Disc**, mientras que Sony lanza el sistema de vídeo doméstico Betamax.
- Se crea la **Agencia Espacial Europea** (ESA), con el propósito de que Europa ocupe un lugar destacado entre las potencias espaciales del mundo. *(1 Junio)*
- **Misión espacial conjunta soviético-estadounidense**: las naves *Soyuz* 19 y *Apolo* se han acoplado en el espacio. *(17 Julio)*
- Se inaugura el **primer oleoducto submarino** que transportará el crudo de los yacimientos petrolíferos del mar del Norte a las refinerías británicas. *(3 Noviembre)*
- Los científicos estadounidenses **R. DULBECCO, H.M. TEMIN y D. BALTIMORE** reciben el premio Nobel Medicina y Fisiología por sus trabajos relativos a la interacción entre los virus tumorales y el material genético de la célula.
- B. GATES y P. ALLEN crean el **sistema operativo DOS** (Disc Operating System) y fundan la empresa Microsoft para su comercialización.

- En Portugal **fracasa un intento de golpe de Estado**, dirigido por el general y ex presidente SPÍNOLA. *(11 Marzo)*
- El rey **FAYSAL de Arabia Saudí** es asesinado por uno de sus sobrinos mientras rezaba sus oraciones. *(25 Marzo)*
- Irak e Irán alcanzan un **acuerdo de alto el fuego** en el conflicto fronterizo que los enfrenta. El acuerdo, sin embargo, se intuye precario. *(31 Marzo)*
- Se **reabre al tráfico marítimo internacional el canal de Suez**, cerrado desde el estallido de la guerra de los Seis Días entre árabes e israelíes, en junio de 1967. *(5 Junio)*
- En la India, INDIRA GANDHI proclama el **estado de excepción** tras haber sido acusada de fraude electoral. *(26 Junio)*
- La Organización de Estados Americanos (OEA) **levanta el embargo contra Cuba**, establecido en 1964. *(29 Julio)*
- Firma en Helsinki de un tratado internacional que protege los **derechos humanos y las libertades individuales**. Estados Unidos y la Unión Soviética se encuentran entre los treinta y cinco firmantes. *(1 Agosto)*
- Un golpe de Estado derroca y ejecuta a **MUJIBUR RAHMAN**, presidente y padre de la independencia de Bangla Desh. *(15 Agosto)*
- En Perú, un alzamiento militar, dirigido por el general F. MORALES BERMÚDEZ, derroca al presidente y también general J. VELASCO ALVARADO, que había accedido al poder con idénticos medios en 1968. *(29 Agosto)*
- **Guerra civil en el Líbano**. Los choques armados entre facciones cristianas, musulmanas y palestinas, se generalizan en todo el país. *(3-6 Setiembre)*

(Continúa)

Indira Gandhi (en la imagen junto a su padre, el pandit Nehru) reaccionó ante las dificultades de su gobierno decretando el estado de excepción. La medida llevaría a la derrota al Partido del Congreso en las elecciones de marzo de 1977.

Pot, instauraron un régimen comunista de inspiración maoísta que supuso el casi total aislamiento del país y grandes traslados forzosos de población de la ciudad al campo para formar comunas agrícolas. Como resultado de la brutalidad de esa política de ruralización forzada, se calcula que más de un millón de camboyanos perdieron la vida por ejecución, hambruna, enfermedad o exceso de trabajo. El régimen de Pol Pot, que se mantendría en el poder hasta la invasión vietnamita de 1979, se convirtió en un nuevo símbolo de la barbarie totalitaria e irracional tan frecuente en la trágica historia universal del siglo XX.

EL PRIMER AÑO DE LA MUJER

Por decisión previa de la Asamblea General de la Organización de Naciones Unidas, 1975 fue declarado oficialmente "Año Internacional de la Mujer". Con esa medida, la ONU pretendía estimular en todos los países del mundo la adopción de medidas urgentes y necesarias para subsanar y enmendar la patente situación de desigualdad de la mujer frente al hombre en el ámbito de la economía, la política, la enseñanza y la cultura. Al margen de sus efectos prácticos inmediatos, la decisión de la ONU reflejó la fuerza creciente de los movimientos de reivindicación femenina en el plano internacional y la extendida conciencia de la injusta discriminación sufrida por la mitad de la humanidad en casi todos los campos de la actividad humana. ■

Instantáneas *(continuación)*

- El presidente de Estados Unidos, GERALD FORD, sufre **dos atentados** de los que sale ileso. *(5 y 22 de Setiembre)*
- El general J. VIDELA se convierte en el nuevo comandante en **jefe de las fuerzas armadas argentinas.** *(13 Setiembre)*
- En Argentina se hace patente la **grave crisis política** del gobierno de ISABEL PERÓN, incapaz de hacer frente al terrorismo de izquierda y derecha. *(24 Octubre)*
- La ONU **condena el sionismo** como una forma de racismo y reafirma el derecho del pueblo palestino a la posesión de una tierra. *(10 Noviembre)*
- Queda **abolida en Laos la monarquía.** A partir de ahora el país pasa a ser una República popular. *(3 Diciembre)*
- Los **últimos soldados españoles abandonan el Sahara Occidental,** ocupado a partir de ahora por las tropas marroquíes. *(20 Diciembre)*
- Tras la muerte de F. FRANCO, la **demanda de una amnistía política** se convierte en el grito unánime de las fuerzas políticas democráticas españolas. *(30 Diciembre)*

- **MARGARET THATCHER,** nueva líder de los conservadores británicos. *(4 Febrero)*
- El **cocinero francés** PAUL BOCUSE es nombrado caballero de la Legión de Honor. *(12 Febrero)*
- En España, el Tribunal Supremo revoca la sentencia del Tribunal de Orden Público a propósito del **Proceso 1001** contra diez dirigentes del sindicato Comisiones Obreras. *(15 Febrero)*
- Se firma en Lomé (Togo) un **acuerdo comercial y financiero** entre los nueve países

que conforman la Comunidad Económica Europea y cuarenta y seis países africanos, caribeños y del Pacífico. *(28 Febrero)*
- La Comunidad Económica Europea crea una unidad monetaria para todos sus miembros, el **ECU.** *(18 Marzo)*
- Se inicia en la República Federal Alemana el **proceso a la banda terrorista Baader-Meinhof** denominada Fracción del Ejército Rojo, responsable de atentados que sacudieron al país desde 1968. *(21 Mayo)*
- A pesar del rechazo y la condena internacional, **son ejecutados en España cinco acusados de terrorismo.** *(27 Setiembre)*
- El físico soviético A. SAJAROV recibe el **Premio Nobel de la Paz** por su lucha por los derechos del hombre.

- OLEG BLOKHIN, el mejor delantero de fútbol ruso de la historia, es elegido **Balón de Oro.**
- B. JENNER establece en Oregón un **nuevo récord de decathlon** tras conseguir 8 524 puntos. Posteriormente, en los Juegos Olímpicos de Montreal, lo elevará a 8 618.
- El **Independiente de Buenos Aires** gana su sexta copa Libertadores de fútbol.
- Suecia gana la **Copa Davis de tenis** por primera vez, gracias a su estrella B. BORG.
- El soviético A. KARPOV se convierte en el más joven **campeón del mundo de ajedrez.** Ganó frente a su compatriota V. KORCHNÓI el derecho a enfrentarse al norteamericano R. FISCHER, que por desavenencias con la Federación Internacional de Ajedrez rehúsa jugar el match decisivo y es desposeído de su título. *(3 Abril)*
- La japonesa JUNKO TABEI es la **primera mujer que alcanza la cima del Everest.** *(16 Mayo)*

- «Ser español es ser alguien en el mundo. ¡Arriba España!» F. FRANCO en su último discurso público en octubre de 1975, un mes antes de su muerte.
- «La televisión introdujo la brutalidad de la guerra en la comodidad de las salas de estar. Vietnam se perdió en las salas de estar americanas, no en los campos de batalla.» MARSHALL MCLUHAN en el *Montreal Gazette.*

- SIR JULIAN SORELL HUXLEY, biólogo británico. *(14 Febrero)*
- CHANG KAI-CHEK, líder nacionalista chino y jefe de Estado de Taiwan, isla donde se había refugiado desde que MAO TSE-TUNG se hiciera con el poder en China. *(5 Abril)*
- JOSEPHINE BAKER, la Venus de Ébano, cantante y bailarina de *music-hall* estadounidense. *(12 Abril)*
- JOSEMARÍA ESCRIVÁ DE BALAGUER, fundador del Opus Dei. *(26 Junio)*
- DIONISIO RIDRUEJO, poeta y político español, perteneciente a la llamada generación del 36. *(29 Junio)*
- DIMITRI SHOSTAKOVICH, compositor soviético, autor de quince sinfonías y cuartetos de cuerda, y de la ópera *Lady Macbeth de Mtzensk.* *(9 Agosto)*
- ARNOLD TOYNBEE, historiador británico. Fue uno de los defensores de la teoría organicista de la historia. *(22 Octubre)*
- PIER PAOLO PASOLINI, escritor y director de cine italiano, asesinado por un joven de diecisiete años con el que mantenía relaciones. *(1 Noviembre)*
- THORNTON WILDER, escritor estadounidense, autor de *El puente de San Luis Rey* y *Los idus de Marzo.* *(7 Diciembre)*

1976

Imágenes del terremoto de Guatemala: salvando los muebles, en sentido literal, después de perder la casa. ▶

Cartel de propaganda de los Juegos Olímpicos de invierno, en Innsbruck.

Cartel de las Olimpiadas de verano en Montreal 1976.

La gimnasta rumana Nadia Comaneci, "novia de Montreal", expresa su alegría tras recibir una histórica puntuación de 10 puntos. ▶

Violentos terremotos en Guatemala y China
19 FEBRERO Y 27 JULIO

Sendos seísmos arrasan las ciudades de Guatemala (Guatemala) y T'angshan (China) y dejan como saldo casi 800 mil muertos. En la capital centroamericana y el departamento de Jalapa los fortísimos temblores de tierra provocan el derrumbamiento de miles de casas y la destrucción de las vías de comunicación. Se calcula que el número de víctimas directas y las ocasionadas por las epidemias asciende a más de 20 mil, y la cifra de las pérdidas materiales a casi 800 millones de dólares. En China, el seísmo alcanzó los 8,3 grados de la escala de Richter en la ciudad minera de T'angshan, al noroeste del país, dejándola totalmente en ruinas. La onda sísmica, que también alcanzó Pekín, ha dejado unos seis millones de personas sin hogar y casi 750 mil muertos.

Se celebran las XXI Olimpiadas
4-15 FEBRERO
Y 17 JULIO - 1 AGOSTO

En Innsbruck, Austria, tienen lugar los Juegos Olímpicos de invierno, y en Montreal, Canadá, los de verano. Los Juegos de Montreal destacan por el enorme esfuerzo organizativo, sobre todo en materia de seguridad, y por el desastre económico que suponen. Asimismo, estos Juegos se ven afectados por el boicot de una treintena de países africanos y por la negativa del gobierno canadiense a autorizar la entrada a los atletas de la China nacionalista. La gran estrella es la joven gimnasta rumana Nadia Comaneci (1961), que consigue tres medallas de oro y se convierte en la primera gimnasta de la historia en obtener la nota máxima (10) en competiciones olímpicas. También destacan la nadadora germano oriental Kornelia Ender, con cuatro medallas de oro y una de plata, y los cubanos Teófilo Stevenson, campeón olímpico de boxeo en pesos pesados, y Alberto Juantorena, el primer corredor de la historia en ganar las carreras de 400 y 800 m. En los Juegos Olímpicos de invierno, que se celebran en Innsbruck, los grandes triunfadores son la alemana Rosi Mittermaier y el austríaco Franz Klammer.

Golpe de Estado militar en Argentina
24 MARZO

La Junta Militar al mando del general Jorge Rafael Videla (1925) asume la presidencia de Argentina, hasta el momento ocupada por Isabel de Perón (1931). Después de la muerte de Perón, se hace cargo del gobierno su viuda, María Estela o Isabel Martínez de Perón, que no consiguió arreglar los problemas sociopolíticos y económicos por los que estaba pasando el país. Desbordada por los acontecimientos, Isabel de Perón da carta blanca a los militares para tranquilizar

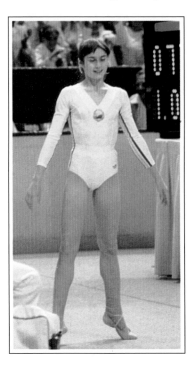

y controlar a los sectores de población descontentos. Para ello los militares consideran oportuno destituir de sus funciones a la viuda de Perón. La junta de comandantes argentinos inicia el llamado Proceso de Reconstitución Nacional, uno de los períodos más duros de la historia argentina. ➡ **1982**

Clásicos populares
12 ABRIL

Se empieza a emitir en la radio pública española el programa Clásicos populares, con una duración de sólo veinte minutos y con espíritu de programa de relleno. Sin embargo, pronto va a convertirse en un auténtico clásico de la radio, y esto "a pesar" de la música que propone: Beethoven, Mozart, Bach... Nombres como el de Carlos Tena o Argenta le confieren prestigio y gancho a la vez, con lo que logra atraer a una audiencia amplia y muy variada.

Thorpe, víctima de la intolerancia
15 MAYO

Jeremy Thorpe es apartado de la presidencia del Partido Liberal británico al conocerse su homosexualidad. Thorpe, que había incrementado considerablemente el apoyo electoral a los liberales en los últimos comicios, ha renunciado a su cargo presionado por sus compañeros de partido después de que un antiguo amigo revelara que había mantenido relaciones íntimas con él.

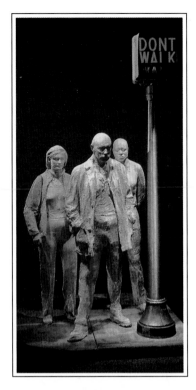

◀ Walk don't walk, *de George Segal, escultura hiperrealista de yeso, cemento, metal, madera pintada y luz eléctrica, en tamaño natural (Whitney Museum, Nueva York).*

Violentos disturbios raciales en Soweto
18 JUNIO

Una manifestación pacífica de estudiantes negros desencadena una violenta represión del régimen racista de Sudáfrica. La inicial protesta estudiantil en Soweto contra la decisión del gobierno de imponer el *afrikaans*, lengua símbolo de la segregación para la población negra, se ha convertido, tras la desmesurada represión policial, en una manifestación generalizada de repudio en todo el país contra el régimen racista blanco. En los disturbios han muerto 23 personas y más de 200 han resultado heridas.   **➡ 1988**

Tragedia en Seveso
10 JULIO

En la localidad italiana de Seveso, próxima a Milán, una fuga de gas tóxico provoca una catástrofe. La nube venenosa de dioxina procedente del complejo químico ICMESA causa un grave desastre ecológico e intoxica a miles de personas, obligando a las autoridades a evacuar la zona. Mientras las plantas se secan y miles de animales mueren repentinamente, los habitantes de Seveso sufren graves lesiones cutáneas y desarreglos intestinales. Como consecuencia del tremendo poder residual de la dioxina, elemento utilizado en la fabricación de armas químicas, los científicos creen que tardará muchos años en desaparecer el peligro de intoxicación, lo cual hace más dramática la magnitud del accidente.

El hiperrealismo de George Segal

El pintor y escultor George Segal (1924) se revela como un precursor del hiperrealismo con *Walk don't walk*. El artista estadounidense, cuya obra ha sido relacionada con el *Pop Art* y el *Environment Art*, se proyecta más allá de estas corrientes para reflejar en sus creaciones la alienación del hombre moderno. En este sentido, ciertos recursos técnicos proponen un crudo y radical realismo o *sharp focus realism*, cuyo desarrollo se ha dado en llamar hiperrealismo. Esta nueva corriente artística tiene entre sus principales cultivadores a Malcolm Morley, Chuck Close, Richard Estes y Franz Gertsch, entre otros.   **➡ 1978**

Amenaza de cisma en la Iglesia católica
29 AGOSTO

El obispo francés Marcel Lefebvre se rebela contra las reformas del Vaticano II. La euforia con que fue recibida la apertura de la Iglesia católica comienza a enfriarse a medida que los grupos más conservadores van reaccionando. Uno de los representantes más activos de éstos es el obispo de Lille, Marcel Lefebvre, quien insiste en mantener el antiguo ritual y, ante las reconvenciones de la Santa Sede, reacciona fundando un seminario en Ecône, Suiza, donde ordena a sus propios sacerdotes. Tras varias ordenaciones irregulares, Lefebvre será excomulgado en 1988, pero poco más tarde, el papa Juan Pablo II lo reintegrará al seno de la Iglesia.   **➡ 1978**

Muere Mao Tse-tung
9 SETIEMBRE

Fallece en Pekín (Beijing) Mao Tse-tung o Mao Zedong (1893-1976), el llamado Gran Timonel de la revolución china. Con la desaparición de Mao, precedida el 8 de enero pasado por la de Chu En-lai (Zhou Enlai), se cierra un capítulo esencial en la historia moderna de China. En 1949 Mao proclamó la República popular, emprendió la reforma agraria y organizó el socialismo de Estado. Su deseo de profundizar la revolución, en 1958, lo llevó a impulsar el *gran salto*

adelante, que supuso una nueva conmoción social. Ocho años más tarde, la llamada revolución cultural como proyecto de democracia directa tuvo efectos trágicos para el pueblo, de los cuales aún no se ha recuperado.   **➡ 1981**

Los componentes de la junta de comandantes que tomó el poder en Argentina: Jorge Videla en el centro, Massera y Agosti.

El primer Cray

Finaliza la construcción del primer supercomputador de la historia, el Cray-1. Creado bajo la dirección de Seymour Cray (n. 1925), está equipado con un total de 200 000 circuitos integrados y es capaz de realizar 150 millones de operaciones por segundo. La gran cantidad de energía térmica que generan los circuitos hace que sea necesario disponerlos de una forma característica para mejorar la refrigeración, que se realiza mediante freón. Con posterioridad, Cray desarollará modelos mucho más potentes: el Cray X-MP (1988), el Cray C-90 (1991) y el Cray-4 (1994). La potencia de los ordenadores vectoriales, de los que el Cray-1 es el primero, aumentará a lo largo del siglo hasta alcanzar un factor superior a 20 000 hacia 1997.   **➡ 1980**

Violencia en Sudáfrica: manifestación estudiantil en Soweto contra las medidas de segregación racial. La protesta desembocaría en una brutal represión policial.

15 de Diciembre
Referéndum Nacional

En el Colegio Electoral
de 9 de la mañana a 8 de la noche

La izquierda española propugnaba la ruptura con el régimen anterior, pero el pueblo suscribió la vía de la reforma. En este cartel de propaganda institucional del referéndum del 15 de diciembre, puede leerse en unas pegatinas firmadas por el PSOE la recomendación: «abstenerse es votar por la libertad.»

Cartel de Novecento, *de Bernardo Bertolucci. La excelente composición gráfica sugiere la existencia de un protagonista colectivo de la película.*

España vota por la democracia
15 DICIEMBRE

El pueblo español aprueba por abrumadora mayoría la Ley para la Reforma Política, que orienta el país hacia la democracia. En un año marcado por los sangrientos sucesos de Vitoria, en los que mueren tres trabajadores el 3 de marzo, y de Montejurra, donde una concentración carlista acaba el 9 de mayo con dos muertos y más de cien heridos, el 3 de julio Adolfo Suárez (n. 1932) es designado presidente de gobierno, lo cual aparentemente no supone un cambio en la orientación del régimen. Sin embargo, el decreto de una amplia amnistía, de la que sólo quedan excluidos los delitos de sangre, monetarios y fiscales, hace vislumbrar un nuevo rumbo, que se confirma hoy con la aceptación popular en referéndum de la Ley de Reforma Política, que permitirá organizar un régimen de base democrática. **➡ 1977**

Brian De Palma dirige Carrie

Basándose en el *bestseller* del mismo nombre de Stephen King, Brian De Palma construye, en *Carrie*, un excelente film de terror psicológico. Sissy Spacek interpreta a una tímida adolescente que sufre continuas burlas por parte de sus compañeras de instituto. Su madre (Piper Laurie) es una mujer neurótica y depresiva que vive sumergida en sus paranoias religiosas. Cuando Spacek descubre que posee poderes paranormales que le permiten mover objetos, decide vengarse de aquellos que la han hecho sufrir: en el baile de fin de curso, sus odiosos compañeros mueren en un incendio que ella ha provocado y, al llegar a casa, decide acabar con la presencia opresiva de su madre. Director apasionante y arriesgado, De Palma volverá a mostrar su fuerza visual en filmes tan personales como *Fascinación*, *Impacto* o *La furia* y obtendrá grandes éxitos de taquilla con *Los intocables de Elliot Ness* y *Misión: imposible*.

Bellow recibe el Nobel de Literatura
10 DICIEMBRE

Saul Bellow (1915) es galardonado con el Premio Nobel de Literatura. El escritor estadounidense, representante del llamado "renacimiento judío", ha desarrollado una obra en la que refleja su preocupación por la frágil condición del espíritu del hombre en la sociedad del siglo XX, cuyos valores primordiales son el éxito material y el dinero. El autor de *Las aventuras de Augie March* (1953), *Herzog* (1964), ambas ganadoras el premio Nacional de Literatura, y *El legado de Humboldt* (1975), entre otras, consigue en sus obras una perfecta armonía entre el concepto y la forma.

Bertolucci concluye el amplio fresco Novecento

Novecento es una larga y costosa superproducción, financiada por Hollywood pero dirigida por un europeo, Bernardo Bertolucci. Tras el éxito obtenido con *El último tango en París*, el realizador italiano presenta una personal visión de la lucha de clases a través de la relación de dos jóvenes de distinta condición social. Alfredo Berlinghieri (Robert De Niro), hijo de un terrateniente del norte de Italia, mantiene una estrecha amistad con Olmo Dalco (Gerard Dépardieu), perteneciente a la familia que trabaja las tierras de los Berlinghieri. Pero los sucesivos cambios sociales los marcarán traumáticamente: el declive de la aristocracia, la llegada de Mussolini y la irrupción del marxismo convulsionan sus vidas. Con un reparto estelar (Burt Lancaster, Sterling Hayden, Donald Sutherland, Stefania Sandrelli, etc.), una exquisita fotografía de Vittorio Storaro y una espléndida banda sonora de Ennio Morricone, Bertolucci obtiene unos resultados desiguales: confusión narrativa y brillantez formal. A pesar de todo, un título clave dentro del cine de los años setenta.

El poeta Jorge Guillén gana el Cervantes

El poeta español Jorge Guillén (1893-1984) es reconocido con el premio Cervantes. El recién instituido galardón, considerado el Nobel de las letras hispanas, viene a reconocer a uno de los más significativos representantes de la llamada generación del 27. Exiliado desde 1938 en Estados Unidos, donde ejerció como profesor hasta su regreso a España en 1977, Guillén ha desarrollado una obra rigurosa que se enmarca en la llamada "poesía pura". Entre sus principales poemarios figuran *Cántico*, *Maremágnum*, *Homenaje*, etc.

Mapas y colores

Los matemáticos Kenneth Appel y Wolfgang Haken consiguen demostrar el llamado teorema de los cuatro colores, o sea el hecho de que al colorear un mapa geográfico, es decir la división del plano en regiones, es posible utilizar tan sólo cuatro colores sin que dos regiones contiguas lleguen a tener nunca el mismo color. La demostración de este teorema, buscada en vano desde mediados del siglo pasado por Moebius (1840), DeMorgan (1850) y Cayley (1878), y que dio como único resultado la demostración de Heawood (1890) de que bastan cinco colores para colorear un mapa, llega ahora de la mano de Appel y Haken de un modo especial, ya que para lograrla han llevado a cabo, con la ayuda de ordenadores, una cantidad masiva de verificaciones con diferentes "configuraciones" (conjuntos conectados de regiones del mapa). A pesar de las reticencias iniciales, finalmente se acepta la demostración, considerada una de las principales aportaciones a la matemática del siglo XX.

Agravamiento de la crisis energética y rebrote del terrorismo

Estados Unidos cumple doscientos años desde su nacimiento como nación y lo celebra espectacularmente en la cumbre de su dominio sobre el mundo. Los efectos de la crisis energética todavía se hacen notar con dureza, pero afectan más al bloque del Este, relegado ya claramente a un papel secundario tanto en el terreno económico como en el político. La muerte de Mao, calificada como el fin de una época, no significa apenas ningún cambio en el enigmático país asiático. Mientras, el mundo se enfrenta a una escalada de violencia, y el terrorismo se consolida como rasgo distintivo de la última parte del siglo. La crisis económica golpea duramente a los países del Tercer mundo y España afronta el primer año sin Franco, todavía en una fase de tanteos y especulaciones sobre su evolución futura.

LOS NUEVOS VALORES CONSOLIDAN NUEVOS COMPORTAMIENTOS

Aunque suele destacarse –con razón– la década de los años sesenta como una época llena de dinamismo y de grandes cambios en el horizonte de la escala social de valores, es ahora, diez años después, cuando se empiezan a percibir claramente los efectos determinantes de aquellas actitudes en diferentes formas de comportamiento social. Se observa de una parte la resistencia a morir de los viejos valores –en una especie de vitalidad precursora de su degradación total–, y de otra el éxito y el seguimiento alcanzados por las nuevas propuestas.

La resistencia de los grupos tradicionales se manifiesta, por ejemplo, en la negativa del arzobispo Lefebvre a adoptar el nuevo ritual derivado del Vaticano II; una actitud que convertirá a este personaje en una especie de "papa" preconciliar. Mientras tanto un caso de eutanasia, el de Karen Ann Quinlan, produce una gran conmoción social y enciende vivos debates, todavía no resueltos, sobre la pertinencia o no de esta práctica en la sociedad moderna.

La muerte de Mao fue interpretada como el fin de una época en un país tan inmovilista como China, pero en realidad no significó una alteración importante de la vida del país, a no ser que se considere

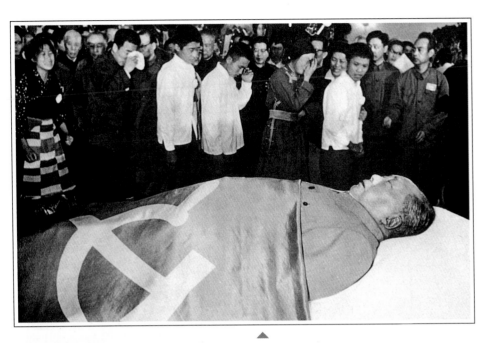

La muerte de Mao Tse-tung parecía destinada a provocar grandes cambios en el sistema político del país más poblado del mundo. De hecho, aunque el maoísmo como doctrina política pronto quedó arrinconado, pocas cosas más cambiaron.

James Earl Carter devolvió a los demócratas a la presidencia, después de la etapa Nixon-Ford. La recesión económica y el rebrote mundial del terrorismo ensombrecieron su mandato presidencial.

como tal las desavenencias y las luchas por el poder en el seno del aparato comunista chino, resueltas como siempre con el apartamiento e incluso la ejecución del disidente. En otras zonas del mundo soplaban claramente nuevos vientos en la familia comunista. Fueron significativas a este respecto tanto las resoluciones del XXV congreso del PCUS, como las ideas renovadoras que alimentaron la corriente eurocomunista, encabezada por los partidos comunistas de los países de Europa occi-dental, y en particular por el PC italiano de Enrico Berlinguer y el español de Santiago Carrillo.

LA POLÍTICA INTERNACIONAL FRENTE A LA ESCALADA DE VIOLENCIA

En 1976 existían poderosas razones para el desasosiego, pues la convivencia se veía alterada por múltiples sobresaltos que evidenciaban la existencia de proble-

Mario Soares, vencedor de las elecciones portuguesas. Con su llegada a la presidencia del gobierno, la "revolución de los claveles" entró en una fase de estabilización y consolidación institucional.

primera, el rescate de los rehenes en el aeropuerto de Entebbe (Uganda) por fuerzas de elite israelíes, y la segunda el "suicidio" de la dirigente terrorista alemana Ulrike Meinhof, fundadora de la "Baader Meinhof". Otros acontecimientos, incluso más violentos, no resaltaron tanto por tratarse de formas "convencionales" de resolver los conflictos, como sucedió con los disturbios raciales en el barrio sudafricano de Soweto o con la espeluznante cifra de 60 000 muertos en un año que se produjeron en el Líbano, en la guerra entre palestinos y milicianos derechistas. La nube tóxica de dioxina que causó estragos en la localidad italiana de Seveso expresó una amenaza también nueva ante la cual el mundo tomaría progresivamente conciencia.

La atención pública se vio también solicitada por acontecimientos más agradables: por ejemplo, el desarrollo de los Juegos Olímpicos, esta vez en Montreal, que vieron nacer una nueva estrella resplande-

mas no resueltos o simplemente irresolubles, manifestados en forma de acciones terroristas que el mundo no estaba aún acostumbrado a sufrir y que hacían incluso tambalearse, en algunos casos, los sistemas políticos establecidos.

Aunque igual de decidida fue la respuesta de los aparatos del Estado ante la amenaza a la convivencia que significaba el terrorismo. En este año dos acontecimientos dieron la pauta de la acción de los poderes frente a los grupos radicales: la

Instantáneas

- Una exposición itinerante de **pintura realista española** reúne obras de artistas tan diferentes entre sí como CRISTÓBAL TORAL, BADOSA, TERESA GANCEDO o ANA LENTSCH.
- CHRISTO, artista especializado en *envolver* objetos y edificios, concibe **Running Fence**, una singular muralla consistente en 2 050 piezas de nailon blanco, sostenidas mediante pértigas de acero, que recorre cuarenta kilómetros de California
- El pintor informalista español A. TÀPIES publica *Memoria personal*.

- H. GÓRECKI escribe su **Sinfonía n.º 3**, para soprano y orquesta. La obra, de un intenso lirismo, se convertirá veinte años más tarde en un sorprendente e inesperado éxito de ventas en todo el mundo.
- Estreno en Filadelfia de la ópera de G.-C. MENOTTI *El Héroe*.
- PH. GLASS, en colaboración con el director teatral R. WILSON, compone la ópera *Einstein on te beach*, dentro de la corriente minimalista en música, caracterizada por la repetición obsesiva de breves temas y motivos.
- J. WILLIAMS realiza uno de sus mejores y más populares trabajos con la banda sonora de *La guerra de las galaxias*.
- **Por qué te vas**, de J.L. PERALES, interpretado por JEANNETTE.
- *Bohemian rhapsody*, de F. MERCURY.
- *Don't go breaking my heart*, de E. JOHN y B. TAUPIN.
- J. GOLDSMITH compone una espeluznante y efectiva banda sonora para *La profecía*, uno de los clásicos del cine de terror.

- *Taxi driver*, última banda sonora de B. HERRMANN. El film es de M. SCORSESE.

- CH. BUKOWSKI, heredero de H. MILLER y los *beatniks*, produce unos textos agresivos y llenos de cinismo, como en *Factotum*.
- La escritora alemana oriental CHRISTA WOLF aborda el tema del nazismo como infancia de toda una generación, en su novela *Modelo de infancia*.
- *Mi país y el mundo*, libro del premio Nobel de la Paz y disidente soviético A. SAJAROV.

- *La marquesa de O*, adaptación del relato de H. VON KLEIST, realizada por E. ROHMER con su habitual estilo interiorizado y esteticista.
- *Curro Jiménez*, serie española de televisión sobre un bandido generoso encarnado por SANCHO GRACIA.
- *Starsky y Hutch*, popular serie televisiva estadounidense protagonizada por dos detectives.
- La cadena de televisión británica BBC estrena la serie *Yo, Claudio*, basada en el ciclo romano de novelas históricas de R. GRAVES y protagonizada por DEREK JACOBI.

- Presentado el **sistema de proyección Omnimax** en el que las imágenes se proyectan sobre la superficie interior de una pantalla semiesférica en la que están situados los espectadores.
- Dos **sondas planetarias automáticas** estadounidenses (*Viking I* y *Viking II*) se posan en Marte y envían a la Tierra datos científicos e imágenes que permiten descartar la existencia de vida en el planeta rojo.
- J.R. VANE descubre una sustancia, la **prostaciclina**, que evita la agregación plaquetaria.

- El jefe de la diplomacia española J.M. DE AREILZA y el secretario de Estado norteamericano H. KISSINGER firman en España un nuevo **tratado de cooperación y amistad**. *(24 Enero)*
- El pueblo cubano aprueba, en las primeras votaciones celebradas desde el triunfo de la revolución castrista, una **nueva Constitución**. *(15 Febrero)*
- Portugal: el Partido Socialista encabezado por **M. SOARES** gana las elecciones parlamentarias. El general A. RAMALHO EANES asumirá la presidencia del país el próximo 28 de junio. *(25 Abril)*
- España: partidarios de CARLOS HUGO y de SIXTO DE BORBÓN se enfrentan entre sí en la tradicional **concentración carlista de Montejurra**. El saldo es de dos muertos y cinco heridos. *(9 Mayo)*
- Es asesinado en Argentina, por elementos de ultraderecha, el ex presidente boliviano **JUAN JOSÉ TORRES**. *(3 Junio)*
- Los socialistas suecos, tras cuarenta y cuatro años en el poder, **pierden las elecciones** en favor de una coalición centrista liberal. *(19 Setiembre)*
- J. CARTER, del Partido Demócrata, es elegido **nuevo presidente de Estados Unidos**. *(2 Noviembre)*

(Continúa)

Antoni Tàpies, uno de los grandes nombres de la pintura española, dejó constancia de un rico período de la historia cultural de su país en su libro Memoria personal.

ciente en una modalidad deportiva minoritaria como la gimnasia: la rumana Nadia Comaneci, una niña de 15 años.

La elección de James Carter como presidente de Estados Unidos pareció augurar un nuevo rostro, más moderno y amable, del liderazgo americano. En Argentina, Isabelita Perón cayó víctima de sus propios errores, y fue sustituida por una junta militar que inauguró una etapa particularmente negra y sangrienta de la historia del país. Si América latina atravesabsa por un momento delicado que pobló de dictaduras militares los países del Cono Sur, en la península Ibérica se abrían tiempos de esperanza que comenzaron con la victoria electoral de los socialistas en Portugal. En España, se dieron nuevos pasos hacia una organización política plenamente democrática, aunque el camino no estuvo exento de dificultades y de reacciones bárbaras por parte de los adversarios de la democracia.

El nuevo tratado de cooperación entre España y Estados Unidos quiso servir de colchón de seguridad para emprender la transformación del aparato del Estado franquista, que dirigió el nuevo presidente Adolfo Suárez, y que se formalizó con la constitución de los primeros partidos políticos y la aprobación a finales de año de la Ley de Reforma Política. Antes, los sucesos de Vitoria y de Montejurra habían puesto en peligro la delicada operación reformista, igual que lo haría en diciembre el secuestro de José María de Oriol y Urquijo. La voluntad de cambio se vio igualmente empañada por las duras sentencias del Consejo de guerra contra los militares de la Unión Militar Democrática (UMD).

España también tuvo su "Lefebvre" particular en la pintoresca figura de Clemente Domínguez, autoproclamado papa en la iglesia del Palmar de Troya, pero excomulgado por el Vaticano igual que el no menos pintoresco obispo survietnamita que lo había consagrado. ■

Instantáneas *(continuación)* 1976

- En Canadá gana las elecciones provinciales de Quebec el **Partido Independentista Quebequés**, liderado por R. LEVESQUE. *(16 Noviembre)*
- J. LÓPEZ PORTILLO asume la **presidencia de México**. *(1 Diciembre)*

- Una nueva y misteriosa enfermedad, la **legionella**, mata a veintinueve personas en Estados Unidos.
- Los partidos comunistas occidentales suprimen de sus estatutos la referencia a la **dictadura del proletariado** y manifiestan su independencia respecto a Moscú. *(24 Febrero)*
- El Tribunal Supremo de Nueva Jersey emite una **sentencia favorable a la eutanasia**, que permitirá a los médicos desconectar los aparatos que mantienen artificialmente con vida, desde hace casi un año, a la joven K.A. QUINLAN. *(1 Marzo)*
- En España, los miembros de la UMD (Unión Militar Democrática) son sometidos a un **consejo de guerra**, por abogar por la democratización del estamento castrense. *(9 Marzo)*
- El gobierno colombiano **legaliza el consumo de marihuana**, aunque no su producción ni distribución. *(13 Abril)*
- **Primer viaje de un rey español a América**: JUAN CARLOS I visita la República Dominicana. *(31 Mayo)*
- China ha sido sacudida por el **mayor terremoto** de su historia, que ha ocasionado cerca de 750 000 muertos. *(28 Julio)*
- Se constituye en España **Alianza Popular**, una agrupación política de centro derecha que lidera M. FRAGA. *(21 Octubre)*

- El estadounidense M. FRIEDMAN, fundador de la escuela de Chicago, es galardonado con el **Premio Nobel de Economía**. *(10 Diciembre)*

- El Bayern de Munich gana **por tercer año consecutivo la Copa de Europa de fútbol**. Su capitán, F. BECKENBAUER, obtiene el Balón de Oro.
- El baloncestista **J. ERVING**, de los *Knicks* de Nueva York, elegido el mejor jugador del año de la NBA, pasa a los *76ers* de Filadelfia, donde cobrará 6 millones de dólares.
- El español M. ORANTES se adjudica el **Masters de Tenis** tras vencer al polaco FIBAK en cinco sets.
- Se extiende la moda de la *mountain-bike*, o bicicleta para ir a campo través.
- J. CONNORS **gana el Open de Estados Unidos** de tenis por tercera vez consecutiva. CHRIS EVERT gana consecutivamente Wimbledon y el Open de EE.UU.

- «La dama de hierro de la política británica intenta revivir la guerra fría.» Frase aparecida en una revista rusa en referencia a M. THATCHER, que poco después haría suyo el apelativo.
- «El poder es el afrodisíaco definitivo.» H. KISSINGER.

- **AGATHA CHRISTIE**, escritora británica, creadora de los detectives Hércules Poirot y Miss Marple. *(12 Enero)*
- **LUCHINO VISCONTI**, director cinematográfico y escénico italiano. Sus filmes destacan por su alta calidad estética y formal: *El Gatopardo, La caída de los dioses, Muerte en Venecia.* *(17 Marzo)*
- **MAX ERNST**, pintor alemán, uno de los fundadores de los movimientos dadá y surrealista. *(1 Abril)*
- **HOWARD HUGHES**, empresario y multimillonario estadounidense. *(5 Abril)*
- **ULRIKE MEINHOF**, líder del grupo terrorista de la Fracción del Ejército Rojo, se suicida en la prisión de Stuttgart. *(9 Mayo)*
- **MARTIN HEIDEGGER**, filósofo alemán, uno de los padres del existencialismo. *El ser y el tiempo* es su obra más influyente. *(26 Mayo)*
- **PAUL GETTY**, multimillonario estadounidense. *(6 Junio)*
- **LEÓN DE GREIFF**, poeta colombiano. *(11 Julio)*
- **FRITZ LANG**, realizador austríaco naturalizado estadounidense. *Metrópolis, M., el vampiro de Düsseldorf, Los sobornados* y *La mujer del cuadro* son algunos de sus mejores filmes. *(2 Agosto)*
- **ALEXANDER CALDER**, escultor estadounidense, famoso especialmente por sus *móviles*. *(11 Noviembre)*
- **MAN RAY**, fotógrafo estadounidense, activo protagonista de movimientos de vanguardia como el dadaísmo y el surrealismo, a los que aportó su original y provocativo sentido del humor. *(18 Noviembre)*
- **ANDRÉ MALRAUX**, escritor y político francés, autor de *La condición humana*. *(23 Noviembre)*
- **BENJAMIN BRITTEN**, compositor británico. Autor de la *Guía de orquesta para jóvenes* y de óperas como *Peter Grimes* o *Vuelta de tuerca*. *(4 Diciembre)*

1977

Aspecto exterior del Centro Georges Pompidou, construido por Piano y Rogers en el céntrico barrio del Beaubourg, en París.

Se inaugura en París el Centro Pompidou
2 FEBRERO

El presidente de Francia, Valéry Giscard d'Estaing, inaugura el más moderno centro artístico del país. El edificio que lo alberga, concebido por los arquitectos Renzo Piano y Richard Rogers, es una muestra significativas del funcionalismo mecanicista, y el centro responde al propósito del ex presidente francés del que toma su nombre de devolver a París la importancia como foco de creación artística. En este sentido, el Centro Georges Pompidou alberga una biblioteca pública, el Museo Nacional de Arte Moderno y el Instituto de Investigación y de Creación Musical.

Trágico accidente aéreo en Tenerife
27 MARZO

Entierro en Madrid de los ▶ *abogados laboralistas asesinados por un comando de ultraderecha. La repulsa popular, expresada en una multitudinaria y disciplinada manifestación silenciosa, allanó el camino de la transición española a la democracia.*

En el aeropuerto canario de Los Rodeos mueren 575 personas en el mayor accidente de la historia de la aviación civil. El choque entre un Boeing 747 de la compañía neerlandesa KLM y un Jumbo de la compañía estadounidense Panam cuando éste tomaba tierra, causa la tragedia. Al parecer, la niebla que cubría la pista del pequeño aeropuerto de la isla de Tenerife y la falta de dispositivos de seguridad han sido los principales culpables de la catástrofe.

Primeras elecciones democráticas en España
15 JUNIO

Se celebran en España las primeras elecciones libres después de cuarenta años de dictadura franquista, ganadas por la UCD presidida por Adolfo Suárez. España continúa decidida su proceso de transición hacia la democracia, no obstante las convulsiones que aún conmueven a la sociedad. En este sentido, el año se inició con el asesinato en un despacho de abogados laboralistas de la calle Atocha de Madrid, perpetrado por un comando ultraderechista, de cinco personas, con graves heridas a otras cuatro; y el mismo día 24 de enero, con el secuestro del general Villaescusa por los GRAPO. El gobierno de Suárez legalizó el 9 de abril al Partido Comunista y mantuvo la convocatoria de elecciones. Tras éstas, y después de la celebración el 11 de setiembre de la Diada Nacional de Cataluña, durante la cual más de un millón de catalanes reclaman el autogobierno,

el presidente Suárez da un paso decisivo hacia la definitiva democratización del país con la firma, el 27 de octubre, de los Pactos de la Moncloa, de contenido económico, que cuentan con el consenso de todas las fuerzas políticas parlamentarias. ➡ **1978**

Apagón en Nueva York
14 JULIO

Una tormenta eléctrica deja a oscuras la ciudad estadounidense de los rascacielos. Una grave avería producida por las fuertes tormentas, y que ha afectado a dos centrales eléctricas, produce un impresionante apagón que deja a oscuras a los más de diez millones de habitantes de Nueva York. Como ya sucedió durante el apagón que esta ciudad sufriera en 1965, se producen robos y saqueos, y numerosos accidentes de tráfico.

Golpe de Estado militar en Pakistán
5 JULIO

El presidente Zulfiqar Ali Bhutto (1928-1979) es depuesto por un golpe militar. Tras un gobierno civil de siete años, el

◄ *Retrato del poeta español Vicente Aleixandre.*

presidente Bhutto, jefe del Partido del Pueblo, ganador de las elecciones de 1970, es derrocado por el general Muhammad Zia ul-Haq. El golpe del general Zia, que ordena la detención de Ali Bhutto y de todo su gabinete, ha venido precedido de disturbios promovidos por la oposición, que tacha de fraudulento el resultado de las elecciones de marzo pasado. Bhutto será acusado de conspiración y condenado a muerte en 1978 y ahorcado el 4 de abril de 1979. ➡ **1988**

Fallece el rey del rock
19 AGOSTO

El cantante norteamericano Elvis Presley, el "rey del rock", muere de un ataque al corazón en su casa de Graceland, en la ciudad de Memphis (Tennessee). En los últimos tiempos, sus extenuantes giras, el fracaso de su matrimonio con Priscilla Presley y el abuso de drogas habían minado su salud. La noticia desata una inmediata reacción popular, con recuerdos y homenajes que demuestran el carisma que todavía conserva su figura. En 1956 el cantante desaparecido conquistó el país entero con temas como *Blue suede shoes, Heartbreak hotel,* o *Hound dog,* y con sus apariciones televisivas, escandalizando con sus movimientos, por los que se le apodó "Elvis the Pelvis", y mostrando un estilo trepidante y una imagen espectacular: patillas, tupé y ropas coloristas.

Avances de la astronáutica
23 NOVIEMBRE

Entra en órbita geoestacionaria a 36 000 km de la superficie terrestre y sobre el continente africano, a la altura del ecuador, el satélite meteorológico *Meteosat-1*, de 345 kg de peso, y que además de tomar fotografías de la su-

perficie terrestre cada media hora recoge la información meteorológica de otros ingenios situados en órbitas más bajas. Por otro lado se coloca en órbita (11 agosto) el mayor satélite científico construido hasta la actualidad, el *HEAO-1*, destinado al estudio del espacio en la banda de rayos X. Se trata de un ingenio de 2,4 m de diámetro y 2 700 kg de peso. El *HEAO-2* le seguirá un año más tarde. ➡ **1978**

Aleixandre obtiene el Nobel de Literatura
10 DICIEMBRE

El poeta español Vicente Aleixandre (1898-1984) gana el Premio Nobel de Literatura. A sus 79 años, el poeta sevillano, miembro destacado de la generación del 27, recibe el reconocimiento internacional por una obra en la que confluyen armónicamente el sentimiento amoroso y la preocupación cívica. Considerado uno de los grandes cultivadores del verso libre en la poesía española, Aleixandre ya había recibido el premio Nacional de Literatura e ingresado en 1949 en la Real Academia Española. Entre sus principales poemarios figuran *Espadas como labios, Sombra del paraíso, Historia del corazón, Diálogos del conocimiento,* etc.

El Nobel de la Paz para Amnistía Internacional

La organización Amnistía Internacional recibe el premio Nobel de la Paz por su labor en defensa de los presos y perseguidos por motivos raciales, políticos o religiosos en todo el mundo. Creada en 1961, con sede en Londres, Amnistía Internacional también denuncia las violaciones de los derechos humanos, interviniendo cerca de los Gobiernos y organizando campañas públicas. Especial mención merecen sus actuaciones contra la tortura y la pena de muerte.

El torneo de Wimbledon cumple cien años

El sueco Björn Borg, por segundo año consecutivo, y la británica Virginia Wade ganan el trofeo Wimbledon del centenario. En 1877, en la localidad in-

Un voluntario dirige el tráfico durante el apagón del 14 de julio en Nueva York.

Los duques de Kent presiden el centenario de Wimbledon, rodeados por algunos de los vencedores del torneo.
En la segunda fila puede verse a las tenistas Evert, Goolagong, Jones y King; en la tercera, entre otros, a Ashe, Santana, Hoad, Laver y Newcombe.

El cubo Rubik, un juego basado en las matemáticas.

C3PO y R2D2, los entrañables robots de La guerra de las galaxias.

glesa de Wimbledon, el *All England Croquet and Tennis Club* creó un campeonato, sólo masculino hasta 1884, que ha llegado a ser el torneo de tenis sobre hierba más importante del mundo y uno de los cuatro que integran el *Gran Slam*. ➡ **1980**

Secuenciado el ADN

Un equipo de científicos dirigido por el bioquímico británico Frederick Sanger (n. 1918) logra la secuenciación completa del ADN (del fago #X174), cuya molécula contiene un total de 5 375 nucleótidos. Gracias a estos trabajos Sanger se convierte, en 1980, en el cuarto científico premiado en dos ocasiones con el Nobel y en el segundo que ha logrado el premio en ambas ocasiones en la misma disciplina: en 1958 en solitario por el descubrimiento de la estructura de la insulina, y en 1980 compartido con P. Berg y W. Gilbert. ➡ **1986**

Cartel publicitario de La guerra de las galaxias, de George Lucas, punto de partida de una saga llena de atractivo para el público juvenil.

El cubo Rubik causa sensación en el mundo

El húngaro Erno Rubik diseña el cubo que lleva su nombre y se convierte en uno de los pocos millonarios del bloque comunista. Rubik, profesor de diseño arquitectónico en Budapest, crea y patenta su singular cubo, que presenta en cada una de sus seis caras nueve cuadrados móviles de seis colores. El juego consiste en reunir todas las piezas de un mismo color, de modo que cada cara presente un solo color. En 1979, la compañía estadounidense de juguetes Ideal, más tarde llamada Hasbro, adquirirá los derechos de explotación del cubo y llegará a vender más de 100 millones de unidades en todo el mundo.

La estética punk: crestas multicolores sobre cráneos parcialmente rapados, vestidos de colores chillones, cuero y metal, actitudes agresivas, exhibicionismo y parodia.

Punks

La música, desde hace algún tiempo y por un efecto secundario de la cultura del consumo, no es ya sólo música: casi tan importante es el "estilo", todo el aparato estético que arrastra consigo. El movimiento punk debe tanto o más a su estética que a su música. Se ha interpretado a menudo el punk como un gesto violento de rechazo a la sociedad, surgido de los suburbios de Londres y de tendencias anarquizantes. Algo de eso hay, sin duda, pero lo que más llama la atención es su forma consciente de subvertir los valores y las expectativas del público. Cuando los Sex Pistols cantan –dirigiéndose a su propio público– *You Don't Hate Us As Much As We Hate You* (Vosotros no nos odiáis tanto como nosotros os odiamos a vosotros), no se trata sólo de violencia, hay también mucha ironía, y la voluntad calculada de romper con los clichés sociales al uso. La moda punk se adueña también de las calles de Londres, donde la diseñadora Viviane Westwood es la primera en venderla: ropa unisex, peinados artificiales y mucha bisutería, color negro, y el propósito decidido de romper con la moda establecida.

La guerra de las galaxias

La guerra de las galaxias es una de las películas más taquilleras de la historia del séptimo arte. Con ella, George Lucas revitaliza el género de ciencia ficción recuperando su vertiente más aven-turera y apoyándose en unos espectaculares efectos especiales. Más que un filme, *La guerra de las galaxias* es una experiencia fascinante, trepidante y divertida con la que los adolescentes de medio mundo disfrutan boquiabiertos desde sus butacas. Lucas combina sabiamente elementos del western, del célebre libro *El señor de los anillos* e incluso de la pareja del Gordo y el Flaco (en los entrañables personajes de C3PO y R2D2), para narrarnos las andanzas espaciales de Luke Skywalker (Mark Hammill), la princesa Leila (Carrie Fischer), Chewbacca y Han Solo (el primer papel importante para Harrison Ford) en su lucha contra Darth Vader y el Imperio del Mal. Alec Guinness y Peter Cushing completan magistralmente el reparto de este título clave en el cine de los últimos veinte años, que tuvo su continuación en *El imperio contraataca* y *El retorno del Jedi*. ➡ **1981**

Movimientos populares por las libertades

Un anciano huraño muere a finales de 1977 en Suiza; muchos años antes había hecho reír al mundo entero con sus películas, en las que creó un personaje capital en la historia del cine, el mítico Charlot. Continúan los desmanes de Idi Amin en Uganda, y los intelectuales checos publican la famosa "Carta 77", que les cuesta la cárcel unos años antes de iniciarse efectivamente el deshielo. España entra en un año clave para la consolidación de la reforma política aprobada a finales del año anterior, aunque éste no puede comenzar peor, en un clima de violencia y terror desenfrenados.

ESPAÑA ANTE LOS SIETE DÍAS DE ENERO

El año que consolidó definitivamente la reforma política y que permitió la celebración de las primeras elecciones democráticas en junio, no pudo empezar peor. Al secuestro por parte de ETA del presidente del Consejo de Estado, Oriol y Urquijo, producido a finales del año anterior, se sumó en enero el del general Villaescusa, el mismo día en que se producía el suceso más grave de toda la transición política: la matanza de Atocha, en la que cinco abogados laboralistas encontraron la muerte a manos de un grupo ultraderechista. Fueron los "siete días de enero" que Bardem relató en una película y que, una vez superados los primeros momentos de tensión y liberados Oriol y Villaescusa, dejaron definitivamente vía libre al cambio político.

Desde entonces se sucedieron y se aceleraron una serie de acontecimientos políticos que confirmaron el proceso irreversible de transformación del sistema franquista y que culminaron en las elecciones generales del 15 de junio: la cumbre eurocomunista en Madrid, la amnistía general para delitos políticos y, por fin, la legalización del PCE en el "sábado santo rojo" con la vuelta de la Pasionaria a España. Enseguida se empezaron a adoptar medidas para atajar la galopante crisis económica, descuidada por la terrible urgencia de los asuntos políticos. La política de consenso emprendida por el nuevo gobierno de Adolfo Suárez tuvo su plasmación en el terreno de la economía en los acuer-

Manifestación masiva en el Paseo de Gracia de Barcelona (España), en la Diada nacional de Cataluña de 1977. Un millón de personas se movilizó en demanda de libertad, amnistía y un estatuto de autonomía para Cataluña.

Mural reclamando amnistía, la demanda más urgente de la sociedad española en 1977, para vaciar las cárceles de los presos políticos del franquismo.

dos de la Moncloa, que firmaron todas las fuerzas políticas con representación parlamentaria. La celebración el 11 de setiembre de una multitudinaria Diada nacional en Cataluña aportó un nuevo elemento, la reivindicación autonomista, a la incipiente construcción del nuevo Estado democrático.

EL MUNDO EN LA ENCRUCIJADA

La desorientación social y política se acrecentó en 1977 cuando aún no se vislumbraba el fin de la crisis económica y se padecían fuertemente sus efectos. La violencia y las alteraciones políticas desgarraban el planeta en un marco en el que la

◀ *Guerrilleros de las Fuerzas Populares de Liberación Farabundo Martí, en lucha abierta contra el ejército en El Salvador.*

La despenalización del aborto en Italia suscitó vivas protestas del sector católico del país, pero vino a expresar el avance imparable de nuevos valores y nuevas conductas sociales. Como imparable empezaba a resultar la protesta política en los países satélites de la URSS, especialmente en aquellos más estructurados en su conciencia crítica, como era el caso de Checoslovaquia, donde apareció la «Carta 77» en Praga, un movimiento rápidamente acallado por las autoridades comunistas, pero que anticipaba ya las bases de la futura "revolución de terciopelo" en el país. Uno de los más destacados firmantes del documento era el dramaturgo Václav Havel, encarcelado por su defensa de los derechos humanos y que pasaría en prisión, hasta 1989, un total de cinco años repartido entre varias condenas. Las *Cartas a Olga*, escritas desde la cárcel a su mujer y publicadas en 1984, convertirían a Havel en el símbolo vivo de la conciencia moral del amplio movimiento de resistencia política al régimen comunista checoslovaco.

guerra fría mantenía toda su vigencia, pero en el que también empezaba a ser perceptible el cansancio y el hastío ante las imposiciones de los intereses de los dos grandes al resto del mundo.

Un lugar especial en este panorama sombrío ocuparon los desafueros del dictador Idi Amin en Uganda o los delirios de grandeza de Bokassa en la República Centroafricana, al coronarse emperador en una ceremonia fastuosa que supuso la ruina del país. El comportamiento de ambos nuevos tiranuelos reflejaba la degradación de los sistemas políticos y económicos de algunas de las nuevas naciones independientes de África, pero también el interés de las potencias neocoloniales en mantener y potenciar su dominio sobre los territorios del Tercer mundo, sirviéndose para ello de gobiernos títeres o de dictadores sanguinarios, según fueran las circunstancias.

Instantáneas

- ***Una bandada desciende sobre el jardín pentagonal***, pieza orquestal del compositor japonés Toru Takemitsu de un gran refinamiento, profundamente influida por la música de C. Debussy.
- ***Sinfonía para tres orquestas***, obra representativa del estilo vanguardista de su compositor, el estadounidense Elliot Carter.
- ***Hotel California***, de G. Frey, B. Leadon, R. Meissner y D. Henley.
- ***How deep is your love***, de B. Gibb, R. Gibb y M. Gibb.
- ***God save the Queen***, de Jones, Matlock, Cook, Rotten, Tudor, Westwood y Biggs.
- ***Lamentación por las víctimas de la violencia***, una de las más duras partituras del compositor español C. Halffter.

- ***El resplandor***, uno de los mejores títulos de la literatura de terror de Stephen King. El estilo directo y la fascinación de algunas de sus ideas convierten sus numerosas novelas en éxitos seguros de ventas.
- ***Hamlet-máquina***, "teatro de la provocación" de H. Müller. En Alemania Oriental, el arte dramático buscó su personalidad en la herencia de B. Brecht.
- F. Pohl escribe su novela de ciencia-ficción ***Pórtico***.
- ***El pájaro espino***, bestseller de Colleen Mc Cullough.
- ***El Silmarillion***, novela de J. R. R. Tolkien, que retorna al mundo mítico de *El señor de los anillos*, se publica póstumamente.

- El poeta español **J. Guillén**, tras regresar del exilio, recibe el premio Cervantes.
- ***Tieta de Agreste***, novela del brasileño J. Amado.
- ***American Buffalo***, uno de los mayores éxitos del dramaturgo norteamericano D. Mamet.
- En ***Fragmentos de un discurso amoroso***, R. Barthes intenta trazar una tópica del amor.

- ***La escopeta nacional***, divertida sátira coral de L. García Berlanga sobre las relaciones políticas durante el franquismo.
- ***Casanova***, delirante y archibarroca reconstrucción de la vida del famoso seductor veneciano, filmada por F. Fellini.
- ***El amigo americano***, uno de los clásicos del nuevo cine alemán y la obra más conocida de W. Wenders. Su argumento está basado en la novela homónima de Patricia Highsmith.
- ***Padre padrone***, polémica historia del enfrentamiento entre un padre y un hijo, filmada por los hermanos Paolo y Vittorio Taviani.
- ***Una jornada particular***, una dolorosa historia de amor protagonizada por S. Loren y M. Mastroianni, y dirigida con mano maestra por E. Scola.
- ***Raíces***, serie de televisión estadounidense sobre la comunidad negra en Estados Unidos, desde la esclavitud hasta la libertad.
- W. Allen dirige y protagoniza ***Annie Hall***, una de sus mejores cintas. Diane Keaton encarna el rol titular. El diseño de vestuario es de R. Lauren.
- ***Encuentros en la tercera fase***, ciencia-ficción con tintes místicos, realizada por S. Spielberg. F. Truffaut interviene como actor.

- M. Scorsese homenajea al musical clásico en su película ***New York, New York***.
- ***Los ángeles de Charlie***, serie estadounidense de televisión sobre tres hermosas detectives que trabajan para una misteriosa agencia.

- Se descubre que **Urano** posee un sistema de anillos.
- A. Ultrich, J. Shine, J. Chirgwin, R. Pictet, E. Tischer, W.J. Rutter y H.M. Goodman logran **sintetizar insulina** mediante la utilización de técnicas de ingeniería genética.

- En Uganda, Idi Amin Dadá instaura un **régimen de terror**, deteniendo y asesinando a miles de ciudadanos. *(28 Febrero)*
- En la India, I. Gandhi dimite al ser derrotada en las elecciones. *(22 Marzo)*
- **Duros enfrentamientos en El Salvador** entre el grupo guerrillero Fuerzas Populares de Liberación Farabundo Martí y el gobierno del general A.A. Molina. *(20 Abril)*
- En Israel **la derecha nacionalista de M. Begin gana las elecciones**. Begin será el nuevo primer ministro del país. *(18 Mayo)*
- España: regresa del exilio el presidente de la Generalitat de Cataluña J. Tarradellas. Los barceloneses le brindan un recibimiento entusiasta. Sus palabras "Ja sóc aquí" ("Ya estoy aquí") son ya históricas. *(23 Octubre)*

(Continúa)

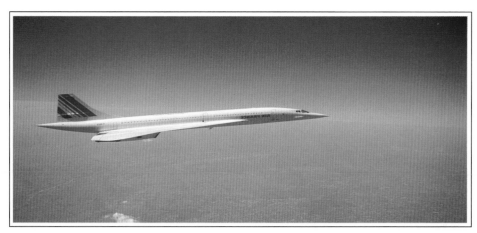

El avión supersónico francobritánico Concorde enlazó París y Nueva York en tres horas y media.

Jean Bédel Bokassa durante la extravagante ceremonia de su coronación imperial.

NUEVAS FORMAS DE MANIFESTACIÓN DE LA MODERNIDAD TECNOLÓGICA

Toda la década, y especialmente este año, se caracterizaron por el protagonismo de los conflictos sociales y políticos y la importancia de la crisis económica; de ahí que pueda parecer que se detuvo o se estancó el intenso proceso de cambio científico y tecnológico que caracteriza en general al siglo XX. No fue así, sino todo lo contrario: el efecto contundente de las aplicaciones científicas y el desarrollo tecnológico se

plasmaron en conquistas tan espectaculares como el diseño del nuevo avión *Concorde*, que consiguió enlazar París con Nueva York en 3 horas y media.

Los nuevos valores artísticos muestran una influencia directa de los logros de la sociedad tecnológica. Existe una conexión estrecha entre las dos sensibilidades humanas, la científica y la humanística, y cada vez son más frecuentes las manifestaciones artísticas modernas inspiradas directamente en temáticas relacionadas con el mundo de la tecnología. En este año, esa simbiosis especial entre arte y ciencia tuvo un referente

de excepción con la inauguración en París de un edificio emblemático: el Centro Pompidou, que sería desde entonces representación palpable de toda una época.

En otro orden de cosas, el mundo del rock lloró la muerte de Elvis Presley, el gran ídolo de la música moderna, y otro tanto sucedió a los amantes de la ópera ante la desaparición de la diva Maria Callas. ∎

Instantáneas *(continuación)*

- El megalómano **J.B. BOKASSA** se hace coronar emperador del recién creado Imperio Centroafricano, en una fastuosa ceremonia que consume un tercio del presupuesto del país. *(4 Diciembre)*
- En Argentina gran número de ciudadanos desaparecen, víctimas de la **represión del ejército**. *(12 Diciembre)*
- **Golpe de estado en Etiopía**: es asesinado el presidente TEFERI BENTI. El golpista MENGHISTU HAILÉ MARIAM se convierte en el nuevo hombre fuerte del país.
- El presidente mexicano J. LÓPEZ PORTILLO **reanuda las relaciones con España**.
- **Se firma un acuerdo** mediante el cual Estados Unidos se compromete a devolver el canal de Panamá en 1999.

- Un grupo de intelectuales checos reclama en Praga el respeto de los derechos civiles y humanos, en un documento conocido como *Carta 77*. El gobierno responde arrestando a algunos de los firmantes. *(7 Enero)*
- España: **liberados por la policía** el presidente del Consejo de Estado ANTONIO MARÍA DE ORIOL Y URQUIJO y el presidente del Consejo Supremo de Justicia Militar, teniente general VILLAESCUSA, que habían sido secuestrados por el GRAPO. *(11 Febrero)*
- Se aprueba en Italia, por amplia mayoría, una **ley que despenaliza el aborto** bajo determinadas circunstancias.
- Madrid se convierte en el punto de encuentro de los secretarios generales de los prin-

cipales **partidos comunistas europeos**. *(2 Marzo)*
- El proceso de democratización que vive España desde la muerte de FRANCO ha permitido el **regreso de los exiliados políticos**. Entre ellos la dirigente comunista D. IBÁRRURI *la Pasionaria*. *(27 Abril)*
- Último viaje del legendario tren **Orient Express**. *(20 Mayo)*
- **El periodismo español se renueva** con la aparición de nuevos rotativos, fruto de los nuevos aires de libertad: Diario-16, El País, Deia y Avui. *(8 Junio)*
- Se conmemora, en el Monasterio de San Millán de Yuso (La Rioja, España), el **milenario de la lengua castellana**. *(14 Noviembre)*

- El futbolista brasileño **PELÉ se retira del deporte activo**, después de marcar 1 281 goles en 1 254 partidos oficiales.
- El jugador estadounidense de baloncesto **K. ABDUL-JABBAR** ficha por los Lakers de Los Ángeles de la NBA.
- El tenista argentino **G. VILAS**, campeón en Forest Hills. Con este triunfo, asciende al número uno del ránking mundial.
- **CHRIS EVERT**, **campeona en Forest Hills** por tercer año consecutivo, se mantiene al frente de la clasificación mundial después de cuatro temporadas.

- «Son los restos de la época en que yo tenía doce años. Todos los libros y cómics que me

gustaban cuando era niño.» G. LUCAS, su creador, sobre *La guerra de las galaxias*. *(3 Junio)*
- «El arma más poderosa en manos de los opresores es la mente de los oprimidos.» Palabras del líder antirracista sudafricano STEVE BIKO, asesinado por la policía ese mismo año.

- **ANAÏS NIN**, escritora estadounidense, de origen francés. *(14 Enero)*
- **ROBERTO ROSSELLINI**, cineasta italiano, padre de la escuela neorrealista. *(3 Junio)*
- **WERNHER VON BRAUN**, ingeniero y físico alemán, precursor de la moderna astronáutica y creador en la Segunda Guerra Mundial de las temidas bombas volantes V2. *(16 Junio)*
- **VLADIMIR NABOKOV**, escritor estadounidense de origen ruso, autor de *Lolita* y *Ada o el ardor*. *(2 Julio)*
- **MARIA CALLAS** *(Maria Kalogeropoulos)*, soprano griega, una de las voces míticas del *bel canto*. *(16 Setiembre)*
- **GROUCHO MARX**, actor de cine estadounidense, protagonista, junto a sus hermanos CHICO y HARPO, de una serie de comedias alocadas y surrealistas. *(19 Setiembre)*
- **BING CROSBY**, cantante y actor estadounidense, cuyos discos alcanzaron ventas millonarias. *(14 Octubre)*
- **CHARLES CHAPLIN**, actor y director de cine británico nacionalizado estadounidense, creador del inolvidable personaje de CHARLOT. *(26 Diciembre)*
- **HOWARD HAWKS**, director de cine estadounidense. *(26 Diciembre)*

1978

El cadáver de Aldo Moro es encontrado en el maletero de un coche aparcado en una céntrica calle de Roma.

Muere en atentado un periodista nicaragüense
10 ENERO

Cuatro individuos disparan contra Pedro Joaquín Chamorro, propietario y director del diario *La Prensa*, que desde hace 30 años mantenía en su diario una línea crítica con el régimen somocista. A pesar de que el dictador Anastasio Somoza se apresura a lamentar la muerte de su "honesto opositor", amplios sectores de la sociedad nicaragüense lo señalan como inductor del asesinato. El funeral del periodista nicaragüense se convierte en una manifestación de repudio al régimen, al mismo tiempo que se producen violentos disturbios en Managua. ➡ **1979**

Lanzado el satélite IUE
26 ENERO

Lanzado al espacio el satélite astrofísico *International Utraviolet Explorer (IUE)* de la Agencia Europea del Espacio (ESA), que hasta su desconexión definitiva (30 de setiembre de 1996) enviará más de 90 000 registros referidos a cuerpos celestes diversos que permitirán descubrir, entre otras, la existencia de los vientos de alta velocidad en torno a las estrellas, el halo caliente que rodea la Vía Láctea y una aurora alrededor de los polos de Júpiter. ➡ **1983**

Uno de los goles que dieron a ▶ *Argentina el título mundial de fútbol en la final contra Holanda, disputada en Buenos Aires.*

Secuestro y asesinato de Aldo Moro en Italia
16 MARZO Y 9 MAYO

Aldo Moro (1916-1978), presidente de la Democracia Cristiana, es secuestrado y asesinado por las Brigadas Rojas. Moro, principal impulsor del "compromiso histórico" de su partido con los comunistas, es hallado muerto al cabo de casi dos meses de secuestro e infructuosa búsqueda policial. Por otra parte, los principales líderes de la DC se han opuesto a cualquier trato con los terroristas, quienes pretendían la liberación de trece brigadistas, entre ellos Renato Curcio, uno de sus ideólogos y fundadores de las Brigadas Rojas. El asesinato de Aldo Moro causa gran conmoción en todo el mundo. ➡ **1992**

Comienza a emitirse Dallas en Estados Unidos
2 ABRIL

La cadena de televisión CBS inicia la emisión de la serie *Dallas* y logra un extraordinario éxito. Ambientada en el mundo de las altas finanzas y alrededor de una familia de petroleros tejanos, los Ewing, el público se siente inmediatamente atrapado por las intrigas familiares y empresariales. El malo J.R., encarnado por el actor Larry Hagman, se convierte en el personaje más emblemático de la serie, que permanecerá en pantalla hasta 1991. La mayoría de las emisoras de televisión del mundo adquirirán los derechos de emisión. ➡ **1990**

Argentina gana el Mundial de fútbol
25 JUNIO

La selección argentina gana la Copa del Mundo, cuya fase final se ha jugado en Buenos Aires, al vencer en el último partido a la selección neerlandesa por 3 a 1. El partido, cuyo tiempo reglamentario acaba con empate a uno, con goles del argentino Kempes y el neerlandés Naninga, se decide en la prórroga. En ésta, de nuevo Kempes y Bertoni consiguen sendos tantos para Argentina. La alegría por el triunfo obtenido consigue que toda Argentina sea una fiesta. El Mundial de fútbol, un éxito en cuanto a organización y a espectáculo deportivo, ofrece al gobierno argentino una ocasión única para que todo el país se sienta unido. ➡ **1982**

Primer "bebé probeta"
25 JULIO

Nace en la ciudad británica de Bristol el primer "bebé probeta" de la historia, Louise Brown, gracias a la aplicación de la técnica de "fecundación *in vitro*", desarrollada por Patrik Steptoe y Robert G. Edwards, al material genético de los padres Lesley y John Brown. En 1944 los estadounidenses J. Rock y M.F. Menkin habían logrado ya fecundar óvulos humanos fuera del útero materno. Ahora Steptoe y Edwards aplican estas técnicas con éxito para solucionar los problemas de fertilidad de parejas.

La tierra y el imperio tiemblan en Irán
16 SETIEMBRE Y 11 DICIEMBRE

Un devastador terremoto y violentas manifestaciones religiosas sacuden Irán. Un seísmo de 7,7 grados en la escala Richter, con epicentro en la localidad de Korit, arrasa el área y provoca la muerte de unas 15 000 personas. Los efectos de la catástrofe natural se suman al descontento social capitalizado por el clero integrista, cuya principal cabeza es el ayatollah Khomeiny. La espiral de violencia, que ha obligado al sah Reza Pahlavi a decretar el estado de sitio, alcanza la máxima tensión cuando unos dos millones de iraníes se manifiestan en Teherán y el ejército dispara contra la multitud causando casi un centenar de víctimas. ➡ **1979**

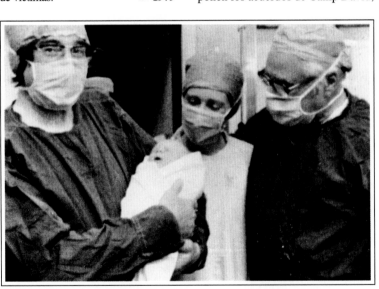

Cumbre de Camp David
17 SETIEMBRE

Israel y Egipto firman un histórico acuerdo de paz para Oriente Medio en Camp David. En la casa de campo del presidente de Estados Unidos y en presencia de Jimmy Carter, el presidente egipcio Anwar al-Sadat y el primer ministro israelí Menahem Begin han firmado dos importantes documentos con miras a pacificar la región. El primero de ellos propone una serie de medidas tendentes a crear las condiciones para un tratado de paz definitivo egipcio-israelí, y el segundo prevé la posibilidad, dentro de los próximos cinco años, de crear un gobierno palestino autónomo en la zona de Gaza y Cisjordania. No obstante el importante avance para la paz que suponen los acuerdos de Camp David,

Sadat será duramente criticado por los árabes y finalmente asesinado por un comando terrorista en 1981. ➡ **1981**

Juan Pablo II inicia su pontificado
16 OCTUBRE

El cardenal polaco Karol Woytila (n. 1920) es el nuevo pontífice de la Iglesia católica con el nombre de Juan Pablo II. Tras la repentina muerte de Juan Pablo I (1912-1978), que había sucedido a Pablo VI el pasado 26 de agosto, sube al solio pontificio un papa no italiano por primera vez desde 1523. Juan Pablo II reorientará la doctrina eclesiástica hacia posiciones más conservadoras y al mismo tiempo impulsará una política de presencia activa de la Iglesia en todo el mundo, que no alterará a pesar de haber sufrido un grave atentado. Será el pontífice más viajero de la historia. ➡ **1981**

España se dota de una Constitución democrática
6 DICIEMBRE

El pueblo español aprueba en referéndum y por abrumadora mayoría la nueva Constitución del país. El texto ha sido elaborado por las Cortes constitucionales con la participación de todas las fuerzas políticas, lo cual demuestra que *"no hay dos Españas irreconciliables"*, como ha dicho el presidente Suárez. La

Juan Pablo II saluda a la multitud congregada en la plaza de San Pedro de Roma, después de su consagración como nuevo pontífice de la Iglesia católica.

◀ *La prensa de Londres se hace eco del nacimiento del primer bebé probeta, Louise Brown. Los médicos que lo hicieron posible, Patrick Steptoe, Jean Purdy y Robert Edwards, mantuvieron sus investigaciones en secreto para el gran público hasta la fecha del alumbramiento.*

◀ *J.R. (Larry Hagman) y Bobby (Patrick Duffy) Ewing, el "malo" y el "bueno" de la serie Dallas, pasean con sus sombreros tejanos por la mismísima Plaza Roja de Moscú.*

Detalle de Le plongeur, de David Hockney (Art Gallery de Bradford, Reino Unido), brillante ejercicio de abstracción sobre un tema recurrente en el pintor.

consulta popular, en la que participa el 67,11 por ciento de los electores, da como resultado un 87,87 por ciento de votos favorables. El nuevo texto constitucional, una vez aceptado por la mayoría del pueblo, es sancionado como ley suprema por el rey Juan Carlos I el día 26 de diciembre. **➡ 1980**

Suicidio colectivo de una secta en Guyana
18 NOVIEMBRE

Casi mil adeptos de la secta *Templo del Pueblo* protagonizan un suicidio ritual en la selva de Guyana. Jim Jones había fundado la secta en California, donde reclutaba a sus seguidores entre los negros y los jóvenes marginados. Problemas con las autoridades estadounidenses obligaron a Jones a emigrar a Guyana, pero la presencia allí del diputado demócrata Leo J. Ryan al frente de una comisión parlamentaria que investigaba las actividades del grupo religioso, desencadena la tragedia. Miembros de la secta asesinan a Ryan y a cuatro de sus acompañantes, mientras otros consiguen escapar de la matanza. Ante *"la*

Robert De Niro en un fotograma de El cazador, *película de Michael Cimino sobre la guerra de Vietnam.*

inminencia del fin del mundo", Jones ordena el suicidio de todos sus acólitos dándoles refrescos envenenados y haciéndoles disparar contra quienes no los beben. Sólo 80 sobreviven. **➡ 1993**

Nueva conquista del Everest

Los escaladores austríacos Reinhold Messner y Peter Habeler alcanzan la cima del mundo a pulmón libre. Tras la conquista del Everest por el neozelandés Edmund Hillary y el nepalí Tensing Norgay en 1953, otras expediciones han intentado esta hazaña. En esta ocasión, Messner y Habeler lo hacen sin utilizar oxígeno para respirar en las altas cumbres, lo que pone de relieve la enorme resistencia del cuerpo humano sometido a condiciones extremas. En 1980, Reinhold Messner será la primera persona en coronar la cumbre del Everest en solitario.

Hockney y el mundo de las piscinas

David Hockney (n. 1937) recrea en su pintura la singularidad de las piscinas californianas. El pintor británico, el más popular de su generación, ha logrado imponer una obra versátil y original, a cuya difusión ha contribuido sobremanera su singular personalidad. Residente durante largas temporadas en Estados Unidos, muestra a menudo su fascinación por las piscinas de California, cuya atmósfera erótica, especialmente homosexual, plasma con gran maestría. **➡ 1995**

Óscar a la mejor fotografía para Néstor Almendros

El director de fotografía español Néstor Almendros logra, gracias a su excelente trabajo en *Días del cielo*, el tercer Óscar para un cineasta español (tras los dos del decorador Gil Parrondo). Las preciosistas imágenes que capta Almendros ayudan al director Terence Malick a narrarnos la historia de un joven temperamental (Richard Gere), su prima (Linda Manz) y una amiga (Brooke Adams), que viajan al interior de Estados Unidos para trabajar en el campo. Sensible y poético, el filme es nominado también a los Óscares a los mejores

Portada de una edición inglesa de El factor ▶ humano, *de Graham Greene.*

GRAHAM GREENE

The Human Factor

vestuario, sonido y banda sonora (compuesta por Ennio Morricone). **➡ 1979**

Ingmar Bergman dirige Sonata de otoño

En el momento de estrenar *Sonata de otoño*, Ingmar Bergman ya es un director mundialmente reconocido y con una larga filmografía a sus espaldas. En esta ocasión, el maestro sueco recupera sus temas favoritos (amor-odio, vida-muerte, incomunicación) para contar, con una narración casi operística, la existencia atormentada de una pianista que inicia una relación sentimental con un violoncelista, dejando atrás un matrimonio fallido y dos hijas. El traumático encuentro con ellas y las tensiones resultantes son utilizados por Bergman para analizar, con Chopin, Bach y Haendel como música de fondo, el interior de la desgarradora naturaleza humana. Después de *Sonata de otoño*, Bergman realizará tres filmes más antes de retirarse del cine y regresar a su gran pasión, el teatro. **➡ 1979**

Devastador retrato de la guerra de Vietnam

El cazador, dirigida por Michael Cimino, nos sitúa en una pequeña localidad de Pennsylvania en la que un grupo de amigos, trabajadores de la siderurgia y aficionados a la caza, se alistan en el ejército para ir a Vietnam. Lo que en un principio creían que iba a ser una continuación de sus cacerías, pero sustituyendo los ciervos por hombres, se revela como una experiencia traumática que les marcará de por vida. *El cazador* consigue, entre otros, los Óscares al mejor director y a la mejor película y confirma a Robert De Niro como el mejor actor de su generación. **➡ 1979**

Hacia la revolución islámica en Irán

En un mundo convulsionado por la violencia social y política, en 1978 se manifiestan los primeros síntomas de la revolución islámica que se confirmará el año siguiente en Irán, y también se agudiza la guerra civil en Nicaragua con éxitos resonantes para la guerrilla. No obstante, son los actos terroristas, los atentados, secuestros y hasta los suicidios colectivos, los que reclaman la atención mundial en este agitado año, que también ve nacer el primer bebé probeta y asiste perplejo a los recambios sucesivos en la dirección de la Iglesia católica tras las muertes de Pablo VI y Juan Pablo I, este último tras un breve papado de sólo 33 días.

LA VIOLENCIA AGITA LOS CUATRO PUNTOS CARDINALES DEL PLANETA

Los problemas sociales y de agitación religiosa en Irán se manifestaron en los primeros días del año, se desarrollaron y fortalecieron a lo largo del mismo, y culminaron en una gran manifestación contra el Sah, en diciembre, a la que acudieron más de dos millones de personas. A pesar de la resistencia clara que las medidas de occidentalización del gobierno de Reza Pahlavi encontraban entre la población, éste no cejó en su intento y reforzó la persecución a los líderes religiosos que encabezaban las revueltas y sobre todo a Khomeiny, que desde su exilio en París dirigía a las fuerzas de oposición.

El asesinato del periodista Pedro Joaquín Chamorro en Nicaragua por partidarios de Somoza mostraba a las claras las intenciones de la dictadura al eliminar al principal opositor a su régimen durante treinta años, al frente del diario *La Prensa*, pero también su nerviosismo por el fortalecimiento de la guerrilla sandinista, que se confirmó a lo largo del año con éxitos importantes. La guerra de Nicaragua comenzaba a captar la atención del mundo y a poner de manifiesto los lados más oscuros y vergonzosos de las condiciones de reparto de influencia impuestas por los bloques en el marco de la guerra fría.

Pero, tal vez, el acontecimiento que más honda impresión causó en la opinión pública mundial fue el hallazgo del cadáver del líder democristiano italiano Aldo

▲▲ *El primer ministro israelí Menahem Begin y Anwar al-Sadat se dan la mano en Camp David ante la sonrisa de Jimmy Carter.*

▲ *El ministro del Interior español, Rodolfo Martín Villa, informa a la prensa del resultado positivo del referéndum sobre la nueva Constitución.*

Moro en el interior de un automóvil aparcado en una céntrica calle de Roma. La escalada terrorista que se había producido en los años anteriores alcanzó su máxima cota y reflejó la amenaza real que para los sistemas políticos occidentales representan las bandas terroristas organizadas, pero también las nefastas consecuencias de la política de represión sistemática de

esas bandas, política en la que los poderes públicos se sirvieron, en ocasiones, de unos procedimientos similares a los terroristas. El debate sobre la forma de controlar y dominar esta plaga del último cuarto del siglo XX estaba servido. El chantaje que los terroristas de las Brigadas Rojas intentaban hacer al Estado italiano con el secuestro de Moro no surtió efecto y, poco

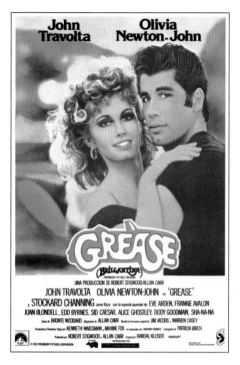

 Cartel de Grease, *que con la anterior* Fiebre del sábado noche *situó a John Travolta entre los ídolos del público juvenil. Después de un eclipse, el actor volvería al primer plano en los años noventa.*

Escena de El gran Macabro *de György Ligeti, representada por la British National Opera. La ópera del compositor húngaro está basada en una obra del dramaturgo belga Michel de Ghelderode (1898-1962).*

después, la cúpula de la organización terrorista fue sometida a un proceso judicial severísimo. Finalmente, en un registro diferente del mundo de la política, cabe interpretar el extraño suicidio colectivo de más de 900 personas en Guyana como un anticipo de nuevos vientos que se avecinaban, otorgando a las sectas religiosas un sorprendente y casi siempre trágico protagonismo.

DE CAMP DAVID A JUAN PABLO II

La cumbre de Camp David reunió por primera vez a un líder árabe y a otro judío bajo la iniciativa del presidente estadounidense Carter, e intentó ofrecer una vía para reconducir un conflicto terrible que había ensombrecido las relaciones internacionales desde la década de los años 50. Su aparente éxito quedaría matizado por

el tiempo, que había de traer el recrudecimiento crónico de los enfrentamientos violentos.

La muerte de Pablo VI en agosto cerró un largo pontificado en el que el espíritu del Vaticano II se había implantado en casi toda la Iglesia católica; ésta pareció haber encontrado un sucesor desde el criterio de la continuidad con el nombramiento de Albino Luciani, papa con el nombre de

Instantáneas 1978

- El Centro Georges Pompidou de París acoge la exposición **París-Berlín 1900-1933**, con algunas de las obras claves del expresionismo alemán, que los nazis tildaron de degeneradas.
- El arquitecto español **J. L. SERT** diseña un **complejo residencial en la Roosevelt Island de Nueva York**, en el más puro estilo funcionalista.

- K. STOCKHAUSEN inicia su más ambicioso proyecto: **Licht**, una ópera en siete partes.
- **El gran Macabro**, ópera con la que G. LIGETI intenta la renovación del género.
- **Stayin' alive**, de B. GIBB, R. GIBB y M. GIBB.
- **It's a heartache**, de R. SCOTT y V. BATTY.
- **Y.M.C.A.**, de Village People.
- **Roxanne**, de STING.
- X. MONTSALVATGE estrena en el Festival Internacional en Granada su **Concierto del Albaicín**.

- Aparece **El mar, el mar**, de la novelista británica IRIS MURDOCH, una novela compleja y ambiciosa, cuyo estilo esteticista e imaginativo sedujo a numerosos lectores.
- **El factor humano**, una de las novelas más apreciadas del británico G. GREENE.
- I. BASHEVIS SINGER, escritor estadounidense en yiddish y autor de novelas como **El mago de Lublin**, recibe el Premio Nobel de Literatura.

- El poeta español D. Alonso, autor de *Hijos de la ira*, recibe el premio Cervantes, máximo galardón de la letras en lengua española.

- **Cristo se paró en Éboli**, amargo retrato de la realidad del sur de Italia, filmado por F. ROSI sobre la novela original de C. LEVI.
- **El expreso de medianoche**, dura película de A. PARKER sobre la odisea de un joven estadounidense en una prisión turca.
- El popular héroe del cómic **Superman** es llevado a la gran pantalla en una superproducción dirigida por R. DONNER.
- R.W. FASSBINDER dirige **El casamiento de María Braun**, una amarga parábola de la Alemania posterior a la Segunda Guerra Mundial.
- W. ALLEN se aleja de la comedia para crear un intenso drama en **Interiores**, en el que rinde homenaje a su admirado I. BERGMAN.
- El éxito del filme **Grease** consolida a J. TRAVOLTA como uno de los actores más populares de la década.
- **El árbol de los zuecos**, hermosa y poética cinta de E. OLMI, protagonizada por campesinos de la región lombarda.
- La serie de televisión **Holocausto** revive sin concesiones la persecución de los judíos llevada a cabo por los nazis.

- La **observación de un púlsar** que forma parte de un sistema doble, permite demostrar la existencia de las ondas gravitatorias.

- **Nuevo sistema de aterrizaje instrumental**, el MLS (Microwave Landing System) con vistas a sustituir al ILS (Inertial Landing System) en uso en la mayoría de los aeropuertos.

- En Chile, y por amplia mayoría, el régimen del general **A. PINOCHET ha sido refrendado por las urnas**, aunque las condiciones en las que se ha efectuado el referéndum distan mucho de ser democráticas. *(4 Enero)*
- Irán. Dura represión de las fuerzas gubernamentales contra la comunidad chiíta, seguidora del **ayatollah** KHOMEINY y opuesta a la occidentalización del país que promueve el régimen del *sah* REZA PAHLAVI. *(9 Enero)*
- En Irlanda, una **bomba colocada en un restaurante** de Belfast causa catorce muertos. *(17 Febrero)*
- La Asamblea Legislativa ha designado al general ROMEO LUCAS GARCÍA como **nuevo presidente de Guatemala**. *(13 Marzo)*
- ALÍ BHUTTO, ex jefe de gobierno de Pakistán, acusado de ordenar el asesinato de un miembro de la oposición, es **condenado a morir en la horca**. *(18 Marzo)*
- Unidades paracaidistas francesas y belgas **intervienen en Zaire** para rescatar a 3 000 europeos, presos de mercenarios katangueños. *(19 Mayo)*
- Un **golpe de Estado en Afganistán**, con el apoyo de la Unión Soviética, derroca al presi-

(Continúa)

Golda Meir, primera ministra de Israel en 1969-74, fallecida el 8 de diciembre de 1978. ▶

Juan Pablo I; pero el fallecimiento poco después del nuevo pontífice de forma repentina desató una grave crisis, al reavivar rumores de conspiraciones y enfrentamientos en el seno de la jerarquía eclesiástica. La elección de un papa polaco, Juan Pablo II, representó sin la menor duda la apertura de una nueva etapa en la historia de la Iglesia de Roma.

El nacimiento de la pequeña Louise Brown, el primer bebé probeta fruto de la fecundación "in vitro", abrió a la ciencia un nuevo campo de investigación que se potenciaría espectacularmente con el tiempo, y evidenció que la investigación científica y tecnológica no se detiene, sino que únicamente cambian sus campos de interés. También la celebración del Campeonato Mundial de fútbol en Argentina pareció proporcionar un contrapunto al agitado contexto social en el mundo, aunque la competición permitió a un público internacional comprobar la dureza de la dictadura argentina y su capacidad de manipulación para acallar con resultados deportivos las protestas sociales.

ESPAÑA ESTRENA CONSTITUCIÓN

Dentro del proceso de cambio político y social que atravesaba España, a finales de año se aprobó un nuevo texto constitucional que dio a la reforma política el adecuado marco legal, y al nuevo régimen la garantía de estabilidad. Un sinfín de acontecimientos vinieron a demostrar que el cambio hacia un régimen de libertades había creado rápidamente un nuevo clima social; pero también la resistencia de algunos sectores a que ese cambio se concretara. Entre los primeros se puede citar la irrupción del nudismo en las playas y el llamado "destape" en los medios de comunicación, la eliminación del adulterio como delito, y en un orden de cosas muy distinto, también el nombramiento de la primera mujer académica de la lengua, e incluso la unificación del PSOE y el PSP (Partido Socialista Popular dirigido por el profesor Tierno Galván). Dentro de los segundos habría que citar el descubrimiento de la trama golpista conocida bajo el nombre de "Operación Galaxia", el consejo de guerra contra el grupo de teatro Els Joglars por injurias al ejército, y el atentado en Argel contra el líder independentista canario Antonio Cubillo.

En una década marcada por grandes accidentes o catástrofes naturales de todo tipo –que incluso hicieron nacer un nuevo género cinematográfico–, España vivió en pleno verano con angustia la tragedia del camping de Los Alfaques, que causó más de 180 muertos. ■

Instantáneas *(continuación)*

dente DAUD KHAN, que es ejecutado junto a su familia y algunos miembros del gobierno. *(27 Abril)*

• En España el Partido Socialista Popular (PSP), liderado por E. TIERNO GALVÁN, y el Partido Socialista Obrero Español (PSOE) que dirige F. GONZÁLEZ, **se fusionan**, unificando de esa manera el espacio del socialismo democrático. *(29 Abril)*

• Triunfo en las **elecciones de la República Dominicana** de SILVESTRE ANTONIO GUZMÁN, representante del Partido Revolucionario Dominicano. *(19 Mayo)*

• Miembros del grupo terrorista italiano **Brigadas Rojas** son procesados en Turín. *(23 Junio)*

• El socialista S. PERTINI sucede al democristiano Giovanni Leone como presidente de la República Italiana. *(8 Julio)*

• HUGO BANZER renuncia a la presidencia de Bolivia, ante la amenaza de los cañones del general golpista JUAN PEREDA. *(21 Julio)*

• GUSTAVO LEIGH GUZMÁN, uno de los militares que protagonizaron el golpe de Estado contra el presidente S. ALLENDE, es destituido de sus cargos por el general Pinochet. *(24 Julio)*

• Después de haber sido acusada en 1975 de fraude electoral, I. GANDHI regresa a la actualidad política india al obtener un escaño en la Cámara Baja. *(5 Noviembre)*

 • El **naufragio del petrolero** *Amoco Cádiz* provoca una marea negra que afecta gravemente la costa de Bretaña, en el noroeste de Francia. *(16 Marzo)*

• La banda terrorista **ETA atenta contra la central nuclear de Lemóniz**, en el País Vasco (España), provocando la muerte de dos trabajadores. *(17 Marzo)*

• La princesa CAROLINA DE MÓNACO contrae matrimonio con el financiero francés PHILIPPE JUNOT. *(27 Mayo)*

• España está de luto tras la **tragedia del cámping de Los Alfaques**, en la provincia de Tarragona: un camión cargado de propileno que circulaba por una carretera vecina volcó y estalló entre los turistas acampados, causando ciento ochenta muertos. *(11 Julio)*

• Se extiende en España la **práctica del nudismo**, algo impensable en tiempos del franquismo.

• Ingresa en la Academia Española de la Lengua la primera mujer: CARMEN CONDE.

 • El boxeador estadounidense MUHAMMAD ALÍ (CASSIUS CLAY), consigue por tercera vez el título mundial del peso pesado al derrotar con claridad a LEON SPINKS, que se lo había arrebatado el 15 febrero pasado en una controvertida decisión a los puntos. *(15 Setiembre)*

 • «La posibilidad de diseñar a nuestros descendientes, de fabricar a la generación siguiente, de convertir la reproducción en sinónimo de fabricación, es un panorama terrible.» Comentario del teólogo protestante P. RAMSEY sobre la "fecundación in vitro".

• «Ésta es la Constitución de la libertad y las autonomías. Por fin, la soberanía nacional reside en el pueblo español.» El líder socialista español F. GONZÁLEZ.

• «Hazte a ti mismo.» Ideal de los punks, nueva y agresiva tribu urbana de finales de la década de los 70.

• JORGE CAFRUNE, cantante y folclorista argentino. *(1 Febrero)*

• JORGE ICAZA, escritor ecuatoriano, uno de los padres de la corriente indigenista con su novela *Huasipungo*. *(26 Mayo)*

• ALFONSO PASO, dramaturgo español. *(10 Julio)*

• CARLOS CHÁVEZ, compositor y director de orquesta mexicano. *(2 Agosto)*

• PABLO VI, Papa. Continuó la senda renovadora iniciada con el Concilio Vaticano II. *(6 Agosto)*

• LEOPOLDO TORRE NILSSON, director de cine argentino. *(8 Agosto)*

• JUAN PABLO I, Papa. Su pontificado duró sólo treinta y tres días. *(28 Setiembre)*

• JORGE CARRERA ANDRADE, poeta ecuatoriano. *(7 Noviembre)*

• MARGARET MEAD, antropóloga estadounidense. *(15 Noviembre)*

• GOLDA MEIR, ex primera ministra israelí. *(8 Diciembre)*

• SALVADOR DE MADARIAGA, escritor, biógrafo y diplomático español. *(14 Diciembre)*

1979

Ocupación de la Embajada de Estados Unidos en Teherán, por grupos de estudiantes islámicos.

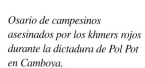

Osario de campesinos asesinados por los khmers rojos durante la dictadura de Pol Pot en Camboya.

Jorge Luis Borges (izquierda) y ▶ Gerardo Diego, en la ceremonia de la concesión del premio Cervantes.

Invasión vietnamita de Camboya
7 ENERO

En una campaña relámpago, tropas de Vietnam ocupan Phnom Penh y acaban con el régimen de los khmers rojos. La invasión vietnamita, que se inició el 25 de diciembre pasado como parte de la guerra que mantienen Vietnam y Camboya desde 1977, ha desalojado del poder a Pol Pot, cuya sanguinaria política de reeducación social en los campos de trabajo ha provocado la muerte de más dos millones de personas. La instauración de un gobierno provietnamita presidido por Heng Samrin no pacifica sin embargo el país, al dar lugar a una guerra civil con los khmers rojos de Pol Pot, quienes se han hecho fuertes en la selva. ➡ 1991

Triunfo de la revolución islámica en Irán
16 ENERO, 1 FEBRERO Y 4 NOVIEMBRE

El sah Reza Pahlavi huye y el ayatollah Ruhollah Khomeiny (1900-1989) regresa triunfal a Teherán. Las huelgas y movilizaciones de millones de iraníes guiados por el jefe chiíta han acabado finalmente con el régimen prooccidental del sah. A su regreso del exilio, Khomeiny proclama la república islámica e inicia una violenta represión. Miles de antiguos colaboradores del sah o disidentes de la política del ayatollah son fusilados o encarcelados, mientras jóvenes fanáticos lanzan consignas contra Occidente. Como parte de ello, grupos de estudiantes islámicos asaltan la Embajada de Estados Unidos y toman como rehenes a 52 funcionarios, cuando aquel país accede a dar asilo temporal al sah. Tras un frustrado intento de rescate y arduas negociaciones, la crisis se resolverá el 20 enero de 1981. ➡ 1981

Grave accidente nuclear en Estados Unidos
28-31 MARZO

La central nuclear de Harrisburg, Pennsylvania, sufre un accidente que provoca una fuga radioactiva. Una avería en el sistema de refrigeración de la central atómica y un error humano se han combinado para producir la quiebra de las barras de uranio, con el consiguiente peligro de una terrible explosión nuclear. Si bien los técnicos de la central consiguen finalmente controlar la situación, el agua vertida al río Susquehanna y la fuga de radioactividad contaminan la zona y obligan a las autoridades a evacuar la población. ➡ 1986

Jorge Luis Borges y Gerardo Diego comparten el Cervantes

El argentino Jorge Luis Borges (1899-1986) y el español Gerardo Diego (1896-1987) reciben el premio Cervantes. A la excepcionalidad de dar a conocer la concesión del premio un mes más tarde de lo habitual, se suman las del incremento de su dotación a diez millones de pesetas y de ser dos los galardonados: Borges, uno de los mayores escritores en lengua castellana del siglo XX, y Diego, poeta esencial de la generación del 27. ➡ 1986

Thatcher, primera ministra del Reino Unido
5 MAYO

Margaret Thatcher (n. 1925) es la primera mujer en ocupar el cargo de primera ministra en el Reino Unido. Situada al frente del Partido Conservador desde que en 1975 desplazara a Edward Heath, Thatcher se propone combatir el deterioro de la economía británica, reducir al laborismo a una fuerza marginal, acabar con los sindicatos y devolver el Reino Unido a su sitio entre las grandes potencias del mundo. Margaret Thatcher, que dirigirá la política británica durante once años, se convertirá en una gran aliada de Estados Unidos bajo la presidencia de Reagan, y en adalid del neoliberalismo económico, que tendrá para su país un alto coste social. ➡ 1983

Estados Unidos y la Unión Soviética firman el tratado SALT II

15-18 JUNIO

El presidente estadounidense, Jimmy Carter, y el jefe de gobierno soviético, Leonid Brezhnev, firman en Viena un acuerdo de limitación de armas estratégicas. La segunda ronda de los *Strategic Arms Limitation Talks* (SALT) se habían iniciado en noviembre de 1974 en la ciudad soviética de Vladivostok, con el propósito de fijar el número y tipo de misiles que deben poseer ambas potencias. Tras la firma del tratado SALT II, Carter y Brezhnev expresan su deseo de seguir trabajando por la distensión y la paz mundial. ➡ 1982

Triunfa la revolución sandinista en Nicaragua

19-20 JULIO

Con la rendición de los últimos reductos somocistas, el ejército del Frente Sandinista de Liberación Nacional entra en Managua. Con la victoria de los sandinistas acaban 43 años de dictadura de la familia Somoza, la cual, con el apoyo de Estados Unidos, administró el país como una finca particular. El poder es asumido por una Junta Provisional de Gobierno que, aunque dominada por los sandinistas, está integrada por todas las fuerzas de oposición al somocismo. Las autoridades revolucionarias encuentran un país al borde de la bancarrota, con una deuda externa de 1 500 millones de dólares, las reservas de divisas al mínimo y las cosechas de los principales productos de exportación destruidas. Anastasio Somoza, que había huido poco antes de la entrada de los sandinistas en la capital, será asesinado en Asunción del Paraguay en 1980. ➡ 1990

Desaparece la viruela

La Organización Mundial de la Salud (OMS) anuncia que la viruela ha sido erradicada en el mundo. La viruela, enfermedad infecciosa, contagiosa y epidémica de naturaleza vírica, tenía una enorme mortalidad y dejaba las huellas visibles de sus pústulas en los sobrevivientes. La vacuna para prevenirla, descubierta por Jenner en 1796, fue reduciendo la incidencia de esta enfermedad hasta hacerla desaparecer totalmente, según asegura ahora la OMS. En consecuencia, la vacunación antivariólica deja de ser obligatoria.

Etiquetas de quita y pon

Una compañía estadounidense desarrolla con gran éxito los *post-it*, etiquetas de quita y pon de gran utilidad para dejar notas sueltas. Spencer Silver, de la compañía *Minnesota Mining & Manufacturing* (3M), crea unas etiquetas provistas de una goma suave que permite fijarlas y retirarlas con gran facilidad. Sin embargo, nadie se había dado cuenta del éxito que podían tener las post-it notes hasta que un colega de Silver, miembro de un coro, comenzó a utilizarlas para dejar apuntes en las partituras.

Se estrena Cinco horas con Mario, *de Delibes*

Se estrena en Madrid una versión teatral de la novela de Miguel Delibes (n. 1920) *Cinco horas con Mario*. El libro, publicado en 1966, consiste en el largo monólogo interior de una mujer que vela a su marido muerto. Carmen, interpretada por Lola Herrera, hojea la Biblia y a través de las frases y párrafos subrayados por Mario, su marido muerto, comienzan a fluir recuerdos que ponen al descubierto unas vidas llenas de mezquindades, errores y pequeños goces que aparecen como un trasunto de la sociedad española del momento.

El estadounidense Cyrus Vance y el soviético Andréi Gromyko en Ginebra, durante la negociación del tratado SALT II.

◀ *La central nuclear de Three Miles Island, en Harrisburg, Estados Unidos, después del accidente nuclear que obligó a evacuar el área.*

Managua en fiesta tras la victoria de la guerrilla sandinista sobre la dictadura de Somoza.

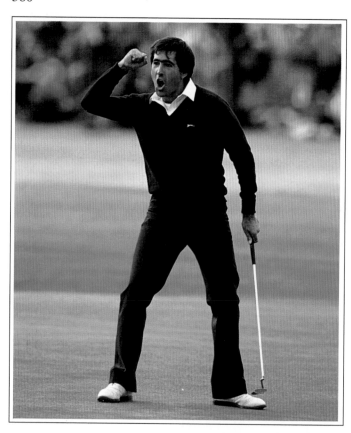

Un gesto característico de Severiano Ballesteros, después de un emboque difícil en el Open británico de golf.

Meryl Streep y Woody Allen en una escena de Manhattan, *la octava película de Allen y un homenaje a la ciudad de Nueva York.*

Ballesteros gana el Open británico de golf
21 JULIO

Severiano Ballesteros (n. 1957) se coloca entre los grandes del golf mundial al vencer en el Open británico. El golfista español se hace con el triunfo en los *links* de Lytham and St. Annes después de desarrollar un juego brillante y preciso que le ha permitido presentar una tarjeta con 73, 66, 75 y 70 golpes en cada recorrido y superar a Ben Crenshaw y Mark James, sus más inmediatos rivales. Ballesteros repetirá victoria en este prestigioso torneo en 1984 y 1988. Así mismo, ganará el Masters de Augusta en 1980 y 1983 y la Ryder Cup en 1985, 1987 y 1989. En este último año será galardonado con el Premio Príncipe de Asturias de los deportes. ➡ **1985**

Lord Mountbatten muere en atentado terrorista
27 AGOSTO

El almirante Albert Mountbatten (1900-1979), el último virrey británico de la India, es asesinado por el IRA. Mientras pasaba sus vacaciones en la costa irlandesa, un comando del IRA hizo explotar una bomba en el yate en el que navegaba frente a Sligo. El asesinato de una de las personalidades políticas más notables del Reino Unido se inscribe en la espiral de violencia que arrastra a los radicales irlandeses y a las tropas británicas. ➡ **1993**

Teresa de Calcuta obtiene el premio Nobel de la Paz
10 DICIEMBRE

La madre Teresa (1910-1997) es reconocida con el premio Nobel de la Paz por su generosa labor en beneficio de los pobres de la ciudad india de Calcuta. La religiosa yugoslava marchó como profesora de geografía a Calcuta, y allí la extrema pobreza en la que vivían millones de personas la impresionó vivamente y la llevó a fundar, en 1950, la orden de las Misioneras de la Caridad. Su incansable esfuerzo por paliar las duras condiciones de vida de los "desheredados de la tierra" y por llamar la atención de los gobiernos sobre ellos, ha despertado la admiración del mundo entero.

Tropas soviéticas invaden Afganistán
26 DICIEMBRE

En una fulminante operación militar, tropas aerotransportadas y columnas de blindados de la URSS ocupan Kabul, la capital, y otros lugares estratégicos de Afganistán. El presidente Hafizula Amin, que hasta ahora contaba con el apoyo de la URSS, es depuesto y ejecutado por los soviéticos, quienes designan en su lugar a Babrak Karmal. Con la invasión de Afganistán, cuya ocupación durará hasta 1989, la URSS pretende asegurarse la posesión de una pieza geoestratégica clave en la región. La presencia soviética no detiene por otra parte la guerra civil entre comunistas y musulmanes, apoyados éstos por Estados Unidos. El régimen comunista caerá en 1992, pero la guerra civil se prolongará entre distintas facciones musulmanas. ➡ **1988**

Walkman

La empresa japonesa Sony Corporation (Shibuara) lanza al mercado, por impulso de su presidente Akio Morita, el primer "walkman". Se trata de un aparato portátil para la reproducción de casetes estereofónicos que se puede escuchar, a través de unos auriculares ligeros, mientras se realizan otras tareas. El primer modelo de walkman es bautizado con el nombre de TPS L2.

Lanzado el Ariane I
24 DICIEMBRE

Europa entra en el selecto grupo de potencias espaciales con el lanzamiento, desde la base de Kourou (Guayana Francesa), del primer cohete de la serie Ariane. El *Ariane I*, desarrollado a partir de 1974 por la Agencia Europea del Espacio (ESA), es un lanzador de tres etapas, con un peso de 202 t y capaz de satelizar cargas de hasta 900 kg en órbitas geoestacionarias, o de 1 700 kg hasta altitudes máximas de 200 km (en vuelo balístico). La serie continuará hasta la creación del lanzador pesado *Ariane V* a finales de siglo. ➡ **1981**

Woody Allen confirma su talento en Manhattan

Después del éxito crítico y comercial obtenido con *Annie Hall*, Woody Allen prosigue una brillante carrera que lo ha situado entre los grandes del cine norteamericano actual. *Manhattan* es, sin lugar a dudas, una obra maestra. Todo aquello que apuntaba tímidamente en *Annie Hall*, es ofrecido con maestría en este drama cómico de homenaje al barrio neoyorquino. El director analiza con sabia acidez el mundo de las relaciones humanas en una sociedad, la estadounidense, sin identidad. La exquisita fotografía en blanco y negro de Gordon Willis, la banda sonora con temas de Gershwin, los magníficos diálogos, las entrañables interpretaciones y, en definitiva, el toque Allen, hacen de *Manhattan* un rotundo éxito.

Triunfa la revolución conservadora

El regreso de Khomeiny a Irán desde su exilio en París y las imágenes del Sah saliendo precipitadamente del país, son las dos caras de un movimiento social novedoso, pero anclado en las más rancias tradiciones religiosas del islamismo intransigente, que en seguida mostrará su determinación con el asalto a la embajada de Estados Unidos y la toma de una cincuentena de rehenes. El mundo contempla con alivio la caída de Pol Pot y de Idi Amin, dos de los más sanguinarios dictadores de la década, y con temor el accidente nuclear en Harrisburg. La "revolución conservadora" que se fortalecerá en los años ochenta en Occidente, se inicia ahora con el acceso al poder de Margaret Thatcher en el Reino Unido.

SÍNTOMAS DE DEGRADACIÓN DEL MARCO DE LA GUERRA FRÍA

Los síntomas del cansancio de la sociedad y de la incapacidad del marco de la guerra fría para resolver los conflictos internacionales, el surgimiento de nuevos movimientos políticos y sociales y el clima exacerbado de violencia, revelaban la degradación del modelo que las potencias habían diseñado en 1945 y evidenciaban la necesidad de un nuevo orden internacional que en esos momentos apenas era imaginable. En efecto, es únicamente la obligación la que fuerza a un cambio de rumbo efectivo. Los primeros síntomas son siempre interpretados como desajustes controlables, hasta que se hace inevitable el cambio. Así se puso de manifiesto cuando la Unión Soviética invadió Afganistán, a pesar de ser consciente de los graves problemas que su decisión había de acarrearle, esencialmente para demostrar que los términos de la guerra fría seguían vigentes.

La esfera internacional mostró en este año algunos rostros amables, o al menos hizo desaparecer de la escena a dos de los más sanguinarios dictadores del Tercer mundo. Uno de ellos, el excéntrico Idi Amin en Uganda, recibió alternativamente durante un tiempo el favor de las dos superpotencias, por la defensa que hacía de sus intereses a pesar de las aberraciones cometidas contra su pueblo. El otro, Pol Pot, el temible líder de los khmers rojos, será recordado como una especie de símbolo de la crueldad que puede alcanzar el

Tanques soviéticos desplegados en Afganistán. Sería la última aventura de un imperialismo en retroceso en Asia Central. El islamismo radical empezaba a desplazar al marxismo-leninismo del papel que había ocupado en esta área del mundo.

Una multitud enfervorizada se manifiesta en Teherán portando grandes retratos del ayatollah Khomeiny. La revolución fundamentalista estaba en marcha, con repercusiones en algunos países vecinos, como Turquía, y en otros lejanos, como Argelia.

Carteles electorales en el madrileño paseo de la Castellana (España), con el rostro de un nuevo líder político, Adolfo Suárez, y la sigla de un nuevo partido, UCD (Unión de Centro Democrático).

hombre frente a sus semejantes. Una crueldad puesta también de manifiesto en la ejecución de Ali Bhutto en Pakistán por parte del nuevo dictador Zia ul-Haq. Estos acontecimientos vinieron a expresar lo absurdo que sería caer en un falso optimismo sobre la evolución del mundo.

LA REVOLUCIÓN CONSERVADORA

Tal vez los dos procesos políticos más importantes de este año se produjeron en el Reino Unido y en Irán. Ambos fueron movimientos de corte conservador, aunque alejados diametralmente en su premisas y en sus contextos. No obstante, ambos tuvieron efectos importantes en la evolución de la sociedad internacional en los años ochenta, y se convirtieron en referentes, desde ópticas completamente distintas, para diferentes pueblos del mundo.

El régimen de Khomeiny que instauró el integrismo islámico estaba fundado en la religión, pero especialmente en la capacidad de ésta para aglutinar la identidad de las masas chiítas a través de un discurso anticolonialista y revolucionario que presentaba a los pobres y a los marginados como los verdaderos protagonistas de la revolución. El temor con que se contempló

en Occidente este proceso se debía al deseo expresado por los dirigentes islámicos de extender sus principios islámicos a todo el ámbito musulmán.

La "revolución conservadora" que puso en marcha Margaret Thatcher tenía horizontes muy distintos, pero demostraba igualmente la preocupación del sistema internacional por encontrar vías de estabilidad, en este caso esencialmente económica. La política de Thatcher vino a refutar o a matizar algunos de los dogmas establecidos en la posguerra y significó un intento de atajar la crisis económica que durante toda la década había golpeado a Occidente y reconducir la economía hacia nuevos modelos de crecimiento. Estas ideas se verían reforzadas extraordinariamente al año siguiente, al acceder a la presidencia

de Estados Unidos el republicano Ronald Reagan, impulsor de una política similar.

Estos procesos se contrapusieron a otro de signo contrario, la llegada al poder de los sandinistas en Nicaragua, que puso fin a la larga dictadura de la familia Somoza. El momento no era precisamente oportuno y el nuevo régimen hubo de sufrir directamente los nuevos vientos conservadores que soplaban en Occidente y la imposibilidad de fortalecer desde un pequeño país una apuesta tan arriesgada.

En España, recién estrenado el nuevo régimen, aún no se tenía plena conciencia de lo que significaban los cambios que estaba atravesando el mundo. De hecho, a pesar de los vientos conservadores, las nuevas elecciones de 1979 dieron otra vez el poder a la UCD, el partido que había realizado la transición. Adolfo Suárez recogió, sin embargo, menos votos que en 1977 y vio cómo se incrementaba el apoyo electoral al PSOE, que se consideraba ya el recambio lógico del gobierno, la "alternativa de poder", aunque sus propuestas entraran en colisión con las tendencias internacionales hacia soluciones de tipo conservador.

La aprobación de los Estatutos de Autonomía de Cataluña y el País Vasco vino a subrayar la decidida voluntad del gobierno de caminar con firmeza hacia un nuevo modelo de Estado que contemplara de forma diferenciada las diversas realidades existentes en el seno del Estado español.

La madre Teresa de Calcuta visita en un hospital de Bhopal, India, a los afectados por el escape de un gas venenoso. Símbolo de la solidaridad humana y de la entrega a los demás, fue merecidamente premiada con el Nobel de la Paz de 1979.

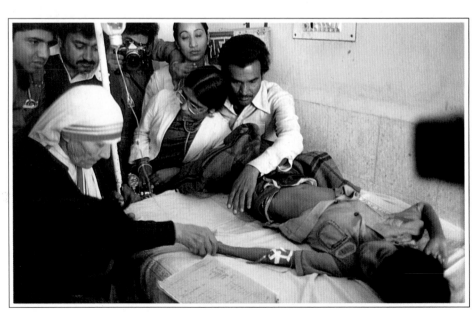

Uno de los experimentos realizados en la estación estadounidense Skylab, *en 1973 y 1974. Después de un largo período de inactividad, el ingenio espacial se desintegró al entrar en contacto con la atmósfera terrestre.*

Los accidentes y las catástrofes volvieron a constituirse en indeseados acompañantes de la vida cotidiana de los españoles –con mención preferente a los graves y repetidos incendios forestales– y se exacerbó la violencia terrorista, concretada en el atentado de la cafetería California, en Madrid. De otro lado, en un accidente de autobús en el río Órbigo perecieron 45 niños que iban a la escuela, y el incendio del hotel Corona de Aragón, en Zaragoza, se saldó asimismo con un elevado número de pérdidas humanas. ∎

Instantáneas

- Maria Benktzon funda en Suecia el grupo de diseño *Ergonomi*, que cuenta con la anatomía humana para el diseño de objetos cotidianos.
  - **J. Guinovart expone en tres espacios de Barcelona**, España, una selección de sus últimos trabajos con la materia (ramas, piedras, estructuras de fibrocemento...), el grafismo y el color.

- Zurich acoge el estreno de la versión completa en tres actos de la ópera *Lulu* de A. Berg, que a su muerte había dejado inacabado el tercer acto. El compositor F. Cerha ha sido el encargado de completar la obra.
  - *The logical song*, de P. Davies y R. Hodgson.
  - *My Sharona*, de B. Averre y D. Fieger.
  - *Sultans of swing*, de M. Knopfler.
  - J. Goldsmith compone la banda sonora para el clásico de la ciencia-ficción *Star Trek, la última frontera*.

- B. Malamud novela su propia autobiografía en *Las vidas de Dubin*.
  - *Un recodo del río* es una reflexión de V. S. Naipaul sobre África y Europa, la civilización y sus mentiras, sus verdades y sus fracasos.
  - *Amadeus*, obra del dramaturgo P. Schaffer, recrea la vida de W.A. Mozart a través de los ojos de su rival A. Salieri.
  - El escritor español M. Vázquez Montalbán gana el premio Planeta con *Los mares del Sur*, una novela policíaca que forma parte del ciclo protagonizado por el peculiar detective privado Pepe Carvalho. *(15 Octubre)*
  - El poeta griego O. Elytis es galardonado con el premio Nobel de Literatura. *(10 Diciembre)*
  - *La canción del verdugo*, del escritor estadounidense N. Mailer.
  - *La cólera de Aquiles*, de L. Goytisolo, tercera entrega del ciclo novelístico *Antagonía*.
  - M. Otero Silva escribe *Lope de Aguirre, príncipe de la libertad*, sobre la figura de este controvertido conquistador español.
  - *Dejemos hablar al viento*, obra en la que su autor, J.C. Onetti, insiste en su pesimista visión de la existencia.
  - *Cartas a Anaïs Nin*, de H. Miller.

- Se estrena la película *El tambor de hojalata*, ácida mirada a la Alemania de la primera mitad del siglo xx, a través de un ser perverso con cuerpo de niño de tres años. Realizada por V. Schlöndorff sobre la novela de G. Grass.
  - F. Ford Coppola realiza *Apocalypse now*, una de las primeras películas sobre la guerra del Vietnam.
  - J. Losey lleva a la gran pantalla la ópera de W.A. Mozart *Don Giovanni*, con un reparto encabezado por Ruggiero Raimondi, y con L. Maazel como director musical.
  - *Éstas no son las noticias de las 9*, programa humorístico de la BBC en el que se pone en solfa el mundo de los telenoticias.

- La empresa británica Ricardo Consulting Engineers crea un **catalizador para los gases de escape** de los vehículos automóviles.
  - Un **ingenio volador** impulsado mediante la fuerza muscular humana, el *Gossamer Albatross*, consigue cruzar el Canal de la Mancha.
  - El **laboratorio espacial estadounidense** *Skylab* se precipita al mar sin provocar daños.

- Tropas chinas apoyan al **régimen camboyano de Pol Pot**, penetrando en territorio vietnamita. *(17 Febrero)*
  - **Se celebran en España elecciones generales**, las primeras después de la aprobación de la Constitución. *(1 Marzo)*
  - Se constituyen en España los **primeros ayuntamientos democráticos**, la mayoría de ellos dominados por fuerzas de izquierda. *(19 Abril)*
  - **Ante el avance del ejército de Tanzania**, Idi Amin Dadá, jefe de Estado de Uganda, se ve obligado a huir del país rumbo a Libia. *(11 Abril)*
  - En Guinea Ecuatorial es **derrocado el presidente F. Macías Nguema**. El hasta hoy viceministro de Defensa T. Obiang asume todo el poder del país. *(3 Agosto)*
  - Se celebra en La Habana la **sexta Conferencia de Países No Alineados**, con la asistencia de noventa y siete países. *(3 Setiembre)*
  - En España, Cataluña y el País Vasco aprueban sus respectivos **estatutos de autonomía**. *(25 Octubre)*
  - **En Bolivia se restablece el orden** tras el golpe de Estado que depuso a la presidenta Lidia Gueiler hace quince días. *(16 Noviembre)*

- La OTAN aprueba un amplio **programa de rearme de misiles** de alcance medio, con el propósito de anular la ventaja que en este campo lleva la Unión Soviética. *(12 Diciembre)*

- Estalla **una bomba en la cafetería California-47 de Madrid**, causando ocho muertos y cuarenta heridos. Se sospecha del GRAPO como autor de la matanza. *(6 Mayo)*
  - El **incendio del hotel Corona de Aragón** de Zaragoza se salda con la muerte de setenta y dos personas. *(12 Julio)*
  - En la India, la **rotura de una presa** en el estado de Gujarat provoca miles de víctimas.

- «Se ha dicho que mimo a los pobres. Bueno, al menos una congregación está mimando a los pobres, porque todas las demás miman a los ricos.» Teresa de Calcuta, premio Nobel de la Paz.
  - «Ésta no es una batalla entre Estados Unidos e Irán. Es una batalla entre Irán y la blasfemia.» R. Khomeiny, elogiando a los estudiantes que asaltaron la Embajada estadounidense en Teherán.

- **Pier Luigi Nervi**, arquitecto italiano de gran prestigio internacional. *(7 Enero)*
  - **Victoria Ocampo**, escritora e intelectual argentina. *(27 Enero)*
  - **Jean Renoir**, director de cine francés. *(12 Febrero)*
  - **Leonide Massine**, coreógrafo y bailarín ruso. *(15 Marzo)*
  - **Mary Pickford**, la "novia de América", actriz estadounidense, estrella de la época del cine mudo. *(28 Mayo)*
  - **John Wayne**, actor estadounidense, protagonista de inolvidables westerns de J. Ford. *(11 Junio)*
  - **Blas de Otero**, poeta español cuya obra, de una alta calidad lírica, aúna un profundo contenido religioso con el compromiso social. *(28 Junio)*
  - **Herbert Marcuse**, filósofo alemán que ejerció una profunda influencia sobre los jóvenes estudiantes del mayo de 1968. *(29 Julio)*
  - **Agostinho Neto**, presidente de Angola. *(10 Setiembre)*

1980

Cartel anunciador de los Juegos Olímpicos de verano celebrados en Moscú. El boicot de Estados Unidos y otros países occidentales restó brillantez a las competiciones.

Cartel de las Olimpiadas de invierno, que tuvieron lugar en la localidad estadounidense de Lake Placid, situada en los montes Adirondacks. Lake Placid ya había albergado los Juegos de invierno de 1932.

Portada de El nombre de la rosa, ▶ primera novela del filósofo y semiólogo italiano Umberto Eco.

Se celebran los Juegos Olímpicos

FEBRERO Y JULIO

Se celebran en Lake Placid, EE.UU., los XIII Juegos Olímpicos de Invierno, y en Moscú las Olimpiadas de Verano. La invasión soviética de Afganistán propicia el boicot de 58 países, encabezados por EE.UU., a los Juegos Olímpicos de Moscú, y ello determina que el grueso de las medallas se las repartan URSS y RDA. Desde el punto de vista deportivo estas Olimpiadas cuentan con la participación de 56 353 atletas, entre ellos 1 088 mujeres, en representación de 80 países. Los grandes protagonistas son los mediofondistas británicos Sebastian Coe y Steve Ovett y el nadador soviético Vladimir Salnikov, el primero en bajar la barrera de los 15 minutos en los 1 500 m libres. También destacan los españoles Jordi Llopart, medalla de plata en 50 km marcha; Abascal y Noguer, oro en vela *flying dutchman*; Menéndez y del Riego, plata en piragüismo K-2 500 m; Menéndez y Missioné, bronce en piragüismo K-2 1 000 m, y David López Zubero, bronce en natación, 100 m mariposa. También cabe consignar la medalla de plata conseguida por el equipo masculino de hockey sobre hierba. Las olimpiadas invernales están marcadas por la tensión entre los dos bloques ideológicos, que parece alcanzar su punto máximo durante el partido que por la medalla de oro juegan los equipos de hockey sobre hielo de la URSS y EE.UU., y que gana este último. Las estrellas de estos juegos son el patinador estadounidense Eric Hai-

den, los esquiadores austríacos Leonard Stok y Anne Marie Moser-Proell, el sueco Ingemar Stenmark y Hanni Wenzel, de Liechtenstein.

Asesinato del arzobispo de San Salvador
24 MARZO Y 13 DICIEMBRE

Elementos paramilitares asesinan al arzobispo Óscar Arnulfo Romero (1917-1980) mientras celebraba misa en la catedral de San Salvador. Seis días más tarde, el ejército dispara contra la multitud que asiste a los funerales del prelado, cuya labor se ha distinguido por la defensa de los derechos humanos, y provoca decenas de muertos. Estos sucesos, más la grave crisis económica y el clima de terror impuesto en el país por las bandas militares y paramilitares, inducen a EE.UU., tras el asesinato de tres monjas y una religiosa estadounidenses, a suspender la ayuda política y militar. En diciembre, el coronel Arnoldo Majano, presidente de la Junta de Reconstrucción Nacional que gobierna el país, es sustituido por el democristiano José Napoleón Duarte (1920-1990). **➡ 1989**

Catástrofe ecológica en el mar del Norte
27 MARZO

El hundimiento de la plataforma petrolera *Alexander Kielland* causa más de un centenar de víctimas y una grave catás-

trofe ecológica. A poco más de 300 km de las costas noruegas, la plataforma de 10 000 toneladas de peso no resiste la violenta tempestad que se abate sobre la zona, y zozobra. Como consecuencia de ello, mueren 123 personas y otras 37 desaparecen. Pasado el temporal, la *Alexander Kielland* será remolcada al puerto noruego de Stavanger. **➡ 1989**

Éxito internacional de El nombre de la rosa

El filósofo y semiólogo italiano Umberto Eco (n. 1932) consigue un éxito mundial con *El nombre de la rosa*, su primera novela. Mediante una hábil mezcla de géneros, especialmente el policíaco y el histórico, y grandes dosis de guiños literarios y eruditos, Eco ha creado un original *bestseller* aplaudido incluso por la intelectualidad académica. La novela está construida como un "laberinto en torno a un laberinto", el que guarda un libro innominado en una biblioteca secreta. La adaptación al cine llegará en 1986 de la mano del francés J.J. Annaud, con Sean Connery encarnando al protagonista, el monje detective Guillermo de Baskerville.

Ordenadores de bolsillo

Se comercializan las primeras calculadoras capaces de realizar operaciones complejas, también llamadas "ordenadores de bolsillo", como el Fx-802 de Casio o los creados por Sharp, Sanyo y Panasonic. Se trata en realidad de versiones reducidas de ordenadores convencionales, que disponen de menor capacidad de almacenamiento de datos y de una menor potencia y velocidad de proceso de éstos. Contienen una serie de funciones preprogramadas, que van desde las cuatro reglas básicas del cálculo hasta funciones muy complejas, y ofrecen la posibilidad de programar nuevas funciones en lenguajes de alto nivel (generalmente versiones simplificadas, p. ej. de BASIC). **➡ 1985**

Onetti gana el Cervantes
23 ABRIL

El escritor uruguayo Juan Carlos Onetti (1909-1994) obtiene el máximo galardón de las letras españolas, por el con-

◀ *Juan Carlos Onetti, premio Cervantes en 1980.*

junto de su obra. Ésta, que cuenta con títulos como *La vida breve* (1950), en la que aparece por primera vez la mítica ciudad de Santa María, *El astillero* (1961) y *Dejemos hablar al viento* (1979), entre otros, recrea el drama de la soledad y la desesperanza que embarga al individuo de la ciudad moderna. Onetti recibirá en 1985 el Premio Nacional de Literatura de Uruguay.

Borg gana en Wimbledon por quinta vez consecutiva
27 JUNIO

El tenista sueco Björn Borg (n. 1956) vence en el torneo de Wimbledon por quinto año consecutivo. Borg, ganador también en este año del Masters de EE.UU., Roland Garros y Open de Montecarlo, se impone sobre la hierba de Wimbledon sin perder un solo set, lo que revela la solidez de su hegemonía. Antes de retirarse en 1983, el tenista sueco contará en su historial, además de los cinco títulos consecutivos en Wimbledon, seis en Roland Garros. ➡ **1984**

Se inaugura el Tribunal Constitucional en España
12 JULIO

España cuenta desde hoy con un Tribunal Constitucional que velará por el efectivo cumplimiento de los principios de la ley fundamental del Estado. En un acto presidido por los Reyes de España y en el que están presentes todos los componentes del gobierno central, los presidentes de las comunidades autónomas y altas personalidades, se inauguran las tareas del Tribunal Constitucional en su sede de Madrid. En palabras del rey Juan Carlos I, este alto organismo tiene la misión de velar por "*la aplicación y*

efectividad de los preceptos constitucionales, que deben prevalecer y ser respetados por todos los ciudadanos y por todos los poderes públicos".

Durán gana el título mundial de los welters

Roberto *Mano de Piedra* Durán (n. 1951), ex campeón de los pesos ligeros, gana el título mundial de los welters. El boxeador panameño, poseedor invicto de la corona mundial de los pesos ligeros entre 1972 y 1979, había pasado a la categoría welter por exceso de peso. Durán pasará a la historia como uno de los más grandes boxeadores de todos los tiempos, al obtener en 1983 el campeonato mundial de los superwelters, y el de los pesos medios en 1989.

Huelga en los astilleros de Gdansk
16, 22 Y 30 AGOSTO

Las tensiones sociopolíticas que vive Polonia desembocan en una huelga de los obreros de los astilleros de Gdansk. Si bien la chispa de la huelga es el despido de un sindicalista, las causas más profundas están en la resistencia popular a la influencia soviética y la exigencia de reformas políticas que incluyan el reconocimiento del sindicato independiente Solidaridad, encabezado por Lech Walesa. La creciente presión social finalmente obliga al gobierno a reconocer a Solidaridad, lo cual provoca una extraordinaria dinamización de la vida política polaca y la radicalización del movimiento obrero independiente. ➡ **1983**

Pérez Esquivel gana el Nobel de la Paz
10 DICIEMBRE

El arquitecto y profesor universitario argentino Adolfo Pérez Esquivel (1931) es distinguido con el Premio Nobel de la Paz, por su defensa activa de los derechos humanos. Fundador en 1973 del movimiento Justicia y Paz, que aglutinó desde posiciones no violentas la lucha contra las dictaduras latinoamericanas, había sido encarcelado y torturado por los militares argentinos en 1977. La lucha de Pérez Esquivel es paralela a la actividad de las Madres de la Plaza de Mayo, movimiento espontáneo de madres y abuelas de desaparecidos que se manifiestan permanentemente frente a la Casa Rosada, reclamando conocer el paradero de sus hijos y nietos.

El culto al cuerpo se pone de moda

El deseo de mantenerse en forma y saludables lleva a millones de personas a los gimnasios. La práctica del *footing*, del *aerobic* y de algunos deportes explosivos, como el *squash*, responde al desarrollo de un nuevo culto al cuerpo. La consideración de la juventud como un valor en sí mismo impulsa a los adultos de los países desarrollados a querer detener el reloj biológico, y a los jóvenes a prepararse para un futuro sin imperfecciones físicas. La anorexia será uno de los males más extendidos de las décadas siguientes.

El panameño Roberto Durán (derecha) en el curso del combate en el que arrebató el título mundial de los welters al estadounidense Ray Sugar Leonard.

Adolfo Pérez Esquivel, galardonado en 1980 con el premio Nobel de la Paz.

◀ *Björn Borg marcó una época en el tenis masculino. La frialdad con la que remataba sus juegos en los lances más decisivos le valió el apelativo de Ice Borg.*

Grietas en el bloque del Este europeo

En 1980, con Afganistán bajo la ocupación soviética, la hostilidad entre las superpotencias enfrentadas desde el advenimiento de la guerra fría no sólo no tiende a disminuir sino que se acrecienta, en lo que supone el fin definitivo de la distensión. Todavía fresco en la memoria el triunfo revolucionario en Irán y Nicaragua el año anterior, la dinámica de bloques se proyecta cada vez más al ámbito del Tercer mundo, y así viene a demostrarlo la polarización creciente de sus sociedades.

FIN DE LA DISTENSIÓN Y CRISIS INTERNA EN EL BLOQUE SOCIALISTA

En el seno de la Europa del Este los problemas y las disensiones internas no habían dejado de reproducirse casi cada década desde su ocupación por el ejército rojo y el establecimiento en los años posteriores a la Segunda Guerra Mundial de regímenes comunistas, fuertemente vinculados a las directrices emanadas de la Unión Soviética. En 1956 la insurrección de Hungría había sido sofocada violentamente por la URSS, como lo fue igualmente a finales de la década de 1960 la "Primavera de Praga". En el verano de 1980 una nueva crisis estalló abiertamente en Polonia. El descontento popular, que desde hacía años iba en aumento ante el paulatino deterioro de la situación económica, se canalizó a través del surgimiento de un fortísimo movimiento sindical autónomo. En setiembre, y en un clima previo marcado por la fuerte conflictividad social, se fundó en Gdansk el sindicato *Solidarnosc* (Solidaridad). Sus objetivos y planteamientos iban más allá de las meras reivindicaciones de carácter laboral: abogaba con decisión por la defensa de principios y derechos de carácter democrático y recogía asimismo un marcado espíritu nacionalista, perfectamente entroncado con la azarosa historia polaca. El movimiento contó desde un principio con el apoyo de la Iglesia católica, en un país con un marcado peso del catolicismo, cuya tradicional fuerza se había visto incrementada con la elección en 1978 del cardenal polaco Karol Wojtyla como pontífice.

La generalización de la protesta y la reivindicación obrera en el seno de un país socialista como Polonia ponía en tela de

▲

Las oficinas del sindicato polaco Solidaridad, con su rudimentario aparato de propaganda. La organización obrera de los astilleros de Gdansk, firmemente apoyada por la Iglesia católica polaca, representó la primera fisura seria en el bloque socialista de la Europa del Este.

Monseñor Óscar Arnulfo Romero, obispo residencial de San Salvador desde 1977, una de las voces de la Iglesia latinoamericana que con más contundencia se expresaron en contra de la injusticia y de la opresión política, fue asesinado por elementos paramilitares cuando celebraba misa en la catedral de San Salvador.

La llama olímpica arde en el estadio de Moscú, durante la ceremonia de inauguración de los Juegos de Verano.

juicio a los ojos del resto del mundo la viabilidad del sistema comunista. Pero, además, la imagen exterior del bloque soviético quedó ahora todavía más oscurecida por un nuevo factor de descrédito, en este caso frente al Tercer mundo: la ocupación de Afganistán, iniciada en los últimos días de 1979. Ese acontecimiento, a la vez que marcaba el fin de la distensión entre los bloques enfrentados, supuso para los soviéticos la pérdida de buena parte de su credibilidad exterior. El papel de la Unión Soviética ante las naciones subdesarrolladas sólo se vería revalorizado a raíz de la agresiva política exterior que Estados Unidos iba a desarrollar bajo la presidencia de Ronald Reagan, el candidato republicano vencedor en las elecciones de noviembre de 1980. En la derrota del hasta entonces presidente Jimmy Carter pesó el estrepitoso fracaso, a principios del año, de la operación de comando concebida para liberar a los rehenes estadounidenses retenidos en Teherán. El radical anticomunismo de Reagan conduciría inicialmente a una dinámica de mayor tensión y tirantez entre los bloques, ya de por sí importante en el inicio de su mandato, como había venido a demostrar en el verano el boicot estadounidense a los Juegos Olímpicos de Moscú, secundado por más de 50 países; pero paradójicamente, los siguientes doce años de administración republicana podrían anotar en su haber avances sustanciales en las conversaciones de desarme, primero, y más tarde el final definitivo de la guerra fría y de la bipolarización geopolítica del planeta.

ENTRE LA PROTESTA SOCIAL Y LA VIOLENCIA

Al iniciarse la década de 1980, algunos países de América latina vivían una situación convulsa que en parte respondía a una dinámica internacional de enfrentamiento entre los dos grandes bloques geopolíticos rivales, pero que en última instancia venía determinada por la existencia de una realidad económica, social y política en extremo negativa. A la miseria generalizada y el autoritarismo político se unía el constante aumento de la deuda externa. En un contexto semejante, poco espacio quedaba para el florecimiento de la demo-

cracia, y en cambio iba creándose un ambiente de fuerte y creciente oposición entre regímenes políticos antagónicos, paradigmáticamente representado en el contexto centroamericano por el caso de El Salvador. Desde 1979 la acción represiva del ejército y los grupos de ultraderecha, sumada a la creciente respuesta guerrillera, había sumido el país en un clima de guerra civil, provocando el exilio de más de medio millón de personas. En ese clima enrarecido se produjo en marzo de 1980 el asesinato del arzobispo Óscar Arnulfo Romero, firme defensor de los campesinos más pobres, que denunciaba desde su púlpito de la catedral de San Salvador el rigor de la represión.

Las embajadas se convirtieron en un espejo que reflejaba el agitado acontecer de América latina. La ocupación de las sedes de representación diplomática de distintos países se generalizó en esos momentos, por una parte porque constituía una forma eficaz de protesta y de presión, al in-

James Earl Carter, presidente demócrata de Estados Unidos en 1976-1980. Su derrota electoral ante el republicano conservador Ronald Reagan era un síntoma de que se había producido un cambio decisivo en el sistema de valores dominante.

El entierro de John Lennon se convirtió en una convocatoria para la nostalgia. Remember Love, reza el cartel, y el título de una canción adquiere toda una carga simbólica. Una cultura está desapareciendo, no la olvidéis... «Recordad el amor.»

volucrar a otros países en el problema; y por otra parte, en medida nada despreciable, también porque se trataba, al menos teóricamente, de un tipo de movilización "seguro", ya que la extraterritorialidad de los recintos de las embajadas situaba a los protagonistas de la protesta a salvo de una represión inmediata y contundente por parte de las fuerzas del orden. En enero un grupo de campesinos ocupó la Embajada española en Guatemala para denunciar los excesos de la represión; pero la expeditiva intervención del ejército hizo que la ocupación finalizara en un auténtico baño de sangre. También a principios de año, un comando del movimiento guerrillero colombiano M-19 asaltó la Embajada dominicana en Bogotá, y allí se mantuvo atrincherado durante más de dos meses. En un acto de signo político distinto, y que pudo beneficiarse de una relativa tolerancia por parte del régimen de Fidel Castro, miles de cubanos invadieron en abril la embajada de Perú en La Habana con la aspiración última de abandonar el país.

Disturbios populares en Guatemala, durante la crisis producida a raíz de la ocupación de la Embajada española.

LA MUERTE DE JOHN LENNON

Había transcurrido toda una década desde la separación de The Beatles, y estaban definitivamente lejos los tiempos en que *Imagine* (1971) se convirtió en himno de una generación que deseaba hacer el amor y no la guerra. John Lennon, perdida su aura de mito juvenil y ya en el umbral de los cuarenta, había regresado recientemente de un silencio de cinco años para grabar *Double Fantasy*. Un mitómano interrumpió bruscamente su carrera al asesinarlo a la puerta de su casa de Nueva York, por la única razón de que él mismo quería ser John Lennon. Sucedió a principios de diciembre, y en el mes anterior Ronald Reagan había sido elegido presidente de Estados Unidos. Fueron dos signos, oscuramente emparentados, de un cambio drástico de valores y de actitudes por parte de la juventud. No más flores, no más largas melenas, no más filosofía oriental, promiscuidad, marihuana. Desaparecía el mundo de los *hippies* y alboreaba ya el de los *yuppies*, un término acuñado a partir de las siglas de los *Young Urban Professionals*, jóvenes profesionales urbanos cuyo arquetipo ideal era el *broker* o agente de Bolsa. Los *yuppies* combinaban la adicción al trabajo con la práctica del *jogging* y el *aerobic*; rendían al cuerpo un culto narcisista y lo vestían con ropas exclusivas pero desinhibidas, como la combinación entre un conjunto de Alaïa y unas zapatillas deportivas; cultivaban la agresividad como valor máximo en la jungla de la competencia urbana, y creían ciegamente en los números de la cuenta corriente y los signos externos de riqueza como único barómetro fiable para medir el grado de realización personal de sus vidas.

Ejercicios de aerobic en un gimnasio. El culto al cuerpo fue una de las características más llamativas de la nueva cultura urbana postindustrial.

Del mundo según Lennon, al universo reaganiano. La muerte de un músico trascendía la crónica de sucesos de una ciudad violenta para elevarse a la categoría de símbolo de los cambios de mentalidad y de actitudes que aportaría la nueva década, y a lápida definitiva bajo la cual enterrar una época sin duda más ligera y amable. ■

Instantáneas

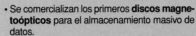 **1980**

- El arquitecto mexicano **L. BARRAGÁN** gana el premio Pritzker.
- S. CHIA, destacado representante de la transvanguardia italiana, muestra en su cuadro *Pastor excitado* una recuperación de técnicas y motivos tradicionales, negados por el conceptualismo en boga.

- *Another brick in the wall*, de R. WATERS e I. GILMOUR.
- *The river*, de B. SPRINGSTEEN.
- *Stand by me*, de B.B. KING, J. LEIBER y M. STOLLER.
- *Video killed the radio star*, de G. DOWNES, T. HORN y B. WOOLLEY.
- *Enola Gay*, de P. HUMPHREYS.

- *Inteligencia sentiente*, resultado de los cursos y seminarios de X. ZUBIRI, resume su filosofía de recuperación de lo vital y personal en el hombre, frente a los meros hechos y el saber técnico.

- *El crimen de Cuenca*, polémica cinta de la española PILAR MIRÓ.
- Llegan a España los culebrones latinoamericanos: *Los ricos también lloran*.
- *El imperio contraataca*, de I. KERSHNER, segunda parte de *La guerra de las galaxias*. Es la más dramática de la trilogía.
- *Kagemusha o La sombra del guerrero*, filme épico ambientado en el Japón feudal, una nueva aportación de A. KUROSAWA a la historia del cine.
- *Toro salvaje*, filme en blanco y negro de M. SCORSESE sobre el mundo del boxeo. Lo protagoniza R. DE NIRO.
- *El último metro*, uno de los mayores éxitos comerciales de F. TRUFFAUT, gira en torno a las peripecias de unos actores en plena ocupación nazi de Francia.
- *La ciudad de las mujeres*, fantasía de F. FELLINI sobre el eterno tema del hombre y su relación con la mujer. Está protagonizada por M. MASTROIANNI.
- La serie televisiva británica *Yes, Minister* enfrenta a un político ambicioso e ingenuo con el espíritu burocrático y la casi inexpugnable retórica de su secretario.

- En la base aérea de Edwards (California) un ingenio propulsado por energía solar, el **Gossamer Penguin**, logra volar durante quince minutos. *(7 Agosto)*

- Se comercializan los primeros **discos magnetoópticos** para el almacenamiento masivo de datos.
- Los japoneses ponen de moda los relojes **con pantalla de cristal líquido**, alarma y calendario, a precios asequibles al gran público.
- La sonda estadounidense *Voyager I* envía las primeras fotografías del planeta **Saturno**. *(1 Noviembre)*

- La embajada española en **Guatemala** es ocupada pacíficamente por un grupo de campesinos. La violenta entrada de la policía causa 39 muertos, entre ellos súbditos y funcionarios españoles. *(31 Enero)*
- Manifestación multitudinaria en **San Salvador** pidiendo reformas sociales. *(22 Enero)*
- España: **referéndum autonómico** en Andalucía, donde se ha optado por la llamada vía "lenta". UCD, el partido del gobierno que ha instaurado las autonomías, pedía, paradójicamente, la abstención. *(28 Febrero)*
- **Zimbabwe**, antigua Rhodesia del Sur, accede a la independencia. *(18 Abril)*
- **Fracasa** el intento de Estados Unidos de rescatar a sus ciudadanos retenidos en Irán. Una serie de fallos técnicos y errores de vuelo en los helicópteros han provocado la muerte de ocho soldados estadounidenses sin que se disparara una sola bala. *(25 Abril)*
- **Países Bajos**: abdicación de la reina JULIANA en favor de su hija BEATRIZ. *(30 Abril)*
- **Corea del Sur**: aplastada una revuelta estudiantil de signo democrático. *(27 Mayo)*
- **Perú**: el centrista F. BELAÚNDE TERRY, nuevo presidente. *(28 Julio)*
- **Golpe de Estado** en Turquía del general K. EVREN. *(12 Setiembre)*
- Irán e Irak entran en una **guerra** abierta, tras años de tensión latente. *(22 Setiembre)*
- Estados Unidos: victoria electoral del republicano **R. REAGAN**. *(4 Noviembre)*
- Entrada en vigor de la **Ley Antiterrorista** en España, que prevé la suspensión de los derechos fundamentales de los presuntos terroristas. *(1 Diciembre)*
- España: Galicia refrenda su **estatuto de autonomía**, a pesar de un alto índice de abstención. *(21 Diciembre)*

- El disidente político y físico soviético A. SAJAROV y su mujer, **confinados** en Gorki. *(22 Enero)*
- Miles de cubanos piden **asilo político** en la Embajada de Perú en La Habana. *(4 Abril)*
- **Erupción** del volcán Santa Elena, en Estados Unidos (estado de Washington). Tras cien años

de inactividad, ha expulsado una columna de veinte kilómetros de cenizas. *(18 Mayo)*
- El español J.A. SAMARANCH es elegido presidente del Comité Olímpico Internacional (**COI**). *(16 Junio)*
- Sangriento **atentado terrorista** en Italia. Una bomba colocada en la estación de Bolonia por un grupo de ultraderecha causa 83 muertos y más de 200 heridos. *(2 Agosto)*
- Devastador **terremoto** en el sur de Italia, entre Nápoles y Caserta. *(23 Noviembre)*
- Sahara Occidental: el **Frente Polisario** libera a los marineros españoles que tenía secuestrados en su poder. *(17 Diciembre)*
- Las mujeres **ejecutivas** de Nueva York empiezan a llevar zapatillas deportivas con sus trajes.

- «Durante 36 años se nos ha inyectado algo externo.» L. WALESA, líder del sindicato polaco Solidaridad.
- «Lo que dije fue que los actores debían ser tratados como ganado.» A. HITCHCOCK corrige la anécdota según la cual en su día afirmó que los actores eran como ganado. El director muere a los 80 años.
- «Nadie sabe más sobre esta montaña que Harry. ¡Y no se atreverá a explotar sobre él! Esta maldita montaña no explotará. Los científicos no saben distinguir la mierda de la mermelada de manzana.» H. TRUMAN, un montañés de 83 años, rechaza ser evacuado del monte Santa Elena, que estalló el 18 de Mayo de este mismo año, matando a siete personas (incluido HARRY).

- **OSKAR KOKOSCHKA**, pintor austríaco expresionista. *(22 Febrero)*
- **ERICH FROMM**, psicoanalista estadounidense de origen alemán. *(18 Marzo)*
- **ROLAND BARTHES**, escritor y semiólogo francés. *(26 Marzo)*
- **JEAN PAUL SARTRE**, filósofo y escritor francés. *(15 Abril)*
- **ALEJO CARPENTIER**, escritor cubano. *(23 Abril)*
- **ALFRED HITCHCOCK**, director de cine británico. *(29 Abril)*
- **JOSIP BROZ**, *TITO*, jefe de Estado yugoslavo. *(4 Mayo)*
- **HENRY MILLER**, escritor estadounidense. *(7 Junio)*
- **JOSÉ ITURBI**, pianista y compositor español. *(29 Junio)*
- **PETER SELLERS**, actor británico. *(24 Julio)*
- **JOHN LENNON**, músico británico, asesinado en Nueva York por un perturbado. *(8 Diciembre)*

1981

Recibimiento en Nueva York de los rehenes liberados en Irán. El entonces vicesecretario de Estado Warren Christopher (años más tarde secretario de Estado con Clinton) impuso un ritmo frenético para que las negociaciones concluyeran antes de la toma de posesión de Ronald Reagan, por temor a que la belicosidad del nuevo presidente diera al traste con la operación de rescate.

Algunos de los acusados en el juicio llevado a cabo en China contra los excesos de la Revolución cultural. A la derecha aparece Chiang Ching, la viuda de Mao Tse-tung.

Liberados los rehenes estadounidenses en Irán
20 ENERO

Los rehenes que los radicales islámicos mantenían en la Embajada de Estados Unidos en Irán son finalmente liberados. Los 52 estadounidenses que, desde 1979, se hallaban en poder de los estudiantes iraníes fundamentalistas apoyados por el ayatollah Khomeiny, han sido puestos en libertad merced a la mediación diplomática de Argelia. De este modo, y tras los fallidos intentos de rescate de la administración Carter, el presidente Reagan inaugura su mandato con un importante éxito internacional, si bien se ha comprometido a devolver a Irán los fondos bloqueados desde la caída del sah Reza Pahlavi y a someter a un tribunal especial el destino de la fortuna de éste. ➡ **1985**

La Banda de los Cuatro, condenada en China
25 ENERO

En un acto difundido por la televisión china, un tribunal da a conocer la sentencia condenatoria de la *Banda de los Cuatro* por conspiración y excesos cometidos durante la revolución cultural. Chiang Ching, viuda de Mao Tse-tung, Chang Chung-chiao, Wang Hung-wen y Yao Wen-yuan son declarados culpables de numerosos crímenes y de poner a China al borde de una nueva guerra civil. Chiang Ching y Chang Chung-chiao son condenados a muerte, aunque la pena les será conmutada por la de cadena perpetua, a la que también han sido condenados los otros dos inculpados.

Intento de golpe de Estado en España
23 FEBRERO

Un grupo de guardias civiles encabezado por el teniente coronel Antonio Tejero Molina asalta el edificio del Congreso, durante la sesión de investidura de Leopoldo Calvo Sotelo, el candidato designado por el partido gobernante, UCD, para sustituir al dimitido Adolfo Suárez. Una cámara de televisión, que continúa funcionando inadvertidamente para los golpistas, mostrará las imágenes de la toma del Congreso a punta de metralleta y del secuestro de los diputados. El general Milans del Bosch pasea sus tanques por la ciudad de Valencia, pero los restantes mandos militares no lo secundan. La decidida intervención del rey Juan Carlos en favor del régimen democrático consigue finalmente que la intentona involucionista sea abortada. Al día siguiente, miles de personas se manifestarán en todo el país en defensa de la democracia.

Éxito del Columbia
12 ABRIL

Con dos días de retraso sobre la fecha prevista y ante la expectación del mundo entero, se inicia la misión del primer vehículo espacial reutilizable de la historia, el transbordador espacial estadounidense *STS-1*, llamado *Columbia*. Este nuevo tipo de lanzador, diseñado como alternativa a los lanzamientos convencionales mediante cohetes de un solo uso, abre una nueva página en la historia de la astronáutica y permite abaratar los lanzamientos de satélites y otros ingenios espaciales. Con posterioridad la Unión Soviética probará su propio transbordador, el *Buran* (15 noviembre 1988), y Europa acometerá la creación de un ingenio semejante, el *Hermes*, aunque de dimensiones más reducidas y adaptado al cohete *Ariane*. ➡ **1986**

Octavio Paz gana el Cervantes
23 ABRIL

El poeta y ensayista mexicano Octavio Paz (n. 1914) es galardonado con el premio Cervantes. Su original e innovadora obra poética es portadora de una profunda reflexión en torno a la condición humana y a la realidad que le concierne. Paz ha ejercido una enorme influencia en varias generaciones de intelectuales hispanoamericanos. Algunas de sus obras más celebradas son los poemarios *Piedra del sol* (1957) y *Libertad bajo palabra* (1960), y los ensayos *Laberinto de la soledad* (1950) y *Sor Juana Inés de la Cruz o las trampas de la fe* (1982). En 1987 recibirá el Premio Internacional Menéndez Pelayo, y en 1990 el Nobel de Literatura. ➡ **1990**

Fotografía magnética

La empresa electrónica japonesa Sony Corporation crea la fotografía en soporte magnético con el lanzamiento al mercado de la cámara "Mavica", desarrollada por el ingeniero jefe de Sony Nobutoshi Kihara. Se trata de la primera cámara fotográfica de la historia que no precisa

Lanzamiento del Columbia *desde el centro espacial Kennedy de Cabo Cañaveral (Florida, Estados Unidos).*

película fotográfica para captar las imágenes; éstas se almacenan en un soporte magnético, lo que permite, sin necesidad de revelado posterior, verlas directamente con la ayuda de un televisor, retocarlas en un ordenador o enviarlas a través de medios electrónicos. **➡ 1986**

Un nacionalista irlandés muere en huelga de hambre
5 MAYO

El nacionalista irlandés Bobby Sands muere tras 66 días de huelga de hambre en protesta por las condiciones en que se hallan en la prisión británica de Maze. Sands, recientemente elegido diputado, y otros nueve presos irlandeses, que también corren peligro de muerte, habían decidido llamar la atención sobre las inhumanas condiciones de vida que sufren y reclamar el estatuto de presos políticos. La muerte de Bobby Sands amenaza con desencadenar una nueva oleada de violencia en Irlanda del Norte, principalmente en los barrios católicos de Belfast.

Juan Pablo II sufre un atentado
13 MAYO

El papa Juan Pablo II (n. 1920) es víctima de un atentado en la plaza de San Pedro del Vaticano. Mientras circulaba entre una multitud de fieles, un joven turco le hiere gravemente de un disparo de pistola. Trasladado inmediatamente a un hospital de Roma, el Sumo Pontífice es operado y logra salvar la vida. Su agresor, Ali Agca, es detenido. Posteriormente un tribunal lo juzgará y condenará a cadena perpetua, si bien no podrá establecer con certeza el origen de la conspiración para acabar con la vida de Juan Pablo II. **➡ 1983**

Disturbios en Marruecos
20 JUNIO

La subida de los precios de los artículos de primera necesidad provoca serios incidentes en Casablanca. La huelga general convocada por la Confederación Democrática del Trabajo (CDT) desemboca en graves desórdenes cuando las fuerzas de seguridad reprimen brutalmente a miles de manifestantes. Como consecuencia de los violentos enfrentamientos, mueren veinte trabajadores, decenas quedan heridos y miles van a parar a la cárcel.

Indiana Jones
En busca del arca perdida

Con guión de George Lucas y Philip Kaufman y dirección de Steven Spielberg, *En busca del arca perdida* presenta una versión más trepidante y divertida de los filmes de aventuras de los años 30 y 40. Indiana Jones, un profesor de arqueología que recorre el mundo para recuperar piezas de gran valía artística, recibe el encargo de poner a salvo el arca de la alianza hebrea antes de que los nazis se hagan con ella en su intento de controlar el mundo. Habrá de sortear a lo largo de la aventura numerosas persecuciones, peleas, animales peligrosos, fuerzas sobrenaturales..., y a unos malos malísimos, los nazis. Harrison Ford se convierte en la nueva estrella del cine americano gracias a su brillante caracterización de Indiana Jones, quizá el último héroe de aventuras que ha dado Hollywood.

Éxito mundial de
Carros de fuego

Carros de fuego, dirigida por Hugh Hudson, narra la odisea personal de dos atletas británicos que participaron en las Olimpiadas de 1924 celebradas en París. Protagonizada por Ben Cross y Ian Charleson, la película se convierte en la más taquillera del año y consigue los Óscares a la mejor película, guión original, banda sonora y vestuario. Las secuencias de las distintas carreras, rodadas a cámara lenta y con una sugerente música de Vangelis como fondo, han pasado a formar parte de la historia del séptimo arte.

El crack, nueva droga

Comienza a extenderse por los guetos y suburbios de las grandes ciudades el consumo de una nueva droga, el crack, que se consigue a partir de la cocaína. Los efectos son más rápidos y se necesita menos dosis, por lo menos hasta que la tolerancia provoca su aumento. De esta forma, mientras que la cocaína ha sido tradicionalmente una droga de clases medias o altas, el crack se hace un lugar en los barrios más pobres. La adicción provocada por esta droga es más fuerte, por lo que la incitación a la delincuencia y la incapacitación social del individuo, ya de por sí graves en estos barrios, se ven aumentadas de manera preocupante.

Éxito televisivo de
Retorno a Brideshead

La adaptación televisiva de la novela del inglés Evelyn Waugh consigue un extraordinario éxito internacional. El regreso de Charles Ryder, interpretado por Jeremy Irons, a Brideshead, una fastuosa mansión convertida en cuartel en los días de la Segunda Guerra Mun-

Militantes del IRA con los rostros tapados portan el féretro de su compañero Bobby Sands, fallecido después de 66 días de huelga de hambre.

Frasquitos desechados de crack, la "droga de los pobres".

Cartel de En busca del arca perdida, *de Steven Spielberg.*

◄ Jeremy Irons, Anthony Andrews y Diana Quick, principales protagonistas de la serie televisiva Retorno a Brideshead.

Foto oficial de la familia real británica con ocasión de la boda de Carlos, príncipe de Gales, con lady Diana Spencer.

dial, lo enfrenta a un pasado marcado por un vínculo equívoco con la familia de lord Marchmain, particularmente con los hijos de éste, Sebastian y Julia. La serie, producida por Granada TV y en la que también participan Laurence Olivier, Claire Bloom y Stéphane Audran, es considerada una obra maestra de la televisión británica.

Boda real en Gran Bretaña
29 JULIO

Carlos, príncipe de Gales, y Diana Spencer, joven aristócrata de 19 años de edad, contraen matrimonio en la catedral londinense de San Pablo. La fastuosa ceremonia, a la que asisten cerca de 2 500 invitados, pone fin a la larga soltería del heredero de la corona británica. Miles de personas siguen el cortejo real por las calles de Londres, y cerca de 800 millones de todo el mundo lo hacen a través de la televisión. ➡ **1997**

Huelga de controladores aéreos en Estados Unidos
5 AGOSTO

La huelga convocada por los controladores aéreos de EE.UU. acaba abruptamente con el despido masivo de todos ellos, ordenado por el presidente Reagan. Los controladores aéreos, que en demanda de mejoras salariales habían paralizado el tráfico aéreo estadounidense y ocasionado pérdidas por millones de dólares, son despedidos en masa, acusados de conspirar contra el Estado. La condición de prestar juramento de lealtad para acceder al puesto de controlador faculta a las autoridades gubernamentales estadounidenses a perseguir judicialmente a quienes, a su juicio, provoquen conflictos que comprometan la seguridad nacional.

El diplomático peruano Javier Pérez de Cuéllar, secretario general de la ONU en 1981-1991, un decenio crítico para el orden geopolítico internacional.

Nace el IBM PC
12 AGOSTO

El gigante estadounidense de la informática, la empresa International Busines Machines (IBM), crea el primer ordenador personal, el IBM-Personal-Computer (PC), que se convertirá con el paso del tiempo en el estándar mundial para las máquinas de uso profesional y doméstico. Se trata de un aparato creado por Philip Estridge, equipado con un microprocesador Intel 8088 y dotado de una memoria de 64 KB, ampliable hasta 544 KB. Para el almacenamiento masivo de información, incluye unidades de disco para disquetes de 160 y 320 KB. Entre sus modelos destaca el PC AT, equipado con un procesador más potente, el Intel 80 286. El ordenador personal, más conocido como PC, se convertirá a partir de ahora en compañero inseparable de amplias capas de la población y será objeto de constantes mejoras hasta llegar a los portátiles de gran potencia, poco peso e ilimitadas posibilidades de conexión con otras máquinas a través de las llamadas "autopistas de la información". ➡ **1990**

Llega a España el Guernica
10 SETIEMBRE

El célebre cuadro de Picasso que evoca el bombardeo de la ciudad vasca durante la guerra civil, ya se encuentra en España. El *Guernica*, que fuera encargado al pintor malagueño por el gobierno español para el pabellón de la República en la Feria Internacional de París de 1937, se instalará en Madrid, provisionalmente en el Casón del Buen Retiro, que depende del Museo del Prado. Desde 1939, por expresa voluntad de su autor, el cuadro había sido depositado en el Museo de Arte Moderno de Nueva York hasta que en España se restablecieran las libertades públicas. ➡ **1986**

Sadat es asesinado en Egipto
6 OCTUBRE

El presidente egipcio Anwar al-Sadat (1918-1981) muere en El Cairo en un atentado realizado por integristas musulmanes. Mientras presenciaba un desfile militar en la capital egipcia, Sadat es abatido a tiros por extremistas islámicos infiltrados en una unidad de elite del ejército. Junto al Rais, también mueren en el atentado otras tres personas, entre ellas el embajador norcoreano, y caen heridas una veintena de personas. Sadat había dado un giro radical a su política exterior e impulsado un polémico acercamiento a Israel que se concretó en los acuerdos de Camp David, en 1978, y el tratado de paz de 1979 firmado en Washington.

Elías Canetti obtiene el Nobel de Literatura
10 DICIEMBRE

El escritor búlgaro, nacionalizado británico, y en lengua alemana, Elías Canetti (1905-1994), es distinguido con el premio Nobel de Literatura. Descendiente de una familia de judíos sefardíes, Canetti pasó siendo joven de Bulgaria a Austria, de donde a su vez emigró en tiempos del nazismo a Gran Bretaña. Su obra, situada al margen de las modas literarias, se compone sobre todo de aforismos, ensayos inacabados y escritos autobiográficos, y no tuvo difusión internacional hasta la década de los sesenta. Entre sus títulos más destacados figuran *Auto de fe* (1935), *Masa y poder* (1960) y *El otro proceso*, ensayo sobre Kafka incluido en el volumen *La conciencia de las palabras* (1975).

Nuevo secretario general en la ONU
15 DICIEMBRE

La Asamblea General de la ONU elige al peruano Javier Pérez de Cuéllar nuevo secretario general, en sustitución del austríaco Kurt Waldheim. Por primera vez un latinoamericano ocupará el más alto cargo de la organización mundial. El diplomático peruano, hasta ahora representante permanente de su país en la ONU, había sido embajador en Francia, Reino Unido, Bolivia y Brasil. Pérez de Cuéllar permanecerá en la secretaría general hasta 1991.

España: un golpe anacrónico

El año de 1981 está marcado por el intento de involución en el proceso de transición de España hacia la democracia; por la agudización de los problemas en América latina, que exacerban la represión y la violencia en el Cono Sur; y por el protagonismo que alcanza la revolución conservadora en Occidente de la mano del nuevo mandatario estadounidense, Ronald Reagan, y en alguna medida, también del papa Juan Pablo II. Por curiosa coincidencia, uno y otro sufren en este año sendos atentados que vienen a expresar la fuerza que empiezan a adquirir los integrismos de todo tipo que se apoderan del mundo en esta década.

LA POLÍTICA INTERNACIONAL SE ENRARECE

A pesar del éxito que supuso la liberación a principios de año de los rehenes que el régimen de Khomeiny retenía en la embajada USA en Teherán –gracias sobre todo a la mediación de la diplomacia argelina–, la política internacional empezó a acusar el impacto de unas tensiones que revelaban de un lado las suspicacias de las dos grandes potencias en un marco de relaciones agotado y superado por la evolución del mundo, y de otro la injusticia que campeaba en las zonas más deprimidas. Los integrismos se fortalecían más allá del paradigmático ejemplo iraní, y daban un ejemplo de su nuevo vigor con el asesinato del presidente egipcio Anwar al-Sadat.

Occidente se encontraba en esos momentos ocupado en desarrollar nuevas ideas políticas y económicas, venidas de la mano de los mandatarios que mejor representaban la "revolución conservadora": Margaret Thatcher y Ronald Reagan. La base de las propuestas de ambos se encontraba en la reducción de la intervención del Estado en los procesos económicos, la privatización de empresas públicas, la disminución de las ayudas sociales y la priorización del equilibrio presupuestario. Todo ello completado con el fortalecimiento de las posiciones políticas frente al otro bloque, la reivindicación orgullosa del liderazgo de Occidente y la inversión en investigación militar para proteger con nuevas armas –la "bomba limpia" en este mismo año– la posición occidental. El atentado

A la izquierda, el teniente coronel de la Guardia civil Antonio Tejero se dirige pistola en mano a los diputados de las Cortes españolas. Un golpe anacrónico y fallido, que supuso el mayor sobresalto de la transición democrática.

Un aspecto de la ceremonia de investidura del republicano Ronald Reagan como presidente de Estados Unidos, celebrada ante el Capitolio de Washington el día 20 de enero (Investment Day) de 1981.

Juan Pablo II rodeado por los fieles en la plaza de San Pedro. El atentado de Ali Agca se produjo en uno de estos "baños de multitudes".

no II, sus ideas pusieron freno a la reforma emprendida por la Iglesia en las dos décadas anteriores y reivindicaron una religiosidad más tradicional y rígida en lo moral, y tal vez menos directamente comprometida con las injusticias sociales. También Juan Pablo II sufrió en este año un atentado a manos del turco Ali Agca, que vino a expresar de alguna manera el temor que en el integrismo islámico provocaba la decidida actividad del papa polaco.

El protagonismo del nuevo papa estuvo directamente relacionado con la subida al poder de un nuevo mandatario en Polonia, el general Jaruzelski, que trató de poner freno a la degradación del régimen comunista y a la acción del sindicato católico Solidaridad, que bajo la dirección de Lech Walesa se había fortalecido extraordinariamente en los últimos años.

En América latina, especialmente en Centroamérica, los problemas, lejos de encontrar vías de solución, se agudizaron de forma dramática, con el constante recurso al golpe militar ante la amenaza revolucionaria –como en el caso de Bolivia, que aupó al poder a García Meza con el apoyo del narcotráfico– y a la represión

que sufrió Reagan, sin embargo, cabe situarlo dentro del peculiar modo de entender el protagonismo que tienen los ciudadanos de Estados Unidos, y no es posible en absoluto interpretarlo como síntoma de una resistencia u oposición seria a la política enunciada.

Como contrapunto al éxito conservador, Francia promovió a la presidencia a François Mitterrand, un dato que parecía apuntar a la solución socialista mediterránea frente al conservadurismo anglosajón,

aunque enseguida la política económica gala viró, también con los matices pertinentes, hacia los principios defendidos por los líderes conservadores.

El otro gran personaje del año fue el papa Juan Pablo II. Desde su acceso al papado había emprendido una actividad frenética –que le valió el apelativo de "papa viajero"–, para predicar los valores tradicionales de la Iglesia en todos los confines del mundo. Sin poner expresamente en cuestión los principios del concilio Vatica-

Instantáneas `1981`

- La **transvanguardia italiana** agrupa a cierto número de artistas que preconizan un retorno placentero a la pintura figurativa y a las técnicas tradicionales. Sandro Chia es uno de sus representantes más destacados.

- Un grupo español en la cima de la música pop: Mecano y su tema *Hoy no me puedo levantar*.
- Nuevo álbum y nuevo éxito de Julio Iglesias: *De niña a mujer*.
- *Carros de fuego* significa el reconocimiento internacional para el solista de sintetizadores Vangelis.

- J. Crowley es uno de los más reconocidos autores de literatura fantástica y de ciencia-ficción, con tan sólo algunas novelas cortas, como *Pequeño, grande*.
- *Crónica de una muerte anunciada*, una de las mejores y más inquietantes obras de G. García Márquez, todo un ejercicio de estilo que mantiene en vilo al lector a pesar de que desde la primera frase revela el desenlace de la trama.
- *El jardín de al lado*, del chileno J. Donoso, novela sobre la creación y el exilio.
- S. Rushdie presenta una visión panorámica de la India en *Hijos de la medianoche*, a

través de una epopeya mágica y a menudo irónica que abarca todo un siglo.
- *La conjura de los necios* no fue aceptada por ninguna editorial cuando J. Kennedy Toole intentó su publicación. El público podrá disfrutar de esta sátira de la sociedad americana gracias a los esfuerzos de la madre de Toole, que consiguió que la novela fuera editada tras el suicidio de su hijo.
- *Los santos inocentes*, nueva novela de M. Delibes.

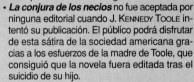
- *Excalibur*, de J. Boorman, aproximación al mítico mundo del rey Arturo y sus caballeros.
- *Fuego en el cuerpo*, primer largometraje del guionista L. Kashdan que cuenta con relevantes interpretaciones de K. Turner y W. Hurt.
- *El hombre elefante*, sobria película de D. Lynch sobre un hombre de rostro desfigurado, espléndidamente fotografiada en blanco y negro por Freddie Francis.
- *El hombre de hierro*, filme sobre la situación social de Polonia, realizado por el prestigioso A. Wajda.
- *Hill Street Blues*, vida y avatares de los policías de una comisaría de Nueva York. La serie, producida por S. Bochco, empieza a emitirse en la ITV estadounidense.
- La serie televisiva *Magnum* revela en Estados Unidos a un atractivo actor, Tom Selleck.

- Primeras pruebas en Estados Unidos del **prototipo del "caza invisible"**, el Lockheed F-117A.
- Entra en servicio el **tren de alta velocidad francés (TGV)**, que cubre el trayecto entre las ciudades de París y Lyon.

- España: **A. Suárez** presenta su dimisión como presidente del gobierno. *(29 Enero)*
- España: el ingeniero J.M. Ryan, **secuestrado por ETA**, es asesinado por la organización terrorista para forzar la demolición de la central nuclear de Lemóniz, donde trabajaba. *(6 Febrero)*
- Polonia: el moderado general **W. Jaruzelski**, nombrado primer ministro. *(9 Febrero)*
- **Argentina**: se producen cambios importantes en la cúpula militar de la dictadura, ligados al parecer a una intención democratizadora. *(29 Marzo)*
- R. Reagan, herido en un **atentado**. *(30 Marzo)*
- Colombia rompe sus relaciones diplomáticas con Cuba, acusando al régimen castrista de apoyar a la **guerrilla M-19**. *(23 Marzo)*
- Londres: graves **disturbios raciales** en el barrio de Brixton. *(12 Abril)*
- El socialista **F. Mitterrand**, nuevo presidente de la República francesa. *(10 Mayo)*

(Continúa)

◀ Juegos de manos, *de Sandro Chia (Galería Bruno Bischofberger, Zurich), excelente muestra del retorno al figurativismo de la transvanguardia italiana.*

Maquillaje *fue uno de los éxitos de ventas más espectaculares del grupo pop español Mecano, compuesto por los hermanos José María y Nacho Cano y la vocalista Ana Torroja.*

sistemática, que en febrero de este año fue denunciada por Amnistía Internacional en un informe estremecedor que reveló que, sólo en Guatemala, habían sido asesinados más de 3 000 opositores al régimen en los últimos diez meses.

Frente a estos asuntos y a estas alturas, apenas sorprendió la atención mundial que suscitó la boda entre el príncipe Carlos de Inglaterra y Diana Spencer, "lady Di", acontecimiento revelador de la importancia que adquirirían en la última parte del siglo noticias de esta naturaleza, como forma de evasión de las sociedades desarrolladas.

ESPAÑA ANTE EL GOLPE DEL 23 DE FEBRERO

La admiración que despertó en el mundo la transición democrática en España comenzó a matizarse ante los agudos problemas que hubo de afrontar el nuevo régimen una vez concluido básicamente el proceso de cambio político. No obstante, habría que interpretar los acontecimientos de 1981 como expresión de los últimos coletazos de posiciones inmovilistas o radicales, antes de dar paso definitivo a una nueva sociedad.

El año comenzó con la dimisión de Adolfo Suárez, el impulsor de la transición y uno de los principales artífices de la misma, y prosiguió con el desaire que sufrió el Rey en el Parlamento vasco por parte de los nacionalistas radicales. Poco después se produjo el acontecimiento más dramático de la historia política reciente de España, un pronunciamiento militar que puso al país al borde de una nueva dictadura. El fracaso de lo que se llamó el golpe del 23-F representó, sin embargo, un impulso definitivo a la reforma democrática, a pesar de que en ese proceso quedaran arrasados el partido que la había coordinado, la Unión de Centro Democrático (UCD), e incluso el presidente que vino a sustituir a Suárez, Leopoldo Calvo Sotelo.

A finales de año y en virtud de una propuesta parlamentaria, España ingresó oficialmente en la OTAN, en medio del revuelo causado por uno de los debates más absurdos y enconados de la política española, prolongado hasta nuestros días. ∎

Instantáneas *(continuación)*

- ZIAUR RAHMAN, presidente de la república de **Bangla Desh**, es asesinado. *(30 Mayo)*
- **Nicaragua**: el viceministro EDÉN PASTORA deserta del sandinismo y decide enfrentarse a sus antiguos compañeros de guerrilla. Acusa al nuevo régimen de degenerar en otra dictadura. *(9 Julio)*
- **Israel bombardea Beirut**, en respuesta a un ataque contra localidades israelíes cercanas a la frontera libanesa. *(17 Julio)*
- L. GARCÍA MEZA es depuesto por el **quinto golpe de Estado** que sufre Bolivia este año. Al parecer el golpe ha sido impulsado por Estados Unidos, ya que GARCÍA MEZA estaba manifiestamente implicado en el tráfico de cocaína. *(3 Agosto)*
- Se celebra en Cancún una **conferencia internacional** para la cooperación económica. *(23 Octubre)*
- El gobierno presidido por L. CALVO SOTELO firma el protocolo de **ingreso de España en la Organización del Tratado del Atlántico Norte (OTAN)**. *(9 Diciembre)*
- **Polonia**: ante la grave situación provocada por las huelgas, JARUZELSKI proclama la ley marcial. *(15 Diciembre)*

 • Amnistía Internacional denuncia miles de asesinatos de políticos de la oposición en **Guatemala**. *(17 Febrero)*

- **España**: se anuncia que el agente responsable de una masiva y extraña intoxicación que se manifestó el pasado mes de abril, es el **uso fraudulento del aceite de colza industrial** como aceite comestible. *(17 Junio)*
- El Parlamento de Estrasburgo declara la **abolición de la pena de muerte** en todos los países de la CEE. *(18 Junio)*
- España: entrada en vigor de la **Ley del Divorcio**. *(20 Julio)*
- J. TOBIN recibe el premio **Nobel de Economía**. Su obra se sitúa en la línea de un keynesianismo moderno. *(13 Octubre)*
- El Alto Comisionado de la ONU para los refugiados recibe el premio **Nobel de la Paz**. *(14 Octubre)*

 • **Fútbol**: el Liverpool gana por tercera vez la Copa de Europa, derrotando en la final al Real Madrid. *(27 Mayo)*
- El motociclista Á. NIETO consigue su **décimo título mundial**, la cifra más alta que un piloto haya logrado. *(2 Agosto)*

 • «He ordenado a las Fuerzas Armadas que tomen las medidas necesarias y que aseguren la permanencia de la democracia.» Mensaje televisado del rey JUAN CARLOS el 23 de Febrero ante el intento fallido de un golpe de Estado.

- «Menuda forma de llegar a California.» El capitán R. L. CRIPPEN, tras el aterrizaje de la nave espacial *Columbia* en la base Edwards de las Fuerzas Aéreas estadounidenses.
- «Es una enfermedad gravísima. Creo que podemos asegurar que es nueva.» El Dr. J. CURRAN, director del departamento de enfermedades venéreas en Atlanta, habla sobre el sida.

- **MARÍA MOLINER**, filóloga española. *(22 Enero)*
- **BILL HALLEY**, uno de los pioneros del rock. *(9 Febrero)*
- **JOSEP PLA**, escritor español en lenguas catalana y castellana. *(12 Abril)*
- **BOB MARLEY**, cantante y bandleader de reggae jamaicano. *(11 Mayo)*
- **WILLIAM SAROYAN**, escritor estadounidense. *(18 Mayo)*
- **JAIME ROLDÓS**, presidente de Ecuador, en un accidente de aviación. *(24 Mayo)*
- **OMAR TORRIJOS**, político y militar panameño, en accidente de aviación. *(1 Agosto)*
- **KARL BÖHM**, director de orquesta austríaco. *(14 Agosto)*
- **MOSHE DAYAN**, general israelí. *(16 Octubre)*
- **GEORGES BRASSENS**, poeta y cantante francés. *(31 Octubre)*
- **NATALIE WOOD**, actriz estadounidense. *(29 Noviembre)*

1982

Aviones de combate argentinos destruidos en tierra en las Malvinas, por los bombardeos británicos.

La era tecnológica ofrece al espectador muestras no sólo de una civilización más refinada, sino también de una barbarie más completa: por ejemplo, los miles de cadáveres de refugiados palestinos alineados en los campos de Sabra y Chatila, después de la matanza llevada a cabo por las milicias derechistas libanesas.

Guerra en el Atlántico Sur
2 ABRIL

Tropas argentinas desembarcan en el archipiélago de las Malvinas, al SE del país, ocupado por el Reino Unido desde 1833. El general Leopoldo Galtieri, en un intento de romper el aislamiento social del régimen militar, ordena la invasión de las islas, cuya soberanía reclama Argentina. La acción provoca grandes manifestaciones de fervor patriótico, pero el gobierno británico de Margaret Thatcher, con el apoyo de Estados Unidos, envía una flota para desalojar a los argentinos. Durante el mes de mayo se producirán diversos incidentes bélicos, entre ellos el hundimiento del crucero argentino *General Belgrano* (368 muertos y desaparecidos) por un submarino británico. Las operaciones en tierra adquieren rápidamente un cariz desfavorable para las tropas argentinas, que son desaloja-

das de sus posiciones estratégicas. Finalmente, el 14 de junio, el general Benjamín Menéndez se rendirá en Puerto Argentino (Port Stanley). La breve guerra de las Malvinas supondrá el principio del fin para la dictadura militar argentina, que no tardará en buscar vías para devolver el poder a los civiles.   ➡ 1984

Italia gana la Copa del Mundo de fútbol
11 JULIO

La selección italiana de fútbol gana la fase final del campeonato mundial celebrado en España. En un memorable partido disputado en el estadio Santiago Bernabeu de Madrid, Italia vence a Alemania por 3 a 1. Los goles italianos son conseguidos por Rossi, Tardelli y Altobelli, y el alemán por Breitner. Después de una decepcionante primera fase, en la que sólo consiguió empatar con Polonia, Perú y Camerún, la selección italiana llegó a la final superando con autoridad a Brasil, Argentina y Polonia.

ETA detiene las obras de la central nuclear de Lemóniz
26 JUNIO

El secuestro y asesinato del ingeniero José María Ryan y los atentados con bombas de la organización terrorista ETA contra las obras de la central nuclear de Lemóniz, en el norte de España, logran su objetivo. La compañía Iberduero, propietaria de la central, anuncia que su construcción no continuará hasta que no se cuente con la necesaria seguridad. Las bombas de ETA contra Iberduero, que cederá a otra compañía la explotación de la central nuclear, ya han causado víctimas en Rentería, donde un niño de diez años ha sido alcanzado por la explosión de una de ellas.   ➡ 1987

Matanza de palestinos en Sabra y Chatila
18 SETIEMBRE

Ante la pasividad de las tropas judías que han invadido el sur del Líbano, milicias derechistas libanesas llevan a cabo una terrible matanza en los campos de refugiados de Sabra y Chatila. Los falangistas pro israelíes del general

Saad Haddad atacan, en represalia por la muerte en atentado del presidente Bachir Gemayel, los campamentos palestinos de Sabra y Chatila, dando muerte a más de un millar de mujeres, ancianos y niños indefensos. Los combatientes de la OLP ya habían sido evacuados del Líbano el 21 de agosto, después de que Israel, cuyo ejército había invadido el país el 6 de junio, aceptara su retirada bajo control de la ONU.   ➡ 1991

Gran éxito del musical Cats
7 OCTUBRE

Con el estreno de *Cats* en el Winter Garden Theatre de Broadway, su autor, Andrew Lloyd Webber, tiene en cartel tres musicales distintos en Broadway, algo impensable para cualquier compositor que no sea el solicitadísimo creador de *Jesucristo Superstar*. El nuevo musical está basado en los poemas de *Old Possum's Book of Practical Cats*, de T.S. Elliot, y cuenta con la coreografía de Gillian Lynn, la dirección de Trevor Nunn y la participación en los principales papeles de Betty Buckley, Ken Page y Héctor Jaime Mercado. *Cats* se mantendrá en cartel hasta el 6 de agosto de 1995.

El Hombre de Antonio López

El pintor español Antonio López (n. 1936) indaga sobre el carácter esencial inherente al ser humano y sobre la dimensión de las cosas que lo rodean. López trabaja desde 1966 en una escultura que representa a un hombre, y que ya presentó en 1973 en la galería Marlborough. El artista la modifica constantemente en busca de las proporciones perfectas, porque, afirma, *"el hombre no existe, nace de la idea del artista y se completa con cuerpos reales"*.

Muere Leonid Brezhnev
10 NOVIEMBRE

Leonid Brezhnev (1906-1982), jefe de Estado y máximo dirigente del Partido Comunista de la URSS, fallece en Moscú a los 75 años. Brezhnev había accedido al poder en 1964, tras la caída en desgracia de Jruschov, quien precisamente había contribuido decisivamente a impulsar su carrera política. Brezhnev se

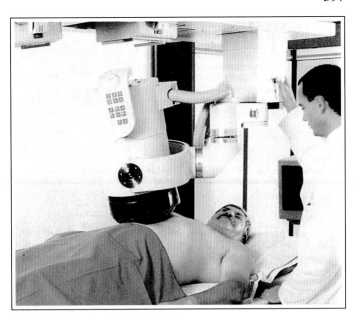

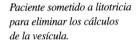

◄ *Gabriel García Márquez en la ceremonia de recepción del premio Nobel de Literatura, en Estocolmo.*

hizo con el control casi absoluto del poder, pero no logró superar los problemas estructurales de la economía soviética en el plano interior. En el exterior desarrolló la *doctrina Brezhnev*, por la que la URSS podía intervenir en cualquier país socialista si el socialismo se veía amenazado, como ocurrió en 1968 en Checoslovaquia. Yuri Andropov se perfila como su sucesor. ➡ **1984**

Violenta represión en Guatemala

El régimen del general Efraín Ríos Montt (n. 1927) desata una violenta represión cuyas principales víctimas son los campesinos. Ríos Montt, que detenta el poder desde que el pasado 23 de marzo derrocara al presidente Romeo Lucas, es adepto a la secta pentecostal Iglesia del Verbo, y como tal se cree predestinado para "salvar Guatemala de la amenaza comunista". Con este propósito, tropas del ejército en lucha con la guerrilla de la Unión Revolucionaria Nacional de Guatemala (URNG) castigan duramente a poblados inermes y, según denuncia Amnistía Internacional, han asesinado ya a cerca de 3 000 campesinos indígenas. ➡ **1992**

Primeras elecciones libres en Uruguay
28 NOVIEMBRE

El triunfo electoral de los partidos democráticos frente a las formaciones oficialistas anuncia el fin inminente de la dictadura militar uruguaya (1976-1984). En las primeras elecciones libres celebradas en Uruguay desde 1972, los representantes de los partidos Nacional o Blanco, Colorado y Unión Cívica han

logrado una rotunda victoria frente a los oficialistas, entre ellos el ex presidente Jorge Pacheco Areco. Particularmente notables son los resultados obtenidos por el candidato Blanco, Wilson Ferreira Aldunate, quien aún se halla en el exilio. Los resultados de estas elecciones marcarán el carácter de la reforma constitucional que dará paso a nuevas elecciones generales en 1984. ➡ **1983**

Primer corazón artificial
2 DICIEMBRE

El corazón artificial, basado en los trabajos de W. Kolff (1957) y que había sido creado en 1976 por R.K. Jarvik, que lo bautizó con el nombre de *Jarvik-7*, es implantado ahora con éxito por primera vez por el doctor William De Vries, después de que el Ministerio de Sanidad estadounidense lo haya considerado implantable. El paciente Barney Clarke lo recibe en el transcurso de una intervención que se desarrolla en el Utah Medical Centre. Los implantes posteriores revelarán que no se trata de una solución definitiva, sino de una alternativa transitoria a la espera de un trasplante cardíaco convencional.

García Márquez recibe el premio Nobel de Literatura
10 DICIEMBRE

El escritor colombiano Gabriel García Márquez (n. 1928) recibe en Estocolmo el premio Nobel de Literatura. García Márquez, autor de *Cien años de soledad*, obra capital de la literatura del siglo XX, y representante de la tendencia específicamente hispanoamericana denominada realismo mágico, se distingue asimismo por su compromiso social y político desde posiciones de izquierda. En su discurso de agradecimiento a la Academia Sueca, aboga por un trato más justo de los países ricos hacia América latina.

Nace la litotricia

Los profesores de la Universidad de Munich (Alemania) Ch. Chaussy, E. Schmied y W. Brendel crean, en colaboración con la empresa aeronáutica Dornier, un ingenio capaz de disolver los

cálculos renales mediante ondas de choque. Gracias a su invento, las piedras se disgregan en fragmentos de 1,5 mm de diámetro que el paciente puede eliminar a través de la orina. Con posterioridad se utilizará la misma técnica para la eliminación de cálculos biliares.

Paciente sometido a litotricia para eliminar los cálculos de la vesícula.

Thriller

Los Jackson Five habían logrado ya un éxito considerable, y en su estela aparecieron un sinfín de grupos "familiares". Sin embargo, el hermano pequeño del grupo, Michael Jackson, rompe todos los récords en su carrera en solitario: *Thriller* es el álbum más vendido en la historia del disco. Pero la capacidad de innovar del cantante se descubre cuando decide pagarse, casi de su propio bolsillo, un videoclip en el que no creía nadie en la productora y que sin embargo ha logrado lo que parecía imposible, doblar unas ventas que ya eran supermillonarias. El videoclip se perfila como un elemento fundamental del pop del futuro, y por supuesto del éxito personal de Jackson, siempre espectacular.

Cubierta de Thriller, *de Michael Jackson.*

Tumbas anónimas en el cementerio de Antigua, Guatemala, víctimas de algunos episodios de represión.

Estalla la guerra de las Malvinas

En 1982 se produce el cambio de signo en la "artificial" pero cruel guerra que mantienen Irak e Irán, lo que sirve para demostrar la fuerza del integrismo islámico y el error de Occidente al apoyar a un régimen corrupto y despótico como el de Saddam Hussein. Se refuerza la represión violenta en Centroamérica con golpes de Estado "mesiánicos" como el de Ríos Montt en Guatemala, pero se tambalea la dictadura argentina al hilo de la derrota en el Atlántico Sur y del conocimiento aún parcial de las desapariciones. También se agudiza la tensión en el Próximo Oriente, con la invasión israelí del Líbano. La muerte de Brezhnev en la URSS abre un largo período de degradación del régimen, que se resiste a cambiar sus presupuestos, a pesar del fracaso constatado de su modelo económico.

CRECE LA TENSIÓN EN LAS RELACIONES INTERNACIONALES

A pesar de que la devolución del Sinaí por parte de Israel pudiera hacer pensar en un principio de solución al conflicto del Próximo Oriente, ese hecho fue una consecuencia de los acuerdos de Camp David, y únicamente sirvió para que Egipto se granjeara el odio de una buena parte del mundo árabe. El conflicto tendió más bien a agudizarse, como puso de manifiesto la invasión israelí del sur del Líbano y la evacuación forzosa de la OLP (Organización para la Liberación de Palestina) de todos sus cuarteles en ese país. La tensión alcanzó su grado máximo al conocerse las matanzas que mercenarios pagados por Israel habían llevado a cabo en los campos de refugiados palestinos de Sabra y Chatila, ejemplos patentes del horror y el abandono en que se veía sumido el pueblo palestino ante la indiferencia del mundo desarrollado.

América latina no conseguía entrar en una vía pacífica hacia el desarrollo social y económico; antes bien, sus dificultades se intensificaron con la aparición en el mundo de la política de hombres como el general Efraín Ríos Montt, que dio un golpe de Estado en Guatemala, ejerciendo una fuerte represión contra la oposición, sobre todo campesina.

Prosiguió la guerra Irak-Irán con un cambio de signo favorable al integrismo islámico de Khomeiny –del que nadie espe-

El final de la pesadilla de las Malvinas: prisioneros argentinos en Port Stanley (Puerto Argentino) el 14 de junio, después de la rendición de la guarnición del general Menéndez a las tropas británicas de elite, tras una resistencia tan corta como inútil.

Una imagen característica de la Unión Soviética en la época de Brezhnev. Bajo el escaparate de orden, eficacia y jerarquía, los ciudadanos del imperio comunista vivían una existencia marcada por penurias y restricciones crecientes.

Raniero de Mónaco, acompañado por sus hijos Carolina y Alberto, en el entierro de la princesa Grace.

raba nada–, y que puso a Occidente ante el ridículo de haber apoyado a un régimen como el de Saddam Hussein, que traería muchos quebraderos de cabeza al mundo desarrollado en los años siguientes.

Guerra entre aliados

En un intento por ganarse el apoyo del pueblo, los dirigentes militares de Argentina afrontaron las crecientes dificultades internas con la ocupación de las islas Malvinas. El derecho internacional amparaba la reivindicación argentina del archipiélago, pero la utilización de la fuerza para recuperarlo tenía difícil justificación, y más en un contexto internacional abiertamente desfavorable al régimen militar. Galtieri confiaba en que los hechos consumados llevarían en el peor de los casos a los británicos, aliados de Argentina en la OTAN, a recurrir ante los foros diplomáticos o los tribunales internacionales, pero no contó con los métodos expeditivos con los que Margaret Thatcher estaba dispuesta a imponer sus puntos de vista. Comenzó así una guerra que, posiblemente, pretendía enmascarar los fracasos económicos del gobierno militar y esconder bajo proclamas nacionalistas las agresiones cometidas durante años contra adversarios al régimen. La guerra puso de moda el misil aire-tierra de fabricación francesa *Exocet*, con el que la aviación argentina hundió al destructor británico *Sheffield* desde una distancia de 70 km del objetivo; pero la superioridad de las tropas de elite británicas fue abrumadora. Las tropas argentinas del general Menéndez atrincheradas en Gran Malvina, mal entrenadas y peor equipadas, no fueron un obstáculo serio para la implacable eficacia y ausencia de escrúpulos de la marina y de la aviación británicas, que consiguieron rápidamente controlar al ejército argentino replegado en la guarnición de la isla de Soledad. Menéndez se rindió el 14 de junio, y pocos días después presentó su dimisión el presidente de la Junta militar argentina, Leopoldo Fortunato Galtieri. La dictadura pagó caro su error, el régimen militar finalizó, y con ello el pueblo argentino empezó a comprobar que muchos de los desaparecidos en aquellos años nunca volverían, pues enseguida comenzaron a descubrirse los primeros cementerios clandestinos.

El papa Juan Pablo II sufrió un nuevo atentado en este año. No fue ahora el fundamentalismo musulmán el inductor, sino el integrismo católico, a través de un español que, afortunadamente, no logró su objetivo, saliendo el pontífice ileso.

LOS "FAMOSOS" COPAN LOS MEDIOS DE INFORMACIÓN

Las noticias relacionadas con los "famosos" –una expresión que irá asentándose a medida que nos acerquemos al final del siglo– tuvieron un eco cada vez más amplio en los medios de comunicación de masas, como expresión de la creciente importancia que en la sociedad de la información se concede a un tipo de noticias que podemos considerar banales, pero que cumplen una indudable función social, no del todo clara pero evidentemente importante.

En ocasiones es la muerte de esos personajes lo que ocupa las primeras páginas de la "prensa rosa" y suscita la compasión y el respeto del amplio público que suele seguir este tipo de noticias con avidez. Así sucedió en este año con la muerte en accidente de Grace Kelly, princesa de Mónaco y madre de una de las familias que más interés han suscitado en el público en toda la historia de la prensa gráfica. También causó un hondo impacto la muerte de una actriz admirada, Romy Schneider, sobre todo porque su suicidio venía a poner fin a una serie de tragedias personales que excitaron la compasión de la gente y revelaron la distancia existente entre el mundo feliz que representó cuando interpretaba *Sissi* y la realidad cotidiana. A la lista de famosos desaparecidos se sumaron en este año dos grandes actores: Ingrid Bergman, la inolvidable protagonista de *Casablanca*, y Henry Fonda, que tan sólo un año antes había recibido el Óscar al mejor actor por su extraordinaria interpretación de un abuelo cascarrabias en el filme *En el estanque dorado*.

Junto a estas noticias, la entrada de un intruso en las habitaciones de la reina de Inglaterra fue interpretada en tono jocoso, aunque vino a poner de manifiesto algunos fallos graves en el sistema de seguridad que protegía a la monarquía británica.

Noticias de distinto género fueron la quiebra del Banco Ambrosiano y la muerte del general Dalla Chiesa a manos de la mafia en Italia; ambas expresaron la importancia de los mundos ocultos en el funcionamiento aparentemente aséptico de los sistemas políticos y económicos de Occidente. Por otro lado, la implantación de un corazón artificial anticipó el desarrollo que iban a tener en adelante las aplicaciones tecnológicas en el mundo de la medicina y la biología, y la lucha de la organización ecologista Greenpeace contra los vertidos industriales reveló la progresiva concienciación del mundo ante las cada vez mayores y preocupantes agresiones contra el medio ambiente.

VICTORIA SOCIALISTA EN ESPAÑA

En España, el PSOE comenzó una larga etapa de gobierno después de que su política de alternativa se viera coronada con un éxito rotundo en las elecciones del 28 de octubre, que vinieron a normalizar

◀ *El vencedor de las elecciones españolas del 28 de octubre, Felipe González, comparece ante la prensa la noche de la victoria.*

Lo distinto no es necesariamente negativo; lo desconocido, no necesariamente peligroso; los "otros" pueden merecer nuestra solidaridad. Éste era el bello mensaje de fondo de E.T. de Steven Spielberg, y el mundo entero refrendó el beso que colocó en la mejilla del marciano la angelical Drew Barrymore.

definitivamente el clima sociopolítico y pusieron fin al difícil proceso de la transición democrática. La hegemonía socialista en el nuevo Congreso de los Diputados vino a ser prácticamente total: la representación del anterior partido gobernante, UCD, quedó reducida a 12 diputados, y el Partido Comunista de España, con tan

sólo 4 diputados, ni siquiera pudo formar grupo parlamentario. Los sucesos de febrero produjeron como reacción un poderoso vuelco político que dejó al joven equipo de gobierno socialista, encabezado por el presidente Felipe González Márquez y el vicepresidente Alfonso Guerra, en una situación inmejorable para em-

prender la modernización del país y de sus estructuras. Un buen símbolo de la nueva situación que se vivía en España, después de las angustias anteriores, fue la extraordinaria acogida popular a la visita del papa Juan Pablo II, cuyo recorrido español se vio acompañado en todo momento por un ambiente multitudinario y festivo. ■

Instantáneas

- El **artista minimal** DAN FLAVIN presenta una serie de montajes luminosos con tubos de neón, que a menudo crean una atmósfera casi mística, lejos de la neutralidad que pretendía. Flavin ha estado trabajando en estas "esculturas de luz" desde 1964.
- El arquitecto español R. BOFILL diseña un conjunto de edificios de Marne-la-Vallée, en Francia.
- El artista de origen surcoreano NAM JUNE PAIK presenta su obra en el museo Whitney de Nueva York: televisores apilados.
- El francés PHILIPPE STARCK recibe el encargo de restaurar las habitaciones privadas de François Miterrand en el Palacio del Elíseo. El encargo refuerza su fama como diseñador e interiorista.

- Irrepetible concierto de *The Rolling Stones* en el estadio Vicente Calderón de Madrid, bajo una torrencial lluvia, acompañada de rayos y truenos. *(7 Julio)*

- *La invención de la soledad*, novela del estadounidense P. AUSTER que gira alrededor de la memoria y el azar, llama la atención de la crítica.
- Casi cincuenta años después de la muerte de F. PESSOA, el crítico portugués J.P. COELHO recopila una serie de hojas sueltas que dejó el poeta bajo el título de *Libro del de-

sasosiego*. Se trata de una obra extraña en la que PESSOA se oculta detrás de varias personas, sus heterónimos, y en la que domina la angustia ante la vaciedad de la existencia.
- M. ENDE publica una fascinante epopeya fantástica para público infantil, aunque gusta a todo el mundo: *La historia interminable*.

- Televisión Española emite con notable éxito la adaptación de la novela de G. TORRENTE BALLESTER *Los gozos y las sombras*.
- R. ATTENBOROUGH reconstruye en su ambicioso filme *Gandhi*, ganador de varios Óscares, la vida del padre de la independencia de la India y de la filosofía de la no violencia.
- *La decisión de Sofía*, película realizada por A.J. PAKULA para lucimiento de su protagonista, MERYL STREEP
- *Conan el bárbaro*: el popular personaje del cómic es encarnado en la gran pantalla por ARNOLD SCHWARZENEGGER. Excelente música de BASIL POLEDOURIS.
- *E.T. el extraterrestre*, fabulosa historia de S. SPIELBERG con música de JOHN WILLIAMS. El éxito supera todo lo esperable.
- *The young ones* (Los jóvenes), desmadrada comedia televisiva sobre cuatro jóvenes ingleses muy diferentes entre sí. Música de CLIFF RICHARD.
- I. BERGMAN recuerda su niñez en *Fanny y Alexander*, Óscar a la mejor película extranjera en 1983.

- *Lo que yo te diga*, un programa matinal de radio con I. GABILONDO y C. GARCÍA CAMPOY, alcanza un significativo éxito en España por su frescura y sentido del humor.
- Aparece en la televisión estadounidense *Falcon Crest*, un nuevo serial en la línea de *Dallas*.
- Se empieza a emitir en Estados Unidos *Fama*, dinámica serie sobre jóvenes estudiantes en una escuela de interpretación de Nueva York.
- *Cagney y Lacey*: por primera vez las protagonistas de una serie sobre policías al estilo de *Starsky y Hutch* son dos mujeres.

- Entra en servicio la **primera gran central eólica comercial** de la historia (Goldendale Columbia River Gorge, Washington).
- M. BARBACID, E. SANTOS, R.A. WEINBERG y otros colaboradores logran identificar **oncogenes de diversos tipos de cánceres** que afectan a los seres humanos.
- Un equipo de investigadores estadounidense logra un trasplante parcial del **patrimonio genético** de una rata a un ratón.

- **Siria**: enfrentamientos entre dos facciones religiosas rivales, los sunnitas y los chiítas. *(23 Febrero)*

(Continúa)

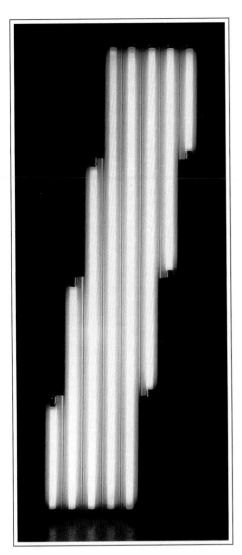

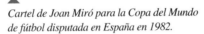

COPA DEL MUNDO DE FUTBOL ESPAÑA **82**

▲
Cartel de Joan Miró para la Copa del Mundo de fútbol disputada en España en 1982.

◄ Sin título («monumento» para V. Tatlin), *de Dan Flavin; colección D. Ioannou, Atenas. Pintura luminosa, o abstracción hecha luz.*

El francés Philippe Starck fotografiado en el interior del Café Costes de París, uno de los diseños vanguardistas de interiores que cimentaron su fama internacional. El propio Mitterrand recurrió a él para la decoración del palacio del Elíseo.

Instantáneas *(continuación)*

- Irán recupera el **Khuzistán**, en una importante ofensiva contra Irak. *(28 Marzo)*
- Israel devuelve a Egipto la península del **Sinaí**. *(25 Abril)*
- **Israel** invade el sur del Líbano. *(6 Junio)*
- **Líbano**: expulsión de 6 000 guerrilleros de la OLP, impuesta por el ejército israelí. *(21 Agosto)*
- España: **victoria en las elecciones generales del Partido Socialista Obrero Español (PSOE)** encabezado por Felipe González, que contará con mayoría absoluta para gobernar. *(28 Octubre)*
- Argentina: hallazgo de **cementerios clandestinos** con los restos de centenares de personas asesinadas por el anterior régimen militar. *(29 Octubre)*
- **S. Carrillo** dimite como secretario general del Partido Comunista de España y propone como sucesor a G. **Iglesias**. *(6 Noviembre)*
- B. **Betancur** promulga en Colombia una amnistía que beneficia a varios cientos de guerrilleros. El M-19 responde con una tregua provisional. *(20 Noviembre)*

- El rey de España Juan Carlos I recibe el **premio Carlomagno** en la ciudad alemana de Aquisgrán, por su activa defensa de los valores occidentales. *(4 Mayo)*
- España: las sentencias a los acusados del intento de golpe de Estado del **23-F** van desde los 30 años para el general J. Milans del

Bosch y el teniente coronel de la Guardia civil A. Tejero, hasta penas de un año, sin separación del servicio, para otros implicados. *(3 Junio)*
- **Greenpeace** impide el vertido de residuos atómicos en las cercanías de la costa atlántica española por el carguero neerlandés *Scheldeborg*. *(28 Agosto)*
- Asesinato en Sicilia del general **A. Dalla Chiesa**, máximo representante de la lucha contra la mafia. *(3 Setiembre)*
- España: la **rotura de la presa de Tous**, en la Comunidad Valenciana, a causa de las fuertes lluvias, causa cerca de cuarenta muertes y deja a miles de personas sin hogar. *(21 Octubre)*
- **Juan Pablo II** visita España. *(30 Noviembre)*
- Primera **ejecución** con inyección letal en Estados Unidos, supuestamente más "humanitaria". *(7 Diciembre)*
- El diplomático mexicano A. García Robles gana el **Nobel de la Paz**. *(13 Octubre)*
- Aparece *Coke diet*, galleta sin calorías, treinta años después de la primera soda "*diet*".
- El modista italiano **G. Versace** presenta innovadores diseños en caucho y cuero.

- Fútbol: **D.A. Maradona** ficha por el F.C. Barcelona, que ha pagado cerca de mil millones por la operación. *(4 Junio)*
- Se inaugura en Barcelona el Mundial de fútbol *España 82*. *(13 Junio)*

- El jugador de golf español **S. Ballesteros** gana el *World Match Play*.

- «Los británicos no lucharán.» El general Galtieri, dictador argentino, habla con el secretario de Estado estadounidense A. Haig sobre el conflicto de las Malvinas.
- «Amo a Gala más que a mi madre, más que a mi padre, más que a Picasso e incluso más que al dinero.» El pintor S. Dalí resume sus sentimientos hacia la mujer que fue su esposa y musa durante 40 años.

- **Ramón J. Sender**, escritor español. *(16 Enero)*
- **Eduardo Frei**, líder de la Democracia Cristiana chilena. *(22 Enero)*
- **Gershom Scholem**, historiador y filósofo israelí. *(20 Febrero)*
- **Carl Orff**, compositor alemán. *(29 Marzo)*
- **Romy Schneider**, actriz austríaca. *(29 Mayo)*
- **Rainer Werner Fassbinder**, director de cine alemán. *(10 Junio)*
- **Ingrid Bergman**, actriz sueca. *(29 Agosto)*
- **Federico Moreno Torroba**, compositor español. *(12 Setiembre)*
- **Grace Kelly**, princesa de Mónaco. *(14 Setiembre)*
- **Arthur Rubinstein**, pianista polaco. *(20 Diciembre)*
- **Louis Aragon**, poeta surrealista francés. *(24 Diciembre)*

1983

Sobre estas líneas Margaret Thatcher, la líder conservadora británica que consiguió en 1983 repetir la mayoría obtenida en las elecciones de 1979, a pesar de las dificultades debidas a la recesión económica. Arriba, una manifestación de mineros británicos contra la política económica del gobierno conservador.

Periodistas asesinados en Perú
30 ENERO

Ocho periodistas que visitaban la zona de Ayacucho son asesinados, al parecer por guerrilleros. La región de Ayacucho es escenario de duros enfrentamientos entre la guerrilla maoísta Sendero Luminoso, fundada por Abimael Guzmán en 1978, y *sinchis*, como se denomina a los miembros del cuerpo especial antiguerrilla. Las acciones de Sendero Luminoso en la zona, donde se señala a la guerrilla como la responsable del asesinato de numerosos campesinos, han decidido al ejército peruano a iniciar la lucha sin cuartel contra los guerrilleros y sus simpatizantes. ➡ **1986**

El gobierno español expropia el Grupo Rumasa
23 FEBRERO

El ministro español de Economía Miguel Boyer anuncia la expropiación del poderoso grupo Rumasa "a fin de garantizar los depósitos bancarios, los puestos de trabajo y los derechos de terceros". Ruiz Mateos S.A. (Rumasa), fundada en 1961 como empresa familiar, ha llegado a conformar un vasto imperio económico con intereses en los sectores vinícola, hotelero y financiero, que significan 60 mil puestos de trabajo directos y 300 mil indirectos, y una facturación anual aproximada de 350 mil millones de pesetas. Los indicios de que el grupo había sobrepasado los límites de riesgo y que se sostenía mediante artificios contables y autocréditos, han llevado al gobierno español a decretar su expropiación.

Polémica visita del Papa a Centroamérica
2 MARZO

Juan Pablo II arriba a Costa Rica, primera escala de un viaje pastoral que comprende otros siete países centroamericanos. Si bien el sumo pontífice católico condena explícitamente la injusticia, el odio y la violencia como causas directas de los conflictos de la región, no podrá evitar que su presencia suscite tensiones, especialmente en Guatemala y El Salvador, sumidos en sangrientas guerras civiles, y en Nicaragua, gobernada por el régimen sandinista. En este último país, la visita de Juan Pablo II está presidida por la frialdad de las autoridades locales y los reproches del Papa a los sacerdotes que apoyan al gobierno revolucionario, entre ellos el poeta Ernesto Cardenal. ➡ **1996**

Estados Unidos lleva la guerra al espacio
MARZO

El presidente estadounidense Ronald Reagan propone al Congreso el programa militar *Iniciativa de Defensa Estratégica* (SDI). El programa, llamado popularmente *"guerra de las galaxias"*, consiste en un sistema defensivo antimisiles integrado por una red de satélites de vigilancia y cañones láser situados en otros satélites o en tierra, que se activan inmediatamente para destruir el misil lanzado por el enemigo. La SDI no pasará nunca de su estadio de proyecto, pero su impacto en la opinión pública mundial y el peso que tendrá en las negociaciones de desarme entre las grandes potencias serán importantes.

Margaret Thatcher reelegida en el Reino Unido
9 JUNIO

La primera ministra británica Margaret Thatcher (n. 1925), elegida por primera vez en 1979, continuará al frente del gobierno tras la victoria electoral del Partido Conservador. Thatcher, no obstante su política económica monetarista caracterizada por la privatización de las empresas públicas, la reducción de las prestaciones sociales y el incremento del paro, que supera los 3 millones de desempleados, ha visto reforzada su popularidad gracias a su postura inflexible frente a los huelguistas de hambre del IRA, el rearme nuclear y el conflicto de las Malvinas. ➡ **1990**

Francia interviene en Chad
16 AGOSTO

Francia refuerza su presencia en Chad en defensa del régimen de Hissène Habré. Tras detectar que tropas libias habían ocupado puntos estratégicos del norte del país en apoyo del líder musulmán Gukuni Ueddei, el gobierno francés decide intervenir directamente en el conflicto. No obstante, el presidente Mitterrand ha ordenado no combatir contra las fuerzas libias a menos que éstas crucen la "línea roja" fijada por Trípoli y París. La intervención francesa ha sido cuestionada por otros gobiernos africanos.

Lech Walesa, premio Nobel de la Paz

Lech Walesa (n. 1943), dirigente del sindicato católico Solidaridad, recibe el premio Nobel de la Paz. Obrero de los astilleros Lenin de Gdansk, Walesa había formado parte de los sindicatos católicos clandestinos que más tarde cons-

◄ *Lech Walesa, líder sindical polaco galardonado en 1983 con el premio Nobel de la Paz.*

tituyeron Solidaridad, y fue uno de los principales activistas de la huelga que, en 1980, llevó a la dictadura polaca a negociar nuevas condiciones para los trabajadores y sus organizaciones independientes. Después de la democratización del régimen polaco en 1990, Walesa será elegido presidente del país, cargo que ocupará hasta 1995. ➡ **1990**

Soldados de Francia y Estados Unidos mueren en Líbano
23 OCTUBRE

Cerca de sesenta soldados franceses y más de doscientos estadounidenses perecen en Beirut a raíz de sendos atentados palestinos. Voluntarios suicidas palestinos que conducían camiones cargados de explosivos se han estrellado contra los edificios Beirut's Hilton y Drakkar, que ocupaban infantes de marina estadounidenses y paracaidistas franceses respectivamente. El presidente francés François Mitterrand asiste a las exequias de los soldados franceses y se entrevista con el presidente libanés Amin Gemayel y el embajador de EE.UU., a fin de tomar medidas contra este tipo de atentados terroristas. ➡ **1987**

Diseño barcelonés

Óscar Tusquets, cofundador del grupo barcelonés Studio PER, diseña un juego de té y café en plata para Alessi, que combina formas redondeadas y suaves con otras duras, angulosas. El nombre de Tusquets y el del Studio PER están conectados a un estilo fuertemente innovador en diseño y arquitectura, una de cuyas muestras es el edificio Belvedere de Regàs, realizado en colabora-

ción con Lluís Clotet, habitualmente considerado como uno de los primeros edificios posmodernos.

Alfonsín, elegido presidente de Argentina
30 OCTUBRE Y 10 DICIEMBRE

Argentina recupera el orden constitucional después de siete años de intransigente dictadura militar. Raúl Alfonsín (n. 1926), candidato a la presidencia por el Partido Radical, vence en las elecciones generales con el 52 por ciento de los votos. En los puestos siguientes se han situado Ítalo Luder, candidato peronista, con el 45 por ciento, y Óscar Allende, del Partido Intransigente, con el 2 por ciento. Con la elección de Alfonsín concluye un proceso que, desde la derrota en la guerra de las Malvinas, había llevado al régimen militar a una situación social y política muy difícil. Acaba asimismo uno de los períodos más duros de la reciente historia del país, durante el cual han desaparecido muchos miles de argentinos. ➡ **1984**

Presión popular contra la dictadura uruguaya
27 NOVIEMBRE

Casi medio millón de personas se manifiesta en Montevideo contra la dictadura militar. Ante el creciente aislamiento del régimen y alentados por la caída de la Junta militar argentina, los partidos políticos democráticos de Uruguay han convocado una multitudinaria manifestación popular a fin de acelerar la devolución del poder a los civiles. No sin tensiones, el retorno de Uruguay a la democracia se producirá al año siguiente. ➡ **1984**

Se constituye el Grupo de Contadora

Se crea en la isla panameña de Contadora el Grupo del mismo nombre con el propósito de pacificar el área centroamericana. Las diplomacias de Colombia, México, Panamá y Venezuela impulsan un grupo de trabajo cuyo objetivo primordial es sentar las bases para una negociación orientada a solucionar los conflictos civiles e internacionales

que afectan en mayor o menor medida a todos los países centroamericanos y que impiden su estabilidad política y su desarrollo económico.

El disco compacto (CD)

Se inicia en Europa la comercialización de un nuevo soporte para el sonido de alta calidad, el disco compacto o CD (por sus siglas inglesas Compact Disk). Inventado por las empresas Philips (neerlandesa) y Sony (japonesa) mediante acuerdos simultáneos de licencias, se trata de un disco de 12 cm de diámetro en el cual los surcos convencionales han sido sustituidos por registros digitales a modo de microperforaciones o "pits" que se leen con la ayuda de un láser. El registro sonoro ocupa únicamente una de sus caras y puede llegar a los 76 minutos. Este nuevo soporte desplazará en poco tiempo a los discos de vinilo y a la reproducción mediante agujas. ➡ **1984**

Una unidad de paracaidistas franceses se despliega en las cercanías de N'Djamena, la capital de Chad.

Efectos de la explosión de un camión cargado con bombas en el cuartel general de las tropas francesas en el Líbano. Veintitrés hombres perdieron la vida en el atentado.

Fin de las dictaduras militares en Argentina y Uruguay

En 1983 se pone de manifiesto una mayor inquietud por parte de las grandes potencias, que se ven impotentes para solucionar los conflictos en el desgastado marco del reparto de poderes instaurado tras la Segunda Guerra Mundial. La URSS no quiere afrontar la reforma interna de su sistema, y en el ámbito internacional comete errores graves, como el derribo de un Jumbo coreano; mientras que Estados Unidos recurre, para reafirmar su dominio en la zona cercana a su territorio, a acciones impopulares como la invasión de la isla de Granada. El restablecimiento de la democracia en Argentina abre el camino también para el fin de la dictadura en Uruguay. Se suceden los avances tecnológicos en el campo de la información y la comunicación, que ve nacer en este año un producto emblemático: el disco compacto.

DIFICULTADES
EN LOS DOS BLOQUES

La elección de Yuri Andropov como presidente de la Unión Soviética supuso en un primer momento un cierto clima de esperanza, por el cambio de imagen que significaba –tan importante en una sociedad mediática– y por sus logros como gestor en los diferentes puestos que había venido ocupando con anterioridad en la cúpula soviética. Bien fuera por su enfermedad o por las intensas presiones que recibió por parte del aparato inmovilista del PCUS, su mandato no fue sino un breve paréntesis antes de la llegada de Konstantin Chernienko, que recuperó los aspectos más inmovilistas del régimen y significó el principio del fin que se había de producir en los años siguientes. El nerviosismo de los dirigentes soviéticos se puso de manifiesto en el derribo de un avión comercial coreano, que fue confundido con un avión militar enemigo en un incidente significativo del grado de tensión que alcanzó la guerra fría en esos momentos finales.

La otra gran potencia no andaba menos nerviosa. Su obsesión por impedir a toda costa el desarrollo de propuestas políticas opuestas a su ideario en la zona tradicionalmente reservada a su influencia, llevó a Estados Unidos a acabar de forma expeditiva con el régimen constituido por un grupo de jóvenes militares de la isla de Grana-

Toma de posesión del presidente electo Raúl Alfonsín, de la Unión Cívica Radical, claro vencedor de las elecciones democráticas que en el mes de octubre pusieron fin a la dictadura militar en Argentina.

El primer mandatario soviético Yuri Andropov, a la derecha, junto al secretario del Partido Comunista Francés Georges Marchais. Una dolencia fulminante segaría en breve la vida del sucesor de Brezhnev.

Fuerzas de la 82 División aerotransportada de Estados Unidos, durante la operación de desembarco en la isla de Granada.

da, que, con apoyo cubano, habían iniciado una aventura políticamente inaceptable para el gran vecino del Norte.

No obstante, se produjeron dos hechos positivos para América Latina en este año. Por una parte, Ríos Montt fue desplazado del poder en Guatemala, mediante el consabido recurso de un nuevo golpe de Estado; y, por otra, la democracia llegó por fin a la Argentina, aunque fuera en un clima de dificultades económicas –con un nivel asfixiante de endeudamiento exterior y una inflación galopante– y sobre todo de crisis social.

El papa visitó Centroamérica, que en esos momentos concitaba la atención del mundo, dando así una nueva muestra de su determinación de acudir a las zonas calientes; pero mientras empezaban a entreverse esperanzas de pacificación en el Istmo, surgía un nuevo foco de problemas en la región andina, donde la organización maoísta Sendero Luminoso asesinaba a un grupo de periodistas y daba de ese modo comienzo a la criminal trayectoria que iba a marcar sus intentos de establecer en Perú un nuevo orden "revolucionario".

Un hecho violento especialmente llamativo fue el asesinato del líder opositor filipino Benigno Aquino, sobre todo por la forma en que se produjo, en el mismo avión en que regresaba a su país desde el exilio, y cuando esperaba en el aeropuerto de Manila la autorización para desembarcar. El corrupto y degradado régimen de Ferdinand Marcos, con la complicidad silenciosa de Occidente, no podría sin embargo hacer frente al fortalecimiento de la oposición, y al final pagaría cara una acción tan cruel.

Una de las noticias extrañas y sorprendentes de este año fue el descubrimiento de unos supuestos diarios del dirigente nazi Adolf Hitler, que al final resultaron ser falsos, pero que confundieron durante un tiempo incluso a los expertos. Todavía no se sabe bien la finalidad que se perseguía con esa falsificación, aunque es lícito sospechar que se intentó con ella una "jus-

◀ *El papa Juan Pablo II celebra una misa multitudinaria en el estadio Campo de Marte de la ciudad de Guatemala, en el curso de su viaje pastoral a Centroamérica.*

Louis Ferdinand Werner y Hans Boom, los expertos que determinaron que el papel utilizado en los pretendidos Diarios de Hitler había sido fabricado después de la muerte del dictador alemán.

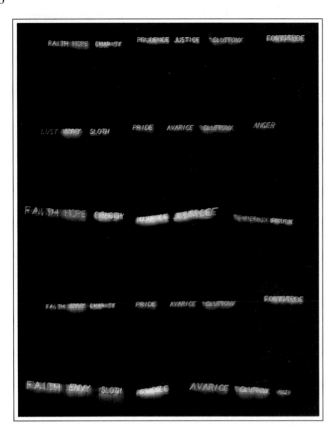

◀ *Siete virtudes y siete vicios, de Bruce Nauman (Colección Saatchi, Londres), una curiosa derivación del arte conceptual.*

macenamiento y en su manipulación posterior. Sus aplicaciones son múltiples, pero en este año se resaltó su fiabilidad y calidad a la hora de realizar grabaciones musicales, que sería su destino originario antes de penetrar en el mundo de la informática y las imágenes como uno de los instrumentos más poderosos del asentamiento definitivo de la sociedad de la información.

Como un símbolo del progresivo declive de otras vías que, sin embargo, se han incorporado a la memoria visual de Occidente, en este año desapareció Hergé, el creador de Tintín, que con sus tiras dibujadas hizo soñar a millones de europeos. La segunda boda de Carolina de Mónaco y el eco que alcanzó no hicieron sino confirmar la creciente atención del público hacia este tipo de acontecimientos, que empezaban a conquistar ya espacios importantes incluso en

Uno de los modelos diseñados por Karl Lagerfeld para la firma Chanel. El modista fue contratado en 1983 con la idea de renovar la imagen de la marca, una de las más prestigiosas en el mundo de la alta costura francesa.

tificación" histórica de los horrores cometidos por el régimen nacionalsocialista.

SE CONSOLIDA LA SOCIEDAD DE LA INFORMACIÓN

La aparición del disco compacto o "compact disc" supuso una revolución en la forma de tratar la información, en su al-

---

Instantáneas

- Exposición en París de obras de **R. Magritte** utilizadas para la publicidad. *(4 Mayo)*
- **Bruce Nauman** juega con efectos programados de color y utiliza un material frío como el neón para desplegar mensajes provocativos, como en *Siete virtudes y siete vicios.*

- *St François d'Assise*, única ópera de O. **Messiaen**, escrita para una orquesta de 120 intérpretes y un coro de 150 voces, además de los solistas. Las preocupaciones religiosas del compositor, junto a su amor por el canto de los pájaros, están presentes en esta fascinante y multicolor obra.
- El compositor polaco W. **Lutoslawski** compone para la Orquesta Sinfónica de Chicago su *Sinfonía n.º 3*, obra de madurez que supone un retorno a cierto tipo de clasicismo.

- La novela *Mujeres* es una sátira mordaz y plagada de referencias literarias, del escritor francés P. **Sollers**.
- C.J. **Cela** publica la novela *Mazurca para dos muertos*, después de diez años de silencio.
- El escritor británico W. **Golding** es galardonado con el premio Nobel de Literatura. *(10 Diciembre)*

- El poeta español R. **Alberti**, galardonado con el **premio Cervantes**. *(23 Abril)*
- Tres periodistas argentinos, R. **Kirschbaum**, Ó.R. **Cardoso** y E. **Van der Kooy**, galardonados con el premio Ortega y Gasset de periodismo por su trabajo *Malvinas. La trama secreta*, sobre la guerra de las Malvinas.

- Confirmada experimentalmente en el CERN la **existencia de los bosones intermedios**.
- Entra en servicio el primer sistema de **transmisión directa de imágenes vía satélite** en Estados Unidos. El sistema permite prescindir de las estaciones receptoras en tierra, ya que para captar la señal basta con disponer de una antena particular orientada hacia la posición del satélite.
- Ante la inminente **erupción del Etna**, en Sicilia, los expertos preparan un canal artificial para encauzar la lava lejos de las poblaciones cercanas. El éxito es total. *(14 Marzo)*

- *St. Elsewhere*, serie estadounidense de médicos en torno al hospital municipal St. Eligius de Boston.
- En su segundo largometraje, *El Sur*, V. **Erice** desarrolla con delicadeza la compleja relación de complicidad entre una niña que entra en la

adolescencia y su padre. La película toma su argumento de un relato de Adelaida García Morales.
- *La fuerza del cariño*, melodrama dirigido por James L. **Brooks** e interpretado por Debra **Winger**, Jack **Nicholson** y Shirley **MacLaine**. Premiado con diversos Óscares.
- Se empieza a emitir en la televisión británica *Blackadder (Víbora negra)*, serie humorística protagonizada por Rowan **Atkinson** en el papel de un personaje cobarde y astuto, y ambientada en diversas épocas históricas.

- El **nazi** K. **Barbie**, "el carnicero de Lyon", es identificado y encarcelado en Francia. *(6 Febrero)*
- Y. **Andropov** concentra todos los poderes de la URSS. Después de suceder a L. Brezhnev en la secretaría general del PCUS, ha acumulado, como su predecesor, los cargos de presidente del Soviet supremo y jefe del Estado. *(16 Junio)*
- **Siria**: Y. **Arafat**, líder de la OLP, expulsado de Damasco. *(26 Junio)*
- **Italia**: el socialista B. **Craxi** forma un gobierno de coalición con la Democracia cristiana, excluyendo a los comunistas. *(3 Agosto)*

(Continúa)

Luis Buñuel, autor de películas tan memorables como Un perro andaluz, Nazarín *o* Viridiana, *falleció el 29 de julio en Ciudad de México. En 1982 habían aparecido sus memorias, bajo el título* Mi último suspiro.

El empresario español José María Ruiz Mateos delante de las torres gemelas de Rumasa, en Madrid. Las sociedades participadas por el holding Rumasa, del que era propietario Ruiz Mateos, fueron expropiadas en 1983 por el gobierno socialista de Felipe González y reprivatizadas con posterioridad, dando origen a un inacabable rosario de querellas y contraquerellas judiciales.

la prensa no especializada, por el indudable atractivo que ejercían sobre el público. Pero no se debe olvidar que en última instancia estos comportamientos sociales eran otra forma de expresar el asentamiento definitivo de un nuevo tipo de sociedad, cuya principal característica en los años finales del siglo XX reside en situar en primer plano el fenómeno informativo.

En España estalló el caso Rumasa, la expropiación del holding en una iniciativa sorprendente del gobierno socialista que arrastraría una larga polémica, y se produjeron catástrofes y accidentes que aumentaron la angustia del español medio, como las inundaciones que provocó la "gota fría" en el País Vasco, el incendio de la discoteca Alcalá 20 en Madrid, y sobre todo dos accidentes aéreos casi seguidos, a finales de año, en Barajas.

Desapareció en este año el cineasta español más universal, Luis Buñuel, representante indomable del espíritu individualista y que tan bien supo plasmar en sus películas sus inquietudes artísticas y sociales. ∎

Instantáneas *(continuación)*

- La URSS reconoce haber **derribado un Jumbo** surcoreano, al confundirlo con un avión espía estadounidense. *(6 Setiembre)*
- **Estados Unidos invade la isla caribeña de Granada** y depone, después de sofocar una breve resistencia, al régimen izquierdista que la gobernaba. El asesinato del primer ministro M. BISHOP fue el detonante de la intervención militar estadounidense. *(25 Octubre)*
- Los militantes de la **OLP**, con su líder a la cabeza, abandonan el Líbano bajo protección de la ONU, cuando estaban cercados en Trípoli por el ejército sirio y la marina israelí. *(20 Diciembre)*
- Estados Unidos abandona provisionalmente la **UNESCO**, como protesta por su derivación izquierdista y por la mala gestión. *(28 Diciembre)*

- **Nigeria**: expulsión de 2 millones de inmigrantes, la mayoría procedentes de Ghana, para combatir el paro creciente en el país. *(17 Enero)*
- **Colombia**: un fuerte terremoto en Popayán causa la muerte de 200 personas y más de mil heridos. *(1 Abril)*
- SALLY RIDE se convierte en la **primera mujer** que participa en un proyecto de la NASA. *(24 Junio)*

- Masivas **manifestaciones antinucleares** en varias ciudades europeas. *(22 Octubre)*
- Madrid: dos graves **accidentes aéreos** en el plazo de 10 días. *(11 Diciembre)*
- El diario alemán *Stern* afirma tener los **diarios de A. HITLER**, noticia que causa un gran revuelo. Posteriormente se descubrirá que se trata de un fraude.
- **KARL LAGERFELD** comienza a modernizar el diseño de Chanel.
- El modista italiano **G. VERSACE** lanza una colección de ropas de aspecto metálico.
- Se funda la casa suiza de relojería **Swatch**, que fabrica relojes de precio asequible, hechos de plástico y con mecanismo de cuarzo, dando mucha importancia al diseño.

- El piloto brasileño **N. PIQUET** gana por segunda vez el campeonato del mundo de automovilismo de Fórmula 1.
- Se celebra el **campeonato mundial de atletismo** en Helsinki sin boicoteos políticos. Por primera vez desde hace 11 años, se dan cita representantes de todos los países. *(Agosto)*

- «No me importa que el gato sea blanco o negro. Lo importante es que cace ratones.» El nuevo primer ministro español F. GONZÁLEZ

cita al líder chino TENG HSIAO-PING para reclamar eficacia en la acción política, más allá de las ideologías.
- «Alá es grande y es dulce morir como un mártir.» Salmodia pronunciada por los niños enviados por el ejército iraní para abrir paso a las tropas a través de los campos minados. La mayoría eran hijos de disidentes políticos.

- **TENNESSEE WILLIAMS**, poeta y dramaturgo estadounidense. *(24 Febrero)*
- GEORGES RÉMI, llamado **HERGÉ**, dibujante belga, creador de Tintín. *(3 Marzo)*
- El escritor británico de origen húngaro **ARTHUR KOESTLER** se suicida junto a su esposa, para evitar la decadencia de la vejez. *(3 Marzo)*
- **JOSEP LLUÍS SERT**, arquitecto español. *(15 Marzo)*
- **ALBERTO GINASTERA**, compositor argentino. *(25 Junio)*
- **CHARLIE RIVEL**, payaso español. *(29 Julio)*
- **LUIS BUÑUEL**, cineasta español. *(29 Julio)*
- **JOSÉ BERGAMÍN**, escritor español. *(28 Agosto)*
- **JAVIER ZUBIRI**, filósofo español. *(6 Setiembre)*
- **RAYMOND ARON**, filósofo y sociólogo francés. *(17 Octubre)*
- **JOAN MIRÓ**, pintor surrealista español. *(25 Diciembre)*

1984

*El escritor argentino Julio
Cortázar, fallecido en París
el 8 de febrero de 1984.*

*Cartel anunciador de las
Olimpiadas de Los Ángeles.*

*Cartel de los Juegos Olímpicos
de invierno celebrados en la
ciudad bosnia de Sarajevo.*

Muere Julio Cortázar
8 FEBRERO

Fallece en Francia a los 69 años el escritor argentino Julio Cortázar (1914-1984). Considerado uno de los más grandes escritores argentinos del siglo XX, Cortázar ha muerto en París, ciudad en la que había instalado su residencia desde 1951, víctima de una leucemia. El autor de *Rayuela*, la novela que le dio fama internacional, y de otros libros como *Historias de cronopios y de famas*, *La vuelta al día en ochenta mundos* y *Queremos tanto a Glenda*, se había distinguido asimismo por su compromiso social desde una posición de izquierdas. En este sentido cabe interpretar su defensa de la revolución cubana y su apoyo al régimen sandinista en Nicaragua.

Barceló triunfa en París

El pintor español Miquel Barceló (n. 1957) logra en la capital francesa un extraordinario éxito con la serie *L'amour fou*. La exposición de Barceló lo consagra como uno de los grandes pintores de la segunda mitad del siglo XX. Influida por el neoexpresionismo alemán y el transvanguardismo italiano, la plástica de Barceló busca formas, materias y colores capaces de expresar una realidad absurda y caótica, y utiliza múltiples recursos técnicos con el propósito tanto de definir su estilo como de elaborar una síntesis artística del siglo XX. En este sentido «*Barceló es el primer gran artista del siglo XXI*», como afirma el crítico Hervé Guibert.

Chernienko sucede a Andropov en la URSS
13 MARZO

A la muerte del máximo dirigente de la URSS, Yuri Andropov, ocurrida el pasado día 9, le sucede Konstantin Chernienko. La elección de Chernienko (1911-1985) mantiene la gerontocracia en el poder de la URSS y cierra las puertas a cualquier corriente innovadora. Dado que el estado de salud del actual dirigente soviético es muy delicado, todo parece indicar que se trata de un hombre de transición. ➡ **1985**

Identificado el virus del sida
MARZO

La secretaria de Sanidad de Estados Unidos, Margaret Heckler, anuncia oficialmente que un equipo de científicos estadounidense dirigido por el investigador Robert Gallo (n. 1937) ha descubierto el agente causante del síndrome de inmunodeficiencia adquirida (SIDA) y que se trata de un virus de la familia de los retrovirus. A su vez los investigadores del Instituto Pasteur de París, dirigidos por Luc Montagnier (n. 1932), reclaman la paternidad del descubrimiento. En 1993 los tribunales darán la razón a Montagnier. Adquiere carta de naturaleza la que se considerará la peor plaga del siglo XX.

Milos Forman logra ocho Óscares con Amadeus

Milos Forman, director de títulos tan aclamados como *Alguien voló sobre el nido del cuco* y *Hair*, recibe ocho Óscares de Hollywood y obtiene un gran éxito internacional con *Amadeus*, basada en una obra teatral del británico Peter Shaffer. La película presenta la vida de Wolfgang Amadeus Mozart desde la perspectiva del que fuera compositor de la corte de Viena, Antonio Salieri. El filme no intenta ofrecer una reconstrucción biográfica fidedigna, sino una reflexión sobre la envidia de un artesano concienzudo pero mediocre hacia un artista genial. La puesta en escena es excelente, y las interpretaciones de Tom Hulce (Mozart) y F. Murray Abraham (ganador del Óscar por su conmovedor Salieri) avalan la calidad del ambicioso proyecto.

La reina de Wimbledon
7 JULIO

La tenista estadounidense de origen checo Martina Navratilova (n. 1956) gana por quinta vez (tercera consecutiva) el torneo de tenis femenino de Wimbledon. Navratilova mantiene su imbatibilidad en las pistas desde 1983. Cuando en 1994 concluya su larga carrera habrá sido campeona cuatro veces más (¡nueve en total!) de Wimbledon, en los años 1985, 1986, 1987 y 1990; dos veces de Roland Garros, en 1982 y 1983; tres del Open de Australia, en 1981, 1983 y 1985, y cuatro del Open de EE.UU., en 1983, 1984, 1986 y 1987, además de un total de hasta 167 triunfos en torneos menores. ➡ **1994**

Paseo espacial
25 JULIO

La cosmonauta soviética Svetlana Savitskaya es la primera mujer que lleva a cabo un paseo espacial, en el curso de la misión *Salyut 7*. La duración del paseo ha sido de cuatro horas, durante las cuales la cosmonauta ha llevado a cabo operaciones de montaje de piezas así como de corte y soldadura de elementos metálicos. Además, Savitskaya es la primera mujer que ha salido dos veces al espacio y la que más tiempo ha permanecido en órbita alrededor de la Tierra. ➡ **1992**

Espectaculares Olimpiadas en Los Ángeles
28 JULIO - 12 AGOSTO

Se celebran en Los Ángeles los XXIII Juegos Olímpicos de verano. Si bien participan 7 048 atletas, de los cuales 1 620 son mujeres, en representación de 140 países, el boicot de la URSS deja a EE.UU. sin rivales y domina el medallero con 83 medallas de oro, 61 de plata y 30 de bronce. Las grandes estrellas de los Juegos son el atleta estadounidense Carl Lewis, que obtiene medallas de oro en las carreras de 100 m, 200 m, relevos 4 × 100 m y salto de longitud, y el nadador alemán Michael Gross, oro en 200 m libres y 100 m mariposa. Cabe destacar asimismo la actuación del equipo olímpico español, que gana una medalla de oro en vela 470, plata en baloncesto y en remo dos sin timonel, y bronce en piragüismo C-2 500 m y en atletismo en la carrera de 1 500 m, con José Manuel Abascal. En los Juegos Olímpicos de Invierno, que tienen lugar en la ciudad bosnia de Sarajevo del 7 al 19 de febrero, se produce el doble triunfo de los hermanos gemelos estadounidenses Phil y Steve Mahre, que ganan el oro y la plata en el slalom especial, y la victoria del equipo soviético de hockey sobre hielo. Los equipos olímpicos de la República Democrática Alemana y de la URSS acaparan la mayor cantidad de medallas de oro y plata de la competición.

Comercializado el CD-ROM

Se inicia la comercialización de un nuevo soporte digital de la información, el CD-ROM (cuyo nombre corresponde a las siglas inglesas de "disco compacto sólo para lectura"). Creado por la empresa Philips y lanzado a nivel mundial en colaboración con la japonesa Sony (ambas coinventoras del CD audio), es una adaptación del CD convencional a usos informáticos. El despegue de este nuevo soporte, que no permite cambios en la información que contiene, se iniciará hacia 1988 y continuará con los discos compactos grabables una vez y reproducibles muchas (CD-WORM, 1989) y con los que permiten su grabado y borrado múltiples veces (CD-RW, 1997).

Informe Sábato *sobre la dictadura argentina*
18 OCTUBRE

Se da a conocer en Argentina el informe elaborado por la Comisión Nacional sobre la Desaparición de Personas (CONADEP), presidida por el escritor Ernesto Sábato. El popularmente llamado *Informe Sábato*, realizado a instancias del gobierno de Raúl Alfonsín, constata que el régimen militar que gobernó Argentina entre 1976 y 1983 causó la desaparición física de unas 30 000 personas. El documento revela la aplicación de un plan sistemático de represión y genocidio basado en el secuestro, tortura y asesinato de quienes manifestaran cualquier forma de oposición a la dictadura. ➡ **1989**

Hambruna en Etiopía
25 OCTUBRE Y 1 NOVIEMBRE

Centenares de personas mueren diariamente en Etiopía a causa del hambre. La prolongada sequía, con la consiguiente pérdida de cosechas y muerte de ganado, y la carencia de medios del país provocan una de las hambrunas más dramáticas del continente africano. Casi seis millones de etíopes parecen condenados a morir de inanición a pesar de la ingente ayuda que el país está recibiendo desde el exterior. Al margen del envío urgente de alimentos realizado por diversos países ante la gravedad de la situación, Estados Unidos prevé enviar una ayuda alimentaria especial para el año próximo.

Indira Gandhi es asesinada en la India
31 OCTUBRE

La primera ministra de la India, Indira Gandhi (1917-1984), es asesinada en Nueva Delhi por dos sijs miembros de su guardia personal. La popular hija del *pandit* Nehru, uno de los padres de la patria india, había ordenado en junio el asalto al Templo de Oro de Amritsar, en el Punjab, donde se había hecho fuerte un grupo de rebeldes sijs. Indira Gandhi militaba en el Partido del Congreso y había ocupado varios ministerios antes de suceder a su padre al frente del gobierno en 1964. Ahora su hijo Rajiv ocupará su puesto. ➡ **1991**

El Partido Colorado triunfa en Uruguay
12 NOVIEMBRE

Las elecciones generales celebradas en Uruguay ponen fin a doce años de dictadura militar. Con el 38,63 por ciento de los votos, el candidato del Partido Colorado, Julio María Sanguinetti, asumirá la presidencia de un país sumido en una crisis económica, con un alto índice de desempleo y una gran deuda exterior. El Partido Blanco, cuyos dirigentes Wilson Ferreira Aldunate y su hijo Raúl se hallan aún encarcelados en una guarnición militar, ha obtenido el 32,88 por ciento, y el izquierdista Frente Amplio, el 20,43 por ciento.

Fuga de gas tóxico en la India
3 DICIEMBRE

Una fuga de gas venenoso en Bhopal, en el estado indio de Madhya Pradesh, provoca una tragedia entre la población. El escape tóxico producido en la fábrica de plaguicidas Union Carbide ha causado la muerte de unas 10 000 personas y ha afectado a más de 200 000, por lo que el gobierno de Nueva Delhi declara a Bhopal zona catastrófica. La presencia en esta ciudad de Union Carbide venía siendo cuestionada desde hacía tiempo, dada la peligrosidad que suponía para la población la producción de un plaguicida cuyo empleo ya había sido prohibido en EE.UU.

Mujeres afectadas por el escape de gas tóxico de Bhopal hacen cola para conseguir medicamentos gratuitos en una clínica recién abierta en las proximidades de la factoría de Union Carbide.

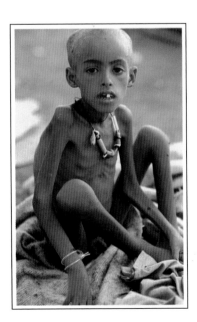

◄ *Un niño etíope. El hambre y los estragos causados en el Cuerno de África por una sequía severa y prolongada suscitaron generosas ayudas de la comunidad internacional, pero no pudieron evitar miles de tragedias humanas.*

El terrorismo como recurso y como alimento de la tensión

En un año de transición, tímidamente comienzan a apuntarse signos y tendencias que cristalizarán más tarde en cambios sustanciales en el panorama internacional. Por lo pronto, casi todo el mundo se congratula de que Orwell hubiera errado en sus vaticinios y previsiones que hablaban de la existencia de un mundo deshumanizado para 1984, por más que el escritor británico nunca pretendió adivinar el futuro, y su contrautopía tenía básicamente una intencionalidad preventiva y no prospectiva.

ELECCIONES Y RELEVOS POLÍTICOS

Que 1984 fue un año de transición lo corrobora el hecho de que en importantes zonas del planeta los ciudadanos pudieron observar, una veces de forma activa mediante el ejercicio del derecho al voto y otras actuando como meros espectadores, cambios y relevos en el poder político de sus respectivos países. Las dos superpotencias ejemplificaron esta realidad: en febrero, y después de la muerte de Andropov, Konstantin Chernienko, un anciano enfermo de 72 años, se aupó al poder en la URSS; y en noviembre Ronald Reagan revalidó el apoyo mayoritario del electorado en los comicios presidenciales, consiguiendo un segundo mandato. Otra elección importante fue la que se celebró en julio en Israel: Shimon Peres, líder del Partido Laborista, obtuvo sobre el derechista Likud de Isaac Shamir una victoria tan apretada que obligó a formar un gobierno de unidad nacional, que presidiría Peres durante los dos primeros años. Importantes fueron también las elecciones que se celebraron en algunos países centroamericanos –Panamá, El Salvador y la Nicaragua sandinista– y de América del Sur, como Ecuador y Uruguay, donde Julio María Sanguinetti acabó con una ya larga dictadura del Cono Sur, que duraba 12 años. Aunque quedaban en pie el Chile de Pinochet y el Paraguay de Stroessner, estaba claro que América latina había empezado a dar pasos firmes en la dirección de una democratización de sus estructuras políticas.

De otro cariz fue el relevo de poder que se produjo en la India: a finales de año Ra-

Rajiv Gandhi y su esposa Sonia, junto a la pira funeraria de la madre de aquél, Indira Gandhi, asesinada por miembros de su guardia sij.

Después de ocho años de dictadura militar, la democracia regresó a Uruguay de la mano de un nuevo presidente civil, Julio María Sanguinetti, líder del Partido Colorado.

jiv Gandhi se convirtió en el nuevo primer ministro del segundo país más poblado del mundo, tras la desaparición de su madre, la carismática Indira, asesinada por dos miembros de su escolta pertenecientes a la minoria separatista sij, en venganza por el asalto gubernamental al Templo de Oro de Amritsar.

FOCOS DE TENSIÓN Y ATENCIÓN INTERNACIONAL

Además de los conflictos "calientes" del Próximo Oriente y de algunos países africanos y latinoamericanos, persistió a lo largo del año el enfrentamiento velado entre los dos bloques con manifestaciones de la más

Carl Lewis levanta los brazos al finalizar victorioso la prueba de los 200 m de las Olimpiadas de Los Ángeles.

Imagen obtenida en el microscopio electrónico del virus del sida, aislado casi simultáneamente por el francés Luc Montagnier y el estadounidense Robert Gallo.

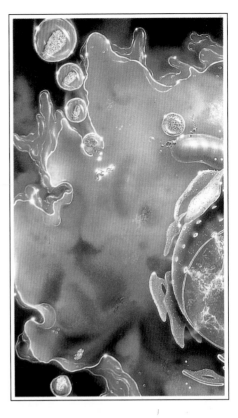

diversa naturaleza. Una de ellas, objeto de una fuerte contestación social y de multitudinarias manifestaciones pacifistas, fue el despliegue por todo el continente europeo de los euromisiles (Pershing 2, Tomahawk) y de los SS-20 soviéticos, con capacidad potencial para convertir Europa en un auténtico erial. Otra, y bien significativa, fue el boicot de los países del Este a los Juegos Olímpicos de Los Ángeles, donde brilló la estrella del mejor atleta de los años ochenta, Carl Lewis. La URSS devolvía la pelota a Estados Unidos, que cuatro años antes había desertado de la cita olímpica de Moscú, y demostraba al mundo que un hilo tenue pero resistente seguía uniendo el deporte con la política. Mientras tanto, Reagan seguía con su obsesión particular de aplastar la revolución sandinista de Nicaragua, lo que le llevó incluso a enfrentarse al Tribunal Internacional de La Haya, que condenó la injerencia y el hostigamiento estadounidense a ese país centroamericano.

Argentina también se convirtió en centro de atención a lo largo del año, sobre todo cuando se dieron a conocer los resultados de las investigaciones efectuadas por la comisión que presidía el escritor Ernesto Sábato: los militares argentinos ejecutaron e hicieron desaparecer los cadáveres de miles de personas, sin juicio previo y privándolas del más elemental derecho a defenderse.

Por otra parte, fueron objeto de la atención internacional las actuaciones espectaculares o indiscriminadas protagonizadas en

diversos puntos del planeta por terroristas que perseguían intenciones desestabilizadoras. En 1984 se produjeron atentados masivos como el de la Yihad Islámica contra la Embajada de Estados Unidos en Líbano, que causó una veintena de muertos y más de 60 heridos, o la explosión perpetrada por un grupo de extrema derecha de dos bombas en un túnel ferroviario italiano que causó la muerte de 32 personas y más de 40 heridos. Pero también hubo acciones más selectivas, como la que costó la vida a Indira Gandhi; el asesinato del ministro de Justicia de Colombia, Rodrigo Lara Bonilla, por la mafia de la droga colombiana, o el atentado con bomba del Gran Hotel Brighton, donde se celebraba la convención anual del Partido Conservador británico, que causó la muerte de cuatro personas, pero no la de la principal destinataria, Margaret Thatcher, que resultó ilesa.

LA DURA REALIDAD DE ESPAÑA

La lacra del terrorismo, cuyo protagonismo se disputaban ETA, GRAPO y los GAL, siguió pesando sobre la sociedad española, si bien a lo largo de 1984 aparecieron motivos para la esperanza: el gobierno

francés comenzó a colaborar con el español, y a considerar el terrorismo etarra como un delito común. La colaboración francesa se tradujo en la expulsión y deportación de 28 etarras, y en la concesión por primera vez de la extradición a España de tres presuntos miembros de la banda criminal. Aunque el terrorismo siempre deja una triste estela de nombres y apellidos, en

La democracia llegó a Argentina en medio de desagradables secuelas: para las "madres de la Plaza de Mayo" empezó también la búsqueda de los seres queridos desaparecidos, y una incansable exigencia de justicia para los desórdenes de la etapa anterior.

La "crucifixión" de Hermann Nitsch, acción artística realizada en Prinzendorf, Alemania. La violencia plástica del color rojo de la sangre destaca sobre la blancura de la ropas que visten los oficiantes de este "teatro orgiástico" con el que Nitsch busca exorcizar las represiones y transgredir las normas impuestas por la religión y la cultura establecida.

este año hubo algunos especialmente significativos: los del senador socialista Enrique Casas, el teniente general Quintana Lacaci que en 1981 había contribuido de forma relevante al fracaso del intento de golpe de Estado, o el médico de Herri Batasuna Santiago Brouard. Pero además del terrorismo, otros problemas preocupaban a los españoles, como la reconversión siderúrgica y naval, que originó huelgas y numerosas y violentas manifestaciones de protesta en diversas ciudades españolas como Vigo, Gijón, Sagunto, Bilbao, etc.; el incremento del número de parados, que superaban ya la cifra de dos millones y medio de personas; los problemas pesqueros con Marruecos, Irlanda y Francia, que originaron ametrallamientos y apresamientos de embarcaciones y tripulantes españoles; o las inciertas e inacabables negociaciones para la entrada de España en la CEE. A todo ello vino a sumarse el cambio de actitud con respecto a la permanencia de España en la OTAN de Felipe González y del Partido Socialista,

Instantáneas

- H. NITSCH, miembro destacado de los accionistas vieneses, organiza una **acción** que representa su propia crucifixión.
- Se inaugura la **Staatsgalerie de Stuttgart**, obra de J. STIRLING y M. WILFOR. *(9 Marzo)*
- El Museum of Modern Art (MOMA) de Nueva York inaugura su nueva sede con una exposición antológica sobre el **primitivismo en el arte del s. XX**. Cuenta con obras de artistas como GAUGUIN, MATISSE, PICASSO, BRANCUSI, MODIGLIANI, GIACOMETTI, KLEE o MAX ERNST
- España: celebración de la muestra **"Maremágnum Gráfico"** sobre el mundo del cómic y la ilustración en Barcelona.

- **Purple Rain**, de PRINCE.
- **Like a Virgin**, el primer single de MADONNA, alcanza el número uno de las listas estadounidenses. Significa el nacimiento de un mito, a medio camino entre el erotismo y la religiosidad.
- **Born in the USA**, de B. SPRINGSTEEN.
- **Legend**, de BOB MARLEY, conquista un gran éxito en Europa

- El escritor portugués J. SARAMAGO publica la novela **El año de la muerte de Ricardo Reis**, por la que circula un famoso heterónimo del poeta F. PESSOA.
- La novela **El amante**, de M. DURAS, de fondo autobiográfico como casi toda la obra de la escritora, gana el premio Goncourt.
- **Neuromante**, novela de ciencia-ficción de W. GIBSON.

- El argentino E. SÁBATO, autor de *Sobre héroes y tumbas* entre otras obras, obtiene el **premio Cervantes**.
- **El loro de Flaubert** consagra la reputación del novelista británico J. BARNES.
- **La insoportable levedad del ser,** nueva novela del escritor M. KUNDERA, privado de la nacionalidad checoslovaca en 1978, a raíz de la publicación de *El libro de la risa y el olvido*, y francés desde 1981.

- **Los santos inocentes**, del director español M. CAMUS, basada en la novela de M. DELIBES, obtiene un gran éxito de público y de crítica, especialmente en el Festival de Cannes.
- **La ley de la calle,** retrato juvenil en blanco y negro dirigido por F. F. COPPOLA, descubre a MATT DILLON y MICKEY ROURKE.
- El cineasta alemán WIM WENDERS se consagra internacionalmente con **París, Texas**, una gélida *"road movie"* con NASTASSJA KINSKI como protagonista.
- En **Érase una vez en América**, S. LEONE realiza un gran fresco de Estados Unidos, apoyado en la soberbia música de E. MORRICONE.
- J.L. BORAU se traslada a Estados Unidos para rodar **Río abajo**, un costoso proyecto que no convencerá.
- Empieza a emitirse en Estados Unidos **El show de Bill Cosby**, serie televisiva de humor sobre una familia negra de clase media con 5 hijos. Se convertirá en un éxito en todo el mundo.
- Granada, emisora británica privada de TV, lanza **Las aventuras de Sherlock Holmes**, fiel adaptación de las novelas de A. CONAN DOYLE.

- **Spitting image**, serie británica protagonizada por muñecos de látex, caricatura cruel de personajes públicos.
- D. ATTENBOROUGH presenta **El planeta viviente**, serie de documentales sobre ecología emitida por la BBC.

- Primer nacimiento humano logrado tras el **trasplante de un óvulo** fecundado de una mujer a otra, en California. *(4 Febrero)*
- Nace en la clínica Dexeus, de Barcelona, la primera **niña probeta** de España. *(12 Julio)*
- Trasplante del **corazón de un mandril** a un bebé de 15 días en California. *(26 Octubre)*
- El médico argentino C. MILSTEIN gana el **Nobel de Medicina y Fisiología**, junto con N.K. JERNE y G.F. KÖHLER, por sus aportaciones al desarrollo de la técnica de los anticuerpos monoclonales.
- Aparece la **impresora láser** de mesa para acoplar a un ordenador Xerox, que permite mayor resolución y rapidez en la impresión, y es además menos ruidosa que las anteriores.
- En Denver, Estados Unidos, el equipo del doctor W.H. CLEWALL realiza la primera **intervención quirúrgica intrauterina**.

- **Uruguay**: L. SEREGNI, candidato presidencial del izquierdista Frente Amplio, es liberado tras diez años de prisión. *(19 Marzo)*
- El Reino Unido ordena la **expulsión del cuerpo diplomático de Libia**, al suponerse

(Continúa)

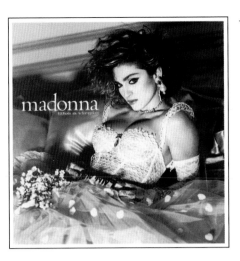

Madonna, *el primer LP de la cantante Louise Ciccone, produjo sensación. La aparición de* Like a virgin *confirmó el éxito de una fórmula que combinaba el erotismo con escenografías y elementos externos de carácter religioso.*

briones Ros. En California, era la primera vez que una mujer estéril daba a luz tras serle implantado un óvulo fertilizado en otra mujer, y en Melbourne (Australia) nació el primer bebé procedente de un embrión ultracongelado. En España también se produjeron importantes avances en la medicina: nació Victoria Anna, el primer bebé probeta de España mediante la técnica de fecundación *in vitro*, y se realizaron 14 trasplantes de hígado, siete de corazón y cinco bebés probeta.

En un balance global del año, aunque las catástrofes no estuvieron ausentes –la explosión producida en el barrio mexicano de San Juan Ipiztlanhuaca, o el desastre ecológico de la ciudad india de Bhopal ocasionaron numerosas muertes y graves destrozos materiales–, predominaron las noticias alentadoras: las sondas soviéticas *Venus 15* y *Venus 16* proporcionaron las primeras fotografías detalladas de la superficie del planeta Venus; investigadores estadounidenses y franceses anunciaron, casi

expresado claramente en el trigésimo Congreso celebrado en diciembre, que provocó la creación de una Plataforma ciudadana anti-OTAN y numerosas movilizaciones populares. Todo ello en el año que se celebraron elecciones autonómicas en Cataluña y País Vasco, con victoria de los nacionalistas en ambas comunidades.

LA MORAL, LA CIENCIA Y LA MODERNIDAD

El avance imparable de la ingeniería genética comenzó a originar algunos problemas legales, como sucedió con los em-

Los años ochenta asistieron a una virilización del look *femenino: prendas de ejecutivo, incluida corbata; pelo corto, maquillaje casi invisible, mirada desafiante, barbilla agresiva.*

simultáneamente y en medio de una ruidosa polémcia, que habían logrado aislar el virus del sida, y el matemático indio N. Karmarak dio a conocer un algoritmo susceptible de resolver ecuaciones con un elevado número de variables. ■

Instantáneas *(continuación)* 1984

que el disparo que mató a una policía británica durante una manifestación procedía de la Embajada de este país. *(17 Abril)*
- Celebración de **elecciones presidenciales** en Panamá, El Salvador y Ecuador. *(7 Mayo)*
- El Tribunal Internacional de La Haya declara **culpable a EE.UU. de atentar contra la seguridad nacional de Nicaragua**. El alto tribunal insta a EE.UU. a acabar con el minado de puertos nicaragüenses y a abstenerse de apoyar acciones militares o paramilitares contra el gobierno sandinista. *(10 Mayo)*
- **Uruguay**: detención de W. FERREIRA ALDUNATE, jefe del Partido Blanco, a su regreso del exilio. *(16 Junio)*
- El Reino Unido y China firman un **acuerdo para la descolonización de Hong Kong**, en virtud del cual la colonia británica de Hong Kong pasará nuevamente a soberanía china a partir del 1 de julio de 1997. *(26 Setiembre)*
- **Nicaragua**: el candidato sandinista D. ORTEGA gana arrolladoramente las elecciones presidenciales. *(4 Noviembre)*
- Estados Unidos: **R. REAGAN** elegido para un nuevo mandato presidencial. *(6 Noviembre)*
- Visita a **España** del presidente de la República Popular China, la primera que realiza a un país occidental. *(10 Noviembre)*

- Graves **disturbios sociales** en Tunicia y Marruecos por la subida del precio del pan. *(25 Enero)*
- Colombia: descubierto el mayor y más sofisticado laboratorio para el procesamiento de la **cocaína** conocido hasta el momento. *(11 Marzo)*

- El proceso contra el médico alemán J. HACKETHAL, quien proporcionó cianuro a una paciente de cáncer, abre el debate en torno a la **eutanasia**. El doctor había filmado la última conversación con la paciente, y los telespectadores pueden ver parte de la filmación. *(7 Mayo)*
- Reino Unido: la tensión entre los **mineros en huelga** y el gobierno estalla en una batalla campal entre policía y huelguistas en Orgreave, con un saldo de 41 policías y 28 mineros heridos. *(29 Mayo)*
- Se reúne en la ciudad alemana de Essen el grupo **Seudocrup**, integrado por padres de niños que padecen esta enfermedad, una laringitis provocada, al parecer, por la contaminación medioambiental. *(2 Junio)*
- Un enajenado **asesina a 20 personas** en una hamburguesería McDonald, en California. *(18 Julio)*
- **Perú**: halladas en Ayacucho fosas comunes repletas de víctimas, aunque no se sabe aún si de Sendero Luminoso o de los *sinchis*, tropas especiales antiguerrilla. *(26 Agosto)*
- Londres: **atentado con bomba** del IRA en el Gran Hotel Brighton, donde se celebraba una convención del Partido Conservador. M. THATCHER sale ilesa. *(12 Octubre)*
- **Chile**: convocatoria de una huelga general unitaria contra la dictadura de Pinochet. *(30 Octubre)*
- Primeras muertes de enfermos de **sida** que contrajeron la enfermedad a causa de transfusiones de sangre infectada. *(18 Noviembre)*
- México: la **explosión** de una planta distribuidora de gas causa centenares de víctimas. *(19 Noviembre)*
- Italia: dos bombas hacen explosión en un túnel ferroviario, causando 32 muertos y numero-

sos heridos. Varios grupos de ultraderecha se atribuyen el **atentado**. *(23 Diciembre)*
- Éxito total de la colección de graduación del jovencísimo modisto gibraltareño JOHN GALLIANO, innovadora y sofisticada.

- «Pensaba que había visto de todo, pero esto es peor que la guerra.» A.B. BHOSALE, soldado indio de Bhopal, ante los efectos de la fuga del gas venenoso.
- «Aviso a los inmigrantes africanos: corred rápido y sed atractivos.» *Graffiti* aparecido en la ciudad inglesa de Brixton, tras otorgar el gobierno la nacionalidad británica a la corredora sudafricana ZOLA BUDD en el tiempo récord de 13 días.

- JORGE GUILLÉN, poeta español. *(6 Febrero)*
- WILLIAM *COUNT* BASIE, pianista y músico de jazz. *(26 Abril)*
- MANUEL MÚJICA LÁINEZ, escritor argentino. *(21 Abril)*
- ENRICO BERLINGUER, político italiano, impulsor del eurocomunismo. *(11 Junio)*
- MICHEL FOUCAULT, filósofo francés. *(25 Junio)*
- CLAUDIO SÁNCHEZ ALBORNOZ, historiador español. *(8 Julio)*
- GYULA HALASZ, llamado *BRASSAÏ*, fotógrafo francés. *(8 Julio)*
- RICHARD BURTON, actor británico. *(5 Agosto)*
- El torero español FRANCISCO RIVERA, *PAQUIRRI*, cogido por un toro durante la corrida celebrada en la localidad cordobesa de Pozoblanco. *(26 Setiembre)*

1985

Trabajos de rescate y desescombro en Ciudad de México, después del terremoto del 19 de setiembre. Amplias zonas del centro de la ciudad quedaron gravemente afectadas.

Tancredo Neves, nuevo presidente de Brasil
15 ENERO

El candidato de la plataforma opositora Movimiento Democrático Brasileño, Tancredo Neves (1910-1985), es elegido presidente del país por votación indirecta. Con el triunfo de la oposición se abre un proceso que obligará a los militares a entregar definitivamente el poder a los civiles. Neves, ministro de Justicia con Getúlio Vargas y primer ministro con João Goulart, morirá el 21 de abril sin llegar a tomar posesión del cargo presidencial. José Sarney, vicepresidente electo, será el nuevo presidente de Brasil. ➡ **1986**

Gorbachov sucede a Chernienko en la URSS
11 MARZO

Tras la muerte de Konstantin Chernienko, anunciada ayer, Mijail Gorbachov (n. 1931) es elegido secretario general del PCUS. Gorbachov, representante de los sectores reformistas del partido comunista soviético, se propone llevar a cabo una política de distensión en el plano internacional, la cual no tardará en verificarse con la retirada de las tropas soviéticas de Afganistán y sustanciales avances en las negociaciones de desarme con EE.UU., y abordar en el plano interior la modernización de las estructuras económicas y una liberalización de la vida política. ➡ **1987**

Irak utiliza armas químicas contra Irán
26 MARZO

Contraviniendo normas internacionales, el ejército iraquí está empleando armas químicas en la guerra que mantiene con Irán. De acuerdo con un informe de los servicios secretos estadounidenses entregado al Consejo de Seguridad de la ONU, las fuerzas de Saddam Hussein han utilizado gas mostaza, prohibido por todas las convenciones internacionales, en las cruentas batallas del área de Basora. El uso de armas químicas por el régimen de Hussein habría provocado la muerte de centenares de soldados de la República Islámica de Irán y graves afecciones a otros miles. ➡ **1989**

Trágica final de la Copa de Europa de fútbol
28 MAYO

El estadio belga de Heyssel es escenario de una de las mayores tragedias de la historia del fútbol europeo. Poco antes de iniciarse la final de la Copa de Europa entre la Juventus de Turín y el Liverpool, la violencia desatada por los *hooligans* (gamberros) británicos provoca la muerte de 38 espectadores y heridas a otros 250, la mayoría de ellos italianos. El brutal ataque de los *hooligans* hizo que los hinchas de la Juventus, en su huida, provocaran el derrumbe de un muro de contención. No obstante la gravedad de los acontecimientos, el partido se disputa, y finaliza con el triunfo de la Juventus por 1 a 0. ➡ **1989**

La capa de ozono en peligro
MAYO

La prestigiosa revista científica británica *Nature* publica los resultados obtenidos por un grupo de científicos entre setiembre de 1984 y febrero de 1985, que revelan niveles anormalmente bajos de ozono en una zona extensa de la atmósfera sobre la Antártida. Este estado de cosas, bautizado popularmente como "agujero de la capa de ozono", y que ya había estudiado en la década de los años veinte G.M.B. Dobson, supone un grave riesgo dado que el ozono de la atmósfera actúa como un filtro contra las radiaciones solares dañinas para la vida en el planeta. Estudios posteriores confirman el suceso y detectan otro agujero similar en el polo opuesto, además de señalar a los CFC (compuestos fluorocarbonados ampliamente utilizados en los aerosoles) como los principales causantes de la pérdida del ozono, por lo que todos los países redoblan los esfuerzos para su sustitución por compuestos inocuos para la atmósfera.

España se incorpora a la Comunidad Europea
12 JUNIO

Felipe González, jefe del gobierno español, firma el tratado de adhesión de España a la Comunidad Económica Europea (CEE). Culminando un complejo proceso de negociaciones, se firma a las 20,53 horas, en la Sala de Columnas del Palacio Real de Madrid, el tratado por el que España se convertirá a partir del 1 de enero de 1986 en miembro de pleno derecho de la Comunidad Europea, al igual que Portugal. De este modo, los dos países ibéricos entrarán a constituir la Europa de los Doce. ➡ **1991**

▶ *Un ayatollah iraní visita el frente bélico provisto de una máscara de gas. El ejército iraquí utilizó armas químicas prohibidas por las convenciones internacionales, tanto contra Irán como contra los rebeldes kurdos de su propio territorio.*

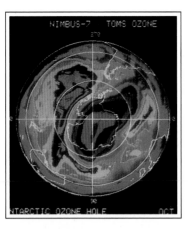

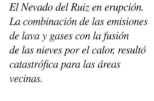

◀ *Imagen de la Antártida tomada por el satélite Nimbus en la cual se aprecia el aumento del agujero en la capa de ozono.*

Hundido un buque de Greenpeace
19 JULIO

El *Rainbow Warrior*, buque de la organización ecologista Greenpeace, es hundido en Nueva Zelanda. El barco, que se hallaba anclado en el puerto de Auckland, ha sido objeto de un atentado con bomba, que ha causado la muerte del fotógrafo portugués Fernando Pereira. Según fuentes de Greenpeace, los servicios secretos franceses estarían detrás del atentado que ha mandado a pique el barco de los pacifistas.

Un violento terremoto sacude México
19 SETIEMBRE

La destrucción de un moderno barrio de México DF, y la muerte de unas 4 000 personas además de decenas de miles de heridos, es el saldo provisional de una de las mayores catástrofes ocurridas en el continente americano. La capital mexicana ha quedado incomunicada con el exterior, mientras los equipos de salvamento buscan desesperadamente a posibles nuevas víctimas bajo toneladas de escombros. Ante la magnitud del desastre, Estados Unidos y numerosos países latinoamericanos y europeos se apresuran a enviar ayuda médica.

Secuestro del Achille Lauro
7 OCTUBRE

Un comando palestino secuestra frente a las costas egipcias el trasatlántico italiano *Achille Lauro*. Una rama disidente de al-Fatah está detrás del secuestro del barco, que hacía un crucero de recreo por el Mediterráneo con turistas de diversas nacionalidades. Leo Klinghoffer, ciudadano paralítico estadounidense de origen judío, es asesinado por el grupo terrorista, que 48 horas después libera el trasatlántico tras las gestiones de Abu Abbas, dirigente del sector radical de al-Fatah.

Soberbio año para Severiano Ballesteros
5 NOVIEMBRE

El golfista español Severiano Ballesteros (n. 1957) culmina un año excepcional tras obtener la victoria en los más prestigiosos torneos internacionales. Considerado el mejor golfista español de todos los tiempos, Ballesteros ha ganado el Masters de Augusta (EE.UU.) en 1980 y 1983, el Open Británico en 1979 y 1984, y este año el Carroll Irish, el Open de Francia, el Open del Prat, el World Match Play en Wentworth, el Open Benson de España, el torneo de Nueva Orleans y la Ryder Cup. En 1988 repetirá victoria en el Open Británico, y en 1987 y 1989 en la Ryder Cup. Este último año recibirá el premio Príncipe de Asturias de los Deportes. ➡ **1994**

Asalto al Palacio de Justicia en Bogotá
6 NOVIEMBRE

El grupo guerrillero M-19 ocupa el Palacio de Justicia de la capital colombiana y desencadena la represión militar. Con el propósito de pedir la libertad de algunos jefes guerrilleros y la reanudación de las negociaciones de paz, el M-19 asalta el Palacio de Justicia y toma como rehenes al presidente de la Corte Suprema y del Consejo de Estado y a numerosos magistrados. La respuesta del ejército es contundente, y poco después tropas bien pertrechadas entran en el edificio desencadenando una matanza indiscriminada entre guerrilleros y jueces.

Kaspárov gana el campeonato mundial de ajedrez
9 NOVIEMBRE

El azerbaijano Garri Kaspárov (n. 1963) acaba con diez años de hegemonía del ruso Anatoli Kárpov (n. 1951) y se convierte en el campeón mundial más joven de la historia del ajedrez. Kaspárov ha logrado, en la sala Tchaikovski de Moscú, trece puntos por once de su rival, a quien obligó en la última partida a abandonar después de 43 magistrales jugadas. El juego agresivo y brillante de Kaspárov ha resultado irresistible para el anterior campeón, un experto en la lucha posicional.

Catástrofe volcánica en Colombia
14 NOVIEMBRE

La erupción del volcán andino Nevado del Ruiz provoca una riada de lava y lodo que sepulta numerosos poblados y ciudades, causando la muerte de más de 25 000 personas. Una de las escenas más dramáticas la ha constituido el infructuoso rescate de la niña Omayra Sánchez, que resistió durante horas antes de morir atrapada en el barro ante la impotencia y desesperación de los equipos de salvamento. El calentamiento de las laderas del cráter Arenas y la fusión de las nieves perennes que rodean el volcán han sido las causas directas de la avalancha de lodo que ha convertido en cementerio la ciudad de Armero y anegado vastas extensiones de tierra.

Nace el entorno Windows
NOVIEMBRE

La empresa informática Microsoft anuncia el lanzamiento al mercado de la primera versión de Windows ("ventanas" en inglés). Se trata de un interfaz gráfico que funciona sobre el sistema operativo MS-DOS, muy semejante al empleado en los ordenadores personales Macintosh, que permite al usuario comunicarse con la máquina con tan sólo hacer clic sobre los iconos que representan las diversas opciones. Esta primera versión de Windows es multitareas y admite programas de aplicación no concebidos especialmente para dicho entorno. Con los años irán apareciendo versiones mejoradas de Windows. ➡ **1990**

El Nevado del Ruiz en erupción. La combinación de las emisiones de lava y gases con la fusión de las nieves por el calor, resultó catastrófica para las áreas vecinas.

Garri Kaspárov, nuevo campeón del mundo de ajedrez.

El año de la perestroika

Aunque en 1985 se producen importantes noticias y avances en diversos campos del saber, de la política, de la economía o de las relaciones humanas, no cabe duda de que el acontecimiento fundamental del año es el relevo en la cúpula de poder de la URSS, que provoca un cambio inusitado en las relaciones internacionales y abre nuevas esperanzas e incertidumbres en el tenso panorama mundial. La gerontocracia soviética da paso tras la muerte de Chernienko a una nueva generación de políticos, encabezada por Gorbachov, que no sin dificultades se encargará de provocar importantes acelerones a la historia.

ENTRE LA PERESTROIKA Y LA GUERRA DE LAS GALAXIAS

En el año en que la ONU conmemoró su 40 aniversario, se produjo por primera vez desde hacía seis años un encuentro entre los dos mandatarios más poderosos del mundo: los protagonistas fueron en esta ocasión el nuevo líder soviético, Mijail Gorbachov, y el presidente estadounidense Ronald Reagan, que iniciaba su segundo mandato presidencial. En la cumbre de Ginebra no se alcanzaron acuerdos espectaculares –los dos líderes todavía estaban muy distanciados y sus posturas parecían irreconciliables–, pero no tardaron en llegar síntomas esperanzadores. El problema fundamental lo constituía el proyecto estadounidense apadrinado por Reagan, denominado Iniciativa de Defensa Estratégica y popularizado como guerra de las galaxias. Ese reto lanzado por Estados Unidos a sus aliados occidentales y a la URSS generó muchos recelos. La Unión Soviética, consciente de que no podía competir con los estadounidenses en la militarización del espacio, temía la creciente hegemonía estadounidense y la desaparición del equilibrio internacional. De ahí su oposición radical a la Iniciativa de Defensa Estratégica y su contrapropuesta, consistente en la reducción y destrucción progresiva de armamento nuclear, para demostrar así al mundo su predisposición a favorecer la paz internacional. Los países europeos occidentales tampoco se mostraron entusiasmados con el programa de defensa espacial estadounidense, porque estimaban que incrementaría la dependencia y la indefe-

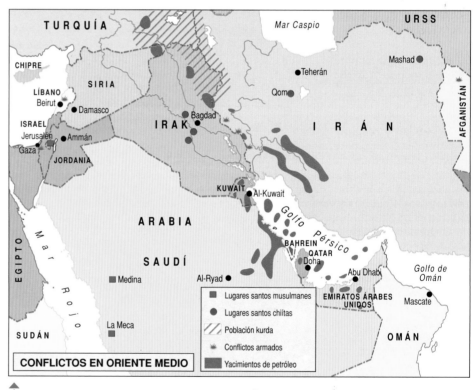

▲
Un brindis en la "cumbre": Ronald Reagan y Mijail Gorbachov en la Casa Blanca, en los compases iniciales de un deshielo difícil.

▲
La conflictividad del Oriente Medio deriva tanto de su carácter de encrucijada de etnias y religiones, como de sus ingentes reservas de petróleo.

sión europea. Por otra parte, Europa estaba atravesando una ola de antiamericanismo, dada la actitud internacional y la prepotencia del primer mandatario estadounidense, que en mayo realizó una gira por varios países europeos, entre ellos España, llena de incidentes, desplantes y manifestaciones populares contrarias al creciente militarismo norteamericano. Sin duda fruto de ese ambiente nació el proyecto Eure-

El jefe del gobierno español Felipe González en el acto de la firma del tratado de adhesión de España a la Comunidad Europea.

ka, orientado a la investigación conjunta europea en tecnología punta y ratificado por 18 países europeos.

EL HORROR DE LA MUERTE EN DIRECTO

Mientras las grandes potencias jugaban al ajedrez en el tablero del mundo, ocurrieron otros acontecimientos de interés, a una escala más reducida, que gracias a la televisión fueron seguidos en directo por millones de personas. Tres catástrofes naturales causaron cuantiosas tragedias humanas: el ciclón que sacudió el golfo de Bengala y causó millares de muertos y desaparecidos en Bangla Desh, uno de los países más pobres y densamente poblados del mundo; el terremoto que en octubre asoló la ciudad de México, cuya magnitud desencadenó numerosas muestras de solidaridad internacional, y la erupción del volcán colombiano Nevado del Ruiz, que fundió millones de metros cúbicos de nieve y provocó una catastrófica inundación que dejó sepultados bajo un lodo de 8 metros de espesor pueblos enteros y a miles de personas. El drama alcanzó su punto culminante cuando la impotencia adquirió una dimensión individual, al aparecer en los televisores del mundo entero la larga agonía de una niña, Omayra Sánchez, sepultada en el barro sin

poder ser rescatada por los equipos de salvamento.

En muchos casos las desgracias no obedecen a causas naturales, sino a actuaciones deliberadamente provocadas por el hombre. Y en 1985 hubo numerosas muestras de ello, porque las acciones de violencia internacional y los atentados terroristas proliferaron: 60 personas murieron en Beirut tras la explosión de un coche bomba, 50 en Túnez a consecuencia del bombardeo contra la sede de la OLP, 152 en Islamabad en el derribo de un avión de pasajeros por un misil lanzado por los rebeldes afganos, 60 en Malta tras el asalto por comandos antiterroristas egipcios de un avión secuestrado, 16 y más de 100 heridos en dos atentados antiisraelíes en los

aeropuertos de Roma y Viena; y en España, una bomba colocada en un restaurante de Barajas frecuentado por personal estadounidense de la base de Torrejón de Ardoz causó 20 muertos y más de 70 heridos. A ello es preciso sumar la matanza de rehenes, guerrilleros y soldados en el Palacio de Justicia de Santa Fe de Bogotá, en Colombia; el atentado perpetrado por los servicios secretos franceses contra el barco de la organización ecologista Greenpeace *Rainbow Warrior*, y el secuestro del transatlántico italiano *Achille Lauro* con más de 500 pasajeros detenidos y uno asesinado. Y por si todo ello fuera poco, se añadieron desgracias fortuitas como el incendio de dos petroleros en el puerto español de Algeciras, un choque frontal de trenes en la localidad portuguesa de Viseu, o el hecho de que 1985 fuera uno de los años más trágicos en la historia de la aviación comercial. En diversos territorios del planeta ocurrieron dramáticos accidentes aéreos que provocaron la desaparición de más de un millar de personas. Un capítulo especial merece el fanatismo, que también dejó una triste secuela de muertes en directo: el deportivo, con las tragedias de los estadios Heyssel de Bruselas y el estadio olímpico de México, o el étnico, en sus diversas variantes, como los incidentes raciales en la ciudad inglesa de Birmingham, o las cada vez más numerosas víctimas del apartheid en Sudáfrica.

Omayra Sánchez atrapada en el barro. La pequeña resistió largas horas, a la espera de un rescate que no pudo llegar a tiempo.

Inauguración del mandato presidencial de Alan García en Perú. Durante su gestión se exacerbarían los problemas externos del país.

EL SUEÑO DE ESPAÑA Y LAS PESADILLAS DE AMÉRICA LATINA

Con la firma del Tratado de Adhesión a las Comunidades Europeas se cumplió el sueño de muchos españoles, que a partir del próximo año comenzarían a experimentar las ventajas y los sacrificios que suponía pertenecer a tan anhelado club occi-dental, al que, por cierto, también y al mismo tiempo se incorporó Portugal. Sin embargo, no todo fue un camino de rosas durante 1985. La reconversión industrial siguió generando importantes brotes de conflictividad que elevaron los niveles de crispación social; la campaña anti-OTAN movilizó a varios miles de españoles, y el terrorismo siguió alimentando la deplorable estadística de destrucción, muerte y sufrimiento. Felipe González llevó a cabo una importante remodelación ministerial; y se reprivatizaron, en medio de ruidosa polémica, los bancos de Rumasa, cuyo anterior propietario, el prófugo Ruiz Ma-teos, fue entregado a la justicia española por la República Federal Alemana.

Por su parte, América latina daba la impresión de ser cada vez más consciente de la grave dimensión de algunos de sus problemas estructurales. La deuda externa de algunos países estaba impidiendo cualquier posibilidad de progreso y modernización social, y muchos dirigentes comenzaron a plantearse la posibilidad de declarar la suspensión de pagos. El tema preocupaba al Fondo Monetario Internacional, a la banca privada y a los principales países acreedores, que comenzaron a adoptar posiciones defensivas, sobre todo a partir de la reunión veraniega de algunos países hispanoamericanos celebrada en La Habana, en la que prácticamente todos asumieron la conclusión de que resultaba imposible satisfacer el pago de la deuda exterior.

La deuda externa no fue el único motivo de preocupación para América latina, pues algunos países, como Nicaragua o Argentina, sufrieron sus propias vicisitudes. El país centroamericano estaba acosado por Estados Unidos, cuyo presidente no dudó en enfrentarse al Tribunal Internacional de La Haya para seguir financiando la guerrilla antigubernamental, ni en decretar el embargo comercial, con la única finalidad de controlar la experiencia sandinista, que el año anterior había obtenido el refrendo de unas elecciones. Por su parte, Argentina corrió un grave riesgo de involución política. Algunos militares argentinos no estaban dispuestos a asumir las responsabilidades criminales del período dictatorial, y el presidente Alfonsín, acosado y amenazado de muerte, tuvo que recurrir a los llamamientos de la población para que se manifestase en favor de la democracia y la Constitución.

Para completar el panorama del año, cabe añadir que la compañía Coca Cola, aunque lo intentó, no se atrevió a enfrentarse con los consumidores para cambiar el sabor de su refresco; que el parisino Instituto Pasteur encontró la secuencia completa del virus responsable del sida, causante ese mismo año de la muerte del actor esta-

El Pont Neuf de París, sobre el río Sena, aparece en esta imagen bajo un aspecto inusual, embalado por Christo con un inmenso lienzo.

Manifestación de personas del Campo de Gibraltar, favorables a la apertura de la verja del Peñón. El gobierno español levantó el 4 de febrero el bloqueo sobre la colonia.

dounidense Rock Hudson; que los investigadores británicos descubrieron un preocupante agujero en la capa de ozono situado sobre la Antártida, y que Paul Bergman, tripulante de la superfortaleza volante estadounidense *Enola Gay* que arrojó la bomba sobre Nagasaki, decidió quitarse la vida cuatro días antes de cumplirse el cuarenta aniversario de tan desgraciado acontecimiento, vencido en la dura batalla contra el remordimiento que le acompañó durante toda su existencia. ■

Instantáneas

- Exposición del pintor español **MIQUEL BARCELÓ** en Madrid. La muestra recoge su obra reciente, procedente del Museo de Arte Contemporáneo de Burdeos.
- **CHRISTO** embala el Pont Neuf sobre el Sena, en París, con una inmensa tela de 4 000 m². *(23 Setiembre)*

- B. **SPRINGSTEEN**, "*the Boss*", realiza una **gira** por Europa. *(Mayo)*
- *We don't need another hero,* en el segundo puesto en las listas estadounidenses, consagra la carrera en solitario de TINA TURNER tras divorciarse de su marido Ike, que la maltrataba.
- *Brothers in arms* se convierte en el álbum más vendido de la historia del pop británico, y confirma la calidad musical del grupo DIRE STRAITS.
- El compositor y productor estadounidense QUINCY JONES organiza el gran concierto "Live Aid" *We are the world*, USA for Africa, que se convierte en un fenómeno mundial.
- Espléndida banda sonora de JOHN BARRY para la película *Memorias de África*, galardonada con uno de los siete Óscares que recibirá el filme.

- CH. TOMLINSON presenta sus *Poesías completas*, marcadas por el rechazo a la modernidad y un retorno a un paraíso visionario.
- El escritor español G. TORRENTE BALLESTER recibe el **premio Cervantes**. *(28 Abril)*
- El filósofo alemán J. HABERMAS, representante de la segunda generación de la Escuela de Frankfurt, propone en *El discurso filosófico de la modernidad* la razón comunicativa como método constructivo de crítica a la razón subjetiva.

- Estreno del ballet *Carmen* de CRISTINA HOYOS y ANTONIO GADES.
- Empieza la emisión de *Eastenders*, serie televisiva de la BBC que refleja la vida en un barrio popular (el East End) londinense.
- A. KONCHALOVSKY narra la odisea de dos prófugos en *El tren del infierno*, filme que abre al cineasta ruso las puertas de Hollywood.
- *Ran*, de A. KUROSAWA, recrea la historia del rey Lear en el Japón de los samuráis.

- En *Yo te saludo, María*, el polémico J.-L. GODARD ofrece su metafísica visión del embarazo de la madre de Dios.

- El cometa **Halley** se acerca a la Tierra por segunda vez en lo que va de siglo. *(27 Noviembre)*
- Creado el primer programa de autoedición, el *Pagemaker* de J. WARNOCK.
- Puesta en marcha del **programa Eureka** para organizar la cooperación técnico-científica europea.

- España levanta el bloqueo de **Gibraltar**, ante la promesa británica (luego incumplida) de llegar a una solución pactada. *(4 Febrero)*
- Las tropas israelíes inician su **retirada** del sur del Líbano. *(16 Febrero)*
- A. GARCÍA, candidato de Alianza Popular Revolucionaria Americana (APRA), vence en las **elecciones presidenciales de Perú**. *(14 Abril)*
- La gira europea del presidente R. REAGAN termina entre la frustración e irritación de los parlamentarios europeos. Ni siquiera se ha logrado pactar una fecha para las **negociaciones sobre el GATT**. *(8 Mayo)*
- **Sudáfrica**: violentos enfrentamientos entre policía y manifestantes en los guetos, en protesta contra la política de *apartheid* de P. BOTHA. *(21-28 Julio)*
- Israel bombardea el cuartel general de la OLP en Túnez, en un **ataque sorpresa**. *(1 Octubre)*
- Encuentro entre R. REAGAN y M. GORBACHOV en Ginebra para negociar el **desarme nuclear**. *(19 Noviembre)*

- Nápoles: en una sala-bunker de la prisión de Poggioreale se inicia el "**juicio del siglo**" contra la mafia, aquí llamada *Camorra*. Entre los acusados se encuentran políticos, empresarios e incluso algún sacerdote. *(4 Febrero)*
- Sudáfrica: ante el ofrecimiento de ser liberado a cambio de renunciar a su lucha contra el apartheid, **N. MANDELA** opta por permanecer en prisión. *(10 Febrero)*
- España: un avión choca con la antena del repetidor del monte Oitz, en el País Vasco. El número de víctimas mortales del **accidente** asciende a 147. *(19 Febrero)*
- Reino Unido: fracaso de la **huelga de los mineros**, ante la inflexibilidad del gobierno. *(5 Marzo)*

- El teólogo brasileño L. BOFF, representante de la **teología de la liberación**, recibe la orden del Vaticano de guardar silencio durante un período de tiempo no especificado. *(9 Mayo)*
- Más de 500 personas mueren en el **accidente** sufrido por un Jumbo en Japón. *(12 Agosto)*
- Reino Unido: las revelaciones de O.A. GORDIEVSKI, espía soviético que pidió recientemente asilo político, permiten a las autoridades desmantelar una **red de espías** de la KGB. El gobierno británico decreta la expulsión de 25 diplomáticos soviéticos. *(12 Setiembre)*

- El alemán **B. BECKER**, campeón del torneo de tenis de Wimbledon con sólo 17 años. *(Julio)*
- **El francés B. HINAULT** redondea un palmarés brillantísimo al imponerse en el Giro de Italia (tercero en su historial) y en el Tour de Francia, uniendo su nombre a los de J. ANQUETIL y E. MERCKX, únicos **ganadores de cinco Tours** hasta la fecha.

- «Las heridas son profundas.» DANIEL ORTEGA, presidente de Nicaragua, sobre las relaciones entre su país y Estados Unidos.
- «No hay nada más potente para desestabilizar al gobierno democrático que el poder del narcotráfico.» GUSTAVO SÁNCHEZ, subsecretario de Interior de Bolivia.
- «Me gusta el señor GORBACHOV, podemos hacer negocios juntos.» M. THATCHER sobre el sucesor de A. CHERNIENKO como líder del PCUS.

- **SALVADOR ESPRIU**, poeta español en lengua catalana. *(22 Febrero)*
- **MARC CHAGALL**, pintor francés de origen ruso. *(28 Marzo)*
- **ANDRÉ KERTÉSZ**, fotógrafo estadounidense de origen húngaro. *(27 Setiembre)*
- **ROCK HUDSON**, actor estadounidense, víctima del sida. *(2 Octubre)*
- **ORSON WELLES**, actor, guionista y director de cine estadounidense. *(13 Octubre)*
- **ROBERT WOODDRUFF**, presidente de la compañía Coca-Cola.

1986

Momento de la desintegración del transbordador espacial estadounidense Challenger, *debido a un fallo técnico. La tragedia fue presenciada en directo por millones de telespectadores.*

Manifestación popular de júbilo en Puerto Príncipe, tras la huida de Haití del dictador Jean-Claude Duvalier. Al fondo, el palacio presidencial.

Tragedia aeroespacial
28 ENERO

A poco de despegar de Cabo Cañaveral estalla el transbordador *Challenger* y mueren los siete astronautas que lo tripulaban. El mundo entero contempla atónito cómo la nave se desintegra 75 segundos después de haber iniciado su ascensión. Entre los tripulantes se hallaba la maestra Christa McAuliffe, primera astronauta civil enviada por la NASA en misión espacial. El hecho había despertado el interés de los centros escolares de EE.UU., por lo que millones de niños han contemplado a través de la televisión la mayor tragedia de la historia de los vuelos tripulados espaciales. En consecuencia, la NASA decide suspender el programa de transbordadores espaciales hasta el 29 de setiembre de 1988, fecha en que está previsto el lanzamiento del *Discovery*. ➡ **1990**

Cae en Haití Jean-Claude Duvalier
7 FEBRERO

Con el derrocamiento de Jean-Claude Duvalier, *Baby Doc*, hijo y sucesor de François Duvalier, *Papa Doc*, acaba una de las dictaduras más sangrientas de América latina. A raíz del corte de la ayuda económica y militar de EE.UU., que había mantenido el régimen hasta ahora, Duvalier se ha visto obligado a huir de la isla en un avión estadounidense rumbo a Francia. El poder queda en manos del general Henri Namphy, que en los próximos días tratará de restablecer el orden en uno de los pueblos más pobres del planeta. ➡ **1994**

Nuevas técnicas fotográficas

El tratamiento digital de la imagen, desarrollado a partir de la informática a lo largo de esta década, permite una libertad antes inimaginable en la manipulación de fotografías. Formas y colores se combinan y alteran con la mayor facilidad, aparecen objetos nuevos y desaparecen los antes existentes. El tema ha generado ya polémica en el campo de la fotografía periodística: el caso más inocente es el de una pirámide de Giza, la cual, tras siglos de inmovilidad, se acercó sigilosamente a las demás, al único efecto de encajar mejor en una portada vertical del *National Geographic*. La prensa sensacionalista, la publicidad y la pornografía consiguen de esta manera crear cuerpos imposibles, y noticias dudosas. Por otro lado, la libertad que permiten las nuevas técnicas adquiere un sentido distinto, mucho más positivo, en el campo del arte, que no ha dejado de implicarse en la nueva revolución de la imagen.

Apertura parcial del Centro de Arte Reina Sofía en Madrid

Se abre al público en Madrid el Museo Nacional Centro de Arte Reina Sofía. Instalado en un edificio del siglo XVIII construido por el arquitecto Francesco Sabatini, restaurado ahora por Antonio Fernández Alba y remodelado por los arquitectos Antonio Vázquez de Castro y José Luis Íñiguez de Onzoño, este museo español abre como centro de arte de exposiciones temporales. Cuenta inicial-

mente con grandes obras de creadores del siglo XX, como Dalí, Miró, Tàpies y Picasso, de quien alberga el célebre *Guernica*. La colección permanente del Centro de Arte Reina Sofía se inaugurará definitivamente en 1990.

Nace el Grupo de Río

Varios países latinoamericanos encabezados por Brasil crean el llamado Grupo de Río, como foro internacional de discusión y consulta sobre asuntos de interés común. Si bien inicialmente no lo integran todos los países latinoamericanos, paulatinamente, y merced a sus positivos resultados, el Grupo quedará constituido por Argentina, Brasil, Bolivia, Chile, Colombia, Ecuador, Panamá, Perú, Uruguay y Venezuela, más representantes rotativos de América Central y de los países anglófonos del Caribe.

Corazón Aquino, presidenta de Filipinas
25 FEBRERO

El intento de Ferdinand Marcos (1917-1989) de falsear el resultado de las elecciones precipita el fin de su dictadura y el acceso al poder de Corazón Aquino (n. 1933). El deterioro del régimen de Marcos, que había accedido al poder en 1965 con el apoyo de EE.UU., se hizo imparable desde que en 1983 fuera asesinado el líder opositor Benigno Aquino cuando regresaba de su exilio. La viuda de éste, Corazón Aquino, asume provisionalmente la presidencia de Filipinas con el apoyo de la población y de un sector del ejército.

La sonda europea Giotto estudia el Halley
13 MARZO

La principal nave de una flotilla internacional de sondas automáticas lanzadas al espacio por Europa (*Giotto*), la Unión Soviética (*Vega* 1 y 2) y Japón (*Suisei* y *Sakigake*) culmina el estudio, por primera vez a corta distancia, de un cometa, en este caso el Halley, un cometa periódico que regresa cada 76 años y que sirvió a E. Halley (1656-1742) para demostrar la validez de la teoría de la gravitación universal de I. Newton (1642-1727). Se su-

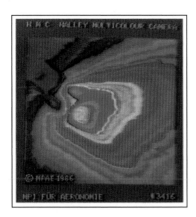

◀ *El cometa Halley, fotografiado en color desde una distancia de 816 km por la sonda europea* Giotto. *El núcleo es la zona amarilla rodeada por un área de color verde intenso; la cola, la porción roja y azul.*

pone que la estructura de estos cuerpos tiene una composición parecida a la del sistema solar en sus orígenes, y *Giotto* ha permitido obtener las primeras imágenes de su núcleo. En años posteriores se multiplicarán las misiones con destino a cometas, asteroides y otros pequeños cuerpos del sistema solar. ➡ **1991**

Comienza la cohabitación política en Francia
18 MARZO

El presidente socialista François Mitterrand designa al conservador Jacques Chirac nuevo primer ministro. El triunfo electoral del Reagrupamiento para la República ha obligado a Mitterrand a "cohabitar" políticamente con un jefe de gobierno de la derecha para responder a las intenciones del electorado francés. Chirac, que en 1983 había sido reelegido alcalde de París, se apresta a hacer valer el apoyo del electorado, aunque ello suponga una política de difícil equilibrio con las fuerzas de izquierda. ➡ **1995**

Catástrofe nuclear en Chernobil
25 MARZO

En el bloque nº 4 de la central nuclear de Chernobil, situada en Ucrania, se produce la mayor catástrofe nuclear de la historia en época de paz. Una serie de pruebas y errores de manejo por parte de los técnicos encargados de operar la planta, da como consecuencia un repentino aumento de la potencia y la fusión de las barras de combustible que, al entrar en contacto con el agua de refrigeración, generan una cantidad de vapor tal que provoca una explosión en el edificio del reactor, haciendo saltar por los aire la cúpula y dejando escapar a la atmósfera grandes cantidades de material radiactivo que se extienden por gran parte de Europa central impulsadas por el viento. La contaminación es gravísima, e incalculable el número de afectados y posibles víctimas del cáncer en décadas futuras. ➡ **1992**

Ataque de Estados Unidos a Libia
14 ABRIL

Aviones estadounidenses bombardean Libia tras señalar el presidente Reagan a este país como responsable del terrorismo internacional. Aparatos con base en Gran Bretaña y de la VI Flota han atacado en "misión de castigo" pozos petrolíferos y otros objetivos de las ciudades de Trípoli y Bengasi, y en particular la residencia del propio Muammar al-Gaddafi. Entre los centenares de víctimas del ataque se encuentra una hija adoptiva del dirigente libio. El gobierno de Estados Unidos ha sido duramente criticado por Francia y la URSS, y condenado por todo el mundo árabe.

Argentina, bicampeona mundial de fútbol
31 MAYO-9 JUNIO

La selección argentina gana por segunda vez el Campeonato Mundial de Fútbol celebrado en México, al vencer a la alemana en la final por 3 a 2. El equipo argentino, que tuvo en Diego Armando Maradona a su máxima estrella, llegó al último partido tras vencer a Corea del Norte, Bulgaria, Uruguay, Inglaterra y Bélgica, y empatar con Italia. Los goles de la final jugada en el Estadio Azteca fueron de Brown, Valdano y Burruchaga para Argentina, y de Rummenigge y Voller para Alemania.

Proyecto Genoma

En el transcurso del Cold Spring Harbor Symposium de biología molecular del ser humano, se plantea por primera vez la secuenciación de la totalidad del genoma humano, origen del "proyecto Genoma" que se iniciará en varios países en 1990, liderado por J.D. Watson (n. 1928), codescubridor de la estructura del ADN. El proyecto del mapa génico humano, posible gracias al análisis citogenético y la aplicación de técnicas de genética molecular, se propone el objetivo de localizar los 50 000 a 100 000 genes de los cromosomas humanos antes del año 2005, con vistas a combatir con mayor efectividad las enfermedades de tipo genético que afectan a la humanidad.

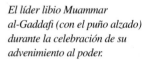

Fallece Jorge Luis Borges
13 JUNIO

Fallece en Ginebra el escritor argentino Jorge Luis Borges (1899-1986), que había elegido la ciudad suiza para morir y con este propósito se había trasladado a ella ante el irreversible avance de su cáncer de hígado. El autor de *El aleph*, *Ficciones* y *El libro de arena* se había casado en abril pasado con su discípula María Kodama. Borges será enterrado en el cementerio de los hombres ilustres de Ginebra, cerca de la tumba donde reposan los restos de Calvino.

Matanza de guerrilleros en Perú
20 JUNIO

Un motín sirve de pretexto al ejército para asesinar a centenares de guerrilleros de Sendero Luminoso presos en la cárcel de Lurigancho. Tras un conato de revuelta protagonizado por reclusos senderistas en el penal situado en las proximidades de Lima, los militares peruanos asesinan de un tiro en la nuca a cerca de 350 guerrilleros, según ha denunciado Alan García. El presidente peruano acusa asimismo a los jefes de la guardia republicana de planear y ejecutar la matanza, y promete castigar a los responsables de la misma. ➡ **1992**

El líder libio Muammar al-Gaddafi (con el puño alzado) durante la celebración de su advenimiento al poder.

Cory (Corazón) Aquino, investida presidenta de Filipinas después de la fuga del país de Ferdinand Marcos.

Victor McKusick, del Hospital Johns Hopkins de Baltimore, Estados Unidos, junto al mapa genético de los cromosomas humanos, base del proyecto Genoma.

Chernobil, una llamada de atención al mundo

Cuatro grandes acontecimientos caracterizan el año 1986: el bombardeo de Libia por aviones de Estados Unidos, la tragedia del transbordador espacial Challenger, la catástrofe nuclear de Chernobil y la fallida cumbre de Reykjavik entre Reagan y Gorbachov. Su simple enumeración no induce precisamente a contemplar con excesiva confianza la evolución histórica de la humanidad, pero por fortuna estos procesos críticos acabarían siendo superados, y también se produjeron otros acontecimientos más benévolos y esperanzadores.

EL ESTADO DEL MUNDO Y DEL LIDERAZGO MUNDIAL

Una aproximación, siempre relativa, a cómo son y evolucionan las sociedades, podría partir de la observación y análisis del talante y comportamiento de los líderes políticos que las gobiernan y representan. Sin caer en rígidos determinismos ni en forzadas relaciones entre causas y efectos, brotarían algunas impresiones interesantes. Así, aplicando esta reflexión sin afanes exhaustivos, en 1986 se vislumbra el siguiente panorama. Comenzando por los dos líderes de las principales potencias, Ronald Reagan y Gorbachov, los efusivos mensajes de paz que se lanzaron a través de la televisión no fueron obstáculo para que el presidente estadounidense reclamara una acción internacional y acabara por bombardear Libia, ni para que Gorbachov se convirtiera en sostenedor del mandatario libio Muammar al-Gaddafi; o para que antes de que acabase el año se reunieran en Reykjavik, en una cumbre sobre reducción armamentística que no produjo resultados. Por otra parte Ronald Reagan, absorto con su cruzada particular contra Nicaragua, tuvo que admitir, después de presentarse ante la opinión pública como olvidadizo o desinformado, que negoció la venta de armas a su enemigo Irán, con el fin de obtener dinero que destinar a la Contra nicaragüense. Fue así como estalló un escándalo, el Irangate, que a pesar de la gravedad de las acusaciones, no fue suficiente para que la sociedad americana le retirara su confianza.

Otro líder cuyo prestigio parecía inconmovible era el español Felipe González, que a pesar de los numerosos problemas

El sistema refrigerador del núcleo del reactor nuclear de Chernobil (Ucrania), en una fotografía de febrero de 1986, apenas un mes antes de que se produjera el accidente.

sociales existentes en España como consecuencia de una crisis económica que ya comenzaba a superarse, de los traumas de la reconversión industrial, del elevado índice de paro, etc., consiguió imponer su criterio en un referéndum sobre la permanencia de España en la OTAN, en el que defendió todo lo contrario de lo que había propuesto a sus electores cuando con sus votos lo elevaron a la presidencia del gobierno. Unos meses más tarde, en ese mismo año, el PSOE de González revalidó su mayoría absoluta en las nuevas elecciones generales.

En el Reino Unido Margaret Thatcher, que el año anterior había dado pruebas de su voluntad de hierro al no ceder a la huelga de los mineros británicos, se mostró en todo como la más firme aliada del presidente Reagan, y no dudó en enfrentarse a la opinión pública internacional y a sus socios de la Commonwealth con su negativa a decretar sanciones contra el régimen racista de Sudáfrica. En Francia se utilizó mucho el término "cohabitación", para expresar la novedosa experiencia política de tener a un jefe de Estado socialista, Francois Mitterrand, y un primer ministro conservador, Jacques Chirac. Fue posible la convivencia pese a algún que otro ruidoso desencuentro, como cuando Miterrand expresó su solidaridad moral con el movimiento estudiantil que estalló a finales de año en contra del ministro de Educación, finalmente destituido.

Cambiando de escenario, en Filipinas, tras unas elecciones fraudulentas seguidas de un mes de enfrentamientos y agresio-

Jacques Chirac, primer ministro gaullista, y François Mitterrand, presidente socialista de Francia. La "cohabitación" resultó menos dificultosa de lo que se había temido.

nes, el dictador Ferdinand Marcos hubo de ceder el poder a la líder de la oposición Corazón Aquino, y refugiarse en la base estadounidense de Guam. Marcos pasó repentinamente de ser considerado, según las biografías oficiales, el mayor héroe filipino de la Segunda Guerra Mundial, a desertor y colaborador de los japoneses, como se reflejaba en los archivos estadounidenses. Tampoco podía presumir de un pasado encomiable el ex secretario general de la ONU Kurt Waldheim, que fue elegido presidente de Austria pese a sus connivencias con los nazis durante la Segunda Guerra Mundial. El dictador haitiano Jean-Claude Duvalier, Baby Doc, que desde 1981 no contaba con la ayuda estadounidense por sus constantes violaciones de los derechos humanos, huyó del país, mientras en otros países de América las aguas corrieron también revueltas: el máximo dirigente militar de Panamá, Manuel Antonio Noriega, fue acusado de tráfico de drogas y asesinato, y Augusto Pinochet resultó herido en una mano, en el primer atentado desde que en 1973 tomó el poder. La pacífica Suecia, donde sucesos de esa índole resultaban inconcebibles, vio consternada cómo el primer ministro, el socialdemócrata Olof Palme, era víctima de un extraño atentado cuyos móviles nunca se esclarecieron. Y en otro orden de cosas, en 1986 resultaron significativas las declaraciones de dos personas en principio absolutamente incompatibles: el ministro de Exteriores israelí, Isaac Shamir, se mostró dispuesto a admitir la creación de un Estado palestino, y el líder de la OLP, Yaser Arafat, reconoció implícitamente la legitimidad del Estado de Israel al aceptar la resolución 242 de las Naciones Unidas. ¡Algo comenzaba a moverse en Oriente Medio!

SI QUIERES LA PAZ ¿POR QUÉ HACES LA GUERRA?

El acontecimiento más inquietante del año fue sin duda el bombardeo de Libia –acusada por Estados Unidos de financiar el terrorismo internacional–, que a punto estuvo de convertirse en un conflicto generalizado, pues Gaddafi, que contaba con el apoyo de las potencias árabes y la aproximación del bloque soviético, amenazó públicamente a todas las ciudades del sur de Europa, y llegó a bombardear la pequeña isla italiana de Lampedusa. Afortunadamente su acción no desencadenó una reacción en cadena y el conflicto pudo ser controlado, pero quedó patente la fragilidad de un orden internacional basado en el temor a la mutua destrucción asegurada, porque los conflictos locales se eternizaban, y de ese caldo de cultivo se alimentaba el terrorismo internacional.

Gorbachov siguió lanzando envites a Estados Unidos a lo largo de 1986, en el sentido de crear un clima adecuado de distensión internacional. Desde el primer día del año hasta la cumbre de octubre en Reykjavik, el líder soviético expresó sus deseos de reunirse con Reagan para tratar del control de armamentos, llegando a anunciar en enero, con evidente intencionalidad propagandística, un plan para llegar al año 2000 sin armas nucleares, del que Reagan tomó nota agradeciendo al mandatario soviético, con ciertas dosis de ironía, su contrastada preocupación pacifista. A pesar del bombardeo de Libia, que provocó la suspensión del encuentro entre los responsables de Exteriores de las dos potencias, Shultz y Shevarnadze, Gorbachov reiteró su disposición a reunirse con Reagan durante ese año. Así, en mayo se celebró en Ginebra la quinta ronda de negociaciones entre la URSS y Estados Unidos para el control de armamentos, y a finales de octubre tuvo lugar en Reykjavik el esperado encuentro entre los dos líderes mundiales. A pesar de las expectativas creadas, la reunión se saldó con un nuevo fracaso, que Gorbachov forzó con sus exigencias sobre el abondono de la Iniciativa de Defensa Estratégica, y que Reagan remachó con su inflexibilidad e intransigencia. Las espadas se mantenían en alto, aunque Reagan resultó el más perjudicado, porque una semana después de la confusa reunión de Reykjaivik estalló el escándalo del Irangate, que causó daños sensibles a la popularidad y consideración internacional del mandatario estadounidense.

Manuel Antonio "Cara de Piña" Noriega, jefe de la Guardia nacional panameña. El presidente Eric Arturo Delvalle intentó apartarlo del poder, pero fue él mismo quien resultó destituido por Noriega.

◀ *Javier Solana en campaña a favor de la Alianza Atlántica. El entonces ministro socialista se convertiría años más tarde en secretario general de la OTAN.*

▲ *Portada de* La puerta de Alcalá, *un gran éxito popular de Ana Belén y Víctor Manuel.*

EL PRIMER AÑO DE ESPAÑA EN EUROPA

El año en que España se convirtió en país comunitario entró en vigor la polémica ley de extranjería, que indispuso al gobierno con los ciudadanos de Ceuta y Melilla, y se suprimieron las pólizas para tramitar documentos administrativos. No se encontró solución a los conflictos entre pescadores vascos y franceses; la multinacional alemana Volkswagen se hizo con el 51 % de

SEAT, la más emblemática de las empresas españolas creadas durante el franquismo, y un grupo kuwaití, KIO, se convirtió en el primer accionista del Banco Central. Los habitantes de Madrid despidieron con una gran manifestación de duelo a su alcalde más querido, Enrique Tierno Galván. Por primera vez a lo largo de toda su historia, la Guardia Civil fue dirigida por una persona no militar, Luis Roldán, que con el tiempo se revelaría como un estafador de altos vuelos, y un supuesto policía español afirmó en

la televisión francesa que los GAL habían sido creados por el Ministerio del Interior. ETA continuó incrementado sus lúgubres estadísticas con atroces atentados como el de la plaza de la República Dominicana en Madrid, en el que murieron nueve guardias civiles, y advirtió de manera expeditiva, con el tiro en la nuca de María Dolores González Cataráin, "Yoyes", a los compañeros que como ella pensaran acogerse a las medidas de reinserción dictadas por el gobierno. En el plano internacional, el go-

Instantáneas

- Inauguración del **Museo de Arqueología de Mérida** (España), construido por el arquitecto español R. MONEO, en parte sobre restos de una antigua villa romana.
- La cultura callejera del *graffitti* entra en los circuitos oficiales del arte, como el *Autorretrato* de J. M. BASQUIAT, de gran fuerza visual.
- Inaugurado en Colonia el **Ludwig Museum** dedicado al arte contemporáneo. El edificio es obra de los arquitectos P. BUSMAN y G. HAHERER.
- También está dedicado al arte contemporáneo el Museum of Contemporary Art (MOCA) de Los Ángeles, proyectado por A. ISOZAKI, y que, como el anterior, abre sus puertas en este "año de los museos".
- Una antigua estación de ferrocarril acondicionada por la italiana GAE AULENTI alberga el **Musée d'Orsay** de París, que contiene una riquísima colección de pintura, escultura, arquitectura, artes decorativas y fotografía de 1848 a 1918.

- ANA BELÉN y VÍCTOR MANUEL logran un éxito espectacular con *La puerta de Alcalá*.
- Triunfa en Broadway, Nueva York, el musical *A Chorus Line*, música de M. HAMSLICH.

- El dramaturgo español A. BUERO VALLEJO recibe el **premio Cervantes**. *(18 Diciembre)*

- Vuelve el personaje de **Batman** en DC Comics, de la mano de F. MILLER.
- *La ratesa* es una novela apocalíptica, basada en los diálogos entre el protagonista y la rata del título, portavoces ambos del diagnóstico pesimista que lanza G. GRASS sobre nuestra sociedad.
- G. GARCÍA MÁRQUEZ logra un nuevo éxito con *El amor en los tiempos del cólera*, historia de unos amores largo tiempo aplazados en el marco del Caribe colombiano.
- E. MENDOZA publica *La ciudad de los prodigios*, segunda parte de un tríptico novelado sobre la ciudad española de Barcelona, iniciado con *La verdad sobre el caso Savolta* y que concluirá en 1996 con la aparición de *Una comedia ligera*.

- *El detective cantante*, miniserie británica sobre un detective hospitalizado, afectado de psoriasis.
- *Moonlighting*, serie televisiva estadounidense protagonizada por una pareja de investigadores enfrentada y siempre al borde del romance: CYBIL SHEPERD y BRUCE WILLIS.
- *Vecinos*, serie australiana de gran difusión que lanzará a la fama a cantantes como JASON DONOVAN o KYLIE MINOGE, basada en el día a día de un barrio de clase media en Melbourne.
- En *Una habitación con vistas*, J. IVORY adapta a E.M. FOSTER para narrar una historia de

amor iniciada en Florencia y proseguida en la Inglaterra victoriana.
- Ambiciosa producción para el filme *La misión*, protagonizado por R. DE NIRO y J. IRONS. Destaca la banda sonora de E. MORRICONE.
- Cuatro Óscares para *Platoon*, de O. STONE, brillante aproximación al infierno de la guerra del Vietnam.
- *Alrededor de medianoche*, un homenaje de B. TAVERNIER a la música de jazz, ganador del Óscar al mejor filme de habla no inglesa.
- En *Sacrificio*, A. TARKOVSKY muestra su misticismo y su admiración por el cine de I. BERGMAN.
- E. ROHMER analiza la necesidad de compañía de una joven francesa en *El rayo verde*, película ganadora del León de Oro en Venecia.
- *El color del dinero*, remake dirigido por M. SCORSESE del filme *El buscavidas*. PAUL NEWMAN recupera su papel de as del billar y TOM CRUISE interpreta a su temperamental discípulo.
- M. CAINE y DIANE WIEST ganan el Óscar por *Hannah y sus hermanas*, análisis de las relaciones familiares dirigido por WOODY ALLEN.
- *Terciopelo azul*, la nueva película de D. LYNCH, narra una historia opresiva de perversión y fascinación por el vicio y el horror, en el marco idílico de una pequeña ciudad.

(Continúa)

Entrada del Museum of Contemporary Art (MOCA) de Los Ángeles, proyectado por el japonés Arata Isozaki.

bierno español estableció relaciones diplomáticas con Israel, aunque acto seguido puso de manifiesto su disposición a mantener sus tradicionales lazos de amistad con el mundo árabe, y como muestra de ello, y también a modo de compensación, reconoció oficialmente a la Oficina de la Organización para la Liberación de Palestina (OLP), a la que prácticamente otorgó el rango de embajada. De puertas adentro, el PSOE aprovechó la euforia europea para imponer su nuevo punto de vista en el referéndum sobre la OTAN y para adelantar las elecciones generales, que volvió a ganar por mayoría absoluta. La alegría socialista contrastó lógicamente con la decepción del principal partido de la oposición, que sintió la ineludible necesidad de renovarse. Coalición Popular entró en crisis ante la evidencia de no poder superar su insatisfactorio techo electoral. Para ello, primero se rompieron las relaciones con el PDP de Óscar Alzaga; acto seguido, Fraga defenestró al secretario general de AP, Jorge Verstrynge, y el 1 de diciembre presentó su dimisión irrevocable como presidente de Alianza Popular. ■

El ataúd con los restos del primer ministro sueco Olof Palme sale a hombros del Ayuntamiento de Estocolmo, en la ceremonia de su entierro.

Instantáneas *(continuación)*

- Se hace efectivo el ingreso de España y Portugal en la **Comunidad Europea**. *(1 Enero)*
- España restablece **relaciones diplomáticas** con Israel. *(17 Enero)*
- El conservador **K. WALDHEIM**, ex secretario general de la ONU, es elegido presidente de Austria. *(8 Junio)*
- España: nueva **mayoría absoluta** para el PSOE en las elecciones generales. *(22 Junio)*
- **Chile**: huelga general contra el régimen del general PINOCHET, reprimida con dureza por la policía. *(2 Julio)*
- España reconoce oficialmente a la Organización para la Liberación de Palestina (**OLP**) como representante del pueblo palestino. *(14 Agosto)*
- **Nicaragua**: la captura de un ex *marine* pone al descubierto el apoyo que presta la CIA a la guerrilla antisandinista. *(6 Octubre)*
- Fracasa la **cumbre** sobre desarme nuclear entre R. REAGAN y M. GORBACHOV celebrada en Reykjavik. *(12 Octubre)*

- Ratificado en **referéndum popular el ingreso de España en la OTAN**. El PSOE, que en la oposición se había mostrado contrario a la medida, ha hecho desde el gobierno campaña en favor de la misma. *(12 Marzo)*
- P. BALDÉS, miembro del grupo terrorista **GAL**, es condenado en Francia a cadena perpetua. *(30 Mayo)*

- **Estados Unidos**: el Tribunal Supremo ratifica una ley vigente en el estado de Georgia que castiga con penas de cárcel la homosexualidad y ciertas prácticas como el sexo oral. *(1 Julio)*
- Reino Unido: **boda** del príncipe ANDREW con SARAH FERGUSSON, que constituye un gran acontecimiento social a pesar de las reticencias de la casa real. *(7 Julio)*
- España: **ETA** asesina a la etarra reinsertada "Yoyes". *(10 Setiembre)*
- Sevilla es designada oficialmente sede de la **Exposición Universal de 1992**. *(12 Octubre)*
- Barcelona es elegida sede de los **Juegos Olímpicos de 1992**. *(17 Octubre)*
- Reunión de representantes de las principales **religiones del mundo** en la ciudad italiana de Asís, convocados por el papa. *(27 Octubre)*
- España: **M. FRAGA** dimite como presidente de Alianza Popular debido a los mediocres resultados electorales de esta formación. *(1 Diciembre)*
- Los estadounidenses D. RUTAN y Y. TEAGER dan la vuelta al mundo en 9 días sin escalas, a bordo del *Rutan Voyager*, un **ultraligero** especialmente diseñado para la proeza. *(Diciembre)*

- Por primera vez un ciclista estadounidense, **G. LEMOND**, gana el Tour de Francia. *(27 Julio)*

- «Ningún partido tiene el monopolio sobre lo que es correcto.» M. GORBACHOV durante el 27º Congreso del Partido Comunista de la URSS.
- «Una tragedia de mil millones de dólares con una causa de cincuenta centavos.» Palabras de un periodista acerca de las causas técnicas de la explosión del *Challenger*.
- «Sida - No mueras de ignorancia.» Eslogan de la campaña del gobierno británico.
- «Si la libertad no fuera tan económicamente eficiente, no tendría ninguna posibilidad.» M. FRIEDMAN.

- **JUAN RULFO**, escritor mexicano, autor de la novela *Pedro Páramo*. *(7 Enero)*
- **ENRIQUE TIERNO GALVÁN**, alcalde de Madrid. *(19 Enero)*
- **OLOF PALME**, primer ministro socialdemócrata de Suecia, asesinado cuando salía del cine en el centro de Estocolmo. *(28 Febrero)*
- **SIMONE DE BEAUVOIR**, escritora francesa. *(14 Abril)*
- **JEAN GENET**, el último escritor maldito francés. *(15 Abril)*
- **HENRY MOORE**, escultor británico. *(30 Julio)*
- **JACQUES HENRI LARTIGUE**, fotógrafo francés. *(12 Setiembre)*
- **CARY GRANT**, actor estadounidense de origen británico. *(30 Noviembre)*

1987

Manifestación en las calles de Santiago de Chile contra el régimen militar dirigido por Augusto Pinochet.

El joven alemán occidental Mathias Rust, detenido por las autoridades soviéticas después de aterrizar con su avioneta en la Plaza Roja de Moscú.

La policía británica utiliza el análisis genético
ENERO

La policía británica comienza a emplear con éxito el análisis genético para determinar la identidad de los autores de violaciones. El método, desarrollado por el doctor Alec Jeffries, de la Universidad de Leicester, ha comenzado a ser utilizado por la policía de este condado. Aplicándolo al análisis de la sangre, saliva y semen de más de 2 000 hombres en edades comprendidas entre los 16 y 34 años, ha podido identificar a Colin Pitchfork como el autor de la violación y asesinato de dos adolescentes a quienes había raptado.

Desaparece Andy Warhol
22 FEBRERO

Fallece en Nueva York Andy Warhol (1930-1987), tal vez la figura más representativa del Pop Art. Warhol impuso como pocos la metodología de distanciamiento, merced al realzamiento de los medios de producción técnica e industrial de la imagen. Bajo esta forma de interpretar la creación artística, diversificó su actividad a través de otros medios de comunicación de masas, como el cine y la publicidad, hasta convertirse él mismo en objeto artístico con la elaboración de una imagen que ahora tiene resonancias míticas dentro de la corriente Pop.

Louis Malle triunfa con su sensible Adiós, muchachos

Louis Malle inició su carrera cinematográfica en 1956 con *El mundo del silencio*, documental sobre el mundo submarino codirigido con Jacques-Yves Cousteau y galardonado con un Óscar. A continuación realizó una serie de películas que lo situaron en el grupo de talentos franceses que integraron la *Nouvelle Vague* (junto a Truffaut, Godard, Chabrol, etc.), entre ellas *El soplo al corazón* y *Lacombe Lucien*. En Estados Unidos realizó grandes películas, como *La pequeña* y, sobre todo, *Atlantic City. Adiós, muchachos*, rodada por Malle tras su regreso a Francia, narra la relación de amistad que se establece entre dos alumnos de un colegio de jesuitas durante los duros años de la ocupación alemana.

Pinochet autoriza los partidos políticos
15 ENERO

Por primera vez desde el golpe de Estado de 1973, el general Augusto Pinochet aprueba una ley de partidos políticos. A pesar de ser extremadamente restrictiva para el funcionamiento normal de las organizaciones políticas y de interpretarse como una maniobra de Pinochet para dar legitimidad a su régimen, los partidos y grupos de centro e izquierda ven en ella un instrumento capaz de sentar las bases para una transición hacia la democracia. ➡ **1988**

Una avioneta aterriza en la Plaza Roja de Moscú
28 MAYO

A las 19 horas, un joven piloto alemán llamado Mathias Rust ha aterrizado con su avioneta en el mismo corazón de la URSS después de sobrevolar, a bordo de un aparato Cessna 172, el espacio aéreo soviético sin que los sofisticados sistemas de seguridad lo detectasen. Rust, de tan sólo diecinueve años de edad, ha sido recluido en la prisión de Lefortovo. Su aventura, que ha dejado en ridículo a las defensas aéreas de la URSS, había sido financiada por el semanario alemán *Stern*.

ETA provoca una matanza en Barcelona
19 JUNIO

La organización terrorista ETA hace estallar una poderosa bomba en un hipermercado de Barcelona. Tras el fracaso de las negociaciones secretas de Argel entre el gobierno español y ETA, ésta ha incrementado sus acciones terroristas indiscriminadas. En esta ocasión, su objetivo ha sido Hipercor, una gran superficie comercial donde el estallido de la bomba ha causado decenas de muertos y heridos, entre ellos mujeres y niños. ➡ **1988**

Campeonato mundial de atletismo en Roma
6 SETIEMBRE

Se celebra en Roma el Campeonato Mundial de Atletismo, aún con el recuerdo del boicot a las ediciones olímpicas de Moscú y Los Ángeles. El estadio olímpico de Roma es el escenario de uno de los más grandes duelos de la historia del atletismo mundial, el que mantienen el estadounidense Carl Lewis y el canadiense de origen jamaicano Ben Johnson, que pulveriza el récord mundial de los 100 m lisos, con 9,83 segundos. Lewis obtiene las victorias en salto de longitud y 4 × 100. Otras figuras de los campeonatos son el cubano Javier Sotomayor en salto de altura y el soviético Serguéi Bubka en salto con pértiga. El corredor español José Luis González obtiene la medalla de plata en la carrera de 1 500 m.

Óscar Arias recibe el Nobel de la Paz
14 OCTUBRE

El presidente de Costa Rica, Óscar Arias, recibe el premio Nobel de la Paz en reconocimiento a sus esfuerzos pacificadores en el área centroamericana. Arias (n. 1941) ha sido el principal artífice de la firma de los acuerdos de Esquipulas, mediante los cuales Guatemala, El Salvador, Honduras, Nicaragua y Costa Rica se comprometen a crear condiciones propicias para pacificar la región. Los puntos más relevantes de los acuerdos son la amnistía, el alto el fuego, la democratización de la vida política y social y el cese de toda ayuda a grupos insurreccionales.

➡ **1990**

Crac de la Bolsa de Nueva York
19 OCTUBRE

La espectacular caída de la Bolsa de Nueva York evoca los fantasmas de la crisis de 1929. El afloramiento de los negocios sucios y la información privilegiada, sobre los que se asentaban algunas de las grandes fortunas planetarias, ha puesto de manifiesto la vulnerabilidad del sistema financiero mundial. Sin embargo, según los expertos, los mecanismos de seguridad han respondido positivamente y muy pronto se restablecerá la normalidad. De todos modos, los capitales especulativos que controlan la economía mundial siguen constituyendo un serio peligro para los pequeños inversores y para las economías nacionales de los países en vías de desarrollo.

Moderna pirámide de cristal en el Louvre

El arquitecto estadounidense de origen chino Ieoh Ming Pei remata con una soberbia pirámide de cristal las obras de ampliación del museo del Louvre, en París. De acuerdo con el encargo que el 27 de julio de 1983 le hiciera el presidente Mitterrand, Pei ha levantado lo que ya se vislumbra como símbolo del París moderno: un monumento que da forma al que recibirá el nombre de Grand Louvre. La pirámide de Pei, asentada sobre una plaza excavada, es una luminosa estructura de cristal y aluminio laqueado de 21,65 m de altura.

Carlos Fuentes obtiene el Cervantes
25 NOVIEMBRE

El escritor mexicano Carlos Fuentes (n. 1928) es galardonado con el premio Miguel de Cervantes. El autor de *La muerte de Artemio Cruz* es distinguido con el máximo galardón de las letras españolas por el conjunto de una obra en la que destaca su infatigable búsqueda de recursos narrativos que expresen las distintas dimensiones del universo humano, tanto particular como social.

Restauración de la Capilla Sixtina

Se inicia en el Vaticano la restauración de los frescos que Miguel Ángel pintara hace cinco siglos en la Capilla Sixtina. El equipo de restauradores dirigido por Gianluigi Colalucci ha comenzado los trabajos de restauración de la soberbia obra pictórica renacentista. En medio de la polémica que suscitan los métodos utilizados por Colalucci, los restauradores, provistos de potentes microscopios, ordenadores y productos químicos, se disponen a devolver a la Capilla Sixtina sus colores originales.

Estados Unidos y la URSS reducen armamento
8 DICIEMBRE

Ronald Reagan y Mijail Gorbachov firman en Washington un pacto de reducción de armamento. De acuerdo con su política de distensión mundial, el dirigente soviético ha dado importantes pasos para que las dos grandes potencias supriman los "euromisiles", es decir los misiles nucleares de corto y medio alcance desplegados en territorio europeo. Si bien no se ha avanzado en otras cuestiones, como la presencia soviética en Afganistán, Reagan y Gorbachov coinciden en valorar positivamente los progresos logrados. ➡ **1990**

Se extiende la intifada palestina
DICIEMBRE

La insostenible situación que viven los palestinos de Gaza y Cisjordania desemboca en una espontánea revuelta popular. Miles de palestinos habitantes de las zonas ocupadas se rebelan contra la opresión militar y económica impuesta por Israel. Carente de derechos políticos y civiles y despojado de la mitad de sus tierras, el pueblo palestino extiende su revuelta, *intifada* en árabe, desobedeciendo a la autoridad israelí y atacando a sus tropas con piedras, mientras ni la ONU ni los aliados árabes parecen encontrar una salida a su angustiosa situación. ➡ **1988**

La gran pirámide de cristal de la plaza central del Grand Louvre de París, ideada por Ieoh Ming Pei.

La Sibila Délfica pintada por Miguel Ángel en la capilla Sixtina del Vaticano, antes y después de su restauración.

El comienzo del fin de la pesadilla nuclear

El año 1987 fue declarado oficialmente Año Europeo del Medio Ambiente, circunstancia que no impidió la desaparición de 191 personas y la devastación de 650 000 hectáreas de bosque en el gigantesco incendio ocurrido en el noroeste de China, que a punto estuvo de enlazar con otro de grandes proporciones que prendió en la URSS. Fue una de las muchas paradojas que deparó un año plagado de acontecimientos, en el que destacó sobre todo el acuerdo para la reducción de las armas nucleares tácticas, firmado en Washington por Reagan y Gorbachov.

AJUSTES DE CUENTAS CON EL PASADO

En el curso del año, tres siniestros personajes de la Alemania hitleriana saltaron a las páginas de la actualidad. El primero fue Iván Demjanjuk, acusado en un juicio que se prolongaría más de un año, de ser el mismo "Iván el Terrible" que torturó sádicamente a casi un millón de personas en el campo de concentración de Treblinka. El segundo, el conocido criminal de guerra nazi, jefe de la Gestapo en Lyon entre 1942 y 1944, Klaus Barbie, condenado a cadena perpetua. Finalmente, el tercero fue el nonagenario Rudolf Hess, el lugarteniente de Hitler, que se suicidó ahorcándose con un cable eléctrico en la cárcel berlinesa de Spandau, donde permanecía custodiado desde 1946. Los ecos del pasado no se apagaron con ellos porque, también durante ese año, otro personaje con una trayectoria colaboracionista a sus espaldas, el criticado primer ministro austríaco Kurt Waldheim, fue recibido en audiencia por el Papa en el Vaticano; y porque el xenófobo y radical líder de la ultraderecha francesa Jean Marie Le Pen provocó indignación al declarar en el Parlamento europeo que las cámaras de gas en los campos de exterminio nazis le parecían un simple anécdota de la historia de la Segunda Guerra Mundial.

DESDE CERO HACIA EL FUTURO

En 1987 produjo por fin un primer fruto la intensa actividad diplomática desplegada por las dos superpotencias desde 1985. Por fin se alcanzó un acuerdo, sella-

El Tratado de reducción de armas estratégicas firmado en Washington por Reagan y Gorbachov representó, por primera vez en la historia de la guerra fría, la eliminación efectiva de parte de las armas nucleares desplegadas en el tablero geopolítico de las superpotencias. Fue un alivio psicológico, sobre todo para Europa central.

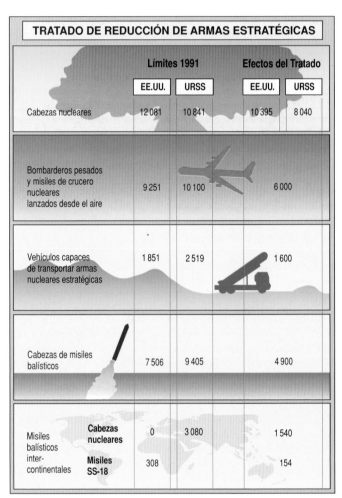

TRATADO DE REDUCCIÓN DE ARMAS ESTRATÉGICAS

	Límites 1991		Efectos del Tratado	
	EE.UU.	URSS	EE.UU.	URSS
Cabezas nucleares	12 081	10 841	10 395	8 040
Bombarderos pesados y misiles de crucero nucleares lanzados desde el aire	9 251	10 100		6 000
Vehículos capaces de transportar armas nucleares estratégicas	1 851	2 519		1 600
Cabezas de misiles balísticos	7 506	9 405		4 900
Misiles balísticos intercontinentales — Cabezas nucleares	0	3 080		1 540
Misiles balísticos intercontinentales — Misiles SS-18	308			154

do en Washington por Reagan y Gorbachov el 12 de diciembre, al firmar el primer tratado de la historia sobre destrucción y desmantelamiento de los misiles nucleares de alcance corto y medio desplegados en Europa. Se trataba ciertamente de un acuerdo histórico aunque en realidad el compromiso sólo abarcaba el 4 % de los misiles nucleares desplegados en el mundo, porque hasta ese momento los únicos acuerdos firmados hablaban de limitar el crecimiento, pero no de eliminar armas existentes. Fue el primer tratado sobre desarme nuclear de la historia, y un importante éxito internacional de los presidentes soviético y estadounidense, pero sobre todo de Gorbachov, que ya a primeros de marzo había propuesto a Estados Unidos la "opción cero", que suponía la eliminación inmediata de los llamados euromisiles; un gesto no mal acogido por los estadounidenses, pero que causó cierto temor en Europa, que se veía excluida de unas

negociaciones en las que se ventilaba su propio futuro.

El líder soviético ganaba puntos en el escenario internacional, donde se desenvolvía con gran perspicacia, aunque cada vez era más consciente de las tremendas dificultades internas que se oponían a la consolidación de su *perestroika* en la URSS y en el bloque del Este. Por lo pronto, aprovechando su creciente prestigio internacional intentó remover todas las rémoras posibles del pasado. Gorbachov se esforzaba por adelantarse a la crisis y prevenir unos acontecimientos que resultarían fatales sin un previo proceso de adaptación, como a la postre sucedería sin mediar mucho tiempo. Por lo pronto, y como muestra de su actitud aperturista –no exenta, por otra parte, de lagunas y contradicciones–, un grupo de intelectuales y reconocidos disidentes soviéticos pudo presentar ante los medios de comunicación la revista "Glasnost" (Transparencia), primera publicación de la URSS que pretendía sobrevivir legalmente al margen del control del partido comunista.

Mientras todo esto sucedía, en los puntos calientes del planeta apenas se experimentaron avances, aunque cualquier noticia positiva siempre gozaba de extraordinaria y expectante acogida. Fue el caso de Afganistán, el denominado Vietnam soviético, donde, a pesar de que seguían llegando refuerzos, la sensación de que los soviéticos pronto comenzarían la retirada se vio avalada por el hecho cada vez más evidente de que en la URSS se estaba preparando psicológicamente a la población para que la retirada del ejército no fuera considerada un estrepitoso fracaso. Otra noticia positiva fue la firma en la ciudad nicaragüense de Esquipulas de un acuerdo de paz para la zona centroamericana. Era la primera vez que los presidentes de Nicaragua, El Salvador, Honduras, Guatemala y Costa Rica se ponían de acuerdo, sin la intervención de una potencia exterior. El mérito principal de la iniciativa correspondió al presidente costarricense Óscar Arias, su principal inspirador, que por esa circunstancia sería galardonado con el premio Nobel de la Paz.

Pero si unos focos parecían extinguirse, otros mantenían la llama encendida, e incluso avivada por momentos, como sucedió con la matanza de peregrinos iraníes en La Meca, que ocasionó casi medio millar de muertos y otros tantos heridos, y que provocó en represalia el asalto en Teherán de las embajadas saudí y francesa y el incendio de la kuwaití; o como sucedió en los territorios de Gaza y Cisjordania, donde los refugiados palestinos iniciaron el movimiento de protesta conocido como *intifada*, que convirtió aquellos territorios en un auténtico polvorín.

LOS HIJOS DEL 68 ANTE LAS INCERTIDUMBRES DEL 87

A finales del año anterior se inició un movimiento de protesta estudiantil en Francia que alcanzó amplia repercusión e hizo revivir a muchas personas recuerdos de tiempos pasados. La protesta alcanzó tal magnitud que el gobierno cedió a las demandas de los estudiantes, que no aspiraban como sus antecesores a transformar radicalmente la sociedad, sino a cambiar

Ronald Reagan y Mijail Gorbachov en la Casa Blanca, durante las conversaciones de desarme. Las iniciativas de paz del dirigente soviético no se redujeron al tema de las armas estratégicas; también emprendió la retirada militar de Afganistán.

algunos aspectos concretos que les facilitaran las cosas y aliviaran un poco la incertidumbre del futuro. La protesta estudiantil no quedó circunscrita al ámbito francés, sino que también alcanzó a otros países europeos, incluida España, donde se produjeron numerosas manifestaciones para reclamar mejoras en la enseñanza o un sueldo para los estudiantes, con sonoras protestas contra la selectividad y las tasas académicas universitarias.

A muchos miles de kilómetros, los estudiantes chinos también venían protagonizando, desde finales del año anterior, protestas masivas que provocaron la intervención de las fuerzas de orden público. Las manifestaciones estudiantiles de la pequinesa plaza de la Paz Celestial (Tiananmen) alcanzaron mayor significación política por los constantes pronunciamientos en defensa de la democracia y de la clase trabajadora, circunstancia que provocó el relevo de Hu Yaobang como secretario general del Partido Comunista chino, sustituido por Zhao Ziyang, un hombre menos aperturista que su antecesor y por ello más firme opositor a las demandas estudiantiles.

Óscar Arias (a la izquierda), presidente de Costa Rica y gran impulsor de las conversaciones de Esquipulas para la pacificación de Centroamérica, junto al entonces presidente de Nicaragua Daniel Ortega.

EL MUNDO, ESA CAJA DE SORPRESAS Y DE CONTRADICCIONES

La realidad contra la que se rebelaban las nuevas generaciones era ciertamente complicada de asimilar. No resultaba fácil comprender por qué sucedían determi-

Sillón How high the Moon, *de Shiro Kuromata. Las mallas metálicas proporcionan a un tiempo espesor y transparencia a un diseño estructural de extremada sencillez y funcionalidad.*

Portada de una edición de La hoguera de las vanidades, *novela del escritor y periodista estadounidense Tom Wolfe, que sería llevada al cine en 1991.*

nadas cosas, ni las motivaciones que impulsaban comportamientos como el del secretario del Tesoro del estado de Pennsylvania, acusado de cohecho, que se disparó un tiro en la boca delante de las cámaras de televisión. Resultaba difícil aceptar que en Sudáfrica se promulgara una nueva ley que obligaba a las personas de color residentes en zonas de blancos a abandonar sus hogares, o que se hubiera llegado a una situación en la que millones de personas de todo el mundo eran víctimas incruentas de la evolución de los índices de la Bolsa de Nueva York, que bajaron 508 puntos en un solo día, el "lunes negro" 19 de octubre.

También en Estados Unidos, pero en otro terreno, provocó consternación el hecho de que Gary Hart, un político con muchísimas posibilidades para ser nominado candidato demócrata a las elecciones presidenciales de 1988, abandonase la campaña al hacerse públicas sus relaciones con la modelo Donna Rice.

En Europa entró en vigor el Acta Única, en medio de sonoros discursos y de un fuerte escepticismo popular. En España la denominada "cultura del pelotazo", el dinero fácil y rápido, elevó a la cima a un personaje como el banquero Mario Conde, y a modo de compensación sentó a la popular folclórica Lola Flores en el banquillo de los acusados, por presunto delito fiscal. El terrorismo seguía causando estragos, en un año en el que decenas de empresarios vascos admitieron pagar el impuesto revolucionario a ETA: aparte de otras acciones, la explosión de un coche bomba en el centro comercial Hipercor de Barcelona provocó más víctimas humanas que cualquiera de los perpetrados por ETA hasta la fecha. El panorama se completó con la orden de detención y procesamiento contra el subcomisario José Amedo por su presunta relación con los GAL, el terrorismo anti-ETA.

El ferry Herald of Free Enterprise, *de la compañía* Townsend Thoresen, *volcado a la salida del puerto belga de Zeebrugge cuando iniciaba la travesía del Canal de la Mancha. En el accidente murieron más de 130 personas.*

Ambulancias ante el centro comercial Hipercor de Barcelona (España), después de que la banda terrorista ETA hiciera estallar un coche-bomba en la zona interior de aparcamiento.

Pese a todo, se mantuvo intacta la capacidad del hombre para despertar la fantasía en sus semejantes o realizar hazañas increíbles, imponiéndose a las circunstancias más adversas. Mathias Rust, un joven piloto de 19 años de la República Federal de Alemania, aterrizó sin permiso en la Plaza Roja de Moscú, burlando todos los sistemas defensivos del espacio aéreo soviético. Antes de ser detenido charló con los transeúntes y firmó algunos autógrafos. ■

Instantáneas

- La obra de **M. Chagall**, pintor francés de origen ruso, se expone por primera vez en Moscú, dos años después de su muerte. *(2 Setiembre)*
- **Sh. Kuromata** presenta su sillón **How high the Moon** de un grafismo sencillo pero novedoso, basado en la utilización de mallas metálicas.

- El compositor italiano **L. Nono** estrena la ópera **Prometeo** en París

- La escritora **R. Chacel** recibe el **Premio Nacional** de las Letras Españolas.
- **Carmen Martín Gaite** publica con notable éxito el ensayo *Usos amorosos de la posguerra española*.
- Insólita colección de relatos breves, *Trampantojos*, del argentino afincado en París **A. Yurkievich**.
- **Tom Wolfe**, uno de los representantes del "nuevo periodismo" estadounidense, arremete contra los nuevos ricos y los especuladores financieros en **La hoguera de las vanidades**, su primera novela.

- **La ley de Los Ángeles**, serie televisiva estadounidense basada en los casos de un bufete de abogados.
- Gran éxito internacional de **El último emperador**, oscarizado filme de B. **Bertolucci**, con fotografía de V. **Storario** y música de R. **Sakamoto** y D. **Byrne**.
- S. **Kubrick** ofrece, en **La chaqueta metálica**, una brutal aproximación al horror de Vietnam, en particular, y al del ejército, en general.
- B. **De Palma** realiza un brillante ejercicio de estilo en **Los intocables de Elliot Ness**. **Kevin Costner**, **Sean Connery** y **Robert de Niro** son sus protagonistas.
- **John Cleese**, **Kevin Kline** y **Jamie Lee Curtis** protagonizan **Un pez llamado Wanda**, divertidísima comedia de **Charles Crichton**.
- El realizador español V. **Aranda** triunfa en **El Lute (camina o revienta)**, crónica de la odisea del famoso prófugo, interpretado por **Imanol Arias**.
- **Carmen Maura** realiza un excelente trabajo en la tragicomedia de Pedro Almodóvar **La ley del deseo**.

- Óscar al mejor filme extranjero para **El festín de Babette**, delicioso retrato de la Dinamarca del siglo xix a cargo de **Gabriel Axel**.

- El presidente de Ecuador **L. Febres Cordero es secuestrado** por una facción del ejército para lograr la liberación del general **Pazos Vargas**, detenido desde su participación en un golpe de Estado en 1986. *(16 Enero)*
- Crítica situación de los **campos palestinos** sitiados por milicianos chiítas. La comunidad internacional se ha conmocionado ante la pregunta que han dirigido a sus líderes religiosos: ¿sería lícita la antropofagia, en caso de necesidad? *(14 Febrero)*
- M. **Gorbachov** origina divisiones entre los aliados de la OTAN al ampliar su **oferta de desarme**. *(16 Abril)*
- El presidente de Argentina R. **Alfonsín** acaba con una **insurrección militar en Córdoba**, que ha durado cinco días, a partir de la negativa del comandante E.G. **Barreiro** a comparecer ante la justicia por su participación en actividades represivas del régimen anterior. *(19 Abril)*
- **Sri Lanka**: el ejército bombardea las bases de la guerrilla tamil, causando un gran número de víctimas civiles. *(22 Abril)*
- **Líbano**: el primer ministro R. **Karame** muere víctima de un atentado con bomba. Todo parece señalar hacia Israel como culpable. *(1 Junio)*
- Primeras **elecciones al Parlamento europeo** en España, que muestran un ligero descenso del voto socialista. *(10 Junio)*
- **Reino Unido**: se confirma la mayoría conservadora al vencer M. **Thatcher** por tercera vez en los comicios generales. *(11 Junio)*
- La **violencia sij** en la India saca a la luz las tensiones latentes entre diversas religiones, especialmente en el Punjab. *(7 Julio)*
- Graves **incidentes** en La Meca entre peregrinos iraníes y la policía saudí. *(30 Julio)*
- **Tropas indias desembarcan en Sri Lanka** para interponerse entre el ejército y los rebeldes tamiles. *(30 Julio)*
- Con la detención en Francia del dirigente etarra S. **Arróspide** se inicia una nueva etapa en la **colaboración antiterrorista franco-española**. *(30 Setiembre)*
- Crece la tensión en el **Golfo Pérsico**: los iraníes atacan la mayor terminal petrolera de Kuwait, desoyendo una propuesta de tregua realizada por Estados Unidos. *(22 Octubre)*

- Ulster: mueren 11 personas en un nuevo atentado con bomba del **IRA**, esta vez durante una ceremonia por los soldados británicos caídos en las dos guerras mundiales. *(8 Noviembre)*
- **Tunicia**: H. **Burguiba** es desplazado del poder por Z. **Ben Alí**. *(7 Noviembre)*

- **Vaticano**: el arzobispo estadounidense P. **Marcinkus**, acusado de vinculación con la quiebra fraudulenta del Banco Ambrosiano. *(25 Febrero)*
- **Se hunde un ferry** cargado de pasajeros en el Canal de la Mancha, por culpa de un error humano. *(6 Marzo)*
- Se inicia en España el juicio sobre el caso del **aceite de colza**, causante de la muerte de 600 personas y de daños diversos en otras 25 000. *(31 Marzo)*
- **Portugal**: O. **Saraiva de Carvalho**, considerado un héroe nacional por su participación en el golpe de Estado que terminó con la dictadura salazarista, es condenado a quince años de prisión por su implicación en un grupo armado de izquierdas. *(20 Mayo)*
- La policía de Colombia descubre una gigantesca **plantación de coca** en la selva del sur del país. *(16 Junio)*
- K. **Barbie**, llamado **el carnicero de Lyon** por sus actividades de represión durante la II Guerra Mundial cuando era jefe de la Gestapo en esta ciudad, es condenado en Francia a cadena perpetua. *(3 Julio)*

- La joven tenista alemana **S. Graf**, vencedora del Roland Garros, se perfila como sucesora de M. **Navratilova**.

- «Dices eso cada vez que nos encontramos.» Comentario del presidente soviético M. **Gorbachov** a las palabras del estadounidense R. **Reagan** «confiar pero verificar», sobre los acuerdos de reducción del arsenal nuclear.

- **Andrés Segovia**, guitarrista español. *(2 Junio)*
- **Fred Astaire**, bailarín y actor estadounidense. *(22 Junio)*
- **John Huston**, director de cine estadounidense. *(28 Agosto)*
- **M. Yourcenar**, escritora francesa. *(17 Diciembre)*

1988

Perspectiva aérea del estadio olímpico de Seúl durante la ceremonia de apertura de los Juegos Olímpicos de 1988.

Cartel anunciador de los Juegos Olímpicos de invierno de Calgary 1988.

Algunos protagonistas del filme ▶ Mujeres al borde de un ataque de nervios, de Pedro Almodóvar. De izquierda a derecha, María Barranco, Antonio Banderas, Carmen Maura y Julieta Serrano.

Acuerdo para la retirada soviética de Afganistán
14 ABRIL

Los acuerdos afgano-paquistaníes firmados en Ginebra abren la posibilidad de que las fuerzas soviéticas presentes en Afganistán se retiren el próximo año. Con el fin de asegurarse la posesión de una pieza geoestratégica clave en la región, el 26 de diciembre de 1979 la URSS ocupó militarmente Afganistán con el pretexto de apoyar al régimen comunista frente a la guerrilla islámica. Ésta, con base en Pakistán y el apoyo de Estados Unidos, ha incrementado sus acciones aunque sin conseguir éxitos decisivos, dejando el país sumido en una cruenta guerra civil. ➡ **1996**

Jornada mundial contra el tabaco
7 ABRIL

La Organización Mundial de la Salud (OMS) instituye el día mundial contra el tabaco, dentro de una amplia campaña de concienciación pública. La probada relación del tabaco con numerosas enfermedades, algunas de ellas fatales como el cáncer de pulmón, ha traído consigo un interés cada vez mayor de las instituciones a la hora de informar y convencer a la población de su carácter nocivo.

Estalla una plataforma petrolera
7 JULIO

Se incendia y hace explosión una plataforma petrolera británica en el mar del Norte, atrapando a los más de doscientos obreros que se encontraban en ella. Sólo logran salvarse del incendio quienes saltan al mar y huyen a nado, a pesar de los esfuerzos para rescatar a los demás por parte de los guardacostas británicos. En total, sólo 65 obreros han salido con vida del siniestro, que amenaza además la ecología del mar del Norte al haberse extendido el petróleo en una amplia franja cercana a la costa escocesa.

Pedro Delgado gana el Tour de Francia
24 JULIO

El ciclista español Pedro Delgado (n. 1960) gana la carrera francesa con gran autoridad. *Perico*, un gran escalador y excelente estratega en carrera, venía de quedar séptimo en el Giro de Italia, que corrió como preparación a la carrera francesa. Vistió el maillot amarillo de líder a partir de la dura etapa montañosa del Alpe d'Huez, en la que distanció a todos sus rivales gracias a la gran actuación de todo su equipo y muy en particular a la ayuda de un gregario de lujo, el joven navarro Miguel Induráin, que apunta condiciones de gran campeón para el futuro. ➡ **1991**

Dos policías españoles encarcelados por el caso GAL
18 AGOSTO

Los policías José Amedo y Michel Domínguez son juzgados y encarcelados por su relación con los Grupos Antiterroristas de Liberación (GAL). La investigación llevada a cabo por el juez Baltazar Garzón de la Audiencia Nacional ha dado con pruebas decisivas que implican a los dos policías españoles en la muerte de miembros de ETA y residentes vascos en el sur de Francia, que en su momento se atribuyeron los GAL. ➡ **1997**

Pedro Almodóvar triunfa con Mujeres al borde de un ataque de nervios

Sin lugar a dudas, *Mujeres al borde de un ataque de nervios* es el filme que más ha hecho por la proyección internacional del cine español desde los tiempos de Bardem y Berlanga. Pedro Almodóvar debutó en 1980 con *Pepi, Luci y Boom y otras chicas del montón*, una comedia alocada y folletinesca. Su protagonista, Carmen Maura, será su musa en las posteriores ¿*Qué he hecho yo para merecer esto?*, *Entre tinieblas* y *La ley del deseo*, con las que Almodóvar se convirtió en el director de moda. En *Mujeres...* Almodóvar construye su filme más sólido por el momento, al combinar hábilmente el esperpento nacional, la estética pop y los elementos más desgarradores del personaje que

borda la genial Carmen Maura. La película recaudará más de mil millones de pesetas, recibirá una nominación para el Óscar a la mejor película extranjera, y será incomprensiblemente olvidada en los premios nacionales, los Goya.

Se celebran los Juegos Olímpicos de Seúl
17 SETIEMBRE - 2 OCTUBRE

Tienen lugar en Seúl los XXIV Juegos Olímpicos de verano, y en Calgary los XV de invierno. Las Olimpiadas de la capital surcoreana han contado con la participación de 9 593 atletas en representación de 160 países. Los Juegos han estado marcados por el escándalo suscitado por el doping del canadiense Ben Johnson, ganador de la carrera de 100 m lisos. Su descalificación ha beneficiado a su gran rival, Carl Lewis, que ha obtenido además la medalla de oro en salto de longitud. Otras grandes figuras de estos Juegos han sido la velocista estadounidense Florence Griffith, el corredor keniano Paul Ereng, la nadadora germanooriental Kristin Otto y el nadador ucraniano Vladimir Salnikov. La URSS ha sido la gran triunfadora, al obtener 132 medallas. España ha obtenido una de oro, la de José Luis Doreste en vela; una de plata, la de Sánchez Vicario-Casal en tenis, y dos de bronce, las de Jorge Guardiola en tiro al plato y Sergi López en natación. El 13 de febrero se inauguró la Olimpiada invernal en la sede canadiense de Calgary. Entre los 1 428 participantes de 57 países, han sobresalido Matti Nykänen de Finlandia e Yvonne van Gennip de Alemania Oriental.

Se presenta la píldora abortiva en Francia
28 SETIEMBRE

La píldora abortiva RU-486 se presenta en Francia como alternativa al aborto quirúrgico. Fabricada por los laboratorios franceses Roussel-Uclaf, la píldora abortiva tiene no obstante problemas para su comercialización y sólo se administra en los centros con licencia para practicar abortos. De acuerdo con las recomendaciones de sus fabricantes, la píldora debe tomarse durante las seis primeras semanas de embarazo.

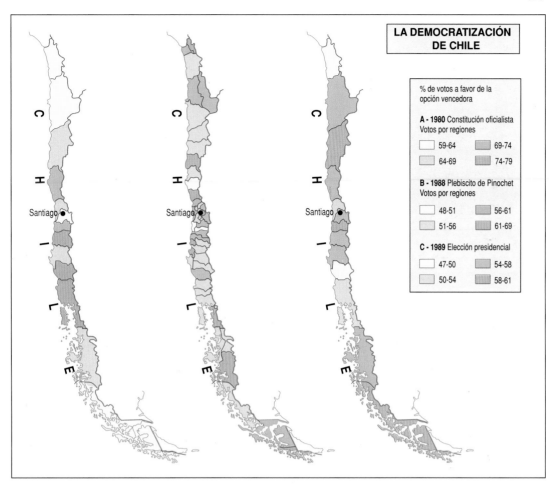

LA DEMOCRATIZACIÓN DE CHILE

% de votos a favor de la opción vencedora

A - 1980 Constitución oficialista Votos por regiones

59-64 · 69-74
64-69 · 74-79

B - 1988 Plebiscito de Pinochet Votos por regiones

48-51 · 56-61
51-56 · 61-69

C - 1989 Elección presidencial

47-50 · 54-58
50-54 · 58-61

Gorbachov, elegido jefe de Estado de la URSS
1 OCTUBRE

Mijail Gorbachov sustituye a Andrei Gromyko al frente del Presídium del Soviet Supremo de la URSS. Una vez en el cargo, Gorbachov se propone realizar una reforma constitucional y una nueva ley electoral a fin de poner en marcha sus anunciadas medidas de reforma política o *perestroika*, ya perfiladas durante la XIX Conferencia del PCUS. El objetivo de la *perestroika* es democratizar la vida social del país y modernizar la burocracia estatal y las estructuras económicas, cuyo anquilosamiento es causa del colapso general que vive la URSS. **➡ 1990**

Pinochet pierde la consulta electoral
5 OCTUBRE

El general Augusto Pinochet ve desbaratado en las urnas el proyecto de legitimar su régimen con el refrendo popular y hacerse elegir presidente vitalicio de Chile. Con una participación del 97,4 por ciento, el pueblo chileno vota mayoritariamente contra la continuidad de Pinochet en el gobierno. Con este resultado, la oposición democrática vislumbra la posibilidad de acelerar el proceso

dirigido a la restitución del poder a los civiles. En este sentido, el año próximo se celebrarán elecciones legislativas, a las que no podrá presentarse Pinochet, aunque seguirá manteniendo la jefatura de las Fuerzas Armadas. **➡ 1989**

La OLP proclama el Estado palestino
12-16 NOVIEMBRE

La OLP proclama en Argel el Estado palestino y reconoce a Israel el derecho a existir. Tras la renuncia, el pasado 31 de julio, del rey Husayn de Jordania a sus derechos sobre Cisjordania en favor del pueblo palestino, Yaser Arafat y la OLP dan un paso decisivo para la paz en Oriente Medio al aceptar el derecho de Israel a existir como Estado, y simultáneamente proclaman el Estado palestino independiente, el cual es reconocido inmediatamente por más de 50 países, entre ellos China, la Unión Soviética y Francia. **➡ 1993**

Otro campeonato de la NBA para los Lakers de Los Ángeles

El equipo californiano mantiene su hegemonía en el baloncesto profesional estadounidense al lograr su quinto tí-

Mapa electoral de Chile en las tres consultas electorales de los años ochenta. En el mapa de la izquierda, se observa que los niveles de contestación más amplios se dan en Santiago, en el Norte minero y en el extremo Sur. Las mismas regiones concentran los porcentajes de voto más altos contra Pinochet en el plebiscito de 1988 (centro); mientras que las elecciones presidenciales de 1989 ofrecen un mapa más diversificado (derecha).

El escritor egipcio Naguib Mahfuz, premio Nobel de Literatura en 1988.

Benazir Bhutto, hija de Zulfikar ▶ Ali Bhutto, durante la campaña presidencial que la llevó a la presidencia del gobierno de Pakistán.

Earvin Magic *Johnson ganó cinco títulos de la NBA y fue elegido el jugador más valioso de la década de los ochenta gracias a unos promedios globales de 19 puntos, 7 rebotes y 11 asistencias por partido.*

tulo en ocho años. Capitaneados por Earvin *Magic* Johnson y con figuras como el veterano Kareem Abdul-Jabbar, los Lakers se consagran como el gran equipo de la década de la NBA. Este último campeonato lo obtiene tras derrotar a los Detroit Pistons en la serie final de partidos por el título.
➡ **1991**

Benazir Bhutto asume el cargo de primera ministra de Pakistán
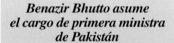
30 NOVIEMBRE

Benazir Bhutto (n. 1953), al ganar las elecciones paquistaníes, se convierte en la primera mujer que gobierna un Esta-

do musulmán. Bhutto, máxima dirigente del Partido Popular, asume el cargo después de que el día 16 ganara las primeras elecciones libres celebradas en el país en once años. Benazir Bhutto, que gobernará con el apoyo de grupos independientes, sucede en el cargo al general Zia Ul Haq, muerto en atentado el pasado agosto y que había derrocado y hecho ahorcar a su padre, Zulfikar Ali Bhutto.
➡ **1990**

Temblor de tierra en Armenia
7 DICIEMBRE

Un violento terremoto sacude Armenia y arrasa la ciudad de Leninakán (actual Kumayri), epicentro del mismo, provocando miles de víctimas. El más violento seísmo ocurrido en la región del Cáucaso destruye Leninakán, ocasionando más de 50 000 muertos y dejando sin hogar a medio millón de personas, gran parte de ellas refugiados armenios que habían huido de Arzerbaiján a causa del conflicto étnico que convulsiona ese país.

Mahfuz recibe el premio Nobel de Literatura
10 DICIEMBRE

El egipcio Naguib Mahfuz (n. 1911) se convierte en el primer escritor de lengua árabe que recibe el máximo galardón literario mundial. Mahfuz, graduado en filosofía por la Universidad de El Cairo, ha sido distinguido con el Nobel por haber *"elaborado un arte novelístico árabe con valor universal"*. Algunas de sus novelas más representativas son *El ca-*

llejón de los milagros, Trilogía de El Cairo, El ladrón y los perros, Amor bajo la lluvia, etc.

Acuerdo para la independencia de Namibia
13 DICIEMBRE

Representantes de Angola y Sudáfrica firman un pacto por el cual se concreta la independencia de Namibia. Este pacto es consecuencia del acuerdo que firmaron el pasado 16 de noviembre en Ginebra, bajo el patrocinio de la ONU, Cuba, Angola y Sudáfrica, con el fin de sentar las condiciones para la evacuación de las tropas cubanas del territorio angoleño y para la independencia de Namibia. La resolución del conflicto contribuye de modo decisivo a la pacificación de esta región del África austral.
➡ **1990**

Una huelga general paraliza España
14 DICIEMBRE

El enfrentamiento por la política económica entre el gobierno de Felipe González y los sindicatos desemboca en una huelga general que es seguida por el 90 por ciento de los trabajadores del país. Los sindicatos mayoritarios españoles, UGT y Comisiones Obreras (CC.OO.), habían convocado la huelga en protesta por la política económica del gobierno en general, y por el proyecto de Plan de Empleo Juvenil en particular. Según los dirigentes sindicales Nicolás Redondo y Antonio Gutiérrez, ese plan tiene como principal objetivo abaratar los puestos de trabajo.

Negociaciones de paz en diversos frentes

El año 1988 da la sensación de constituir una especie de bisagra en la evolución histórica contemporánea. Es tanta la energía y actividad latente y la tensión contenida por esas fechas, que parece generalizarse la necesidad de apagar los fuegos de conflictos caducos y casi anacrónicos que todavía ensangrientan la faz del planeta, para preparar el afloramiento de acontecimientos que surgen con la fuerza del torrente o la aparatosidad del volcán. Y a ello parecen encomendarse políticos, militares y diplomáticos, con la impaciencia quizá de asistir y contribuir al alumbramiento de nuevas realidades, que, lógicamente y como corresponde a la esencia de las sociedades y relaciones humanas, vienen cargadas de conflictividad.

VIEJOS CONFLICTOS Y NUEVOS PROBLEMAS

Durante 1988 entraron en vías de solución conflictos que hasta ese momento parecían irresolubles, como los de Nicaragua, la guerra Irán-Irak o el conflicto de Afganistán, e incluso se produjeron importantes avances en el ya casi secular enfrentamiento árabe-israelí. En marzo, y sobre la base del plan Arias, el gobierno nicaragüense concertó un alto el fuego con la Contra, a pesar de la oposición del presidente Reagan, que no consiguió el apoyo del Congreso federal de su país para financiar a la guerrilla antisandinista. Entraba de esta manera en vías de solución un problema que había causado múltiples dificultades a los países centroamericanos, pero casi sin solución de continuidad se anunciaron otros que mantendrían ocupada la atención internacional en los próximos meses: en El Salvador por el ascenso de la extrema derecha y el declive físico y político de Napoleón Duarte, y en Panamá, donde Manuel Antonio Noriega, el jefe de las Fuerzas Armadas, había caído en desgracia ante Estados Unidos pero no estaba dispuesto a dejar de controlar el país.

En lo que se refiere a la guerra entre Irán e Irak, inesperadamente, y con la tensión en su punto más elevado, el gobierno de Irán anunció que aceptaba sin condiciones la resolución 598 de la ONU, que exigía un inmediato alto el fuego en la guerra entre Irán e Irak. Tras la respuesta favorable de Sad-

Las tropas soviéticas comienzan a retirarse de Kabul, capital de Afganistán. Por desgracia, la guerra seguirá entre las diversas facciones islamistas.

Alfredo Cristiani (a la izquierda, en traje de campaña) proseguiría a partir de 1989 la política de pacificación en El Salvador emprendida por Napoleón Duarte.

Una pintada palestina en el mercado de verduras de Jerusalén. La protesta se extendió a toda la Cisjordania ocupada por Israel.

dam Hussein, el 6 de agosto se cerró un capítulo, no desgraciadamente el último, del libro repleto de destrucción y muerte que los hombres del siglo XX se han empeñado en escribir en la zona del Golfo Pérsico.

En cuanto al conflicto entre israelíes y palestinos, se produjeron cambios extraordinariamente significativos, sobre todo en la opinión pública internacional. La *intifada* que comenzó a finales del año anterior y que a lo largo de 1988 causó 330 muertos y millares de heridos, casi todos jóvenes palestinos cuyas pedradas eran contestadas con ráfagas de fusil ametrallador por los soldados israelíes, provocó una ola de indignación en los países occidentales. Los habitantes de Gaza y Cisjordania se habían convertido en héroes, y la OLP aprovechó en beneficio propio esta circunstancia. La actitud titubeante de Estados Unidos suponía un indicio evidente de que iban a cambiar las cosas. A principios de año, Estados Unidos provocó la consternación y decepción de los israelíes, al votar por primera vez a favor de una resolución del Consejo de Seguridad de la ONU contraria a la política del gobierno israelí; pero en noviembre no concedió el visado a Yaser Arafat, que había sido invitado por primera vez a intervenir en la Asamblea general de la ONU en Nueva York. Arafat tendría que ir a Ginebra con su rama de olivo para realizar su histórica intervención, pero en ese mismo mes de diciembre se iniciaron las con-

versaciones y contactos de Túnez entre la OLP y Estados Unidos, que hasta ese momento había rechazado cualquier tipo de contacto con representantes o miembros de la OLP. El rey Husayn de Jordania también puso su granito de arena para intentar solucionar el conflicto, cuando en el mes de julio renunció a sus derechos sobre Cisjordania y Gaza, al objeto de que se crease un Estado palestino independiente, según la voluntad expresada por los habitantes de ese territorio. Gracias a ello, el Consejo Nacional Palestino reunido en noviembre en Argel proclamó la creación de un Estado palestino independiente en las regiones de Gaza y Cisjordania, que en diciembre quedaron bajo la tutela de la ONU. Así pues, finalizaba el año con dos importantes motivos de esperanza: Arafat, que reconocía oficialmente en noviembre al Estado de Israel y anunciaba su voluntad de iniciar conversaciones, dejaba de ser considerado un vulgar terrorista, y el nuevo gobierno de Israel, forzado por la actitud estadounidense, comenzaba a considerar la negociación con la OLP.

También en Afganistán, invadido por las tropas soviéticas desde 1980, comenzaron a brillar rayos de esperanza: en abril Afganistán, Pakistán, la URSS y Estados Unidos firmaron un acuerdo que supuso entre otras cosas el compromiso soviético de retirada de sus tropas del maltrecho territorio afgano.

VIENTOS DE CAMBIO EN EL ESTE

El año en que Ronald Reagan acabó su segundo mandato y traspasó sus poderes a su principal colaborador George Bush –que venció en las elecciones presidenciales de noviembre al candidato demócrata Michael Dukakis–, tuvo que dejar un confuso sabor agridulce en el ánimo de Mijail Gorbachov, que en mayo se reunió por última vez con Reagan en Moscú para ratificar el acuerdo sobre eliminación de misiles de alcance medio. Aunque continuaban sus éxitos internacionales, como se había

La violencia y persistencia de la intifada *convenció a las autoridades de Israel de que la única perspectiva sólida de futuro residía en la fórmula «paz por territorios».*

Madrid sin tráfico: la imagen más espectacular de la huelga general realizada el 14-D contra la política ecconómica del gobierno socialista español.

puesto de manifiesto en la reunión de Toronto de los países más industrializados del mundo, que acordaron apoyar su programa de reformas, en el interior de la URSS y en algunos países de la Europa oriental comenzaban a removerse los cimientos de un edificio que corría el riego de desmonoronarse. Las dificultades económicas y los problemas nacionalistas en el Cáucaso –sobre todo en la región de Nagorno-Karabaj, habitada mayoritariamente por cristianos armenios pero controlada por los musulmanes azerbaijanos– y en las repúblicas bálticas –principalmente Estonia– ofrecieron, ya en 1988, signos preocupantes.

Pero, a pesar de todas las dificultades, Gorbachov gozaba todavía de una envidiable salud política. Durante la Conferencia Nacional del PCUS celebrada en julio consiguió imponer importantes aspectos de su *perestroika*; en febrero ya se habían puesto en marcha las primeras empresas mixtas con participación de capital occidental, y en mayo el Deutsche Bank acordó conceder créditos a la URSS por valor de 3 500 millones de marcos. Como colofón, en la sesión extraordinaria del Soviet Supremo de la URSS celebrada en octubre de ese año, Gorbachov resultó elegido por unanimidad jefe del Estado en sustitución del dimitido Andrei Gromyko, y pronunció un discurso en el que reiteraba su compromiso con la *perestroika* y anunciaba la reforma de la Constitución. La incertidumbre, sin embargo, se mantenía, sobre todo porque también en los países del Este soplaban vientos de cambio. En 1988, en Hungría, Rumania, Yugoslavia y Polonia se encendieron algunas señales de alarma, que se amplificarían sin necesidad de que pasara mucho tiempo.

APUNTES DE PEQUEÑA HISTORIA

En el año en que ardió el corazón de la ciudad vieja de Lisboa, en que el río Brahmaputra anegó la mayor parte de Bangla Desh dejando sin hogar a cerca de 25 millones de personas, y en que Armenia sufrió un gravísimo terremoto, Yaser Arafat intervino con una rama de olivo y una piedra en la Asamblea General de la ONU reunida en Ginebra, y Arthur Miller reveló algunos secretos de Marilyn que suscitaron tanta expectación como escándalo.

El pueblo francés –que convirtió a Mitterrand en el primer presidente de la V República que renovaba su mandato en las urnas– vio cómo su gobierno autorizaba la píldora abortiva RU 486, que permitía la interrupción del embarazo sin manipulación quirúrgica, e inauguraba la pirámide de cristal, nueva entrada del Museo del Louvre. En Japón se abrió el túnel submarino más largo del mundo, el de Seikan, que unía las islas de Honshu y Hokkaido, y en Corea se celebraron los Juegos Olímpicos de Seúl, donde volvieron a encontrarse soviéticos y estadounidenses, y en los que el control antidoping privó al velocista Ben Johnson de una medalla de oro, apartándole durante un largo período de tiempo de la competición. Martin Scorsese obtuvo éxito y polémica con su versión de la última ten-

tación de Cristo, Umberto Eco conmocionó el mundo editorial con su libro *El péndulo de Foucault*, y el escritor indio de expresión inglesa Salman Rushdie publicó su novela *Los versos satánicos*, que pasó inicialmente casi inadvertida. En Londres, centenares de cantantes y artistas rindieron un homenaje multitudinario a Nelson Mandela, que sufría en las cárceles sudafricanas, y en Pakistán Benazir Bhutto se convirtió en la primera mujer jefe de un gobierno islámico. Mientras tanto, en España el Ministerio de Cultura formalizaba el acuerdo para instalar en Madrid la colección Thyssen de pintura, los parlamentarios socialistas sacaban adelante la ley de televisión privada, y el gobierno de Felipe González afirmaba haber "recibido el mensaje" tras el éxito de la huelga general del 14 de diciembre, con-

A pesar de que una comisión de historiadores lo declaró moralmente culpable de crímenes de guerra en la época nazi, Kurt Waldheim se negó obstinadamente a dimitir de la presidencia de Austria, que sufrió un penoso aislamiento internacional.

En una portentosa carrera, el canadiense-jamaicano Ben Johnson derrota a Carl Lewis en los 100 m de las Olimpiadas de Seúl. Los análisis químicos mostrarían dos días después que la victoria no había sido limpia.

vocada por los sindicatos mayoritarios UGT y Comisiones Obreras.

Y para concluir, los líderes de los siete países más ricos del mundo se congratulaban de las buenas relaciones entre Moscú y Washington, al tiempo que afirmaban su firme voluntad de promover el desarrollo económico, la liberación de los mercados e incluso su intención de condonar parte de la deuda a los países del Tercer mundo. ■

Instantáneas

- La **mascota Curro**, elegida para representar a la Exposición Universal de Sevilla 1992.
- En la muestra **Cinco siglos de arte español** celebrada en París, la exposición "Del Greco a Picasso" es la más visitada y aplaudida
- J.M. Subirachs es encargado de realizar las esculturas de la **fachada de la Pasión** de la Sagrada Familia de Barcelona, emblemática obra de A.Gaudí.

- Inauguración del **Auditorio Nacional de Música** en Madrid. *(22 Octubre)*

- El italiano L. Sciascia retorna a la novela con **El caballero y la muerte**. Si antes llegó a considerar la novela como un género mentiroso, ahora vuelve a ella para decir algunas verdades sobre la Italia moderna.
- La pensadora y escritora española María Zambrano recibe el **premio Cervantes**.
- **Eva Luna**, un nuevo éxito de la popular novelista chilena Isabel Allende.
- U. Eco logra un nuevo éxito de ventas con **El péndulo de Foucault**, sin llegar a la resonancia mundial de su novela anterior, *El nombre de la rosa*.
- Aparece el monólogo autobiográfico *Stirrings still (Sobresaltos)*, obra inclasificable que será la última publicada por el premio Nobel S. Beckett.

- S. Frears dirige a Glenn Close, Michelle Pfeiffer y John Malkovich en **Las amistades peligrosas**, análisis del uso del sexo como arma de poder.
- G. Tornatore emociona al mundo entero con **Cinema Paradiso**, relato de la amistad entre un niño y un proyeccionista de cine, galardonado con el Óscar al mejor filme extranjero.
- En **Inseparables**, de D. Cronenerg, J. Irons interpreta magistralmente a un par de gemelos enamorados de la misma mujer.

- España instala en la Antártida una **base permanente**. *(10 Enero)*
- Se construye en Japón el **túnel submarino** más largo del mundo, entre las islas de Honshu y Hokkaido. *(13 Marzo)*
- El transbordador **Discovery** concluye con éxito su misión, acabando con una etapa de malos resultados de la NASA. *(3 Octubre)*

- Tensiones étnicas en el **Cáucaso**: un grupo de fanáticos musulmanes perpetra una matanza de armenios en la ciudad azerbaijana de Sumgait. *(11 Marzo)*
- Irán sorprende a todo el mundo al aceptar sin condiciones el **alto el fuego** exigido por Naciones Unidas, cuando parecía no haber salida para el conflicto Irán-Irak. *(18 Julio)*
- El socialista R. Borja se convierte en **presidente de Ecuador** al vencer en la segunda vuelta de las elecciones. *(8 Mayo)*
- El socialista F. Mitterand es reelegido presidente de la República francesa. *(8 Mayo)*
- K. Grosz, nuevo primer ministro Hungría, partidario de las reforma políticas. *(22 Mayo)*
- Nueva Caledonia: acuerdo en París para la celebración de un referéndum en 1998 sobre la **autodeterminación** del territorio. *(20 Agosto)*
- Burundi: **matanzas tribales** entre hutus y tutsis. *(21 Agosto)*
- La Unión Soviética se ve amenazada por las aspiraciones nacionalistas de las tres **repúblicas del Báltico**. Estonia ha llegado al extremo de proclamar unilateralmente su soberanía. *(18 Noviembre)*
- Victoria del candidato republicano G. Bush, anterior vicepresidente junto a R. Reagan, en las elecciones presidenciales de Estados Unidos. *(8 Noviembre)*

- **Brasil**: la policía asesina a cien personas durante una huelga de buscadores de oro. *(9 Enero)*
- El presidente de Austria, K. Waldheim, es "moralmente culpable" de **crímenes de guerra** en el período nazi, de acuerdo con las investigaciones de una comisión internacional de historiadores. *(8 Febrero)*
- El nazi J. Demjanjuk, de setenta y ocho años de edad, apodado *Iván el Terrible*, es condenado a la pena capital en Israel. *(25 Abril)*
- El papa Juan Pablo II realiza una gira por Sudamérica. *(17 Mayo)*
- Con la apertura del régimen soviético, la **Iglesia ortodoxa rusa** sale de las catacumbas. Estos días se celebra el milenario del cristianismo ruso. *(5 Junio)*
- El arzobispo integrista francés M. Lefebvre consuma la ruptura con el Vaticano al decidirse a ordenar sacerdotes. *(30 Junio)*
- Un **incendio** en la ciudad de Lisboa destruye parcialmente el barrio antiguo del Chiado. *(25 Agosto)*
- Se aprueba una **reforma sanitaria alemana**, considerada por la oposición como un re-

troceso del "Estado del bienestar". *(25 Noviembre)*
- Un estudio realizado en Nueva Zelanda demuestra la relación existente entre diversos trastornos psíquicos y los **abusos** sexuales sufridos en la infancia o adolescencia.

- El **rally París-Dakar** se cobra seis vidas entre participantes y espectadores, en una edición especialmente dura que sólo han logrado finalizar 120 de los 602 vehículos que tomaron la salida. *(22 Enero)*
- El piloto brasileño A. Senna obtiene el título de campeón mundial de Fórmula 1. *(30 Octubre)*
- El atleta cubano J. Sotomayor, récord mundial absoluto en salto de altura, obtiene el título de mejor deportista mundial y el de atleta más destacado de Iberoamérica.
- El piloto español Alfonso Sito Pons conquista su primer título mundial de motociclismo en los 250 cc.

- «Si hubiéramos podido conseguir 9'79" sin drogas, lo hubiéramos hecho.» Ch. Francis, entrenador de Ben Johnson.
- «Don't worry, be happy» *(No te preocupes, sé feliz)*. Estribillo de una exitosa canción de Bobby McFerrin.
- «El cielo se iluminó completamente. Estaba lloviendo fuego.» Palabras de un testigo presencial del accidente aéreo de Lockerbie, en el que fallecieron 259 personas.

- Carmen Polo, viuda de Francisco Franco. *(6 Febrero)*
- Wilson Ferreira Aldunate, político uruguayo. *(15 Marzo)*
- Jesús Fernández Santos, escritor español. *(2 Junio)*
- Josep Tarradellas, político español, presidente de la Generalitat de Cataluña. *(10 Junio)*
- Enzo Ferrari, piloto y constructor de automóviles italiano. *(14 Agosto)*
- Luis Walter Álvarez, científico estadounidense, premio Nobel de Física en 1968. *(1 Setiembre)*
- Marià Manent, escritor español en lengua catalana. *(23 Noviembre)*
- Pablo Sorozábal, músico español. *(26 Diciembre)*
- Luis Barragán, arquitecto mexicano, premio Pritzker en 1980.

1989

Rushdie, condenado a muerte por Khomeiny
14 ENERO Y 16 FEBRERO

La publicación de la novela *Los versos satánicos* provoca las iras del *ayatollah* Khomeiny, que condena a muerte a su autor, Salman Rushdie (n. 1947). Según el padre de la revolución islámica iraní, *Los versos satánicos* es una obra blasfema, por lo que pide a sus seguidores que ejecuten a su autor, el escritor indobritánico Salman Rushdie, dondequiera que lo encuentren. De acuerdo con su guía espiritual, el gobierno iraní fija una recompensa para quien mate al escritor. El caso Rushdie provoca un grave incidente diplomático entre Irán y los gobiernos occidentales, al tiempo que 18 editoriales se apresuran a publicar el libro como muestra de solidaridad con el autor de *Los versos satánicos*. A pesar de las presiones occidentales, la condena a muerte se mantendrá durante años, obligando a Rushdie a vivir escondido y rodeado de fuertes medidas de seguridad. ➡ **1994**

Fallece Salvador Dalí
23 ENERO

El pintor español Salvador Dalí (1904-1989) fallece en Figueres (España) a los 84 años, tras una larga agonía. Dalí, una de las figuras más representativas del surrealismo pictórico, formaba con Miró y Picasso la gran trilogía de pintores es-pañoles de proyección universal. El cuerpo embalsamado de Salvador Dalí será enterrado bajo la cúpula geodésica de su museo en Figueres.

Cae el general Stroessner en Paraguay
3 FEBRERO

En un golpe de Estado encabezado por el general Andrés Rodríguez (1925-1997) y en el que mueren más de cien personas, es derribado el general Alfredo Stroessner (n. 1912). Con la fuga de Stroessner a Brasil, donde recibe asilo político, acaba una dictadura de 35 años. No obstante las promesas del general Rodríguez, consuegro de Stroessner, de conducir el país hacia la democracia y el respeto de los derechos humanos, todo parece indicar que el golpe se ha debido a una pugna por el poder entre distintas corrientes internas del oficialista Partido Colorado. ➡ **1991**

Gran marea negra en Alaska
28 MARZO

Se produce una catástrofe ecológica al embarrancar el buque petrolero *Exxon Valdez* en las costas de Alaska. Más de cuatro mil millones de crudo se derraman, envenenando una superficie de 80 kilómetros cuadrados. El principal culpable parece ser el capitán del buque, dado que el accidente se produjo al maniobrar erróneamente para evitar un iceberg; por si fuera poco, ha dado positivo en un control de alcoholemia. La empresa Exxon deberá pagar una cifra aún indeterminada, pero en todo caso cuantiosísima, como indemnización por los daños producidos. ➡ **1991**

Spike Lee impacta con Haz lo que debas

Spike Lee, el más famoso de los directores afroamericanos, debutó en 1986 con *Nola Darling*, un filme de bajo presupuesto rodado en 16 mm y en blanco y negro. Después del modesto y sarcástico musical *School Daze*, dirige *Haz lo que debas*, en el que muestra su habilidad con la cámara y su certero análisis de un tema tan espinoso como el de las tensiones raciales en Estados Unidos. Ambientada en el barrio neoyorquino de Brooklyn, la película muestra los recelos existentes entre las distintas comunidades que habitan el barrio (chinos, negros, italianos, hispanos) y el odio común que produce la presencia de la policía. La olla a presión en que se ha convertido Brooklyn acaba por estallar en un impactante y descorazonador final. Lee obtiene un gran éxito de crítica y público, pero como era de suponer, la Academia le ignora en el reparto de los Óscares. ➡ **1991**

Andrés Rodríguez, el nuevo jefe de Estado de Paraguay después del derrocamiento del general Alfredo Stroessner, puso fin a treinta y cinco años de dictadura militar.

◄ *Trabajadores esparcen detergente a presión sobre el petróleo vertido en las costas de Alaska por el petrolero* Exxon Valdez. *Los trabajos de limpieza de la "marea negra" ocuparon a más de 10 mil personas y su costo ascendió a dos mil millones de dólares.*

Ofrenda floral en el estadio del Liverpool en memoria de las víctimas del accidente ocurrido al derrumbarse una tribuna en el campo del Sheffield.

Tanques del ejército chino irrumpen en la plaza de Tiananmen, en Pekín, donde desde hacía casi dos meses se manifestaban diariamente los estudiantes en petición de libertades políticas.

Carlos Saúl Menem, candidato del Partido Justicialista y nuevo presidente de Argentina. Su mandato se caracterizaría por una vigorosa reactivación económica. ▶

Tragedia en un campo de fútbol británico
15 ABRIL

Alrededor de cien personas mueren en Sheffield al incendiarse una tribuna repleta de aficionados. Durante el encuentro que el equipo local disputaba con el Liverpool, se producen un incendio y el posterior derrumbamiento de una tribuna de madera cuyo aforo había sido ampliamente superado. Esta circunstancia y el pánico que se apodera de los espectadores, muchos de los cuales quedan atrapados en las vallas de contención, contribuyen a aumentar la dimensión de la tragedia.

Matanza en la plaza de Tiananmen
4 JUNIO

Los tanques del ejército chino aplastan sangrientamente las manifestaciones que, en la plaza de Tiananmen en Pekín (Beijing), pedían desde hace siete semanas una mayor apertura política. La represión desatada por el régimen comunista se cobra cientos de víctimas entre los estudiantes que se manifestaban pacíficamente en la céntrica plaza contra el inmovilismo político, que contrasta con las reformas económicas impulsadas por Teng Hsiao-ping. La comunidad internacional condena unánimemente los sucesos de Tiananmen, pero el gobierno de China pide la aplicación de la pena de muerte a los principales dirigentes estudiantiles involucrados en la revuelta. ➡ **1997**

Polonia celebra elecciones
4-18 JUNIO

Solidaridad, organización político-sindical independiente, gana las elecciones parcialmente libres que se celebran en Polonia. Por primera vez desde el fin de la Segunda Guerra Mundial, Polonia contará con un gobierno no comunista. Como parte de los acuerdos relativos a la transición democrática entre las distintas fuerzas políticas, el general Wojciech Jaruzelski ocupará la jefatura del Estado, y el democristiano Tadeusz Mazowiecki la del gobierno. ➡ **1990**

Menem asume la presidencia de Argentina
8 JULIO

Tras el triunfo electoral del Partido Justicialista el pasado mayo, y antes de la fecha prevista para el traspaso de poderes, Carlos Saúl Menem asume la presidencia de Argentina en medio de una profunda recesión económica. Ante la impotencia del gobierno radical presidido por Raúl Alfonsín para sacar el país del caos económico, el peronista Menem, al prometer una subida salarial y "una solución justa" al problema de los militares, se presenta como una alternativa esperanzadora para el electorado argentino. ➡ **1991**

Arantxa Sánchez Vicario vence en el torneo de Roland Garros
10 JULIO

El triunfo de Arantxa Sánchez Vicario, de 17 años de edad, en Roland Garros, el más célebre torneo sobre tierra batida, es el primero en la historia de una tenista española en un torneo de Gran Slam. La gran victoria de Arantxa se produce tras un emocionante partido final con la número uno mundial, la alemana Steffi Graf, a la que acaba ganando por 7-6 (8-6), 3-6 y 7-5. ➡ **1993**

Consola de videojuegos

La empresa japonesa Nintendo lanza al mercado la primera consola portátil de videojuegos, que se comercializa en todo el mundo con el nombre de *Game Boy*. Se trata de un pequeño ordenador dotado de una pantalla de cuarzo líquido y unos botones que permiten mover el cursor por la pantalla y activar la posición que ocupa. Además del interruptor de encendido, dispone de un compartimiento donde insertar la casete con el juego correspondiente. Alimentado con baterías, dispone asimismo de la posibilidad de reproducir sonidos sencillos. El éxito es tal que la empresa vende varios millones de unidades en poco tiempo.

Muere Herbert von Karajan
16 JULIO

El director de orquesta austríaco Herbert von Karajan (1908-1989) fallece en Salzburgo, su ciudad natal, a los 81 años. Considerado una de las batutas más importantes del siglo XX desde que debutara en Ulm, en 1929, Karajan había alcanzado su máximo prestigio con la Orquesta Filarmónica de Berlín, a la que dirigía desde 1954 y con la que realizó centenares de célebres grabaciones, especialmente del repertorio romántico. Su sucesor al frente de la famosa orquesta alemana es Claudio Abbado.

Cela recibe el Nobel de Literatura
19 OCTUBRE

Camilo José Cela (n. 1916) es distinguido con el premio Nobel de Literatura y se convierte en el quinto español en ganarlo. La Academia Sueca ha valorado al autor de *La familia de Pascual Duarte* y *La colmena*, acaso sus dos mejores novelas, por su *"prosa rica e intensa, que con refrenada compasión configura una visión provocadora del desamparado ser humano"*. El próximo diciembre, Cela viajará a Estocolmo, donde recibirá el galardón.

Cae el muro de Berlín
9 NOVIEMBRE

Ante la incapacidad de las autoridades de la República Democrática Alemana para detener la fuga de sus ciudadanos, un portavoz comunista anuncia la apertura de las fronteras. Oído el confuso anuncio, miles de berlineses se dirigen al muro que desde el 13 de agosto de 1961 divide en dos la ciudad, y lo derriban. Con la caída del llamado "muro de la vergüenza", cae también el mayor símbolo de la guerra fría que dividió al mundo en dos bloques ideológicos antagónicos. ➡ **1990**

◄ Exhibición de los nuevos videojuegos Nintendo en una tienda de aparatos electrónicos del distrito de Akihabara de Tokio.

Asesinados seis jesuitas en El Salvador
16 NOVIEMBRE

Los *escuadrones de la muerte* salvadoreños, bien conocidos por sus actividades represivas, irrumpen en la Universidad Centroamericana (UCA) de San Salvador y dan muerte a ocho personas, entre ellas el rector de la institución, el español Ignacio Ellacuría, y otros cinco sacerdotes jesuitas. En el marco de la guerra civil que vive El Salvador y en el curso de una gran ofensiva de la guerrilla del Frente Farabundo Martí para la Liberación Nacional (FMLN), un grupo paramilitar ultraderechista ha asesinado a los religiosos, que se habían distinguido por su defensa de los pobres y marginados del país y sus exigencias de respeto a los derechos humanos. ➡ **1992**

Aylwin gana las elecciones en Chile
14 DICIEMBRE

Patricio Aylwin (n. 1918) obtiene la mayoría absoluta en la primera vuelta de las elecciones chilenas y se convertirá en el primer presidente civil tras la dictadura de Pinochet. Aylwin, candidato democristiano de la Concertación Opositora, recibirá la banda presidencial el próximo día 21 de manos del general Augusto Pinochet, quien retendrá el cargo de comandante de las Fuerzas Armadas. Tal circunstancia permite a los militares seguir influyendo de forma relevante en la vida política de Chile.

Estados Unidos invade Panamá
20 DICIEMBRE

Tropas estadounidenses acantonadas en la Zona del Canal invaden Panamá, derrocan al general Manuel Antonio Noriega y entregan la presidencia a Guillermo Endara. Tras la anulación de los resultados electorales por Noriega, el presidente Bush ordena apresarlo. El bombardeo de distintos puntos de la ciudad por tropas de tierra y la aviación estadounidenses ocasiona gran cantidad de muertos y heridos entre la población civil. Noriega, tras refugiarse en la nunciatura de la Santa Sede, termina por entregarse y es extraditado a Estados Unidos. ➡ **1991**

Ceausescu y su esposa son ejecutados en Rumania
25 DICIEMBRE

Una revolución popular acaba en Rumania con la dictadura y la vida de Nicolae Ceausescu (1918-1989). Incapaz de afrontar los cambios sociales y políticos que se estaban produciendo en los países del Este europeo, Ceausescu desató una fuerte represión para aplastar las protestas populares, que alcanzaron su momento más crítico en la masiva revuelta de la población en la ciudad de Timisoara. La toma de partido del ejército en favor del Frente de Salvación Nacional y el debilitamiento de la resistencia opuesta por la *Securitate*, la temida policía política, determinó la caída de Ceausescu. Apresado junto a su esposa Elena cuando ambos intentaban huir, fueron sumarísimamente juzgados por un consejo de guerra, condenados a muerte y ejecutados.

El democristiano Patricio Aylwin, candidato de un amplio abanico de fuerzas de oposición, fue el vencedor de las elecciones presidenciales de Chile, con un 55,2 por ciento de los votos.

El español Camilo José Cela, autor de una obra amplia, densa y personal, vio coronada su carrera literaria con la obtención del premio Nobel de Literatura en 1988.

Eco mundial de la caída del Muro

En el alborear de una nueva y esperanzadora época simbolizada en el rápido avance de la democracia en el Este de Europa y el fin del enfrentamiento entre las grandes superpotencias, son también muchos los interrogantes y las incertidumbres que asedian a la humanidad. Como un brutal anacronismo, a finales del milenio todavía son condenados a muerte intelectuales por motivos religiosos, claro síntoma del rebrote simultáneo de fundamentalismos y de posturas intolerantes de toda índole.

LA CAÍDA DEL MURO DE BERLÍN: FIN DE UNA ERA

Tras la llegada en 1985 de Mijail Gorbachov a la secretaría general del Partido Comunista de la Unión Soviética y la puesta en marcha de la *perestroika*, el país entero se había visto envuelto en un torbellino de cambios que, en gran medida, se tornaban irreversibles. En 1989 se apreció un notable incremento del protagonismo de las masas en el proceso de reforma, dirigido inicialmente desde arriba. Así lo demostraron los resultados de las elecciones legislativas de marzo. El pueblo soviético, que por primera vez en setenta años podía elegir con cierta libertad a sus representantes, propinó un fuerte varapalo a la "nomenklatura" y votó a candidatos independientes como Boris Yeltsin o el viejo disidente y Nobel de la Paz Andrei Sajarov, que fallecería meses después, dejando a la URSS huérfana de uno de sus grandes referentes morales y políticos. Pero la creciente decepción popular ante las reformas emprendidas adoptó formas más agudas y hostiles, como la oleada de huelgas masivas que recorrían el país y que tuvieron especial incidencia en las cuencas mineras, donde a las reivindicaciones económicas y laborales, como la mejora del nivel de vida y los servicios sociales, se unieron las exigencias políticas de democratización.

En los primeros meses de 1989, también la política exterior de la URSS dio un vuelco importante. En febrero, las tropas soviéticas empezaron a retirarse de Afganistán tras casi diez años de ocupación. Dos meses después el Ejército rojo abandonaba Hungría, facilitando la transición a

Confraternización de las dos Alemanias en el sector del Muro de Berlín próximo a la puerta de Brandemburgo.

El boquete abierto en el Muro iba a ser más que simbólico: una poderosa corriente de libertad inundó desde allí el Este europeo.

la democracia del país que junto a Polonia se había situado en la vanguardia de los cambios políticos y económicos de la Europa del Este. En Hungría se asistió en octubre a la refundación de la República y la autodisolución del Partido Comunista, que cambió su nombre por el de Socialista y aceptó las reglas del juego democrático. Mientras, en Polonia se celebraban en ju-

nio las primeras elecciones democráticas en un país socialista, que desembocaron, tras la victoria de Solidaridad, en la formación de un gobierno de coalición presidido por el político católico Tadeusz Mazowiecki.

A partir del verano se sucedieron vertiginosamente los cambios en la Europa del Este. En julio y agosto estalló la crisis en la

Una imagen de la intervención de Estados Unidos en Panamá: el Canal desde un helicóptero militar.

República Democrática Alemana con el exilio de decenas de miles de ciudadanos, que desde sus lugares de veraneo en Bohemia, Hungría y Polonia, cruzaban la frontera o invadían las sedes diplomáticas de la República Federal. A pesar de la dimisión del anciano Eric Honecker, la crisis política continuó agravándose, hasta que la salida masiva de ciudadanos a las calles a finales de octubre condujo a la histórica noche del 9 de noviembre, en la que ante los ojos atónitos del mundo entero cayó el muro de Berlín y cientos de miles de ciudadanos del Este cruzaron al Oeste en un clima de intensa emoción.

La caída del símbolo de la división europea y alemana anunció nuevos cambios en otros países, como Checoslovaquia o Bulgaria. Por primera vez desde 1945, Europa vio convertida en realidad la posibilidad de superar de forma pacífica el orden surgido de Yalta. Tan sólo en Rumania la ruptura con el pasado adquirió tintes dramáticos y violentos. La brutal represión de una manifestación opositora en Timisoara a mediados de diciembre marcó el principio del fin del régimen comunista. Las muestras de hostilidad al dictador desembocaron pronto en abierta rebelión. Tras la conquista del poder por la oposición, el 24 de diciembre Ceausescu y su mujer fueron apresados y fusilados.

AMÉRICA: EL NUEVO INTERVENCIONISMO DE ESTADOS UNIDOS

En 1989 finalizó la era Reagan. El 20 de enero tomó posesión de la presidencia de Estados Unidos el también republicano George Bush. Muy pronto pudo advertirse algo ya previsible en principio: la continuidad de una política exterior especialmente agresiva en Latinoamérica. El 21 de diciembre, el ejército estadounidense invadió Panamá. La anulación por parte del hombre fuerte de Panamá, el general Noriega, de los comicios de mayo, que habían dado la victoria al pronorteamericano Guillermo Endara, y la violenta persecución emprendida contra la oposición, habían enrarecido en extremo las relaciones con Estados Unidos. Los estadounidenses vieron peligrar sus intereses en la zona ante la inminencia de 1999, el año en que los acuerdos Carter-

Torrijos preveían el traspaso de la soberanía del canal y la retirada de las bases estadounidenses.

La invasión vino a poner la rúbrica a un año particularmente difícil para América latina. Aunque los comienzos fueron esperanzadores para la democracia, con el derrocamiento en febrero, en Paraguay, del general Alfredo Stroessner, último sobreviviente de una larga serie de dictadores latinoamericanos de viejo cuño, se produjeron más tarde una serie de situaciones trágicas y violentas. En agosto se inició la guerra contra el narcotráfico en una Colombia conmovida por el

Un estudiante chino herido en los enfrentamientos con el ejército en Tiananmen muestra a sus compañeros su botín: el casco arrebatado a un soldado en la refriega.

asesinato del político liberal Luis Carlos Galán, defensor de la extradición de los narcotraficantes a Estados Unidos. A partir de ese momento los "extraditables" declararon públicamente su hostilidad hacia el gobierno, sumiendo al país en una espiral terrorista que se fijó como principales objetivos el estamento judicial, la prensa y los aparatos de seguridad. De otro lado, la larga guerra civil que vivía El Salvador llegó a una encrucijada crítica. Cuando todavía no se habían acallado los ecos de la muerte a manos de un grupo paramilitar ultraderechista de seis jesuitas españoles en San Salvador, una gran ofensiva guerrillera llevó al Frente Farabundo Martí para la Liberación Nacional a ocupar buena parte de la capital del país, en una auténtica demostración de fuerza.

ESPAÑA VOTA DE NUEVO A LOS SOCIALISTAS

El año fue importante para España tanto a nivel político como cultural. En el ámbito político el país vivía momentos decisivos. El partido de Manuel Fraga, incapaz de superar su techo electoral y ofrecer una alternativa con posibilidades al gobierno del PSOE, optó por su refundación con el nombre de Partido Popular. El nuevo proyecto, en el que confluían democristianos y liberales, apostó por un cambio de imagen que necesariamente implicó además un cambio de liderazgo. El nuevo presidente del partido, José María Aznar, fue quien se enfrentó finalmente a Felipe González en las elecciones de octubre de 1989. Los resultados obtenidos, sin ser brillantes, evitaron la crisis interna al confirmar su viabilidad como alternativa, aunque aún lejos

Patrick Van Caeckenberg tocado con su escultura ¡Sombrero!, forrada con imágenes de constelaciones y dotada de diminutos cajones en su interior.

Cobi, la mascota diseñada por Javier Mariscal para los Juegos Olímpicos de Barcelona de 1992. ▶

del triunfo. En última instancia el PSOE, a pesar del desgaste político sufrido, se hizo con la mayoría absoluta por tercera vez consecutiva.

Menos de un mes después, el 19 de noviembre, una noticia de muy distinta índole conmocionó el país: la concesión del premio Nobel de Literatura al escritor español Camilo José Cela. El año finalizaba así con una buena noticia para la cultura española, después de haber empezado con mal pie, con la muerte en enero de Salvador Dalí, uno de los pintores españoles más universales. También el cine español despertó el interés internacional gracias al director Pedro Almodóvar y su película *Mujeres al borde de un ataque de nervios*, que obtuvo numerosos galardones e incluso fue nominada para el Óscar a la mejor película extranjera, que finalmente recaería en la danesa *Pelle el conquistador*.

KHOMEINY: JUEZ ANTES DE MORIR

En junio de 1989 falleció el imán Ruhollah Khomeiny, supremo líder de la República Islámica de Irán. Con su muerte

desapareció uno de los más controvertidos personajes del siglo XX. Con un discurso revolucionario y anticolonialista, profundamente agresivo hacia las grandes superpotencias, el imán se erigió en defensor a ultranza de los valores y principios islámicos, frente a las políticas modernizadoras y laicas puestas en marcha en las últimas décadas en los países musulmanes. Su enorme carisma le permitió canalizar el descontento y la rebeldía de amplios sectores de la población iraní y hacerse con el poder tras el triunfo de la revolución de 1979. Fue enterrado entre el calor de la multitud en el cementerio de Behest Zahara, en los arrabales del sur de Teherán, entre los "desheredados" a los

Instantáneas 1989

- P. VAN CAECKENBERG forma parte de su escultura **¡Sombrero!**, llevando uno especialmente diseñado, lleno de cajoncitos con objetos varios: todo ello una referencia, irónica, a la memoria desmedida.
- J. MARISCAL diseña la mascota de los Juegos Olímpicos de Barcelona: el perrito **Cobi**.

- España: L. BALADA estrena la ópera **Cristóbal Colón** en el Liceo de Barcelona.
- **Mecano** bate todos los récords de ventas en España con su álbum *Raíces*, con 1 300 000 ejemplares.
- G. DELERUE firma la banda sonora de **Magnolias de acero**, protagonizada por seis mujeres.

- Se publica *Némesis*, de I. ASIMOV, un nuevo título del ciclo *Fundación*, iniciado en 1950 con *Yo robot*.
- El escritor paraguayo A. ROA BASTOS obtiene el **premio Cervantes**.
- A. MUÑOZ MOLINA repite el éxito de *El invierno en Lisboa*, con **Beltenebros**.
- La joven escritora española A. GRANDES recibe el premio de novela erótica "La Sonrisa Vertical", con *Las edades de Lulú*.
- La colección de relatos *Una historia del mundo en diez capítulos y medio* confirma las expectativas suscitadas por el británico J. BARNES con su anterior *El loro de Flaubert* (1984).

- Un elemento destacado en la adaptación cinematográfica de la obra de SHAKESPEARE **Enrique V** es la banda sonora de P. DOYLE. K. BRANAGH debuta como director en la gran pantalla.
- Comienza la emisión en Estados Unidos de la serie televisiva **Roseanne**, comedia familiar sobre la vida corriente, protagonizada por ROSEANNE BARR.
- TIM BURTON recrea perfectamente el ambiente de Gotham City en **Batman**, un gran éxito de taquilla con MICHAEL KEATON, KIM BASINGER y JACK NICHOLSON.
- DUSTIN HOFFMAN gana un Óscar por su brillante interpretación de un autista en **Rain Man**, de BARRY LEVINSON.
- Gracias a **Sexo, mentiras y cintas de vídeo**, de S. SODERBERG, el cine independiente estadounidense encontrará en la década de los 90 una mayor difusión internacional.
- El independiente JIM JARMUSCH realiza un brillante retrato de la ciudad de Memphis a través de los ojos de sus visitantes en **Mystery train**.

- La sonda estadounidense **Voyager 2** envía fotografías del planeta Neptuno. *(25 Agosto)*
- El aumento de los trasplantes ha convertido el **tráfico de órganos** en un lucrativo negocio, de dudosa moralidad a veces, sobre todo en ciertas clínicas del Tercer mundo.
- El físico británico S. HAWKING es galardonado con el **premio Príncipe de Asturias**.

- Las tropas soviéticas comienzan la retirada de **Afganistán**. *(15 Febrero)*
- Yugoslavia: **Tensión entre serbios y albaneses** a propósito de la nueva Constitución, que limita el poder de la minoría albanesa. *(28 Marzo)*
- **Bolivia**: J. PAZ ZAMORA es elegido presidente tras pactar con su irreconciliable enemigo, el derechista H. BANZER.
- Las protestas de la población de la República Democrática Alemana obligan a E. HONECKER a dimitir, en un momento en que la resistencia frente a las reformas se ha hecho ya inviable. E. KRENZ le sucede como secretario general del SED. *(18 Octubre)*
- **Hungría** deja de ser comunista, al proclamar su presidente M. SZÜRÖS la "República de Hungría". *(23 Octubre)*
- **España**: nuevo triunfo en las elecciones generales del PSOE, que alcanza por tercera vez consecutiva la mayoría absoluta, aunque con un margen más estrecho. *(29 Octubre)*
- **Líbano**: el asesinato del presidente R. MUAWAD agrava el conflicto que vive el país. *(22 Noviembre)*
- Encuentro en la isla de **Malta** entre G. BUSH y M. GORBACHOV, para discutir los términos del desarme y la ayuda económica a la URSS, cada vez más necesaria. *(2 Diciembre)*

(Continúa)

Roseanne Barr y John Goodman, la pareja protagonista de la serie televisiva estadounidense Roseanne.

que en gran parte dirigió su discurso y de los que se había convertido en indiscutible líder y guía.

Pocos meses antes de morir, el ayatollah había vuelto a sobresaltar al mundo entero. El 15 de febrero lanzó una *fatwa* o sentencia por la que el escritor indobritánico Salman Rushdie era condenado a muerte por el delito de blasfemia contra el Islam. El imán convocó a todos los musulmanes contra el autor de *Los versos satánicos*, libro en el que los más radicales habían creído ver un desprecio a los sagrados principios islámicos. La llamada del ayatollah conmovió al mundo, y especialmente a Occidente, no tanto por la propia formulación de la condena, sino porque en pleno siglo XX tal sentencia se establecía en función de unos pretendidos principios religiosos. ■

El escritor angloindio Salman Rushdie durante una entrevista en un restaurante de Londres. La fatwah dictada contra él por el ayatollah Khomeiny, por blasfemias contra el Islam, le forzó a vivir en la clandestinidad.

Instantáneas *(continuación)*

- El escritor **V. Havel**, destacado opositor al gobierno comunista desde el "Foro cívico", es elegido presidente de Checoslovaquia por la Asamblea Nacional. *(29 Diciembre)*

- España: el IX Congreso Nacional de Alianza Popular cambia el nombre del partido, que pasará a llamarse **Partido Popular**. *(20 Enero)*
- Boston: **primera mujer obispo** en la historia de la Iglesia anglicana. *(11 Febrero)*
- España: **ETA** rompe la tregua acordada en las negociaciones de Argel y realiza una serie de atentados con bomba. *(8 Abril)*
- Hungría: rehabilitación pública de **Imre Nagy**, líder del levantamiento de 1956, treinta y un años después de su ejecución. *(16 Junio)*
- Primera **cumbre comunitaria** que se celebra en Madrid, marcada por la oposición en solitario del Reino Unido a la Carta Social europea. *(27 Junio)*
- Un **accidente ferroviario** causa la muerte de unas 600 personas en los Urales centrales, al estallar la mezcla de gas propano y butano de una conducción cercana a la vía. *(30 Junio)*
- El buque soviético *Máximo Gorki* colisiona con un iceberg, aunque los guardacostas logran salvar a todos los pasajeros y a la tripulación. *(19 Julio)*
- República Democrática Alemana: masiva **huida de ciudadanos** a través de la frontera con Austria y Hungría. *(19 Agosto)*

- URSS: importantes movilizaciones de carácter nacionalista en las **repúblicas bálticas**, entre ellas la formación de una cadena humana de 650 km en protesta por la anexión de 1939, pactada entre Hitler y Stalin. *(23 Agosto)*
- España: el gobierno adjudica tres **canales privados** de TV, Canal Plus, Antena Tres y Telecinco. Se rompe así un monopolio estatal que ha durado más de treinta años. *(26 Agosto)*
- La ciudad californiana de San Francisco sufre el **terremoto** más fuerte desde la catástrofe de 1906. *(17 Octubre)*
- Celebración del Día Mundial del **Sida**. La concienciación pública ha ido mucho más lenta que la epidemia, que se ha expandido por toda Europa y alcanza cifras escalofriantes en el Tercer mundo. *(30 Noviembre)*

- La joven tenista alemana **S. Graf** gana sucesivamente los campeonatos de Australia, Wimbledon y Fushing Meadows.
- España: inauguración del Estadio Olímpico de Barcelona, con motivo de la celebración de la **Copa del Mundo de atletismo**. *(8-10 Setiembre)*

- «Salman Rushdie, autor de *Los versos satánicos*, y que se manifiesta en contra del Islam, del profeta y del Corán, está sentenciado a muerte. Pido a todos los musulmanes que lo

ejecuten dondequiera que se encuentre.» Drásticas palabras de R. Khomeiny ante la publicación de la obra de Rushdie.
- «La era del Emperador ha terminado.» Eslogan aparecido en la Universidad de Pekín.
- «*So ein Tag, so wunderschön!*» (*¡Qué día, qué precioso día!*). Canción entonada durante la caída del Muro de Berlín.
- «La vida es una enfermedad de transmisión sexual.» Graffiti.

- **Hirohito**, emperador de Japón. *(7 Enero)*
- **Konrad Lorenz**, etólogo austríaco. *(1 Marzo)*
- El ayatollah **R. Khomeiny**, líder revolucionario y espiritual del Irán. *(3 Junio)*
- **Andrei Gromyko**, político soviético. *(2 Julio)*
- **Nicolás Guillén**, poeta cubano. *(17 Julio)*
- **Bette Davis**, actriz estadounidense. *(6 Octubre)*
- **Dolores Ibárruri**, la Pasionaria, presidenta del Partido Comunista de España. *(12 Noviembre)*
- **Vladimir Horowitz**, pianista estadounidense de origen ucraniano. *(5 Noviembre)*
- **Andrei Sajarov**, físico nuclear y defensor de los derechos humanos soviético. *(14 Diciembre)*
- **Silvana Mangano**, actriz italiana. *(16 Diciembre)*
- **Samuel Beckett**, dramaturgo y prosista irlandés. *(22 Diciembre)*

1990

Violeta Barrios de Chamorro en la ceremonia de su investidura como presidenta de Nicaragua.

La ex primera ministra paquistaní Benazir Bhutto.

El meteórico ascenso de Alberto ▶ Fujimori a la presidencia de Perú se basó en una campaña electoral en la que la sencillez de sus planteamientos económicos y sus actitudes populistas le granjearon cada día nuevos votos.

Rafael Calderón sucede a Arias en Costa Rica
5 FEBRERO

El socialcristiano Rafael Calderón Fournier (n. 1946) sucede en la presidencia de Costa Rica al premio Nobel de la Paz Óscar Arias. Las dificultades de la política económica impuesta por Arias ha dado el triunfo al candidato del partido Unidad Social Cristiana, Rafael Calderón. Éste, que ya lo había intentado sin éxito en 1982 y 1986, logra finalmente el apoyo del electorado costarricense para gobernar el país en los próximos cuatro años, en los que deberá superar la recesión económica y al mismo tiempo contribuir al proceso de paz centroamericano impulsado por su antecesor.

Triunfo de Violeta Chamorro en Nicaragua
25 FEBRERO

Contra todo pronóstico el resultado de las elecciones nicaragüenses ha sido adverso a los sandinistas, quienes gobernaban Nicaragua desde hace diez años. Violeta Chamorro, candidata de la oposición aglutinada en la Unión Nacional Opositora (UNO), venció a Daniel Ortega, candidato del Frente Sandinista de Liberación. Ortega, que presidía el país desde el triunfo de la revolución que acabó con el somocismo, ha reconocido la derrota y felicitado a Violeta Chamorro, en un gesto que se interpreta como

la voluntad del sandinismo de colaborar con el proceso de normalización de la vida institucional del país.

Nace la República del Yemen
22 MAYO

Los Estados de Yemen del Sur y Yemen del Norte acuerdan su fusión para constituir la República del Yemen. En 1962 fue proclamada la República Árabe del Yemen a raíz del golpe de Estado militar protagonizado por el coronel Salla, quien a su vez fue derrocado en 1967. Ese mismo año, surgió en el sur la República Democrática Popular del Yemen, consumándose la división del país. Cinco años más tarde comenzaron las negociaciones para la reunificación, que sólo ahora han podido concretarse. De acuerdo con los pactos firmados, el jefe del nuevo Estado será Ali Abd Allah al-Saleh, dirigente hasta ahora del Yemen del Norte; mientras que Abu Bakr al-Attas, de Yemen del Sur, presidirá el gobierno.

Victoria de Andrés Gómez en Roland Garros
MAYO

El ecuatoriano Andrés Gómez demuestra el gran nivel alcanzado por el tenis en Sudamérica al vencer al estadouni-

dense André Agassi en la final masculina del torneo Roland Garros, por 6-3, 2-6, 6-4 y 6-4. Gómez, de 30 años, ganó su primer título de Gran Slam en 27 participaciones.

Fujimori asume la presidencia en Perú
28 JUNIO

Alberto Fujimori (n. 1938) recibe de manos de Alan García la banda presidencial. Sorprendentemente, Alberto Fujimori, un ingeniero de origen japonés, ha logrado el apoyo popular para gobernar el país al frente de su agrupación Cambio 90, derrotando al favorito de las encuestas, el escritor candidato de la derecha Mario Vargas Llosa. Según se ha anunciado, el nuevo presidente peruano se propone aplicar duras medidas de ajuste económico, que la prensa ya denomina de *fujichoque*.   ➡ **1992**

Irak invade Kuwait
2 AGOSTO

Tropas iraquíes invaden Kuwait con el propósito de anexionarse el emirato. La acción del régimen de Saddam Hussein, sustentada en reclamaciones territoriales históricas, pone de manifiesto la vulnerabilidad de los equilibrios geoestratégicos en la zona, las contradicciones de las grandes potencias occidentales y las disensiones entre los países árabes. En defensa de sus propios intereses en el Próximo Oriente, Estados Unidos encabeza la reacción occidental y consigue que el Consejo de Seguridad de la ONU emplace a Irak hasta el 15 de enero próximo para que retire sus tropas de Kuwait.   ➡ **1991**

Benazir Bhutto acusada de corrupción
6 AGOSTO

La primera ministra de Pakistán Benazir Bhutto es apartada del cargo, acusada de corrupción. Su gestión al frente del gobierno tropezó desde el principio con serias dificultades, y sus intentos de acabar con las restricciones del voto femenino y de luchar contra el tráfico de drogas le valieron amenazas de muerte. La destitución se consuma a

◄ *Mijail Gorbachov, premio Nobel de la Paz por sus eficaces propuestas de desarme y de colaboración internacional.*

raíz de algunos escándalos económicos en los que se han visto envueltos miembros de su gobierno, y en particular de la presunta implicación de su marido en el secuestro de un industrial. Los efectos de la ofensiva opositora en esta dirección se verán reflejados en la aplastante derrota que el Partido Popular de Pakistán liderado por Bhutto sufrirá en las elecciones generales del mes de octubre, ganadas por la Alianza Democrática Islámica.

Nelson Mandela en libertad
11 AGOSTO

Nelson Mandela (n. 1918) es liberado en Sudáfrica por el régimen de Frederik de Klerk después de 28 años de prisión. La liberación del dirigente del Congreso Nacional Africano (ANC) es el primer paso para las negociaciones con el gobierno blanco orientadas a una reforma constitucional que ponga fin al *apartheid* y dé acceso al poder a la mayoría negra. El proceso, sin embargo, se ve dificultado por la violencia promovida por algunos sectores blancos y las rivalidades étnicas entre los seguidores del ANC y del partido Inkhata, de la etnia zulú. **➡ 1991**

Se proclama la reunificación de Alemania
3 OCTUBRE

Con el anuncio de la desaparición de la República Democrática Alemana, creada en la zona ocupada por la URSS al final de la Segunda Guerra Mundial, se consuma la reunificación del territorio alemán. Desde la caída del muro de Berlín, los acontecimientos se han precipitado. Así, el Consejo Europeo, al diseñar un nuevo mapa continental, consideró que dentro del mismo la CEE debía contar con *"el derecho del pueblo alemán a re-*

cuperar su unidad", para la cual los aliados devolvieron a Alemania su soberanía tras la conferencia *dos más cuatro* celebrada en Moscú, en la que intervinieron representantes de la RDA, la RFA y las cuatro potencias vencedoras de la Segunda Guerra Mundial.

Octavio Paz obtiene el Nobel de Literatura
11 OCTUBRE

El poeta y escritor Octavio Paz (n. 1918) es distinguido con el Premio Nobel de Literatura. Por segundo año consecutivo un creador en lengua castellana merece la atención de la Academia Sueca. Tras la concesión el año anterior del máximo galardón literario al español Camilo José Cela, ahora lo recibe el autor mexicano, a quien se deben libros fundamentales de la poesía universal como *Piedra del sol* y *Libertad bajo palabra*.

Gorbachov galardonado con el Nobel de la Paz
15 OCTUBRE

El líder soviético Mijail Gorbachov recibe el Premio Nobel de la Paz. La retirada de las tropas soviéticas de Afganistán, sus eficaces iniciativas para el desarme y la paz mundiales, y la devolución de la soberanía plena a los países del Este europeo, son los elementos valorados por el comité noruego para la concesión del premio. Paradójicamente, mientras la popularidad del líder soviético llega a su punto máximo en Occidente, en el interior de la URSS la *perestroika* no consigue despegar y arrecian las críticas contra Gorbachov tanto desde las filas del Partido Comunista como desde las de los partidarios de reformas más rápidas y drásticas. **➡ 1991**

Renuncia de Margaret Thatcher
22 OCTUBRE Y 27 NOVIEMBRE

Con la repentina renuncia de Margaret Thatcher concluye en el Reino Unido una época dominada por la férrea personalidad de la primera ministra. El creciente rechazo popular a algunos proyectos impulsados por Thatcher, princi-

palmente el llamado *poll-tax*, impuesto municipal que debían pagar todos los adultos, así como la inflación, los altos tipos de interés, el elevado índice de desempleo y su política antieuropea, han determinado que un grupo de parlamentarios de su propio partido fuerce prácticamente su dimisión. La sustituye en el cargo el también conservador John Major.

Walesa elegido presidente de Polonia
9 DICIEMBRE

Lech Walesa (n. 1943), dirigente del sindicato Solidaridad, gana las elecciones presidenciales celebradas en Polonia. En la elección de Walesa han influido de un modo determinante la ruptura del ex primer ministro Tadeusz Mazowiecki

El poeta y ensayista mexicano Octavio Paz, premio Nobel de Literatura y figura señera de las letras hispanoamericanas.

Nelson Mandela, recién liberado de la prisión, levanta el puño en señal de victoria en un mitin del Congreso Nacional Africano (ANC).

La selección de fútbol de
Alemania Occidental, retratada
junto a la copa conquistada en
el Campeonato Mundial de Italia.

Lech Walesa y su esposa, en una
recepción oficial. El sindicalista
optó por presentar su propia
candidatura a la presidencia de
Polonia debido a sus desacuerdos
con el primer ministro
T. Mazowiecki, partidario
de un gobierno de unidad con
los ex comunistas. Walesa fue
el elegido en las urnas, pero su
bisoñez política llevó en pocos
años a un retroceso general
de la derecha polaca.

con Solidaridad, la reforma constitucional que superó el pacto de gobierno con
los comunistas y los efectos en la sociedad polaca de las medidas de reajuste y
austeridad económicos.

Alemania gana el Mundial de fútbol

La selección alemana se proclama
campeona del mundo en Italia al vencer en el partido final a Argentina por 1
a 0. Con un gol de Brehme, de penalti
y a última hora, la selección germana
dirigida por Franz Beckenbauer gana
la fase final del Campeonato del Mundo, caracterizada por el juego conservador de la mayoría de las selecciones.
Argentina, que empezó perdiendo con
Camerún, había llegado a la final después de dejar en el camino a Italia, la

El Pentium permitió una
velocidad de comunicación de la
información cuatro veces superior
a la generación anterior de
procesadores, los 486.

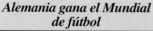

Ayrton Senna después de su
victoria en el Gran Premio
de Bélgica de 1990. Al final de la
temporada el piloto brasileño
lograría su segundo título mundial
de Fórmula 1.

anfitriona, y Brasil, entre
otros; mientras que Alemania,
que perdió con Colombia, lo había
hecho superando con dificultades a Inglaterra en las semifinales.

Cristal *triunfa en la televisión española*

El extraordinario éxito en España de la
telenovela venezolana *Cristal* convierte
el *culebrón* en un fenómeno sociológi-
co. Más de ocho millones de personas
siguen diariamente las peripecias emocionales de los protagonistas. La entrada triunfal de esta telenovela filmada
con una técnica rudimentaria ha abierto
la puerta a los llamados *culebrones* y la
programación de los canales de televisión españoles prolifera en títulos como
*La intrusa, La dama de rosa, Roque
Santeiro,* etc.

Explorador del Cosmos

El estudio de los datos recogidos por
el satélite de la NASA *COBE* (siglas de
Cosmic Background Explorer), lanzado
al espacio en noviembre de 1989, permite a los científicos descubrir evidencias que confirman la teoría del Big
Bang y aportan pruebas acerca de la
existencia de condiciones favorables
para la formación de las galaxias en el
universo primitivo (hace aproximadamente 13 mil millones de años). Estas
conclusiones se basan en el hecho de
que se detectan fluctuaciones de la densidad que se consideran el punto de
partida necesario para la formación de
estructuras a escala cósmica. **➡ 1996**

Nace el Pentium

El gigante de la informática estadounidense, IBM, presenta el primer ordenador dotado con el microprocesador Pentium, desarrollado por la empresa Intel.
Desde el nacimiento del ordenador personal (1981), las mejoras en este tipo
de máquinas se han concentrado en la
reducción de su tamaño y en el aumento
de su capacidad gracias a la incorporación de procesadores cada vez más potentes. Ese proceso culmina ahora con
una nueva generación, los Pentium, que
convierten los ordenadores personales
en máquinas de gran potencia y alta velocidad de procesamiento. **➡ 1995**

Ayrton Senna, campeón mundial de Fórmula 1

El piloto brasileño Ayrton Senna (1960-
1994) se proclama campeón mundial de
Fórmula 1. Senna había debutado en la
máxima categoría de las competiciones
automovilísticas en 1984. Cuatro años
más tarde consiguió su primer título
mundial conduciendo un McLaren-Hon-
da, marca con la que ahora ha logrado
su segundo campeonato tras un choque
polémico en Japón que dejó fuera de la
carrera al francés Alain Prost, su inmediato rival. Ayrton Senna obtendrá un tercer título en 1991, y morirá en 1994 de
resultas de un accidente sufrido en el
circuito italiano de Imola.

El final de la guerra fría y la reunificación de Alemania

En 1990 se sella definitivamente el final de la guerra fría y se sientan las bases de una nueva Europa. La anterior división del continente se supera mediante el desarrollo de procesos electorales en los países del antiguo bloque socialista y la consecución de la unidad de Alemania. Sin embargo, nuevos nubarrones ensombrecen el horizonte del orden internacional que se está instaurando. A la creciente conflictividad nacionalista en la Unión Soviética y Yugoslavia hay que añadir el desafío provocado por la crisis del Golfo, que pone en peligro la estabilidad en un área tan delicada como el Próximo Oriente.

LA CRISIS DEL GOLFO: ¿EL MUNDO CONTRA SADDAM HUSSEIN?

En el seno del mundo islámico el fundamentalismo religioso se extendía como un reguero de pólvora. Quizá en ningún otro país árabe tenía tanto sentido la afirmación como en el caso de Argelia. Allí el Frente Islámico de Salvación, FIS, obtuvo en junio de 1990 una aplastante victoria en las elecciones municipales, como un abierto desafío de los humildes a las elites que habían dirigido el país desde la independencia y monopolizaban las riquezas y el poder. Esas mismas capas sociales en demanda de un líder redentor respaldaron al dictador iraquí Saddam Hussein, antaño laico y sumiso a los dictados occidentales, cuando a mediados de 1990 desafió abiertamente el *statu quo* mundial con la invasión del limítrofe emirato de Kuwait. Los árabes se volcaron ciegamente con aquel que había prometido justicia para el sufrido pueblo palestino, que derrotaba y humillaba a los ricos y altivos jeques del petróleo, que desafiaba arrogante al tan envidiado como odiado Occidente. Aunque muy pronto se produjo en el mundo árabe un cisma entre los Estados que se alinearon junto a Saddam y los que se opusieron a la invasión, no existía tal división en el seno de los pueblos, que especialmente en el Magreb y Palestina salieron a las calles a aclamar las iniciativas del nuevo "líder".

Estados Unidos, con el respaldo del Consejo de Seguridad de la ONU, sin oposición por parte de la Unión Soviética y con una Europa incapaz aún de responder de manera autónoma a los retos internacionales, impuso desde un principio una postura de fuerza. De esta forma, la inflexibilidad de Saddam encontró pronto una contundente respuesta del mundo occidental. Estaban en juego los abundantes recursos del petróleo, más del setenta por ciento de las reservas mundiales. Saddam Hussein, que en el pasado había adornado su dictadura con un halo de laicismo y progresismo, había sido años atrás el gran aliado occidental en la zona frente a las tentaciones expansionistas iraníes. Por eso, cuando en 1981 Irak invadió Irán, iniciando una cruenta guerra que duró más de ocho años y costó cientos de miles de muertos, Saddam Hussein contó con el silencioso respaldo de Occidente, que lo auxilió militarmente. No era pues la primera vez que el dictador iraquí invadía una nación vecina. Lo que ahora cambiaba era la dirección en que había movilizado sus tanques, y los intereses que con ello lesionaba.

Estados Unidos procedió a un despliegue logístico y militar que pareció desproporcionado a los sectores más críticos de la opinión pública occidental. Ejércitos de todo el planeta, incluidos los de algunos países árabes como Egipto, Siria o las monarquías de la península Arábiga, aportaron su granito de arena, lo que otorgó a las fuerzas expedicionarias, mayoritariamente estadounidenses, un carácter multinacional.

En las negociaciones "dos más cuatro" (las dos Alemanias más las cuatro potencias aliadas) se acordaron los términos definitivos de la unificación alemana. En la imagen, el brindis después del acuerdo final, alcanzado en Moscú, por el que los "cuatro" renunciaron a sus derechos y responsabilidades sobre el país y sobre la ciudad dividida de Berlín, a partir de la fecha de la unificación.

La reclamación sobre unos yacimientos petrolíferos situados en la frontera entre Kuwait e Irak fue el elemento que desencadenó la orden de Saddam Hussein (a la izquierda) de invasión del rico emirato del Golfo Pérsico.

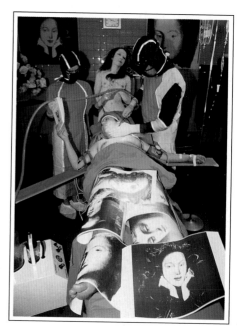

Un rotundo éxito de público acompañó a la exposición dedicada a Velázquez en el Museo del Prado de Madrid, que reunió un conjunto casi completo de la obra del pintor español del siglo XVII.

Orlan en el quirófano, envuelta en las imágenes que constituyeron el punto de partida de la operación artística El rostro del siglo XXI, *realizada en su propio rostro el 21 de julio de 1990.*

Desde agosto de 1990, en que los iraquíes habían cruzado las fronteras de Kuwait, hasta principios de 1991 en que se produjo la ofensiva aliada, pasaron largos meses y la tensión se fue acumulando.

UN AÑO DE GRANDES EXPOSICIONES

El 30 de marzo, en el centenario de su muerte, se inauguró en los Países Bajos una gran exposición sobre la obra de Vincent Van Gogh, la mayor de cuantas hasta entonces se habían montado sobre el artista, con pinturas venidas de museos de Estados Unidos y de las pinacotecas de Pa-

rís, Londres y Moscú. La exposición coincidió con un extraordinario momento para la obra del pintor, en el cenit de su cotización y estimación. La pintura estaba adquiriendo en estos momentos en las subastas un valor extraordinariamente elevado, y en mayo se pagaron por un Renoir, *Au moulin de la Galette*, 8 mil millones de pesetas. Pero ese mismo mes Van Gogh batió todos los records con su *Retrato del Dr. Gachet*, por el que se llegaron a desembolsar 8 500 millones de pesetas.

La retrospectiva de Van Gogh vino precedida por la exposición en torno a la obra de Velázquez celebrada en el madrileño Museo del Prado, en la que fue posible contemplar ochenta cuadros del pintor español, la mitad de ellos procedente de los fondos del propio Prado y la otra parte venida de museos de Estados Unidos y Europa, especialmente del Reino Unido. Por primera vez fue posible ver reunido un

conjunto tan completo de la obra del pintor, y el éxito de público sobrepasó todas las expectativas: más de medio millón de personas pasaron por las salas del Museo.

LUCES Y SOMBRAS EN EL DEVENIR DE ÁFRICA

El año tuvo facetas contradictorias para África. Se inició un laborioso proceso de transición política en Sudáfrica, donde desde hacía décadas la supremacía blanca venía siendo cuestionada por la actividad política y armada del Congreso Nacional Africano. El 15 de febrero, tras casi treinta años en prisión, fue liberado Nelson Mandela, su líder y auténtico símbolo mundial de la lucha contra el *apartheid*. Días antes el presidente sudafricano Frederick W. de Klerk había anunciado una serie de medidas liberalizadoras, entre ellas el regreso de los exiliados, la liberación de presos políticos, la atenuación del estado de excepción y la supresión de la "Separate Amenities Act", la ley sobre la que aún descansaba el sistema de discriminación racial en Sudáfrica.

El trágico contrapunto a tales acontecimientos lo puso la ola de hambre y violencia que se extendió por el continente negro y que tuvo un ejemplo trágico en Liberia, envuelta en una guerra civil que conmocionó a la opinión pública mundial por la tremenda crueldad de que hacían gala los distintos bandos, nutridos por caóticos ejércitos de adolescentes.

Václav Havel pasó de la cárcel al primer plano de la política como uno de los fundadores del Foro Cívico, el movimiento que protagonizó la llamada "revolución de terciopelo", la transición de la dictadura comunista a la democracia. El Parlamento surgido de las elecciones libres lo ratificó el día 5 de julio como presidente de Checoslovaquia, un cargo que ya ostentaba de forma provisional desde el 29 de diciembre de 1989.

El actor y director estadounidense Kevin Costner muestra dos de las catorce estatuillas con las que fue premiada por la Academia de Hollywood su película Bailando con lobos.

El candidato del Partido Liberal César Gaviria

El candidato del Partido Liberal César Gaviria

EUROPA: EL AÑO DE LA UNIDAD, LA DEMOCRACIA Y LA PAZ

En marzo de 1990 Mijail Gorbachov se convirtió en presidente de la Unión Soviética, un mes después de la creación de esta figura política, iniciándose así el camino hacia la separación de poderes institucionales. Sin embargo, el ritmo lento de las reformas generó una creciente inquietud entre los sectores más proclives a la ruptura con el viejo régimen, cuyo poder de presión aumentaba paralelamente al descontento de la población. Boris Yeltsin venció en las elecciones de marzo para conformar los parlamentos de las diferentes repúblicas y los poderes municipales. Se convirtió así en el líder indiscutible del nuevo Parlamento de la Federación Rusa, y en junio fue proclamado presidente de Rusia, la más poderosa de las repúblicas federadas, posición privilegiada desde la que buscó forzar el ritmo de los cambios.

Mientras, en el resto de los países del antiguo bloque socialista se inició en 1990 un proceso de consolidación de las nuevas conquistas políticas. A lo largo del año se celebraron en casi todos los países elecciones democráticas. En Checoslovaquia, Václav Havel, el líder de la "revolución de terciopelo", fue reelegido presidente, mientras Solidaridad vencía en las elecciones municipales polacas y en Hungría los comicios legislativos daban la victoria al Foro Democrático. El triunfo electoral más significativo fue el de los democristianos en la República Democrática Alemana, que abrió las puertas a la reunificación. Bajo la dirección del cristianodemócrata Lothar de Maizière se formó un gobierno de transi-

---

Instantáneas

- **El rostro del siglo XXI**, el *body-art* en acción: la artista francesa ORLAN somete su rostro a operaciones quirúrgicas, transmitidas por un circuito de televisión, con el propósito de conseguir la imagen de los rostros femeninos más célebres de la historia del arte.
- El minimalismo como escultura exterior: SOL LEWITT crea *2 × 7 × 7*, una escultura de aluminio pintado que destaca por la repetición constante de unos mismos módulos geométricos.

- Con motivo de la Copa del Mundo de Fútbol que se disputa en Italia, **las termas de Caracalla acogen un macroconcierto** protagonizado por tres tenores de renombre: L. PAVAROTTI, P. DOMINGO y J. CARRERAS, bajo la batuta de Z. MEHTA.

- El dramaturgo español A. GALA gana el premio Planeta con su primera novela, *El manuscrito carmesí*. (15 Octubre)
- El argentino **A. BIOY CASARES**, conocido por sus colaboraciones con J.L. BORGES, recibe el premio Cervantes. (15 Noviembre)
- El colombiano Á. MUTIS prosigue la saga de su personaje Maqroll el Gaviero con un libro de relatos: *La última escala del Tramp Steamer*.
- Ó. HIJUELOS, estadounidense de origen cubano, obtiene el premio Pulitzer con *Los reyes del mambo tocan canciones de amor*, novela que será llevada al cine el año 1991.

- **Adiós poeta**, del chileno J. EDWARDS, es una biografía de P. NERUDA y una autobiografía de la amistad entre el autor y NERUDA.

- **JESSICA TANDY**, de 81 años, corona su larga carrera con el Óscar a la mejor actriz por el filme *Paseando a Miss Daisy*.
- Se estrena **Bailando con lobos**, dirigida y protagonizada por KEVIN COSTNER, que conseguirá 14 Óscares en 1991.
- **Pretty Woman**, moderna versión del mito de Pigmalión, catapulta a su protagonista JULIA ROBERTS al estrellato.
- GÉRARD DEPARDIEU encarna un admirable **Cyrano de Bergerac**, en la superproducción francesa dirigida por J.-P. RAPPENEAU.
- P. ALMODÓVAR aborda los efectos del síndrome de Estocolmo en **Átame**, con VICTORIA ABRIL y ANTONIO BANDERAS.

- La sonda espacial norteamericana *Magallanes* envía las **primeras fotografías de la superficie de Venus**, que, entre otras cosas, demuestran la existencia de actividad volcánica en el planeta. (20 Agosto)
- El transbordador espacial *Discovery* sateliza el **Space Telescope**, que pasa ahora a denominarse *Hubble* en memoria del astrofísico estadounidense E. HUBBLE. Situado en órbita alrededor de la Tierra a 611 km de altitud, se trata de una de las herramientas más sofisticadas para estudiar el espacio exterior. (24 Abril)

- M. GORBACHOV es elegido **presidente de la Unión Soviética** según la nueva Constitución, por una amplia mayoría del Congreso del pueblo. (14 Marzo)
- En la República Democrática Alemana, las primeras elecciones libres dan la victoria al partido **Alianza por Alemania**, uno de cuyos objetivos es la reunificación de las dos Alemanias. (18 Marzo)
- Las **primeras elecciones libres celebradas en Hungría** suponen la derrota de los comunistas que habían monopolizado el poder en la etapa anterior, y la victoria del Foro Democrático Húngaro, de tendencia conservadora. El candidato de este partido, J. ANTALL, es nombrado primer ministro. (21 Marzo)
- **Namibia consigue la independencia.** SAM NUJOMA, líder del partido independentista SWAPO, se convierte en su primer presidente. (21 Marzo)
- En Colombia, el candidato liberal **CÉSAR GAVIRIA TRUJILLO** se convierte en el nuevo presidente de la República, tras su victoria en las elecciones. (27 Mayo)
- Las **tropas de la comunidad internacional** se preparan para intervenir militarmente en el Próximo Oriente, ante la invasión de Kuwait por Irak. (6 Agosto)
- **La marina española participa en las acciones contra Irak:** dos corbetas, *Descubierta* y *Cazadora*, y una fragata, *Santa María*, parten hacia el Golfo Pérsico. (26 Agosto)

(Continúa)

Jean-Bertrand Aristide es aclamado por la multitud en Puerto Príncipe, después de ser elegido presidente de Haití.

mismo mes, nuevas elecciones en el territorio de la antigua RDA dieron paso a la constitución de los parlamentos y los gobiernos de los cinco nuevos estados federados surgidos de la unificación.

La nueva Alemania unificada se presentó en sociedad con motivo de la celebración en noviembre de la Conferencia de Seguridad y Cooperación en Europa, que reunió en París a 34 jefes de Estado y de gobierno europeos. El documento elaborado, la Carta de París, puso fin definitivamente a la anterior era de "guerra fría" y apeló a la defensa común de los principios de la democracia, la libertad económica, la justicia social, la seguridad y la defensa del medio ambiente. Sin embargo, los escollos para la paz no habían desaparecido. El auge de los nacionalismos empezaba a ser preocupante en Yugoslavia y la URSS. En esta última, y en un ambiente de tensión, proclamaron en 1990 su independencia las repúblicas bálticas, con Lituania a la cabeza, a pesar de las presiones en contra de Gorbachov, que trataba de evitar una desbandada nacionalista que pusiera en peligro las reformas políticas y económicas en curso. ∎

ción, y en mayo las dos Alemanias firmaron el Tratado sobre la Unión Económica, Monetaria y Social, que suponía la incorporación de la RDA a la economía de mercado. Poco después la moneda de la RDA fue sustituida por el marco alemán de la RFA y se constituyó un fondo especial "Unidad Alemana". Tales medidas fueron tomadas en un contexto de inquietud internacional ante los posibles efectos de la reunificación. Sin embargo los escollos iniciales fueron pronto superados: la URSS aceptó la incorporación del futuro Estado unificado a la OTAN, y Polonia retiró sus objeciones toda vez que Alemania había garantizado el respeto a sus fronteras occidentales. El 3 de octubre de 1990 Alemania se unificó oficialmente, y el día 14 del

---

Instantáneas *(continuación)* 1990

- El presidente estadounidense G. Bush y su colega soviético M. Gorbachov se reúnen en Finlandia para **unificar sus criterios acerca de la intervención de las tropas aliadas en el conflicto del Golfo.** Ambos dirigentes condenan sin reservas la invasión de Kuwait. *(9 Setiembre)*
- La Conferencia para la Seguridad y Cooperación en Europa, celebrada en París, concluye con la firma, por parte de los treinta y cuatro países participantes, de una ***Carta para una Nueva Europa,*** que pone fin a la guerra fría en el continente. *(21 Noviembre)*
- En Haití, el sacerdote **Jean-Bertrand Aristide,** candidato independiente del Frente Nacional para el Cambio y la Democracia, es elegido presidente con la mayoría absoluta de los votos. *(16 diciembre)*

- La **grave crisis social y económica** que vive Argentina provoca que en la ciudad de Córdoba, la multitud saquee las tiendas de víveres. *(20 Febrero)*
- Chile, Ecuador, Bolivia y Paraguay se adhieren al **grupo de Río.**
- El interiorista Philippe Starck diseña un ***exprimidor de cítricos*** de metal, que parece una araña.
- **Nintendo y Sega,** dos marcas japonesas, compiten por el liderazgo en el sector de los

videojuegos de consola, cuyo volumen de ventas en el mercado mundial ha crecido espectacularmente.

- **G. Kasparov** retiene el campeonato mundial de ajedrez al vencer a su "eterno rival" A. Karpov por 4 victorias a 3 y 19 tablas. *(26 Diciembre)*
- **M. Navratilova** gana su noveno título de Wimbledon.
- Los pilotos españoles C. Sainz y L. Moya, sobre Toyota Celica, consiguen el **título mundial de Rallies.**

- «Se ahogarán en su propia sangre.» S. Hussein, sobre el contingente aliado reunido en Arabia Saudí.
- «Quiero beber toda la bebida del mundo y hacer el amor a todas las mujeres.» B. Keenan es liberado tras permanecer 1 597 días como rehén en manos de la organización islámica Hezbollah.
- «El marxismo-leninismo está en el vertedero de basura de la historia.» Pancarta llevada por los participantes de la manifestación de mayo en la plaza Roja.
- «No sabía hablar, tenía un horrible acento del sur, pero era una *estrella.*» El productor L.B. Mayer explica por qué contrató en exclusiva a Ava Gardner cuando era una completa desconocida.

- «Se tienen hijos por el deseo innato de ser inmortales. Pero yo la parte de esa inmortalidad me la he conquistado ya con mi literatura.» A. Moravia (se casó tres veces y no tuvo hijos).

- **Jaime Gil de Biedma,** poeta español. *(8 Enero)*
- **Dámaso Alonso,** escritor español, director de la Real Academia Española. *(25 Enero)*
- **Ava Gardner,** actriz estadounidense. *(25 Enero)*
- **Pedro Rodríguez,** modisto español. *(2 Febrero)*
- **Sandro Pertini,** político italiano, presidente de la República. *(24 Febrero)*
- **Greta Garbo,** actriz sueca. *(15 Abril)*
- **Sammy Davis Jr.,** actor y cantante estadounidense. *(16 Mayo)*
- **Mario Cabré,** torero, actor y poeta español. *(1 Julio)*
- **Manuel Puig,** escritor argentino. *(22 Julio)*
- **Alberto Moravia,** novelista italiano. *(26 setiembre)*
- **Leonard Bernstein,** director de orquesta y compositor estadounidense. *(14 Octubre)*
- **Xavier Cugat,** músico polifacético español. *(27 Octubre)*
- **Lawrence Durrell,** escritor británico. *(8 Enero)*
- **Concha Piquer,** cantante española, reina de la tonadilla. *(12 Diciembre)*

1991

Celebración del Año Mozart
1 ENERO

Wolfgang Amadeus Mozart, uno de los mayores genios de la historia de la música, murió el 1 de diciembre de 1791. Al cumplirse doscientos años del acontecimiento, se celebran en toda Europa numerosos conciertos, actos y exposiciones en recuerdo del autor de *La flauta mágica*, sobre todo en su ciudad natal, Salzburgo. El Año Mozart será también recordado por la publicación de una de las más ambiciosas ediciones discográficas realizadas nunca: la integral de la obra de Mozart en 180 discos compactos, a cargo del sello neerlandés Philips.

Derrota iraquí en la guerra del Golfo
17 ENERO - 28 FEBRERO

La fuerza aliada multinacional encabezada por Estados Unidos y respaldada por la ONU expulsa a los iraquíes de Kuwait en una ofensiva terrestre que dura cien horas. Cumplido el ultimátum dado por el Consejo de Seguridad de la ONU al régimen de Saddam Hussein para que sus fuerzas abandonaran Kuwait, invadido el pasado 2 de agosto, las fuerzas internacionales desencadenan la batalla *Tormenta del desierto*. El fulminante ataque, en el que se emplea el más avanzado arsenal electrónico de la historia, obliga a Bagdad a batirse en retirada. Como represalia, las tropas en retirada prenden fuego a los pozos petrolíferos del emirato, provocando una catástrofe ecológica de ingentes proporciones.

Triunfos del deporte español: López Zubero e Induráin
9 ENERO Y 28 JULIO

Los españoles Martín López Zubero (n. 1969) y Miguel Induráin (n. 1964) se consagran como estrellas internacionales. El nadador Martín López Zubero, que el año pasado se había coronado campeón europeo en 100 m espalda, vence en la prueba de los 200 m espalda de los Campeonatos Mundiales de Natación celebrados en Perth, Australia, batiendo el récord mundial. Por su parte, el ciclista Miguel Induráin vence en

su primera participación en el Giro de Italia y logra su segundo Tour de Francia consecutivo. ➡ **1995**

Epidemia de cólera en Perú
23 ENERO

Se declara en Chimbote, Perú, la primera epidemia de cólera que sufre América Latina en el siglo XX. Desde la pequeña localidad del noreste peruano, la epidemia se extiende con inusitada velocidad por el continente, afectando a zonas de Bolivia y el noroeste argentino, la selva amazónica, Centroamérica y México. Según datos proporcionados por la Organización Mundial de la Salud, los afectados por la epidemia de cólera son más de 300 mil, de los cuales 3 362 han muerto a consecuencia de la enfermedad.

Abolición de leyes racistas en Sudáfrica
1 FEBRERO

El presidente sudafricano Frederik de Klerk anuncia la derogación de leyes que habían institucionalizado el régimen racista de la minoría blanca o *apartheid*. La abolición de dichas leyes, como la de registro de la población que se verificará el próximo mes de junio, no supone todavía la desaparición en la práctica del sistema segregacionista. La violencia racial, que incluye los choques entre seguidores del ANC, de Nelson Mandela, y de Inkatha, de Mongosuthu Buthelezi, ya se ha cobrado más de 2 mil víctimas mortales. ➡ **1993**

Nace Mercosur
26 MARZO

Brasil, Argentina, Uruguay y Paraguay firman el Tratado de Asunción, por el cual acuerdan la creación de Mercosur. Los cuatro países sudamericanos sientan las bases para la creación de un macroespacio institucional económico capaz de afrontar el desarrollo común en consonancia con la economía planetaria, y a la vez de garantizar la estabilidad social y política de cada uno de ellos. El área de Mercosur abarca una población de 200 millones de personas que generan

un producto interior bruto calculado en 900 mil millones de dólares. De acuerdo con lo pactado, Mercosur entrará en vigor el 1 de enero de 1995.

Asesinato de Rajiv Gandhi en la India
24 MAYO

En plena campaña electoral, un atentado suicida perpetrado por tamiles radicales acaba con la vida de Rajiv Gandhi (1944-1991). Tras la muerte de su hermano Sangay en 1980, Rajiv Gandhi había entrado en política a instancias de su madre, Indira. Al morir asesinada ésta, la sucedió al frente del Partido del Congreso, con cuyo apoyo ocupó el cargo de primer ministro entre 1984 y 1989. Durante su gestión, en 1987 Rajiv Gandhi había ordenado la intervención militar de la India en Sri Lanka para frenar el avance de la guerrilla independentista tamil. Precisamente un extremista tamil lo asesina en Sriperumpudur, Tamil Nadu, al hacer estallar una bomba oculta entre sus ropas.

Una imagen de las fallidas negociaciones de Ginebra para resolver la crisis del Golfo Pérsico. Frente a frente, el ministro de Exteriores iraquí Tarek Aziz (izquierda) y el secretario de Estado estadounidense James Baker.

Uno de los discos compactos de la edición integral de Mozart realizada por Philips.

Frederik de Klerk anuncia el inminente fin del apartheid *en la República Sudafricana.*

DIVISIONES ÉTNICAS EN YUGOSLAVIA

Leyenda:
- Servios y montenegrinos
- Croatas
- Musulmanes
- Eslovenos
- Macedonios
- Albaneses
- Húngaros
- Búlgaros
- Rumanos, eslovacos

Mapa étnico de Yugoslavia. La mezcla de razas se convirtió, de motivo de orgullo para los bosnios, en origen de su martirio.

Grupo de guerrilleros servios opuestos a la independencia de Croacia.

Estalla la guerra civil en Yugoslavia
29 JUNIO

Servios y crotas llevan a Yugoslavia a una sangrienta guerra civil. Las tensiones étnicas que permanecieron latentes y controladas bajo el régimen del mariscal Tito estallan con toda su virulencia. Los presidentes de Eslovenia, Milan Kucan, y de Croacia, Franjo Tudjman, habían ganado las elecciones en 1990 con la promesa de devolver la independencia a sus naciones. Por su parte, el presidente de Servia Slobodan Milosevic había hecho otro tanto con la promesa de mantener la unidad de Yugoslavia. El choque no ha tardado en producirse y ya son miles los soldados y civiles que han muerto como consecuencia de las acciones bélicas, que los esfuerzos de la CE, la OTAN y la ONU no parecen poder detener. **➡ 1995**

Imágenes de un asteroide

La sonda interplanetaria "Galileo", lanzada al espacio el 18 de octubre de 1989 con la misión principal de estudiar el sistema de satélites del planeta Júpiter, obtiene camino del planeta las primeras imágenes del asteroide Gaspra. Con posterioridad su misión, prevista inicialmente hasta finales de 1997, se prolongará hasta diciembre de 1999, dada la importancia de los datos recogidos por el ingenio de la NASA. La excepcional calidad de las imágenes enviadas a la Tierra (cientos de veces mejores que las captadas por las sondas Voyager) y el descenso de una sonda suicida (diciembre de 1995) a través de la atmósfera del planeta, han permitido hacerse una idea mucho más cabal de las caraterísticas de sus principales satélites (Calisto, Ganimedes, Ío y Europa), así como de su atmósfera. **➡ 1994**

Miles de albaneses huyen de la miseria
8 AGOSTO

Una nueva oleada de albaneses huye de su país, sumido en el colapso económico y la miseria. Desmantelada la dictadu-

◄ *El portentoso "vuelo" de Mike Powell en la final de salto de longitud de los Campeonatos del Mundo de atletismo de Tokio.*

rra civil. Las conversaciones de paz impulsadas por la ONU habían comenzado en 1989, cuando las tropas vietnamitas, que ahora se retiran, invadieron el país para luchar contra el régimen de Pol Pot. En virtud del tratado firmado en París, Chea Sim sustituye a Hem Saurin, y está previsto que el próximo octubre, el príncipe Norodom Sihanuk asuma la presidencia del Consejo Nacional Supremo.

Conferencia de Paz árabe-israelí en Madrid
20 SETIEMBRE

Palestinos e israelíes se reúnen en Madrid para hablar por primera vez de paz en el largo contencioso que mantienen desde 1948. Las complejas negociaciones que se abrieron en 1988, poco después de que la OLP reconociera el derecho de Israel a existir como Estado y que éste aceptara el principio de una solución territorial al problema palestino, han desembocado en la Conferencia de Paz que se celebra en Madrid con el apoyo del gobierno español y a cuya inauguración han asistido los presidentes de Estados Unidos, George Bush, y de la Unión Soviética, Mijail Gorbachov. La Conferencia de Paz para Oriente Próximo es una nueva muestra del final de la guerra fría y del espíritu de cooperación entre Estados Unidos y la URSS.   ➡ 1993

Apagados los incendios de los pozos petrolíferos de Kuwait
5 NOVIEMBRE

El incendio de los pozos petrolíferos durante la guerra del Golfo ha causado una de las más graves catástrofes ecológicas del mundo. Durante ocho meses han ardido 751 pozos, y unos seis millones de barriles de crudo diario se han vertido sobre las arenas y las aguas del Golfo Pérsico. El vasto incendio y su humareda han provocado el aumento de enfermedades respiratorias, la muerte de miles de animales y la contaminación de vastas zonas de la región. El 7 de abril, un equipo de bomberos estadounidense procedente de Houston, Texas, consiguió apagar un pozo por un procedimiento novedoso: verter directamente en el fuego nitrógeno, transportado al lugar en su forma líquida y gasificado des-

pués calentándolo a más de 250 °C, para impedir arder el oxígeno. El incendio quedó extinguido en algo más de un minuto, y el procedimiento se utilizó para acabar con el fuego de los restantes pozos. Para colocar en posición la sonda por la que se introducía el nitrógeno en el pozo en llamas, los bomberos se protegían con cortinas de agua de mar, bombeada masivamente para permitirles aproximarse al fuego.

Magic Johnson tiene sida
7 Y 24 NOVIEMBRE

El famoso jugador de baloncesto estadounidense Earvin *Magic* Johnson anuncia en Los Ángeles que es portador del virus del sida. El sorprendente anuncio causa en todo el mundo una gran conmoción que se acentúa, pocos días más tarde, al conocerse la muerte por sida, en Londres, de Freddy Mercury, cantante del grupo musical *Queen*. En tales circunstancias, la OMS da a conocer un informe según el cual el 70 por

Mijail Gorbachov, Felipe González y George Bush en la inauguración de la Conferencia de Paz árabe-israelí celebrada en Madrid.

Pozos de petróleo ardiendo en Kuwait, después de la retirada de las tropas iraquíes. La catástrofe ecológica que padeció el pequeño emirato fue "el otro" crimen contra la humanidad de Saddam Hussein.

---

ra comunista, los nuevos gobernantes no han podido superar el atraso en el que se halla Albania y tampoco paliar las duras condiciones en las que vive la mayoría del pueblo. Ya en enero y marzo miles de albaneses habían buscado refugio en Grecia e Italia, país este último adonde se han dirigido masivamente los últimos fugitivos. Se calcula que unos 100 mil ciudadanos albaneses han llegado al puerto de Bari, desde donde las autoridades italianas han comenzado a deportarlos nuevamente a Albania.

Powell hereda la corona de Beamon en Tokio
30 AGOSTO

En los Campeonatos Mundiales de Atletismo de Tokio, el atleta estadounidense Mike Powell derrota a Carl Lewis, que le había ganado en 15 ocasiones anteriores, y de paso bate el mítico récord de salto de longitud de Bob Beamon. Powell, por detrás de Lewis durante casi todo el concurso, consigue en su quinto intento 8,95 m, superando la marca de 8,90 m establecida en 1968 por Bob Beamon en los Juegos Olímpicos de México. Lewis reacciona como un campeón y en su sexto y último salto bate también la marca de Beamon. Pero sus 8,91 m sólo valen, en esta ocasión, una medalla de plata.

Acaba la guerra civil en Camboya
23 SETIEMBRE

Con el acuerdo de paz firmado en París por las cuatro facciones comprometidas en la lucha, finalizan dos décadas de gue-

Reactor de fusión del Proyecto JET (Joint European Torus). El plasma se confina en el interior de una botella toroidal mediante fuertes campos magnéticos.

Gorbachov reunido con representantes de ocho repúblicas soviéticas, entre ellos Boris Yeltsin. La formación de la Comunidad de Estados Independientes (CEI) el 8 de diciembre dejó sin contenidos a la Unión Soviética, y Gorbachov dimitió de su cargo antes de final de año.

ciento de los afectados de sida en el mundo son heterosexuales y la mayoría de ellos se encuentra en África.

Fusión nuclear controlada
8 NOVIEMBRE

En el Joint European Torus (JET), reactor de fusión experimental de la Unión Europea, en funcionamiento desde 1983 y situado en el Reino Unido, se logra por primera vez en la historia, y durante el espacio de un segundo, una fusión nuclear controlada, utilizando para ello como combustible una mezcla de deuterio y tritio (ambos isótopos del hidrógeno). Durante este experimento se alcanzan temperaturas de cien millones de grados, si bien no se consigue generar más energía de la necesaria para desencadenar la reacción. Estos trabajos son los primeros pasos para la construcción del ITER, primer reactor de fusión nuclear operativo desarrollado por Europa, Estados Unidos, Rusia y Japón con vistas a su entrada en funcionamiento en la primera mitad del siglo XXI.

Un arquitecto estudia "desde dentro" el funcionamiento y la distribución de una vivienda, merced a la configuración de una realidad virtual.

Desaparece la Unión Soviética
8-11 DICIEMBRE

Desaparece el Estado comunista de la Unión Soviética después de 73 años de existencia. La *perestroika* impulsada por Mijail Gorbachov tropezó en el plano interior con obstáculos cada vez más graves en el terreno económico, y en el político con las pretensiones nacionalistas de algunas de las etnias que integraban la URSS. Desde principios de este año el proceso de descomposición se fue acentuando merced a una serie de huelgas que llevaron el país al colapso económico, a la agudización de los conflictos nacionalistas y étnicos y a las presiones políticas de la oposición encabezada por Boris Yeltsin, presidente de la Federación Rusa. El anuncio de la firma del Tratado de la Unión para el 20 de agosto motivó un golpe de Estado desde las estructuras del Partido Comunista, que fracasó pero debilitó políticamente a Gorbachov. Éste trató de restablecer el poder central mediante la ilegalización del PCUS y la creación de una confederación. Sin embargo, Rusia, Ucrania y Bielorrusia se han adelantado a esa pretensión creando la Comunidad de Estados Independientes (CEI), a la que más tarde se sumarán otras ocho repúblicas, y decretando el final de la URSS.   ➡ **1993**

Se sientan las bases de la Unión Europea en Maastricht
11 DICIEMBRE

Los doce miembros de la Comunidad Económica Europea, a pesar de las reticencias británicas, acuerdan en la ciudad neerlandesa de Maastricht la creación de la Unión Europea (UE). El Tratado de Maastricht, que será ratificado el próximo 2 de febrero, contiene entre sus puntos esenciales pasar de una comunidad económica a otra política; crear una ciudadanía común; aumentar la cohesión económica y social; aumentar la capacidad de actuación del Parlamento europeo y de los demás órganos comunitarios; crear un sistema de bancos centrales y un Banco Central Europeo; definir una política exterior y de seguridad común entre la UE y sus Estados miembros, y establecer asimismo la definición de los "indicadores de convergencia" para una futura unión monetaria.   ➡ **1995**

Realidad virtual

Se popularizan los sistemas domésticos de realidad virtual, es decir, instalaciones informáticas que mediante una serie de periféricos especiales (guantes, cascos, etc.) permiten crear mundos virtuales tridimensionales y ofrecen a los "cibernautas" que se adentran en esos mundos ("ciberespacio") la posibilidad de interactuar con los objetos que contienen. Basados en el desarrollo del "casco de datos" llevado a cabo por la Universidad de Harvard (donde se acuñó el término en 1965) y la NASA en la década de los sesenta, y gracias a la creación del guante de datos (De Fanti, 1976) y a su perfeccionamiento (Jason Lanier, 1984), la realidad virtual está llamada a protagonizar una auténtica revolución tanto en el campo técnico y educativo como en el del ocio.

El silencio de los corderos consagra a Anthony Hopkins y Jodie Foster

Basada en el bestseller del mismo título de Thomas Harris, *El silencio de los corderos,* película dirigida por Jonathan Demme, es uno de los éxitos más rotundos del reciente cine estadounidense. Una joven agente del FBI, Clarice Starling (Jodie Foster), visita la celda del asesino más violento de América, Hannibal Lecter (Anthony Hopkins), en busca de pistas para atrapar a un peligroso criminal. En cada uno de sus encuentros Lecter pide a Sterling que, a cambio, ella le cuente aspectos de su traumática infancia. El filme es un excelente y angustioso "thriller psicológico" en el que Hopkins y Foster realizan dos de las mejores caracterizaciones de los últimos años, por lo que ambos obtienen un Óscar en 1992.

La "madre de todas las batallas"

El estallido a comienzos de año de la guerra en el Golfo Pérsico acapara la atención mundial, pero otros hechos importantes que tienen lugar en 1991 encierran muchas claves para la comprensión del ya cercano siglo XXI. A la desaparición de la URSS –el acontecimiento estelar del año–, se suman el diseño efectivo de un nuevo orden internacional y el inicio de la recesión económica. En España se sale de una etapa de optimismo, después de casi una década de gobierno socialista, para entrar en una fase de crispación y conflictos políticos que irán progresivamente en aumento.

LA GUERRA DEL GOLFO PÉRSICO

La guerra del Golfo Pérsico estalló en enero, después de una escalada de tensión ininterrumpida entre Estados Unidos e Irak desde el verano del año anterior, cuando se produjo la invasión de Kuwait por parte de las tropas de Saddam Hussein. Anunciado como el primer conflicto bélico "mediático", el elemento más sorprendente de la guerra del Golfo es que motivó un extraordinario despliegue propagandístico que estuvo en relación inversamente proporcional a la muy escasa información real que generó. La pugna por el territorio kuwaití obedecía a intereses económicos y estratégicos. Occidente no podía perder el control de un sector energético esencial para el funcionamiento del propio sistema capitalista, en un momento además de recesión económica. En cuanto al régimen iraquí, necesitaba una salida ante la presión a que era sometido y una justificación ante los descontentos internos; esa salida se intentó buscar en una llamada a la religión para granjearse el apoyo del mundo árabe, y en la denuncia de la pobreza y marginación del Tercer mundo ante la rapiña de Occidente. Saddam llamó a todos los fieles a librar "la madre de todas las batallas" contra los enemigos del islam. La estrategia no le dio resultado; las consideraciones económicas prevalecieron sobre las religiosas, en el mundo árabe.

En plena noche, la trayectoria luminosa de las bombas y los misiles mostró que la guerra iba en serio, sobre todo cuando el régimen iraquí lanzó cohetes sobre Israel en un intento de extender el conflicto a

▲
Bagdad en guerra: las explosiones y el trazado de los misiles tierra-aire iluminan el cielo nocturno.

Vehículos blindados británicos en el Golfo Pérsico. El combate en el desierto planteó a las fuerzas aliadas más problemas logísticos que propiamente tácticos.

todo el Próximo Oriente. Poco a poco se fue apagando la expectación. El fin previsto de la guerra confirmó su finalidad esencialmente económica y estratégica, y las únicas imágenes que fue posible contemplar, una vez terminada la contienda, dejaron de manifiesto la perversidad del régimen iraquí que había incendiado los pozos de petróleo, contaminado las aguas del Golfo y provocado una catástrofe ecológica simbolizada en la agonía de un cormorán envuelto en petróleo. Casi nadie tomó en cuenta la denuncia del diario francés "Libération", de que las imágenes del ave agonizante correspondían a un episodio sucedido ocho años antes en la guerra entre Irak e Irán. Mucho más llamativo fue el espectacular desfile que se celebró en Nueva York para festejar la victoria.

LA DESAPARICIÓN DE LA UNIÓN SOVIÉTICA

A pesar de todo, el acontecimiento más importante del año fue la desaparición de la Unión de Repúblicas Socialistas Soviéticas (URSS), un régimen que había desempeñado un papel fundamental en la organización del mundo a lo largo del siglo XX, no sólo por su importancia política y estratégica, sino porque su modelo ideológico sirvió de referencia a buena parte de la humanidad, ahora huérfana y desorientada ante el fracaso estrepitoso de la supuesta alternativa al capitalismo.

Los problemas para la URSS comenzaron a principios de año cuando las repúblicas bálticas, Estonia, Letonia y Lituania, se enfrentaron al poder central soviético. En Li-

Desfile en Nueva York de las tropas victoriosas en la guerra del Golfo.

Boris Yeltsin se enfrenta a Mijail Gorbachov. El golpe fallido de agosto minó la autoridad del antes todopoderoso secretario general del Partido Comunista de la Unión Soviética.

dinámica socialdemócrata del resto de los partidos socialistas europeos. Por su parte, incluso un país tan ortodoxo y aislado como Albania se enfrentó también en este año a un proceso de cambio ante una imparable crisis económica que obligó a la huida masiva de sus ciudadanos a Italia, en barcos abarrotados convertidos en símbolo acusador de la miseria de la ideología.

LA RECESIÓN ECONÓMICA NO ALTERA EL OPTIMISMO DE OCCIDENTE

El año comenzó con la constatación efectiva de que se entraba en una etapa de recesión económica, anuncio que hizo solemnemente el primer día del año el presidente estadounidense George Bush. No obstante, el parón económico supuso más bien un reajuste de las economías capitalistas para afrontar nuevos crecimientos. En cambio, los problemas que se producían más allá de la rica sociedad occidental tenían una solución más incierta, porque revelaban la persistencia de situaciones de injusticia social y económica, o implicaban una crítica directa al sistema económico y a sus repercusiones sobre el medio ambiente.

Entre tales problemas podemos citar el rebrote de una epidemia de cólera en Perú, que puso de manifiesto las limitadas condiciones sanitarias de ese país. En Colombia se reactivó la lucha contra el narcotráfico, que culminó en este año con la detención del "capo" Pablo Escobar. En relación con el medio ambiente cabe citar la noticia de los niveles de contaminación alcanzados por México D.F., cuya atmósfera se hizo literalmente irrespirable.

El asesinato de Rajiv Gandhi, primer ministro de la India e hijo de Indira Gandhi, se inscribió en la tradición violenta de un país incapaz de superar los traumas creados durante el proceso de independencia. También se celebró en este año el 30 aniversario de Amnistía Internacional, y se descubrió en Austria al "hombre de los hielos", un guerrero de la Edad del Bronce en un magnífico estado de conservación.

¿Hacia el fin de la historia?

Los acontecimientos y los procesos de cambio mencionados apuntaban a la necesidad de diseñar un "nuevo orden internacional", tal y como lo definieron los dirigentes políticos encargados de potenciarlo.

Con la supremacía indiscutible de Estados Unidos y el marasmo de la URSS, el nuevo orden era una reivindicación optimista de las virtudes del sistema capitalista, al que todos tendrían tarde o temprano que sumarse en un proceso que conduciría probablemente al fin de la historia. Así lo explicó en un libro de gran difusión Francis Fukuyama, un analista político y asesor del presidente norteamericano, de origen japonés. Acontecimientos inmediatos vinieron a poner freno a ese optimismo e incluso a desmentirlo rotundamente.

El comienzo de la guerra civil en Yugoslavia reveló que habían permanecido agazapados viejos rencores después de muchos años, y también mostró al mundo el ensañamiento y la crueldad del hombre de fin de siglo. Lo mismo puede decirse de la ola fundamentalista que recorría el mundo árabe y especialmente el Magreb, muestra de la amenaza que puede suponer para el mundo desarrollado una persistente situación de injusticia social, y también de la capacidad de los pueblos marginados para encontrar nuevos vehículos de reivindicación social.

Europa afrontó el impulso definitivo a su proceso de unidad económica y monetaria con la celebración de la cumbre de Maastricht. Se celebró también la I Cumbre Iberoamericana en Guadalajara (México), como un intento de potenciar la colaboración entre los países iberoamericanos, aunque mayor importancia práctica revistió el Tratado de Libre Comercio (TLC) establecido entre Canadá, Estados Unidos y México.

LA CRISPACIÓN SUCEDE AL OPTIMISMO EN ESPAÑA

La nueva década se inició en España tras casi diez años de permanencia del PSOE en el poder, después de tres mayorías absolutas consecutivas y en un clima de expectación por las celebraciones del año 1992, cuya preparación había transformado profundamente el país en la dotación de infraestructuras. Precisamente en ese momento de euforia –matizado por el comienzo de la recesión económica mundial–, se inicia-

tuania se produjeron varios muertos en la pugna por el control del edificio de la Radiotelevisión lituana, controlado al fin por los soviéticos, que no tomaron sin embargo el Parlamento. Se evidenció así una vez más la determinante influencia de los medios de comunicación para explicar y justificar los procesos de cambio en este fin de siglo, y el suceso vino también a señalar en qué terreno preferencial se sitúa la pugna por el poder.

El acontecimiento que aceleró definitivamente el fin de la URSS fue el golpe de Estado de agosto, que determinó a largo plazo el derrocamiento de Mijail Gorbachov, el líder que, después de impulsar la *perestroika,* no pudo controlar sus efectos. La resistencia de la "nomenklatura" se reveló impotente para frenar el clamor popular y el cansancio ante un régimen agotado. De la crisis salió reforzado Boris Yeltsin, que asumió la dirección de la resistencia popular al golpe subido en un carro de combate frente al edificio blanco del Parlamento.

Desaparecieron a la vez la URSS y el PCUS, su instrumento político, con profundos efectos tanto en su esfera de influencia directa como en Occidente. Meses antes, el Partido Comunista Italiano había cambiado su nombre por Partido Democrático de la Izquierda, instalándose en la

Firma del Tratado para la reducción de armas estratégicas (START) por George Bush y Mijail Gorbachov.

ron los problemas que conducirían a la pérdida del poder por parte del partido socialista y abrirían un profundo proceso crítico en el seno de la izquierda española. La dimisión del vicepresidente del Gobierno Alfonso Guerra se hizo inevitable, por las sospechas de corrupción que apuntaban a su entorno sevillano y especialmente a la persona de su hermano menor Juan Guerra.

Quizá para olvidar algunos de estos problemas, los españoles encontraron en los éxitos del ciclista Miguel Induráin, ganador en este año de su primer Tour de Francia, un filón de evasión y relajación psicológica. Por otra parte, la Conferencia de Paz de Oriente Medio celebrada en Madrid intentó poner fin a un sangriento y enquistado conflicto y dio un protagonismo sin precedentes a España en los foros internacionales. ■

Instantáneas

- Presentado el espectacular y polémico proyecto para la nueva sede de la colección **Guggenheim en Bilbao**, diseñado por el arquitecto estadounidense Frank Gehry.
- Venecia acoge una exposición antológica sobre **Los celtas**.

- El tenor **L. Pavarotti** actúa en Hyde Park con motivo de sus treinta años de carrera en el mundo de la ópera. Cerca de 150 mil oyentes asisten al recital. *(30 Julio)*
- A. **Menken** compone la banda sonora de la película de dibujos animados de la factoría Disney **La bella y la bestia**, uno de los grandes éxitos de la temporada.

- El escritor español A. **Muñoz Molina** recibe el premio Planeta por su novela **El jinete polaco**. *(15 octubre)*
- **Retrato del artista en 1956**, obra póstuma de J. **Gil de Biedma**, que el poeta quiso que se publicara después de su muerte.
- La escritora sudafricana N. **Gordimer**, conocida por su lucha cívica contra la segregación racial, galardonada con el Nobel de Literatura.

- En España **comienzan a emitir las emisoras privadas de televisión**.
- **Amantes**, película basada en hechos reales de la crónica negra española, realizada por V. **Aranda**, es uno de los grandes éxitos de la temporada.
- **La linterna roja**, poética película de **Zhang Yimou**, uno de los realizadores chinos de más proyección internacional.
- **Tomates verdes fritos**, de J. **Avner**, y **Thelma y Louise**, de R. **Scott**, dos filmes estadounidenses de éxito, abordan una temática combativamente feminista.

- La nave no tripulada **Magallanes** completa la cartografía del planeta Venus y manda a la Tierra imágenes desconocidas hasta ahora de este planeta.

- La capital de Lituania, Vilna, es escenario de diversos **conflictos entre la población y el ejército soviético**, dispuesto a reprimir por la fuerza el anhelo independentista de esta república báltica. *(11 Enero)*

- El vicepresidente del gobierno español, A. **Guerra, presenta la dimisión** de su cargo, después de conocerse la implicación de su hermano J. **Guerra** en un presunto delito de tráfico de influencias. *(12 Enero)*
- En Irak, la derrota militar en la guerra del Golfo provoca un **levantamiento de la oposición al régimen de S. Hussein**, que responde con dureza con el ejército, que le permanece fiel. La población kurda, sobre todo, paga las consecuencias. *(5 Abril)*
- **El dictador etíope** M. **Haile Mariam** es depuesto por soldados del Frente Revolucionario Democrático Popular, y busca refugio en Zimbabwe. De este modo finaliza la guerra civil que durante treinta años ha asolado Etiopía. *(28 Mayo)*
- B. **Yeltsin**, elegido presidente de la Federación de Rusia, la mayor de las repúblicas que integran la URSS. *(12 Junio)*
- México acoge la celebración de una **cumbre de jefes de Estado latinoamericanos**, en la ciudad de Guadalajara. Los presidentes de España y Portugal han asistido también a ella. *(20 Julio)*
- El presidente estadounidense G. **Bush** y su homólogo soviético M. **Gorbachov** firman en Moscú el **tratado START**, para la reducción de armas estratégicas. *(31 Julio)*
- Suecia: **fuerte retroceso electoral del Partido Socialdemócrata** que ha gobernado el país durante casi cuarenta años. El conservador C. **Bildt** sucederá a I. **Carlsson** al frente del gobierno. *(15 Setiembre)*
- En España se celebra el **juicio por el caso GAL** (Grupo Antiterrorista de Liberación): los policías J. **Amedo** y M. **Domínguez** son condenados a 17 años de prisión. *(20 Setiembre)*
- La abogada progresista **Mary Robinson** gana las elecciones presidenciales de Irlanda. *(7 Noviembre)*

- Un **violento tornado ha asolado Bangla Desh**, provocando gravísimas inundaciones, que se han saldado con más de 300 mil muertos y pérdidas económicas millonarias, que vienen a agravar aún más la ya de por sí débil economía del país, uno de los más pobres del globo. *(29 Abril)*
- La **violenta erupción del volcán Pinatubo**, en Filipinas, ha provocado la muerte de más de quinientas personas. *(9 Junio)*
- Una **ola de violencia racista y xenófoba** atraviesa Alemania, sobre todo los territorios de la antigua República Democrática. Grupos de jóvenes neonazis achacan a los extranjeros la culpa de la situación social en que se encuentran, atacándolos sin miramientos. *(17 Setiembre)*
- Hallado en un glaciar en los Alpes, en Ötztal, **el cadáver momificado de un hombre que vivió en la Edad del Bronce**. El descubrimiento puede dar luz a los investigadores sobre la vida en esa zona de Europa en aquella época. *(19 Setiembre)*
- 39 países firman en Madrid un Protocolo para la **protección medioambiental de la Antártida**, que impedirá la destrucción del último continente virgen. *(4 Octubre)*
- La opositora birmana **Aung Sang Suu Kyi** recibe el premio Nobel de la Paz. Se encuentra en arresto domiciliario desde 1989, y en las elecciones de mayo de 1990 su formación obtuvo el 80% de los votos, resultado que no fue reconocido por la junta militar que detenta el poder.
- Colombia: **huye de la cárcel el narcotraficante** P. **Escobar Gaviria**
- El gobierno y el pueblo de **Puerto Rico** reciben el premio Príncipe de Asturias de las Letras por su defensa del español como idioma oficial del país.
- **Madonna** exhibe en sus vídeos promocionales un vestuario diseñado por J.P. **Gaultier**, con la lencería y corsetería como prendas exteriores.

- El piloto brasileño **A. Senna** tricampeón del mundo de la Fórmula 1 de automovilismo.
- Tokio: C. **Lewis** bate el récord mundial de los 100 metros, con una marca de 9"86, y contribuye al de los relevos de 4 × 100 m.

- **Olaf V**, rey de Noruega. *(17 Enero)*
- **Pedro Arrupe**, jesuita español, prepósito general de la orden. *(5 Febrero)*
- **María Zambrano**, pensadora española, discípula de Ortega y Gasset y de Zubiri. *(6 Febrero)*
- **Graham Greene**, novelista británico. *(3 Abril)*
- **Miles Davis**, músico de jazz estadounidense. *(28 Setiembre)*
- **Freddie Mercury**, cantante británico, líder del grupo de rock **Queen**. *(24 Noviembre)*
- **Rufino Tamayo**, pintor mexicano. *(24 Junio)*
- **Yves Montand**, cantante y actor francés. *(9 Noviembre)*
- **Montserrat Roig**, escritora española en lenguas catalana y castellana. *(10 Noviembre)*

1992

▲

Un seguidor del Frente Islámico de Salvación (FIS) argelino, muerto en un enfrentamiento con la policía, es velado por sus familiares.

Abasi Madani, el principal líder del Frente Islámico de Salvación, votando en las elecciones municipales argelinas.

Argelia al borde de la guerra civil
2 ENERO Y 29 JUNIO

El asesinato del presidente de Argelia, Mohammed Budiaf, en Anaba, por un miembro de su guardia personal pone al país al borde de la guerra civil. Después de la primera vuelta de las elecciones municipales, ganada por el Frente Islámico de Salvación (FIS), Chadli Benjedid presentó la dimisión y, antes de que se celebrara la segunda vuelta, una junta militar entregó el poder a Budiaf, que emprendió una dura represión de los integristas islámicos. Su asesinato lleva al ejército, a través del ministro de Defensa, el general Jaled Nezar, y el nuevo presidente Ali Kafi, a tomar el control del aparato gubernamental, mientras la oposición islámica se organiza en guerrillas.

Fujimori disuelve el Parlamento en Perú
5 ABRIL

El presidente de Perú, Alberto Fujimori, protagoniza un autogolpe con el apoyo de un sector del ejército. Tras dos años en el poder, las tensiones del gobierno personalista de Fujimori con los partidos tradicionales han determinado la maniobra política mediante la cual el presidente ha disuelto el Parlamento y desmantelado el poder judicial. La difícil situación institucional creada por el golpe empieza a ser superada por Fujimori cuando, el 12 de setiembre siguiente, es apresado el máximo dirigente de Sendero Luminoso, Abimael Guzmán, que es presentado a la prensa enjaulado y vestido de presidiario. ➡ **1995**

Graves disturbios raciales en Estados Unidos
27-30 ABRIL

Casi sesenta personas mueren en el más violento de los choques raciales ocurridos en Estados Unidos. Lo que se había iniciado, en el barrio South Central de Los Ángeles, como una manifestación pacífica para protestar por la decisión de un tribunal que declaró inocentes a los policías blancos que habían apaleado a un camionero negro, degenera en graves disturbios. Miles de jóvenes negros marginados atacan a blancos y saquean sus propiedades, desbordando a la Guardia Nacional. Para controlar la situación, que amenaza con reproducirse en otras ciudades como Las Vegas y San Francisco, el presidente George Bush autoriza la intervención del ejército.

Juegos Olímpicos en Albertville y Barcelona
8-23 FEBRERO
Y 25 JULIO - 9 AGOSTO

En la ciudad española de Barcelona se celebran los XXV Juegos Olímpicos, con la participación de 9 367 atletas representantes de 169 países. El encuentro olímpico significa la entrada de España en el reducido club de potencias deportivas, al lograr 22 medallas, 13 de ellas de oro, 7 de plata y 2 de bronce. El soberbio triunfo de Fermín Cacho en 1 500 m le permite encabezar el cuadro de honor español. También han brillado el velocista estadounidense Carl Lewis, con dos medallas de oro, y el gimnasta bielorruso Vitali Scherbo, con seis. En los XVI Juegos de invierno celebrados en la localidad francesa de Albertville, la Comunidad de Estados Independientes, ex URSS, y Alemania dominan el medallero, y los grandes protagonistas son el italiano Alberto Tomba, los noruegos Bjorn Dahlie y Vegard Ulvang y las rusas Lyubov Yegorova y Raisa Smetanina.

Fallece Francis Bacon
28 ABRIL

El pintor irlandés Francis Bacon (1909-1992) fallece en Madrid a causa de una crisis cardíaca desencadenada por una pleuresía. Considerado uno de los artistas más originales y brillantes del siglo XX, Francis Bacon había centrado su pintura en estudios de la figura humana de la que ofrecía angustiosas y distorsionadas representaciones orgánicas. "Querría pintar el grito", dijo en

Imagen de la inauguración de los Juegos Olímpicos de Barcelona, en el Estadio Olímpico de Montjuic. ▶

◀ *Rigoberta Menchú Tum, premio Nobel de la Paz por su lucha pacífica en favor de los derechos humanos en Guatemala.*

cierta ocasión el pintor de *gesto brutal*, como lo definió el escritor checo Milan Kundera.

Canadá rechaza la reforma constitucional

La mayoría de los canadienses se inclina por no reformar la Constitución del Estado. La consulta para reformar la carta magna de Canadá tenía como objetivo reconocer la singularidad de la provincia francófona de Quebec, satisfaciendo sus pretensiones autonómicas, y establecer un nuevo reparto de escaños en el Congreso. Las distintas provincias habían alcanzado un acuerdo de consenso en la llamada "concordia del lago Meech", pero en el referéndum convocado en todo el país para ratificar dicho acuerdo, el No se ha impuesto con el 54,9% de los votos.

Rigoberta Menchú recibe el Nobel de la Paz, y Derek Walcott el de Literatura
8 OCTUBRE

La guatemalteca Rigoberta Menchú es galardonada con el premio el Nobel de la Paz, y el poeta y dramaturgo antillano Derek Walcott (1930) con el Nobel de Literatura. Walcott, cuya obra se centra en la exaltación de su patria caribeña, la lengua inglesa y sus orígenes africanos, afirma, al igual que el mexicano Octavio Paz, que la poesía es la forma esencial del lenguaje universal. Entre los principales libros de Walcott figuran *El golfo y otros poemas*, *El testamento de Arkansas* y *Omeros*. Asimismo, la gua-

temalteca Rigoberta Menchú (1959) ha sido distinguida con el Nobel de la Paz por su denuncia de la conculcación de los derechos humanos de la que es objeto su pueblo maya-quiché por parte de algunos poderes establecios.   ➡ **1996**

Clinton gana las elecciones en Estados Unidos
3 NOVIEMBRE

El triunfo de Bill Clinton (n. 1946) marca el retorno de los demócratas a la Casa Blanca tras doce años de administración republicana. No obstante la popularidad alcanzada por el presidente George Bush a raíz de la guerra del Golfo, el joven candidato Bill Clinton, gobernador del estado de Arkansas, logra con el 43 por ciento de los votos la más espectacular victoria demócrata desde los tiempos de Franklin D. Roosevelt. Clinton, que se convertirá el próximo enero en el 42.º presidente de Estados Unidos, ha prometido distanciarse de la política monetarista, ocuparse de las minorías olvidadas por el *reaganismo* y reducir la presencia militar estadounidense en el mundo.   ➡ **1993**

Fin de la guerra civil en El Salvador
15 OCTUBRE

En el marco pacificador creado por los tratados de Esquipulas II, la guerrilla y el gobierno salvadoreños ponen fin a doce años de sangrienta guerra civil. El presidente de El Salvador, Alfredo Cristiani, y representantes del FMLN ratifican en México, ante delegados de la ONU, la OEA y varios jefes de Estado, los acuerdos de paz que permiten a la guerrilla organizarse como formación política e intervenir en el proceso de reconstrucción del país.

La Iglesia Católica rehabilita a Galileo

Después de más de tres siglos, el papa Juan Pablo II rehabilita al científico italiano Galileo Galilei. Éste había sido condenado en 1633 por la Inquisición por afirmar que la Tierra giraba alrededor del Sol. Aunque obligado a retractarse de una afirmación que ponía en

tela de juicio la doctrina eclesiástica que tenía a la Tierra como el centro del Universo, Galileo Galilei terminó diciendo "y sin embargo se mueve".

Asesinato de una inmigrada en España
13 NOVIEMBRE

Lucrecia Pérez, una joven dominicana radicada en Madrid, es asesinada por cuatro individuos ultraderechistas. El asesinato es el primer crimen de carácter xenófobo registrado en España, aunque no el único incidente provocado por grupos intolerantes. El impacto que el hecho produce en la sociedad da lugar a que miles de españoles se manifiesten en las principales ciudades del país en favor de la tolerancia y contra el racismo y la xenofobia.

Retorno a su órbita del Intelsat
14 MAYO

En una operación sin precedentes, los astronautas del transbordador espacial estadounidense *Endeavour* R. Hieb, P. Thout y T. Akers, consiguen atrapar el satélite de telecomunicaciones *Intelsat VI*, de 4,5 toneladas de masa, que desde su lanzamiento vagaba sin control en el espacio, e introducirlo en la bodega de carga del transbordador para su reparación. Una vez reparado lo sitúan en una órbita correcta, lo que permite hacer uso de sus 120 mil líneas telefónicas y de sus tres canales se televisión.   ➡ **1993**

El AVE y la Expo 92 de Sevilla
21 ABRIL

Entre las infraestructuras de que se dota España con vistas a la celebración de la Expo 92 en Sevilla, destaca el tren AVE

El puente de la Barqueta sobre el río Guadalquivir, una de las realizaciones emblemáticas de la Exposición Universal celebrada en Sevilla (España).

El candidato demócrata Bill Clinton derrotó a George Bush en las elecciones presidenciales de Estados Unidos con un programa innovador en el terreno económico y social.

Funerales en Italia por el juez Giovanni Falcone, asesinado por la Mafia cerca de Palermo.

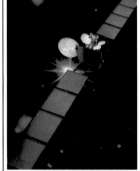

El satélite de comunicaciones español Hispasat, colocado en órbita el 11 de setiembre.

Fotografía oficial de los jefes de Estado presentes en la llamada Cumbre de la Tierra, en Río de Janeiro. ▶

(Alta Velocidad Española) que se inaugura coincidiendo por el inicio de la Exposición Universal, en la isla de la Cartuja de la ciudad hispalense. Se trata de un ferrocarril derivado del TGV francés y capaz de cubrir la distancia que separa Madrid de Sevilla (471 km) en algo menos de tres horas. Además, circula por una línea de ancho europeo que permitirá en el futuro que los trenes españoles accedan directamente a las líneas de Europa, lo que en la actualidad es complejo debido al necesario cambio de ancho de vía de las unidades.

Hispasat
11 SETIEMBRE

Lanzado al espacio el Hispasat 1A, primera unidad de las dos previstas que forman el primer sistema de satélites de comunicaciones español. El lanzamiento, que se lleva a cabo mediante un lanzador Ariane 44L desde la base de Kourou en la Guayana Francesa, permite situarlo en posición geoestacionaria y dota a España de cinco nuevos canales de televisión y de dos para el enlace con los países de Hispanoamérica. De este modo España deja de depender de sociedades extranjeras para garantizar sus servicios de telecomunicaciones.

Inaugurado el "Keck"

El mayor telescopio óptico del mundo, el Ten Meter Telescope, más conocido como "Keck", instalado en el pico Mauna Kea (Hawai), entra en servicio. Se trata del mayor instrumento de estas carcaterísticas del mundo. Su construcción ha sido posible gracias al principio del espejo principal en mosaico, formado por 36 piezas hexagonales (de 1,8 de

diámetro máximo) con superficie reflectante hiperbólica. Controladas por ordenador, dan una superficie con un diámetro total de 10,8 m, lo que permite observar hasta la magnitud 29 (igual que el telescopio espacial Hubble, si bien las imágenes de éste son más nítidas al no sufrir la acción de la atmósfera terrestre). ➡ **1993**

Clint Eastwood triunfa como director con Sin perdón

Clint Eastwood, protagonista de filmes como *El bueno, el feo y el malo* y *Harry, el Sucio*, debutó como director en 1971 con un interesante thriller titulado *Escalofrío en la noche*. Eastwood mostró su talento tras la cámara en películas como *El jinete pálido* (anticipo de lo que cristalizaría en *Sin perdón*) y, muy especialmente, *Bird* (excelente biografía sobre el saxofonista Charlie Parker). *Sin perdón* obtiene el reconocimiento unánime de crítica y público. Calificado como un western crepuscular, cuenta con un excelente reparto que incluye, además del propio Eastwood, a Gene Hackman, Morgan Freeman y Richard Harris; una bellísima fotografía, y una delicada banda sonora. La película será galardonada con cinco Óscares.

Cumbre de la Tierra
3 JUNIO

Se inaugura, en la ciudad brasileña de Río de Janeiro, la llamada "Cumbre de la Tierra", en realidad la Conferencia de

Naciones Unidas para el Medio Ambiente y el Desarrollo. Continuadora de la cumbre celebrada en Estocolmo en 1972, entre sus objetivos están la firma de la llamada Declaración de Río (referida a la cooperación entre el Norte y el Sur en materia medioambiental y de desarrollo) así como varios convenios sobre cambio climático, biodiversidad, desertización, etc. A pesar de la gran expectación levantada y de que los países firman acuerdos para reducir las emisiones contaminantes a la atmósfera, se constata una falta de voluntad política en estas materias, patente por el hecho de que muy pocos países han cumplido hasta ahora el acuerdo de destinar el 0,7% de su PIB a la ayuda a los países en desarrollo. ➡ **1996**

La Mafia asesina al juez Falcone en Italia
23 MAYO

En un atentado con bomba, la Mafia siciliana acaba con la vida del juez Giovanni Falcone, encargado de investigar a la organización criminal. El asesinato de Falcone añade un elemento más de perturbación a la vida política italiana, ya convulsa por los casos de corrupción y los ajustes de cuentas entre los miembros de la clase dirigente. Poco después, el gobierno de Giuliano Amato emprende una serie de reformas destinadas a acabar con el poder paralelo de la Mafia, la cual responde con un nuevo golpe al asesinar, el 19 de julio, a otro juez que investigaba sus actividades, Paolo Borsellino. ➡ **1993**

Un mundo sin la Unión Soviética

En 1992 el vacío ideológico y político generado en la Europa oriental por la desaparición del comunismo encuentra respuesta en el resurgimiento de poderosos nacionalismos centrífugos, en estado de latencia tiempo atrás. Mientras, en el Occidente europeo, donde España muestra al mundo una imagen de modernidad, nuevas problemáticas pasan a primer plano: la afluencia masiva de inmigrantes provoca el aumento de la xenofobia, mientras es perceptible en amplios sectores sociales una creciente preocupación por el medio ambiente.

EL AÑO DE ESPAÑA

En 1992 España se vistió de gala y se convirtió en un gran escaparate ante el resto del mundo. El país se embarcó en un reto de grandes proporciones al hacer frente en un solo año a una serie de proyectos arriesgados, destinados en última instancia a atraer la atención mundial hacia el país. En un ambiente de optimismo, en el que no faltaron sin embargo las actitudes críticas, la Exposición Universal de Sevilla, la conmemoración del Quinto Centenario del descubrimiento de América, la capitalidad europea de la cultura de Madrid y los Juegos Olímpicos de Barcelona se superpusieron en su desarrollo, haciendo vivir al país momentos de auténtica efervescencia.

Tras los pasos en firme dados durante la década de 1980, marcada por el progreso económico, España sentaba en 1992 definitivamente las bases para la consolidación de una nueva imagen que había de suponer una diferente y mayor proyección internacional. El creciente protagonismo en la esfera mundial se evidenció igualmente en otros hechos significativos que de alguna manera vinieron a demostrar el salto cualitativo que el país había dado en poco tiempo. Este año fue el de la salida de legionarios hacia la antigua Yugoslavia, que en octubre y bajo bandera de la ONU se instalaron en Bosnia-Herzegovina. España hizo igualmente un esfuerzo por incorporarse al ingente desarrollo tecnológico de las comunicaciones: en marzo se inauguró el AVE, el primer tren de alta velocidad, que unía las ciudades de Madrid y Sevilla; y en setiembre en la Guayana

Rusia se subrogó en los compromisos internacionales de la desaparecida Unión Soviética, y ocupó su lugar en el Consejo de Seguridad de la ONU. En la imagen, el presidente ruso Boris Yeltsin con George Bush.

Francesa se lanzó el Hispasat 1A, el primer satélite español de comunicaciones.

El momento cumbre se vivió a finales de julio y principios de agosto cuando la Exposición Universal, en su plenitud, vino a coincidir con el desarrollo exitoso de los Juegos Olímpicos de Barcelona. A lo impecable de la organización y las instalaciones e infraestructuras deportivas se unieron la masiva asistencia de espectadores y una ciudad volcada que aportó la mayor cantidad de voluntarios olímpicos de la historia. El evento contó con un récord de países presentes, 172, y de deportistas participantes, que rondaron los 10 300, como correspondía a los primeros Juegos llevados a cabo tras la caída del muro de Berlín. Los grandes conflictos y antagonismos políticos que habían interferido en el desarrollo de anteriores citas olímpicas, como las de Moscú y Los Ángeles, habían desaparecido. Cuba vol-

vía a la competición tras sucesivas ausencias que la habían apartado de los Juegos desde 1980, Sudáfrica regresaba a la familia olímpica después de más treinta años de expulsión por la vigencia del *apartheid*, y las dos Alemanias competían juntas por primera vez.

EL POSCOMUNISMO: CAOS POLÍTICO, NACIONALISMO Y LIBERALIZACIÓN

La desmembración de la Unión Soviética y el desmoronamiento del socialismo en la Europa del Este habían supuesto el inicio de una nueva época, simbolizada en 1992 por la puesta en venta del diario "Pravda", histórico órgano del partido comunista soviético fundado por Lenin en 1912. Aunque en un primer momento las transformaciones emprendidas habían acontecido de forma pacífica y en un ambiente marcado por el optimismo, llevaron aparejadas casi desde sus comienzos gravísimas dificultades, cuya evidencia era palpable en 1992. Así se derivaba de la ingente envergadura de los cambios sociales, económicos y políticos puestos en marcha tras la caída del muro de Berlín en 1989,

◀ *Un convoy de las Naciones Unidas con ayuda para la capital bosnia, Sarajevo.*

Las milicias organizadas por la oposición en la República de Georgia patrullan en Tbilisi, la capital del país, después de la huida del presidente Zviad Gamsajurdia.

que llevados a cabo en un lapso de tiempo demasiado reducido se convertían necesariamente en traumáticos. No era el caso de China, que de una forma más organizada y gradual se había embarcado, desde hacía catorce años y bajo la dirección de Teng Hsiao-ping, en un audaz programa de reformas económicas –que no políticas–, que a principios de la década de 1990 se encontraban en un estado avanzado de desarrollo. En 1992 el XIV Congreso de Partido Comunista Chino dio un nuevo espaldarazo a dicha política, marcada por un desarrollo controlado del capitalismo, lo que permitía la inclusión por primera vez y

de forma significativa en los estatutos del partido de la definición de "socialismo de mercado". Por contra, la Europa ex comunista, en un ambiente determinado por la crisis económica y la inestabilidad política, veía cómo el enorme vacío social y político legado por la caída de los anteriores regímenes era ocupado enérgicamente por la beligerancia de los renacientes nacionalismos.

Esa dinámica centrífuga contrastaba abiertamente con un Occidente europeo que asistía en febrero de 1992 a la firma en Maastricht del Tratado de la Unión. Se sentaban las bases para una Europa unida justo

en el momento en que nacían nuevas naciones en el borde oriental de Europa. En noviembre el Parlamento de Checoslovaquia aprobaba la división del país, que se había de consumar definitivamente y de forma pacífica el 1 de enero de 1993. Muy diferente era la situación en la antigua Yugoslavia. El eterno avispero de los Balcanes entraba en una nueva fase del conflicto con la proclamación de la independencia de Bosnia en enero. La oposición abierta de los servios de Bosnia al nuevo Estado dio lugar al inicio de las hostilidades. La guerra, hasta entonces limitada esencialmente a las fronteras de Croacia, se extendió a la vecina Bosnia, en lo que era un hecho de gravísimas consecuencias futuras. La introducción de contingentes de cascos azules de interposición no consiguió solucionar el problema, y el conflicto derivó a lo largo del año a una dinámica perversa de "limpieza étnica" y violación sistemática de los derechos humanos, simbolizada de forma trágica en el terrible cerco de Sarajevo.

De otro carácter eran los problemas de los territorios de la extinta URSS. La inexistencia en muchos de ellos de una verdadera cultura democrática, el peso de los

Un carguero abarrotado de fugitivos de la guerra civil de Somalia, anclado en el puerto de Adén, en Yemen.

El presidente francés François Mitterrand visita Sarajevo. A la derecha, en primer plano, el presidente bosnio Alia Izetbegovic.

vicios del viejo sistema –corrupción, ineficacia– y lo traumático y dificultoso del tránsito de una economía fuertemente intervenida y controlada por el Estado a una economía de libre competencia, entorpecían la evolución de los nuevos Estados hacia la estabilidad, las libertades políticas y el progreso económico. En su mayoría –con la excepción de las repúblicas bálticas y Georgia– englobados desde 1991 en la Comunidad de Estados Independientes (CEI), se vieron envueltos en una vorágine nacionalista que los condujo inexorablemente por el camino de los conflictos entre repúblicas. La firma en marzo en el seno de la nueva Rusia del Tratado de la Unión, que la conformaba como un Estado federal, aunque pudo aplacar la creciente preocupación internacional acerca del futuro del gigante euroasiático, contaba con la abierta oposición de chechenos y tártaros. A la guerra civil en Moldavia y la creciente tensión entre Rusia y Ucrania por el control de la flota del Mar Negro, había que unir la realidad en extremo conflictiva del Cáucaso, marcada por unos enconados odios étnicos de profundas raíces históricas. A lo largo de 1992, a la guerra civil en-

tre partidarios y detractores del depuesto presidente Zviad Gamsajurdia, que sumergió en el caos político a la República de Georgia, se añadió la lucha de los secesionistas abjazos contra el ejército georgiano, mientras más al sur proseguía la cruenta guerra entre armenios y azeríes por el control de Nagorno Karabaj.

MISERIA Y SOLIDARIDAD EN LA TRAGEDIA AFRICANA

Desde Sudán hasta Mozambique, desde Angola hasta Somalia, la guerra civil, la violencia tribal y la sequía asolaron en 1992 el África negra. La pobreza generalizada, la explosión demográfica y el anal-

fabetismo, unidos al carácter marcadamente heterogéneo de unos Estados artificialmente trazados por las potencias coloniales, hacían difícil el progreso de los países y la instauración de regímenes democráticos. Esta realidad llegó a extremos dramáticos en el "cuerno de África". La guerra civil entre clanes enfrentados condujo a Somalia a una crisis de proporciones gigantescas. Una tragedia similar había acontecido años antes en Etiopía, con gran proyección internacional, pero nunca como ahora en Somalia se veía el rico televidente occidental martilleado tan insistentemente por el dramatismo de tanta miseria. El papel protagonista de la televisión y de los medios de comunicación en

---

Instantáneas

- Inauguración del **Museo Thyssen-Bornemisza** en el palacio de Villahermosa de Madrid.
- Celebración de la **IX Documenta de Kassel**, Alemania, la más importante cita de la vanguardia artística.

- El compositor polaco W. KILAR compone la banda sonora de *Drácula*, uno de los principales atractivos de la ambiciosa película de F. FORD COPPOLA.

- El filólogo español F. LÁZARO CARRETER, nombrado **nuevo director de la Real Academia de la Lengua**. *(9 Enero)*
- Excelente cosecha literaria en España: M. VÁZQUEZ MONTALBÁN publica la novela-documento *Autobiografía del general Franco* y recibe el premio Europeo de Literatura por *Galíndez* (1990), que ya en 1991 había sido galardonada con el premio Nacional de Literatura; C. MARTÍN GAITE publica *Nubosidad variable*, su primera novela después de *El cuarto de atrás*, aparecida 14 años antes, y JAVIER MARÍAS publica *Corazón tan blanco*, su novela más lograda y ambiciosa.
- *Doce cuentos peregrinos*, de G.GARCÍA MÁRQUEZ, basados en experiencias de latinoamericanos en Europa.

- Basado en una novela homónima de M. CRICHTON, el filme *Parque Jurásico* de S. Spielberg, se convierte en uno de los mayores éxitos de taquilla de la historia del cine y pone de moda los dinosaurios.
- *Belle Époque,* comedia de F. TRUEBA que será premiada con el Óscar a la mejor película extranjera en 1993.
- *Un lugar en el mundo* del realizador argentino A. ARISTARAIN, triunfa en el festival de San Sebastián.

- Se inicia el **programa SETI** (siglas inglesas de búsqueda de inteligencia extraterrestre). Para llevarlo a cabo se utilizarán potentes radiotelescopios situados en Puerto Rico, Estados Unidos y Australia. *(12 Octubre)*

- El egipcio B. BUTROS GHALI es nombrado secretario general de la ONU, como sucesor de J. PÉREZ DE CUÉLLAR. *(1 Enero)*
- La Comunidad Europea reconoce a **Croacia y Eslovenia como Estados independientes**. *(15 Enero)*
- En Sudáfrica se celebra un **referéndum para refrendar la política** *antiapartheid* del gobierno de F. DE KLERK. Los partidarios de las reformas consiguen el 68,7% de los votos. *(18 Marzo)*

- Reunión de los presidentes de los parlamentos de la **Comunidad de Estados Independientes (CEI)** para intentar salvar la unión, ante los deseos secesionistas de las pequeñas repúblicas y de Ucrania. *(27 Marzo)*
- La **Liga Norte**, coalición de partidos nacionalistas del norte de Italia, consigue un resultado espectacular en las elecciones generales. *(5 Abril)*
- Afganistán: la **guerrilla islámica entra en la capital, Kabul,** y pone fin al régimen establecido por los soviéticos. Sin embargo, de inmediato comienzan los conflictos entre las distintas facciones de los vencedores. *(28 Abril)*
- **Dinamarca rechaza en referéndum,** por una amplia mayoría, los acuerdos de Maastricht. *(2 Junio)*
- El presidente francés **F. MITTERRAND visita Sarajevo** cercada por la artillería servia, poco después de que el control del aeropuerto haya caído en manos de las fuerzas de la ONU. *(28 Junio)*
- Perú: detenido el líder del grupo guerrillero **Sendero Luminoso,** A. GUZMÁN. *(12 Setiembre)*
- El gobierno de Israel que lidera el laborista Y. RABIN **expulsa a Líbano a cuatrocientos palestinos** pertenecientes o cercanos al movimiento radical islámico Hamas. Rechaza-

(Continúa)

◀ *La vida sigue entre los escombros de las calles de El Cairo después del devastador terremoto que sufrió la capital egipcia el día 12 de octubre.*

▼

Una nueva catástrofe ecológica: el petrolero Mar Egeo, *embarrancado e incendiado frente a la Torre de Hércules, en A Coruña (España).*

general, marcando la pauta a través de la visualización continua de la tragedia, provocó un flujo impresionante de solidaridad por parte de los pueblos ricos del norte, canalizado con celeridad por los que pronto se habían de convertir en los nuevos héroes, las organizaciones humanitarias, tanto las no gubernamentales como las dependientes de la ONU o de cualquier Estado. La controvertida intervención militar de la ONU al objeto de posibilitar la distribución de tal ayuda iba a terminar sin embargo en un estruendoso fracaso, ante la enconada resistencia de los clanes somalíes a toda intervención militar exterior. ■

Instantáneas *(continuación)* 1992

dos por el gobierno libanés, estos palestinos se ven obligados a acampar en la línea fronteriza entre ambos países. *(16 Diciembre)*

- En el sudeste de Turquía, un **alud causa más de 300 víctimas.** *(1 Febrero)*
- Se celebra en Berlín una **conferencia internacional destinada a impedir la utilización de los clorofluorocarburos,** causantes de la descomposición de la capa de ozono y del efecto invernadero. *(24 Febrero)*
- El Congreso Mundial de Parques Naturales y Áreas Protegidas, celebrado en Caracas bajo el lema **"Parques para la vida",** propone duplicar los espacios protegidos en todo el mundo en el próximo decenio. *(Febrero)*
- La policía francesa detiene a la **cúpula dirigente de ETA** en Francia. Destaca la detención de F. MÚGICA GARMENDIA *Artapalo,* número uno de la organización terrorista. *(29 Marzo)*
- Abre sus puertas el parque temático **Eurodisney** en Marne-la-Vallée, a 32 km de París. *(12 Abril)*
- Estados Unidos crea un puente aéreo para llevar **alimentos a Somalia.** La acción se sitúa dentro de las operaciones de intervención llevadas a cabo por la ONU en este país africano, castigado por una guerra civil endémica. *(28 Agosto)*
- El **petrolero** *Mar Egeo* embarranca frente a la costa de A Coruña (España), produciendo una espesa nube de humo negro que cubre la ciudad. *(3 Diciembre)*

- Mueren más de 250 personas al estrellarse un **Boeing 747** israelí contra un edificio en un suburbio de Amsterdam. *(4 Octubre)*
- Egipto: un **violento terremoto** causa en El Cairo centenares de víctimas, destroza numerosas viviendas y daña la estructura de algunas pirámides y otros monumentos milenarios. *(12 Octubre)*
- Desde hoy las **mujeres tienen acceso al sacerdocio** en la Iglesia anglicana. *(11 Noviembre)*
- Estados Unidos envía **marines a Somalia en misión humanitaria.** Su intervención, a causa del caos que vive el país, acabará en un rotundo fracaso. *(9 Diciembre)*

- El F.C. Barcelona consigue su primera Copa de Europa de fútbol al vencer a la Sampdoria italiana por 1-0 en el estadio británico de Wembley.
- La selección estadounidense de baloncesto, conocida como el **"Dream Team",** se convierte en la gran estrella de las Olimpiadas de Barcelona-92, con un equipo irrepetible en el que figuran las mayores estrellas de la NBA, lideradas por MICHAEL JORDAN, LARRY BIRD y "MAGIC" JOHNSON. Estados Unidos debuta en el torneo con una victoria por 116 a 48 sobre Angola, y después de ganar todos sus encuentros por 40 o más puntos de diferencia, concluye imponiéndose en semifinales a Lituania por 127 a 76, y en la final a Croacia por "sólo" 32 puntos: 117 a 85.

- El piloto español **C. SÁINZ** consigue su segundo título mundial de rallies.

- «Una peligrosa feminista ha llegado a la Casa Blanca.» P. BUCHANAN, congresista republicano, a propósito de HILLARY RODHAM, esposa de Bill Clinton, el nuevo presidente de Estados Unidos.

- **NÉSTOR ALMENDROS,** cineasta español. *(4 Marzo)*
- **ANTONIO MOLINA,** cantante español. *(18 Marzo)*
- **JUAN GARCÍA HORTELANO,** escritor español. *(3 Abril)*
- **ISAAC ASIMOV,** escritor estadounidense de origen ruso. *(6 Abril)*
- **SATYAJIT RAY,** director de cine indio. *(23 Abril)*
- **MARLENE DIETRICH,** actriz alemana. *(6 Mayo)*
- **ATAHUALPA YUPANQUI,** cantantautor argentino. *(23 Mayo)*
- **JOSÉ MONGE, CAMARÓN DE LA ISLA,** cantaor gitano y uno de los grandes renovadores del cante flamenco. *(2 Julio)*
- **ANTHONY PERKINS,** actor estadounidense. *(13 Setiembre)*
- **WILLY BRANDT,** ex canciller de Alemania. *(8 Octubre)*
- **PETRA KELLY** y su compañero **GERD BASTIAN,** fundadores del Partido Verde alemán, se suicidan. *(19 Octubre)*
- **LUIS ROSALES,** poeta español. *(24 Octubre)*

1993

Fallecen Nuréiev y Gillespie
6 ENERO

En el mismo día fallecen el bailarín de origen ruso Rudolf Nuréiev (1938-1993) y el trompetista estadounidense *Dizzy* Gillespie (1917-1993). Rudolf Nuréiev, considerado el sucesor del gran Nijinski y que formó con la británica Margot Fonteyn acaso la pareja de ballet más celebrada del siglo XX, muere en París víctima del sida. Su última aparición pública tuvo lugar en 1992 cuando presentó en la Ópera Garnier de París su producción *La bayadera*. También muere en Nueva York John Birks *Dizzy* Gillespie, que con Charlie Parker había sentado las bases de la revolución *bop* en el jazz.

Atentados terroristas en Nueva York y Londres
26 FEBRERO Y 24 ABRIL

Terroristas islámicos hacen estallar un coche bomba en el aparcamiento del World Trade Center de Nueva York y los del IRA otro en el corazón financiero de la capital británica. La explosión en las famosas torres gemelas neoyorquinas causa cinco muertos y más de mil heridos; y la de Londres, que abre un cráter de 12 m, un muerto y 40 heridos además de pérdidas económicas multimillonarias.

Andreotti acusado de connivencia con la mafia
27 MARZO

El dirigente de la Democracia Cristiana italiana Giulio Andreotti (n. 1919) es acusado de corrupción y de connivencia con la Mafia. Andreotti, una de las figuras clave de la política italiana de los últimos veinte años, ha resultado implicado como consecuencia de una vasta operación de limpieza de la vida pública impulsada por cuatro magistrados, la operación *Manos Limpias*. Junto a Andreotti, decenas de dirigentes políticos y personajes públicos de Italia son señalados como sospechosos de corrupción.

Suicidio masivo en Estados Unidos
19 ABRIL

El asedio policial al rancho de una secta religiosa culmina en tragedia, en la localidad texana de Waco. Mientras 400 agentes del FBI se disponían a asaltar el rancho Monte Carmelo, donde desde hace 51 días se hallaban atrincherados David Korech y sus seguidores, dos miembros de la secta han incendiado el edificio. Korech, un individuo de 33 años que se creía Jesucristo, había ordenado perecer antes que entregarse. Junto al mesiánico guía mueren 86 de sus seguidores, entre ellos 17 niños, sin que las fuerzas policiales puedan evitarlo.

Tropas de la ONU intervienen en la guerra de Somalia
12-17 JUNIO

La muerte de 15 somalíes a manos de cascos azules paquistaníes arrojan serias dudas sobre el carácter pacificador de la operación *Devolver la esperanza*. Seis meses después de llegar a Somalia con el propósito de acabar con el hambre y la violencia generada por los bandidos y los *señores de la guerra*, las tropas de la ONU han intervenido en el conflicto, provocando numerosos muertos y heridos, muchos de ellos civiles, al intentar apresar al jefe rebelde Muhammad Farah Aidid. Asimismo, cascos azules canadienses e italianos aparecen presuntamente implicados en actos de brutalidad con los nativos.

Rudolf Nuréiev en la Ópera de París en la presentación de La bayadera, *su última coreografía y también su última aparición en público.*

Bruguera gana el Roland Garros
6 JUNIO

El tenista español Sergi Bruguera se adjudica el torneo de Roland Garros. Bruguera logra su primer título de Grand Slam al vencer al estadounidense Jim Courier en la final del torneo más importante del circuito internacional en tierra batida, en un apasionante partido que dura casi cuatro horas. Bruguera, el tercer español después de Manuel Santana y Andrés Gimeno en ganar el Roland Garros, vence este año en cinco torneos, uno de ellos en pista rápida, y se coloca en el cuarto puesto en la lista de la ATP de los mejores jugadores del mundo. ➡ **1994**

Serguéi Bubka se despega del suelo
AGOSTO

El ucraniano Serguéi Bubka consigue el oro en la prueba de salto con pértiga de los Campeonatos Mundiales de Stutt-

Mario Andreotti o la mirada de la "esfinge". ¿Culpable o inocente de connivencia con la Mafia?

◀ *Fuerzas multinacionales de las Naciones Unidas, en Somalia. Fue tan grande la expectación con la que fueron recibidas, como la decepción que dejaron a su partida.*

▲
Bombardeo del Parlamento de Rusia, en Moscú, donde se habían encerrado los diputados hostiles a Yeltsin. La grave crisis institucional concluyó con el refuerzo de los poderes del presidente.

Serguéi Bubka siguió durante años la táctica de batir el récord del mundo de salto de pértiga centímetro a centímetro, para acumular el máximo de premios en metálico ofrecidos por los organizadores. Una lesión en el talón le impediría llegar a su verdadero límite, que los expertos sitúan en torno a los 6,25 metros.

Toni Morrison, premio Nobel de Literatura y abanderada, con Alice Walker, de una nueva generación de grandes escritores afroamericanos. ▶

gart, con un salto de 6 m. Su victoria no es ninguna sorpresa. Fue el primer saltador capaz de superat una altura de 6 m (en 1985), ha vencido en los cuatro Campeonatos Mundiales celebrados hasta la fecha, y ha batido el récord mundial de salto con pértiga en un total de 34 ocasiones, 17 en pista cubierta y otras 17 al aire libre.

Israel y Palestina pactan la paz en Washington
13 SETIEMBRE

El palestino Yaser Arafat y el israelí Yitzhak Rabin se estrechan la mano en la Casa Blanca ante el presidente estadounidense Bill Clinton. Con este gesto culminan dos años de intensas y difíciles negociaciones, muchas veces interrumpidas por atentados, asesinatos y deportaciones, que se iniciaron en la Conferencia de Madrid de 1991 y cuya última etapa se verificó en París. El proceso de paz que se inicia y la puesta en práctica de los acuerdos alcanzados encontrará serios obstáculos ante el manifiesto rechazo de los extremistas de uno y otro bando.   ➡ 1994

De Klerk y Mandela reciben el Nobel de la Paz
15 OCTUBRE

Frederik de Klerk y Nelson Mandela son galardonados con el premio Nobel de la Paz por el impulso decisivo que ambos han dado al proceso que pondrá fin al régimen racista en Sudáfrica. Desde el poder y desde la oposición, De Klerk y Mandela han aunado sus esfuerzos en la lucha por la libertad y la igualdad en la sociedad sudafricana y la participación activa de la población negra en el gobierno del país. En este sentido, el próximo 27 de abril los negros sudafricanos participarán por primera vez en la historia en unas elecciones legislativas.   ➡ 1994

Asalto al Parlamento ruso
4 OCTUBRE

La toma del Parlamento ruso por el ejército y el desalojo de los parlamentarios se salda con decenas de muertos y heridos. Los parlamentarios rusos,

apoyados en la Constitución heredada del régimen soviético, se habían erigido en un serio obstáculo para los proyectos de reforma auspiciados por el presidente Boris Yeltsin. Por esta razón y a pesar de la anticonstitucionalidad de la medida, Yeltsin disolvió el Parlamento y convocó nuevas elecciones. Los parlamentarios opuestos a Yeltsin, encabezados por el presidente del Parlamento Ruslán Jasbulátov y por el anterior primer ministro Alexander Rutskoi, se encerraron en el edificio de la Duma y destituyeron a su vez al presidente, pero han sido violentamente desalojados por el ejército.   ➡ 1994

El Nobel de Literatura para Morrison
8 OCTUBRE

Toni Morrison (n. 1942) es distinguida con el premio Nobel de Literatura. La escritora afroamericana obtiene el galardón internacional por la calidad de su narrativa, centrada en la problemática de las comunidades negras de Estados Unidos. Entre sus novelas más importantes, caracterizadas por una gran intensidad metafórica, figuran *Sula, La canción de Salomón, Beloved,* por la que recibió el premio Pulitzer, y *Jazz.*

Atentado contra Monica Seles
30 ABRIL

La tenista servia Monica Seles es atacada en Alemania por un fanático. En un descanso del partido que Seles disputa con la alemana Steffi Graf, un desequilibrado admirador de esta última le clava un cuchillo en la espalda. Tras ser arrestado, el agresor declara a la policía que lo ha hecho para apartar a Monica Seles de las pistas y permitir así que Graf recupere el primer puesto entre las mejores del mundo.

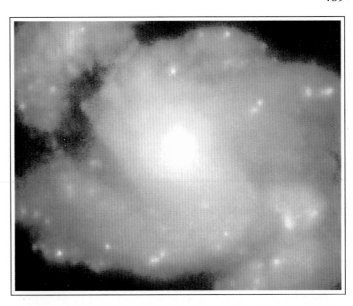

Madonna inicia una gira mundial
26 SETIEMBRE

La cantante Madonna (n. 1959) inicia una gira mundial con *Girlie show*, que incluye una provocativa puesta en escena. La cantante y actriz estadounidense recrea a modo de espectáculo musical una especie de orgía sexual, en la línea del disco *Erotica* y del libro de fotografías de carácter pornográfico *Sex*, que había publicado el año anterior. La opinión de la Iglesia católica sobre Madonna es más bien negativa y en algunos aspectos condenatoria.

Centenario de Joan Miró
21 ABRIL

Con la antológica *Joan Miró 1893-1993* comienzan en Barcelona, España, los actos que conmemoran el centenario del célebre pintor. La muestra antológica que se inaugura en la Fundación Miró constituye el acto central de las celebraciones. Asimismo, el Museum of Modern Art (MOMA) de Nueva York se suma al año mironiano con otra gran exposición que se inaugurará el próximo mes de octubre.

Los homosexuales ingresan en el ejército de Estados Unidos
25 ENERO Y 25 ABRIL

El Pentágono reacciona contra la decisión de Bill Clinton de reconocer el derecho de ingresar en el ejército a los homosexuales. En una decisión polémica, el presidente de Estados Unidos ha reconocido a los homosexuales el derecho de ingresar en las fuerzas armadas, con la condición de que no hagan muestras públicas de su inclinación sexual. Paralelamente a la oposición del Pentágono, los homosexuales reciben el apoyo de un millón de personas que se manifiestan en Washington.

Se prorroga la veda de la ballena
14 MAYO

La Comisión Ballenera Internacional (CBI) prorroga un año más la moratoria que prohíbe cazar ballenas. No obstante la oposición de Noruega y Japón, la CBI aprueba por mayoría prohibir un año más la caza de la ballena con fines comerciales, y mantiene la moratoria de protección del más grande de los mamíferos que habitan el planeta. Los balleneros japoneses han acatado la prohibición, no así los noruegos, que continúan la caza por su cuenta. La CBI sigue estudiando la propuesta francesa de convertir la Antártida en un santuario ballenero.

Novedades cosmológicas
23 ABRIL

Además de la obtención de una imponente imagen del aspecto del Universo primitivo, el satélite estadounidense COBE lleva a cabo importantes observaciones de las profundidades del cosmos, brindando una infinidad de datos que permiten mejorar el conocimiento de los cuerpos que lo pueblan. Entre esos datos destaca la detección experimental del efecto de lente gravitatoria predicho por A. Einstein a principios

de siglo y consistente en la curvatura de los rayos de luz procedentes de un cuerpo lejano a causa de la presencia de un campo gravitatorio intenso que, como una lente, modifica el aspecto de dicho objeto. ➡ **1996**

Imágenes de una nebulosa enviadas por el telescopio espacial Hubble antes y después de la rectificación, realizada en órbita, del defecto de uno de los espejos.

Reparación en órbita

Desde su puesta en órbita (24 de abril de 1990) el telescopio espacial Hubble, que había generado tantas esperanzas en la comunidad científica internacional, ha mostrado diversos problemas que ahora se intentan reparar en órbita con la ayuda del transbordador espacial estadounidense. Entre los diversos problemas que lo aquejan está la "miopía" que sufre por un defecto de fabricación del espejo principal. Gracias al éxito de la reparación, a partir de 1994 el Hubble enviará las imágenes más espectaculares jamás obtenidas de diversos objetos celestes.

◀ *Louise Ciccone, "Madonna", durante una actuación en directo. La estrella estadounidense de origen italiano cultivó un "pop" pegadizo que adornó con una puesta en escena provocativa y una actuación descarada y sensual.*

Paz y patria para los palestinos

Algunos países del antiguo bloque del Este superan en 1993 los problemas existentes y se incorporan, no sin dificultades, a la evolución normal de las sociedades occidentales; pero la nueva Rusia se sumerge cada vez más, ante la preocupación del resto del mundo, en una vorágine de inestabilidad política. Una situación de mayor gravedad aún se vive en el mundo islámico, donde la llegada de la paz a Palestina se ve empañada por el devenir de unas sociedades inmersas en una dinámica marcada por el recurso a la violencia de los grupos islamistas más radicales y la respuesta represiva del Estado.

GUERRA Y PAZ EN EL MUNDO ÁRABE

Dos tendencias contrapuestas determinaban el devenir del mundo árabe en 1993. Convertido en uno de los grandes focos recurrentes de tensión mundial desde la segunda mitad del siglo XX, se debatía entre los tanteos de un novedoso camino hacia la paz y el recrudecimiento de la violencia, ligada en la década de 1990 a la expansión del integrismo religioso. Tras la Cumbre de Madrid de octubre de 1991 y los contactos paralelos y secretos llevados a cabo en Oslo, culminó en 1993 el proceso de negociaciones entre judíos y palestinos con la firma de los acuerdos de paz de Washington, que pusieron fin a más de cuatro décadas de guerra entre los dos pueblos. Bajo la consigna "paz por territorios", los eternos enemigos, enfrentados desde la partición de Palestina al término de la Segunda Guerra Mundial, buscaron la conciliación a partir de una flexibilización de sus respectivas posturas: los árabes respondieron positivamente a las exigencias de seguridad por parte del Estado de Israel, y los judíos accedieron a las necesidades de tierra y a la demanda de autodeterminación del pueblo palestino. El tratado había de entrar en vigor en octubre, y en principio sólo afectaba a la franja de Gaza y la circunscripción de Jericó. Preveía la retirada paulatina y total de los israelíes de los territorios ocupados de Gaza y Cisjordania, así como el establecimiento de un plazo para la elección de un Consejo Palestino que gobernara la zona y la definición del estatuto definitivo de los territorios administrados por los palestinos.

▲

Un momento histórico: Itzhak Rabin y Yasser Arafat se estrechan la mano en presencia del presidente estadounidense Bill Clinton, después de la firma del acuerdo de paz entre israelíes y palestinos.

Guerrillero del Frente Islámico de Salvación en Argelia. La intervención militar para impedir la victoria electoral del FIS dividió profundamente al país y empujó a los integristas islámicos hacia la vía de la violencia.

La paz comenzaba a germinar en el Próximo Oriente, tan castigado en los últimos decenios por la guerra y la violencia. Sin embargo, los sectores de la ortodoxia judía y los colonos hebreos en los territorios ocupados se opusieron a la paz, como lo demostró a lo largo del año su creciente hostilidad hacia los árabes e incluso hacia el propio Estado judío, que culminaría con el asesinato del primer ministro israelí Yitzhak Rabin a manos de un extremista hebreo en 1995. En el otro extremo, la paz fue saludada el mismo día de su consecución por los islamistas de Hamas con una

huelga general de protesta, masivamente seguida en la franja de Gaza, lo que venía a demostrar no sólo la firme oposición de los integristas islámicos al proceso de paz, sino el fuerte respaldo social con que contaban en el seno de la población palestina de los territorios ocupados.

La violencia islamista no iba a cebarse únicamente en el Estado de Israel y en la búsqueda por parte de la OLP de una paz negociada. Una oleada de integrismo religioso recorrió el mundo árabe en el transcurso de la década de 1990. La crisis económica, la corrupción y la falta de democra-

Fundamentalistas egipcios, encarcelados en El Cairo a la espera de ser juzgados por un tribunal militar.

cia de muchos países islámicos habían propiciado la rápida expansión del fundamentalismo. El año fue especialmente grave para dos países, Egipto y Argelia, en los que la ofensiva terrorista de los grupos islamistas radicales alcanzó su máxima entidad.

En Argelia, la intervención militar había paralizado a principios de 1992 las primeras elecciones libres de la historia argelina, en cuya primera vuelta los islamistas del FIS habían obtenido una victoria abrumadora. La actitud del poder radicalizó las posturas y dio alas a los sectores más extremistas del islamismo argelino. Desde ese momento el país se vio envuelto en una guerra abierta entre el Estado y los grupos armados integristas, con una reiterada sucesión de atentados contra los intereses y personas occidentales asentados en el país.

En Egipto, las organizaciones islamistas radicales comenzaban a poner en serio peligro la estabilidad política y económica del país con el recrudecimiento de la ofensiva violenta emprendida contra objetivos turísticos en 1992. Al parecer, sectores del islamismo egipcio se encontraban también detrás de uno de los atentados más sangrientos acaecidos en Estados Unidos en las últimas décadas. En febrero de 1993 una bomba de 100 kilos estalló en el aparcamiento de las Torres gemelas del World Trade Center de Nueva York, provocando la muerte de siete personas y más de mil heridos, y generando el caos en la ciudad de los rascacielos.

SUPERPOTENCIAS CON DESTINOS CONTRAPUESTOS

Las dos superpotencias antaño enfrentadas tomaron en 1993 muy diferentes caminos. En Estados Unidos, donde la economía empezaba a mostrar síntomas de recuperación, dio comienzo una nueva era demócrata que puso fin a la hegemonía republicana de los últimos años. En medio de sonados festejos que tiñeron de colorido la Casa Blanca, en enero tomó posesión de la presidencia del país Bill Clinton, antiguo gobernador de Arkansas, que con un discurso nacionalista y marcadamente más social trató de infundir optimismo a la nación, enfatizando su voluntad de renovación.

Mientras, la nueva Rusia se veía las caras con los fantasmas del pasado y con nuevas tentaciones autoritarias. Encabezadas por el presidente del Parlamento, Ruslán Jasbulátov, las fuerzas del pasado se atrincheraron en el Soviet Supremo de la Federación Rusa, desde el que rechazaron las pretensiones del presidente Boris Yeltsin de establecer una nueva constitución presidencialista que fortalecería su poder, y que el Soviet concebía como un auténtico golpe de Estado en la sombra. La pugna pareció finalizar con la disolución del Parlamento en setiembre. Sin embargo, el encierro de los diputados en el edificio del legislativo obligó a Yeltsin en octubre a recurrir a su desalojo por la fuerza, contando para ello con la intervención del ejército, que tras doce horas de duros combates ocupó la sede del Parlamento.

Yeltsin fue el gran beneficiado; los sucesos le facilitaron un excelente pretexto para consolidar su política presidencialista. En efecto, a pesar de la oposición de muchas de las repúblicas de la Federación, que veían sus derechos nacionales en peligro, en diciembre fue aprobada la nueva Carta Magna en referéndum. La nueva Constitución otorgaba amplios poderes al jefe de Estado, que podía impugnar las decisiones de la Asamblea General o Parlamento además de estar facultado para formar y disolver el gobierno. A pesar de su victoria, Yeltsin sufrió un duro revés en las elecciones parlamentarias celebradas ese mismo día, con el triunfo con casi el 25% de los votos del ultraderechista Vladimir Zhirinovski, líder del ultranacionalista Partido Liberal Democrático, que había sabido canalizar el descontento de la población ante la grave situación social y económica imperante.

LA INDUSTRIA DE HOLLYWOOD

Como todos los años, Hollywood volvió en marzo a recrearse en sí mismo con la ceremonia de concesión de los Óscares de la Academia, la gran fiesta del cine mundial. Los premios se convirtieron en

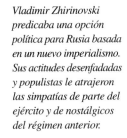

Vladimir Zhirinovski predicaba una opción política para Rusia basada en un nuevo imperialismo. Sus actitudes desenfadadas y populistas le atrajeron las simpatías de parte del ejército y de nostálgicos del régimen anterior.

◄ *Los años noventa mantienen en líneas generales el* look *femenino de la* businesswoman, *pero dulcifican los rasgos de la década anterior: cabello más largo, vuelta al escote, ojos y labios resaltados.*

Fotograma del largometraje Parque Jurásico, *ejemplo de cine concebido como una gran operación económica al servicio del entretenimiento familiar.*

un gran espectáculo, que llegaba a todos los hogares del mundo a través de la televisión, y en el que se daban cita las estrellas del séptimo arte, rodeadas de lujo y de glamour. Convertido en una industria cada vez más floreciente y dominada por los estadounidenses, que exportaban al resto del mundo sus grandes superproducciones, el cine encontró en la concesión de los

Óscares un punto de referencia que contribuía en gran medida a su promoción y desarrollo. En 1993 se constató la resurrección del western de la mano de Clint Eastwood, que ahora como director recibió el Óscar a la mejor película por su filme *Sin perdón*, protagonizado por él mismo. Destacó igualmente el Óscar honorífico a Federico Fellini por toda su carrera.

Otro gran ejemplo de la capacidad de penetración de la industria cinematográfica estadounidense y de su espectacularidad y atractivo potencial, fue el estreno en junio de *Parque Jurásico* de Steven Spielberg, un alarde de efectos especiales que puso de moda en todo el mundo a los dinosaurios. La película trajo aparejado un montaje económico de primera magnitud, mostrando a

Instantáneas
1993

- Inauguración de una parte de la **Colección Thyssen-Bornemisza**, fundamentalmente compuesta por pintura de carácter religioso, que quedará albergada en el Monasterio de Pedralbes de Barcelona. *(23 Setiembre)*

- D. ELFMAN compone la banda sonora de *Pesadilla antes de Navidad*, una curiosa cinta de animación producida por TIM BURTON.
- G. FENTON compone la música, de un contenido lirismo, de la película *Tierras de penumbra*, de R. ATTENBOROUGH.

- M. DELIBES recibe el premio Cervantes por el conjunto de su obra. *(1 Diciembre)*
- *Leviatán*, del novelista estadounidense P. AUSTER, insiste en las coordenadas de la obra anterior del autor: el azar como arquitecto de la personalidad, la búsqueda de la identidad, las redes sutiles del destino.
- J.C. ONETTI sorprende con *Cuando ya no era importante*, una aventura de contrabandistas.
- *El embrujo de Shanghai*, de J. MARSÉ, recrea un mundo de vencidos en la España de la posguerra.
- M. VARGAS LLOSA publica *Lituma en los Andes*, que obtiene el premio Planeta, y *El pez en el agua*, un volumen de reflexión autobiográfica.

- *Azul*, primera parte de la trilogía *Tres colores* realizada por el maestro polaco K. KIESLOWSKI, sobre los tres pilares de la Revolución francesa: libertad, igualdad, fraternidad. Está protagonizada por J. BINOCHE.

- *La lista de Schindler*, dura película filmada en blanco y negro, sobre la persecución de los judíos y su exterminio en los campos de concentración por el régimen nazi. Obra maestra de su director, STEVEN SPIELBERG, conseguirá siete Óscares en 1994.
- R. ALTMAN consigue en *Vidas cruzadas* una fascinante película coral.
- *Philadelphia,* protagonizada por TOM HANKS (Óscar al mejor actor) y ANTONIO BANDERAS, pone sobre la mesa la problemática del sida. La canción *Streets of Philadelphia*, de BRUCE SPRINGSTEEN, recibirá el Óscar a la mejor canción original en 1994.
- El filme *El piano*, de la realizadora neozelandesa J. CAMPION, gana la Palma de Oro del Festival de Cannes. Uno de sus principales atractivos es su banda sonora, compuesta por M. NYMAN. *(24 mayo)*

- El general francés PH. MORILLON, comandante de la fuerza de intervención de la ONU en Bosnia-Herzegovina, decide permanecer en Srebenica hasta la **llegada a la ciudad de la ayuda humanitaria**, bloqueada por las milicias servias. *(12 Marzo)*
- En Francia, **se impone en las elecciones legislativas el partido gaullista Rassemblement pour la République**. É. BALLADUR es nombrado primer ministro. *(28 Marzo)*
- Argelia: la escritora y periodista TAHAR DJAOUT es asesinada por un comando integrista. Este hecho coincide con la condena a muerte de treinta y ocho acusados de haber participado en un atentado con bomba en el aeropuerto de Argel en 1992. *(26 Mayo)*
- R. DE LEÓN CARPIO nuevo presidente de Guatemala en sustitución de J. SERRANO ELÍAS, de-

puesto tras el fracaso del autogolpe que intentó dar desde el poder. *(6 Junio)*
- G. SÁNCHEZ DE LOZADA elegido presidente de Bolivia tras las elecciones legislativas y presidenciales. *(6 Junio)*
- TANSU ÇILLER, del Partido de la Recta Vía, primera mujer jefa de gobierno de Turquía. *(13 Junio)*
- S. MILOSEVIC, presidente de Servia, y F. TUDJMAN, presidente de Croacia, partidarios de la **división de Bosnia-Herzegovina en tres comunidades étnicas**, plan que rechaza el presidente bosnio A. IZETBEGOVIC. La propuesta de los mediadores internacionales otorga el 52,5% del territorio a los servios, el 30% a los croatas, y el 17,5% a la comunidad musulmana. *(15 Junio y 20 Agosto)*
- El ex nazi J. I. DEMJANJUK, condenado a muerte en 1988 por sus supuestos crímenes contra la humanidad, cometidos en el campo de concentración de Treblinka, es liberado ante la fragilidad de las pruebas acusatorias. *(29 Julio)*
- **Gran Bretaña refrenda los acuerdos del Tratado de Maastricht** en un clima de general escepticismo, no exento de polémicas entre los diferentes grupos políticos. *(2 Agosto)*
- Destitución del presidente de Venezuela C.A. PÉREZ, procesado por un delito de corrupción. *(31 Agosto)*
- **Los últimos soldados rusos abandonan Lituania**, con lo que este país recupera su independencia. *(31 Agosto)*
- BENAZIR BHUTTO recupera el poder en Pakistán, tras imponerse su formación en las elecciones legislativas a la Liga musulmana de NAWAZ SHARIF. *(6 Octubre)*

(Continúa)

◄ *El Cáucaso volvió a convertirse en un "punto caliente" del planeta. En la imagen, tropas del ejército de Georgia en lucha con los nacionalistas de Abjasia.*

Manifestación de jóvenes neonazis en Alemania. La crisis económica posterior a la unificación trajo un rebrote de posturas xenófobas.

las claras que el cine de la década de 1990 se había convertido en uno de los más llamativos y tentadores productos que se ofrecían al público consumidor. Paralelamente a su estreno, precedido de una impresionante campaña publicitaria, se impulsó una amplia operación comercial de ámbito mundial, en la que se promocionaron los más variados productos relacionados con el mundo de los dinosaurios e incluso de la prehistoria en general: a la vez que proliferaban exposiciones y museos al respecto, salían al mercado todo tipo de libros sobre el tema –desde los de carácter científico hasta los más simples cuadernos infantiles para colorear–, prendas de vestir decoradas con diferentes especies de dinosaurios, y los más diversos artículos de juguetería. ■

Instantáneas *(continuación)*

- Paraguay: **J.C. Wasmosy**, del conservador Partido Colorado, vence en las elecciones y se convierte en el primer civil que asume la presidencia del gobierno, tras más de cuarenta años de hegemonía militar.
- **Enfrentamientos en Georgia entre los nacionalistas** de Z. Gamsajurdia y los partidarios del presidente E. Shevardnadze. *(6 Noviembre)*
- **Separatistas de Cachemira**, atrincherados en Haszrat-Bal, se rinden a las tropas indias, después de un mes de sitio. *(15 Noviembre)*
- **E. Frei Ruiz-Tagle** sustituye al también democristiano P. Aylwin en la presidencia de Chile, tras vencer en la elecciones generales. *(11 Diciembre)*
- Los partidos ultranacionalistas rusos, como el que lidera V. Zhirinovsky, **experimentan un fuerte incremento** en las elecciones legislativas. *(12 Diciembre)*
- **J. Major** y **A. Reynolds**, presidentes del Reino Unido e Irlanda, firman una declaración para poner fin a la violencia del Ulster. *(15 Diciembre)*
- Firma del acta final del **Acuerdo General sobre Aranceles y Comercio (GATT)**. A partir de 1995 la institución pasará a dotarse de una estructura estable y a denominarse Organización Mundial del Comercio. *(15 Diciembre)*

- El petrolero *Braer* embarranca en las costas de las islas Shetland (Reino Unido), provocando un **desastre ecológico**. *(5 Enero)*
- El Reino Unido, conmocionado por el **secuestro y muerte de un niño de dos años** a manos de otros dos de 10 años de edad. *(12 Febrero)*

- **México**: el asesinato del arzobispo de Guadalajara, J.J. Posadas Ocampo, en el aeropuerto de la ciudad, enfría las relaciones del gobierno con el Vaticano, restablecidas en 1992. *(24 Mayo)*
- Un **atentado terrorista** en Florencia destruye destacadas obras de arte de la Galería de los Uffizi. *(27 Mayo)*
- **Boda imperial en Japón**: el príncipe heredero del trono, Naruhito, contrae matrimonio con la diplomática Masako Owada. *(9 Junio)*
- Se intensifica en Alemania la **violencia xenófoba y racista** de los grupos neonazis y skinheads. *(Junio)*
- La ONU redacta un **informe sobre las grandes migraciones** producidas por la guerra. *(6 Julio)*
- Miles de agricultores se manifiestan en **Buenos Aires** contra del plan económico del gobierno de C.S. Menem. *(27 Julio)*
- **Manifestación en Milán** en apoyo de los jueces de la operación "Manos Limpias" contra la Mafia y la corrupción. *(30 Julio)*
- La escritora de Bangla Desh T. Nasreen, defensora de la igualdad de la mujer en la sociedad musulmana, es **condenada por criticar las leyes coránicas**. *(24 Setiembre)*
- Un **terremoto** en el centro-sur de la India causa 10 mil víctimas mortales. *(30 Setiembre)*
- **Grandes incendios** devastan la periferia de Los Ángeles y destruyen lujosas mansiones de actores y cineastas en Laguna Beach y Malibú. *(Octubre-Noviembre)*
- El nuevo **Catecismo de la Iglesia Católica**, publicado en 1992, bate el récord de ventas en 1993.
- **Nuevo perfume** de J.P. Gaultier presentado en un envase de cristal que semeja una mujer encorsetada.

- **Argentina** se impone a México por 2 a 1 en la final de la Copa América de fútbol.
- El ciclista español **M. Induráin** gana su segundo Giro de Italia y su tercer Tour de Francia.

- «El día que Turquía forme parte de Europa, su puerta oriental, será la barrera contra el integrismo.» T. Çiller, nueva primera ministra de Turquía.
- «Puede pasar de todo menos que yo viole la Constitución.» C.A. Pérez, destituido por el Congreso de la presidencia de Venezuela.
- «Los manejos de la industria terminarán matando al rock. Por eso le digo a la gente que lo aprovechen antes de que se enfríe.» El músico de rock F. Zappa en una entrevista poco tiempo antes de fallecer.

- **Audrey Hepburn**, actriz estadounidense. *(20 Enero)*
- Don **Juan de Borbón**, conde de Barcelona, padre del rey Juan Carlos I de España. *(1 Abril)*
- **Mario Moreno** "Cantinflas", actor cómico mexicano. *(21 Abril)*
- **Rosendo Esquina**, patriarca indígena salvadoreño, a los 117 años. *(26 Abril)*
- **Pierre Bérégovoy**, ex primer ministro socialista francés, se suicida. *(1 Mayo)*
- **Balduino I**, rey de Bélgica. *(31 Julio)*
- **Severo Ochoa**, científico español, premio Nobel de Medicina y Fisiología en 1959. *(1 Noviembre)*
- **Federico Fellini**, cineasta italiano. *(4 Noviembre)*
- **Frank Zappa**, cantante, compositor y guitarrista estadounidense. *(4 Diciembre)*

1994

Ofensiva de la guerrilla zapatista en el estado mexicano de Chiapas. Al enfrentamiento armado inicial siguió una fase de negociación política con el Gobierno, gracias a la eficaz mediación del obispo de San Cristóbal de las Casas, Samuel Ruiz.

Estado del Gran Teatro del Liceo de Barcelona, el más importante centro operístico de España, después del incendio que lo arrasó el día 31 de enero.

Alzamiento indígena en Chiapas y magnicidio en México
1 ENERO Y 24 MARZO

Campesinos indígenas del estado de Chiapas se alzan en armas contra el gobierno mexicano. El mismo día en que entra en vigor el Tratado de Libre Comercio, macroespacio económico integrado por Estados Unidos, Canadá y México, en este último país los campesinos de Chiapas, organizados en el Ejército Zapatista de Liberación Nacional, se rebelan pidiendo democracia, tierra y justicia. Los zapatistas mantienen a raya al ejército durante dos semanas y obligan al gobierno a enviar una comisión negociadora. Las víctimas mortales ascienden a un centenar. La crisis del poder alcanza su momento más grave cuando, durante un mitin en Tijuana, es asesinado el candidato presidencial del PRI, Luis Donaldo Colosio.

Arde el Liceo de Barcelona
31 ENERO

Un espectacular incendio reduce a cenizas el Gran Teatro del Liceo de Barcelona, el más importante centro operístico de España. La chispa del soplete de un soldador que realizaba algunos trabajos en el escenario origina un pavoroso incendio que, no obstante los dispositivos de seguridad, en pocas horas destruye totalmente el emblemático teatro de ópera. Poco después, sus propietarios y las instituciones públicas acuerdan su reconstrucción, cuyo costo se calcula en casi 10 mil millones de pesetas.

Genocidio en Ruanda
6 ABRIL

La muerte de los presidentes de Ruanda y Burundi en atentado desencadena una matanza de vastas proporciones. El derribo del avión en el que viajaban el presidente ruandés, J. Habyarimana, y su homólogo burundés, induce al ejército de Ruanda, controlado por la etnia hutu, a llevar a cabo una brutal represión contra los minoritarios tutsis. Éstos reaccionan con rapidez, y la escalada de violencia se salda con cerca de un millón de muertos y el éxodo de más de tres millones de personas hacia Tanzania y Zaire.　➡ 1996

Olazábal, maestro del golf
9 ABRIL

El español José María Olazábal gana el prestigioso Masters de Augusta en Estados Unidos y se consagra como uno de los grandes de este deporte y como el relevo generacional para Severiano Ballesteros. Con un juego brillante y preciso, Olazábal confirma la extraordinaria progresión que hoy lo ha llevado a vestirse la mítica chaqueta verde que distingue a los ganadores del prestigioso torneo de golf.

Se inaugura el túnel bajo el canal de La Mancha
6 MAYO

La reina Isabel II del Reino Unido y el presidente de Francia François Mitterrand inauguran el túnel que une los dos países a través del Canal de la Mancha. La mayor obra de ingeniería del siglo XX, un túnel de 35 km de longitud excavado a 200 m de profundidad, ha costado 2 billones de pesetas. El Eurotúnel, que ha tardado siete años en construirse, permite que los trenes atraviesen el Canal en la mitad del tiempo que los transbordadores y que líneas ferroviarias de alta velocidad unan Londres, París y Bruselas en sólo tres horas.

Mandela elegido presidente de Sudáfrica
10 MAYO

Nelson Mandela obtiene una aplastante victoria en las primeras elecciones democráticas de la historia de Sudáfrica. Sus casi 30 años de cárcel y su infatigable lucha contra la segregación racial se ven compensados con el triunfo de su partido, el Congreso Nacional Africano (ANC), que obtiene el 60 por ciento de los votos. El partido Nacional (PN), del ex presidente Frederik de Klerk, consigue el 25 por ciento, y el partido de la Libertad Inkhata, del zulú Buthelezi, el 5 por ciento, porcentaje que le da derecho a participar en el gobierno.

Arafat regresa a Palestina
1 JULIO

Una gran multitud recibe al dirigente de la OLP Yasir Arafat a su llegada a Gaza, territorio ocupado desde 1967 por las fuerzas israelíes. Después de 27 años, el dirigente palestino, uno de los artífices del proceso de paz iniciado con Israel, vuelve a pisar tierra palestina en medio del júbilo de miles de compatriotas. Ya en abril pasado, en cumplimiento de los acuerdos del plan de paz, la policía palestina había comenzado por instalarse en la ciudad cisjordana de Jericó.　➡ 1995

Triunfos del tenis español
3 JULIO Y 11 SETIEMBRE

Conchita Martínez y Arantxa Sánchez Vicario obtienen sendos títulos en torneos del Gran Slam. Conchita Martínez logra el mayor éxito de su carrera al vencer a Martina Navratilova y convertirse en la primera tenista española que gana el torneo de Wimbledon. Por su

◀ Hutus fugitivos de Ruanda en un campo de refugiados. Los cuatro jinetes del Apocalipsis, guerra, peste, hambre y muerte, se abatieron sobre la región de los Grandes Lagos africanos.

parte, Arantxa Sánchez Vicario, que venía de ganar el Roland Garros, vence a Steffi Graf en la final del Open de Estados Unidos. El título masculino de Roland Garros también tiene color español, al ganar Sergi Bruguera en la final a Alberto Berasategui.

Brasil gana el campeonato mundial de fútbol
17 JULIO

La selección de Brasil es la primera en conquistar cuatro veces el Campeonato Mundial de fútbol. El equipo brasileño, en el que brillan jugadores como Romario, Bebeto y Roberto Carlos, gana la fase final del Mundial celebrado en Estados Unidos al derrotar en la final a Italia. Por primera vez en la historia de estos campeonatos, el empate del partido se deshace en la tanda de penaltis. Este Mundial ha estado marcado por el escándalo del positivo dado en un control antidoping por el jugador argentino Diego Armando Maradona y el asesinato del jugador colombiano Andrés Escobar, tras la eliminación de su selección.

III Cumbre Internacional sobre Población y Desarrollo
11-13 SETIEMBRE

Se celebra en El Cairo la III Cumbre Internacional sobre Población y Desarrollo, que la ONU organiza cada diez años. En esta ocasión el tema principal es encontrar fórmulas que detengan el crecimiento de la población mundial que, de seguir este ritmo, a mediados del siglo XXI alcanzaría unos 11 mil millones de habitantes. Las soluciones de regulación que se plantean encuentran una fuerte oposición por parte del papa Juan Pablo II, quien, en alianza con los musulmanes, acusa a la ONU de fomentar un "imperialismo demográfico". Poco después, el papa proclamará en Roma que "la familia está seriamente amenazada".

Estados Unidos interviene en Haití
19 SETIEMBRE

Tropas de Estados Unidos intervienen en Haití con la autorización de la ONU para resolver la crisis institucional del país. Ante la negativa del general Raoul Cedrás, jefe del triunvirato militar que gobierna la isla, de devolver el poder al presidente constitucional Jean-Bertrand Aristide, el presidente Bill Clinton ordena que 20 mil infantes de marina ocupen Haití. En la resolución de la crisis, que no se concretará hasta octubre, jugará un papel decisivo como negociador el ex presidente estadounidense Jimmy Carter.

Arafat, Rabin y Peres, Nobel de la Paz
5 OCTUBRE

El palestino Yasir Arafat y los israelíes Yitzhak Rabin y Shimon Peres son galardonados con el premio Nobel de la Paz. La voluntad y el empeño de estos tres hombres por superar las diferencias que mantenían en guerra a sus pueblos desde la creación del estado de Israel, en 1948, han sido reconocidos con el mayor galardón internacional. La concesión del Nobel de la Paz al líder palestino y al primer ministro y al ministro de Asuntos Exteriores de Israel supone al mismo tiempo un claro apoyo de la comunidad a un proceso que aparece plagado de obstáculos. ➡ 1995

Kenzaburo Oé recibe el Nobel de Literatura
10 DICIEMBRE

El escritor japonés Kenzaburo Oé (1935) recibe en Estocolmo el premio Nobel de Literatura. La obra de Oé, caracterizada por una prosa densa y cargada de metáforas de gran sensualidad, está profundamente comprometida con la realidad japonesa y particularmente con las secuelas que dejó en su pueblo la derrota en la Segunda Guerra Mundial. Dos de sus mejores novelas son *Una cuestión personal* y *El grito silencioso*. Su discurso de agradecimiento se titula *Literatura japonesa en el período de modernización y la Segunda Guerra Mundial y los cambios ocurridos en la posguerra*.

Manuel Patarroyo, vacuna contra la malaria

Manuel Elkin Patarroyo (n. 1946) pone a punto una nueva vacuna sintética contra la malaria. El científico colombiano, especializado en virología y director desde 1972 del Instituto Colombiano de Inmunología, ha conseguido vencer el escepti-

El ex presidente de Estados Unidos Jimmy Carter informa en Washington sobre su misión de paz en Haití. Carter negoció la marcha del país del general Cedrás y el retorno al poder del presidente electo, Jean-Bertrand Aristide.

El japonés Kenzaburo Oé, premio Nobel de Literatura.

◀ Alegría de la selección brasileña, después de proclamarse campeona en el Mundial de Estados Unidos.

Grozni, la capital de la república autónoma de Chechenia, destruida por los tanques rusos. El Cáucaso, como los Balcanes, fue una fuente inagotable de conflictos con un trasfondo a caballo entre lo étnico, lo religioso y lo político.

cismo de la comunidad científica con una vacuna no biológica, como mandaban los cánones, sino sintética, dirigida a la producción de anticuerpos en las diferentes fases del ciclo de *Plasmodium falciparum*, el protozoo causante de la malaria o paludismo. La vacuna SPf66 ha mostrado una protección del 31% al ser probada en una experiencia masiva en Tanzania, y ofrece grandes esperanzas de atajar un mal que afecta a unos 400 millones de personas y produce dos millones de muertes al año. Patarroyo ha donado la vacuna y todos los derechos inherentes a su explotación a la Organización Mundial de la Salud.

Estalla la guerra ruso-chechena
11 DICIEMBRE

El envío de tropas rusas a la república separatista de Chechenia inicia una cruenta guerra. Los musulmanes de Chechenia, país petrolero del Cáucaso, ya habían proclamado unilateralmente su independencia de Moscú en 1991, abriendo con ello un proceso marcado por la creciente tensión. Ante la imposibilidad de alcanzar una solución, Boris Yeltsin ordena intervenir al ejército, cuyos tanques atacan y entran en Groz-

Quentin Tarantino, una vida de cine y un terremoto en Hollywood. Coleccionista, actor, guionista, productor... y director de dos buenas películas, Reservoir dogs y Pulp Fiction. ▶

ni, la capital chechena. Tras los primeros enfrentamientos, Yeltsin lanza un nuevo ultimátum para el desarme y ofrece negociar sin condiciones, aunque no logra resultados efectivos y la tensión bélica continúa.

El islam contra Chanel

Unos versos del Corán bordados en el escote de un vestido de la última colección de Chanel suscitan la indignación de los musulmanes. El vestido, diseñado por el modisto Karl Lagerfeld, deja entrever a través de los versos coránicos los pechos de la modelo Claudia Schiffer. La inmediata reacción de los musulmanes y el antecedente de la condena a muerte que aún pesa sobre el escritor Salman Rushdie obligan a la firma Chanel a pedir perdón y retirar el vestido de la colección.

Pulp fiction *convierte a Quentin Tarantino en el director de moda*

Con su primera película, *Reservoir Dogs*, Quentin Tarantino realizó uno de los debuts más impactantes de la historia del cine. Convertido en un director de culto, dirige en 1994 *Pulp Fiction*. Dos atracadores de poca monta, un boxeador ventajista y el matón a sueldo de un narcotraficante, son los protagonistas de las tres historias que se entrecruzan violentamente en la película. Tarantino muestra su habilidad a la hora de construir ingeniosos

diálogos y en la dirección de actores, especialmente en el caso de John Travolta. Influido por los cómics de los años 40 (los *pulps* del título) y por el cine de John Woo, Leone, Hawks y Scorsese, entre otros, Tarantino se erige como uno de los directores más admirados por el público.

Ulysses en el Sol

La primera sonda destinada a explorar los "polos solares" invisibles desde la Tierra, la sonda estadounidense *Ulysses*, lanzada al espacio el 6 de octubre de 1990, llega a su destino después de pasar por Júpiter para adquirir el impulso necesario que la permitiera salir del plano del sistema solar y acceder de este modo a la órbita correcta. Los datos enviados por *Ulysses* permiten estudiar en profundidad el Sol y los campos que genera. ➡ **1996**

Detectado el quark top

Los científicos e ingenieros del Fermi-Lab de Chicago anuncian oficialmente la detección del sexto y último quark que cierra el modelo estándar de la materia, el quark top, cuya existencia había sido predicha ya en la década de los años 60. De las tres familias de partículas elementales, sólo una forma la materia existente en la actualidad; las otras dos existieron en el Universo primitivo y se desvanecieron cuando la temperatura y la densidad del Universo fueron suficientemente elevadas.

La dialéctica Norte-Sur: del TLC a Chiapas

El signo más llamativo de 1994 es precisamente la ausencia de transformaciones sustanciales: se mantiene la indefinición del sistema internacional. Sin embargo, la modestia de este año queda compensada por su carácter de etapa de transición. En 1994 comienzan a percibirse los primeros síntomas de la recuperación económica mundial que permitirán iniciar el año siguiente con unas magníficas tasas de crecimiento, matizables ciertamente según países y regiones.

CRECIMIENTO TERRITORIAL DE "EUROPA" Y EMPEQUEÑECIMIENTO DE RUSIA

La cuarta ampliación de la Unión Europea

En 1994 se negoció la incorporación a la Unión Europea de Austria, Suecia y Finlandia, que se haría efectiva el 1 de enero de 1995, ratificándose así el interés de la mayoría de los países europeos por formar parte de esta organización. La crisis económica internacional de los años anteriores había dado amparo a una etapa de marcado euroescepticismo, tendencia que pareció invertirse precisamente en estos momentos de evidente recuperación.

Después de las ampliaciones históricas de la Comunidad y de la Unión Europea, en 1973 con el Reino Unido, Dinamarca e Irlanda, en 1981 con Grecia y en 1986 con Portugal y España, parecía natural concebir una Europa geográficamente abierta hacia el norte. La cuarta ampliación sirvió para equilibrar la excesiva preponderancia de la Europa central y mediterránea en la Unión. Facilitó también la incorporación a Europa de un conjunto de sensibilidades propiamente nórdicas como la social, la medioambiental, o las formas de cultura democrática de raigambre ciudadana.

El año sirvió para poner a punto el proyecto de la moneda única y la convergencia práctica de las políticas económicas de los Estados miembros. Sin embargo, la débil intervención en algunos conflictos tan cercanos como el de la ex Yugoeslavia, dejó a Europa el sabor amargo de su incapacidad para articular el pilar de la política exterior común. Los periódicos enfatizaron la hazaña tecnológica que supuso la entrada en fun-

Manifestación zapatista en Chiapas: en primer plano, una figura de campesino crucificado lleva escrito en el poncho "Tierra y libertad", la consigna que hizo famosa Emiliano Zapata en la época de la Revolución.

Bill Clinton defiende en el Congreso estadounidense el "Sí" al TLC o NAFTA (North American Free Trade Agreement, *Tratado de Libre Comercio para América del Norte*).

Combatientes de Chechenia, la república caucásica decidida a obtener la independencia de Rusia.

cionamiento del Eurotúnel que unía a Gran Bretaña y Francia. Abierto al público el 14 de noviembre de 1994, el Eurotúnel se convirtió en símbolo de la fortaleza de Europa y de la decisión británica de asumir irreversiblemente algunos de los planteamientos continentales de la Unión Europea.

Chechenia, una nueva guerra caucásica

Chechenia, una república con 13 mil kilómetros cuadrados de superficie y más de un millón de habitantes, había proclama-

do su independencia de Rusia en 1991, sin que el gigantesco Estado ex soviético adoptara ninguna iniciativa para frenar el proceso de malestar y alejamiento de la población.

En diciembre de 1994 los rusos desplegaron en la zona un contingente militar sin precedentes. Se trataba de una prueba de fuerza que Yeltsin, equivocadamente, pretendió utilizar para reforzar su propia posición en el confuso panorama político interno. La aviación rusa bom-

bardeó Chechenia sin discriminar objetivos militares y civiles. La capital, Grozni, se convirtió en un auténtico campo de batalla. El prestigio del líder de la resistencia chechena, el general Dojar Dudáyev, creció entre la población víctima de la agresión rusa. Con la decisión de utilizar la fuerza para cortar la secesión, la credibilidad de Yeltsin ante Occidente quedó seriamente comprometida. Pero además, el líder ruso hubo de hacer frente a la debilitada situación del ejército. La oficialidad, mal pagada y mal equipada, dimitía o actuaba con independencia de las órdenes emanadas del poder ejecutivo y del ministro de Defensa, Pavel Grachov. La guerra de Chechenia significó un grave deterioro de las relaciones entre el poder político y el militar en Rusia.

INCERTIDUMBRE EN EL EXTREMO ORIENTE

El crecimiento económico de China

La delicada salud del líder chino Teng Hsiao-ping atrajo nuevamente –después la sangrienta revuelta de Tiananmen– la atención del mundo sobre China. La República comunista, embarcada en un profundo proceso de reforma económica y material, basado en la descentralización de las estructuras y procesos de toma de decisiones económicas, parecía no haber previsto los desequilibrios que la reforma estaba generando en el seno de la sociedad. El rápido enriquecimiento de ciertos sectores de la población en algunas provincias contrastaba con las enormes bolsas de pobreza existentes en el país. Las diferencias en el nivel de bienestar material entre la población campesina, el 80 por ciento de los chinos, y los habitantes de las ciudades, se sumaban al fuerte contraste entre las calidades de vida en el depauperado interior y en las regiones costeras, más prósperas y modernas por lo general.

La firmeza con que el Partido Comunista de China intentaba controlar la situación era contemplada por la población con recelo y malestar. En el seno del poder central cada vez se percibían con mayor intensidad las tendencias favorables a buscar soluciones de transición hacia la economía de mercado, que, al modo de las políticas intervencionistas de las socialdemocracias históricas en Europa, paliasen los efectos de la inflación y el desempleo que las reformas en curso estaban produciendo.

«Algún día todo esto será tuyo», parece decir Kim Il Sung a su hijo y sucesor en la presidencia de Corea del Norte, Kim Jong Il.

La previsiblemente cercana desaparición del padre de la reforma, Teng Hsiao-ping, dejaba un vacío de liderazgo que lógicamente debía ser cubierto por una dirección más plural y colegiada, capaz de afrontar las reformas políticas necesarias para frenar el descontento social que el tránsito a un modelo económico y social más abierto estaba generando. La perspectiva de incorporación de Hong Kong a China, en julio de 1997, forzaba a las autoridades de Pekín a estar en guardia ante un futuro de cambios radicales.

Corea: cuarenta años después

En 1994 falleció el dirigente de Corea del Norte Kim Il Sung, que desde la guerra de 1950-1953 había gobernado dictatorialmente el país. La desaparición del *Gran Líder* abrió un buen número de incógnitas y de esperanzas en el seno de la comunidad internacional acerca de las transformaciones y el futuro del Estado coreano. El régimen, liderado por el sucesor de Kim Il Sung, su hijo Kim Jong Il, se encontraba en 1994 completamente aislado. Las condiciones de crisis económica interna que atravesaba Corea del Norte parecían determinantes a la hora de forzar una apertura hacia el exterior, que el desarrollo de los acontecimientos posteriores demostró imposible. Desarrollar el difícil diálogo intercoreano se erigió como uno de los objetivos centrales en la evolución política en el área.

AMÉRICA: EL LIBRE COMERCIO Y CHIAPAS, DOS CARAS DE UNA MISMA MONEDA

La cumbre de las Américas

En la cumbre de las Américas, celebrada del 8 al 11 de diciembre de 1994, se dio un nuevo rumbo al sistema Interamericano. Con la asistencia de un total de 34 líderes americanos, se decidió la creación de una zona de libre comercio que, a partir del año 2005, abarcaría desde Alaska hasta la Tierra de Fuego, afectando a 850 millones de consumidores. La reunión, convocada por Estados Unidos y celebrada en Miami, supuso un paso adelante en las iniciativas para crear el área de libre comercio más extensa del planeta. Escasos meses antes había entrado en vigor el Tratado de Libre Comercio entre Estados Unidos, Canadá y México, que afectaba a casi 400 millones de americanos.

Sin título, *de Giovanni Anselmo, ejemplo de* arte povera. *El algodón absorbe el agua del contenedor, transformando constantemente la obra.*

Una granada disparada desde las posiciones servias en el monte Ingman causó cerca de 70 muertos en un concurrido mercado de Sarajevo.

Tomando como referencia histórica la *Alianza para el Progreso* de Kennedy durante los años sesenta, el presidente Clinton definió la Cumbre como la inauguración de un nuevo modelo de relaciones equilibradas entre los países del Norte y del Sur de América. La concreción de procesos demo-cráticos en la práctica totalidad de los países americanos, así como la verificación de un indiscutible crecimiento económico, desconocido en las décadas precedentes, alentaba las expectativas norteamericanas de sustituir viejos lazos económicos con Europa por nuevas proyecciones continentales que, al mismo tiempo, facilitasen la competitividad americana en el floreciente espacio del Pacífico y de Asia.

En la cumbre de las Américas se pidió a la Organización de Estados Americanos (OEA) y al Banco Interamericano de Desarrollo (BID) su contribución al proceso de integración económica americano. La cumbre se hizo asimismo el firme propósito de impulsar gestiones públicas transparentes para cortar de raíz la corrupción de las Administraciones. Las perspectivas

Instantáneas

- Se abre al público la **Capilla Sixtina**, tras permanecer cuatro años cerrada por las obras de restauración del fresco de Miguel Ángel *El juicio final*. *(8 Abril)*
- El **arte "povera"**, aparecido en los años sesenta al calor de la reivindicación social, sigue activo. *Sin título*, obra de G. Anselmo, trata de recuperar el contacto con la naturaleza.
- La **nueva figuración neoyorquina** encuentra en J. Schnabel su mejor exponente. Sus *Collages* devuelven a la pintura sus valores estéticos, frente a la restricción sensorial del arte conceptual. Este año pinta *Los besos de tu amor*.
- R. Long realiza obras de **land-art** de marcada intención espiritual, como el *Anillo Merryvale*.
- El museo d'Orsay de París acoge la muestra antológica del fotógrafo francés Nadar, *Les années créatrices 1854-1860*, bello inventario de rostros y actitudes humanas del siglo xix.

- *Las mejores obras del canto gregoriano*, del coro de monjes del Monasterio de Silos, en Burgos (España), consigue un imprevisto y sonado éxito de ventas, con 17 discos de platino.
- La cubano-estadounidense Gloria Estefan triunfa con *Mi tierra.*
- J. Horner compone una radiante banda sonora de tonalidad sinfónica, para el filme *Leyendas de pasión.*
- Woodstock es escenario de un **macroconcierto de rock**, prácticamente un calco del celebrado en 1969.
- La cantante Rosario, hija de Lola Flores, repite el éxito de *De ley* con su nuevo disco *Siento*, que reúne canciones compuestas por su hermano Antonio Flores.

- Magnífica banda sonora de Z. Preisner para la película *El jardín secreto*.

- Publicación de un libro inédito de Albert Camus, *El primer hombre*, de carácter autobiográfico.
- *Cuentos completos*, compilación de cuentos de cuatro figuras punteras de la literatura latinoamericana: J.C. Onetti, M. Benedetti, J.R. Ribeyro y J. Cortázar.
- *El demonio vestido de azul*, del escritor afroamericano W. Mosley, novela negra en la línea de R. Chandler.
- Año fructífero para C.J. Cela, que publica *El asesinato del perdedor, La dama pájara* y *La cruz de San Andrés*, ganadora del premio Planeta.
- *Diana o la cazadora solitaria*, nuevo título del premio Príncipe de Asturias de las Letras, el mexicano C. Fuentes.

- Holly Hunter y la niña Anna Paquin se llevan los Óscares a la mejor actriz principal y secundaria por *El piano*, de Jane Campion.
- Woody Allen recrea los trepidantes "años 20" en el filme *Balas sobre Broadway.*
- El actor cómico estadounidense Jim Carrey se da a conocer en *La máscara*, auténtico despliegue de efectos especiales gracias a los avances informáticos.
- *Fresa y chocolate*, del cubano T. Gutiérrez Alea, es una bella metáfora sobre la libertad, construida a partir de la amistad entre un fiel revolucionario y un homosexual.
- *En el nombre del padre*, filme del británico J. Sheridan que denuncia la manipulación de pruebas por parte de la policía.
- *El Rey León*, nueva producción de la factoría Disney, con canciones de Elton John.

- Tom Hanks encarna al protagonista de *Forrest Gump*, de R. Zemeckis, y recibirá por segundo año consecutivo el Óscar al mejor actor.

- Los modernos medios de observación permiten a los astrónomos seguir de cerca la **colisión** entre el cometa Shoemaker y el planeta Júpiter. *(16 Julio)*
- Se constata que la bacteria **Helicobacter pylori** es la causante en el 80% de los casos de úlcera duodenal, y que dicha enfermedad puede erradicarse con antibióticos.

- Rusia y Ucrania firman un **acuerdo** con Estados Unidos para el desmantelamiento del arsenal nuclear en Ucrania. *(14 Enero)*
- Un obús de artillería lanzado contra un **mercado de Sarajevo** causa 68 muertos y 200 heridos, en la matanza más odiosa desde el inicio de la guerra de Bosnia. *(5 Febrero)*
- Jerusalén: un colono judío, B. Goldstein, abre fuego sobre fieles palestinos en la **Mezquita de Abraham**, matando a 52 personas. *(25 Febrero)*
- Argelia: **manifestación de mujeres** contra la situación de violencia civil continuada que vive el país. *(22 Marzo)*
- El Polo de la Libertad, que agrupa al movimiento *Forza Italia* del empresario **S. Berlusconi**, a la separatista Liga del Norte y a los neofascistas de la Alianza Nacional, gana las elecciones generales en Italia por amplia mayoría. *(28 Marzo)*
- **El Salvador**: el candidato de la derecha A. Calderón Sol es elegido presidente de la República con el 66% de los sufragios. *(24 Abril)*

(Continúa)

"Balseros" cubanos en el Caribe, intentando llegar a las costas de Florida. Al margen de las tragedias humanas, los refugiados del régimen de Castro crearon a Estados Unidos problemas de acogida.

Levantamiento en Chiapas, México

El 1 de enero de 1994 unos dos mil campesinos indios armados y encapuchados, habitantes del estado de Chiapas y componentes del Ejército Zapatista de Liberación Nacional (EZLN), liderados por el subcomandante Marcos, se levantaron contra el gobierno de la República de México, presidido por Carlos Salinas. Los sublevados mantuvieron las hostilidades contra el Ejército federal mexicano durante doce días. Chiapas, al sur del país, era una región empobrecida hasta el límite, donde la población soportaba unas condiciones de vida durísimas. Tras la publicidad dada a la entrada en vigor el Tratado de Libre Comercio entre Estados Unidos, Canadá y México, el levantamiento de Chiapas venía a ofrecer la cara negativa de la imagen internacional de florecimiento económico mexicano. ∎

para el nuevo siglo exigían de la OEA un mayor compromiso de interdependencia entre los países miembros, así como acciones conjuntas más evidentes. La Declaración de Principios suscrita en Miami por los Estados miembros de la Organización sirvió para definir una agenda de trabajo en la que los temas prioritarios fueron los relacionados con la expansión del comercio, la protección del medio ambiente, la cooperación técnica para el desarrollo sostenible y la educación de los pueblos.

Instantáneas *(continuación)* 1994

- Rusia ingresa en la **Asociación para la Paz** creada por la OTAN. *(22 Junio)*
- El **IRA** anuncia un alto el fuego unilateral que despeja el camino hacia la paz en Irlanda del Norte, tras 25 años de violencia. *(31 Agosto)*
- Las últimas **tropas soviéticas** abandonan Berlín. *(31 Agosto)*
- **Brasil**: F.H. Cardoso gana las elecciones presidenciales. *(3 Octubre)*
- **Angola**: firma de un nuevo alto el fuego entre el gobierno y los guerrilleros de UNITA. *(20 Noviembre)*
- Encuentro en Roma de los líderes de distintos **grupos de oposición argelinos**, para formar una plataforma conjunta para la negociación. El gobierno argelino rechaza abiertamente tal posibilidad. *(21 Noviembre)*
- Marsella: el **avión argelino secuestrado** por un comando integrista islámico el pasado día 24 es asaltado por agentes especiales de la policía francesa, que logran rescatar a todos los rehenes tras matar a los cuatro miembros del comando. *(26 Diciembre)*

- **París**: miles de personas se manifiestan en defensa de la enseñanza pública, ante las facilidades que la recién aprobada reforma de la ley Falloux concede al desarrollo de la enseñanza privada. *(16 Enero)*
- Se celebra en Francia el **50 aniversario** del desembarco de Normandía. *(6 Junio)*
- Detención del popular jugador de fútbol americano **O.J. Simpson** tras una espectacular persecución, retransmitida en directo por la televisión estadounidense. Simpson está acusado de matar a su ex esposa Nicole junto con su amigo R. Goldman. *(17 Junio)*
- **París**: desfile de soldados alemanes en los Campos Elíseos, entre las demás fuerzas europeas, en presencia de F. Mitterrand y H. Kohl. *(14 Julio)*

- Más de 6 500 **incendios forestales asuelan España**, sobre todo la cuenca mediterránea, quedando afectadas cerca de 405 mil hectáreas del territorio nacional. *(Julio-Agosto)*
- El **terrorista** venezolano Ilich Ramírez, **Carlos**, detenido en Jartum por la policía sudanesa, es entregado a las autoridades francesas. *(14 Agosto)*
- Crisis de los **"balseros"**: la gran afluencia de refugiados cubanos mueve a las autoridades estadounidenses a retenerlos en centros de detención, especialmente en la base cubana de Guantánamo. *(19 Agosto)*
- Mueren 912 personas al **hundirse un ferry** en el Báltico. *(28 Setiembre)*
- **Suiza**: **suicidio colectivo** de 48 personas de la secta Orden del Templo Solar. *(5 Octubre)*
- **Israel**: estalla una bomba en un autobús causando la muerte a 21 personas. La organización terrorista palestina Hamas reivindica el atentado. *(19 Octubre)*
- **Rusia**: toneladas de crudo van a parar al Ártico por problemas en una tubería de una refinería. Resulta difícil calcular el alcance del **desastre ecológico**. *(26 Octubre)*

- Al vencer en el Open de Australia, la tenista alemana **S. Graf completa su segundo Gran Slam** (había ganado Roland Garros, Wimbledon y el Open de Estados Unidos en 1993).
- La localidad noruega de Lillehammer acoge la **XVII Olimpiada de invierno**. Por primera vez en la historia, los Juegos de invierno no se celebran el mismo año que las Olimpiadas de verano. *(17-27 Febrero)*
- El Barcelona gana por cuarto año consecutivo la **Liga española de fútbol**. El brasileño Romário es el máximo goleador, con 30 dianas.
- **M. Induráin** cosecha su cuarta victoria consecutiva en el *Tour* de Francia.

- «Lo fantástico es el material con que yo trabajo, como los ladrillos el albañil.» A. Bioy Casares, escritor argentino.
- «Nunca abandono una batalla hasta la victoria final.» Melina Mercouri, actriz y ministra de Cultura griega al reclamar el regreso a Atenas de los frisos del Partenón expuestos en el museo Británico, Londres.
- «Palestina comienza hoy. De Gaza iremos a Hebrón y a Nablús y, por fin, a Jerusalén.» Y. Arafat a su llegada a Palestina
- «Hasta ahora, he arreglado televisores. Desde ahora arreglaré Italia.» El empresario S. Berlusconi explica a su hijo Luigi sus nuevos cometidos como jefe del gobierno de Italia.
- «Desconfío de la fama póstuma.» E. Canetti, premio Nobel de Literatura en 1981.

- **Samuel Bronston**, productor cinematográfico estadounidense. *(11 Enero)*
- **Melina Mercouri**, actriz y política socialista griega. *(6 Marzo)*
- **Fernando Rey**, actor español. *(9 Marzo)*
- **Eugène Ionesco**, autor teatral francés de origen rumano. *(28 Marzo)*
- **Richard M. Nixon**, ex presidente de Estados Unidos. *(2 Abril)*
- Se suicida **Kurt Cobain**, líder del grupo de rock estadounidense Nirvana. *(8 Abril)*
- **Ayrton Senna**, campeón de automovilismo, en accidente durante una carrera. *(1 Mayo)*
- **Jacqueline Kennedy-Onassis**, viuda de J.F. Kennedy y de A. Onassis. *(19 Mayo)*
- **Juan Carlos Onetti**, novelista uruguayo. *(30 Mayo)*
- **Karl Popper**, filósofo británico de origen austríaco. *(7 setiembre)*
- **Burt Lancaster**, actor estadounidense. *(20 Octubre)*
- **Julio Ramón Ribeyro**, escritor peruano. *(4 Diciembre)*

1995

Fuerte temblor de tierra en Japón
17 ENERO

Un violento seísmo provoca más de 3 700 muertos, 15 mil heridos y cuantiosas pérdidas materiales en la ciudad japonesa de Kobe. El temblor, que alcanzó los 7,2 grados en la escala de Richter, provoca el derrumbe de más de 10 mil edificios, la destrucción de numerosos puentes y viaductos, el corte de las comunicaciones ferroviarias y terrestres, y grandes incendios. La magnitud de la tragedia mueve al gobierno a tomar medidas urgentes para la reconstrucción de la ciudad. El presupuesto extraordinario que se elabora con este cometido tendrá repercusiones bursátiles y en la economía mundial.

Guerra fronteriza entre Ecuador y Perú
26 ENERO - 13 MARZO

Se libra la "guerra del Cóndor" entre Perú y Ecuador por la posesión de una franja territorial en su frontera común. Viejos contenciosos de límites están en el origen de los enfrentamientos bélicos que se producen intermitentemente entre los dos países andinos. En esta ocasión son 78 km de territorio selvático en la cordillera del Cóndor, en la que se supone existen ricos yacimientos auríferos. Si bien la mediación de Argentina, Brasil, Chile y Estados Unidos no fructificó inicialmente, los gobiernos de Perú y Ecuador acuerdan más tarde un alto el fuego y una solución pacífica del conficto.   ➡ 1998

Muere Gerald Durrell
30 ENERO

El naturalista y escritor británico Gerald Durrell (1925-1995) ha fallecido en Jersey. Durrell se había distinguido por su defensa del equilibrio de las especies en el planeta y por la divulgación de la vida salvaje, a través de rigurosos documentales producidos para la televisión y libros. Como escritor, Gerald Durrell expresó con sencillez, ironía y humor su rica experiencia. Entre sus libros más brillantes figuran *El arca inmóvil*, *Un zoo en mi equipaje* y *Mi familia y otros animales*.

Nace la Europa de los Quince
1 ENERO Y 25 MARZO

La Unión Europea (UE) incorpora a tres nuevos países miembros al tiempo que entra en vigor el convenio de Schengen. Aunque con dificultades, la UE sigue progresando tanto en el número de sus miembros como en el desarrollo de sus instituciones comunitarias. En este sentido, ya son miembros de pleno derecho Suecia, Finlandia y Austria y, por aplicación del convenio de Schengen, desaparecen los controles aduaneros en siete países de la UE: España, Portugal, Alemania, Francia, Países Bajos, Bélgica y Luxemburgo. En la Cumbre de Madrid se acuerda el nombre de *euro* para la nueva moneda única europea. ➡ 1998

I Cumbre sobre Desarrollo Social
6 MARZO

Se celebra en Copenhague la I Cumbre sobre el Desarrollo Social, que analiza la pobreza en el mundo. De acuerdo con los informes que se presentan, alrededor de mil millones de personas en el mundo viven en la pobreza más extrema. En un mundo marcado por las abismales diferencias entre los pueblos, la conferencia denuncia el egoísmo de los países ricos, que niegan su responsabilidad en la deuda que ahoga a los pobres y rechazan destinar el 0,7 por ciento de sus presupuestos nacionales para ayuda al desarrollo de los más necesitados.

Jacques Chirac elegido presidente de Francia
7 MAYO

El conservador Jacques Chirac (n. 1932) gana las elecciones presidenciales de Francia y acaba con 14 años de hegemonía socialista. Con el 52,67% de los votos, el hasta ahora alcalde de París bate al candidato socialista, Lionel Jospin, que logra en la segunda vuelta un muy estimable 47,33%. Chirac, como quinto presidente de la V República francesa, se propone combatir el desempleo así como reanudar las pruebas nucleares, medida que le acarreará no pocas protestas de los ecologistas y de la comunidad internacional.

◀ *Una imagen de la ciudad japonesa de Kobe, en la isla de Honshu, destruida por un violento terremoto.*

Pruebas atómicas francesas en Mururoa. En la imagen inferior, la conmoción producida en la laguna interior del atolón por la explosión submarina.

Velas encendidas en recuerdo de Itzhak Rabin, durante la ceremonia del entierro del primer ministro de Israel, asesinado por un sionista radical. El fanatismo religioso se erigía en el obstáculo más formidable para el proceso de paz en Palestina.

Israel y Palestina firman el acuerdo de Taba
5-24 OCTUBRE

Pacto histórico entre israelíes y palestinos que acaba con 28 años de ocupación militar de Cisjordania. Israel y la OLP acuerdan en Taba que las tropas israelíes abandonarán siete ciudades cisjordanas, las cuales pasarán a control del gobierno palestino presidido por Yaser Arafat. El proceso de paz en Oriente Próximo da un importante paso adelante con este pacto, a pesar de los atentados terroristas que se siguen produciendo con el sello de fanáticos de uno y otro bando.

Windows 95

La empresa de informática Microsoft, líder mundial en el mercado de los programas para ordenador, inicia la comercialización, apoyada con una gran campaña a nivel mundial, de las diferentes versiones para los principales idiomas de su nuevo sistema operativo, Windows 95. A diferencia de las primeras versiones de Windows ("ventanas"), no se trata de un interfaz gráfico de ususario sino de un auténtico sistema operativo nuevo, multitarea y dotado de todos los elementos necesarios para acceder a las autopis-

Bill Gates, el creador de Microsoft, aparece a la izquierda de la imagen durante la gira mundial efectuada con motivo de la presentación del nuevo sistema operativo Windows 95.

Colonos israelíes ultranacionalistas de Cisjordania, opuestos a la cesión de territorios a la nueva autoridad palestina.

tas de la información. Nace de este modo un nuevo estándar para los ordenadores personales.

La ONU cumple 50 años
22 OCTUBRE

Se celebra en Nueva York el 50.º aniversario de la creación de la ONU con la asistencia de 160 jefes de Estado y de gobierno. La declaración de la 50.ª Asamblea General constituye una seria autocrítica acerca de la gestión del organismo mundial, su eficacia y sus costes, para cuya mejora se propone determinar objetivamente las prioridades en el mundo. Al mismo tiempo, la declaración final contempla una profunda reforma estructural, uno de cuyos aspectos más relevantes es la ampliación del Consejo de Seguridad, ya que la actual composición es producto de un orden internacional ya caduco.

Asesinato de Yitzhak Rabin
4 NOVIEMBRE

El primer ministro israelí Yitzhak Rabin (1922-1995) es asesinado por un judío de extrema derecha. Rabin, que acababa de pronunciar un discurso ante una multitudinaria manifestación por la paz celebrada en Tel Aviv, es abatido a tiros por Ymal Amir, quien es inmediatamente reducido por las fuerzas de seguridad. El atentado, del cual Lea Rabin, viuda del gobernante asesinado, culpa a los religiosos judíos ultraortodoxos, causa una gran conmoción en Israel y gran preocupación entre los palestinos. Yaser Arafat y jefes de Estado de las principales potencias se han apresurado a reafirmar la necesidad de continuar con el proceso de paz.

Fin de la guerra de Bosnia
21 NOVIEMBRE Y 14 DICIEMBRE

Se firma en Estados Unidos el acuerdo de Dayton, que supone el principio del fin de la cruenta guerra de Bosnia, que ha costado la vida a 200 mil personas. Tras la ocupación servia de Srebrenica y Zepa, que suponía un abierto desafío a las fuerzas de paz de la ONU y de la OTAN y que propició una ofensiva bosnio-croata, Estados Unidos decidió in-

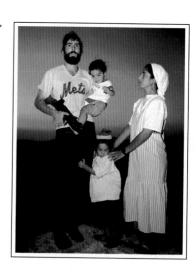

tervenir para poner fin al conflicto. Convocados por el presidente Clinton y literalmente encerrados en la base militar de Dayton, Ohio, el servio Slobodan Milosevic, el croata Franjo Tudjman y el bosnio Alia Izetbegovic acaban por firmar una frágil paz, cuya ratificación se efectúa en París.

Induráin gana su quinto Tour de Francia
23 MARZO

El navarro Miguel Induráin gana por quinta vez el *Tour* de Francia, la más importante carrera por etapas del mundo. La hazaña de Induráin, que iguala los triunfos de Jacques Anquetil, Eddy Merckx y Bernard Hinault, lo consagra como el más grande deportista español de todos los tiempos, sobre todo después de sus demostraciones de fuerza en Lieja y La Plagne. Poco después, su soberbia actuación en el Mundial de ciclismo (en octubre) permitirá que Abraham Olano se convierta en el primer español en ganar esta prueba.

Quinto estado de la materia
14 JULIO

Dos físicos de la universidad de Colorado (EE.UU.), E. Cornell y C. Wieman, anuncian que han logrado crear un estado de la materia cuya existencia había sido propuesta a principios de siglo por A. Einstein (1879-1955), el llamado condensado Bose-Einstein. En este estado los átomos dejan de comportarse como entidades aisladas y la materia pasa a actuar como un solo átomo, a pesar de estar constituida por gran cantidad de ellos. Para alcanzar este estado, los dos científicos han enfriado una pequeña nube de átomos de rubidio hasta tan sólo 0,2 millonésimas de grado por encima del cero absoluto (− 273 grados), la temperatura más baja jamás alcanzada.

Se crea el mayor Banco de Estados Unidos
28 AGOSTO

La fusión del Chase Manhattan Bank y del Chemical Bank da lugar a la mayor entidad financiera de Estados Unidos. La unión de los dos grandes bancos estadounidenses supone por un lado la concentración de unos activos cuya cifra se eleva a los 37 billones de pesetas y por otro la eliminación de 12 mil puestos de trabajo sobre un total de 75 mil que sumaban las dos entidades. Para los analistas económicos, la operación es el resultado de las tendencias concentracionarias del gran capital y del posicionamiento de los grupos financieros en el marco de una economía globalizada.

Conferencia Mundial sobre la Mujer, en Pekín
4-15 SETIEMBRE

La Conferencia celebrada en Pekín sobre la condición de la mujer sirve como una constatación de las dificultades para hacer avanzar la consideración de la mujer en las sociedades más tradicionales, y las diferencias cruciales de perspectiva entre los distintos sistemas políticos y religiosos en torno a temas como la maternidad, el aborto y la función social de la mujer. Con todo, se producen importantes avances: los 181 países asistentes firman un convenio para la eliminación de todas las formas de discriminación de la mujer, se acuerda la consideración de crímenes de guerra a las violaciones de mujeres en el marco de conflictos bélicos, y se establecen mayores aportaciones para luchar contra el analfabetismo y la desescolarización que sufre la población femenina en muchos países.

Gran retrospectiva de Hockney
8 NOVIEMBRE

Se inaugura en la Royal Academy de Londres la mayor exposición retrospectiva de David Hockney (n. 1937), considerado el más grande artista británico vivo. La exposición de Hockney, figura emblemática del Pop Art, se compone de un total de 176 dibujos, *collages* y acuarelas, entre los cuales aparecen retratos y sus obsesivas piscinas californianas.

Las huelgas paralizan Francia
24 NOVIEMBRE

Las huelgas convocadas por los sindicatos y una impresionante manifestación popular muestran un masivo rechazo al plan económico del gobierno de Alain Juppé. El programa de reformas económicas presentado por el nuevo primer ministro, que contempla drásticos recortes en las prestaciones sociales, provoca la inmediata reacción de los sindicatos y una oleada de huelgas en el sector público que paraliza el país. El paro en los medios de transporte, correos, enseñanza, etc., sume a Francia en el caos, y las multitudinarias manifestaciones populares en apoyo de los trabajadores obligan a Juppé a dar marcha atrás y negociar con los sindicatos una salida a la crisis.

Éxito de Médico de familia
12 DICIEMBRE

La serie *Médico de familia* se convierte en el mayor éxito de la televisión española de los últimos años. Un joven médico viudo, interpretado por Emilio Aragón, y las peripecias de su familia y amigos constituyen el eje central de una serie cuyas principales bazas son la espontaneidad y el tratamiento desenfadado de problemas comunes en cualquier hogar de clase media. *Médico de familia*, que ha logrado casi 10 millones de espectadores, ha batido todos los récords de audiencia de la televisión en España.

Teorema de Fermat

La prestigiosa revista *Annals of Mathematics* publica los trabajos del matemático británico Andrew Wiles, que ha logrado demostrar el llamado "último teorema" que Pierre Fermat (1601-1665) enunciara en 1630, cuya demostración se había resistido desde entonces a las mentes más brillantes de todos los tiempos. Wiles había anunciado su resolución durante una reunión de matemáticos celebrada en Cambridge en 1993, si bien a principios de 1994 admitió que ésta presentaba algunos problemas, que logró superar con la colaboración del que fuera uno de sus doctorandos, Richard Taylor, en octubre de ese mismo año. Ahora la comunidad científica considera definitivamente resuelto un problema que había permanecido abierto durante más de tres siglos y medio.

Protesta silenciosa de las mujeres tibetanas en la Conferencia Mundial de la Mujer, celebrada en Pekín.

Explosión mundial de Internet

La evolución de la "red de redes" informática es imparable. Más de 30 millones de personas en un centenar de países viven conectados a Internet, y el número crece a razón de 160 mil nuevos usuarios cada día. Lo que en su origen, a finales de los años sesenta, fue uno de varios intentos de articulación de grandes bases de datos con fines de investigación científica y académica, se ha convertido, gracias a los avances de la informática personal y de los medios audiovisuales, en una realidad nueva de dimensiones planetarias. Los principales periódicos, cadenas de televisión y radios se apresuran a asegurarse un lugar propio en la red. Las posibilidades de utilización de Internet con fines comerciales, profesionales, de ocio o simplemente de relación interpersonal, son prácticamente ilimitadas. El propietario de Microsoft y creador del programa Windows 95, Bill Gates, añade una posibilidad más al comprar mediante una sociedad instrumental, Corbis Corporation, millones de imágenes digitales de los más importantes archivos fotográficos del mundo, que podrán ser comercializadas y distribuidas a través de la red.

Andrew Wiles, el joven matemático británico que descubrió la solución del llamado "último teorema" de Fermat.

Manifestación de funcionarios franceses en el curso de las huelgas llevadas a cabo contra el plan económico del gobierno de Alain Juppé.

La paz llega a los Balcanes

Al finalizar 1995 se tiene la certeza de que el curso del año ha servido para avanzar en la construcción de un nuevo orden internacional en el que cada país comienza a asumir su cuota de responsabilidad y protagonismo, en razón de su fuerza real en el escenario mundial pero también en relación con su trayectoria histórica reciente. Estados Unidos lidera con energía el proceso. El buen comportamiento de la economía mundial contribuye a crear una impresión de bonanza.

ESTADOS UNIDOS LIDERA LOS PROCESOS DE PAZ

Cesa por fin la guerra en Bosnia

Después de cuatro años de tragedia colectiva, el 14 de diciembre de 1995 se materializó en el Elíseo la firma del acuerdo de paz para la antigua Yugoslavia. Los firmantes de este acuerdo, débil pero cargado de esperanza, fueron Slobodan Milosevic, Franjo Tudjman y Alia Izetbegovic, máximos responsables de Servia, Croacia y Bosnia, respectivamente. Como testigos en el acto estuvieron presentes Bill Clinton, presidente de Estados Unidos; Jacques Chirac, presidente de la República Francesa; el presidente alemán Helmut Kohl; el primer ministro del Reino Unido, John Major; el presidente español, Felipe González, y el dignatario ruso Viktor Chernomirdin.

El camino para llegar a la firma de la paz había sido tortuoso. La paz comenzó a perfilarse en el mes de noviembre en Dayton, a partir de las iniciativas diplomáticas estadounidenses que tomaron el relevo a la serie de intentos frustrados de la ONU. Así pues, la administración Clinton no sólo asumió las competencias diplomáticas de la Organización de Naciones Unidas, sino que también instó a la sustitución de las poco operativas fuerzas militares de esta organización por las de combate de la OTAN, cuyo despliegue en la zona comenzó a producirse a finales del año 1995.

Sin duda alguna, las elecciones a la Casa Blanca, previstas para 1996, actuaron de revulsivo para el rápido desenlace del conflicto. La dubitativa línea de actuación de la administración Clinton necesitaba de una corrección y de un golpe de efecto de cara a la opinión pública. Estados Unidos

Fronteras interiores de Bosnia-Herzegovina, acordadas en el plan de paz de Dayton: dos repúblicas federadas para tres comunidades étnicas.

LA FRONTERA DEL PLAN DE PAZ DE DAYTON

Slobodan Milosevic (Servia), Alia Izetbegovic (Bosnia) y Franjo Tudjman (Croacia), reunidos en Dayton para acordar el futuro de Bosnia-Herzegovina.

tomó así el testigo de la mano de la ineficiente política exterior de la Unión Europea, que, tras cuatro años de indefinición y pasividad, se veía desbancada por la fuerza de la iniciativa norteamericana.

La paz firmada en el Elíseo preveía la creación de dos repúblicas federadas, la de los musulmanes y croatas federados y la de los servios, cuya pacificación deberían garantizar las fuerzas de la OTAN desplegadas en la zona. Si bien las expectativas

de futuro del proceso de paz eran vistas con marcado optimismo, dado el cansancio físico y moral de los contendientes, la reconstrucción de la vida civil se presumía compleja y minada de escollos. De entrada, para 1996 se previó la puesta en marcha de procesos democráticos en unas áreas desarticuladas política y socialmente, en las que los antiguos habitantes habían sido desplazados y desposeídos de todo.

◄ *El vicepresidente Al Gore, el líder de la mayoría republicana Newt Gingrich y el presidente Clinton.*

Una imagen reveladora de las dificultades de la reforma económica y de la transición a una economía de mercado en Rusia: reparto de pan a la población hambrienta.

Formas de intervención estadounidense a las puertas del siglo XXI

Durante el año 1995 se definieron las líneas de comportamiento exterior de Estados Unidos para el siglo XXI. La sociedad norteamericana, impulsada por los planteamientos del Partido Demócrata pero también por actitudes de reserva muy conservadoras, veía con preocupación las dificultades materiales que una posición agresiva e intervencionista en los conflictos externos podía depararle. La quiebra del Estado del bienestar –reflejada en la evolución reciente de las sociedades europeas– se cernía una vez más como la amenaza que aconsejaba políticas moderadas y recortes presupuestarios en relación con los compromisos internacionales –militares y políticos– de la superpotencia. Así, en vísperas de la reelección de Clinton, un nutrido sector de la sociedad estadounidense se declaraba, como ya lo hiciera en la fase de esplendor de los años veinte, conservadora, restrictiva y aislacionista.

Sin embargo, fue precisamente el momento en que el presidente Clinton apostó por una postura de *solidaridad* de la nación norteamericana con la paz y la construcción europeas, que le granjeó los votos de una parte estimable del electorado. Clinton lanzó a Estados Unidos a la carrera del liderazgo internacional al ponerse al frente de la paz en Bosnia, al impulsar la paz en el Próximo Oriente y al concebir y respaldar los proyectos de creación de zonas de libre comercio en América (Conferencia de Miami en 1994) y en Europa, con su declarado apoyo a la Conferencia Euromediterránea de Barcelona, a finales de 1995.

EL POLÉMICO CINCUENTENARIO DE LA ONU

En octubre de 1995, una Sesión Especial de la Asamblea General de la ONU conmemoró el cincuenta aniversario de la creación de la Organización. El secretario general Butros Ghali trazó un balance muy positivo del desarrollo de los objetivos para cuya consecución fuera creada la institución al finalizar la Segunda Guerra Mundial. Entre los logros, subrayó el impulso a los procesos de descolonización, y el haberse convertido en foro para las reivindicaciones de los sectores de población mundial más desfavorecidos, entendiendo que la ONU había realizado un gran esfuerzo por valorar el desarrollo económico en relación con la defensa del medio ambiente. El debate sobre la pervivencia de la institución internacional debía además tener presente su gran esfuerzo, a lo largo del medio siglo de existencia, en favor de los derechos de la mujer y del avance en la democratización del sistema internacional.

En el cincuentenario de su nacimiento, las duras críticas a la inoperatividad de la ONU ante conflictos específicos fueron contestadas desde la institución con declaraciones de intenciones para la mejora del funcionamiento de la organización, esencialmente en la línea de trabajar para democratizar el sistema de las Naciones Unidas y fomentar las vías de cooperación con las organizaciones de tipo regional. El trabajo de Butros Ghali intentó –tal y como en sus informes *Una agenda para la paz* (1992) y *Una agenda para el desarrollo* (1994) quedaba recogido– subrayar la necesidad de dotar a la ONU de una sólida posición en la defensa de los valores de la democracia como cimiento para conseguir la paz, el desarrollo económico y social, y la ansiada estabilidad y cooperación.

EL AGOTAMIENTO DE RUSIA

Durante 1995, y frente al incremento del proceso de protagonismo internacional de Estados Unidos, prosiguió la descomposición de Rusia, sometida a la tensión interna de la multitud de opciones políticas personalistas que concurrieron a las elecciones legislativas de finales de año, así como a la radicalización de la guerra en Chechenia. El Partido Comunista Ruso, liderado por Guennadi Ziugánov, surgió de las elecciones del 17 de diciembre como la primera fuerza del país. Los mediocres resultados de la variopinta amalgama de fuerzas políticas reformistas representaron una seria advertencia para la presidencia de Yeltsin.

Por otra parte la guerra de Chechenia, que se extendió a las autonomías rusas vecinas en el Cáucaso, agudizó la crisis presidencial. Los guerrilleros chechenos, incapaces de hacer frente al destartalado pero aún poderoso ejército ruso, optaron por exportar manifestaciones de fuerza a las áreas limítrofes, con la intención de forzar la retirada de las tropas rusas. En un aspecto más general, la guerra fue una piedra de toque que polarizó a las fuerzas sociales favorables o contrarias a la permanencia de Yeltsin en la presidencia.

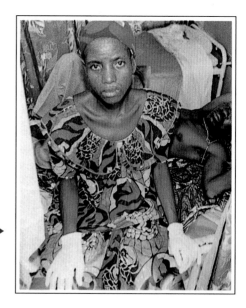

◄ *Imágenes de la guerra de Chechenia. Los tanques se pasean por Grozni, la capital, mientras los rebeldes prosiguen la resistencia en las montañas.*

Afectados por el letal virus Ébola en Zaire (actual República Democrática del Congo) ▶

EL CENTENARIO DEL CINEMATÓGRAFO Y EL AÑO DE LA MEMORIA DIGITAL

Más cine, pero en casa

El 28 de diciembre de 1995 se conmemoró el centenario de la primera representación pública y comercial del espectáculo llamado *cinematógrafo*. Ese mismo día, cien años atrás, y al precio de un franco por sesión, empezaron a proyectarse en el Gran Café del Bulevar de los Capuchinos de París películas de celuloide de diecisiete metros cada una. Algunos de aquellos títulos pioneros fueron *La llegada del tren, La salida de la fábrica* o *El regador regado*. En 1995 se celebró no sólo el centenario del nacimiento del género artístico más característico del siglo xx, sino también el del nacimiento de una nueva forma de diversión de grandes colectividades, y sobre todo de una nueva industria.

A pesar de lo cual, en el año del centenario del cine se pudo constatar una transformación rotunda en los hábitos de consumo que los pioneros de la industria no acertaron a imaginar siquiera: el consumo privado o a domicilio de las producciones. El cine fue alejándose de las salas de cine para resucitar en los cuartos de estar. En 1995 los ingresos por taquilla de las películas apenas representaron un quince por ciento del total de las recaudaciones. El res-

Instantáneas 1995

- El artista francés **César** vuelve a sus creaciones más famosas y realiza una compresión de carrocerías de coches para la Bienal de Venecia.
- **Christo** efectúa una nueva demostración de su peculiar concepción del *environmental art* al embalar el Reichstag de Berlín.

- La soprano española M. **Caballé** acompaña a su hija, la también soprano **Montserrat Martí**, en su debut ante el público, en el Festival de Perelada (Girona). Ambas publican un disco de arias.
- The **Rolling Stones** realizan una macrogira por Europa presentando en vivo su nuevo LP, *Voodoo Lounge*. El álbum valdrá al conjunto británico el primer premio Grammy en su larga carrera.
- La joven cantante estadounidense **Sheryl Crow** gana tres premios Grammy con su disco *Tuesday night music club*.

- La Real Academia publica su *Diccionario de la Lengua Española* en CD-Rom.
- *El mundo de Sofía*, novela sobre la historia de la filosofía del noruego J. **Gaarder**, cautiva a los lectores europeos.
- *Sostiene Pereira*, del italiano A. **Tabucchi**, es la historia de la conversión espiritual de un abúlico periodista portugués en disidente de la política salazarista. Será llevada al cine en 1996, protagonizada por M. **Mastroianni**.
- A. **Bryce Echenique** publica *No me esperen en abril*, para muchos la mejor obra del autor limeño.
- **C.J. Cela**, premio Cervantes de las Letras.

- *La mirada de Ulises*, del griego Theo **Angelopoulos**, recibe el Gran Premio del Jurado, y *Underground*, del bosnio Emir **Kusturika**, la Palma de Oro, en el **festival de Cannes**. *(28 Mayo)*
- **Victoria Abril** protagoniza *Felpudo maldito*, la película más taquillera del año en Francia, y *Nadie hablará de nosotras cuando hayamos muerto*, Concha de Plata en San Sebastián.
- *Tierra y libertad*, vigorosa incursión del británico Ken **Loach** en la guerra civil española, es elegida la mejor película europea del año.
- *El cartero (y Pablo Neruda)*, una bella historia de amistad y admiración basada en la novela del chileno A. **Skármeta**, cuenta con las magníficas interpretaciones de Ph. **Noiret**, como el poeta, y M. **Troisi**, el joven cartero.

- La epidemia del virus mortal **Ébola**, declarada en el sudeste de Zaire (actual República Democrática del Congo) y que causó más de 200 muertos, queda extinguida sin que se haya propagado más allá de la zona. *(13 Junio)*
- Científicos estadounidenses demuestran que **bacterias de hace 40 millones de años**, alojadas en una abeja incluida en una muestra de ámbar, conservan la capacidad de germinar y reproducirse.

- J. **Major**, candidato del Partido Conservador, es reelegido primer ministro tras las elecciones generales en el Reino Unido. *(4 Julio)*
- Tras el fracaso de las negociaciones en Ginebra entre el gobierno de Zagreb y los representantes servios, los croatas lanzan una importante **ofensiva** contra Knin, capital de la autoproclamada República servia de Krajina. *(4 Agosto)*

- **Colombia**: E. **Samper** declara el estado de sitio ante la situación de violencia que vive el país. *(16 Agosto)*
- **Polonia**: triunfo de los ex comunistas de A. **Kwasniewski** en las elecciones presidenciales, por delante de L. **Walesa**. *(19 Noviembre)*
- **Rusia**: victoria de los comunistas de G. **Ziugánov** en las elecciones legislativas, con el 22% de los votos, mientras que el ultranacionalista V. **Zhirinovski** alcanza el 11%, y la formación progubernamental no llega al 8%. *(17 Diciembre)*
- **México**: principio de acuerdo entre el gobierno y los insurgentes zapatistas de Chiapas, que prevé un referéndum nacional sobre el proyecto político zapatista. *(8 Junio)*
- Reunión de los jefes de Estado y de gobierno de la Unión Europea en Cannes, para formular una política más clara y firme frente al **conflicto de Bosnia**. *(27 Junio)*
- Intenso bombardeo de la artillería rusa sobre Grozni, capital de **Chechenia**, mientras preparan el asalto final. *(24 Enero)*
- El primer ministro británico J. **Major** y su homólogo irlandés J. **Bruton** hacen público un documento que pretende servir de base para el proceso de paz en **Irlanda del Norte**. *(22 Febrero)*
- **Egipto**: los líderes de Jordania, Israel y Palestina se reúnen por primera vez para relanzar el proceso de paz en Oriente Próximo. *(2 Febrero)*
- Las tropas turcas atacan los focos de la **resistencia kurda** en el norte de Irak. *(20 Marzo)*
- **Afganistán**: la guerrilla islámica de los talibanes se hace con el control de las montañas

(Continúa)

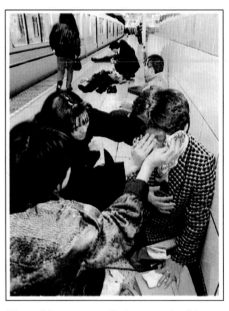

◀ *El edificio del Reichstag de Berlín, embalado por el artista estadounidense de origen búlgaro Christo.*

to de los ingresos provino de los derechos de reproducción en otros medios, como la televisión, el vídeo o la televisión por cable.

El acceso doméstico a los archivos digitales

Pero 1995 fue también el año en que las grandes compañías dedicadas a la informática abrieron la puerta a la adquisición de grandes archivos fotográficos para su digitalización e inclusión en la red Internet. El propietario de Microsoft, Bill Gates, fundó la Corbis Corporation con la finalidad de crear una gran base de datos fotográficos. Gates adquirió los millones de imágenes de algunos archivos importantes, como el mayor de todos, el Bettmann, o los fondos de la agencia Roger Ressmeyer, convirtiéndose así en el pionero del gran negocio de la comercialización de los derechos de reproducción de las instantáneas digitalizadas. ■

Efectos del gas venenoso Sarin en usuarios del metro de Tokio. La policía responsabilizó del atentado a la secta de la Verdad Suprema.

Instantáneas *(continuación)*

cerca de Kabul, y amenaza con tomar la capital. *(14 Febrero)*
- La firma de un **acuerdo entre Cuba y Estados Unidos** hace posible la admisión en este país de los "balseros" retenidos en Guantánamo, aunque las autoridades advierten que a partir de este momento los inmigrantes cubanos serán devueltos a su país. *(2 Mayo)*
- **España**: victoria del Partido Popular en las elecciones municipales y autonómicas. *(28 Mayo)*

- Se hace público el **hallazgo en el Ardèche**, Francia, de una cueva con cientos de pinturas de animales de hace 18 mil años. *(18 Enero)*
- **Egipto**: un equipo de arqueólogos estadounidenses descubre la tumba de los hijos de Ramsés II, en el Valle de los Reyes. *(15 Mayo)*
- **Colombia**: importante avance en la lucha contra el narcotráfico con la detención de G. Rodríguez Orejuela, considerado el jefe del cártel de Cali. *(9 Junio)*
- **España**: el juez Garzón decide encarcelar a Rafael Vera, anterior secretario de Estado de Seguridad, acusado de estar relacionado con la organización terrorista **GAL**. *(16 Febrero)*
- **Tokio**: la policía japonesa registra las sedes de la secta de la Verdad Suprema para relacionarla con los terribles atentados en el metro con **gas tóxico** Sarin, que han causado la muerte de ocho personas y afectado a más de cuatro mil. *(21 Marzo)*
- La **conferencia popular islámica** que se celebra en Jartum (Sudán) termina con reso-

luciones moderadas, que apelan a la negociación en Argelia, aunque denuncian los acuerdos entre israelíes y palestinos. *(2 Abril)*
- Más de un centenar de muertos en un **atentado** con bomba contra las oficinas del FBI en Oklahoma. La policía estadounidense sospecha de grupos paramilitares de ultraderecha. *(19 Abril)*
- **Japón**: unas 60 mil personas asisten a los actos conmemorativos por los 50 años de los bombardeos de **Hiroshima y Nagasaki**. *(6 Agosto)*
- Francia reanuda sus **ensayos nucleares** en el atolón de Mururoa. A pesar de las numerosas protestas de la comunidad internacional, sólo la organización ecologista Greenpeace presenta una oposición directa. *(Setiembre-Diciembre)*
- **Italia**: se abre en Palermo el juicio contra el democristiano G. Andreotti, figura principal en la política italiana durante décadas, por complicidad con la Mafia. *(26 Setiembre)*
- Boda en Sevilla de la infanta Elena de Borbón, primogénita del rey Juan Carlos I, con Jaime de Marichalar. *(18 Marzo)*
- **Antonio Banderas y Melanie Griffith** protagonizan el romance del año, que acabará en boda. El idilio se inició durante el rodaje de *Two much*, comedia rodada en Estados Unidos por el director español F. Trueba.

- El jugador de baloncesto **M. Jordan** decide volver a la competición en su equipo de siempre, los Chicago Bulls, tras una breve incursión en el béisbol. *(18 Marzo)*
- La tenista **M. Seles** regresa a las pistas, tras 820 días sin disputar un partido oficial como consecuencia del atentado sufrido en 1993. *(29 Julio)*

- El atleta español **M. Fiz**, campeón del mundo de maratón en Goteburgo. *(12 Agosto)*
- El piloto M. Schumacher gana por segunda vez el campeonato del mundo de automovilismo de **Fórmula 1**.
- J.A. San Epifanio, *Epi*, se retira como jugador de baloncesto, tras 25 años de dedicación a este deporte, 21 de ellos en el Barcelona.

- **Carlos Monzón**, boxeador argentino, campeón del mundo de peso medio. *(8 Enero)*
- **Gregorio Ordóñez**, político español, dirigente del Partido Popular, asesinado por ETA. *(23 Enero)*
- **Patricia Highsmith**, autora estadounidense de novelas policíacas. *(4 Febrero)*
- **Ginger Rogers**, actriz estadounidense. *(25 Abril)*
- **Lola Flores**, artista española. *(16 Mayo)*
- **Harold Wilson**, líder laborista británico. *(24 Mayo)*
- **Émile Michel Cioran**, filósofo francés de origen rumano. *(20 Junio)*
- **Lana Turner**, actriz estadounidense. *(29 Junio)*
- **Juan Manuel Fangio**, piloto argentino, cinco veces campeón del mundo de automovilismo de Fórmula 1. *(17 Julio)*
- **Osvaldo Pugliese**, compositor e intérprete de tangos argentino. *(26 Julio)*
- **Louis Malle**, director de cine francés, uno de los padres de la *nouvelle vague*. *(24 Noviembre)*
- **Lautaro Murúa**, actor y director de cine chileno. *(3 Diciembre)*
- **Dean Martin**, actor estadounidense. *(25 Diciembre)*

1996

Firma de los acuerdos de Madrid, por los que el gobierno de Guatemala y la guerrilla pusieron fin a 36 años de guerra civil.

Júbilo en la sede del Partido ▶ Popular, la noche de las elecciones generales en España. José María Aznar y su esposa Ana Botella, en el centro de la imagen, saludan a sus seguidores.

La tenista alemana Steffi Graf.

Incineración de vacuno ▶ sacrificado, como único medio de atajar el llamado "mal de las vacas locas".

La mejor de todas las épocas

La alemana Steffi Graf logra su cuarta victoria en Roland Garros, la séptima en Wimbledon y la quinta en el Open de Estados Unidos. Suma así 21 títulos de Gran Slam y cinco victorias en el Masters. En el curso de este año, Graf supera la marca establecida por Martina Navratílova (331 semanas como número uno mundial) y es ya la tenista con mejor historial de todas las épocas.

El Partido Popular gana las elecciones generales en España
3 MARZO

El triunfo del Partido Popular (PP), encabezado por José María Aznar, acaba con 13 años de socialismo en el poder. El resultado electoral, sin embargo, ha sido mejor del que vaticinaban las encuestas para el Partido Socialista Obrero Español (PSOE), y el PP apenas logra una mayoría relativa por 360 mil votos. La formación de Aznar deberá recurrir al apoyo de los grupos nacionalistas catalán y vasco para gobernar.

Álvaro Arzú gana las elecciones en Guatemala
7 ENERO

El conservador Álvaro Arzú obtiene una apretada victoria electoral en las elecciones presidenciales celebradas en Guatemala. En una jornada marcada por disturbios y atentados con una notable intervención de grupos derechistas, Arzú obtiene los votos suficientes para gobernar. Una de las prioridades de su programa de gobierno es pacificar el país de acuerdo con los tratados de Esquipulas II. En tal sentido dará un nuevo impulso a las negociaciones con la URNG, principal grupo guerrillero guatemalteco, con la que alcanzarán un acuerdo de paz a finales de diciembre.

Muere François Mitterrand en Francia
8 ENERO

Fallece en París, víctima de un cáncer de próstata, el ex presidente francés François Mitterrand (1916-1996). A pesar de ser esperada, la muerte del dirigente socialista ha causado gran consternación en todo el mundo y particularmente en Francia, donde miles de personas desfilan ante su féretro. "Nos pasamos la vida aprendiendo a morir; pocos lo saben. ¿Acaso estoy yo mismo seguro de saberlo? Hace cinco años, esto me habría sublevado. Ahora estoy sereno...", había comentado hace poco a su amigo, el periodista Jean Daniel.

El mal de las vacas locas afecta al ser humano
21 MARZO

El gobierno del Reino Unido reconoce que el llamado mal de las vacas locas es transmisible al ser humano y ordena el sacrificio de 11 millones de reses. Si bien durante diez años el Ministerio de Sanidad británico había negado que la encefalopatía espongiforme bovina pudiera transmitirse a otras especies, la muerte de varias personas por esta causa ha demostrado lo contrario. Como consecuencia de ello, la UE ha decretado el embargo de los productos bovinos procedentes del Reino Unido.

Las minas antipersonas, un arma disuasoria barata y efectiva, causan la mayoría de sus víctimas años después de que finalicen las guerras que indujeron a utilizarlas.

Limitaciones al uso de las minas antipersonas
3 MAYO

Se suscribe en Ginebra una enmienda al tratado de Armas Convencionales de la ONU firmado en 1980, por la cual se limita la fabricación y el empleo de las minas terrestres antipersonas. El acuerdo suscrito por 55 países no supone la prohibición de estas armas *invisibles*. Se calcula que hay diseminadas en el mundo alrededor de 100 millones de minas, que causan las muerte a unas 26 mil personas al año y una cantidad superior de heridos y mutilados, incluso después de haber finalizado los conflictos que propiciaron su utilización.

Miles de personas huyen de Liberia
14 MAYO

Las matanzas protagonizadas por las facciones guerrilleras que luchan por el poder en Liberia provocan el éxodo de miles de liberianos. Se calcula que ya son 300 mil las personas que han huido de Liberia hacia los países vecinos, sobre todo a Costa de Marfil y Ghana. No obstante la presencia de ECOMOG, fuerza de pacificación africana bajo bandera de la ONU, destinada a garantizar los acuerdos firmados en Ghana en 1989, el Frente Nacional Patriótico de Liberia (FNPL) comandado por Charles Taylor ha reanudado las hostilidades con inusitada violencia, atacando la capital Monrovia.

Elecciones presidenciales en la República Dominicana
16 MAYO Y 30 JUNIO

Se celebran en la República Dominicana las elecciones presidenciales, que gana Leonel Fernández. Tras un ajustado primer resultado en el que ningún candidato logra la mayoría, los dos más votados, José Francisco Peña Gómez, del socialista Partido Revolucionario Dominicano (PRD), y Leonel Fernández, del conservador Partido de Liberación Dominicano, pasan a segunda vuelta, que gana este último con el 51,2 por ciento de los votos. Finaliza así la larga estancia en el poder del nonagenario Joaquín Balaguer, que con breves intervalos de oposición venía gobernando desde 1966.

Olimpiadas en Atlanta
19 JULIO - 4 AGOSTO

Tienen lugar en la ciudad estadounidense de Atlanta los XXVI Juegos Olímpicos de Verano. El magnífico nivel deportivo que se alcanza y la actuación de las grandes estrellas apenas consiguen hacer olvidar la mala organización y los atentados terroristas que han estado a punto de hacerlos fracasar. Los más destacados protagonistas son el estadounidense Michael Johnson, el primer atleta de la historia en lograr las medallas de oro en 200 y 400 m, prueba esta última en la que bate el récord con 19,32 segundos; el velocista canadiense Donovan Bailey, oro en 100 m; la velocista francesa Marie-José Perec, oro en 200 y 400 m, y el argelino Noureddine Morceli, oro en 1 500 m. España obtiene 17 medallas (5 de oro, 6 de plata y 6 de bronce).

¿Vida en Marte?
6 AGOSTO

Daniel Goldin, director de la NASA, anuncia que se han encontrado en meteoritos, supuestamente procedentes de Marte y recogidos en la Antártida, indicios fósiles de una forma microscópica y simple de vida que los científicos suponen que existió en Marte hace 3 mil millones de años. Este anuncio desencadena una vasta operación internacional que culmina con el envío de diversas naves rumbo al planeta rojo. ➡ 1997

Afganistán proclama la república islámica
27 SETIEMBRE

La guerrilla ultraintegrista talibán ocupa Kabul y, tras asaltar la sede de la ONU y asesinar al ex presidente Mohamed Najibullah, proclama la República Islámica de Afganistán. Los talibanes, estudiantes de teología sunníes guiados por el mulá Mohamed Omar, imponen la ley coránica y designan un gobierno provisional de seis mulás encabezado por Mohamed Rabani. Los fundamentalistas islámicos, financiados inicialmente por Estados Unidos, controlan más de la mitad del país, pero no logran acabar con la resistencia que, en el norte, oponen Abdul Rashid Dostum y Ahmed Sha Masud.

Miles de hutus huyen hacia Ruanda
21 OCTUBRE - 15 NOVIEMBRE

Los miles de refugiados hutus que marchan hacia Ruanda huyendo de la guerra en la región de los Grandes Lagos desbordan a la ONU y las organizacio-

Un grupo de guerrilleros talibanes, movimiento integrista islámico sunní que después de conquistar Kabul se hizo con el control de la casi totalidad del territorio de Afganistán.

Ceremonia inaugural de los Juegos Olímpicos del Centenario, en Atlanta (Estados Unidos).

Los refugiados hutus retornan en masa a Ruanda después de la derrota de las milicias interhamwe *que los retenían en los campos zaireños.*

Kofi Annan, veterano alto funcionario de las Naciones Unidas y sucesor de Butros Ghali en la secretaría general de la organización.

Un pozo sahariano, amenazado por el agotamiento de los acuíferos que conlleva la desertización.

nes humanitarias. Poco después de producirse la rebelión de los banyamulenges, tutsis zaireños, más de 700 mil hutus repartidos en los campos de refugiados zaireños de Katale, Kibumba y Kahindo se dirigen a Mugunga. Pero la derrota de la milicia y del ejército hutu, que tiene aquí su cuartel general, obliga a la población hutu a regresar en penosas condiciones a Ruanda, de donde había salido hace dos años. **➡ 1997**

Fidel Castro visita al Papa en Roma
19 NOVIEMBRE

El dirigente cubano Fidel Castro es recibido en el Vaticano por el papa Juan Pablo II. Durante 35 minutos el Sumo Pontífice conversa con el mandatario cubano y acepta su invitación de visitar Cuba. Tras la entrevista, mantenida en un clima de gran cordialidad por parte de ambos personajes, el papa se declara en contra del bloqueo a que es sometido el país caribeño por parte de Estados Unidos y que, en estos días, se ha visto reforzado con la aplicación de la ley Helms-Burton. **➡ 1998**

El papa Juan Pablo II recibe al líder comunista cubano Fidel Castro, en el Vaticano. ▶

Kofi Annan, nuevo secretario general de la ONU
13 NOVIEMBRE

El ghanés Kofi Annan sustituye en la secretaría general de la ONU al egipcio Butros Ghali. Annan, que será presentado a la Asamblea General para su ratificación, es el segundo africano en dirigir el máximo organismo mundial, y el primero del África subsahariana. La tarea que se encomienda al nuevo secretario general de la ONU será la de emprender las reformas necesarias para adecuarla al nuevo orden internacional y al mismo tiempo solventar los problemas presupuestarios y reducir la morosidad de muchos de sus miembros, entre ellos Estados Unidos.

Se publica Olvidado rey Gudú

La escritora española Ana María Matute (n. 1926) publica *Olvidado rey Gudú,* una novela ambientada en la Edad Media, un tiempo "empapado de miedo, de terror, pero también de espiritualidad, de esperanza y de fe", como señala la autora, y situado en un territorio donde pueden ocurrir "desde las mayores atrocidades hasta los hechos más maravillosos". En junio de este año es elegida para ocupar el sillón K de la Real Academia Española, vacante desde la muerte de Carmen Conde.

Desertización
26 DICIEMBRE

Entra en vigor la Convención de las Naciones Unidas contra la desertización adoptada en la Cumbre de la Tierra celebrada en Río de Janeiro en 1992, cuyo objetivo es impedir el avance de las zonas desérticas en la Tierra, que pone en peligro la supervivencia de millones de personas. Tras los buenos propósitos manifestados en la Cumbre de Río, la reunión convocada en 1997 por las Naciones Unidas en Nueva York servirá únicamente para constatar que no se ha avanzado en el camino pactado y que los países industrializados (con Estados Unidos a la cabeza) se plantean el horizonte del 2005 para reducir significativamente las emisiones industriales a la atmósfera, causantes, según todos los indicios, del llamado efecto invernadero.

Teoría de la evolución
23 OCTUBRE

La Iglesia Católica reconoce la validez de la "teoría de la evolución" formulada por Ch. Darwin (1809-1882). El papa Juan Pablo II reconoce que se trata de más que de una hipótesis, si bien siempre y cuando no se interprete en términos exclusivamente materialistas.

Agujero negro
25 OCTUBRE

Los astrofísicos del Instituto Max Planck de Garching (Munich, Alemania) obtienen pruebas de la existencia de un agujero negro en el centro de la Vía Láctea, tras analizar los datos recogidos, a partir de 1991, desde el Observatorio Europeo Austral (La Silla, Chile). La existencia de un objeto de este tipo, que no puede observarse directamente y que debe inferirse del comportamiento de la materia visible en sus proximidades, tiene una gran importancia para el conocimiento de la estructura y la evolución del Universo.

Agua en la Luna
4 DICIEMBRE

La sonda espacial estadounidense "Clementine", enviada a la Luna el 25 de enero de 1994 con la misión de cartografiar con todo detalle la superficie lunar, aporta indicios de la posible existencia de un lago de agua helada en el subsuelo del polo Norte lunar. Por otro lado, los investigadores deconectan definitivamente el satélite IUE (International Ultraviolet Explorer) que, desde su puesta en órbita por la NASA y la ESA el 26 de enero de 1978, ha permitido obtener una ingente cantidad de datos para la banda ultravioleta del espectro electromagnético y profundizar en el conocimiento de los cuerpos celestes y su evolución. **➡ 1997**

Guerra y tragedia en los Grandes Lagos africanos

En 1996, el año del recambio político en España, Bill Clinton es reelegido presidente de Estados Unidos. Paralelamente, y en el contexto de una Rusia en continua decadencia que tiene que hacer frente al reto de la paz en Chechenia, Boris Yeltsin vence en las primeras elecciones presidenciales celebradas tras la caída de la URSS. En el Tercer mundo, la crisis casi crónica que vivía el Próximo Oriente se ve relegada a un segundo plano por la dramática realidad de los campos de refugiados en los Grandes Lagos africanos.

EL AÑO DE LA PAZ PRECARIA

El camino hacia la paz se tornaba en 1996 en extremo complicado y tortuoso. Muchos de los conflictos ahora en vigor respondían con frecuencia a enconados odios y rencores con profundas raíces históricas, cuando no derivaban de realidades sociales y económicas en extremo injustas. Cualquier proceso que tratara de romper con la dinámica de la guerra y la violencia se veía acompañado en estos casos de un fuerte componente de incertidumbre y atenazado por el pesimismo inherente a la existencia de numerosos escollos que habían de surgir en el camino. Con el transcurrir de 1996 una paz lenta y laboriosa se iría aproximando a los Balcanes y el Cáucaso, donde desde principios de la década de 1990, el enorme vacío político derivado de la caída de Estados plurinacionales como la URSS y Yugoslavia se había visto colmado por los nuevos nacionalismos centrífugos. Ya en 1995, tanto en un caso como en otro, se habían puesto en marcha sendos procesos de paz. En la antigua Yugoslavia, la presión internacional y la derrota servia en Croacia vinieron a desnivelar en 1995 el predominio de fuerzas y a favorecer la paz, alcanzada en noviembre con los acuerdos de Dayton. De esta forma, Bosnia comenzó el año 1996 bajo la entrada en vigor de un precario alto el fuego que se mantendría todo el año. En tal contexto y bajo la atenta mirada de los soldados de la OTAN se celebraron elecciones en la antigua república yugoslava y se establecieron las nuevas instituciones, que al menos formalmente mantenían unidos a croatas, musulmanes y servios. No faltaban, sin embargo, problemas de gran envergadura. A las

▲
Las milicias hutus impusieron un régimen de terror en los campos de refugiados, robando y asesinando no sólo a sus enemigos tutsis sino a cooperantes europeos.

Reparto de comida en un campo de refugiados del área de los Grandes Lagos.

tensiones continuas entre musulmanes y croatas en el área de Mostar, había que unir la negativa de los servios a que algunos de sus antiguos líderes, todavía con gran influencia, como Karadzic o Mladic, fueran juzgados como criminales de guerra.

En 1996 una tensa paz pareció llegar también a Chechenia. La desorganización del ejército ruso, el desprestigio del gobierno por el fracaso de las operaciones militares y la crisis económica, habían obligado a Rusia a iniciar las primeras tentativas de negociación en 1995. A lo largo del año 1996 los nubarrones de guerra se fueron despejando. A ello contribuyó la muerte del dirigente rebelde Dudáyev y la creciente influencia del general checheno Masjádov, hombre más moderado; así como las necesidades electorales de Boris Yeltsin, que había de enfrentarse en julio a unas

elecciones presidenciales y debía ofrecer a los rusos una paz duradera que aumentara su popularidad. Sin embargo, el mérito de la conclusión de la guerra correspondió al general Alexandr Lébed, que como secretario del Consejo de Seguridad de Rusia firmó a finales de agosto los acuerdos de paz. Se congelaba el espinoso tema de la independencia por cinco años, estableciéndose un calendario para la retirada de tropas rusas de la zona y la convocatoria de elecciones en la república caucásica.

Tampoco la paz entre judíos y árabes resultaba fácil. Enfrentada desde el principio a poderosas dificultades, en 1995 había recibido un fuerte golpe con la muerte de uno de sus principales artífices, el primer ministro judío, el laborista Yitzhak Rabin. La situación se agravó con el transcurrir de 1996. La derrota laborista en los comicios

Ceremonia en el Kremlin: la investidura de Boris Yeltsin para un nuevo mandato presidencial en Rusia.

Campaña electoral en Israel. El laborista Shimon Peres sería derrotado por Benjamin Netanyahu, del Likud. ▶

legislativos de mayo dio paso al gobierno de Benjamin Netanyahu, líder del conservador Likud, que paralizó la puesta en marcha de los acuerdos de paz. En base al eslogan "paz con seguridad", se pospuso el repliegue previsto de la ciudad de Hebrón, que tuvo que esperar a 1997, y se relanzaron los asentamientos de colonos judíos en Jerusalén oriental, el Golán y Cisjordania. Se asistió igualmente al renacer de la "intifada" cuando, en un claro gesto de provocación hacia los palestinos, el gobierno judío decidió abrir una segunda salida del túnel de los Asmoneos, bajo la Plaza de la mezquita de Jerusalén.

En América latina la paz siguió rumbos contradictorios. Terminaron en Guatemala las laboriosas negociaciones entre el Estado y la guerrilla del UNRG, iniciadas en 1994, que pusieron fin a casi cuatro décadas de guerra. Al otro lado de la frontera, en el limítrofe estado mexicano de Chiapas, donde en 1994 se había levantado en armas el EZLN, se iniciaron las conversaciones de paz entre el gobierno mexicano y la guerrilla, que de forma laboriosa y lenta se prolon-

garon a lo largo del año, viéndose especialmente empañadas por el surgimiento de un nuevo grupo guerrillero, el Ejército Popular Revolucionario (EPR), en el vecino estado de Guerrero. Este hecho, así como el mantenimiento de la actividad violenta por parte de otros grupos guerrilleros como las FARC y el ELN en Colombia, o el MRTA en Perú, que a finales del año asaltó la residencia del embajador japonés en Lima en un golpe de fuerza, demostraron hasta qué punto América latina se encontraba todavía lejos de lograr la necesaria estabilidad social y política.

Recambio político y protagonismo del deporte en España

En marzo de 1996 España vivió elecciones legislativas anticipadas en un ambiente marcado por altos niveles de crispación política. La victoria del PP, muy ajustada, generó una situación inédita en la historia reciente del país, al verse el partido de Jose María Aznar obligado a pactar con los nacionalistas vascos y catalanes. Lo que parecía un gobierno insostenible pronto dio sobradas pruebas de estabilidad, fi-

nalizando además su gestión anual con importantes logros en el aspecto económico –se redujeron el déficit público, el paro y la inflación– que aproximaron a España a la convergencia con Europa.

Sin embargo, los acontecimientos políticos y económicos se vieron en buena medida oscurecidos por los deportivos, que tanto en sus aspectos positivos como en los más negativos centraron buena parte de la atención del país. El año deparó una amarga noticia para el ciclismo español. Miguel Induráin, el mejor deportista español de todos los tiempos, fracasó en su intento de conseguir el que habría sido su sexto Tour de Francia. Era la primera vez que se le veía en dificultades y todo el país sufrió una auténtica conmoción. El desconsuelo general quedó parcialmente paliado con la consecución por el navarro de la medalla de oro en la prueba individual contra el reloj de los Juegos Olímpicos de Atlanta. Pero en Atlanta no sólo brilló Miguel Induráin. Las 17 medallas obtenidas confirmaron que en el deporte español hubo un antes y un después de Barcelona, el punto de inflexión que había situado a España en el lugar deportivo que correspondía a sus parámetros demográficos y económicos.

EL DRAMA DE LOS REFUGIADOS EN ÁFRICA

En 1996 muchas de las viejas guerras, secuelas de la defenestrada dinámica de bloques anterior, habían llegado a su fin, provocando en última instancia el regreso

El nuevo presidente del gobierno español, José María Aznar, jura su cargo ante los reyes Juan Carlos y Sofía.

Presentación de los ministros del nuevo gabinete italiano de centro-izquierda. Oscar Luigi Scalfaro saluda a Antonio Di Pietro; a la derecha el nuevo primer ministro, Romano Prodi.

de gran cantidad de refugiados a sus lugares de origen. Sin embargo, otros conflictos surgidos en distintos lugares determinaban la existencia de grandes masas de personas desplazadas que, repartidas por los cinco continentes, dependían en buena medida de la ayuda internacional para sobrevivir.

África seguía llevándose la palma al respecto, con casi diez millones de refugiados. La vuelta, aunque con lentitud, de grandes contingentes a sus lugares de origen era un hecho en antiguas zonas de guerra, ahora en paz, como Mozambique o Eritrea. Sin embargo, en 1996 aún pervivían interminables masas de desplazados

en las áreas aledañas a los conflictos de Somalia, Sudán, Liberia, Sierra Leona y especialmente la zona de los Grandes Lagos, donde la situación adquirió tintes especialmente dramáticos. En 1994, las

rivalidades étnicas entre hutus y tutsis habían provocado en Ruanda uno de los mayores genocidios de la historia, con más de medio millón de muertos, y el exilio de más de un millón de ruandeses que se

Instantáneas

- CH. BOLTANSKI realiza una serie de **"intervenciones"** en la iglesia de Santo Domingo de Bonaval, en Santiago de Compostela: fotografías de gente desaparecida, sombras, ropa usada, tratan de simbolizar la memoria y la muerte.
- El arquitecto español R. MONEO, autor entre otras obras del Museo Romano de Mérida, es galardonado con el premio Pritzker.
- Se organizan en España exposiciones conmemorativas del 250 aniversario del nacimiento de Goya, sobre todo en Madrid y Zaragoza.

- LOS DEL RÍO baten todos los récords de la historia de la industria discográfica española con diez millones de discos vendidos de *Macarena*. Canción editada en 1993, la publicación ahora de la versión anglófona ha proporcionado al disco una proyección internacional.
- El compositor estadounidense A. MENKEN recibe el séptimo y octavo Óscares de su carrera, por el mejor musical y la mejor canción (*Colors of the Wind*), correspondientes ambos a la película de Walt Disney *Pocahontas*.
- El compositor italiano L. BERIO estrena en la Scala de Milán la ópera *Outis*, primera de la historia que carece de argumento o trama. *(5 Octubre)*
- ERIC CLAPTON prosigue su carrera de éxitos con el lanzamiento de *Change the World*, que conseguirá los Grammys al mejor disco, mejor canción del año y mejor cantante masculino.
- La banda estadounidense de rock R.E.M. firma el contrato discográfico más caro de la historia para su disco con Warner *New Adventures on Hi-Fi*.
- Arde el histórico teatro de ópera de La Fenice, en Venecia, que había sido inaugurado en 1792.

- *Independence Day*, de R. FORD, recibe el premio Pulitzer y el PEN/Faulkner y es saludada por la crítica como una obra maestra. La novela narra las difíciles relaciones entre un padre divorciado, su hijo y un entorno deprimente, durante un fin de semana festivo. Nada que ver con la patriotera película del mismo título.
- G. GARCÍA MÁRQUEZ vuelve al mundo del reportaje periodístico con el que se inició, con la apasionante *Historia de un secuestro*, crónica de sucesos reales en la Colombia del narcotráfico.
- La poetisa polaca W. SZYMBORSKA, galardonada con el **premio Nobel de Literatura**.

- K. BRANAGH reúne un espectacular reparto para su *Hamlet*: JACK LEMMON, DEREK JACOBI, GÉRARD DEPARDIEU y JULIE CHRISTIE, entre otros.
- A. PARKER dirige el épico y polémico musical *Evita*, protagonizado por MADONNA (que recibirá al año siguiente el Óscar a la mejor canción) y ANTONIO BANDERAS.
- *Mission: Impossible*, producida y protagonizada por TOM CRUISE, a partir de la serie televisiva de los años sesenta.
- KEN LOACH aborda el tema de la revolución sandinista en *La canción de Carla*.
- *El paciente inglés*, de A. MINGHELLA, rodada al margen de la industria de Hollywood, obtiene un gran éxito de público, que presagia los 9 Óscares con los que será premiada.

- Se hace pública parte de la información que ha proporcionado el telescopio espacial *Hubble*, y que ha permitido entre otras cosas conocer de modo más exacto el número de galaxias existentes. Parece que hay unos cincuenta mil millones, cinco veces más de lo que se pensaba. *(16 Enero)*
- El astrofísico G. MARCY hace público su **descubrimiento** de dos planetas gigantes en las constelaciones de Virgo y Osa Mayor, a 35 años luz de la Tierra. Se especula sobre la posibilidad de la existencia de vida en ellos. *(17 Enero)*

- Los servicios secretos israelíes matan al líder del grupo integrista palestino **Hamas**, Y. AYASH. Israel culpabiliza a la organización de una serie de atentados suicidas que en los últimos meses han costado la vida de numerosos israelíes. *(5 Enero)*
- **Liberia**: mueren 60 cascos azules nigerianos al tratar de interponerse entre las facciones guerrilleras rivales. *(6 Enero)*
- Celebración de las primeras elecciones en los territorios palestinos de **Cisjordania y Gaza**, en las que Y. ARAFAT logra el 90% de los sufragios. Los palestinos ratifican así el proceso de paz que dirige el líder de la OLP. *(20 Enero)*
- El diplomático estadounidense W. CHRISTOPHER llega a **Bosnia** para verificar el cumplimiento de los acuerdos de Dayton, que exigen la retirada militar de servios, bosnios y croatas de los territorios que deben cambiar de bando. *(3 Febrero)*
- **Israel**: la organización islámica palestina Hamas asesina a 27 personas en dos atentados suicidas. *(25 Febrero)*
- **Italia**: la coalición de izquierdas El Olivo, con R. PRODI al frente, vence en las elecciones legislativas al Polo de la Libertad de S. BERLUSCONI. *(21 Abril)*
- **India**: las elecciones generales rompen la hegemonía que el Partido del Congreso mantenía desde la proclamación de la independencia en 1947, y da la victoria al Partido del Pueblo de la India. Los resultados hacen difícil que pueda formar gobierno. *(7 Mayo)*
- **Venezuela**: la Corte Suprema de Justicia condena a más de dos años de cárcel al ex presidente C.A. PÉREZ, por malversación de fondos públicos. *(30 Mayo)*
- Los mandatarios británico e irlandés inauguran la mesa negociadora para resolver el conflicto de **Irlanda del Norte**, aunque la ausencia de los líderes del Sinn Fein pone en entredicho su efectividad. *(10 Junio)*
- Florencia: la reunión del **Consejo de Europa** concluye con una mayor voluntad de colaboración por parte del Reino Unido, a cambio de la posibilidad de exportación de su carne de vacuno afectada por la enfermedad llamada de las "vacas locas", previa aprobación de la Comisión. *(21 Junio)*

(Continúa)

Manos pintadas de blanco en la manifestación silenciosa de los estudiantes de la Universidad Autónoma de Madrid (España), en repulsa al asesinato del jurista Francisco Tomás y Valiente.

asentaron en las zonas fronterizas, especialmente en Tanzania y Zaire. Hacinados en campos de refugiados, fueron pasto de las enfermedades y el hambre a pesar de la intensa movilización de la ayuda internacional. Después de dos años, en 1996, la situación sanitaria y humanitaria en los campos de Zaire se había tornado dantesca. La revuelta de los rebeldes tutsis banyamulenge, habitantes del Oriente zaireño, contra el dictador Mobutu Sese Seko, condujo la situación al límite. Entre el caos de los combates y ante la imposibilidad de que llegara la ayuda humanitaria, cientos de miles de refugiados se vieron aislados, sin comida, agua potable, ni medicinas.

Las reticencias de Estados Unidos tras la negativa experiencia de Somalia en 1992, retrasaban una y otra vez la intervención militar de la ONU. Cuando la operación se iba a poner en marcha, a finales del año, el mundo se sobrecogió ante una marea humana de más de un millón de ruandeses que iniciaron la marcha hacia sus lugares de origen, desde Zaire, primero, y desde Tanzania, después. Sin embargo, el aislamiento de bolsas enteras de refugiados en el interior de la selva zaireña, que después vagarían sin rumbo fijo ante la indiferencia de la opinión pública mundial, prolongó la agonía de decenas de miles de personas hasta bien entrado 1997. ∎

Instantáneas *(continuación)* 1996

- **Turquía**: el triunfo electoral del islamista N. ERBAKAN levanta las suspicacias de Occidente frente a este país, que ha venido siendo su aliado habitual durante años. *(8 Julio)*
- **México**: ataques del grupo guerrillero Ejército Popular Revolucionario en los estados de Guerrero, México y Puebla, entre otros. *(Agosto)*
- **B. CLINTON** gana con contundencia las elecciones presidenciales de Estados Unidos, frente al republicano Bob Dole. *(5 Noviembre)*
- **México**: el **PRI cambia de líder**, S. OÑATE, para frenar los reveses electorales y la inquietud de la vieja guardia. *(14 Diciembre)*
- El gobierno y los mineros bolivianos firman un **pacto de paz social** que pone fin a los enfrentamientos. *(23 Diciembre)*

- El jurista español F. TOMÁS Y VALIENTE es asesinado por **ETA** en su despacho de la Universidad Autónoma de Madrid. *(14 Febrero)*
- Un **maníaco** asesina a 16 niños y a su maestra en una escuela de Escocia, tras lo cual se suicida. *(13 Marzo)*
- La cumbre de Moscú termina con un acuerdo para la **prohibición de pruebas nucleares**, firmado por Rusia y el Grupo de los Siete. *(20 Abril)*
- **Argelia**: los siete religiosos franceses secuestrados por guerrilleros islámicos desde el pasado mes de marzo son finalmente asesinados, al fracasar las negociaciones que pretendían la liberación de varios guerrilleros encarcelados. *(21 Mayo)*
- Se celebran en España los primeros juicios con **jurado** popular. *(27 Mayo)*
- El presidente de Panamá **E. PÉREZ BALLADARES** reconoce haber recibido dinero del narcotráfico durante su campaña, sin conocer entonces su procedencia. *(22 Junio)*
- Se celebra en Vancouver, Canadá, la XI Conferencia Mundial sobre el **sida**. *(8 Julio)*
- Concentración del sector audiovisual europeo: el grupo del magnate británico R. MURDOCH se asocia con el grupo alemán KIRCH para abordar conjuntamente el desarrollo de la **televisión digital**. *(8 Julio)*
- Estados Unidos: **se estrella un Boeing** de la TWA en la costa de Long Island, causando la muerte de las 228 personas que iban a bordo. Se sospecha que podría tratarse de un atentado con bomba. *(18 Julio)*
- México: el Seminario Internacional sobre Gestión Eficiente del Agua de la **FAO** concluye aconsejando la privatización del agua, para incentivar el ahorro con la subida de los precios. *(28 Julio)*
- **Argentina**: huelga general contra la política económica del presidente C.S. MENEM. *(8 Agosto)*
- **Bélgica**: el descubrimiento de varios cadáveres de niñas y adolescentes en casa de M. DUTROUX, y de dos niñas secuestradas a las que obligaba a realizar prácticas sexuales con amigos suyos, levanta una oleada de indignación en el país. *(15 Agosto)*
- Un equipo de submarinistas dirigidos por el francés F. GODDIO descubre en Egipto los restos del palacio de Cleopatra y del **Faro de Alejandría** a seis metros de profundidad frente al puerto de esta ciudad. *(3 Noviembre)*
- Las compañías **Boeing y McDonnell Douglas** acuerdan fusionarse para crear la mayor industria aeronáutica del mundo. *(15 Diciembre)*
- **Perú**: miembros del Movimiento Revolucionario Túpac Amaru asaltan la residencia del embajador japonés en Lima durante una fiesta y toman como rehenes, para negociar la liberación de guerrilleros, a los asistentes, entre los que se encuentran embajadores de diversos países y miembros del gobierno peruano con sus esposas. *(17 Diciembre)*

- Gracias a la vuelta del mejor jugador de baloncesto de todos los tiempos, **M. JORDAN**, los Chicago Bulls ganan de nuevo el Campeonato de la NBA.
- El **Atlético de Madrid** rompe la hegemonía del Barcelona y el Real Madrid en el fútbol español del último decenio, ganando la Liga y la Copa del Rey de Fútbol.

- **DAMON HILL** emula a su padre GRAHAM HILL al ganar el campeonato del mundo de automovilismo de Fórmula 1.

- «Este discurso se va a parecer a una promesa de Clinton: no va a durar mucho.» La congresista republicana S. MOLINARI durante la campaña de B. DOLE a la presidencia de Estados Unidos.
- «Estoy contento de haber visto el mundo con ojos de arquitecto.» R. MONEO, premio Pritzker de arquitectura.
- «Temo que el Nobel me impida escribir.» W. SZYMBORSKA, autora de una obra poética reflexiva e intimista que consta sólo de nueve títulos.

- **FRANÇOIS MITTERRAND**, ex presidente de Francia. *(8 Enero)*
- **GENE KELLY**, bailarín y actor estadounidense. *(2 Febrero)*
- **MARGUERITE DURAS**, escritora francesa. *(3 Marzo)*
- **KRZYSZTOF KIESLOWSKI**, director de cine polaco. *(13 Marzo)*
- **LOLA BERTRÁN**, cantante mexicana. *(25 Marzo)*
- **JOSÉ LUIS LÓPEZ ARANGUREN**, filósofo español. *(17 Abril)*
- **LUIS MIGUEL DOMINGUÍN**, torero español. *(8 Mayo)*
- **JOSÉ MARÍA VALVERDE**, filósofo español. *(2 Junio)*
- **MAX FACTOR**, creador de la empresa de cosmética de su nombre. *(7 Junio)*
- **ELLA FITZGERALD**, cantante de jazz estadounidense. *(15 junio)*
- **ANDREAS PAPANDREU**, ex primer ministro griego. *(23 Junio)*
- **MARÍA CASARES**, actriz española. *(22 Noviembre)*
- **MARCELLO MASTROIANNI**, actor italiano. *(9 Diciembre)*
- **CARL SAGAN**, astrónomo estadounidense. *(20 Diciembre)*

1997

Dolly, la oveja clónica
MARZO

El éxito alcanzado por un experimento de clonación en el Reino Unido abre nuevas perspectivas a la ingeniería genética. Un equipo de investigadores del Instituto Roslin de Escocia, dirigido por Ian Wilmut, anuncia en la revista "Nature" que ha conseguido clonar por primera vez un mamífero a partir de una célula adulta. Los investigadores aislaron una célula mamaria de una oveja finlandesa y la llevaron a un estado de hibernación, con el fin de activar todos sus genes. Tomaron luego el óvulo de una oveja escocesa, manteniéndolo vivo en un cultivo de laboratorio, y fusionaron la célula mamaria y el óvulo con la ayuda de una corriente eléctrica. Los embriones resultantes de la fusión fueron implantados en una tercera oveja, que representó el papel de "madre de alquiler" de Dolly. Ésta es genéticamente idéntica al animal del que se tomó la célula mamaria.

Operación rescate
22 ABRIL

La ocupación de la Embajada japonesa en Lima por guerrilleros del grupo Túpac Amaru, que desde el pasado 17 de diciembre mantenían como rehenes a numerosas personalidades políticas y diplomáticas, finaliza abruptamente. Tropas especiales del ejército irrumpen por sorpresa en el edificio cuando los guerrilleros disputaban un partidillo de fútbol y estaban lejos de sus armas. El momento oportuno para el asalto fue indicado al parecer desde el interior de la Embajada, a través de un teléfono móvil que los secuestrados supieron mantener oculto. En la refriega mueren los 14 miembros del grupo guerrillero y un solo rehén, el magistrado Carlos Giusti.

Regreso de la socialdemocracia al poder en el Reino Unido y en Francia
1 MAYO Y 1 JUNIO

El Partido Laborista británico rompe dieciocho años de hegemonía conservadora y logra imponerse en las elecciones generales. Tony Blair (n. 1953), el joven líder laborista, forma un gobierno moderadamente europeísta y apuesta en el interior por una mayor autonomía para Escocia y Gales, esperando también de ese modo facilitar una solución para Irlanda del Norte, terreno en el que reanuda las negociaciones con Sinn Fein y su líder Gerry Adams. Un mes después, las elecciones francesas confirman el ascenso del Partido Socialista, y Lionel Jospin forma un gobierno de coalición con el Partido Comunista y otros grupos menores.

Cambio de guardia en África Central
17 MAYO

Después de una rápida campaña militar, las tropas tutsis y katangueñas dirigidas por Laurent Kabila, un antiguo correligionario de Patrice Lumumba, entran en Kinshasa, la capital de la República de Zaire, país que recupera poco después su anterior nombre de República Democrática del Congo. Mobutu Sese Seko, gravemente enfermo de cáncer, se refugia en Marruecos. La victoria de los rebeldes del área de los Grandes Lagos pone de manifiesto un cambio en las influencias dominantes en el área. Mobutu sirvió de gendarme a los intereses económicos, en particular mineros, de Francia y Bélgica; Kabila, como Pierre Buyoya en Burundi y Paul Kagame en Ruanda, llega al poder con el beneplácito de Estados Unidos, la nueva potencia hegemónica en el África Central.

Kaspárov derrotado por Deep Blue
MAYO

Despierta enorme expectación el duelo entre el campeón del mundo de ajedrez, Garri Kaspárov, y la supercomputadora *Deep Blue*, especialmente preparada por IBM para la ocasión. El match, a una distancia de seis partidas, tiene lugar en Nueva York. Kaspárov gana la primera partida, pierde la segunda y empata con dificultades las tres siguientes. *Deep Blue* da la sensación de jugar mejor en cada nueva partida. En la sexta Kaspárov, conduciendo las piezas negras, sucumbe a la tensión, comete un grave error y pierde. La fuerza bruta de la máquina, capaz de calcular millones de posiciones en décimas de segundo, se ha impuesto a la inteligencia.

Homo antecessor
29 MAYO

El análisis de 86 fragmentos de hueso pertenecientes a seis individuos y hallados en el verano de 1994 en la llamada Gran Dolina de Atapuerca, en la provincia de Burgos (España), permite a un equipo de paleontólogos dirigido por Juan Luis Arsuaga, José María Bermúdez de Castro y Eudald Carbonell, dar a conocer al mundo el descubrimiento de un eslabón clave en la evolución del hombre. Los restos corresponden a un antepasado común al hombre de Neanderthal y al *Homo sapiens sapiens*, y por eso lo bautizan con el nombre de *Homo antecessor*. Procedía de África; era alto y fuerte, con arcos ciliares incipientes y una capacidad craneal de unos 1 000 cm³. Su nivel tecnológico era muy rudimentario, vivía de la caza y probablemente practicaba el canibalismo. Pocos días antes de dar a conocer su descubrimiento, los científi-

Rueda de prensa del presidente Fujimori, después de la liberación de los rehenes de la Embajada de Japón en Lima.

Un aspecto de las excavaciones paleontológicas de Atapuerca, Burgos. Allí se produjo en 1994 el hallazgo de restos del que tal vez fuera el primer europeo, un antepasado común a los hombres de Neanderthal y de Cro-Magnon, llamado por sus descubridores Homo antecessor.

El vehículo todo terreno Sojourner *en el suelo de Marte, fotografiado desde el módulo principal del* Mars Pathfinder.

cos citados y Emiliano Aguirre, pionero de las investigaciones realizadas en Atapuerca, habían sido galardonados con el premio Príncipe de Asturias de Investigación Científica y Técnica.

Combate caníbal
28 JUNIO

Mike Tyson (n. 1966), aspirante al título mundial de boxeo de los grandes pesos que ya había ostentado en 1987-90, fracasa en su intento de arrebatar la corona a Evander Holyfield; pero no por derrota, sino por descalificación. El árbitro detiene el combate al comprobar que por dos veces Tyson ha mordido la oreja de su rival, llegando en la segunda ocasión a arrancarle un pedazo del lóbulo. Tyson había salido de la cárcel en 1995 después de cumplir tres años de condena por violación, y esperaba rehabilitarse socialmente a través de la reanudación de su carrera deportiva.

Hong Kong revierte a la soberanía china
1 JULIO

China, uno de los países más extensos del mundo, cuenta desde las 0 horas con 1 075 km² más de territorio: los correspondientes a la antigua colonia británica de Hong Kong, que pasa a constituir una región administrativa especial de la República Popular. Chris Patten, el gobernador británico, cede su puesto a Tung Chee-Hwa (n. 1937), un hombre de negocios multimillonario, educado en Estados Unidos y propietario de la naviera Orient Overseas. Los 850 soldados británicos son sustituidos por una guarnición de 10 000 soldados chinos, y Tung anuncia que suprimirá las reformas liberales introducidas por Patten en el gobierno del territorio.

Mike Tyson muerde la oreja de su rival Evander Holyfield, en un cuerpo a cuerpo del combate por el título mundial disputado en Las Vegas.

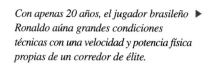

Con apenas 20 años, el jugador brasileño Ronaldo aúna grandes condiciones técnicas con una velocidad y potencia física propias de un corredor de élite.

Mars Pathfinder *aterriza en Marte*
4 JULIO

Después de 202 días de viaje, la nave espacial estadounidense *Mars Pathfinder* se posa en el suelo rocoso y árido de Marte, frenada por el despliegue de un paracaídas y protegida del primer contacto con el suelo por un enorme *airbag*. Comienza así la fase decisiva de un ambicioso proyecto de exploración del "planeta rojo", que podría culminar en el siglo XXI con una misión tripulada. *Mars Pathfinder* ha elegido para su aterrizaje el Ares Vallis, un área que hace miles de millones de años estuvo cubierta por las aguas, y donde posiblemente hubo alguna forma de vida. En los días próximos un vehículo todo terreno de seis ruedas denominado *Sojourner* descenderá por una rampa de la nave y comenzará la exploración sistemática del terreno. El vehículo pesa 10,5 kilos, lleva 6 500 transistores y se mueve a una velocidad máxima de 1 cm por segundo. Los primeros análisis químicos mostrarán una roca volcánica similar a la andesita terrícola.

Ronaldo deja el Barcelona por una cifra récord
8 JULIO

Mientras el jugador disputa con su selección el Torneo de Francia, preparatorio para el Campeonato del Mundo de 1998, parece cada vez más claro que no continuará en su actual equipo, el F.C. Barcelona, y que marchará al *calcio* por una cifra récord que puede superar los 4 000 millones de pesetas. Tras solamente una temporada en el club español, durante la cual sus más de 30 goles y espectaculares actuaciones han sido difundidas por todo el mundo, la cotización de Ronaldo se ha duplicado y los más poderosos clubes de fútbol del mundo se lo disputan, con el Inter de Milán en cabeza. Entretanto, el jugador, envuelto en los rumores de un seguro triunfo, en diciembre, en las votaciones para el Balón de Oro europeo, muestra su deseo de permanecer al margen de la polémica y concentrarse únicamente en su juego con la selección *canarinha*, que aparece como máxima favorita ante la proximidad del Mundial de Francia.

Ampliación al Este de la OTAN
9 JULIO

La Organización del Tratado del Atlántico Norte consigue superar la inicial oposición de Rusia y acuerda en su reunión de Madrid la incorporación a la organización, a partir del año 1999, de tres países del antiguo Pacto de Varsovia: Polonia, la República Checa y Hungría. La nueva estructura militar integrada de la Alianza atlántica será aprobada el 2 de diciembre, después de superar dos importantes obstáculos políticos: el contencioso greco-turco en torno a Chipre y las reservas británicas a que la defensa de Gibraltar dependa de un mando español.

Todos los demócratas contra ETA
10-12 JULIO

Días después de que la Guardia civil española liberara al funcionario de prisiones José Ortega Lara de un zulo subterráneo en Mondragón (Guipúzcoa) donde ETA lo había mantenido encerrado en condiciones infrahumanas durante 532 días, la banda terrorista vasca secuestra a un joven concejal del Partido Popular en Ermua (Vizcaya), Miguel Ángel Blanco Garrido, y da al gobierno un plazo de 48 horas para modificar su política sobre los presos etarras. Apenas una hora después de transcurrido el plazo, Miguel Ángel es encontrado agonizante, con un tiro en la nuca. Los niveles de respuesta popular y de repulsa nacional e internacional ante la barbaridad superan todo lo vivido en la larga lucha de la democracia española contra el terrorismo de ETA.

◄ *Como la llama de una vela agitada por una tempestad que acabó por extinguirla brutalmente. Así fue la vida de Diana de Gales*

Regreso a la Tierra de la tripulación de la estación espacial Mir
14 AGOSTO

Vasili Tsibilíyev y Alexandr Lazutkin, tripulantes de la estación espacial *Mir* a partir del pasado 8 de febrero, regresan felizmente a la Tierra. Los 186 días que han pasado encerrados en un espacio de 63,28 metros cúbicos han representado un récord absoluto de percances en el espacio: hubo un incendio el 23 de febrero, y un choque el 25 de junio contra el módulo *Spektr* durante una maniobra de acoplamiento manual, que dejó destrozado un panel solar y produjo un agujero en la carrocería de la nave que obligó a los astronautas a aislar el módulo averiado, arrancando cables y quedando con un déficit de energía eléctrica. Finalmente, la desconexión del cable de un ordenador hizo perder a la estación la orientación óptima al Sol, y Tsibilíyev sufrió problemas cardiovasculares.

Una llama al viento
31 AGOSTO

La ambivalente relación de Diana de Gales con la prensa gráfica tiene un desenlace fatal. "Lady Di" fue, desde su boda con el príncipe Carlos de Inglaterra, un imán que atraía a su alrededor a cientos de reporteros, y un tirón seguro en las ventas de las revistas ilustradas que publicaban reportajes sobre sus aventuras y desventuras sentimentales. En julio de 1996, después de años de separación, Diana y Carlos anunciaron su divorcio, y el cerco de la prensa gráfica sobre la princesa se hizo todavía más insistente. Diana aprovechó su extraordinaria popularidad para apoyar campañas humanitarias, como la de las

minas antipersonas. En París, cuando el coche en el que viajaba junto a su amigo y acompañante Dodi al-Fayed intentaba eludir a toda velocidad el acoso de los periodistas, un accidente en el túnel de l'Alma segó la vida de la pareja. El dolor popular en el Reino Unido por la muerte de la princesa superará todas las previsiones y desbordará las rígidas normas de protocolo de la familia real. El funeral, televisado a todo el mundo, tendrá su momento más emotivo en la interpretación por Elton John de la canción *Una llama al viento*, dedicada a la malograda Diana.

"Air" Jordan, otra vez el mejor

La Liga NBA finaliza con la victoria en la serie final de los Chicago Bulls sobre los Utah Jazz por 4 encuentros a 2. El jugador de los Bulls Michael "Air" Jordan, como en el año anterior, es elegido el jugador más valioso de la Liga. Jordan cuenta en su historial con cinco títulos de la NBA (1991 a 1993 y 1996-1997), dos títulos olímpicos (Los Ángeles 1984 y Barcelona 1992), un título de la Liga Universitaria con North Carolina (1982) y un título de deportista del año en EE.UU. (1991). Su historial podría haber sido más amplio de no haber abandonado la NBA en 1993-95 para iniciar una nueva (y frustrada) carrera en el béisbol.

La sonda Cassini-Huygens, camino de Saturno
15 OCTUBRE

Un cohete Titan 4B de las Fuerzas Aéreas de Estados Unidos lanza desde el centro espacial Kennedy en Cabo Cañaveral (Florida) la nave no tripulada *Cassini*, que durante siete años seguirá una ruta indirecta, rodeando antes Venus, la Tierra y Júpiter, para recorrer en total 3 500 millones de kilómetros por el espacio hasta entrar en órbita de Saturno en julio del año 2004. A partir de entonces y durante cuatro años más, *Cassini* estudiará el sistema de anillos del planeta y dejará caer con paracaídas la sonda *Huygens* sobre la luna Titán, en la que se sospecha que existen grandes cantidades de metano líquido. La misión es la última de las grandes iniciativas de exploración interplanetaria de la NASA. **➡ 1998**

Inauguración del Museo Guggenheim en Bilbao
18 OCTUBRE

Se inauguran oficialmente las instalaciones del nuevo Museo Guggenheim, un edificio de piedra, cristal y titanio proyectado por Frank Gehry, cuya silueta destaca poderosamente en el paisaje urbano de Bilbao. El nuevo museo acoge parte de las colecciones de arte moderno reunidas por Salomon R. Guggenheim (1861-1949) y su hija Peggy (1898-1979), repartidas hasta ahora entre Nueva York y Venecia, las otras sedes de la Fundación Guggenheim. Bilbao contará además con nuevas adquisiciones de artistas españoles, entre ellos Tàpies, Chillida, Oteiza y Susana Solano, y con una colección específica que recogerá una panorámica completa del arte contemporáneo en el País Vasco.

Un Nobel para las ONG
10 DICIEMBRE

Las organizaciones no gubernamentales (ONG) cubren en las sociedades actuales una importantísima función de sensibilización y de canalización de esfuerzos hacia objetivos en los que los gobiernos tienen escasa disposición a implicarse. Esas características tiene la ICBL o Campaña Internacional contra las Minas Antipersonas, fundada por una estadounidense de Vermont, Jody Williams (n. 1950), y galardonada con el premio Nobel de la Paz. En la ceremonia de entrega del premio en el Ayuntamiento de Oslo, Williams señaló como un gran avance el tratado antiminas sancionado la semana anterior en Ottawa por 122 Estados, y criticó el hecho de que Rusia, China y en especial Estados Unidos rehusaran firmarlo.

El museo Guggenheim situado en una antigua zona industrial. El edificio de Frank Gehry ofrece una síntesis feliz entre los macizos volúmenes de las antiguas instalaciones de los altos hornos, y la estética de las poderosas esculturas metálicas creadas por Oteiza o Chillida. El éxito del Guggenheim fue inmediato y espectacular: a finales de 1997 era de largo el primer museo español en afluencia de público.

Michael Jordan y la canasta. Entre ambos ha llegado a establecerse una atracción recíproca prácticamente infalible.

Nuevas tomas de posición hacia el siglo XXI

Entre los muchos acontecimientos reseñables ocurridos en el año, destacan sobre todo algunos puntos de inflexión que permiten atisbar nuevas tendencias, sensibilidades y retos que se proyectan con fuerza hacia las décadas venideras: así, los acuerdos de ampliación de la Unión Europea, los aún magros acuerdos sobre el cambio climático, las movilizaciones por la paz e incluso la sonda enviada a Saturno. Aunque, posiblemente, la imagen sentimental del año, que da la vuelta al mundo y capta la atención de centenares de millones de personas, sea la prematura muerte de Diana de Gales, una mujer que no pudo ser reina, pero que Elton John inmortaliza como la Rosa de Inglaterra.

PROBLEMAS QUE PERMANECEN Y NUEVAS REALIDADES

Ciertamente, durante 1997 ninguno de los grandes problemas pendientes encontró una solución satisfactoria. Se agudizó el drama de África; no se alcanzaron éxitos esperanzadores entre israelíes y palestinos; continuó la tensión en los Balcanes, contenida gracias a la presencia de tropas internacionales; Irak echó un nuevo pulso a la comunidad internacional, y se acrecentó la incertidumbre en el gigante ruso, agitado por las idas y venidas al hospital de Boris Yeltsin. Pero también surgieron nuevas realidades, algunas esperanzadoras, otras inquietantes, y muchas con una mezcla de ambas cosas a la vez. El Irán de Jatami intentó salir, no sin contestación, del oscurantismo y la marginación internacional; en Irlanda del Norte las conversaciones entre Gerry Adams y el nuevo presidente británico, Tony Blair, reflejaron la pretensión de encauzar y resolver un conflicto secular; Rusia firmó en mayo un acta fundacional de cooperación mutua con la OTAN, y terminó aceptando la ampliación de la Alianza a algunos países del anterior Pacto de Varsovia, como Polonia, República Checa y Hungría; Oslo se convirtió en sede de dos conferencias que, pese a dejar un sabor agridulce por sus discretos resultados, pueden interpretarse como síntomas de una mayor sensibilidad hacia cuestiones de carácter humanitario: en la que se abordó la prohibición o erradicación de las minas

Numerosas personalidades del mundo de la política y el arte llenaron la abadía de Westminster para manifestar su aprecio por la desaparecida princesa Diana de Gales el día de sus funerales.

La prematura muerte de Diana sorprendió traumáticamente a los ingleses y al mundo entero, y las manifestaciones populares de condolencia y respeto se sucedieron, alzándose incluso voces críticas contra la familia real, algo más fría en un primer momento.

antipersonas participaron 100 países, y a la organizada por la UNICEF y la OIT sobre Trabajo Infantil, acudieron representantes de 40 países para abordar el espinoso tema de los 250 millones de niños sometidos en todo el mundo a diversas formas de explotación infantil.

En similar sentido, a la ciudad japonesa de Kioto acudieron representantes de

159 países para tratar el tema del cambio climático, y establecer acuerdos sobre la necesidad de reducir emisiones de gases de efecto invernadero. En Kioto quedó patente el conflicto entre la ecología y la economía, y cómo, todavía, los criterios económicos predominan sobre los ecológicos. Y ello, pese a que durante este año se puso claramente de manifiesto el peligro del ca-

Distribución mundial de las emisiones de dióxido de carbono. En la Conferencia de Kioto no pudo alcanzarse un acuerdo para su reducción sustancial.

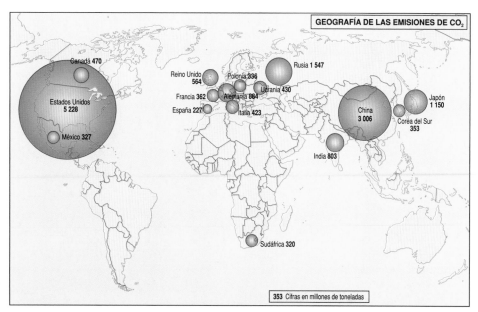

GEOGRAFÍA DE LAS EMISIONES DE CO₂

Canadá 470
Estados Unidos 5 228
México 327
Reino Unido 564
Francia 362
España 227
Polonia 336
Alemania 884
Italia 423
Ucrania 430
Rusia 1 547
China 3 006
Corea del Sur 353
Japón 1 150
India 803
Sudáfrica 320

353 Cifras en millones de toneladas

Tony Blair, a la izquierda, durante un acto electoral. El conservador John Major, desgastado tras años difíciles en el poder, fue arrollado en las urnas por el "nuevo laborismo".

Vistosos fuegos artificiales iluminaron el cielo nocturno sobre el puerto de Honk Kong, rivalizando en esplendor con las luces de la propia ciudad, para celebrar su esperado y polémico retorno a la soberanía China. ▶

lentamiento global del planeta debido en buena parte a la emisión de gases de efecto invernadero. El fenómeno climático denominado El Niño causó, o coadyuvó a que se produjeran, hechos catastróficos como los devastadores incendios de agosto y setiembre en Indonesia, provocados por las compañías madereras y por la extremada sequía motivada por el retraso de los monzones causado por El Niño; como las lluvias torrenciales de octubre y noviembre, que dejaron a 800 mil personas sin hogar en el sudoeste de Somalia; o como los temporales que sacudieron España y originaron tragedias humanas como las inundaciones ocurridas en noviembre en la provincia de Badajoz, donde perdieron la vida 26 personas.

ENTRE ORIENTE Y OCCIDENTE

En un mundo cada vez más globalizado, se multiplicaron las conexiones y las interferencias entre Occidente y el continente asiático. Prueba de ello fueron la cumbre chino-estadounidense celebrada a finales de octubre, que vino a refrendar el nuevo ambiente de entendimiento entre ambos países; el retorno de embajadores de la Unión Europea a Irán, y la propuesta de diálogo con Estados Unidos formulada por el nuevo presidente iraní, Jatami, que Clinton acogió inmediatamente con entusiasmo. En el polo opuesto se situó Saddam Hussein, el presidente de Irak, que a punto estuvo de provocar en el mes de noviembre una nueva escalada bélica en el Golfo Pérsico, cuando expulsó a los inspectores de la ONU. Aunque a mediados de diciembre las aguas volvieron a su cauce, la insatisfacción iraquí, unida a su acercamiento geoestratégico a tradicionales enemigos como Siria e Irán, podrían alterar el inestable y precario equilibrio del Próximo Oriente. En el otro extremo del continente asiático, los acontecimientos tampoco resultaron alentadores. A pesar de la normalidad observada en el traspaso de poderes de la ex colonia británica de Hong Kong a China, la crisis económica y financiera de los dragones asiáticos y de Japón tuvo, como no podría ser de otra manera, importantes repercusiones en las economías occidentales. El Fondo Monetario Internacional tuvo que intervenir en auxilio

Laurent Kabila (a la derecha), nuevo hombre fuerte de la República Democrática del Congo o Zaire. La rebelión de los tutsis banyamulenges de los Grandes Lagos dio a este katangueño de la etnia luba la ocasión de encabezar un imparable movimiento de oposición armada contra el régimen de Mobutu.

de Corea del Sur, la undécima potencia económica mundial, que el 18 de diciembre eligió un nuevo Jefe de Estado, Kim Dae Jung, el incansable líder de la oposición y luchador por las libertades civiles.

Y por último Madeleine Albright, la nueva secretaria de Estado estadounidense, no encontró la manera de acercar las posturas e intereses enfrentados en el sempiterno conflicto árabe-israelí. En el año en que se cumplía el cincuentenario de la creación del Estado de Israel, los palestinos siguieron reclamando a la comunidad internacional el reconocimiento y la creación de un Estado palestino, que los judíos se negaron a aceptar, a pesar de las presiones y recriminaciones de Clinton a Benjamín Netanyahu.

ÁFRICA, DONDE LA SANGRE SE DERRAMA

La situación del continente africano suscitó poco más que compasión y estupor en el mundo occidental. Siguieron las matanzas indiscriminadas perpetradas tanto por los integristas islámicos como por el ejército en Argelia, donde la guerra civil no declarada causó cerca de 100 mil muertos en la década de 1990. En Egipto se produjo el asesinato de 57 turistas europeos a mediados de noviembre, perpetrado por un

comando terrorista del grupo integrista Gamaa Islamiya, y en Kenia murieron 39 personas como consecuencia de estallidos de violencia tribal. En la zona de los Grandes Lagos se agudizó el doloroso problema de los refugiados –en Burundi ascendían al millón las personas desplazadas de sus hogares– con su secuela de hambrunas, enfermedades y muerte, aderezadas con sanguinarias matanzas de civiles como la de mediados de diciembre en un campo de refugiados de Ruanda, donde extremistas hutus asesinaron a un millar de refugiados tutsis. El dictador de Zaire Mobutu Sese Seko –que amasó una fortuna cifrada en más de 4 mil millones de dólares, en un país con una de las rentas per cápita más bajas del mundo– fue expulsado a Marruecos, donde moriría en setiembre víctima de un cáncer, por las tropas de Laurent-Desiré Kabila. Kabila se proclamó presidente de la nueva República Democrática del Congo y postergó indefinidamente toda reforma democrática.

De otro cariz fueron las noticias procedentes de la República Sudafricana, donde Nelson Mandela empezó a preparar su retirada de la vida política, prevista para 1999, cuando abandone la presidencia de la República, y cedió el liderazgo del Congreso Nacional Africano a Thabo Mbeki.

EUROPA, ESTIRAMIENTOS Y CONTRACCIONES

En Europa, el año del 40 aniversario del Tratado de Roma se cerró con la Cumbre de Luxemburgo, donde se adoptó el acuerdo de iniciar conversaciones con Hungría, Polonia, la República Checa, Eslovenia, Estonia y Chipre para su ingreso en la Unión Europea, quedando otros cinco candidatos para un turno posterior. Esta prometedora apertura al siglo XXI se vio empañada por la decepción y airada reacción de Turquía, la eterna candidata, excluida de la primera fase de la ampliación, entre otras razones por el contencioso sobre algunos territorios del Egeo, que la enfrenta a Grecia, y por el problema del respeto a los derechos humanos.

Algunas noticias preocupantes se localizaron en la zona de los Balcanes. En Albania, durante la primera mitad del año se vivió una guerra civil larvada como consecuencia de una gravísima crisis económica y social que sumió al país en el caos y obligó a intervenir a las fuerzas internacionales. Y en los países de la antigua Yugoslavia, los riesgos de desestabilización del precario orden social no cesaron a lo largo del año.

En el Reino Unido se produjo la victoria del laborista Tony Blair, que acabó con casi dos décadas de dominio conservador, y en

El socialista Lionel Jospin, aupado a la jefatura del gobierno de Francia después de las elecciones del 1 de junio.

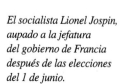

Multitudinario entierro del concejal del PP en Ermua (Vizcaya, España), Miguel Ángel Blanco, asesinado por la banda terrorista ETA.

Francia un error de cálculo de Chirac, al convocar elecciones anticipadas, propició una inesperada cohabitación con el socialista Lionel Jospin. Blair y Jospin llamaron la atención sobre la necesidad de construir una Europa con una mayor sensibilidad social. Fruto de dicha preocupación fue la Cumbre del Empleo de Luxemburgo, donde se esbozó la posibilidad de establecer una política europea común sobre el empleo, de la que se autoexcluyó España. Una España donde ETA siguió matando despiadamente y donde el asesinato del concejal del PP Miguel Ángel Blanco generó una amplia movilización política y social contra el terrorismo que permitió hablar del Espíritu de Ermua.

Y así transcurrió un año en el que se marcó un hito decisivo en el campo de la ingeniería genética, al lograrse la clonación de un mamífero. La oveja clónica despertó

Instantáneas

- El noruego **S. Fehn**, recibe el premio Pritzker de arquitectura. *(13 Abril)*
- **C. Pelli**, arquitecto argentino, concluye en Kuala Lumpur, Malaysia, el proyecto *Torres Petronas*, el edificio más alto del mundo (450 m de altura total). Por las mismas fechas, N. Foster concluye el *Commerzbank* de Frankfurt, el edificio más alto de Europa con 259 metros.
- Retrospectiva exhaustiva de la obra del pintor estadounidense **Jasper Johns**, en Colonia y Tokio.

- M. Rostropóvich y Y. Menuhin, premiados en España con el premio **Príncipe de Asturias de la Concordia**, por "la universalidad de su música y su compromiso con causas nobles".
- *Year of the Horse*, nuevo disco en directo de Neil Young. J. Jarmusch rueda un largometraje con el mismo título sobre la gira por Estados Unidos del rockero canadiense.
- *Falling into you*, de Céline Dion, recibe el Grammy al mejor álbum pop del año 1996, y *Give me one reason*, de Tracy Chapman, el Grammy a la mejor canción de rock. Los premios al mejor disco y canción del año y al mejor cantante masculino recaen en Eric Clapton, por *Change the World*.
- *A candle in the wind* (Una llama al viento), homenaje del cantante y compositor británico Elton John a Diana de Gales, que interpretó en el funeral de ésta, pasa a encabezar la lista de discos más vendidos de todos los tiempos, con 31 800 000 ejemplares, tan sólo 37 días después de su salida al mercado.

- **Á. Mutis**, poeta y novelista colombiano gran amigo de G. García Márquez, recibe el premio Príncipe de Asturias de las Letras. *(25 Abril)*

- El Nobel estadounidense S. Bellow publica, a los 81 años, una nueva novela: *The Actual*. *(2 Junio)*
- El español J. Marsé, autor de *Últimas tardes con Teresa, Si te dicen que caí* y *El embrujo de Shanghai* entre otras obras, galardonado con el **premio Juan Rulfo** de literatura hispanoamericana.
- La mexicana **Á. Mastretta**, galardonada con el premio Rómulo Gallegos por su novela *Mal de amores*, ambientada en los años de la Revolución.
- *Los inconsolables*, nueva novela del británico de origen japonés **Kazuo Ishiguro**.
- Alcanza un notable éxito crítico y de ventas el libro *El dardo y la palabra*, en el que el director de la Real Academia Española, F. Lázaro Carreter, reúne artículos ya publicados en la prensa en defensa del buen uso de la lengua española.
- **A. Tabucchi**, el italiano autor de *Sostiene Pereira*, encuentra de nuevo inspiración en Portugal para su nueva novela, *La cabeza perdida de Damasceno Monteiro*.
- El nigeriano **W. Soyinka**, premio Nobel de Literatura en 1986 y exiliado en California desde 1994, es acusado de alta traición por sus actividades de oposición al régimen militar instalado en su país.

- El director teatral estadounidense R. Wilson, premio Europa de Teatro en 1997, estrena en el teatro Odéon de París la ópera *Time Rocker*, con música de Lou Reed.
- *El sabor de las cerezas*, del iraní A. Kiarostami, premiada en el Festival de Cannes. El autor tuvo dificultades para recoger el premio, al ser retenido por las autoridades de su país.
- *The Lost World (El mundo perdido)*, de S. Spielberg, continuación de *Parque Jurásico*, bate todos los récords de taquilla en Estados Unidos.

- Violencia, sexo y celos definen la nueva película de P. Almodóvar, *Carne trémula*.
- *Mars Attacks!*, delirante sátira de una invasión extraterrestre dirigida por Tim Burton.
- Demi Moore protagoniza *La teniente O'Neil*, filme militarista dirigido por R. Scott, el autor de *Thelma y Louise*.

- Lanzamiento del *Minisat 01*, primer satélite de comunicaciones español. *(21 Abril)*
- Dos equipos de científicos de Atlanta (Estados Unidos) y de Bolonia (Italia) logran el nacimiento de tres **bebés a partir de óvulos congelados**. Se amplían así las posibilidades de las técnicas de reproducción asistida.

- **F. Alarcón**, presidente del Congreso de Ecuador en 1991-1992 y 1995, plantea la destitución del presidente del país A. Bucaram por "incapacidad mental" y se postula a sí mismo como presidente interino. El Congreso lo elige para el cargo. *(11 Febrero)*
- H. Banzer, candidato de Acción Democrática Nacionalista, consigue el mayor número de votos en las **elecciones presidenciales de Bolivia**, y con el apoyo del MIR es investido presidente. *(1 Junio)*
- **México**: el PRI pierde su tradicional mayoría absoluta en las elecciones legislativas. *(6 Julio)*
- K. R. Narayanan, nuevo presidente de la India. Es el primer "paria" o "intocable" en alcanzar este rango. *(20 Julio)*
- M. McAleese, candidata de **Fianna Fail**, vence en las elecciones y se convierte en la primera presidenta de Irlanda nacida en el Ulster bajo control británico. *(30 Octubre)*
- Elecciones en **Albania** celebradas bajo el patrocinio de la ONU, después de los graves

(Continúa)

Localización geográfica y esquema de la presa de las Tres Gargantas, la mayor obra de ingeniería acometida por China desde la construcción de la Gran Muralla.

La exitosa experiencia de clonación con la oveja Dolly ha despertado entusiasmos y temores.

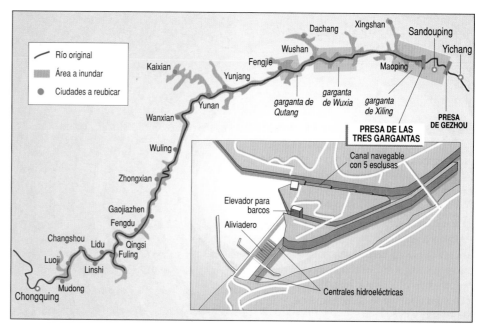

Río original
Área a inundar
Ciudades a reubicar

Kaixian · Dachang · Xingshan · Sandouping · Yichang · Wushan · Fengjie · Maoping · Yunjang · Yunan · garganta de Qutang · garganta de Wuxia · garganta de Xiling · PRESA DE LAS TRES GARGANTAS · PRESA DE GEZHOU · Wanxian · Wuling · Zhongxian · Gaojiazhen · Fengdu · Changshou · Lidu · Qingsi · Luoji · Fuling · Linshi · Mudong · Chongquing

Canal navegable con 5 esclusas
Elevador para barcos
Aliviadero
Centrales hidroeléctricas

toda clase de reacciones, desde la indignación al entusiasmo, un clima que ha rodeado desde siempre el avance de la ciencia, que parece abocada irremisiblemente a romper cualquier frontera que se le oponga. Y es que todo el mundo tiene *in mente* la clonación de humanos, aunque pocos hablen todavía de esta posibilidad. El ejemplo de Dolly demostraba, sin embargo, que era perfectamente factible, y el curso futuro de la sociedad dependerá, en cierta medida, de la opción que se tome. ■

Instantáneas *(continuación)* 1997

disturbios ocasionados el pasado año por un fraude financiero en el que estuvo implicado el gobierno del presidente SALI BERISHA. Se impone el Partido Socialista de FATOS NANO.

- El moderado M. JATAMÍ alcanza la **presidencia de Irán** imponiéndose al candidato oficial de los radicales shiíes, ALI AQBAR NATEQ-NURI.
- Crisis en la República Serbobosnia: B. PLAVSIC, la presidenta, se enfrenta a los radicales de R. KARADZIC, que reaccionan expulsándola de su partido. En las elecciones celebradas en noviembre, el voto quedará dividido entre las dos opciones. Mientras, las fuerzas de la OTAN buscan a los **criminales de guerra** reclamados por el Tribunal de La Haya.

- Alianza de **Telefónica Internacional y British Telecom**, que constituyen el segundo grupo mundial en el terreno de las telecomunicaciones. *(18 Abril)*
- **CUAUHTÉMOC CÁRDENAS**, hijo del que fue presidente de México LÁZARO CÁRDENAS, obtiene la alcaldía de Ciudad de México, que por primera vez se sometía al voto popular, al frente del Partido de la Revolución Democrática (PRD). *(Julio)*
- España: boda en Barcelona de la infanta **CRISTINA DE BORBÓN**, hija del rey JUAN CARLOS I, con el deportista IÑAKI URDANGARÍN. *(4 Octubre)*
- Graves **inundaciones** en el suroeste de España, con un balance de 21 muertos en la provincia de Badajoz y cuantiosas pérdidas materiales. *(4 y 6 Noviembre)*
- China inicia la construcción del mayor proyecto de energía hidroeléctrica del mundo, la **presa de las Tres Gargantas**, de 2 309 m de longitud, sobre el Yang tse-kiang. *(8 Noviembre)*

- Egipto: **terroristas islámicos** asesinan a 57 turistas en un antiguo templo de Luxor. *(17 Noviembre)*
- España: según el Estudio General de Medios correspondiente a noviembre, más de 1,3 millones de españoles tienen acceso a **Internet**, lo que representa el 3,9 % de la población. *(23 Noviembre)*
- La noruega **A. NOKLEBYE HEIBERG** elegida presidenta de la Federación Internacional de la Cruz Roja y de la Media Luna Roja. Por primera vez una mujer ocupa este cargo en la institución. *(25 Noviembre)*
- **Renovación en el Congreso del Partido Socialista Obrero Español (PSOE):** F. GONZÁLEZ no se presenta a la reelección para la secretaría general del partido y es sustituido por J. ALMUNIA.

- El estadounidense **ELDRICK "TIGER" WOODS**, de 22 años de edad, se convierte en el ganador más joven del Masters de Augusta de golf, y bate el récord del campo. *(13 Abril)*
- Los tenistas M. HINGIS, suiza, y P. SAMPRAS, estadounidense, números uno mundiales en las listas femenina y masculina de la ATP, confirman su supremacía venciendo en el **torneo de Wimbledon**. Ambos habían ganado ya el Open de Australia.

- «Estados Unidos, la nación indispensable del mundo.» BILL CLINTON, después de su reelección como presidente de Estados Unidos.
- «Estados Unidos necesita trabajar más estrechamente con los demás. En ocasiones, un buen líder tiene que ser también un buen colaborador.» K. ANNAN, nuevo secretario general de la ONU, al ex secretario de Estado de Estados Unidos W. CHRISTOPHER.
- «Para nosotros los chinos, son más importantes las obligaciones que los derechos humanos.» TUNG CHEE-HWA, primer gobernador de Hong Kong bajo la soberanía china.

- **JOAN COROMINAS**, lingüista catalán. *(2 Enero)*
- **MELVIN CALVIN**, químico estadounidense, premio Nobel de Química en 1961. *(8 Enero)*
- **OSVALDO SORIANO**, escritor argentino, autor de *No habrá más penas ni olvido*. *(29 Enero)*
- **BOHUMIL HRABAL**, escritor checo. *(3 Febrero)*
- **DENG XIAOPING**, político chino. *(19 Febrero)*
- **VICTOR VASARELY**, pintor húngaro. *(16 Marzo)*
- **WILLEM DE KOONING**, pintor neerlandés. *(19 Marzo)*
- **ALLEN GINSBERG**, poeta estadounidense de la generación "beat". *(5 Abril)*
- **ANDRÉS RODRÍGUEZ**, militar y ex presidente de Paraguay. *(21 Abril)*
- **DULCE MARÍA LOYNAZ**, escritora cubana. *(27 Abril)*
- **PAULO FREIRE**, pedagogo brasileño. *(2 Mayo)*
- **NARCISO YEPES**, guitarrista español. *(3 Mayo)*
- **MARCO FERRERI**, realizador cinematográfico italiano. *(9 Mayo)*
- **ALFRED DAY HERSHEY**, biólogo estadounidense. *(22 Mayo)*
- **JACQUES-YVES COUSTEAU**, oceanógrafo francés. *(25 Junio)*
- **ROBERT MITCHUM**, actor de cine estadounidense. *(1 Julio)*
- **JAMES STEWART**, el actor favorito de John Ford, Frank Capra y Alfred Hitchcock. *(2 Julio)*
- **GIANNI VERSACE**, diseñador italiano de moda. *(15 Julio)*
- Madre **TERESA DE CALCUTA**, religiosa de origen albanés, premio Nobel de la Paz en 1979. *(5 Setiembre)*
- **ROY LICHTENSTEIN**, pintor estadounidense, uno de los grandes representantes del pop art. *(19 Setiembre)*
- **PILAR MIRÓ**, cineasta española. *(19 Octubre)*
- **HELENIO HERRERA**, entrenador de fútbol argentino. *(9 Noviembre)*

1998

Crisis financiera internacional
4 ENERO

Nueva devaluación de las monedas de los países del sudeste asiático, que se colocan en mínimos históricos después de que Corea del Sur y Thailandia anunciaran el propósito de renegociar los créditos suscritos con el Fondo Monetario Internacional. Al clima de incertidumbre económica se sumarán a lo largo del año los datos que señalan la recesión en Japón y Rusia y la amenaza de devaluación que se cierne sobre las monedas latinoamericanas, comenzando por el real brasileño. Todos estos factores conducen a un ejercicio bursátil marcado por una gran volatilidad en todos los mercados y por una caída de los índices que ocasionará grandes pérdidas entre julio y octubre, con un mínimo (4 de agosto) marcado por la mayor caída del año en Wall Street.

Visita papal a Cuba
21 ENERO

En medio de un gran despliegue popular y mediático, Juan Pablo II llega a La Habana respondiendo a una invitación efectuada por Fidel Castro a finales de 1996. Durante los cinco días de su visita a la isla, el líder de la iglesia católica y su anfitrión intercambiarán cumplidos y puyas para hacerse con el protagonismo del acontecimiento, que es comparado con la visita papal que en 1989 precedió la caída del régimen comunista polaco. Los hechos inmediatos parecerán desmentir el paralelismo,

pero de momento el augurio liberalizador es avalado por las concesiones al culto católico que viene haciendo el régimen comunista cubano y por su iniciativa de movilizar a la población en la bienvenida al pontífice. Juan Pablo II oficiará una misa *urbe et orbi* desde la misma plaza de la Revolución y, asumiendo el papel de mediador, pedirá un cambio en la política estadounidense hacia Cuba, y que este país caribeño se abra al mundo y tolere la libertad de educación, pieza estratégica del programa de la iglesia cubana, que cuenta con 2509 sacerdotes y medio millar de monjas en la isla.

La Amazonia en llamas
20 MARZO

Incapaces de atajar el incendio, las autoridades brasileñas reciben la ayuda de especialistas argentinos y refuerzos de los cuerpos de bomberos de otros estados brasileños. Asimismo, bomberos venezolanos luchan contra las llamas en la sierra de Pacaraima. Pese a todo, el fuego se mantendrá aún otros quince días, hasta la llegada de las lluvias, las primeras que se producen en medio año. Cuatro meses antes, los primeros focos del fuego fueron localizados por vía satélite en el estado brasileño de Roraima y aún en el mes de marzo 63 focos distintos, algunos con frentes de una treintena de kilómetros, avanzaban fuera de control hacia las fronteras de Venezuela y Guyana. El fuego arrasó 60 000 km² de sabana y selva virgen, incluidas las reservas de los indios yanomami.

Los récords de Titanic
24 MARZO

Titanic, superproducción hollywoodense sobre el célebre naufragio marítimo de 1912, bate todos los récords de producción (doscientos millones de dólares) y recaudación (cerca de setecientos millones de ingresos en taquilla al concluir el año) de la industria cinematográfica, e iguala la cifra récord de once Oscars concedidos en 1960 por la Academia a *Ben Hur*. A James Cameron le comporta las estatuillas al mejor director, mejor montaje y mejor producción: James Horner es galardonado por la mejor banda sonora y por la mejor canción original (*My heart will go on*); Peter Lamont y James Ford, por la dirección artística; Russel Carpenter por la fotografía; Debora L. Scott, por el vestuario; los equipos de sonidos, efectos de sonido y efectos especiales reciben los premios reservados a cada uno de estos apartados. Quedan fuera de la pedrea de premios la pareja protagonista, Leonardo di Caprio y Kate Winslet, quienes deberán resignarse a permanecer en el corazón de los espectadores.

Acuerdo de paz en el Ulster
10 ABRIL

Treinta años de guerra civil tocan a su fin en Irlanda del Norte tras el acuerdo que, bajo los auspicios de los gobiernos del Reino Unido y de la República de Irlanda, suscriben en el castillo de Stormont, en Belfast, las principales fuerzas políticas implicadas en el conflicto. El Sinn Fein y su brazo armado, Ejército Republicano Irlandés (IRA), dejan de

El castillo de Stormont fue el escenario escogido para poner fin al conflicto del Ulster. Arriba, los irlandeses David Trimble, a la izquierda, y John Hume, a la derecha, enmarcan al primer ministro británico Tony Blair.

Titanic, *la superproducción dirigida por James Cameron, batió en 1998 todos los récords de taquilla. En la fotografía, la pareja protagonista de la película, Leonardo Di Caprio y Kate Winslet.*

◀ *El pueblo cubano, movilizado por el régimen de Fidel Castro, recibe calurosamente la visita oficial del papa Juan Pablo II a la isla caribeña. En la imagen, recorrido del sumo pontífice por las calles de Camagüey.*

La ex becaria de la casa Blanca, Mónica Lewinsky (arriba), acaparó la actualidad política estadounidense. Sus relaciones con Bill Clinton, negadas inicialmente por éste, pusieron al presidente norteamericano contra las cuerdas y dieron a la oposición republicana el arma para emprender contra él un proceso de destitución.

La esperanza llega a las calles del País Vasco con el anuncio de una tregua indefinida por parte de la organización terrorista ETA. El comunicado es recibido con cautela por el gobierno y suscita entusiasmo en las filas nacionalistas. ▶

ser el principal referente de la comunidad católica, al realzar la mesa negociadora el protagonismo del Partido Socialdemócrata y Liberal y de su máximo dirigente, John Hume; por su parte, las fuerzas paramilitares protestantes ceden terreno ante el papel del Partido Unionista del Ulster, de David Trimble. El acuerdo culmina 21 meses de referéndums convocados en la República de Irlanda y en el Ulster, y tomará carta de naturaleza gracias a las reformas constitucionales con las que aquellos países, tras reconocer el derecho de autodeterminación del conflictivo territorio, dan cabida a los órganos de autogobierno del Ulster y a sendos consejos interministerial y de las islas Británicas, creados, respectivamente, para integrar a los representantes de los poderes ejecutivo y legislativo de las tres unidades políticas resultantes. El auge de Hume y Trimble será corroborado por las urnas en las primeras elecciones del Ulster (25 de junio) y premiado (16 de octubre) con el Nobel de la Paz.

Triunfo colorado en Paraguay
10 MAYO

Refrendan las urnas la hegemonía del Partido Colorado en una convocatoria de elecciones legislativas y presidenciales que registra la mayor participación de la historia de América Latina: 81 por ciento del censo. El 4 de junio, el candidato colorado, Raúl Cubas, será investido presidente de la República. Una de las primeras decisiones, la liberación de su amigo el general Lino César Oviedo, condenado por el frustrado

Por primera vez en la historia de los mundiales la selección francesa se proclamaba campeona. El número diez galo, Zinedine Zidane, en la fotografía marcando un gol en la final ante Brasil, fue la figura de Francia y del Campeonato.

golpe de Estado de 1996, abre a mediados de junio la primera crisis de gobierno y determina la renuncia de varios miembros de su gabinete.

La semana de 35 horas
19 MAYO

La reducción de la jornada laboral formó parte del inventario de reivindicaciones utópicas que en los años sesenta opusieron el ocio frente al trabajo en un modelo social que galopaba hacia la automatización. Bajo el temor a la quiebra del estado del bienestar, treinta años más tarde, toma cuerpo en Europa como propuesta sindical para combatir el paro. La Asamblea Nacional francesa se adelanta a su tiempo y, a instancias del gobierno de Lionel Jospin, aprueba una ley que implanta la semana laboral de 35 horas. La aplicación será obligatoria a partir del año 2000 para todas aquellas empresas que empleen más de veinte trabajadores.

Fútbol: Francia 98
12 JULIO

Final de la Copa del Mundo de Fútbol, en la que Francia saca provecho de su condición de país anfitrión y consigue su primer campeonato al vencer a Brasil por 3-0. Por primera vez, 32 selecciones nacionales han participado en la fase final de la competición, durante la cual se han disputado 63 partidos en un mes.

Sentencia del «caso Marey»
29 JULIO

Son condenados a diez años de cárcel por el Tribunal Supremo el ex ministro de Interior socialista, José Barrionuevo, y su secretario de Estado, Rafael Vera,

mientras que otros diez altos responsables de la lucha antiterrorista de su ministerio lo son a penas entre cinco y diez años por los delitos de secuestro y malversación de fondos públicos cometidos en diciembre de 1983 en una acción amparada por los aparatos del estado que tuvo por víctima al ciudadano francés Segundo Marey y fue la primera de las reivindicadas por los Grupos Antiterroristas de Liberación (GAL). A propuesta de indulto de este mismo alto tribunal serán excarcelados todos en vísperas de Navidad, gracias a una diligente tramitación gubernamental que permite a los dos primeros saldar sus cuentas con sólo tres y ocho meses de condena respectivamente.

Acoso republicano a Clinton
17 AGOSTO

La tenacidad del fiscal Kenneth Star se ceba en el presidente Bill Clinton: la investigación de la denuncia por acoso sexual presentada en 1997 por Paula Jones contra Clinton ha derivado este año en el estallido del «caso Mónica Lewinsky», becaria que el 24 de enero admitió haber mantenido en 1995 y 1996 una veintena de encuentros furtivos con el presidente. Aunque en el primer momento Clinton negara bajo juramento cualquier relación sexual con ella, ahora la evidencia de las pruebas de ADN ofrecidas por el semen que guardaba la joven lo obligan a reconocer, en una declaración ante el Gran Jurado retransmitida a toda la nación, que había «engañado» a su mujer y mantenido una «relación impropia» con aquélla. El caso lo coloca contra las cuerdas y acabará sometiéndolo a un procedimiento de dimisión (*impeachment*) por perjurio y obstrucción a la justicia, que el 19 de diciembre verá el visto bueno de la Cámara de Representantes.

Tregua de ETA
16 SEPTIEMBRE

Euskadi ta Askatasuna (ETA) anuncia «la suspensión ilimitada de sus acciones armadas» a partir del día 18. Argumenta su decisión en base al «nuevo contexto» abierto por la *Declaración de Lizarra* –suscrita cuatro días antes por 23 asociaciones cívicas, sindicales y políticas vascas, entre ellas PNV, EA, HB e IU–, que, según el comunicado etarra, crea las condiciones para «avanzar hacia la independencia». El anuncio de tregua es recibido con reticencia en el gobierno y entre el PSOE, que temen que pueda tratarse de una añagaza forzada por los últimos reveses infligidos a la banda armada. Sin embargo, en octubre el convencimiento respecto a la decisión etarra será general y, en noviembre, el presidente José María Aznar autorizará la apertura de contactos con «interlocutores del Movimiento de Liberación Nacional Vasco». La marcha del proceso de paz aparecerá sin embargo frenada por la falta de decisión gubernamental en la política de acercamiento de presos etarras a las cárceles del País Vasco y por la resurrección de las formas de lucha violenta de los jóvenes de Jarrai, que en diciembre, siguiendo las instrucciones de ETA, retoman la calle y apuntan de nuevo contra los representantes del Partido Popular.

Relevo en la cancillería alemana
27 SEPTIEMBRE

Las elecciones legislativas alemanas dan el triunfo al Partido Social Demócrata, de Gerhard Schröder, jefe de gobierno del *land* de Baja Sajonia entre 1990 y 1998. El giro del electorado pone fin a dieciséis años de gobiernos conservadores e impone la retirada del canciller Helmut Kohl, que abandonó asimismo la dirección de su partido. Sin embargo, a falta de la mayoría absoluta necesaria para gobernar, el nuevo canciller *in pectore* se ve sometido a un largo proceso de negociación con Los Verdes, que por primera vez entrarán en el gobierno federal, aunque imponiendo un polémico plan de abandono de la energía nuclear y cambios en la política de subvenciones seguida hasta el momento por la Unión Europea.

Saramago, el Nobel luso
9 OCTUBRE

La literatura portuguesa, jamás distinguida con un premio Nobel, recibía el reconocimiento de la Academia sueca en la figura del escritor José Saramago: él mismo, con su característica humildad, adelantaba esa interpretación coral. Casado con la periodista española Pilar del Río y residente en Lanzarote, la designación del premio fue también muy celebrada en España: al fin y al cabo, Nobel ibérico. La importancia de su *Memorial del convento*, la novela que lo dio a conocer en 1982, y de *El Evangelio según Jesucristo*, otro de sus escritos de mayor relieve, es subrayada en el texto que acompaña el fallo. Por su parte, la crítica recuerda que el conjunto de su trayectoria, completada en los últimos años con obras tan sugestivas como *Todos los nombres* y *Ensayo sobre la ceguera*, profundiza la exploración del alma humana y las causas del desasosiego contemporáneo. Un juicio del que sólo parece discrepar una referencia vaticana a la militancia comunista del autor, formulada a modo de descalificativo ético contra quien precisamente cuenta con un gran ascendiente moral en el mundo de las letras.

Caso Pinochet
16 OCTUBRE

El ex dictador chileno Augusto Pinochet, protagonista a comienzos de año por el rechazo a su recién estrenada condición de senador vitalicio, que conforme a los pactos de la transición chi-

lena le garantizaba la impunidad en la democracia, es detenido en Londres, donde se encuentra convaleciente de una operación de hernia discal. La detención responde a una orden cursada a través de Interpol por el juez español Baltasar Garzón, quien solicita su extradición y le imputa 94 delitos de genocidio y crímenes contra la humanidad cometidos entre 1976 y 1983. La iniciativa contra Pinochet es secundada por los gobiernos de Suiza, Francia y Suecia, que ordenan a sus respectivas fiscalías medidas paralelas para lograr a su vez la extradición y juzgar a aquél por el asesinato de ciudadanos suyos. El proceso de extradición parecerá despejarse el 25 de noviembre, tras una sentencia del comité judicial de la Cámara de los Lores, que lo declara extraditable, y la decisión posterior del ministro del Interior británico, Jack Straw, que el 9 de diciembre autoriza a tramitar la solicitud de extradición presentada por España. Sin embargo, el proceso judicial es abortado el día 17 por el Tribunal de Apelaciones de la Cámara de los Lores, que revoca la sentencia de noviembre dando por buena la recusación del juez Leonard Hoffmann.

Fin del contencioso ecuato-peruano
26 OCTUBRE

Perú y Ecuador suscriben en Brasilia un acuerdo por el que sus respectivos presidentes, Alberto Fujimori y Jamil Mahuad, ponen fin a cincuenta años de disputas por 78 kilómetros de su frontera en la cordillera del Cóndor. El acuerdo respeta en lo fundamental el protocolo de Río de Janeiro de 1942 y sitúa la frontera en los límites naturales de las cumbres, que en adelante estarán señalizados por 23 mojones hincados en el terreno.

El abrazo entre los presidentes de Perú, Alberto Fujimori, y de Ecuador, Jamil Mahuad, sella el acuerdo alcanzado en Brasilia el 26 de octubre, que ha puesto fin a medio siglo de conflictos fronterizos entre ambos países.

La detención de Augusto Pinochet en Londres acusado de crímenes cometidos durante la dictadura abre diversos debates pendientes: uno, el modelo chileno de transición a la democracia; otro, la creación de un Tribunal Penal Internacional.

◀ *José Saramago es galardonado con el premio Nobel de Literatura 1998, convirtiéndose en el primer escritor portugués que accede a este reconocimiento por parte de la Academia sueca.*

Con el lanzamiento del cohete *Protón en noviembre de 1998, la Estación Espacial Internacional (ISS), cuya maqueta aparece en la imagen, comienza a ser una realidad. Astronautas y científicos la habitarán a partir del año 2005.*

Hugo Chávez se impone por mayoría absoluta en las urnas y accede a la presidencia de Venezuela con el apoyo de los sectores populares. En la foto, el ex teniente coronel de paracaidistas durante la campaña electoral, en Carora.

El huracán Mitch
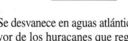
6 NOVIEMBRE

Se desvanece en aguas atlánticas el mayor de los huracanes que registran las estadísticas del siglo. Nacido el 24 de octubre frente a la costa de Colombia, rozó el oeste de Jamaica para desviarse a continuación hacia Centroamérica, donde durante cinco días descargó su furia sobre Honduras y Nicaragua, hizo sentir sus efectos colaterales sobre El Salvador y Guatemala, y dejó caer su fuerza ya menguante sobre Costa Rica, Panamá, México y el sur de Florida, que padecieron sus efectos en forma de tormenta tropical. En el mar marcó el nivel de intensidad 5, máximo de los posibles de la escala Saffir-Simpson, con valores de hasta 285 km/h, y sobre Honduras el nivel 3, con vientos entre 178 y 209 km/h. Deja un rastro de devastación cuyo principal damnificado es Honduras, donde cinco mil personas pierden la vida y un millón y medio sus hogares, quedando anegadas el 80 por ciento de las tierras y destruida una tercera parte de su capital, Tegucigalpa; en Nicaragua los fallecidos son 3 800 y

El huracán Mitch, nacido frente a las costas caribeñas colombianas, se desplazó hacia las tierras centroamericanas, dejando un rastro de muerte y desolación.

700 000 los damnificados, mientras que en El Salvador se registran 300 muertos y 60 000 damnificados, y en Guatemala mueren 250, elevándose hasta un millón el número de personas que pierden sus hogares.

Estación Espacial Internacional
20 NOVIEMBRE

Primeros pasos en la instalación de la Estación Espacial Internacional (ISS): el 20 de noviembre un cohete *Protón* lanzado desde la base de Baikonur, en Kazajstán, pone en órbita el módulo *Zariá*, y el 4 de diciembre el transbordador *Endeavour* es lanzado desde la base Kennedy de Cabo Cañaveral para poner en órbita el módulo *Unity*: ambos serán ensamblados el 10 de diciembre. Es, con mucho, lo más significativo de un año astronáutico en el que también destacaron las misiones *Lunar Prospector* (nave lanzada el 7 de enero), *Discovery* (29 de octubre-7 de noviembre) y *Mars Climate Orbier* (mandada a Marte el 11 de diciembre). La ISS es una reformulación del viejo proyecto *Freedom*, consiste en una estación orbital del tamaño de un campo de fútbol que se situará a cuatrocientos kilómetros de altura de la Tierra y necesita de un total de 46 misiones y cien módulos distintos. Representa un coste en torno a los quince billones de pesetas e implica en el proyecto, cuya conclusión se anuncia para el 2004, a Estados Unidos, Rusia, Canadá, Brasil, Japón y los once países integrados en la Agencia Espacial Europea.

Triunfo de Chávez en Venezuela

6 DICIEMBRE

Triunfo arrollador en las urnas del ex teniente coronel Hugo Chávez, candidato a la presidencia de Venezuela del populista Movimiento Quinta República. Héroe de las clases populares y de un sector de la intelectualidad, Chávez es visto como un villano por las clases adineradas de su país, que lo recuerdan como el cabecilla del frustrado golpe de Estado que en febrero de 1992 trataba de poner fin al régimen presidido por el socialista Carlos Andrés Pérez. En aquella ocasión el cuartelazo causó cua-

tro centenares de muertos y le llevó dos años a la cárcel. Ahora obtiene el 56 por ciento de los votos frente al candidato de Proyecto Venezuela, Henrique Salas, quien pese al apoyo de Acción Democrática y COPEI, los dos grandes partidos nacionales, sólo consigue el 39 por ciento de los sufragios. El resultado de los comicios es visto como una amenaza antidemocrática por la oligarquía nacional y por aquellos partidos que temen que Chávez cumpla su promesa de convocar una Asamblea Constituyente con poderes para disolver el Congreso y edificar una nueva república basada en órganos de poder popular.

Operación Zorro del Desierto
16 DICIEMBRE

La fuerza aeronaval desplegada por Estados Unidos y Gran Bretaña en torno al golfo Pérsico a raíz de la «tercera crisis de las inspecciones», desatada por Irak en noviembre, recibe la orden de ataque de Bill Clinton con el pretexto de un informe de aquella misión inspectora (Unscom) que asegura que el régimen de Saddam Hussein no cumple los compromisos por él adquiridos tras la guerra del Golfo. Muy criticado, el informe fue cursado al margen del Consejo de Seguridad de las Naciones Unidas ante el que debía rendir cuentas y se interpretó como un ardid estadounidense para desviar la atención respecto a los problemas de Clinton y el proceso de *impeachment*. Durante cinco días serán arrojados cuatro centenares de misiles Tomahawk sobre un centenar de objetivos en los que pierden la vida unos dos mil civiles y militares.

¿El año de los derechos humanos?

Comenzó el año con buenos propósitos, auspiciado por el cincuentenario de la Declaración de los Derechos del Hombre. No en vano es el rasero que, en los nuevos tiempos de mundialización económica, invoca el pensamiento único de la «globalización». En los márgenes de ese sistema «global», dos nuevas matanzas de oscuras intenciones subrayaban, en los tres primeros días del año, los límites de su ámbito: cuatro centenares de campesinos fueron degollados por supuestos comandos integristas en Relizan (Argelia), y 45 campesinos chiapanecos morían asesinados por fuerzas paramilitares en Tlapa (México). Malos augurios: ni en uno ni en otro caso instancia internacional alguna había propuesto aún atajar unos conflictos que llevaban cinco años arrastrándose dramáticamente como símbolos de la barbarie humana. Pero también el orden civilizado mantiene su propia frontera interior, tramada por las complejidades del poder y la definición de los límites del estado: al acabar el año, en Londres, el ex dictador chileno Augusto Pinochet sorteaba los primeros escollos del procedimiento de extradición al que, acusado de crímenes contra la humanidad y genocidio, se veía sometido, y en España los primeros convictos de la «guerra sucia» del estado, que en la década anterior causó 29 muertos, salían de la cárcel antes de las fiestas de Navidad, indultados por el gobierno tras breves encierros que, en algún caso, no llegaban a sobrepasar los tres meses.

Más grave si cabe, el orden internacional, teóricamente arbitrado por Naciones Unidas y su Consejo de Seguridad, era obviado por la primera potencia del mundo, Estados Unidos, mediatizada por el enfrentamiento entre la oposición republicana y Bill Clinton en torno al «caso Lewinsky». El presidente quiso encontrar en la política exterior los argumentos necesarios para recuperar la confianza del pueblo estadounidense. Así sucedió tras los sangrientos atentados sufridos el 7 de agosto por las sedes diplomáticas estadounidenses de Tanzania y Kenia, que trece días más tarde determinaron acciones de represalia unilaterales contra objetivos en Afganistán y Sudán. En este último caso, se demostró que, por un error, se había tomado como objetivo unos laboratorios farmacéuticos

▲
El Dalai Lama recuerda los objetivos pendientes durante la celebración del cincuentenario de la Declaración de los Derechos del Hombre.

En 1998, se recrudece la acción del ejército contra los movimientos indígenas, así como la actuación de los grupos paramilitares, responsables de numerosas matanzas.

bajo contrato de los propios programas de la Unicef para Oriente Próximo. Tampoco dudo el presidente Clinton a la hora de ordenar acciones militares contra Irak (16 y 20 de diciembre) por supuestos incumplimientos de este país en las condiciones impuestas para la inspección armamentística de Naciones Unidas. Sin embargo, luego trascendió que los informes sobre dichos incumplimientos podían haber sido manipulados por los servicios de inteligencia estadounidense, infiltrados desde el comienzo en la comisión inspectora para garantizar a través del espionaje la eficacia de la acción punitiva que finalmente causaría unos dos mil muertos.

LA CRISIS ASIÁTICA

El modelo de desarrollo de los tigres asiáticos, basado en la sobreexplotación de la fuerza de trabajo, se reveló obsoleto. Había estallado el año anterior por causa de la sobrevaluación de las monedas del sudeste del continente, que se vieron arrastradas por la especulación y la retirada del capital extranjero, obligando a la devaluación. Pero en 1998 lo peor no había pasado y, apenas comenzar el año, la crisis financiera trajo consigo nuevas devaluaciones, y la caída de la producción y más desempleo, arrojando dichas economías al círculo infernal de la recesión y las tensiones infla-

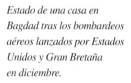

▲
La sociedad chilena se ha dividido ante el proceso iniciado contra el ex dictador Augusto Pinochet. En la imagen, un grupo de exiliados chilenos se manifiesta en Londres a favor de la entrega de Pinochet a la justicia española.

Estado de una casa en Bagdad tras los bombardeos aéreos lanzados por Estados Unidos y Gran Bretaña en diciembre.

cionistas. Tales circunstancias sólo encontraron paliativo en las drásticas condiciones de renegociación impuestas por el Fondo Monetario Internacional para su deuda externa, con las inevitables convulsiones sociales. Indonesia, convertida en paradigma de todas las contradicciones, no se detuvo ante las limitaciones de su sistema político y, como consecuencia, vivió un movimiento de revuelta que, encabezado por los estudiantes, determinó la caída del presidente Suharto y puso en jaque la continuidad del régimen dictatorial que, a través de su sucesor y la inercia de treinta años de poder militar, trataba de perpetuarse.

El fantasma de la crisis adquiriría nuevos perfiles con las cifras macroeconómicas que confirmaban en marzo la recesión de Japón y que durante el resto del año mantuvieron en todo el mundo el temor a la debacle financiera a través de diversas amenazas que pendieron como espada de Damocles sobre todos los mercados: devaluación del yuan chino, bancarrota en Rusia, reajuste monetario latinoamericano arrastrado por la crisis financiera del gigante brasileño. Gracias a la función de apagafuegos del Fondo Monetario Internacional, ninguno de tales presagios llegó a cumplirse, y la única certeza fue la pérdida relativa de los beneficios de las empresas estadounidenses, que también en Europa, y con escasas excepciones, como la de España, parecían acusar los primeros síntomas de una debilidad atribuida a la crisis asiática y sus consecuencias.

LA EMERGENCIA DE EUROPA

El camino de la moneda única creó en la Unión Europea las condiciones de estabilidad que la potencia del nuevo mercado europeo propiciaba. Al respecto, el nacimiento del euro, fruto de la concertación de todos los bancos nacionales implicados en el nuevo Banco Central Europeo, fue recibido el último día del año con un movimiento de apoyo de los mercados internacionales que hacía presagiar una fuerte competencia frente al dólar, hasta el momento la única moneda refugio. Las condiciones de ese alumbramiento, engendrado por gobiernos conservadores, habían quedado finalmente, como consecuencia del giro experimentado por el electorado europeo en los últimos años, a merced de comadronas de izquierdas, que tras cumplir sus compromisos con la *realpolitik* se apuntaban ahora a sus propias ideas, supuestamente de mayor contenido social y dirigidas a preservar el estado del bienestar: la Francia de Jospin aprobaba la semana laboral de 35 horas como primera providencia de una futura batería de medidas para remedar el paro; en Alemania el recién llegado Schröder proponía cambios en la fiscalidad y la política de subvenciones de la UE; en Gran Bretaña, los laboristas se debatían en las contradicciones

Los jóvenes universitarios de Indonesia encabezaron una serie de revueltas que acabaron con la caída del régimen de Suharto.

El euro, la moneda única europea, es una realidad palpable. Once países de la Unión Europea han entrado en la primera hornada: sólo Grecia, Gran Bretaña, Suecia y Dinamarca quedaron fuera.

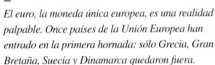

Las constantes devaluaciones del rublo han generado una cultura especulativa que comienza a ser moneda corriente en la Rusia de Boris Yeltsin. En la foto, ciudadanos ante una oficina de cambio.

La socialdemocracia protagoniza el giro político en Alemania. En la fotografía, el nuevo canciller, Gerhard Schröder y su gabinete, en el que por primera vez participan Los Verdes.

populistas de la «tercera vía» de Blair; en Italia, el ex comunista D'Alema trataba de recomponer su propio discurso con los retazos de todos ellos... Incluso los conservadores españoles, aislados en el mapa político, se aprestaban a un giro centrista y a radicalizar su discurso asistencial. En cualquier caso, todo hacía presuponer que los cambios en la política europea estaban a la vuelta de la esquina.

LOS ALFILERES DE LA PAZ

Ulster, Colombia, Palestina, Euskadi abrieron alternativamente la esperanza y la desazón sobre la disposición de la humanidad a resolver sus conflictos armados. Si en Irlanda del Norte la paz se abrió ca-

mino con paso decidido y encontró una salida institucional a su medida con la celebración de referéndums que auspiciaron la creación de los primeros órganos de autogobierno del Ulster, para cuya dirección fue elegido David Trimble, los titubeos y retrocesos siguieron siendo la nota dominante en las restantes situaciones.

En Colombia, la terquedad pacificadora del nuevo presidente, el conservador Andrés Pastrana, fue la nota destacada de una primera fase de contactos en la que no torció el gesto amistoso cuando, apenas tomar posesión, un baño de sangre ocasionado por una ofensiva guerrillera en gran escala empeñó la acción de su gobierno; en Oriente Próximo, los escollos surgirían de los compromisos del primer ministro is-

raelí Benjamín Netanyahu con los sectores extremistas de su coalición de gobierno, que tras torpedear los acuerdos de paz suscritos con la Autoridad Nacional Palestina en Wye Plantation (Estados Unidos), lo llevaron a la dimisión y a dejar en suspenso el proceso a la espera de nuevas elecciones.

La circunspección caracterizó la actitud del gobierno español, presidido por José María Aznar ante la tregua unilateral de ETA, que a finales de año amenazaba con torcerse ante la ausencia de gestos significativos del gobierno, como el acercamiento de presos que reclamaban todos los partidos nacionalistas vascos, y ante la intransigencia de los sectores abertzales que, en el envite por tales reivindicaciones, pujaron de nuevo por una «violencia de baja in-

Un grupo de niñas irlandesas de la escuela del sagrado Corazón de Dundrum celebra la firma del acuerdo de paz en el Ulster que ha puesto fin a treinta años de guerra civil en Irlanda del Norte.

LAS CATÁSTROFES NATURALES

Fueron el correlato de un año marcado por el final de un episodio de El Niño que las estadísticas de los meteorólogos señalaban como el más riguroso del siglo. En enero se cebó en Perú, afectada, bajo el efecto directo del fenómeno, por inundaciones y corrimientos de tierras que obligaron a declarar el estado de emergencia en

Negociaciones israelo-palestinas de Wye Plantation en octubre de 1998. De izquierda a derecha, Yasser Arafat, el rey Hussein de Jordania, Bill Clinton y Benjamín Netanyahu.

tensidad» en la calle, hipotecando inevitablemente los puentes de un diálogo que, apenas señalado con alfileres sobre la mesa de negociación, aún no se había producido.

el centro del país. Igualada en la catástrofe, pero aventada por el mismo fenómeno y la voracidad explotadora, la Amazonia brasileña sufría los efectos contrarios y en el

Instantáneas

1998

- **Estocolmo** asume la capitalidad europea de la cultura. Entre los acontecimientos de la programación del año destaca la inauguración del Museo de Arte Moderno y de Arquitectura, obra concebida por el arquitecto español RAFAEL MONEO. *(17 Enero)*
- Lisboa acoge la Exposición Mundial. Entre las importantes obras de remodelación de la ciudad destaca el puente Vasco de Gama, que une las dos orillas del Tajo mediante una estructura de 17,2 kilómetros de longitud. *(29 Marzo)*
- El pintor mallorquín **MIQUEL BARCELÓ** expone en el Museo de Arte Contemporáneo de Barcelona una antología de su obra artística realizada en el último decenio. *(2 Abril)*
- Exposición de **arte maya** en el Palazzo Grassi de Venecia (Italia).

- **Dana International**, nombre artístico del transexual Yavon Cohen, que representa a Israel, triunfa con la canción *Diva* en el 43ª Festival de Eurovisión, celebrado en Birmingham (Inglaterra). *(9 Mayo)*
- Gira mundial de los **ROLLING STONES**. Durante su concierto en Buenos Aires, ante 60 000 espectadores congregados en el estadio del River Plate, comparten sorpresivamente escenario con Bob Dylan.

- Las novelas *Margarita, está linda la mar*, del escritor nicaragüense SERGIO RAMÍREZ, y *Caracol Beach* del cubano ELISEO ALBERTO, protagonizan un nuevo *boom* de la **literatura latinoamericana** en España.
- La premio Nobel estadounidense **Toni Morrison** publica *Paraíso*.

- El poeta español JOSÉ HIERRO es galardonado con el **premio Cervantes** de Literatura. *(9 Diciembre)*

- ***Central do Brazil***, película del realizador brasileño WALTER SALLES, obtiene el Oso de Oro en la XLVIII edición del Festival de Berlín. La película estadounidense *Cortina de Humo*, de BARRY LEVINSON, obtuvo el Oso de Plata. *(22 Febrero)*
- Una comedia británica, ***Full monty***, y otra española, *Torrente, el brazo tonto de la ley*, son los sorprendentes éxitos de taquilla de la temporada.
- *Character*, del realizador holandés MIKE VAN DIEM, es premiada con el Oscar a la mejor película extranjera. *(24 Marzo)*
- Se estrena *Mi nombre es Joe*, del director británico KEN LOACH.
- Dos películas norteamericanas destacan en la cartelera. *El show de Truman*, en la que el cómico canadiense JIM CARREY se desmarca de sus papeles tradicionales, y ***Salvar al soldado Ryan***, dirigida por STEVEN SPIELBERG y protagonizada por TOM HANKS.

- La sonda ***Lunar Prospector*** detecta la presencia de agua en la superficie lunar. *(Enero)*
- Un equipo de investigadores estadounidenses, identifica un virus del **sida** en una muestra de sangre tomada en 1959 a un bantú de Léopoldville. Es el caso más antiguo de infección por VIH-1 conocido. *(3 Febrero)*
- Tras la localización de nuevas estrellas supernovas, se confirma la **aceleración del universo** en el proceso de expansión que aleja unas galaxias de otras. *(18 Diciembre)*

- El transbordador **Discovery** con siete astronautas a bordo, entre ellos el veterano JOHN GLENN y el español PEDRO DUQUE, es lanzado al espacio desde la base Kennedy de Cabo Cañaveral, en Florida. *(29 Octubre)*
- Se comercializa la **Viagra**, primera píldora contra la impotencia masculina.

- La crisis financiera y la revuelta popular en Indonesia fuerzan la retirada del dictador **SUHARTO**, que es sucedido por YUSUF HABIBIE. *(21 Mayo)*
- India y Pakistán protagonizan una escalada de **pruebas atómicas**. *(Mayo)*
- Colombia: Las elecciones presidenciales dan un giro al panorama político colombiano: el triunfo del candidato conservador, **ANDRÉS PASTRANA**, de la Gran Alianza para el Cambio, pone fin a quince años de gobiernos liberales. *(21 Junio)*
- YEVGUENI PRIMAKOV es nombrado nuevo **primer ministro ruso**, concluyendo así 20 días de difíciles negociaciones para la formación del gobierno. *(2 Octubre)*
- JAMIL MAHUAD, ex alcalde de Quito y candidato de la Democracia Popular, resulta vencedor de los comicios presidenciales de **Ecuador**. *(17 Julio)*
- El presidente argentino, **CARLOS SAÚL MENEM**, hace pública su renuncia a una nueva reforma constitucional que le hubiera permitido presentarse como candidato a la reelección para su tercer mandato. *(21 Julio)*
- El primer ministro japonés RYUTARO HASHIMOTO dimite del cargo tras la derrota de su partido en las elecciones parciales al Senado. Le sucede KEIZO OBUCHI. *(30 Julio)*

(Continúa)

Imagen de satélite del huracán Georges *sobre el Caribe. En octubre el huracán arrasaría extensas áreas de Puerto Rico y la República Dominicana.*

El fuego ardió durante casi medio año en la Amazonia, cobrándose unos 60 000 km² de selva. A la derecha, imagen de un campo quemado en Roraima.

curso de la mayor sequía que se recuerda fue pasto de las llamas durante cinco meses hasta la llegada de las lluvias, dejando 60 000 km² calcinados. En el otro extremo del mundo, testimonio de la globalidad del ecosistema terrestre y de la circulación meteorológica que lo envuelve, los desbordamientos del Yang Tse-kiang y del Madhumati, que inundaron durante los monzones China y Bangladesh y que en ambos casos ocasionaron pérdidas humanas y económicas cuantiosísimas.

En noviembre el paso del huracán *Mitch* por Centroamérica, como el mes antes el *Georges* a su paso por Puerto Rico y la República Dominicana, sembró un panorama de desolación cuyos daños se estimaba que en Honduras y Nicaragua, países más afectados, iban a significar un retroceso de más de veinte años en el camino de recuperación económica de la región: un problema que colocaba en el centro del debate político la cuestión de la deuda externa que pesa sobre los países subdesarrollados y pone a prueba el concepto de una solidaridad internacional que, más allá de la ayuda puntual, debiera pasar por la condonación de dicha rémora financiera. Según como se mire, al fin y al cabo también un problema de derechos humanos. ∎

Instantáneas *(continuación)*

- **Fernando Henrique Cardoso**, es reelegido presidente de **Brasil**. *(4 Octubre)*
- Puerto Rico decide en referéndum mantener su condición de **estado libre asociado** a Estados Unidos. *(13 Diciembre)*
- Rebrota la tensión en los Balcanes. El gobierno serbio de **Slobodan Milosevic** reprime duramente el movimiento de rebelión de la región de **Kosovo**, de mayoría albanesa.

- Chile: Tras dejar el día antes el cargo de jefe de las Fuerzas Armadas, el general **Augusto Pinochet** jura en la sede de la cámara alta de Valparaíso el cargo de senador vitalicio. *(11 Marzo)*
- Citicorp y Travelers Group anuncian su decisión de fusionarse: el valor de la operación se calcula en el equivalente a 10,92 billones de pesetas y la empresa resultante, Citigroup, se convierte en el mayor grupo mundial de gestión de servicios financieros. *(6 Abril)*
- Una balsa de la explotación minera de Aznalcóllar (Sevilla), propiedad de la empresa sueco-canadiense Boliden-Apirsa, sufre la **rotura de la presa de contención** y precipita sobre las riberas de Guadiamar un vertido de cinco millones de metros cúbicos de agua ácida y lodos saturados de metales pesados que anega más de cuatro mil hectáreas de cultivos y pastos. *(25 Abril)*
- **Wim Duisenberg**, presidente del Instituto Monetario Europeo (IME), es designado para ocupar la presidencia del Banco Central Europeo. *(2 Mayo)*
- Se celebra en Lisboa la **Exposición Mundial** con el tema «Pasado y futuro de los océanos». *(Mayo-Septiembre)*

- Mueren 93 personas y otras 58 son internadas en centros hospitalarios tras el accidente de un tren de **alta velocidad** en Alemania. *(3 Junio)*
- **Jorge Videla** general que en 1976 presidió la primera Junta Militar argentina, es encarcelado en relación con la causa abierta por la «sustracción ilegal de cinco menores», hijos de desaparecidos. *(9 Junio)*
- Las embajadas estadounidenses de Kenia y Tanzania sufren sendos **atentados** con coches-bomba. Estados Unidos bombardea Sudán y Afganistán en represalia *(Agosto)*
- El desbordamiento del **Yang Tse-kiang** en China se salda con cuatro mil muertos y catorce millones de personas sin hogar. *(Agosto)*
- Un automóvil con explosivos colocado por una fracción del IRA, el IRA Auténtico, en pleno centro de **Omagh** (Irlanda del Norte), estalla causando la muerte de 26 personas y unos 190 heridos. *(15 Agosto)*
- Tres centenares de personas pierden la vida y más de medio millón sus viviendas tras el paso del huracán **Georges** por el Caribe y la costa sur de Estados Unidos. *(29 Septiembre)*.
- La Academia de Oslo concede el **Nobel de la Paz** a John Hume y David Trimble, líderes irlandeses moderados comprometidos en la conducción del proceso de paz en el Ulster. *(16 Octubre)*
- En la Asamblea Nacional francesa se conmemora el cincuentenario de los **Derechos del Hombre**. *(8 Diciembre)*

- La ciudad japonesa de Nagano celebra la ceremonia de apertura de los **Juegos Olímpicos de Invierno**. Alemania con 29 medallas se erigirá como la gran ganadora con 29 medallas. *(7 Febrero)*

- El tenista chileno **Marcelo Ríos** alcanza temporalmente el número uno de la Asociación de Tenis Profesional (ATP). *(29 Marzo)*
- El piloto australiano **Michael Doohan** se proclama por quinto año consecutivo campeón del mundo de motociclismo en la categoría de 500 cc.
- Estalla el escándalo del doping durante el **Tour de Francia**: el equipo Festina es expulsado y los conjuntos españoles abandonan de la prueba. *(Julio)*

- **José Ignacio Barraquer i Moner**, oftalmólogo español. *(12 Enero)*
- **Ernst Jünger**, escritor alemán. *(17 Febrero)*
- **Wolf Vostell**, artista austríaco. *(5 Abril)*
- **Pol Pot**, político camboyano, líder de los khmeres rojos. *(16 Abril)*
- **Octavio Paz**, escritor mexicano, premio Nobel de Literatura en 1990. *(19 Abril)*
- **Jean-François Lyotard**, filósofo francés. *(21 Abril)*
- **Frank Sinatra**, actor y cantante estadounidense. *(14 Mayo)*
- **Lucio Costa**, arquitecto brasileño. *(13 Junio)*
- **Roy Rogers**, actor y cantante estadounidense. *(7 Julio)*
- **Todor Zhivkov**, político búlgaro. *(7 Agosto)*
- **Akira Kurosawa**, cineasta japonés. *(6 Septiembre)*
- **José Cardoso Pires**, escritor portugués. *(27 Octubre)*
- **Alan J. Pakula**, director de cine estadounidense. *(19 Noviembre)*
- **Ricardo Tormo**, motociclista español. *(27 Diciembre)*
- **Joan Brossa**, artista y poeta español. *(30 Diciembre)*

Protagonistas

◄ *Isaac Albéniz. Retrato del compositor español, obra de Ramón Casas.*

ADENAUER, Konrad

▲ *Colonia (Alemania), 1876*
▼ *Rhoendorf (Alemania), 1967*
Político alemán. Como canciller de la República Federal Alemana (1949-1963), Adenauer consiguió infundir a una nación derrotada la fe en su futuro económico y político y dio vuelo a la idea de una Europa Unida. Con tesón e inteligencia, consiguió la entrada de su país en el Mercado Común y la OTAN y auspició el Tratado de Amistad franco-alemán que puso fin a cien años de profunda rivalidad con Francia.

AGNELLI, Giovanni

▲ *Villar Perosa (Italia), 1866*
▼ *Turín (Italia), 1945*
Empresario italiano, fundador de la compañía automovilística Fiat. Dicha empresa, radicada en Turín, cuya idea original era la de producir prototipos revolucionarios para su participación en carreras, pronto derivó hacia el mayor conglomerado industrial de Italia, cuyas ramificaciones se extendían desde la elaboración de caucho hasta la industria pesada armamentística. Tras la Segunda Guerra Mundial, el Gobierno ruso encargó a la Fiat la tarea de levantar su industria automovilística, reto que asumió prácticamente en solitario.

ALBÉNIZ, Isaac

▲ *Camprodón (Girona, España), 1860*
▼ *Cambô-les-Bains (Francia), 1909*
Compositor y pianista español. Es, junto a Manuel de Falla y Enrique Granados, el más destacado representante del nacionalismo musical español y uno de los pocos músicos españoles de auténtico relieve internacional. Prodigioso pianista, la mayor parte de su abundante producción está dedicada a su instrumento, destacando con

luz propia la suite *Iberia*, su obra maestra de madurez y una de las cimas de la literatura pianística de todos los tiempos.

ALEIXANDRE, Vicente

▲ *Sevilla (España), 1898*
▼ *Madrid (España), 1984*
Poeta español. Miembro destacado de la Generación del 27, su poesía tuvo gran predicamento entre los poetas posteriores a la guerra civil española. Fue, junto a Lorca, Alberti y Cernuda, uno de los representantes más personales del surrealismo poético español (*La destrucción o el amor*). La atmósfera poética de la obra de Aleixandre rinde culto a una naturaleza sacralizada (*Sombra del Paraíso, Historia del Corazón*). Premio Nobel de Literatura en 1976.

ALFONSO XIII

▲ *Madrid (España), 1886*
▼ *Roma (Italia), 1941*
Rey de España. Hijo póstumo de Alfonso XII, al finalizar la regencia de su madre, María Cristina de Habsburgo-Lorena, en 1901, ocupó el trono de España. Durante su reinado tomaron cuerpo todas las tensiones políticas heredadas del siglo XIX: el fraude electoral y el caciquismo, las movilizaciones obreras, la pérdida de las últimas colonias y la sangrienta guerra de Marruecos. La victoria republicana en las elecciones municipales de 1931, forzó su exilio del país.

ALLEN, Woody

▲ *Brooklyn (Nueva York, Estados Unidos), 1935*
Director, actor, guionista y escritor estadounidense, de origen judío. Más apreciadas en Europa, donde es considerado un director de culto, que en su propio país, sus películas, cómicas o dramáticas, estas últimas con una marcada influencia de Ingmar Bergman, giran en torno a temas como la relación de pareja o el psicoanálisis. *Annie Hall, Interiores, Manhattan, La rosa púrpura de El Cairo* o *Misterioso asesinato en Manhattan*, son algunos de sus títulos más representativos.

ALLENDE, Salvador

▲ *Valparaíso (Chile), 1908*
▼ *Santiago (Chile), 1973*
Político chileno. Candidato de una coalición de partidos de izquierda, en 1970 fue elegido presidente de Chile y fue conocido como el primer presidente marxista occidental elegido democráticamente. Intentó una reforma agraria, la redistribución de la renta y una política de nacionalizaciones que le enfrentó a Estados Uni-

Yasser Arafat, líder de la Organización para la Liberación de Palestina y premio Nobel de la Paz.

dos. En 1973 su gobierno fue derrocado por un golpe de estado militar encabezado por Augusto Pinochet, y Allende murió en el asalto al palacio presidencial.

ALONSO, Alicia

▲ *La Habana (Cuba), 1920*
Bailarina cubana, llamada en realidad Ernestina de la Caridad Alicia Martínez del Hoyo. Considerada una de las mayores bailarinas clásicas de Cuba del siglo XX, impuso un estilo en el que el cuerpo aparece como una metáfora del movimiento. Se formó con la doble referencia de la escuela clásica rusa, de la que aprendió la ortodoxia del ballet, y de la danza moderna estadounidense, según las pautas innovadoras de Martha Graham. *Giselle, Paso a cuatro, La bella durmiente del bosque* y *Fall river legend* son algunas de sus interpretaciones destacadas. Figura central durante su momento de esplendor del American Ballet Theatre, Alonso ha fundado y dirigido el Ballet Nacional de Cuba.

AMAYA, Carmen

▲ *Barcelona (España), 1913*
▼ *Bagur (Girona, España), 1963*
Bailaora española. De origen gitano, siendo todavía una niña llevaba ya dinero a casa bailando en bares y tabernas. Se dijo a menudo que había nacido con el baile dentro, con un demonio o un duende llenos de vida y pasión. Su estilo revolucionó el flamenco, lo llenó de un aire y un gesto inimitables y desconocidos hasta entonces, y le dio también un alcance internacional, ya desde su actuación en París de

Salvador Allende, presidente de Chile en 1970-1973.

1929, y a lo largo de las giras que realizó por todo el mundo. Las múltiples "sucesoras" que han venido después no han logrado, sin embargo, eclipsar su recuerdo.

AMIN DADA, Idi

▲ *Kovoko (Uganda), 1925*
Dictador ugandés. Campesino kakwa alistado en el ejército británico, llegó a convertirse en comandante en jefe de las fuerzas armadas ugandesas y arrebató el poder al presidente Obote en 1971. Histriónico y cruel, bajo sus ocho años de mandato, en que murieron 300 000 ugandeses, rompió relaciones con Israel, apoyó el terrorismo palestino y hostigó a sus vecinos de Tanzania y Kenia.

AMUNDSEN, Roald

▲ *Borge (Noruega), 1872*
▼ *en el océano Ártico, 1928*
Explorador noruego, conocido sobre todo por haber sido el primero en alcanzar el polo Sur, en 1911, con sólo un mes de ventaja sobre la desgraciada expedición de R.F. Scott. La diferencia estuvo probablemente en la mayor experiencia y profesionalidad de Amundsen, quien en 1903 había conquistado ya el "Paso del Noroeste", bordeando la costa norte de Canadá. Más tarde voló sobre el polo Norte en un dirigible junto a Umberto Nobile; precisamente encontró la muerte cuando acudía a rescatar a su ex compañero, en una expedición posterior.

APOLLINAIRE, Guillaume

▲ *Roma (Italia), 1880*
▼ *París (Francia), 1918*
Escritor francés de origen polaco, cuyo verdadero nombre era *Wilhelm Apollinaris de Kostrowitzky*. Crítico de arte, entusiasta de la vanguardia pictórica, innovador y profeta, Apollinaire fue sobre todo un autor poético de extrema originalidad que revolucionó la poesía moderna (*Alcools*, 1913; *Calligrammes*, 1918). A pesar de la audacia de suprimir la puntuación ortográfica, su poesía es de un intenso lirismo y de una delicada emotividad, y enlaza con la mejor tradición de las letras francesas.

ARAFAT, Yasser

▲ *Jerusalén (act. Israel), 1929*
Político palestino. Fundador de la organización guerrillera al-Fatah (1958) y líder de la Organización para la Liberación de Palestina (1969). Fue evolucionando desde una estrategia terrorista hasta posiciones más realistas y diplomáticas, con las que consiguió que la ONU reconociera el derecho de los pa-

Mustafá Kemal Atatürk, artífice de la Turquía moderna.

Francis Bacon. Fragmento de Tres estudios de figuras para la base de una crucifixión *(Tate Gallery, Londres), una de sus obras más características.* ▶

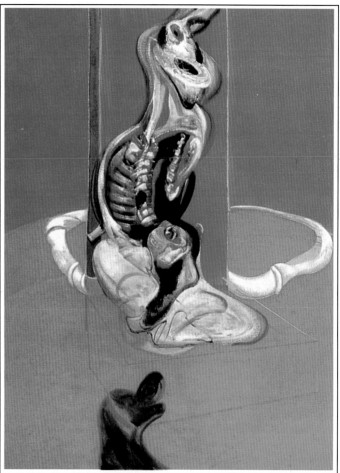

lestinos a poseer su propio estado. En 1994 regresó a su tierra como jefe de la Autoridad Palestina. Premio Nobel de la Paz en 1994, junto a I. Rabin y S. Peres

ARIAS, Óscar

▲ *Heredia (Costa Rica), 1941*
Político costarricense. Nacido en el seno de una de las grandes familias cafeteras, ejerció la cátedra de Ciencias Políticas en la Universidad de Costa Rica y ocupó la vicepresidencia del Banco Central y el ministerio de Economía durante las presidencias de José Figueres y Daniel Oduber, entre 1972 y 1977. Miembro del socialdemócrata partido de Liberación Nacional, en 1978 fue elegido diputado y al año siguiente presidente del país para el período 1986-1990. Desde su puesto de gobierno impulsó el proceso de paz centroamericano concretado con las firmas de los acuerdos de Esquipulas I y II. Por esta razón, en 1987 fue galardonado con el premio Nobel de la Paz, y al año siguiente, con el Príncipe de Asturias de Cooperación Iberoamericana.

ARMSTRONG, Louis

▲ *Nueva Orleans (Estados Unidos), 1901*
▼ *Nueva York (Estados Unidos), 1971*
Trompetista y cantante de jazz estadounidense. Louis Armstrong es, sin duda, el músico más carismático de la historia del jazz. Conocido también por los sobrenombres de "Satchmo", "Dippermouth" o "Pops", su manera de interpretar a la trompeta y, sobre todo, su especialísima forma de cantar, despertaron la admiración de todo el mundo, al tiempo que supusieron importantes innovaciones recogidas por otros músicos. *Stardust, Blueberry hill, Hello Dolly* o *Wonderful world* son algunos de sus éxitos.

ARMSTRONG, Neil

▲ *Wapakoneta (Estados Unidos), 1930*
Astronauta estadounidense. Fue el primer hombre en pisar la Luna, en 1969, en el curso de la misión Apolo XI. Estudió ingeniería aeronáutica y participó en la guerra de Corea; ingresó en 1955 en lo

que más tarde sería la NASA, y probó diversos aviones supersónicos y el cohete X-15. En sus misiones espaciales hubo de hacer gala a menudo de su habilidad como piloto y de su sangre fría. Abandonó la NASA en 1971 para enseñar en la Universidad de Cincinnati, y en el mismo año entró en la junta directiva de una empresa de equipos para yacimientos petrolíferos.

ARRAU, Claudio

▲ *Chillán (Chile), 1903*
▼ *Mürzzuschlag (Austria), 1991*
Pianista chileno. Niño prodigio, fue discípulo del italiano Paoli y del alemán Martin Krause. Su magnífica técnica en plena juventud impresionó a los jurados de los concursos Liszt, en 1919 y 1920, e internacional de Ginebra, en 1927, el último de los cuales supuso su consagración mundial definitiva. Dos años antes se había establecido en Berlín, donde fue profesor del instituto Stern. En dicha ciudad permaneció hasta que, comenzada la Segunda Guerra Mundial, pasó a Estados Unidos, donde asentó su prestigio como uno de los grandes pianistas del siglo XX y uno de los mejores intérpretes de Liszt y Bach.

ASTAIRE, Fred

▲ *Omaha (Nebraska, Estados Unidos), 1899*
▼ *Los Ángeles (Estados Unidos), 1987*
Actor y bailarín estadounidense, cuyo verdadero nombre era *Frederick E. Austerlitz*. Fred Astaire fue la gran estrella de la edad de oro del musical americano, protagonizando, casi siempre al lado de Ginger Rogers, algunas de las películas imprescindibles del género: *Volando a Río, La alegre divorciada, Sombrero de copa...* Sus últimos films demostraron su capacidad, poco explotada hasta entonces, para abordar papeles dramáticos, consiguiendo un Óscar al mejor actor secundario por su papel en *El coloso en llamas*.

ASTURIAS, Miguel Ángel

▲ *Ciudad de Guatemala (Guatemala), 1899*
▼ *Madrid (España), 1974*
Escritor guatemalteco. Estudió Derecho en su país y luego pasó a Francia, donde siguió un curso sobre antiguas religiones centroamericanas. Fruto de estos estudios fueron sus libros *El problema social del indio* y *Leyendas de Guatemala*, y la traducción junto al mexicano J.M. González del *Popol Vuh*, libro sagrado de los maya-quiché. Hijo de padre español y madre india, desde muy joven tomó partido por la causa indígena y adoptó una actitud crítica frente a las injusticias

sociales y los abusos del poder. Desempeñó los cargos de agregado cultural y embajador en México, El Salvador, Argentina, donde se exilió durante la dictadura de Castillo Armas, y Francia. En 1946 publicó en México su obra maestra, *El señor presidente*, que evoca con un lenguaje barroco y lleno de matices cromáticos y sonoros la dictadura de Estrada Cabrera. Además de la novela, también cultivó el teatro, la poesía y el periodismo. En 1966 fue galardonado con el premio Lenin de la Paz, y al año siguiente con el Nobel de Literatura.

ATATÜRK, Mustafá Kemal

▲ *Tesalónica (act. Grecia), 1880*
▼ *Istanbul (Turquía), 1938*
Estadista turco. Fundador de la Turquía moderna, destacó en la Gran Guerra como defensor de Gallípoli. Negoció honorablemente frente a los aliados la transición de la Turquía imperial al nuevo Estado-nación de Turquía. Impuso la laicización a todas las instituciones del Estado, facilitó la emancipación de las mujeres, sustituyó el alfabeto arábigo por el latino y trasladó la capitalidad a Ankara.

AVEDON, Richard

▲ *Nueva York (Estados Unidos), 1923*
Fotógrafo estadounidense. Realizó fotografías desde los diez años, y en 1945 se convirtió en profesional. Es famoso sobre todo por sus retratos en blanco y negro, a menudo de personajes famosos, cuyo

carácter recrea con efectos de claroscuros, contrastes y enfoque. Ha trabajado también como fotógrafo de modas para las revistas "Harper's Bazaar" (1946-1965), "Vogue" (1966-1990), y a partir de 1992 para "The New Yorker". Ha dirigido en alguna ocasión programas especiales para la televisión americana.

AZAÑA, Manuel

▲ *Alcalá de Henares (Madrid, España), 1880*
▼ *Montauban (Francia), 1940*
Político y escritor español. Ministro de la Guerra en el primer gobierno republicano y presidente de la República de 1936 a 1939. El torbellino de la guerra civil hizo de él prácticamente un prisionero de la política de socialistas y comunistas. Hombre de talante lúcido y reflexivo, escribió en 1937 *La velada de Benicarló*, un ensayo en el que indaga sobre la realidad española mientras la República camina hacia su fin.

BACON, Francis

▲ *Dublín (Irlanda), 1909*
▼ *Madrid (España), 1992*
Pintor irlandés. En 1931 inició sus estudios para *La crucifixión* que, junto al *Retrato de Inocencio X*, inspirado en Velázquez, fue el núcleo de su obra, que plasmó en temas de actualidad como el cine, el periodismo o la fotografía. Frente a su época, recuperó la figuración y el espacio de la mejor tradición europea,

aunque sus figuras humanas están desprovistas de belleza, aisladas en su angustia, y representadas para el desasosiego del espectador.

BADEN-POWELL, Robert

▲ *Londres (Reino Unido), 1857*
▼ *Nyeri (Kenia), 1941*
Militar británico, fundador del movimiento *scout*. Participó en la guerra de los Bóers, donde se distinguió en el sitio de Mafeking (1899-1900). De vuelta al Reino Unido, y pronto convertido en general de Caballería, el éxito de su libro *Aids for scouting* (1899) le animó a fundar el movimiento *scout*, al que se consagró a partir de 1910, cuando abandonó el ejército. Fundó el mismo año la organización paralela para chicas, siempre con el propósito de formar un espíritu cívico y activo entre los jóvenes. El éxito del movimiento no ha dejado de crecer.

BALENCIAGA, Cristóbal

▲ *Guetaria (Guipúzcoa, España), 1896*
▼ *Valencia (España), 1971*
Diseñador de modas español. A partir de la muerte de su padre, ya desde los diez años, hubo de ayudar a su madre en su oficio de costurera para sustentar la familia. A los veinte tenía ya su propio establecimiento en San Sebastián, y al estallar la guerra civil se trasladó a París, donde se convirtió en uno de los diseñadores más influyentes, con propuestas nuevas, elegantes y a menudo llenas de pasión en el color y las formas. Se retiró definitivamente en 1968, a la llegada del *prêt-à-porter*.

BANNISTER, Roger

▲ *Harrow (Reino Unido), 1929*
Atleta británico. Después de ganar el título británico de la milla, y el europeo de los 1 500 m, logró romper la barrera psicológica de los cuatro minutos en la milla, en una carrera celebrada en 1954. Superar ese tiempo se consideraba imposible, y más que la marca lograda importó la ruptura, también "psicológica", de la idea que se tenía sobre los límites de la capacidad física humana. A partir de su hazaña, ningún récord parece ya imposible de batir. En 1963 se graduó en Oxford, para dedicarse a la neurología.

BANTING, Frederick Grant

▲ *Alliston (Ontario, Canadá), 1891*
▼ *Terranova (Canadá), 1941*
Fisiólogo canadiense. Licenciado en medicina en 1916, sirvió como médico durante la I Guerra Mundial y fue condecorado con la Cruz Militar en 1918. Se dedicó al estudio de la diabetes mellitus y en 1921, con la ayuda de Charles H. Best, inició experimentos que le permitieron aislar la sustancia que llamó "isletina" hoy conocida por "insulina". En 1923 compartió el premio Nobel de Medicina y Fisiología con J.J. Macleod (1876-1935).

BARDEEN, John

▲ *Madison (Wisconsin, Estados Unidos), 1908*
▼ *Boston (Estados Unidos), 1991*
Físico estadounidense. Doctorado por la universidad de Princeton en 1936, en 1945 entró a formar parte de la plantilla de investigadores de la compañía estadounidense Bell Telephone. Su mayor contribución fue la invención del transistor, por lo que compartió con W.B. Shockley (1910-1989) y W.H. Brattain (1902-1987) el premio Nobel de Física de 1956.

BARDOT, Brigitte

▲ *París (Francia), 1934*
Actriz francesa. Fue la sex-symbol del cine europeo de las décadas de 1950 y 1960. Su primer marido, el director Roger Vadim, fue quien la lanzó a la fama con películas como *Y Dios creó a la mujer*, película ésta que la convirtió en todo un mito erótico. *Viva María*, protagonizada junto a Jeanne Moreau y dirigida por Louis Malle, es otro de sus títulos representativos. A mediados de los años 70, Brigitte Bardot se retiró del cine.

BARNARD, Christiaan

▲ *Beaufort (Sudáfrica), 1922*
Cardiólogo sudafricano. Graduado por la universidad de Ciudad de El Cabo en 1946. Además de diversos avances quirúrgicos y de la invención de una válvula cardíaca, el 3 de diciembre de 1967 llevó a cabo el primer trasplante de corazón de la historia a L. Washkansky, que sobrevivió 18 días. En enero de 1968 operó a Ph. Blaiberg, que vivió 19 meses.

BARTÓK, Béla

▲ *Nagyszentmiklos (Hungría, act. Sinnicolaul Mare, Rumania), 1881*
▼ *Nueva York (Estados Unidos), 1945*
Compositor húngaro. Toda su música está marcada por la influencia del folclor de su país natal, siendo uno de los primeros en estudiarlo con un criterio científico. En

Béla Bartók, compositor húngaro que ha sabido conjugar la música popular con la composición culta.

1940 el nazismo y la Segunda Guerra Mundial le llevaron a buscar refugio en Estados Unidos, donde, a pesar de algunos encargos puntuales, vivió pobremente hasta su muerte. *El castillo de Barba Azul*, *Música para cuerda, percusión y celesta* o el *Concierto para orquesta*, son algunas de sus obras más representativas.

BEAMON, Bob

▲ *Nueva York (Estados Unidos), 1946*
Atleta estadounidense. En las Olimpiadas de México de 1968 batió espectacularmente el récord del mundo de salto de longitud, estableciéndolo en 8,90 m. En los años siguientes compitió con resultados irregulares, siempre lejos de la perfección de aquel mítico salto. Se retiró antes de las Olimpiadas de 1972. Su nombre ha estado ligado durante 23 años a su récord, que parecía de otro mundo hasta que en 1991 el estadounidense Mike Powell lo superó en 5 centímetros.

BEATLES, The

Banda de Pop británica formada en Liverpool por John Lennon (1940-1980), Paul McCartney (n. 1942), George Harrison (n. 1943) y Ringo Starr (n. 1940). Fueron la formación musical más importante de los años sesenta, y se convirtieron en uno de los fenómenos de masas más impactantes del siglo. A lo largo de su carrera, que finalizó en 1970, grabaron clásicos como *Yesterday* o *Let it Be*, y también produjeron discos ambiciosos y experimentales de gran influencia posterior, como *Sgt. Peppers Lonely Hearts Club Band* (1967).

BEAUVOIR, Simone de

▲ *París (Francia), 1908*
▼ *París (Francia), 1986*
Escritora francesa. Vinculada al movimiento existencialista y, en política, al socialismo, desplegó siempre una intensa actividad pública, a menudo al lado de Jean-Paul Sartre. Su defensa entusiasta de la ética humanista acabó chocando con la cruel realidad del estalinismo, un fracaso velado que puede leerse en su novela *Los Mandarines* (1954). Con su ensayo *El segundo sexo* (1949) se convirtió en la principal cabeza visible del movimiento feminista.

BECKETT, Samuel

▲ *Dublín (Irlanda), 1906*
▼ *París (Francia), 1989*
Escritor irlandés. Heredero de T.S. Elliot y James Joyce y colaborador de este último, en 1938 fijó su residencia en París, y utilizó el francés y el inglés con la misma

Frederick Grant Banting, en una fotografía tomada poco antes de su muerte en accidente de aviación.

◄ *Silvio Berlusconi, empresario y jefe del Gobierno italiano en 1994-95.*

Benazir Bhutto en su última etapa como primera ministra de Pakistán.

soltura y asiduidad. *Esperando a Godot* (1935) es una de las obras teatrales míticas de este siglo cercado por el nihilismo; denuncia de toda esperanza que acaba por convertise en fantasía cruel e inalcanzable. Publicó también novelas (*Murphy,* 1938) y poemas en prosa (*Stirrings still*).

BEN GURIÓN, David

▲ *Plonsk (Polonia), 1886*
▼ *Tel-Aviv (Israel), 1973*
Político israelí, cuyo verdadero nombre era *David Grün*. Instalado en Palestina desde 1906, aunó sin contradicción sionismo y socialismo, e intervino decisivamente en la formación y desarrollo del futuro estado de Israel: organizó la Fuerza de defensa Judía (*Haganah*) y creó la Federación General de Trabajo (*Histadruth*). En 1948 leyó la declaración de independencia de Israel y, hasta 1963, presidió los azarosos comienzos de un nuevo Estado rodeado de enemigos irreconciliables.

BENEDETTI, Mario

▲ *Paso de los Toros (Uruguay), 1920*
Escritor uruguayo. Sensible a la injusticia social y a la incomunicación y soledad de los individuos que habitan en las grandes urbes rioplatenses, ha producido una vasta e importante obra que abarca casi todos los géneros. Coherente con su compromiso social, en 1968 marchó a Cuba, donde fundó y dirigió el Centro de Investigaciones Literarias de la Casa de las Américas. Cuatro años más tarde regresó a su país, pero su actividad política acabó por conducirlo al exilio en Argentina, Perú, Cuba y, en 1980, España. Entre sus creaciones más importantes figuran *La tregua, Gracias por el fuego* y *La borra del café,* novelas; *Quién de nosotros* y *Montevideanos,* cuentos; *Poemas de la oficina, Inventario* y *Viento del exilio,* poemas; *Ida y vuelta* y *Pedro y el capitán,* teatro, y *Letras del continente mestizo* y *El escritor latinoamericano y la revolución posible,* ensayo.

BERG, Alban

▲ *Viena (Austria), 1885*
▼ *Viena (Austria), 1935*
Compositor austríaco. Discípulo de Arnold Schönberg, forma, junto a éste y su condiscípulo Anton von Webern, el núcleo de la Segunda Escuela de Viena. Es autor de dos extraordinarias óperas: *Wozzeck* y *Lulu,* ambas caracterizadas, como toda su música, por un interés casi obsesivo por la construcción formal y un arrebatado lirismo que remite a Mahler y la tradición romántica. Su uso de la técnica dodecafónica, palpable en su segunda ópera y en su *Concierto para violín,* es personal y heterodoxa, de una innegable potencialidad dramática.

BERGMAN, Ingmar

▲ *Uppsala (Suecia), 1918*
Director cinematográfico y teatral sueco. Influido por Dreyer y los dramaturgos Ibsen y Strindberg, el análisis de las relaciones humanas, de la incomunicación del individuo dentro de la familia o la sociedad (*Gritos y susurros, Sonata de otoño*), junto a la preocupación por la crisis de valores y una profunda inquietud metafísica (*El séptimo sello, El rostro*), conforman los ejes en torno a los cuales gira toda la filmografía de este maestro. En 1982, tras rodar *Fanny y Alexander,* se retiró del cine.

BERLANGA, Luis García

▲ *Valencia (España), 1921*
Realizador cinematográfico español. Con Luis Buñuel en el exilio, Berlanga formó con J.A. Bardem el tándem más apreciado entre los directores que trabajaban en España. No hay que pensar por ello que ambos cineastas estuvieran al servicio de los intereses de Franco, antes al contrario: sus películas, a medio camino entre el humor sainetesco, negro incluso, y la despiadada descripción de la sociedad española franquista, debieron sortear múltiples problemas con la censura del régimen. *Bienvenido Mr. Marshall, Calabuch, El verdugo* o *La escopeta nacional* son algunos de sus mejores trabajos.

BERLUSCONI, Silvio

▲ *Milán (Italia), 1936*
Empresario y político italiano, fundador de la empresa Fininvest y propietario de varias cadenas de televisión y del equipo de fútbol Milán A.C. Tras trabajar como guía turístico o cantante, Berlusco-ni empezó a amasar su fortuna en el campo inmobiliario de la mano de Fininvest, que a finales de los 90 era la empresa privada más grande de Italia. Populista y polémico, en 1994 se presentó a las elecciones generales italianas y salió elegido presidente del Consejo, aunque tuvo que dimitir apenas un año más tarde, acusado de corrupción.

BERNSTEIN, Carl

▲ *Washington (Estados Unidos), 1944*
Véase **Woodward, Bob**.

BERNSTEIN, Leonard

▲ *Lawrence (Massachusetts, Estados Unidos), 1918*
▼ *Nueva York (Estados Unidos), 1990*
Director de orquesta, pianista y compositor estadounidense. Por su forma vitalista y entusiasta de transmitir la música, Leonard Bernstein es uno de los músicos más interesantes y originales del siglo XX. Como director su enfoque subjetivo daba lo mejor de sí en autores como Mahler, Shostakovich o Gershwin, siendo además un incansable defensor y divulgador de la moderna música estadounidense. Notable compositor, ecléctico y siempre sorprendente, conquistó una gran fama con el musical *West Side Story,* rápidamente popularizado por el cine.

BERRY, Chuck

▲ *San José (California, Estados Unidos), 1926*
Cantante y guitarrista estadounidense. Considerado el "padre" del rock, fue él quien dio el gran paso del *rhythm and blues* al *rock and roll* en los años cincuenta. Autor de clásicos como *Sweet Little Sixteen* o *Johny B. Goode,* logró romper las barreras de popularidad entre la música blanca y negra de su tiempo, y tuvo una gran influencia posterior, tanto para compositores (Bob Dylan, The Beatles) como para guitarristas (Keith Richards, Eric Clapton).

BHUTTO, Benazir

▲ *Karachi (Pakistán), 1953*
Política paquistaní. Primera mujer dirigente política del mundo musulmán, su vocación se vio impulsada por la ejecución de su padre, Ali Bhutto, en 1979, que la estimuló a defender su legado político. En 1988 consiguió ser nombrada primera ministra de Pakistán. En una peculiar relación de amor-odio con su pueblo, fue destituida de su cargo en 1990, reelegida en 1993, y destituida nuevamente en 1996.

BIKILA, Abebe

▲ *Mont (Etiopía), 1932*
▼ *Addis Abeba (Etiopía), 1973*
Atleta etíope. Fue descubierto por el entrenador sueco Onni Niskanen entre los miembros del cuerpo de seguridad del emperador Haile Selassie, y tuvo una actuación espectacular en los Juegos Olímpicos de 1960 al establecer, corriendo descalzo, la mejor marca mundial en la prueba del maratón. La magia de este singular corredor, el primer gran campeón de color, encandiló de nuevo en su participación en los siguientes Juegos Olímpicos, en Tokio, donde mejoró su propia marca y consiguió una nueva medalla de oro. En 1969 un accidente le dejó parapléjico.

BLANKERS-COEN, Fanny

▲ *Amsterdam (Países Bajos), 1918*
Atleta neerlandesa. Desde la temprana adolescencia demostró unas capacidades atléticas casi increíbles, que le permitieron batir el récord del mundo en siete disciplinas distintas. En 1940 se casó con su entrenador, y tuvo un hijo al año siguiente. En las Olimpiadas de Londres de 1948 se convirtió en la primera mujer ganadora de cuatro medallas de oro (100 y 200 m lisos, 80 m vallas y 4 × 100 m lisos), y no fueron más por culpa de las normas olímpicas, dado que tenía ya entonces el récord en salto de altura y longitud.

BOCCA, Julio

▲ *Buenos Aires (Argentina), 1968*
Bailarín argentino. Considerado el sucesor natural de Nuréiev, era primer bailarín del Teatro Colón de Buenos Aires cuando, en 1985, alcanzó la consagración mundial al ganar la medalla de oro en el V Concurso internacional de ballet de Moscú. Al año siguiente debutó en el American Theatre Ballet con *Cascanueces,* y permaneció con dicha compañía hasta 1988. Su depurada técnica, su plasticidad corporal y su profunda sensibilidad coreográfica han hecho de él uno de los mayores bailarines del siglo XX. Tras regresar al Colón y actuar como invitado en el Bolshoi de Moscú, el Royal

Julio Bocca durante la representación de un ballet inspirado en el «Don Quixote» de Richard Strauss.

Björn Borg. Su arma más poderosa fue el drive desde el fondo de la pista, de potencia y colocación excepcionales.

Ballet de Londres y otras grandes compañías, en 1990 formó el Ballet Argentino Julio Bocca.

BOCUSE, Paul

▲ *Collonges-au-Mont-d'Or (Francia), 1926*
Cocinero francés. Aprendió al lado de *chefs* importantes hasta que se hizo cargo del restaurante de sus padres en Collonges, cerca de Lyon, que convirtió en un centro de peregrinación para *gourmets*. Frente a la *grande cuisine*, abogó por una comida más ligera aunque sofisticada por los contrastes de sabores, hecha a partir de vegetales y basada en la cocina de mercado y de temporada.

BOFF, Leonardo

▲ *Concordia (Brasil), 1938*
Teólogo franciscano brasileño. Su pensamiento, encuadrado en la llamada teología de la liberación, promovió en América Latina un cristianismo activo en defensa de las víctimas de la injusticia social. Director de la *Revista Eclesiástica Brasileña*, Boff asumió una actitud combativa próxima a los movimientos revolucionarios latinoamericanos a partir de *Jesucristo, liberador* y *Las comunidades de base reinventan la Iglesia*, libros publicados en 1966 y 1979. En 1981, dio a conocer *Iglesia, carisma y poder,* cuyo contenido fue condenado cuatro años más tarde por la Congregación para la doctrina de la fe, el antiguo Santo Oficio, por representar «un peligro para la santa doctrina de la fe», al tiempo que él era obligado a guardar silencio público durante un año. No obstante las presiones de la curia vaticana, Boff insistió en sus tesis en *Y la Iglesia se hizo pueblo*, obra publicada en 1987. En 1992 abandonó la orden y el sacerdocio «para mantener la libertad y continuar un trabajo que me estaba siendo impedido», según afirmó.

BOGART, Humphrey

▲ *Nueva York (Estados Unidos), 1899*
▼ *Nueva York (Estados Unidos), 1957*
Actor estadounidense. De rostro duro e impenetrable, pero que al mismo tiempo era capaz de denotar un profundo sufri-

miento y humanidad, Bogart fue el protagonista paradigmático de varios de los grandes clásicos del cine negro (*Los violentos años veinte, El halcón maltés, El sueño eterno...*), y contribuyó con su innegable carisma al éxito mundial de películas de la categoría de *Casablanca* y *La reina de África*. Su interpretación en esta última le valió un Óscar.

BOHR, Niels Hendrik David

▲ *Copenhague (Dinamarca), 1885*
▼ *Copenhague (Dinamarca), 1962*
Físico danés. Colaboró con J. Thomson y E. Rutherford. Formuló el modelo atómico basado en las ideas de Rutherford y en la mecánica cuántica del alemán Max Planck (1858-1947). Asimismo, enunció el principio de correspondencia (1923), el principio de complementariedad (1928) y fue el alma de la llamada Escuela de Copenhague. Su teoría atómica le valió el premio Nobel de física en 1922.

BORG, Björn

▲ *Södertalje (Suecia), 1956*
Tenista sueco. Su precoz llegada al circuito internacional marcó un antes y un después, y durante años nadie pudo hacerle sombra: ganó cuatro veces el torneo de Wimbledon, y seis Roland Garros. Su estilo, escasamente ortodoxo, resultaba sin embargo arrollador desde el fondo de la pista, gracias a su efectivo revés a dos manos y a un potente servicio. Quizás por estas mismas características no logró ganar nunca las grandes pruebas en pista rápida. Se retiró a los 26 años, para volver fugazmente a las pistas diez años más tarde, empujado por las deudas.

BORGES, Jorge Luis

▼ *Buenos Aires (Argentina), 1899*
▼ *Buenos Aires (Argentina), 1986*
Escritor argentino. Comentó Borges en una ocasión que, de existir el Paraíso, él lo desearía como una inmensa biblioteca, y en uno de sus relatos, *La biblioteca*

de Babel, la biblioteca es el universo, un caos mecánicamente ordenado. Hombre de erudición vastísima, referente ineludible de las literaturas en castellano, sus temas preferidos fueron el infinito, el eterno retorno y la existencia como laberinto (*Historia de la eternidad, Nueva refutación del tiempo, El Aleph, Historia Universal de la infamia*)

BOTERO, Fernando

▲ *Bogotá (Colombia), 1932*
Pintor y escultor colombiano. Tras estudiar en su país pasó a París, Florencia, Madrid, México y Nueva York. En la pintura medieval italiana y en el muralismo mexicano encontró los principales elementos que habrían de caracterizar su pintura y su escultura. Sus imágenes, de colores claros y grandes volúmenes organizados al modo clásico, manifiestan una compleja síntesis cultural y al mismo tiempo una «realidad mágica» impregnada de ironía. En su obra destacan las pinturas *El festín de Baltasar, Las enanas, Amantes* y *Tres músicos*, y la serie escultórica dedicada a los toros.

BOURBAKI, Nicolás

Seudónimo de un grupo de matemáticos, la mayoría de ellos franceses, cuya actividad se inicia con la aparición de los *Elementos de matemática* (1935), obra colectiva consistente en un tratado que reconsidera las matemáticas desde su principio sin presuponer conocimientos previos. Años más tarde, en 1960, publicará *Elementos de historia de la matemática*.

BRANCUSI, Constantin

▲ *Pestisani Gorj (Valaquia, Rumania), 1876*
▼ *París (Francia), 1957*
Escultor rumano. Brancusi fue el precursor de la escultura moderna aunque, paradójicamente, ésta sea la búsqueda incesante de la forma primera e irreductible: un regreso al arte primitivo. Su infancia transcurrió en estado semisalvaje en los Cárpatos rumanos, de donde huyó en 1904 para instalarse en París. Allí conoció a Rodin y recorrió el largo camino de la escultura en busca de sus orígenes, al igual que otros hicieron en otras artes.

BRANDO, Marlon

▲ *Omaha (Nebraska, Estados Unidos), 1924*
Actor estadounidense. De carácter extravagante y difícil, durante la década de 1950 estaba considerado como uno de los mejores actores de todos los tiempos. A tal opinión contribuyó, sin duda, el gran

nivel de las películas en las que intervino: *Un tranvía llamado deseo, Julio César* o *La ley del silencio*. Retirado desde finales de los años 70 en la isla de Tetiaroa, ha vuelto al cine sólo esporádicamente. De 1961 data su primera y única incursión en la realización: *El rostro impenetrable*.

BRANDT, Willy

▲ *Lübeck (Alemania), 1914*
▼ *Bonn (Alemania), 1992*
Político alemán, cuyo verdadero nombre era *Karl Herbert Frahm*. De procedencia humilde, llegó a ser canciller de la RFA de 1969 a 1974 como representante del Partido Socialdemócrata. Hombre íntegro y antidogmático, tendió puentes hacia el bloque socialista (*Ostpolitik*) y consiguió que su partido aceptara plenamente la participación en la OTAN y en el Mercado Común, con lo que influyó en el cambio de rumbo de la socialdemocracia europea. Premio Nobel de la Paz en 1971.

BRAQUE, Georges

▲ *Argenteuil (Francia), 1882*
▼ *París (Francia), 1963*
Pintor francés. Braque fue, junto a Picasso, cofundador del cubismo con su lienzo *Casas de l'Estaque* (1908). También se ocupó de la escultura, el grabado, la litografía y la escenografía. Intentó ser el artista total renacentista, ocupado en construir una nueva estética que desvalorizó la representación de la realidad y la perspectiva como "un espantoso error que se ha tardado cuatro siglos en corregir".

BRAUN, Wernher von

▲ *Wirsitz (Alemania, act. Wyrysk, Polonia), 1912*
▼ *Alexandria (Estados Unidos), 1977*
Físico estadounidense de origen alemán. Colaboró con H. Oberth (1894-1989) en el desarrollo de los primeros cohetes de combustible líquido, culminando con el

desarrollo de la bomba volante V-2 (1944). Acabada la guerra emigró a los EE.UU., donde diseñó el cohete Saturno V y fue el alma del proyecto Apolo que permitió la conquista de la Luna por la humanidad.

BRECHT, Bertolt

▲ *Augsburgo (Alemania), 1898*
▼ *Berlín (Alemania), 1956*
Dramaturgo alemán. Si para los griegos, y lo mejor de la tradición occidental, el teatro era una representación de caracteres humanos con los que el espectador se identificaba (*pathos*), Brecht distanció al espectador de la acción y suprimió los conflictos individuales entre caracteres en favor de cuadros históricos generales (teatro épico). Sus obras fueron un ariete al servicio de la lucha de clases (*La ópera de perra gorda, Galileo Galilei, Madre Coraje y sus hijos*).

BREL, Jacques

▲ *Bruselas (Bélgica), 1929*
▼ *París (Francia), 1978*
Cantante, compositor y actor belga, una de las personalidades que dominaron la canción de autor francesa en la década de 1960. Comprometido con las corrientes intelectuales progresistas, sus canciones reflejaban el ambiente de inquietud social y religiosa de su época. Un ejemplo de su éxito: en 1977, tras diez años de silencio, se vendieron más de 650 000 ejemplares de su nuevo álbum, *Brel*, sólo el día de su publicación. Brel participó como actor en algunas películas como *Mon oncle Benjamin*. Asimismo dirigió dos filmes: *Franz* y *Far West*.

BRETON, André

▲ *Tinchebray (Orne, Francia), 1896*
▼ *París (Francia), 1966*
Escritor francés. Breton se formó al calor del primer vanguardismo de Apollinaire y Tzara, y por esta época publicó su pri-

◄ *Wernher von Braun, en su época de director del proyecto Apolo. Su experiencia en el campo de los cohetes propulsados por combustible líquido fue esencial para el éxito del programa espacial estadounidense.*

mera obra, *Los campos magnéticos* (1921). Llegó a convertir el surrealismo en una auténtica religión, en la que él era oficiante y demiurgo. Y en *El manifiesto surrealista* (1924) estableció su dogma: automatismo psíquico, liberación de los prejuicios morales y estéticos y desenfreno de la imaginación.

BRITTEN, Benjamin

▲ *Lowestoft (Suffolk, Reino Unido), 1913*
▼ *Aldeburgh (Suffolk, Reino Unido), 1976*
Compositor, pianista y director de orquesta británico. Con Britten la música británica recupera el puesto en la escena internacional del que no había disfrutado desde la muerte de Henry Purcell en 1695. Talento ecléctico e inquieto, especialmente dotado para el teatro, es autor de numerosas óperas que se cuentan entre las mejores del siglo: el emblemático *Peter Grimes, Billy Budd, Vuelta de tuerca, Sueño de una noche de verano* o *Muerte en Venecia*, son algunas de ellas.

BROGLIE, Louis, príncipe de

▲ *Dieppe (Francia), 1892*
▼ *Louveciennes (Francia), 1987*
Físico francés doctorado en física por La Sorbona en 1924 con una tesis doctoral en la que afirmaba que las partículas elementales tienen también, en ciertas circunstancias, comportamiento de ondas (dualidad partícula-onda), base de la teoría ondulatoria de E. Schrödinger y demostrada experimentalmente en 1927. Sus trabajos le valieron el premio Nobel de Física de 1929.

BROWN, James

▲ *Augusta (Georgia, Estados Unidos), 1933*
Cantante estadounidense. Figura fundamental en la música negra, fue uno de los más grandes intérpretes de *Soul* de los años sesenta, para convertirse en el "padrino" del *Funk* en la década siguiente. Entre sus grabaciones destaca el disco en directo *Live at the Apollo* (1962), que resume la faceta más enérgica y teatral de sus *shows*. Toda la música de baile posterior a él es en parte deudora de su estilo nervioso y repetitivo, ejemplificado en su clásico *Sex Machine*.

BUNGE, Mario

▲ *Buenos Aires (Argentina), 1919*
Filósofo y científico argentino. Está considerado como uno de los más influyentes pensadores latinoamericanos del siglo XX. Profesor de física teórica y filosofía de la ciencia en Argentina, México,

James Brown, cantante estadounidense que ocupó los primeros lugares de los hit-parade entre los años cincuenta y setenta.

Estados Unidos y Canadá, ha centrado sus investigaciones en el campo de la epistemología y la lógica de la ciencia. Particularmente importantes son su examen de la función del principio de causalidad en la ciencia moderna, que expone en su libro *Causality*, y su análisis crítico del intuicionismo filosófico y matemático, que recoge en *Intuition and Science*. Igualmente notables son las reflexiones desarrolladas en *Methodology and Philosophy of Science, Tecnología y filosofía* y *Materialism and Science*. En 1982 fue galardonado en España con el premio Príncipe de Asturias de Humanidades.

BUÑUEL, Luis

▲ *Calanda (Teruel, España), 1900*
▼ *Ciudad de México 1983*
Realizador cinematográfico español. Compañero de Lorca, Alberti y Dalí en la Residencia de Estudiantes de Madrid, realizó en colaboración con este último sus dos primeros films en París: *Un perro andaluz* y *La edad de oro*. De estética surrealista, en ellos están presentes todas las claves que definen el estilo de madurez de Buñuel: actitud provocadora e iconoclasta, ácida crítica de los valores burgueses, anticlericalismo, compromiso social... Exiliado tras la guerra civil española, continuó su carrera en México (*El ángel exterminador*) y Francia (*Diario de una camarera*).

CABALLÉ, Montserrat

▲ *Barcelona (España), 1933*
Soprano española. Desde su debut internacional en 1965 en el MET de Nueva York con *Lucrezia Borgia* de Donizetti, su carrera ha sido una continua sucesión de éxitos que la han llevado a actuar en los más prestigiosos coliseos del mundo (Milán, Londres, Viena, Berlín, Barcelona...). Su excepcional técnica le ha permitido dominar un amplísimo repertorio en el que tienen cabida todos los es-

tilos y géneros, desde Mozart hasta Wagner, pasando por los más difíciles roles belcantistas.

CALLAS, Maria

▲ *Nueva York (Estados Unidos), 1923*
▼ *París (Francia), 1977*
Soprano estadounidense de origen griego, cuyo verdadero nombre era *Maria Kalogeropoulos*. Especializada en el gran repertorio italiano del siglo XIX, desde Bellini hasta Puccini, pasando por Cherubini, Donizetti y Verdi, su personal e inigualable manera de interpretar, verista, moderna y de una gran expresividad, junto a su desdichada vida personal, han convertido a Maria Callas en todo un mito que sobrepasa el estrecho círculo de los amantes de la ópera. Sus numerosas grabaciones son joyas de un valor incuestionable e imperecedero.

Montserrat Caballé en escena. Su voz portentosa y su perfecto dominio de la técnica le han permitido dominar un repertorio operístico inusualmente amplio, sin contar sus incursiones ocasionales en el terreno de la música popular.

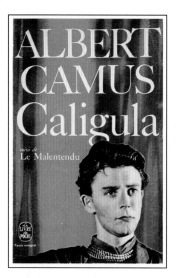

CALVIN, Melvin

▲ St. Paul (Minnesota, Estados Unidos), 1911
▼ Berkeley (Estados Unidos), 1997
Bioquímico estadounidense cuya principal contribución a la ciencia fue el descubrimiento de una parte esencial del proceso de la fotosíntesis, de la que depende la vida en la Tierra, conocida en la actualidad con el nombre de ciclo de Calvin. Sus trabajos le valieron la concesión del premio Nobel de Química de 1961.

CALVINO, Italo

▲ Santiago de las Vegas (Cuba), 1923
▼ Siena (Italia), 1985
Escritor italiano. El más inquieto de los narradores italianos de posguerra, evolucionó de un incierto neorrealismo a un simbolismo fantástico y humorístico. En 1960 reunió tres "cuentos filosóficos", como a él, irónicamente, le gustaba denominarlos, bajo el título Nuestros antepasados (El vizconde partido, El barón rampante y El caballero inexistente).

CAMBÓ, Francesc

▲ Girona (España), 1876
▼ Buenos Aires (Argentina), 1947
Político español. Catalanista conservador y hombre de gran cultura y ambición política, fue, junto a Prat de la Riba, fundador y dirigente de la Lliga Regionalista. Trató de convertir el catalanismo político en fuerza de gobierno en una España en bancarrota política, y hacer de Cataluña una pieza bien encajada en el rompecabezas español. Fue ministro de Fomento (1918) y de Hacienda (1921).

CAMUS, Albert

▲ Mondovi (Argelia), 1913
▼ Villeblevin (Yonne, Francia), 1960
Escritor francés. Nacido en Argelia, de padre comunista, Camus vivió obsesionado por conciliar independencia intelectual y compromiso social. Ante el absurdo de la existencia humana (El extranjero, El mito de Sísifo), traducida en nihilismo o mesianismo revolucionario,

◀ Portada de una edición de la obra teatral de Albert Camus «Calígula» en la que aparece el actor francés Gérard Philippe, gran intérprete del papel protagonista.

Camus opone la solidaridad ante la tragedia del vivir (La peste) y el compromiso con los más altos valores morales y espirituales (El hombre rebelde). Premio Nobel de Literatura en 1957.

CANTINFLAS, Mario Moreno, llamado

▲ México D.F. (México), 1913
▼ México D.F. (México), 1993
Actor de cine mexicano. Tras iniciarse en el teatro de variedades hacia 1930, creó un pintoresco personaje, trasunto cómico del pelao mexicano surgido durante el acelerado proceso de urbanización vivido por el país, al que dotó de un humor surrealista y un habla abstrusa. Su debut cinematográfico tuvo lugar en 1936, y cinco años más tarde interpretó su primera película como protagonista, Ahí está el detalle, dirigida, como la mayor parte de su filmografía, por Miguel Delgado. Algunas de sus películas más destacadas son La vuelta al mundo en ochenta días, El bolero de Raquel y Don Quijote cabalga de nuevo. Si bien se retiró del cine en 1973, mantuvo su popularidad hasta su muerte.

CAPABLANCA, José Raúl

▲ La Habana (Cuba), 1888
▼ Nueva York (Estados Unidos), 1942
Ajedrecista cubano. Tenía sólo once años cuando batió al campeón cubano y se reveló como un genio del ajedrez. Estudió química y siguió la carrera diplomática, llegando a ser embajador de su país, pero dedicó sus mejores esfuerzos al ajedrez. Su depurado estilo posicional, de aparente sencillez de ejecución, le permitió permanecer imbatido desde 1916 hasta 1924. En 1921 arrebató el campeonato del mundo a Emanuel Lasker; y lo perdió en 1927, en un apasionante match celebrado en Buenos Aires, ante Alexander Alekhine. Capablanca, autor de numerosos tratados, fue uno de los grandes teóricos del ajedrez moderno. Murió a causa de un ataque al corazón.

CAPONE, Alphonse

▲ Nueva York (Estados Unidos), 1899
▼ Palm Island (Estados Unidos), 1947
Gángster estadounidense. Apodado Scarface (Cara marcada) de resultas de una pelea juvenil, cuando formaba parte de la banda de Johny Torrio, se unió más tarde a éste en Chicago para llevar sus negocios de prostitución y juego. La época de la Prohibición convirtió a Alphonse «Al» Capone en multimillonario, y después de la retirada de Torrio en 1925, alcanzó un inmenso poder. Se enzarzó en una salvaje guerra de bandas en el curso de la cual casi exterminó a

El militar y político mexicano Lázaro Cárdenas en una imagen tomada poco después de acceder a la presidencia del país, en 1934.

sus rivales: en total murieron 135 gángsters. Encarcelado en 1931 por evasión de impuestos, murió de apoplejía en Florida, ya sin poder alguno.

CAPRA, Frank

▲ Palermo (Italia), 1897
▼ Los Ángeles (Estados Unidos), 1991
Realizador de cine italo-norteamericano. Frank Capra es el mejor representante de la llamada "comedia americana", amable, cargada de buenas intenciones, no exenta de ironía y de un trasfondo político claramente identificado con los ideales roosveltianos del New Deal. Vive como quieras, Caballero sin espada y ¡Qué bello es vivir!, son algunas de sus comedias, a las que hay que añadir esa obra maestra del humor negro que es Arsénico por compasión. Durante la Segunda Guerra Mundial, Capra realizó, junto a otros directores (Huston, Litvak), una importante serie de documentales de guerra.

CARDENAL, Ernesto

▲ Granada (Nicaragua), 1925
Poeta y sacerdote nicaragüense. Al acabar el bachillerato marchó a México y luego a Estados Unidos para estudiar filosofía y letras. De vuelta en Nicaragua, en 1950 fundó la editorial El Hilo Azul y seis años más tarde entró en el monasterio trapense de Nuestra Señora de Gethsemaní de Kentucky, donde tuvo como maestro al poeta Thomas Merton. Tras estudiar teología en Colombia, en 1965 recibió en Managua las órdenes sacerdotales y fundó la comunidad religiosa de Solentiname, que marcaría definitivamente su vida y su obra poética. Su fe religiosa y su sensibilidad social lo situaron en el campo de la teología de la liberación, vinculado al movimiento Cristianos para el socialismo y al Frente Sandinista de Liberación en su lucha contra la dictadura somocista. Esta adscripción y el desempeño del cargo de ministro de Cultura del gobierno

sandinista le valieron en 1985 la reprimenda papal y la suspensión a divinis. Ha escrito los poemarios Hora 0, Gethsemaní Ky, Epigramas, Salmos, Oración por Marylin Monroe y otros poemas, Evangelio en Solentiname, etc.

CÁRDENAS, Lázaro

▲ Jijilpán de Juárez (Michoacán, México), 1895
▼ México D.F. (México), 1970
Militar y político mexicano. De origen mestizo, participó en la revolución mexicana de 1910, en la que llegó a general y, cuando en 1934 se convirtió en presidente de México, repartió tierras entre los campesinos, expropió a las grandes compañías petroleras extranjeras y nacionalizó la industria del petróleo, incentivó la asociación sindical y fue sumamente generoso con los exiliados políticos españoles.

CARLOS, Ilich Ramírez Sánchez, llamado

▲ Caracas (Venezuela), 1949
Terrorista internacional. Carlos fue el símbolo de un fenómeno típico del siglo xx: el del terrorismo. Héroe para algunos, aventurero sin escrúpulos para otros, recibió formación militar en Cuba y Moscú, combatió con la OLP e intervino en espectaculares atentados terroristas en Londres y París. En 1975 dirigió la toma de la sede de la Organización de Países Exportadores de Petróleo (OPEP) en Viena.

CARNAP, Rudolf

▲ Wuppertal (Alemania), 1891
▼ Santa Mónica (Estados Unidos), 1970
Filósofo austríaco, nacionalizado estadounidense. Miembro destacado del Círculo de Viena y defensor del positivismo lógico, promovió la superación de la metafísica mediante el análisis lógico del lenguaje. Sólo las proposiciones empíricas y las de la lógica tienen sentido, mientras que las metafísicas son en el fondo y siempre seudoproposiciones, pues pretenden decir algo de la realidad sin precisar su contenido empírico. El nazismo le obligó a huir a los Estados Unidos, por lo que quizás su especial rechazo de Heidegger no fuera únicamente lógico.

CARPENTIER, Alejo

▲ La Habana (Cuba), 1904
▼ París (Francia), 1980
Escritor cubano. Inició su carrera literaria en 1921 colaborando en el diario La

Pau Casals. A su condición de virtuoso instrumentista del violoncelo sumó las de director de orquesta y compositor.

Discusión. Más tarde fundó el «grupo minorista» y en 1927, año en que fue encarcelado por su oposición al presidente Machado, colaboró en la fundación de la *Revista de Avance.* Dos años más tarde marchó a París, donde se relacionó con la vanguardia artística europea e hispanoamericana y publicó *¡Ecué-Yamba-O!,* su primera novela. Tras seis años de estancia en Cuba, fijó su residencia en Venezuela entre 1945 y 1959, año del triunfo de la revolución castrista, a la que se adhirió plenamente. La obra de Carpentier, que constituye uno de los pilares de la literatura hispanoamericana del siglo XX, se caracteriza por una prosa densa, rica en léxico e imágenes, que funda la corriente de que él, en el prólogo de su novela *El reino de este mundo* (1949), denomina «de lo real maravilloso», preludio del «realismo mágico». Destacan en su obra narrativa *El siglo de las luces, El recurso del método, La consagración de la primavera* y *Guerra del tiempo,* y en su ensayística *Tientos y diferencias.* En 1977 fue galardonado con el premio Cervantes.

CARTER, sir Howard

▲ *Swaffham (Reino Unido), 1873*
▼ *Londres (Reino Unido), 1939*
Arqueólogo británico. Durante las excavaciones que llevó a cabo en Tebas localizó las tumbas del faraón Amenhotep I, la reina Hatshepsut y de Tutmosis IV. En 1922, formando parte de la expedición de Lord Carnarvon, descubrió la tumba del mítico faraón Tutankhamon y el famoso tesoro, que pudo recuperarse en su totalidad.

CARTIER-BRESSON, Henri

▲ *Chanteloup (Francia), 1908*
Fotógrafo francés. Estudió en París y en Cambridge, y en 1931 viajó a África para tomar fotografías. A partir de entonces sus instantáneas, tomadas con su incombustible Leica, sirvieron para dar el estatuto de arte a la fotografía periodística. Estuvo en la guerra civil española y en la II Guerra Mundial como fotógrafo, y fundó la agencia Magnum, destinada a la prensa fotográfica. Elaboró la teoría del "momento decisivo", capaz de reflejar la esencia de una situación y unas personas, lo que obliga al fotógrafo a un acecho constante.

CARUSO, Enrico

▲ *Nápoles (Italia), 1873*
▼ *Nápoles (Italia), 1921*
Tenor italiano. Dentro del conjunto de cantantes de comienzos del siglo XX, el nombre de Enrico Caruso ocupa una posición de privilegio. Tenor lírico, empezó su carrera cantando canciones napolita-

nas para debutar en 1894 con *L'amico Francesco* de Morelli. A partir de ahí se convirtió en un auténtico fenómeno popular, sobre todo a raíz de la aparición del disco: Caruso fue el primer tenor en grabar su voz, alcanzando sus registros cifras de ventas inusitadas para la época.

CASALS, Pau

▲ *El Vendrell (Tarragona, España), 1876*
▼ *Río Piedras (Puerto Rico), 1973*
Violoncelista, compositor y director de orquesta español. El nombre de Pau Casals va indisolublemente asociado a su instrumento, que él, con sus magistrales interpretaciones, situó en un lugar de privilegio dentro del repertorio: a él se debe, por ejemplo, la recuperación de las *Sonatas para violoncelo solo* de Bach. Humanista convencido, fue un luchador incansable por las libertades y derechos de los pueblos, por la democracia. Como compositor se le debe el *Himno de las Naciones Unidas.*

CASSIRER, Ernst

▲ *Breslau (Alemania, act. Wroclaw, Polonia), 1874*
▼ *Nueva York (Estados Unidos), 1945*
Filósofo alemán. Profundamente inspirado por la filosofía de Kant, se impuso la tarea de extender sus principios a toda área cultural: no sólo las ciencias, sino el arte, el lenguaje, el mito, se convierten ahora en "formas simbólicas" (*Filosofía de las formas simbólicas,* 1923-1932), mecanismos humanos para objetivar la experiencia. Exiliado de su país desde 1933 por causa del nazismo, se instaló primero en Suecia y luego, definitivamente, en los Estados Unidos.

CASTRO, Fidel

▲ *Mayarí (Cuba), 1927*
Político cubano. Hijo de un rico propietario español, alumno de los jesuitas y estudiante de derecho en La Habana, pronto destacó en la lucha contra la dictadura de Batista, que le llevó a su entrada triunfal en La Habana en 1959. Fue el guía simbólico, junto a Che Guevara, de una generación de jóvenes. Tras casi cuarenta años de dictadura, su falta de realismo y su megalomanía han llevado a Cuba a una difícil encrucijada.

CEAUSESCU, Nicolae

▲ *Scomiçesti (Rumania), 1918*
▼ *Bucarest (Rumania), 1989*
Político rumano. Con quince años era ya miembro del Partido Comunista de Rumania y, en 1965, se convirtió en su

secretario general. Tras la invasión de Checoslovaquia se fue alejando de la órbita soviética; se aproximó a China e inició relaciones con Occidente. El día de Navidad de 1989, y en medio del colapso de la Europa comunista, Ceausescu y su esposa Elena fueron ejecutados.

CELA, Camilo José

▲ *Padrón (La Coruña, España), 1916*
Escritor español. Con la publicación en 1942 de *La familia de Pascual Duarte,* truculenta historia de la vida de un campesino extremeño, Cela removió las aguas de los cenáculos literarios de la posguerra. De su abundante y diversa obra cabe mencionar *Viaje a la Alcarria* y *La colmena,* de influjos valleinclanescos y barojianos. Miembro de la Real Academia Española (1957) y Premio Nobel de Literatura en 1989.

CÉLINE, Louis Ferdinand

▲ *Destouches (Courbevoie, Francia), 1894*
▼ *París (Francia), 1961*
Escritor francés. En 1932 apareció la novela *Viaje al fondo de la noche,* violenta recapitulación (próxima a la misantropía descarnada) de la experiencia vital del propio Céline, escrita en un estilo sorprendente y alejado de cualquier tradición narrativa. Del mismo tono son *Muerte a crédito* y *Bagatelas para una masacre,* libelo antisemita donde los judíos son ridiculizados cruelmente.

CHADWICK, James

▲ *Manchester (Reino Unido), 1891*
▼ *Cambridge (Reino Unido), 1974*
Físico británico. En 1932, durante el estudio de una radiación detectada por W. Bothe (1891-1957), logró identificar

Camilo José Cela con la estilográfica que utiliza para todos sus escritos. El ordenador no se ha hecho un hueco en su instrumental de trabajo.

sus componentes como partículas con una masa equivalente a la del protón pero carentes de carga, descubriendo así la existencia de los neutrones. Su descubrimiento le valió la concesión del premio Nobel de Física de 1935.

CHAGALL, Marc

▲ *Vitebsk (Rusia), 1887*
▼ *Saint-Paul-de-Vence (Francia), 1985*
Pintor francés de origen ruso. Chagall se dejó influir por el cubismo, aunque su cromatismo lírico y fantástico influyó en los surrealistas. Ilustró *Las almas muertas,* de Gogol, *Las fábulas,* de La Fontaine, y la Biblia; realizó los decorados y el vestuario para *El pájaro de fuego,* de Stravinski, y pintó el techo de la Ópera de París. En su cuadro alegórico *La caída del ángel* (1940) reflejó su desolación ante la guerra.

CHAMBERLAIN, Wilt

▲ *Filadelfia (Estados Unidos), 1936*
Jugador de baloncesto estadounidense. Considerado uno de los mejores jugadores ofensivos de la historia, fue capaz de anotar 100 en un solo partido o, por

◀ *Eduardo Chillida: El peine de los vientos (1972-77), grupo escultórico situado en la costa del Cantábrico, en San Sebastián.*

Cassius Clay (izquierda) y Joe Frazier posan para la prensa en vísperas de su combate por el título.

ejemplo, capturar 55 rebotes. Antes de entrar en la NBA jugó en la Universidad de Kansas y con los Harlem Globe Trotters. Formó parte de los Warriors y los 76ers, ambos de Filadelfia, y militó en los Lakers de Los Ángeles antes de retirarse en 1973. Su impresionante récord de puntos, 31 419 en total, sólo ha sido superado por Kareem Abdul-Jabbar.

CHANEL, Coco (Gabrielle)

▲ *Saumur (Francia), 1883*
▼ *París (Francia), 1971*
Modista francesa. De origen humilde y huérfana a temprana edad, Chanel subió a lo más alto y reinó en los salones de moda y en la alta sociedad parisina durante décadas. Empezó con una pequeña tienda en Deauville, y sus diseños atrajeron pronto la atención por la sencillez y la comodidad, un cierto aire descuidado y, en definitiva, un característico *chic*. El éxito del perfume *Chanel nº 5* le permitió sostener casi un imperio que comprendía una casa de modas, una empresa textil, unos laboratorios de cosmética y una joyería.

CHANG KAI-SHEK

▲ *Cho-Kiang (China), 1887*
▼ *Taipeh (Taiwan), 1975*
Militar y estadista chino. Participó en la revolución liberal de 1911 y unificó el sur de China bajo el poder del Kuomitang, desde donde organizó la persecución implacable de los comunistas. Unificador del país, presidente de la República y nacionalista antijaponés, llegó a la confrontación civil con el Ejército Rojo, por el que fue derrotado en 1949. Se refugió en Taiwan, donde fundó la República de la China Nacionalista.

CHAPLIN, Charles

▲ *Londres (Reino Unido), 1889*
▼ *Lausanne (Suiza), 1977*
Actor y realizador cinematográfico británico, nacionalizado estadounidense. Conocido universalmente por su personaje de Charlot, un vagabundo "siempre enamorado de lo novelesco y de la aventu-

ra", protagonista de más de un centenar de films, Chaplin es un mito de la pantalla. Director, actor, guionista y compositor de sus películas, su filmografía contiene títulos imprescindibles del género cómico como *La quimera del oro*, *Tiempos modernos* o *El gran dictador*, esta última, primera de sus películas sonoras, técnica a la que siempre se resistió.

CHILLIDA, Eduardo

▲ *San Sebastián (España), 1924*
Escultor español. La obra monumental de Chillida está repartida por los museos, las plazas y los paisajes de medio mundo. Continuador de Brancusi, Picasso y Giacometti, su escultura en hierro, acero, granito y madera, ahonda en el contraste dialéctico entre materia y vacío; entre el mundo de las formas y el espacio que las confirma como tales. Su obra ha sido mundialmente galardonada.

CHIRICO, Giorgio de

▲ *Volo (Grecia), 1888*
▼ *Roma (Italia), 1978*
Pintor italiano. Se formó en Munich y París, donde recibió la influencia de los pintores visionarios y el entusiasmo creativo de la vanguardia cultural parisina. Exaltó lo imaginario como fruto del encuentro entre una realidad sólida y exacta y una atmósfera fantástica e inquietante: *La conquista del filósofo* (1914). Participó en la primera exposición de los surrealistas en París, en 1924, aunque más tarde desertó de sus filas.

CHOMSKY, Abraham Noam

▲ *Filadelfia (Estados Unidos), 1928*
Lingüista estadounidense. Fundador de la llamada gramática generativa o transformacional. Sus concepciones en el campo de la lingüística plantean la posibilidad de la existencia de una conexión entre el lenguaje (como determinación biológica) y la mente humana. Es autor de múltiples trabajos de lingüística y de diversos ensayos políticos y sociales de carácter eminentemente crítico.

CHRISTIE, Agatha

▲ *Torquay (Reino Unido), 1891*
▼ *Wallingford (Oxfordshire, Reino Unido), 1976*
Novelista británica. El detective belga Hércules Poirot, hijo literario de Agatha Christie, deleitó con su minuciosa búsqueda de indicios racionales y psicológicos –que siempre conducían a un desenlace imprevisto– a miles de devotos de la escritora. *El asesinato de Roger Ackroyd* (1926) es un ingenioso ejercicio de habilidad detectivesca jamás superado. Su obra de teatro *La ratonera* sigue representándose en la actualidad.

CHURCHILL, sir Winston

▲ *Blenheim Palace (Reino Unido), 1874*
▼ *Londres (Reino Unido), 1965*
Estadista británico. Ingresó en el parlamento en 1900 como miembro *tory* y, tras la I Guerra Mundial, fue Secretario para las Colonias, ministro de la Guerra y ministro de Hacienda. Desde 1936 Winston Churchill, a la sazón ex ministro y diputado tory, denunció la debilidad de las democracias frente a los totalitarismos en auge. Dramáticamente los acontecimientos le dieron la razón, y en 1940 fue nombrado *lord* del Almirantazgo y primer ministro. Prometió ganar la guerra y la ganó, pero advirtió a su pueblo que el precio sería "sangre, sudor y lágrimas".

CIERVA, Juan de la

▲ *Murcia (España), 1895*
▼ *Croydon (Londres, Reino Unido), 1936*
Ingeniero e inventor español. Construyó el primer trimotor español y creó un ingenio, conocido como autogiro, cuyo primer vuelo se realizó en el aeródromo de Getafe (Madrid, 1923). Construyó más de 120 prototipos hasta darle la forma definitiva en 1924. No encontrando apoyo en España lo buscó en el Reino Unido, donde encontró la muerte en un accidente de aviación.

CLAY, Cassius (Muhammad Alí)

▲ *Louisville (Estados Unidos), 1942*
Boxeador estadounidense. Fue efectivamente "el mejor", como a él le gustaba decir, gracias a una técnica y unos reflejos completamente fuera de lo común. Ganó el título mundial de los pesos pesados en 1964, y lo defendió hasta que le fue retirado en 1967 al negarse a ir a luchar a Vietnam, amparándose en su recién adoptado islamismo. Pudo volver al ring en 1971 pero, bajo de forma, perdió frente a Joe Frazier, aunque recuperó el título todavía dos veces antes de retirarse en 1979. Se confirmó después que padecía los síntomas del Parkinson.

COLLINS, Michael

▲ *Cork o Clonakilty (act. República de Irlanda), 1890*
▼ *Bandon (República de Irlanda), 1922*
Político y militar irlandés. Héroe del nacionalismo irlandés, Collins participó en la sublevación de Pascua (1916) como miembro del *Sinn Fein* y fue quien introdujo la guerrilla urbana como forma de lucha. Desde posturas más moderadas negoció el Tratado Anglo-Irlandés (que concedió el estatus de Dominio a 26 condados de Irlanda –la actual República–, pero mantuvo unida a la corona la parte noreste). Convertido en un hombre de orden, fue responsable militar durante la guerra civil, donde murió en una emboscada.

COMANECI, Nadia

▲ *Onesti (Rumania), 1961*
Gimnasta rumana, nacionalizada estadounidense. En 1974 fue campeona del mundo junior, e hizo historia en los Juegos Olímpicos de 1976 al conseguir, por primera vez, siete puntuaciones perfectas (10), y ganar las medallas de oro en barra fija y asimétricas. Tras unos años de competición irregular, logró dos nuevos oros en las siguientes Olimpiadas. Se retiró en 1984, y en 1989 se instaló en Estados Unidos, donde se ha casado con el gimnasta Bart Conner.

◄ *Julio Cortázar. Retrato onírico, obra de Sofía Gandarias.*

Jacques-Yves Cousteau luce el atuendo casi tópico con el que aparece en las numerosas filmaciones de sus aventuras oceánicas: enfundado en su equipo de inmersión y tocado con su inseparable gorro de color rojo.

COOPER, Gary

▲ *Helena (Montana, Estados Unidos), 1901*
▼ *Hollywood (Los Ángeles, Estados Unidos), 1961*
Actor estadounidense, cuyo verdadero nombre era *Frank James Cooper*. El gran secreto del éxito de Gary Cooper, lo que le convirtió en un actor apto tanto para la comedia como para el drama, fue su naturalidad ante la cámara. Además, nadie como él supo encarnar los valores del ciudadano medio americano. Entre su abundante filmografía, que prácticamente abarca todos los géneros, son muchos los títulos que merecen ser destacados: *La octava mujer de Barba Azul*, *Beau Gest*, *Sargento York*, *Por quién doblan las campanas* o *Solo ante el peligro* son sólo algunos de ellos.

COPPOLA, Francis Ford

▲ *Detroit (Michigan, Estados Unidos), 1939*
Realizador de cine estadounidense. Coppola se inició en el mundo del cine como ayudante de Roger Corman, dirigiendo posteriormente algunas películas de poco éxito, pero que fueron bien recibidas por la crítica. El estreno de *El padrino* en 1971, a la que seguirían otras dos partes, le consagró como uno de los nombres importantes del cine, importancia que no ha hecho sino confirmarse con títulos como *Apocalypse Now* o *Drácula*.

CORBUSIER, LE

▲ *La Chaux-de-Fonds (Suiza), 1887*
▼ *Roquebrune-Cap-Martin (Francia), 1965*
Seudónimo del arquitecto suizo nacionalizado francés *Charles Édouard Jeanne-*

ret Gris. Fue la figura más influyente de la arquitectura mundial durante las décadas centrales del siglo XX. De su encuentro con el cubismo nació la idea de una arquitectura reducida a las formas geométricas básicas y funcionales (*Villa Saboya*; *Unité d'Habitations*, en Marsella) que evolucionó hacia formas más expresivas, *Capilla de Notre-Dame-du-Haut*, y monumentales (planificación de Chandigarh, en la India).

CORTÁZAR, Julio

▲ *Bruselas (Bélgica), 1914*
▼ *París (Francia), 1984*
Escritor argentino. En 1951 apareció en Argentina *Bestiario*, singular libro de relatos fantásticos que constituyó un acontecimiento literario. Ya en París aparecieron *Historias de Cronopios y de Famas* y *Todos los fuegos el fuego*, donde el autor ahonda en la formulación de nuevas estructuras narrativas, que aparecen plenamente consolidadas en *Rayuela*, con la abolición del orden cronológico y temporal.

COSTA, Lúcio

▲ *Toulon (Brasil), 1902*
▼ *Río de Janeiro (Brasil), 1998*
Arquitecto y urbanista brasileño. Tras estudiar en su país y en Francia, en 1930 fue nombrado director de la Escuela Nacional de Bellas Artes de Brasil, cargo que le permitió introducir las modernas tendencias internacionales y realizar obras de gran significación. En colaboración con su compatriota Niemeyer y con Le Corbusier construyó el edificio del Ministerio de Educación, el pabellón de Brasil en la Feria de Nueva York, los bloques de apartamentos del parque Guinle, en Río de Janeiro, etc. Pero el proyecto que lo consagró como uno de los grandes arqui-

tectos y urbanistas latinoamericanos fue el de la ciudad de Brasilia, en la que el tratamiento de los volúmenes y los espacios y la consideración de la naturaleza y de las necesidades ciudadanas responden a un gran sentido de la armonía y el equilibrio.

COUSTEAU, Jacques-Yves

▲ *St. André-de-Cuzac (Francia), 1910*
▼ *París (Francia), 1997*
Oceanógrafo francés. Coinventor de la escafandra autónoma o "aqualung", antecesor de los equipos de buceo autónomos actuales. Realizó importantes campañas de investigación oceanográfica, en parte a bordo de la nave "Calypso", y una intensísima labor de divulgación de la vida de los seres marinos, potenciando la protección de las especies y hábitats dominados por el agua. Autor de documentales cinematográficos de divulgación científica.

CRICK, Francis Harry Compton

▲ *Northampton (Reino Unido), 1916*
Véase **Watson, James Dewey**.

CROSBY, Bing

▲ *Spokane (Washington, Estados Unidos), 1903*
▼ *Madrid (España), 1977*
Cantante y actor estadounidense, cuyo verdadero nombre era *Harry Lillis Crosby*. Conocido por el sobrenombre de "Bing", a causa de sus grandes orejas que recordaban las de un popular personaje de comic, Bingo, Crosby es todo un mito de la canción, protagonista de más de 120 álbumes cuyas ventas superan con creces los cuatrocientos millones de discos. La clave de su éxito radicaba en su muy personal estilo, informal a la vez que cautivador. Como actor ganó un Óscar en 1944 por su trabajo en *Siguiendo mi camino*.

CRUYFF, Johan

▲ *Amsterdam (Países Bajos), 1947*
Futbolista neerlandés. Sin duda una de las leyendas de la historia del fútbol, ganó seis ligas y tres Copas de Europa con el Ajax, y luego llevó al FC Barcelona a ganar la Liga española en 1974. Casi logró la Copa del mundo con su selección, pero la selección de la "naranja mecánica" perdió la final contra Alemania. Pasó sus últimos años como jugador en Estados Unidos, y de nuevo en el Ajax. Como entrenador ha logrado un récord casi tan impresionante como el anterior, y con los mismos equipos: Ajax y FC Barcelona.

CURIE, Marie Sklodowska

▲ *Varsovia (Polonia), 1867*
▼ *Sancellemoz (Francia), 1934*
Química francesa de origen polaco. Doctorada por La Sorbona en 1903. En 1895 contrajo matrimonio con el químico francés Pierre Curie (París, 1859-París 1906), con quien descubrió la radiactividad, por lo que ambos, junto con H. Becquerel, recibieron el premio Nobel de Física de 1903. Logró aislar el radio metálico, trabajo galardonado con el premio Nobel de Química de 1911.

CUSHING, Harvey

▲ *Cleveland (Ohio, Estados Unidos), 1869*
▼ *New Haven (Connecticut, Estados Unidos), 1939*
Neurocirujano estadounidense que descubrió la enfermedad que en la actualidad lleva su nombre, dolencia producida por un tumor en la glándula pituitaria o en la corteza suprarrenal y que da lugar a su hiperfunción. Sus síntomas más frecuentes son marcada adiposidad (en la cara y el tronco), aumento de los glóbulos rojos y de la presión sanguínea y calcificación anormal de los huesos.

DALAI LAMA (Tenzin Giatso)

▲ *Amdo (Tíbet, actual China), 1935*
Líder espiritual y temporal del budismo tibetano. Decimocuarto en la línea de los dalai lamas, fue entronizado en 1940, pero hubo de huir a la India con un grupo de seguidores tras el fracaso de la revolución contra China, que ocupaba el país desde 1950. Formó un gobierno en el exilio, y recibió el premio Nobel de la Paz en 1989 por su resistencia no violenta a la ocupación.

Bette Davis en una fotografía de los años cuarenta. La carrera de la actriz fue excepcionalmente larga y fecunda.

DALÍ, Salvador

▲ *Figueras (Girona, España), 1904*
▼ *Figueras (Girona, España), 1989*
Pintor español. Dalí es sin duda el más famoso de los pintores surrealistas. En 1928 se fue a París y Miró le presentó a Breton, que pronto le convirtió al credo del surrealismo. Allí conoció a Gala, por entonces esposa del poeta Paul Éluard y figura central en la vida y la obra de Dalí. Fue un verdadero visionario de imágenes crípticas y fantasmagóricas, minuciosamente detalladas, concebidas al dictado del automatismo psíquico.

DARÍO, Rubén

▲ *Metapa, act. Ciudad Darío (Nueva Segovia, Nicaragua), 1867*
▼ *León (Nicaragua), 1916*
Poeta nicaragüense, cuyo verdadero nombre era *Félix Rubén García*. La lírica contemporánea hispánica debe a Darío la métrica libre y la expresividad musical, voluptuosa y exótica del lenguaje. *Azul* (1888), compendio de influencias románticas, parnasianas y simbolistas, inaugura el modernismo. Con *Cantos de vida y esperanza*, el estilo se vuelve más sobrio y depurado: "encierra las esencias y sabias de mi otoño", según escribió el mismo autor.

DAVIS, Bette

▲ *Lowell (Massachusetts, Estados Unidos), 1908*
▼ *Neuilly-sur-Seine (Francia), 1989*
Actriz estadounidense, cuyo verdadero nombre era *Ruth Elisabeth Davis*. Dotada de una fuerte personalidad y un indiscutible temperamento dramático, Bette Davis fue la gran diva del melodrama en las décadas de 1940 y 1950. Bajo la dirección de William Wyler protagonizó algunos de los títulos cimeros del género, como *Jezabel*, *La carta* o *La loba*. *La extraña pasajera*, *El bosque petrificado* y *¿Qué fue de Baby Jane?* son otras de las grandes películas en las que intervino.

Claude Debussy. Cubierta de la partitura original de su poema sinfónico La mer. ▶

DAVIS, Miles

▲ *Alton, Illinois (Estados Unidos), 1926*
▼ *Santa Mónica (California, Estados Unidos), 1991*
Trompetista de jazz estadounidense. Miles Davis es uno de los grandes revolucionarios del jazz. Nacido como artista a la sombra del saxofonista Charlie Parker, Davis encontró su propio estilo a fines de la década de 1950, experimentando con el lenguaje y adentrándose por nuevos e inexplorados caminos. Él fue, por ejemplo, el introductor y principal impulsor del estilo *cool* y de la electrónica aplicada al jazz.

DAYAN, Moshe

▲ *Degania (act. Israel), 1915*
▼ *Tel Aviv (Israel), 1981*
Militar y político israelí. Nacido en el primer *kibutz* de Israel, Dayan perdió un ojo luchando en Líbano junto a los aliados en 1941. Su figura enérgica y arrogante se convirtió en legendaria en la lucha contra los árabes (campaña del Sinaí, 1956; gran héroe de la Guerra de los Seis Días, 1967), aunque su fama se resintió en Yom Kippur frente a los ejércitos sirio y egipcio. Ministro de Exteriores con el gobierno de Menajem Beguin.

DE BAKEY, Michael Ellis

▲ *Lake Charles (Estados Unidos), 1908*
Médico y cirujano estadounidense. Estudió en la Universidad de Tulane, graduándose en 1932, y a partir de 1948 fue profesor en la Universidad de Baylor. Ayudó a desarrollar la cirugía coronaria, y en 1963 implantó el primer marcapasos, y fue también pionero en las operaciones de by-pass y en el tratamiento quirúrgico de la tetralogía de Fallot. En un principio no era favorable a los trasplantes de corazón.

DE GAULLE, Charles

▲ *Lille (Francia), 1890*
▼ *Colombey-les-Deux-Églises (Francia), 1970*
Estadista y militar francés. En 1940, y frente al gobierno colaboracionista de Pétain, se exilió a Londres, desde donde exhortó a los franceses a luchar contra el nazismo y asumió el liderazgo de la Francia Libre, que fue reconocido por los aliados y los líderes de la resistencia en Francia. Presidente del primer gobierno tras la liberación (1944-1946), la crisis de Argelia le hizo regresar en 1958. Estableció la constitución más duradera en la historia de Francia, inauguró la V República y concedió la independencia a Argelia.

DE MILLE, Cecil Blount

▲ *Ashfield (Massachusetts, Estados Unidos), 1881*
▼ *Hollywood (Los Ángeles, Estados Unidos), 1959*
Realizador y productor estadounidense, autor de un tipo de cine "histórico" de características espectaculares: *Cleopatra*, *Los diez mandamientos*, *Sansón y Dalila*. Excelente narrador, sus filmes, de factura bastante académica y a veces lastrados por un contenido en exceso moralizante, se caracterizan por sus impresionantes decorados y movimientos de masas. Destaca también por la calidad de sus planos, estructurados como cuadros, en los que es posible observar la influencia de la tradición pictórica barroca.

Eamon de Valera, fundador de Fianna Fail y primer presidente de la República de Irlanda.

DE VALERA, Eamon

▲ *Nueva York (Estados Unidos), 1882*
▼ *Dublín (República de Irlanda), 1975*
Político irlandés. Evolucionó desde un nacionalismo extremo (presidente del Sinn Fein, activista radical durante la guerra civil) hasta posiciones más moderadas a partir de 1926, cuando fundó el Fianna Fail. En 1937, y ya como primer ministro, consiguió del Reino Unido la plena autonomía para el Estado Libre de Irlanda (Eire) y fue protagonista político del nuevo Estado durante sucesivas reelecciones.

DEAN, James

▲ *Marion (Ohio, Estados Unidos), 1931*
▼ *Paso Robles (California, Estados Unidos), 1955*
Actor estadounidense. Cuando con tan sólo 24 años un accidente de tráfico segó la vida de James Dean, nació un mito, un símbolo para toda una generación de jóvenes, magníficamente ejemplarizado en el papel que el actor, bajo la dirección de Nicholas Ray, interpretó en *Rebelde sin causa*. *Al este del Edén* y *Gigante* son las otras dos películas en las que Dean participó en su corta pero fructífera carrera.

DEBUSSY, Claude

▲ *Saint-Germain-en-Laye (Francia), 1862*
▼ *París (Francia), 1918*
Compositor francés. Influido por el impresionismo pictórico y el simbolismo literario, Debussy es uno de los compositores más originales e influyentes del siglo XX; un auténtico renovador que, reaccionando contra la ampulosidad pos-

John Dewey. El filósofo parece meditar ante una risueña figura china antigua que le fue regalada por su noventa cumpleaños.

wagneriana en boga en su época, creó un nuevo estilo. El uso de armonías luminosas y de timbres sutiles y evanescentes, junto al carácter evocador de su música, son las notas que definen sus obras maestras: *Preludio a la siesta de un fauno, Pelléas et Mélisande, La Mer, Jeux...*

DELORS, Jacques

▲ *París (Francia), 1925*
Político francés. Economista, católico con preocupaciones sociales, ministro de Finanzas en 1981 con el socialista Mitterrand, Delors fue un presidente de la Comunidad Europea (1985) sumamente eficaz y hábil negociador. Centró sus aspiraciones en la coordinación de los estados miembros y en la defensa de una divisa única y un banco central, que abrieron un intenso debate en el seno de la comunidad.

DENIKER, Pierre

▲ *Francia, 1917*
Médico francés que en 1952, en colaboración con el doctor J. Delay, utilizó la clorpromacina (descubierta ese mismo año por H. Laborit) para calmar los estados de crisis de ciertos enfermos mentales. El producto, comercializado con el nombre de Largactil, era antagonista de la dopamina y de la noradrenalina, y dará lugar a la aparición de los calmantes.

DERRIDA, Jacques

▲ *El Biar (Argelia), 1930*
Filósofo francés. Autor prolífico y profesor en numerosas universidades de Europa y Estados Unidos, Derrida ha lanzado con su "desconstrucción" el asalto más profundo a la razón y al concepto de "verdad" occidental, desvelando, debajo de cualquier arquitectura filosófica y discursiva, no ya la seguridad y la inmediatez de un significado, sino la inquietante indecisión de una metáfora.

El militar mexicano Porfirio Díaz, cuya larga dictadura en el país centroamericano llegó a llamarse el «porfiriato». ▶

DEWEY, John

▲ *Burlington (Estados Unidos), 1859*
▼ *Nueva York (Estados Unidos), 1952*
Filósofo estadounidense. Su filosofía, bautizada como "instrumentalismo"; se apoya en el darwinismo y al mismo tiempo en la pragmática mentalidad norteamericana. La verdad absoluta no existe y lo que hay es un instrumento, la mente humana, capaz de adaptarse al medio de la mejor manera posible. Dos consecuencias: un criterio de verdad basado en la pregunta "¿funciona?", y una auténtica revolución de la pedagogía, orientada a la estimulación de la iniciativa personal; ambas han ejercido una amplia influencia, no sólo en Estados Unidos.

DI MAGGIO, Joe

▲ *Martinez (California, Estados Unidos), 1914*
Jugador de béisbol estadounidense. Considerado uno de los mejores bateadores y *centerfielders* de todos los tiempos. Con él, los Yankees de Nueva York ganaron nueve veces las series mundiales, entre 1936 y 1951. Fue nombrado tres veces jugador más valioso de la Liga americana. Se retiró del béisbol en 1952, aunque continuó siendo una figura pública: se casó con Marilyn Monroe, aunque el matrimonio duró menos de un año, y en 1955 entró en el Hall de la Fama.

DI STÉFANO, Alfredo

▲ *Buenos Aires (Argentina), 1926*
Futbolista argentino nacionalizado español, una de las mayores estrellas del fútbol de todos los tiempos. Era ya un mito en el River Plate argentino cuando marchó: primero al club Millonarios de Colombia, y luego a España, donde llevó al Real Madrid a la consecución de las cinco primeras Copas de Europa (1956-1960) y ocho Ligas. Jugó 510 partidos con el Real Madrid, y marcó 418 goles. Vistió tres camisetas nacionales distintas, y se retiró tras un paso fugaz por el Español de Barcelona. Como entrenador logró que el Valencia alcanzara el título de la Liga española.

DIAGHILEV, Sergei

▲ *Crucyno (Novgorod, Rusia), 1872*
▼ *Venecia (Italia), 1929*
Empresario teatral y crítico de arte. Sergei Diaghilev es un nombre clave en la evolución del ballet en el siglo XX: a él se debe la fundación en, 1909, de los Ballets Rusos, compañía que aglutinaría a los mejores bailarines y coreógrafos (Nijinski, Fokine, Massine, Nijinska), pintores (Bakst, Matisse, Picasso, Benois) y compositores

(Stravinski, Prokofief, Falla, Debussy) del momento en unos espectáculos renovadores que gozaron de un gran éxito y que supusieron el descubrimiento y confirmación de diversos artistas.

DÍAZ, Porfirio

▲ *Oaxaca (México), 1830*
▼ *París (Francia), 1915*
Militar y político mexicano. Estudió derecho en la Universidad de Oaxaca, pero se inclinó definitivamente por las armas tras participar en el plan de Ayutla (1856) contra el general Santa Anna. Más tarde intervino en la guerra de Reforma, enrolado en el bando liberal, y contra Francia, cobrando gran notoriedad tras su victoria en Puebla y la toma de México en 1867. Después de alzarse contra la reelección de Lerdo de Tejada, en 1877 accedió a la presidencia y dominó la vida política del país hasta 1911. Durante su larga dictadura, Díaz modernizó el país según las pautas capitalistas y logró importantes progresos económicos, aunque a costa de una sistemática represión social en todos los niveles. Finalmente, un año después de ser reelegido por séptima vez, el estallido de la Revolución mexicana lo obligó a renunciar y a exiliarse a Francia.

DIELS, Otto Paul Hermann

▲ *Hamburgo (Alemania), 1876*
▼ *Kiel (Alemania), 1954*
Químico alemán. Además de otros importantes trabajos en el campo de la química orgánica, en 1928, en colaboración con K. Alder (1902-1958), descubrió una reacción que permite la síntesis de dieno a partir de butadieno y con la cual es posible fabricar de manera sintética

caucho y otras sustancias. Por la reacción Diels-Alder ambos compartieron el premio Nobel de Química de 1950.

DIETRICH, Marlene

▲ *Kuestrin (Weimar, Alemania), 1901*
▼ *París (Francia), 1992*
Actriz alemana nacionalizada estadounidense, cuyo verdadero nombre era *Marie Magdalene von Losch*. La vampiresa por antonomasia del cine mundial fue descubierta en 1929 por Josef von Sternberg, quien la hizo saltar a la fama en su película *El ángel azul*. Contratada por la Paramount para hacer frente a la Garbo, en Hollywood realizó –casi siempre a las órdenes de Sternberg, pero también junto a otros grandes directores como Lang o Lubitsch– lo más valioso de su carrera: *Marruecos, La Venus rubia, Deseo...*, films que hicieron de ella algo más que una actriz: un mito.

Marlene Dietrich fue durante los años treinta la encarnación acabada de un nuevo mito erótico: la «vampiresa».

◄ *Christian Dior da los últimos retoques a una de las creaciones características de la línea «Corolle», basada en la metáfora mujer-flor.*

Bob Dylan, símbolo de la juventud contestataria de los años sesenta, en un póster psicodélico de la época.

DIOR, Christian

▲ *Granville (Francia), 1905*
▼ *Montecatini (Italia), 1957*
Diseñador francés. Hijo de buena familia, su primera orientación hacia la carrera diplomática cambió en la década de crisis de los años treinta, cuando entró a trabajar como diseñador para Robert Piguet y luego para Lucien Lelong. En 1947 abrió su propio establecimiento y alcanzó de inmediato un éxito espectacular con su *New Look*, la línea Corolle: un corpiño ceñido en la cintura y falda larga y con

Walt Disney. Cartel de su primer corto de dibujos animados, protagonizado por un Mickey Mouse que no había adquirido aún sus rasgos definitivos.

vuelo. Durante la década posterior a la guerra dominó el panorama de la moda en París, y supo exportarla al extranjero.

DIRAC, Paul

▲ *Bristol (Gloucestershire, Reino Unido), 1902*
▼ *Tallahassee (Florida, Estados Unidos), 1984*
Físico británico. Doctorado por la universidad de Cambridge en 1926, formuló la teoría conocida como electrodinámica cuántica que le permitió predecir la existencia del espín de las partículas así como la existencia del positrón, antipartícula del electrón y de toda la antimateria. En 1933 compartió el premio Nobel de Física con E. Schrödinger por sus aportaciones a la teoría cuántica.

DISNEY, Walt

▲ *Chicago (Estados Unidos), 1901*
▼ *Los Ángeles (Estados Unidos), 1966*
Dibujante y productor de cine estadounidense. Pionero en la producción de películas de dibujos animados, fue el primero en introducir en ellas el sonido y en hacerlas en color. Creó personajes como el ratón Mickey (1928) o el pato Donald, mundialmente famosos. En 1937 realizó su primer largometraje, *Blancanieves y los siete enanitos*, tras el que vinieron otros (*Pinocho, Dumbo*...) y un éxito creciente, que le llevó a construir en 1955 un gigantesco parque temático cerca de Los Ángeles: Disneylandia.

DOMINGO, Plácido

▲ *Madrid (España), 1941*
Tenor español. Junto a Alfredo Kraus, Jaume Aragall y Josep Carreras es el gran nombre de la escena lírica española de la segunda mitad del siglo. Ha destacado en los grandes papeles del repertorio tradicional francés (Sansón, Werther) e italiano (Alfredo, Otello), cultivando con especial fortuna en los últimos años el drama wagneriano (Lohengrin, Parsifal). Gran intérprete de zarzuela, ha difundido este género tan español en sus recitales por todo el mundo.

DREYER, Carl Theodor

▲ *Copenhague (Dinamarca), 1889*
▼ *Copenhague (Dinamarca), 1968*
Realizador cinematográfico danés. Lo absoluto es el gran tema de la filmografía de Dreyer, escasa en cuanto a número de películas, pero de una importancia capital en la historia del cine. *La pasión de Juana de Arco, El vampiro, Dies Irae* y *La palabra* son sus obras maestras. En ellas las imágenes, sobrias hasta la austeridad, frecuentemente estáticas, se convierten en símbolos de una verdad metafísica y poética.

DUARTE, José Napoleón

▲ *San Salvador (El Salvador), 1913*
▼ *San Salvador (El Salvador), 1990*
Político salvadoreño. Destacado miembro de la democracia cristiana, desarrolló gran parte de su actividad política en medio de la cruenta guerra civil que asoló su país desde la década de los setenta, y con la constante intervención de las fuerzas armadas en el poder. Designado para sustituir a una junta militar en 1980, Duarte fue derrotado en las elecciones de 1982. Pasó entonces a la oposición y dos años más tarde ganó las elecciones y la presidencia hasta 1988. Durante su mandato concentró sus esfuerzos en someter el poder militar al civil y en pacificar el país iniciando el diálogo con la guerrilla. No logró entonces sus objetivos, pero los avances realizados sirvieron para que las conversaciones de paz fructificaran más tarde con la mediación de la ONU. En 1989 no se presentó a las elecciones, en las que su partido perdió el poder. Murió poco después, víctima de un cáncer.

DUBCEK, Alexander

▲ *Uhrovec (Checoslovaquia, act. Eslovaquia), 1921*
▼ *Praga (República Checa), 1992*
Político checoslovaco. Su nombre aparece asociado a los acontecimientos de la Primavera de Praga de 1968, acaecidos poco después de ser elegido secretario del Partido Comunista Checoslovaco (abolición de la censura y debate abierto en torno a la reforma del partido). En agosto, las tropas del Pacto de Varsovia invadían Checoslovaquia y Dubcek y sus camaradas fueron llevados a Moscú. Regresó como un hombre humillado y debilitado por la coacción y la fuerza.

DUCHAMP, Marcel

▲ *Blainville (Francia), 1887*
▼ *Neuilly-sur-Seine (Francia), 1968*
Pintor francés. Aportó su originalidad e incesante invención creativa a todo el movimiento de vanguardia: desde el postimpresionismo al surrealismo, pasando por el futurismo y el dadaísmo. Redefinió en su totalidad la noción de arte: *Jugadores de ajedrez, Desnudo bajando la escalera, Mona Lisa con bigote*. Abandonó la pintura y se dedicó a jugar al ajedrez, participando en numerosos torneos.

DUNCAN, Isadora

▲ *San Francisco (Estados Unidos), 1878*
▼ *Niza (Francia), 1927*
Bailarina estadounidense. Fue una de las grandes renovadoras de la danza clásica, a la que despojó de todo academicismo en favor de una mayor libertad de expresión, de una mayor naturalidad. Influida en su concepción del baile por el arte griego, el cuerpo, la armonía corporal, es el principio sobre el que se sustentaba todo su arte. Isadora Duncan fue también la primera en usar como base para sus espectáculos música de concierto, no necesariamente escrita para ser bailada.

DURKHEIM, Émile

▲ *Épinal (Francia), 1858*
▼ *París (Francia), 1917*
Sociólogo francés, profesor de las universidades de Burdeos y La Sorbona. En 1897 fundó la revista *L'année sociologique*. Su concepción de la sociedad como un sistema basado en las normas ha tenido una influencia determinante en el desarrollo de la moderna sociología.

Sergei Eisenstein. Su utilización del montaje para crear metáforas, asociando imágenes distintas, o para eternizar el instante, descomponiendo un movimiento (caída de un cochecito de niño por una escalinata) en mil planos fragmentarios alternados, logró que las vanguardias artísticas reconocieran al cine como «el gran arte» del siglo XX.

DYLAN, Bob

▲ *Duluth (Minnesota, Estados Unidos), 1941*
Nombre artístico del cantante estadounidense *Robert Allan Zimmerman*. En los años sesenta recuperó la música *folk* norteamericana y lideró la juventud contestataria gracias a canciones como *Blowin' in the Wind*. Sus letras simbolistas y proféticas revolucionaron el mundo del Pop y abrieron nuevos caminos, tanto para cantautores como para bandas de *rock*. En 1965 electrificó su música, iniciando una larga serie de bruscos virajes, tanto estilísticos como espirituales.

EASTMAN, George

▲ *Waterville (Nueva York, Estados Unidos), 1854*
▼ *Rochester (Nueva York, Estados Unidos), 1932*
Inventor estadounidense apasionado de la fotografía. Con gran visión comercial intuyó que la fotografía se popularizaría cuando su uso fuese sencillo, por lo que desarrolló y patentó (1884) la película fotográfica y (1888) la cámara que simplifica su uso, la Kodak. Creó también la película de celuloide y más tarde de acetato de celulosa.

ECO, Umberto

▲ *Alessandria (Italia), 1932*
Escritor italiano. Desde su cátedra de semiótica en la Universidad de Bolonia, y a través de sus polémicos ensayos (*Obra abierta, Apocalípticos e integrados*), Eco ha sido y sigue siendo el portavoz de la más rabiosa modernidad en un terreno ecléctico y casi descubierto en nuestro siglo, la semiótica, el estudio de los *mass media*. Su fama como novelista la debe a una única obra, *El nombre de la rosa* (1980), aunque sus novelas posteriores siguen siendo *best-sellers*.

Edward Elgar. Acuarela de Percy Anderson fechada en 1915. ▶

EHRLICH, Paul

▲ *Strehlen (Alemania, act. Strzelin, Polonia), 1854*
▼ *Homburg (Alemania), 1915*
Bacteriólogo alemán. Está considerado el padre de la quimioterapia o tratamiento de las enfermedades mediante sustancias químicas, sobre todo por el descubrimiento del Salvarsán (1910) y el Neosalvarsán como medios eficaces para combatir la sífilis (1910). En 1908 compartió el premio Nobel de Medicina y Fisiología con Y. Mechnikov (1845-1916).

EIJKMAN, Christiaan

▲ *Nijkerk (Países Bajos), 1858*
▼ *Utrecht (Países Bajos), 1930*
Médico neerlandés licenciado por la universidad de Amsterdam en 1883. En 1890, durante unos experimentos con pollos, descubrió que éstos presentaban una polineuritis semejante a la enfermedad del beriberi que afecta a humanos, abriendo así el camino al descubrimiento de las vitaminas y de su papel en la salud. Sus trabajos fueron premiados en 1929 con el premio Nobel de Medicina y Fisiología.

EINSTEIN, Albert

▲ *Ulm (Alemania), 1879*
▼ *Princeton (New Jersey, Estados Unidos), 1955*
Físico estadounidense (a partir de 1940), de origen alemán y nacionalizado suizo en 1900. En 1905, año de su doctorado por la universidad de Zurich, publicó dos artículos ofreciendo sendas explicaciones al movimiento browniano y al efecto fotoeléctrico (premiado con el premio Nobel de Física de 1921). Sin embargo, su principal aportación fue la formulación de la teoría de la relatividad especial (1905) y de la relatividad general (1916), sin duda la mayor contribución a la física desde la gravitación universal de I. Newton (1642-1727).

EISENHOWER, Dwight

▲ *Denison (Texas, Estados Unidos), 1890*
▼ *Washington (Estados Unidos), 1969*
General y estadista estadounidense. Mandó las tropas angloamericanas que invadieron el norte de África en 1942; dirigió el desembarco aliado de Normandía y ejerció el mando supremo de la OTAN en Europa. Dueño de extraordinario prestigio, condujo los destinos de su país de 1952 a 1961 como representante del Partido Republicano. Mantuvo en alza el liderazgo de Estados Unidos frente a la URSS.

EISENSTEIN, Sergei

▲ *Riga (Rusia, act. Letonia) 1898*
▼ *Moscú (Unión Soviética), 1948*
Realizador soviético. Nombre clave del cine soviético y mundial, la aportación, tanto teórica como práctica, de Sergei Eisenstein fue decisiva en el desarrollo del lenguaje cinematográfico. *La huelga, Octubre* y, sobre todo, *El acorazado Potemkin*, películas corales dominadas por un revolucionario y expresivo concepto del montaje, son cimas absolutas del arte del siglo XX. Discutido por los jerarcas soviéticos, desde los años treinta hasta su muerte sólo pudo culminar dos películas de carácter épico: *Alexander Nevsky* y dos partes de *Iván el Terrible*.

EDISON, Thomas Alva

▲ *Milan (Ohio, Estados Unidos), 1847*
▼ *West Orange (Nueva Jersey, Estados Unidos), 1931*
Inventor estadounidense. Expulsado de la escuela a temprana edad, se formó de modo autodidacta con la ayuda de su madre. Después de trabajar un tiempo como telegrafista, el éxito de sus primeras invenciones le llevó a fundar el laboratorio de Menlo Park, en Nueva Jersey, que le haría famoso en todo el mundo. Llegó a registrar más de 1 200 patentes durante su vida, entre las que se cuentan la del fonógrafo (1877), la lámpara eléctrica incandescente (1878) y el cinematógrafo con sonido (1912).

ELGAR, Edward

▲ *Broadheath (Worcester, Reino Unido), 1857*
▼ *Worcester (Reino Unido), 1934*
Compositor británico. De formación autodidacta, su música, claramente influenciada por Wagner y Brahms, se inscribe de lleno dentro de la corriente posromántica. Aunque es autor de monumentales y valiosos oratorios inscritos en la más pura tradición británica (*El sueño de Gerontius, Los Apóstoles*), su fama, especialmente fuera de las fronteras de su país natal, se debe básicamente a una sola obra: las fascinantes *Variaciones Enigma*.

ELIOT, Thomas Stearns

▲ *Saint Louis (Missouri, Estados Unidos), 1888*
▼ *Londres (Reino Unido), 1965*
Poeta, dramatugo y crítico. En 1915 se instaló en Londres, donde adquirió gran prestigio y su definitiva consagración como poeta e intelectual. *Tierra yerma* (1922) se convirtió en el símbolo de la poesía amarga y desencantada de la posguerra, obra de elaborada precisión y difícil lectura. Y con su drama poético *Asesinato en la catedral* buscó una salida en el misticismo religioso. Como crítico y ensayista fue una auténtica autoridad, *Función de la poesía y función de la crítica*. Premio Nobel de Literatura en 1948.

ELLINGTON, Duke

▲ *Washington (Estados Unidos), 1899*
▼ *Nueva York (Estados Unidos), 1974*
Compositor, pianista y director de orquesta de jazz estadounidense, cuyo verdadero nombre era *Edward Kennedy Ellington*. Duke Ellington no sólo es una referencia obligada en toda historia del jazz, sino que es también el gran clásico de este género musical. Pianista extraordinario y compositor de sólida formación, colaboró con los más prestigiosos solistas de su época (Coltrane, Mingus, Gillespie...), al tiempo que al frente de su orquesta estrenaba ambiciosas obras de gran formato, como *Black, brown and beige, The Far East Suite* o *AfroBassa*.

ENDERS, John Franklin

▲ *West Hartford (Connecticut, Estados Unidos), 1897*
▼ *Waterford (Connecticut, Estados Unidos), 1985*
Médico y microbiólogo estadounidense doctorado por la universidad de Harvard en 1930. En colaboración con T.H. Weller (1915) y F.C. Robbins (1916), con los que compartió el premio Nobel de Medicina y Fisiología de 1954, desarrolló el método de cultivo de la poliomielitis que permitió la obtención de la vacuna (Salk, 1952) así como otra contra el sarampión (1964).

*Manuel de Falla. Retrato del músico
gaditano, pintado por Daniel Vázquez
Díaz (Conservatorio de Madrid).*

ENGELBERGER, Joseph F.

▲ *Nueva York (Estados Unidos), 1925*
Físico estadounidense. Diplomado por la Universidad de Columbia en 1946, centró su actividad en los servomecanismos. En este campo, y con la colaboración de George C. Devol, creó los primeros robots aplicados a la industria, el primero de los cuales funcionó desde 1961 en la General Motors de Nueva Jersey, por lo que está considerado el "padre de los robots industriales".

ESCOBAR, Pablo

▲ *Medellín (Colombia), 1949*
▼ *Medellín (Colombia), 1993*
Narcotraficante colombiano. Organizador del cártel de cocaína de Medellín, en 1974 estableció una red de producción y distribución que se extendía por todo el mundo. Compró a políticos y jueces, y cuando no le fue posible, amenazó y mató impunemente. Reclamado por Estados Unidos, en 1991 se entregó a las autoridades de su país bajo condición de no ser extraditado. Se fugó al año siguiente, y fue finalmente abatido en un asalto policial a su refugio, en 1993.

ESCOFFIER, Georges

▲ *Villeneuve-Loubet (Francia), 1846*
▼ *Montecarlo (Mónaco), 1935*
Cocinero francés. Hasta los años setenta no se discutió su hegemonía dentro de la cocina europea, y sigue siendo hoy el modelo indiscutido de la "*haute cuisine*". Su época coincide con la de los grandes hoteles: estuvo ocho años en el Savoy (1890-1898), y luego trece en el Carlton House, ambos en Londres, aparte de otros hoteles repartidos por Europa y Estados Unidos. Se le reconocen 10 000 recetas originales, y la guía culinaria que publicó en 1902 es un clásico internacional.

ESCRIVÁ DE BALAGUER, Josemaría

▲ *Barbastro (Huesca, España), 1902*
▼ *Roma (Italia), 1975*
Sacerdote español. Fundó en 1928 el *Opus Dei*, una organización que a su muerte contaba con más de 60 000 miembros en 80 países distintos. Durante la guerra civil española escribió una guía espiritual, *Camino*, en la que ensalza valores espirituales ligados al trabajo y al perfeccionamiento personal. En 1946 se trasladó definitivamente a Roma; fue beatificado en 1992.

EVANS, sir Arthur John

▲ *Nash Mills (Hertfordshire, Reino Unido), 1851*
▼ *Oxford (Reino Unido), 1941*
Arqueólogo británico. Como estudioso de la cultura cretense empezó las excavaciones de Cnosos hacia 1899 descubriendo durante sus trabajos el "Palacio de Cnosos", máximo exponente de la cultura cretense. Sus detallados trabajos resultaron de incalculable valor para los investigadores posteriores.

FALLA, Manuel de

▲ *Cádiz (España), 1876*
▼ *Alta Gracia (Argentina), 1946*
Compositor español. Sin duda la figura más universal de la música española. Formado en París, toda su obra bebe del folclore de su Andalucía natal y de la música antigua española. Su reducido catálogo contiene páginas tan extraordinarias como *El sombrero de tres picos*, *El amor brujo* o *El retablo de maese Pedro*. Exiliado en Argentina tras la guerra civil española, sus últimos años los pasó trabajando en una ambiciosa cantata escénica, *La Atlántida*, inacabada a su muerte.

FANGIO, Juan Manuel

▲ *Balcarce (Argentina), 1911*
▼ *Buenos Aires (Argentina), 1995*
Piloto argentino, uno de los mejores pilotos de carreras de todos los tiempos. Al volante de bólidos de las marcas Alfa Romeo, Mercedes-Benz, Ferrari y Maserati, mantuvo una hegemonía casi total en los años cincuenta, adjudicándose en cinco ocasiones el campeonato del mundo de pilotos. En total, ganó 24 grandes premios de Fórmula I. A su retirada, en 1958, entró a trabajar en la Mercedes-Benz. Auténtico mito del automovilismo, todavía hoy es un modelo con el que se comparan los mejores pilotos.

FAULKNER, William

▲ *New Albany (Mississippi, Estados Unidos), 1897*
▼ *Oxford (Mississippi, Estados Unidos), 1962*
Escritor norteamericano. Miembro de una aristocrática familia sureña venida a menos, siempre mantuvo una cierta arrogancia sureña en su retiro de lobo solitario. Su técnica es difícil o directamente oscura e inaccesible, reproducción de los monólogos interiores, caóticos o insensatos, de sus personajes: habitantes de un mundo sórdido y desquiciado. *El ruido y la furia, Mientras agonizo, Luz de agosto, ¡Absalón, Absalón!* Premio Nobel de Literatura en 1949.

FEIGENBAUM, Mitchell

▲ *Estados Unidos, 1945*
Físico estadounidense. En 1975, durante sus trabajos en el laboratorio nacional de Los Álamos (Estados Unidos) estudiando ecuaciones con comportamiento de doblado del período, descubrió una secuencia de números correspondiente a su comportamiento, un resultado de gran importancia para la llamada teoría del caos y que se puede aplicar desde las conexiones eléctricas a las poblaciones hasta el campo del aprendizaje.

FÉLIX, María

▲ *Álamos (México), 1915*
Nombre artístico de la actriz de cine mexicana María de los Ángeles Félix Güereña. Tras estudiar arte dramático en Guadalajara, debutó en el cine en 1942, año en el que intervino en *El peñón de las ánimas*, de M. Zacarías, y *María Eugenia*, de F. Castillo. Su fuerte personalidad y su notable belleza le dieron fama continental después de protagonizar al año siguiente *Doña Bárbara* y *La devoradora*, de F. de Fuentes. Su posterior trabajo en las películas del Indio Fer-

nández formando pareja con Pedro Armendáriz (*Enamorada, Río escondido*, etc.), y su matrimonio con Agustín Lara contribuyeron a cimentar su popularidad y a convertirla en una de las grandes estrellas del cine latinoamericano. A lo largo de su carrera trabajó con directores de prestigio como L. Buñuel, L. Alcoriza, J. Renoir y J.A. Bardem, entre otros. Se retiró en 1969, después de protagonizar *La generala*, de J. Ibáñez, y *Zona sagrada*, de M. Zacarías, y de casarse de nuevo con un rico financiero.

FELLINI, Federico

▲ *Rímini (Italia), 1920*
▼ *Roma (Italia), 1993*
Realizador de cine italiano. Neorrealista y desmesuradamente barroca, la obra de Fellini, con todas sus contradicciones, es de una singular y original riqueza. En ella su autor supo dar vida a un mundo enteramente personal en el que fantasía y realidad se dan la mano, sin desvelar en ningún momento qué es una y qué es otra. *La dolce vita, Ocho y medio, Amarcord* o *Casanova* son algunos de sus títulos a tener en cuenta.

FERMI, Enrico

▲ *Roma (Italia), 1901*
▼ *Chicago (Estados Unidos), 1954*
Físico estadounidense de origen italiano. Además de sus trabajos relativos a la estadística Fermi-Dirac y de obtención de isótopos por bombardeo con neutrones lentos (que le valió el premio Nobel de Física de 1938), participó en el Proyecto Manhattan de construcción de una pila atómica (el primer reactor nuclear de la historia que funcionó por primera vez el 2 de diciembre de 1942.)

FERNÁNDEZ, Emilio, llamado Indio

▲ *El Hondo, Coahuila (México), 1904*
▼ *México D.F. (México), 1986*
Actor y director de cine mexicano. Siendo muy joven abandonó sus estudios para unirse a la Revolución. Apresado y condenado a prisión, logró escapar a Hollywood, donde realizó pequeños papeles como actor. Tras regresar a México en 1933, continuó en el mundo del cine hasta que en la década de los cuarenta obtuvo sus primeros éxitos internacionales junto al director de fotografía Gabriel Figueroa, el guionista Mauricio Magdaleno y los actores Pedro Armendáriz y Dolores del Río. Sus películas, entre ellas *Flor silvestre, Buganvilia, María Candelaria, La perla*, etc., impregnadas de indigenismo y una fuerte carga de crítica social, muestran en particular el influjo de Eisenstein, y lo situaron en un lugar de privilegio entre los

Richard Phillips Feynman. El científico, cara a cara con la pizarra.

realizadores latinoamericanos. A partir de los años cincuenta inició un largo período de decadencia que concluyó con *Erótica*, su última película, rodada en 1978.

FEYNMAN, Richard Phillips

▲ *Nueva York (Estados Unidos), 1918*
▼ *Los Ángeles (Estados Unidos), 1988*
Físico estadounidense. Además de participar en el proyecto Manhattan de construcción de la primera bomba atómica, fue el creador de la teoría cuántica de campos, el introductor de los diagramas que llevan su nombre y creador, con Gell-Mann, del concepto de quark. En 1965 recibió el premio Nobel de Física, compartido con J. Schwinger (1918-1994) y S. Tomonaga (1906-1979).

FIGUERES, José

▲ *San Ramón (Costa Rica), 1906*
▼ *San José (Costa Rica), 1990*
Político costarricense. Estudió agronomía en Estados Unidos y, ya en su país, formó parte de los movimientos estudiantiles de tendencia izquierdista. Afín a las corrientes más moderadas, fundó el Partido Socialdemocrático, cuya actividad fue perseguida por el gobierno. Tras su exilio en México entre 1942 y 1944, en 1948 encabezó un movimiento revolucionario que contó con gran apoyo interior y los de Guatemala y Estados Unidos. Organizó entonces la llamada *Legión del Caribe*, con la que derrotó al ejército gubernamental y fundó la II República, decretando la nacionalización de la banca y la disolución del ejército. Elegido presidente (1953-1958 y 1970-1974), Figueres, que refundó su partido con el nombre de Partido de Liberación Nacional, se distinguió por su rechazo tanto a los comunistas como a los dictadores derechistas, particularmente al nicaragüense Anastasio Somoza, y a la penetración de las multinacionales.

FISCHER, Robert James

▲ *Chicago (Estados Unidos), 1943*
Ajedrecista estadounidense. Su impresionante capacidad intelectual le permi-

tió derrotar a todo el club de ajedrez de Brooklyn a los siete años, desafiar la hegemonía de los maestros soviéticos y conquistar el campeonato mundial frente a Boris Spassky en 1972. Se negó a defender su título en 1975 frente a Anatoli Kárpov, porque la Federación internacional no aceptó sus condiciones, en algunos casos caprichosas. Los veinte años siguientes se recluyó en Los Ángeles, apartado de la competición. En 1992 volvió a derrotar a Spassky en un match disputado en Yugoslavia, pero evitó enfrentarse al campeón mundial Garri Kasparov.

FISCHER-DIESKAU, Dietrich

▲ *Berlín (Alemania), 1925*
Barítono alemán. A su portentosa voz y extraordinaria técnica, Fischer-Dieskau unía un innegable talento dramático que le convirtió en uno de los cantantes más completos y fascinantes de su generación. Su repertorio, inmenso, abarcaba todos los grandes papeles de su cuerda, sobresaliendo en Mozart y en la ópera y lied románticos alemanes (su Schubert es de referencia). Fischer-Dieskau fue también un excepcional intérprete de música contemporánea, para quien han escrito autores como Henze, Reimann, Lutoslawski o Britten.

FISHER, sir Ronald Aylmer

▲ *Londres (Reino Unido), 1890*
▼ *Adelaida (Australia), 1962*
Estadístico y genetista británico. Con su libro *La teoría genética de la selección natural* (1930) trató de conjugar las concepciones de la evolución por selección natural con la genética mendeliana. Sin embargo, la fama mundial la alcanzó por sus contribuciones al campo de la estadística, en el cual introdujo el método del análisis de varianza consistente en el estudio de un número elevado de experimentos para determinar el peso real de las causas en el efecto.

FITTIPALDI, Emerson

▲ *São Paulo (Brasil), 1946*
Corredor automovilista brasileño, versátil y completo. Animado desde muy joven por su padre, periodista deportivo, fue a Inglaterra y en 1972 se convirtió en el piloto más joven que ganara el Grand Prix de Fórmula I. Volvió a adjudicárselo en 1974, y tras una breve retirada en 1980 para dedicarse a los negocios, pasó al circuito CART, logrando el título en 1989; corrió finalmente en fórmula Indy, y ganó su carrera más prestigiosa, las 500 Millas de Indianápolis, en 1990 y 1991.

John Ford (en el centro) charla con los actores George Peppard y Claude Johnson durante el rodaje de La conquista del Oeste. ▶

FITZGERALD, Ella

▲ *Newport News (Virginia, Estados Unidos), 1918*
▼ *Beverly Hills (Los Ángeles, Estados Unidos), 1996*
Cantante de jazz afroamericana. Durante su larga carrera, que se inició en los años treinta, fue calificada de "primera dama del jazz" por su elegancia y por su gran técnica vocal, que le dotaba de una gran versatilidad en su repertorio. Fue, junto a Louis Armstrong, la principal figura del Scat, y trabajó, entre otros, con Chick Webb, Louis Armstrong y Duke Ellington. En su discografía destacan grabaciones como *A Tisket A Tasket* (1968) o *Lady Be Good* (1946).

FITZGERALD, Francis Scott

▲ *Saint Paul (Minnesota, Estados Unidos), 1896*
▼ *Hollywood (Los Ángeles, Estados Unidos), 1940*
Escritor estadounidense. La obra de este miembro de la "generación perdida" está llena de expectante felicidad ante la vida (mientras recorría Europa con su esposa Zelda y ambos vivían como millonarios): *A este lado del Paraíso, El chico rico*. La novela *El gran Gatsby* (1925) es ya una obra de madurez y un canto a la

Sir Alexander Fleming trabajando en el laboratorio del St. Mary's Hospital de Londres, en el que llevó a cabo la mayor parte de sus trabajos sobre la penicilina.

juventud perdida. Luego vendría la locura de Zelda y la desgracia, que no le impidieron escribir su obra maestra, *Suave es la noche*.

FLEMING, sir Alexander

▲ *Loudoun (Ayrshire, Reino Unido), 1881*
▼ *Londres (Reino Unido), 1955*
Médico y bacteriólogo británico. Dedicado a la búsqueda de sustancias capaces de eliminar las bacterias sin afectar al hombre, logró en 1928, y tras un incidente casual, aislar una sustancia que llamó penicilina, caracterizada por un gran poder antibacteriano. En 1939 H. Florey y E. Chain lograron aislar y producir penicilina para uso en humanos.

FORD, Henry

▲ *Wayne County (Estados Unidos), 1863*
▼ *Dearborn (Estados Unidos), 1947*
Empresario estadounidense, fundador de la compañía automovilística Ford. En 1904 la empresa lanzó su modelo T, el primer automóvil en fabricarse en serie. Vendió más de quince millones de unidades y cambió la faz del país. Seguidor acérrimo de las doctrinas tayloristas, Ford fue a menudo acusado de explotar a sus trabajadores y durante toda su vida se opuso férreamente a los sindicatos. Llegó a ser candidato a la presidencia de Estados Unidos, y a su funeral asistieron más de 100 000 personas.

FORD, John

▲ *Cape Elizabeth (Maine, Estados Unidos), 1895*
▼ *Palm Springs (California, Estados Unidos), 1973*
Realizador de cine estadounidense de origen irlandés, cuyo verdadero nombre era *Sean Aloysius O'Feeney*. Autor de una obra copiosa y variada (más de 130 títulos realizados a lo largo de casi cincuenta años), John Ford es sobre todo recordado por sus *westerns*, género en el que sentó escuela: *La diligencia, Fort Apache, Centauros del desierto, El hombre que mató a Liberty Valance*..., varios de ellos protagonizados por el insustituible John Wayne. Ganador de cuatro Óscares, curiosamente ninguno de ellos lo fue por un *western*.

Yuri Gagarin con Valentina Tereshkova, en una entrevista radiofónica.

FOSTER, Norman

▲ *Reddish (Manchester, Gran Bretaña), 1935*
Arquitecto británico. Es uno de los más prestigiosos e influyentes arquitectos actuales. Discípulo de James Stirling, abanderado posmodernista, la carrera de Foster ha sido un continuo deslizarse por el éxito (Centro Sainsbury para Artes Visuales, en Noruega; sede del Banco de Hong Kong, en Hong Kong). Ha sabido aportar al funcionalismo un nuevo sentido de la belleza.

FOUCAULT, Michel

▲ *Poitiers (Francia), 1926*
▼ *París (Francia), 1984*
Filósofo francés, sin duda uno de los autores más influyentes del siglo XX. Parte del estructuralismo pero se aleja de él para buscar un lugar distinto desde donde pensar. "El hombre ha muerto", la máxima que le hizo célebre, significa para Foucault que ni el concepto de "hombre" ni el de "razón" sirven para entender la realidad, estudiada por él a través de prismas inusuales: la locura, el poder, la sexualidad, el lenguaje.

FRANCO BAHAMONDE, Francisco

▲ *Ferrol (La Coruña, España), 1892*
▼ *Madrid (España), 1975*
Militar y estadista español. General a los 34 años (el más joven de Europa), conspirador militar contra la II República (julio 1936) y *Caudillo* unificador de la derecha (Movimiento Nacional, 1937), durante 40 años marcó el rumbo de la política, la sociedad y la cultura en un país arruinado por la guerra civil. En 1969 nombró sucesor a Juan Carlos de Borbón, nieto del último rey, Alfonso XIII.

FRASER, Dawn

▲ *Balmain (Australia), 1937*
Nadadora australiana, la primera en lograr medallas de oro en tres Olimpiadas consecutivas, entre 1956 y 1964. Batió nueve veces sucesivas su propio récord de los cien metros libres; su registro final, 58,9 segundos, se mantuvo casi diez años hasta que otra australiana, Shane Gould, lo batió. Mantuvo una clara hegemonía en las pruebas de estilo libre entre los 100 y los 400 metros.

FREIRE, Paulo

▲ *Recife (Brasil), 1921*
▼ *São Paulo (Brasil), 1997*
Pedagogo y filósofo brasileño. Licenciado en Derecho, creó, desde su puesto de director del departamento de Educación y Cultura de la Universidad Federal de Pernambuco, centros de cultura popular sobre los cuales se asentó el Movimiento de educación de base. Exiliado en Chile en 1964 a raíz del golpe militar, trabajó para la Unesco y otros organismos internacionales, desde los cuales continuó una obra que insiste en el carácter político del problema educativo y la necesidad de una aproximación crítica a la realidad para constituir la «escuela popular» en el ámbito latinoamericano. De regreso a su país en 1979, trabajó en programas para la infancia abandonada impulsados por Unicef. Algunas de sus principales obras son *Concienciación y alfabetización*, *La educación como práctica de la libertad*, *Pedagogía del oprimido*, etc. En 1986 fue galardonado con el Premio Unesco de Educación para la Paz. Falleció víctima de un ataque al corazón.

FREUD, Sigmund

▲ *Freiberg (Austria, act. Pribor, República Checa), 1856*
▼ *Londres (Reino Unido), 1939*
Médico y psiquiatra austríaco. Creador de la escuela conocida como psicoanálisis que ha dominado buena parte del siglo XX, basada esencialmente en la influencia que atribuía a la sexualidad (libido) y su represión, así como al temor a la muerte (*thanatos*). En ella se distingue también entre la mente consciente e inconsciente, postulándose tres partes (el ello, el yo y el superyó).

FRIEDAN, Betty

▲ *Peoria (Estados Unidos), 1921*
Escritora feminista estadounidense. Se casó en 1947 y crió tres hijos, hasta que decidió expresar sus frustraciones como mujer dentro del rol tradicional en el libro *The feminine mystique* (1963), que alcanzó un éxito inmediato. Divorciada al cabo de pocos años, se dedicó activamente a promover la liberación de la mujer con la fundación, en 1966, de la Organización Nacional de Mujeres. Un nuevo ensayo, *The second stage* (1981), muestra un giro de su pensamiento hacia posturas menos militantes.

FRIEDMAN, Milton

▲ *Nueva York (Estados Unidos), 1912*
Economista y estadístico estadounidense, graduado en las Universidades de Rutgers y Chicago. En colaboración con su esposa, Rose Director, ha publicado obras como *A Theory of the Consumption Function* o *A monetary history of the United States, 1867-1960*, en las que realizó aportaciones fundamentales a la teoría monetaria y la política económica. En 1976 le fue otorgado el premio Nobel de Economía. Friedman es considerado el adalid de la escuela de Chicago, caracterizada por su oposición al keynesianismo y la preferencia por la desregulación de la actividad económica.

FURTWÄNGLER, Wilhelm

▲ *Berlín (Alemania), 1886*
▼ *Baden-Baden (Alemania), 1954*
Director de orquesta y compositor alemán. Uno de los mitos de la dirección orquestal contemporánea. Furtwängler supo expresar como nadie toda la grandeza épica y toda la emoción interiorizada de las grandes páginas del repertorio romántico y tardorromántico germano, del que fue un maestro indiscutible. Sus versiones de Beethoven, Bruckner, Wagner o Strauss, preservadas por el disco, son de un valor inestimable, verdaderas creaciones más que recreaciones.

GADAMER, Hans-Georg

▲ *Marburgo (Alemania), 1900*
Filósofo alemán. *Verdad y método* (1960) marca sin duda un hito en la filosofía de nuestro siglo, al fijar brillantemente los presupuestos y objetivos de una nueva corriente, la hermenéutica. No existe "el" mundo, sino diversas acepciones históricas de "mundo", y sin embargo Gadamer remite siempre el lenguaje a una convergencia última donde la comunicación es posible, y la expresión de un sentido y una "verdad", también.

GADDAFI, Muammar al-

▲ *Syrte (Libia), 1941*
Político libio. Dirigió el derrocamiento de la monarquía en 1969. Amalgamó un nacionalismo panárabe con citas del Corán y defendió la unión de todos los países árabes frente a Occidente (trató sin éxito de unir Libia y Egipto); financió el terrorismo internacional y adquirió grandes cantidades de armamento soviético. En 1986, en una expedición de castigo, Estados Unidos bombardeó su cuartel general en Trípoli.

GAGARIN, Yuri

▲ *Gzhatsk (Unión Soviética), 1934*
▼ *Moscú (Unión Soviética), 1968*
Astronauta soviético. Nacido en el seno de una familia campesina rusa de los alrededores de Smolensk, se convirtió en 1961 en el primer hombre en salir al espacio exterior. Se formó como astronauta a partir de 1959, en el cosmódromo Tyuratam. Tras su viaje en el *Vostok 1* se convirtió en una celebridad mundial y en un héroe para la Unión Soviética, y fue ampliamente homenajeado. Murió durante un vuelo de entrenamiento, al estrellarse su avión en un campo cercano a Moscú.

GAJDUSEK, Daniel Carleton

▲ *Yonkers (Nueva York, Estados Unidos), 1923*
Médico estadounidense. Descubrió en 1957 la existencia de un virus de acción lenta que puede permanecer inactivo durante décadas y que da lugar a afecciones como el síndrome de Creutzfeld-Jacob ("enfermedad de las vacas locas"). En 1976 compartió con su compatriota B.S. Blumberg el premio Nobel de medicina y fisiología, por sus descubrimientos sobre nuevos mecanismos de génesis y difusión de enfermedades infecciosas.

GANDHI, Indira

▲ *Allahabad (India), 1917*
▼ *Nueva Delhi (India), 1984*
Política india, hija de Nehru, se vinculó tempranamente a la política hasta convertirse en primera ministra en 1966 y gran figura de su partido. Combinó una política socializante y neutral (presidenta del movimiento de países no alineados en 1983) con un nacionalismo intransigente: creación del estado de Bangladesh para dividir a Pakistán. Fue asesinada por un miembro sij de su escolta poco después de haber ordenado la masacre del Templo Dorado en Amritsar (Punjab).

Mohandas Gandhi. Su frágil figura esconde la fortaleza de un hombre que plantó cara al imperio británico.

GANDHI, Mohandas

▲ Porbandar (India), 1869
▼ Nueva Delhi (India), 1948

Activista religioso y político indio, llamado Mahatma. La estancia de Gandhi en Sudáfrica en 1893 despertó su voluntad política, que trasladó a su país poniéndose al frente del Partido del Congreso en 1920. Tomó del hinduismo lo mejor de su tradición (la no violencia), con la que trató de apaciguar los ánimos de un subcontinente erizado de conflictos. Pero la independencia de 1947 alumbró dos países: India y Pakistán. Los fundamentalistas hindúes le culparon de la división y fue asesinado por uno de ellos.

GARBO, Greta

▲ Estocolmo (Suecia), 1905
▼ Nueva York (Estados Unidos), 1990

Actriz sueca nacionalizada estadounidense, cuyo verdadero nombre era Greta Louisa Gustaffson. Uno de los mitos indiscutibles del celuloide. Descubierta por el director sueco Mauritz Stiller en La leyenda de Gösta Berling, casi toda su carrera transcurrió en Hollywood, donde llegó, contratada por la Metro, en 1925. Dramas como El demonio y la carne, Tentación o El beso cimentaron su imagen de mujer fatal. De sus films sonoros hay que destacar la comedia de Ernst Lubitsch Ninotchka, para cuya promoción se acuñó la frase "Garbo ríe". En 1942, en pleno esplendor, se retiró del cine.

GARCÍA LORCA, Federico

▲ Fuente Vaqueros (Granada, España), 1898
▼ Víznar (Granada, España), 1936

Poeta español, el más conocido internacionalmente y el más hondamente popular, junto a Machado y Alberti, de este siglo (Romancero gitano, Poeta en Nueva York). Creó el teatro itinerante La Barraca, uno de los más nobles intentos de difusión de los clásicos españoles en una España atrasada y violenta: la España que inspiró sus dramas Yerma, Bodas

George Gershwin combinó el lenguaje y el colorido del jazz con la instrumentación clásica de la música de concierto.

de sangre y La casa de Bernarda Alba; la violencia que acabó con su vida en agosto de 1936.

GARCÍA MÁRQUEZ, Gabriel

▲ Aracataca (Colombia), 1928

Escritor colombiano. A García Márquez muy particularmente debe la narrativa latinoamericana su prestigio internacional. Su novela Cien años de soledad es posiblemente la más influyente de este siglo en el área de las literaturas hispánicas. Realidad transformada en mito por medio de un lenguaje seductor y exuberante, magníficamente construido. Crónica de una muerte anunciada y El amor en los tiempos del cólera son otros de sus títulos mayores. Premio Nobel de Literatura en 1982.

GARDEL, Carlos

▲ Toulouse (Francia), 1890
▼ Medellín (Colombia), 1935

Cantante, compositor y actor argentino. Considerado el mejor intérprete del tango de la historia, su celebridad llegó a Europa en los años veinte, gracias a su personal estilo y a canciones como Melodías de arrabal o Volver. Rodó diversas películas que tuvieron un gran éxito de público, debido sobre todo a la fascinación que provocaban su persona y su voz; entre ellas cabe destacar Flor de durazno (1917) y Luces de Buenos Aires (1931).

Greta Garbo en una de las interpretaciones más celebradas de su etapa en Hollywood, La reina Cristina de Suecia, dirigida por Ruben Mamoulian en el año 1933.

GATES, Bill

▲ Seattle (Estados Unidos), 1955

Empresario y programador estadounidense, fundador de Microsoft y a finales de los 90 considerado el hombre más rico del mundo. A los 19 años abandonó la Universidad de Harvard y con su amigo Paul Allen fundó Microsoft. En 1980 vendió bajo licencia a IBM el lenguaje operativo MS-DOS, que en pocos años se convirtió en el sistema estándar en todo el mundo. En 1990 Microsoft introdujo el Windows 3.0, que revolucionó el manejo de los ordenadores personales y muchos otros programas como bases de datos, procesadores de texto, etc.

GAUDÍ, Antoni

▲ Reus (Tarragona, España), 1852
▼ Barcelona (España), 1926

Arquitecto español. Estuvo vinculado al movimiento cultural catalán Renaixença, y lo más notable de su obra, la casa Batlló, la casa Milá (la Pedrera) y, sobre todo, La Sagrada familia, combina modernismo y expresionismo, arquitectura y escultura, y está realizada bajo una inspiración visionaria personalísima. Despreció la idea de la arquitectura de su época, vinculada a lo útil, y ensalzó lo visual y fantástico por encima de lo racional.

GELL-MANN, Murray

▲ Nueva York (Estados Unidos), 1929

Físico teórico estadounidense. Sus trabajos se han encaminado a poner orden en la multiplicidad de partículas elementales que han ido apareciendo a lo largo del siglo XX. Recibió el premio Nobel de Física de 1989 por su descubrimiento de los quarks, las partículas elementales de que están compuestos los protones y neutrones.

GERSHWIN, George

▲ Brooklyn (Nueva York, Estados Unidos), 1898
▼ Hollywood (Los Ángeles, Estados Unidos), 1937

Compositor estadounidense. George Gershwin debutó en el mundo de la composición con unos cuantos musi-

cales que obtuvieron un gran éxito en Broadway. Sus obras más ambiciosas e importantes, en las que introdujo hábilmente elementos del jazz y del espiritual (la ópera negra Porgy and Bess, la Rhapsody in blue, el Concierto para piano en Fa o Un americano en París), ocupan hoy día un puesto de privilegio en el repertorio, a pesar de la desconfianza con la que fueron recibidas en un principio por la crítica "seria".

GETTY, Paul

▲ Minneapolis (Estados Unidos), 1892
▼ Sutton Place (Estados Unidos), 1976

Magnate estadounidense que heredó de su padre el grupo de empresas Getty, centradas fundamentalmente en el negocio petrolero. Obtuvo cuantiosas ganancias comprando stocks de crudo a bajo precio tras el crac de 1929. A su muerte legó la casi totalidad de su fortuna personal, cifrada en unos 700 millones de dólares, al John Paul Getty Museum de Malibú, que se convirtió de la noche a la mañana en la institución artística más rica del mundo. De su colección destacan la sección dedicada al arte antiguo y la pictórica.

GIACOMETTI, Alberto

▲ Stampa (Suiza), 1901
▼ Chur (Suiza), 1966

Escultor suizo. En 1927 se instaló en París, donde empezó a crear unas esculturas de imaginario simbolismo y pequeño tamaño (Le femme cuiller) que se fueron reduciendo progresivamente y culminaron en figuras estilizadas y filiformes ancladas en pedestales enormes en movimiento (El hombre caminando). En 1966 se inauguró en Zurich la fundación Alberto Giacometti.

GIDE, André

▲ París (Francia), 1869
▼ París (Francia), 1951

Escritor francés. La extensa obra de Gide fructificó en los años que siguieron a la I Guerra Mundial junto a la de otros ya grandes autores como Claudel, Valéry y Proust. Fue un ejemplo de coherencia ética y sinceridad que vertió en sus memorias Si la semilla no muere. Aunque muy crítico con los valores culturales tradi-

Walter Gropius poco después de su llegada a Estados Unidos, ante unas maquetas de inspiración funcionalista.

cionales, llegó a admitir que sólo desde la tradición se alumbrarían nuevos modelos. *El inmoralista, Teseo, Corydon.*

GINASTERA, Alberto

▲ *Buenos Aires (Argentina), 1916*
▼ *Ginebra (Suiza), 1983*
Compositor argentino. Inició sus estudios musicales en Argentina, en el Conservatorio Nacional de Buenos Aires, y los continuó, becado por la fundación Guggenheim, en Estados Unidos, donde fue discípulo de A. Copland. Sus primeras producciones se enmarcan en el folclorismo nacionalista, como se observa en piezas como *Tres danzas argentinas* para piano, la *Sinfonía porteña, Cantos de Tucumán* y el ballet *Panambi.* Más tarde su estilo evolucionó hacia el dodecafonismo, aunque sin abandonar sonidos y giros rítmicos propios del folclore argentino. En esta línea se inscriben sus conciertos para arpa y orquesta, piano y orquesta, y violín y orquesta, compuestos a partir de 1953. También cabe destacar sus óperas *Don Rodrigo*, sobre textos de A. Casona; *Bomarzo*, con libreto de M. Mújica Laínez, y *Beatrice Cenci*, y la cantata *Milena* sobre textos de F. Kafka.

GÖDEL, Kurt

▲ *Brno (act. República Checa), 1906*
▼ *Princeton (Nueva Jersey, Estados Unidos), 1978*
Lógico y matemático estadounidense de origen checo. Es autor del que está considerado el principal resultado de la matemática del siglo XX, el teorema de incompletitud que lleva su nombre, y que afirma que todo sistema formal con contenido aritmético es necesariamente incompleto y que es imposible demostrar su consistencia únicamente con sus propios medios.

GOEBBELS, Joseph

▲ *Rheydt (Alemania), 1897*
▼ *Berlín (Alemania), 1945*
Político alemán. Periodista y amante de la literatura, Goebbels fue nombrado por Hitler jefe regional del partido nazi en Berlín en 1927. Fundó *Der Angriff* (El Ataque), organizó la campaña electoral de Hitler y, como ministro de propaganda, controló la prensa, la radio, el cine y la publicidad, y diseñó majestuosamente la parafernalia nazi. Se dio muerte junto a toda su familia, tras el suicidio de Hitler.

GOERING, Hermann

▲ *Rosenheim (Alemania), 1893*
▼ *Nuremberg (Alemania), 1946*
Mariscal del III Reich. Joven aviador durante la I Guerra Mundial, en 1922 se afilió al Partido Nazi. Presidente del Reichstag, organizador de la movilización alemana y comandante en jefe de la Luftwaffe, su influencia sobre el Führer –quien lo había nombrado su sucesor– quedó en entredicho por los sucesivos fracasos de la Luftwaffe. Se suicidó tras ser condenado a muerte en Nuremberg.

GOLDWYN, Samuel

▲ *Varsovia (Polonia), 1882*
▼ *Los Ángeles (Estados Unidos), 1974*
Productor cinematográfico estadounidense. Nacido en Polonia, emigró a Estados Unidos y allí fundó con su cuñado Jesse L. Lasky la productora de la mayoría de los filmes de Cecil B. De Mille. En 1916 se unió con Edgar Selwyn para crear la productora Goldwyn. Cuando en 1922 ésta se unió con la Metro Pictures y Louis Mayer y adoptó el nombre de Metro-Goldwyn-Mayer, Samuel Goldwyn ya había sido expulsado de la corporación. Hombre de fuerte carácter, muchas de sus actitudes y tics han entrado a formar parte de la leyenda de Hollywood.

GONZÁLEZ, Felipe

▲ *Sevilla (España), 1942*
Político español. Abogado laboralista, en 1974 fue nombrado secretario general del PSOE en el congreso de Suresnes y, en 1979, y bajo su dirección, el socialismo español abandonó el marxismo. Presidente del gobierno de 1982 a 1996, su mandato ha sido el más largo de la historia democrática de España y durante él se consolidaron en plenitud las instituciones democráticas y la nueva estructura del Estado de las autonomías.

GOODALL, Jane

▲ *Londres (Reino Unido), 1934*
Zoóloga conductista británica. Tras trabajar en Kenia junto a L. Leakey, en 1960 montó su laboratorio en la Reserva de Gombe (a orillas del lago Tanganica) e inició el estudio en profundidad del comportamiento social de los chimpacés, lo que le permitió descubrir que usan herramientas rudimentarias y que completan su dieta con pequeños animales e insectos.

GORBACHOV, Mijail

▲ *Privol'noje (Rusia), 1931*
Político soviético. Secretario general del Partido Comunista en 1985, emprendió la reforma política y económica del régimen soviético, concluyó la guerra fría, retiró las tropas soviéticas de Europa del Este y aceptó la reunificación alemana. Contó con el apoyo y simpatía de Occidente, pero la situación política de su país (acoso de los sectores más duros y apremio de los reformistas) se hizo ingobernable. A finales de 1991 dimitió después de que un fallido golpe del aparato comunista le privase de toda autoridad. Para entonces, la formación de la CEI había acabado virtualmente con la Unión Soviética.

GRANADOS, Enrique

▲ *Lleida (España), 1867*
▼ *en el océano Atlántico, 1916*
Compositor español. Gran pianista, Granados es uno de los creadores de la moderna escuela española de piano, instrumento para el cual escribió algunas de sus más célebres páginas, como *Goyescas* o las *Danzas españolas.* Es autor también de varias óperas, la más conocida de las cuales también se titula *Goyescas*, estrenada en el Metropolitan de Nueva York en 1916. Murió cuando, de regreso a Europa tras su estreno, el barco en el que viajaba fue torpedeado por un submarino alemán.

GRIFFITH, David Wark

▲ *Crestwood (Kentucky, Estados Unidos), 1875*
▼ *Los Ángeles (Estados Unidos), 1948*
Realizador de cine estadounidense. Entre los pioneros y creadores del lenguaje cinematográfico Griffith ocupa un puesto de privilegio. Técnicas como las del *flash-back*, el movimiento de cámara, el montaje alterno o el uso expresivo del primer plano, hoy tan usuales, se deben a él. *El nacimiento de una nación* y la monumental *Intolerancia* son sus obras cumbre, capitales en el nacimiento del cine como arte. La llegada del sonoro, al que no supo adaptarse, supuso el fin de su carrera.

GROPIUS, Walter

▲ *Berlín (Alemania), 1883*
▼ *Boston (Estados Unidos), 1969*
Arquitecto alemán. Junto a Le Corbusier, revolucionó los planteamientos de la arquitectura europea y de la educación artística cuando se puso al frente de la Bauhaus en 1919. La sede de la Bauhaus en Dessau (1925) es una obra maestra del funcionalismo arquitectónico europeo. El auge del nazismo le obligó a instalarse en Estados Unidos, donde fundó, junto a arquitectos jóvenes, el Colectivo de Arquitectos.

GUEVARA, Ernesto, llamado *Che*

▲ *Rosario (Argentina), 1928*
▼ *Higueras (Bolivia), 1967*
Revolucionario cubano de origen argentino. Abanonó sus estudios de medicina y se echó a rodar por América Latina hasta convencerse de la necesidad de la revolución. Se unió a Fidel Castro en 1955 y se convirtió en ministro de industria de la Cuba revolucionaria. Pero él estaba más interesado en la épica revolucionaria que en la laboriosa construcción de un estado. Marchó a Bolivia, donde fue capturado y muerto.

GUGGENHEIM, Peggy

▲ *Nueva York (Estados Unidos), 1898*
▼ *Venecia (Italia), 1979*
Millonaria, mecenas y coleccionista de arte estadounidense. Peggy (Marguerite) Guggenheim ocupa un lugar de privilegio en el desarrollo del arte contemporáneo: su apoyo, a través de encargos y exposiciones, fue decisivo para que muchos artistas hoy "clásicos" (Pollock, Rothko, Motherwell) se dieran a conocer. No menos importante fue su labor como coleccionista de arte moderno. Entre 1941 y 1946 estuvo casada con el pintor surrealista Max Ernst.

GUILLÉN, Nicolás

▲ *Camagüey (Cuba), 1902*
▼ *La Habana (Cuba), 1989*
Poeta cubano. Tenía diecisiete años cuando se dio a conocer como poeta en *Camagüey gráfico, Castalia* y *Orto,* y poco más de veinte cuando se inició como periodista en *El camagüeyano.* Con *Motivos del son,* poemario de 1930, incorporó a la poesía antillana elementos propios del folclore afrocubano, que confirieron a sus versos una gran sonoridad. Su pertenencia al Partido Comunista lo llevó al exilio en dos ocasiones, hasta el triunfo de la revolución castrista en 1959. Considerado el poeta nacional de Cuba, algunos de los principales poemarios de Guillén son *Sóngoro cosongo, West Indies Ltd, Cantos para soldados y sones para turistas, La paloma de vuelo popular,* etc.

GUTH, Alan H.

▲ *New Brunswick (Estados Unidos), 1947*
Físico estadounidense. Ha desarrollado la teoría cosmológica conocida como universo inflacionario que, sin abando-

nar la teoría del Big Bang o explosión original, postula un cambio de fase segundos después del Big Bang, lo que dio lugar a una expansión del horizonte del universo más rápida que la velocidad de la luz y que da cuenta de la gran extensión del universo y de su uniformidad.

GUTIÉRREZ, Gustavo

▲ Lima (Perú), 1928
Teólogo peruano. Fue ordenado sacerdote en 1959. El contacto con la miseria en su parroquia del barrio del Rímac, en Lima, le llevó a escribir *Teología de la liberación* (1971), libro que levantaría tras de sí en Sudamérica un movimiento de solidaridad y compromiso con la pobreza, como primer deber del cristiano. Su enfoque, de influencia marxista, le reportó una dura reacción oficial y numerosos detractores, que en los últimos años han logrado reducir su influencia.

HABER, Fritz

▲ Breslau (Alemania, act. Wroclaw, Polonia), 1868
▼ Basilea (Suiza), 1934
Químico alemán. Además de sus trabajos en los campos de la electroquímica y la termodinámica, en 1909 descubrió un proceso que permite la síntesis de amoníaco a partir de nitrógeno e hidrógeno (mejorado posteriormente por C. Bosch), gracias al cual se pueden fabricar fertilizantes y explosivos. Sus trabajos le valieron el premio Nobel de Química de 1918.

HABERMAS, Jürgen

▲ Düsseldorf (Alemania), 1929
Filósofo alemán. Su ingente obra escrita trata de recuperar un punto de contacto entre teoría y praxis, esto es, el lugar de una reflexión moral casi imposible hoy por efecto de la razón puramente instrumental dominante, y que Habermas cree posible en la práctica de una "razón comunicacional", que parta de la construcción lingüística y necesariamente social del pensamiento. Todo ello da mayor sentido a su activa y fecunda intervención en el debate político, especialmente en el contexto de Alemania.

HAHN, Otto

▲ Frankfurt am Main (Alemania), 1879
▼ Gotinga (Alemania), 1968
Físico-químico alemán. Además de descubrir la existencia del torio-228 (1911), en 1918, y en colaboración con L. Meitner (1878-1968), descubrió el protactinio. En 1938, con F. Strassmann (1902-1980), bombardeó uranio con neutro-

Stephen Hawking, físico teórico sobre el universo y los agujeros negros.

nes, resultados que L. Meitner interpretó como un proceso de fisión nuclear. Sus trabajos le valieron el premio Nobel de Química de 1944.

HARDY, Oliver

▲ Harlem (Georgia, Estados Unidos), 1892
▼ Burbank (California, Estados Unidos), 1957
Véase **Laurel, Stan**.

HASÁN II

▲ Rabat (Marruecos), 1929
Rey de Marruecos. Cuando en 1961 se convirtió en monarca absoluto heredó también la condición de *Amir el-muminin* o príncipe de los creyentes y descendiente directo de Mahoma. Ha ejercido sus poderes sin vacilaciones: asesinato del opositor Ben Barka, organizador de dos golpes de Estado contra la oposición y de la Marcha Verde –con la que se apoderó del Sahara Occidental– y represor de revueltas populares.

HAWKING, Stephen William

▲ Oxford (Reino Unido), 1942
Físico británico. Doctorado en 1962 por la universidad de Cambridge, con una tesis acerca de la teoría de la relatividad. Entre sus trabajos destacan sus importantes aportaciones al estudio sobre los agujeros negros y los procesos que les afectan. Es autor del best-seller *Breve historia del tiempo* (1988). Padece una grave dolencia degenerativa.

HAYA DE LA TORRE, Víctor Raúl

▲ Trujillo (Perú), 1895
▼ Lima (Perú), 1979
Político peruano. Siendo dirigente estudiantil, su activa participación en una revuelta contra el general Leguía en 1923 le costó el exilio en México. Allí fundó al año siguiente la Alianza Popular Revolucionaria Americana (APRA), el primer partido de masas del continente, de carácter socialista e indigenista, cuyo programa rechazaba tanto el imperialis-

◀ Katharine Hepburn en un plano de Historias de Filadelfia, *película dirigida por George Cukor en 1940, que protagonizó junto a Cary Grant y James Stewart.*

mo capitalista como el comunismo. De regreso a su país, Haya de la Torre participó sin éxito en las elecciones de 1931, tras las cuales fue encarcelado junto a los principales dirigentes apristas. La cárcel, los repetidos exilios y sus frustrados intentos de acceder a la presidencia fueron desplazando a Haya de la Torre hacia la derecha y desde esta posición se opuso al gobierno del general Velasco Alvarado y apoyó el golpe de Estado de Morales Bermúdez en 1975. Tres años más tarde, el APRA ganó las elecciones y él presidió la Asamblea constituyente que definió las bases institucionales del orden democrático peruano. Es autor de *Por la emancipación de América Latina, Teoría y táctica del aprismo, ¿A dónde va Indoamérica?, Espacio-tiempo histórico, Treinta años de aprismo.*

HEARST, William Randolph

▲ San Francisco (Estados Unidos), 1863
▼ Beverly Hills (Los Ángeles, Estados Unidos), 1951
Empresario periodístico estadounidense, que levantó el mayor imperio informativo de su época. Tras fracasar en sus estudios, compró el *San Francisco Examiner* y posteriormente el *New York Journal,* al que convirtió en el diario más vendido del país. Con un estilo a medio camino entre el periodismo de investigación y el más extravagante sensacionalismo, Hearst compitió con Pulitzer y mantuvo una postura altamente beligerante en la política internacional de Estados Unidos. La figura polémica de Hearst inspiró a Orson Welles el filme *Ciudadano Kane.*

HEIDEGGER, Martin

▲ Messkirch (Alemania), 1889
▼ Friburgo de Brisgovia (Alemania), 1976
Filósofo alemán. Probablemente el filósofo más citado del siglo XX, lo que vale tanto para sus seguidores como para sus también numerosos detractores. Con todo, Heidegger sigue siendo el referente que marca las fronteras entre distintas filosofías. Su obra entera es una reivindicación de la olvidada pregunta por el ser, primero en *Ser y tiempo* (1927), a partir de una analítica existencial del *dasein* (el hombre, el ser-ahí), y posteriormente en su concepción del ser como ocultamiento constitutivo, una "diferencia ontológica" sólo salvable, quizás, para la poesía.

HEISENBERG, Werner Karl

▲ Duisburgo (Alemania), 1901
▼ Munich (Alemania), 1976
Físico alemán creador de una de las principales formulaciones de la mecánica cuántica (1925-1926), la mecánica cuán-

tica de matrices (reconocida con el premio Nobel de Física de 1932) y que es equivalente a la mecánica ondulatoria. En 1927 formuló el llamado "principio de incertidumbre o indeterminación", que postula la imposibilidad de conocer con grados arbitrarios de precisión la posición y el momento de una partícula.

HEMINGWAY, Ernest

▲ Oak Park (Illinois, Estados Unidos), 1899
▼ Ketchum (Idaho, Estados Unidos), 1961
Escritor estadounidense. El personaje más extraño e interesante de la obra de Hemingway fue el propio Hemingway. Voluntario en la Gran Guerra (*Adiós a las armas*), aventurero en África (*Las nieves del Kilimanjaro*), corresponsal en la guerra española (*Por quién doblan las campanas*), y residente en La Habana (*El viejo y el mar*), hasta el final vivió la vida como peligrosa aventura. Premio Nobel de Literatura en 1954.

HENDRIX, Jimi

▲ Seattle (Estados Unidos), 1941
▼ Londres (Reino Unido), 1971
Cantante y guitarrista estadounidense, uno de los mitos de la psicodelia y de la "generación de Woodstock". Desarrolló la técnica y los efectos de la guitarra eléctrica hasta límites entonces inimaginables, mediante la saturación de sonido en los amplificadores y el uso del pedal *wah-wah.* Durante su corta y prolífica carrera (1967-1971), revolucionó el *blues* y sentó las bases del *hard-rock*, gracias a álbumes como *Are You Experienced?* (1967) y *Electric Ladyland* (1968).

HEPBURN, Katharine

▲ Hartford (Connecticut, Estados Unidos), 1907
Actriz estadounidense. Vivaz, independiente, resuelta, fue protagonista de una larga serie de comedias que se cuentan entre lo mejor del género: *Historias de Filadelfia, La mujer del año, La fiera de mi niña, La costilla de Adán...* Actriz versátil, ha destacado también en el drama (*La reina de África, El león en invierno, En el estanque dorado*). Estuvo unida sentimentalmente al actor Spencer Tracy, con quien formó una de las más inolvidables parejas del firmamento cinematográfico.

Paul Hindemith, uno de los compositores que han marcado el curso de la música sinfónica en el siglo xx.

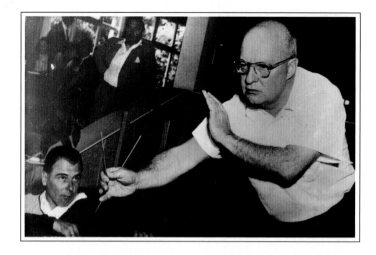

HERGÉ

▲ Etterbeeck (Bélgica), 1907
▼ Bruselas (Bélgica), 1983
Seudónimo del dibujante de cómics belga *Georges Rémi*. Fue el creador de uno de los personajes más populares del siglo xx: Tintín, un joven periodista cuyas aventuras se ganaron la inmediata aceptación del público desde su primera aparición en 1929. Acompañado por su inseparable perro Milú y por personajes tan inolvidables como el capitán Haddock o el profesor Tornasol, Tintín dio la vuelta al mundo. Cuando murió Hergé, las andanzas de su héroe se habían publicado en veintitrés lenguas y habían vendido más de un millón de ejemplares.

HILBERT, David

▲ Königsberg (Alemania, act. Kaliningrado, Rusia), 1862
▼ Gotinga (Alemania), 1943
Matemático alemán. Se le deben avances significativos en casi todas sus ramas (teoría de los números, geometría euclídea, análisis funcional, etc.). Además de dar una base axiomática a la geometría (*Fundamentos de Geometría*), solucionó la ecuación de distribución de Maxwell-Boltzmann, resolvió el problema de Dirichlet y, en el congreso matemático mundial de 1900, formuló los 23 problemas que han ocupado a la matemática del siglo xx.

HILLARY, Edmund

▲ Auckland (Nueva Zelanda), 1919
Alpinista y explorador neozelandés, protagonista de una de las mayores gestas del ser humano: la conquista del Everest, la cima más alta del planeta (8 848 m). El 29 de mayo de 1953, acompañado por el *sherpa* Norgay Tensing, Hillary se convirtió en el primer hombre en coronar la mítica montaña. No fue la única de sus grandes empresas: entre 1955 y 1958, por ejemplo, comandó una expedición que llegó por vía terrestre al polo Sur.

HIMMLER, Heinrich

▲ Munich (Alemania), 1900
▼ Luneburgo (Alemania), 1945
Político alemán. Entusiasta de Hitler, metódico y despiadado, fue máximo responsable de las SS; jefe de la policía política o Gestapo y ministro del Interior (1943). Eliminó a sus adversarios políticos en la *Noche de los Cuchillos Largos*. Creador del campo de Dachau, organizador de las ejecuciones sumarias y del exterminio sistemático de judíos, soñó con una Europa de soldados-granjeros teutónicos. Se suicidó tras ser capturado.

HINDEMITH, Paul

▲ Hanau (Alemania), 1895
▼ Frankfurt am Main (Alemania), 1963
Compositor y pedagogo alemán. Dotado de una técnica musical prodigiosa, saltó a la fama con una serie de obras de marcado y deliberado talante provocador (*Kammermusik n.º 1, Asesino, esperanza de mujeres...*), aunque poco a poco su estilo fue derivando hacia posiciones más conservadoras, neobarrocas (*Mathis el pintor*). Considerado por los nazis como un exponente de la música degenerada, Hindemith hubo de tomar, como tantos otros, el camino del exilio, regresando a Alemania sólo después de la Segunda Guerra Mundial.

HIROHITO

▲ Tokio (Japón), 1901
▼ Tokio (Japón), 1989
Emperador de Japón. En 1945, y tras la capitulación de Japón en la II Guerra Mundial, Hirohito perdió sus prerrogativas divinas y se convirtió en monarca constitucional. Durante su infancia y adolescencia fue educado en un exaltado nacionalismo por el general Nogui y reverenció la tradición guerrera de los antiguos samuráis. Fue el emperador que más años permaneció en el trono de Japón.

Adolf Hitler, el führer (guía, caudillo), conduce al pueblo alemán. Cartel de propaganda nazi en el que abundan los símbolos patrióticos y místicos.

HITCHCOCK, Alfred

▲ Londres (Reino Unido), 1899
▼ Hollywood (Los Ángeles, Estados Unidos), 1980
Director de cine británico. Conocido como el "mago del suspense", Alfred Hitchcock realizó en Hollywood, donde se trasladó en 1940, casi todas sus obras maestras (*Rebeca, Extraños en un tren, La ventana indiscreta, Vértigo, Psicosis, Los pájaros...*). Excelente narrador, genial experimentador del lenguaje, siempre original y sorprendente, irónico y socarrón, es un genio indiscutible, uno de los pocos directores capaces de aunar felizmente el interés comercial con la calidad artística. Como curiosidad puede señalarse su afición a los cameos (apariciones fugaces) en sus películas.

HITLER, Adolf

▲ Braunau (Austria), 1889
▼ Berlín (Alemania), 1945
Estadista alemán. Finalizada la I Guerra Mundial fundó el Partido Nacionalsocialista y, en 1921, fue elegido presidente (*führer*). Como tal encabezó una revuelta en Munich dos años más tarde contra la República de Weimar. Desde la cárcel escribió *Mein Kampf*, que difundía su doctrina de odio racial y exaltación de la raza aria, acogida con entusiasmo por su pueblo. Nombrado Canciller en 1933, disolvió el parlamento, prohibió partidos y sindicatos y creó los campos de concentración donde enterró las vidas de millones de judíos. En 1939 desencadenó la II Guerra Mundial. Se suicidó en 1945, cercado Berlín por las tropas soviéticas.

HO CHI MINH

▲ Kim Lien (Vietnam), 1890
▼ Hanoi (Vietnam), 1969
Político vietnamita, cuyo verdadero nombre era *Nguyen Ai Quoc*. Fundador del Partido Comunista de Indochina en 1930, proclamó en 1945 la República Democrática de Vietnam en Hanoi. Centró sus esfuerzos en la unificación de Vietnam bajo la bandera comunista: lucha contra el colonialismo francés hasta 1954 y enfrentamiento con el nacionalismo vietnamita del Sur, apoyado por Estados Unidos. Murió sin haber visto completada su lucha.

HODGKIN, Alan Lloyd

▲ Banbury (Oxfordshire, Reino Unido), 1914
Fisiólogo británico. En colaboración con Andrew F. Huxley (n. 1917), se dedicó al estudio de la transmisión de los impulsos eléctricos y de los mecanismos iónicos de transmisión de señales nerviosas que los hacen posibles, trabajos por los que fueron premiados en 1963, junto con J.C. Eccles, con el premio Nobel de Medicina y Fisiología.

HOFF, Ted

▲ Estados Unidos, 1937
Ingeniero estadounidense. En 1968 inventó el "chip electrónico" o microprocesador cuando trabajaba para la empresa estadounidense Intel. Su invención abrió el camino a la aparición en 1971 del Intel 4004 y al inicio de la era de los microordenadores.

HOLIDAY, Billie

▲ Baltimore (Maryland, Estados Unidos), 1915
▼ Nueva York (Estados Unidos), 1959
Cantante de jazz estadounidense, de verdadero nombre *Eleonora Fagan*. Su particular timbre de voz y su libertad rítmica hicieron de ella una de las cantantes más personales e influyentes del jazz. Actuó (entre otros) junto a Count Basie y Lester Young, con quien realizó algunas de sus mejores grabaciones. Entre sus discos destacan *Strange Fruit* (1939) y *All of me* (1949). En 1956 escribió su autobiografía, *Lady Sings the Blues*, posteriormente llevada a la pantalla con Diana Ross como protagonista.

HOLLEY, Robert William

▲ Urbana (Illinois, Estados Unidos), 1922
▼ Los Gatos (California, Estados Unidos), 1993
Bioquímico estadounidense. Ha centrado su actividad en el código genético (ADN) demostrando en 1960 junto a sus colaboradores que la descodificación se verifica mediante ARN de transferencia y logrando determinar su composición (1965). Compartió el premio Nobel de Medicina y Fisiología de 1968 con H.G. Khorana (n. 1922) y M.W. Nirenberg (n. 1927).

HOROWITZ, Vladimir

▲ Berdichev (Rusia, act. Ucrania), 1904
▼ Nueva York (Estados Unidos), 1989
Pianista ruso nacionalizado americano. Vladimir Horowitz no fue sólo un in-

comparable intérprete del piano sino que personificó para toda una generación de músicos el ideal de artista. Poeta de su instrumento, para quien el virtuosismo técnico no era más que un punto de partida y no un fin en sí mismo, dominaba un extenso repertorio en el que, junto a los grandes nombres, incluía también otros autores menos apreciados entonces, como Scriabin o Scarlatti.

HOUDINI, Harry

▲ Budapest (Hungría), 1874
▼ Detroit (Estados Unidos), 1926
Mago y escapista estadounidense de origen húngaro, llamado en realidad Erik Weisz. Empezó a trabajar desde muy joven como trapecista en un circo. Hacia 1900 se había ganado una reputación internacional con sus insólitos espectáculos de magia y escapismo, su gran especialidad: atado y encadenado, encerrado en cajas de cristal o jaulas de acero, enterradas o sumergidas, Houdini, gracias a su fuerza física, su agilidad y su extraordinaria habilidad para manipular todo tipo de cerraduras, conseguía siempre liberarse ante la atónita mirada de miles de espectadores.

HOUSSAY, Bernardo Alberto

▲ Buenos Aires (Argentina), 1887
▼ Buenos Aires (Argentina), 1971
Fisiólogo argentino. Doctorado en Farmacia y Medicina, se interesó por la fisiología, materia de la que fue profesor en las facultades de Veterinaria y de Ciencias Médicas de la Universidad de Buenos Aires. Al mismo tiempo constituyó un equipo de investigación con el que realizó importantes estudios, fruto de los cuales fue su Fisiología humana (1945). El ascenso del peronismo al poder le supuso la pérdida de sus cargos universitarios y un exilio de casi diez años. En 1947 compartió con Karl y Gerty Cori el premio Nobel de Fisiología y Medicina por sus trabajos sobre la hormona producida por el lóbulo anterior de la hipófisis y su función en el metabolismo de los hidratos de carbono.

HOYLE, sir Fred

▲ Bingey (Yorkshire, Reino Unido), 1915
Astrónomo británico. Autor de una teoría cosmológica alternativa a la del Big Bang y conocida como universo estacionario o de la creación continua de materia, abandonada desde el descubrimiento de la radiación cósmica de fondo (A. Penzias y R. Wilson, 1964). Ha defendido la teoría de la panespermia (origen extraterrestre de la vida). Es además un gran divulgador de la astronomía.

HUBBLE, Edwin Powell

▲ Marshfield (Missouri, Estados Unidos), 1889
▼ San Marino (California, Estados Unidos), 1953
Astrónomo estadounidense. Dedicado al estudio y resolución de objetos distantes, en 1929 descubrió el corrimiento hacia el extremo rojo del espectro electromagnético de las rayas de las galaxias, corrimiento que es proporcional a la distancia a la que se encuentran (Ley de Hubble). El coeficiente de proporcionalidad (constante de Hubble) depende de la edad del universo.

HUGHES, Howard

▲ Houston (Texas, Estados Unidos), 1905
▼ sobrevolando el sur de Texas (Estados Unidos), 1976
Empresario, aviador y productor cinematográfico estadounidense, célebre por su aversión a la publicidad. Inició su carrera como productor con filmes como Cara cortada o El forajido y en 1948 compró la productora RKO. En el campo de la aviación, fundó la Compañía Aérea Hughes y batió sucesivos récords de velocidad en viajes transcontinentales y alrededor del mundo. En 1950 Hughes adoptó un régimen de reclusión total, lo que paradójicamente reavivó el interés sobre su vida. En sus últimos años llegó a cambiar hasta diez veces de residencia.

HUIDOBRO, Vicente

▲ Santiago de Chile (Chile), 1893
▼ Cartagena (Chile), 1948
Poeta chileno. Nacido en el seno de una rica familia criolla, se educó con los jesuitas y a los 23 años marchó a París. En la capital francesa trabó amistad con artistas plásticos y poetas de vanguardia, entre ellos Picasso, Hans Arp, con quien escribió Tres inmensas novelas, Apollinaire, Max Jacob y Tristan Tzara. En este clima fundó en 1924 la revista Création y concibió en Manifestos (Manifestes, 1925) el creacionismo, teoría

estética que postulaba, al mismo tiempo que la ruptura con toda tradición poética, la poesía como creación absoluta. De regreso a su país, se presentó sin éxito a las elecciones presidenciales y más tarde tomó parte en la guerra civil española y en la Segunda Guerra Mundial como corresponsal. Fue uno de los poetas más influyentes de las vanguardias latinoamericanas, especialmente a través de títulos como El espejo de agua, Horizonte cuadrado (Horizon carré), El pasajero de su destino, Altazor o El viaje en paracaídas y El ciudadano del olvido.

HUSAYN I

▲ Ammán (Jordania), 1935
▼ Ammán (Jordania), 1999
Rey de Jordania. A los 18 años abandonó sus estudios en Gran Bretaña para subir al trono de Jordania. Participó en la tercera guerra árabe-israelí, que le costó la Cisjordania (1967); expulsó de su territorio a los fedayines palestinos y, con posterioridad, fue hábil mediador entre la OLP e Israel, función que desempeñó hasta el final de su vida (acuerdos de Wye Plantation, 1998).

HUSSEIN, Saddam

▲ Takrit (Irak), 1937
Político iraquí. En 1979 se convirtió en presidente de Irak y, no obstante su personalidad lunática y autoritaria, despertó el fervor patriótico entre los iraquíes (guerra con Irán, 1980). Sus delirios imperiales continuaron con la invasión de Kuwait, que le llevó a una calamitosa guerra con Occidente. Sólo las amenazas internacionales le disuadieron de emprender un genocidio contra la población kurda de Irak.

HUXLEY, Aldous

▲ Godalming (Surrey, Reino Unido), 1894
▼ Los Ángeles (Estados Unidos), 1963
Escritor británico. Con su primera novela, Los escándalos de Crome, ya se consagró como un autor paradójico, escéptico y corrosivo. Alcanzó gran notoriedad con la

compleja novela Contrapunto y la fantasía futurista Un mundo feliz. Inquieto y experimentador, fue guionista para Hollywood (La sonrisa de La Gioconda), estudioso del misticismo (Textos y pretextos) e investigador acerca del poder de las drogas (Las puertas de la percepción).

IACOCCA, Lee

▲ Allentown (Estados Unidos), 1924
Empresario estadounidense, presidente de la compañía automovilística Chrysler desde 1978. Hijo de inmigrantes, Iacocca es el prototipo del trabajador de orígenes humildes aupado al éxito por el american way of life. Los éxitos cosechados en Chrysler, a la que sacó de una profundísima crisis, le convirtieron en el empresario más conocido y mejor pagado del país. Firme partidario de las estrategias más innovadoras, su autobiografía se vendió por millones.

IGLESIAS, Julio

▲ Madrid (España), 1945
Cantante español. Ampliamente conocido en la escena internacional, ha basado su popularidad en la canción melódica y sentimental. Ganó el festival de Benidorm en 1968 y participó en el de Eurovisión de 1970, que lo catapultó a la fama. Vive desde 1977 en Miami (Estados Unidos), desde donde ha administrado sus apariciones con grandes estrellas (como Diana Ross) y sus discos de éxito, como La carretera (1995), que llegó a competir con el debut de su hijo Enrique.

INDURÁIN, Miguel

▲ Villava (Navarra, España), 1964
Ciclista español, el deportista de mayor talla de la historia del deporte español. Ganador de cinco Tours de Francia, al igual que Anquetil, Merckx o Hinault, ha sido, sin embargo, el único que los ha ganado consecutivamente, distanciando a todos sus rivales en la prueba reina del ciclismo entre 1991 y 1995. Insuperable contrarrelojista, su palmarés incluye también dos Giros de Italia, una medalla olímpica de oro (Atlanta 1996) en la especialidad contrarreloj, y un campeonato del mundo en esta misma disciplina. Se retiró en 1996.

IONESCO, Eugène

▲ Slatina (Rumania), 1912
▼ París (Francia), 1994
Dramaturgo francés de origen rumano. Cuando en 1950 se estrenó en París La cantante calva, se produjo una revolución en el planteamiento tradicional del teatro. El "teatro del absurdo" abordó el tema de la incomunicación y la soledad

Mohamed Alí Jinnah, con su hermana Fátima.

por medio de diálogos disparatados, mecánicos, ridículos. En *Rinoceronte*, y bajo la presión de la tiranía política, el hombre degenera hacia la bestialidad.

ISABEL II

▲ *Londres (Reino Unido), 1926*
Soberana del Reino Unido. Primogénita de Jorge VI, en 1947 se casó con el príncipe Felipe de Grecia, que se convirtió en duque de Edimburgo. A la muerte de su padre (1952) fue coronada reina y tuvo que conciliar las exigencias de una época crítica con el espíritu monárquico y las usanzas y el protocolo de una rancia dinastía. A ello se unió un cierto descrédito de la institución por las penosas rencillas familiares de sus hijos.

IWASAKI Koyota

▲ *Japón, 1879*
▼ *Japón, 1945*
Empresario japonés, presidente de Mitsubishi desde 1916 hasta 1945. Nieto de samuráis, Iwasaki fue educado en Cambridge y durante su etapa como director del conglomerado industrial Mitsubishi dirigió la fabricación del aparato armamentístico japonés empleado durante la Segunda Guerra Mundial. Caracterizado por su comportamiento autoritario, no vivió lo suficiente para ver los esfuerzos del gobierno militar de McArthur para terminar con la influencia y poder de su criatura, hoy día uno de los conglomerados industriales más poderosos del mundo.

JACKSON, Michael

▲ *Gary (Indiana, Estados Unidos), 1958*
Cantante estadounidense. Considerado el "rey del Pop", es uno de los personajes más famosos y controvertidos del planeta desde la publicación de *Thriller* (1982), el disco más vendido de la historia. Su vida excéntrica y ambigua ha dejado en segundo plano una carrera musical que inició a los cinco años junto a sus hermanos, en The Jackson Five. Su amplio re-

gistro vocal y su personal estilo caracterizan sus obras, entre las que destacan *Off the Wall* (1979) e *History* (1997).

JAGGER, Mick

▲ *Dartford (Kent, Reino Unido), 1943*
Cantante británico, miembro fundador de los Rolling Stones. Junto con el guitarrista Keith Richards, formó en 1961 la llamada "mejor banda de Rock'n'Roll del mundo". Su presencia arrogante y sensual acapara la atención del público, desde los himnos rebeldes de los años sesenta (*Satisfaction, Street Fighting Man*) hasta el último disco del grupo, *Bridges to Babylon* (1997). Ha publicado tres discos en solitario, entre los que destaca *Wandering Spirit* (1993).

JANÁČEK, Leoš

▲ *Hukvaldy (Imperio Austrohúngaro, act. República Checa), 1854*
▼ *Ostrava (act. República Checa), 1928*
Compositor checo. Buen conocedor del folclore de su tierra y excelente organista, Janáček fue un compositor tardío, que sólo a partir de 1900 empezó a dar muestras de su talento creativo. Un talento que encontró en la ópera el vehículo ideal de expresión: *Jenufa, La zorrita astuta* o *Desde la casa de los muertos* son tres de sus obras maestras, caracterizadas todas ellas por la suma originalidad de su concepción.

JINNAH, Mohamed Alí

▲ *Bombay (India), 1876*
▼ *Karachi (Pakistán), 1948*
Estadista paquistaní. De religión musulmana y formación inglesa, fue el fundador del estado de Pakistán. En 1913 entró en la Liga Musulmana y, convertido en máximo dirigente, se comprometió a crear un estado independiente en las zonas de mayoría musulmana, con lo que se abrieron las compuertas del odio entre musulmanes e hindúes. Con la proclamación de la independencia de Pakistán en 1947, empezaron las matanzas en el Punjab.

JOBIM, António Carlos

▲ *Río de Janeiro (Brasil), 1927*
▼ *Nueva York (Estados Unidos), 1994*
Compositor brasileño, considerado uno de los principales representantes de la moderna música popular brasileña. Intérprete talentoso de guitarra, piano y piano eléctrico, fue el creador de la *bossa nova*, ritmo que lanzó en los años cincuenta junto a João Gilberto (con quien realizó *Chega de saudade*), Luis Bonfá y Vinicius de Moräes, entre otros. La música de Jobim supone una síntesis entre las formas musicales afrobrasileñas y jazzís-

Earvin «Magic» Johnson, con el balón, frente a Michael Jordan, en un partido entre Los Ángeles Lakers y Chicago Bulls. ▶

ticas, siendo notables en este sentido sus colaboraciones con músicos como Stan Getz, Gil Evans, Charlie Byrd, Dizzy Gillespie y Ron Carter. Entre sus composiciones más populares figuran *A garota de Ipanema, Samba de uma nota só, Wave, Meditaçāo* y *Desafinado*.

JOHNSON, Earvin, llamado Magic

▲ *Lansing (Michigan, Estados Unidos), 1959*
Jugador estadounidense de baloncesto. Fue, junto a Larry Bird y Kareem Abdul Jabbar, la estrella indiscutible de la NBA en la década de 1980. Jugador de un talento extraordinario, capacitado para brillar en todas las posiciones, desde la de base hasta la de pívot, llevó a Los Ángeles Lakers a conquistar cinco anillos de campeones de la Liga NBA (1980, 1982, 1985, 1987 y 1988). En 1991 hizo pública su condición de seropositivo y se retiró de la competición, aunque volvió fugazmente en la temporada 1995-1996.

JOHNSON, Lyndon Baynes

▲ *Gillespie County (Texas, Estados Unidos), 1908*
▼ *San Antonio (Texas, Estados Unidos), 1973*
Estadista estadounidense. Prestigioso congresista y senador; vicepresidente con J.F. Kennedy, tras el asesinato de éste (1963) asumió la presidencia. Su ambicioso programa de reformas quedó invalidado por problemas heredados, como la violenta irrupción de motines raciales (Los Ángeles, Nueva York) y el apogeo de la desastrosa e impopular guerra del Vietnam, que minó su prestigio.

JORDAN, Michael

▲ *Brooklyn (Nueva York, Estados Unidos), 1963*
Jugador estadounidense de baloncesto, máxima estrella del baloncesto de la

NBA en la década de 1990. Buen defensor, anotador espectacular y líder absoluto de su equipo, los Chicago Bulls, al que llevó a la conquista del título de la NBA en 1991, 1992 y 1993. Ese último año decidió retirarse para probar fortuna en el béisbol. En 1995 volvió a su equipo de siempre, y consiguió para los Bulls dos nuevos títulos en 1996 y 1997. En 1999 anunció su retirada definitiva.

JOYCE, James

▲ *Dublín (Irlanda), 1882*
▼ *Zurich (Suiza), 1941*
Escritor irlandés. La literatura de Joyce rompe con toda la tradición del siglo XIX. Él fue el primero que indagó literariamente en los complejos resortes psicológicos de la personalidad humana, lo que le llevó a la desintegración del lenguaje y la expresión convencional de la narrativa tradicional. Vivió en Trieste, Roma, París y Zurich, aunque Dublín siempre fue un referente mítico en su obra. *Dublineses, Retrato del artista adolescente, Ulises.*

JRUSCHOV, Nikita

▲ *Kursk (Rusia), 1894*
▼ *Moscú (Rusia), 1971*
Estadista soviético. Sucedió a Stalin en 1955 y acometió una política de reformas que le llevó a un acercamiento a Occidente, especialmente a Estados Unidos, potencia con la que alcanzó acuerdos de *coexistencia pacífica*, y a un paralelo alejamiento y ruptura con China. En el interior llevó a cabo una denuncia del estalinismo y emprendió una tímida rehabilitación de dirigentes postergados por Stalin, al tiempo que permitió una cierta libertad cultural. Fue depuesto en 1964.

JUAN XXIII

▲ *Sotto il Monte (Bérgamo, Italia), 1881*
▼ *Roma (Italia), 1963*
Papa. *Angelo Giuseppe Roncalli* nació en el seno de una tradicional familia de

agricultores. Cuando en 1958 fue elegido papa, nadie esperaba que aquel anciano de 77 años, de aspecto alegre y bondadoso, removería los cimientos de la Iglesia Católica para situarla en el corazón de su tiempo. En 1962 convocó a los obispos a un concilio (algo que se había realizado sólo dos veces en los últimos 500 años) y publicó una famosa encíclica, *Pacem in Terris*.

JUAN CARLOS I

▲ *Roma (Italia), 1938*
Rey de España. Primogénito de Juan de Borbón (hijo de Alfonso XIII) y de María de las Mercedes de Borbón-Dos Sicilias. Fue educado en España por acuerdo entre Franco y su padre. En 1969 fue designado por Franco su sucesor a la jefatura del Estado con el título de príncipe de España, y coronado en 1975. Apoyó decididamente la transición a la democracia y su reinado ha coincidido con el período más largo de libertades de la historia de España.

JUAN PABLO II

▲ *Wadowice (Cracovia, Polonia), 1920*
Papa. En 1978 la cristiandad católica se vio sorprendida con la elección de un Papa no italiano: el vigoroso polaco *Karol Wojtyla*, arzobispo de Cracovia. Corrigió el rumbo de la Iglesia tras el Vaticano II, y centró su apostolado en la exaltación de los valores tradicionales cristianos, difundidos en sus innumerables viajes. Condenó el comunismo y ha sido firme defensor de los derechos humanos.

JUANTORENA, Alberto

▲ *Santiago de Cuba (Cuba), 1951*
Atleta cubano. Sus excelentes registros como velocista en las pruebas de 400 y 800 m lo sitúan entre los más grandes atletas latinoamericanos de todos los tiempos. Su enorme potencia física (fue llamado *El Caballo*) hizo de él un corredor imbatible en su especialidad. Su consagración internacional se produjo en los Juegos Olímpicos de Montreal, en 1976, cuando obtuvo las medallas de oro en 400 y 800 m, modalidad esta última en la que batió el récord del mundo. Las lesiones lo obligaron a retirarse de la alta competición en 1984.

◀ *Autorretrato de Frida Kahlo, vestida de «chola» mejicana.*

JUNG, Carl Gustav

▲ *Kesswil (Suiza), 1875*
▼ *Küsnacht (Suiza), 1961*
Psicólogo y psiquiatra suizo. Se le considera, según los casos, como el antagonista o el verdadero sucesor de Freud. Sus investigaciones, a menudo incursiones en terrenos aparentemente alejados del suyo, como la alquimia o la astrología, abren un camino sugestivo marcado por profundas intuiciones: el concepto de inconsciente colectivo, el de arquetipo como descubrimiento de mitos universalmente repetidos, o el del "sí", distinto del "yo", totalidad del hombre que incluye su inconsciente.

KADAR, János

▲ *Rijeka (act. Croacia), 1912*
▼ *Budapest (Hungría), 1989*
Político húngaro. Cuando se produjo la revolución húngara de 1956 contra la política estalinista del gobierno, Kadar, que era el líder del partido, se unió a los invasores soviéticos. Fue recompensado por su lealtad e impuesto como primer ministro, desde cuyo cargo llevó a cabo una durísima represión. Posteriormente introdujo una serie de reformas sociales y económicas que convirtieron a su régimen en el más tolerante del ámbito comunista.

KAFKA, Franz

▲ *Praga (act. República Checa), 1883*
▼ *Kierling, cerca de Viena (Austria), 1924*
Escritor checo en lengua alemana. Es de señalar lo habitual del uso del adjetivo *kafkiano* para referirse a una realidad desconcertante y opresiva. Kafka fue el gran creador de universos de pesadilla (*La metamorfosis*), de instituciones atroces (*El proceso*) y de oscuras parábolas metafísicas (*El castillo*). Genial, neurótico, atormentado, su *Carta al padre* ilumina los interiores del hombre que fue Kafka.

KAHLO, Frida

▲ *México D.F. (México), 1910*
▼ *México D.F. (México), 1954*
Pintora mexicana. Segunda esposa del muralista Diego Rivera, se inició en la pintura tras sufrir un grave accidente que la dejó inválida y la obligó a abandonar sus estudios de medicina. Inicialmente influida por su marido, pronto encontró su propio lenguaje pictórico, en el que sintetiza con notable fuerza significativa recursos expresionistas y surrealistas para recrear retratos y autorretratos insertos en una temática de carácter folclórico y popular mexicano. Tras su

muerte, su casa de Coyoacán fue convertida en museo, y su obra se vio considerablemente revalorizada. Algunos de sus cuadros más notables son *Las dos Fridas*, *Autorretrato*, *Sueño de un domingo por la tarde en el parque de la Alameda*, en el que aparece con Rivera, y *Retrato de la señora Rosita Morillo*.

KANDINSKY, Wassily

▲ *Moscú (Rusia), 1866*
▼ *Neuilly-sur-Seine (Francia), 1944*
Pintor francés de origen ruso. En 1911 fundó el grupo *El jinete azul*, que incluyó a personalidades tan diversas como las de Paul Klee, Malevich y el compositor Arnold Schönberg. En esta atmósfera publicó su ensayo *De lo espiritual en el arte*, alegato en favor de la desmaterialización de la pintura que plasmó en sus *Composiciones* e *Improvisaciones*: había nacido el arte abstracto. Dio clases en la Bauhaus de 1922 a 1933.

KARAJAN, Herbert von

▲ *Salzburgo (Austria), 1908*
▼ *Anif, Salzburgo (Austria), 1989*
Director de orquesta austríaco, cuyo verdadero nombre era *Heribert Ritter von Karajan*. Amado y detestado, siempre polémico, Karajan ha sido el director de orquesta más popular del siglo. Su estilo apasionado, lindante en el histrionismo, su capacidad única para arrancar las más brillantes sonoridades a la orquesta (se habla de "sonido Karajan"), su culto a la técnica y a los estudios de grabación, le han procurado tantos admiradores como enemigos. Aunque sus resultados a veces pecaban de superficiales, en el repertorio sinfónico y operístico romántico dejó constancia de su inmenso talento.

KEATON, Buster

▲ *Picway (Kansas, Estados Unidos), 1896*
▼ *Los Ángeles (Estados Unidos), 1966*
Actor estadounidense, cuyo verdadero nombre era *Joseph-Francis Keaton*. Hijo de una familia de acróbatas, Keaton se inició en el cine en 1917 como partenai-

John Maynard Keynes. Retrato que se conserva en la National Portrait Gallery de Londres.

re del cómico Roscoe Arbukle "Fatty", aunque pronto empezó a protagonizar en solitario una serie de películas (*La ley de la hospitalidad*, *El maquinista de la General*, *El cameraman*) que le convirtieron en la gran estrella, junto a Chaplin y Lloyd, de la edad de oro del cine cómico. El secreto de su éxito era su rostro sorprendentemente impasible a toda catástrofe exterior. La llegada del sonoro, al que no supo adaptarse, supuso el práctico final de su carrera.

KENNEDY, John Fitzgerald

▲ *Brookline (Massachusetts, Estados Unidos), 1917*
▼ *Dallas (Estados Unidos), 1963*
Político estadounidense. Perteneciente a una familia de políticos demócratas de origen irlandés, en 1960 se convirtió en presidente de los Estados Unidos. Se esforzó por conseguir la integración de la población negra y otorgó el Acta de los Derechos Civiles; amplió la política intervencionista de sus predecesores (Vietnam, Bahía Cochinos, Crisis de los Misiles) y puso en pie la entente con la URSS basada en la coexistencia pacífica. Murió asesinado en Dallas.

KEYNES, John Maynard

▲ *Cambridge (Reino Unido), 1883*
▼ *Firley (Sussex, Reino Unido), 1946*
Economista y financiero británico, educado en Cambridge. Fue un acabado modelo de intelectual, miembro del Grupo de Bloomsbury, y participó en relevantes acontecimientos del siglo, como el Tratado de Versalles o la Conferencia de Bretton Woods. En 1935 publicó *The general theory of employment, interest and money* (*Teoría general de la ocupación, el interés y el dinero*), la obra de teoría económica más influyente del siglo XX. En ella redifinió el papel del Estado en la economía como garante de la estabilidad e impulsor de la demanda efectiva.

Stanley Kubrick. Cartel de su filme La naranja mecánica.

KHOMEINY, Ruhollah

▲ Khomein (Irán), 1900
▼ Teherán (Irán), 1989
Estadista y jefe de la comunidad chiíta iraní (Ayatolá). Estudió y enseñó teología en la ciudad santa de Qum y destacó por sus virulentas críticas a la occidentalización del país emprendida por el Sah. Exiliado en París hasta la caída del Sah (1979), a su regreso fundó una república basada en el Corán que fue implacable con sus enemigos. Exacerbó el conflicto con Irak cuando exigió la derrota total del enemigo.

KING, Martin Luther

▲ Atlanta (Estados Unidos), 1929
▼ Memphis (Estados Unidos), 1968
Líder negro norteamericano. Era hijo de un pastor baptista, y su lucha a favor de la integración racial estuvo muy influida por las ideas de Gandhi y la no violencia. Luchó tenazmente en pro de la igualdad civil de la población negra, que por primera vez apareció organizada. En 1963 presidió la gran marcha interracial sobre Washington que reunió a 200 000 personas. Murió asesinado. Premio Nobel de la Paz en 1964.

KINSEY, Alfred C.

▲ Hoboken (Estados Unidos), 1894
▼ Bloomington (Estados Unidos), 1956
Zoólogo y sexólogo estadounidense. Tras la realización de una encuesta a 13 000 voluntarios publicó Conducta sexual en el hombre (1948) y Conducta sexual en la mujer (1953), que son la base de cualquier estudio sobre comportamiento sexual en la actualidad y que permitieron centrar criterios respecto de temas y comportamientos tabúes (masturbación, frigidez, impotencia, etc.).

KIPLING, Rudyard

▲ Bombay (India), 1865
▼ Londres (Reino Unido), 1936
Escritor británico. La fama de Kipling estuvo siempre empañada por aquellos que le acusaban de ponerla al servicio de la exaltación del imperio británico. Lo cierto es que aprovechó su privilegiada atalaya histórica para obsequiarnos con algunas de las obras más encantadoras e intensas de la literatura de aventuras (El libro de las tierras vírgenes, Los siete mares, Capitanes intrépidos). Premio Nobel de Literatura en 1907.

KISSINGER, Henry

▲ Fuerth (Alemania), 1923
Político estadounidense de origen alemán. Fue asesor de Eisenhower, Kennedy y Johnson y Secretario de Estado durante el mandato de Nixon. Artífice de una nueva y brillante política exterior de Estados Unidos que puso los cimientos a la reducción del arsenal nuclear de las dos grandes potencias (SALT I) y consolidó el papel de Estados Unidos como mediador entre árabes e israelíes. Compartió con el líder vietnamita Le Duc Tho el Premio Nobel de la Paz en 1973.

KLEE, Paul

▲ Münchenbuchsee, cerca de Berna (Suiza), 1879
▼ Locarno (Suiza), 1940
Pintor suizo. El mayor genio de la pintura abstracta, se crió en un ambiente musical y dudó entre la música y la pintura. Fundador, junto a Kandinsky, del grupo Jinete azul, dio clases en la Bauhaus hasta 1933, en que los nazis calificaron su arte de "degenerado" y regresó a Suiza. Como gran pedagogo que fue, se interesó por la geometrización de los temas, la relación entre la materia y el color y la supremacía de la intuición como guía de la creación artística.

KLERK, Frederik Willem De

▲ Johannesburgo (Sudáfrica), 1936
Político sudafricano. Cuando De Klerk fue nombrado presidente en 1989, nada hacía prever que este representante del Partido Nacionalista iba a llevar a cabo el desmantelamiento del apartheid: liberó al líder negro Nelson Mandela, legalizó su partido y negoció con él la elaboración de una Constitución para una nueva Sudáfrica. Todo ello dio lugar a las primeras elecciones libres y multirraciales, que ganó el Congreso Nacional Africano de Mandela en 1994. Premio Nobel de la Paz en 1993, compartido con Nelson Mandela.

KOHL, Helmut

▲ Ludwigshafen (Alemania), 1930
Político alemán. En 1973 fue elegido presidente de la Unión Cristiana Democrática y, en 1982, Canciller de la República Federal Alemana cuando el país pasaba por una difícil situación económica. Reforzó la estructura de la OTAN en suelo alemán y luchó por la unidad europea. Tras la caída del muro de Berlín, lideró la reunificación alemana (1990). Derrotado en las elecciones de 1998, abandonó la cancillería y la dirección del partido.

KRAVIS, Henry

▲ Estados Unidos, 1944
Inversor estadounidense que saltó a la fama en 1988 cuando su sociedad inversora adquirió a la gigante alimentaria RJR Nabisco por la mayor cifra pagada hasta el momento por la compra de una empresa: 25 000 millones de dólares. Hombre de activa vida social, Kravis encarnó en su día la imagen triunfadora proyectada por la efervescencia de Wall Street. Más tarde, sin embargo, empezó a sufrir importantes reveses hasta convertirse en el empresario con más deudas del mundo.

KREBS, Hans Adolf

▲ Hildesheim (Alemania), 1900
▼ Oxford (Reino Unido), 1981
Bioquímico británico de origen alemán. En 1932 descubrió el ciclo de la urea, mediante el cual el cuerpo elimina el amoníaco transformándolo en urea, que expulsa por la orina. Descubrió el ciclo que lleva su nombre y que da lugar a una molécula que permite acumular energía en el organismo. Compartió con F.A. Lipmann (1899-1986) el premio Nobel de Medicina y Fisiología de 1953.

KROC, Ray

▲ Chicago (Estados Unidos), 1902
▼ San Diego (Estados Unidos), 1984
Empresario estadounidense, fundador de la cadena de hamburgueserías McDonald's. Tras comprar los derechos para desarrollar una cadena de establecimientos inspirados en un pequeño restaurante propiedad de los hermanos Mac y Dick McDonald, Kroc se mantuvo al timón de un creciente imperio que ya en 1959 abrió su local número 100. Más de 30 años después, McDonald's se encuentra tan extendido por el mundo entero que el precio de su producto estrella, el Big Mac, es empleado como baremo para medir la relación de cambio entre las divisas.

KRUPP, Alfred

▲ Essen (Alemania), 1907
▼ Essen (Alemania), 1967
Empresario alemán heredero de las industrias Krupp. Tras acceder a la presidencia de dicho conglomerado en 1942, el tribunal de Nuremberg le condenó a doce años de cárcel por emplear esclavos como mano de obra. Tras su puesta en libertad, volvió a hacerse cargo de las industrias Krupp y acumuló una de las fortunas personales más importantes del mundo. En 1967, sin embargo, las enormes deudas contraídas por su empresa forzaron al gobierno alemán a nacionalizarla y el linaje de los Krupp pereció con él.

KUBITSCHEK, Juscelino

▲ Diamantina (Brasil), 1902
▼ Río de Janeiro (Brasil), 1976
Político brasileño. Doctor en medicina, entró en política como militante del Partido Socialdemocrático, en representación del cual fue elegido alcalde de Belo Horizonte y gobernador del estado de Minas Gerais para el período 1950-1954. Dos años más tarde accedió a la presidencia del país, durante la cual emprendió la construcción de Brasilia, uno de los proyectos urbanos más innovadores del siglo XX en América latina. Tras el golpe de Estado de 1964 encabezado por el general Castelo Branco para detener la «infiltración comunista», Kubitschek fue privado de sus derechos ciudadanos y obligado a exiliarse hasta 1967. A su regreso continuó trabajando hasta el final de su vida por la recuperación del orden democrático.

KUBRICK, Stanley

▲ Nueva York (Estados Unidos), 1928
Realizador cinematográfico estadounidense. Inconformista y polémico, Stanley Kubrick es creador de una obra no demasiado extensa, pero marcada por un estilo muy personal, de rara perfección técnica y una fuerte carga crítica, realizada casi siempre al margen de los grandes estudios de Hollywood. Admirado y denostado a partes iguales, suyas son películas tan importantes como Senderos de gloria, quizás su obra maestra, Teléfono rojo, Atraco perfecto o 2001, una odisea del espacio, obra clave de la ciencia-ficción moderna.

KUHN, Thomas S.

▲ Cincinnati (Estados Unidos), 1922
▼ Cambridge (Massachusetts, Estados Unidos), 1996
Filósofo e historiador de la ciencia estadounidense. Físico de formación, su libro La estructura de las revoluciones científicas (1962) marca un giro fundamental en la concepción de la ciencia.

Stan Laurel y Oliver Hardy en una escena de la película Fra Diávolo, dirigida por Hal Roach, un nombre unido indisolublemente a la carrera de los dos cómicos en Hollywood.

Según Kuhn, sus conocimientos no progresarían por acumulación, sino alrededor de distintos paradigmas históricos sometidos a revoluciones periódicas y esencialmente ajenos entre sí. El debate epistemológico, tanto en Estados Unidos como en Europa, sigue marcado en la actualidad por este tema central.

KUNDERA, Milan

▲ Brno (Checoslovaquia, act. República Checa), 1929

Escritor checo, nacionalizado francés. Problemas con el régimen comunista de su país le llevaron a Francia en 1975, cuya lengua ha adoptado también en sus últimos ensayos. La ligereza aparente de su estilo esconde un hondo desengaño, visible en la ironía que recorre sus páginas, giradas casi obsesivamente hacia el fracaso de la utopía comunista y con ella del sueño moderno de libertad y justicia, un horror que no escatiman los mismos títulos de sus novelas: *La vida está en otra parte*, *La insoportable levedad del ser*.

KÜNG, Hans

▲ Sursee (Suiza), 1928

Teólogo suizo. Instalado como profesor en Tubinga, participó activamente y con tesis renovadoras en el Concilio Vaticano II, y prosiguió después sus controversias con los sectores conservadores de la Iglesia católica alrededor de cuestiones como el celibato del clero o el dogma de la infalibilidad papal. Todo ello le valió la enemistad del Vaticano, y en 1980 se le retiró el derecho a enseñar, a pesar de lo cual Küng siguió fiel a sus convencimientos, desde una perspectiva cada vez más abierta y planetaria.

KUROSAWA Akira

▲ Tokio (Japón), 1910
▼ Tokio (Japón), 1998

Director de cine japonés. Kurosawa es el máximo representante del cine nipón y uno de los pocos cineastas de ese país que han triunfado en Occidente, sin por ello traicionar sus orígenes. Sus obras destacan especialmente por su acusado sentido épico y espectacular, en ningún momento reñido con cierta profundidad filosófica de carácter humanista y una clara voluntad estética. *Rashomon*, *Los siete samuráis*, *Vivir*, *Dersu Uzala*, *Ran*.

LANDSTEINER, Karl

▲ Viena (Austria), 1868
▼ Nueva York (Estados Unidos), 1943

Médico, bacteriólogo y fisiólogo estadounidense de origen austríaco. Descubrió la incompatibilidad de diferentes tipos de sangre y la imposibilidad de transfundirla (1900), y postuló la existencia de cuatro grupos sanguíneos (A, B y 0 en 1901 y AB en 1902). En 1927 descubrió los antígenos M y N y, en 1940, el factor Rh en los monos Rhesus. Sus trabajos se galardonaron en 1930 con el premio Nobel de Medicina y Fisiología.

LANG, Fritz

▲ Viena (Austria), 1890
▼ Los Ángeles (Estados Unidos), 1976

Director de cine austríaco. Tradicionalmente considerado como un autor expresionista, aunque él mismo abominara de tal calificativo, sus primeros films destacan por su carácter monumental y por la gran importancia que en ellos tienen los elementos arquitectónicos y pictóricos (*Los Nibelungos*, *Metrópolis*). Exiliado a causa del nazismo, Lang prosiguió su carrera en Hollywood, donde realizó una valiosa aportación al género negro (*La mujer del cuadro*, *Los sobornados*), que acabó de consolidarle como uno de los grandes clásicos del cine.

LAUREL, Stan

▲ Ulverston (Lancashire, Reino Unido), 1890
▼ Santa Mónica (California, Estados Unidos), 1965

y Oliver Hardy

Actores y cómicos estadounidenses, cuyos verdaderos nombres eran *Arthur Stanley Jefferson* y *Oliver Norvell Hardy*, respectivamente. La que es una de las parejas cómicas más populares de todos los tiempos, nació en 1926 por mediación del productor Hal Roach. A partir de ese momento "el gordo y el flaco" protagonizaron una larga serie de películas entre las que destacan *Fra Diávolo*, *Dos fusileros sin bala* o *Dos pares de mellizos*.

LAVER, Rod

▲ Rockhampton (Queensland, Australia), 1938

Jugador de tenis australiano. Fue el segundo jugador masculino, después de Don Budge (quien lo consiguió en 1938), en ganar cuatro de los mayores torneos del circuito –Australia, Roland Garros, Wimbledon y Estados Unidos–, en un mismo año, 1962, y el primero en repetir el *gran slam* en 1969.

LAWRENCE, Ernest Orlando

▲ Canton (Dakota del Sur, Estados Unidos), 1901
▼ Palo Alto (California, Estados Unidos), 1958

Además de fundar el Laboratorio de Radiación en Berkeley (1928) y de participar en la construcción de la bomba atómica (proyecto Manhattan), inventó el primer acelerador de partículas de alta energía, el ciclotrón (1929), cuya construcción finalizó en 1931. Creó el primer elemento químico fabricado artificialmente, el tecnecio (1937). Recibió el premio Nobel de Física por la invención del ciclotrón en 1939.

LAWRENCE de Arabia

▲ Tremadoc (País de Gales, Reino Unido), 1888
▼ Dorsetshire (Reino Unido), 1935

Escritor y militar británico, llamado Thomas Ernest Lawrence. Arqueólogo, oficial, aventurero, soñó con una gran nación árabe unida al Imperio británico. Enlace británico en la sublevación árabe contra los turcos durante la I Guerra Mundial, formó y dirigió las fuerzas árabes que entraron victoriosas en Damasco, aunque Francia y Gran Bretaña se habían repartido ya los territorios conquistados. En *Los siete pilares de la sabiduría* narra sus aventuras en la guerra.

LEAKEY, Louis

▲ Kabete (Kenia), 1903
▼ Londres (Reino Unido) 1972

Paleontólogo británico. Trabajó con su esposa, Mary (n. 1913), también paleontóloga. A ellos se deben los descubrimientos de los restos del *Proconsul* (homínido de 16 millones de años de antigüedad), en 1948; del primer homínido descubierto en África, el *Australopithecus boisei* (1959), y del *Homo habilis* (1962), así como la prueba de que los homínidos eran bípedos (1978).

LELOIR, Luis Federico

▲ París (Francia), 1906
▼ Buenos Aires (Argentina), 1987

Bioquímico argentino de origen francés. Después de trabajar en el Reino Unido, Argentina y Estados Unidos, se radicó finalmente en 1946 en Buenos Aires, donde en 1962 se hizo cargo del departamento de Bioquímica de la Universidad porteña. Por esta época orientó sus investigaciones hacia las sustancias que intervienen en el metabolismo de los glúcidos, y al cabo de dos años logró aislar los nucleótidos del grano de trigo y precisar su decisiva intervención en la biosíntesis de los polisacáridos. El impacto que este descubrimiento tuvo en la comunidad científica mundial le valió en 1970 la concesión del premio Nobel de Química.

LENIN

▲ Ulianovsk (Rusia), 1870
▼ Gorki (act. Nizhnii Novgorod, Rusia), 1924

Revolucionario y estadista ruso, cuyo verdadero nombre era *Vladimir Ilich Ulianov*. Desde el exilio escribió *Qué hacer* (1902), donde expuso su concepción de la revolución y del partido, como elite de revolucionarios profesionales. Dividió el Partido Socialista Ruso en el exilio y dio a su facción el nombre de *bolchevi-*

Portada de la novela Paradiso,
del cubano José Lezama Lima, autor
también de numerosos libros de poesía.

que (mayoría). Tras la revolución de febrero de 1917, elaboró sus *Tesis de abril*, que bajo la consigna de "Todo el poder para los soviets", preparó el asalto al poder en octubre, mientras él se hallaba refugiado en Finlandia. En 1921 introdujo la Nueva Política Económica (NEP), que mitigó los excesos del comunismo de guerra, mientras el Partido comunista se convirtió en el centro único y vertebrador de la nueva sociedad.

LEWIS, Carl

▲ Birmingham (Alabama, Estados Unidos), 1961

Atleta estadounidense, uno de los más completos de todos los tiempos. Conocido como el "Hijo del viento", participó en los Juegos Olímpicos de Los Ángeles, Seúl, Barcelona y Atlanta, en los que consiguió un total de nueve medallas, cuatro de ellas en Los Ángeles. Especialista en carreras de velocidad (100 y 200 m) y en salto de longitud, disciplina ésta que dominó de manera incontestable en cuatro campeonatos olímpicos, Lewis se retiró de la competición en 1997.

LEZAMA LIMA, José

▲ La Habana (Cuba), 1910
▼ La Habana (Cuba), 1976

Escritor y poeta cubano. Durante su paso por la universidad, donde estudió Derecho, tomó parte en las revueltas estudiantiles contra el régimen de Machado. En 1937, la publicación de *Muerte de Narciso* reveló un poeta de gran originalidad metafórica, rico lenguaje y barroco estilo. Este poema y *Enemigo rumor*, de 1941, tuvieron una decisiva influencia en el nuevo rumbo de poesía cubana, al que no fueron ajenas tampoco las revistas *Verbum* (1937), *Espuela de plata* (1939-1941), *Nadie parecía* (1942-1944) y *Orígenes* (1944-1956), esta última fundada con José Rodríguez Feo. Las mismas características de su poesía se manifiestan en su obra narrativa, en la que destaca *Paradiso*, publicada en 1966 y una de las novelas latinoamericanas más importantes del siglo XX, y *Oppiano Licario*, dada a conocer en 1977.

Konrad Lorenz. Su obra de divulgación ▶
familiarizó al gran público con las formas
de comportamiento animal.

LIBBY, Willard Frank

▲ Grand Valley (Colorado, Estados Unidos), 1908
▼ Los Ángeles (Estados Unidos), 1980

Químico estadounidense doctorado por la universidad de Berkeley en 1933. En 1946 demostró que el tritio se puede generar espontáneamente por la acción de la radiación y desarrolló un sistema de datación basado en la desintegración del carbono 14 (1947), cuya vida media es de 5 370 años. El método, que tiene un límite aproximado de 70 000 años, le valió el premio Nobel de Química de 1960.

LINDBERGH, Charles

▲ Detroit (Estados Unidos), 1902
▼ Mani (Hawai, Estados Unidos), 1974

Aviador estadounidense, el primero en volar de Nueva York a París atravesando el Atlántico en solitario y sin realizar ninguna escala. Fue entre el 20 y el 21 de mayo de 1927, a los mandos de un monoplano bautizado como *Espíritu de San Luis*. La hazaña dio a Lindbergh una aureola de héroe popular; fue símbolo y modelo de una generación americana predispuesta al idealismo y la aventura, contrapuesta de alguna forma a la frivolidad de los "felices veinte" y la "era del jazz".

LOEWY, Raymond

▲ París (Francia), 1893
▼ Mónaco, 1986

Diseñador industrial norteamericano. Raymond Loewy puede ser considerado uno de los padres del diseño moderno. Muchos de los objetos por él diseñados, acompañados siempre por efectivas campañas publicitarias, han formado parte de la realidad cotidiana, especialmente de la norteamericana, durante décadas. En este sentido, su diseño seguramente más universal sea el de la botella de Coca-Cola. Plasmó su ideario en varios libros, uno de los cuales es *La locomotora, su estética*, escrito en 1937.●

LORENZ, Konrad

▲ Viena (Austria), 1903
▼ Altenberg (Alemania), 1989

Científico austríaco considerado uno de los creadores de la etología, ciencia del estudio del comportamiento de los seres vivos. Descubrió el fenómeno de la impronta materna y colaboró con N. Tinbergen en el análisis de la conducta animal, fruto de dos impulsos contradictorios (conflicto). Compartió el premio Nobel de Medicina y Fisiología de 1973 con el etólogo neerlandés N. Tinbergen (1907-1988) y con el alemán K. von Frisch (1886-1982).

LUBITSCH, Ernst

▲ Berlín (Alemania), 1892
▼ Hollywood (Los Ángeles, Estados Unidos), 1947

Realizador cinematográfico estadounidense, de origen judío alemán. Lubitsch fue el gran maestro de la comedia brillante y sofisticada, en ocasiones mordaz y corrosiva. Formado en Alemania, donde rodó algunos estimables films históricos (*Madame Du Barry*, *Ana Bolena*), casi toda su carrera transcurrió en Estados Unidos, donde llegó en 1923 y donde realizó sus mejores películas, sobre todo a partir de la implantación del sonoro. *La octava mujer de Barba Azul*, *Ninotchka* y *Ser o no ser* son algunas muestras de su incomparable ingenio.

LUCE, Henry Robinson

▲ Tengchow (China), 1898
▼ Phoenix (Estados Unidos), 1967

Editor americano de revistas, creador de "Time", "Life", "Fortune" y "Sports Illustrated", entre otras. Luce consideraba que el público americano estaba muy mal informado, por lo que decidió dar más peso a la narración y facilitar la reflexión del lector. Dio mucho peso a los asuntos internacionales y a una atractiva presentación gráfica, que alcanzó su máximo exponente en "Life", publicada por primera vez en 1936 y que pronto se convirtió en una de las revistas más populares del mundo.

Henry Robinson Luce, en una portada
de la revista «Time», una
de las publicaciones creadas por él.

LUDENDORFF, Erich

▲ Kruszewnia (Posnania, act. Polonia), 1865
▼ Munich (Alemania), 1937

General alemán. Fue uno de los pocos altos mandos del ejército alemán que no pertenecían a la aristocracia, y siempre reclamó que el acceso a la oficialidad fuera cuestión de mérito y no de nacimiento. En 1914, y como jefe del estado mayor del VIII ejército, a cuyo frente se encontraba Hindenburg, detuvo el avance ruso en Tannenberg y conquistó buena parte de Rusia. En 1924 fue elegido diputado del Partido Nacionalsocialista.

MACHADO, Antonio

▲ Sevilla (España), 1875
▼ Collioure (Francia), 1939

Poeta español. Frente al deslumbramiento de la poesía modernista, la poesía de Machado conmueve por su simplicidad formal e invita a la serena reflexión; es palabra esencial en el tiempo (*Soledades, galerías y otros poemas*, 1907); en *Campos de Castilla* la celebración del paisaje se abre a la reflexión histórica. A través de su heterónimo Juan de Mairena, expuso su pensamiento filosófico, poético y político.

MADERO, Francisco Ignacio

▲ Parras, Coahuila (México), 1873
▼ México D.F. (México), 1913

Político mexicano. Miembro de una acaudalada familia terrateniente, estudió en Estados Unidos y Europa y regresó a su país en 1893. Por entonces se integró en la oposición a la dictadura de Porfirio Díaz y en 1910 se presentó como candidato a la presidencia del Partido Nacional Antirreeleccionista. Detenido durante la campaña electoral, logró huir a Estados Unidos y poco después proclamó el plan de San Luis, con el que dio comienzo la Revolución mexicana. Tras la capitulación y renuncia de Díaz, Madero fue elegido presidente en noviembre de ese mismo año. No obstante sus buenas intenciones, su política no satisfizo las reivindicaciones de los campesinos encabezados por Zapata y de otros sectores revolucionarios, que se rebelaron. Tal circunstancia fue aprovechada por Victoriano Huerta para deponerlo y hacerlo asesinar poco después.

MADONNA

▲ Bay City (Michigan, Estados Unidos), 1959

Cantante y actriz estadounidense cuyo verdadero nombre es *Louise Ciccone*. Símbolo sexual e ídolo de masas de los años ochenta, abanderó un tipo de artista Pop independiente, manejando su ca-

◀ *Gustav Mahler. Dibujo de 1901, en la forma de silueta sombreada característica de las caricaturas de la época.*

rrera a su gusto, y un moderno feminismo agresivo y provocador. En su carrera ha combinado la comercialidad de *Like a Virgin* (1984) con el escándalo en *Like a Prayer* (1989) o en el libro pornográfico *Sex* (1992). En 1996 protagonizó la película *Evita*, de Alan Parker.

MAGRITTE, René

▲ *Lessen (Bélgica), 1898*
▼ *Bruselas (Bélgica), 1967*
Pintor belga. Fue uno de los representantes del surrealismo europeo. Rindió culto al minucioso detalle figurativo, sustraído a su referente ambiental y resituado en una atmósfera fantástica, al igual que sucede en los sueños: *La mañana encantada*, *El traje de noche*, *La condición humana*. Su pintura debe mucho a la obra de De Chirico, como él reconoció explícitamente, y su seriedad personal le alejó de la convulsa agitación de los surrealistas.

MAHLER, Gustav

▲ *Kaliste (Imperio Austrohúngaro, act. República Checa), 1860*
▼ *Viena (Austria), 1911*
Compositor y director de orquesta austríaco de origen judío. Último gran representante de la gloriosa tradición sinfónica vienesa, sus nueve sinfonías, de proporciones monumentales, intentan, siguiendo su idea de que "la sinfonía es un mundo", integrar los más variados elementos, desde lo más sublime a lo más cotidiano, incluso vulgar, en un todo único, a veces con la inclusión de partes cantadas. Padre espiritual de Schönberg, su música, incomprendida en su época, ha influido decisivamente sobre otros muchos compositores modernos (Berg, Britten, Shostakovich, Schnittke).

MAIAKOVSKI, Vladimir

▲ *Kutaisi, act. Maiakovski (Rusia), 1893*
▼ *Moscú (Rusia, Unión Soviética), 1930*
Poeta soviético. Joven comprometido con los bolcheviques desde 1908 y difusor del futurismo poético (*La nube con pantalones*), exaltó los valores revolucionarios con una estética nueva, basada en el verso libre, las asonancias y la elipsis:

Lenin, Octubre, ¡Bien! No tardó en desengañarse, y su obra teatral *El baño* es una amarga sátira a la burocracia soviética, que lo llevaría a la desesperación y al suicidio en 1930.

MALAN, Daniel

▲ *Riebeek West (El Cabo, Sudáfrica), 1874*
▼ *Stellenbosch (Sudáfrica), 1959*
Estadista surafricano. Estudiante de teología y pastor de la Iglesia reformada, a mediados de los años cuarenta, y como líder del Partido Nacional, el futuro Partido Nacional Afrikaner, concibió la teoría del *apartheid* y, una vez en el poder en 1948, la impuso políticamente para garantizar la supremacía política de la minoría blanca y el control sobre la gran mayoría negra.

MALCOLM X

▲ *Omaha (Estados Unidos), 1925*
▼ *Nueva York (Estados Unidos), 1965*
Activista estadounidense de raza negra, cuyo verdadero nombre era *Malcolm Little*. Frente a Luther King y su política de no violencia e integración, Malcolm X representa la respuesta orgullosa y desafiante, pero también infantil e impotente, de una raza en busca de su dignidad. Maleante en Harlem, apóstol del *black power* y converso al islamismo, acuñó el término *afroamericano* con el que se designaron sus seguidores. Murió asesinado por musulmanes de la Nación Islámica.

MALINOWSKI, Bronislav

▲ *Cracovia (Polonia), 1884*
▼ *New Haven (Estados Unidos), 1942*
Antropólogo británico de origen polaco. Miembro destacado de la escuela funcionalista, dedicó buena parte de su vida al trabajo de campo entre los indígenas, en Australia, Nueva Guinea o África del sur. Si como teórico ha sido fuertemente contestado, se le puede considerar sin duda el fundador de una antropología científica y rigurosa, por su exigencia de un contacto directo con las sociedades estudiadas, y las prevenciones que toma frente al subjetivismo del observador.

MANDELA, Nelson

▲ *Transkei (Sudáfrica), 1918*
Político negro sudafricano. Nelson Mandela es una de las más ejemplares figuras políticas del siglo XX. Organizador de la lucha de los negros cuando fundó el Congreso Nacional Africano, fue encarcelado en 1964, y los 27 años que pasó en la cárcel no consiguieron doblegar su voluntad ni hacer de él un resentido. Fue

liberado en 1990 y elegido presidente de un nuevo estado multirracial en 1994. Premio Nobel de la Paz en 1993 junto a F.W. De Klerk.

MANN, Thomas

▲ *Lübeck (Alemania), 1875*
▼ *Zurich (Suiza), 1955*
Escritor alemán. Thomas Mann es una figura central en la cultura alemana de este siglo. Su novela *La muerte en Venecia* es una reflexión literaria sobre el arte, la personalidad del artista, la decadencia y la muerte, aunque su obra maestra fue *La Montaña mágica* (1924). Lúcido frente al ascenso del nazismo, en 1938 publicó sus ensayos *¡Atención Europa!* Premio Nobel de Literatura en 1929.

MAO TSE-TUNG

▲ *Shao-shan (Hu-nan, China), 1893*
▼ *Pekín (China), 1976*
Estadista chino. El constructor de la China moderna fue hijo de un propietario rural. Actuó como delegado en el primer congreso que celebraron los comunistas chinos en 1921. La *Larga marcha* le convirtió en líder y bajo su dirección los comunistas derrotaron a los nacionalistas de Chang Kai-Shek y fundaron la República Popular China en 1949. Con el *Gran salto adelante* (1958) y la *Revolución cultural proletaria* (1966) intentó crear un comunismo con raíces populares y que evitara el peligro de la burocratización. Ambas experiencias fracasaron estrepitosamente. Su *Libro rojo* fue la Biblia política para una generación de jóvenes revolucionarios en Occidente.

MARADONA, Diego Armando

▲ *Lanús (Argentina), 1960*
Futbolista argentino. Diego Armando Maradona, el "Pelusa", ha sido uno de los astros del firmamento futbolístico: su prodigiosa pierna izquierda era capaz de las genialidades más inverosímiles, lo que, junto a su facilidad goleadora, hacía de él un *crack* indiscutible. Su carácter indisciplinado y caprichoso, empero, le acarreó numerosos problemas en los clubs donde jugó (Boca Juniors, Barce-

Thomas Mann fue un magistral analista de las tensiones ideológicas que desgarraban la Europa de su época.

lona, Nápoles). La adicción a la cocaína ha acabado de empañar su brillante trayectoria.

MARCONI, Guglielmo

▲ *Bolonia (Italia), 1874*
▼ *Roma (Italia), 1937*
Ingeniero eléctrico e inventor italiano. Considerado el inventor de la radio, construyó el primer sistema de transmisión telegráfica sin hilos en 1895. En 1901 llevó a cabo la primera transmisión entre Europa y América y en 1902 demostró la influencia de la atmósfera en dichas transmisiones. Fue asimismo pionero en la transmisión con onda corta (1923). En 1909 compartió el premio Nobel de Física con K.F. Braun (1850-1918).

MARCOS, Ferdinand

▲ *Sarrat (Ilocos Norte, Filipinas), 1917*
▼ *Honolulú (Hawai, Estados Unidos), 1989*
Político filipino. Marcos y su esposa Imelda gobernaron Filipinas durante 20 años como si de una satrapía oriental se tratara. Fue elegido presidente en 1965 y hasta 1986, en que Estados Unidos decidió abandonarlo a su suerte y enviarlo a un dorado exilio en Hawai, llevó a cabo un saqueo sistemático del país y la destrucción física del adversario político (asesinato de Benigno Aquino).

MARLEY, Bob

▲ *Rhoden Hall (St. Ann's Bay, Jamaica), 1945*
▼ *Miami (Florida, Estados Unidos), 1981*
Cantante y compositor jamaicano. Principal artista y difusor del *reggae*, su carisma lo convirtió en un mito representativo no sólo de la música jamaicana sino de toda la cultura del Tercer mundo. En los setenta logró al mismo tiempo vender discos en Occidente y denunciar los abusos sufridos por su pueblo. Sus clásicos con los Melody Makers incluyen temas reivindicativos

Hermanos Marx. Cartel de Sopa de ganso (1933), dirigida por Leo McCarey.

(*Redemption Song*) y *hits* como *No, Woman, no cry*. Su muerte dejó un vacío permanente en el mundo del *reggae*.

MARSHALL, George Catlett

▲ *Uniontown (Pennsylvania, Estados Unidos), 1880*
▼ *Washington (Estados Unidos), 1959*
General y político estadounidense. En 1939 se convirtió en jefe del estado mayor de Estados Unidos, desde donde ejerció gran influencia en la dirección de la guerra. Como secretario de defensa del presidente Truman alcanzó fama mundial cuando concibió el llamado *Plan Marshall*, con el que Estados Unidos ayudó a reanimar la economía europea de la inmediata posguerra con millones de dólares.

MARX, Hermanos

Chico (Leonard Marx)

▲ *Nueva York (Estados Unidos), 1891*
▼ *Hollywood (Los Ángeles, Estados Unidos), 1961*

Harpo (Adolph Arthur Marx)

▲ *Nueva York (Estados Unidos), 1893*
▼ *Hollywood (Los Ángeles, Estados Unidos), 1964*

Groucho (Julius Henry Marx)

▲ *Nueva York (Estados Unidos), 1895*
▼ *Hollywood (Los Ángeles, Estados Unidos), 1977*

Zeppo (Herbert Marx)

▲ *Nueva York (Estados Unidos), 1901*
▼ *Los Ángeles (Estados Unidos), 1979*
Actores y músicos estadounidenses. Son los artífices de la comedia absurda y disparatada. Aunque por lo general sus films, cinematográficamente hablando, son de una calidad bastante deficiente, la delirante verborrea de Groucho, el alma del grupo, el pragmatismo de Chico y la locura destructiva de Harpo, los convierte en obras maestras indiscutibles del género. *Una noche en la Ópera* y *Un día en las carreras*, ambas de Sam Wood, y sobre todo *Sopa de ganso*, de Leo McCarey, son sus mejores películas.

MATA-HARI

▲ *Leeuwarden (Países Bajos), 1876*
▼ *Vincennes (París, Francia), 1917*
Espía, bailarina y cortesana neerlandesa, de verdadero nombre *Margaretha Geertruida Zelle*. La misteriosa biografía de Mata-Hari (expresión malaya que significa "el ojo del día") entra en los dominios de la leyenda. Esposa de un militar con el que vivió en Java y Sumatra, tras su divorcio se instaló en París, donde, semidesnuda, bailaba provocadoras y exóticas danzas que la convirtieron en la reina de las noches parisinas. Durante la Primera Guerra Mundial fue detenida por los franceses, acusada de espionaje en favor de los alemanes. Juzgada y condenada, fue fusilada en 1917.

MATISSE, Henri

▲ *Le Cateau-Cambrésis (Francia), 1869*
▼ *Niza (Francia), 1954*
Pintor francés. Matisse ha sido uno de los grandes de la pintura de este siglo. Empezó con sus deliciosos retratos de desnudos de bellas mujeres (*Odalisca*; *Lujo, calma y voluptuosidad*) y acabó desarrollando un nuevo concepto de la figura humana (*La danza*): simplificación formal, audacia colorista y cósmica exaltación de la alegría de vivir. Su estilo culminó con la decoración de la capilla de los Dominicos de Vence.

MAXWELL, Robert

▲ *Selo Slatina (Checoslovaquia), 1923*
▼ *en aguas cercanas a las islas Canarias, 1991*
Magnate de la comunicación británico, de origen checoslovaco. Nacido Ludvik Hoch, logró escapar a la represión nazi que se cobró la vida de buena parte de su familia y se incorporó al ejército británico, donde se licenció con honores. Tras fundar la editorial científica Pergamon Press, en 1984 compró el tabloide *Daily Mirror* por una cifra récord e introdujo el color dos años antes que el resto de la competencia. En 1990 compró el gigante editorial americano McMillan, y apostó decididamente por convertir su grupo empresarial en un gran *holding* multimedia. Su muerte, acaecida en su yate en extrañas circunstancias, truncó su trayectoria.

McARTHUR, Douglas

▲ *Fort Little Rock (Arkansas, Estados Unidos), 1880*
▼ *Washington (Estados Unidos), 1964*
General estadounidense. En 1919 dirigió la academia de West Point y, durante la II Guerra Mundial, fue comandante en jefe de las fuerzas norteamericanas en Filipinas. En 1945 dirigió el mando de todas las fuerzas aliadas en el Pacífico y desempeñó un papel fundamental en la derrota de Japón. Cuando era máximo responsable de las tropas de la ONU en la guerra de Corea, fue destituido por Truman.

McCARTHY, Joseph

▲ *Wisconsin (Estados Unidos), 1909*
▼ *Maryland (Estados Unidos), 1957*
Senador estadounidense. Bajo la atmósfera de sospecha psicológica a que dio lugar la Guerra Fría, McCarthy, un senador de escasa notoriedad, denunció ante el Comité de Actividades Antinorteamericanas a numerosas personalidades de la vida política y pública del país. Su siniestra actuación hizo un gran daño a la tradición liberal norteamericana y arrojó la desgracia, la infamia y la sospecha sobre significativas personalidades de la vida americana. Cuando el senado desautorizó públicamente a McCarthy en 1954 por abuso de poder, el mal ya estaba hecho.

McDONALD, James Ramsay

▲ *Lossiemouth (condado de Moray, Reino Unido), 1866*
▼ *Lossiemouth (condado de Moray, Reino Unido), 1937*
Político británico. Fue uno de los fundadores del Partido Laborista, en cuyo seno defendió la necesidad de un socialismo reformista y gradual, frente a posibles aventuras revolucionarias inciertas. En 1929, y en medio de una crisis económica devastadora, fue elegido primer ministro, y lo crítico de la situación le llevó a crear un gobierno de unidad nacional que presidió hasta 1935 en medio de violentas críticas de sus correligionarios políticos.

McNAMARA, Frank

▲ *Estados Unidos, 1917*
▼ *Estados Unidos, 1957*
Hombre de negocios estadounidense inventor de la tarjeta de crédito. Cuando se encontró una noche sin efectivo con el que pagar una cena, pensó en la posibilidad de extender el sistema de tarjetas de crédito ya empleado por ferrocarriles o grandes almacenes al consumo particular. Convenció a 27 restaurantes para que aceptaran el pago a cuenta con cargo a una tarjeta, que denominó *Diner's Club*. Con el advenimiento de las nuevas tecnologías internacionales, las tarjetas de crédito han sustituido en muchos casos al dinero corriente.

McTAGGART, David

▲ *Vancouver (Canadá), 1932*
Ecologista canadiense. Antiguo empresario, David McTaggart se convirtió en el líder del movimiento ecologista mundial tras fundar en 1979 la organización Greenpeace. Al frente de ella ha dirigido numerosas y sonadas campañas contra el vertido de residuos nucleares en el mar, la caza de ballenas y focas, la explotación de la Antártida o la emisión de gases que deterioran la capa de ozono.

MEAD, Margaret

▲ *Filadelfia (Estados Unidos), 1901*
▼ *Nueva York (Estados Unidos), 1978*
Antropóloga estadounidense que popularizó esta disciplina con su bestseller *Coming of the ate in Samoa* (1928). Defensora de la preeminencia de la cultura frente a los aspectos biológicos. Ha expresado asimismo su preocupación por la uniformidad de la sociedad moderna (aldea global) y por la necesidad que ésta tiene de capitalizar cualquier diferencia natural.

Robert Maxwell. Su colosal imperio mediático no le sobrevivió.

◀ *Rigoberta Menchú, defensora convencida de los derechos de la población indígena en Centroamérica.*

MEIR, Golda

▲ *Kiev (Ucrania), 1898*
▼ *Jerusalén (Israel), 1978*
Política iraelí. Cuando tenía ocho años sus padres emigraron a Milwaukee. Militó en las filas sionistas tempranamente hasta que, en 1921, se trasladó con su marido a Palestina. Embajadora ante la URSS, ministra de Asuntos Exteriores y secretaria del Partido Laborista, en 1964 fue elegida primera ministra. Apoyó a los sectores más duros del expansionismo sionista y dimitió en 1973, cuando egipcios y sirios tomaron por sorpresa a Israel en el Yom-Kippur.

MÉLIÈS, Georges

▲ *París (Francia), 1861*
▼ *Orly (Francia), 1938*
Realizador, actor, ilusionista e inventor francés. Padre del cine fantástico y, más aún, del cine como espectáculo, Georges Méliès intuyó pronto las enormes posibilidades creativas del cinematógrafo, inventando técnicas como las del trucaje y la sobreimpresión, que usó profusamente en sus más de mil quinientos films, muchos de ellos hoy perdidos, realizados entre finales del siglo XIX y la primera década del XX. Arruinado y olvidado, Méliès acabó vendiendo caramelos en la parisina estación de Montparnasse.

MENCHÚ, Rigoberta

▲ *Chimel (Guatemala), 1959*
Dirigente indígena guatemalteca. Nació en el seno de una familia campesina de formación católica perteneciente a la etnia maya-quiché. Su padre, Vicente Menchú, uno de los fundadores del entonces clandestino Comité de Unidad Campesina (CUC), murió durante la toma de la Embajada española en Guatemala en 1980, y su madre y su hermano fueron torturados y asesinados por el ejército. Desde ese momento, Rigoberta entró en la dirección del CUC y centró su labor en la denuncia de la represión y en la defensa activa de los derechos humanos. Obligada a exiliarse a México en 1981, prosiguió allí su tarea pacifista. En 1992 fue distinguida con el Premio Nobel de la Paz, cuyo jurado reconoció «su contribución a la justicia social y a la reconciliación entre los diferentes grupos étnicos». Su desgarrador testimonio fue recogido por Elisabeth Burgos en *Me llamo Rigoberta Menchú y así me nació la conciencia.*

MERCKX, Eddie

▲ *Meensel-Kiezegem (Bélgica), 1945*
Ciclista belga. Eddie Merckx fue el dominador indiscutible de toda una época del ciclismo. Su palmarés es impresionante: cinco Tours de Francia (1969, 1970, 1971, 1972 y 1974), cinco Giros de Italia (1968, 1970, 1972, 1973 y 1974), una Vuelta a España (1973) y cuatro campeonatos del mundo (1964, 1967, 1971 y 1974), además de numerosas carreras de una semana o un día y victorias de etapa. Se retiró de la competición en 1978.

MESSIAEN, Olivier

▲ *Aviñón (Francia), 1908*
▼ *Clichy (Francia), 1992*
Compositor, organista, pedagogo y ornitólogo francés. La India, la teología cristiana, un acentuado sentido del color instrumental y, sobre todo, el canto de los pájaros, son algunos de los elementos –palpables en obras tan fascinantes como la *Sinfonía Turangalila*, el *Cuarteto para el fin de los tiempos* o la ópera *San Francisco de Asís*– sobre los que se sustenta el siempre personal estilo de Olivier Messiaen. Como pedagogo influyó decisivamente sobre jóvenes músicos de vanguardia, como Pierre Boulez.

MIES VAN DER ROHE, Ludwig

▲ *Aquisgrán (Alemania), 1886*
▼ *Chicago (Estados Unidos), 1969*
Arquitecto estadounidense de origen alemán. A principios de los años veinte, aparecieron sus primeros proyectos sobre rascacielos de cristal y, en 1929, fue el responsable del diseño del pabellón de Alemania en la Exposición Universal de Barcelona, España. Director de la Bauhaus, en 1933 el acoso nazi le obligó a cerrar la escuela y trasladarse a Estados Unidos, donde estableció la tipología de los edificios oficiales en el mundo occidental (edificio Seagram, en Nueva York).

MILKEN, Michael

▲ *Encino (California, Estados Unidos), 1947*
Financiero estadounidense, pionero en solitario de la apertura del mercado de los *bonos basura*, que alimentaron buena parte del *boom* bolsístico de los años ochenta en Wall Street. Tras una época de extraordinaria bonanza durante la cual se calcula que llegó a cobrar del orden de 550 millones de dólares al año, en 1988 fue declarado culpable de numerosos delitos de fraude, incluido el de operar con información privilegiada. Tras su detención, el mercado de los *bonos basura* se hundió.

MILLER, Arthur

▲ *Nueva York (Estados Unidos), 1915*
Dramaturgo estadounidense. Miller intentó llevar a la sociedad americana de posguerra, en fuga hacia un materialismo grosero, un cierto hálito trágico. Sus héroes son viajantes, estibadores, policías. Su matrimonio con Marilyn Monroe formó parte de su tragedia íntima. Saltó a la fama en Broadway, con *Todos eran mis hijos* y *La muerte de un viajante*, aunque su obra más representada sigue siendo *Las brujas de Salem.*

MILLER, Glenn

▲ *Clarinda (Iowa, Estados Unidos), 1904*
▼ *en el Canal de la Mancha, 1944*
Trombonista, arreglista y *bandleader* estadounidense. Decir Glenn Miller es decir *swing*. Director de la banda de *swing* más importante de la década de 1930 y

Arthur Miller interviene en la 8.ª sesión del Instituto Internacional del Teatro (1967).

Joan Miró. La imagen fotográfica se inscribe en una tradición secular en la historia del arte: la del retrato del pintor en su estudio.

principios de la de 1940, consiguió numerosos éxitos con sus adaptaciones y arreglos de temas de las más diversas procedencias a este estilo de música, a los que hay que añadir creaciones propias, como el celebérrimo *Pennsylvania 6-5000*. En 1944 el avión en el que viajaba desapareció mientras sobrevolaba el Canal de la Mancha.

MILSTEIN, César

▲ *Bahía Blanca (Argentina), 1927*
Biólogo argentino nacionalizado británico. Obligado a emigrar por falta de medios para llevar a cabo sus investigaciones sobre el sistema inmunológico, se radicó en el Reino Unido. Allí desarrolló un método para la producción de anticuerpos monoclonales que se reveló esencial para el avance de la biotecnología aplicada a la producción masiva de dichos anticuerpos y, consecuentemente, de la medicina. Por esta razón, en 1984 recibió junto a G.J. Köhler y N.K. Jerne, sus compañeros de equipo, el premio Nobel de Fisiología y Medicina.

MIRÓ, Joan

▲ *Barcelona (España), 1893*
▼ *Palma de Mallorca (España), 1983*
Pintor español. Durante sus años parisinos, su pintura inició una transición del realismo poético anterior (*La masía*) hacia el surrealismo, para concretarse más tarde en una personal aproximación a la abstracción llena de lirismo (*El carnaval del arlequín, Constelaciones*). Creó un universo formal, a base de colores primarios muy puros, que se ha convertido en símbolo plástico de una época y en representante de la cultura mediterránea.

MITTERRAND, François

▲ *Jarnac (Francia), 1916*
▼ *París (Francia), 1996*
Político francés. Escapó de un campo de prisioneros, participó en la Resistencia

◀ *Marilyn Monroe (a la derecha) y Jane Russell, en un número musical de* Los caballeros las prefieren rubias *(1953), de Howard Hawks.*

Akio Morita, fundador y presidente de la empresa Sony, y pionero en el campo de las telecomunicaciones.

francesa y, tras la liberación de Francia, fue diputado, ministro en diferentes ocasiones y contrincante de De Gaulle. Socialista moderado, en 1981 consiguió por fin la presidencia de la República. Culto, inteligente, enigmático, se soñó el continuador de la *Grandeur* de Francia y, cuando fue presidente con un gobierno de derecha, no tuvo ya duda de ello.

MONDRIAN, Piet

▲ *Amersfoort (Países Bajos), 1872*
▼ *Nueva York (Estados Unidos), 1944*
Pintor neerlandés, cuyo verdadero nombre era *Pieter Cornelis*. Mondrian fue el gran reformador de la vanguardia, a la que veía todavía demasiado dependiente de la representación formal del mundo sensible. Así que inició su propia búsqueda personal: el *neoplasticismo* o plástica pura, que sólo admitía líneas horizontales y verticales para separar planos de colores primarios (rojo, amarillo, azul). Ejerció gran influencia en la arquitectura.

MONNET, Jean

▲ *Cognac (Francia), 1888*
▼ *Brazoches (Yvelines, Francia), 1979*
Europeísta francés. Toda su vida luchó con ahínco a favor de una política de planificación y coordinación de los países europeos en el ámbito económico. Trabajó para la Sociedad de Naciones y, en los años cuarenta, como organizador financiero para Estados Unidos y Gran Bretaña. A partir de 1952 se convirtió en el inspirador de la CECA, cuando se encargó de la planificación y coordinación de la producción de acero entre Francia y Alemania.

MONOD, Jacques Lucien

▲ *París (Francia), 1910*
▼ *Clos Saint-Jacques (Cannes, Francia), 1976*
Bioquímico francés que en colaboración con F. Jacob (1920) propuso la existencia del ARN mensajero (1961) así como la de genes reguladores capaces de favorecer o inhibir la síntesis del ARN mensajero. Ambos investigadores confirmaron, a finales de los 60, la existencia de los transposones (predichos ya en 1951 por Barbara McClintok). Es autor de la obra de divulgación *El azar y la necesidad* (1970).

MONROE, Marilyn

▲ *Los Ángeles (Estados Unidos), 1926*
▼ *Los Ángeles (Estados Unidos), 1962*
Actriz estadounidense, cuyo verdadero nombre era *Norma Jean Mortenson* o *Baker*. De carácter frágil y vulnerable, la presión de la fama la condujo al suicidio un 5 de agosto de 1962. Ese día nació el gran mito de Marilyn. Símbolo erótico de toda una época, fue también una actriz de fino instinto dramático, no siempre reconocido, pero palpable en las películas realizadas a partir de *Niágara* (1953): *Los caballeros las prefieren rubias, Cómo casarse con un millonario, La tentación vive arriba, Con faldas y a lo loco, Vidas rebeldes...*

MONTAGNIER, Luc

▲ *Chabris (Indre, Francia), 1932*
Virólogo francés que trabaja en el Instituto Pasteur de París. Bajo su dirección, un equipo de investigadores descubrió en 1983 la existencia del agente causante del llamado síndrome de inmunodeficiencia adquirida (SIDA). Se trata de un virus de la familia de los retrovirus. La paternidad del descubrimiento se la disputó el investigador estadounidense Robert Gallo (n. 1937), si bien en 1993 los tribunales fallaron a favor de Montagnier.

MONTESSORI, Maria

▲ *Chiaravalle (Italia), 1870*
▼ *Noordwijk aan Zee (Países Bajos), 1952*
Pedagoga italiana. Maria Montessori fue la primera mujer en conseguir el título de doctor en Italia, en 1894. Su gran aportación la realizó en el campo de la educación infantil, con toda una serie de medidas destinadas a incentivar el aprendizaje de los más pequeños, dejando que sean éstos los que descubran por sí mismos las diferencias entre las formas, los colores, los números... Dentro de su sistema, el papel del maestro se reduce a coordinar y orientar.

MONTGOMERY, Bernard, L.

▲ *Kennington (Londres, Reino Unido), 1887*
▼ *Alton (Hampsire, Reino Unido), 1976*
Mariscal británico. En 1942, y al mando del VIII Ejército en Egipto, Montgomery derrotó a Rommel en la batalla de el-Alamein y persiguió a las fuerzas del Eje hasta Túnez, con lo que modificó la relación de fuerzas de los bandos contendientes. En 1944 tomó el mando de las fuerzas terrestres del desembarco de Normandía, y su estrategia permitió que los norteamericanos se abrieran paso en uno de los avances más rápidos de la historia militar.

MONTY PYTHON

Grupo de comediantes y cineastas británicos. Formado en 1969, consta de seis miembros que escriben, protagonizan y dirigen sus propias películas, caracterizadas por un humor sarcástico, chocante, delirante, incluso negro, aunque los resultados, en conjunto, adolecen de cierta irregularidad y falta de unidad. Terry Gilliam y Terry Jones son los miembros más activos del grupo, responsables de la realización de films como *Los caballeros de la mesa cuadrada y sus locos seguidores, El sentido de la vida* o la celebrada *La vida de Brian.*

MONZÓN, Carlos

▲ *Santa Fe (Argentina), 1942*
▼ *Santa Rosa de Calchines (Argentina), 1995*
Boxeador argentino. Considerado uno de los mejores púgiles de su categoría de todos los tiempos, sobre todo por su rapidez y su potente pegada. En 1964 debutó como profesional e inició una fulgurante carrera boxística logrando los títulos nacional y continental de los pesos medios. Seis años más tarde logró el título mundial al vencer por K.O. en Roma al italiano Nino Benvenutti. En 1976, después de doce años de imbatibilidad y más de ochenta triunfos, se retiró conservando la corona mundial. Su carácter bronco y su turbulenta vida particular lo condujeron en 1988 a la cárcel, acusado de matar a su esposa, Alicia Muñiz. Murió en accidente de carretera, durante un permiso carcelario.

MOORE, Henry

▲ *Castleford (Yorkshire, Reino Unido), 1898*
▼ *Much Hadham, cerca de Londres (Reino Unido), 1986*
Escultor británico. Pertenecía a una familia numerosa de mineros, pero consiguió la increíble proeza de convertirse en el artista con más prestigio internacional de su país. Trabajó de forma casi exclusiva con la figura humana, concebida como molde del juego de fuerzas que animan el universo: *Figura alargada, Madre e hijo*. La influencia de la guerra dio a su escultura resonancias clásicas y contenidos trágicos, *Guerrero en el suelo* (1956).

MORITA Akio

▲ *Nagoya (Japón), 1921*
Empresario japonés, presidente de Sony y abanderado del liderazgo tecnológico de las empresas japonesas. Miembro de una próspera familia de comerciantes alimentarios, en 1955 lanzó al mercado

su primer producto, una radio portátil, al que han seguido grabadoras, equipos de alta fidelidad, vídeos... Sony marcó el camino a seguir por otros gigantes japoneses en el ámbito de la alta tecnología, aunque Morita siempre lamentará el fracaso de su estándar de reproducción videográfica, el Betamax, derrotado en el mundo entero por el VHS.

MUELLER, George E.

▲ *Estados Unidos, 1918*
Ingeniero y empresario estadounidense. George Mueller fue el principal responsable de que las misiones Apolo se desarrollaran con éxito. Tras tomar el proyecto en un momento en el que la ventaja en la carrera espacial parecía estar del lado soviético, Mueller, al frente de un equipo de cerca de trescientas mil personas y un presupuesto de más de 25 000 millones de dólares, consiguió hacer realidad un viejo sueño del hombre: llegar a la Luna.

MULLER, Hermann Joseph

▲ *Nueva York (Estados Unidos), 1890*
▼ *Indianápolis (Estados Unidos), 1967*
Biólogo estadounidense. Además de la realización de importantes trabajos en el campo de la genética, en colaboración con Th.H. Morgan (1866-1945), descubrió el poder mutágeno de los rayos X, lo que sirvió de constatación de que las mutaciones genéticas constituyen una de las bases de la evolución de las especies. Recibió el premio Nobel de Medicina y Fisiología en 1946.

MÜLLER, Karl

▲ *Basilea (Suiza), 1927*
Físico suizo. Obtuvo, en colaboración con el físico alemán J.G. Bednorz (n. 1950), un material cerámico que presenta propiedades superconductoras a 35 K. Dicho material, formado por óxido de bario, lantano y cobre, inició la carrera por la obtención de superconductores de alta temperatura. Ambos recibieron el premio Nobel de Física de 1987.

MURDOCH, Rupert

▲ *Melbourne (Australia), 1931*
Empresario estadounidense de origen australiano, fundador y propietario de uno de los mayores imperios de la comunicación mundiales, la News Corporation, y a través de la misma, de estudios cinematográficos como Twentieth Century Fox, diarios como *The Sun* y editoriales de la magnitud de Harper Collins. Sin embargo, la iniciativa más ambiciosa de Murdoch fue la de fundar una nueva

cadena, la Fox, en el reñidísimo mercado televisivo norteamericano, iniciativa que conoció un rotundo éxito.

MURNAU, Friedrich Wilhelm

▲ *Bielefeld (Alemania), 1888*
▼ *Santa Barbara (Estados Unidos), 1931*
Realizador de cine alemán. Básicamente conocido por un único título, *Nosferatu*, libre adaptación del *Drácula* de Bram Stoker, la filmografía de Murnau cuenta con otras obras tanto o más estimables: *El último*, *Tartufo o el hipócrita*, *Fausto*, *Amanecer* y *Tabú*, estas dos últimas rodadas en Estados Unidos. Fantásticas o realistas, todas ellas se caracterizan por la belleza y el refinamiento de sus imágenes, de un alto contenido lírico y expresivo, profundamente influidas por la pintura romántica alemana.

MUSIL, Robert

▲ *Klagenfurt (Austria), 1880*
▼ *Ginebra (Suiza), 1942*
Escritor austríaco. Musil se dio a conocer con *Los extravíos del alumno Törless* y se convirtió en autor de culto por su novela *El hombre sin atributos* (1930-1933), obra ciclópea, a medio camino entre la novela y la filosofía. En ella el autor se pregunta qué pasaría si el hombre descubriera que todos los atributos que definen su conciencia de sí no fueran más que una colección de máscaras superpuestas e impuestas ¿Podría seguir viviendo sin ilusiones narcisistas?

MUSSOLINI, Benito

▲ *Dovia di Predappio (Forlì, Italia), 1883*
▼ *Giuino di Mezzegra (Como, Italia), 1945*
Estadista italiano. Maestro de escuela, periodista, agitador revolucionario y líder socialista, el *Duce* creó, y dirigió durante 20 años, el movimiento fascista italiano. Tras la Marcha sobre Roma (1922), el rey lo designó primer ministro: creó un estado policial, se apropió de Abisinia y de Albania y, en 1940, tras el hundimiento de Francia, se unió a Hitler. Cuando intentaba crear una república en el norte de Italia bajo dominio alemán, murió asesinado por guerrilleros.

NAGY, Imre

▲ *Kaposvár (Hungría), 1896*
▼ *Budapest (Hungría), 1958*
Político húngaro. Nagy fue un comunista disidente que intentó la reforma del estado húngaro. Tras la muerte de Stalin en 1953 fue elegido primer ministro e intentó acometer su plan de reformas (*Nuevo*

Martina Navratilova, en una imagen del Open de Estados Unidos de 1990. Su juego «masculino» basado en el servicio y la volea le proporcionó numerosos triunfos.

Curso) que fue abortado por el estalinista Rákosi, y Nagy fue expulsado del partido. Regresó cuando estalló la sublevación popular de 1956 y, cuando ésta fue aplastada por las tropas soviéticas, fue juzgado en secreto y ejecutado.

NASSER, Gamal Abdel

▲ *Beni Mor (Asiut, Egipto), 1918*
▼ *El Cairo (Egipto), 1970*
Político egipcio. Activo militante anticolonialista, creó el Movimiento de Oficiales Libres que en 1952 derrocó al rey Faruk. Cuando nacionalizó el canal de Suez (1956), y Francia y Gran Bretaña invadieron Egipto con el apoyo de Israel, se convirtió en el líder indiscutible de los países árabes. Aunque sus proyectos de unidad panárabe fracasaron, alentaron la guerra árabe-israelí de 1967, *Guerra de los seis días*, en la que el prestigio de Nasser quedó en entredicho.

NAVRATILOVA, Martina

▲ *Praga (Checoslovaquia), 1956*
Tenista checa, nacionalizada estadounidense. Martina Navratilova ha sido, seguramente, la mejor tenista de todos los tiempos. Su juego de saque y volea y su gran potencia física, además de revolucionar la técnica del tenis femenino, la convirtieron en la gran dominadora de las pistas durante la década de 1980. Nueve victorias en Wimbledon, dos en Roland Garros, tres en Australia y cuatro en Flushing Meadows, conforman lo más destacado de su impresionante palmarés. Se retiró en 1994 tras ganar un total de 167 torneos.

NEHRU, Jawaharlal

▲ *Allahabad (India), 1889*
▼ *Nueva Delhi (India), 1964*
Político hindú. Se educó en el Reino Unido y, tras su regreso a la India, emprendió su campaña de Desobediencia Civil, por la que fue encarcelado en varias ocasiones. Compartió con Gandhi ideas y método, pero soslayando su mis-

ticismo religioso. Como presidente del Congreso Nacional Indio, negoció con lord Mountbatten, último gobernador británico, la transferencia de poder al nuevo estado, cuyos destinos dirigió hasta su muerte.

NERUDA, Pablo

▲ *Parral (Chile), 1904*
▼ *Santiago (Chile), 1973*
Poeta chileno, cuyo verdadero nombre era *Neftalí Ricardo Reyes*. En 1924 se hizo famoso cuando publicó *Veinte poemas de amor y una canción desesperada*, melancólica obra de juventud; vendría después su gran éxito *Residencia en la Tierra*, con la que inicia un viraje hacia lo sombrío y lo funesto, próximo al surrealismo. Con sus grandes obras de madurez: *Canto general* (1954) y *Memorial de Isla Negra* (1964), su poesía se vuelve serena en su celebración de la vida. Premio Nobel de Literatura en 1971.

NEUMANN, John von

▲ *Budapest (Hungría), 1903*
▼ *Washington (Estados Unidos), 1957*
Matemático estadounidense de origen húngaro, cuyo nombre original era *Johann* o *János*. Investigador de múltiples intereses, participó en la construcción de la primera bomba atómica, desarrolló la teoría de operadores, demostró que las dos formulaciones de la mecánica cuántica (la de Heisenberg y Schrödinger) eran equivalentes y formuló el teorema minimax en la teoría de juegos (1928). Está considerado el "padre de los ordenadores digitales".

NICKLAUS, Jack

▲ *Columbus (Ohio, Estados Unidos), 1940*
Jugador de golf estadounidense. Jack Nicklaus es una referencia ineludible a la hora de hablar de golf. En activo durante veintisiete años, de 1959 a 1986, y profesional desde 1962 –año en el que conquistó el Open de los Estados Unidos derrotando al gran Arnold Palmer–, en su larga y fructífera carrera ganó veinte títulos en los torneos más prestigiosos e importantes, entre ellos seis Masters, el último de ellos el mismo año de su retirada.

NICOLÁS II

▲ *Tsárkoie Seló (Rusia), 1868*
▼ *Yekaterinburg (Rusia), 1918*
Último zar de Rusia. Primogénito de Alejandro III, se unió en matrimonio a una princesa alemana, que se convertiría en la emperatriz Alejandra Fiodorovna.

Hombre de carácter retraído y amante de la vida familiar, consideró como su sagrada obligación mantener íntegro el régimen autocrático de los zares. La revolución de 1905 le obligó a ceder prerrogativas; la de 1917 derribó la casa de los Romanov y en julio de 1918, el zar y su familia fueron ejecutados por los bolcheviques.

NIEMEYER, Oscar

▲ *Río de Janeiro (Brasil), 1907*
Arquitecto brasileño. Muy influido por Le Corbusier, añadió al primer racionalismo arquitectónico de aquél una riqueza formal original y elegante, e integró sus construcciones en la arquitectura y la pintura. Su obra más importante fue la planificación y realización de importantes edificios públicos para la ciudad de Brasilia, en los años cincuenta. Instalado en Europa en 1962, trabajó abundantemente para países mediterráneos.

NIETO, Ángel

▲ *Zamora (España), 1947*
Motociclista español. El mundo del motor en España tiene un nombre propio: Ángel Nieto. Fue, junto al italiano Giacomo Agostini, el gran dominador de las cilindradas bajas de 50 cc y 125 cc, durante quince años, en los que consiguió noventa victorias en grandes premios y trece campeonatos del mundo. En 1986, y tras probar el salto, sin éxito, a la categoría de 250 cc, las lesiones le obligaron a retirarse.

NIJINSKI, Vatslav

▲ *Kiev (Ucrania) 1890*
▼ *Londres (Reino Unido), 1950*
Bailarín y coreógrafo ruso. Íntimamente ligado a los Ballets Rusos de Diaghilev, Vatslav Nijinski poseía una técnica excepcional que le hacía brillar especialmente en papeles dramáticos, intensamente expresivos. Fue, por ejemplo, el inolvidable protagonista de espectáculos como *Petrouchka* de Stravinski o *Preludio a la siesta de un fauno* de Debussy, este último todo un escándalo a causa de la novedad y osadía de su propuesta coreográfica. Mejor bailarín que coreógrafo, suya fue también la coreografía original de *La consagración de la primavera*.

NING CHEN YANG

▲ *Hofei (China), 1922*
Físico estadounidense de origen chino. En colaboración con su compatriota Tsung-Dao Lee (n. Shangai, 1926), demostró que la conservación de la paridad no se cumple en la interacción débil pero

sí en la fuerte, trabajos por los que fueron galardonados con el premio Nobel de Física del año 1957.

NIXON, Richard

▲ *Yorba Linda (California, Estados Unidos), 1913*
▼ *Nueva York (Estados Unidos), 1994*
Político estadounidense. En 1968 ganó las elecciones a la presidencia como candidato republicano. Inició la progresiva retirada de las tropas norteamericanas de Vietnam, que paradójicamente condujo a una escalada del conflicto, y entabló relaciones con China; continuó la política de acercamiento a la URSS e intervino como mediador entre árabes e israelíes. Cayó en desgracia cuando se descubrió una conspiración contra sus enemigos políticos (*Watergate*) que le obligó a dimitir en 1974.

NURÉIEV, Rudolf

▲ *Radzolnaia (Unión Soviética, act. Rusia), 1938*
▼ *París (Francia), 1993*
Bailarín y coreógrafo ruso, nacionalizado británico. Esta leyenda de la danza nació en un tren. Establecido en Occidente desde 1961 (en 1962 se le otorgó la ciudadanía británica), actuó en las mejores compañías del mundo al lado de estrellas como Margot Fonteyn. Su prodigiosa técnica le permitió abordar un considerable repertorio, sobresaliendo en el gran ballet tardorromántico. Coreógrafo original, sus trabajos se distinguen por su espectacularidad (*La bayadera*, con música de Minkus).

NURMI, Paavo

▲ *Turku (Finlandia), 1897*
▼ *Helsinki (Finlandia), 1973*
Atleta finlandés. Conocido como el "finlandés volador", Paavo Nurmi no fue sólo el mejor atleta de su país, sino todo un símbolo nacional para sus compatriotas. Como deportista no tuvo rival en las carreras de larga distancia, ganando un total de nueve medallas olímpicas de oro

Laurence Olivier en un fotograma del filme Hamlet *(1948), fiel transcripción en imágenes de la tragedia de William Shakespeare del mismo título, dirigida por el propio Olivier con un énfasis especial en el trabajo de los actores.*

y tres de plata y estableciendo treinta y un récords en distintas disciplinas, marca ésta que aún sigue intacta. La década de 1920 fue la de sus mayores triunfos.

OISTRAKH, David

▲ *Odesa (Rusia, act. Ucrania), 1908*
▼ *Amsterdam (Países Bajos), 1974*
Violinista soviético. El siglo XX ha dado excelentes violinistas a la música: Yehudi Menuhin, Nathan Milstein, Jascha Heifetz, Isaac Stern. Junto a ellos, uno de los más grandes es, sin duda, David Oistrakh. Su estilo sincero y respetuoso, de una gran expresividad, le hacía brillar en cualquier tipo de repertorio, desde el barroco al contemporáneo. Figura esencial de la música soviética, los más grandes compositores de su país (Prokofiev, Shostakovich, Khachaturian) escribieron para él.

OLIVIER, sir Laurence

▲ *Dorking (Reino Unido), 1907*
▼ *Steyning (West Sussex, Reino Unido), 1989*
Actor y director británico. Salido del mundo del teatro, donde se forjó una merecida fama como intérprete shakespeariano, Laurence Olivier fue uno de los actores más completos de la gran pantalla. De porte señorial, participó en prestigiosas películas de Hitchcock (*Rebeca*), Korda (*Lady Hamilton*) y Kubrick (*Espartaco*), entre otros. Como director se le deben tres apreciables adaptaciones cinematográficas de obras de Shakespeare: *Enrique V*, *Hamlet* y *Ricardo III*, todas ellas protagonizadas por él mismo.

OLSEN, Ken

▲ *Estados Unidos, 1926*
Diseñador de ordenadores estadounidense. Con Ken Olsen la informática entró en los hogares. Él fue uno de los protagonistas directos de la rápida evolución de los ordenadores, desde las gigantescas máquinas que ocupaban edificios de dos plantas, hasta los microordenadores actuales. Colaborador del equipo que fabricó en 1959 el primer ordenador que operaba en *tiempo real*, la creación en 1964 del primer miniordenador fabricado en serie fue también obra suya.

ONASSIS, Aristóteles

▲ *Izmir (Turquía), 1906*
▼ *Neuilly-sur-Seine (Francia), 1975*
Naviero griego, famoso tanto por sus éxitos empresariales como por su agitada vida social. Hijo de un comerciante de tabaco, con los beneficios obtenidos en el negocio paterno compró unos bar-

cos canadienses de desecho, que fueron el germen de una de las flotas privadas mercantes más importantes del mundo. Casado en 1946 con Tina Livanos, heredera de otro importante armador, se divorció de ella en 1960, mantuvo una larga relación sentimental con la soprano Maria Callas, y volvió a casarse con Jacqueline Bouvier, viuda del presidente americano John Fitzgerald Kennedy.

ONETTI, Juan Carlos

▲ *Montevideo (Uruguay), 1909*
▼ *Madrid (España), 1994*
Escritor uruguayo. Hasta mediados los años setenta vivió alternativamente entre Montevideo y Buenos Aires, de donde marchó a Madrid a raíz de la persecución militar desencadenada a ambas orillas del Río de la Plata. Onetti impartió su magisterio periodístico en las revistas uruguaya *Marcha* y argentina *Vea* y *Lea* e inició, en 1939, su carrera literaria con *El pozo*. Esta novela, que acusa las influencias de Conrad, Faulkner y Céline, marcó un hito en la narrativa hispanoamérica al incorporar nuevas técnicas y enfoques narrativos para describir la angustia del individuo en el marco de las grandes ciudades. Con *La vida breve*, de 1950, inició el ciclo de la mítica Santa María, entrañable paisaje literario poblado por personajes abocados a la soledad y la desesperanza. Otras obras importantes son *El astillero*, *Juntacadáveres*, *Dejemos hablar al viento*, *Cuando entonces* y *Cuando ya no importe*. En 1980 fue distinguido en España con el premio Cervantes y en 1985 en Uruguay con el Nacional de Literatura.

OPPENHEIMER, Julius Robert

▲ *Nueva York (Estados Unidos), 1904*
▼ *Princeton (Nueva Jersey, Estados Unidos), 1967*
Físico estadounidense. Estudió los rayos cósmicos, las partículas elementales y las reacciones nucleares. En el proyecto Manhattan (construcción de la bomba atómica) fue director del centro de Los Álamos, del Instituto de Estudios Avanzados de Princeton y de la Comisión de Energía Atómica de los Estados Unidos. En 1954 se le apartó de todos los cargos por "connivencia con los comunistas".

ORTEGA Y GASSET, José

▲ *Madrid (España), 1883*
▼ *Madrid (España), 1955*
Filósofo y ensayista español. Tocó prácticamente todos los temas y llegó a cualquier controversia, política o académica, que existiera en la España de su época. Su pensamiento, marcado por el neokan-

Linus Carl Pauling recibe una llamada de felicitación, después de ser galardonado con su segundo premio Nobel, en 1962.

Octavio Paz, durante la ceremonia de recepción del premio Nobel de Literatura. ▶

tismo y el vitalismo aprendidos en Alemania durante su juventud, se mantuvo siempre cercano a su tiempo, a veces adelantándose a él, y a través de libros como *La rebelión de las masas* o *La deshumanización del arte* influyó poderosamente en las actitudes e ideas de sus contemporáneos.

OSTWALD, Friedrich Wilhelm

▲ *Riga (Letonia), 1853*
▼ *Leipzig (Alemania), 1932*
Físico alemán nacido en Estonia. Está considerado uno de los padres de la física-química. Clasificó las mezclas de fases diferentes, formuló la ley de la dilución que lleva su nombre y fue autor de la definición moderna de catalizador, que le permitió descubrir la reacción que lleva su nombre. En 1909 se le concedió el premio Nobel de Química.

OWENS, Jesse

▲ *Oakville (Alabama, Estados Unidos), 1913*
▼ *Phoenix (Arizona, Estados Unidos), 1980*
Atleta estadounidense. Es uno de los mitos del atletismo mundial. Atleta de color, fue el triunfador absoluto de los Juegos Olímpicos que Hitler había organizado en Berlín para demostrar la superioridad de la raza aria. Owens ganó en ellos cuatro medallas de oro, una marca sólo igualada por Carl Lewis en Los Ángeles en 1986. En salto de longitud estableció un récord que iba a mantenerse vigente durante veinticinco años.

PARKER, Charlie

▲ *Kansas City (Estados Unidos), 1920*
▼ *Nueva York (Estados Unidos), 1955*
Jazzman estadounidense, apodado «Bird» (pájaro). En los años cuarenta revolucionó el mundo del jazz junto a Dizzy Gillespie, creando un nuevo estilo basado en la improvisación que rompía con todas las normas, el *be-bop*. Su virtuosismo con el saxo alto, su oscura biografía y su drogadicción hicieron de él un personaje mítico incluso antes de su muerte, pero nunca alcanzó el reconocimiento popular. Maestro, entre otros, de Miles Davis, destacan en su discografía *Relaxin' at Camarillo* y *Yardbird suite*.

PASTERNAK, Boris

▲ *Moscú (Rusia), 1890*
▼ *Moscú (Unión Soviética), 1960*
Escritor ruso. No sólo fue el mejor poeta soviético (*El segundo nacimiento, Mi amiga la vida*), sino un excelente traduc-

tor de la obra de Shakespeare al ruso, en momentos en que la cultura oficial producía deprimentes panfletos. La publicación en Occidente de su obra maestra, la novela *Doctor Zhivago*, concitó contra él las iras de los burócratas soviéticos. Premio Nobel de Literatura en 1958.

PATARROYO, Manuel Elkin

▲ *Ataco (Colombia), 1946*
Científico colombiano. Doctorado en medicina, se especializó en virología e inició sus trabajos de investigación, razón por la cual, en 1972, fundó en Bogotá el Instituto de Inmunología Colombiano. Particularmente interesado en hallar nuevos métodos para combatir ciertas enfermedades epidémicas, en 1978 comenzó a trabajar en la consecución de una vacuna sintética contra la malaria, logrando resultados positivos nueve años más tarde. Esta vacuna fue homologada en 1993 por la Organización Mundial de la Salud y otros organismos internacionales, no obstante las campañas de descrédito impulsadas por laboratorios estadounidenses. Al año siguiente recibió el Premio Príncipe de Asturias a la Investigación Científica y Técnica otorgado en España, país cuya nacionalidad adoptó.

PAULING, Linus Carl

▲ *Portland (Oregón, Estados Unidos), 1901*
▼ *Big Sur (California, Estados Unidos), 1994*
Bioquímico estadounidense. Pionero en la aplicación de la mecánica cuántica a los enlaces químicos. Formuló conceptos como los de orbitales híbridos, valencia dirigida, enlaces parcialmente iónicos o covalentes, etc. Además realizó estudios sobre la sangre, formuló una teoría sobre la anestesia y otra acerca de la memoria. En 1954 recibió el premio Nobel de Química y en 1962 el Nobel de la Paz.

PAVAROTTI, Luciano

▲ *Módena (Italia), 1935*
Tenor italiano, gran divo de la escena operística del último tercio del siglo XX. Con un repertorio no muy extenso pero escogido, centrado en los grandes títulos

de la ópera francesa e italiana decimonónica, de Bellini a Verdi y Puccini, ha sabido hacerse con un amplísimo grupo de admiradores, merced también a sus incursiones en la música popular y a sus recitales en grandes espacios, a veces en compañía de Plácido Domingo y Josep Carreras.

PAVESE, Cesare

▲ *San Stefano Belbo (Piamonte, Italia), 1908*
▼ *Turín (Italia), 1950*
Escritor italiano. Pavese ejerció como gran hombre de letras en su sentido más amplio y noble. En sus novelas *Mujeres solas* y *La luna y las fogatas*, recrea con intensidad dos mundos contrapuestos: el del tedioso vivir de las damas de la alta sociedad y la primitiva vida de los campesinos en la Italia profunda. Escribió un magnífico diario, *El oficio de vivir*, cuyas últimas páginas parecen presagiar su suicidio.

PAVLOV, Iván Petrovich

▲ *San Petersburgo (Rusia), 1849*
▼ *Moscú (Unión Soviética), 1936*
Fisiólogo ruso. Especializado en cirugía, se dedicó al estudio del aparato circulatorio y al de la tensión arterial para pasar más tarde al aparato digestivo. Sus trabajos experimentales con perros le permitieron sentar las bases de la psicología objetiva y formular el concepto de reflejo condicionado (1903). En 1904 recibió el premio Nobel de Medicina y Fisiología.

PAVLOVA, Anna

▲ *San Petersburgo (Rusia), 1882*
▼ *La Haya (Países Bajos), 1931*
Bailarina rusa. Anna Pavlova no fue una bailarina innovadora, antes al contrario (dejó los Ballets Rusos por la modernidad de sus propuestas), pero pocas como ella han simbolizado con tanta perfección el espíritu del ballet clásico (Chaikovski, Adam). Su estilo, refinado y sutil, de un extremado lirismo, queda magistralmente expresado en la que fue su más inolvidable creación: *La muerte del cisne*, una coreografía que, sobre música de Saint-Saëns, realizó para ella Michel Fokine.

PAZ, Juan Carlos

▲ *Buenos Aires (Argentina), 1897*
▼ *Buenos Aires (Argentina), 1972*
Compositor y teórico musical argentino. Comenzó su formación musical en Buenos Aires y más tarde marchó a París, donde fue discípulo de D'Indy, R. Nery

y otros grandes maestros. En 1929 fundó el grupo Renovación y en 1936 la agrupación Nueva Música. Su escritura musical evolucionó de las formas neorrománticas y del formalismo de C. Franck hacia el dodecafonismo, al que realizó importantes aportaciones con la incorporación de giros y ritmos jazzísticos. Su vasta obra comprende música de cámara, *Tres invenciones*; instrumental y sinfónica, *Movimiento sinfónico, Obertura para doce instrumentos, Tercera composición dodecafónica*, etc. Entre sus libros figuran *Introducción a la música de nuestro tiempo, Arnold Schönberg o el fin de la era tonal* y *Alturas, tensiones, ataques, intensidades*.

PAZ, Octavio

▲ *Mixcoac (México), 1914*
▼ *Ciudad de México (México), 1998*
Poeta y ensayista mexicano. Paz concebía al poeta como una voz disidente y siempre insatisfecha. Su obra trata de conciliar el espíritu caótico de rebeldía del poeta y el compromiso social, lo que predicó con el ejemplo. Lo mejor de su producción poética se halla recopilado en *Libertad bajo palabra*; también fue autor de brillantes ensayos, *El laberinto de la soledad, La llama doble*. Premio Nobel de Literatura en 1990.

PEARY, Robert Edwin

▲ *Cresson (Estados Unidos), 1856*
▼ *Washington (Estados Unidos), 1920*
Explorador y marino estadounidense. Robert Peary unió su nombre al de otros grandes exploradores cuando, el 6 de abril de 1909, se convirtió en el primero en alcanzar el Polo Norte, cumpliéndose así el sueño, casi la obsesión, que había

Adolfo Pérez Esquivel, activo opositor de la dictadura y la represión política en Argentina.

dominado toda su vida. Cuatro esquimales, Ooqueah, Ootah, Egingwah y Seegloo, y un amigo, Mathew Henson, le acompañaron en su larga travesía a través de los hielos.

PELÉ

▲ Tres Corações (Brasil), 1940

Futbolista brasileño, de verdadero nombre Edson Arantes do Nascimento. Nacido en un país en el que el fútbol es una religión, "O Rei" Pelé ha sido el mejor futbolista de todos los tiempos. Dotado de una excepcional técnica individual, rápido e inteligente, fue un extraordinario goleador, como lo certifican los 1 281goles marcados en toda su carrera. Con la selección de Brasil se proclamó campeón del mundo en 1958, 1962 y 1970. En 1977 y tras dos temporadas en Estados Unidos, se retiró de los terrenos de juego.

PÉREZ ESQUIVEL, Adolfo

▲ Buenos Aires (Argentina), 1936

Arquitecto y pacifista argentino. Siendo profesor en la Universidad de La Plata, en 1971 fundó el Servicio Justicia y Paz para América Latina, para luchar por la paz inspirándose en la doctrina de la no violencia de Gandhi. Su activa defensa

Philippe Pétain

Pablo Picasso. Se diría que con sus manos modela el mundo exterior.

de los derechos humanos durante la dictadura militar le supuso su encarcelamiento entre 1977 y 1978. Dos años más tarde fue galardonado con el premio Nobel de la Paz. Restablecido el orden democrático en su país, Pérez Esquivel trabajó decididamente en el esclarecimiento del paradero de los desaparecidos y la vigencia de los derechos humanos. Asimismo se ocupó de la ayuda humanitaria a Nicaragua en 1984 y más tarde medió sin éxito entre el gobierno español y ETA. En 1994 fue designado rector de la Universidad de la ONU para la Paz.

PERÓN, Eva Duarte de

▲ Los Toldos (Buenos Aires, Argentina), 1919
▼ Buenos Aires (Argentina), 1952

Líder populista argentina. Su popularidad creció a la sombra de su marido, Juan Domingo Perón, pero pronto adquirió tintes de leyenda; un poderoso mito femenino para un país, una época y una ambigua clase social: "los descamisados". Hija no deseada, llegó a Buenos Aires a los 16 años huyendo del hambre. Actriz mediocre, Perón la rescató a su suerte y se casó con ella en 1945. Desde entonces interpretó su papel de Cenicienta convertida en princesa ante un país entregado.

PERÓN, Juan Domingo

▲ Lobos (Buenos Aires, Argentina), 1895
▼ Buenos Aires (Argentina), 1974

Militar y político argentino. Ministro de la guerra y secretario de Trabajo bajo el gobierno militar de 1943, fue elegido presidente del país en 1946 y fue referente de la vida política argentina hasta su muerte. Nacionalista y anticomunista, se ganó la incondicional adhesión de las masas trabajadoras, en medio de una favorable coyuntura económica que hizo posible una cierta redistribución de la riqueza y el inicio de la industrialización.

PÉTAIN, Philippe

▲ Cauchy-à-la Tour (Francia), 1856
▼ Isla de Yeu (Francia), 1951

Mariscal de Francia. Por su actuación en la defensa de Verdún, durante la Gran Guerra, Pétain se convirtió en héroe nacional y fue nombrado Mariscal de Francia (1918). Su prestigio e influencia política continuaron en el período de entreguerras. Pero su estrella se apagó dramáticamente cuando en 1940 se convirtió en presidente del gobierno colaboracionista nacido en Vichy. Por ello, fue procesado y confinado de por vida en la isla de Yeu.

PHILIPS, Anton

▲ Zaltbommel (Países Bajos), 1874
▼ Eindhoven (Países Bajos), 1951

Industrial neerlandés, máximo responsable de la expansión y consolidación mundial de la empresa Philips, aunque ésta fue fundada por su hermano Gérard. Enérgico y competente, se entregó a la promoción y gerencia comercial de lo que empezó siendo una humilde empresa de bombillas y acabó convertida en un gigante de la electrónica de consumo. Tras hacerse cargo de la empresa en 1921, inició una agresiva política de expansión hasta colocar en cada hogar europeo al menos un electrodoméstico, desde un televisor hasta una tostadora, de la marca Philips.

PIAF, Edith

▲ París (Francia), 1915
▼ París (Francia), 1963

Cantante francesa, cuyo verdadero nombre era Giovanna Gassion. Es el gran mito de la canción gala. Desde su más tierna infancia su vida estuvo marcada por la desdicha, lo que influyó decisivamente en su estilo interpretativo, sensible y emocionado, lírico y desgarrado al mismo tiempo, de una gran fuerza expresiva, y en el tipo de repertorio cultivado. Los más grandes compositores y poetas franceses de su época escribieron para ella: Non, je ne regrette rien, La vie en rose o Mon Dieu que son algunas de las canciones que inmortalizó.

PIAGET, Jean

▲ Neuchâtel (Suiza), 1896
▼ Ginebra (Suiza), 1980

Filósofo y psicólogo suizo. Creador de una teoría sobre la epistemología genética que afirma que ésta constituye la base del pensamiento filosófico y científico. Gran estudioso de la psicología infantil, realizó importantes contribuciones en el campo del desarrollo de la psicología infantil, que subdividió en tres etapas perfectamente diferenciadas entre sí.

PIAZZOLA, Astor

▲ Mar del Plata (Argentina), 1921
▼ Buenos Aires (Argentina), 1992

Bandoneonista y compositor argentino. Pasó su infancia en Nueva York, donde estudió música y bandoneón y debutó profesionalmente a los trece años participando en la grabación de la banda sonora de El día que.me quieras, película con Carlos Gardel. De nuevo en Buenos Aires, entró en la orquesta de Aníbal Troilo y en 1946 formó su propio grupo, con el que ejecutó sus primeras composiciones de música de cámara, Rapsodia porteña y la sinfonía Buenos Aires. En 1953 logró la popularidad con Balada para un loco, en la que expresó sus inquietudes de búsqueda en la música de tango. Al año siguiente marchó a París, donde estudió con Nadia Boulanger, y halló en el jazz y la música clásica los elementos para revolucionar lo que él llamaba «música contemporánea de Buenos Aires». Entre sus principales creaciones figuran María de Buenos Aires, opereta, Revolución del tango, Concierto para bandoneón, Tangos futuros, Las cuatro estaciones, etc.

PICASSO, Pablo

▲ Málaga (España), 1881
▼ Mougins (Francia), 1973

Artista español, cuyo verdadero nombre era Pablo Ruiz Picasso. Si el arte ha sido la religión del siglo XX, Picasso ha sido, sin duda alguna, su sumo sacerdote. Su obra y su proteica figura han alimentado un siglo convulsivo, a la búsqueda desesperada de referentes espirituales. Sus cuadros Les demoiselles d'Avignon, (1907) y el Guernica (1937) fueron sus paradigmáticas creaciones. Abarcó todos los géneros: la litografía, la escultura y la cerámica.

PINOCHET, Augusto

▲ Valparaíso (Chile), 1915

Militar y político chileno. Llegó al poder en 1973, tras derribar el gobierno constitucional de Salvador Allende. Presidió la Junta Militar que asumió el poder y que llevó a cabo la ejecución de

Jackson Pollock: Number 7 *(1952, MOMA de Nueva York). En sus últimos años de actividad, el artista recuperó una cierta figuración, como en el rostro que emerge en este lienzo.*

numerosos opositores e impuso el exilio forzoso a otros. En 1990 cedió el poder a Patricio Aylwin y quedó como jefe de las Fuerzas Armadas, cargo que abandonó en 1998 para asumir el de senador vitalicio. Ese mismo año fue detenido en Londres, acusado de crímenes cometidos durante la dictadura.

PÍO XII

▲ *Roma (Italia), 1876*
▼ *Castelgandolfo (Italia), 1958*
Papa italiano, cuyo verdadero nombre era *Eugenio Pacelli.* Sonaban himnos de guerra en Europa cuando Pacelli fue elegido Papa en 1939. Tuvo muy poca fe en las democracias occidentales, a las que veía perseguidas por el demonio del comunismo, pero nunca simpatizó con la Alemania nazi ni con la Italia fascista: trató, sin éxito, de convertirse en el mensajero de la paz. Fue un Papa activo pero atenazado por su conservadurismo.

PIQUER, Concha

▲ *Valencia (España), 1908*
▼ *Madrid (España), 1990*
Cantante y actriz, expresión máxima de la canción española. Destacó como tonadillera por su gran emotividad y expresividad interpretativa. En su repertorio, a menudo inpirado por el folclore andaluz, destacan canciones como *Tatuaje, Ojos verdes* o *La niña de la estación.* En 1927 inició su carrera cinematográfica en *El negro que tenía el alma blanca,* de Benito Perojo, a la que siguieron otros títulos, como *Filigrana,* de Luis Marquina, hasta su retirada en 1957.

PIRANDELLO, Luigi

▲ *Agrigento (Italia), 1867*
▼ *Roma (Italia), 1936*
Dramaturgo italiano. Pirandello es un ilustre representante del nihilismo que ha devorado a nuestro siglo. Puso en duda, como luego hicieron tantos otros desde

José Antonio Primo de Rivera, segundo por la izquierda, de pie, al lado de su padre Miguel (tercero), en una fotografía familiar. ▶

distintos ángulos y procedencias (Freud publicó en 1923 *El yo y el ello*), el mayor de todos los valores, el de la identidad personal; la ficción del yo esencial: *Así es, si así os parece, Seis personajes en busca de autor, Enrique IV.* Premio Nobel de Literatura en 1934.

PLA, Josep

▲ *Palafrugell (Girona, España), 1897*
▼ *Llofriu (Girona, España), 1981*
Escritor español en lengua catalana y castellana. A lo largo de su extensa vida cultivó dos pasiones: el verbo y la memoria. Y con ellas se convirtió en un escritor ávido, de peculiar inteligencia, empeñado en una obra basada en la economía, la claridad y la precisión. Fue un excepcional cronista de su tiempo y sutilísimo observador de la realidad social. *El quadern gris, Notes del capvespre.*

PLANCK, Max

▲ *Kiel (Alemania), 1858*
▼ *Gotinga (Alemania), 1947*
Físico alemán. Doctorado (1879) con un trabajo acerca del segundo principio de la termodinámica, formuló la ley de la radiación que lleva su nombre (1900) y propuso la hipótesis de los cuantos, base de la teoría cuántica que constituye una de las dos grandes revoluciones de la física del siglo xx. En 1918 fue galardonado con el premio Nobel de Física.

POINCARÉ, Jules Henri

▲ *Nancy (Francia), 1854*
▼ *París (Francia), 1912*
Matemático, físico, astrónomo y filósofo francés. Se le debe la teoría de funciones automorfas, abordó el problema de los tres cuerpos, aplicó la mecánica de fluidos al estudio de Saturno, y dedujo, de manera independiente de A. Einstein, muchos de los resultados de la relatividad especial. Se le considera el padre de la topología moderna.

POLLOCK, Jackson

▲ *Cody (Wyoming, Estados Unidos), 1912*
▼ *East Hampton (Estados Unidos), 1956*
Pintor estadounidense. Ya desde el comienzo, su pintura marcó fronteras con la tradición norteamericana y, cuando entró en contacto con los surrealistas establecidos en Nueva York durante la II Guerra Mundial, se apasionó con las nuevas formulaciones estéticas. Resultado de ello fue un nuevo estilo: *Action Painting:* la tela se colocaba extendida en el suelo y la pintura se distribuía con una pincelada laberíntica e impulsiva.

POPPER, Karl Raimund

▲ *Viena (Austria), 1902*
▼ *Londres (Reino Unido), 1994*
Filósofo británico de origen austríaco. Cercano a los planteamientos del Círculo de Viena, de su relación crítica con él surgieron teorías ya clásicas, entre ellas la descripción del método científico como falsacionista, y no induccionista, como siempre se había creído. A sus fundamentales trabajos en epistemología se une la defensa convencida de la democracia frente a cualquier clase de totalitarismo, un convencimiento que proviene tanto de su origen judío, motivo de su exilio en 1936, como de sus propias teorías epistemológicas.

PORTER, Cole

▲ *Peru, Indiana (Estados Unidos), 1893*
▼ *Santa Mónica (California, Estados Unidos), 1964*
Compositor estadounidense. Cole Porter es el gran representante de la canción y opereta americanas, autor de una vasta producción entre la que destacan algunos títulos que conquistaron un sonoro éxito en su estreno en Broadway: *La alegre divorciada, Kiss Me Kate* o *Jubilee,* son algunos de ellos, llevados posteriormente al cine. No menos fama consiguieron algunas de sus canciones, como *Night and Day* –que más tarde daría título a una biografía fílmica del propio Porter, protagonizada por Cary Grant–, o *Begin the Beguine.*

PORTINARI, Cándido

▲ *Brodósqui (Brasil), 1903*
▼ *Río de Janeiro (Brasil), 1962*
Pintor brasileño. Tras iniciarse en la Escuela de Bellas Artes de Río de Janeiro,

marchó becado a París, donde residió entre 1928 y 1930. Su estilo evolucionó del realismo al expresionismo para reflejar escenas no exentas de violencia, principalmente en sus pinturas murales. Entre éstas destacan *El trabajo de la tierra brasileña, Los juegos infantiles* y *Los cuatro elementos,* en el ministerio de Educación Nacional; *Ciclo bíblico,* en el edificio Radio-Tupí de Río de Janeiro; *Camino del calvario,* en la catedral de Belo Horizonte, y *La guerra y la paz,* en el edificio de la ONU de Nueva York.

PRESLEY, Elvis

▲ *East Tupelo (Mississippi, Estados Unidos), 1935*
▼ *Graceland (Memphis, Estados Unidos), 1977*
Cantante y actor estadounidense. Considerado el "Rey del Rock", sentó las bases de este estilo y lo popularizó en todo el mundo, convirtiéndose en la principal figura de una nueva industria cultural juvenil basada en el *rock'n'roll* y el cine. En los años cincuenta grabó la mayoría de sus clásicos, como *Heartbreak Hotel* o *Hound Dog,* y posteriormente dedicó varios años a rodar películas. Su influencia traspasa lo meramente musical, y es hoy un símbolo de Estados Unidos.

PRIMO DE RIVERA, José Antonio

▲ *Madrid (España), 1903*
▼ *Alicante (España), 1936*
Político español. En las elecciones de 1931 apostó por la monarquía cuando España votaba la república. Su discurso se volvió entonces más violento y autoritario; colaboró en la revista *El Fascio;* creó su propio partido, la Falange Española, que incorporó parte de la estética

Marcel Proust. Portada de un volumen de su correspondencia, en la que aparece una fotografía de juventud. Durante años, sus amigos estuvieron convencidos de que aquel joven frívolo y snob jamás tendría la constancia y el espíritu de sacrificio necesarios para desarrollar una obra literaria.

fascista, e incorporó a sus filas a una minoría muy combativa de jóvenes. Fue condenado a muerte y ejecutado en la cárcel de Alicante, tras la sublevación militar de julio de 1936.

PRIMO DE RIVERA, Miguel

▲ *Jerez de la Frontera (Cádiz, España), 1870*
▼ *París (Francia), 1930*
Militar y político español. Se formó militarmente en Marruecos, Cuba y Filipinas. Fue un militar rudo y castizo sin demasiada sensibilidad política, lo que evidenció cuando fue nombrado capitán general de Cataluña y exacerbó las tensiones –con sus métodos gangsteriles y violentos– entre el movimiento obrero y la patronal. Cabecilla del golpe de estado de 1923, en 1930 se había ganado la enemistad política de todos los sectores sociales.

PRINCE

▲ *Minneapolis (Minnesota, Estados Unidos), 1958*
Cantante y compositor estadounidense cuyo verdadero nombre es *Roger Nelson*. Fue el gran renovador de la música negra norteamericana durante los años ochenta, con grabaciones como los discos-película *Purple Rain* (1984) y *Sign of the Times* (1987), en los cuales combinó el *funk* con la psicodelia y el pop. Se convirtió en un personaje muy popular por su imagen sexual y fantasiosa, pero el reconocimiento de la crítica ante su prolífica obra decreció en los noventa.

PROKOFIEV, Serguéi

▲ *Sontsovka (Rusia, act. Ucrania), 1891*
▼ *Moscú (Unión Soviética), 1953*
Compositor soviético. Discípulo de Rimski-Korsakov en San Petersburgo,

Prokofiev fue el "enfant terrible" de la música rusa de la primera década del siglo, con toda una serie de obras deliberadamente salvajes y escandalosas, entre ellas la *Suite escita*. Su estilo, sin embargo, fue moderándose y madurando con el tiempo, sobre todo a partir de su regreso a la Unión Soviética en 1933, tras quince años de exilio en Occidente. Autor prolífico, su producción abarca todos los géneros, incluida la música de cine.

PROUST, Marcel

▲ *París (Francia), 1871*
▼ *París (Francia), 1922*
Escritor francés. La obra de Proust dominó la escena literaria durante medio siglo. Rico, culto, refinado y de salud quebradiza, entre 1905 y 1910 emprendió la redacción su obra capital (*En busca del tiempo perdido*) recluido en la soledad de su lecho, en medio del vaho de las fumigaciones para aliviar su asma. Convirtió su desgracia en obra de arte y extrajo del implacable fluir del tiempo destellos de eternidad.

PUCCINI, Giacomo

▲ *Lucca (Italia), 1858*
▼ *Bruselas (Bélgica), 1924*
Compositor italiano. Para muchos melómanos, la ópera del siglo XX tiene un nombre propio: Giacomo Puccini. Continuador de la gran tradición italiana, de Rossini, Donizetti y Verdi, pero abierto igualmente a las nuevas corrientes musicales (Wagner, Debussy, incluso Schönberg), es el creador de varias de las más aplaudidas óperas del repertorio lírico

Maurice Ravel. Retrato en pijama realizado por Achille Ouvré, realizado en el año 1909.

contemporáneo: *La Bohème, Tosca, Madama Butterfly, La Fanciulla del West* y la inacabada *Turandot*.

PULITZER, Joseph

▲ *Makó (Hungría), 1847*
▼ *Charleston (South Carolina, Estados Unidos), 1911*
Editor de periódicos estadounidense de origen húngaro, considerado uno de los pioneros del periodismo moderno. Fue reclutado en su Hungría natal para combatir en la guerra civil estadounidense, con la promesa de la nacionalidad. Se introdujo en el negocio periodístico al comprar el "St. Louis Dispatch" por 2 500 dólares. Más tarde compró el "New York World" a la mafia, se opuso a la corrupción política y atacó los monopolios. Fue acusado de fabricar muchas de sus explosivas noticias. Fundó los premios de periodismo, arte y literatura que llevan su nombre.

QUINE, Willard van Orman

▲ *Akron (Estados Unidos), 1908*
Lógico y filósofo estadounidense. Partiendo siempre de planteamientos empiristas, Quine ha asestado un golpe fatal a la tesis tradicional del realismo. Ningún enunciado puede verificarse por sí solo a través de la experiencia, tampoco los enunciados científicos, de acuerdo con su concepción "holista" del lenguaje, basada en argumentos como la "indeterminación de la traducción". Profesor en Harvard desde 1936, sus aportaciones a la lógica reflejan también su talento y capacidad creativa.

RACHMANINOV, Serguéi

▲ *Oneg (Novgorod, Rusia), 1873*
▼ *Los Ángeles (Estados Unidos), 1943*
Compositor y pianista ruso nacionalizado estadounidense. Ajeno a todas las corrientes innovadoras del siglo, la música de Rachmaninov se identifica con el romanticismo lírico y subjetivo de un Chaikovski. Exiliado de Rusia tras la revolución soviética de 1917, su vida transcurrió entre Estados Unidos y Suiza, realizando numerosas giras de conciertos por Europa y América. Su nostálgico *Concierto para piano y orquesta n.º 2* y su *Rapsodia sobre un tema de Paganini* gozan de una merecida popularidad.

RAVEL, Maurice

▲ *Ciboure (Francia), 1875*
▼ *París (Francia), 1937*
Compositor francés. Ravel es el autor de una de las obras más populares y difundidas de todo el repertorio: el célebre *Bolero*. Pero no es ésta la única de sus partituras a tener en cuenta en su no muy amplia producción: *La Valse, Alborada del gracioso, Ma mère l'oye*, la *Sonata para violín y piano*, las óperas *La hora española* y *El niño y los sortilegios*... En todas ellas Ravel se revela como un verdadero orfebre de la música, un creador preciosista, orquestador extraordinario, brillante y refinado.

RAY, Man

▲ *Filadelfia (Estados Unidos), 1890*
▼ *París (Francia), 1976*
Fotógrafo, pintor y cineasta estadounidense. Adscrito al grupo dadaísta de Nueva York y más tarde al surrealismo, Man Ray fue un artista inquieto y original, siempre sorprendente. A él se deben, por ejemplo, algunos de los más ingeniosos ready-mades, como *Objeto perdido* o *Regalo*. Pero su gran aportación a la historia del arte está en la fotografía: sus retratos de grandes personajes de la vanguardia, además de un valioso documento histórico, son de una indiscutible calidad artística.

REAGAN, Ronald

▲ *Tampico (Ilinois, Estados Unidos), 1911*
Político y actor estadounidense. Actor de cine retirado, llegó a la Casa Blanca cuando ya era casi un anciano, apoyado por los sectores ultraconservadores del Partido Republicano. Realizó una política neoliberal que repercutió beneficiosamente sobre las clases más favorecidas. En el terreno internacional intentó que

Diego Rivera. Fragmento de su mural El mercado del Gran Tenochtitlán, *uno de la espléndida serie, inspirada en las culturas mexicanas antiguas, que decora los muros del Palacio Nacional de Ciudad de México.*

Estados Unidos recuperara su debilitado prestigio internacional: firmeza frente a la URSS e intervención en América Central y en el Caribe.

REINHARDT, Max

▲ *Viena (Austria), 1873*
▼ *Nueva York (Estados Unidos), 1943*
Productor, actor y director de teatro austríaco, nacionalizado estadounidense, cuyo verdadero nombre era *Maximilian Goldmann*. Max Reinhardt fue uno de los nombres clave en la renovación experimentada por la escena teatral en las primeras décadas del siglo xx. Una de sus principales aportaciones fue la de introducir al espectador en el corazón de la obra, eliminando la separación entre la escena y el auditorio. La llegada al poder del nazismo le obligó, por su condición de judío, a abandonar Alemania.

RENOIR, Jean

▲ *París (Francia), 1894*
▼ *Beverly Hills (Los Ángeles, Estados Unidos), 1979*
Realizador de cine francés. Hijo del pintor impresionista Auguste Renoir, es uno de los nombres clave del cine francés y universal, y su obra ha influido decisivamente sobre numerosos realizadores. El hombre enfrentado a sus pasiones, a sus sentimientos, es el gran tema de toda su filmografía, presente en obras maestras como *Toni*, precedente directo del neorrealismo, *La gran ilusión* y *La regla del juego*. El estallido de la II Guerra Mundial le obligó a buscar refugio en Estados Unidos, donde continuó su carrera.

RILKE, Rainer Maria

▲ *Praga (act. República Checa), 1875*
▼ *Valmont (Montreux, Suiza) 1926*
Escritor checo en lengua alemana. Rilke recorrió las princiaples capitales europeas y de todas ellas hizo su hogar. La fascinante Lou Andreas-Salomé le descubrió a Nietzsche, cuyo pensamiento impregnó su obra. En París conoció la amistad de Valéry y fue un devoto de Gide y Rodin. Su poesía es meditada y reflexiva, extraordinario ejemplo de poesía intelectualizada: *Elegías del Duino, Sonetos a Orfeo*.

RIPSTEIN, Arturo

▲ *México D.F. (México), 1943*
Director de cine mexicano. Hijo del productor Alfredo Ripstein, debutó en 1965 con *Tiempo de silencio*, una película cuyo guión había sido escrito por García Márquez y Carlos Fuentes. Sus ambicio-

nes artísticas lo alejaron profesionalmente de su padre y le llevaron a fundar su propia productora, con la que rodó una película experimental, *La hora de los niños*, antes de afrontar dos obras que lo proyectaron como uno de los grandes realizadores mexicanos, *El castillo de la pureza* y *El Santo Oficio*. Su posterior producción ha consolidado su estilo vigoroso y expresionista, especialmente en películas como *El lugar sin límites, El imperio de la fortuna, Mentiras piadosas, La reina de la noche* y *Profundo carmesí*.

RIVEL, Charlie

▲ *Cubelles (Barcelona, España), 1896*
▼ *Cubelles (Barcelona, España), 1983*
Nombre artístico del payaso español *Josep Andreu Laserre*. El universal Charlie Rivel debutó a los doce años en el mundo del circo. Ataviado con una larguísima camiseta roja, unos enormes zapatos, nariz y peluca rojas, y armado únicamente de una silla y una guitarra, Charlie Rivel se ganó el afecto del público de todas las edades por su capacidad única de, sólo con el gesto, hacer reír y emocionar. En 1968 fue galardonado con el premio Ernst Rens al mejor payaso europeo.

RIVERA, Diego

▲ *Guanajuato (México), 1886*
▼ *México D.F. (México), 1957*
Pintor mexicano. Fue la figura más relevante del muralismo mexicano. Se impregnó del arte y la cultura del antiguo México y la vertió en grandes murales para decorar los edificios públicos de

Ciudad de México, en lo que se conoció como el renacimiento del mural mexicano. Su mural para el Centro Rockefeller de Nueva York, pintado durante su estancia en Estados Unidos, causó gran polémica.

ROCKEFELLER, John Davison

▲ *Richford (Nueva York, Estados Unidos), 1839*
▼ *Ormond Beach (Florida, Estados Unidos), 1937*
Magnate petrolero estadounidense, fundador y propietario de la Standard Oil, que a principios de siglo prácticamente monopolizaba el comercio y refino del crudo a nivel mundial. Con una fortuna personal que en 1913 rondaba los 900 millones de dólares, Rockefeller empezó a efectuar numerosas donaciones que impulsaron la creación, entre otras instituciones, de la Universidad de Chicago, la Fundación Rockefeller o el Consejo General de la Educación.

RODRIGO, Joaquín

▲ *Sagunto (Valencia, España), 1902*
Compositor español. Ciego desde los tres años, recibió, como tantos otros compositores españoles, su formación en París. Su nombre está indisolublemente unido al de su obra maestra, la que le ha dado fama en el mundo entero: el *Concierto de Aranjuez*, para guitarra solista y orquesta de cámara. Toda su producción, claramente influida por la música tradicional española, se enmarca dentro del neonacionalismo, galante y agradable, vigente en la España de la posguerra.

ROLLS, Charles

▲ *Londres (Reino Unido), 1877*
▼ *Bournemouth (Reino Unido), 1910*

ROYCE, Henry

▲ *Alwalton (Reino Unido), 1863*
▼ *West Wittering (Reino Unido), 1933*
Ingenieros británicos fundadores de la Rolls-Royce, Ltd., empresa de fabricación de motores y automóviles cuyo nombre ha pasado a ser símbolo mundial de prestigio y calidad. Cuando Charles Rolls falleció al intentar sobrevolar el Canal de la Mancha, Henry Royce continuó al frente de la empresa, que durante la Segunda Guerra Mundial fabricaría los motores que abastecieron a los legendarios aviones Spitfire y Hurricane. En la actualidad, los motores Rolls-Royce siguen siendo la primera opción de los grandes aviones de pasajeros.

Erwin Rommel en una fotografía oficial, con su bastón de mariscal y sus condecoraciones.

ROMMEL, Erwin

▲ *Heidenheim (Alemania), 1891*
▼ *Ulm (Alemania), 1944*
Mariscal alemán. Se distinguió al frente del *Afrika Korps* cuando acudió en ayuda de los italianos. Obligó a retirarse a los británicos, que perdieron 50 000 hombres, hasta El-Alamein (1942), lo que le valió el ascenso a Mariscal. Sin embargo, el contraataque de Montgomery, el invierno siguiente, forzó la retirada alemana hasta Túnez. Tampoco pudo evitar el desembarco aliado en Normandía. Sus disensiones con Hitler le forzaron al suicidio.

ROOSEVELT, Franklin Delano

▲ *Nueva York (Estados Unidos), 1882*
▼ *Warm Springs (Estados Unidos), 1945*
Político estadounidense. Elegido presidente en 1932 y reelegido tres veces consecutivas, subió al poder en medio del colapso de la sociedad norteamericana tras la crisis del 29. Puso en marcha un audaz conjunto de medidas de emergencia, *New Deal*, para afrontar las devastadoras consecuencias de la crisis, con el que se ganó el apoyo de los sectores más progresistas y devolvió la esperanza al país. Tras Pearl Harbor, se convirtió en el principal valedor de la democracia frente al nazismo. Murió sin llegar a ver la definitiva derrota alemana, de una hemorragia cerebral.

RUBINSTEIN, Arthur

▲ *Lodz (Polonia), 1887*
▼ *Ginebra (Suiza), 1982*
Pianista polaco, nacionalizado estadounidense. Niño prodigio (su primer concierto lo dio a la edad de cinco años), su carrera se desarrolló con rapidez, convirtiéndose pronto en uno de los pianistas más aclamados y admirados de la

Jonas Edward Salk, descubridor de la primera vacuna contra la poliomielitis.

historia. Inigualable intérprete de la música de su compatriota Chopin, fue también un admirable paladín de la música española, particularmente de la *Iberia* de Albéniz. Manuel de Falla le dedicó su *Fantasía bética.*

RULFO, Juan

▲ *Sayula, Jalisco (México), 1918*
▼ *México D.F. (México), 1986*
Escritor mexicano. No obstante la brevedad de su obra, está considerado uno de los grandes creadores de la literatura hispanoamericana del siglo XX. Con su vida marcada por una temprana orfandad y la violencia revolucionaria, Rulfo se abrió paso estudiando contabilidad y leyes y más tarde como director del Instituto Nacional Indigenista. Sus dos únicos títulos, la novela *Pedro Páramo* y el libro de relatos *El llano en llamas*, reflejan la trágica existencia del campesino a través de una prosa de gran intensidad poética y de una compleja estructura narrativa, donde el fluir del tiempo diluye los límites entre realidad e irrealidad. También escribió guiones cinematográficos, trabajo que fue recopilado en el libro *El gallo de oro*. En 1973 fue galardonado con el premio Nacional de las Letras de México y en 1983 con el Príncipe de Asturias de las Letras en España.

RUSSELL, Bertrand

▲ *Ravenscroft (Reino Unido), 1872*
▼ *Pendhyndreuraeth (Reino Unido), 1970*
Filósofo británico. Sus trabajos en el campo de la lógica y las matemáticas, notablemente los *Principia Mathematica* (1910-1912), le convierten junto a Wittgenstein en la personalidad más influyente de nuestro siglo para la filosofía analítica y en general en el pensamiento anglosajón. Sin embargo, su intervención en los asuntos de su tiempo rebasó el campo puramente lógico, y participó activamente en los movimientos pacifistas y feministas, siempre desde una postura personal y de cuyo nivel de compromiso son prueba los encarcelamientos y persecuciones que sufrió.

RUTHERFORD, Ernest

▲ *Nelson (Nueva Zelanda), 1871*
▼ *Londres (Reino Unido), 1937*
Físico y químico británico. Descubrió la existencia de las radiaciones alfa, beta y gamma y formuló la teoría de la radiactividad. Colaboró con H. Geiger (1882-1945) en el diseño del contador Geiger (1907), formuló su propio modelo atómico (1911) y llevó a cabo la primera transmutación artificial de elementos

químicos (1919). Recibió el premio Nobel de Química de 1908 por sus trabajos sobre la desintegración de los elementos.

SAATCHI, Charles y Maurice

▲ *Bagdad (Irak), 1943 y 1946*
Publicistas británicos, hijos de un próspero comerciante de nacionalidad iraquí que fundaron en 1970 la que es hoy día la más importante empresa de publicidad del mundo. Accedieron a tan privilegiada posición tras adquirir tres de las más importantes agencias norteamericanas. Ya desde sus primeras campañas apostaron por una línea valiente y agresiva caracterizada por una gran creatividad, que culminó con la introducción de la publicidad en la arena política británica.

SAGAN, Carl

▲ *Nueva York (Estados Unidos), 1934*
▼ *Seattle (Estados Unidos), 1996*
Astrónomo estadounidense. Doctorado por la universidad de Chicago en 1960, estudió el sistema solar y los cuerpos que lo forman. Se interesó por la existencia de vida extraterrestre consiguiendo detectar la formación de adenosintrifosfato (ATO) en condiciones prebióticas. Realizó una importante labor de divulgación de la astronomía con su obra *Cosmos.*

SAINT-LAURENT, Yves

▲ *Orán (Argelia), 1936*
Diseñador de moda francés, de verdadero nombre *Henry Donat Mathieu*. La transformación que ha vivido el mundo de la moda femenina durante la segunda mitad del siglo XX, se debe en buena parte al talento creativo de Yves Saint-Laurent. Diseños como los de las blusas transparentes, los cuellos de cisne o las botas mosqueteras, son obra de la fértil imaginación de este precoz diseñador, en la cresta de la ola desde los diecisiete años. Su primera boutique la abrió en 1962.

SALAZAR, António de Oliveira

▲ *Santa Comba Dão (Portugal), 1889*
▼ *Lisboa (Portugal), 1970*
Estadista portugués. En 1932 accedió a la presidencia de gobierno y dictó una nueva Constitución que instituyó el *Estado novo* –de ideario fascista– y estructuró la sociedad conforme a patrones corporativistas y autoritarios. Firmó una alianza con la España franquista en 1942 (*El Pacto Ibérico*) e integró a Portugal en la Alianza Atlántica. Su intransigencia colonialista produjo graves revueltas en Angola y Mozambique.

SALK, Jonas Edward

▲ *Nueva York (Estados Unidos), 1914*
▼ *La Jolla (California, Estados Unidos), 1995*
Médico estadounidense. Dedicado a la búsqueda de una vacuna contra la poliomielitis o parálisis infantil, en 1952 descubrió contra esta enfermedad una vacuna, eficaz en un 80-90% de los casos, que lleva su nombre, que está compuesta por virus muertos y que se administraba como inyectable. Más tarde (1955) sería sustituida por la de administración oral de Albert Bruce Sabin (1906-1993). Dedicó los últimos años de su vida a buscar una vacuna contra el sida, trabajando en el Instituto Salk de Los Ángeles.

SAMUELSON, Paul Anthony

▲ *Gary (Indiana, Estados Unidos), 1915*
Economista estadounidense cuyas aportaciones teóricas abarcan casi la totalidad de la moderna ciencia económica. Educado en las universidades de Chicago y Harvard, Samuelson fue asesor económico de las administraciones Kennedy y Johnson. Buscó una síntesis entre las aportaciones de Keynes y Marshall, que denominó "síntesis neoclásica", y abogó por una más rigurosa expresión matemática de las formulaciones de teoría económica. Resultan especialmente destacables sus estudios sobre la función de consumo. En 1970 se le otorgó el premio Nobel de Economía.

SANDINO, Augusto César

▲ *Niquinohomo (Nicaragua), 1893*
▼ *Managua (Nicaragua), 1934*
Político nicaragüense. Después de trabajar como minero en distintos países de Centroamérica, regresó a su país en 1926, para luchar por la soberanía territorial puesta en manos de Estados Unidos tras la firma del tratado Stimpson-Moncada. Durante siete años mantuvo un desigual enfrentamiento contra el ejército gubernamental y los *marines* estadounidenses,

que finalmente se retiraron en 1933, sin poder doblegarlo. El triunfo electoral del liberal Juan B. Sacasa le indujo a pactar la paz, pero cuando se dirigía al palacio presidencial fue asesinado en una emboscada tendida por el jefe de la Guardia Nacional, Anastasio Somoza.

SANGER, Margaret

▲ *Estados Unidos, 1883*
▼ *Estados Unidos, 1966*
Enfermera estadounidense, pionera del control de natalidad. En una época en la que el estamento médico y buena parte de la sociedad norteamericana se oponían al control de la natalidad mediante métodos anticonceptivos, Margaret Sanger fue la responsable de la apertura del primer centro de planificación familiar en Estados Unidos, en 1916, en Brooklyn. A mediados de la década de 1920 sus ideas empezaron a ejercer cierta influencia: el resultado fue la apertura por todo el país de diversos centros de planificación familiar.

SARNOFF, David

▲ *Minsk (Bielorrusia), 1891*
▼ *Nueva York (Estados Unidos), 1971*
Pionero estadounidense de la difusión radiofónica y televisiva. David Sarnoff, que empezó trabajando como operador para la Marconi Wireless Telegraph Company, intuyó pronto todas las posibilidades de la radio como medio de información y entretenimiento, y fundó en 1921 la Radio Corporation of America (RCA) y en 1926 la National Broadcasting Company (NBC), dos compañías pioneras en la radiodifusión comercial. Igualmente, Sarnoff fue uno de los primeros en intuir el potencial de la televisión.

SARTRE, Jean-Paul

▲ *París (Francia), 1905*
▼ *París (Francia), 1980*
Escritor y filósofo francés. Sin duda la figura más comprometida y significativa que ha conocido la Francia del siglo XX, Sartre se convirtió pronto en el "intelectual total": novelista, dramaturgo, crítico, filósofo y ensayista, además de motor y guía de movilizaciones sociales, sobre todo en los años 60. Su pensamiento, expresión de un existencialismo y un marxismo militantes, es inseparable del tiempo que le tocó vivir, y por ello mismo ha perdido vigencia con el paso de los años.

SAUSSURE, Ferdinand de

▲ *Ginebra (Suiza), 1857*
▼ *Vufflens-sur-Morgues (Suiza), 1913*
Lingüista suizo. Enseñó en las universidades de París y Ginebra y publicó muy

Igor Sikorsky desciende de uno de sus aparatos en 1955, a su llegada al Reino Unido para recibir la medalla del Instituto de Mecánica e Ingeniería.

poco en vida, debido a escrúpulos que le impedían dar a la imprenta obras no definitivas. Fueron pues algunos de sus alumnos quienes en 1916 publicaron póstumamente el contenido de sus enseñanzas en el *Curso de lingüística general*, con el que nace la lingüística moderna. Interesado en acotar el objeto de estudio del lingüista, Saussure propone una serie de oposiciones de importancia capital: lengua y habla, significado y significante, y definiciones ya clásicas de conceptos como *signo* o *estructura*.

SCHIELE, Egon

▲ *Tulin (Austria), 1890*
▼ *Viena (Austria), 1918*
Pintor austríaco. Dibujante excepcional, estudió en la Academia de Bellas artes de Viena y en 1907 conoció a Klimt, quien le influiría en el inicio de su carrera. Pero él sustituyó el erotismo alegórico de Klimt por otro descarnado que se complace en la descripción genital y en la inanidad corporal de los desnudos: *Doble autorretrato, Pareja de amantes*. Murió, junto a su hijo y su mujer, durante la epidemia de gripe de 1918.

SCHÖNBERG, Arnold

▲ *Viena (Austria), 1874*
▼ *Los Ángeles (Estados Unidos), 1951*
Compositor y pedagogo austríaco nacionalizado americano. Educado en la tradición poswagneriana, en la que dio sus primeros pasos como compositor (*Noche transfigurada, Gurrelieder*), hacia 1906 sus obras empezaron a cuestionar el sistema tonal que había presidido la creación musical desde los tiempos

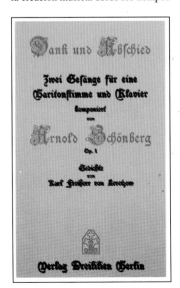

Arnold Schönberg: frontispicio de Dos cantos para barítono y piano.

de Bach. En su lugar, Schönberg propuso un nuevo sistema: el dodecafonismo, de amplia repercusión en la música del siglo XX. Extraordinario maestro, entre sus discípulos se cuentan Alban Berg y Anton von Webern.

SEABORG, Glenn Theodore

▲ *Ishpeming (Michigan, Estados Unidos), 1912*
Químico estadounidense. Propuso (1944) la existencia del grupo de los lantánidos o tierras raras. Con la ayuda de su equipo produjo artificialmente americio (1944), curio (1944), berkelio (1949), californio (1950), einsteinio (1952), fermio (1952), mendelevio (1955) y nobelio (1958). En 1951 compartió el premio Nobel de Química con McMillan por el descubrimiento de los transuránidos.

SHANNON, Claude Elwood

▲ *Gaylord (Michigan, Estados Unidos), 1916*
Ingeniero y matemático estadounidense. Fue el primero en aplicar el álgebra de Boole a los circuitos eléctricos, base de los ordenadores, y creó la llamada teoría de la información (1948), gracias a la publicación de su artículo "La teoría matemática de la comunicación". Ha formulado conceptos tales como el de cantidad de información o de entropía de la información.

SHAW, George Bernard

▲ *Dublín (Irlanda), 1856*
▼ *Ayot St. Lawrence (Reino Unido), 1950*
Escritor irlandés. Durante su juventud, agitada y bohemia, se hizo socialista y desplegó una intensa actividad política. El éxito literario se hizo esperar, y no fue hasta principios de siglo, después de intentar en vano la publicación de varias novelas, cuando sus piezas teatrales ganaron un reconocimiento unánime. Su extensa obra dramática critica ácidamente las hipocresías y mezquindades de la burguesía, aunque todas sus piezas pueden considerarse comedias, dado su fino sentido del humor e ironía.

SHOSTAKOVICH, Dimitri

▲ *San Petersburgo (Rusia), 1906*
▼ *Moscú (Unión Soviética), 1975*
Compositor soviético. Shostakovich, con sus quince sinfonías, es el gran sinfonista del siglo XX. Considerado, junto a Prokofiev, el mejor compositor soviético, su carrera no fue, sin embargo, fácil: premios y distinciones se alternaban con persecuciones y prohibiciones de su música por parte del régimen. Todo ello in-

fluyó decisivamente sobre el estilo de sus últimas obras, de una desoladora belleza y un humor lindante en el sarcasmo, que contrasta dolorosamente con la jovialidad de sus primeras composiciones.

SIBELIUS, Jean

▲ *Hämeenlinńa (Finlandia), 1865*
▼ *Järvenpää (Finlandia), 1957*
Compositor finlandés. Sibelius es la figura señera de la música de su país, Finlandia. Sus obras, sobre todo las primeras, beben de las leyendas, folclore y pai-

George Bernard Shaw cultivó un «teatro de ideas» bajo la envoltura risueña de la comedia de caracteres.

sajes fineses, aunque a partir de su *Tercera Sinfonía* empiezan a despojarse de todos estos elementos para hacerse más concentradas, más abstractas y puras. En plena fama, Sibelius abandonó la composición para encerrarse en un sorprendente silencio que iba a durar treinta años, hasta su muerte.

SIKORSKY, Igor

▲ *Kiev (Ucrania), 1889*
▼ *Easton (Connecticut, Estados Unidos), 1972*
Constructor aeronáutico estadounidense de origen ruso. En 1913 construyó el primer aeroplano multimotor del mundo, Le Grand, precursor de los bombarderos modernos. Además de otros ingenios, en 1929 diseñó y construyó el primer helicóptero operativo de la historia, el VS-300 que sirvió de modelo a los desarrollos posteriores.

SKINNER, Burrhus Frederic

▲ *Susquehanna (Pennsylvania, Estados Unidos), 1904*
▼ *Cambridge (Massachusetts, Estados Unidos), 1990*
Psicólogo estadounidense. Está considerado el principal representante de la escuela neoconductista (neobehaviorista). Favorable a la preeminencia de la educación sobre la herencia genética en la formación de la mentalidad humana. Se le debe la invención de la llamada "caja de Skinner", para el estudio de la inteligencia animal.

Anastasio Somoza convirtió Nicaragua en una finca particular, un dominio que incluso heredaron sus hijos.

SLOAN, Alfred P., Jr.

▲ *New Haven (Connecticut, Estados Unidos), 1875*
▼ *Nueva York (Estados Unidos), 1966*
Empresario estadounidense, presidente desde 1923 hasta 1946 del coloso automovilístico General Motors. Proveniente de una fábrica de complementos absorbida en 1918, en la General Motors encontró un terreno abonado para aplicar su filosofía, según la cual una empresa debe estructurarse en divisiones descentralizadas sujetas a un estricto control financiero. Sus teorías organizativas tuvieron tanto éxito que en apenas tres años General Motors superó a Ford, y con el tiempo se convirtió en la mayor empresa automovilística del mundo.

SOMOZA, Anastasio (Tacho)

▲ *San Marcos (Nicaragua), 1896*
▼ *Balboa (Panamá), 1956*
Militar y político nicaragüense. Sobrino del presidente Moncada, fue designado ministro plenipotenciario en Costa Rica en 1929 y jefe de la Guardia Nacional tras el triunfo de Sacasa en 1932. En el ejercicio de ese cargo ordenó el asesinato de Sandino en 1934 y encabezó el derrocamiento del presidente en 1936, imponiendo una larga dictadura que convirtió a Nicaragua en un feudo particular. Murió en un atentado, pero su régimen dictatorial se prolongó a través de sus hijos Luis y Anastasio, llamado Tachito, Somoza Debayle hasta 1979, año en que triunfó la revolución del Frente Sandinista de Liberación Nacional.

SONDHEIM, Stephen

▲ *Nueva York (Estados Unidos), 1930*
Compositor y letrista estadounidense. Stephen Sondheim es el creador de algunos de los musicales de más éxito e influencia de Broadway. Como letrista a él se debe el texto de las canciones de *West Side Story*, el gran musical de Leonard Bernstein; como compositor se ganó el reconocimiento de público y crítica con espectáculos como *Follies*, *A Little Night Music* o *Sweeney Todd*.

Steven Spielberg. Tal vez la clave de su éxito está en que conserva todo su espíritu infantil. ▶

SPIELBERG, Steven

▲ *Cincinnati (Ohio, Estados Unidos), 1947*
Realizador y productor cinematográfico estadounidense. Conocido como el "Rey Midas del cine" por su habilidad para convertir en éxitos de taquilla todos sus proyectos, Spielberg no sólo es un cineasta comercial sino, ante todo, un creador con un estilo propio y definido. *Tiburón*, *E.T., el extraterrestre*, la trilogía sobre *Indiana Jones* o *Parque Jurásico*, son algunos de sus grandes triunfos. A ellos hay que añadir otros filmes de carácter dramático como *El color púrpura*, *La lista de Schindler* o *Salvar al soldado Ryan*.

SPITZ, Mark

▲ *Modesto (California, Estados Unidos), 1950*
Nadador estadounidense. Mark Spitz fue el gran triunfador de los Juegos Olímpicos de Munich de 1972, al conseguir un hito aún no superado: participar en siete pruebas, ganar en todas ellas la medalla de oro y establecer un nuevo récord mundial. De carácter orgulloso y arrogante, fue ésta su particular manera de vengarse de lo que consideraba su fracaso en las Olimpiadas anteriores, las de México, en las que "sólo" consiguió dos medallas de oro.

SPRINGSTEEN, Bruce

▲ *Freehold (Nueva Jersey, Estados Unidos), 1949*
Cantante estadounidense. Uno de los artistas más carismáticos y comunicadores del mundo del rock, se caracteriza por la intensidad de sus grabaciones y conciertos con la E. Street Band, desde 1973. En los años ochenta se convirtió en superestrella internacional y en ídolo de la cultura popular norteamericana gracias a su disco *Born in the U.S.A* (1985). Desde 1991 ha seguido un camino más acústico e intimista, siguiendo los pasos de su admirado Bob Dylan.

STALIN, Iossif

▲ *Gori (Georgia), 1879*
▼ *Moscú (Unión Soviética), 1953*
Estadista soviético, cuyo verdadero nombre era *Iossif Vissariónovich Djugashvili*. Sustituyó a Lenin al frente del Estado soviético. Obsesionado con la industrialización del país, en 1929 puso en marcha un programa de colectivización forzosa e industrialización para transformar un imperio de campesinos en una potencia moderna. El coste fue tremendo: varios millones de personas murieron de ham-

---

bre o fueron aniquiladas. Y durante 1936-1939 el terror fue indiscriminado, y un sinnúmero de ciudadanos murieron en las cárceles o en el Gulap. Tras la derrota de Alemania, Stalin impuso el precio de su colaboración con las potencias occidentales, y la Europa del Este quedó sometida a los dictados del estalinismo.

STARCK, Philippe

▲ *París (Francia), 1949*
Diseñador francés. Anticonvencional, siempre sorprendente cuando no provocador, es uno de los diseñadores cuya obra marca decisivamente las últimas décadas del siglo XX. "Soñador profesional" como gusta definirse, ha diseñado todo tipo de objetos: desde televisores, relojes, armarios, sillas, mesas y demás clases de mobiliario, hasta las habitaciones privadas del presidente François Mitterrand en el palacio del Elíseo.

STIEGLITZ, Alfred

▲ *Hoboken (Estados Unidos), 1864*
▼ *Nueva York (Estados Unidos), 1946*
Fotógrafo estadounidense. Fue un ardiente defensor de la concepción artística de la fotografía, al mismo tiempo que un pionero en la difusión del arte moderno en Estados Unidos. Comprometido con diversos movimientos de van-

---

guardia, en 1902 fundó el influyente Photo-Secession Group, cuyo nombre derivaba del grupo de pintores alemanes que, como Stieglitz pretendía con el suyo, se enfrentaron al arte académico y convencional de su época.

STRAUSS, Richard

▲ *Munich (Alemania), 1864*
▼ *Garmisch (Alemania), 1949*
Compositor y director de orquesta alemán. Conocido y apreciado por sus poemas sinfónicos de juventud (*Don Juan*, *Así habló Zaratustra*), Strauss escandalizó al público de comienzos del siglo XX con dos óperas de escabroso tema, repletas de audacias armónicas y tímbricas: *Salomé* y *Elektra*. Tras ellas su estilo derivó hacia postulados más conservadores (Mozart en *El Caballero de la Rosa*), lo que ha provocado el que, desde algunos círculos, se considere su obra, a despecho de su innegable calidad, como un puro anacronismo.

STRAVINSKI, Igor

▲ *Oranienbaum (San Petersburgo, Rusia), 1882*
▼ *Nueva York (Estados Unidos), 1971*
Compositor ruso, nacionalizado francés y luego estadounidense. Es uno de los genios indiscutibles del siglo. Catapulta-

Mark Spitz muestra las siete medallas de oro ganadas en los Juegos Olímpicos de Munich de 1972. Entre 1967 y 1972 llegó a batir 31 récords mundiales en diversas distancias de estilo libre y mariposa, y en pruebas de relevos. Se retiró de la competición después de Munich.

Alfredo Stroessner se distinguió durante su dictadura en Paraguay por implantar un sistema fuertemente represor.

do a la fama en 1910 con su ballet *El pájaro de fuego*, los posteriores *Petruchka* y *La consagración de la primavera* le convirtieron en el líder de la vanguardia musical. Por ello no dejó de sorprender que sus posteriores obras se inscribieran dentro de un neoclasicismo aparentemente más conservador. Músico inquieto, siempre evitó el encasillamiento en cualquier corriente o estilo. En su última etapa adoptó la técnica dodecafónica.

STROESSNER, Alfredo

▲ Encarnación (Paraguay), 1912
Militar y político paraguayo. Recibió formación militar en Asunción y se distinguió en la guerra del Chaco (1932-1935). En 1951 fue nombrado general, y dirigió en 1954 un golpe de estado contra el presidente Chaves. Fue reelegido siete veces como presidente de la República, con el apoyo del conservador Partido Colorado. Su gobierno se caracterizó por la represión de cualquier movimiento liberalizador y fue depuesto por un nuevo golpe de estado en 1989.

SUÁREZ, Adolfo

▲ Cebreros (Ávila, España), 1932
Político español. Designado por el Rey presidente del gobierno en 1976, acometió con audacia e inteligencia política el desmantelamiento institucional de la dictadura franquista que condujo a las elecciones democráticas de 1977, a la aprobación de la Constitución de 1978 y a una nueva organización política del estado: la España de las autonomías.

TAYLOR, Elizabeth

▲ Londres (Reino Unido), 1932
Actriz británica, nacionalizada estadounidense. Niña prodigio, su carrera comenzó cuando contaba diez años. Protagonista de una larga serie de películas al

Tito, en el porche de su villa de Belgrado: ▶ *una imagen de los años en el poder del antiguo luchador partisano Josip Broz.*

lado de los mejores actores y directores, y de escándalos amorosos, su labor se ha visto recompensada con dos Óscares. Entre sus mejores films merecen citarse *Mujercitas*, *El padre de la novia*, *La gata en el tejado de cinc*, *Cleopatra* y *¿Quién teme a Virginia Woolf?*

TEILHARD DE CHARDIN, Pierre

▲ Sarcenat (Francia), 1881
▼ Nueva York (Estados Unidos), 1955
Teólogo francés. Se esforzó apasionadamente en mostrar cómo ciencia y religión eran dos caras del mismo avance del universo hacia la perfección, un progreso dirigido por el hombre, punta de flecha de la evolución. La orden de los jesuitas, en la que ingresó pronto, juzgó prudente enviarle a China para investigar en 1926, con la prohibición de publicar sus especulaciones teológicas. A pesar del carácter visionario de muchas de sus "extrapolaciones", su libro *El fenómeno del hombre* conoció un rápido éxito cuando apareció, póstumamente, en Nueva York.

TELLER, Edward

▲ Budapest (Hungría), 1908
Físico estadounidense de origen húngaro cuyo nombre original era *Ede*. Colaboró con E. Fermi y R. Oppenheimer en la creación de la primera bomba atómica. Dirigió en Los Álamos el proyec-

Elizabeth Taylor en un fotograma de La gata sobre el tejado de cinc *(1958), dirigida por Richard Brooks sobre la obra teatral del mismo título de Tennessee Williams.*

to de construcción de la primera bomba de hidrógeno, por lo que se le considera su creador.

TELLO, Julio

▲ Huarochirí (Perú), 1880
▼ Lima (Perú), 1947
Arqueólogo peruano. Tras cursar sus primeros estudios en su pueblo, se trasladó a Lima para estudiar medicina y cirugía en la Universidad de San Marcos. Más tarde estudió arte y antropología en Estados Unidos y Europa, regresando a Perú en 1913. Inició entonces sus estudios sobre el rico patrimonio arqueológico peruano, participando en numerosas expediciones. A raíz de este esfuerzo descubrió la cultura de Paracas en 1925 y determinó la antigüedad y el carácter formativo de Chavín. Así mismo, su labor como organizador del museo de Arqueología Peruana y como catedrático de Arqueología americana y peruana y de Antropología general fue decisiva para el conocimiento de las civilizaciones andinas. *Introducción a la Historia Antigua del Perú*, *Origen y desarrollo de las civilizaciones prehistóricas andinas* y *Sobre el descubrimiento de la cultura Chavín* son algunas de sus obras más importantes.

TENG HSIAO-PING

▲ Kuang-yuan (China), 1904
▼ Pekín (China), 1997
Político chino. A la muerte de Mao en 1976, Teng Hsiao-ping, quien se había unido a Mao en 1934 en la *Larga Marcha*, se convirtió en el guía de la más grande nación del mundo. Sobreviviente de dos purgas políticas, en 1966 perdió el favor de la Guardia Roja y fue destituido, aunque regresaría nuevamente tras

la muerte de Mao y la caída de la *Banda de los cuatro*. Modernizó China y viajó a Estados Unidos. Occidente le acogió con optimismo hasta los sangrientos sucesos de la plaza de Tiananmen en 1989.

TERESA de Calcuta

▲ Skopje (Albania, act. Macedonia), 1910
▼ Calcuta (India), 1997
Monja yugoslava de origen albanés, en el mundo *Agnes Gonxh Bojaxhiu*. Fundadora de la congregación de las Misioneras de la Caridad, la madre Teresa dedicó toda su vida, hasta prácticamente el mismo día de su muerte, a la labor humanitaria para con los más pobres, con una especial atención al cuidado de los leprosos. Residente en la India desde 1928, recibió en 1979 el Premio Nobel de la Paz.

THATCHER, Margaret

▲ Lincolnshire (Reino Unido), 1925
Política británica. Fue el eje de la vida política en el Reino Unido durante la década de los ochenta e influyó sobre toda la clase política de su país. Decidida, firme en sus decisiones, su política se orientó en tres direcciones: el saneamiento económico del país, el debilitamiento político del Partido Laborista y la lucha contra el poder de los sindicatos.

TITO

▲ Kumrovec (Croacia), 1892
▼ Ljubljana (Yugoslavia, act. Eslovenia), 1980
Político yugoslavo, cuyo verdadero nombre era *Josip Broz*. De ascendencia

El militar panameño Omar Torrijos reivindicó los derechos de su país sobre el Canal.

croataeslovena, Tito dirigió los destinos de Yugoslavia desde 1945 hasta su muerte. Se hizo comunista en Moscú y, en 1938, dirigió a los comunistas yugoslavos. Adquirió fama durante la II Guerra Mundial, cuando se puso al frente de los partisanos y, posteriormente, extendió el comunismo a toda Yugoslavia. A su muerte, el rompecabezas yugoslavo saltó en mil sangrientos pedazos.

TOLKIEN, John Ronald Reuel

▲ Bloemfontein (Sudáfrica), 1892
▼ Bournemouth (Reino Unido), 1973
Escritor británico. Seguramente a Tolkien le sirvió su cátedra como profesor de literatura medieval en Oxford para orientar su imaginación hacia la ficción fantástica. Después de todo la saga artúrica, con su fantástica búsqueda del Grial, era un inmejorable manantial. Creó lugares, lenguas, seres imaginarios y organizó su propia epopeya mitológica, con la que se convirtió en un autor de culto. *El hobbit, El señor de los anillos.*

TORRIJOS, Omar

▲ Santiago de Veraguas (Panamá), 1929
▼ En las proximidades de Olá (Panamá), 1981
Militar y político panameño. Siguió la carrera militar en El Salvador, Estados Unidos y Venezuela, y siendo teniente coronel de la Guardia Nacional de su país derrocó al presidente Arias en 1968. Su régimen adoptó un carácter nacionalista e inició un proceso de reivindicación de la soberanía del Canal que encontró eco favorable en una resolución de la ONU. Sobre esta base firmó en 1977 y 1978 los tratados Torrijos-Carter, de acuerdo con los cuales Estados Unidos se comprometía a devolver a Panamá la Zona del Canal en 1999. En 1978 abandonó la presidencia, aunque conservó la jefatura de la Guardia Nacional. Poco después de anunciar la formación del Partido Revolucionario Democrático, murió en un misterioso

Arturo Toscanini. Su personalidad marcó ▶ *durante unos años una forma peculiar, decididamente pasional y romántica, de interpretar a los grandes maestros de la música clásica.*

accidente de aviación, posiblemente provocado.

TOSCANINI, Arturo

▲ Parma (Italia), 1867
▼ Riverdale (Estados Unidos), 1957
Director de orquesta italiano. Figura mítica de la música de la primera mitad del siglo XX, Toscanini fue un director obsesionado por el respeto total a la obra y el rigor absoluto de la interpretación. De carácter colérico e intransigente, sus disputas con los músicos de las orquestas que dirigió son legendarias. Gran intérprete de Verdi, fue también un convencido defensor de la música de su tiempo.

TROTSKI, Lev

▲ Yánovka (Ucrania), 1879
▼ Coyoacán (México), 1940
Político soviético, cuyo verdadero nombre era *Lev Davidovich Bronstein.* Trotski fue el símbolo del revolucionario brillante, independiente y trágico. Optó por los *mencheviques* cuando se escindió el partido socialista ruso, aunque siempre preservó su independencia intelectual. Durante la revolución de 1905 se distinguió al frente del Soviet de San Petesburgo y, en 1917, se unió a los bolcheviques. Con Lenin oculto en Finlandia, dirigió el asalto al poder, y como creador del Ejército Rojo consiguió la victoria en la guerra civil. Tras la muerte de Lenin fue desplazado de la dirección del partido por la camarilla de Stalin y expulsado del país en 1929. Fue asesinado en México por un agente estalinista.

TRUFFAUT, François

▲ París (Francia), 1932
▼ Neuilly-sur-Seine (Francia), 1984
Realizador y actor de cine francés. De formación autodidacta (fue antes crítico de cine que director), es una de las más destacadas figuras de la Nouvelle Vague. Su cine, altamente autobiográfico, es de una gran sencillez formal y narrativa, y de una profunda sensibilidad poética, ajeno a modas, independiente. *Los 400 golpes, Jules et Jim* o *El amante del amor* son sólo algunos títulos de su valiosa filmografía, en algunos de los cuales es posible rastrear la huella de sus admirados Hitchcock y Renoir.

TRUJILLO, Rafael Leónidas

▲ San Cristóbal (República Dominicana), 1891
▼ Santo Domingo (República Dominicana), 1961
Militar y político dominicano. Tras la invasión estadounidense de su país, en

1916 abandonó su puesto de empleado de telégrafos para ingresar en la Guardia Nacional. Su participación en la represión de los opositores fue compensada por las fuerzas de ocupación con rápidos y sucesivos ascensos. Convertido en jefe de la Guardia Nacional y en hombre de confianza de Estados Unidos, en 1930 obligó al presidente H. Vázquez a dimitir y se hizo con el poder, instaurando una férrea dictadura que perduró hasta 1960. Ese año, su responsabilidad en el atentado contra el presidente venezolano R. Betancourt originó el rechazo de la OEA y la retirada del apoyo de Estados Unidos, cuyos servicios secretos instigaron su asesinato.

TRUMAN, Harry S.

▲ Lamar (Missouri, Estados Unidos), 1884
▼ Kansas City (Estados Unidos), 1972
Estadista estadounidense. Sucedió a otro gran presidente demócrata, F.D. Roosevelt, y continuó su política interior progresista, el *New Deal*. Dirigió la transición de su país de la guerra a la paz; organizó la ayuda económica a las potencias europeas (*Plan Marshall*); presidió la creación de la ONU y construyó diques de contención del comunismo (creación de la OTAN). Envió tropas norteamericanas a Corea al mando de McArthur.

TURING, Alan Mathison

▲ Londres (Reino Unido), 1912
▼ Wilmslow (Reino Unido), 1954
Matemático y lógico británico, pionero de los ordenadores. En 1935 publicó su

artículo *Sobre los números computables, con una aplicación al problema de la decisión,* en el que presenta la llamada "máquina de Turing". Asimismo demostró que la llamada "máquina de Turing universal" es la única capaz de representar a todas las demás y sentó las bases de la teoría de la computabilidad. Está considerado uno de los padres de la inteligencia artificial por la llamada "prueba de Turing".

TURNER, Ted

▲ Cincinnati (Estados Unidos), 1938
Empresario del sector audiovisual y una de las figuras más polémicas del mundo de los negocios estadounidense de fina-

Ted Turner y su esposa Jane Fonda.

les de siglo. Tras el suicidio de su padre, Robert Eduard «Ted» Turner tomó el mando de la empresa familiar y en 1970 compró una estación de televisión en Atlanta. En 1975 fue uno de los primeros en emitir vía satélite. Durante los años 80 fundó dos exitosas cadenas de televisión por cable: CNN y TNT. Tras endeudarse en exceso en la compra de los estudios MGM/UA, en 1996 hubo de vender su empresa al gigante Time Warner, aunque retuvo la mayor parte de su poder.

UNAMUNO, Miguel de

▲ Bilbao (España), 1864
▼ Salamanca (España), 1936
Escritor y filósofo español. Fue despojado de su cátedra de Salamanca en 1914 por injurias al rey; desterrado por Primo de Rivera y elegido diputado de la República, de la que renegó. Unamuno fue una contradicción viviente en pos de una salida honorable y civilizada para España. Su actitud política fue trasunto de su ideario como escritor y filósofo: angustiada pugna entre fe y razón (*Del sentimiento trágico de la vida*), entre idealismo y progreso (*Vida de Don Quijote y Sancho*).

VALÉRY, Paul Ambroise

▲ Sète (Francia), 1871
▼ París (Francia), 1945
Escritor francés. Valéry alcanzó la celebridad en 1920 con un largo poema de inspiración simbolista, *La joven parca*. Desconfió siempre de los arrebatos de la inspiración y abogó por la musicalidad en el verso (*El cementerio marino*). En prosa escribió *La velada con el señor Edmond Teste*. En un siglo adorador de lo caótico, Valéry cultivo el placer del pensamiento y las secretas aventuras del orden.

VALLE-INCLÁN, Ramón María del

▲ Villanueva de Arosa (Pontevedra, España), 1866
▼ Santiago de Compostela (La Coruña, España), 1936
Escritor español, cuyo verdadero nombre era *Ramón del Valle y Peña*. El genio de Valle-Inclán está emparentado con el de otros inclasificables e ilustres españoles como Quevedo o Goya. Cultivó todos los géneros literarios y en todos ellos se propuso la renovación estética (*El ruedo ibérico, Comedias bárbaras*). Para Valle, España era una deformación grotesca de la civilización europea, y en *Martes de carnaval* y *Luces de bohemia* tomó cuerpo su teatro del esperpento.

◄ Miguel de Unamuno. Retrato de José Gutiérrez Solana.

Retrato del poeta César Vallejo, bosquejado por Picasso en 1938.

VALLEJO, César

▲ Santiago de Chuco (Perú), 1892
▼ París (Francia), 1938
Poeta peruano. Tras abandonar los estudios de medicina en la Universidad de San Marcos de Lima, ejerció de maestro en Trujillo, obtuvo el título de bachiller en letras en 1915 e inició la carrera de Derecho. Tres años más tarde publicó *Los heraldos negros*, poemario que, si bien acusa la influencia modernista, ya muestra su identificación con el paisaje humano y geográfico de su tierra. En 1920, acusado infundadamente de incendio y robo durante una revuelta, pasó tres meses en prisión, y allí inició la escritu-

ra de *Trilce*, poemario que lo situó a la cabeza del vanguardismo poético hispanoamericano. Tres años más tarde marchó a París, donde tomó contacto con la vanguardia europea, y viajó a Rusia y España, país al que se dirigió en 1931, tras ser expulsado de Francia por razones políticas. De regreso en París, vivió en la clandestinidad durante algún tiempo y apoyó decididamente al bando republicano al estallar la guerra civil española. Entre sus obras, destacan además *Poemas humanos* y *España, aparta de mí este cáliz*, en los que alcanza su mayor intensidad poética, y las novelas *Tungsteno* y *Paco Yunque*, de marcado carácter social.

VAN ALLEN, James Alfred

▲ Mount Pleasant (Iowa, Estados Unidos), 1914
Físico y astrofísico estadounidense. Dirigió la creación de los cohetes "Aerobee" (1957) y la de los satélites "Explorer" (1958). Gracias a los datos suministrados por el Explorer I detectó la presencia de los cinturones de radiación que rodean la Tierra y que en la actualidad se conocen como cinturones de Van Allen.

VARGAS, Getúlio

▲ São Borjas, Río Grande do Sul (Brasil), 1883
▼ Río de Janeiro (Brasil), 1954
Político brasileño. Siendo gobernador de Río Grande do Sul fundó la Alianza Liberal, partido con el que, en 1930, disputó la presidencia a J. Prestes. En un

clima de violencia, Vargas rechazó el triunfo electoral del representante de la oligarquía y promovió un movimiento revolucionario que le dio el poder. Elegido presidente constitucional dos años más tarde, fundó el *estado novo*, régimen populista de corte fascista que impulsó la industrialización del país y consolidó el poder central. Tras ser derrocado por un golpe militar en 1945, derivó hacia la izquierda y en 1950 fue reelegido. Sin embargo, su programa social, el anuncio de una reforma agraria y la crisis económica motivaron la reacción de la oligarquía y del ejército, que lo condujeron al suicidio.

VARGAS LLOSA, Mario

▲ Arequipa (Perú), 1936
Escritor peruano, que tiene también desde 1993 la nacionalidad española. Fue uno de los autores que más contribuyeron al *boom* internacional de la literatura latinoamericana durante los años sesenta y setenta (*La casa verde, Conversación en la catedral, Pantaleón y las visitadoras*). Su técnica se pone al servicio de la recreación imaginaria de la realidad para que ésta se imponga en su delirante complejidad. *La guerra del fin del mundo* (1981) es su mejor y más ambiciosa novela.

VILLA, Pancho

▲ San Juan del Río (Durango, México), 1878
▼ Parral, Chihuahua (México), 1923
Revolucionario mexicano, cuyo verdadero nombre era *Doroteo Arango Villa*. De origen muy humilde, a medio camino entre el bandolero y el revolucionario, adquirió un prestigio legendario entre los campesinos del norte, a los que alzó en armas. El vaivén de los constantes enfrentamientos entre revolucionarios, le llevó a aliarse primero con Carranza y luego con Zapata. Murió asesinado.

VILLA-LOBOS, Héitor

▲ Río de Janeiro (Brasil), 1887
▼ Río de Janeiro (Brasil), 1959
Compositor brasileño. Autodidacta, mostró desde niño su talento para la música y su predilección por las formas musicales del folclor brasileño. Estudió composición junto a Braga y D'Indy. En 1932, tras una estancia de siete años en París, fue nombrado director de Educación Musical, puesto en el que puso en práctica sus innovadoras teorías pedagógicas. Pero fue en la composición donde Villa-Lobos alcanzó prestigio internacional con obras de ricas tonalidades y rigurosa plasmación técnica. Entre sus piezas más conocidas figuran *Bachianas brasileñas*,

14 *Chôros*, la misa *San Sebastián*, los ballets *Mandu-Çarara*, *Ruda* y *Emperador Jones*, y las óperas *Izath* y *Yerma*.

VISCONTI, Luchino

▲ *Milán (Italia), 1906*
▼ *Roma (Italia), 1976*
Director cinematográfico y teatral italiano. Perteneciente a una de las más antiguas y poderosas familias aristocráticas italianas y miembro del Partido Comunista Italiano, fue un creador lúcido y personal a quien se deben algunas de las más fascinantes y complejas obras del siglo. Precursor del neorrealismo (*Rocco y sus hermanos*), su estilo fue derivando hacia un esteticismo monumental y algo decadente, de una gran profundidad conceptual, que tiene en *El gatopardo* y *Muerte en Venecia* sus mejores muestras.

WALESA, Lech

▲ *Popowo (Polonia), 1943*
Político polaco. En 1980 Walesa se puso al frente de la huelga en los astilleros de Gdãnsk que fructificó en un movimiento reivindicativo por la libre sindicación y en el nacimiento del sindicato *Solidaridad*, primera organización independiente de un país comunista. Tras ser deteni-

Andy Warhol. Dos de los retratos de la obsesiva serie pintada a partir de una fotografía de prensa de Marilyn Monroe.

do y encarcelado, consiguió llegar a la presidencia de su país en 1989. Premio Nobel de la Paz en 1983.

WALLACE, DeWitt

▲ *St. Paul (Minnesota, Estados Unidos), 1889*
▼ *Mount Kisco (Nueva York, Estados Unidos), 1981*
Editor estadounidense que en 1922 inició la publicación de la revista "Reader's Digest", que publica resumidos artículos ya aparecidos en otros medios. La idea de Wallace consistía en facilitar al lector el acceso lo más directo posible a la información interesante. La leyenda afirma que se le ocurrió mientras leía en la cama a causa de una herida de guerra. "Reader's Digest" lanza a la calle casi 40 ediciones mensuales con una tirada de 30 millones de ejemplares, y es la publicación más leída del mundo.

WARHOL, Andy

▲ *Pittsburgh (Estados Unidos), 1930*
▼ *Nueva York (Estados Unidos), 1987*
Pintor y cineasta estadounidense. Reprodujo por medios mecánicos imágenes de la vida cotidiana, *Campbell's Soup Can*; *Coca-Cola* y retratos de Marilyn Monroe y Liz Taylor tomados de revistas de actualidad, con los que creó su propio estilo. También probó suerte en el cine, y realizó *Kiss*, *Empire*: improvisación de los actores frente a la cámara fija en el suelo a tiempo real. Se le conoció como el Papa del Pop.

WATSON, James Dewey

▲ *Chicago (Estados Unidos), 1928*
Bioquímico estadounidense. Colaboró con el bioquímico británico Francis Harry Compton Crick en el estudio del ADN y en el desarrollo del modelo de la doble hélice de su molécula así como del proceso de copia (replicación) mediante la aplicación de técnicas de difracción de rayos X. Watson colaboró posteriormente en el descubrimiento del ARN mensajero y en el proyecto Genoma. Watson y Crick compartieron en 1962 el premio Nobel de Medicina y Fisiología.

James Dewey Watson (izquierda) y Francis Crick

WATSON, Thomas, Sr.

▲ *Campbell (Nueva York, Estados Unidos), 1874*
▼ *Nueva York (Estados Unidos), 1956*
Empresario estadounidense, presidente de IBM durante 40 años. Hijo de un vendedor de madera, tras abandonar su trabajo en una empresa de cajas registradoras fue nombrado presidente de una compañía fabricante de tarjetas tabuladas para ordenadores que en 1924 cambió su nombre por el de International Bussiness Machines. Rodeado por un grupo de jóvenes y entusiastas profesionales y con una particular ética del trabajo que estimulaba la creatividad, IBM pasó a dominar el mercado mundial de ordenadores, posición que aún mantiene hoy día.

WATSON-WATT, sir Robert Alexander

▲ *Brechin (Reino Unido), 1892*
▼ *Inverness (Reino Unido), 1973*
Físico británico, considerado el padre del RADAR, contracción de la expresión inglesa RAdio Detection And Ranging (radiodetección y localización) cuyo primer modelo patentó en 1919. En 1935 construyó el primer sistema operativo que permitió al Reino Unido resistir el ataque alemán y vencer en la batalla de Inglaterra, durante la II Guerra Mundial.

WAYNE, John

▲ *Winterset (Iowa, Estados Unidos), 1907*
▼ *Los Ángeles (Estados Unidos), 1979*
Actor estadounidense, cuyo verdadero nombre era *Marion Michael Morrison*. Nadie como él ha personificado de una manera tan convincente la esencia y el carácter de un género tan intrínsecamente americano como el *western*. Actor fetiche del gran John Ford –director que le lanzó al estrellato con la mítica *La diligencia*–, en su extensa filmografía sobresalen títulos como *Río Rojo*, *Tres padrinos*, *El hombre tranquilo*, *Centauros del desierto*, *Río Bravo* o *La taberna del irlandés*. En 1960 dirigió y protagonizó *El Álamo*.

WEBER, Max

▲ *Erfurt (Alemania), 1864*
▼ *Munich (Alemania), 1920*
Sociólogo alemán. Inicialmente profesor de derecho en Berlín, pronto se interesó por la economía, la historia, la religión o la música, y de su impresionante erudición surgieron trabajos como *La ética protestante y el espíritu del capitalismo* (1904-1905), que invertía los papeles asignados por Marx a superestructura e infraestructura y restituía su complejidad a las relaciones entre las diversas estructuras sociales. Su logro fundamental fue dotar de rigor científico a las ciencias sociales.

WEBERN, Anton von

▲ *Viena (Austria), 1883*
▼ *Mittersill (Salzburgo, Austria), 1945*
Compositor austríaco. Poeta del silencio, la música de Webern se caracteriza por una absoluta y radical brevedad, casi aforística, y por la aplicación estricta de los principios de la dodecafonía establecidos por su maestro Schönberg. Prácticamente desconocido en su época, prohibido por el régimen nazi, tras su absurda muerte su figura se convirtió en el modelo a seguir por la nueva generación de compositores de vanguardia de posguerra (Boulez, Nono, Maderna, Stockhausen, Berio).

WELLES, Orson

▲ *Kenosha (Wisconsin, Estados Unidos), 1915*
▼ *Los Ángeles (Estados Unidos), 1985*
Realizador y actor de cine estadounidense. Orson Welles se dio a conocer con tan sólo veinticinco años con *Ciudadano Kane*, una obra maestra, síntesis genial de todos los medios expresivos y técnicos propios del lenguaje cinematográfico. Cineasta total, guionista, actor y director, Welles fue un creador sumamente personal cuya obra ampulosa y barroca constituye uno de los hitos fundamentales del Séptimo Arte. *Macbeth*, *Sed de mal*, *Campanadas a medianoche* y *Una historia inmortal* son otros títulos fundamentales de su filmografía.

WIENER, Norbert

▲ *Columbia (Missouri, Estados Unidos), 1894*
▼ *Estocolmo (Suecia), 1964*
Matemático estadounidense. Además de trabajos acerca de procesos estocásticos y la teoría de funciones, está considerado el padre de la cibernética entendida como ciencia multidisciplinaria que estudia el control y la comunicación tanto

en los animales como en las máquinas, y cuyos principios expuso en *Cibernética: control y comunicación en el animal y la máquina* (1948).

WILDER, Billy

▲ *Viena (Austria), 1906*
Realizador y guionista cinematográfico estadounidense de origen austríaco. Heredero del arte de Lubitsch, es uno de los maestros indiscutibles de la comedia. Guionista de éxito (*Ninotchka*), dio el salto a la dirección en 1933 con *Curvas peligrosas*, y en la década de 1950 realizó la serie de comedias –unas cáusticas, otras agridulces–, que cimentaron su fama: *La tentación vive arriba, Con faldas y a lo loco, Un, dos, tres...* A su lado hay que citar magistrales melodramas como *El crepúsculo de los dioses*.

WILLIAMS, Tennessee

▲ *Columbus (Mississippi, Estados Unidos), 1914*
▼ *Nueva York (Estados Unidos), 1983*
Dramaturgo estadounidense, cuyo verdadero nombre era *Thomas Lanier*. Supo universalizar en sus dramas las vidas de sus personajes del Sur. Seres débiles, habitantes de la noche, como Blanche DuBois, o Stanley Kowalski, representante de la realidad en su aspecto más fiero, protagonistas ambos de *Un tranvía llamado deseo*. El cine adaptó con éxito muchas de sus obras: *Dulce pájaro de juventud, La noche de la iguana, De repente, el último verano*.

WILSON, Bill

▲ *Estados Unidos, 1895*
▼ *Estados Unidos, 1951*
Fundador de Alcohólicos Anónimos. El estadounidense Bill Wilson fundó esta organización convencido de que es imposible dejar la bebida sin apoyos, bien sean los de la familia, bien, sobre todo, los de otros alcohólicos que han pasado o están pasando por el mismo trance. Después de sufrir él mismo la adicción al alcohol, concibió la idea de que sólo podría dejarlo si ayudaba al mismo tiempo a otros a hacerlo. Alcohólicos Anónimos está hoy día extendida por todo el mundo.

WILSON, Thomas Woodrow

▲ *Staunton (Virginia, Estados Unidos), 1856*
▼ *Washington (Estados Unidos), 1924*
Estadista estadounidense. Rector de la universidad de Princeton, Wilson fue el presidente más singular que ha tenido Estados Unidos. Hombre de sensibilidad religiosa y voluntad política reformista,

Orson Welles, a la derecha, en una escena de Estambul *(1946), una película con guión del propio Welles en la que RKO impuso como director a Norman Foster.*

se vio desbordado por las exigencias de acción inmediata de la política. Defensor de la neutralidad, los acontecimientos le arrastraron a la participación en la confrontación europea. Defendió su ideario pacifista en Versalles, con sus Catorce Puntos para la Paz y en el Convenio de la Sociedad de Naciones, al que se opuso el senado de Estados Unidos en lo que fue su mayor derrota política. Premio Nobel de la Paz en 1919.

WITTEN, Edward

▲ *Baltimore (Estados Unidos), 1951*
Físico y matemático estadounidense del Instituto de Estudios Avanzados de Princeton, al que se deben importantes contribuciones a la física teórica de las partículas elementales y a la teoría cuántica de campos (en especial la cromodinámica cuántica). Especialista en teorías en dimensiones superiores, es uno de los impulsores de la llamada teoría de supercuerdas.

WITTGENSTEIN, Ludwig

▲ *Viena (Austria), 1889*
▼ *Cambridge (Reino Unido), 1951*
Filósofo austríaco, nacionalizado británico. Su *Tractatus logico-philosophicus* (1922) se encuentra en la base de los trabajos del Círculo de Viena, en los que casi no participó por considerar su obra definitiva, aunque una segunda etapa de su pensamiento, ya en Cambridge, se aparta de la consideración lógica del lenguaje para centrarse en su uso, los "juegos del lenguaje". Heterodoxo en casi todo, repartió la fortuna que heredó de su familia entre sus hermanos y amigos, publicó poco y dio siempre la espalda al academicismo.

WOODRUFF, Robert

▲ *Estados Unidos, 1890*
▼ *Estados Unidos, 1985*
Empresario estadounidense, presidente de la compañía Coca-Cola desde 1923 y máximo responsable de su difusión a ni-

vel mundial. Más allá de su origen estricto, Coca-Cola es hoy día uno de los iconos del mundo moderno y un símbolo de la internacionalización de las costumbres y la forma de vida. Ello es mérito casi exclusivo de Woodruff, hijo de un banquero que dirigió la empresa como un ejército con un solo objetivo, acaparar el mercado mundial, y un claro enemigo: Pepsi-Cola. Puede afirmarse que logró su propósito.

WOODWARD, Bob

▲ *Geneva (Illinois, Estados Unidos), 1943*

y Carl Bernstein

Periodistas estadounidenses. Woodward y Bernstein marcaron un antes y un después en el llamado periodismo de investigación cuando, en 1972, destaparon el escándalo *Watergate* que iba a provocar dos años más tarde la dimisión del mismísimo presidente de los Estados Unidos Richard Nixon. Conocidos bajo la firma común *Woodstein*, han sido un símbolo para toda una generación de periodistas.

WOOLF, Virginia

▲ *Londres (Reino Unido), 1882*
▼ *Lewes (Sussex, Reino Unido), 1941*
Escritora británica. Su casa, en el barrio londinense de Bloomsbury, se convirtió en el punto de encuentro de intelectuales y artistas (los escritores E.M. Forster y L. Strachey y el economista Keynes, entre otros). En sus narraciones, la acción y la intriga son sustituidas por la minuciosa y poética descripción de fragmentos cotidianos llamados a caer en el olvido inmediato. *Al faro, Las Olas, Orlando.*

WRIGHT, Frank Lloyd

▲ *Richland Center (Winconsin, Estados Unidos), 1869*
▼ *Phoenix (Estados Unidos), 1959*
Arquitecto norteamericano. Estudió con Louis Sullivan, aunque a diferencia de su

maestro, pionero de la arquitectura urbana moderna, él se interesó en las viviendas unifamiliares, en las que utilizó los materiales más modernos (en la *Casa de la cascada* utilizó elementos prefabricados) y las estructuras más innovadoras (*Casas de la pradera*). En el proyecto del museo Guggenheim de Nueva York, la estructura se distorsiona hasta el círculo o la espiral.

WRIGHT, Orville

▲ *Dayton (Ohio, Estados Unidos), 1871*
▼ *Dayton (Ohio, Estados Unidos), 1948*

WRIGHT, Wilbur

▲ *Millville (Indiana, Estados Unidos), 1867*
▼ *Dayton (Ohio, Estados Unidos), 1912*
Hermanos, inventores y pioneros de la aviación estadounidense. Autodidactos y dedicados a la fabricación de bicicletas, partieron de planeadores que perfeccionaron mediante la introducción del timón vertical, el elevador horizontal y los alerones y que probaron en el primer túnel de viento de su invención (1901). En 1903 llevaron a cabo el primer vuelo de la historia y en 1905 su tercer prototipo se convirtió en el primer aeroplano operativo de la historia.

YAMAMOTO Isoroku

▲ *Nagaoka (Japón), 1884*
▼ *Islas Salomón, 1943*
Almirante japonés. Estudiante en Harvard, veterano de la guerra ruso-japonesa, recibió en 1939 el mando supremo de la armada japonesa. Preparó y dirigió el ataque a Pearl Harbor y mandó personalmente las operaciones navales contra la flota norteamericana en el Pacífico, a la que causó graves pérdidas. Yamamoto se convirtió en un personaje temido y respetado hasta que su avión fue abatido en las islas Salomón por los norteamericanos.

YEATS, William

▲ *Sandymount, cerca de Dublín (Irlanda), 1865*
▼ *Roquebrune (Francia), 1939*
Escritor irlandés. Yeats fue el gran encumbrador poético de las leyendas y la sensibilidad céltica (*Las peregrinaciones de Oisin, Libro de poemas irlandeses*). Amó la magia, la teosofía y el ocultismo, porque ellos le conducían a la oscura fuente de la que se nutrió la fantasía de sus antepasados (*Innisfree, la isla del lago; La Torre*). Fundó y dirigió el Teatro Nacional Irlandés. Premio Nobel de Literatura en 1923.

◄ *Boris Yeltsin saluda a sus seguidores después de ser elegido presidente de la Federación de Rusia, en el año 1991.*

Karl Ziegler fotografiado en su laboratorio después de la concesión del premio Nobel de Química en el año 1963.

YELTSIN, Boris

▲ *Sverdlovsk, act. Yekaterinburg (Rusia), 1931*

Político ruso. Yeltsin se convirtió en la nueva cara de la Rusia poscomunista cuando durante el golpe de Estado de agosto de 1991 se opuso teatralmente a los golpistas. Su personalidad –fanfarrón, autoritario– despertó los recelos de Occidente, que hubiera preferido a Gorbachov, pero los rusos lo prefirieron a él y así lo hicieron constar entusiásticamente, cuando le eligieron presidente en 1991, siendo reelegido en 1996.

YRIGOYEN, Hipólito

▲ *Buenos Aires (Argentina), 1852*
▼ *Buenos Aires (Argentina), 1933*

Político argentino. Pequeño ganadero porteño y profesor de escuela normal, fundó con Alem y B. Yrigoyen la Unión Cívica Radical (UCR), primer partido de masas del país, que lo llevó al poder en 1916, tras la institución del sufragio universal. Yrigoyen inició un largo período de hegemonía radical en cuyo transcurso ocupó la presidencia en dos ocasiones (1916-1922 y 1928-1930). Durante su primer gobierno promovió a las clases medias, apoyó el movimiento de reforma universitaria y el desarrollo de las organizaciones sindicales. Sin embargo, temeroso de la radicalización de los movimientos obreros, no impidió la represión que culminó con los sucesos de la Semana trágica de 1919 y las matanzas de la Patagonia en 1921. Durante su segundo mandato, Yrigoyen debió enfrentarse a los efectos de la crisis económica mundial y a la presión de los conservadores, quienes promovieron el golpe de Estado del general Uriburu en 1930. Confinado en la isla Martín García, murió poco después de recuperar la libertad.

YUPANQUI, Atahualpa

▲ *Pergamino (Argentina), 1908*
▼ *Nîmes (Francia), 1992*

Nombre artístico del cantautor argentino Héctor Roberto Chavero. Acompañada por su guitarra, su voz áspera pero llena de calidez se hizo popular en su país con sus piezas de raíz folclórica. Hacia los años cuarenta fue uno de los autores, junto a la chilena Violeta Parra, que introdujeron un componente social y testimonial a las letras de las canciones folclóricas latinoamericanas, lo cual le creó ciertas dificultades durante la etapa del gobierno peronista, pero al mismo tiempo dio a su figura artística una proyec-

ción internacional. Dos de sus composiciones más populares son *Los ejes de mi carreta* y *Caminito del indio*.

ZAPATA, Emiliano

▲ *San Miguel Anenecuilco (Morelos, México), 1879*
▼ *Chinameca (Cuernavaca, México), 1919*

Revolucionario mexicano. Luchador por la reforma agraria, levantó a los campesinos de Morelos; se unió a Madero contra la dictadura de Porfirio Díaz y después contra el propio Madero, que no compartía su fervor por la reforma agraria. Aliado con Pancho Villa contra el presidente Carranza, regresó a Morelos desengañado y en 1919 fue asesinado en una traicionera emboscada preparada por Carranza.

ZEPPELIN, Ferdinand, conde de

▲ *Constanza (Alemania), 1838*
▼ *Berlín (Alemania), 1917*

Militar e inventor alemán. Desarrolló dirigibles rígidos rellenos de hidrógeno, también conocidos como zepelines. Estos ingenios se utilizaron como bombarderos durante la I Guerra Mundial y vivieron una época de esplendor hasta que un accidente en Lakehurst (1937) supuso el abandono del servicio transatlántico y el declive de los dirigibles.

ZHÚKOV, Georgij K.

▲ *Strelkovka (Rusia), 1896*
▼ *Moscú (Unión Soviética), 1974*

Mariscal soviético. Hijo de humildes labradores, el general Zhúkov –que nunca perdió una batalla– se convirtió justamente en héroe de la URSS. Artífice de la mayor derrota japonesa en la frontera de Manchuria, durante la II Guerra Mundial organizó la defensa de Leningrado y Moscú. Y en el otoño de 1942 libró la más encarnizada defensa de Stalingrado, con la que consiguió la rendición del VI Ejército alemán. Condujo las tropas soviéticas hasta Berlín.

ZIEGLER, Karl

▲ *Helsa (Alemania), 1898*
▼ *Mühlheim (Alemania), 1973*

Químico orgánico alemán al que se deben, en el campo de los polímeros, avances de gran importancia (catalizadores) en la polimerización del etileno y otras olefinas que permitieron la obtención de plásticos como el polietileno. En 1963 recibió el premio Nobel de Química, compartido con el italiano Giulio Natta (1903-1979).

Visión global del siglo XX

Cine y televisión

No sospechaban los hermanos Lumière, al proyectar en 1895 una película sobre la salida de los obreros de su fábrica, que el celuloide sería uno de los elementos definitorios del siglo XX. Pronto empezó a desarrollar su propia sintaxis, estilo y mitología. Poco después se iniciaban en Inglaterra las emisiones de un ingenio a primera vista idéntico pero con dos virtudes nuevas: la recepción directa de la señal y la posibilidad de instalarlo en casa. Cine y televisión han alterado nuestras percepciones hasta convencernos de la ilusión definitiva: la imagen es el mensaje.

◄ *El cine europeo ha apostado desde sus inicios, como en la obra del gran director ruso Serguéi Eisenstein, por un elevado riesgo y nivel de experimentación formal.*

▲
Los premios Oscar, concedidos por primera vez en 1928, fueron imprescindibles para dotar a la naciente industria cinematográfica americana de un elemento prestigiador y sentó los fundamentos del «star-system».

◄ *«El cantor de jazz» (1927) fue la primera película hablada de la historia y la que liderara la difícil transición del cine mudo al sonoro.*

▲
Uno de los pilares básicos sobre los que se sustentó la hegemonía de Hollywood fue el «star-system», una de cuyas máximas representantes fue la actriz Marilyn Monroe.

Los canales de noticias
de 24 horas han constituido
una de las innovaciones
televisivas más relevantes
de los últimos años.

Los premios Emmy, que galardonan desde
telecomedias hasta documentales de todo
el mundo, son los más prestigiosos concedidos
en el ámbito televisivo estadounidense.

«María Candelaria» (1943), interpretada por los divos Pedro Armendáriz
y Dolores del Río y dirigida por el director mexicano Emilio «Indio» Fernández,
fue premiada en Cannes.

◀ El cine de animación es un género
cinematográfico de perenne aceptación
por parte de un amplísimo espectro
de públicos.

La posibilidad reciente de producir
imágenes cinematográficas generadas
por computadora ha abierto un mundo
nuevo de posibilidades narrativas.

Artes plásticas

La necesidad de expresión artística ha vivido en el siglo XX una época de cambios como nunca antes en la historia de las artes plásticas. Cubismo, abstracción, arte conceptual... nuevas formas de ver, sentir y concebir el arte se han ido sucediendo a un ritmo vertiginoso posibilitando, por un lado, al artista la expresión libre de sus inquietudes y, por otro, un alejamiento del público hacia un lenguaje y un mundo cada vez más difícil de comprender. Pero pocos campos de la actividad humana reflejan con más claridad el ritmo de cambio que caracteriza nuestra época.

El muralismo mexicano, caracterizado por su contenido político y una poderosa expresividad, constituye una de las primeras y tal vez la más importante aportación artística autóctona americana del primer tercio del siglo XX.

En 1910 el artista ruso Wassily Kandinsky pintó su primera obra abstracta, derribando definitivamente las barreras de una figuración que había estado bajo asedio desde finales del siglo XIX.

El arte pop, uno de cuyos máximos exponentes fue Andy Warhol, surgió en Inglaterra y Estados Unidos como respuesta al hermetismo y subjetivismo del expresionismo abstracto.

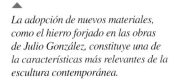

La adopción de nuevos materiales, como el hierro forjado en las obras de Julio González, constituye una de la características más relevantes de la escultura contemporánea.

El cubismo, cuyo punto teórico de partida fue la obra «Les demoiselles d'Avinyó» de Pablo Picasso, pretendió resolver las contradicciones de la perspectiva tradicional como medio de representación de la realidad.

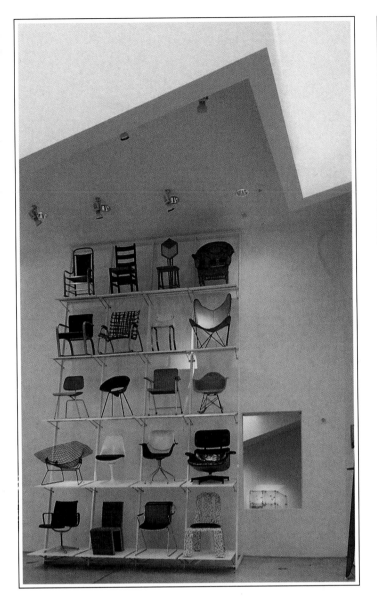

Las instalaciones, tanto en interior como en exterior, han experimentado un fuerte auge como medio de expresión artística en la segunda mitad del siglo XX.

Muchas de las obras del escultor búlgaro Christo constituyen tanto un acontecimiento artístico como mediático.

El desarrollo de nuevos materiales y la expansión de la sensibilidad artística, fruto de las mejoras en la educación, han contribuido al auge del diseño industrial como un medio perfectamente válido de expresión artística. En la imagen, colección de sillas en el Museo Vitra de Diseño que busca el paralelismo con una exposición escultórica tradicional.

En pocos ámbitos artísticos como en la arquitectura se han reflejado las nuevas posibilidades expresivas propiciadas por los avances técnicos de nuestro siglo. Los nuevos materiales y la informática han permitido a los arquitectos soñar con formas más atrevidas y espectaculares, a menudo implementadas en los edificios contemporáneos por excelencia, los rascacielos.

Literatura

Las primeras décadas del siglo XX han sido testigos de una feroz arremetida contra la herencia del realismo decimonónico. Joyce, Kafka y Woolf, entre otros, rompieron la baraja de la tradición introduciendo nuevos temas arropados por la experimentación formal. Pero al calor de las guerras y pugnas ideológicas se incubó en la segunda mitad de siglo un retorno crítico a una literatura de contenido social enraizada en la experiencia humana. En las últimas décadas la literatura se zafa de corrientes y tendencias y reclama el derecho a mezclar, sintetizar y combinar a su gusto.

◀ *La obra del escritor checo Franz Kafka constituye una poderosa metáfora de la alienación del individuo en el marco de la sociedad moderna.*

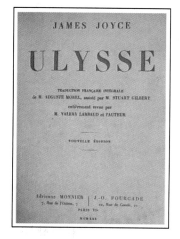

▲
La obra del dramaturgo italiano Luigi Pirandello se considera anticipatoria de la de autores posteriores como Brecht, O'Neill y Genet. En la pieza «Seis personajes en busca de autor» expresa de modo vívido los aspectos más tragicómicos de la existencia humana. Pirandello fue galardonado con el premio Nobel de Literatura en 1934.

La experimentación en el campo del lenguaje y la búsqueda de nuevos caminos narrativos tiene en «Ulises» de James Joyce uno de sus más conspicuos representantes.

Las obras del premio Nobel Camilo José Cela se caracterizan, sobre todo en sus inicios, por un lenguaje áspero y un brutal realismo que causaron en su día una fuerte impresión.

▼
Bertold Brecht es una figura clave en la evolución del teatro moderno. Autor de fuerte inspiración marxista, en piezas como «El círculo de tiza caucasiano» buscó despertar en el espectador la conciencia crítica frente al sujeto de la obra.

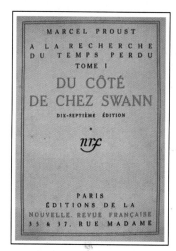

Cada una de las novelas que forman la autobiográfica «En busca del tiempo perdido», la obra maestra de Marcel Proust, constituye un profundo análisis del subconsciente humano.

John Steinbeck es una de las máximas figuras de la moderna narrativa estadounidense. Muchas de sus novelas poseen un fuerte contenido social y están redactadas en un estilo que aúna realismo y lirismo.

▲

El «boom» de la literatura sudamericana tiene uno de sus máximos representantes en el escritor peruano Mario Vargas Llosa, que aúna en sus obras la experimentación formal y apuntes autobiográficos.

El último tercio del siglo XX se ha ▶ *visto caracterizado por la irrupción de narrativas que cuestionan el etnocentrismo literario occidental, como es el caso de la sudamericana o de la japonesa. Uno de los máximos representantes de esta última fue el novelista Yasunari Kawabata, premio Nobel en 1969.*

▲

El premio Nobel concedido a la poeta Wislawa Szymborska en 1996 es una clara muestra de la pujanza de las letras polacas y de las de la antigua Europa del Este en general.

«Cien años de soledad» (1967), del escritor colombiano Gabriel García Márquez, constituye el ejemplo cumbre del realismo mágico.

Concedidos desde 1901, los premios Nobel de Literatura reflejan, en su elección de los galardonados, el difícil equilibrio entre los méritos individuales del autor y su pertenencia a una corriente literaria representativa. En la imagen, la ceremonia de concesión de 1990, el premio de la cual recayó en el novelista mexicano Octavio Paz.

Música

En el ámbito de la música "culta", el siglo XX ha estado marcado por la evolución del lenguaje musical que se inició con el dodecafonismo de Schönberg y continuó, por el lado de la evolución formal, con la música aleatoria y electrónica, y en el temático, con la inspiración folklórica nacional. Pero el elemento musical definitorio de nuestra época ha sido, sin duda, la explosión de la música popular. Pop, rock'n'roll, canción ligera... la revolución de las comunicaciones y del soporte musical han multiplicado las ventas de discos por millones y han convertido los músicos en ídolos de masas.

Buena parte de la más innovadora música de principios de siglo está contenida en los ballets de Igor Stravinski; en la imagen con el bailarín Vaslav Nijinski.

El mundo de la canción no sería el mismo sin las aportaciones realizadas por Frank Sinatra a lo largo de una de las carreras más largas de la historia de la música popular.

Si bien no ha sido un género en el que se haya hecho gran hincapié en la experimentación formal, el musical ha procurado algunas de las más célebres melodías del siglo. Muchas de ellas surgieron de la pluma del compositor americano Richard Rodgers y de obras como «The sound of music» (Sonrisas y lágrimas, 1959).

Pocas figuras han encarnado hasta tal punto el espíritu de una forma musical como Carlos Gardel el tango, a través del cual este estilo alcanzó, inspirado en la cultura popular argentina, proyección universal.

▲

Con el grupo inglés *The Beatles* se produjo, como nunca hasta entonces, una identificación popular entre estilo musical y estilo de vida.

▲

Gloria Estefan ganó uno de los Grammy a la canción latina. Estos premios los concede la industria discográfica de EE.UU. y se componen de más de cuarenta categorías.

◀ *Miles Davis fue una de las figuras más emblemáticas del «jazz», estilo musical cuyas raíces se remontan al «blues» y otras formas del folklore musical afroamericano y cuyo origen y evolución corren parejos a los del siglo.*

▼

Los multitudinarios conciertos protagonizados por los Tres Tenores son uno de los aspectos más notorios del «boom» de la música clásica experimentado en el último cuarto de siglo.

▲

Michael Jackson ha sido la figura más notoria surgida en el ámbito de la música pop en las últimas décadas. Su disco «Thriller» (1983) fue, en su momento, el más vendido de la historia con 41 millones de copias.

Producción y energía

Responder a las necesidades energéticas y de consumo de una
sociedad cada vez más numerosa y mecanizada ha supuesto uno
de los retos fundamentales para la tecnología e ingeniería del
siglo XX. Además de sopesar condicionantes tales como la eficiencia
técnica o la optimización de la gestión, las últimas décadas del
siglo han traído consigo una mayor atención hacia los efectos
concomitantes de la producción industrial y la explotación energética
sobre el medio ambiente. Una vez asimiladas las revoluciones
energéticas petrolera primero, y nuclear después, nos hallamos
inmersos en una tercera revolución, a saber: el desarrollo de energías
alternativas no contaminantes.

◄ *En pocos sectores como el agrícola
se hacen tan patentes las diferencias
económicas entre los diversos países.
A izquierda y derecha, dos ejemplos
de agricultura tradicional en el que
la energía motriz es proporcionada
directamente por el hombre o por
animales de tiro.*

▲
*El desarrollo mecánico y la aplicación
de modernas técnicas de tratamiento
químico han permitido aumentar
extraordinariamente la productividad
del sector agrícola.*

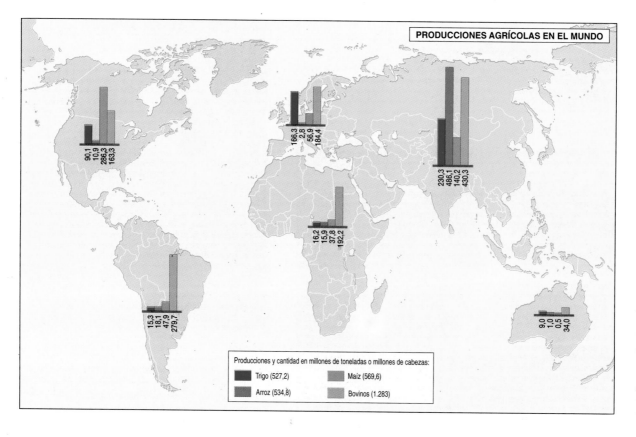

PRODUCCIONES AGRÍCOLAS EN EL MUNDO

Producciones y cantidad en millones de toneladas o millones de cabezas:

Trigo (527,2)   Maíz (569,6)
Arroz (534,8)   Bovinos (1.283)

*El examen
de los niveles de
producción
agrícola a nivel
mundial permite
observar cómo,
con un porcentaje
de mano de obra
ocupada mucho
menor, los países
desarrollados
alcanzan niveles
de produceión
prácticamente
equiparables al
de los países más
pobres, en los que
el sector agrícola
emplea una
proporción muy
elevada de
la población.*

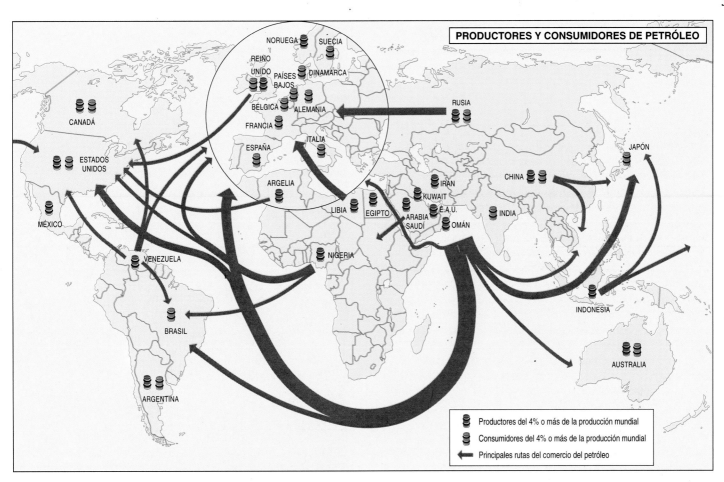

PRODUCTORES Y CONSUMIDORES DE PETRÓLEO

NORUEGA SUECIA
REINO
UNIDO DINAMARCA
PAÍSES
BAJOS
BÉLGICA ALEMANIA
FRANCIA
ESPAÑA ITALIA
RUSIA
ARGELIA
LIBIA EGIPTO
ARABIA
SAUDÍ
IRÁN
KUWAIT
E.A.U.
OMÁN
CHINA
INDIA
JAPÓN
NIGERIA
INDONESIA
AUSTRALIA
CANADÁ
ESTADOS
UNIDOS
MÉXICO
VENEZUELA
BRASIL
ARGENTINA

🛢 Productores del 4% o más de la producción mundial

🛢 Consumidores del 4% o más de la producción mundial

⬅ Principales rutas del comercio del petróleo

La energía de procedencia eólica constituye una de las alternativas viables a las más contaminantes extraídas del carbón o el petróleo.

En el gráfico adjunto puede observarse que, con la excepción de los Estados Unidos, Rusia, China o Reino Unido, la mayoría de los países desarrollados dependen de un suministro externo de energía petrolífera.

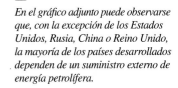

El transporte de la energía desde su fuente hasta el lugar de aprovechamiento constituye uno de los aspectos fundamentales de la infraestructura de un país o de una región entera.

El uso de la energía nuclear provoca las reticencias de amplios sectores de la población a pesar de ser una de las fuentes energéticas menos contaminantes.

Población y economía

Los continuos avances técnicos y médicos, amén de la desigual distribución de la riqueza, han conducido a la humanidad a una situación de agobio demográfico que nuestros antepasados hubieran creído imposible. Mientras la población de los países desarrollados se estanca e incluso experimenta un acelerado proceso de envejecimiento, la evolución demográfica de zonas como el sureste asiático amenaza con generar tensiones sociales a nivel mundial de alcance insospechado. Las corrientes migratorias procedentes de unos países pobres deslumbrados por la prosperidad occidental, han adquirido tintes dramáticos para unas sociedades de destino atenazadas por el desempleo, generando preocupantes brotes xenófobos. La solución de este problema acuciante se adivina en unos programas de colaboración técnica y económica cuya timidez contrasta con la magnitud de los obstáculos que deben superar: el proteccionismo importador de las grandes áreas comerciales occidentales, por un lado, y la inestabilidad política de los países subdesarrollados, por otro.

▼
En el mapa de la densidad de población mundial puede observarse que la mayor parte de la misma se concentra en Europa, América del Norte y el este de Asia.

China constituye el hogar de cerca de un 30% de la población mundial, siendo con mucho el país más poblado del globo. Ello ha empujado a las autoridades chinas a promover severas políticas de control de la natalidad. ▶

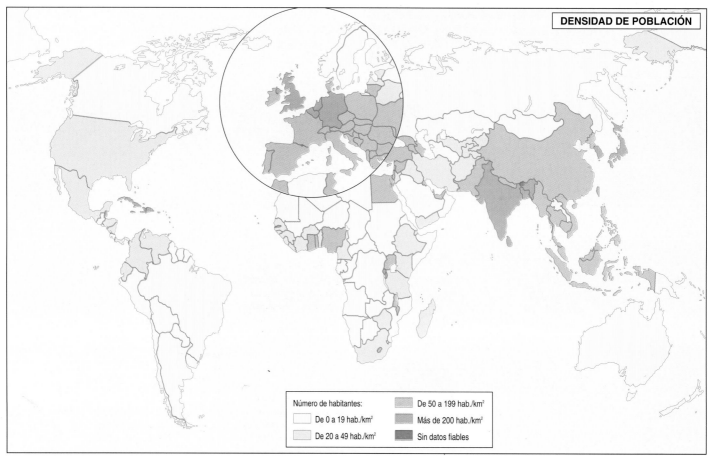

DENSIDAD DE POBLACIÓN

Número de habitantes:

De 0 a 19 hab./km²

De 20 a 49 hab./km²

De 50 a 199 hab./km²

Más de 200 hab./km²

Sin datos fiables

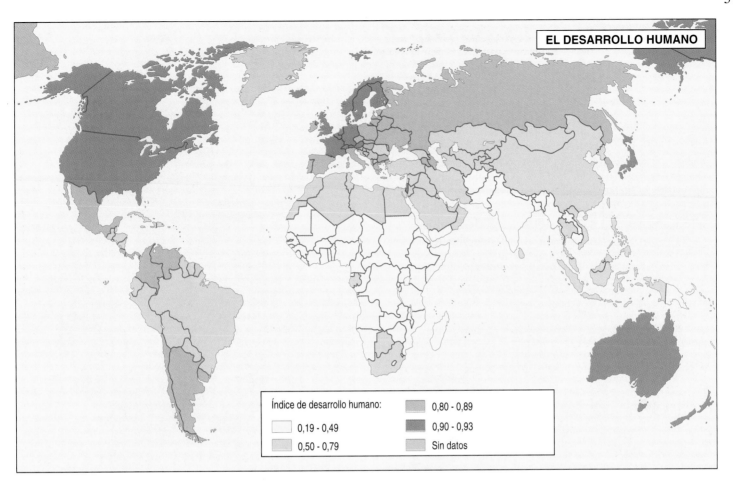

EL DESARROLLO HUMANO

Índice de desarrollo humano:

- 0,19 - 0,49
- 0,50 - 0,79
- 0,80 - 0,89
- 0,90 - 0,93
- Sin datos

El mapa de distribución del índice del desarrollo humano nos muestra las grandes diferencias existentes entre regiones como la europea y la norteamericana y la mayor parte de África o Asia.

Los países pobres superpoblados se caracterizan por el uso intensivo del factor trabajo en detrimento del factor capital o tecnológico. En la imagen, una brigada de trabajadores aplana la superficie de una carretera en la India.

La necesidad de desplazarse de grandes masas de población ha generado la necesidad de idear complejas obras de infraestructura.

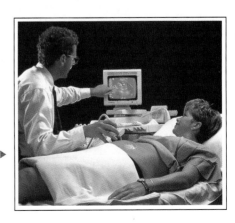

El nivel de atención médica es una de las variables fundamentales ponderadas por el índice de desarrollo humano.

Evolución de la sociedad

La complejidad del entramado social moderno dificulta enormemente la extrapolación de tendencias generales que permitan analizar su evolución. Cabe destacar, sin embargo, un puñado de elementos vertebradores comunes, todos ellos sujetos asimismo a continuos avances y retrocesos: el replanteamiento de los roles sociales generados por y en el seno familiar, el creciente peso e influencia específico de la mujer en todos los ámbitos, y los aún impredecibles efectos generados por la revolución de las comunicaciones y la avalancha de información que todo ello ha traído consigo.

▲
En base a aparentemente inocuas promociones de productos de consumo, la publicidad ha sido un importante instrumento de formación de los diferentes estilos de vida a lo largo del presente siglo.

▼
La producción en serie y los avances tecnológicos permitieron, durante la segunda mitad de siglo, la fabricación de una amplia gama de electrodomésticos que han cambiado la faz tradicional del hogar.

▲
La moda ha pasado de ser una cuestión de elites a extenderse a todas las capas sociales y constituir un importante elemento de diferenciación cultural y generacional.

Eva Duarte de Perón fue un caso ▶
paradigmático del rol creciente de la mujer en la esfera política del siglo XX.

▼
Las relaciones sexuales han experimentado una transformación radical marcada por un proceso general de liberalización.

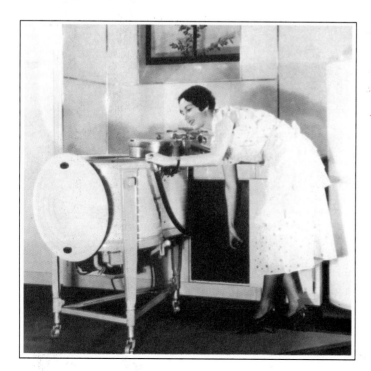

▲
La preocupación por la conservación
del entorno ha ido creciendo a medida
que el nivel de la actividad humana
ha amenazado alterar de manera
irrevocable el equilibrio ecológico.

La toma de conciencia del carácter ▶
limitado de los recursos ha conducido
a un desarrollo creciente de las técnicas
de reciclaje.

▼
Las tribus urbanas son un fenómeno
en cuya formación confluyen
los conflictos generacionales
y el afán de individualismo propio
de las sociedades occidentales
posindustriales.

▲
La mejora de los transportes y el aumento del nivel de vida han convertido
el turismo en una actividad de masas.

◀ El núcleo familiar
se ha mantenido
como eje
vertebrador de
las sociedades
desarrolladas,
aunque su eficacia
como generador
de roles sociales
se haya visto
cuestionada.

Catástrofes

Las catástrofes naturales son acontecimientos que vienen a alterar la vida cotidiana, dejando a su paso un saldo de muerte y destrucción. La Naturaleza manifiesta ocasionalmente su poder en forma de terremotos, volcanes, huracanes o lluvias torrenciales, que recuerdan al ser humano que sólo es una pieza más en el equilibrio natural del planeta. Por otra parte, los avances de la ciencia operados a lo largo del siglo XX permiten albergar la esperanza de que algún día se pueda anticipar la llegada de este tipo de fenómenos, conocer su intensidad y precisar su localización, armas fundamentales para poder tomar las medidas preventivas para atenuar sus efectos destructivos.

Las erupciones volcánicas no sólo constituyen una catástrofe para las poblaciones próximas sino que alteran el medio natural. La isla caribeña de Montserrat fue desalojada en 1997 tras el estallido del volcán Soufrière.

Las persistentes lluvias y la deforestación de la cuenca del Arno fueron la causa principal de la súbita crecida de las aguas que inundaron el centro histórico de Florencia (Italia) en noviembre de 1966, afectando gravemente su patrimonio artístico.

San Francisco, sacudida por un fuerte terremoto en 1906, fue totalmente destruida por el incencio que siguió al movimiento sísmico. A lo largo del siglo XX, los habitantes de esta ciudad norteamericana han aprendido a convivir con este tipo de fenómenos.

Un fuerte movimiento sísmico y un incendio arrasaron el centro de Tokio en 1923. El fuego destruyó gran parte del legado urbanístico de la capital nipona, que fue reconstruida siete años después tomando como modelo las ciudades occidentales.

▲

La capital nicaragüense, Managua, destruida por un terremoto en 1931, sufrió un nuevo movimiento sísmico en 1972 (foto) que causó cerca de veinte mil víctimas.

◀ *El volcán Nevado del Ruíz despertó en 1985 para manifestar todo su poder destructivo sobre numerosos poblados y ciudades colombianas. La riada de lava y lodo dejó a miles de personas sin hogar y unas veinticinco mil perecieron.*

Después de 635 años en silencio, la erupción del volcán ▶ *Pinatubo en junio de 1991 provocó la muerte de casi un millar de personas. Situado a 100 kilómetros de Manila, la capital de Filipinas, los efectos sobre el ecosistema de la gigantesca nube de ceniza que generó el volcán aún no han sido completamente superados.*

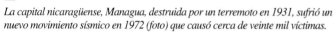

▲

La costa pacífica de Estados Unidos, emplazada sobre la llamada falla de San Andrés —zona de fricción entre placas continentales— hace de California una zona especialmente activa en cuanto a movimientos sísmicos se refiere. En la fotografía, efectos del terremoto que sacudió la región en 1994.

Centroamérica, ▶ *emplazada en una región de gran actividad sísmica y volcánica, se encuentra también azotada por los huracanes que nacen sobre las aguas del mar Caribe. En 1998, el huracán Mitch arrasó la región, con especial incidencia en Nicaragua y Honduras (en la foto, calles de Tegucigalpa).*

Materia, energía y universo

Si el siglo XVIII fue el de la gravitación y el XIX el del electromagnetismo, dos grandes teorías científicas se disputan el honor de representar la máxima aportación de la física en el siglo XX: la relatividad y la mecánica cuántica. Ambas se desarrollaron en la primera mitad del siglo, aunque su desarrollo fue muy diferente; la primera se debió casi exclusivamente al genio de un solo hombre, mientras que la segunda fue construyéndose con las sucesivas aportaciones de diversos científicos. Desde el movimiento de los grandes cúmulos estelares hasta la descomposición de la materia en sus más elementales componentes, el conocimiento del hombre sobre su entorno físico va acrecentándose a la par que la necesidad de emplear dicho conocimiento responsablemente.

▲
La teoría de la relatividad general, formulada por Albert Einstein en 1915, nos ha proporcionado una visión global y coherente de nuestro entorno físico que supera el modelo clásico vigente desde los tiempos de Newton.

◄ *E.O. Lawrence, inventor del ciclotrón, ingenio que ha permitido la exploración minuciosa de la estructura atómica.*

▼
La superconductividad es un elemento fundamental en el moderno desarrollo de la electrónica y sus aplicaciones.

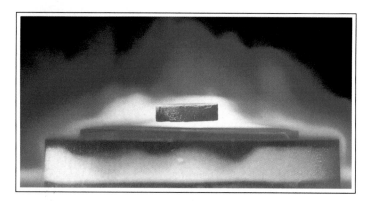

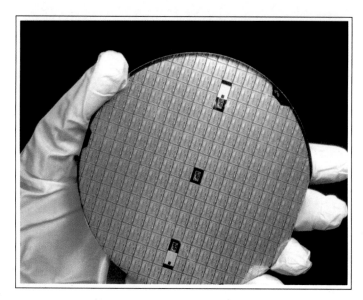

◄ *La tecnología de los circuitos integrados ha permitido construir computadoras más y más pequeñas capaces de gestionar volúmenes más y más grandes de información.*

▲
Una de los campos de investigación que ha experimentado una mayor actividad reciente es el de la obtención de energía por medios no contaminantes.

▲

Desde los trabajos pioneros de Thomson hasta la mecánica cuántica, el estudio de las partículas elementales ha iluminado los principios que rigen la estructura microscópica del universo.

La fisión nuclear es la fuente de energía más poderosa que el hombre es capaz de manejar. Decidir a lo que se destine es una responsabilidad que nos concierne a todos. ▶

▲

Los fractales son un novedoso concepto geométrico que desempeña un papel fundamental en las modernas teorías del caos.

▲

Los telescopios orbitales, como el Hubble, constituyen un instrumento valiosísimo para recoger evidencia empírica con la que validar las predicciones de teorías cosmológicas como la del Big-Bang.

◀ El hongo nuclear es una de las imágenes más aterradoras que nos ha legado el siglo XX y el responsable de una cierta desconfianza hacia el desarrollo tecnológico indiscriminado.

Salud y ciencias de la vida

En pocas áreas de la actividad humana el siglo XX ha traído consigo tal cantidad de avances como en la medicina. Mientras que el temprano descubrimiento de la penicilina ha permitido el tratamiento de las infecciones bacteriológicas, modernas vacunas son empleadas para erradicar enfermedades que antaño hubieran asolado países enteros. La tecnología punta se ha adueñado de los modernos quirófanos y laboratorios farmacológicos, mientras la revolución genética, cuyas consecuencias aún no somos capaces de prever, parece acercarnos al sueño de un futuro en que la enfermedad no sea sino un mal recuerdo.

▲ *El descubrimiento de la estructura en doble hélice del ADN, debida a los científicos James Watson y Francis Crick, marcó el nacimiento de la genética como disciplina científica.*

▼ *El desarrollo de la farmacología moderna ha permitido la creación de miles de nuevos medicamentos sintéticos cada vez más y más especializados y eficientes.*

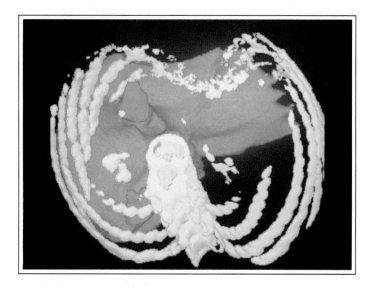

▲ *La tomografía axial computerizada (TAC) y otros instrumentos científicos de observación del cuerpo humano han revolucionado la práctica médica del diagnóstico.*

▼ *Los avances en cirugía y conocimiento del sistema inmunitario han permitido el desarrollo de modernas tecnologías cuyo alto grado de intrusividad las hacía antaño impracticables.*

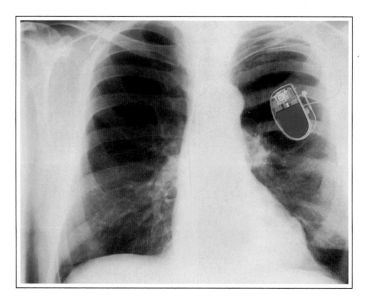

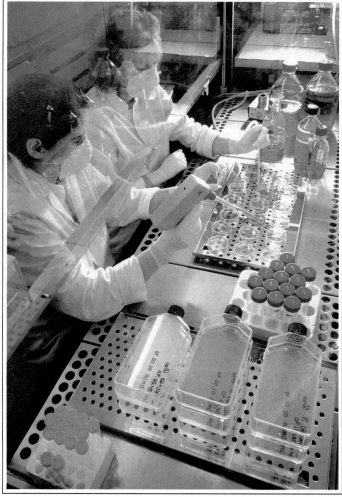

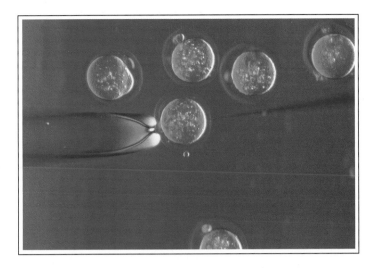

▲
La genética ha dado un nuevo
significado al antiguo principio
de «mejor prevenir que curar»,
permitiendo calcular la susceptibilidad
del cuerpo a contraer diversas
afecciones y actuar en consecuencia.

▼
La ecografía permite observar el
feto en las fases más tempranas
de gestación y así prevenir numerosas
afecciones del bebé o prever
complicaciones futuras durante
el parto.

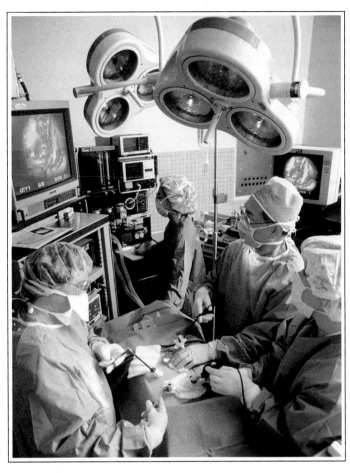

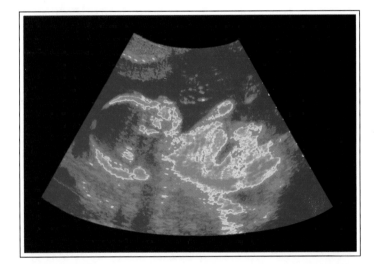

▲
Las modernas salas quirúrgicas están
provistas de todo tipo de aparatos
electrónicos que supervisan de forma
automatizada las diferentes fases
de la operación.

▼
El SIDA es una afección vírica que
sólo cabe tratar farmacológicamente.
El objetivo a medio plazo es
convertirla en una enfermedad
endémica no mortal.

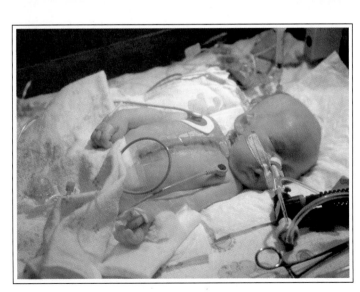

▲
La técnica de los trasplantes, surgida a finales de los años 60, es capaz hoy día
de adaptarse a organismos tan delicados como el de un recién nacido.

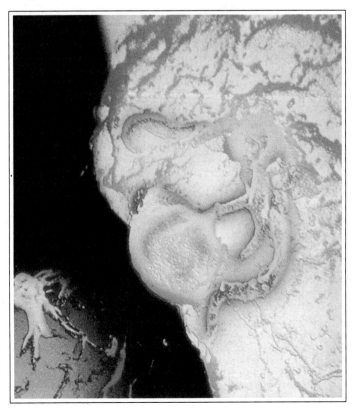

Tecnología y astronáutica

Nuevos materiales, láser, robótica, informática… la tecnología se ha convertido en un elemento casi omnipresente en la vida cotidiana, hasta el punto que nuestro siglo ha sido bautizado como "el siglo de la tecnología". La revolución de los computadores y la capacidad de gestionar grandes volúmenes de información han tenido un gran impacto en todos los ámbitos de la actividad humana. En pocos de estos ámbitos ha destinado el hombre mayor cantidad de energía, trabajo e ilusión que en el siempre fascinante de la tecnología espacial.

Los nuevos materiales han ido sustituyendo a los tradicionales hasta el punto de que estos últimos se valoran casi exclusivamente por razones ornamentales. Los derivados del plástico, como la bakelita, se encuentran hoy día presentes hasta en el más común de los objetos domésticos.

La producción en serie ha permitido la fabricación de modelos homogéneos a un precio muy reducido y la implementación de rigurosos controles de calidad.

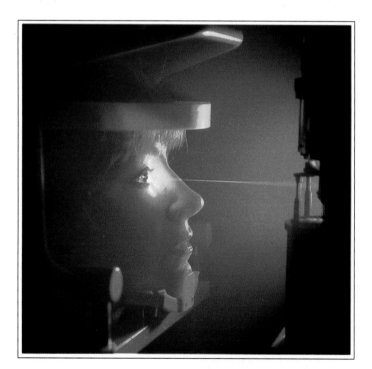

Las aplicaciones prácticas del láser han resultado muy numerosas y destacadas, desde la lectura de soportes digitales hasta el tratamiento de afecciones oculares.

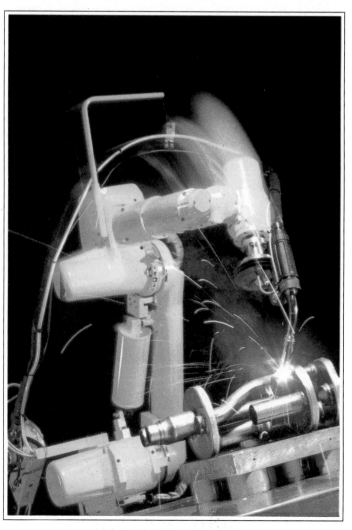

La robótica es una disciplina que tiene casi dos siglos de historia y que sólo el desarrollo de las computadoras ha permitido implementar de un modo eficiente.

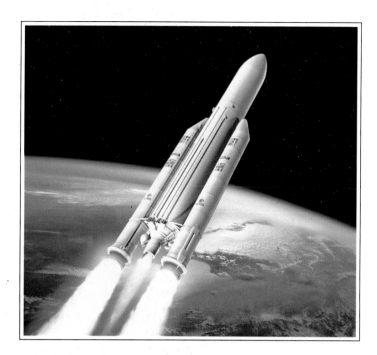

Los modernos cohetes de uso civil, como el europeo Ariane, son capaces de realizar vuelos cortos extraatmosféricos con un altísimo nivel de seguridad.

◀ *Las modernas aleaciones ofrecen una resistencia a la tensión tal que han abierto un nuevo mundo de posibilidades arquitectónicas.*

▲
Las estaciones orbitales permanentes, como la rusa Mir, constituyen un marco ideal para los estudios científicos que requieren un entorno de gravedad cero.

El disco compacto se ha ▶ impuesto como el soporte estándar para el almacenamiento de información con calidad digital.

Los discos magneto-ópticos son una versión evolucionada de los antiguos disquetes de soporte magnético.
▼

El teletrabajo es una de las consecuencias más relevantes a nivel de organización social de la revolución de las comunicaciones.

Los discos duros removibles son una alternativa viable para el almacenamiento de grandes cantidades de información.

Transportes y comunicaciones

Pocas actividades cotidianas resultarían tan asombrosas para un observador procedente del pasado como la de levantar el auricular y comunicarse telefónicamente con otro individuo a menudo situado a muchos kilómetros de distancia. Su sorpresa aún sería mayor si pudiera viajar en avión y comprobar cómo se cubren en pocas horas trayectos que antaño podían ocupar toda una vida. La revolución del transporte y las comunicaciones se ha imbricado de tal modo en nuestro quehacer cotidiano que apenas somos conscientes de los profundos cambios que en la esfera tanto personal como social ha generado esta efectiva disminución de la distancia entre personas, que es también una disminución de la misma en el campo de las ideas.

Desde las primeras transmisiones experimentales en 1929, la televisión se ha convertido en el medio de comunicación por excelencia.

◀ *El fax es un sistema de transmisión y descodificación de señales visuales por medio de la línea telefónica.*

▼ *Internet nació como un proyecto militar. Pocos años después, constituye una red global de comunicación cuya potencialidad rebasa la de cualquier otro medio.*

▲ *El científico escocés, establecido en EE.UU., Alexander Graham Bell fue en 1876 el primer hombre en transmitir con éxito la voz humana por medio de instrumentos eléctricos.*

◀ *Guglielmo Marconi posa al lado del ingenio convertidor de ondas de radio por medio del cual logró en 1901 transmitir señales a través del océano Atlántico.*

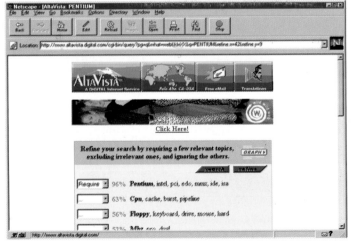

El francés Louis Blériot fue en 1909 ▶
el primer hombre en atravesar el canal
de la mancha enteramente por aire.
Empleó para ello un avión diseñado
por él mismo, cuya potencia era de
24 caballos.

▼
Los grandes superpetroleros son
los vehículos de transporte de mayor
capacidad jamás diseñados por el ser
humano. El transporte por mar sigue
siendo hoy día la forma más barata
de trasladar grandes cargas.

▲
El TGV o Tren de Alta Velocidad ha
supuesto una alternativa viable
al transporte aéreo, con la ventaja de
una mayor frecuencia y comodidad,
aunque requiere en muchos casos la
adaptación del ancho de vía.

▼
El primer satélite experimental de
comunicaciones fue lanzado por los
estadounidenses en 1958. Hoy día,
centenares de ingenios orbitales tejen
una red de telecomunicaciones
de ámbito mundial.

El coche eléctrico, como
este prototipo de la marca
Rénault, constituye la
alternativa ecológica
y tecnológicamente
más viable al
transporte
individual.

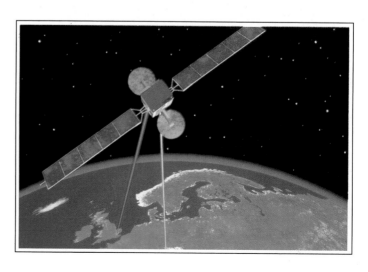

Geopolítica

Ha sido, el nuestro, un siglo marcado por tres grandes guerras; dos de ellas se resolvieron fundamentalmente en el campo de batalla, mientras que la tercera lo haría en el económico y tecnológico. La Primera Guerra Munidal fue un conflicto esencialmente heredado del siglo XIX, cuyas consecuencias geopolíticas estarían en el origen de la segunda y más terrible conflagración mundial. El desarrollo de este segundo conflicto, que abocó el mundo a la pesadilla nuclear y dejó Europa dividida entre dos grandes zonas de influencia, tuvo asimismo repercusiones en otras partes del globo no directamente

implicadas en las hostilidades, como África, donde los movimientos independentistas supieron aprovechar la debilidad de las potencias coloniales. La Guerra Fría subsiguiente marcó buena parte del panorama geopolítico de la segunda mitad del siglo y no aminoró hasta que el bloque comunista sucumbió ante su propia debilidad económica. Así las cosas, el hundimiento del comunismo parece abocarnos a un futuro marcado, entre otros problemas, por conflictos locales que, como en el caso de la Guerra de los Balcanes, amenazan reavivar el fantasma de la Guerra Fría.

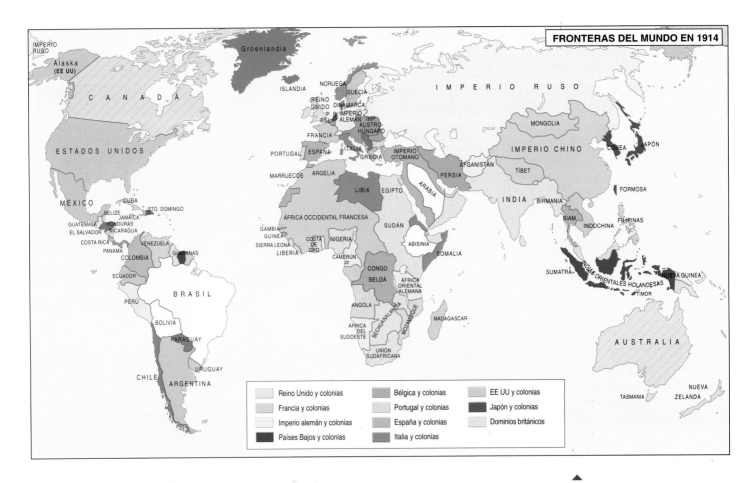

FRONTERAS DEL MUNDO EN 1914

Reino Unido y colonias	Bélgica y colonias	EE UU y colonias
Francia y colonias	Portugal y colonias	Japón y colonias
Imperio alemán y colonias	España y colonias	Dominios británicos
Países Bajos y colonias	Italia y colonias	

Las fronteras mundiales antes de 1914 eran las de los grandes imperios coloniales de los siglos XIX y XVIII. Destacan los dominios británicos, que desaparecerían tras los procesos de independencia de la India y África posteriores a la Segunda Guerra Mundial.

En 1914 el presidente estadounidense Woodrow Wilson abrió a la navegación el canal de Panamá. Desde entonces, la república del mismo nombre ha sido una de las zonas geoestratégicamente más valoradas por el gobierno norteamericano.

Los elementos más destacables del mapa de Europa a principios de siglo son la evidente rivalidad entre Serbia y el imperio austrohúngaro que, agravada por la anexión de Bosnia-Herzegovina en 1908 y 1ª y 2ª guerras balcánicas, estaba gestando las condiciones para un conflicto de ámbito paneuropeo. El asesinato, en Sarajevo, de Francisco Fernando, heredero de la corona austrohúngara, fue el elemento desencadenante del conflicto.

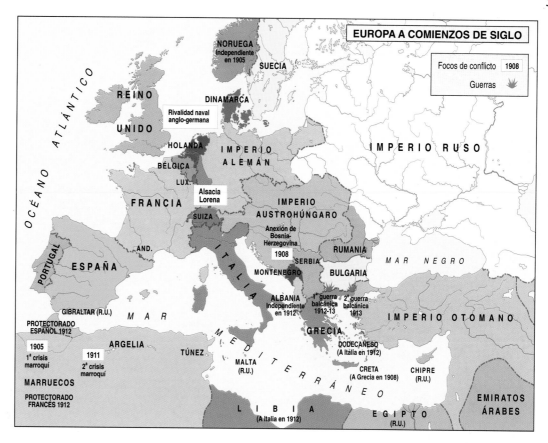

EUROPA A COMIENZOS DE SIGLO

Focos de conflicto   1908

Guerras

NORUEGA Independiente en 1905

SUECIA

REINO UNIDO

DINAMARCA

Rivalidad naval anglo-germana

HOLANDA

BÉLGICA

LUX.

Alsacia Lorena

FRANCIA

SUIZA

AND.

PORTUGAL

ESPAÑA

GIBRALTAR (R.U.)

PROTECTORADO ESPAÑOL 1912

1905
1ª crisis marroquí

1911
2ª crisis marroquí

ARGELIA

TÚNEZ

MARRUECOS

PROTECTORADO FRANCÉS 1912

IMPERIO ALEMÁN

IMPERIO AUSTROHÚNGARO

Anexión de Bosnia-Herzegovina
1908

RUMANIA

SERBIA

MONTENEGRO

BULGARIA

ALBANIA Independiente en 1912

1ª guerra balcánica 1912-13

2ª guerra balcánica 1913

GRECIA

MAR NEGRO

IMPERIO RUSO

IMPERIO OTOMANO

DODECANESO (A Italia en 1912)

CRETA (A Grecia en 1908)

CHIPRE (R.U.)

MALTA (R.U.)

M A R   M E D I T E R R Á N E O

L I B I A (A Italia en 1912)

E G I P T O (R.U.)

EMIRATOS ÁRABES

OCÉANO ATLÁNTICO

◄ Los intentos alemanes de atravesar Bélgica y atacar al ejército francés toparon con la inesperada resistencia del ejército autóctono. En la ilustración, tropas alemanas se retiran de las cercanías de Amberes tras abrir los belgas las esclusas del río Escalda.

En las conferencias aliadas tripartitas celebradas inmediatamente después de acabada de la Segunda Guerra Mundial, como las de Yalta o Potsdam (en la foto) se tomaron las decisiones geopolíticas que cambiarían la faz de Europa y la dividirían en dos grandes bloques de influencia. ►

Reykjavik

ISLANDIA

NORUEGA

Oslo

IRLANDA

Dublín

REINO UNIDO

Londres

FINLANDIA

Helsinki

Estocolmo

Tallinn

SUECIA

DINAMARCA

Copenhague

Riga

Moscú

Países del Bloque Occidental (OTAN)

Países del Bloque Socialista (Pacto de Varsovia)

Países neutrales

PAÍSES BAJOS

Amsterdam

Berlín

RDA

Vilna

Minsk

Bruselas

BÉLGICA

Bonn

ALEMANIA

POLONIA

Varsovia

URSS

París

LUX.

RFA

Praga

CHECOSLOVAQUIA

Kiev

FRANCIA

Berna

SUIZA

Viena

AUSTRIA

HUNGRÍA

Budapest

Kishinov

AND.

Lisboa

PORTUGAL

ESPAÑA

Madrid

ITALIA

Belgrado

YUGOSLAVIA

RUMANIA

Bucarest

MAR NEGRO

Ceuta

Melilla

Roma

ALBANIA

Tirana

BULGARIA

Sofía

Istambul

Ankara

GRECIA

Atenas

TURQUÍA

M A R   M E D I T E R R Á N E O

LOS DOS BLOQUES EN EUROPA

◄ Aunque, con la excepción de la partición de Alemania y la anexión de los países bálticos, el mapa fronterizo de Europa no cambiara en exceso tras el fin de la Segunda Guerra Mundial, el equilibrio geopolítico se trastocó completamente. La anulación de Alemania como potencia militar dejó el este europeo en manos de una URSS que se dispuso a ejercer su influencia con mano de hierro. Nacía la política de bloques y se sentaban los fundamentos de la Guerra Fría.

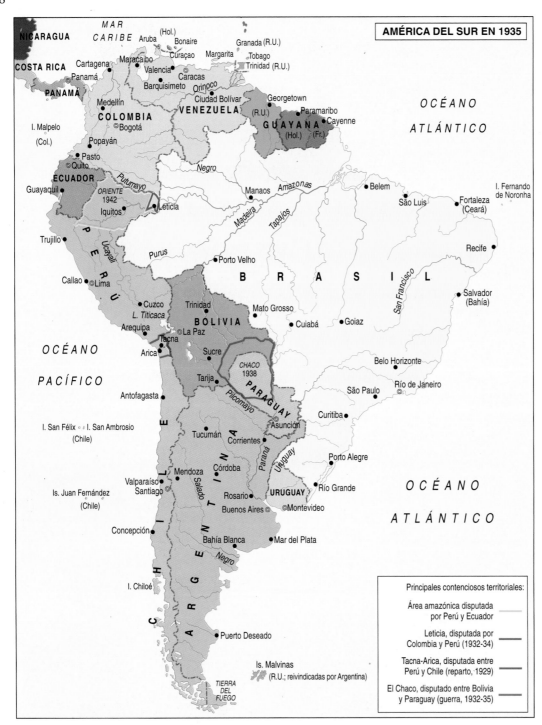

AMÉRICA DEL SUR EN 1935

MAR CARIBE

OCÉANO ATLÁNTICO

NICARAGUA

COSTA RICA

PANAMÁ

Aruba (Hol.)
Bonaire
Curaçao
Margarita
Granada (R.U.)
Tobago
Trinidad (R.U.)

Cartagena
Maracaibo
Valencia
Caracas
Barquisimeto
Panamá
Orinoco
Ciudad Bolívar

Georgetown
(R.U.)
Paramaribo
Cayenne

Medellín
COLOMBIA
Bogotá
VENEZUELA
GUAYANA
(Hol.) (Fr.)

I. Malpelo
(Col.)
Popayán
Pasto
Quito
ECUADOR
Guayaquil
ORIENTE
1942
Iquitos
Leticia

Negro
Manaos
Amazonas
Belem

I. Fernando
de Noronha

São Luis
Fortaleza
(Ceará)

Trujillo
P
E
R
Ú
Ucayali
Purus
Madeira
Tapajos

Porto Velho

B R A S I L

Recife

Callao
Lima
Cuzco
Trinidad
L. Titicaca
BOLIVIA
La Paz
Arequipa
Tacna
Arica
Sucre

Mato Grosso
Cuiabá
Goiaz

San Francisco

Salvador
(Bahía)

OCÉANO
PACÍFICO

CHACO
1938
Tarija
PARAGUAY
Pilcomayo

Belo Horizonte
São Paulo
Río de Janeiro

Antofagasta

I. San Félix I. San Ambrosio
(Chile)

Asunción

Curitiba

Tucumán
Corrientes
A
R
G
E
N
T
I
N
A
Paraná
Uruguay

Porto Alegre

 Is. Juan Fernández
(Chile)

Mendoza
Córdoba
Salado
Valparaíso
Santiago
Rosario
Buenos Aires

URUGUAY
Río Grande
Montevideo

OCÉANO
ATLÁNTICO

Concepción
C
H
I
L
E
Bahía Blanca
Negro
Mar del Plata

I. Chiloé

Puerto Deseado

Is. Malvinas
(R.U.; reivindicadas por Argentina)

TIERRA
DEL
FUEGO

Principales contenciosos territoriales:

Área amazónica disputada
por Perú y Ecuador

Leticia, disputada por
Colombia y Perú (1932-34)

Tacna-Arica, disputada entre
Perú y Chile (reparto, 1929)

El Chaco, disputado entre Bolivia
y Paraguay (guerra, 1932-35)

Los procesos de independencia de América del Sur se sucedieron durante el siglo XIX y generaron una inestabilidad fronteriza que se tradujo en numerosos conflictos territoriales, los cuales se perpetuaron a lo largo del primer tercio del siglo XX.

El militar mexicano Victoriano Huerta llegó al poder tras un cruento golpe de Estado en 1913, uno de los primeros de una larga lista de alzamientos militares que marcaría buena parte de la historia contemporánea de Latinoamérica.

Los esfuerzos del político socialdemócrata costarricense Óscar Arias por solucionar los conflictos regionales le valieron el premio Nobel de la Paz en 1987.

Brasilia, capital administrativa de Brasil desde 1960, constituye un símbolo de la voluntad de modernización económica y social promovida por los gobiernos latinoamericanos en la segunda mitad de siglo.

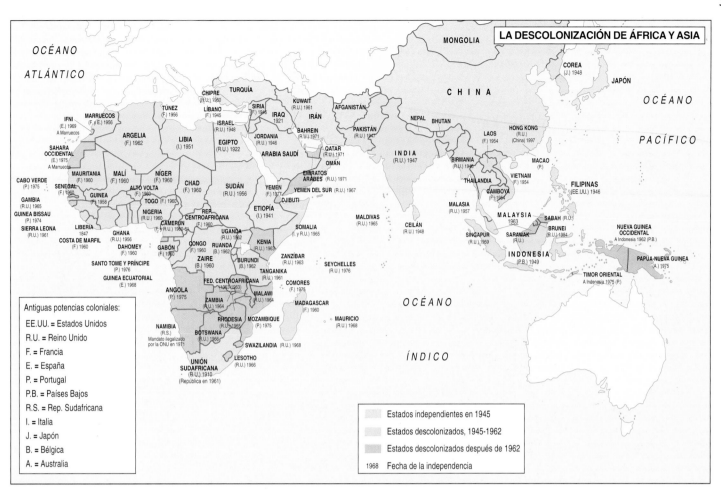

LA DESCOLONIZACIÓN DE ÁFRICA Y ASIA

La debilidad de las potencias coloniales europeas derivada de la Segunda Guerra Mundial impulsó una auténtica avalancha de procesos independentistas que transformarían en pocos años la faz de los continentes africano y asiático.

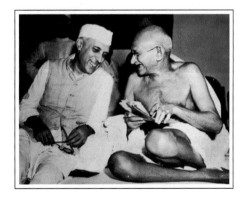

La figura de Mohandas Karamchand Gandhi (en la foto con Nerhu) resulta fundamental no sólo a la hora de estudiar la independencia de la India sino también de los procesos pacíficos de liberación inspirados por su ejemplo.

Los conflictos regionales del continente africano surgidos en la segunda mitad del siglo responden básicamente al desfase entre las fronteras arbitrariamente marcadas por las potencias coloniales y la distribución tribal de los territorios, agravado por el carácter marcadamente nacionalista y autoritario de muchos de los gobiernos de la región.

ÁFRICA DESDE LA INDEPENDENCIA

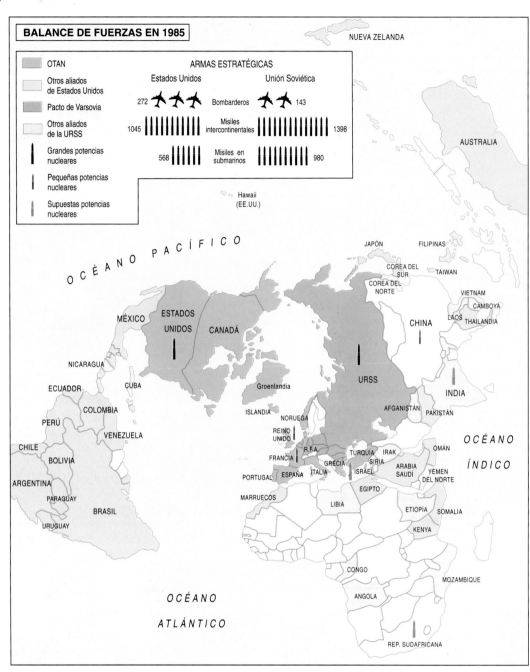

BALANCE DE FUERZAS EN 1985

OTAN

Otros aliados
de Estados Unidos

Pacto de Varsovia

Otros aliados
de la URSS

Grandes potencias
nucleares

Pequeñas potencias
nucleares

Supuestas potencias
nucleares

ARMAS ESTRATÉGICAS

	Estados Unidos		Unión Soviética
Bombarderos	272		143
Misiles intercontinentales	1045		1398
Misiles en submarinos	568		980

La distribución del potencial atómico entre los bloques occidental y soviético permite observar la importancia estratégica de las zonas de influencia directa, como Europa, y el importante papel que en un eventual conflicto tendrían potencias supuestamente no alineadas, como India o China.

El tráfico internacional de armas ha provocado el recrudecimiento de muchos conflictos regionales.

A pesar de la multitud de conflictos que jalonan la historia del siglo XX, no faltan los impulsos pacificadores que, como la concesión en Oslo del premio Nobel de la Paz, intentan poner fin a las luchas armadas. La desaparición del bloque soviético ha supuesto una alteración del panorama geopolítico en el que la mediación dentro del marco del derecho internacional se hace más y más necesaria.

La pérdida de fe en la eficacia de un eventual conflicto nuclear ha conducido a un mayor refuerzo de los instrumentos propios del ejército convencional, como está sucediendo en la aviación.

El desmembramiento de la URSS
ha provocado el resurgimiento de
conflictos territoriales tanto en la
Europa del Este como en las antiguas
repúblicas soviéticas. El caso más
destacable ha sido sin duda la guerra
que desde 1991 hasta 1995 enfrentó
a los territorios históricos escindidos
de la antigua Yugoslavia.

DESINTEGRACIÓN DE LA EUROPA DEL ESTE

1 Eslovenia
2 Croacia
3 Bosnia-Herzegovina
4 Federación Yugoslava
(Serbia y Montenegro)
5 Macedonia

URSS   Estados desaparecidos
o con pérdidas territoriales

Principales conflictos armados

La caída del muro de Berlín en
noviembre de 1989 no sólo marcó el
inicio de la unificación alemana sino
también de un nuevo orden mundial
más allá de la política de bloques.

La firma, en 1986, por parte de
España del tratado de adhesión a
la Comunidad Económica Europea
marca el inicio de una nueva etapa
marcada por la implicación directa
en una futura unión europea.

Poco a poco todos los países europeos
han sabido ver la conveniencia, tanto
política como económica, de una
eventual unificación. Del núcleo inicial
puede observarse una expansión hacia
el sur que, una vez completada, se
orienta ahora hacia el este.

LA UNIÓN EUROPEA

Estados fundadores, 1958

Ampliación, 1973

Ampliación, 1981

Ampliación, 1986

Incorporación, 1990

Ampliación, 1995

Antiguos miembros del
CAME (1949)

EL CONFLICTO YUGOSLAVO

AUSTRIA

Drava

Maribor

ESLOVENIA

Liubliana ◎

25-6-91   Zagreb   26-6-91

CROACIA

HUNGRÍA

Danubio

ISTRIA   Rijeka   Karlovac   Osijeck   ESLAVONIA ORIENTAL   VOIVODINA   RUMANIA

ESLAVONIA OCCIDENTAL

Tisza

Slunj   Vukovar   Novi Sad

Sava   Vrsac

Bihac   Banja Luka   Brcko   Belgrado   Danubio

BOSNIA   Teslic   Maglaj   Tuzla

1-3-92

Jajce   Zenika   Kragujevac

Bugojno   Vitez   Srebrenica ●

Knin   Kiseljak   Sarajevo   Uzice   Morava

DALMACIA   Gornji Vakuf   Konjic   Pale   Zepa   SERBIA

Split   Jablanica   Gorazde

HERZEGOVINA   Nis

MAR   Mostar

ADRIÁTICO   Medjugorje   Gacko   Novi Pazar   BULGARIA

MONTENEGRO   Leskovak

Dubrovnik   Pristina

Podgorica   KOSOVO

L. Scutari

◎ Skopje

MACEDONIA

8-9-91

L. de Ohrid   ● Bitola

ALBANIA   Vardar

GRECIA

─── La Federación Yugoslava en 1990

─── La Federación Yugoslava en 1993

1-3-92 Fecha de declaración de independencia de las repúblicas

Zonas bajo autogobierno de las comunidades serbias de Croacia y Bosnia a comienzos de 1995

Zonas musulmanas bajo control del gobierno de Sarajevo a comienzos de 1995

Zona bajo control de los croatobosnios a comienzos de 1995

Conquistas croatas y del gobierno bosnio en 1995

● Ciudades tomadas por los serbios en 1995

El conflicto de la antigua Yugoslavia responde a cuestiones territoriales y religiosas cuyo origen se remonta a principios de siglo y que permanecían adormecidos durante la vigencia del bloque soviético.

La ONU supone un nuevo intento, tras el fracaso de la Liga de las Naciones, por definir un marco supranacional en el que resolver los conflictos territoriales.

▼

A lo largo de la segunda mitad del siglo se han ido sucediendo diferentes procesos de unificación económica que han perfilado tres grandes bloques comerciales: América del Norte, Europa y Japón y el sureste asiático.

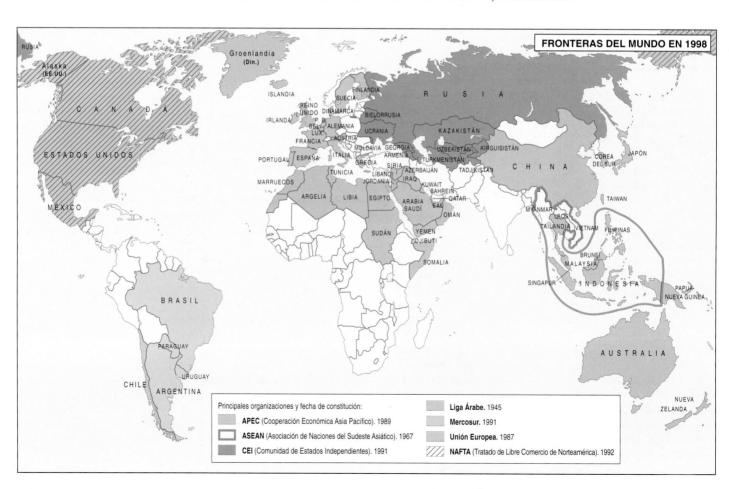

FRONTERAS DEL MUNDO EN 1998

RUSIA   Groenlandia (Din.)

Alaska (EE.UU.)   ISLANDIA   FINLANDIA   SUECIA   RUSIA

REINO UNIDO   NORUEGA

IRLANDA   DINAMARCA   BIELORRUSIA

P.B.   ALEMANIA   UCRANIA   KAZAKISTÁN

CANADÁ   BEL. LUX.   AUSTRIA

FRANCIA   MOLDAVIA   GEORGIA   UZBEKISTÁN   KIRGUISISTÁN

ESTADOS UNIDOS   ITALIA   ARMENIA   TURKMENISTÁN   TADJIKISTÁN   COREA DEL SUR   JAPÓN

PORTUGAL   ESPAÑA   GRECIA   SIRIA   AZERBAIJÁN   CHINA

MÉXICO   MARRUECOS   TUNICIA   LÍBANO   IRAK   TAIWAN

JORDANIA   KUWAIT   BAHREIN

ARGELIA   LIBIA   EGIPTO   ARABIA SAUDÍ   EAU   QATAR   MYANMAR   LAOS

OMÁN   TAILANDIA   VIETNAM   FILIPINAS

SUDÁN   YEMEN   BRUNEI

DJIBUTI   MALAYSIA

BRASIL   SOMALIA   SINGAPUR   INDONESIA   PAPÚA-NUEVA GUINEA

PARAGUAY   AUSTRALIA

CHILE   URUGUAY

ARGENTINA   NUEVA ZELANDA

Principales organizaciones y fecha de constitución:

APEC (Cooperación Económica Asia Pacífico). 1989

ASEAN (Asociación de Naciones del Sudeste Asiático). 1967

CEI (Comunidad de Estados Independientes). 1991

Liga Árabe. 1945

Mercosur. 1991

Unión Europea. 1987

NAFTA (Tratado de Libre Comercio de Norteamérica). 1992

Base de datos

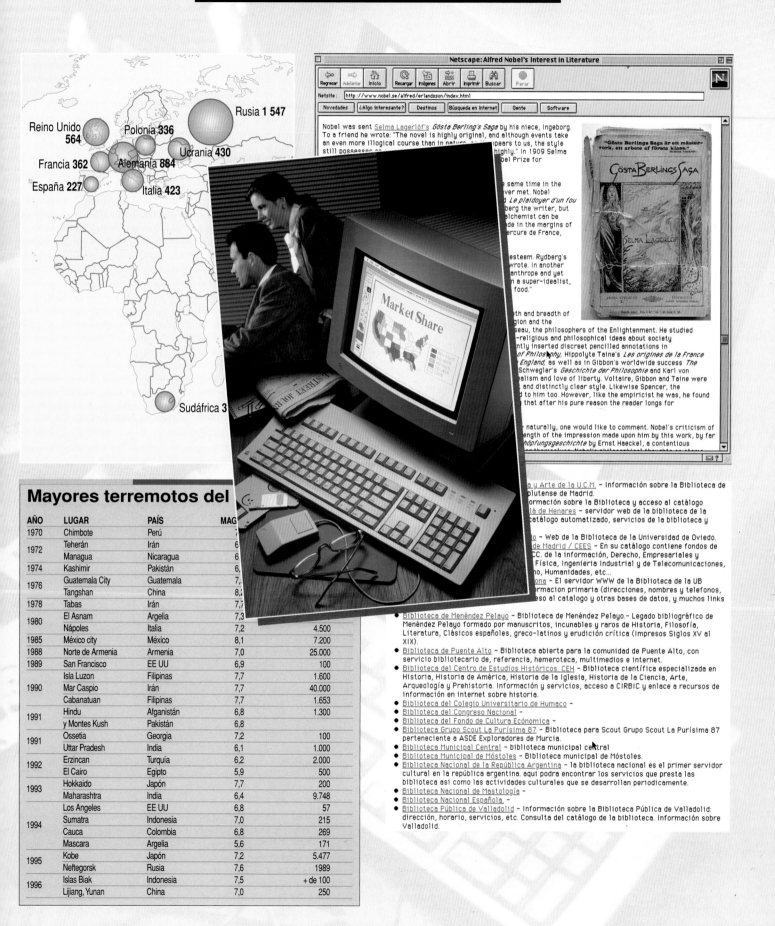

Reino Unido **564**
Polonía **336**
Rusia **1 547**
Ucrania **430**
Francia **362**
Alemania **884**
España **227**
Italia **423**
Sudáfrica 3

Browser window

Netscape: Alfred Nobel's Interest in Literature

Regresar | Adelantar | Intcio | Recargar | Imágenes | Abrir | Imprimir | Buscar | Parar

Netsite: http://www.nobel.se/alfred/erlandsson/index.html

Novedades | ¿Algo interesante? | Destinos | Búsqueda en Internet | Gente | Software

Nobel was sent Selma Lagerlöf's *Gösta Berling's Saga* by his niece, Ingeborg. To a friend he wrote: "The novel is highly original, and although events take an even more illogical course than in nature... it appears to us, the style still possesses... highly." In 1909 Selma ...bel Prize for

...same time in the ...ver met. Nobel ...*Le plaidoyer d'un fou* ...berg the writer, but ...alchemist can be ...de in the margins of ...ercure de France,

...esteem. Rydberg's ...wrote. In another ...anthrope and yet ...n a super-idealist, ...food."

...th and breadth of ...gion and the ...seau, the philosophers of the Enlightenment. He studied ...-religious and philosophical ideas about society ...ntly inserted discreet pencilled annotations in ...of Philosophy, Hippolyte Taine's *Les origines de la France* ...*England*, as well as in Gibbon's worldwide success *The* ...Schwegler's *Geschichte der Philosophie* and Karl von ...alism and love of liberty. Voltaire, Gibbon and Taine were ...and distinctly clear style. Likewise Spencer, the ...d to him too. However, like the empiricist he was, he found ...that after his pure reason the reader longs for

...naturally, one would like to comment. Nobel's criticism of ...ength of the impression made upon him by this work, by far ...höpfungsgeschichte by Ernst Haeckel, a contentious

"Gösta Berlings Saga är ett mäster-verk, ett arbete af första klass."

GÖSTA BERLINGS SAGA

SELMA LAGERLÖF

...y Arte de la U.C.M. - Información sobre la Biblioteca de ...plutense de Madrid.
...ormación sobre la Biblioteca y acceso al catálogo
...lá de Henares - servidor web de la biblioteca de la ...catálogo automatizado, servicios de la biblioteca y

...o - Web de la Biblioteca de la Universidad de Oviedo.
...de Madrid / CEES - En su catálogo contiene fondos de ...CC. de la información, Derecho, Empresariales y ...Física, Ingeniería Industrial y de Telecomunicaciones, ...o, Humanidades, etc...
...ona - El servidor WWW de la Biblioteca de la UB ...ormación primaria (direcciones, nombres y telefonos, ...eso al catalogo y otras bases de datos, y muchos links

- Biblioteca de Menéndez Pelayo - Biblioteca de Menéndez Pelayo.- Legado bibliográfico de Menéndez Pelayo formado por manuscritos, incunables y raros de Historia, Filosofía, Literatura, Clásicos españoles, greco-latinos y erudición crítica (Impresos Siglos XV al XIX).
- Biblioteca de Puente Alto - Biblioteca abierta para la comunidad de Puente Alto, con servicio bibliotecario de, referencia, hemeroteca, multimedios e internet.
- Biblioteca del Centro de Estudios Históricos, CEH - Biblioteca científica especializada en Historia, Historia de América, Historia de la Iglesia, Historia de la Ciencia, Arte, Arqueología y Prehistoria. Información y servicios, acceso a CIRBIC y enlace a recursos de información en internet sobre historia.
- Biblioteca del Colegio Universitario de Humaco -
- Biblioteca del Congreso Nacional -
- Biblioteca del Fondo de Cultura Económica -
- Biblioteca Grupo Scout La Purísima 87 - Biblioteca para Scout Grupo Scout La Purísima 87 perteneciente a ASDE Exploradores de Murcia.
- Biblioteca Municipal Central - biblioteca municipal central
- Biblioteca Municipal de Móstoles - Biblioteca municipal de Móstoles.
- Biblioteca Nacional de la República Argentina - la biblioteca nacional es el primer servidor cultural en la república argentina. aqui podra encontrar los servicios que presta las biblioteca asi como las actividades culturales que se desarrollan periodicamente.
- Biblioteca Nacional de Mastología -
- Biblioteca Nacional Española. -
- Biblioteca Pública de Valladolid - Información sobre la Biblioteca Pública de Valladolid: dirección, horario, servicios, etc. Consulta del catálogo de la biblioteca. Información sobre Valladolid.

Mayores terremotos del

AÑO	LUGAR	PAÍS	MAG	
1970	Chimbote	Perú	7,	
1972	Teherán	Irán	6,	
	Managua	Nicaragua	6,	
1974	Kashimir	Pakistán	6,	
1976	Guatemala City	Guatemala	7,	
	Tangshan	China	8,	
1978	Tabas	Irán	7,	
1980	El Asnam	Argelia	7,3	
	Nápoles	Italia	7,2	4.500
1985	México city	México	8,1	7.200
1988	Norte de Armenia	Armenia	7,0	25.000
1989	San Francisco	EE UU	6,9	100
	Isla Luzon	Filipinas	7,7	1.600
1990	Mar Caspio	Irán	7,7	40.000
	Cabanatuan	Filipinas	7,7	1.653
1991	Hindu	Afganistán	6,8	1.300
	y Montes Kush	Pakistán	6,8	
1991	Ossetia	Georgia	7,2	100
	Uttar Pradesh	India	6,1	1.000
1992	Erzincan	Turquía	6,2	2.000
	El Cairo	Egipto	5,9	500
1993	Hokkaido	Japón	7,7	200
	Maharashtra	India	6,4	9.748
	Los Angeles	EE UU	6,8	57
1994	Sumatra	Indonesia	7,0	215
	Cauca	Colombia	6,8	269
	Mascara	Argelia	5,6	171
1995	Kobe	Japón	7,2	5.477
	Neftegorsk	Rusia	7,6	1989
1996	Islas Biak	Indonesia	7,5	+ de 100
	Lijiang, Yunan	China	7,0	250

Principales Oscars de Hollywood

AÑO	MEJOR PELÍCULA	MEJOR ACTOR (PELÍCULA)	MEJOR ACTRIZ (PELÍCULA)	MEJOR DIRECTOR (PELÍCULA)
1928	Alas	Emil Jannings (El destino de la carne)	Jane Gaynor (El séptimo cielo, Street Angel, Sunrise)	Frank Borzage (El séptimo cielo)
1929	Melodías de Broadway	Warner Baxter (En el viejo Arizona)	Mary Pickford (Coqueta)	Frank Lloyd (The divine Lady)
1930	Sin novedad en el frente	George Arliss (Disraeli)	Norma Shearer (La divorciada)	Lewis Milestone (Sin novedad en el frente)
1931	Cimarrón	Lionel Barrymore (Alma libre)	Marie Dressler (La fruta amarga)	Norman Taurog (Skippy)
1932	Gran Hotel	Fredric March/Wallace Beery (Campeón)	Helen Hayes (El pecado de Madelon Claudet)	Frank Borzage (Bad Girl)
1933	Cabalgata	Charles Laughton (La vida privada de Enrique VIII)	Katharine Hepburn (Gloria de un día)	Frank Lloyd (Cabalgata)
1934	Sucedió una noche	Clark Gable (Sucedió una noche)	Claudette Colbert (Sucedió una noche)	Frank Capra (Sucedió una noche)
1935	Rebelión a bordo	Victor McLaglen (El delator)	Bette Davis (Peligrosa)	John Ford (El delator)
1936	El gran Ziegfeld	Paul Muni (La tragedia de Louis Pasteur)	Louise Rainer (El gran Ziegfeld)	Frank Capra (El secreto de vivir)
1937	La vida de Émile Zola	Spencer Tracy (Capitanes intrépidos)	Louise Rainer (La buena tierra)	Leo McCarey (La pícara puritana)
1938	Vive como quieras	Spencer Tracy (Forja de hombres)	Bette Davis (Jezabel)	Frank Capra (Vive como quieras)
1939	Lo que el viento se llevó	Robert Donat (Goodbye, Mr. Chips)	Viviene Leigh (Lo que el viento se llevó)	Victor Fleming (Lo que el viento se llevó)
1940	Rebeca	James Stewart (Historias de Filadelfia)	Ginger Rogers (Espejismos de amor)	John Ford (Las uvas de la ira)
1941	Qué verde era mi valle	Gary Cooper (El sargento York)	Joan Fontaine (Sospecha)	John Ford (Qué verde era mi valle)
1942	La señora Miniver	James Cagney (Yanqui Dandy)	Greer Garson (La señora Miniver)	William Wyler (La señora Miniver)
1943	Casablanca	Paul Lukas (Watch on the Rhine)	Jennifer Jones (La canción de Bernadette)	Michael Curtiz (Casablanca)
1944	Siguiendo mi camino	Bing Crosby (Siguiendo mi camino)	Ingrid Bergman (Luz de gas)	Leo McCarey (Siguiendo mi camino)
1945	Días sin huella	Ray Milland (Días sin huella)	Joan Crawford (Alma en suplicio)	Billy Wilder (Días sin huella)
1946	Los mejores años de nuestra vida	Fredric March (Los mejores años de nuestra vida)	Olivia de Havilland (La vida íntima de Julia Norris)	William Wyler (Los mejores años de nuestra vida)
1947	La barrera invisible	Ronald Colman (Doble vida)	Loretta Young (Un destino de mujer)	Elia Kazan (La barrera invisible)
1948	Hamlet	Laurence Olivier (Hamlet)	Jane Wyman (Belinda)	John Huston (El tesoro de Sierra Madre)
1949	El político	Broderick Crawford (El político)	Olivia de Havilland (La heredera)	Joseph L. Mankiewicz (Carta a tres esposas)
1950	Eva al desnudo	José Ferrer (Cyrano de Bergerac)	Judy Holliday (Nacida ayer)	Joseph L. Mankiewicz (Eva al desnudo)
1951	Un americano en París	Humphrey Bogart (La reina de África)	Viviane Leigh (Un tranvía llamado deseo)	George Stevens (Un lugar en el sol)
1952	El mayor espectáculo del mundo	Gary Cooper (Solo ante el peligro)	Shirley Booth (Come back, little Sheba)	John Ford (El hombre tranquilo)
1953	De aquí a la eternidad	William Holden (Traidor en el infierno)	Audrey Hepburn (Vacaciones en Roma)	Fred Zinnemann (De aquí a la eternidad)
1954	La ley del silencio	Marlon Brando (La ley del silencio)	Grace Kelly (La angustia de vivir)	Elia Kazan (La ley del silencio)
1955	Marty	Ernest Borgnine (Marty)	Anna Magnani (The rose tattoo)	Delbert Mann (Marty)
1956	La vuelta al mundo en 80 días	Yul Brynner (El rey y yo)	Ingrid Bergman (Anastasia)	George Stevens (Gigante)
1957	El puente sobre el río Kwai	Alec Guinness (El puente sobre el río Kwai)	Joanne Woodward (Las tres caras de Eva)	David Lean (El puente sobre el río Kwai)
1958	Gigi	David Niven (Mesas separadas)	Susan Hayward (¡Quiero vivir!)	Vincente Minnelli (Gigi)
1959	Ben-Hur	Charlton Heston (Ben-Hur)	Simone Signoret (Un lugar en la cumbre)	William Wyler (Ben-Hur)
1960	El apartamento	Burt Lancaster (El fuego y la palabra)	Elizabeth Taylor (Una mujer marcada)	Billy Wilder (El apartamento)
1961	West Side Story	Maximilian Schell (Vencedores y vencidos)	Sofia Loren (Dos mujeres)	Jerome Robbins (West Side Story)
1962	Lawrence de Arabia	Gregory Peck (Matar a un ruiseñor)	Anne Bancroft (El milagro de Ana Sullivan)	David Lean (Lawrence de Arabia)
1963	Tom Jones	Sidney Poitier (Los lirios del valle)	Patricia Neal (Hud)	Tony Richardson (Tom Jones)
1964	My fair lady	Rex Harrison (My fair lady)	Julie Andrews (Mary Poppins)	George Cukor (My fair lady)
1965	Sonrisas y lágrimas	Lee Marvin (La ingenua explosiva)	Julie Christie (Darling)	Robert Wise (Sonrisas y lágrimas)
1966	Un hombre para la eternidad	Paul Scofield (A man for all seasons)	Elizabeth Taylor (¿Quién teme a Virginia Woolf?)	Fred Zinnemann (Un hombre para la eternidad)
1967	En el calor de la noche	Rod Steiger (En el calor de la noche)	Katharine Hepburn (Adivina quién viene esta noche)	Mike Nichols (El graduado)
1968	Oliver	Cliff Robertson (Charly)	Katharine Hepburn (El león en invierno) / Barbra Streisand (Funny girl)	Sir Carol Reed (Oliver)
1969	Cowboy de medianoche	John Wayne (Valor de ley)	Maggie Smith (Los mejores años de miss Jean Brodie)	John Schlesinger (Cowboy de medianoche)
1970	Patton	George C. Scott –rechazado– (Patton)	Glenda Jackson (Mujeres enamoradas)	Franklin Schaffner (Patton)
1971	The French connection	Gene Hackman (The French connection)	Jane Fonda (Klute)	William Friedkin (The French connection)
1972	El padrino	Marlon Brando –rechazado– (El padrino)	Lisa Minnelli (Cabaret)	Bob Fosse (Cabaret)
1973	El golpe	Jack Lemmon (Salvad al tigre)	Glenda Jackson (Un toque de distinción)	George Roy Hill (El golpe)
1974	El padrino, 2ª parte	Art Carney (Harry y Tonto)	Ellen Burstyn (Alicia ya no vive aquí)	Francis Ford Coppola (El padrino, 2ª parte)
1975	Alguien voló sobre el nido del cuco	Jack Nicholson (Alguien voló sobre el nido del cuco)	Louise Fletcher (Alguien voló sobre el nido del cuco)	Milos Forman (Alguien voló sobre el nido del cuco)
1976	Rocky	Peter Finch (Network, un mundo implacable)	Faye Dunaway (Network, un mundo implacable)	John G. Avildsen (Rocky)
1977	Annie Hall	Richard Dreyfuss (La chica del adiós)	Diane Keaton (Annie Hall)	Woody Allen (Annie Hall)
1978	El cazador	Jon Voight (El regreso)	Jane Fonda (El regreso)	Michael Cimino (El cazador)
1979	Kramer contra Kramer	Dustin Hoffman (Kramer contra Kramer)	Sally Field (Norma Rae)	Robert Benton (Kramer contra Kramer)
1980	Gente corriente	Robert DeNiro (Toro salvaje)	Sissy Spacek (Quiero ser libre)	Robert Redford (Gente corriente)
1981	Carros de fuego	Henry Fonda (En el estanque dorado)	Katharine Hepburn (En el estanque dorado)	Warren Beatty (Rojos)
1982	Gandhi	Ben Kingsley (Gandhi)	Meryl Streep (La decisión de Sofía)	Richard Attenborough (Gandhi)
1983	La fuerza del cariño	Robert Duvall (Tender Mercies)	Shirley MacLaine (La fuerza del cariño)	James L. Brooks (La fuerza del cariño)
1984	Amadeus	F. Murray Abraham (Amadeus)	Sally Field (En un lugar del corazón)	Milos Forman (Amadeus)
1985	Memorias de África	William Hurt (El beso de la mujer araña)	Geraldine Page (Regreso a Bountiful)	Sydney Pollack (Memorias de África)
1986	Platoon	Paul Newman (El color del dinero)	Marlee Matlin (Hijos de un dios menor)	Oliver Stone (Platoon)
1987	El último emperador	Michael Douglas (Wall street)	Cher (Hechizo de luna)	Bernardo Bertolucci (El último emperador)
1988	Rainman	Dustin Hoffman (Rainman)	Jodie Foster (Acusados)	Barry Levinson (Rainman)
1989	Paseando a miss Daisy	Daniel Day-Lewis (Mi pie izquierdo)	Jessica Tandy (Paseando a miss Daisy)	Oliver Stone (Nacido el 4 de julio)
1990	Bailando con lobos	Jeremy Irons (El misterio von Bülow)	Kathy Bates (Misery)	Kevin Costner (Bailando con lobos)
1991	El silencio de los corderos	Anthony Hopkins (El silencio de los corderos)	Jodie Foster (El silencio de los corderos)	Jonathan Demme (El silencio de los corderos)
1992	Sin perdón	Al Pacino (Esencia de mujer)	Emma Thompson (Regreso a Howards End)	Clint Eastwood (Sin perdón)
1993	La lista de Schindler	Tom Hanks (Philadelphia)	Holly Hunter (El piano)	Steven Spielberg (La lista de Schindler)
1994	Forrest Gump	Tom Hanks (Forrest Gump)	Jessica Lange (Las cosas que nunca mueren)	Robert Zemeckis (Forrest Gump)
1995	Braveheart	Nicholas Cage (Leaving Las Vegas)	Susan Sarandon (Pena de muerte)	Mel Gibson (Braveheart)
1996	El paciente inglés	Geoffrey Rush (Shine)	Frances McDorman (Fargo)	Anthony Minghella (El paciente inglés)
1997	Titanic	Jack Nicholson (Mejor imposible)	Hellen Hunt (Mejor imposible)	James Cameron (Titanic)

Oscars a la mejor canción original y banda sonora

AÑO	CANCIÓN ORIGINAL (PELÍCULA)	AUTOR MÚSICA / LETRA	BANDA SONORA DRAMA O COMEDIA / MUSICAL
1934	The continental (La alegre divorciada)	C. Conrad / H. Magidson	One night of love (V. Schertzinger / G. Kahn)
1935	Lullaby of Broadway (Vampiresas 1935)	H. Warren / A. Dubin	El delator (M. Steiner)
1936	The way you look tonight (Swing time)	J. Kern y D. Fields	Anthony Adverse (E. W. Korngold)
1937	Sweet Leilani (Waikiki wedding)	H. Owens	One hundred men and a girl (C. Previn)
1938	Thanks for the memory (The big broadcast of 1938)	R. Rainger / L. Robin	Alexander's Ragtime Band (A. Newman)
1939	Over the rainbow (El mago de Oz)	H. Arlen / E. V. Harburg	Stagecrach (R. Hageman / F. Harling / J. Leipold / L. Shuken)
1940	When you wish upon a star (Pinocho)	L. Harline / N. Washington	Tin Pan Alley (A. Newman)
1941	The last time I saw Paris (Lady be good)	J. Kern / O. Hammerstein II	The devil and Daniel Webster (B. Herrmann) / Dumbo (F. Churchill y O. Wallace)
1942	White Christmas (Holiday Inn)	I. Berlin	Now, Voyager (M. Steiner) / Yankee Doodle Dandy (R. Heindorf / H. Roemheld)
1943	You'll never know (Hello Frisco, hello)	H. Warren / M. Gordon	The song of Bernardette (A. Newman) / This is the army (R. Heindorf)
1944	Singing on a star (Siguiendo mi camino)	J. van Heusen / J. Burke	Since you went away (M. Steiner) / Cover girl (C. Dragon / M. Stoloff)
1945	It might as well be spring (State fair)	R. Rodgers / O. Hammerstein II	Spellbound (M. Rozsa) / Anchors Aweigh (G. Stoll)
1946	On the Atchison, Topeka and Santa Fe (The harvey girls)	H. Warren / J. Mercer	Anna and the king of Siam (H. Friedhofer) / The Jolson story (M. Stoloff)
1947	Zip-a-dee-doo-dah (Song of the south)	A. Wruberl / R. Gilbert	A double life (M. Rozsa) / Mother wore tights (A. Newman)
1948	Buttons and Bows (Rostro pálido)	J. Livingston y R. Evans	The red shoes (B. Easdale) / Easter parade (J. Green / R. Edens)
1949	Baby, it's cold outside (Neptune's daughter)	F. Loesser	The heiress (A. Copland) / On the town (R. Edens / L. Hayton)
1950	Mona Lisa (Captain Carey, USA)	R. Evans y J. Livingston	Sunset blvd. (F. Waxman) / Annie get your gun (A. Deutsch / R. Edens)
1951	In the cool, cool of the evening (Aquí viene el novio)	H. Carmichael / J. Mercer	A place in the sun (F. Waxman) / Un americano en París (J. Green / S. Chaplin)
1952	High noon (Solo ante el peligro)	D. Tiomkin / N. Washington	Solo ante el peligro (D. Tiomkin) / With a song in my heart (A. Newman)
1953	Secret love (Doris Day en el Oeste)	J. Fain / P. F. Webster	Lili (B. Kaper) / Call me madam (A. Newman)
1954	Three coins in the fountain (Three coins in the fountain)	J. Styne / S. Cahn	The high and the mighty (D. Tiomkin) / Siete novias para siete hermanos (A. Deutsch y S. Chaplin)
1955	Love is a many splendored thing (La colina del adiós)	S. Fain / P. F. Webster	Love is a many splendored thing (A. Newman) / Oklahoma! (R. R. Bennett, J. Blackton y A. Deutsch)
1956	Whatever will be, will be (El hombre que sabía demasiado)	J. Livingston / R. Evans	La vuelta al mundo en 80 días (V. Young) / El rey y yo (A. Newman / K. Darby)
1957	All the way (La máscara del dolor)	J. van Heusen / S. Cahn	El puente sobre el río Kwai (M. Arnold)
1958	Gigi (Gigi)	Frederick Loewe / A. J. Lerner	El viejo y el mar (D. Tiomkin) / Gigi (A. Previn)
1959	High hopes (Millonario de ilusiones)	J. van Heusen / S. Cahn	Ben-Hur (M. Rozsa) / Porgy and Bess (A. Previn / K. Darby)
1960	Never on Sunday (Never on sunday)	M. Hadjidakis	Exodus (E. Gold) / Song without end (M. Stoloff / H. Sukman)
1961	Moon river (Desayuno con diamantes)	H. Mancini / J. Mercer	Breakfast at Tiffany's (H. Mancini) / West Side Story (S. Chaplin / J. Green / S. Ramin / I. Kostal)
1962	Days of wine and roses (Días de vino y rosas)	H. Mancini / J. Mercer	Lawrence de Arabia (M. Jarre) / The music man (R. Heindorf)
1963	Call me irresponsible (Papa's delicate condition)	J. van Heusen / S. Cahn	Tom Jones (J. Addison) / Irma la dulce (A. Previn)
1964	Chim chim cher-ee (Mary Poppins)	R. M. Sherman y R. B. Sherman	Mary Poppins (R. M. Sherman y R. B. Sherman) / My fair lady (A. Previn)
1965	The shadow of your smile (Castillos de arena)	J. Mandel / P. F. Webster	Doctor Zhivago (M. Jarre) / The sound of music (I. Kostal)
1966	Born free (Nacida libre)	J. Barry / D. Black	Born free (J. Barry) / A funny thing happened on the way to the forum (K. Thorne)
1967	Talk to the animals (Doctor Dolittle)	L. Bricusse	Thoroughly modern Millie (E. Bernstein) / Camelot (A. Newman / K. Darby)
1968	The windmills of your smile (The Thomas Crown affair)	M. Legrand / A. y M. Bergman	El león en invierno (J. Barry) / Oliver (J. Green)
1969	Raindrops keep fallin' on my head (Dos hombres y un destino)	B. Bacharach / H. David	Dos hombres y un destino (B. Bacharach) / Hello, Dolly! (L. Hayton / L. Newman)
1970	For all we know (Lovers and other strangers)	F. Karlin / R. Royer, J. Griffin y A. James	Love story (F. Lai) / Let it be (The Beatles)
1971	Tema de la película (Shaft)	I. Hayes	Verano del 42 (M. Legrand) / El violinista en el tejado (J. Williams)
1972	The morning after (La aventura del Poseidón)	A. Kasha / J. Hirschhorn	Limelight (Sir C. Chaplin, R. Rasch, L. Russell) / Cabaret (R. Burns)
1973	The way we were (Tal como éramos)	M. Hamlisch / A. y M. Bergman	Tal como éramos (M. Hamlisch) / El golpe (M. Hamlisch)
1974	We may never love like this again (El color de las llamas)	Al Kasha / Joel Hirschhorn	El padrino, 2ª parte (N. Rota / C. Coppola) / El gran Gatsby (N. Riddle)
1975	I'm easy (Nashville)	Keith Carradine	Jaws (J. Williams) / Barry Lyndon (L. Rosenman)
1976	Evergreen (Ha nacido una estrella)	B. Streisand / P. Williams	The omen (J. Goldsmith) / Bound for glory (Leonard Rosenman)
1977	You light up my fire (You light up my fire)	Joseph Brooks	Star wars (J. Williams) / A little night music (J. Tunick)
1978	Last dance (Por fin ya es viernes)	Paul Jabara	El expreso de medianoche (G. Moroder) / The buddy holly story (J. Renzetti)
1979	It goes like it goes (Norma Rae)	D. Shire / N. Gimbel	A little romance (G. Delerue) / Empieza el espectáculo (R. Burns)
1980	Fame (Fama)	M. Gore / D. Pitchford	Fama (M. Gore)
1981	Best that you can do (Arthur)	B. Bacharach / C. Bayer Sager y Allen	Carros de fuego (Vangelis)
1982	Up where we belong (Oficial y caballero)	J. Nitzsche y B. Sainte-Marie / W. Jennings	ET el extraterrestre (John Williams) / Víctor o Victoria (H. Mancini / L. Bricusse)
1983	Flashdance... what a feeling (Flashdance)	G. Moroder / K. Forsey e I. Cara	The right stuff (B. Conti) / Yentl (M. Legrand / A. Bergman / M. Bergman)
1984	I just called to say I love you (La mujer de rojo)	S. Wonder	Pasaje a la India (M. Jarre) / Purple rain (Prince)
1985	Say you, say me (Noches de sol)	L. Richie	Memorias de África (J. Barry)
1986	Take my breath away (Top Gun)	Giorgio Moroder / T. Whitlock	Round midnight (H. Hancock)
1987	(I've had) the time of my life (Dirty Dancing)	F. Previte, J. DeNicola y D. Markowitz	El último emperador (R. Sakamoto / D. Byrne / Cong Su)
1988	Let the river run (Armas de mujer)	C. Simon	The milagro Beanfield war (D. Grusin)
1989	Under the sea (La sirenita)	A. Menken / H. Ashman	La sirenita (A. Menken)
1990	Sooner or later (Dick Tracy)	S. Sondheim	Bailando con lobos (J. Barry)
1991	Be our guest (La bella y la bestia)	A. Menken / H. Ashman	La bella y la bestia (A. Menken)
1992	Whole New World (Aladino)	A. Menken / R. Rice	Aladino (A. Menken)
1993	Streets of Philadelphia (Philadelphia)	Bruce Springsteen	La lista de Schindler (John Williams)
1994	Can you feel the love tonight (El rey león)	Elton John y Tim Rice	El rey león (Hans Zimmer)
1995	Los colores del viento (Pocahontas)	Alan Menke y Stephen Schwartz	Il postino (Luis Enriquez Bacalov)
1996	You must love me (Evita)	Andrew Lloyd Webber y Tom Rice	El paciente inglés (Gabriel Yared) / Emma (Rachel Portman)
1997	My heart will go on (Titanic)	James Horner / Will Jennings	Full monty (Anne Dudleg)

Oscars a la mejor película extranjera

AÑO	PELÍCULA	DIRECTOR	PAÍS
1956	La Strada	Federico Fellini	Italia
1957	Nights of Cabiria	Federico Fellini	Italia
1958	Mon oncle	Jacques Tati	Francia
1959	Orfeo negro	Jean Cocteau	Portugal-Francia
1960	The virgin spring	Ingmar Bergman	Suecia
1961	Through a glass, darkly	Ingmar Bergman	Suecia
1962	Sundays and Cybele	Serge Bourguignon	Francia
1963	81/2	Federico Fellini	Italia
1964	Yesterday, today and tomorrow	Vittorio de Sica	Italia
1965	The shop on main street		Checoslovaquia
1966	A man and a woman	Claude Lelouch	Francia
1967	Closely watched trains	Jirí Menzel	Checoslovaquia
1968	War and peace	Sergei Bondarchuk	Rusia
1969	Z	Costa-Gavras	Francia
1970	Investigation of a citizen above suspicion	Elio Petri	Italia
1971	El jardín de los Finzi-Contini	Vittorio de Sica	Italia-Alemania
1972	El discreto encanto de la burguesía	Luis Buñuel / Jean-Claude Carrière	Francia
1973	Day for night	François Truffaut	Francia
1974	Amarcord	Federico Fellini	Italia
1975	Dersu Uzala	Akira Kurosawa	Rusia-Japón
1976	Black and white in color	Jean-Jacques Annaud	Costa de Marfil-Francia
1977	Madame Rosa	Moshe Mizrahi	Francia
1978	Get out your handkerchiefs	Bertrand Blier	Bélgica-Francia
1979	El tambor de hojalata	Volker Schlöndorff	Alemania
1980	Moscow doesn't believe in tears	Vladimir Menshov	Rusia
1981	Mephisto	Istvan Szabo	Hungría
1982	Volver a empezar	José Luis Garci	España
1983	Fanny y Alexander	Ingmar Bergman	Suecia
1984	Dangerous moves	Richard Dembo	Suiza
1985	La historia oficial	Luis Puenzo	Argentina
1986	El asalto	Fons Rademakers	Países Bajos
1987	La fiesta de Babette	Gabriel Axel	Dinamarca
1988	Pelle el conquistador	Bille August	Suecia-Dinamarca
1989	Cinema Paradiso	Giuseppe Tornatore	Francia-Italia
1990	Journey of hope	Xavier Koller	Suiza
1991	Mediterráneo	Gabriele Salvatores	Italia
1992	Indochina	Régis Wargnier	Francia
1993	Belle époque	Fernando Trueba	España
1994	Burnt by the sun	Nikita Mikhalkov	Rusia
1995	Antonia's line	Marleen Gorris	Países Bajos
1996	Kolya	Jan Sverak	República Checa
1997	Character	Mike van Diem	Paises Bajos

Premios Pulitzer a fotografías de prensa

AÑO	FOTÓGRAFO	PERIÓDICO O AGENCIA
1942	Milton Brooks	Detroit News
1943	Frank Noel	AP
1944	Frank Filan	AP
	Earl L. Bunker	Omaha World-Herald
1945	Joe Rosenthal	AP
1947	Arnold Hardy	Aficionado, Atlanta, AG
1948	Frank Cushing	Boston Traveler
1949	Nathaniel Fein	New York Herald Tribune
1950	Bill Crouch	Oakland (CA) Tribune
1951	Max Desfor	AP
1952	John Robinson Don Ultang	Des Moines Register Tribune
1953	William M. Gallagher	Flint (M) Journal
1954	Mrs. Walter M. Schau	aficionado
1955	John L. Gaunt Jr.	Los Ángeles Times
1956		New York Daily News
1957	Harry A. Trask	Boston Traveler
1958	William C. Beall	Washington Daily News
1959	William Seaman	Minneapolis Star
1960	Andrew Lopez	UPI
1961	Yasushi Nagao	Mainichi Newspapers, Tokio
1962	Paul Vathis	AP
1963	Hector Rondon	La República, Caracas
1964	Robert H. Jackson	Dallas Times-Herald
1965	Horst Faas	AP
1966	Kyoichi Sawada	UPI
1967	Jack R. Thornell	AP
1968	Rocco Morabito	Jacksonville Journal
1969	Edwards Adams	AP
1970	Steve Starr	AP
1971	John Paul Filo	Valley Daily News y Daily Dispatch de Tarentum y New Kensington, AP

AÑO	FOTÓGRAFO	PERIÓDICO O AGENCIA
1972	Horst Faas y Michel Laurent	AP
1973	Huynh Cong Ut	AP
1974	Anthony K. Roberts	AP
1975	Gerald H. Gay	Seattle Times
1976	Stanley Forman	Boston Herald American
1977	Neal Ulevich	Ap
	Stanley Forman	Boston Herald American
1978	John H. Blair	UPI
1979	Thomas J. Kelly III	Pottstown (PA) Mercury
1980		UPI
1981	Larry C. Price	FT. Worth (TX) Star-telegram
1982	Ron Edmonds	AP
1983	Bill Foley	AP
1984	Stan Grossfeld	Boston Globe
1985		The Register, Santa Ana, CA
1986	Carol Guzy y Michel du Cille	Miami Herald
1987	Kim Komenich	San Francisco Examiner
1988	Scott Shaw	Odessa (Tex) American
1989	Ron Olshwanger	St. Louis post-Dispatch
1990		Oakland (CA) Tribune photo staff
1991	Greg Marinovich	AP
1992		Associated Press staff
1993	Ken Geiger y William Snyder	Dallas Morning News
1994	Paul Watson	Toronto Star
1995	Carol Guzy	Washington Post
1996	Charles Porter IV	AP
1997	Annie Wells	The Press Democrat
1998	Martha Rial	Pittsburgh Post-Gazette

Premios Miguel de Cervantes

AÑO	AUTOR	NACIONALIDAD	AÑO	AUTOR	NACIONALIDAD
1976	Jorge Guillén	España	1987	Carlos Fuentes	México
1977	Alejo Carpentier	Cuba	1988	María Zambrano	España
1978	Dámaso Alonso	España	1989	Augusto Roa Bastos	Paraguay
1979	Jorge Luis Borges	Argentina	1990	Adolfo Bioy Casares	Argentina
	Gerardo Diego	España	1991	Francisco Ayala	España
1980	Juan Carlos Onetti	Uruguay	1992	Dulce María Loynaz	Cuba
1981	Octavio Paz	México	1993	Miguel Delibes	España
1982	Luis Rosales	España	1994	Mario Vargas Llosa	Perú
1983	Rafael Alberti	España	1995	Camilo José Cela	España
1984	Ernesto Sábato	Argentina	1996	José García Nieto	España
1985	G. Torrente Ballester	España	1997	Guillermo Cabrera Infante	Cuba
1986	Antonio Buero Vallejo	España	1998	José Hierro	España

Premios Juan Rulfo

AÑO	AUTOR	NACIONALIDAD	Año	Autor	Nacionalidad
1976	Jorge Guillén	España	1995	Nélida Piñón	Brasil
1991	Nicanor Parra	Chile	1996	Augusto Monterroso	Guatemala
1992	Juan José Arreola	México	1997	Juan Marsé	España
1993	Eliseo Diego	Cuba	1998	Olga Orozco	Argentina
1994	Julio Ramón Ribeyro	Perú			

Premios Nobel de Fisiología y/o Medicina

AÑO	GALARDONADO	PAÍS	AÑO	GALARDONADO	PAÍS	AÑO	GALARDONADO	PAÍS	AÑO	GALARDONADO	PAÍS
1901	Emil A. von Behring	Alemania	1943	Henrik C. P. Dam	Dinamarca	1963	Andrew F. Huxley	Reino Unido		Baruj Benacerraf	EE.UU.
1902	Ronald Ross	Reino Unido		Edward A. Doisy	EE.UU	1964	Konrad E. Bloch	EE.UU.	1980	Jean Dausset	Francia
1903	Niels R. Finsen	Dinamarca	1944	Joseph Erlanger	EE.UU.		Feodor Lynen	Alemania		George D. Snell	EE.UU.
1904	Ivan P. Pavlov	URSS		Herbert S. Gasser	EE.UU.		François Jacob	Francia		Roger W. Sperry	EE.UU.
1905	Robert Koch	Alemania		Alexander Fleming	Reino Unido	1965	André Lwoff	Francia	1981	David H. Hubel	EE.UU.
1906	Camillo Golgi	Italia	1945	Ernst B. Chain	Reino Unido		Jacques Monod	Francia		Torsten N. Wiesel	Suecia
	Santiago Ramón y Cajal	España		Howard W. Florey	Australia	1966	Francis Peyton Rous	EE.UU.		Sune K. Bergström	Suecia
1907	Charles L. A. Laveran	Francia	1946	Hermann J. Müller	EE.UU.		Charles B. Huggins	EE.UU.	1982	Bengt I. Samuelsson	Suecia
1908	Ilie Ilich Mechnikov	URSS		Carl E. Cori	EE.UU.		Ragnar Granit	Suecia		John R. Vane	Reino Unido
	Paul Ehrlich	Alemania	1947	Gerty T. Cori	EE.UU.	1967	Haldan Keffer Hartline	EE.UU.	1983	Barbara McClintock	EE.UU.
1909	Emil T. Kocher	Suiza		Bernardo A. Houssay	Argentina		George Wald	EE.UU.		Niels K. Jerne	Dinamarca
1910	Albrecht Kossel	Alemania	1948	Paul H. Müller	Suiza		Robert W. Holley	EE.UU.	1984	Georges J. F. Köhler	Alemania
1911	Allvar Gullstrand	Suecia	1949	Walter R. Hess	Suiza	1968	H. Gobind Khorana	EE.UU.		César Milstein	Argentina
1912	Alexis Carrel	Francia		Antonio C. Egas Moniz	Portugal		Marshall W. Nirenberg	EE.UU.	1985	Michael S. Brown	EE.UU.
1913	Charles R. Richet	Francia		Edward C. Kendall	EE.UU.		Max Delbrück	EE.UU.		Joseph L. Goldstein	EE.UU.
1914	Robert Bárány	Austria	1950	Tadeusz Reichstein	Suiza	1969	Alfred D. Hershey	EE.UU.	1986	Rita Levi-Montalcini	EE.UU.
1919	Jules Bordet	Bélgica		Philip Shoewalter Hench	EE.UU.		Salvador E. Luria	EE.UU.		Stanley Cohen	EE.UU.
1920	August Krogh	Dinamarca	1951	Max Theiler	EE.UU.		Bernard Katz	Reino Unido	1987	Susama Tonegawa	Japón
1922	Archibald V. Hill	Reino Unido	1952	Selman A. Waksman	EE.UU.	1970	Ulf von Euler-Chelpin	Suecia		James W. Black	Reino Unido
	Otto F. Meyerhof	Alemania	1953	Hans A. Krebs	Reino Unido		Julius Axelrod	EE.UU.	1988	Gertrude B. Elion	EE.UU.
1923	Frederick G. Banting	Canadá		Fritz A. Lipmarin	EE.UU.	1971	Earl W. Sutherland, Jr	EE.UU.		George R. Hitchings	EE.UU.
	John J. R. Macleod	Canadá		Thomas H. Weller	EE.UU.	1972	Gerald M. Edelman	EE.UU.	1989	Michael J. Bishop	EE.UU.
1924	Willem Einthoven	Países Bajos	1954	John F. Enders	EE.UU.		Rodney R. Porter	Reino Unido		Harold E. Varmus	EE.UU.
1926	Johannes A. G. Fibiger	Dinamarca		Frederick C. Robbins	EE.UU.		Karl von Frisch	Austria	1990	Joseph E. Murray	EE.UU.
1927	J. Wagner-Jauregg	Austria	1955	Alex H. T. Theorell	Suecia	1973	Konrad Lorenz	Austria		Edward Donnall Thomas	EE.UU.
1928	Charles J. H. Nicolle	Francia		André F. Cournand	EE.UU.		Nikolaas Tinbergen	Países Bajos	1991	Bert Sakmann	Alemania
1929	Christiaan Eijkman	Países Bajos	1956	Werner Forssmann	Alemania		Albert Claude	Bélgica		Erwin Neher	Alemania
	Frederick G. Hopkins	Reino Unido		Dickinson W. Richards	EE.UU.	1974	Christian René de Duve	Bélgica	1992	Edmond H. Fischer	EE.UU.
1930	Karl Landsteiner	EE.UU.	1957	Daniel Bovet	Italia		George E. Palade	EE.UU.		Edwin G. Krebs	EE.UU.
1931	Otto H. Warburg	Alemania		George W. Beadle	EE.UU.	1975	David Baltimore	EE.UU.	1993	Richard J. Roberts	EE.UU.
1932	Charles S. Sherrington	Reino Unido	1958	Edward L. Tatum	EE.UU.		Renato Dulbecco	EE.UU.		Philip A. Sharp	EE.UU.
	Edgar D. Afrian	Reino Unido		H. Joshua Lederberg	EE.UU.		Howard M. Temin	EE.UU.	1994	Alfred G. Gilman	EE.UU.
1933	Thomas H. Morgan	EE.UU	1959	Severo Ochoa	EE.UU.	1976	Baruch S. Blumberg	EE.UU.		Martin Rodbell	EE.UU.
	George H. Whipple	EE.UU		Arthur Kornberg	EE.UU.		Daniel Carleton Gajdusek	EE.UU.		Edward B. Lewis	EE.UU.
1934	George R. Minot	EE.UU	1960	Frank MacFarlane Burnet	Australia	1977	Roger C. L. Guillemin	EE.UU.	1995	Christiane Nüsslein-Volhard	Alemania
	William P. Murphy	EE.UU		Peter B. Medawar	Reino Unido		Andrew V. Schally	EE.UU.		Eric F. Wieschaus	EE.UU.
1935	Hans Spemann	Alemania	1961	Georg von Békésy	Hungría		Rosalyn S. Yalow	EE.UU.	1996	Peter C. Doherty	Australia
1936	Henry H. Dale	Reino Unido		Francis H. C. Crick	Reino Unido		Werner Arber	Suiza		M. Zinkernagel	Suiza
	Otto Loewi	EE.UU	1962	James D. Watson	EE.UU.	1978	Daniel Nathans	EE.UU.	1997	Stanleg B. Prusiner	EE.UU.
1937	Albert Szent-Gyorgi	EE.UU		Maurice H. F. Wilkins	Reino Unido		Hamilton O. Smith	EE.UU.		Robert Furchgott	EE.UU.
1938	Corneille J. F. Heymans	Bélgica	1963	John C. Eccles	Australia	1979	Allan M. Cormack	EE.UU.	1998	Louis Ignarro	EE.UU.
1939	Gerhard Domagk	Alemania		Alan L. Hodgkin	Reino Unido		Godfrey N. Hounsfield	Reino Unido		Ferid Murad	EE.UU.

Premios Nobel de Literatura

AÑO	GALARDONADO	PAÍS	AÑO	GALARDONADO	PAÍS	AÑO	GALARDONADO	PAÍS	AÑO	GALARDONADO	PAÍS
1901	René F. A. Sully-Prudhomme	Francia	1925	George Bernard Shaw	Reino Unido	1951	Pär Lagerkvist	Suecia	1975	Eugenio Montale	Italia
1902	Theodor Mommsen	Alemania	1926	Grazia Deledda	Italia	1952	François Mauriac	Francia	1976	Saul Bellow	EE.UU.
1903	Bjørnsterne Bjørnson	Noruega	1927	Henri Bergson	Francia	1953	Winston Churchill	Reino Unido	1977	Vicente Aleixandre	España
1904	Frédéric Mistral	Francia	1928	Sigrid Undset	Noruega	1954	Ernest Hemingway	EE.UU.	1978	Isaac B. Singer	EE.UU.
	José Echegaray	España	1929	Thomas Mann	Alemania	1955	Halldór Kiljan Laxness	Irlanda	1979	Odysseus Elytis	Grecia
1905	Henryk Sienkiewicz	Polonia	1930	Sinclair Lewis	EE.UU.	1956	Juan Ramón Jiménez	España	1980	Czeslaw Milosz	Polonia
1906	Giosuè Carducci	Italia	1931	Erik A. Karlfeldt	Suecia	1957	Albert Camus	Francia	1981	Elias Canetti	Bulgaria
1907	Rudyard Kipling	Reino Unido	1932	John Galsworthy	Reino Unido	1958	Boris Pasternak (no aceptado)	URSS	1982	Gabriel García Márquez	Colombia
1908	Rudolf Christoph Eucken	Alemania	1933	Ivan A. Bunin	URSS	1959	Salvatore Quasimodo	Italia	1983	William Golding	Reino Unido
1909	Selma O. L. Lagerlöf	Suecia	1934	Luigi Pirandello	Italia	1960	Saint-John Perse	Francia	1984	Yaroslav Seifert	Checoslovaquia
1910	Paul J. von Heyse	Alemania	1935	No concedido		1961	Ivo Andric	Yugoslavia	1985	Claude Simon	Francia
1911	Maurice Maeterlinck	Bélgica	1936	Eugene Gladstone O'Neill	EE.UU.	1962	John Steinbeck	EE.UU.	1986	Wole Soyinka	Nigeria
1912	Gerhardt Hauptmann	Alemania	1937	Roger Martin du Gard	Francia	1963	Giorgios Seferis	Grecia	1987	Joseph Brodsky	URSS
1913	Rabindranath Tagore	India	1938	Pearl S. Buck	EE.UU.	1964	Jean-Paul Sartre (no aceptado)	Francia	1988	Naguib Mahfuz	Egipto
1914	No concedido		1939	Frans Eemil Sillanpää	Finlandia	1965	Mijail Sholojov	URSS	1989	Camilo José Cela	España
1915	Romain Rolland	Francia	1940	No convocado		1966	Nelly Sachs	Alemania	1990	Octavio Paz	México
1916	Verner von Heidenstam	Suecia	1941	No convocado			Samuel Yosef Agnon	Israel	1991	Nadine Gordimer	Sudáfrica
1917	Karl Adolph Gjellerup	Dinamarca	1942	No convocado		1967	Miguel Ángel Asturias	Guatemala	1992	Derek Walcott	Antillas
	Henrik Pontoppidan	Dinamarca	1943	No concedido		1968	Yasunari Kawabata	Japón	1993	Toni Morrison	EE.UU.
1918	No concedido		1944	Johannes V. Jensen	Dinamarca	1969	Samuel Beckett	Francia	1994	Kenzaburo Oé	Japón
1919	Carl F. G. Spitteler	Suiza	1945	Gabriela Mistral	Chile	1970	Alexander Solzhenitsin	URSS	1995	Seamus Heaney	Irlanda
1920	Knut Hamsun	Noruega	1946	Hermann Hesse	Alemania	1971	Pablo Neruda	Chile	1996	Wislawa Szymborska	Polonia
1921	Anatole France	Francia	1947	André Gide	Francia	1972	Heinrich Böll	Alemania	1997	Darío Fo	Italia
1922	Jacinto Benavente	España	1948	Thomas Stearns Eliot	Reino Unido	1973	Patrick White	Australia	1998	José Saramago	Portugal
1923	William Butler Yeats	Irlanda	1949	William Faulkner	EE.UU.	1974	Eyvind Johnson	Suecia			
1924	Wladyslaw S. Reymont	Polonia	1950	Bertrand Russell	Reino Unido		Harry Edmund Martinson	Suecia			

Premios Nobel de Física

AÑO	GALARDONADO	PAÍS	AÑO	GALARDONADO	PAÍS	AÑO	GALARDONADO	PAÍS	AÑO	GALARDONADO	PAÍS
1901	Wilhelm K. Roentgen	Alemania	1936	Carl D. Anderson	EE.UU.	1964	Nikolai G. Basov	URSS		Subrahmanyan	
1902	Hendrik A. Lorentz	Países Bajos	1937	Clinton J. Davidsson	EE.UU.		Alexander M. Prokhorov	URSS	1983	Chandrasekhar	EE.UU.
1903	Antoine Henri Becquerel	Francia		George P. Thomson	RU		Richard P. Feynman	EE.UU.		William A. Fowler	EE.UU.
	Marie y Pierre Curie	Francia	1938	Enrico Fermi	Italia	1965	Julian S. Schwinger	EE.UU.	1984	Carlo Rubbia	Italia
1904	J. W. Strutt (lord Rayleigh)	RU	1939	Ernest O. Lawrence	EE.UU.		Schinichiro Tomonaga	Japón		Simon van der Meer	Países Bajos
1905	Phillipp E. A. von Lenard	ALE	1943	Otto Stern	EE.UU.	1966	Alfred Kastler	Francia	1985	Klaus von Klitzing	Alemania
1906	Joseph John Thomson	RU	1944	Isidor Isaac Rabi	EE.UU.	1967	Hans A. Bethe	EE.UU.		Ernst Ruska	Alemania
1907	Albert A. Michelson	EE.UU.	1945	Wolfgang E. Pauli	Austria	1968	Luis Walter Alvarez	EE.UU.	1986	Gerd Binnig	Alemania
1908	Gabriel Jonas Lippmann	Francia	1946	Percy W. Bridgman	EE.UU.	1969	Murray Gell-Mann	EE.UU.		Heinrich Rohrer	Suiza
1909	Karl Ferdinand Braun	Alemania	1947	Edward V. Appleton	RU	1970	Louis E. F. Néel	Francia	1987	Karl Alex Muller	Suiza
	Giuglielmo Marconi	Italia	1948	Patrick S. M. Blackett	RU		Hannes O. G. Alfvén	Suecia		J. Georg Bednorz	Alemania
1910	Johannes D. van der Waals	NL	1949	Hideki Yukawa	Japón	1971	Dennis Gabor	RU	1988	Leon M. Lederman	EE.UU.
1911	Wihelm Wien	Alemania	1950	Cecil Frank Powell	RU		John Bardeen	EE.UU.		Melvin Schwartz	EE.UU.
1912	Nils Gustaf Dalen	Suecia	1951	John D. Cockroft	RU	1972	Leon N. Cooper	EE.UU.		Jack Steinberger	EE.UU.
1913	Heike Kamerlingh-Onnes	NL		Ernest Th. S. Walton	Irlanda		John R. Schrieffer	EE.UU.		Noman F. Ramsey	EE.UU.
1914	Max von Laue	Alemania	1952	Felix Bloch	EE.UU.		Brian D. Josephson	RU	1989	Hans G. Dehmelt	EE.UU.
1915	William Henry Bragg	RU	1953	Frits Zernike	Países Bajos	1973	Leo Esaki	Japón		Wolfgang Paul	Alemania
	William Lawrence Bragg	RU		Max Born	Alemania		Ivar Giaver	EE.UU.		Jerome I. Friedman	EE.UU.
1916	Fritz Haber	Alemania	1954	Walther W. G. Bothe	Alemania	1974	Martin Ryle	RU	1990	Henry W. Kendall	EE.UU.
1917	Charles Glover Barkla	RU		Polycarp Kush	EE.UU.		Anthony Hewish	RU		Richard E. Taylor	EE.UU.
1918	Max Planck	Alemania	1955	Willis E. Lamb Jr.	EE.UU.		Aage Niels Bohr	Dinamarca	1991	Pierre-Gilles de Gennes	Francia
1919	Johannes Stark	Alemania		John Bardeen	EE.UU.	1975	Benjamin Roy Mottelson	DIN	1992	George Charpak	Francia
1920	Charles E. Guillaume	Suiza	1956	Walter H. Brattain	RU		Leo James Rainwater	EE.UU.	1993	Russell Hulsea	EE.UU.
1921	Albert Einstein	Alemania		William B. Shockley	EE.UU.	1976	Burton Richter	EE.UU.		Joseph Taylor	EE.UU.
1922	Niels Bohr	Dinamarca	1957	Tsung-dao Lee	EE.UU.		Samuel C. C. Ting	EE.UU.	1994	Bertran N. Brockhouse	Canadá
1923	Robert A. Millikan	EE.UU.		Chen Ning Yang	EE.UU.		John H. Van Vleck	EE.UU.		Clifford G. Schull	EE.UU.
1924	Karl M. G. Siegbahn	Suecia		Pavel A. Cherenkov	URSS	1977	Phillip W. Anderson	EE.UU.	1995	Martin L. Perl	EE.UU.
1925	James Franck	Alemania	1958	Ilya M. Frank	URSS		Nevil Francis Mott	RU		Frederick Reines	EE.UU.
	Gustav L. Hertz	Alemania		Igor E. Tamm	URSS		Pyotr L. Kapitsa	URSS		David Lee	EE.UU.
1926	Jean-Baptiste Perrin	Francia	1959	Emilio G. Segre	EE.UU.	1978	Arno Allan Penzias	EE.UÜ.	1996	Robert Richardson	EE.UU.
1927	Arthur H. Compton	EE.UU.		Owen Chamberlain	EE.UU.		Robert Woodrow Wilson	EE.UU.		Douglas Osheroff	EE.UU.
1928	Owen W. Richardson	RU	1960	Donald A. Glaser	EE.UU.		Sheldon Lee Glashow	EE.UU.		Steven Chu	EE.UU.
1929	Louis-Victor de Broglie	Francia	1961	Rudolf L. Moessbauer	Alemania	1979	Steven Weinberg	EE.UU.	1997	Claude Cohen-Tannoudji	Francia
1930	Chandrasekhar V. Raman	India		Robert Hofstadter	EE.UU.		Aldus Salam	Pakistán		William D. Philips	EE.UU.
1932	Werner K. Heisenberg	Alemania	1962	Lev Davidovich Landau	URSS	1980	James Watson Cronin	EE.UU.		Robert Laughlin	EE.UU.
1933	Paul A. M. Dirac	RU		Johannes H. D. Jensen	Alemania		Val Logsdon Fitch	EE.UU.	1998	Daniel Tsui	EE.UU.
	Erwin Schrödinger	Austria	1963	Maria G. Mayer	EE.UU.	1981	Nicolaas Blombergen	EE.UU.		Horst Störmer	EE.UU.
1935	James Chadwick	RU		Eugene P. Wigner	EE.UU.		Kai M. Siegbahn	EE.UU.			
1936	Victor F. Hess	Austria	1964	Charles H. Townes	EE.UU.	1982	Kenneth G. Wilson	EE.UU.			

Premios Nobel de Economía

AÑO	GALARDONADO	PAÍS	AÑO	GALARDONADO	PAÍS	AÑO	GALARDONADO	PAÍS
1969	Ragnar Frisch	Noruega	1979	Theodore W. Schultz	EE.UU.	1991	Ronald H. Coase	EE.UU.
	Jan Tinbergen	Países Bajos		Arthur Lewis	Reino Unido	1992	Gary S. Becker	EE.UU.
1970	Paul A. Samuelson	EE.UU.	1980	Lawrence R. Klein	EE.UU.	1993	Robert W. Fogel	EE.UU.
1971	Simon Kuznets	EE.UU.	1981	James Tobin	EE.UU.		Douglas C. North	EE.UU.
1972	Kenneth J. Arrow	EE.UU.	1982	George Stigler	EE.UU		Reinhard Selten	Alemania
	John R. Hicks	Reino Unido	1983	Gerard Debreu	Francia	1994	John C. Harsanyi	EE.UU.
1973	Wassili Leontief	EE.UU.	1984	Richard Stone	EE.UU.		John F. Nash	EE.UU.
1974	Frederick A. von Hayek	Austria	1985	Franco Modigliani	EE.UU.	1995	Robert E. Lucas, Jr	EE.UU.
	Gunnar Myrdal	Suecia	1986	James Buchanan	EE.UU.	1996	William Vickrey	Canadá
1975	Leonid V. Kantoróvich	URSS	1987	Raymond M. Solow	EE.UU.		James Mirrlees	Reino Unido
	Tjalle C. Koopmans	EE.UU.	1988	Maurice Allais	Francia	1997	Robert C. Herton	EE.UU.
1976	Milton Friedman	EE.UU.	1989	Trygve Haavelmo	Noruega		Hyron S. Schols	EE.UU.
1977	John E. Meade	Reino Unido		Harry Markowitz	EE.UU.	1998	Amartya Sen	India
	Bertil Ohlin	Suecia	1990	Merton Miller	EE.UU.			
1978	Herbert A. Simon	EE.UU.		William Sharpe	EE.UU.			

Premios Nobel de Química

AÑO	GALARDONADO	PAÍS
1901	Jacobus Henricus van't Hoff	Países B.
1902	Emil Hermann Fischer	Alemania
1903	Svante A. Arrhenius	Suecia
1904	sir William Ramsay	Reino Unido
1905	Adolf von Baeyer	Alemania
1906	Henri Moissan	Francia
1907	Eduard Buchner	Alemania
1908	sir Ernest Rutherford	Reino Unido
1909	Wilhelm Ostwald	Alemania
1910	Otto Wallach	Alemania
1911	Marie Curie	Francia
1912	Victor Grignard	Francia
1912	Paul Sabatier	Francia
1913	Alfred Werner	Suiza
1914	Theodore Williams Richard	EE.UU.
1915	Richard Willstätter	Alemania
1918	Fritz Haber	Alemania
1920	Walther Hermann Nernst	Alemania
1921	Frederick Soddy	Reino Unido
1922	Francis William Aston	Reino Unido
1923	Fritz Pregl	Alemania
1925	Richard Zsigmondy	Alemania
1926	Theodor Svedverg	Suecia
1927	Heinrich Wieland	Alemania
1928	Adolf Windaus	Alemania
1929	sir Arthur Harden	Reino Unido
1929	Hans von Euler-Chelpin	Suecia
1930	Hans Fischer	Alemania
1931	Friedrich Bergius	Alemania
1931	Carl Boch	Alemania
1932	Irving Langmuir	EE.UU.
1934	Harold C. Urey	EE.UU.
1935	Frédéric Joliot	Francia
1935	Irène Joliot-Curie	Francia
1936	Peter J. W. Debye	Países Bajos
1937	sir Walter N. Haworth	Reino Unido
1938	Richard Kuhn	Alemania
1939	Adolf F. J. Butenandt	Alemania
1939	Leopold Ruzicja	Suiza
1943	George Hevesy	Suecia
1944	Otto Hahn	Alemania
1945	Artturi I. Vitanen	Finlandia
1946	John H. Northrop	EE.UU.
1946	Wendell Meredith Stanley	EE.UU.
1946	James B. Sumner	EE.UU.
1947	sir Robert Robinson	Reino Unido
1948	Arne W. K. Tiselius	Suecia
1949	William Francis Giauque	EE.UU.
1950	Kurt Alder	Alemania
1950	Otto P. H. Diels	Alemania
1951	Edwin M. McMillan	EE.UU.
1951	Glenn Th. Seaborg	EE.UU.
1952	Archer J. P. Martin	Reino Unido
1952	Richard L. M. Synge	Reino Unido
1953	Hermann Staudinger	Alemania
1954	Linus Carl Pauling	EE.UU.
1955	Vincent de Vigneaud	EE.UU.
1956	sir Cyril N. Hinshelwood	Reino Unido
1956	Nikolai N. Semionov	URSS
1957	sir Alexander R. Todd	Reino Unido
1958	Frederick Sanger	Reino Unido
1959	Jaroslav Heyrovsky	Checoslovaquia
1960	Willard Frank Libby	EE.UU.
1961	Melvin Calvin	EE.UU.
1962	John Cowdery Kendrew	Reino Unido
1962	Max Ferdinand Perutz	Reino Unido
1963	Giulio Natta	Italia
1963	Karl Ziegler	Alemania
1964	Dorothy Crowfoot-Hodgkin	Reino Unido
1965	Robert Burns Woodward	EE.UU.
1966	Robert S. Mulliken	EE.UU.
1967	Manfred Eigen	Alemania
1967	George Porter	Reino Unido
1967	Ronald G. W. Norrish	Reino Unido
1968	Lars Onsager	Noruega
1969	Odd Hassel	Noruega
1969	Derek H. Barton	Reino Unido
1970	Luis Federico Leloir	Argentina
1971	Gerhard Herzberg	Canadá
1972	Christian R. Anfinsen	EE.UU.
1972	Stanford Moore	EE.UU.
1972	William H. Stein	EE.UU.
1973	Ernst Otto Fischer	Alemania
1973	Geoffrey Wilkinson	Reino Unido
1974	Paul J. Flory	EE.UU.
1975	John W. Cornforth	Australia
1975	Vladimir Prelog	Suiza
1976	William N. Lipscomb	EE.UU.
1977	Ilya Prigogine	Bélgica
1978	Peter D. Mitchell	Reino Unido
1979	Georg Wittig	Alemania
1979	Herbert C. Brown	EE.UU.
1980	Paul Berg	EE.UU.
1980	Walter Gilbert	EE.UU.
1980	Frederick Sanger	Reino Unido
1981	Kenichi Fukui	Japón
1981	Ronald Hoffmann	EE.UU.
1982	Aaron Klug	Reino Unido
1983	Hentry Taube	Canadá
1984	Robert Bruce Merrifield	EE.UU.
1985	Herbert A. Hauptman	EE.UU.
1985	John C. Polanyi	Canadá
1986	Dudley R. Herschbach	EE.UU.
1986	Yuan Tseh Lee	EE.UU.
1986	Donald C. Cram	EE.UU.
1987	Charles J. Pedersen	EE.UU.
1987	Jean-Marie Lehn	Francia
1988	Johann Deisenhofer	Alemania
1988	Robert Huber	Alemania
1988	Hartmut Michel	Alemania
1989	Sidney Altman	Canadá
1989	Thomas Robert	EE.UU.
1990	Elias James Corey	EE.UU.
1991	Rober Ernst	Suiza
1992	Rudolph A. Marcus	EE.UU.
1993	Kary Banks Mullis	EE.UU.
1993	Michael Smith	Canadá
1994	Goerge A. Olah	EE.UU.
1995	Paul Crutzen	Países Bajos
1995	Mario Molina	México
1995	Frank Sherwood	EE.UU.
1996	Robert Curl	EE.UU.
1996	Richard Smalley	EE.UU.
1996	Harold Kroto	Reino Unido
1997	Paul D. Boger	EE.UU.
1997	Jens C. Skov	Dinamarca
1997	John E. Walker	Reino Unido.
1998	Walter Kohn	EE.UU.
1998	John Pople	EE.UU.

Premios Nobel de la Paz

AÑO	DEPOSITARIO	NACIONALIDAD/SEDE
1901	Jean H. Dunant	Suiza
1901	Frédéric Passy	Francia
1902	Elie Ducommun	Suiza
1902	Charles A. Gobat	Suiza
1903	Sir William R. Cremer	Reino Unido
1904	Instituto de Derecho Internacional	Gante
1905	Baronesa Bertha von Suttner	Austria
1906	Theodore Roosevelt	EE.UU.
1907	Ernesto T. Monetta	Italia
1907	Louis Renault	Francia
1908	Klas P. Arnoldson	Suecia
1908	Fredrik Bajer	Dinamarca
1909	Auguste M. F. Beenaert	Bélgica
1909	Paul Henri Benjamin Balluet d'Estournelles y Barón de Constant Derebecque	Francia
1910	Oficina internacional permanente para la paz	Berna, Suiza
1911	Tobias M. C. Asser	Países Bajos
1911	Alfred H. Fried	Austria
1912	Eliahu Root	EE.UU.
1913	Henri La Fontaine	Bélgica
1914-16	No concedido	
1917	Com. Int. de la Cruz Roja	Ginebra, Suiza
1918	No se concedió	
1919	Woodrow Wilson	EE.UU.
1920	Leon V. A. Bourgeois	Francia
1921	Karl H. Branting	Suecia
1921	Christian L. Lange	Noruega
1922	Fritjof Nansen	Noruega
1923-24	No se concedió	
1925	Charles G. Dawes	EE.UU.
1925	Sir A. Chamberlain	Reino Unido
1926	Aristide Briand	Francia
1926	Gustav Stresemann	Alemania
1927	Ferdinand Buisson	Francia
1927	Ludwig Quidde	Alemania
1928	No se concedió	
1929	Frank B. Kellogg	EE.UU.
1930	Nathan Söderblom	Suecia
1931	Jane Addams	EE.UU.
1931	Nicholas Murray Butler	EE.UU.
1932	No se concedió	
1933	Sir Norman Angell	Reino Unido
1934	Arthur Henderson	Reino Unido
1935	Carl von Ossietzky	Alemania
1936	Carlos Saavedra Lamas	Argentina
1937	Edgar Algernon Robert Cecil	Reino Unido
1938	Oficina Internacional Nansen para los refugiados	Ginebra, Suiza
1939-43	No se concedió	
1944	Com. Int. de la Cruz Roja	Ginebra, Suiza
1945	Cordell Hull	EE.UU.
1946	Emily G. Balch	EE.UU.
1946	John R. Mott	EE.UU.
1947	Consejo de Amigos Funcionarios	Londres, Reino Unido
1947	Comité Americano de Amigos Funcionarios	Philadelphia, EE.UU.
1948	No se concedió	
1949	Baron Boyd-Orr	Escocia (Reino Unido)
1950	Ralph J. Bunche	EE.UU.
1951	Leon Jouhaux	Francia
1952	Albert Schweitzer	Francia
1953	George C. Marshall	EE.UU.
1954	Oficina del Alto Comisionado para los Refugiados ONU	Ginebra, Suiza
1955-56	No se concedió	
1957	Lester B. Pearson	Canadá
1958	Georges Pire	Bélgica
1959	Philip J. Noel-Baker	Reino Unido
1960	Albert J. Luthuli	Suráfrica
1961	Dag Hammarskjöld (póstumo)	Suecia
1962	Linus C. Pauling	EE.UU.
1963	Comité Int. Cruz Roja y Liga de Soc. de la Cruz Roja	Ginebra, Suiza
1964	Martin Luther King, Jr.	EE.UU.
1965	UNICEF	Nueva York, EE.UU.
1966-67	No se concedió	
1968	René Cassin	Francia
1969	Organización Internacional del Trabajo (OIT)	Ginebra, Suiza
1970	Norman E. Borlaug	EE.UU.
1971	Willy Brandt	Alemania
1972	No se concedió	
1973	Henry A. Kissinger	EE.UU.
1973	Le Duc Tho	Vietnam
1974	Eisaku Sato	Japón
1974	Seán McBride	Irlanda
1975	Andrei Sakharov	URSS
1976	Mairead Corrigan	Irlanda
1976	Betty Williams	Irlanda
1977	Amnistía Internac.	Londres, Reino Unido
1978	Menahem Begin	Israel
1978	Anwar el-Sadat	Egipto
1979	Madre Teresa de Calcuta	India
1980	Adolfo Pérez Esquivel	Argentina
1981	Oficina del Alto Comisionado para los Refugiados ONU	Ginebra, Suiza
1982	Alva Myrdal	Suecia
1982	A. García Robles	México
1983	Lech Walesa	Polonia
1984	Desmond Tutu	Suráfrica
1985	Asociación Internacional de Médicos para la Prevención de la Guerra Nuclear	Boston, EE.UU.
1986	Elie Wiesel	EE.UU.
1987	Óscar Arias Sánchez	Costa Rica
1988	Fuerzas de Paz de las Naciones Unidas	Nueva York, EE.UU.
1989	Dalai Lama (Tenzin Gyatso)	Tíbet
1990	Mijail S. Gorbachov	URSS
1991	Daw Aung San Suu Kyi	Birmania
1992	Rigoberta Menchú	Guatemala
1993	Nelson Mandela	Suráfrica
1993	Fredrik Willem de Klerk	Suráfrica
1994	Yasser Arafat	Palestina
1994	Shimon Peres	Israel
1994	Yitzhak Rabin	Israel
1995	Joseph Roblat	Reino Unido
1995	Conferencia Pugwash sobre Ciencias y Asuntos Mundiales	
1996	Carlos Filipe Ximenes Belo	Timor Oriental
1996	José Ramos Horta	Timor Oriental
1997	Jody Williams	EE.UU.
1997	Campaña Internacional para la eliminación de las minas antipersona	
1998	John Hume	Irlanda del Norte
1998	David Trimble	Irlanda del Norte

Algunos hitos arquitectónicos

AÑO	OBRA	LUGAR	ARQUITECTO
1900	Parque Güell	Barcelona	Antonio Gaudí
1901	Grandes Almacenes L'Innovation	Bruselas	B. Victor Horta
1904	Caja postal de ahorros	Viena	Otto Wagner
1905	Casa Milà (la Pedrera)	Barcelona	Antonio Gaudí
1906	Unity Church, Oak Park	Illinois	Frank Lloyd Wright
1908	The Gamble House	Pasadena, California	Greene & Greene
1909	Robie House	Chicago	Frank Lloyd Wright
1910	Casa Steiner	Viena	Adolf Loos
1911	Fábrica Fagus	Alemania	W. Gropius y A. Meyer
1914	Oficinas modelo de una fábrica		Walter Gropius
1916	Hangares	Orly	Eugène Freyssinet
1920	Torre Einstein	Potsdam	Erich Mendelsohn
1923	Iglesia	Le Raincy	Auguste Perret
1922	Casa Rufer	Viena	Adolf Loos
1924	Casa Schröder	Utrecht	Gerrit Rietveld
1924	Viviendas para obreros	Hook van Holland	Jacobus j. p. Oud
1925	Bauhaus (casa de los arquitectos)	Dessau	Walter Gropius
1926	Casa de Tzara	París	Adolf Loos
1929	Pabellón alemán en la Exposición Int.	Barcelona	L. Mies van der Rohe
1931	Empire State Building	Nueva York	Shreve, Lamb y Harmon
1932	PSFS Building	Philadelphia	W. LesCaze y G. Howe
1936	La casa de la Cascada	Bear Run, Pennsylvania	Frank Lloyd Wright
1938	Taliesin West	Phoenix, Arizona	Frank Lloyd Wright
1939	Pabellón brasileño	Nueva York	Oscar Niemeyer
1942	Ayuntamiento de Slled	Dinamarca	Arne Jacobsen
1943	Iglesia de San Francisco	Pampulha, Brasil	Oscar Niemeyer
1947	Casa Kaufman	California	Richard Neutra
1950	Notre Dame du Haut	Ronchamp	Le Corbusier
1960	Brasilia	Brasil	Lúcio Costa y Oscar Niemeyer
1964	Edificio de The Economist	Londres	A. y P. Smithson
1972	Estadio olímpico	Munich	F. Otto
1972	Kimbell Art Museum	Fortworth, Texas	Luis I. Kahn
1975	Fundación Miró	Barcelona	José Luis Sert
1975	Robin Hood Gardens	Londres	Alison y Peter Smithson
1976	Centro de la ciudad Seinajoki	Finlandia	Alvar Aalto
1977	Centro Cultural Georges Pompidou	París	R. Piano y R. Rogers
1983	The Museum of Contemporary Art.	Los Ángeles	Frank O. Gehry
1984	Cementerio	Módena	Aldo Rossi
1984	Ampliación de la Staatsgalerie	Stuttgart	James Stirling
1984	Viviendas esquina barrio Kreuzberg	Berlín	Alvaro Siza Vieira
1985	Museo de las Artes Decorativas	Frankfurt	Richard Meier
1987	Menil Collection	Houston	Renzo Piano
1987	Teatro Nacional de Danza	La Haya	OMA Rem Koolhaas
1987	City Edge	Berlín	Daniel Liebeskind
1989	Centro Wexner de las Artes Visuales	Ohio State University	Peter Eisenman
1989	Pirámide del Gran Louvre	París	I. M. Pei
1990	Museo de Arquitectura	Amsterdam	Alessandro Mendini
1997	Museo Guggenheim	Bilbao	Frank O. Gehry

Premios Pritzker

AÑO	GALARDONADO	PAÍS	AÑO	GALARDONADO	PAÍS
1979	Philip Johnson	EE.UU.	1988	Oscar Niemeyer	Brasil
1980	Luis Barragán	México	1989	Frank O. Gehry	EE.UU.
1981	James Stirling	Reino Unido	1990	Aldo Rossi	Italia
1982	Kevin Roche	EE.UU.	1991	Robert Venturi	EE.UU.
1983	Leoh Ming Pei	EE.UU.	1992	Alvaro Siza	Portugal
1984	Richard Meier	EE.UU.	1993	Fumihiko Maki	Japón
1985	Hans Hollein	Austria	1994	Christian de Portzamparc	Francia
1986	Gottfried Boehm	Alemania	1995	Tadao Ando	Japón
1987	Kenzo Tange	Japón	1996	Rafael Moneo	España
1988	Gordon Bunshaft	EE.UU.	1997	Sverre Fehn	Noruega
			1998	Renzo Piano	Italia

Hitos de las artes plásticas

1905	Nace en Dresde el grupo "Die Brücke", cuyos miembros (entre los que se cuentan Emil Nolde o Ernst Kirchner) comparten una fuerte tendencia expresionista
	Un grupo de artistas, entre los que se cuentan Maurice de Vlaminck y André Derain, se presentan en el Salón de Otoño parisino agrupados bajo el nombre de "fauvistas"
1907	Pablo Ruiz Picasso pinta "Les demoiselles d'Avinyó", primera obra cubista
1909	Gustav Klimt pinta "El beso", una de las obras más representativas del movimiento simbolista
	El poeta italiano Filippo Tommaso Marinetti publica el "Manifiesto Futurista"
1911	Wassily Kandinsky y Franz Marc fundan el grupo "Der blaue Reiter", que el primero acabaría abandonando para profundizar en la abstracción pictórica
1913	Los artistas holandeses Piet Mondrian y Theo van Doesburg fundan la revista "De Stijl" y alumbran el movimiento neoplasticista
1915	En unas reuniones periódicas en el Cabaret Voltaire de Zurich, a las que acuden entre otros literatos Tristan Tzara y Richard Hulsenbeck y los artistas Jean Arp y Marcel Duchamp, se origina el movimiento "Dadá"
	Kazimir Malevic expone la obra "Cuadrado negro sobre fondo blanco", la primera realizada según las directrices del suprematismo
1917	Marcel Duchamp envía a una exhibición neoyorquina un orinal con su firma, al que titula "Fuente"
1920	Los hermanos Naum Gabo y Anton Pevsner exponen los fundamentos del movimiento constructivista
1922	José Clemente Orozco inicia los trabajos para la elaboración de los murales de la Escuela Nacional Preparatoria de México
1924	André Breton publica el "Manifiesto surrealista"
1925	La escuela Bauhaus, fundada en 1919 por Walter Gropius y que cuenta entre sus profesores a artistas de la talla de Kandinsky, Klee, Moholy-Nagy, Feininger o Breuer, se traslada a la municipalidad de Dessau.
1927	Julio González realiza sus primeras obras en hierro e introduce dicho material en el campo de la escultura
1929	Se inaugura el Museum of Modern Art (MOMA) de Nueva York
1933	El artista francés de origen polaco Balthús pinta su obra maestra, "La calle"
1934	El MOMA de Nueva York presenta la obra de Raymond Loewy en una exposición dedicada al diseño industrial contemporáneo
1943	Jean Fautrier expone la serie de pinturas "Rehenes", consideradas pioneras en el "arte informal"
	El artista estadounidense de origen armenio Arshile Gorky pinta "Jardín en Sochi", la obra que inaugura el expresionismo abstracto
1945	El padre del "Art brut", Jean Dubuffet, levanta una fuerte polémica con su primera exposición individual, en la galería Jean Drouin de París
1947	Jackson Pollock produce sus primeras obras con la técnica del goteo, como "Catedral"
1948	Un grupo de pintores, entre los que destacan el danés Asger Jorn y el holandés Karel Appel, fundan el grupo COBRA
1950	El "Manifiesto amarillo" de Victor Vasarely da carta de naturaleza al arte cinético
1954	El pintor estadounidense Jasper Johns expone la serie "Bandera", reflexiones sobre el lenguaje de los símbolos desde una perspectiva que prefigura el "Pop-art"
1955	Se inaugura en la ciudad alemana de Kassel la primera Documenta, suerte de exhibición de las últimas tendencias artísticas con una periodicidad de cuatro años.
	El pintor francés Yves Klein expone sus primeras obras monocromas.
1956	En el marco de la exposición "Esto es el mañana", el joven pintor inglés Richard Hamilton presenta la obra "Exactamente, ¿Qué es lo que hace que las casas de hoy sean tan diferentes, tan atrayentes?", considerada la primera del estilo pop.
1957	Varios artistas españoles entre los que se cuentan Antonio Saura, Rafael Canogar, Luis Feito y Manuel Millares fundan en Madrid el grupo de renovación y promoción pictórica El Paso, de marcada tendencia informalista.
1962	Tony Smith presenta la escultura "Caja negra", una de las primeras obras inscritas en la corriente del "Minimal art"
	Andy Warhol presenta en la galería Leo Castelli sus serigrafías sobre temas como las latas de sopa Campbell y el rostro de Marilyn Monroe
1963	Artistas como Joseph Beuys, Allen Kaprow o George Maciunas fundan el grupo Fluxus, centrado en el cuestionamiento de los temas y soportes del arte actual por medio de *happenings* y *performances*.
1965	Joseph Kosuth presenta la instalación "Una y tres sillas", una de las obras pioneras del arte conceptual
1967	Se celebra en Génova la exposición "Arte povera e IM Spazio", con obras de, entre otros, Alighiero Boetti y Iannis Kounellis.
	El artista estadounidense Michael Heizer manipula el entorno natural del desierto de Nevada en una serie de esculturas sobre el terreno que prefiguran el "land art".
1970	Vito Acconci se muerde la piel durante su *performance* "Marcas", una de las primeras actuaciones inscritas en el lenguaje del "Body art"
1979	La artista Judy Chicago presenta la instalación "La cena", tal vez la obra más representativa de las primeras etapas del arte feminista
1980	Un grupo de diseñadores liderados por Ettore Sottsass funda el Grupo Memphis
1995	El artista francés de origen búlgaro Christo envuelve el Reichstag de Berlín

Evolución de la computadora

AÑO	INVENTOR/FABRICANTE	AVANCE TECNOLÓGICO	AÑO	INVENTOR/FABRICANTE	AVANCE TECNOLÓGICO	AÑO	INVENTOR/FABRICANTE	AVANCE TECNOLÓGICO
1939	J. Atanasoff	Calculador electrónico	1972	Texas Instruments	Calculadora electrónica de bolsillo	1989	Intel	Procesador 486
1941	K. Zuse	Z3, primer ordenador universal						WWW (World Wide Web)
1945	J. Eckert/J. Mauchly	ENIAC I	1976	GRAY 1	Primera supercomputadora	1993	Intel	Procesador Pentium
1948	J. Bardeen/W. Brattain	Transistor	1981	IBM	Computadora personal (PC)	1994		CD-ROM
1951	W. Shockley	Transistor de unión		IBM/Microsoft	Sistema operativo MS-DOS	1995	Microsoft	Windows 95
1958	W. Shockley	Circuito integrado	1984	Apple	Macintosh (Mac)	1997	Intel	Procesador Pentium II
1970	K. Thompson/D. Ritchie	Sistema operativo UNIX	1985	Microsoft	Windows			DVD
1971	K. Thompson/D. Ritchie	Microprocesador	1987	IBM	Sistema operativo OS/2	1998	Apple	Macintosh (iMac)

Hitos de la aviación

1900	El conde alemán Ferdinand von Zeppelin voló en la primera de sus aeronaves con estructura rígida. Máquina con una combustión interna y estructura externa de aluminio, alcanzó la velocidad de 29 kph (18 mph).
1902	J. M. Bacon cruza en globo el canal de Irlanda
1903	Los hermanos Wilbur y Orville Wright realizan el primer vuelo en aeroplano impulsado a motor en Kill Devill Hill, Carolina del Norte. El primer vuelo duró doce segundos, cubrió una distancia de 37 m y alcanzó una altura de 3 m sobre tierra. En un vuelo posterior en el mismo día, Wilbur Wright llegó a volar durante 59 segundos
1906	1.er vuelo con motor en Europa por el brasileño Santos Dumont
1907	El francés Paul Cornu tripuló el primer vuelo libre vertical de un helicóptero con dos rotores gemelos.
1908	Wilbur Wright se traslada a Francia para realizar una serie de exhibiciones aéreas.
1908	Henry Farman realiza el primer vuelo interno desde Mourmelons hasta Reims en un aeroplano con alerones
1909	Louis Blériot cruza por primera vez el canal de la Mancha en aeroplano. Tardó 37 minutos en recorrer la distancia entre Calais y Dover, a 64 km/h.
1910	Hugo Junker consigue construir el aeroplano sin fuselaje
1911	Beaumont salva la distancia Paris-Roma en avión
1911	Primera carrera aérea Paris-Madrid con escala en San Sebastián. Sólo un aeroplano logra llegar al final de la etapa
1912	Primer lanzamiento de paracaidistas desde un aeroplano en EE.UU.. Construcción del monocasco introducido para la carrera de Deperdussin. La mujer aviador Harriet Quimby se convirtió en la primera mujer en cruzar el Canal de la Mancha.
1913	Roland Garros logra cruzar el Mediterráneo en aeroplano
1915	Empieza el bombardeo aéreo desde zepelines sobre Gran Bretaña. Hugo Junkers fabrica el Junker J1, primer aeroplano enteramente metálico
1918	Primer vuelo regular entre NY y Washington
1919	Primer vuelo sin escalas sobre el Atlántico en dirección oeste-este, efectuado por John Alcock y Arthur Whitten-Brown. Tardaron 16 horas y 27 minutos
1923	El aviador español Juan de la Cierva diseña el autogiro
1924	El zepelín Z R3 realiza la travesía sobre el Atlántico hasta Estados Unidos
1924	Primer vuelo del autogiro de De la Cierva
1926	El general italiano Umberto Nobile y el explorador noruego Roald Amundsen sobrevuelan el polo norte desde las islas Spitzberg hasta Alaska en dirigible
1927	El norteamericano Charles Lindbergh vuela en solitario y sin escalas de Nueva York a Paris en el monoplano *Spirit of St. Louis*
1928	Primer vuelo transpacífico, por los australianos Charles Kingsford-Smith y Charles Ulm en el *Southern Cross*
1929	La aeronave *Graf Zeppelin* da la vuelta al mundo en 21 días y 7 horas
1930	Frank Whittle patenta el aerojet en Gran Bretaña. Ésta usaba una turbina de gas para llevar a cabo la propulsión jet.
1930	El avión Dornier DO X, con capacidad para 170 pasajeros, vuela sobre Amsterdam, Rio de Janeiro y Miami, en su ruta a NY
1930	Primer vuelo en solitario de una mujer desde Gran Bretaña a Australia, por la inglesa Amy Johnson en su biplano *Jason*. Los 19 800 km necesitaron 19 días en etapas

1932	Se inaugura la línea de transporte dirigible entre Alemania y América
1932	1.er vuelo femenino transatlántico en solitario por la norteamericana Amelia Earhart
1935	Robert Watson-Watt construye el primer equipo práctico de radar para la detección de aviones
1935	El Douglas DC-3 "Dakota" –concebido como línea regular– hizo su primer vuelo.
1936	1.er vuelo en solitario por una mujer desde Inglaterra a Nueva Zelanda, por la neozelandesa Jean Batten.
1936	El primer helicóptero enteramente exitoso, el Fa-61 de Heinrich Focke, hizo su primer vuelo.
1937	El dirigible más grande del mundo, el *Hindenburg*, ardió en Nueva Jersey marcando el fin de la época de los viajes en dirigible. Primer vuelo del Lockheed XC-35 (EE.UU.), el primer avión totalmente presurizado.
1939	La compañía aérea Pan-American inicia sus vuelos regulares entre Europa y Norteamérica
1939	El alemán Heinkel He-178 fue el primer avión en volar sólo con la potencia de una máquina turbojet. Igor Sikorsky diseñó el prototipo moderno de helicópteros, con un único rotor principal y un pequeño rotor en la cola.
1947	La barrera del sonido rota a 1 126 km/h por el capitán norteamericano Charles "Chuck" Yeager en el Bell X-1
1948-49	Puente aéreo de Berlín
1949	El De Havilland Comet se convirtió en el primer avión de línea regular jet. Entró en servicio en 1952
1952	Inauguracion del primer vuelo comercial sobre el Ártico desde Europa al Japón
1954	Primer vuelo experimental del avión de despegue vertical
1955	Récord mundial de altitud en helicóptero Alouete ii: 8 260 m
1958	Gran Bretaña realiza el primer vuelo comercial a reacción entre Londres y Nueva York
1958	Entra en servicio comercial el primer Boeing estadounidense, el 707
1960	Botadura del *Enterprise*, primer portaaviones norteamericano impulsado por energia atomica
1964	Primer vuelo del Lockheed SR-71 por la USAF, considerado el más rápido del mundo (en 1976 alcanzó los 3529,5 km/h en el aire)
1967	Dos helicópteros atraviesan el Atlántico sin escalas, repostando en pleno vuelo
1967	Por primera vez se introducen en la aviación sistemas de mando coordinados por ordenador. En Gran Bretaña se introduce el sistema de aterrizaje ciego autoland
1968	Primer vuelo de la línea aérea supersónica soviética, el Tupolev Tu-144
1969	Primer vuelo del avión supersónico anglo-francés Concorde. Entra en servicio en las Fuerzas Armadas inglesas el primer aeroplano V/STOL (vertical/short take-off and landing), el Harrier.
1976	Primer vuelo comercial del avión supersónico Concorde realizado desde París a Rio de Janeiro y desde Londres a Bahrein
1981	El Solar Challenger, pilotado por Stephen Ptacek, es el primer avión que atraviesa el Canal de la Mancha alimentado por energía solar
1986	1.er vuelo alrededor del mundo sin repostar, por los estadounidenses Dick Rutan y Jeana Yeager
1989	El Bell-Boeing V-22 Osprey vuela por primera vez. Tecnológicamente combina los beneficios del aeroplano y los del helicóptero
1991	En la guerra del Golfo se usa el Stealth Bomber, cuyo diseño le permitió no ser detectado por radar
1991	Primer vuelo del Airbus A340
1993	Airbus A340. Vuelta al mundo en 48 horas con una única escala
1997	Fusiones de las compañías aéreas y privatización de las principales compañías nacionales

Hitos del automóvil

AÑO	INVENTOR/FABRICANTE	AVANCE TECNOLÓGICO
1902	Charron/Girardot/Voigt	Primer motor de 8 cilindros
1903	Spyker Ca. (Países Bajos)	Máquina de 6 cilindros (hecha especialmente para carreras)
1905	H. Frood	Primeros frenos con zapatas de amianto
1906	Rolls-Royce	Producción del «Silver Ghost», turismo de lujo con depósito de 7 l y de 6 cilindros
1908	Ford	Producción en cadena del modelo T, primer automóvil popular
1908	Rudge	Rueda desmontable del eje
1910	Sankey & Co.	Rueda desmontable mediante tornillos
1912	Cadillac	Arranque y alumbrado eléctricos de serie
1916	Cadillac	Primeros limpiaparabrisas
1916	Packard	Primer motor de 12 cilindros de serie
1919	Hispano Suiza	Primer equipo de servofrenos
1921	Duesenberg	Frenos hidráulicos en las cuatro ruedas
1922		Se introduce en el Lambda la suspensión frontal independiente; no obstante, no se generalizará su uso hasta 1945
1926	Stutz, Rickenbacker	Primeros cristales de seguridad
1931	ZF (Alemania)	Primera caja de cambios totalmente sincronizada
1931	DKW (Alemania)	Primer vehículo con motor delantero transversal y tracción delantera
1936	Mercedes Benz 260D	Primer automóvil de serie (el Mercedes Benz 260D) equipado con motor Diesel
1937	Frank Whittle	Se construye el primer motor de propulsion a chorro
1940	Oldsmobile/General Motors	Caja de cambios automática
1940		Se lanza el Jeep con tracción en las cuatro ruedas

AÑO	INVENTOR/FABRICANTE	AVANCE TECNOLÓGICO
1950	General Motors	Primera turbina de gas para automóvil
1951	Chrysler Imperial	Primera dirección asistida
1953	Dunlop	Neumático sin cámara
1953	Michelin	Neumático radial
1954	Mercedes Benz 300SL	Automóvil con inyección de gasolina
1956	Citroën DS19	Suspensión hidroneumática integral
1958	Lotus Elie	Primer bastidor de fibra de vidrio
1959	Austin Morris	Presentación del Mini Minor, que influyó el diseño de todos los coches pequeños
1963	NSU-Wankel	Automóvil con motor rotativo
1971	NSU-Wankel	Motores anticontaminantes para gasolina sin plomo
1974	NSU-Wankel	Uso de catalizadores
1980	Opel	Presentación del Audi Quattro, primer coche de turismo con tracción en las cuatro ruedas
1984	NSU-Wankel	Frenos antibloqueo (ABS)
1988	General Motors	Exhibición en Madrid del coche «Sunraycer» alimentado por energía solar y que alcanza 95 km/h
1989	NSU-Wankel	Sistemas electrónicos de navegación
1997	Mercedes/Swatch	Nace el Smart, representante de una nueva generación de automóviles de pequeño tamaño y bajo consumo
1997	Thrust SSCA	Green bate el récord absoluto de velocidad a 1.229,54 km/h rompiendo por primera vez la barrera del sonido con un automóvil
1998		Motor de inyección directa

Hitos de la conquista del espacio

AÑO	NOMBRE MISIÓN	PAÍS	DESCRIPCIÓN DEL ACONTECIMIENTO
1957	Sputnik 1	URSS	Primer satélite artificial de la Tierra
1957	Sputnik 2	URSS	Satélite con el primer pasajero: la «perra espacial» Laika
1958	Explorer 1	EE.UU.	Bajo la dirección de Wernher von Braun se lanza el primer satélite occidental. Se crea la NASA.
1959	Lunik 1	URSS	Se sale de la gravedad terrestre; descubrimiento del viento solar
1959	Vanguard 2	EE.UU.	Primera fotografía de la Tierra
1959	Lunik 2	URSS	Impacto lunar
1959	Lunik 3	URSS	Primeras fotografías de la cara oculta de la Luna.
1960	TIROS 1	EE.UU.	Primer satélite meteorológico
1960	Transit 1B	EE.UU.	Satélite de navegación
1960	ECHO 1	EE.UU.	Primer satélite de comunicaciones
1960	Sputnik 5	URSS	Animales en órbita
1961	Vostok 1	URSS	Primer vuelo espacial tripulado. El ruso Yuri Gagarin da una vuelta alrededor de la Tierra en la cápsula espacial
1962	Mercury 6	EE.UU.	Primer vuelo espacial americano tripulado (John Glenn)
1962	Telestar 1	EE.UU.	Primer satélite de televisión
1962	Mariner 2	EE.UU.	La sonda espacial Mariner 2 pasa ante Venus
1962	Mars 1	URSS	Pasa ante Marte
1963	Vostok 6	URSS	Valentina Tereshkova, primera mujer en el espacio y durante mucho tiempo la única
1964	Ranger 7	EE.UU.	Primeras imágenes televisivas de la superficie lunar
1964	Mariner 4	EE.UU.	Fotografías de Marte al pasar cerca
1964	Voskhod 1	URSS	Se realiza el primer viaje espacial en grupo con una tripulación de tres hombres: Konstantin Feoktistov, Vladimir Komarov y Boris Yegorov
1965	Voskhod 2	URSS	El ruso Alexei Leonov hace el primer paseo espacial
1965	Mariner 4	EE.UU.	Primera sonda espacial norteamericana que pasa ante Marte
1965	Venera 3	URSS	La sonda Venera 3 cae sobre la superficie de Venus
1966	Lunik 9 y 13	URSS	Aterrizan en la Luna. Primeras fotos desde la superficie lunar
1966	Gemini 8	EE.UU.	Primer acoplamiento tripulado en el espacio
1966	Luna 10	URSS	Satélite lunar
1967	Surveyor 1 y 3	EE.UU.	Aterrizan en la Luna
1967	Cosmos 186/188	URSS	Acoplamiento automático
1967	Venera 4	URSS	Aterriza en Venus y envía informaciones sobre la atmósfera
1968	OAO 2	EE.UU.	Primer observatorio astronómico en órbita
1968	Apollo 8	EE.UU.	Satélite en órbita tripulado
1969	Apollo 11	EE.UU.	El módulo de aterrizaje del Apolo 11 (Eagle) con Neil Armstrong y Edwin Aldrin a bordo, aterriza en la Luna. De estos dos, N. Armstrong es el primero en pisar el satélite el 21/07/69
1970	Copernicus	EE.UU.	Primer observatorio de rayos ultravioletas
1970	Venera 7	URSS	Se posa sobre la superficie de Venus
1970	Lunik 16	URSS	Regresa de la Luna con muestras de la superficie
1970	Lunik 17	URSS	Aterriza en la Luna y deposita un «coche lunar» de control remoto
1971	Salyut 1	URSS	Primera estación espacial lanzada por URSS
1971	Mars 2	URSS	Llega a la órbita de Marte
1971	Mars 3	URSS	Se posa sobre la superficie de Marte
1972	Pioneer 10	EE.UU.	Pasa volando cerca de Júpiter, enviando imágenes desde Júpiter.
1973	Skylab	EE.UU.	Primera estación espacial lanzada por EE.UU. Imágenes en alta resolución de la corona solar, realizadas con rayos X
1973	Pioneer 11	EE.UU.	Pasa cerca de Saturno
1973	Mariner 10	EE.UU.	Regiones del Norte de la Luna. Primeras imágenes detalladas de Mercurio
1975	Venera 9	URSS	Llega a la órbita de Venus; primeras imágenes de la superficie de Venus
1975	Apollo/Soyuz	EE.UU./URSS	Primera misión en colaboración internacional tripulada
1975	Viking 1, 2	EE.UU.	Estas sondas norteamericanas aterrizan en Marte y envían imágenes

AÑO	NOMBRE MISIÓN	PAÍS	DESCRIPCIÓN DEL ACONTECIMIENTO
1976	Key Hole 11	EE.UU.	Satélite considerado de espionaje con imágenes sofisticadas de la Tierra
1977	Voyager 1, 2	EE.UU.	Primeras imágenes de Júpiter, Saturno, Urano y Neptuno
1978	IUE	EE.UU./UK/ESA	Primer observatorio espacial internacional
1978		URSS	Dos cosmonautas soviéticos aterrizan después de haber pasado tres meses en órbita
1978	ISEE C	EE.UU.	Intercepción de cometas
1980	Voyager 1	EE.UU.	Visita Saturno
1981	STS 1	EE.UU.	La lanzadera «Columbia» realiza su primer vuelo
1983	STS 6	EE.UU.	Primer lanzamiento del «Challenger»
1983	Soyuz T9	URSS	Construcción en órbita
1983	STS 9	EE.UU.	Primer vuelo del laboratorio espacial de la ESA
1984	STS 41 D	EE.UU.	Primer lanzamiento del «Discovery»
1984	STS 51 A	EE.UU.	Recuperación de los satélites Westar 6 y Palapa B2
1984	Vega 1	URSS	Pasa volando junto al cometa Halley
1985	STS 51 J	EE.UU.	Primer lanzamiento del «Atlantis»
1986	Giotto	ESA	Primeras imágenes en alta resolución del núcleo del cometa Halley
1986	Challenger	EE.UU.	Explota la lanzadera espacial Challenger
1987	Pioneer 10	EE.UU.	Abandona el Sistema Solar tras pasar por Urano
1988	STS 26	EE.UU.	Se reanudan las misiones del Discovery tras el accidente del Challenger
1988	Buran	URSS	La URSS lanza su propio transbordador espacial
1989	Voyager 2	EE.UU.	Pasa ante Neptuno.
1989	Fobos	EE.UU.	Sonda que alcanza el satélite marciano del mismo nombre
1989	Magellan	EE.UU.	Configuración del mapa global de Venus
1989	STS 34	EE.UU.	Lanzamiento del «Galileo»
1990	Muses A	Japón	Lanzamiento de dos satélites en órbita alrededor de la Luna
1990	STS 31	EE.UU./ESA	Se envía al espacio el telescopio Hubble
1990	STS 41	EE.UU./ESA	Se envía al espacio la sonda Ulises
1991	STS 37	EE.UU.	Lanzamiento del observatorio de rayos gamma Compton
1991	Magellan	EE.UU.	Los datos aportados por la sonda permiten afirmar que Venus es un planeta geológicamente activo
1992	STS 41	EE.UU.	Se utiliza la sonda Ulises para el estudio solar
1992		EE.UU.	Se lanza al espacio el transbordador «Columbia»
1992		España	Puesta en órbita del satélite de telecomunicaciones Hispasat
1995			Paseo espacial de más de 5 horas de duración (G. Harbagh y M. Runco)
1994			El telescopio espacial Hubble permite observar por primera vez en directo el impacto de los fragmentos del cometa Shoemaker-Levi sobre la superficie de Júpiter
1995			Primera misión del transbordador espacial estadounidense hacia la estación permanente rusa Mir
1996		EE.UU./Rusia	Primer atraque entre el transbordador espacial estadounidense y la estación orbital rusa Mir. Se inicia el proyecto Alpha
1997			Comienzo previsto del montaje de la estación permanente internacional Alpha, proyecto en colaboración entre Rusia, EE.UU. y Europa
1997		España	Lanzado el satélite Minisat (de sólo 200 kg) con ayuda del cohete Pegasus
1997		EE.UU.	Misión Mars Pathfinder de exploración del planeta rojo. Incluye la sonda teledirigida Sojourner
1998		EE.UU.	Con la misión Lunar Prospector, la NASA retoma, la exploración y cartografía de la Luna con vistas al establecimiento de colonias humanas
1998		EE.UU./Rusia	Se lanzan los primeros módulos de la Estación Espacial Internacional (ISS), cuya conclusión se anuncia para el año 2004. En el proyecto también colaboran Japón y la ESA

Mayores terremotos del siglo

AÑO	LUGAR	PAÍS	MAGNITUD	Nº DE VÍCTIMAS
1906	San Francisco	EE.UU.	8,3	600
	Valparaíso	Chile	8,6	20 000
1908	Calabria y Sicilia	Italia	7,5	120 000
1915	Avezzano	Italia	7,5	30 000
1920	Ganzu	China	8,6	180 000
1923	Kanto	Japón	8,3	143 000
1927	Nan-Shan	China	8,6	200 000
1932	Gansu	China	7,6	70 000
1935	Quetta	India	7,5	60 000
1939	Chillán	Chile	7,8	30 000
	Erzincan	Turquía	7,9	23 000
1944	San Juan	Argentina		100 000
1948	Ashkhabad	Turkmenistán	7,3	19 000
1960	Agadir	Marruecos	5,8	12 000
1964	Anchorage	EE.UU.	8,5	131
1970	Chimbote	Perú	7,7	66 000

AÑO	LUGAR	PAÍS	MAGNITUD	Nº DE VÍCTIMAS
1972	Teherán	Irán	6,9	5 000
	Managua	Nicaragua	6,2	5 000
1974	Kashimir	Pakistán	6,3	5 200
1976	Guatemala	Guatemala	7,5	22 778
	Tangshan	China	8,2	242 000
1978	Tabas	Irán	7,7	25 000
1980	El Asnam	Argelia	7,3	5 000
	Nápoles	Italia	7,2	4 500
1985	México	México	8,1	7 200
1988	Norte de Armenia	Armenia	7,0	25 000
1989	San Francisco	EE UU	6,9	100
	Isla Luzón	Filipinas	7,7	1 600
1990	Mar Caspio	Irán	7,7	40 000
	Cabanatuan	Filipinas	7,7	1 653
1991	Hindu	Afganistán	6,8	1 300
	y Montes Kush	Pakistán	6,8	

AÑO	LUGAR	PAÍS	MAGNITUD	Nº DE VÍCTIMAS
1991	Osetia	Georgia	7,2	100
	Uttar Pradesh	India	6,1	1 000
1992	Erzincan	Turquía	6,2	2 000
	El Cairo	Egipto	5,9	500
1993	Hokkaido	Japón	7,7	200
	Maharashtra	India	6,4	9 748
1994	Los Ángeles	EE.UU.	6,8	57
	Sumatra	Indonesia	7,0	215
	Cauca	Colombia	6,8	269
	Mascara	Argelia	5,6	171
1995	Kobe	Japón	7,2	5 477
	Neftegorsk	Rusia	7,6	1 989
1996	Islas Biak	Indonesia	7,5	100
	Lijiang, Yunan	China	7,0	250
1998	Cochabamba	Bolivia	6,8	100
1999	Quindío, Risaralda	Colombia	6,0	+ de 1000

Catástrofes ecológicas

AÑO	ACONTECIMIENTO	LUGAR	CONSECUENCIA
1957	Incendio en el reactor de producción de plutonio de la central del Windscale. Combustión de 3 t de uranio	Cumbria, RU	Extensión de materiales radiactivos por Gran Bretaña con 39 muertes oficiales
1970	Colisión del petrolero *Othello*	Bahía Tralhavet, Suecia	Derramamiento de 17 640 000-29 400 000 galones de petróleo
1971	Desbordamiento del almacén de agua en el reactor de la compañía nuclear Northern States Power	Monticello, Minnesota, EE.UU.	50 000 galones de material radiactivo vertidos en el río Mississippi. Contaminación del sistema hidráulico de St. Paul
1972	Colisión del petrolero *Sea Star*	Golfo de Omán	Derramamiento de 33 810 000 galones de petróleo
1974	Explosión del contenedor de ciclohexano	Flixborough, RU	28 muertos
1975	Incendio en el reactor del Brown's Ferry	Decatur, Alabama, EE.UU.	100 millones de dólares en daños materiales. El nivel de agua fría bajó significativamente
1976	Fuga de gas tóxico TCDD	Seveso, Italia	Se tuvo que quitar la capa superficial del suelo en las zonas más contaminadas
1976	Encalla el superpetrolero *Urquiola*	La Coruña, España	Derramamiento de 29 400 000 galones de petróleo
1977	Explosión de un pozo en el campo petrolífero de Ecofisk	Mar del Norte	Derramamiento de 8 200 000 galones de petróleo
1977	Incendio en el Hawaiian Patriot	Norte del Pacífico	Derramamiento de 29 106 000 galones de petróleo
1978	El petrolero chipriota *Amoco Cadiz* encalla	Portsall, Francia	Derramamiento de 65 562 000 galones de petróleo. 160 km de costa francesa contaminada
1979	Fuga de uranio de la planta de combustible secreta	Erwin, Tennessee, EE.UU.	Aproximadamente 1 000 personas contaminadas
1979	Colisión del *Burmah Agate*	Bahía de Galveston, Texas, EE.UU.	Derramamiento de 10 700 000 galones de petróleo
1979	Fuga de una nube radiactiva al romperse una bomba de agua	Isla Three Mile, Pensilvania, EE.UU.	Contaminación por gases tóxicos. Medio núcleo del reactor derretido
1979	Explosión en un pozo de petróleo de Ixtoc	Golfo de México	Derramamiento de 176 400 000 galones de petróleo
1979	Colisión del *Atlantic Empress* y *Aegean Captain*	Trinidad y Tobago	Derramamiento de 88 200 000 galones de petróleo
1980	Fuga química a causa de un incendio en la fábrica Sandoz	Basilea, Suiza	200 km del Rin contaminados
1983	Incendio en el Castillo de Beliver	Ciudad de El Cabo, Sudáfrica	Derramamiento de 73 500 000 galones de petróleo
1983	Explosión en el campo petrolífero de Nowruz	Golfo Pérsico	Derramamiento de 176 400 000 galones de petróleo
1984	Fuga de gas tóxico de la fábrica de plaguicidas Union Carbide	Bhopal, India	2 352 muertos oficiales. No oficialmente, se estimó la muerte de 10 000 personas
1986	Explosión de un reactor nuclear	Chernobil, Ucrania	Oficialmente, 50 muertos. La nube radiactiva se extendió por Europa contaminando las zonas de cultivo. Efectos de contaminación en las zonas periféricas
1987	Fuga de material radiactivo de una unidad de radioterapia abandonada	Goiana, Brasil	La contaminación radiactiva afectó a 249 personas
1988	Derramamiento de sulfato de aluminio en los ríos locales	Camelford, Cormalles, RU	La gente del lugar se vio afectada por trastornos digestivos y dermatológicos. Murieron miles de peces
1989	Embarranque del petrolero *Exxon Valdez* en Bligh Reef	Prince William Sound, Alaska, EE.UU.	Derramamiento de 10 080 000 galones de petróleo. 1 170 km de la costa de Alaska contaminados. Más de 3 600 km² contaminados. Muerte de miles de pájaros y animales
1989	Explosión del casco del superpetrolero iraní *Khark 5*	Océano Atlántico. Al norte de las islas Canarias	Derramamiento de 19 000 000 galones de petróleo crudo y una capa de aceite de 370 km que casi alcanza la costa de Marruecos
1991	Rompimiento del petrolero griego *Kiriki*	Cervantes, Australia	Derramamiento de 5 880 000 galones de petróleo crudo y contaminación de las áreas protegidas y de pesca
1991	Incendiados los campos de petróleo por el ejército iraquí durante la Guerra del Golfo	Kuwait	Se estima la combustión entre 25 000 000 y 130 000 000 galones de petróleo. Contaminación ambiental e incremento potencial de lluvia ácida
1992	Embarranque del petrolero griego *Mar Egeo*	La Coruña, España	Derramamiento estimado de 16 000 000 galones de petróleo crudo, con el subsiguiente incendio, creando una marea negra de 19 km de largo por 2 km de ancho causante de la contaminación de 80 km de costa española. Contaminación grave de la vida marina y de las piscifactorías de ostras y almejas
1993	Rompimiento del petrolero *Braer* tras chocar con las rocas de Fitful Head	Shetland, Escocia, RU	Derramamiento de 26 000 000 galones de petróleo. Se consiguió controlar la marea negra a 180-270 m, pero igualmente hubo grave contaminación del suelo marino y piscifactorías, así como de animales y pájaros
1994	Rotura de un oleoducto	Usinsk, Rusia	Derramamiento de 4 300 000 galones de petróleo que contaminan el hábitat ártico
1998	Rotura de una balsa de residuos tóxicos	Aznalcóllar, Andalucia, España	Más de 4 000 hectáreas próximas al Parque Nacional de Doñana quedan anegadas por agua ácida con metales pesados y lodos tóxicos

Miembros de la ONU

AÑO	PAÍSES QUE INGRESAN
1945	Argentina, Australia, Bélgica, Bielorrusia SSR (Belarus, 1991), Bolivia, Brasil, Canadá, Chile, China (Taiwan en 1971), Colombia, Costa Rica, Cuba, Checoslovaquia (1993), Dinamarca, República Dominicana, Ecuador, Egipto, El Salvador, Etiopía, Francia, Grecia, Guatemala, Haití, Honduras, India, Irán, Irak, Líbano, Liberia, Luxemburgo, México, Países Bajos, Nueva Zelanda, Nicaragua, Noruega, Panamá, Paraguay, Perú, Filipinas, Polonia, Arabia Saudita, Sudáfrica, Siria, Turquía, Ucrania SSR (Ucrania, 1991), URSS (Rusia, 1991), Reino Unido, EE.UU., Uruguay, Venezuela, Yugoslavia (expulsada en 1992)
1946	Afganistán, Islandia, Suecia, Tailandia
1947	Pakistán, Yemen (del Norte en 1990)
1948	Birmania (Myanmar, 1989)
1949	Israel
1950	Indonesia, Austria, Bulgaria, Camboya, Ceilán (Sri Lanka en 1970), Finlandia, Hungría, Irlanda, Italia, Jordán, Laos, Libia, Nepal, Portugal, Rumania, España
1956	Japón, Marruecos, Sudán, Tunicia
1957	Ghana, Malaya (Malaysia en 1963)
1958	Guinea
1960	Camerún, República Central Africana, Chad, Congo, Costa de Marfil, Chipre, Dahomey (Benín en 1975), Gabón, Madagascar, Malí, Níger, Nigeria, Senegal, Somalia, Togo, Alto Volta (Burkina Faso en 1984), Zaire
1961	Mauritania, Mongolia, Sierra Leona, Tanganica (incluida con Tanzania en 1964)
1962	Argelia, Burundi, Jamaica, Ruanda, Trinidad y Tobago, Uganda
1963	Kenia, Kuwait, Zanzíbar (incluida en Tanzania en 1964)
1964	Malawi, Malta, Tanzania, Zambia
1965	Malvinas, Singapur, Gambia
1966	Barbados, Botswana, Guayana, Lesotho

AÑO	PAÍSES QUE INGRESAN
1967	Yemen (del Sur en 1990)
1968	Guinea Ecuatorial, Mauricio, Swazilandia
1970	Fiji
1971	Bahrain, Bhutan, China (República Popular), Omán, Qatar, Emiratos Árabes Unidos
1973	Bahamas, República Democrática Alemana (incluida en la República Federal Alemana en 1990), República Federal de Alemania
1974	Bangladesh, Granada, Guinea-Bissau
1975	Cabo Verde, Comores, Mozambique, Papúa Nueva Guinea, São Tomé y Príncipe, Surinam
1976	Angola, Seychelles, Samoa del Oeste
1977	Dijibouti, Vietnam
1978	Dominica, Islas Salomón
1979	Santa Lucía
1980	San Vicente y las Granadina, Zimbabwe
1981	Antigua y Barbuda, Belize, Vanuatu
1983	San Cristóbal y Nevis
1984	Brunei
1990	Liechtenstein, Namibia, Yemen (oficialmente Yemen del Norte y Yemen del Sur)
1991	Estonia, Estados Federados de Micronesia, Letonia, Lithuania, Islas Marshall, Corea del Norte, Corea del Sur
1992	Armenia, Azerbaiján, Bosnia-Herzegovina, Croacia, Georgia, Kazakhstán, Hyrgysztan, Moldova, San Marino, Eslovenia, Tajikistán, Turkménistán, Uzbekistán
1993	Andorra, República Checa, Eritrea, República Oficial Yugoslava de Macedonia, Mónaco, República Eslovaca
1995	Belau

Crecimiento de la población mundial desde el año 1940*

	1940	%	1960	%	1985	%	2010 **	%
Canadá y Estados Unidos	145	6,32	200	6,69	264	5,45	334	4,81
México, América Central y América del Sur	130	5,66	215	7,19	407	8,41	580	8,36
África	190	8,28	275	9,20	554	11,44	1 007	14,51
Europa y Rusia Asiática	575	25,06	670	22,41	767	15,84	734	10,58
Oceanía	11	0,48	15	0,50	25	0,52	34	0,49
Asia	1 244	54,20	1 615	54,01	2 824	58,34	4 251	61,25
TOTAL	2 295	100	2 990	100	4 841	100	6 940	100

* En millones de habitantes.
** Proyección estimativa.

Medallas Fields

AÑO	CONGRESO	GALARDONADOS
1936	Oslo	L. Ahlfors, D. Douglas
1950	Cambridge	A. Selberg, L. Schwartz
1954	Amsterdam	K. Kodaira, J. P. Serre
1958	Edimburgo	K. F. Roth, R. Thom
1962	Estocolmo	L. Hörmander, J. W. Milnor
1966	Moscú	M. F. Atiyah, P. J. Cohen, A. Grothendieck, S. Smale
1970	Niza	A. Baker, Hironaka Hensuke, S. Novikov, J. G. Thomson
1974	Vancouver	E. Bombieri, D. Mumford
1978	Helsinki	P. Deligne, C. Feffermann, D. Quillen, G. A. Margoulis, A. Connes
1982		A. Connes, W. P. Thurston, Shing Tung-Yan
1986	Berkeley	G. Faltings, M. Freedman, S. Donaldson
1990	Kyoto	V. Drinfeld, V. F. R. Jones, S. Mori, E. Witten
1994	París	Pierre-Louis Lions Jean-Christophe Yoccoz
	Madison	Efilm L. Zelmanov
	Urbana-Champaing	Jean Bourgain

Los medios de comunicación de masas en algunos países del mundo (1995)

PAÍS	PRENSA DIARIA (número de cabeceras)	PRENSA DIARIA (difusión/1 000 hab.)	RADIO (aparatos/1 000 hab.)	TELEVISIÓN (aparatos/1 000 hab.)	CINE (espectadores anuales/1 000 hab.)
Alemania	355	331	370	370	1 500
Argentina	190	144	625	208	550
Brasil	373	55	333	189	680
Chile	45	445	312	143	740
China	46	63	172	192	15 300
Colombia	46	63	156	159	1 290
Egipto	16	44	278	83	520
España	148	105	303	435	2 080
Estados Unidos	1 586	240	2 000	833	3 890
Francia	77	205	833	500	6 060
India	2 300	31	71	22	5 010
Italia	78	105	769	294	1 550
Japón	121	580	909	769	1 170
México	292	116	233	625	4 500
Nigeria	26	16	192	67	51
Reino Unido	101	383	1 111	345	1 770
Rusia	339	386	625	370	5 040
Suecia	124	511	830	436	1 810
Uruguay	32	240	588	192	2 110
Venezuela	82	208	385	172	1 590

Festival de la OTI

AÑO	LUGAR TRANSMISIÓN	INTÉRPRETE	CANCIÓN	PAÍS GANADOR
1972	Madrid, España	Claudia Regina y Tobias	Diálogo	Brasil
1973	Belo Horizonte, Brasil	Imelda Miler	Qué alegre va María	México
1974	Acapulco, México	Nydia Caro	Hoy canto por cantar	Puerto Rico
1975	San Juan Puerto Rico	Gualberto Castro	La felicidad	México
1976	Acapulco, México	María Ostiz	Canta cigarra	España
1977	Madrid, España	Eduardo González	Chincho Barrilete	Nicaragua
1978	Santiago, Chile	Denisse de Kalaffe	El amor, cosa tan rara	Brasil
1979	Caracas, Venezuela	Daniel Riolobos	Cuenta conmigo	Argentina
1980	Buenos Aires, Argentina	Rafael José	Contigo mujer	Puerto Rico
1981	México D.F., México	Francisco	Latino	España
1982	Lima, Perú	Grupo Unicornio	Puedes cantar conmigo	Venezuela
1983	Washington D.C., EE.UU.	Jesse	Estrella de papel	Brasil
1984	México D.F., México	Fernando Ubiergo	Agua luna	Chile
1985	Sevilla, España	Eugenia León	Fandango aquí	México
1986	Santiago, Chile	Damaris Carbaugh	Todos	EE.UU.
1987	Lisboa, Portugal	Alfredo Alejandro	La felicidad está en un rincón de tu corazón	Venezuela
1988	Buenos Aires, Argentina	Guillermo Guido	Todavía eres mi mujer	Argentina
1989	Miami, EE.UU.	Analú	Una canción no es suficiente	México
1990	Las Vegas, EE.UU.	Carlos Cuevas	Un bolero	México
1991	Acapulco, México	Claudia Brant	Adonde estás ahora	Argentina
1992	Valencia, España	Francisco	Adonde iré	España
1993	Valencia, España	Ana Reverte	Enamorarse	España
1994	Valencia, España	Claudia Carenzio	Canción despareja	Argentina
1995	Asunción, Paraguay	Marcos Llunas	Eres mi debilidad	España
1996	Quito, Ecuador	Anabel Russ	Mis manos	España
1997	San José, Costa Rica	Florcita Motuda	Fin de siglo	Chile
1998	Lima, Perú	Iridián	Se diga lo que se diga	México

Los juegos olímpicos de invierno

N.º	AÑO	SEDE	N.º PAÍSES	N.º PARTICIPANTES
1	1924	Chamonix, Francia	16	294
2	1928	St. Moritz, Suiza	25	495
3	1932	Lake Placid, EE.UU.	17	306
4	1936	Garmisch-Partenkirchen, Alemania	28	755
5	1948	St. Moritz, Suiza	28	713
6	1952	Oslo, Noruega	22	732
7	1956	Cortina d'Ampezzo, Italia	32	819
8	1960	Squaw Valley, EE.UU.	30	665
9	1964	Innsbruck, Austria	36	1 093
10	1968	Grenoble, Francia	37	1 293
11	1972	Sapporo, Japón	35	1 232
12	1976	Innsbruck, Austria	37	1 128
13	1980	Lake Placid, EE.UU.	37	1 067
14	1984	Sarajevo, Yugoslavia	49	1 510
15	1988	Calgari, Canadá	57	1 428
16	1992	Albertville, Francia	64	1 729
17	1994	Lillehammer, Noruega	67	1 844
18	1998	Nagano, Japón	72	3 000

Los juegos olímpicos modernos

N.º	AÑO	SEDE	FECHAS	N.º PAÍSES	N.º COMP.	N.º DEPORTES	N.º PARTICIPANTES HOMBRES	MUJERES	HECHOS Y ACONTECIMIENTOS IMPORTANTES
1	1896	Atenas	06/04-15/04	13	10	42	285	—	Participan 12 países y un total de 311 atletas (197 de ellos eran griegos)
2	1900	París	20/05-28/10	20	14	67	1 059	7	Olimpíada eclipsada por la Exposición Universal
3	1904	Saint Louis	23/06-15/10	10	13	104	489	7	Primera participación de la mujer, aunque no de forma oficial
4	1908	Londres	27/04-32/10	22	21	104	2 038	21	Cuna del deporte moderno. Por primera vez, el maratón es de 42,195 km
5	1912	Estocolmo	05/05-22/07	28	15	106	2 484	57	Se institucionaliza la entrega de medallas y los himnos
6	1916	Berlín	—	—	—	—	—	—	Primera Guerra Mundial: no se celebran las Olimpíadas
7	1920	Amberes	22/04-12/09	29	20	154	2 542	61	Primera participación de España. Se disputan 23 especialidades y participan más de 2 000 atletas
8	1924	París	04/05-25/07	44	20	137	2 966	126	Primeros Juegos de Invierno
9	1928	Amsterdam	17/05-12/10	46	17	120	2 752	263	Participación oficial de la mujer. Comienzan las desavenencias previas a la Segunda Guerra Mundial
10	1932	Los Ángeles	30/07-14/08	37	17	124	1 373	35	Se adapta el reglamento a tres atletas premiados por prueba
11	1936	Berlín	01/08-16/08	49	21	142	3 741	378	Gran infraestructura alrededor de los Juegos. Destaca el atleta estadounidense Jesse Owens
12	1940	—	—	—	—	—	—	—	Segunda Guerra Mundial
13	1944	—	—	—	—	—	—	—	Segunda Guerra Mundial
14	1948	Londres	29/07-14/08	59	19	138	4 303	386	Se prohíbe participar a los países vencidos: Alemania y Japón
15	1952	Helsinki	19/07-03/08	69	19	149	4 407	518	Primera participación de la URSS
16	1956	Melbourne Estocolmo	22/11-08/12	67	17	145	2 961	382	Guerra fría, boicots. La prueba de hípica se celebra en Estocolmo debido a que se prohíbe la entrada de caballos en Australia
17	1960	Roma	25/08-17/09	84	18	150	4 800	537	La televisión entra en los JJ OO. Participación de 84 países, con más de 5 000 atletas
18	1964	Tokio	10/10-24/10	94	20	162	4 826	732	Juegos Olímpicos de la tecnología
19	1968	México	12/10-27/10	112	18	182	5 279	844	Se registran 252 mejores marcas olímpicas (atribuidas a la incidencia de la altura)
20	1972	Munich	26/08-11/09	122	21	195	6 669	1 171	Asesinato de 9 deportistas israelíes por un comando terrorista palestino. Destaca el nadador estadounidense Mark Spitz
21	1976	Montreal	17/07-01/08	95	21	198	4 928	1 261	Boicot por razones políticas. Desastre económico de la organización. Destaca la gimnasta rumana Nadia Comaneci
22	1980	Moscú	19/07-03/08	80	21	203	4 311	1 192	Boicot internacional. Se elige a J. A. Samaranch presidente del C.O.I.
23	1984	Los Ángeles	28/07-12/08	140	25	243	4 510	3 490	Último capítulo de la Guerra Fría. Boicot de la URSS y los países del Este. Destaca el atleta estadounidense Carl Lewis
24	1988	Seúl	10/09-28/09	158	31	301	5 205	4 345	Lucha contra el doping: descalificación del atleta Ben Johnson
25	1992	Barcelona	25/07-09/08	172	28	254	7 108	2 851	Récord de participación. Pasan a la historia por su gran organización y espectáculo. Destaca el gimnasta bielorruso V. Scherbo
26	1996	Atlanta	19/07-05/08	167	26	271	7 060	3 684	Problemas en la organización. Atentado con el resultado de dos civiles muertos. Destaca el atleta estadounidense Michael Johnson

Los mejores atletas del siglo xx

MODALIDAD	ATLETA	PAÍS	MEJOR REGISTRO	AÑO
100 metros	Donovan Bailey	Canadá	9.84 WR	1996
	Leroy Burrell	EE.UU.	9.85	1994
	Carl Lewis	EE.UU.	9.86	1991
	Linford Christie	GBR	9.87	1993
	Steve Williams	EE.UU.	10.07	1978
	Jesse Owens	EE.UU.	10.20	1936
200 metros	Michael Johnson	EE.UU.	19.32 WR	1996
	Frankie Frederiks	Namibia	19.68	1996
	Pietro Mennea	Italia	19.72	1979
	Carl Lewis	EE.UU.	19.75	1983
	Ray Norton	EE.UU.	20.05	1960
	Andy Stanfield	EE.UU.	20.06	1951
400 metros	Harry "Butch" Reynolds	EE.UU.	43.29 WR	1988
	Michael Johnson	EE.UU.	43.39	1995
	Lee Evans	EE.UU.	43.86	1968
	Karl Kaufmann	RFA	44.9	1960
	Herb Mckenley	Jamaica	45.9	1948
800 metros	Wilson Kipketer	Dinamarca	1.41,11 WR	1997
	Sebastian Coe	GBR	1.41,73	1981
	Joaquin Cruz	Brasil	1.41,77	1984
	Alberto Juantorena	Cuba	1.43,44	1977
	Peter Snell	Nueva Zelanda	1.44,3	1962
1 000 metros	Sebastian Coe	GBR	2.12,18 WR	1981
	Steve Cram	GBR	2.12,88	1985
	Rick Wolhuter	EE.UU.	2.13,9	1974
	Abdi Bile	Somalia	2.14,50	1989
	Auden Boysen	Noruega	2.19,0	1955
1 500 metros	Hicham El Guerrouj	Marruecos	3.26,00 WR	1998
	Noureddine Morceli	Argelia	3.27,37	1995
	Said Aouita	Marruecos	3.29,45	1995
	Steve Owett	GBR	3.30,77	1985
	Günder Hägg	Suecia	3.43,0	1944
	Paavo Nurmi	Finlandia	3.52,6	1924
3 000 metros	Daniel Komen	Kenia	7.20,67 WR	1996
	Noureddine Morceli	Argelia	7.25,11	1994
	Said Aouita	Marruecos	7.29,45	1989
	Henry Rono	Kenia	7.32,1	1978
	Paavo Nurmi	Finlandia	8.20,4	1926
5 000 metros	Haile Gebreselassie	Etiopía	12.39,36 WR	1998
	Daniel Komen	Kenia	12.39,74	1997
	Said Aouita	Marruecos	12.58,39	1987
	Ron Clarke	Australia	13.16,6	1966
	Paavo Nurmi	Finlandia	14.28,2	1924
10 000 metros	Haile Gebreselassie	Etiopía	26.22,75 WR	1998
	Paul Tergat	Kenia	26.27,85	1997
	Fernando Mamede	Portugal	27.13,81	1984
	Emil Zatopek	Checoslovaquia	28.54,2	1954
	Jean Bouin	Francia	30.58,8	1911
110 metros vallas	Colin Jackson	GBR	12.91 WR	1993
	Roger Kingdom	EE.UU.	12.92	1989
	Renaldo Nehemian	EE.UU.	12.93	1981
	Rod Milburn	EE.UU.	13.24	1975
	Forrest Towns	EE.UU.	13.7	1936
400 metros vallas	Kevin Young	EE.UU.	46.78 WR	1992
	Edwin Moses	EE.UU.	47.02	1983
	Harald Schmid	RFA	47.48	1982
	Glenn Davids	EE.UU.	49.5	1956
	Glenn Hardin	EE.UU.	50.6	1934
3 000 metros obstáculos	Bernard Barmasai	Kenia	7.55,72 WR	1997
	Moses Kiptanvi	Kenia	7.59,18	1995
	Peter Koech	Kenia	8.05,35	1989
	Henri Rono	Kenia	8.05,40	1978
	Anders Gärdgrud	Suecia	8.08,02	1976

MODALIDAD	ATLETA	PAÍS	MEJOR REGISTRO	AÑO
Maratón	Ronaldo da Costa	Brasil	2.06,05 WR	1998
	Belayneh Dinsamo	Etiopía	2.06,50	1988
	Martín Fiz	España	2.08,05	1997
	Abebe Bikila	Etiopía	2.15,16	1960
	Jim Peters	GBR	2.17,39	1954
20 km marcha	Bo Lingtong	China	1.18,04 WR	1994
	Pavol Blazek	Checoslovaquia	1.18,13	1990
	Andrey Perlov	URSS	1.18,20	1990
50 km marcha	Andrey Perlov	URSS	3.37,41 WR	1989
	Ronald Weigel	Alemania	3.38,17	1986
	Valentín Massana	España	3.38,43	1994
4 × 100 metros	Marsh, Burrell, Mitchell, Lewis	EE.UU.	37.40 WR	1992
	Esmie, Gilbert, Surin, Bayley	Canadá	37.69	1996
	Jackson, Jarret, Regis, Chistie	GBR	37.77	1993
4 × 400 metros	Valmon, Waits, Reynolds, Johnson	EE.UU.	2.54,29 WR	1993
	Thomas, Baulch, Richardson, Black	GBR	2.57,53	1991
	Mcdonald, Clarke, Blake, McFarlen	Jamaica	2.58,92	1996
Salto de altura	Javier Sotomayor	Cuba	2.45 WR	1993
	Patrick Sjoeberg	Suecia	2.42	1987
	Dick Fosbury	EE.UU.	2.24	1968
	Valery Brumel	URSS	2.22	1963
	John Thomas	EE.UU.	2.22	1960
Salto de pértiga	Sergey Bubka	Ucrania	6.14 WR	1994
	Rodion Gatauli	Azerbaiyan	6.02	1989
	Thierry Vigneron	Francia	5.91	1984
	Cornelius Warmerdam	EE.UU.	4.77	1942
Salto de longitud	Mike Powell	EE.UU.	8.95 WR	1991
	Bob Beamon	EE.UU.	8.90	1968
	Carl Lewis	EE.UU.	8.87	1991
	Ralph Boston	EE.UU.	8.28	1961
	Jesse Owens	EE.UU.	8.13	1935
Triple salto	Jonathan Edwards	GBR	18.29 WR	1995
	Keniany Harrison	EE.UU.	18.09	1996
	Willie Banks	EE.UU.	17.97	1985
	Adhemar Ferreira	Brasil	16.56	1955
Lanzamiento de peso	Randy Barnes	EE.UU.	23.12 WR	1990
	Udo Beyer	RDA	22.64	1986
	Dallas Long	EE.UU.	20.68	1964
	Parry O'brien	EE.UU.	19.30	1959
Lanzamiento de disco	Jurgen Shult	Alemania	74.08 WR	1986
	Yuriy Dumchev	URSS	71.86	1983
	Jay Silvester	EE.UU.	68.40	1968
	Fortune Gordien	EE.UU.	59.28	1953
Lanzamiento de martillo	Yury Sedykh	URSS	86.74 WR	1986
	Sergey Litvinov	URSS	84.14	1983
	Harold Connolly	EE.UU.	71.26	1965
	Mikhail Krivonosov	URSS	67.32	1956
Lanzamiento de jabalina	Jan Zelezny	Rep. Checa	98.48 WR	1996
	Steve Backley	GBR	91.46	1992
	Uwe Hohn	RDA	104.80	1984*
	Matti Järvinen	Finlandia	77.83	1934*
Decatlón	Dan O'Brien	EE.UU.	8891 WR	1992
	Daley Thompson	GBR	8847	1994
	Rafer Johnson	EE.UU.	7981	1960
	Paavo Yrjölä	Finlandia	6587	1928

*En 1987 se produce un cambio en la jabalina

WR: récords mundiales actuales a 01/02/1999

Las mejores atletas del siglo xx

MODALIDAD	ATLETA	PAÍS	MEJOR REGISTRO	AÑO
100 metros	Florence Griffith J.	EE.UU.	10.49 WR	1988
	Marlene Ottey	Jamaica	10.74	1996
	Evelyn Ashford	EE.UU.	10.76	1984
	Irina Privalova	Rusia	10.77	1994
	Renate Stecher	RDA	10.8	1973
	Stanislava Malasiewicz	Polonia	11.7	1937
200 metros	Florence Griffith J.	EE.UU.	21.34 WR	1988
	Marlene Ottey	Jamaica	21.64	1991
	Heike Drechsler	Alemania	21.71	1986
	Marita Koch	RDA	21.71	1984
	Irena Szewinska	Polonia	22.21	1973
400 metros	Marita Koch	RDA	47.60 WR	1985
	Jarmila Kratochvilova	Checoslovaquia	47.99	1983
	Marie-Jose Perec	Francia	48.25	1996
	Irena Szevinska	Polonia	49.29	1976
	Shin Keum Dan	Corea del Norte	59.9	1962
800 metros	Jarmila Kratochvilova	Checoslovaquia	1.53,28 WR	1983
	Nadezda Olisarenko	URSS	1.53,5	1980
	Ana Fidelia Quirot	Cuba	1.54,44	1989
	Tatiana Kazankina	URSS	1.54,81	1976
	Nina Otkalenko	URSS	2.05,0	1955
1 500 metros	Yunxia Qu	China	3.50,47 WR	1993
	Tatiana Kazankina	URSS	3.52,47	1980
	Lyudmila Bragina	URSS	4.01,40	1972
	Diane Leather	GBR	4.27,7	1957
3 000 metros	Yunkia Qu	China	8.06,11 WR	1993
	Junxia Wang	China	8.12,18	1993
	Tatyama Kazankina	URSS	8.22,62	1984
	Lyudmila Bragina	URSS	8.27,12	1976
5 000 metros	Jiang Bo	China	14.28,98 WR	1997
	Fernanda Ribeiro	Portugal	14.36,45	1995
	Ingrid Kristiansen	Noruega	14.37,33	1986
	Zola Budd	GBR	14.48,07	1985
	Adrienne Beames	Australia	15.48	1972
10 000 metros	Junxia Wang	China	29.31,78 WR	1993
	Ingrid Kristiansen	Noruega	30.13,74	1986
	Christa Valensieck	RFA	34.01,4	1975
	Adrienne Beames	Australia	34.08,0	1974
Maratón	Ingrid Kristiansen	Noruega	2.21,06 WR	1985
	Joan Benoit	EE.UU.	2.21,21	1985
	Rosa Mota	Portugal	2.23,29	1985
	Olga Markova	Rusia	2.23,43	1992
	Grete Waitz	Noruega	2.25,29	1983
100 metros vallas	Yordanka Donkova	Bulgaria	12.21 WR	1988
	Ginka Zagorcheva	Bulgaria	12.25	1987
	Annelie Ehrhardt	RDA	12.59	1972
	Karin Blazer	RDA	12.60	1971
400 metros vallas	Kim Batten	EE.UU.	52.61 WR	1995
	Marina Stepanova	URSS	52.94	1986
	Krystyna Kacperczyk	Polonia	55.44	1978
	Karen Rossley	DER	55.74	1977

MODALIDAD	ATLETA	PAÍS	MEJOR REGISTRO	AÑO
Salto de altura	Stefka Kostadinova	Bulgaria	2.09 WR	1987
	Heike Henkel	Alemania	2.07	1992
	Rosemarie Ackerman	RDA	2.00	1977
	Yolanda Balas	Rumania	1.91	1961
Salto de longitud	Galina Chistyakova	URSS	7.52 WR	1988
	Heike Drechsler	Alemania	7.80	1988
	Jackie Joyner-Kersee	EE.UU.	7.49	1994
	Anisuara Cusmir	Rumania	7.43	1983
Triple salto*	Inessa Kravets	Ucrania	15.50 WR	1995
	Iva Prandzheva	Bulgaria	15.18	1995
	Ana Biriukova	Rusia	15.09	1993
	Li Huirong	China	14.54	1990
Lanzamiento de peso	Natalia Lisoskaya	URSS	22.63 WR	1987
	Nadyeshda Chyzova	URSS	21.45	1973
	Tamara Press	URSS	18.59	1965
	Gallina Zybina	URSS	16.76	1955
Lanzamiento de disco	Gabrielle Reinsch	Alemania	76.50 WR	1988
	Zdenka Silhava	Checoslovaquia	74.56	1984
	Faina Melnik	URSS	70.50	1975
	Gisela Mauermayer	Alemania	48.31	1936
Lanzamiento de martillo	Mihaela Melinte	Rumania	73.14 WR	1998
	Olga Kuzenkova	Rusia	73.10	1997
	Alla Davidova	Rusia	67.48	1996
	Carol Cady	EE.UU.	58.74	1988
Lanzamiento de jabalina	Petra Felke	Alemania	88.00 WR	1988
	Fatima Whitbread	GBR	77.44	1986
	Ruth Fuchs	RDA	69.96	1980
	Elvira Ozolina	URSS	59.78	1964
Heptatlón	Jackie Joyner-Kersee	EE.UU.	7291 WR	1988
	Larisa Nikitina	URSS	7007	1989
	Sabine Paetz	Alemania	6946	1984
	Ramona Neubert	RDA	6935	1983
Relevos 4 x 100		Alemania	41.37 WR	1987
		Rusia	41.49	1993
		EE.UU.	41.49	1993
Relevos 4 x 400		URSS	3.15,17 WR	1988
		EE.UU.	3.15,51	1988
		Alemania	3.15,92	1984
10 km marcha	Yelena Nikolyeva	Rusia	41.01 WR	1996
	Larisa Ramazanova	Rusia	41.29	1995
	Kerry Junna	Australia	41.30	1993
Pértiga	Emma George	Australia	4.45 WR	1996
	Cai Weijyan	China	4.33	1996
	Sun Caiyun	China	4.28	1996

*Reconocimiento oficial desde 1990
WR: récords mundiales a 01/02/1999

Los mejores nadadores del siglo xx

MODALIDAD	NADADOR	PAÍS	REGISTRO	AÑO
	Tom Jager	EE.UU.	21.81 WR	1990
50 metros	Matt-Biondi	EE.UU.	22.14	1988
libres	Peter Williams	SAF	22.18	1988
	Alexander Popov	URSS	22.30	1971
	Alexander Popov	Rusia	48.21 WR	1994
100 metros	Matt Biondi	EE.UU.	48.42	1988
libres	Mark Spitz	EE.UU.	51.22	1972
	Johnny Weissmuller	EE.UU.	57.40	1924
	Giorgio Lamberti	Italia	1.46,69 WR	1989
200 metros	Michael Gross	RFA	1.47,44	1987
libres	Mark Spitz	EE.UU.	1.52,78	1972
	T. Yamanaka	Japón	2.00,40	1961
	Ian Thorpe	Australia	3.39,82 WR	1998
400 metros	Kieren Perkins	Australia	3.43,80	1994
libres	Vladimir Salnikov	URSS	3.48,32	1983
	John Konrads	Australia	4.15,90	1960
	Kieren Perkins	Australia	14.41,66 WR	1994
800 metros	Vladimir Salnikov	URSS	14.54,87	1987
libres	Mike Burton	EE.UU.	15.52,58	1972
	Ame Borg	Suecia	19.07,20	1927
	Grant Hackett	Australia	14.19,55 WR	1998
1 500 metros	Kieren Perkins	Australia	14.41,66	1994
libres	Vladimir Salnikov	URSS	14.54,87	1987
	Ame Borg	Suecia	19.07,20	1927
	Jeff Rouse	EE.UU.	53.83 WR	1992
100 metros	David Berkoff	EE.UU.	54.51	1988
espalda	Roland Matthes	RDA	56.30	1972
	Adolf Kiefer	EE.UU.	1.04,8	1936
	Martín López Zubero	España	1.56,57 WR	1991
200 metros	Igor Polyanskiy	URSS	1.58,14	1985
espalda	Roland Matthes	RDA	2.01,87	1973
	Tom Stock	EE.UU.	2.10,9	1962
	Fred Deburghraeve	Bélgica	1.00,60 WR	1996
100 metros	Steven Lundquist	EE.UU.	1.01,65	1984
braza	John Hencken	EE.UU.	1.03,11	1976
	Chet Jastremski	EE.UU.	1.07,5	1961
	Mike Barrowman	EE.UU.	2.10,16 WR	1992
200 metros	Victor Davids	Canadá	2.13,34	1984
braza	John Hencken	EE.UU.	2.18,21	1974
	M. Furukawa	Japón	2.31,0	1955
	Michael Klim	Australia	51.07 WR	1998
100 metros	Denis Pankratov	Rusia	52.27	1996
mariposa	Mark Spitz	EE.UU.	54.27	1972
	Takashi Ishimoto	Japón	1.00,1	1958
	James Hickman	GBR	1.51,76 WR	1998
200 metros	Denis Pankratov	Rusia	1.55,22	1995
mariposa	Mark Spitz	EE.UU.	2.00,70	1970
	Mike Troy	EE.UU.	2.12,8	1960
	Jani Sievinen	Finlandia	1.58,16 WR	1994
200 metros	Tomas Damyi	Hungria	1.59,36	1991
estilos	Alex Bauman	Canadá	2.01,42	1986
	Gunnar Larson	Suecia	2.07,17	1972
	Tom Dolan	EE.UU.	4.12,30 WR	1994
400 metros	Tamas Damyi	Hungria	4.12,36	1991
estilos	Alex Bauman	Canadá	4.17,41	1984
	Gary Hall	EE.UU.	4.30,81	1972
Relevos 4 × 100		EE.UU.	3.34,84 WR	1996
		EE.UU.	3.36,93	1988
metros estilos		URSS	4.14,8	1956
4 × 100 metros		EE.UU.	3.15,11 WR	1995
		EE.UU.	3.16,53	1988
libres		Japón	3.46,8	1957
4 × 200 metros		Rusia	7.11,95 WR	1992
		EE.UU.	7.12,51	1988
libres		Australia	8.23,6	1956

WR: récords mundiales actuales a 01/02/1999

Las mejores nadadoras del siglo xx

MODALIDAD	NADADORA	PAÍS	REGISTRO	AÑO
	Le Jingyi	China	24.51 WR	1994
50 metros	Amy Van Dyken	EE.UU.	25.10	1973
libres	Kristin Otto	RDA	25.49	1988
	Tamara Costache	Rumania	25.28	1986
	Le Jingyi	China	54.01 WR	1994
100 metros	Kristin Otto	RDA	54.73	1986
libres	Kornelia Ender	RDA	55.65	1976
	Dawn Fraser	Australia	58.90	1964
	Franziska Van Almsick	Alemania	1.56,78 WR	1994
200 metros	Heike Friedrich	RDA	1.57,55	1986
libres	Kornelia Ender	RDA	1.59,26	1976
	Dawn Fraser	Australia	2.11,60	1960
	Janet Evans	EE.UU.	4.03,85 WR	1988
400 metros	Claudia Poll	CRC	4.06,56	1972
libres	Debbie Meyer	EE.UU.	4.24,30	1970
	Ragnhild Hueger	Dinamarca	5.00,10	1940
	Janet Evans	EE.UU.	8.16,22 WR	1989
800 metros	Anke Möhring	RDA	8.19,53	1987
libres	Brooke Bennett	EE.UU.	8.26,36	1980
	Debbie Meyer	EE.UU.	9.10,40	1968
	He Cihong	China	1.00,16 WR	1994
100 metros	Krisztina Egerszegi	Hungria	1.00,31	1991
espalda	Ulrike Richter	RDA	1.01,51	1976
	Ria Van Versen	Holanda	1.10,90	1960
	Krisztina Egerszegi	Hungria	2.06,62 WR	1991
200 metros	Betsy Mitchell	EE.UU.	2.08,60	1986
espalda	Karen Muir	SAF	2.23,80	1968
	Sakoto Tanaka	Japón	2.22,20	1963
	Penelope Heyns	RSA	1.07,02 WR	1994
100 metros	Ute Geweniger	RDA	1.08,51	1983
braza	Catie Ball	EE.UU.	1.14,20	1968
	Rebecca Brown	Australia	2.24,76 WR	1994
200 metros	Silke Mörner	RDA	2.26,71	1988
braza	Ada Den Maan	Holanda	2.46,40	1956
	Mary T. Meagher	EE.UU.	57.93 WR	1981
100 metros	Kornelia Ender	RDA	100.13	1976
mariposa	Atie Voorbis	Holanda	1.10,50	1957
	Mary T. Meagher	EE.UU.	2.05,96 WR	1981
200 metros	Rosemarie Kother	RDA	2.11,22	1976
mariposa	Karen Moe	EE.UU.	2.15,27	1972
	Lin Li	China	2.11,65 WR	1992
200 metros	Ulrike Tauber	RDA	2.15,85	1977
estilos	Claudia Kolb	EE.UU.	2.23,50	1968
	Chen Ya	China	4.34,79 WR	1997
400 metros	Petra Schneider	RDA	4.36,10	1982
estilos	Sylvia Ruuska	URSS	5.40,20	1959
Relevos 4 × 100		China	4.01,67 WR	1994
		RDA	4.03,69	1984
metros estilos		EE.UU.	4.20,75	1972
Relevos 4 × 100		China	3.37,91 WR	1991
		RDA	3.40,57	1986
metros libres		EE.UU.	3.55,19	1972
Relevos 4 × 200		RDA	7.55,47 WR	1987
		EE.UU.	7.59,87	1996
metros libres		RDA	7.59,33	1986

WR: récords mundiales actuales, a 01/02/1999

Los mejores tenistas

HOMBRES

TORNEO	TENISTA	N.º DE TÍTULOS	AÑOS
Open de Australia	Roy Emerson	6	1961, 1963, 1964, 1965, 1966, 1967
	Pat O'Hara Wood	4	1914, 1920, 1922, 1923
	Jack Crawford	4	1931, 1932, 1933, 1935
	Ken Rosewall	4	1953, 1955, 1971, 1972
	Adrian Quist	3	1936, 1940, 1948
	Rod Laver	3	1960, 1962, 1969
	Mats Wilander	3	1983, 1984, 1988
	Rodney Heath	2	1905, 1910
	Tony Wilding	2	1906, 1909
	James Anderson	2	1924, 1925
	John Bromwich	2	1939, 1946
	Frank Sedgman	2	1949, 1950
	Ashley Cooper	2	1957, 1958
	John Newcombe	2	1973, 1975
	Guillermo Vilas	2	1978, 1979
	Johan Kriek	2	1981, 1982
	Stefan Edberg	2	1985, 1987
	Ivan Lendl	2	1989, 1990
	Pete Sampras	2	1997, 1998
Open USA	William Larned	7	1901, 1902, 1907, 1908, 1909, 1910, 1911
	Bill Tilden	7	1920, 1921, 1922, 1923, 1924, 1925, 1929
	Jimy Connors	5	1974, 1976, 1978, 1982, 1983
	John McEnroe	4	1979, 1980, 1981, 1984
	Pete Sampras	4	1990, 1993, 1995, 1996
	Fred Perry	3	1933, 1934, 1936
	Ivan Lendl	3	1985, 1986, 1987
	Maurice McLoughlin	2	1912, 1913
	Richard Williams	2	1914, 1916
	William Johnston	2	1915, 1919
	R.L. Murray	2	1917, 1918
	Rene Lacoste	2	1926, 1927
	Ellsworth Vines	2	1931, 1932
	Don Budge	2	1937, 1938
	Bobby Riggs	2	1939, 1941
	Frank Parker	2	1944, 1945
	Jack Kramer	2	1946, 1947
	Pancho Gonzalez	2	1948, 1949
	Frank Sedgman	2	1951, 1955
	Tony Travert	2	1953, 1952
	Neale Fraser	2	1959, 1960
	Roy Emerson	2	1961, 1964

TORNEO	TENISTA	N.º DE TÍTULOS	AÑOS
Open USA	Rod Laver	2	1962, 1969
	Ken Rosewall	2	1956, 1970
	John Newcombe	2	1967, 1973
	Stefan Edberg	2	1991, 1992
Wimbledon	Laurie Doherty	5	1902, 1903, 1904, 1905, 1906
	Bjorn Borg	5	1976, 1977, 1978, 1979, 1980
	Pete Sampras	5	1993, 1994, 1995, 1997, 1998
	Anthony Wilding	4	1910, 1911, 1912, 1913
	Rod Laver	4	1961, 1962, 1968, 1969
	Arthur Gore	3	1901, 1908, 1909
	Bill Tilden	3	1920, 1921, 1930
	Frederick Perry	3	1934, 1935, 1936
	John Newcombe	3	1967, 1970, 1971
	John McEnroe	3	1981, 1983, 1984
	Boris Becker	3	1985, 1986, 1989
	Jean Borotra	2	1924, 1926
	Rene Lacoste	2	1925, 1928
	Henri Cochet	2	1927, 1929
	Don Budge	2	1937, 1938
	Lew Hoad	2	1956, 1957
	Roy Emerson	2	1964, 1965
	Jimmy Connors	2	1974, 1982
	Stefan Edberg	2	1988, 1990
Roland Garros	Bjorn Borg	6	1974, 1975, 1978, 1979, 1980, 1981
	Henri Cochet	4	1926, 1928, 1930, 1932
	Rene Lacoste	3	1925, 1927, 1929
	Yvon Petra	3	1943, 1944, 1945
	Mats Wilander	3	1982, 1985, 1988
	Ivan Lendl	3	1984, 1986, 1987
	Gottfried von Cramm	2	1934, 1936
	Bernard Destremau	2	1941, 1942
	Frank Parker	2	1948, 1949
	Jaroslav Drobny	2	1951, 1952
	Ken Rosewall	2	1953, 1968
	Tony Trabert	2	1954, 1955
	Nicole Pietrangeli	2	1959, 1960
	Manuel Santana	2	1961, 1964
	Rod Laver	2	1962, 1969
	Roy Emerson	2	1963, 1967
	Jan Kodes	2	1970, 1971
	Jim Courier	2	1991, 1992
	Sergi Bruguera	2	1993, 1994

MUJERES

TORNEO	TENISTA	N.º DE TÍTULOS	AÑOS
Open de Australia	Margaret Court	11	1960-66, 1969, 1970, 1971, 1973
	Nancye Wynne Bolton	6	1937, 1940, 1946, 1947, 1948, 1951
	Daphne Akhurst	5	1925, 1926, 1928, 1929, 1930
	Evonne Goolagong	4	1974, 1975, 1976, 1977 (jan)
	Steffi Graf	4	1988, 1989, 1990, 1994
	Monica Seles	4	1991, 1992, 1993, 1996
	Joan Hartigan	3	1933, 1934, 1936
	Martina Navratilova	3	1981, 1983, 1985
	Martina Hingis	3	1997, 1998, 1999
	Margaret Molesworth	2	1922, 1923
	Coral Buttsworth	2	1931, 1932
	Dorothy Bundy	2	1935, 1938
	Thelma Long	2	1952, 1954
	Mary Carter	2	1952, 1954
	Chris Evert	2	1982, 1984
Wimbledon	Martina Navratilova	9	1978, 1979, 1982-86, 1987, 1990
	Helen Wills Moody	8	1927-29, 1930, 1932, 1933, 1935, 1938
	Steffi Graf	7	1988, 1989, 1991, 1992, 1993, 1995, 1996
	Dorothea Lambert Chambers	7	1903, 1904, 1906, 1910, 1911, 1913, 1914
	Suzanne Lenglen	6	1919, 1920, 1921, 1922, 1923, 1925
	Billie Jean King	6	1966, 1967, 1968, 1972, 1973, 1975
	Louise Brough	4	1948, 1949, 1950, 1955
	Maria Bueno	3	1959, 1960, 1964
	Maureen Connolly	3	1852, 1953, 1954
	Margareth Smith Court	3	1963, 1965, 1970
	Chris Evert	3	1974, 1976, 1981
	May Sutton	2	1905, 1907
	Kathleen McKane Godfree	2	1924, 1926
	Dorothy Round	2	1934, 1937
	Althea Gibson	2	1957, 1958
	Evonne Goolagong Cawley	2	1971, 1980
Open USA	Molla Mallory	8	1915-18, 1920-22, 1926
	Helen Wills Moody	7	1923, 1924, 1925, 1927, 1928, 1929, 1931
	Chris Evert	6	1975, 1976, 1977, 1978, 1980, 1982
	Margaret Court	5	1962, 1965, 1969, 1970, 1973

TORNEO	TENISTA	N.º DE TÍTULOS	AÑOS
Open USA	Steffi Graf	5	1988, 1989, 1993, 1995, 1996
	Elisabeth Moore	4	1896, 1901, 1903, 1905
	Hazel Wightman	4	1909, 1910, 1911, 1919
	Helen Jacobs	4	1932, 1933, 1934, 1935
	Alice Marble	4	1936, 1938, 1939, 1940
	Pauline Betz	4	1942, 1943, 1944, 1946
	Maria Bueno	4	1959, 1963, 1964, 1966
	Billie Jean King	4	1967, 1971, 1972, 1974
	Martina Navratilova	4	1983, 1984, 1986, 1987
	Mary Browne	3	1912, 1913, 1914
	Margaret duPont	3	1948, 1949, 1950
	Maureen Connolly	3	1951, 1952, 1953
	Sarah Palfrey Cooke	2	1941, 1945
	Doris Hart	2	1954, 1955
	Althea Gibson	2	1957, 1958
	Darlene Hard	2	1960, 1961
	Tracy Austin	2	1979, 1981
	Monica Seles	2	1991, 1992
Roland Garros	Chris Evert	7	1974, 1975, 1979, 1980, 1983, 1985, 1986
	Margaret Court	5	1962, 1964, 1969, 1970, 1973
	Steffi Graf	5	1987, 1988, 1993, 1995, 1996
	Helen Wills Moody	4	1928, 1929, 1930, 1932
	Hilde Sperling	3	1935, 1936, 1937
	Monica Seles	3	1990, 1991, 1992
	Arantxa Sánchez Vicario	3	1989, 1994, 1998
	Suzanne Lenglen	2	1925, 1926
	Margaret Scriven	2	1934, 1935
	Simone Mathieu	2	1938, 1939
	Margaret Osborne duPont	2	1946, 1949
	Doris Hart	2	1950, 1952
	Maureen Connolly	2	1953, 1954
	Ann Jones	2	1961, 1966
	Leslie Turner	2	1963, 1965
	Martina Navratilova	2	1982, 1984

Los mejores jugadores de golf

TORNEO	JUGADOR	N.º DE TÍTULOS	AÑOS
British Open	Harry Vardom	6	1896, 1898, 1899, 1903, 1911, 1914
	JH Taylor	5	1894, 1895, 1900, 1909, 1913
	James Braid	5	1901, 1905, 1906, 1908, 1910
	Peter Thomson	5	1954, 1955, 1956, 1958, 1965
	Tom Watson	5	1975, 1977, 1980, 1982, 1983
	Walter Hagen	4	1922, 1924, 1928, 1929
	Bobby Locke	4	1949, 1950, 1952, 1957
	Bobby Jones	3	1926, 1927, 1930
	Henry Cotton	3	1934, 1937, 1948
	Gary Player	3	1959, 1968, 1974
	Jack Nicklaus	3	1966, 1970, 1978
	Severiano Ballesteros	3	1979, 1984, 1988
	Nick Faldo	3	1987, 1990, 1992
	Arnold Palmer	2	1961, 1962
	Lee Treviño	2	1971, 1972
	Greg Norman	2	1986, 1993
U.S. Open	Willie Anderson	4	1901, 1903, 1904, 1905
	Bobby Jones	4	1923, 1926, 1929, 1930
	Ben Hogan	4	1948, 1950, 1951, 1953
	Jack Nicklaus	4	1962, 1967, 1972, 1980
	Hale Irwin	3	1974, 1979, 1990
	Alex Smith	2	1906, 1910
	John Mc Dermott	2	1911, 1912
	Walter Hagen	2	1914, 1919
	Gene Sarazen	2	1922, 1932
	Ralph Guldahl	2	1937, 1938
	Cary Middlecoff	2	1949, 1956
	Julius Boros	2	1952, 1963
	Billy Casper	2	1959, 1966
	Lee Treviño	2	1968, 1971
	Andy North	2	1978, 1985
	Curtis Strange	2	1988, 1989
	Ernie Els	2	1994, 1997
Masters de Augusta	Jack Nicklaus	6	1963, 1965, 1966, 1972, 1975, 1986
	Arnold Palmer	4	1958, 1960, 1962, 1964
	Nick Faldo	3	1989, 1990, 1996
	Jimmy Demaret	3	1940, 1947, 1950
	Sam Snead	3	1949, 1952, 1954
	Gary Player	3	1961, 1974, 1978
	Horton Smith	2	1934, 1936
	Byron Nelson	2	1937, 1942
	Ben Hogan	2	1951, 1953
	Tom Watson	2	1977, 1981
	Severiano Ballesteros	2	1980, 1983
	Bernhard Langer	2	1985, 1993
	Ben Crenshaw	2	1984, 1995
	Tiger Woods	1	1997
P.G.A.	Walter Hagen	5	1921, 1924, 1925, 1926, 1927
	Jack Nicklaus	5	1963, 1971, 1973, 1975, 1980
	Gene Sarazen	3	1922, 1923, 1933
	Sam Snead	3	1942, 1949, 1951
	Jim Barnes	2	1916, 1919
	Leo Diegel	2	1928, 1929
	Paul Runyan	2	1934, 1938
	Denny Shute	2	1936, 1937
	Byron Nelson	2	1940, 1945
	Ben Hogan	2	1946, 1948
	Gary Player	2	1962, 1972
	Dave Stockton	2	1970, 1976
	Raymond Floyd	2	1969, 1982
	Lee Treviño	2	1974, 1984
	Larry Nelson	2	1981, 1987
	Nick Price	2	1992, 1994

Países ganadores de la Copa del Mundo de Fútbol

AÑO	CAMPEÓN	FINALISTA	RESULTADO
1930	Uruguay	Argentina	4-2
1934	Italia	Checoslovaquia	2-1
1938	Italia	Hungría	4-2
1950	Uruguay	Brasil	2-1
1954	Alemania	Hungría	3-2
1958	Brasil	Suecia	5-2
1962	Brasil	Checoslovaquia	3-1
1966	Inglaterra	Alemania	4-2
1970	Brasil	Italia	4-1
1974	Alemania	Holanda	2-1
1978	Argentina	Holanda	3-1
1982	Italia	Alemania	3-1
1986	Argentina	Alemania	3-2
1990	Alemania	Argentina	1-0
1994	Brasil	Italia	0-0*
1998	Francia	Brasil	3-0

* Partidos resueltos por penaltis.

Ganadores de la Copa de Europa

AÑO	CAMPEÓN	FINALISTA	RESULTADO
1956	Real Madrid	Stade de Reims	4-3
1957	Real Madrid	Fiorentina	2-0
1958	Real Madrid	Milán	3-2
1959	Real Madrid	Stade de Reims	2-0
1960	Real Madrid	Eintracht F.	7-3
1961	Benfica	FC Barcelona	3-2
1962	Benfica	Real Madrid	5-3
1963	Milán	Benfica	2-1
1964	Inter	Real Madrid	3-1
1965	Inter	Benfica	1-0
1966	Real Madrid	Partizan	2-1
1967	Celtic	Inter	2-1
1968	Manchester United	Benfica	4-1
1969	Milán	Ajax	4-1
1970	Feyenoord	Celtic	2-1
1971	Ajax	Panathinaikos	2-0
1972	Ajax	Inter	2-0
1973	Ajax	Juventus	1-0
1974	Bayern M.	Atlético de Madrid	1-1
1975	Bayern M.	Atlético de Madrid	4-0
	Bayern M.	Leeds United	2-0
1976	Bayern M.	Saint Étienne	1-0
1977	Liverpool	Borussia	3-1
1978	Liverpool	Brujas	1-0
1979	Nottingham F.	Malmoe	1-0
1980	Nottingham F.	Hamburgo	1-0
1981	Liverpool	Real Madrid	1-0
1982	Aston Villa	Bayern Munich	1-0
1983	Hamburgo SV	Juventus	1-0
1984	Liverpool	Roma	1-1*
1985	Juventus	Liverpool	1-0
1986	Steaua Bucarest	FC Barcelona	0-0*
1987	FC Porto	Bayern Munich	2-1
1988	PSV Eindoven	SL Benfica	0-0*
1989	AC Milan	Steaua Bucarest	4-0
1990	AC Milan	SL Benfica	1-0
1991	Estrella Roja Belgrado	Olympique Marsella	0-0*
1992	FC Barcelona	Sampdoria	1-0
1993	Olympique Marsella	AC Milan	1-0
1994	AC Milan	FC Barcelona	4-0
1995	Ajax Amsterdam	AC Milan	1-0
1996	Juventus	Ajax Amsterdam	1-1*
1997	Borussia Dormund	Juventus	3-1
1998	Real Madrid	Juventus	1-0

* Partidos resueltos por penaltis.

Fútbol. Balones de oro

AÑO	JUGADOR	AÑO	JUGADOR	AÑO	JUGADOR
1956	Matthews	1971	Cruyff	1986	Belanov
1957	Di Stéfano	1972	Beckenbauer	1987	Gullit
1958	Kopa	1973	Cruyff	1988	Van Basten
1959	Di Stéfano	1974	Cruyff	1989	Van Basten
1960	Suárez	1975	Bloklin	1990	Matthäus
1961	Sivori	1976	Beckenbauer	1991	Papin
1962	Masopust	1977	Simonsen	1992	Van Basten
1963	Yashine	1978	Keegan	1993	R. Baggio
1964	Law	1979	Keegan	1994	H. Stoichkov
1965	Eusebio	1980	Rummenigge	1995	George Weah
1966	B. Charlton	1981	Rummenigge	1996	M. Sammer
1967	Albert	1982	Rossi	1997	Ronaldo
1968	Best	1983	Platini	1998	Zidane
1969	Rivera	1984	Platini		
1970	Müller	1985	Platini		

Copa Libertadores de América

AÑO	CAMPEÓN	FINALISTA	AÑO	CAMPEÓN	FINALISTA
1960	Peñarol	Olimpia Asunción	1980	Nacional	Int. Porto Alegre
1961	Peñarol	Palmeiras	1981	Flamengo	Cobreloa
1962	Santos	Peñarol	1982	Peñarol	Cobreloa
1963	Santos	Boca Juniors	1983	Gremio	Peñarol
1964	Independiente	Nacional	1984	Independiente	Gremio
1965	Independiente	Peñarol	1985	Argentinos Juniors	América Cali
1966	Peñarol	River Plate	1986	River Plate	América Cali
1967	Rácing Club	Nacional	1987	Peñarol	América Cali
1968	Estudiantes	Palmeiras	1988	Nacional	Newell´s Old Boys
1969	Estudiantes	Nacional	1989	Atl. Nac. Medellín	Olimpia Asunción
1970	Estudiantes	Peñarol	1990	Olimpia Asunción	Barcelona
1971	Nacional	Estudiantes	1991	Colo Colo	Olimpia Asunción
1972	Independiente	Universitario Lima	1992	São Paulo	Newell´s Old Boys
1973	Independiente	Colo Colo	1993	São Paulo	Universidad Católica
1974	Independiente	São Paulo	1994	Vélez Sársfield	São Paulo
1975	Independiente	Unión Española	1995	Gremio	At. Nac. Medelín
1976	Cruzeiro	River Plate	1996	River Plate	América Cali
1977	Boca Juniors	Cruzeiro	1997	Cruzeiro	Sporting Cristal
1978	Boca Juniors	Deportivo Cali	1998	Vasco da Gama	Barcelona
1979	Olimpia Asunción	Boca Juniors			

Los mejores ciclistas del Tour de Francia

CICLISTA	PAÍS	Nº DE TÍTULOS	AÑOS
Miguel Induráin	España	5	1991, 1992, 1993, 1994, 1995
Jacques Anquetil	Francia	5	1957, 1961, 1962, 1963, 1964
Eddy Merckx	Bélgica	5	1969, 1970, 1971, 1972, 1974
Bernard Hinault	Francia	5	1978, 1979, 1981, 1982, 1985
Philippe Thijs	Bélgica	3	1913, 1914, 1920
Louison Bobet	Francia	3	1953, 1954, 1955
Greg LeMond	EE.UU.	3	1986, 1989, 1990
Lucien Petit-Breton	Francia	2	1907, 1908
Firmin Lambot	Bélgica	2	1919, 1922
Ottavio Sottecchia	Italia	2	1924, 1925
Nicolas Frantz	Luxemburgo	2	1927, 1928
Andre Leducq	Francia	2	1930, 1932
Antonin Magne	Francia	2	1931, 1934
Sylvere Maes	Bélgica	2	1936, 1939
Gino Bartali	Italia	2	1938, 1948
Fausto Coppi	Italia	2	1949, 1952
Bernard Thevenet	Francia	2	1975, 1977
Laurent Fignon	Francia	2	1983, 1984

Campeonato mundial de Fórmula 1

AÑO	CONDUCTOR	PAÍS	MARCA
1950	Giuseppe (Nino) Farina	Italia	Alfa Romeo
1951	Juan Manuel Fangio	Argentina	Alfa Romeo
1952	Alberto Ascari	Italia	Ferrari
1953	Alberto Ascari	Italia	Ferrari
1954	Juan Manuel Fangio	Argentina	Maserati / Mercedes
1955	Juan Manuel Fangio	Argentina	Mercedes Benz
1956	Juan Manuel Fangio	Argentina	Lancia-Ferrari
1957	Juan Manuel Fangio	Argentina	Maserati
1958	Mike Hawthorn	Gran Bretaña	Ferrari
1959	Jack Brabham	Australia	Cooper-Climax
1960	Jack Brabham	Australia	Cooper-Climax
1961	Phil Hill	EE.UU.	Ferrari
1962	Graham Hill	Gran Bretaña	BRM
1963	Jim Clark	Gran Bretaña	Lotus-Climax
1964	John Surtees	Gran Bretaña	Ferrari
1965	Jim Clark	Gran Bretaña	Lotus-Climax
1966	Joack Brabham	Australia	Brabham-Repco
1967	Denny Hulme	Nueva Zelanda	Brabham-Repco
1968	Graham Hill	Gran Bretaña	Lotus-Ford
1969	Jackie Stewart	Gran Bretaña	Matra-Ford
1970	Jochen Rindt	Austria	Lotus-Ford
1971	Jackie Stewart	Gran Bretaña	Tyrell-Ford
1972	Emerson Fittipaldi	Brasil	Lotus-Ford
1973	Jackie Stewart	Gran Bretaña	Tyrell-Ford
1974	Emerson Fittipaldi	Brasil	McLaren-Ford
1975	Niki Lauda	Austria	Ferrari
1976	James Hunt	Gran Bretaña	McLaren-Ford
1977	Niki Lauda	Austria	Ferrari
1978	Mario Andretti	EE UU	Lotus-Ford
1979	Jody Scheckter	Sudáfrica	Ferrari
1980	Alan Jones	Australia	Williams-Ford
1981	Nelson Piquet	Brasil	Brabham-Ford
1982	Keke Rosberg	Finlandia	Williams-Ford
1983	Nelson Piquet	Brasil	Brabham-BMW
1984	Niki Lauda	Austria	McLaren-TAG
1985	Alain Prost	Francia	McLaren-TAG
1986	Alain Prost	Francia	McLaren-TAG
1987	Nelson Piquet	Brasil	Williams-Honda
1988	Ayrton Senna	Brasil	McLaren-Honda
1989	Alain Prost	Francia	McLaren-Honda
1990	Ayrton Senna	Brasil	McLaren-Honda
1991	Ayrton Senna	Brasil	McLaren-Honda
1992	Nigel Mansell	Gran Bretaña	Williams-Renault
1993	Alain Prost	Francia	Williams-Renault
1994	Michael Schumacher	Alemania	Benetton-Ford
1995	Michael Schumacher	Alemania	Benetton-Renault
1996	Damon Hill	Reino Unido	Williams
1997	Jacques Villeneuve	Canadá	Williams
1998	Mika Hakkinen	Finlandia	McLaren-Mercedes

Campeones de ajedrez

JUGADOR	PAÍS	AÑO	JUGADOR	PAÍS	AÑO
Emanuel Lasker	ALE	1894-1921	Mijaíl Tal	URSS	1960-1961
José Raúl Capablanca	Cuba	1921-1927	Mijaíl Botvinnik	URSS	1961-1963
Alexander Alekhine	URSS	1927-1935	Tigran Petrosian	URSS	1963-1969
Max Euwe	NL	1935-1937	Boris Spassky	URSS	1969-1972
Alexander Alekhine	URSS	1937-1946	Bobby Fischer	EE.UU.	1972-1975
Mijaíl Botvinnik	URSS	1948-1956	Anatoli Kárpov	Rusia	1975-1985
Vasili Smyslov	URSS	1957-1958	Gari Kaspárov	Rusia	1985-1998
Mijaíl Botvinnik	URSS	1958-1960			

Motociclismo

AÑO	50 cc PILOTO	PAÍS	MARCA	125 cc PILOTO	PAÍS	MARCA	250 cc PILOTO	PAÍS	MARCA	350 cc PILOTO	PAÍS	MARCA	500 cc PILOTO	PAÍS	MARCA
1949				Nelo Pagani	ITA	Mondial	Bruno Rulfo	ITA	Moto Guzzi	Freddie Frith	RU	Velocette	Leslie Graham	RU	AJS
1950				Bruno Rulfo	ITA	Mondial	Dario Ambrosini	ITA	Benelli	Bob Foster	RU	Velocette	Umberto Masetti	ITA	Gilera
1951				Carlo Ubbiali	ITA	Mondial	Bruno Rulfo	ITA	Moto Guzzi	Geoff Duke	RU	Norton	Geoff Duke	RU	Norton
1952				Cecil Standford	RU	MV Augusta	Enrico Lorenzetti	ITA	Moto Guzzi	Geoff Duke	RU	Norton	Umberto Masetti	ITA	Gilera
1953				Werner Hass	RFA	NSU	Werner Hass	RFA	NSU	Fergus Anderson	RU	Moto Guzzi	Geoff Duke	RU	Gilera
1954				Rupert Hollaus	RFA	NSU	Werner Hass	RFA	NSU	Fergus Anderson	RU	Moto Guzzi	Geoff Duke	RU	Gilera
1955				Carlo Ubbiali	ITA	MV Augusta	Hermann P. Muller	RFA	NSU	Bill Lomas	RU	Moto Guzzi	Geoff Duke	RU	Gilera
1956				Carlo Ubbiali	ITA	MV Augusta	Carlo Ubbiali	ITA	MV Augusta	Bill Lomas	RU	Moto Guzzi	John Surtees	RU	MV Augusta
1957				Tarquino Provini	ITA	Mondial	Cecil Standford	RU	Mondial	Keith Campbell	RU	Moto Guzzi	Libero Liberati	ITA	Gilera
1958				Carlo Ubbiali	ITA	MV Augusta	Taquino Provinia	ITA	MV Augusta	John Surtees	ITA	MV Augusta	John Surtees	RU	MV Augusta
1959				Carlo Ubbiali	ITA	MV Augusta	Carlo Ubbiali	ITA	MV Augusta	John Surtees	ITA	MV Augusta	John Surtees	ITA	MV Augusta
1960				Carlo Ubbiali	ITA	MV Augusta	Carlo Ubbiali	ITA	MV Augusta	John Surtees	ITA	MV Augusta	John Surtees	RU	MV Augusta
1961				Tom Phillis	AUS	Honda	Mike Hailwood	RU	Honda	Gary Hocking	RHO	MV Augusta	Gary Hocking	RHO	MV Augusta
1962	Ernst Degner	DDR	Suzuki	Luigi Taveri	SUI	Honda	Jim Redman	RHO	Honda	Jim Redman	RHO	Honda	Mike Hailwood	RU	MV Augusta
1963	Hugh Anderson	NZL	Suzuki	Hugh Anderson	NZL	Suzuki	Jim Redman	RHO	Honda	Jim Redman	RHO	Honda	Mike Hailwood	RU	MV Augusta
1964	Hugh Anderson	NZL	Suzuki	Luigi Taveri	SUI	Honda	Phil Read	RU	Yamaha	Jim Redman	RHO	Honda	Mike Hailwood	RU	MV Augusta
1965	Ralph Bryans	NZL	Honda	Hugh Anderson	NZL	Suzuki	Phil Read	RU	Yamaha	Jim Redman	RHO	Honda	Mike Hailwood	RU	MV Augusta
1966	Hans-Georg Anscheidt	RFA	Suzuki	Luigi Taveri	SUI	Honda	Mike Hailwood	RU	Honda	Mike Hailwood	RU	Honda	Giacomo Agostini	ITA	MV Augusta
1967	Hans-Georg Anscheidt	RFA	Suzuki	Bill Ivy	RU	Yamaha	Mike Hailwood	RU	Honda	Mike Hailwood	RU	Honda	Giacomo Agostini	ITA	MV Augusta
1968	Hans-Georg Anscheidt	RFA	Suzuki	Phil Read	RU	Yamaha	Phil Read	RU	Yamaha	Giacomo Agostini	ITA	MV Augusta	Giacomo Agostini	ITA	MV Augusta
1969	Ángel Nieto	ESP	Derbi	Dave Simmonds	RU	Kawasaki	Kel Caruthers	AUS	Benelli	Giacomo Agostini	ITA	MV Augusta	Giacomo Agostini	ITA	MV Augusta
1970	Ángel Nieto	ESP	Derbi	Dieter Braun	RFA	Suzuki	Rodney Gould	RU	Yamaha	Giacomo Agostini	ITA	MV Augusta	Giacomo Agostini	ITA	MV Augusta
1971	Jan De Vries	HOL	Kreidler	Ángel Nieto	ESP	Derbi	Phil Read	RU	Yamaha	Giacomo Agostini	ITA	MV Augusta	Giacomo Agostini	ITA	MV Augusta
1972	Ángel Nieto	ESP	Derbi	Ángel Nieto	ESP	Derbi	Jarno Saarinen	FIN	Yamaha	Giacomo Agostini	ITA	MV Augusta	Giacomo Agostini	ITA	MV Augusta
1973	Jan De Vries	HOL	Kreidler	Kent Anderson	SUE	Yamaha	Dieter Braun	RFA	Yamaha	Giacomo Agostini	ITA	MV Augusta	Phil Read	RU	MV Augusta
1974	Henk Van Kessel	HOL	Kreidler	Kent Anderson	SUE	Yamaha	Walter Villa	ITA	Harley Davidson	Giacomo Agostini	ITA	Yamaha	Phil Read	RU	MV Augusta
1975	Ángel Nieto	ESP	Derbi	Paolo Pieri	ITA	Morbidelli	Walter Villa	ITA	Harley Davidson	Johnny Cecotto	VEN	Yamaha	Giacomo Agostini	ITA	Yamaha
1976	Ángel Nieto	ESP	Bultaco	Pierpaolo Bianchi	ITA	Morbidelli	Walter Villa	ITA	Harley Davidson	Walter Villa	ITA	Harley Davidson	Barry Sheene	RU	Suzuki
1977	Ángel Nieto	ESP	Bultaco	Pierpaolo Bianchi	ITA	Morbidelli	Mario Lega	ITA	Morbidelli	Takazumi Katayama	JAP	Yamaha	Barry Sheene	RU	Suzuki
1978	Ricardo Tormo	ESP	Bultaco	Eugenio Lazarini	ITA	MBA	Kork Ballington	SAF	Kawasaki	Kork Ballington	SAF	Kawasaki	Kenny Roberts	EE.UU.	Yamaha
1979	Eugenio Lazarini	ITA	Kreidler	Ángel Nieto	ESP	Minarelli	Kork Ballington	SAF	Kawasaki	Kork Ballington	SAF	Kawasaki	Kenny Roberts	EE.UU.	Yamaha
1980	Eugenio Lazarini	ITA	Kreidler	Pierpaolo Bianchi	ITA	MBA	Anton Mang	RFA	Kawasaki	Jon Ekerold	SAF	Kawasaki	Kenny Roberts	EE.UU.	Yamaha
1981	Ricardo Tormo	ESP	Bultaco	Ángel Nieto	ESP	Minarelli	Anton Mang	RFA	Kawasaki	Anton Mang	RFA	Kawasaki	Marco Lucchinelli	ITA	Suzuki
1982	Stefan Dorflinger	SUL	Kreidler	Ángel Nieto	ESP	Garelli	Jean-Louis Toumadre	FRA	Yamaha	Anton Mang	RFA	Kawasaki	Franco Uncini	ITA	Suzuki
1983	Stefan Dorflinger	SUL	Kreidler	Ángel Nieto	ESP	Garelli	Carlos Lavado	VEN	Yamaha				Freddie Spencer	EE.UU.	Honda
1984	Stefan Dorflinger*	SUL	Kreidler	Ángel Nieto	ESP	Garelli	Christian Sarron	FRA	Yamaha				Eddie Lawson	EE.UU.	Yamaha
1985	Stefan Dorflinger*	SUL	Kreidler	Fausto Gresini	ITA	Garelli	Freddie Spencer	EE UU	Honda				Freddie Spencer	EE.UU.	Honda
1986	Jorge Martínez*	ESP	Derbi	Luca Cadalora	ITA	Garelli	Carlos Lavado	VEN	Yamaha				Eddie Lawson	EE.UU.	Yamaha
1987	Jorge Martínez*	ESP	Derbi	Fausto Gresini	ITA	Garelli	Anton Mang	RFA	Kawasaki				Wayne Gardner	AUS	Honda
1988	Jorge Martínez*	ESP	Derbi	Jorge Martínez	ESP	Derbi	Sito Pons	ESP	Honda				Eddie Lawson	EE.UU.	Yamaha
1989	Manuel Herreros*	ESP	Derbi	Alex Crivillé	ESP	JJ Cobas	Sito Pons	ESP	Honda				Eddie Lawson	EE.UU.	Yamaha
1990				Loris Capirossi	ITA	Honda	John Kocinski	EE.UU.	Yamaha				Wayne Rainey	EE.UU.	Yamaha
1991				Loris Capirossi	ITA	Honda	Luca Cadalora	ITA	Honda				Wayne Rainey	EE.UU.	Yamaha
1992				Alessandro Gramigni	ITA	Aprilia	Luca Cadalora	ITA	Honda				Wayne Rainey	EE.UU.	Yamaha
1993				Dirk Raudies	ALE	Honda	Tetsuya Harada	JAP	Yamaha				Kevin Schwantz	EE.UU.	Suzuki
1994				Kazuto Sakata	JAP	Aprilia	Max Biaggi	ITA	Aprilia				Michael Doohan	AUS	Honda
1995				Haruchika Aoki	JAP	Honda	Max Biaggi	ITA	Aprilia				Michael Doohan	AUS	Honda
1996				Haruchika Aoki	JAP	Honda	Max Biaggi	ITA	Aprilia				Michael Doohan	AUS	Honda
1997				Valentino Rossi	ITA	Aprilia	Max Biaggi	ITA	Honda				Michael Doohan	AUS	Honda
1998				Kazuto Sakata	JAP	Aprilia	Loris Capirossi	ITA	Aprilia				Michael Doohan	AUS	Honda

* Campeonato disputado en 80 cc.